Torah

With Targum Onkelos

and

Rashi's Commentary

The Book of Genesis

Hebrew / English

All rights reserved. No part of this publication may be reproduced, stored in a retrieval system, or transmitted in any form or by any means, electronic, mechanical, photocopying or otherwise, without the prior permission of the copyright owner.

© Copyright 2007 – BN Publishing

www.bnpublishing.com

info@bnpublishing.com

ALL RIGHTS RESERVED

Torah

With Targum Onkelos

and

Rashi's Commentary

The Book of Genesis

Hebrew / English

All rights reserved. No part of this publication may be reproduced, stored in a retrieval system, or transmitted in any form or by any means, electronic, mechanical, photocopying or otherwise, without the prior permission of the copyright owner.

© Copyright 2007 – BN Publishing

www.bnpublishing.com

info@bnpublishing.com

ALL RIGHTS RESERVED

PREFACE

This work aims at giving, so far as is possible, a literal translation into English of the Hebrew text of Rashi's Commentary on the Chumash. For this reason no striving has been made after elegance of diction, and in all cases this has been sacrificed, and frequently ruthlessly so, to the needs of literalness. This has inevitably led in many instances to some obscurity and where this is so explanatory words have been added within brackets.

The Rabbinical mode of expression is naturally terse; the connecting words between one phrase and another or the links in a chain of reasoning are often omitted, it being assumed that the mind of the trained hearer or reader will readily pass from one to the other, itself supplying what is missing. In order to assist those who are unable to do this easily we have supplemented the translation by words printed in italics. This has precluded the use of italics for any other purpose and where words require to be emphasized this has been shown by spacing the letters. This device has also been employed to draw attention to a word or phrase which is vital to the correct understanding of the Rashi-text in which it occurs.

The translation printed in capital letters immediately after the Hebrew words upon which Rashi offers his comment is generally identical with that given opposite the Hebrew text of the Pentateuch. It does not purport to translate the words as Rashi would have done and, indeed, such a rendering is often expressly excluded by Rashi's observations that follow. Consequently, too, the reader must not expect that the translation given at the head of each page will be in agreement with Rashi's explanation of the Biblical text.

A translation of Rashi's Commentary on the Chumash into language that is at the same time literal and intelligible presents many difficulties. The text itself is by no means settled; Berliner's edition is, of course, indispensable but still leaves many problems unsolved. We claim that we have made an honest attempt to set forth the meaning that the great commentator had in mind. We have not evaded the difficulties that confronted us by giving a free rendering that destroys the connection which linguistically exists between the several parts of a sentence. To have done so would have resulted in making it impossible for the student to compare the Hebrew text phrase by phrase with the English translation. Nor have we followed the example of translators of Rashi into German by omitting the renderings of just those portions in which the difficulties are to be found and where the student most feels the need of assistance. To what an extent this has been done may be seen by a careful examination of the translation made by Dukes, the greatest Hebraist who ever attempted the task of rendering Rashi into a modern language. That our translation and the explanations we have added to it will meet with universal approval is too much to expect. A Bibliography of super-commentaries upon Rashi enumerates some two hundred such attempts to fathom Rashi's meaning. Had the first of these works been completely successful the others would not have been written. But the last word has by no means been said upon Rashi's Perush on the Torah.

To the vast literature that exists upon this subject we have endeavoured to make another contribution that may help to elucidate the most popular of all Jewish commentaries upon the Chumash. Our purpose has been to render aid to the elementary student of Rabbinics and to make the commentary accessible to English readers who are unable to study it in the original, so that they may learn to appreciate the master-work of a great Jewish scholar and attain to a better and fuller understanding of the Torah itself.

A. M. Silbermann
M. Rosenbaum

ABBI MOSES FEINSTEIN
455 F. D. R. DRIVE
New York 2, N. Y.
—
ORegon 7-1222

משה פיינשטיין
ר"מ תפארת ירושלים
בנוא יארק

בע"ה

הנה התרגום של פירוש רש"י על התורה אשר תרגם הרה"ג מוהר"ר אברהם [illegible] נ"י
שהוא מקורב להתם ויראי שמים [illegible]
[illegible] כבר נתפרסם בין אלו ויראי השי"ת
[illegible] שבאו תרגום נכון יש די תועלת [illegible] דברי רש"י
[illegible] התורה [illegible] בדרך קדושה
[illegible]
[illegible] אשר [illegible] ירושלים והחדש [illegible]
[illegible]
[illegible]
[illegible]
[illegible] להם להבין פרש"י [illegible]
[illegible] התורה [illegible]

[illegible] ה' [illegible] אייר תשי"ט

משה פיינשטיין

2 בראשית א

א בְּרֵאשִׁית בָּרָא אֱלֹהִים אֵת הַשָּׁמַיִם וְאֵת הָאָרֶץ׃
ב וְהָאָרֶץ הָיְתָה תֹהוּ וָבֹהוּ וְחֹשֶׁךְ עַל־
פְּנֵי תְהוֹם וְרוּחַ אֱלֹהִים מְרַחֶפֶת עַל־פְּנֵי הַמָּיִם׃
ג וַיֹּאמֶר אֱלֹהִים יְהִי־אוֹר וַיְהִי־אוֹר׃ ד וַיַּרְא אֱלֹהִים
אֶת־הָאוֹר כִּי־טוֹב וַיַּבְדֵּל אֱלֹהִים בֵּין הָאוֹר וּבֵין

אונקלוס

א בְּקַדְמִין בְּרָא יְיָ יָת שְׁמַיָּא וְיָת אַרְעָא׃ ב וְאַרְעָא הֲוָת צָדְיָא וְרֵיקָנְיָא וַחֲשׁוֹכָא
עַל־אַפֵּי תְהוֹמָא וְרוּחָא מִן־קֳדָם יְיָ מְנַשְּׁבָא עַל־אַפֵּי מַיָּא׃ ג וַאֲמַר
יְיָ יְהֵי נְהוֹרָא וַהֲוָת נְהוֹרָא׃ ד וַחֲזָא יְיָ יָת נְהוֹרָא אֲרֵי טָב וְאַפְרֵשׁ יְיָ בֵּין

רש״י

א) **בראשית.** אמר רבי יצחק: לא היה צריך להתחיל את התורה אלא מהחדש הזה לכם, שהיא מצוה ראשונה שנצטוו בה ישראל, ומה טעם פתח בבראשית? משום: כח מעשיו הגיד לעמו לתת להם נחלת גוים (תה׳ קי״א), שאם יאמרו אמות העולם לישראל: לסטים אתם, שכבשתם ארצות שבעה גוים, הם אומרים להם: כל הארץ של הקב״ה היא, הוא בראה ונתנה לאשר ישר בעיניו, ברצונו נתנה להם וברצונו נטלה מהם ונתנה לנו: בראשית ברא. אין המקרא הזה אומר אלא דרשני, כמו שדרשוהו רבותינו: בשביל התורה שנקראת ראשית דרכו (משלי ח׳), ובשביל ישראל שנקראו ראשית תבואתה (ירמיה ב׳); ואם באת לפרשו כפשוטו, כך פרשהו: בראשית בריאת שמים וארץ, והארץ היתה תהו ובהו וחשך ויאמר אלהים יהי אור. ולא בא המקרא להורות סדר הבריאה לומר: שאלו קדמו, שאם בא להורות כך, היה לו לכתוב: בראשונה ברא את השמים וגו׳; שאין לך ראשית במקרא, שאינו דבוק לתיבה של אחריו, כמו: בראשית ממלכת יהויקים (שם כ״ז), ראשית ממלכתו (ברא׳ י׳), ראשית דגנך (דבר׳ י״ח), — אף כאן אתה אומר: בראשית ברא אלהים וגו׳, כמו: בראשית ברוא; ודומה לו: תחלת דבר ה׳ בהושע (הושע א׳), כלומר: תחלת דבורו של הקב״ה בהושע, ויאמר ה׳ אל הושע וגו׳. ואי״ת להורות בא שאלו תחלה נבראו, ופירושו: בראשית הכל ברא אלו — ויש לך מקראות שמקצרים לשונם וממעטים תיבה אחת, כמו: כי לא סגר דלתי בטני (איוב ג׳), ולא פרש מי הסוגר; וכמו: ישא את חיל דמשק (יש׳ ח׳), ולא פרש: מי ישאנו; וכמו: אם יחרוש בבקרים (עמוס ו׳), ולא פרש: אם יחרש אדם בבקרים, וכמו: מגיד מראשית אחרית (יש׳ מ״ו), ולא פרש: מגיד מראשית דבר אחרית דבר — א״כ, תמה על עצמך, שהרי המים קדמו, שהרי כתיב: ורוח אלהים מרחפת על פני המים, ועדיין לא גלה המקרא, בריאת המים מתי היתה, הא למדת, שקדמו המים לארץ, ועוד, שהשמים מאש ומים נבראו, על כרחך לא למד המקרא סדר המוקדמים והמאוחרים כלום: ברא אלהים. ולא נאמר: ברא ה׳, שבתחלה עלה במחשבה לבראתו במדת הדין, ראה, שאין העולם מתקים, הקדים מדת רחמים ושתפה למה״ד, והיינו דכתיב: ביום עשות ה׳ אלהים ארץ ושמים: (ב) תהו ובהו. תהו לשון תמה ושממון, שאדם תוהא ומשתומם על בהו שבה: תהו. אשטורדי״שון בלעז: בהו. לשון רקות וצדו: על פני תהום. על פני המים שעל הארץ: ורוח אלהים מרחפת. כסא הכבוד עומד באויר ומרחף על פני המים ברוח פיו של הקב״ה ובמאמרו, כיונה המרחפת על הקן, אקוב״טיר בלעז: (ד) וירא אלהים את האור כי טוב ויבדל. אף בזה אנו צריכין לדברי אגדה: ראהו שאינו כדאי להשתמש בו רשעים, והבדילו לצדיקים לעתיד לבא. ולפי פשוטו כך פרשהו: ראהו כי טוב, ואין נאה לו ולחשך שיהיו משתמשים בערבוביא, וקבע לזה

1. [1]In the beginning God created the heaven and the earth. [2]But
the earth was desolate and void, and darkness was upon the face of the
murmuring deep, and the Spirit of God was hovering on the face of
the waters. [3]And God said, Be there light: and light was. [4]And God saw
the light, that it was good: and God caused a division between the light

רש"י

1. (1) בראשית IN THE BEGINNING — Rabbi Isaac said: The Torah *which is the Law book of Israel* should have commenced with *the verse* (Exod. XII. 1) "This month shall be unto you the first of the months" which is the first commandment given to Israel. What is the reason, then, that it commences with *the account of* the Creation? Because of *the thought expressed in the text* (Ps. CXI. 6) "He declared to His people the strength of His works (i.e. He gave an account of the work of Creation), in order that He might give them the heritage of the nations." For should the peoples of the world say to Israel, "You are robbers, because you took by force the lands of the seven nations *of Canaan*", Israel may reply to them, "All the earth belongs to the Holy One, blessed be He; H e created it and gave it to whom He pleased.[1]) When He willed He gave it to them, and when He willed He took it from them and gave it to us" (Yalk. Exod. XII. 2). בראשית ברא IN THE BEGINNING GOD CREATED — This verse calls aloud for explanation in the manner that our Rabbis explained it: *God created the world* for the sake of the Torah which is called (Prov. VIII. 22) "The beginning (ראשית) of His (God's) way", and for the sake of Israel who are called (Jer. II. 3) "The beginning (ראשית) of His (God's) increase".[2]) If, however, you wish to explain it in its plain sense, explain it thus: At the beginning of the Creation of heaven and earth when the earth was without form and void and there was darkness, God said, "Let there be light".[3]) The text does not intend to point out the order of the *acts of* Creation — to state that these (heaven and earth) were created first; for if it intended to point this out, it should have written בראשונה ברא את השמים וגו' "At first God created etc." *And for this reason:* Because, wherever the word ראשית occurs in Scripture, it is in the construct state. E. g., (Jer. XXVI. 1) "In the beginning of (בראשית) the reign of Jehoiakim"; (Gen. X. 10) "The beginning of (ראשית) his kingdom"; (Deut. XVIII. 4) "The firstfruit of (ראשית) thy corn." Similarly here you must translate בראשית ברא אלהים as though it read בראשית ברוא, at the beginning of God's creating. A similar grammatical construction (of a noun in construct followed by a verb) is: (Hos. I. 2) תחלת דבר ה' בהושע, which is as much as to say, "At the beginning of God's speaking through Hosea, the Lord said to Hosea." Should you, however, insist that it does actually intend to point out that these (heaven and earth) were created first, and that the meaning is, "At the beginning of e v e r y t h i n g He created these, *admitting therefore that the word* בראשית *is in the construct state and explaining the omission of a word signifying "everything" by saying* that you have texts which are elliptical, omitting a word, as for example (Job III. 10) "Because it shut not up the doors of my mother's womb" where it does not explicitly explain who it was that closed *the womb*; and (Isa. VIII. 4) "He shall take away the spoil of Samaria" without explaining who shall take it away; and (Amos VI. 12) "Doth he plough with oxen," and it does not explicitly state, "Doth a m a n plough with oxen"; (Isa. XLVI. 10) "Declaring from the beginning the end," and it does not explicitly state, "Declaring from the beginning of a t h i n g the end of a t h i n g" — if it is so (that you assert that this verse intends to point out that heaven and earth were created first), you should be astonished at yourself, because *as a matter of fact* the waters were created before *heaven and earth*, for, lo, it is written, (v. 2) "The Spirit of God was hovering on the face of the waters," and Scripture had not yet disclosed when the creation of the waters took place — consequently you must learn from

NOTES

1) See Appendix.

2) The Rabbis translated thus: For the sake of (ב) the Torah and Israel which bear the name of ראשית God created the heaven and the earth.

3) See Appendix.

בראשית א

הַחֹשֶׁךְ: ה וַיִּקְרָא אֱלֹהִים ׀ לָאוֹר יוֹם וְלַחֹשֶׁךְ קָרָא לָיְלָה וַיְהִי־עֶרֶב וַיְהִי־בֹקֶר יוֹם אֶחָד: פ ו וַיֹּאמֶר אֱלֹהִים יְהִי רָקִיעַ בְּתוֹךְ הַמָּיִם וִיהִי מַבְדִּיל בֵּין מַיִם לָמָיִם: ז וַיַּעַשׂ אֱלֹהִים אֶת־הָרָקִיעַ וַיַּבְדֵּל בֵּין הַמַּיִם אֲשֶׁר מִתַּחַת לָרָקִיעַ וּבֵין הַמַּיִם אֲשֶׁר מֵעַל לָרָקִיעַ וַיְהִי־כֵן: ח וַיִּקְרָא אֱלֹהִים לָרָקִיעַ שָׁמָיִם וַיְהִי־עֶרֶב וַיְהִי־בֹקֶר יוֹם שֵׁנִי: פ ט וַיֹּאמֶר אֱלֹהִים יִקָּווּ הַמַּיִם מִתַּחַת הַשָּׁמַיִם אֶל־מָקוֹם אֶחָד וְתֵרָאֶה הַיַּבָּשָׁה וַיְהִי־כֵן: י וַיִּקְרָא אֱלֹהִים ׀ לַיַּבָּשָׁה אֶרֶץ וּלְמִקְוֵה הַמַּיִם קָרָא יַמִּים

אונקלוס

נְהוֹרָא וּבֵין חֲשׁוֹכָא: ה וּקְרָא יְיָ לִנְהוֹרָא יְמָמָא וְלַחֲשׁוֹכָא קְרָא לֵילְיָא וַהֲוָה רְמַשׁ וַהֲוָה צְפַר יוֹמָא חַד: ו וַאֲמַר יְיָ יְהִי רְקִיעָא בִּמְצִיעוּת מַיָּא וִיהִי מַפְרִישׁ בֵּין מַיָּא לְמַיָּא: ז וַעֲבַד יְיָ יָת רְקִיעָא וְאַפְרִישׁ בֵּין מַיָּא דִּי מִלְּרַע לִרְקִיעָא וּבֵין מַיָּא דִּי מֵעַל לִרְקִיעָא וַהֲוָה כֵן: ח וּקְרָא יְיָ לִרְקִיעָא שְׁמַיָּא וַהֲוָה רְמַשׁ וַהֲוָה צְפַר יוֹם תִּנְיָן: ט וַאֲמַר יְיָ יִתְכַּנְּשׁוּן מַיָּא מִתְּחוֹת שְׁמַיָּא לַאֲתַר חַד וְתִתְחֲזֵי יַבֶּשְׁתָּא וַהֲוָה כֵן: י וּקְרָא יְיָ לְיַבֶּשְׁתָּא אַרְעָא וּלְבֵית כְּנִישׁוּת מַיָּא קְרָא יַמְמֵי

רש״י

תְּחוּמוֹ בַּיּוֹם, וְלָיְלָה תְּחוּמוֹ בַּלַּיְלָה: (ה) יוֹם אֶחָד. לְפִי סֵדֶר לְשׁוֹן הַפָּרָשָׁה הָיָה לוֹ לִכְתּוֹב: יוֹם רִאשׁוֹן, כְּמוֹ שֶׁכָּתוּב בִּשְׁאָר הַיָּמִים: שֵׁנִי, שְׁלִישִׁי, רְבִיעִי, לָמָּה כָּתַב אֶחָד, לְפִי שֶׁהָיָה הַקָּבָּ״ה יָחִיד בְּעוֹלָמוֹ, שֶׁלֹּא נִבְרְאוּ הַמַּלְאָכִים עַד יוֹם שֵׁנִי, כָּךְ מְפוֹרָשׁ בִּבְרֵ״ר: (ו) יְהִי רָקִיעַ. יֶחֱזַק הָרָקִיעַ. שֶׁאַף עַל פִּי שֶׁנִּבְרְאוּ שָׁמַיִם בְּיוֹם א׳, עֲדַיִן לַחִים הָיוּ וְקָרְשׁוּ בַּשֵּׁנִי מִגַּעֲרַת הַקָּבָּ״ה בְּאָמְרוֹ: יְהִי רָקִיעַ, וְזֶהוּ שֶׁכָּתוּב (איוב כ״ו) עַמּוּדֵי שָׁמַיִם יְרוֹפָפוּ,—כָּל יוֹם רִאשׁוֹן, וּבַשֵּׁנִי יִתְמְהוּ מִגַּעֲרָתוֹ, כְּאָדָם שֶׁמִּשְׁתּוֹמֵם וְעוֹמֵד מִגַּעֲרַת הַמְאַיֵּם עָלָיו. בְּתוֹךְ הַמַּיִם. בְּאֶמְצַע הַמַּיִם. שֶׁיֵּשׁ הֶפְרֵשׁ בֵּין מַיִם הָעֶלְיוֹנִים לָרָקִיעַ כְּמוֹ בֵּין הָרָקִיעַ לַמַּיִם שֶׁעַל הָאָרֶץ, הָא לָמַדְתָּ, שֶׁהֵם תְּלוּיִם בְּמַאֲמָרוֹ שֶׁל מֶלֶךְ: (ז) וַיַּעַשׂ אֱלֹהִים אֶת הָרָקִיעַ. תִּקְּנוֹ עַל עָמְדוֹ, וְהִיא עֲשִׂיָּתוֹ, כְּמוֹ: וְעָשְׂתָה אֶת צִפָּרְנֶיהָ (דב׳ כ״א): מֵעַל לָרָקִיעַ. עַל הָרָקִיעַ לֹא נֶאֱמַר אֶלָּא מֵעַל לָרָקִיעַ, לְפִי שֶׁהֵם תְּלוּיִם בָּאֲוִיר. וּמִפְּנֵי מָה לֹא נֶאֱמַר כִּי טוֹב בַּיּוֹם שֵׁנִי? לְפִי שֶׁלֹּא הָיָה נִגְמָר מְלֶאכֶת הַמַּיִם עַד יוֹם שְׁלִישִׁי, וַהֲרֵי הִתְחִיל בָּהּ בַּשֵּׁנִי, וְדָבָר שֶׁלֹּא נִגְמַר אֵינוֹ בִּמְלוֹאוֹ וְטוּבוֹ, וּבַשְּׁלִישִׁי שֶׁנִּגְמְרָה מְלֶאכֶת הַמַּיִם וְהִתְחִיל וְנִגְמַר מְלָאכָה אַחֶרֶת, כָּפַל בּוֹ כִּי טוֹב שְׁתֵּי פְעָמִים, אַחַת לִגְמַר מְלֶאכֶת הַשֵּׁנִי וְאַחַת לִגְמַר מְלֶאכֶת הַיּוֹם: (ח) וַיִּקְרָא אֱלֹהִים לָרָקִיעַ שָׁמָיִם. שָׂא מַיִם, שָׁם מַיִם, אֵשׁ וּמַיִם, שֶׁעֵרְבָן זֶה בָּזֶה וְעָשָׂה מֵהֶם שָׁמַיִם: (ט) יִקָּווּ הַמַּיִם. שֶׁהָיוּ שְׁטוּחִין עַל פְּנֵי כָל הָאָרֶץ וְהִקְוָם בָּאוֹקְיָנוֹס, הוּא הַיָּם הַגָּדוֹל שֶׁבְּכָל הַיַּמִּים: (י) קָרָא יַמִּים. וַהֲלֹא יָם אֶחָד

and the darkness. 5And God called the light Day, and the darkness he
called Night. And it was evening and it was morning, one day. 6And
God said, Be there an expanse in the midst of the waters, and let it
cause a division between waters and the waters. 7And God made the
expanse, and caused a division between the waters which were under
the expanse, and the waters which were above the expanse: and it was
so. 8And God called the expanse Heaven. And it was evening and
it was morning, a second day. 9And God said, The waters shall be
drawn together under the heaven unto one place, and let the dry
land appear: and it was so. 10And God called the dry land Earth;
and the gathering together of the waters called he Seas; and God

רש"י

this that the creation of the waters preceded *that of* the earth. And *a* further *proof that the heavens and earth were not the first thing created is* that the heavens were created from fire (אש) and water (מים),[1]) *from which it follows that fire and water were in existence before the heavens*. Therefore you must needs admit that the text teaches nothing about the earlier or later sequence *of the acts of Creation*. ברא אלהים GOD [AS JUDGE] CREATED — It does not state ברא ה׳, "The Lord (the Merciful One) created, because at first God intended to create it (the world) to be placed under the attribute (rule) of strict justice, but He realised that the world could not thus endure and therefore gave precedence to Divine Mercy allying it with Divine Justice. It is to this that what is written *in* (Gen. II. 4) alludes — "In the day that the Lord God made earth and heaven". **(2)** תהו ובהו DESOLATE AND VOID — The word תהו signifies astonishment and amazement, for a person would have been astonished and amazed at its emptiness. תהו is estordison in O. Fr. בהו VOID — The word signifies emptiness and empty space. על פני תהום ON THE FACE OF THE DEEP — i. e. the waters which were upon the earth. ורוח אלהים מרחפת AND THE SPIRIT OF GOD WAS HOVERING — The throne of *Divine* Glory was standing in space, hovering over the face of the waters by the breath of the mouth of the Holy One, blessed be He, and by His command, even as a dove hovers over its nest[2]). In O. Fr. acoveter. **(4)** וירא אלהים את האור כי טוב ויבדל AND GOD SAW THE LIGHT THAT IT WAS GOOD, AND GOD CAUSED A DIVISION — Here, also, we must depend upon the statement of the Agada: He saw that the wicked were unworthy of using it (the light); He, therefore, set it apart (ויבדל), *reserving it* for the righteous in the world to come[3]). But according to the plain sense explain it thus: He saw that it was good, and that it was not seemly that light and darkness should function together in a confused manner. He therefore limited this one's sphere of activity to the daytime, and this one's sphere of activity to the nighttime. **(5)** יום אחד THE FIRST DAY (lit., one day) — According to the regular *mode* of expression used in this chapter it should be written here "first day", just as it is written with regard to the other days "the second", "the third", "the fourth". Why, then, does it write אחד "one"? Because the Holy One, blessed be He, was *then* the Only One (Sole Being)[4]) in His Universe, since the angels were not created until the second day. Thus it is explained in Gen. R. **(6)** יהי רקיע BE THERE AN EXPANSE — Let the expansion become fixed[5]); for although the heavens were created on the first day, they were still in a fluid form, and they became solidified only on the second day at the dread command (lit., rebuke) of the Holy One, blessed be He, whe he said "Let the firmament be *stable*". It is to this that allusion is made in what is written *in* (Job XXVI. 11): "The pillars of heaven were trembling" (i. e. they were unstable) — this was during the whole of the first day — and on the second (ibid.): "they were astonished at His rebuke",[6]) like a man who stands

NOTES

[1]) See Rashi on v. 8 and Gen. R. 4.
[2]) Gen. R. 2; Chag. 15a.
[3]) Chag. 12a.
[4]) יום אחד is taken to mean "The day of the One (Being)".
[5]) Gen. R. 4; Chag. 12a. [6]) Chag. 12a.

וַיַּ֥רְא אֱלֹהִ֖ים כִּי־טֽוֹב׃ יא וַיֹּ֣אמֶר אֱלֹהִ֗ים תַּֽדְשֵׁ֤א
הָאָ֨רֶץ֙ דֶּ֔שֶׁא עֵ֚שֶׂב מַזְרִ֣יעַ זֶ֔רַע עֵ֣ץ פְּרִ֞י עֹ֤שֶׂה פְּרִי֙
לְמִינ֔וֹ אֲשֶׁ֥ר זַרְעוֹ־ב֖וֹ עַל־הָאָ֑רֶץ וַֽיְהִי־כֵֽן׃ יב וַתּוֹצֵ֨א
הָאָ֜רֶץ דֶּ֠שֶׁא עֵ֣שֶׂב מַזְרִ֤יעַ זֶ֨רַע֙ לְמִינֵ֔הוּ וְעֵ֧ץ עֹֽשֶׂה־
פְּרִ֛י אֲשֶׁ֥ר זַרְעוֹ־ב֖וֹ לְמִינֵ֑הוּ וַיַּ֥רְא אֱלֹהִ֖ים כִּי־טֽוֹב׃
יג וַֽיְהִי־עֶ֥רֶב וַֽיְהִי־בֹ֖קֶר י֥וֹם שְׁלִישִֽׁי׃ פ שני
יד וַיֹּ֣אמֶר אֱלֹהִ֗ים יְהִ֤י מְאֹרֹת֙ בִּרְקִ֣יעַ הַשָּׁמַ֔יִם
לְהַבְדִּ֕יל בֵּ֥ין הַיּ֖וֹם וּבֵ֣ין הַלָּ֑יְלָה וְהָי֤וּ לְאֹתֹת֙ וּלְמ֣וֹעֲדִ֔ים

אונקלוס

וַחֲזָא יְיָ אֲרֵי טָב: יא וַאֲמַר יְיָ תַּדְאֵית אַרְעָא דִּיתְאָה עִסְבָּא דְּבַר זַרְעֵהּ מִזְדְּרַע
אִילָן פֵּירִין עָבֵד פֵּירִין לִזְנֵהּ דִּי בַר זַרְעֵהּ בֵּהּ עַל אַרְעָא וַהֲוָה כֵן: יב וְאַפֵּקַת
אַרְעָא דִּיתְאָה עִסְבָּא דְּבַר זַרְעֵהּ מִזְדְּרַע לִזְנוֹהִי וְאִילָן עָבֵד פֵּירִין דְּבַר זַרְעֵהּ
בֵּהּ לִזְנוֹהִי וַחֲזָא יְיָ אֲרֵי טָב: יג וַהֲוָה רְמַשׁ וַהֲוָה צְפַר יוֹם תְּלִיתָאי: יד וַאֲמַר
יְיָ יְהוֹן נְהוֹרִין בִּרְקִיעָא דִשְׁמַיָּא לְאַפְרָשָׁא בֵּין יְמָמָא וּבֵין לֵילְיָא וִיהוֹן לְאָתִין

רש"י

הוּא? אֶלָּא אֵינוֹ דוֹמֶה טַעַם דָּג הָעוֹלֶה מִן הַיָּם בְּעָבוֹ לְטַעַם דָּג הָעוֹלֶה מִן הַיָּם בְּאַסְפַּמְיָא: (יא) תדשא הארץ דשא עשב. לֹא דֶשֶׁא לְשׁוֹן עֵשֶׂב וְלֹא עֵשֶׂב לְשׁוֹן דֶּשֶׁא, וְלֹא הָיָה לְשׁוֹן הַמִּקְרָא לוֹמַר: תַּעֲשִׂיב הָאָרֶץ, שֶׁמִּינֵי דְשָׁאִין מְחוּלָּקִין, כָּל אֶחָד לְעַצְמוֹ נִקְרָא עֵשֶׂב פְּלוֹנִי, וְאֵין לָשׁוֹן לִמְדַבֵּר לוֹמַר: דֶּשֶׁא פְּלוֹנִי, שֶׁלְּשׁוֹן דֶּשֶׁא הוּא לְבִישַׁת הָאָרֶץ כְּשֶׁהִיא מִתְמַלֵּאת בִּדְשָׁאִים: תדשא הארץ. תִּתְמַלֵּא וְתִתְכַּסֶּה לְבוּשׁ עֲשָׂבִים. בִּלְשׁוֹן לַעַז נִקְרָא דֶשֶׁא ארבריץ, כֻּלָּן בְּעַרְבּוּבְיָא, וְכָל שׁוֹרֶשׁ לְעַצְמוֹ נִקְרָא עֵשֶׂב: מזריע זרע. שֶׁיִּגַּדֵּל בּוֹ זַרְעוֹ לִזְרוֹעַ מִמֶּנּוּ בְּמָקוֹם אַחֵר: עץ פרי. שֶׁיְּהֵא טַעַם הָעֵץ כְּטַעַם הַפְּרִי, וְהִיא לֹא עָשְׂתָה כֵּן, אֶלָּא: וַתּוֹצֵא הָאָרֶץ עֵץ עוֹשֶׂה פְּרִי וְלֹא הָעֵץ פְּרִי, לְפִיכָךְ כְּשֶׁנִּתְקַלֵּל אָדָם עַל עֲוֹנוֹ נִפְקְדָה גַּם הִיא עַל עֲוֹנָהּ וְנִתְקַלְּלָה: אשר זרעו בו. הֵן גַּרְעִינֵי כָּל פְּרִי שֶׁמֵּהֶן הָאִילָן צוֹמֵחַ כְּשֶׁנּוֹטְעִין אוֹתוֹ: (יב) ותוצא הארץ וגו'. אַעַ"פּ שֶׁלֹּא נֶאֱמַר לְמִינֵהוּ בִּדְשָׁאִין בְּצִוּוּיֵיהֶן, שָׁמְעוּ שֶׁנִּצְטַוּוּ הָאִילָנוֹת עַל כַּךְ, נָשְׂאוּ קַ"וָ בְּעַצְמָן, כִּמְפוֹרָשׁ בְּאַגָּדָה בִּשְׁחִיטַת חוּלִּין: (יד) יהי מארת וגו'. מִיּוֹם רִאשׁוֹן נִבְרְאוּ וּבָרְבִיעִי צִוָּה עֲלֵיהֶם לְהִתָּלוֹת בָּרָקִיעַ, וְכֵן כָּל תּוֹלְדוֹת שָׁמַיִם וָאָרֶץ נִבְרְאוּ מִיּוֹם רִאשׁוֹן, וְכָל אֶחָד וְאֶחָד נִקְבַּע בַּיּוֹם שֶׁנִּגְזַר עָלָיו, הוּא שֶׁכָּתוּב: אֵת הַשָּׁמַיִם, לְרַבּוֹת תּוֹלְדוֹתֵיהֶם, וְאֵת הָאָרֶץ, לְרַבּוֹת תּוֹלְדוֹתֶיהָ: יהי מארת. חָסֵר וָי"ו כְּתִיב, עַל שֶׁהוּא יוֹם מְאֵרָה לִפּוֹל אַסְכָּרָה בְּתִינוֹקוֹת, הוּא שֶׁשָּׁנִינוּ: בְּדֵ' הָיוּ מִתְעַנִּים עַל אַסְכָּרָה שֶׁלֹּא תִפּוֹל בְּתִינוֹקוֹת: להבדיל בין היום ובין הלילה. מִשֶּׁנִּגְנַז הָאוֹר הָרִאשׁוֹן, אֲבָל בְּשִׁבְעַת יְמֵי בְרֵאשִׁית שִׁמְּשׁוּ הָאוֹר וְהַחֹשֶׁךְ הָרִאשׁוֹנִים יַחַד בֵּין בַּיּוֹם וּבֵין בַּלָּיְלָה: והיו לאותות. כְּשֶׁהַמְּאוֹרוֹת לוֹקִין, סִימָן רַע הוּא לָעוֹלָם, שֶׁנֶּאֱמַר: מֵאוֹתוֹת הַשָּׁמַיִם אַל תֵּחָתּוּ (ירמיה י'), בַּעֲשׂוֹתְכֶם רְצוֹן הַקָּבָּ"ה אֵין אַתֶּם צְרִיכִין לִדְאֹג מִן הַפּוּרְעָנוּת: ולמועדים. עַל שֵׁם הֶעָתִיד, שֶׁעֲתִידִים יִשְׂרָאֵל לְהִצְטַוּוֹת עַל הַמּוֹעֲדוֹת

saw that it was good. 11 And God said, The earth shall sprout forth
sprouts, herb yielding seed, fruit tree yielding fruit after its kind,
whose seed is in itself, upon the earth: and it was so. 12 And the earth
brought forth sprouts, herb yielding seed after its kind, and tree yielding
fruit, whose seed was in itself after its kind: and God saw that it was
good. 13 And it was evening and it was morning, a third day. 14 And God
said, Be there luminaries in the expanse of the heaven to cause a division
between the day and the night; and they shall be for signs, and for ap-

רש"י

immovable, amazed at the rebuke of one who terrifies him. בתוך המים IN THE MIDST OF THE WATERS — In the *exact* centre of the waters; because there is the *same* distance between the upper waters and the firmament as there is between the firmament and the waters that are upon the earth. Thus you may infer that they (the upper waters) are suspended *in space* by the command of the King. **(7)** ויעש אלהים את הרקיע AND GOD MADE THE EXPANSE — He put it in proper condition in its place: this is the meaning of "making" it. Similarly (Deut. XXI. 12) ועשתה את צפרניה "And she shall let grow[1]) (lit., make) her nails". מעל לרקיע ABOVE THE EXPANSE — It is not said here על הרקיע "upon the firmament", but מעל "*hanging* from above", because they (the waters) were suspended in space. Why is it not stated in reference to the work of the second day "that it was good"? Because the work *associated with* water was not completed until the third day — He only began it on the second — and anything that is not completed is not in a state of perfection and at its best (and so cannot be termed "good"). Therefore on the third day when He completed the work *associated with* water and another work was commenced and finished, the words כי טוב are repeated, once in reference to the completion of the work of the second day, and again in reference to the completion of the work of that day. **(8)** ויקרא אלהים לרקיע שמים AND GOD CALLED THE EXPANSE HEAVEN — *The word "*שמים*", Heaven, may be regarded as made up of* שא מים "Carry water", or שם מים "There is water", or אש ומים "Fire and water". He mingled fire with water and of them He made the heavens. **(9)** יקוו המים THE WATERS SHALL BE DRAWN TOGETHER — For they were *then* spread over the surface of the whole earth, and He *now* gathered them together into *what now constitutes* the Ocean, which is the largest of all seas. **(10)** קרא ימים CALLED HE SEAS — But does it not form one *great* sea? But *it speaks of seas* because the taste of fish which comes up from the sea at Acco is not the same[2]) as the taste of fish which comes up from the sea at Aspamia[3]). **(11)** תדשא הארץ דשא עשב THE EARTH SHALL SPROUT FORTH SPROUTS, HERB — דשא does not mean the same as עשב nor does עשב mean the same as דשא so that it is not a correct expression in Biblical Hebrew to say תעשיב הארץ, for the species of דשא are *all* different, each by itself being called this or that עשב, and it would not be linguistically correct for a speaker to say this or that דשא, for by דשא is meant *that which forms* the covering of the ground when it is filled with herbage[4]). תדשא הארץ THE EARTH SHALL SPROUT FORTH [SPROUTS] — Let it be filled and covered with a garment of *different* grasses. In O. F. דשא is called herbaries; *Engl. herbage*, meaning all species of herbs growing together collectively whilst each root by itself is called an עשב. — מזריע זרע YIELDING SEED — that its seed should grow within itself, so that some of it may be sown in another spot. עץ פרי FRUIT TREE — that the taste of the tree be exactly the same as that of the fruit. It did not, however, do this, but (v. 13) "the earth brought forth a tree yielding fruit" and the tree itself was not a fruit; therefore when Adam was cursed on account of his sin, it (the earth) was also visited (because of its sin) and was cursed also. אשר זרעו בו WHOSE SEED IS IN ITSELF — This refers to the kernels of each kind of fruit from which the tree grows when they are planted. **(12)** ותוצא הארץ וגו׳ AND THE EARTH BROUGHT FORTH etc. — Although the *expression* למינהו, according to its

NOTES

For Notes 1—4 see Appendix.

בראשית א

וּלְיָמִים וְשָׁנִים: טו וְהָיוּ לִמְאוֹרֹת בִּרְקִיעַ הַשָּׁמַיִם לְהָאִיר עַל־הָאָרֶץ וַיְהִי־כֵן: טז וַיַּעַשׂ אֱלֹהִים אֶת־שְׁנֵי הַמְּאֹרֹת הַגְּדֹלִים אֶת־הַמָּאוֹר הַגָּדֹל לְמֶמְשֶׁלֶת הַיּוֹם וְאֶת־הַמָּאוֹר הַקָּטֹן לְמֶמְשֶׁלֶת הַלַּיְלָה וְאֵת הַכּוֹכָבִים: יז וַיִּתֵּן אֹתָם אֱלֹהִים בִּרְקִיעַ הַשָּׁמָיִם לְהָאִיר עַל־הָאָרֶץ: יח וְלִמְשֹׁל בַּיּוֹם וּבַלַּיְלָה וּלֲהַבְדִּיל בֵּין הָאוֹר וּבֵין הַחֹשֶׁךְ וַיַּרְא אֱלֹהִים כִּי־טוֹב: יט וַיְהִי־עֶרֶב וַיְהִי־בֹקֶר יוֹם רְבִיעִי: פ

כ וַיֹּאמֶר אֱלֹהִים יִשְׁרְצוּ הַמַּיִם שֶׁרֶץ נֶפֶשׁ חַיָּה וְעוֹף יְעוֹפֵף עַל־הָאָרֶץ עַל־פְּנֵי רְקִיעַ הַשָּׁמָיִם: כא וַיִּבְרָא אֱלֹהִים אֶת־הַתַּנִּינִם הַגְּדֹלִים וְאֵת כָּל־נֶפֶשׁ הַחַיָּה ׀

אונקלוס

וּלְזִמְנִין וּלְמִמְנֵי בְהוֹן יוֹמִין וּשְׁנִין: טו וִיהוֹן לִנְהוֹרִין בִּרְקִיעָא דִשְׁמַיָּא לְאַנְהָרָא עַל אַרְעָא וַהֲוָה כֵן: טז וַעֲבַד יְיָ יָת תְּרֵין נְהוֹרַיָּא רַבְרְבַיָּא יָת נְהוֹרָא רַבָּא לְמִשְׁלַט בִּימָמָא וְיָת נְהוֹרָא זְעֵרָא לְמִשְׁלַט בְּלֵילְיָא וְיָת כּוֹכְבַיָּא: יז וִיהַב יָתְהוֹן יְיָ בִּרְקִיעָא דִשְׁמַיָּא לְאַנְהָרָא עַל אַרְעָא: יח וּלְמִשְׁלַט בִּימָמָא וּבְלֵילְיָא וּלְאַפְרָשָׁא בֵּין נְהוֹרָא וּבֵין חֲשׁוֹכָא וַחֲזָא יְיָ אֲרֵי טָב: יט וַהֲוָה רְמַשׁ וַהֲוָה צְפַר יוֹם רְבִיעָאי: כ וַאֲמַר יְיָ יִרְחֲשׁוּן מַיָּא רְחֵשׁ נַפְשָׁא חַיְתָא וְעוֹפָא יְפָרַח עַל אַרְעָא עַל אַפֵּי רְקִיעָא דִשְׁמַיָּא: כא וּבְרָא יְיָ יָת תַּנִּינַיָּא רַבְרְבַיָּא וְיָת כָּל נַפְשָׁא

רש"י

וְהֵם נְמָנִים לְמוֹלַד הַלְּבָנָה: וּלְיָמִים. שִׁמּוּשׁ הַחַמָּה חֲצִי יוֹם וְשִׁמּוּשׁ הַלְּבָנָה חֶצְיוֹ, הֲרֵי יוֹם שָׁלֵם: וְשָׁנִים. לְסוֹף שס"ה יָמִים (ס"א ורביע יום) יִגָמְרוּ מַהֲלָכְתָם בִּי"ב מַזָּלוֹת הַמְשָׁרְתִים אוֹתָם, וְהִיא שָׁנָה, וְחוֹזְרִים וּמַתְחִילִים פַּעַם שְׁנִיָּה לְסַבֵּב בַּגַּלְגַּל כְּמַהֲלָכָן הָרִאשׁוֹן: (טז) וִיהִי לִמְאוֹרֹת. עוֹד זֹאת יְשַׁמֵּשׁוּ, שֶׁיָּאִירוּ לָעוֹלָם: (טז) הַמְּאֹרֹת הַגְּדֹלִים. שָׁוִים נִבְרְאוּ וְנִתְמַעֲטָה הַלְּבָנָה עַל שֶׁקִּטְרְגָה וְאָמְרָה אֶ"אַ לִשְׁנֵי מְלָכִים שֶׁיִּשְׁתַּמְּשׁוּ בְּכֶתֶר אֶחָד. וְאֵת הַכּוֹכָבִים. עַל יְדֵי שֶׁמִּעֵט אֶת הַלְּבָנָה הִרְבָּה צְבָאֶיהָ לְהָפִיס דַּעְתָּהּ: (כ) נֶפֶשׁ חַיָּה. שֶׁיְּהֵא בָהּ חַיּוּת: שֶׁרֶץ. כָּל דָּבָר חַי שֶׁאֵינוֹ גָבוֹהַּ מִן הָאָרֶץ קָרוּי שֶׁרֶץ. בָּעוֹף כְּגוֹן זְבוּבִים. בִּשְׁקָצִים. כְּגוֹן נְמָלִים וְחִפּוּשִׁים וְתוֹלָעִים. בַּבְּרִיּוֹת. כְּגוֹן חֹלֶד וְעַכְבָּר וְחֹמֶט וְכַיּוֹצֵא בָהֶם, וְכָל הַדָּגִים: (כא) הַתַּנִּינִם. דָּגִים גְּדוֹלִים שֶׁבַּיָּם. וּבְדִבְרֵי אַגָּדָה הוּא לִוְיָתָן וּבֶן זוּגוֹ שֶׁבְּרָאָם זָכָר וּנְקֵבָה וְהָרַג אֶת הַנְּקֵבָה וּמְלָחָהּ לַצַּדִּיקִים לֶעָתִיד לָבֹא. שֶׁאִם יִפְרוּ וְיִרְבּוּ לֹא יִתְקַיֵּם הָעוֹלָם בִּפְנֵיהֶם: נֶפֶשׁ חַיָּה. שֶׁיֵּשׁ בָּהּ חַיּוּת:

pointed seasons, and for days, and years. 15 And they shall be for lumi-
naries in the expanse of the heaven to give light upon the earth: and
it was so. 16 And God made the two great luminaries, the great luminary
to rule the day, and the small luminary to rule the night and the stars.
17 And God set them in the expanse of the heaven to give light upon the
earth. 18 And to rule during the day and during the night, and to cause
a division between the light and the darkness: and God saw that it was
good. 19 And it was evening and it was morning, a fourth day. 20 And God
said, The waters shall bring forth abundantly the prolific creature, a
living soul, and fowl that may fly above the earth in the face of the
expanse of heaven. 21 And God created the great huge creatures, and every

רש"י

kind, was not used when the various kinds of herbage were bidden *to come forth*, they heard that the trees were so commanded and they applied to themselves the argument à fortiore (ק"ו[1]), as it is explained in an Aggadic passage in Chullin (60a). **(14)** יהי מארת BE THERE LUMINARIES — They had been created on the first day, but on the fourth He commanded them to be suspended in the firmament (Chag. 12a). Indeed, all the productions of heaven and earth were created on the first day, but each of them was put in its place on that day when it was so commanded. In reference to this it is written את השמים (v. 1) *In the beginning God created that which was* את with the heavens etc., in order to include all the productions of heaven, ואת הארץ to include all its (the earth's) productions. יהי מארת — The word is written without the ו *after the* א (so that it may be read מארת curses), because it is a cursed day when children are liable to suffer from croup[2]). In reference to this we read (in Taan. 27b): On the fourth day of the week they used to fast to avert croup from the children. להבדיל בין היום ובין הלילה TO CAUSE A DIVISION BETWEEN THE DAY AND THE NIGHT — *This took place* after the primeval (divine) light was conserved for the righteous; but during the first seven [another reading is "three"] days of Creation the primeval light and darkness functioned together both by day and by night. והיו לאותות AND THEY SHALL BE FOR SIGNS — When the *heavenly* luminaries are eclipsed it is *a sign* of ill-omen for the world, as it is written, (Jerem. X. 2) "Be not dismayed at the signs of heaven" — when you carry out the will of the Holy One, blessed be He, you need apprehend no calamity. ולמועדים AND FOR SEASONS (FESTIVALS) — *This is written* with a view to the future when Israel would receive command regarding the festivals which would be calculated from the time of the lunar conjunction. ולימים AND FOR DAYS — The sun functions half a day and the moon the other half — together a full day. ושנים AND FOR YEARS — At the end of three hundred and sixty five days [another version: $365^1/_4$] they complete their course through the twelve signs of the Zodiac that attend them, and that is one year [another version: and this makes $365^1/_4$ days]; they then begin to revolve a second time in a circle similar to their first cycle. **(15)** והיו למאורות AND LET THEM BE FOR LIGHTS — They shall serve also this purpose, namely, to give light to the world. **(16)** המאורות הגדולים THE GREAT LUMINARIES — They were created of equal size, but that of the moon was diminished because she complained and said, "It is impossible for two kings to make use of one crown" (Chul. 60b). ואת הכוכבים AND THE STARS — Because He diminished the moon, He increased its *attendant* hosts to mollify it (Gen. R. 6). **(20)** נפש חיה LIVING CREATURES — *Creatures* that shall have vitality. שרץ Every living creature that does not rise much above the ground is called שרץ, e. g., of winged *creatures* — flies; of abominable *creatures* — ants, beetles and worms; of *larger* creatures — the mole, snail and others of the same kind, and all fishes. **(21)** התנינים THE HUGE CREATURES — the large fishes that are in the sea; and according to the statement of the Agada (B. Bath. 74b) it means here the Leviathan

NOTES

For Notes 1, 2 see Appendix.

בראשית א

הָרֹמֶשֶׂת אֲשֶׁר שָׁרְצוּ הַמַּיִם לְמִינֵהֶם וְאֵת כָּל־עוֹף כָּנָף לְמִינֵהוּ וַיַּרְא אֱלֹהִים כִּי־טוֹב: כב וַיְבָרֶךְ אֹתָם אֱלֹהִים לֵאמֹר פְּרוּ וּרְבוּ וּמִלְאוּ אֶת־הַמַּיִם בַּיַּמִּים וְהָעוֹף יִרֶב בָּאָרֶץ: כג וַיְהִי־עֶרֶב וַיְהִי־בֹקֶר יוֹם חֲמִישִׁי: פ שלישי

כד וַיֹּאמֶר אֱלֹהִים תּוֹצֵא הָאָרֶץ נֶפֶשׁ חַיָּה לְמִינָהּ בְּהֵמָה וָרֶמֶשׂ וְחַיְתוֹ־אֶרֶץ לְמִינָהּ וַיְהִי־כֵן: כה וַיַּעַשׂ אֱלֹהִים אֶת־חַיַּת הָאָרֶץ לְמִינָהּ וְאֶת־הַבְּהֵמָה לְמִינָהּ וְאֵת כָּל־רֶמֶשׂ הָאֲדָמָה לְמִינֵהוּ וַיַּרְא אֱלֹהִים כִּי־טוֹב: כו וַיֹּאמֶר אֱלֹהִים נַעֲשֶׂה אָדָם

אונקלוס

חֵיוָתָא דְּרַחֲשָׁא דִּי אַרְחִישׁוּ מַיָּא לִזְנֵיהוֹן וְיָת כָּל עוֹפָא דְּפָרַח לִזְנוֹהִי וַחֲזָא יְיָ אֲרֵי טָב: כב וּבָרֵיךְ יָתְהוֹן יְיָ לְמֵימָר פּוּשׁוּ וּסְגוּ וּמְלוֹ יָת מַיָּא בְּיַמְמַיָּא וְעוֹפָא יִסְגֵּי בְּאַרְעָא: כג וַהֲוָה רְמַשׁ וַהֲוָה צְפַר יוֹם חֲמִישָׁאי: כד וַאֲמַר יְיָ תַּפֵּיק אַרְעָא נַפְשָׁא חַיְתָא לִזְנַהּ בְּעִיר וְרִחְשָׁא וְחֵיוַת אַרְעָא לִזְנַהּ וַהֲוָה כֵן: כה וַעֲבַד יְיָ יָת חֵיוַת אַרְעָה לִזְנַהּ וְיָת בְּעִירָא לִזְנַהּ וְיָת כָּל רִחְשָׁא דְאַרְעָא לִזְנוֹהִי וַחֲזָא יְיָ אֲרֵי טָב: כו וַאֲמַר יְיָ נַעֲבֵיד אֱנָשָׁא בְּצַלְמָנָא כִּדְמוּתָנָא וְיִשְׁלְטוּן בְּנוּנֵי יַמָּא

רש"י

(כב) ויברך אותם. לפי שממעטרים אותם וצדין מהם ואוכלין אותם, הוצרכו לברכה, ואף החיות הוצרכו לברכה, אלא מפני הנחש שעתיד לקללה, לכך לא ברכן שלא יהא הוא בכלל: פרו. ל' פרי כלו' עשו פירות. ורבו. אם לא אמר אלא פרו, היה אחד מוליד אחד ולא יותר, ובא ורבו, שאחד מוליד הרבה: (כד) תוצא הארץ. הוא שפירשתי שהכל נברא מיום ראשון, ולא הוצרכו אלא להוציאם: נפש חיה. שיש בה חיות: ורמש. הם שרצים, שהם נמוכים ורומשים על הארץ ונראים כאלו נגררים שאין הילוכן ניכר. כל לשון רמש ושרץ בלשוננו קונמו"בריש בלע"ז: (כה) ויעש. תקנם בצביונם ובקומתן: (כו) נעשה אדם. ענותנותו של הקב"ה למדונו מכאן, לפי שאדם בדמות המלאכים ויתקנאו בו, לפיכך נמלך בהם, וכשהוא דן את המלכים הוא נמלך בפמליא שלו, שכן מצינו באחאב, שאמר לו מיכה: ראיתי את ה' יושב על כסאו וכל צבא השמים עומדים עליו מימינו ומשמאלו (מ"א כ"ב). וכי יש ימין ושמאל לפניו? אלא אלו מימינים לזכות ואלו משמאילין לחובה. וכן: בגזרת עירין פתגמא ובמאמר קדישין שאלתא (דניאל ד'). אף כאן בפמליא שלו נטל רשות, אמר להם: יש בעליונים כדמותי, אם אין כדמותי בתחתונים, הרי יש קנאה במעשה בראשית: נעשה אדם. אע"פ שלא סייעוהו ביצירתו, ויש מקום למינים לרדות, לא נמנע הכתוב מללמד דרך ארץ ומדת ענוה

living soul that creepeth, which the waters brought forth abundantly,
after their kinds, and every winged fowl after its kind: and God saw
that it was good. 22 And God blessed them, saying, Be fruitful, and mul-
tiply, and fill the waters in the seas, and the fowl shall multiply on the
earth. 23 And it was evening and it was morning, a fifth day. 24 And God
said, The earth shall bring forth the living soul, after its kind, beast, and
creeping thing, and animal of the earth after their kind: and it was so.
25 And God made the animal of the earth after its kind, and beasts after
their kind, and every thing that creepeth upon the ground after
its kind: and God saw that it was good. 26 And God said, We will make

רש"י

and its consort which He created male and female. He, however, killed the female and preserved it in salt for the benefit of the righteous in the time to come, for had they been *permitted to be* fruitful and to multiply the world could not have endured because of them. נפש חיה — that have vitality. **(22)** ויברך אותם AND HE BLESSED THEM — Because people decreased their number, hunting them and eating them, they needed a blessing; *it is true that* beasts also were in need of a blessing, but on account of the serpent that was to be cursed in the future, He did not bless them, in order that it might not be included in the blessing. פרו BE FRUITFUL — פרו is of the same root as פרי, and means bring forth f r u i t. ורבו AND MULTIPLY — Had He said "Be fruitful" only, one *creature* might have brought forth a single one, and no more, therefore He added ורבו "and multiply", *implying* that one should bring forth m a n y. **(24)** תוצא הארץ THE EARTH SHALL BRING FORTH — That is what I have explained (v. 14) that all things were created on the first day, and it was only necessary to bring them forth *from the ground*. נפש חיה — that have vitality. ורמש — *It means* creeping swarms that creep low upon the ground; they appear as though they are dragged along, for how they move is not discernible. What we call רמש and שרץ in our (Hebrew) language, they call in O. F. mouvoir; *Engl. to move*. **(25)** ויעש AND HE MADE — He formed them with their full volition and in their full stature (Chul. 60a). **(26)** נעשה אדם WE WILL MAKE MAN — The meekness of the Holy One, blessed be He, they (the Rabbis) learned from here: because the man is in the likeness of the angels and they might envy him, therefore He took counsel with them (see Gen. R. 8). And when He judges the kings He *likewise* consults His heavenly council, for thus we find in the case of Ahab to whom Micha said, (1 Kings XXII. 19) "I saw the Lord sitting on His throne, and all the host of heaven standing by Him on His right hand and on His left." Has God, then, a right hand and a left hand? But *it means that* some stood on the right side to plead in favour of the accused and others stood on the left side to accuse; and similarly we read (Dan. IV. 14), "the matter is by the decree of the watchers, and the sentence by the word of the holy ones", — here, also, He consulted His heavenly council and asked permission of them, saying to them: "There are in the heavens *beings* after My likeness; if there will not be on earth *also beings* after My likeness, there will be envy among the beings that I have created." נעשה אדם WE WILL MAKE MAN — Although they did not assist Him in forming him (the man) and although this *use of the plural* may give the heretics an occasion to rebel (i. e. to argue in favour of their own views), yet the verse does not refrain from

בְּצַלְמֵנוּ כִּדְמוּתֵנוּ וְיִרְדּוּ בִדְגַת הַיָּם וּבְעוֹף הַשָּׁמַיִם
וּבַבְּהֵמָה וּבְכָל־הָאָרֶץ וּבְכָל־הָרֶמֶשׂ הָרֹמֵשׂ עַל־
הָאָרֶץ: כז וַיִּבְרָא אֱלֹהִים ׀ אֶת־הָאָדָם בְּצַלְמוֹ בְּצֶלֶם
אֱלֹהִים בָּרָא אֹתוֹ זָכָר וּנְקֵבָה בָּרָא אֹתָם: כח וַיְבָרֶךְ
אֹתָם אֱלֹהִים וַיֹּאמֶר לָהֶם אֱלֹהִים פְּרוּ וּרְבוּ וּמִלְאוּ
אֶת־הָאָרֶץ וְכִבְשֻׁהָ וּרְדוּ בִּדְגַת הַיָּם וּבְעוֹף הַשָּׁמַיִם
וּבְכָל־חַיָּה הָרֹמֶשֶׂת עַל־הָאָרֶץ: כט וַיֹּאמֶר אֱלֹהִים
הִנֵּה נָתַתִּי לָכֶם אֶת־כָּל־עֵשֶׂב ׀ זֹרֵעַ זֶרַע אֲשֶׁר עַל־
פְּנֵי כָל־הָאָרֶץ וְאֶת־כָּל־הָעֵץ אֲשֶׁר־בּוֹ פְרִי־עֵץ זֹרֵעַ

אונקלוס

וּבְעוֹפָא דִשְׁמַיָּא וּבִבְעִירָא וּבְכָל־אַרְעָא וּבְכָל־רִחְשָׁא דְרָחֵשׁ עַל אַרְעָא: כז וּבְרָא
יְיָ יָת־אָדָם בְּצַלְמֵהּ בִּצְלֵם אֱלָהִין בְּרָא יָתֵהּ דְּכַר וְנוּקְבָא בְּרָא יָתְהוֹן:
כח וּבָרֵיךְ יָתְהוֹן יְיָ וַאֲמַר לְהוֹן יְיָ פּוּשׁוּ וּסְגוּ וּמְלוּ יָת אַרְעָא וּתְקוּפוּ עֲלַהּ
וּשְׁלוּטוּ בְּנוּנֵי יַמָּא וּבְעוֹפָא דִשְׁמַיָּא וּבְכָל חַיְתָא דְּרָחְשָׁא עַל אַרְעָא: כט וַאֲמַר
יְיָ הָא יְהָבִית לְכוֹן יָת כָּל עִסְבָּא דְּבַר זַרְעֵהּ מִזְדְּרַע דִּי עַל אַפֵּי כָל אַרְעָא
וְיָת כָּל אִילָנָא דִּי בֵהּ פֵּירֵי אִילָנָא דְּבַר זַרְעֵהּ מִזְדְּרַע לְכוֹן יְהֵא לְמֵיכָל:

רש״י

שֶׁיְּהֵא הַגָּדוֹל נִמְלָךְ וְנוֹטֵל רְשׁוּת מִן הַקָּטָן; וְאִם כָּתַב: אֶעֱשֶׂה אָדָם, לֹא לִמְּדָנוּ שֶׁיְּהֵא מְדַבֵּר עִם בֵּית דִּינוֹ, אֶלָּא עִם עַצְמוֹ, וּתְשׁוּבַת הַמִּינִים כָּתַב בְּצִדּוֹ: וַיִּבְרָא אֶת־הָאָדָם, וְלֹא כָתַב: וַיִּבְרְאוּ: בצלמנו. בִּדְפוּס שֶׁלָּנוּ. כדמותנו. לְהָבִין וּלְהַשְׂכִּיל: וירדו בדגת הים. יֵשׁ בַּלָּשׁוֹן הַזֶּה לְשׁוֹן רִידּוּי וּלְשׁוֹן יְרִידָה; זָכָה, רוֹדֶה בַּחַיּוֹת וּבַבְּהֵמוֹת, לֹא זָכָה, נַעֲשֶׂה יָרוּד לִפְנֵיהֶם וְהַחַיָּה מוֹשֶׁלֶת בּוֹ: (כז) ויברא אלהים את האדם בצלמו. בִּדְפוּס הֶעָשׂוּי לוֹ, שֶׁהַכֹּל נִבְרָא בְּמַאֲמָר וְהוּא נִבְרָא בְּיָדַיִם שֶׁנֶּאֱמַר: וַתָּשֶׁת עָלַי כַּפֶּכָה (תה׳ קל״ט); נַעֲשָׂה בְחוֹתָם כְּמַטְבֵּעַ הָעֲשׂוּיָה עַל יְדֵי רוֹשֶׁם שֶׁקּוֹרִין קוין בלע״ז. וְכֵן הוּא אוֹמֵר. תִּתְהַפֵּךְ כְּחוֹמֶר חוֹתָם (איוב ל״ח): בצלם אלהים ברא אותו. פֵּירֵשׁ לְךָ, שֶׁאוֹתוֹ צֶלֶם הַמְתוּקָּן לוֹ, צֶלֶם דְּיוֹקָן יוֹצְרוֹ הוּא: זכר ונקבה ברא אותם. וּלְהַלָּן הוּא אוֹמֵר: וַיִּקַּח אַחַת מִצַּלְעוֹתָיו וגו׳ (בר׳ ב׳)? מִדְרַשׁ אַגָּדָה: שֶׁבְּרָאוֹ שְׁנֵי פַרְצוּפִים בִּבְרִיאָה רִאשׁוֹנָה, וְאַחַר כָּךְ חִלְּקוֹ. וּפְשׁוּטוֹ שֶׁל מִקְרָא: כָּאן הוֹדִיעֲךָ שֶׁנִּבְרְאוּ שְׁנֵיהֶם בַּשִּׁשִּׁי וְלֹא פֵי׳ לְךָ כֵּיצַד בְּרִיָּיתָן, וּפֵירֵשׁ לְךָ בְּמָקוֹם אַחֵר: (כח) וכבשה. חָסֵר וָי״ו לְלַמֶּדְךָ שֶׁהַזָּכָר כּוֹבֵשׁ אֶת הַנְּקֵבָה, שֶׁלֹּא תְהֵא יַצְאָנִית; וְעוֹד לְלַמֶּדְךָ: שֶׁהָאִישׁ שֶׁדַּרְכּוֹ לִכְבּוֹשׁ מְצֻוֶּה עַל פְּרִיָּה וּרְבִיָּה וְלֹא הָאִשָּׁה: (כט) לכם יהיה לאכלה. ולכל חית הארץ. הִשְׁוָה לָהֶם בְּהֵמוֹת וְחַיּוֹת לְמַאֲכָל, וְלֹא הִרְשָׁה לְאָדָם וּלְאִשְׁתּוֹ לְהָמִית בְּרִיָּה וְלֶאֱכוֹל בָּשָׂר, אַךְ כָּל יֶרֶק עֵשֶׂב יֹאכְלוּ יַחַד כֻּלָּם, וּכְשֶׁבָּאוּ בְנֵי נֹחַ הִתִּיר לָהֶם בָּשָׂר, שֶׁנֶּאֱמַר: כָּל רֶמֶשׂ אֲשֶׁר הוּא חַי וגו׳ כְּיֶרֶק עֵשֶׂב שֶׁהִתַּרְתִּי

man in our image, after our likeness: and they shall have dominion over
the fish of the sea, and over the fowl of the heaven, and over the beasts,
and over all the earth, and over every creeping thing upon the earth.
27So God created the man in his own image, in the image of God created
he him; male and female created he them. 28And God blessed them, and
God said unto them, Be fruitful and multiply, and fill the earth, and
subdue it: and have dominion over the fish of the sea, and over the
fowl of the heaven, and over every animal that creepeth upon the earth.
29And God said, Behold, I have given you every herb bearing seed, which
is upon the face of all the earth, and every tree in which is the fruit of a

רש"י

teaching proper conduct and the virtue of humbleness, namely, that the greater should consult, and take permission from the smaller; for had it been written, "I shall make man", we could not, then, have learned that He spoke to His judicial council but to Himself. And as a refutation of the heretics it is written immediately after this verse "And God created the man", and it is not written "and they created". בצלמנו IN OUR IMAGE — in our type. כדמותנו AFTER OUR LIKENESS — with the power to comprehend and to discern. וירדו בדגת הים AND THEY SHALL HAVE DOMINION OVER THE FISH . . . [AND OVER THE BEASTS] — The expression וירדו may imply dominion as well as descending[1]) — if he is worthy he dominates over the beasts and cattle, if he is not worthy he will sink lower than them, and the beast will rule over him. **(27)** ויברא אלהים את האדם בצלמו SO GOD CREATED THE MAN IN HIS IMAGE — in the type that was *specially* made for him[2]), for everything *else* was created by a creative fiat, whilst he was brought into existence by a creative act (lit., by hand), as it is said (Ps. CXXXIX. 5) "And Thou hast laid thy hand upon me." He was made by a seal as a coin that is made by a die that is called in O. F. coin. It is similarly said, (Job XXXVIII. 14) "it is changed as clay under the seal". בצלם אלהים ברא אותו IN THE IMAGE OF GOD CREATED HE HIM — It explains to you that the form prepared for him was the form of the image of his Creator. זכר ונקבה ברא אותם MALE AND FEMALE CREATED HE THEM — And further on (II. 21) it is said: "and He took one of his ribs etc." (The two passages appear to be contradictory.) But according to a Midrashic explanation, (Erub. 18a) He created him at first with two faces, and afterwards He divided him. But the real sense of the verse is: here it tells you that both of them were created on the sixth day, but it does not explain to you how their creation took place; this it explains to you in another place (II. 8). **(28)** וכבשה AND SUBDUE IT — *The word* lacks a ו *after the* ש *so that it may be read as meaning: and subdue her (i. e. the woman)*, thereby teaching you that the male controls the female in order that she may not become a gad-about; teaching you also that to the man, whose nature is to master, was given the *Divine* command to have issue, and not to the woman. **(29)** לכם יהיה לאכלה TO YOU IT SHALL BE FOR FOOD **(30)** ולכל חית הארץ AND TO EVERY BEAST OF THE EARTH — Scripture places cattle and beasts on a level with them (human beings: that is, it places all alike in the same category) with regard to food, and did not permit Adam to kill any creature and eat *its* flesh, but all alike were to eat herbs. But when the era of the "Sons of Noah"[3]) began, He permitted them to eat meat, for it is said, (Gen. IX. 3) "every moving thing that lives should be for food for yourselves . . . "even as the herb" that I permitted to the first man,

NOTES

1) Depending upon the reading וְיִרְדּוּ or וְיֵרְדוּ.

2) בצלמו does not mean His image for בצלם אלהים signifies that.

3) a term denoting all mankind prior to Sinaitic legislation and all Non-Israelites after the Giving of the Torah.

זֶרַע לָכֶם יִהְיֶה לְאָכְלָה׃ ל וּלְכָל־חַיַּת הָאָרֶץ וּלְכָל־
עוֹף הַשָּׁמַיִם וּלְכֹל ׀ רוֹמֵשׂ עַל־הָאָרֶץ אֲשֶׁר־בּוֹ נֶפֶשׁ
חַיָּה אֶת־כָּל־יֶרֶק עֵשֶׂב לְאָכְלָה וַיְהִי־כֵן׃ לא וַיַּרְא
אֱלֹהִים אֶת־כָּל־אֲשֶׁר עָשָׂה וְהִנֵּה־טוֹב מְאֹד וַיְהִי־
עֶרֶב וַיְהִי־בֹקֶר יוֹם הַשִּׁשִּׁי׃ פ
ב א וַיְכֻלּוּ הַשָּׁמַיִם וְהָאָרֶץ וְכָל־צְבָאָם׃ ב וַיְכַל אֱלֹהִים
בַּיּוֹם הַשְּׁבִיעִי מְלַאכְתּוֹ אֲשֶׁר עָשָׂה וַיִּשְׁבֹּת בַּיּוֹם
הַשְּׁבִיעִי מִכָּל־מְלַאכְתּוֹ אֲשֶׁר עָשָׂה׃ ג וַיְבָרֶךְ אֱלֹהִים
אֶת־יוֹם הַשְּׁבִיעִי וַיְקַדֵּשׁ אֹתוֹ כִּי בוֹ שָׁבַת מִכָּל־
מְלַאכְתּוֹ אֲשֶׁר־בָּרָא אֱלֹהִים לַעֲשׂוֹת׃ פ

רביעי (ולספרדים שני).

ד אֵלֶּה תוֹלְדוֹת הַשָּׁמַיִם וְהָאָרֶץ בְּהִבָּרְאָם בְּיוֹם

ס ה זעירא

אונקלוס

ל וּלְכָל חֵיוַת אַרְעָא וּלְכָל עוֹפָא דִשְׁמַיָּא וּלְכֹל דְּרָחֵישׁ עַל אַרְעָא דִּי בֵהּ נַפְשָׁא
חַיְתָא יָת כָּל יְרוֹק עִסְבָּא לְמֵיכַל וַהֲוָה כֵן׃ לא וַחֲזָא יְיָ יָת כָּל דִּי עֲבַד וְהָא
תַקִּין לַחֲדָא וַהֲוָה רְמַשׁ וַהֲוָה צְפַר יוֹם שְׁתִיתָאי׃ א וְאִשְׁתַּכְלָלוּ שְׁמַיָּא וְאַרְעָא
וְכָל חֵילֵיהוֹן׃ ב וְשֵׁיצִי יְיָ בְּיוֹמָא שְׁבִיעָאָה עֲבִדְתֵּהּ דִּי עֲבַד וְנָח בְּיוֹמָא שְׁבִיעָאָה
מִכָּל עֲבִדְתֵּהּ דִּי עֲבָד׃ ג וּבָרִיךְ יְיָ יָת יוֹמָא שְׁבִיעָאָה וְקַדֵּישׁ יָתֵהּ אֲרֵי בֵהּ נָח
מִכָּל עֲבִדְתֵּהּ דִּי בְרָא יְיָ לְמֶעְבַּד׃ ד אִלֵּין תּוֹלְדַת שְׁמַיָּא וְאַרְעָא כַּד־אִתְבְּרִיאוּ

רש"י

לְאָדָם הָרִאשׁוֹן נָתַתִּי לָכֶם אֶת כֹּל: (לא) יום הששי. הוֹסִיף הֵ' בַּשִּׁשִּׁי בִּגְמַר מַעֲשֵׂה בְרֵאשִׁית, לוֹמַר: שֶׁהִתְנָה עִמָּהֶם, עַל מְנָת שֶׁיְּקַבְּלוּ עֲלֵיהֶם יִשְׂרָאֵל חֲמִשָּׁה חוּמְשֵׁי תוֹרָה. דָּבָר אַחֵר: יוֹם הַשִּׁשִּׁי, כֻּלָּם תְּלוּיִם וְעוֹמְדִים עַד יוֹם הַשִּׁשִּׁי, הוּא ו' בְּסִיוָן (הַמּוּכָן לְמַתַּן תּוֹרָה):

ב (ב) ויכל אלהים ביום השביעי. רַ' שִׁמְעוֹן אוֹמֵר: בָּשָׂר וָדָם, שֶׁאֵינוֹ יוֹדֵעַ עִתָּיו וּרְגָעָיו צָרִיךְ לְהוֹסִיף מֵחוֹל עַל הַקֹּדֶשׁ, הַקָּבָּ"ה, שֶׁיּוֹדֵעַ עִתָּיו וּרְגָעָיו, נִכְנַס בּוֹ כְּחוּט הַשַּׂעֲרָה, וְנִרְאֶה כְּאִלּוּ כִּלָּה בּוֹ בַּיּוֹם. דָּ"אַ: מַה הָיָה הָעוֹלָם חָסֵר? מְנוּחָה, בָּאת שַׁבָּת בָּאת מְנוּחָה, כָּלְתָה וְנִגְמְרָה הַמְּלָאכָה: (ג) ויברך, ויקדש. בֵּרְכוֹ בַמָּן, שֶׁכָּל יְמוֹת הַשָּׁבוּעַ יוֹרֵד לָהֶם עֹמֶר לַגֻּלְגֹּלֶת, וּבַשִּׁשִּׁי לֶחֶם מִשְׁנֶה, וְקִדְּשׁוֹ בַמָּן, שֶׁלֹּא יָרַד כְּלָל בַּשַּׁבָּת, וְהַמִּקְרָא כָּתוּב עַל הֶעָתִיד: אשר ברא אלהים לעשות. הַמְּלָאכָה שֶׁהָיְתָה רְאוּיָה לַעֲשׂוֹת בַּשַּׁבָּת, כָּפַל וַעֲשָׂאָהּ בַּשִּׁשִּׁי כְּמוֹ שֶׁמְּפוֹרָשׁ בִּבְ"רַ: (ד) אלה. הָאֲמוּרִים לְמַעְלָה: תולדות השמים והארץ בהבראם ביום עשות ה'. לִמֶּדְךָ, שֶׁכֻּלָּם נִבְרְאוּ בָּרִאשׁוֹן. דָּבָר אַחֵר

8 Genesis I. 30—31; II. 1—4

tree yielding seed; to you it shall be for food. 30 And to every animal
of the earth, and to every fowl of the heaven, and to every thing that
creepeth upon the earth, wherein there is a living soul, I have given
every green herb for food: and it was so. 31 And God saw every thing
that he had made, and behold, it was very good. And it was evening and
it was morning, day the sixth.

2. 1 Thus the heaven and the earth were finished, and all the host
of them. 2 And on the seventh day God had finished his work which
he had made: and he rested on the seventh day from all his work
which he had made. 3 And God blessed the seventh day, and sanctified
it: because that in it he rested from all his work which God had
created in order to make it. 4 These are the generations of the
heavens and of the earth when they were created, in the day that

רש"י

so do "I give to you every thing". **(31)** יום הששי THE SIXTH DAY — The letter ה, *the numerical value of which is* 5, is added to the word ששי when the work of Creation was complete, to imply that He made a stipulation with them *that it endures only* upon condition that Israel should accept the five books of the Torah (Sabb. 88a). Another interpretation[1]) *of* יום הששי THE SIXTH DAY — The whole Creation (the Universe) stood in a state of suspense (moral imperfection) until the sixth day — that is, the sixth day of Sivan which was destined to be the day when the Torah would be given to Israel (Ab. Zarah 3a)[1]).

2. **(2)** ויכל אלהים ביום השביעי AND ON THE SEVENTH DAY GOD FINISHED — R. Simeon says: A human being (lit., flesh and blood) who cannot know exactly his times and moments (who cannot accurately determine the point of time that marks the division between one period and that which follows it) must needs add from the week-day *and observe it as* the holy day (the Sabbath), but the Holy One, blessed be He, who knows His times and moments, began it (the seventh day) to a very hair's breadth (with extreme exactness) and it therefore appeared as though He had completed *His work* on that very day. Another explanation: What did the world lack? Rest! Sabbath came — Rest came; and the work was thus finished and completed![2]) **(3)** ויברך ... ויקדש AND GOD BLESSED ... AND HE SANCTIFIED — He blessed it through the Manna, that on all other days of the week there should fall for them (the Israelites) an Omer for each person, whereas on the sixth day *there should fall* twice as much *of that* bread. So, too, He sanctified it through the Manna, that it should not fall at all on the Sabbath (Gen. R. 11). This verse is written here with reference to *what would happen in* the future. אשר ברא אלהים לעשות WHICH GOD IN CREATING HAD MADE — The work which should have been done on the Sabbath He did in the double work which He executed on the sixth day, as it is explained in Bereshith Rabbah. **(4)** אלה THESE [ARE THE GENERATIONS] — "These" means those that are mentioned above. תולדות השמים והארץ בהבראם ביום עשות ה' THESE ARE THE PRODUCTIONS OF THE HEAVEN AND OF THE EARTH WHEN THEY WERE CREATED, IN THE DAY THE LORD GOD MADE EARTH AND HEAVEN — The verse teaches you that all of them (the productions of heaven and earth) were created on the first day *when God made earth and heaven*. Another

NOTES

1) According to this explanation, the words "the sixth day" must be read together with the opening words of the next verse — "On the sixth day *of Sivan* the heavens and the earth were perfected." As a matter of fact we connect these words with one another in the introductory verses of the Friday-evening Kiddush.

2) See Appendix.

עֲשׂוֹת יְהֹוָה אֱלֹהִים אֶרֶץ וְשָׁמָיִם׃ ה וְכֹל ׀ שִׂיחַ
הַשָּׂדֶה טֶרֶם יִהְיֶה בָאָרֶץ וְכָל־עֵשֶׂב הַשָּׂדֶה טֶרֶם
יִצְמָח כִּי לֹא הִמְטִיר יְהֹוָה אֱלֹהִים עַל־הָאָרֶץ וְאָדָם
אַיִן לַעֲבֹד אֶת־הָאֲדָמָה׃ ו וְאֵד יַעֲלֶה מִן־הָאָרֶץ
וְהִשְׁקָה אֶת־כָּל־פְּנֵי־הָאֲדָמָה׃ ז וַיִּיצֶר יְהֹוָה אֱלֹהִים
אֶת־הָאָדָם עָפָר מִן־הָאֲדָמָה וַיִּפַּח בְּאַפָּיו נִשְׁמַת
חַיִּים וַיְהִי הָאָדָם לְנֶפֶשׁ חַיָּה׃ ח וַיִּטַּע יְהֹוָה אֱלֹהִים

אונקלוס

בְּיוֹמָא דִּי עֲבַד יְיָ אֱלֹהִים אַרְעָא וּשְׁמַיָּא: ה וְכֹל אִילָנֵי חַקְלָא עַד־לָא הֲווֹ
בְּאַרְעָא וְכָל עִסְבָּא דְחַקְלָא עַד־לָא צְמַח אֲרֵי לָא אַחֵית מִטְרָא יְיָ אֱלֹהִים עַל־
אַרְעָא וֶאֱנָשׁ לַיִת לְמִפְלַח יָת־אַדְמְתָא: ו וַעֲנָנָא הֲוָה סָלֵיק מִן־אַרְעָא וְאַשְׁקֵי
יָת־כָּל אַפֵּי אַדְמְתָא: ז וּבְרָא יְיָ אֱלֹהִים יָת אָדָם עַפְרָא מִן־אַדְמְתָא וּנְפַח
בְּאַנְפּוֹהִי נִשְׁמְתָא דְחַיֵּי וַהֲוַת בְּאָדָם לְרוּחַ מְמַלְּלָא: ח וּנְצִיב יְיָ אֱלֹהִים גִּנְתָא

רש״י

בְּהִבָּרְאָם, בְּהֵ' בְּרָאָם, שֶׁנֶּ' בְּיָהּ ה' צוּר עוֹלָמִים (יש' כ"ו), בִּב' אוֹתִיּוֹת הַלָּלוּ שֶׁל הַשֵּׁם יָצַר שְׁנֵי עוֹלָמִים, וְלִמֶּדְךָ כָּאן שֶׁהָעוֹלָם הַזֶּה נִבְרָא בְּהֵ"א, רֶמֶז שֶׁיֵּרְדוּ לְמַטָּה לִרְאוֹת שַׁחַת כְּהֵ"א זֹאת שֶׁסְּתוּמָה מִכָּל צְדָדִים וּפְתוּחָה לְמַטָּה לָרֶדֶת דֶּרֶךְ שָׁם: (ה) טרם יהיה בארץ. כָּל טֶרֶם שֶׁבַּמִּקְרָא לְשׁוֹן עַד לֹא הוּא, וְאֵינוֹ לְשׁוֹן קוֹדֶם, וְאֵינוֹ נִפְעַל לוֹמַר: הִטְרִים, כַּאֲשֶׁר יֹאמַר: הִקְדִּים. וְזֶה מוֹכִיחַ, וְעוֹד אַחֵר: כִּי טֶרֶם תִּירְאוּן (שמות ט) עֲדַיִין לֹא תִּירְאוּן, וְאַף זֶה תְּפָרֵשׁ: עֲדַיִין לֹא הָיָה בָאָרֶץ, כְּשֶׁנִּגְמְרָה בְּרִיאַת הָעוֹלָם בַּשִּׁשִּׁי קוֹדֶם שֶׁנִּבְרָא אָדָם, וְכָל עֵשֶׂב הַשָּׂדֶה טֶרֶם יִצְמָח: עֲדַיִין לֹא צָמַח. וּבַג' שֶׁכָּתוּב, תּוֹצֵא הָאָרֶץ, לֹא יָצְאוּ, אֶלָּא עַל פֶּתַח קַרְקַע עָמְדוּ עַד יוֹם שִׁשִּׁי: כי לא המטיר. וּמַ"ט לֹא הִמְטִיר? לְפִי שֶׁאָדָם אַיִן לַעֲבוֹד אֶת הָאֲדָמָה, וְאֵין מַכִּיר בְּטוֹבָתָם שֶׁל גְּשָׁמִים, וּכְשֶׁבָּא אָדָם וְיָדַע שֶׁהֵם צוֹרֶךְ לָעוֹלָם, הִתְפַּלֵּל עֲלֵיהֶן וְיָרְדוּ וְצָמְחוּ הָאִילָנוֹת וְהַדְּשָׁאִים: ה' אלהים. ה' הוּא שְׁמוֹ, אֱלֹהִים שֶׁהוּא שַׁלִּיט וְשׁוֹפֵט עַל כֹּל, וְכֵן פֵּירוּשׁ זֶה בְּכָל מָקוֹם לְפִי פְּשׁוּטוֹ: ה' שֶׁהוּא אֱלֹהִים: (ו) ואד יעלה. לְעִנְיַן בְּרִיאָתוֹ שֶׁל אָדָם הֶעֱלָה הַתְּהוֹם וְהִשְׁקָה עֲנָנִים לִשְׁרוֹת הֶעָפָר, וְנִבְרָא אָדָם, כְּנַחְתּוֹם זֶה, שֶׁנּוֹתֵן מַיִם וְאַחַ"כּ לָשׁ אֶת הָעִיסָּה, אַף כָּאן, וְהִשְׁקָה וְאַחַ"כּ וַיִּיצֶר: (ז) וייצר. שְׁתֵּי יְצִירוֹת, יְצִירָה לָעוֹלָם הַזֶּה וִיצִירָה לִתְחִיַּית הַמֵּתִים, אֲבָל בִּבְהֵמָה שֶׁאֵינָהּ עוֹמֶדֶת לַדִּין לֹא נִכְתַּב בִּיצִירָתָהּ שְׁנֵי יוּדִ"ין: עפר מן האדמה. צָבַר עֲפָרוֹ מִכָּל הָאֲדָמָה מֵאַרְבַּע רוּחוֹת, שֶׁבְּכָל מָקוֹם שֶׁיָּמוּת שָׁם תְּהֵא קוֹלַטְתּוֹ לִקְבוּרָה. דָּ"א: נָטַל עֲפָרוֹ מִמָּקוֹם שֶׁנֶּאֱמַר בּוֹ: מִזְבַּח אֲדָמָה תַּעֲשֶׂה־לִּי (שמ' כ'), הַלְוַאי תְּהֵא לוֹ כַּפָּרָה וְיוּכַל לַעֲמוֹד: ויפח באפיו. עֲשָׂאוֹ מִן הַתַּחְתּוֹנִים וּמִן הָעֶלְיוֹנִים: גּוּף מִן הַתַּחְתּוֹנִים, וּנְשָׁמָה מִן הָעֶלְיוֹנִים, לְפִי שֶׁבַּיּוֹם רִאשׁוֹן נִבְרְאוּ שָׁמַיִם וָאָרֶץ. בַּשֵּׁנִי בָּרָא רָקִיעַ לָעֶלְיוֹנִים. בַּשְּׁלִישִׁי תֵּרָאֶה הַיַּבָּשָׁה לַתַּחְתּוֹנִים. בָּרְבִיעִי בָּרָא מְאוֹרוֹת לָעֶלְיוֹנִים. בַּחֲמִישִׁי יִשְׁרְצוּ הַמַּיִם לַתַּחְתּוֹנִים,—הוּזְקַק בַּשִּׁשִּׁי לִבְרֹאוֹת בּוֹ בָּעֶלְיוֹנִים וּבַתַּחְתּוֹנִים, וְאִם לָאו, יֵשׁ קִנְאָה בְּמַעֲשֵׂה בְרֵאשִׁית, שֶׁיִּהְיוּ אֵלּוּ רַבִּים עַל אֵלּוּ בִּבְרִיאַת יוֹם אֶחָד: לנפש חיה. אַף בְּהֵמָה וְחַיָּה נִקְרְאוּ נֶפֶשׁ חַיָּה, אַךְ זוֹ שֶׁל אָדָם חַיָּה

the Eternal God made the earth and the heaven. [5]And every plant
of the field was not yet in the earth, and every herb of the field
had not yet grown: for the Eternal God had not caused it to rain
upon the earth, and there was no man to till the ground. [6]But
there went up a mist from the earth, and watered the whole face
of the ground. [7]And the Eternal God formed the man of the dust
of the ground, and breathed into his nostrils the breath of life;
and the man became a living soul. [8]And the Eternal God planted

רש"י

explanation *of the word* בהבראם: *It may be divided as* בה' בראם He created them with the letter 'ה, as it is said, (Isa. XXVI. 4) כי ביה ה' צור עולמים "For in Jah, the Lord, is the rock of worlds", *which may be explained to mean* (taking צור in sense of Former, Creator) "for by means of (בְּ) these two letters 'י' ה of the Divine Name (יהוה) God formed the two worlds", and t h i s *verse* teaches that t h i s world was created by means of the 'ה — a suggestion that *all created beings* must descend to the nether world "to behold the pit" — the world being like this letter 'ה, which is closed on all sides but open at the bottom, thus giving a way by which they must descend. **(5)** טרם יהיה בארץ WAS NOT YET IN THE EARTH — Wherever טרם occurs in the Scriptures it means "n o t y e t" and *does* not *mean* "before". It cannot be made into a verbal form, saying הטרים as one says הקדים (verbal form of קדם) and this passage proves *that this is the meaning and not «before»* as well as another (Exod. IX. 30), כי טרם תיראון "that ye do n o t y e t fear the Lord". Therefore you must explain this verse also thus: "N o plant of the field was y e t in the earth" at the time when the creation of the world was completed on the sixth day before man was created, *and* וכל עשב השדה טרם יצמח *means* "and every herb of the field had n o t y e t grown". But as regards the third day of creation about which it is written "The earth b r o u g h t f o r t h etc." *this does n o t signify that they came forth a b o v e the ground but that* they remained at the opening of the ground (i. e. just below the surface) until the sixth day (Chul. 60a). כי לא המטיר BECAUSE GOD HAD NOT CAUSED IT TO RAIN — And what is the reason that God had not caused it to rain? כי אדם אין לעבוד את האדמה BECAUSE THERE WAS NO MAN TO TILL THE GROUND, and there was, therefore, no one to recognize the utility of rain. When Adam came (was created), however, and he realised that it was necessary for the world, he prayed for it and it fell, so that trees and verdure sprang forth. ה' אלהים THE LORD GOD — The Lord (יהוה) is His Name, *whereas* אלהים signifies that He is Ruler and Judge over all. This, too, is its meaning, according to the plain sense, wherever it occurs: The Lord w h o i s God (Ruler and Judge). **(6)** ואד יעלה AND A MIST WENT UP — This has reference to the creation of Adam: viz., He caused the deep to rise and filled the clouds with water to moisten the dust, and man was created. It is like a kneader *of bread* who first pours in water and afterwards kneads the dough — similarly here: He *first* watered *the ground* and afterwards He formed *man* (Gen. R. 14). **(7)** וייצר AND GOD FORMED — *Here the letter yod is written twice to intimate that there were* two formations — a formation *of man* for this world, and a formation *of man* for resurrection; in the case of animals, however, which will not stand *after death* for judgment *before God* the word referring to their formation — ויצר — (v. 19) is not written with two yods (ib.). עפר מן האדמה DUST OF THE EARTH — He gathered his dust (i. e. that from which he was made) from the entire earth — from its four corners — in order that wherever he might die, it should receive him for burial. Another explanation: He took his dust from that spot *on which the Holy Temple with the altar of atonement was in later times to be built* of which it is said, (Exod. XX. 24) "An altar of e a r t h thou shalt make for Me" *saying,* "Would that this *sacred earth* may be an expiation for him so that he may be able to endure" (Gen. R. 14). ויפח באפיו AND BREATHED INTO HIS NOSTRILS — He made him of both, of earthly and of heavenly matter: the body of the earthly, and the soul of the heavenly. For on the first day were created heaven a n d earth, on the second, He created the firmament for the h e a v e n l y

גַּ֥ן בְּעֵ֖דֶן מִקֶּ֑דֶם וַיָּ֣שֶׂם שָׁ֔ם אֶת־הָֽאָדָ֖ם אֲשֶׁ֥ר יָצָֽר׃
ט וַיַּצְמַ֞ח יְהוָ֤ה אֱלֹהִים֙ מִן־הָ֣אֲדָמָ֔ה כָּל־עֵ֛ץ נֶחְמָ֥ד
לְמַרְאֶ֖ה וְט֣וֹב לְמַאֲכָ֑ל וְעֵ֤ץ הַֽחַיִּים֙ בְּת֣וֹךְ הַגָּ֔ן וְעֵ֕ץ
הַדַּ֖עַת ט֥וֹב וָרָֽע׃ י וְנָהָר֙ יֹצֵ֣א מֵעֵ֔דֶן לְהַשְׁק֖וֹת אֶת־
הַגָּ֑ן וּמִשָּׁם֙ יִפָּרֵ֔ד וְהָיָ֖ה לְאַרְבָּעָ֥ה רָאשִֽׁים׃ יא שֵׁ֥ם
הָאֶחָ֖ד פִּישׁ֑וֹן ה֚וּא הַסֹּבֵ֔ב אֵ֚ת כָּל־אֶ֣רֶץ הַֽחֲוִילָ֔ה
אֲשֶׁר־שָׁ֖ם הַזָּהָֽב׃ יב וּזֲהַ֛ב הָאָ֥רֶץ הַהִ֖וא ט֑וֹב שָׁ֥ם
הַבְּדֹ֖לַח וְאֶ֥בֶן הַשֹּֽׁהַם׃ יג וְשֵֽׁם־הַנָּהָ֥ר הַשֵּׁנִ֖י גִּיח֑וֹן
ה֚וּא הַסּוֹבֵ֔ב אֵ֖ת כָּל־אֶ֥רֶץ כּֽוּשׁ׃ יד וְשֵׁ֨ם הַנָּהָ֤ר
הַשְּׁלִישִׁי֙ חִדֶּ֔קֶל ה֥וּא הַֽהֹלֵ֖ךְ קִדְמַ֣ת אַשּׁ֑וּר וְהַנָּהָ֥ר

אונקלוס

בְּעֵדֶן מִלְּקַדְמִין וְאַשְׁרֵי תַמָּן יָת־אָדָם דִּי בְרָא׃ ט וְאַצְמַח יְיָ אֱלֹהִים מִן־אַרְעָא
כָּל־אִילָן דִּמְרַגַּג לְמֶחֱזֵי וְטָב לְמֵיכַל וְאִילַן חַיַּיָּא בִּמְצִיעוּת גִּינְתָא וְאִילַן דְּאָכְלִין
פֵּירוֹהִי חַכִּימִין בֵּין־טָב לְבִישׁ׃ י וְנַהֲרָא הֲוָה נָפֵיק מֵעֵדֶן לְאַשְׁקָאָה יָת־גִּינְתָא
וּמִתַּמָּן יִתְפְּרֵשׁ וַהֲוֵה לְאַרְבְּעָה רֵישֵׁי־נַהֲרִין׃ יא שׁוּם חַד פִּישׁוֹן הוּא מַקִּיף יָת
כָּל אֲרַע חֲוִילָה דִּי תַמָּן דַּהֲבָא׃ יב וְדַהֲבָא דְּאַרְעָא הַהִיא טָב תַּמָּן בְּדֻלְחָא
וְאַבְנֵי בוּרְלָא׃ יג וְשׁוּם נַהֲרָא תִנְיָנָא גִּיחוֹן הוּא מַקִּיף יָת כָּל־אַרְעָא דְכוּשׁ׃
יד וְשׁוּם נַהֲרָא תְּלִיתָאָה דִּיגְלַת הוּא מְהַלֵּךְ לְמַדִּנְחָא דְאָתוּר וְנַהֲרָא רְבִיעָאָה

רש״י

שֶׁבְּכוּלָן, שֶׁנִּתּוֹסַף בּוֹ דֵּעָה וְדִבּוּר: (ח) מקדם. בְּמִזְרָחוֹ שֶׁל עֵדֶן נָטַע אֶת הַגָּן. וְאִם תֹּאמַר,
הֲרֵי כְּבָר כָּתַב: וַיִּבְרָא אֶת הָאָדָם וְגוֹ'. רָאִיתִי בִּבְרַיְיתָא שֶׁל ר״א בְּנוֹ שֶׁל רַ' יוֹסֵי הַגְּלִילִי
מִל״ב מִדּוֹת שֶׁהַתּוֹרָה נִדְרֶשֶׁת, וְזוֹ אַחַת מֵהֶן: כְּלָל שֶׁלְּאַחֲרָיו מַעֲשֶׂה, הוּא פְּרָטוֹ שֶׁל רִאשׁוֹן:
וַיִּבְרָא אֶת הָאָדָם, זֶהוּ כְּלָל. סָתַם בְּרִיאָתוֹ מֵהֵיכָן, וְסָתַם מַעֲשָׂיו. חָזַר וּפֵירַשׁ: וַיִּיצֶר ה' אֱלֹהִים
וְגוֹ' וַיַּצְמַח לוֹ גַּן עֵדֶן וַיַּנִּיחֵהוּ בְּגַן עֵדֶן וַיַּפֵּל עָלָיו תַּרְדֵּמָה. הַשּׁוֹמֵעַ סָבוּר שֶׁהוּא מַעֲשֶׂה אַחֵר,
וְאֵינוֹ אֶלָּא פְּרָטוֹ שֶׁל רִאשׁוֹן; וְכֵן אֵצֶל הַבְּהֵמָה חָזַר וְכָתַב: וַיִּצֶר ה' מִן הָאֲדָמָה כָּל חַיַּת
הַשָּׂדֶה, כְּדֵי לְפָרֵשׁ: וַיָּבֵא אֶל הָאָדָם לִקְרוֹת שֵׁם וּלְלַמֵּד עַל הָעוֹפוֹת שֶׁנִּבְרְאוּ מִן הָרְקָק:
(ט) ויצמח. לְעִנְיַן הַגָּן הַכָּתוּב מְדַבֵּר: בתוך הגן. בְּאֶמְצַע: (יא) פישון. הוּא נִילוּס נְהַר מִצְרַיִם,
וְעַל שֵׁם שֶׁמֵּימָיו מִתְבָּרְכִין וְעוֹלִין וּמַשְׁקִין אֶת הָאָרֶץ נִקְרָא פִּישׁוֹן. כְּמוֹ: וּפָשׁוּ פָּרָשָׁיו (חבקוק א').
ד״א פִּישׁוֹן, שֶׁהוּא מְגַדֵּל פִּשְׁתָּן, שֶׁנֶּאֱמַר עַל מִצְרַיִם (יש' י״ט) וּבֹשׁוּ עוֹבְדֵי פִשְׁתִּים: (יג) גיחון,
שֶׁהָיָה הוֹלֵךְ וְהוֹמֶה, וְהֶמְיָיתוֹ גְּדוֹלָה מְאוֹד, כְּמוֹ: כִּי יִגַּח (שמ' כ״א) שֶׁמְּנַגֵּחַ וְהוֹלֵךְ וְהוֹמֶה:
(יד) חדקל. שֶׁמֵּימָיו חַדִּין וְקַלִּין: פרת. שֶׁמֵּימָיו פָּרִין וְרָבִין וּמַבְרִין אֶת הָאָדָם: כוש ואשור. עֲדַיִין
לֹא הָיוּ, וְכָתַב הַמִּקְרָא עַל שֵׁם הֶעָתִיד: קדמת אשור. לְמִזְרָחָהּ שֶׁל אַשּׁוּר: הוא פרת: הֶחָשׁוּב

a garden eastward in Eden; and there he put the man whom he had formed. ⁹And out of the ground caused the Eternal God to grow every tree that is desirable to the sight and good for food; the tree of life also in the midst of the garden, and the tree of knowledge of good and evil. ¹⁰And a river goeth out of Eden to water the garden; and from thence it parteth, and becometh into four heads. ¹¹The name of the first is Pison: that is it which compasseth the whole land of Havilah, where there is the gold; ¹²And the gold of that land is good: there is the bedollach and onyx stone. ¹³And the name of the second river is Gihon: the same is it that compasseth the whole land of Ethiopia. ¹⁴And the name of the third river is Hiddekel: that is it which goeth towards the east of Assyria. And the fourth river is Euphrates.

רש"י

beings, on the third *He said*, "Let the dry land appear" — for the e a r t h l y beings, on the fourth He created the lights for the h e a v e n l y beings, on the fifth *He said*, "Let the waters swarm..." — for the e a r t h l y beings. Consequently on the sixth there had to be created *a being composed of both*, of heavenly and of earthly matter, for otherwise there would have been envy (lack of harmony) among the works of Creation, in that there would have been devoted to one class of them one day more of the Creation than to the others (Gen. R. 12). לנפש חיה A LIVING SOUL — Also cattle and beasts are called נפש חיה (I. 20, 22, 24), but the נפש of man is the most highly developed of all of them, because to him was granted understanding and speech. **(8)** מקדם EASTWARD — In the east of Eden He planted the garden. Should you say, however, it is already written, (I. 27) "and He created the man etc.", *then I say that* I have seen the Boraitha of R. Eliezer the son of R. José the Galilean, dealing with the thirty two rules of interpretation according to which the Torah (Agada) can be interpreted, and the following is one of them: *when* a general statement *of an action* is followed by a detailed account *of it*, the latter is a particularisation of the former: — "And He created the man" is a general statement, but it does not explicitly state whence he was created and what God did unto him. Now it repeats it and explains *these things*: "And the Lord God formed man", "and He made to grow for him the garden of Eden", and He caused a deep sleep to fall upon him." He who hears this might think that it is a different account entirely, whereas it is nothing else but the details of the former general statement. Similarly with reference to the cattle *the creation of which has been mentioned above (I. 27).* it resumes and writes, (II. 19) "and out of the ground the Lord [God] formed every beast of the field etc.", for the purpose of explaining "and He brought them unto the man to give them names", and also to state that the fowls were created from the swamps. **(9)** ויצמח AND HE CAUSED TO GROW — The verse speaks *here only* with reference to the garden¹). בתוך הגן IN THE MIDST OF THE GARDEN — *means* in the very centre *of the garden.* **(11)** פישון PISHON — This is the Nile, the River of Egypt. Because its waters grow plentiful and rise and water the land. it is called Pishon, *the name being of the same root as the verb in* (Hab. I. 8) ופשו פרשיו "and their horsemen increased"; another interpretation *of the name* Pishon *is: it is so called* because it grows flax (פשתן) (Gen. R. 16) for it is said with reference to Egypt (Isa. XIX. 9) "Moreover they that work in combed flax, shall be ashamed." **(13)** גיחון GICHON — *It is so called* because it flows on with a roar, its roaring being very noisy, — similar in meaning to (Ex. XXI. 28) וכי יגח "And if an [ox] gore" — for when it gores it rushes on roaring.²) **(14)** חדקל TIGRIS — It is called חדקל because its waters are pungent *in taste* (חד) and light *in weight* (קל). פרת EUPHRATES — *It is called* פרת because its waters grow (פרה) and increase and make men healthy³) (Ber. 59b). כוש ואשור CUSH AND ASHUR

NOTES

¹) mentioned v. 8. ²) ³) See Appendix.

הָרְבִיעִי הוּא פְרָת׃ טו וַיִּקַּח יְהוָה אֱלֹהִים אֶת־הָאָדָם
וַיַּנִּחֵהוּ בְגַן־עֵדֶן לְעָבְדָהּ וּלְשָׁמְרָהּ׃ טז וַיְצַו יְהוָה
אֱלֹהִים עַל־הָאָדָם לֵאמֹר מִכֹּל עֵץ־הַגָּן אָכֹל תֹּאכֵל׃
יז וּמֵעֵץ הַדַּעַת טוֹב וָרָע לֹא תֹאכַל מִמֶּנּוּ כִּי בְּיוֹם
אֲכָלְךָ מִמֶּנּוּ מוֹת תָּמוּת׃ יח וַיֹּאמֶר יְהוָה אֱלֹהִים
לֹא־טוֹב הֱיוֹת הָאָדָם לְבַדּוֹ אֶעֱשֶׂה־לּוֹ עֵזֶר כְּנֶגְדּוֹ׃
יט וַיִּצֶר יְהוָה אֱלֹהִים מִן־הָאֲדָמָה כָּל־חַיַּת הַשָּׂדֶה
וְאֵת כָּל־עוֹף הַשָּׁמַיִם וַיָּבֵא אֶל־הָאָדָם לִרְאוֹת מַה־
יִּקְרָא־לוֹ וְכֹל אֲשֶׁר יִקְרָא־לוֹ הָאָדָם נֶפֶשׁ חַיָּה הוּא
שְׁמוֹ׃ כ וַיִּקְרָא הָאָדָם שֵׁמוֹת לְכָל־הַבְּהֵמָה וּלְעוֹף
הַשָּׁמַיִם וּלְכֹל חַיַּת הַשָּׂדֶה וּלְאָדָם לֹא־מָצָא עֵזֶר

אונקלוס

הוּא פְּרָת׃ טו וּדְבַר יְיָ אֱלֹהִים יָת אָדָם וְאַשְׁרְיֵהּ בְּגִנְּתָא־דְעֵדֶן לְמִפְלְחַהּ
וּלְמִטְּרַהּ׃ טז וּפַקִּיד יְיָ אֱלֹהִים עַל אָדָם לְמֵימַר מִכֹּל אִילָן־גִּינְּתָא מֵיכַל תֵּיכוּל׃
יז וּמֵאִילָן דְּאָכְלִין פֵּירוֹהִי חַכִּימִין בֵּין טַב לְבִישׁ לָא תֵיכוּל מִנֵּהּ אֲרֵי בְּיוֹמָא
דְתֵיכוּל מִנֵּהּ מֵימַת תְּמוּת׃ יח וַאֲמַר יְיָ אֱלֹהִים לָא תַקִּין לְמֶהֱוֵי אָדָם בִּלְחוֹדוֹהִי
אַעְבֵּיד לֵהּ סְמַךְ לָקְבְלֵהּ׃ יט וּבְרָא יְיָ אֱלֹהִים מִן־אַרְעָא כָּל־חֵיוַת בָּרָא וְיָת כָּל
עוֹפָא דִשְׁמַיָּא וְאַיְתִי לְוָת אָדָם לְמֶחֱזֵי מַה־יִּקְרֵי לֵהּ וְכֹל דִּי הֲוָה קָרֵי־לֵהּ
אָדָם נַפְשָׁא חַיְתָא הוּא שְׁמֵהּ׃ כ וּקְרָא אָדָם שְׁמָהָן לְכָל־בְּעִירָא וּלְעוֹפָא

רש״י

על כֻּלָּם, הַנִּזְכָּר עַל שֵׁם א״י: (טו) ויקח. לְקָחוֹ בִּדְבָרִים נָאִים וּפִתָּהוּ לִיכָּנֵס (ב״ר): (יח) לא טוב היות וגו׳. שֶׁלֹּא יֹאמְרוּ שְׁתֵּי רְשׁוּיוֹת הֵן, הַקָּבָּ״ה בָּעֶלְיוֹנִים יָחִיד וְאֵין לוֹ זוּג, וְזֶה בַּתַּחְתּוֹנִים אין לו זוג (ב״ר): עזר כנגדו. זָכָה — עֵזֶר; לֹא זָכָה — כְּנֶגְדּוֹ לְהִלָּחֵם: (יט) וייצר מן האדמה. הִיא יְצִירָה הִיא עֲשִׂיָּה הָאֲמוּרָה לְמַעְלָה: וַיַּעַשׂ אֱלֹהִים אֶת־חַיַּת הָאָרֶץ וגו׳, אֶלָּא בָּא וּפֵירֵשׁ שֶׁהָעוֹפוֹת נִבְרְאוּ מִן הָרְקָק; לְפִי שֶׁאָמַר לְמַעְלָה מִן הַמַּיִם נִבְרְאוּ, וְכָאן אָמַר מִן הָאָרֶץ נִבְרְאוּ (חולין כ״ז). וְעוֹד לָמֶדְךָ כָּאן, שֶׁבִּשְׁעַת יְצִירָתָן מִיַּד בּוֹ בַּיּוֹם הֱבִיאָם אֶל הָאָדָם לִקְרוֹת לָהֶם שֵׁם. וּבְדִבְרֵי אַגָּדָה יְצִירָה זוֹ לְשׁוֹן רִדּוּי וְכִבּוּשׁ, כְּמוֹ: כִּי תָצוּר אֶל עִיר (דברים כ״ד), שֶׁכִּבְּשָׁן תַּחַת יָדוֹ שֶׁל אָדָם (ב״ר): וכל אשר יקרא לו האדם נפש חיה וגו׳. סָרְסֵהוּ וּפָרְשֵׁהוּ: כָּל נֶפֶשׁ חַיָּה אֲשֶׁר יִקְרָא לוֹ הָאָדָם שֵׁם, הוּא שְׁמוֹ לְעוֹלָם: (כ) ולאדם לא מצא עזר. ויפל ה׳ אלהים תרדמה. כְּשֶׁהֱבִיאָן הֱבִיאָן לְפָנָיו כָּל מִין וָמִין זָכָר וּנְקֵבָה, אָמַר: לְכֻלָּם יֵשׁ בֶּן זוּג, וְלִי אֵין בֶּן זוּג! מִיַּד

15And the Eternal God took the man, and placed him in the garden of
Eden to cultivate it and to keep it. 16And the Eternal God commanded
the man, saying, of every tree of the garden thou mayest freely eat:
17But of the tree of the knowledge of good and evil, thou shalt not
eat of it: for in the day that thou eatest thereof thou shalt surely die.
18And the Eternal God said, It is not good that the man should be alone;
I will make him a help meet for him. 19Now out of the ground the
Eternal God had formed every animal of the field, and every fowl of
the heaven; and brought it unto the man to see what he would call it:
and whatsoever the man called every living soul that was its name.
20And the man gave names to all the beasts, and to the fowl of the heaven,
and to every animal of the field; but for the man he had not found a

רש"י

did not then exist *as countries*, but Scripture writes with reference to *the names which those districts would bear in* the future (Keth. 10b; Gen. R. 16). קדמת אשור *means* AT THE EAST OF ASHUR. הוא פרת IS THE EUPHRATES — the most important of all, being mentioned in connection with the Land of Israel.[1] **(15)** ויקח AND HE TOOK — He took him with kind words and induced him to enter (Gen. R. 16). **(18)** לא טוב היות וגו' IT IS NOT GOOD etc. — *I shall make an help meet for him* in order that people may not say that there are two Deities, the Holy One, blessed be He, the only One among the celestial Beings without a mate, and this one (Adam), the only one among the terrestrial beings, without a mate (Pirké d' R. Eliezer 12). עזר כנגדו A HELP MEET FOR HIM — (כנגדו lit., opposite, opposed to him) If he is worthy she shall be a help to him; if he is unworthy she shall be opposed to him, to fight him. **(19)** ויצר מן האדמה NOW OUT OF THE GROUND THE ETERNAL GOD HAD FORMED — The formation *spoken of here* is the creation mentioned above (I. 25) "And God made the beast of the earth etc." and *this statement* comes (is repeated) *here* to point out that the fowls were created from the swamps; for above it is said that they were created from the waters and here it states that they were created from the earth. Furthermore it teaches you[2]) here that when they were created, immediately — on the very same day — He brought them to Adam to give them names (s. Chul. 27b); and in the statement of the Agada (Gen. R. 17) *we are told that this expression* יצירה means domination and subjugation, like (Deut. XX. 19) כי תצור אל עיר "when thou shalt besiege a city", for He subjugated them under the power of Adam. וכל אשר יקרא לו האדם נפש חיה וגו' — Invert it (the phrases of the sentence) and *then* explain it thus: every living creature to which Adam should give a name — that should remain its name for ever. **(20—21)** ולאדם לא מצא עזר... ויפל ה' אלהים תרדמה FOR THE MAN HE HAD NOT FOUND A HELP MEET FOR HIM . . . AND THE ETERNAL GOD CAUSED AN OVERROWERING SLEEP TO FALL — When He brought them, He brought them before him male and female of each and every kind. Thereupon he said: all these have a mate, but I have no mate! Immediately He caused

NOTES

1) See Rashi on Deut. I. 7.

2) Rashi regards the connection between the first half of the verse and the second as being temporal; He formed . . . and He brought. Cp. also Rashi's explanation on v. 20.

כְּנֶגְדּֽוֹ׃ כא וַיַּפֵּל֩ יְהֹוָ֨ה אֱלֹהִ֧ים ׀ תַּרְדֵּמָ֛ה עַל־הָֽאָדָ֖ם
וַיִּישָׁ֑ן וַיִּקַּ֗ח אַחַת֙ מִצַּלְעֹתָ֔יו וַיִּסְגֹּ֥ר בָּשָׂ֖ר תַּחְתֶּֽנָּה׃
כב וַיִּ֩בֶן֩ יְהֹוָ֨ה אֱלֹהִ֧ים ׀ אֶֽת־הַצֵּלָ֛ע אֲשֶׁר־לָקַ֥ח מִן־
הָֽאָדָ֖ם לְאִשָּׁ֑ה וַיְבִאֶ֖הָ אֶל־הָֽאָדָֽם׃ כג וַיֹּאמֶר֮ הָֽאָדָם֒
זֹ֣את הַפַּ֗עַם עֶ֚צֶם מֵֽעֲצָמַ֔י וּבָשָׂ֖ר מִבְּשָׂרִ֑י לְזֹאת֙ יִקָּרֵ֣א
אִשָּׁ֔ה כִּ֥י מֵאִ֖ישׁ לֻֽקֳחָה־זֹּֽאת׃ כד עַל־כֵּן֙ יַֽעֲזָב־אִ֔ישׁ
אֶת־אָבִ֖יו וְאֶת־אִמּ֑וֹ וְדָבַ֣ק בְּאִשְׁתּ֔וֹ וְהָי֖וּ לְבָשָׂ֥ר אֶחָֽד׃
כה וַיִּֽהְי֤וּ שְׁנֵיהֶם֙ עֲרוּמִּ֔ים הָֽאָדָ֖ם וְאִשְׁתּ֑וֹ וְלֹ֖א יִתְבֹּשָֽׁשׁוּ׃
ג א וְהַנָּחָשׁ֙ הָיָ֣ה עָר֔וּם מִכֹּל֙ חַיַּ֣ת הַשָּׂדֶ֔ה אֲשֶׁ֥ר עָשָׂ֖ה

אונקלוס

דִשְׁמַיָא וּלְכֹל חֵיוַת בָּרָא וּלְאָדָם לָא־אַשְׁכַּח סָמַךְ לְקִבְלֵהּ׃ כא וּרְמָא יְיָ אֱלֹהִים
שִׁנְתָא עַל־אָדָם וּדְמַךְ וּנְסִיב חֲדָא מֵעִלְעוֹהִי וּמְלָא בִשְׂרָא תְּחוֹתַהּ׃ כב וּבְנָא
יְיָ אֱלֹהִים יָת־עִלְעָא דִּנְסִיב מִן־אָדָם לְאִתְּתָא וְאַיְתַהּ לְוָת אָדָם׃ כג וַאֲמַר אָדָם
הָדָא זִמְנָא גַּרְמָא מִגַּרְמַי וּבִסְרָא מִבִּסְרִי לְדָא יִתְקְרֵי אִתְּתָא אֲרֵי מִבַּעְלַהּ נְסִיבָא
דָא׃ כד עַל־כֵּן יִשְׁבּוֹק גְּבַר בֵּית־מִשְׁכְּבֵי אֲבוּהִי וְאִמֵּהּ וְיִדְבַּק בְּאִתְּתֵהּ וִיהוֹן
לְבִסְרָא חָד׃ כה וַהֲווֹ תַרְוֵיהוֹן עַרְטִילָאִין אָדָם וְאִתְּתֵהּ וְלָא מִתְכַּלְמִין׃ א וְחִוְיָא
הֲוָה חַכִּים מִכֹּל חֵיוַת בָּרָא דַּעֲבַד יְיָ אֱלֹהִים וַאֲמַר לְאִתְּתָא בְּקוּשְׁטָא אֲרֵי־

רש"י

וַיַּפֵּל (ב"ר): (כא) מצלעותיו. מִסִּטְרָיו, כְּמוֹ וּלְצֶלַע הַמִּשְׁכָּן (שמ׳ כ"ו), וְהוּ שֶׁאָמְרוּ שְׁנֵי פַּרְצוּפִים נִבְרָאוּ (עירו׳ י"ח): ויסגר. מְקוֹם הַחֲתָךְ: ויישן ויקח. שֶׁלֹּא יִרְאֶה חֲתִיכַת הַבָּשָׂר שֶׁמִּמֶּנּוּ נִבְרֵאת וְתִתְבַּזֶּה עָלָיו (עיר׳ שם): (כב) ויבן. כְּבִנְיָן, רְחָבָה מִלְּמַטָּה וּקְצָרָה מִלְמַעְלָה לְקַבֵּל הַוָּלָד, כְּאוֹצָר שֶׁל חִטִּים, שֶׁהוּא רָחָב מִלְּמַטָּה וְקָצָר מִלְמַעְלָה שֶׁלֹּא יַכְבִּיד מַשָּׂאוֹ עַל קִירוֹתָיו: ויבן את הצלע לאשה. לִהְיוֹת אִשָּׁה, כְּמוֹ: וַיַּעַשׂ אוֹתוֹ גִדְעוֹן לְאֵפוֹד (שופ׳ ח׳), לִהְיוֹת אֵפוֹד: (כג) זאת הפעם. מְלַמֵּד שֶׁבָּא אָדָם עַל כָּל בְּהֵמָה וְחַיָּה, וְלֹא נִתְקָרְרָה דַעְתּוֹ בָּהֶם (יב׳ ס"ג): לזאת יקרא אשה כי מאיש וגו׳. לָשׁוֹן נוֹפֵל עַל לָשׁוֹן. מִכָּאן שֶׁנִּבְרָא הָעוֹלָם בִּלְשׁוֹן הַקֹּדֶשׁ (ב"ר): (כד) על כל יעזב איש. רוּחַ הַקֹּדֶשׁ אוֹמֶרֶת כֵּן לֶאֱסוֹר עַל בְּנֵי נֹחַ הָעֲרָיוֹת (סנה׳ נ"ז): לבשר אחד. הַוָּלָד נוֹצָר עַל יְדֵי שְׁנֵיהֶם וְשָׁם נַעֲשָׂה בְּשָׂרָם אֶחָד (שם נ"ח): (כה) ולא יתבששו. שֶׁלֹּא הָיוּ יוֹדְעִים דֶּרֶךְ צְנִיעוּת לְהַבְחִין בֵּין טוֹב לָרָע, וְאַעַ"פּ שֶׁנִּתְּנָה בוֹ דֵעָה לִקְרוֹת לוֹ שֵׁמוֹת, לֹא נִתַּן בּוֹ יֵצֶר הָרָע עַד אָכְלוֹ מִן הָעֵץ, וְנִכְנַס בּוֹ יֵצֶר הָרָע וְיָדַע מַה בֵּין טוֹב לָרָע (ב"ר):

ג (א) והנחש היה ערום. מַה עִנְיָן זֶה לְכָאן? הָיָה לוֹ לִסְמוֹךְ: וַיַּעַשׂ לְאָדָם וּלְאִשְׁתּוֹ כָּתְנוֹת עוֹר וַיַּלְבִּשֵׁם! אֶלָּא לְמֶדְךָ מֵאֵיזוֹ עֵצָה קָפַץ הַנָּחָשׁ עֲלֵיהֶם: רָאָה אוֹתָן עֲרוּמִּים וְעוֹסְקִים בְּתַשְׁמִישׁ לְעֵין כֹּל וְנִתְאַוָּה לָהּ: ערום מכל. לְפִי עָרְמָתוֹ וּגְדֻלָּתוֹ הָיְתָה מַפָּלְתּוֹ — עָרוּם מִכֹּל, אָרוּר מִכֹּל (ב"ר):

help meet for him. ²¹And the Eternal God caused an overpowering sleep to fall upon the man, and he slept: and he took one of his ribs, and shut in flesh instead thereof; ²²And the Eternal God made the rib, which he had taken from the man into a woman, and brought her unto the man. ²³And the man said, This is this time bone of my bones, and flesh of my flesh: this shall be called Woman, because this was taken out of Man. ²⁴Therefore a man leaveth his father and his mother, and cleaveth unto his wife: that they may become as one flesh. ²⁵And they were both naked, the man and his wife, and were not ashamed.

3. ¹Now the serpent was more subtle than any animal of the field which the Eternal God had made. And it said unto the woman, Although God

רש״י

to fall [an overpowering sleep upon him] (Gen. R. 17). **(21)** מצלעותיו OF HIS RIBS — *The word means* of his s i d e s, similar to (Ex. XXVI. 20) ולצלע המשכן "and for the second s i d e of the tabernacle"; this has a bearing upon what they (the Sages) say, (Erub. 18a): They were created with two faces (sides). ויסגור AND HE CLOSED UP the place where it was cut. ויישן ויקח AND HE SLEPT AND *then* HE TOOK in order that he should not see the piece of flesh out of which she was created, for she might be despised by him (Sanh. 39a). **(22)** ויבן AND HE FORMED (lit., He built) — as a structure, wide below and narrower above for bearing the child, just as a wheat-store is wide below and narrower above so that its weight should not strain the walls. ויבן את הצלע לאשה AND HE MADE THE RIB INTO A WOMAN — לאשה *means* that is should b e c o m e a woman, like (Judg. VIII. 21) "and Gideon made it לאפוד" *i. e.,* that it should become an ephod. **(23)** זאת הפעם THIS NOW — This teaches that Adam endeavoured to find a companion among all cattle and beasts, but found no satisfaction except in Eve (Jeb. 63a). לזאת יקרא אשה כי מאיש וגו׳ THIS SHALL BE CALLED WO-MAN, BECAUSE THIS WAS TAKEN OUT OF MAN — Here we have a *kind of* play upon words (the words אשה and איש sounding similar): hence we may learn that the language used at the time of the Creation was the Holy Tongue (Hebrew)¹). **(24)** על כן יעזב איש THEREFORE A MAN LEAVETH — The Divine Spirit²) says this, thus prohibiting immoral relationship to the "Sons of Noah" *also* (Sanh. 57b). לבשר אחד ONE FLESH — Both parents are united in the child. **(25)** ולא יתבוששו AND THEY WERE NOT ASHAMED — for they did not know what modestly meant, so as to distinguish between good and evil. Although he (Adam) had been endowed with knowledge to give names to all creatures, yet the evil inclination did not become an active principle in him until he had eaten of the tree, when it entered into him and he became aware of the difference between good and evil.

3. (1) והנחש היה ערום AND THE SERPENT WAS MORE SUBTLE — What connection is there between the following narrative and the statement just made? The latter should have been followed by: "and He [the Lord God] made for Adam and his wife garments of skin and clothed them" (III. 21), but Scripture informs you with what plan the serpent assailed them: he saw them naked and unashamed and he coveted her (Eve) (Gen. R. 18). ערום מכל MORE SUBTLE THAN ALL — Corresponding with his subtleness and his greatness was his downfall; "m o r e subtle t h a n a l l" — "m o r e cursed t h a n a l l" (see v. 14). (Gen. R. 19).

NOTES

¹) Since only in Hebrew "man" and "woman" are of the same root. Cf. Gen. R. 18 and Mendelssohn's introduction to his באור.

²) Not Adam; i. e. this is not a continuation of Adam's words, but is a statement of the Sacred Historian.

יְהֹוָה אֱלֹהִים וַיֹּאמֶר אֶל־הָאִשָּׁה אַף כִּי־אָמַר
אֱלֹהִים לֹא תֹאכְלוּ מִכֹּל עֵץ הַגָּן: ב וַתֹּאמֶר הָאִשָּׁה
אֶל־הַנָּחָשׁ מִפְּרִי עֵץ־הַגָּן נֹאכֵל: ג וּמִפְּרִי הָעֵץ
אֲשֶׁר בְּתוֹךְ־הַגָּן אָמַר אֱלֹהִים לֹא תֹאכְלוּ מִמֶּנּוּ
וְלֹא תִגְּעוּ בּוֹ פֶּן תְּמֻתוּן: ד וַיֹּאמֶר הַנָּחָשׁ אֶל־הָאִשָּׁה
לֹא־מוֹת תְּמֻתוּן: ה כִּי יֹדֵעַ אֱלֹהִים כִּי בְּיוֹם אֲכָלְכֶם
מִמֶּנּוּ וְנִפְקְחוּ עֵינֵיכֶם וִהְיִיתֶם כֵּאלֹהִים יֹדְעֵי טוֹב
וָרָע: ו וַתֵּרֶא הָאִשָּׁה כִּי טוֹב הָעֵץ לְמַאֲכָל וְכִי תַאֲוָה־
הוּא לָעֵינַיִם וְנֶחְמָד הָעֵץ לְהַשְׂכִּיל וַתִּקַּח מִפִּרְיוֹ
וַתֹּאכַל וַתִּתֵּן גַּם־לְאִישָׁהּ עִמָּהּ וַיֹּאכַל: ז וַתִּפָּקַחְנָה
עֵינֵי שְׁנֵיהֶם וַיֵּדְעוּ כִּי עֵירֻמִּם הֵם וַיִּתְפְּרוּ עֲלֵה

אונקלוס

אֲמַר יְיָ לָא תֵיכְלוּן מִכֹּל אִילַן גִּינְתָא: ב וַאֲמַרַת אִתְּתָא לְחִוְיָא מִפֵּירֵי אִילַן־
גִּינְתָא נֵיכוּל: ג וּמִפֵּירֵי אִילָנָא דִּי בִמְצִיעוּת־גִּינְתָא אֲמַר יְיָ לָא תֵיכְלוּן מִנֵּהּ
וְלָא תִקְרְבוּן בֵּהּ דִּילְמָא תְמוּתוּן: ד וַאֲמַר חִוְיָא לְאִתְּתָא לָא מוֹת תְּמוּתוּן:
ה אֲרֵי גְּלֵי קֳדָם־יְיָ אֲרֵי בְּיוֹמָא דְּתֵיכְלוּן מִנֵּהּ וְיִתְפַּתְּחַן עֵינֵיכוֹן וּתְהוֹן כְּרַבְרְבִין
חַכִּימִין בֵּין־טַב לְבִישׁ: ו וַחֲזָת אִתְּתָא אֲרֵי טַב אִילָן לְמֵיכַל וַאֲרֵי אַסֵּי הוּא
לְעֵינִין וּמְרַגַּג אִילָנָא לְאִסְתַּכָּלָא בֵהּ וּנְסִיבַת מֵאִבֵּהּ וַאֲכָלַת וִיהָבַת אַף לְבַעְלַהּ
עִמַּהּ וַאֲכַל: ז וְאִתְפַּתְּחָא עֵינֵי תַרְוֵיהוֹן וִידַעוּ אֲרֵי עַרְטִילָאִין אִינּוּן וְחַטִּיטוּ

רש"י

אף כי אמר וגו׳. שֶׁמָּא אָמַר לָכֶם לֹא תֹאכְלוּ מִכֹּל וגו׳. וְאַעַ״פִּ שֶׁרָאָה אוֹתָם אוֹכְלִים מִשְּׁאָר פֵּירוֹת, הִרְבָּה עָלֶיהָ דְּבָרִים כְּדֵי שֶׁתְּשִׁיבֶנּוּ וְיָבֹא לְדַבֵּר בְּאוֹתוֹ הָעֵץ: (ג) ולא תגעו בו. הוֹסִיפָה עַל הַצִּוּוּי, לְפִיכָךְ בָּאָה לִידֵי גֵּרָעוֹן, הוּא שֶׁנֶּאֱמַר: אַל תּוֹסְףְּ עַל דְּבָרָיו (משלי ל׳): (ד) לא מות תמתון. דְּחָפָהּ עַד שֶׁנָּגְעָה בוֹ, אָמַר לָהּ: כְּשֵׁם שֶׁאֵין מִיתָה בִנְגִיעָה, כַּךְ אֵין מִיתָה בַאֲכִילָה (ב״ר): (ה) כי ידע. כָּל אוּמָן שׂוֹנֵא אֶת בְּנֵי אוּמָנוּתוֹ, מִן הָעֵץ אָכַל וּבָרָא אֶת הָעוֹלָם (ב״ר): והייתם כאלהים. יוֹצְרֵי עוֹלָמוֹת, (ו) ותרא האשה. רָאֲתָה דְבָרָיו שֶׁל נָחָשׁ וְהָנְאוּ לָהּ וְהֶאֱמִינַתּוּ (ב״ר): כי טוב העץ. לִהְיוֹת כֵּאלֹהִים: וכי תאוה הוא לעינים. כְּמוֹ שֶׁאָמַר לָהּ: וְנִפְקְחוּ עֵינֵיכֶם: ונחמד העץ להשכיל. כְּמוֹ שֶׁאָמַר לָהּ: יוֹדְעֵי טוֹב וָרָע: ותתן גם לאשה. שֶׁלֹּא תָמוּת הִיא וְיִחְיֶה הוּא, וְיִשָּׂא אַחֶרֶת: גם. לְרַבּוֹת בְּהֵמָה וְחַיָּה: (ז) ותפקחנה וגו׳ לְעִנְיַן הַחָכְמָה דִּבֶּר הַכָּתוּב, וְלֹא לְעִנְיַן רְאִיָּה מַמָּשׁ, וְסוֹף הַמִּקְרָא מוֹכִיחַ: וידעו כי עירמם הם. אַף הַסּוּמָא יוֹדֵעַ כְּשֶׁהוּא עָרוֹם! אֶלָּא מַהוּ וַיֵּדְעוּ כִּי עֵירֻמִּם הֵם? מִצְוָה אַחַת הָיְתָה בְיָדָם וְנִתְעַרְטְלוּ הֵימֶנָּה (ב״ר): עלה תאנה. הוּא הָעֵץ שֶׁאָכְלוּ מִמֶּנּוּ, בַּדָּבָר שֶׁנִּתְקַלְקְלוּ

hath said, Ye shall not eat of every tree of the garden... 2And the wo-
man said unto the serpent, We may eat of the fruit of the trees of the
garden: 3But of the fruit of the tree which is in the midst of the garden,
God hath said, Ye shall not eat of it, neither shall ye touch it, lest ye die.
4And the serpent said unto the woman, Ye shall not surely die: 5For God
doth know that in the day ye eat thereof, then your eyes shall be unclo-
sed, and ye shall be as gods, knowing good and evil. 6And when the wo-
man saw that the tree was good for food, and that it was a delight to the
eyes, and a tree to be desired in order to make one wise, she took of the
fruit thereof, and did eat, and gave also unto her husband with her;
and he did eat. 7And the eyes of them both were unclosed, and they
knew that they were naked; and they fastened together fig leaves,

רש"י

אף כי אמר וגו' ALTHOUGH GOD HATH SAID — *The meaning is,* "Perhaps He has said unto you" לא תאכלו מכל וגו' YE SHALL NOT EAT OF EVERY TREE OF THE GARDEN — And although he saw them eating of the other fruits yet he entered into a long conversation with her so that she should answer him, and so that he might then have an opportunity to talk about that *particular* tree. **(3)** ולא תגעו בו NEITHER SHALL YE TOUCH IT — She added to God's command (which did not forbid touching the tree, but only eating of its fruit) therefore she was led to diminish from it. It is to this that the text refers (Prov. XXX. 6): "Add thou not unto His words" (Gen. R. 19). **(4)** לא מות תמתון YE SHALL NOT SURELY DIE — He pushed her until she touched it. He then said to her, "Just as there is no death in touching it, so there is no death in eating it" (ib.). **(5)** כי ידע FOR [GOD] KNOWS — Every artisan detests his fellow-artisans ("Two of a trade never agree"). *The serpent suggested to her*: God ate of the tree and created the world (ib.) *so if you eat . . .* והייתם כאלהים YE WILL BE AS GOD — Creators of worlds. **(6)** ותרא האשה AND THE WOMAN SAW — She approved the words of the serpent — they pleased her and she believed him (ib.). כי טוב העץ THAT THE TREE WAS GOOD to make her become like God. וכי תאוה היא לעינים AND THAT IT WAS A DELIGHT TO THE EYES — even as he had said to her: "then your eyes shall be opened". ונחמד להשכיל AND IT WAS TO BE DESIRED TO MAKE ONE WISE — even as he had said to her: "knowing good and evil". ותתן גם לאשה AND SHE GAVE ALSO TO HER HUSBAND so that she should not die and he remain alive to take another wife (ib.). *The word* גם, also, *may be understood* to include cattle and beasts (that is, that she gave to these and also to her husband). **(7)** ותפקחנה וגו' [AND THE EYES OF BOTH OF THEM] WERE UNCLOSED — Scripture speaks here with reference to intelligence (the mind's eye) and not with reference to *actual* seeing; the end of the verse proves *this for it states,* וידעו כי ערומים הם AND THEY KNEW THAT THEY WERE NAKED — Even a blind person knows when he is naked! What then does "and they knew that they were naked" signify? One charge had been entrusted to them and *they now knew* they had stripped themselves of it (ib.). עלה תאנה FIG LEAVES — This was the tree of which they had eaten; by the very thing through which their ruin had been caused

תְאֵנָ֔ה וַיַּעֲשׂ֥וּ לָהֶ֖ם חֲגֹרֹֽת׃ ח וַֽיִּשְׁמְע֞וּ אֶת־ק֨וֹל יְהוָ֧ה
אֱלֹהִ֛ים מִתְהַלֵּ֥ךְ בַּגָּ֖ן לְר֣וּחַ הַיּ֑וֹם וַיִּתְחַבֵּ֨א הָֽאָדָ֜ם
וְאִשְׁתּ֗וֹ מִפְּנֵי֙ יְהוָ֣ה אֱלֹהִ֔ים בְּת֖וֹךְ עֵ֥ץ הַגָּֽן׃ ט וַיִּקְרָ֛א
יְהוָ֥ה אֱלֹהִ֖ים אֶל־הָֽאָדָ֑ם וַיֹּ֥אמֶר ל֖וֹ אַיֶּֽכָּה׃ י וַיֹּ֕אמֶר
אֶת־קֹלְךָ֥ שָׁמַ֖עְתִּי בַּגָּ֑ן וָאִירָ֛א כִּֽי־עֵירֹ֥ם אָנֹ֖כִי וָאֵחָבֵֽא׃
יא וַיֹּ֕אמֶר מִ֚י הִגִּ֣יד לְךָ֔ כִּ֥י עֵירֹ֖ם אָ֑תָּה הֲמִן־הָעֵ֗ץ
אֲשֶׁ֧ר צִוִּיתִ֛יךָ לְבִלְתִּ֥י אֲכָל־מִמֶּ֖נּוּ אָכָֽלְתָּ׃ יב וַיֹּ֖אמֶר
הָֽאָדָ֑ם הָֽאִשָּׁה֙ אֲשֶׁ֣ר נָתַ֣תָּה עִמָּדִ֔י הִ֛וא נָֽתְנָה־לִּ֥י
מִן־הָעֵ֖ץ וָאֹכֵֽל׃ יג וַיֹּ֨אמֶר יְהוָ֧ה אֱלֹהִ֛ים לָאִשָּׁ֖ה מַה־
זֹּ֣את עָשִׂ֑ית וַתֹּ֙אמֶר֙ הָֽאִשָּׁ֔ה הַנָּחָ֥שׁ הִשִּׁיאַ֖נִי וָאֹכֵֽל׃
יד וַיֹּאמֶר֩ יְהוָ֨ה אֱלֹהִ֥ים ׀ אֶֽל־הַנָּחָשׁ֮ כִּ֣י עָשִׂ֣יתָ זֹּאת֒

אונקלוס

לְהוֹן טַרְפֵּי תְאֵנִין וַעֲבַדוּ לְהוֹן זְרָזִין: ח וּשְׁמָעוּ יָת־קָל מֵימְרָא דַיְיָ אֱלֹהִים מְהַלֵּךְ
בְּגִינְתָא לִמְנַח יוֹמָא וְאִיטַּמַּר אָדָם וְאִתְּתֵהּ מִן־קֳדָם יְיָ אֱלֹהִים בְּגוֹ אִילָן־גִינְתָא:
ט וּקְרָא יְיָ אֱלֹהִים לְאָדָם וַאֲמַר לֵהּ אָן אַתְּ: י וַאֲמַר יָת־קָל מֵימְרָךְ שְׁמָעִית
בְּגִינְתָא וּדְחֵילִית אֲרֵי־עַרְטִלַאי אֲנָא וְאִיטַּמָּרִית: יא וַאֲמַר מָן חַוִּי לָךְ אֲרֵי
עַרְטִילַאי אַתְּ הֲמִן אִילָנָא דְפַקֵּדְתָּךְ בְּדִיל דְּלָא לְמֵיכַל מִנֵּהּ אֲכַלְתָּ: יב וַאֲמַר
אָדָם אִתְּתָא דִיהַבְתְּ עִמִּי הִיא יְהַבַת לִי מִן אִילָנָא וַאֲכָלִית: יג וַאֲמַר יְיָ אֱלֹהִים
לְאִתְּתָא מַה דָא עֲבַדְתְּ וַאֲמֶרֶת אִתְּתָא חִוְיָא אַטְעִינַנִי וַאֲכָלִית: יד וַאֲמַר יְיָ

רש״י

בּוֹ נִתְקְנוּ (סנה׳ ע׳), אֲבָל שְׁאָר הָעֵצִים מְנָעוּם מִלְּטוֹל עֲלֵיהֶם. וּמִפְּנֵי מָה לֹא נִתְפַּרְסֵם הָעֵץ? שֶׁאֵין הַקָּבָּ״ה חָפֵץ לְהוֹנוֹת בְּרִיָּה, שֶׁלֹּא יַכְלִימוּהָ וְיֹאמְרוּ: זֶהוּ שֶׁלָּקָה הָעוֹלָם עַל יָדוֹ. מִדְרַשׁ רַבִּי תַנְחוּמָא. (ח) וישמעו. יֵשׁ מִדְרְשֵׁי אַגָּדָה רַבִּים וּכְבָר סִדְּרוּם רַבּוֹתֵינוּ עַל מְכוֹנָם בִּבְ״ר וּבִשְׁאָר מִדְרָשׁוֹת; וַאֲנִי לֹא בָאתִי אֶלָּא לִפְשׁוּטוֹ שֶׁל מִקְרָא וּלְאַגָּדָה הַמְיַשֶּׁבֶת דִּבְרֵי הַמִּקְרָא דָּבָר דָּבוּר עַל אָפְנָיו: וישמעו, מַה שָּׁמְעוּ? שָׁמְעוּ אֶת קוֹל הַקָּבָּ״ה שֶׁהָיָה מִתְהַלֵּךְ בַּגָּן: לרוח היום. לְאוֹתוֹ רוּחַ שֶׁהַשֶּׁמֶשׁ בָּאָה לְשָׁם, וְזוֹ הִיא מַעֲרָבִית; שֶׁלִּפְנוֹת עֶרֶב חַמָּה בְּמַעֲרָב, וְהֵם סָרְחוּ בָּעֲשִׂירִית (סנה׳ ל״ח): (ט) איכה. יוֹדֵעַ הָיָה הֵיכָן הוּא; אֶלָּא לִכָּנֵס עִמּוֹ בִּדְבָרִים, שֶׁלֹּא יְהֵא נִבְהָל לְהָשִׁיב, אִם יַעֲנִישֵׁהוּ פִּתְאוֹם (ב״ר); וְכֵן בְּקַיִן אָמַר לוֹ: אֵי הֶבֶל אָחִיךָ (בר׳ ד׳), וְכֵן בְּבִלְעָם: מִי הָאֲנָשִׁים הָאֵלֶּה עִמָּךְ (במד׳ כ״ב), לִכָּנֵס עִמָּהֶם בִּדְבָרִים, וְכֵן בְּחִזְקִיָּה בִּשְׁלוּחֵי מְרֹאדַךְ בַּלְאֲדָן: (יא) מי הגיד לך. מֵאַיִן לְךָ לָדַעַת מַה בּוֹשֶׁת יֵשׁ בְּעוֹמֵד עָרוֹם? המן העץ. בִּתְמִיָּה: (יב) אשר נתתה עמדי. כָּאן כָּפַר בְּטוֹבָה (ע״ז ה׳): (יג) השיאני. הִטְעַנִי, כְּמוֹ: אַל יַשִּׁיא אֶתְכֶם חִזְקִיָּהוּ (דה״ב ל״ב): (יד) כי עשית זאת. מִכָּאן

and made themselves girdles. ⁸And they heard the voice of the Eternal God walking about in the garden in the wind of the day: and the man and his wife hid themselves from the face of the Eternal God in the midst of the trees of the garden. ⁹And the Eternal God called unto the man, and said unto him, Where art thou? ¹⁰And he said, I heard thy voice in the garden, and I was afraid, because I was naked; and I hid myself. ¹¹And he said, Who told thee that thou wast naked? Hast thou eaten of the tree, whereof I commanded thee that thou shouldest not eat? ¹²And the man said, The woman whom thou gavest to be with me, she gave me of the tree: and I did eat. ¹³And the Eternal God said unto the woman, What is this that thou hast done? And the woman said, The serpent beguiled me, and I did eat. ¹⁴And the Eternal God said unto the serpent, Because thou hast done this, be thou

רש"י

was some improvement effected *in their condition* (Sanh. 70b). The other trees however prevented them from taking of their leaves. And why is not *the name of* the tree clearly mentioned? Because the Holy One, blessed be He, never wishes to grieve anything He has created: *hence its name is not mentioned* in order that it might not be put to shame by people saying, "This is the tree through which the world suffered" (Midrash R. Tanchuma). **(8)** וישמעו AND THEY HEARD — There are many Midrashic explanations and our Teachers have already collected them in their appropriate places in Bereshith Rabbah and in other Midrashim. I, however, am only concerned with the plain sense of Scripture and with such Agadoth that explain the words of Scripture in a manner that fits in with them. וישמעו AND THEY HEARD — What did they hear? They heard the sound of the Holy One, blessed be He, as He walked in the garden (see Gen. R. 19). לרוח היום IN THE WIND OF THE DAY — (רוח is used also in the meaning of direction, — north, east, — etc.) in that direction to which the sun travels (באה לשם)¹) which is the west, for towards evening the sun is in the west, and they committed the sin in the tenth hour²) (Sanh. 38b). **(9)** איכה WHERE ART THOU — He knew where he was, but *He asked this in order* to open up a conversation with him that he should not become confused in his reply, if He were to pronounce punishment against him all of a sudden. Similarly in the case of Cain, He said to him, (IV. 9) "where is Abel thy brother?" Similarly with Balaam, (Num. XXII. 9) "what men are these with thee?" — to open up a conversation with them; so, also, in the case of Hezekiah with reference to the messengers of Merodach-baladan (Isa. XXXIX. 3). **(11)** מי הגיד לך WHO TOLD THEE? — Whence has the knowledge come to you what shame there is in standing naked? המן העץ HAST THOU EATEN OF THE TREE — *The* ה' *of the word* המן expresses a question. **(12)** אשר נתת עמדי WHOM THOU GAVEST TO BE WITH ME — Here he showed his ingratitude (Ab. Zar. 5b). **(13)** השיאני *means* HE DECEIVED ME; *we find the word in* the same meaning *in* (2 Chron. XXXII. 15), "Now therefore let not Hezekiah beguile you" (Gen. R. 19). **(14)** כי עשית זאת BECAUSE THOU

NOTES

¹) See Appendix.
²) Reckoning from 6 o'clock in the morning.

אָר֤וּר אַתָּה֙ מִכָּל־הַבְּהֵמָ֔ה וּמִכֹּ֖ל חַיַּ֣ת הַשָּׂדֶ֑ה עַל־
גְּחֹנְךָ֣ תֵלֵ֔ךְ וְעָפָ֥ר תֹּאכַ֖ל כָּל־יְמֵ֥י חַיֶּֽיךָ׃ טו וְאֵיבָ֣ה ׀
אָשִׁ֗ית בֵּֽינְךָ֙ וּבֵ֣ין הָֽאִשָּׁ֔ה וּבֵ֥ין זַרְעֲךָ֖ וּבֵ֣ין זַרְעָ֑הּ ה֚וּא
יְשׁוּפְךָ֣ רֹ֔אשׁ וְאַתָּ֖ה תְּשׁוּפֶ֥נּוּ עָקֵֽב׃ ס טז אֶל־הָאִשָּׁ֣ה
אָמַ֗ר הַרְבָּ֤ה אַרְבֶּה֙ עִצְּבוֹנֵ֣ךְ וְהֵֽרֹנֵ֔ךְ בְּעֶ֖צֶב תֵּֽלְדִ֣י
בָנִ֑ים וְאֶל־אִישֵׁךְ֙ תְּשׁ֣וּקָתֵ֔ךְ וְה֖וּא יִמְשָׁל־בָּֽךְ׃ ס
יז וּלְאָדָ֣ם אָמַ֗ר כִּ֣י שָׁמַ֘עְתָּ֮ לְק֣וֹל אִשְׁתֶּךָ֒ וַתֹּ֙אכַל֙
מִן־הָעֵ֔ץ אֲשֶׁ֤ר צִוִּיתִ֙יךָ֙ לֵאמֹ֔ר לֹ֥א תֹאכַ֖ל מִמֶּ֑נּוּ
אֲרוּרָ֤ה הָֽאֲדָמָה֙ בַּֽעֲבוּרֶ֔ךָ בְּעִצָּבוֹן֙ תֹּֽאכֲלֶ֔נָּה כֹּ֖ל יְמֵ֥י
חַיֶּֽיךָ׃ יח וְק֥וֹץ וְדַרְדַּ֖ר תַּצְמִ֣יחַֽ לָ֑ךְ וְאָכַלְתָּ֖ אֶת־עֵ֥שֶׂב

אונקלוס

אֱלֹהִים לְחִוְיָא אֲרֵי עֲבַדְתְּ דָּא לִיט אַתְּ מִכָּל בְּעִירָא וּמִכֹּל חֵיוַת בָּרָא עַל מְעָךְ
תֵּיזִיל וְעַפְרָא תֵיכוּל כָּל־יוֹמֵי חַיָּיךְ: טו וּדְבָבוּ אֲשַׁוֵּי בֵּינָךְ וּבֵין אִתְּתָא וּבֵין בְּנָךְ
וּבֵין בְּנַהָא הוּא יְהֵי דְּכִיר לָךְ מָה דַּעֲבַדְתְּ לֵהּ מִלְּקַדְמִין וְאַתְּ תְּהֵי נָטִיר לֵהּ
לְסוֹפָא: טז לְאִתְּתָא אֲמַר אַסְגָּאָה אַסְגֵּי צַעֲרֵיכִי וְעִדּוּיַיכִי בְּצַעַר תֵּלְדִי בְנִין וּלְוַת
בַּעְלֵךְ תְּהֵא תְּאוּבְתֵּיךְ וְהוּא יִשְׁלוֹט בִּיךְ: יז וּלְאָדָם אֲמַר אֲרֵי קַבֵּילְתָּ לְמֵימַר
אִתְּתָךְ וַאֲכַלְתְּ מִן אִילָנָא דִּי פַקֵּדְתָּךְ לְמֵימַר לָא תֵיכוּל מִנֵּהּ לִיטָא אַרְעָא
בְּדִילָךְ בְּעָמַל תֵּיכְלִינַהּ כָּל יוֹמֵי חַיָּיךְ: יח וְכוּבִין וְאַטְדִּין תַּצְמַח לָךְ וְתֵיכוּל יָת

רש"י

שֶׁאֵין מְהַפְּכִים בִּזְכוּתוֹ שֶׁל מֵסִית. שֶׁאִילּוּ שְׁאָלוֹ לָמָּה עָשִׂיתָ זֹאת? הָיָה לוֹ לְהָשִׁיב: דִּבְרֵי הָרַב וְדִבְרֵי הַתַּלְמִיד דִּבְרֵי מִי שׁוֹמְעִין? (סנה' כ"ט): מכל הבהמה ומכל חית השדה. אִם מִבְּהֵמָה נִתְקַלֵּל מֵחַיָּה לֹא כָּל שֶׁכֵּן, הֶעֱמִידוּ רַבּוֹתֵינוּ מִדְרָשׁ זֶה בְּמַסֶּכֶת בְּכוֹרוֹת (דף ח') לְלַמֵּד שֶׁיְּמֵי עִיבּוּרוֹ שֶׁל נָחָשׁ שֶׁבַע שָׁנִים: על גחנך תלך. רַגְלַיִם הָיוּ לוֹ וְנִקְצְצוּ: (טו) ואיבה אשית. אַתָּה לֹא נִתְכַּוַּנְתָּ אֶלָּא שֶׁיָּמוּת אָדָם כְּשֶׁיֹּאכַל הוּא תְּחִלָּה וְתִשָּׂא אֶת חַוָּה, וְלֹא בָאתָ לְדַבֵּר אֶל חַוָּה תְּחִלָּה אֶלָּא לְפִי שֶׁהַנָּשִׁים קַלּוֹת לְהִתְפַּתּוֹת וְיוֹדְעוֹת לְפַתּוֹת אֶת בַּעְלֵיהֶן, לְפִיכָךְ: וְאֵיבָה אָשִׁית: ישופך. יְכַתֶּתְךָ (סוטה ט'). כְּמוֹ וָאֶכּוֹת אוֹתוֹ (דב' ט') וְתַרְגּוּמוֹ: וְשָׁפִית יָתֵיהּ: ואתה תשופנו עקב. לֹא יְהֵא לְךָ קוֹמָה וְתִשְּׁכֶנּוּ בַּעֲקֵבוֹ, וְאַף מִשָּׁם תְּמִיתֶנּוּ. וּלְשׁוֹן תְּשׁוּפֶנּוּ כְּמוֹ: נָשַׁף בָּהֶם (ישי' מ') כְּשֶׁהַנָּחָשׁ בָּא לִנְשׁוֹךְ הוּא נוֹשֵׁף כְּמִין שְׁרִיקָה וּלְפִי שֶׁהַלָּשׁוֹן נוֹפֵל עַל הַלָּשׁוֹן, כְּתִיב לְשׁוֹן נְשִׁיפָה בִּשְׁנֵיהֶם: (טז) עצבונך. זֶה צַעַר גִּידּוּל בָּנִים (ערו' ק'): והרנך. זֶה צַעַר הָעִבּוּר: בעצב תלדי בנים. זֶה צַעַר הַלֵּידָה: ואל אישך תשוקתך. לְתַשְׁמִישׁ, וְאַעַפ"כ אֵין לָךְ מֵצַח לְתוֹבְעוֹ בְּפֶה, אֶלָּא הוּא יִמְשׁוֹל בָּךְ, הַכֹּל מִמֶּנּוּ וְלֹא מִמֵּךְ: תשוקתך. תַּאֲוָתֵךְ, כְּמוֹ: נֶפֶשׁ שׁוֹקֵקָה (ישי' כ"ט): (יז) ארורה האדמה בעבורך. מַעֲלָה לְךָ דְּבָרִים אֲרוּרִים, כְּגוֹן: זְבוּבִים, פַּרְעוֹשִׁים וּנְמָלִים. מָשָׁל לְיוֹצֵא לְתַרְבּוּת רָעָה וְהַבְּרִיּוֹת מְקַלְּלוֹת שָׁדַיִם שֶׁיָּנַק מֵהֶם: (יח) וקוץ ודרדר תצמיח לך. הָאָרֶץ: כְּשֶׁתִּזְרָעֶנָּה מִינֵי זְרָעִים, תַּצְמִיחַ קוֹץ וְדַרְדַּר קוֹנְדָּס

cursed above all beasts, and above every animal of the field; upon thy
belly shalt thou go, and dust shalt thou eat all the days of thy life:
15 And I will set enmity between thee and the woman, and between thy
seed and her seed; it shall bruise thy head, and thou shalt bruise its heel.
16 Unto the woman he said, I will greatly multiply thy sorrow and thy
pregnancy; in pain thou shalt bear children; and thy longing shall be to
thy husband, and he shall have dominion over thee. 17 And unto Adam he
said, Because thou hast hearkened unto the voice of thy wife, and hast
eaten of the tree, of which I commanded thee, saying, Thou shalt
not eat of it: cursed be the ground for thy sake; in sorrow shalt
thou eat of it all the days of thy life; 18 Thorns also and thistles
shall it bring forth to thee; and thou shalt eat the herb of the field;

רש"י

HAST DONE THIS — From here we infer that we should not occupy ourselves with what may be in favour of one who seduces people to idolatry[1]), for had He asked it, "Why hast thou done this?", it could have answered Him, "*When* the words of the teacher and those of the pupil *are contradictory* whose orders should be obeyed?" (Sanh. 29a). (i. e. if You told them one thing and I another, should they not have obeyed You?). מכל הבהמה ומכל חית השדה FROM AMONG (or, MORE THAN) ALL CATTLE AND ALL THE BEASTS OF THE FIELD — If it was cursed more than the cattle *whose period of gestation is longer than that of beasts* does it not necessarily follow that it was cursed more than the beasts? Our Rabbis have definitely established the correctness of the following deduction in treatise Bekoroth (8a), that it (viz., the use of these apparently superfluous words "and more than all the beasts of the field") teaches that the period of gestation of the serpent is seven years. על גחנך תלך UPON THY BELLY SHALT THOU GO — It had feet but they were cut off (Gen. R. 20). **(15)** ואיבה אשית AND I WILL SET ENMITY — Your sole intention was that Adam should die by eating it first and that you should then take Eve for yourself, and you came to speak to Eve first only because women are easily influenced and know how to influence their husbands; therefore "I shall put enmity [between thee and the woman]". הוא ישופך HE WILL BRUISE (or, POUND) THEE — Like (Deut. IX. 21), "And I beat in pieces" which Onkelos translates by ושפית "I pounded it." ואתה תשופנו עקב AND THOU SHALT BRUISE HIS HEEL — As you will have no height (not stand erect) you will *be able to* bite him only on the heel, but even at that spot you will kill him. The word תשופנו is of the same import as *the verb in* (Isa. XL. 24). נשף בהם "It bloweth upon them." When a serpent comes to bite, it blows with a kind of hissing *sound. Although the words* ישופך *and* תשופנו *have different meanings,* since they constitute "a play upon words" by sounding similar, they are both used here. **(16)** עצבונך THY PAIN — viz., the trouble of rearing children (Erub. 100b). והרונך AND THY CONCEPTION — viz., the pain of pregnancy. בעצב תלדי בנים IN PAIN THOU SHALT BEAR CHILDREN — This refers to the pangs of childbirth (ib.). תשוקתך THY DESIRE — Similar to (Isa. XXIX. 8), ונפשו שוקקה "and his soul hath appetite", (desires). **(17)** ארורה האדמה בעבורך CURSED BE THE GROUND FOR THY SAKE — It will produce to you cursed objects such as flies, fleas and ants; it may be compared to *the case of* one who gets into depraved ways, and people curse the breasts at which he was suckled. **(18)** וקוץ ודרדר תצמיח לך THORNS ALSO AND THISTLES SHALL IT BRING FORTH TO THEE — תצמיח *has for subject* the earth; when you sow it with various kinds of grain, it shall bring forth thorns and thistles — artichokes

NOTES

[1]) i. e. in the case of a seducer to idolatry we do not give him an opportunity to justify his crime.

הַשָּׂדֶה: יט בְּזֵעַת אַפֶּיךָ תֹּאכַל לֶחֶם עַד שׁוּבְךָ אֶל־
הָאֲדָמָה כִּי מִמֶּנָּה לֻקָּחְתָּ כִּי־עָפָר אַתָּה וְאֶל־עָפָר
תָּשׁוּב: כ וַיִּקְרָא הָאָדָם שֵׁם אִשְׁתּוֹ חַוָּה כִּי הִוא
הָיְתָה אֵם כָּל־חָי: כא וַיַּעַשׂ יְהוָה אֱלֹהִים לְאָדָם
וּלְאִשְׁתּוֹ כָּתְנוֹת עוֹר וַיַּלְבִּשֵׁם: פ חמישי (רביעי לספרדים)
כב וַיֹּאמֶר ׀ יְהוָה אֱלֹהִים הֵן הָאָדָם הָיָה כְּאַחַד מִמֶּנּוּ
לָדַעַת טוֹב וָרָע וְעַתָּה ׀ פֶּן־יִשְׁלַח יָדוֹ וְלָקַח גַּם מֵעֵץ
הַחַיִּים וְאָכַל וָחַי לְעֹלָם: כג וַיְשַׁלְּחֵהוּ יְהוָה אֱלֹהִים
מִגַּן־עֵדֶן לַעֲבֹד אֶת־הָאֲדָמָה אֲשֶׁר לֻקַּח מִשָּׁם:
כד וַיְגָרֶשׁ אֶת־הָאָדָם וַיַּשְׁכֵּן מִקֶּדֶם לְגַן־עֵדֶן אֶת־

אונקלוס

עִסְבָּא דְחַקְלָא: יט בְּזֵעֲתָא דְאַפָּךְ תֵּיכוֹל לַחְמָא עַד דְּתֵיתוּב לְאַרְעָא דְּמִנַּהּ
אִתְבְּרֵיתָא אֲרֵי־עַפְרָא אַתְּ וּלְעַפְרָא תְּתוּב: כ וּקְרָא אָדָם שׁוּם אִתְּתֵיהּ חַוָּה אֲרֵי
הִיא הֲוָת אִמָּא דְּכָל בְּנֵי אֱנָשָׁא: כא וַעֲבַד יְיָ אֱלֹהִים לְאָדָם וּלְאִתְּתֵיהּ לְבוּשִׁין
דִּיקָר עַל־מְשַׁךְ בִּשְׂרְהוֹן וְאַלְבֵּישִׁנּוּן: כב וַאֲמַר יְיָ אֱלֹהִים הָא אָדָם הֲוָה יְחִידִי
בְּעָלְמָא מִנֵּהּ לְמִידַע טַב וּבִישׁ וּכְעַן דִּילְמָא יוֹשִׁיט יְדֵהּ וְיִסַּב אַף מֵאִילַן חַיַּיָּא
וְיֵיכוֹל וְיֵחֵי לְעָלַם: כג וְשַׁלְּחֵהּ יְיָ אֱלֹהִים מִגִּנְּתָא דְעֵדֶן לְמִפְלַח בְּאַרְעָא דְאִתְבְּרֵי
מִתַּמָּן: כד וְתָרֵיךְ יָת אָדָם וְאַשְׁרֵי מִלְּקַדְמִין לְגִנְּתָא דְעֵדֶן יָת כְּרוּבַיָּא וְיָת שְׁנַן

רש״י

וְעַכָּבִיּוֹת, וְהֵן נֶאֱכָלִים עַל יְדֵי תִּקּוּן (ביצה ל״ד): ואכלת את עשב השדה. וּמַה קְּלָלָה הִיא זוֹ? וַהֲלֹא בִּבְרָכָה נֶאֱמַר לוֹ: הִנֵּה נָתַתִּי לָכֶם אֶת כָּל עֵשֶׂב זֹרֵעַ זֶרַע וגו׳? אֶלָּא מַה אָמוּר כָּאן בְּרֹאשׁ הָעִנְיָן: אֲרוּרָה הָאֲדָמָה בַּעֲבוּרֶךָ בְּעִצָּבוֹן תֹּאכְלֶנָּה, וְאַחַר הָעִצָּבוֹן וְקוֹץ וְדַרְדַּר תַּצְמִיחַ לָךְ, כְּשֶׁתִּזְרָעֶנָּה קִטְנִית אוֹ יַרְקוֹת גִּנָּה הִיא תַצְמִיחַ לָךְ קוֹצִים וְדַרְדָּרִים וּשְׁאָר עִשְּׂבֵי הַשָּׂדֶה וְעַל כָּרְחֲךָ תֹּאכְלֵם: (יט) בזעת אפיך. לְאַחַר שֶׁתִּטְרַח בּוֹ הַרְבֵּה: (כ) ויקרא האדם. חָזַר הַכָּתוּב לְעִנְיָנוֹ הָרִאשׁוֹן: וַיִּקְרָא הָאָדָם שֵׁמוֹת, וְלֹא הִפְסִיק אֶלָּא לְלַמֶּדְךָ, שֶׁעַל יְדֵי קְרִיאַת שֵׁמוֹת נִזְדַּוְּגָה לוֹ חַוָּה, כְּמוֹ שֶׁכָּתוּב: וּלְאָדָם לֹא מָצָא עֵזֶר כְּנֶגְדּוֹ, לְפִיכָךְ, וַיַּפֵּל תַּרְדֵּמָה, וְעַל יְדֵי שֶׁכָּתַב: וַיִּהְיוּ עֲרוּמִּים, סָמַךְ לוֹ פָּרָשַׁת הַנָּחָשׁ, לְהוֹדִיעֲךָ שֶׁמִּתּוֹךְ שֶׁרָאָה עֶרְוָתָהּ וְרָאָה אוֹתָם עֲסוּקִים בְּתַשְׁמִישׁ נִתְאַוָּה לָהּ וּבָא עֲלֵיהֶם בְּמַחֲשָׁבָה וּבְמִרְמָה: חוה. נוֹפֵל עַל לְשׁוֹן חַיָּה, שֶׁמְּחַיָּה אֶת וְלָדוֹתֶיהָ, כַּאֲשֶׁר תֹּאמַר: מֶה הֹוֶה לָאָדָם (קהלת ב׳), בִּלְשׁוֹן הָיָה: (כא) כתנות עור. יֵשׁ דִּבְרֵי אַגָּדָה אוֹמְרִים חֲלָקִים כְּצִפּוֹרֶן הָיוּ מְדֻבָּקִים עַל עוֹרָן. וְיֵ״א: דָּבָר הַבָּא מִן הָעוֹר, כְּגוֹן צֶמֶר הָאַרְנָבִים, שֶׁהוּא רַךְ וְחַם וְעָשָׂה לָהֶם כָּתְנוֹת מִמֶּנּוּ: (כב) היה כאחד ממנו. הֲרֵי הוּא יָחִיד בַּתַּחְתּוֹנִים כְּמוֹ שֶׁאֲנִי יָחִיד בָּעֶלְיוֹנִים, וּמַה הִיא יְחִידָתוֹ? לָדַעַת טוֹב וָרָע, מַה שֶּׁאֵין כֵּן בַּבְּהֵמָה וְחַיָּה: ועתה פן ישלח ידו. וּמִשֶּׁיִּחְיֶה לְעוֹלָם הֲרֵי הוּא קָרוֹב לְהַטְעוֹת הַבְּרִיּוֹת אַחֲרָיו, וְלוֹמַר אַף הוּא אֱלוֹהַּ. וְיֵשׁ מִדְרְשֵׁי אַגָּדָה, אֲבָל אֵין מְיֻשָּׁבִין עַל פְּשׁוּטוֹ: (כד) מקדם לגן עדן. בְּמִזְרָחוֹ

Genesis III. 19—24.

¹⁹In the sweat of thy face shalt thou eat bread, till thou return unto the ground; for out of it wast thou taken: for dust thou art, and unto dust shalt thou return. ²⁰And the man called his wife's name Eve; because she was the mother of all living. ²¹And unto Adam and to his wife did the Eternal God make inner garments for the skin, and clothed them. ²²And the Eternal God said, Behold, the man is become as one of us, to know good and evil: and now, lest he put forth his hand, and take also of the tree of life, and eat and live for ever: ²³Therefore the Eternal God sent him forth from the garden of Eden, to till the ground from whence he was taken. ²⁴So he drove out the man; and he stationed at the east of the

רש״י

and cardoon[1]) — which are fit for food only after *special* preparation. ואכלת את עשב השדה AND THOU SHALT EAT THE HERB OF THE FIELD — What curse is insolved here? Was he not told as a b l e s s i n g, (I. 29) "Behold I have given unto you every herb yielding seed"? But what is stated here at the beginning of this passage? "Cursed be the ground etc.... in toil shalt thou eat of it." And after all your toil "thorns and thistles shall it bring forth to thee". *This means* when you sow it with cereals and vegetables it shall bring forth for you thorns and thistles and other weeds, and you will perforce have to eat them *for lack of other food.* **(19)** בזעת אפיך IN THE SWEAT OF THY FACE — after you have taken all this great trouble. **(20)** ויקרא האדם AND THE MAN CALLED — Scripture now reverts to its previous topic (II. 20) *beginning with* "and the man gave names". It broke it off (that is, interpolated the story of the serpent) only to tell you that through the giving of names Eve became his mate, as it is written (ib.) "but for Adam there was not found a help meet for him," and that therefore "the [Lord God] caused to fall a deep sleep upon him" *and formed Eve.* But because Scripture writes *at the end of the story of creation of Eve* (ib. v. 25), "and they were both naked", it therefore follows on with the passage dealing with the serpent, to inform you that because he saw her nakedness and that they displayed no feeling of shame in their actions, he desired her, and he came upon them with his evil plan and with deceit. חוה EVE — חוה has the same sound as חיה (and similar meaning "life") — *she was so called* because she gives life (birth) to her children; *the interchange of* ו *and* י *is similar to that in*[2]) (Eccl. II. 22), מה הוה לאדם "for what hath a man", where הוה is used in the sense of היה "to be." **(21)** כתנות עור GARMENTS FOR THE SKIN — There are Agadoth which say that they were smooth as fingernails, cleaving to their skin;[3]) whereas some say *that they were made of* material that comes from skin, as for example, the hair of hares which is soft and warm, and of this He made garments for them (Gen. R. 20). **(22)** היה כאחד ממנו IS BECOME LIKE ONE OF US *(or, like the Being who is One, Unique amongst us)* — Lo, he is unique among the terrestrial ones, even as I am unique among the celestial ones. And in what does his uniqueness consist? In knowing good and evil, which is not so in the case of cattle and beasts. ועתה פן ישלח ידו AND NOW, LEST HE PUT FORTH HIS HAND... [AND EAT AND LIVE FOR EVER] — And if he does live for ever he is likely to lead people astray, so that they may say, "He, also, is a god";[4]) there are also Agadic Midrashim, but they are not in keeping with its (the verse's) plain sense. **(24)** מקדם לגן עדן AT THE EAST OF THE GARDEN OF EDEN — *Not in the eastern part of*

NOTES

[1]) According to the Midrash Rabbah s. 20 קוץ ודרדר are קונדס ועכבית.
[2]) Lit., as you say in ...
[3]) See Appendix.
[4]) Rashi understood the verse in this sense: if he puts forth his hand and take ... and eat, וחי he might live for ever. And since this might cause people to believe he is a god, therefore God drove him out to prevent him from eating of the tree.

הַכְּרֻבִים וְאֵת לַהַט הַחֶרֶב הַמִּתְהַפֶּכֶת לִשְׁמֹר אֶת־
דֶּרֶךְ עֵץ הַחַיִּים: ס ד א וְהָאָדָם יָדַע אֶת־חַוָּה
אִשְׁתּוֹ וַתַּהַר וַתֵּלֶד אֶת־קַיִן וַתֹּאמֶר קָנִיתִי אִישׁ אֶת־
יְהוָה: ב וַתֹּסֶף לָלֶדֶת אֶת־אָחִיו אֶת־הָבֶל וַיְהִי־הֶבֶל
רֹעֵה צֹאן וְקַיִן הָיָה עֹבֵד אֲדָמָה: ג וַיְהִי מִקֵּץ יָמִים
וַיָּבֵא קַיִן מִפְּרִי הָאֲדָמָה מִנְחָה לַיהוָה: ד וְהֶבֶל
הֵבִיא גַם־הוּא מִבְּכֹרוֹת צֹאנוֹ וּמֵחֶלְבֵהֶן וַיִּשַׁע יְהוָה
אֶל־הֶבֶל וְאֶל־מִנְחָתוֹ: ה וְאֶל־קַיִן וְאֶל־מִנְחָתוֹ לֹא
שָׁעָה וַיִּחַר לְקַיִן מְאֹד וַיִּפְּלוּ פָּנָיו: ו וַיֹּאמֶר יְהוָה
אֶל־קָיִן לָמָּה חָרָה לָךְ וְלָמָּה נָפְלוּ פָנֶיךָ: ז הֲלוֹא אִם־
תֵּיטִיב שְׂאֵת וְאִם לֹא תֵיטִיב לַפֶּתַח חַטָּאת רֹבֵץ

אונקלוס

חַרְבָּא דְמִתְהַפְּכָא לְמִטַּר יָת אוֹרַח אִילָן חַיַּיָא: א וְאָדָם יְדַע יָת־חַוָּה אִתְּתֵהּ
וְעַדִּיאַת וִילֵידַת יָת־קַיִן וַאֲמֶרֶת קְנֵיתִי גַּבְרָא (מִן) קֳדָם יְיָ: ב וְאוֹסִיפַת לְמֵילַד
יָת־אֲחוּהִי יָת־הָבֶל וַהֲוָה הֶבֶל רָעֵי עָנָא וְקַיִן הֲוָה פָּלַח בְּאַרְעָא: ג וַהֲוָה מִסּוֹף
יוֹמִין וְאַיְתִי קַיִן מֵאִבָּא דְאַרְעָא תִּקְרֻבְתָּא קֳדָם יְיָ: ד וְהֶבֶל אַיְתִי אַף־הוּא
מִבַּכִּירֵי עָנֵהּ וּמִשַּׁמִּנְהוֹן וַהֲוַת רַעֲוָא מִן־קֳדָם יְיָ לְהֶבֶל וּלְקוּרְבָּנֵהּ: ה וּלְקַיִן
וּלְקוּרְבָּנֵהּ לָא הֲוַת רַעֲוָא וּתְקֵיף לְקַיִן לַחֲדָא וְאִתְכְּבִישׁוּ אַפּוֹהִי: ו וַאֲמַר יְיָ לְקַיִן
לְמָא תְּקֵיף לָךְ וּלְמָא אִתְכְּבִישׁוּ אַפָּיךְ: ז הֲלָא אִם תֵּיטִיב עוֹבָדָךְ יִשְׁתְּבֵק לָךְ

רש"י

שֶׁל גַּן עֵדֶן, חוּץ לַגָּן: את הכרבים: מַלְאֲכֵי חַבָּלָה: החרב המתהפכת. וְלָהּ לַהַט לְאַיֵּם עָלָיו מִלִּכָּנֵס עוֹד לַגָּן. תַּרְגּוּם לַהַט שַׁנָּן, כְּמוֹ שָׁלַף שְׁנָנָא, וּבִלְשׁוֹן לַעַז לא"מה; וּמִדְרְשֵׁי אַגָּדָה יֵשׁ, וַאֲנִי אֵינִי בָא אֶלָּא לִפְשׁוּטוֹ:

ד (א) והאדם ידע. כְּבָר קוֹדֶם הָעִנְיָן שֶׁל מַעְלָה, קוֹדֶם שֶׁחָטָא וְנִטְרַד מִגַּן עֵדֶן, וְכֵן הַהֵרָיוֹן וְהַלֵּידָה; שֶׁאִם כָּתַב: וַיֵּדַע אָדָם, נִשְׁמָע שֶׁלְּאַחַר שֶׁנִּטְרַד הָיוּ לוֹ בָנִים: קין. עַל שֵׁם קָנִיתִי: את ה'. כְּמוֹ: עִם ה', כְּשֶׁבָּרָא אוֹתִי וְאֶת אִישִׁי, הוּא לְבַדּוֹ בְרָאָנוּ; אֲבָל בָּזֶה שֻׁתָּפִים אָנוּ עִמּוֹ (נדה ל"א): את קין את אחיו את הבל. ג' אֶתִים רִבּוּיִים הֵם, מְלַמֵּד, שֶׁתְּאוֹמָה נוֹלְדָה עִם קַיִן, וְעִם הֶבֶל נוֹלְדוּ שְׁתַּיִם, לְכָךְ נֶאֱמַר וַתֹּסֶף (ב"ר): (ב) רעה צאן. לְפִי שֶׁנִּתְקַלְּלָה הָאֲדָמָה פֵּרַשׁ לוֹ מֵעֲבוֹדָתָהּ: (ג) מפרי האדמה. מִן הַגָּרוּעַ, וְיֵשׁ אַגָּדָה שֶׁאוֹמֶרֶת זֶרַע פִּשְׁתָּן הָיָה: (ד) וישע. וַיִּפֶן, וְכֵן: וְאֶל מִנְחָתוֹ לֹא שָׁעָה — לֹא פָנָה, וְכֵן: וְלֹא יִשְׁעוּ (ישעי' י"ז) — לֹא יִפְנוּ, וְכֵן: שְׁעֵה מֵעָלָיו, (איוב י"ד) — פְּנֵה מֵעָלָיו: וישע. יָרְדָה אֵשׁ וְלִחֲכָה מִנְחָתוֹ: (ז) הלא אם תיטיב. כְּתַרְגּוּמוֹ פֵּרוּשׁוֹ: לפתח חטאת רובץ. לְפֶתַח קִבְרְךָ

garden of Eden the Cherubim, and the flame of the sword turning itself to keep the way of the tree of life.

4. 1And the man knew Eve his wife; and she became pregnant, and
bare Cain, and said, I have obtained a man from the Eternal. 2And she
again bare his brother Abel. And Abel was a feeder of flocks, but Cain
was a tiller of the ground. 3And in process of time it came to pass, that
Cain brought of the fruit of the ground an oblation unto the Eternal.
4And Abel, he also brought of the first-born of his flock and of the fat
thereof. And the Eternal had regard unto Abel and to his oblation. 5But
unto Cain and to his oblation he had not regard. And Cain was very
wroth, and his face fell. 6And the Eternal said unto Cain, Wherefore art
thou wroth? and wherefore is thy face fallen? 7Is it not thus! if thou
mendest there is forgiveness, and if thou dost not mend, sin croucheth at

רש"י

the Garden but eastward of the garden of Eden *and* outside the garden. את הכרבים THE CHERUBIM — Angels of destruction (Ex. R. 9). החרב המתהפכת THE SWORD TURNING ITSELF — *It was a revolving sword* and *consequently* had a להט, a flashing flame for the purpose of frightening him so that he should not enter again into the garden. The Targum of להט, however, is שנן, like (Sanh. 82a) שלף שננא he drew his blade; O. F. lame. There are Agadic Midrashim, but I come only to explain it according to its plain sense.

4. **(1)** והאדם ידע AND THE MAN KNEW already before the events related above *took place* — before he sinned and was driven out of the Garden of Eden. So, also, the conception and birth *of Cain took place before this*. Had it been written, וידע אדם it would imply that after he was driven out children were born to him.[1]) קין — *She called him so* with reference to *her use of the word* קניתי; — את ה' is like עם ה' "with the Lord"; *she meant to say*: when He created me and my husband He created us by Himself, but in the case of this one we are copartners with Him (cf. Niddah 31a). את קין... את אחיו את הבל — The threefold 'את' signify extension *of the scope of the text*, teaching that a twin sister was born with Cain, and that with Abel two were born; consequently the text states ותוסף "and she bore more" *than the previous time* (Gen. R. 22). **(2)** רעה צאן A FEEDER OF FLOCKS — Because the earth had been cursed he refrained from cultivating it. **(3)** מפרי האדמה OF THE FRUIT OF THE GROUND — of the worst fruits (ib.); there is an Agada which says that it was linseed (Tanch.). **(4)** וישע AND HE HAD REGARD — and He turned to; similarly *in the next verse* "He had no respect for his offering" *means*, "He did not turn to it." Similarly, (Is. XVII. 8) ולא ישעה אל המזבחות[2]) *which means* "And he shall not turn towards the altars"; so also (Job XVI. 6) שעה מעליו "turn away from him" — disregard him. וישע AND HE HAD REGARD — Fire descended from heaven and consumed his offering. **(7)** הלא אם תטיב IF THOU MENDEST — Its meaning is as the Targum gives it: "*if thou wilt improve thy doings, thou shalt be forgiven*". לפתח חטאת רובץ SIN CROUCHETH AT THE ENTRANCE — Right up to the door of your grave (until your death)

NOTES

1) Rashi bases this statement on the syntactical rule that when, in a narrative, a series of imperfects with Vau Conversive is followed by a perfect, it has a pluperfect sense, the action it describes having taken place previous to the event mentioned immediately before it.

2) Editions of Rashi have here ואל ישעו (Ex. V. 9), but this quotation is incorrect, for Rashi himself explains the word ישעו differently. The correct reading is Is. XVII. 8.

בראשית ד

וְאֵלֶ֖יךָ תְּשׁ֣וּקָת֑וֹ וְאַתָּ֖ה תִּמְשָׁל־בּֽוֹ: ח וַיֹּ֥אמֶר קַ֖יִן אֶל־הֶ֣בֶל אָחִ֑יו וַֽיְהִי֙ בִּהְיוֹתָ֣ם בַּשָּׂדֶ֔ה וַיָּ֥קָם קַ֛יִן אֶל־הֶ֥בֶל אָחִ֖יו וַיַּהַרְגֵֽהוּ: ט וַיֹּ֤אמֶר יְהֹוָה֙ אֶל־קַ֔יִן אֵ֖י הֶ֣בֶל אָחִ֑יךָ וַיֹּ֙אמֶר֙ לֹ֣א יָדַ֔עְתִּי הֲשֹׁמֵ֥ר אָחִ֖י אָנֹֽכִי: י וַיֹּ֖אמֶר מֶ֣ה עָשִׂ֑יתָ ק֚וֹל דְּמֵ֣י אָחִ֔יךָ צֹעֲקִ֥ים אֵלַ֖י מִן־הָֽאֲדָמָֽה: יא וְעַתָּ֖ה אָר֣וּר אָ֑תָּה מִן־הָֽאֲדָמָה֙ אֲשֶׁ֣ר פָּצְתָ֣ה אֶת־פִּ֔יהָ לָקַ֛חַת אֶת־דְּמֵ֥י אָחִ֖יךָ מִיָּדֶֽךָ: יב כִּ֤י תַֽעֲבֹד֙ אֶת־הָ֣אֲדָמָ֔ה לֹֽא־תֹסֵ֥ף תֵּת־כֹּחָ֖הּ לָ֑ךְ נָ֥ע וָנָ֖ד תִּֽהְיֶ֥ה בָאָֽרֶץ: יג וַיֹּ֥אמֶר קַ֖יִן אֶל־יְהֹוָ֑ה גָּד֥וֹל עֲוֺנִ֖י מִנְּשֹֽׂא: יד הֵן֩ גֵּרַ֨שְׁתָּ אֹתִ֜י הַיּ֗וֹם מֵעַל֙ פְּנֵ֣י הָֽאֲדָמָ֔ה וּמִפָּנֶ֖יךָ אֶסָּתֵ֑ר וְהָיִ֜יתִי נָ֤ע וָנָד֙ בָּאָ֔רֶץ וְהָיָ֥ה כָל־מֹצְאִ֖י יַֽהַרְגֵֽנִי:

אונקלוס

וְאִם־לָא תֵיטִיב עוֹבָדָךְ לְיוֹם דִּינָא חֶטְאָךְ נְטִיר וַעֲתִיד לְאִתְפָּרָעָא מִנָּךְ אִם לָא תְתוּב וְאִם תְּתוּב יִשְׁתְּבֵק לָךְ: ח וַאֲמַר קַיִן לְהֶבֶל אֲחוּהִי וַהֲוָה בְּמֶהֱוֵיהוֹן בְּחַקְלָא וְקָם קַיִן בְּהֶבֶל אֲחוּהִי וְקַטְלֵיהּ: ט וַאֲמַר יְיָ לְקַיִן אָן הֶבֶל אֲחוּךְ וַאֲמַר לָא יָדַעְנָא הֲנָטַר אֲחִי אֲנָא: י וַאֲמַר מָה עֲבַדְתָּ קָל דַּם זַרְעִין דַּעֲתִידִין לְמִפַּק מִן אֲחוּךְ קְבִילִין קֳדָמַי מִן אַרְעָא: יא וּכְעַן לִיט אַתְּ מִן אַרְעָא דִּפְתַחַת יָת פּוּמַהּ וְקַבִּילַת יָת דְּמֵהּ דַּאֲחוּךְ מִן יְדָךְ: יב אֲרֵי תִפְלַח בְּאַרְעָא לָא תוֹסִיף לְמִתַּן חֵילַהּ לָךְ מְטַלְטַל וְגָלֵי תְּהֵי בְאַרְעָא: יג וַאֲמַר קַיִן קֳדָם יְיָ סַגִּי חוֹבִי מִלְּמִשְׁבַּק: יד הָא תָרֵיכְתָּא יָתִי יוֹמָא דֵין מֵעַל אַפֵּי אַרְעָא וּמִן קֳדָמָךְ לֵית אֶפְשָׁר לְאִטַּמָּרָא וֶאֱהֵי

רש"י

חֲטָאֲךָ שָׁמוּר: וְאֵלֶיךָ תְּשׁוּקָתוֹ. שֶׁל חַטָּאת. הוּא יֵצֶר הָרָע, תָּמִיד שׁוֹקֵק וּמִתְאַוֶּה לְהַכְשִׁילְךָ: וְאַתָּה תִּמְשָׁל בּוֹ. אִם תִּרְצֶה תִּתְגַּבֵּר עָלָיו: (ח) וַיֹּאמֶר קַיִן אֶל הֶבֶל. נִכְנַס עִמּוֹ בְּדִבְרֵי רִיב וּמַצָּה לְהִתְעוֹלֵל עָלָיו לְהָרְגוֹ. וְיֵשׁ בָּזֶה מִדְרְשֵׁי אַגָּדָה, אַךְ זֶה יִשּׁוּבוֹ שֶׁל מִקְרָא: (ט) אֵי הֶבֶל אָחִיךָ. לִכָּנֵס עִמּוֹ בְּדִבְרֵי נַחַת, אוּלַי יָשׁוּב וְיֹאמַר: אֲנִי הֲרַגְתִּיו וְחָטָאתִי לְךָ: לֹא יָדַעְתִּי. נַעֲשָׂה כְּגוֹנֵב דַּעַת הָעֶלְיוֹנָה: הֲשֹׁמֵר אָחִי. לְשׁוֹן תֵּימָה הוּא. וְכֵן כָּל ה"א הַנְּקוּדָה בַּחֲטָף פַּתָּח: (י) דְּמֵי אָחִיךָ. דָּמוֹ וְדַם זַרְעִיּוֹתָיו. דָּבָר אַחֵר, שֶׁעָשָׂה בּוֹ פְּצָעִים הַרְבֵּה, שֶׁלֹּא הָיָה יוֹדֵעַ מֵהֵיכָן נַפְשׁוֹ יוֹצְאָה (סנה' ל"ז): (יא) אָרוּר אַתָּה מִן הָאֲדָמָה. יוֹתֵר מִמַּה שֶּׁנִּתְקַלְּלָה הִיא כְבָר בַּעֲוֹנָהּ, וְגַם בָּזוֹ הוֹסִיפָה לַחֲטֹא, אֲשֶׁר פָּצְתָה אֶת פִּיהָ, לָקַחַת אֶת דְּמֵי אָחִיךָ וְגוֹ', וְהִנְנִי מוֹסִיף לָהּ קְלָלָה אֶצְלְךָ: לֹא תֹסֵף תֵּת כֹּחָהּ: (יב) נָע וָנָד. אֵין לְךָ רְשׁוּת לָדוּר בְּמָקוֹם אֶחָד: (יג) גָּדוֹל עֲוֹנִי מִנְּשׂוֹא. בִּתְמִיהָ. אַתָּה טוֹעֵן עֶלְיוֹנִים וְתַחְתּוֹנִים, וַעֲוֹנִי אִי אֶפְשָׁר לִטְעוֹן? (כ"ר):

the entrance; and unto thee is its longing, nevertheless thou mayest rule
over it. 8And Cain said to Abel his brother . . . and it came to pass, when
they were in the field, that Cain rose up against Abel his brother, and
slew him. 9And the Eternal said unto Cain, Where is Abel thy brother?
And he said, I know not: am I my brother's keeper? 10And he said, What
hast thou done? the voice of thy brother's blood crieth unto me from the
ground. 11And now cursed be thou from the ground, which hath opened
her mouth to take thy brother's blood from thy hand; 12When thou tillest
the ground, it shall not continue to give unto thee her strength; a vaga-
bond and a wanderer shalt thou be in the earth. 13And Cain said unto
the Eternal, My punishment is greater than can be borne. 14Behold, thou
hast driven me out this day from the face of the ground; and from thy
face shall I be hid; and I shall be a vagabond and a wanderer in the
earth; and it shall come to pass, that whosoever findeth me shall slay me.

רש"י

your sin will be preserved. ואליך תשוקתו AND UNTO THEE IS ITS LONGING — *The longing* of sin;[1]) *it refers to* the evil inclination. This is continually longing and desiring to make you sin. ואתה תמשול בו NEVERTHELESS THOU MAYEST RULE OVER IT — If you desire to, you can gain the victory over it. **(8)** ויאמר קין אל הבל AND CAIN SPAKE TO ABEL — He began an argument, striving and contending with him, to seek a pretext to kill him. There are Midrashic explanations of these words, but this is the plain sense of the text. **(9)** איה הבל אחיך WHERE IS ABEL THY BROTHER — *thus* entering into a friendly conversation with him: perhaps he might repent and say, "I have killed him, and sinned against You". לא ידעתי I KNOW NOT — He became a deceiver of the Most High (i. e. he persuaded himself that he could deceive Him). השומר אחי אנכי AM I MY BROTHER'S KEEPER — This is a question. Similarly, wherever 'ה has a חטף פתח it introduces a question. **(10)** דמי אחיך THY BROTHER'S BLOOD — דמי *is plural* — "*bloods*" — his blood and the blood of his *possible* descendants (Gen. R. 22). Another explanation *of why the plural is used*: he inflicted upon him many wounds, because he knew not whence his soul would depart (i. e. which blow would prove fatal) (Sanh. 37b). **(11)** ארור אתה מן האדמה CURSED BE THOU FROM THE GROUND or, MORE THAN THE GROUND — More than the ground has already been cursed on account of its sin (cf. Rashi on I. 11): in this, too, it has again sinned אשר פצתה את פיה לקחת את דמי אחיך וגו' IN THAT IT HATH OPENED ITS MOUTH TO TAKE THY BROTHER'S BLOOD: therefore do I impose upon it an additional curse regarding you — "it shall not henceforth yield unto thee its strength". **(12)** נע ונד A VAGABOND AND A WANDERER — You shall not be permitted to dwell in one place. **(13)** גדול עוני מנשוא MY PUNISHMENT IS GREATER THAN I CAN BEAR (lit., my sin is greater than *what* can be borne) — This is a question: You bear the worlds above and below, and is it impossible for You to

NOTES

1) See Appendix.

טו וַיֹּאמֶר לוֹ יְהוָה לָכֵן כָּל־הֹרֵג קַיִן שִׁבְעָתַיִם יֻקָּם
וַיָּשֶׂם יְהוָה לְקַיִן אוֹת לְבִלְתִּי הַכּוֹת־אֹתוֹ כָּל־מֹצְאוֹ׃
טז וַיֵּצֵא קַיִן מִלִּפְנֵי יְהוָה וַיֵּשֶׁב בְּאֶרֶץ־נוֹד קִדְמַת־
עֵדֶן׃ יז וַיֵּדַע קַיִן אֶת־אִשְׁתּוֹ וַתַּהַר וַתֵּלֶד אֶת־חֲנוֹךְ
וַיְהִי בֹּנֶה עִיר וַיִּקְרָא שֵׁם הָעִיר כְּשֵׁם בְּנוֹ חֲנוֹךְ׃
יח וַיִּוָּלֵד לַחֲנוֹךְ אֶת־עִירָד וְעִירָד יָלַד אֶת־מְחוּיָאֵל
וּמְחִיָּיאֵל יָלַד אֶת־מְתוּשָׁאֵל וּמְתוּשָׁאֵל יָלַד אֶת־

אונקלוס

מְטַלְטַל וְגָלֵי בְּאַרְעָא וִיהֵי כָּל דְּיִשְׁכְּחִנַּנִי יִקְטְלִינַּנִי׃ טו וַאֲמַר לֵהּ יְיָ לְכֵן כָּל־
קָטִיל קַיִן לְשִׁבְעָא דָרִין יִתְפְּרַע מִנֵּהּ וְשַׁוִּי יְיָ לְקַיִן אָתָא בְּדִיל דְּלָא לְמִקְטַל
יָתֵהּ כָּל דְּיִשְׁכְּחִנֵּהּ׃ טז וּנְפַק קַיִן מִן קֳדָם יְיָ וִיתִיב בְּאַרְעָא גָּלֵי וּמְטַלְטַל דַּהֲוָה
עֲבִידָא עֲלוֹהִי מִלְּקַדְמִין דְּגִינְתָא דְעֵדֶן׃ יז וִידַע קַיִן יָת אִתְּתֵהּ וְעַדִּיאַת וִילִידַת יָת
חֲנוֹךְ וַהֲוָה בָּנֵי קַרְתָּא וּקְרָא שְׁמָא דְקַרְתָּא כְּשׁוּם בְּרֵהּ חֲנוֹךְ׃ יח וְאִתְיְלִיד
לַחֲנוֹךְ יָת עִירָד וְעִירָד אוֹלִיד יָת מְחוּיָאֵל וּמְחִיָּיאֵל אוֹלִיד יָת מְתוּשָׁאֵל וּמְתוּשָׁאֵל

רש״י

(טו) לכן כל הרג קין. זֶה אֶחָד מִן הַמִּקְרָאוֹת שֶׁקִּצְּרוּ דִבְרֵיהֶם וְרָמְזוּ וְלֹא פֵּרְשׁוּ; לָכֵן כָּל הוֹרֵג
קַיִן לְשׁוֹן גְּעָרָה, כֹּה יֵעָשֶׂה לוֹ, כָּךְ וְכָךְ עָנְשׁוֹ; וְלֹא פֵרֵשׁ עָנְשׁוֹ: שבעתים יקם. אֵינִי רוֹצֶה
לְהִנָּקֵם מִקַּיִן עַכְשָׁיו, לְסוֹף שִׁבְעָה דוֹרוֹת אֲנִי נוֹקֵם נִקְמָתִי מִמֶּנּוּ, שֶׁיַּעֲמוֹד לֶמֶךְ מִבְּנֵי בָנָיו
וְיַהַרְגֵהוּ. וְסוֹף הַמִּקְרָא שֶׁאָמַר שִׁבְעָתַיִם יֻקָּם, וְהִיא נִקְמַת הֶבֶל מִקַּיִן, לִמְּדָנוּ, שֶׁתְּחִלַּת מִקְרָא
לְשׁוֹן גְּעָרָה הִיא, שֶׁלֹּא תְהֵא בְרִיָּה מַזִּיקָתוֹ. וְכַיּוֹצֵא בוֹ: וַיֹּאמֶר דָּוִד, כָּל מַכֵּה יְבֻסִי וְיִגַּע בַּצִּנּוֹר
(ש״ב ה׳), וְלֹא פֵרֵשׁ מַה יֵּעָשֶׂה לוֹ; אֲבָל דִּבֵּר הַכָּתוּב בְּרֶמֶז: כָּל מַכֵּה יְבוּסִי וְיִגַּע בַּצִּנּוֹר וְיַקְרֵב
אֶל הַשַּׁעַר וִיכַבְּשֶׁנּוּ וְאֶת הָעִוְרִים וגו׳, וְגַם אוֹתָם יַכֶּה עַל אֲשֶׁר אָמְרוּ הָעִוֵּר וְהַפִּסֵּחַ לֹא יָבֹא דָוִד
אֶל תּוֹךְ הַבַּיִת — הַמַּכֶּה אֶת אֵלּוּ אֲנִי אֶעֱשֶׂנּוּ רֹאשׁ וְשַׂר, כָּאן קִצֵּר דְּבָרָיו, וּבְדִבְרֵי הַיָּמִים פֵּרֵשׁ:
יִהְיֶה לְרֹאשׁ וּלְשָׂר: וישם ה׳ לקין אות. חָקַק לוֹ אוֹת מִשְּׁמוֹ בְּמִצְחוֹ. ס״א: דָּבָר אַחֵר: כָּל מֹצְאִי
יַהַרְגֵנִי: הַבְּהֵמוֹת וְהַחַיּוֹת, אֲבָל בְּנֵי אָדָם עֲדַיִן לֹא הָיוּ שֶׁיִּירָא מֵהֶם, רַק אָבִיו וְאִמּוֹ, וּמֵהֶם לֹא
הָיָה יָרֵא שֶׁיַּהַרְגוּהוּ, אֶלָּא אָמַר: עַד עַכְשָׁיו הָיָה פַּחְדָּתִי עַל כָּל הַחַיּוֹת כְּמ״שׁ וּמוֹרַאֲכֶם וְגו׳,
וְעַכְשָׁיו בִּשְׁבִיל עָוֹן זֶה לֹא יִירְאוּ מִמֶּנִּי הַחַיּוֹת וְיַהַרְגוּנִי, מִיַּד וַיָּשֶׂם ה׳ לְקַיִן אוֹת — הֶחֱזִיר אֶת
מוֹרָאוֹ עַל הַחַיּוֹת: (טז) ויצא קין. יָצָא בְּהַכְנָעָה כְּגוֹנֵב דַּעַת הָעֶלְיוֹנָה: בארץ נוד. בָּאָרֶץ, שֶׁכָּל
הַגּוֹלִים נָדִים שָׁם: קדמת עדן. שָׁם גָּלָה אָבִיו כְּשֶׁגּוֹרַשׁ מִגַּן עֵדֶן, שֶׁנֶּאֱמַר וַיַּשְׁכֵּן מִקֶּדֶם לְגַן עֵדֶן
אֶת שְׁמִירַת דֶּרֶךְ מְבוֹא הַגָּן, שֶׁיֵּשׁ לִלְמוֹד שֶׁהָיָה אָדָם שָׁם; וּמָצִינוּ רוּחַ מִזְרָחִית קוֹלֶטֶת בְּכָל
מָקוֹם אֶת הָרוֹצְחִים שֶׁנֶּאֱמַר: אָז יַבְדִּיל מֹשֶׁה וְגוֹמֵר, מִזְרְחָה שָׁמֶשׁ (דב׳ ד׳), דָּבָר אַחֵר בְּאֶרֶץ
נוֹד, כָּל מָקוֹם שֶׁהוֹלֵךְ הָיְתָה הָאָרֶץ מִזְדַּעְזַעַת תַּחְתָּיו, וְהַבְּרִיּוֹת אוֹמְרִים: סוּרוּ מֵעָלָיו, זֶהוּ שֶׁהָרַג
אֶת אָחִיו: (יז) ויהי קין בונה עיר ויקרא שם העיר לְזֵכֶר בְּנוֹ חנוך. (יח) ועירד ילד. יֵשׁ מָקוֹם
שֶׁהוּא אוֹמֵר בְּזָכָר הוֹלִיד, וְיֵשׁ מָקוֹם שֶׁהוּא אוֹמֵר יָלַד; שֶׁהַלֵּידָה מְשַׁמֶּשֶׁת שְׁתֵּי לְשׁוֹנוֹת, לֵידַת
הָאִשָּׁה נייש״טרא בְּלַעַז וּזְרִיעַת תּוֹלְדוֹת הָאִישׁ אינזי״ראר בְּלַעַז; כְּשֶׁהוּא אוֹמֵר הוֹלִיד בִּלְשׁוֹן
הִפְעִיל, מְדַבֵּר בְּלֵידַת הָאִשָּׁה — פְּלוֹנִי הוֹלִיד אֶת אִשְׁתּוֹ בֵּן אוֹ בַת — כְּשֶׁהוּא אוֹמֵר יָלַד, מְדַבֵּר

19 Genesis IV. 15—18.

15 And the Eternal said unto him, Verily, whosoever slayeth Cain, it shall
be avenged sevenfold. And the Eternal appointed a sign for Cain, that
none finding him should smite him. 16 And Cain went away from the
face of the Eternal, and abode in the land of Nod, on the east of
Eden. 17 And Cain knew his wife; and she became pregnant, and bare
Enoch: and he builded a city, and called the name of the city, after the
name of his son, Enoch. 18 And unto Enoch was born Irad; and Irad
begat Mehujael: and Mehujael begat Methusael: and Methusael begat

רש"י

bear my sin? (Gen. R. 22). **(15)** לכן כל הרג קין VERILY, WHOSOEVER SLAYETH CAIN — This is one of the verses where the construction is elliptical (lit., which abbreviate their statements), which give *only* a suggestion and do not *fully* explain. "Verily, whosoever slayeth Cain" express a threat, *suggesting the consequence* — "thus shall be done to him", "thus and thus shall be his punishment", without explicitly explaining what the punishment would be. שבעתים יקם VENGEANCE SHALL BE TAKEN SEVENFOLD — *God says*, I do not wish to take vengeance on Cain now, but at the end of seven generations I will execute my vengeance upon him, that Lamech, one of his descendants, will arise and slay him. The end of this verse which states, "vengeance shall be taken in the seventh generation" — which is the vengeance taken on Cain for Abel — teaches us that the first part of the verse is a threat made in order that no creature might injure him. A similar *elliptical* expression is the following: (2 Sam. V. 8) "And David said, whosoever smiteth the Jebusites and getteth up to the gutter" — but it does not explicitly state what would be done to that person. Scripture, however, *here* speaks by a suggestion *only, meaning,* whosoever smiteth the Jebusites and getteth up to the gutter and approacheth the gate and conquereth it and the blind etc. . . . slaying also them (the blind and the lame) because they said, "*there are* the blind and the lame: David cannot come into the house" — he who smiteth these, I shall make him chief and captain. Here (in the Book of Sam.) it abridges the narrative, but in Chronicles (1 Chron. XI. 6) it explicitly states, "he shall become chief and captain". וישם ה' לקין אות AND THE LORD SET A SIGN FOR CAIN — He inscribed on his forehead a letter of His *Divine* Name. Other editions of Rashi add the following: another interpretation of "Whoever will find me will slay me": this refers to cattle and beasts, since there were then no human beings in the world of whom he might be afraid except his father and mother, and, of course, he did not fear that they would slay him. He, therefore, said, "Until now the fear of me was upon all animals — as it is written", (Gen. IX. 2) "And the fear of you shall be upon all beasts of the field" etc. — now, however, because of my sin the animals will no longer fear me and will kill me. God immediately set a sign for Cain, viz., he again made the animals be in fear of him. **(16)** ויצא קין AND CAIN WENT AWAY — He went away in *pretended* humility as though he would deceive the Most High. בארץ נוד IN THE LAND OF NOD — In the land where all exiles wander about. קדמת עדן ON THE EAST OF EDEN — Thereto his father went into exile when he was driven out from the Garden of Eden, as it is said, (III. 24) "And He placed in the east of the Garden of Eden" a watch on the road that leads to the entrance of the Garden, — from which one may infer that Adam was there (in the East) (Gen. R. 21). Indeed, we find, also, that the Eastern quarter always forms a place of refuge for murderers, as it is said, (Deut. IV. 41) "Then Moses set aside three cities of refuge towards the place of sun-rise [that a murderer might flee thither]". Another explanation of בארץ נוד IN THE LAND OF NOD — (taking נוד in the sense of "movement") — wherever he went the earth quaked beneath him, and people said, "Turn away from him: this is the man who killed his brother." **(17)** ויהי AND HE WAS — Cain was, *not Enoch* — בונה עיר BUILDING A CITY ויקרא שם העיר AND HE CALLED THE NAME OF THE CITY (named the city) as a memorial of his son — חנוך. **(18)** ועירד ילד AND IRAD BEGET — There are passages where it says of the male הוליד, and there are places where it says ילד, because this root ילד is used in two senses: in reference to a woman giving birth to *a child through the agency of a male* O. F. naître; *Engl. to give birth to* and the

לָמֶךְ׃ יט וַיִּקַּח־לוֹ לֶמֶךְ שְׁתֵּי נָשִׁים שֵׁם הָאַחַת עָדָה
וְשֵׁם הַשֵּׁנִית צִלָּה׃ כ וַתֵּלֶד עָדָה אֶת־יָבָל הוּא הָיָה
אֲבִי יֹשֵׁב אֹהֶל וּמִקְנֶה׃ כא וְשֵׁם אָחִיו יוּבָל הוּא הָיָה
אֲבִי כָּל־תֹּפֵשׂ כִּנּוֹר וְעוּגָב׃ כב וְצִלָּה גַם־הִוא יָלְדָה
אֶת־תּוּבַל קַיִן לֹטֵשׁ כָּל־חֹרֵשׁ נְחֹשֶׁת וּבַרְזֶל וַאֲחוֹת
תּוּבַל־קַיִן נַעֲמָה׃ כג וַיֹּאמֶר לֶמֶךְ לְנָשָׁיו עָדָה וְצִלָּה
שְׁמַעַן קוֹלִי נְשֵׁי לֶמֶךְ הַאְזֵנָּה אִמְרָתִי כִּי אִישׁ הָרַגְתִּי

אונקלוס

אוֹלִיד יָת לָמֶךְ׃ יט וּנְסִיב לֵהּ לָמֶךְ תַּרְתֵּין נְשִׁין שׁוּם חֲדָא עָדָה וְשׁוּם תִּנְיְתָא
צִלָּה׃ כ וִילֵידַת עָדָה יָת יָבָל הוּא הֲוָה רַבְּהוֹן דְּכָל דְּיָתְבֵי מַשְׁכְּנִין וּמָרֵי בְעִיר׃
כא וְשׁוּם אֲחוּהִי יוּבָל הוּא הֲוָה רַבְּהוֹן דְּכָל דִּמְנַגְּנִין עַל פּוּם נִבְלָא יָדְעֵי זְמַר
כִּנּוֹרָא וְאַבּוּבָא׃ כב וְצִלָּה אַף הִיא יְלֵידַת יָת תּוּבַל קַיִן רַבְּהוֹן דְּכָל יָדְעֵי עֲבִידַת
נְחָשָׁא וּפַרְזְלָא וַאֲחָתֵהּ דְּתוּבַל קַיִן נַעֲמָה׃ כג וַאֲמַר לָמֶךְ לִנְשׁוֹהִי עָדָה וְצִלָּה
שְׁמַעַן קָלִי נְשֵׁי לָמֶךְ אֲצִיתָא לְמֵמְרִי לָא גַבְרָא קְטָלִית דִּבְדִילֵהּ אֲנָא סָבִיל חוֹבִין

רש״י

בְּרִיאַת הָאִישׁ׃ (יט) ויקח לו למך. לֹא הָיָה לוֹ לְפָרֵשׁ כָּל זֶה, אֶלָּא לְלַמְּדֵנוּ מִסּוֹף הָעִנְיָן, שֶׁקִּיֵּם הַקָּבָּ״ה הַבְטָחָתוֹ שֶׁאָמַר: שִׁבְעָתַיִם יֻקַּם קָיִן; עָמַד לֶמֶךְ לְאַחַר שֶׁהוֹלִיד בָּנִים וְעָשָׂה דּוֹר שְׁבִיעִי וְהָרַג אֶת קַיִן. וְזֶהוּ שֶׁאָמַר: כִּי אִישׁ הָרַגְתִּי לְפִצְעִי וְגוֹמֵר: שתי נשים. כָּךְ הָיָה דַּרְכָּן שֶׁל דּוֹר הַמַּבּוּל: אַחַת לִפְרִיָּה וּרְבִיָּה וְאַחַת לְתַשְׁמִישׁ. זוֹ שֶׁהִיא לְתַשְׁמִישׁ מַשְׁקָהּ כּוֹס שֶׁל עִקָּרִין, כְּדֵי שֶׁתֵּעָקֵר וּמְקֻשֶּׁטֶת כְּכַלָּה וּמַאֲכִילָהּ מַעֲדַנִּים, וַחֲבֶרְתָּהּ נְזוּפָה וַאֲבֵלָה כְּאַלְמָנָה. וְזֶהוּ שֶׁפֵּרֵשׁ אִיּוֹב: רוֹעֶה עֲקָרָה לֹא תֵלֵד וְאַלְמָנָה לֹא יְיֵטִיב (איוב כ״ד), כְּמוֹ שֶׁמְּפוֹרָשׁ בְּאַגָּדַת חֵלֶק (וּבְבְ״ר): עדה. הִיא שֶׁל פְּרִיָּה וּרְבִיָּה עַל שֵׁם שֶׁמְּגוּנָּה עָלָיו וּמוּסֶרֶת מֵאֶצְלוֹ. עָדָה תַּרְגּוּם שֶׁל סוּרָה: צלה. הִיא שֶׁל תַּשְׁמִישׁ, עַל שֵׁם שֶׁיּוֹשֶׁבֶת תָּמִיד בְּצִלּוֹ. דִּבְרֵי אַגָּדָה הֵם בִּבְ״ר: (כ) אבי יושב אהל ומקנה. הוּא הָיָה הָרִאשׁוֹן לְרוֹעֵי בְהֵמוֹת בַּמִּדְבָּרוֹת יוֹשֵׁב אֹהָלִים חֹדֶשׁ כָּאן וְחֹדֶשׁ כָּאן בִּשְׁבִיל מִרְעֵה צֹאנוֹ; וּכְשֶׁכָּלָה הַמִּרְעֶה בְּמָקוֹם זֶה, הוֹלֵךְ וְתוֹקֵעַ אָהֳלוֹ בְּמָקוֹם אַחֵר. וּמִדְרַשׁ אַגָּדָה: בּוֹנֶה בָתִּים לַעֲ״זָ, כְּמָה דְּאַתְּ אָמֵר סֵמֶל הַקִּנְאָה הַמַּקְנֶה (יחזקאל ח׳). וְכֵן אָחִיו תּוֹפֵשׂ כִּנּוֹר וְעוּגָב לְזַמֵּר לַעֲ״זָ: (כב) תובל קין. תּוּבַל אוּמָּנוּתוֹ שֶׁל קַיִן, תּוּבַל לְשׁוֹן תַּבְלִין; תִּיבֵּל וְהִתְקִין אוּמָּנוּתוֹ שֶׁל קַיִן לַעֲשׂוֹת כְּלֵי זַיִן לָרוֹצְחִים: לטש כל חרש נחשת וברזל: מְחַדֵּד אוּמָּנוּת נְחוֹשֶׁת וּבַרְזֶל; כְּמוֹ: יִלְטוֹשׁ עֵינָיו לִי (איוב ט״ז). חוֹרֵשׁ אֵינוֹ לְשׁוֹן פָּעַל אֶלָּא לְשׁוֹן פּוֹעֵל שֶׁהֲרֵי נָקוּד קָמַץ קָטָן וְטַעֲמוֹ לְמַטָּה, כְּלוֹמַר, מְחַדֵּד וּמְצַחְצֵחַ כָּל כְּלֵי אוּמָּנוּת נְחֹשֶׁת וּבַרְזֶל: נעמה. הִיא אִשְׁתּוֹ שֶׁל נֹחַ: (כג) שמען קולי. שֶׁהָיוּ פּוֹרְשׁוֹת מִמֶּנּוּ מִתַּשְׁמִישׁ, לְפִי שֶׁהָרַג אֶת קַיִן וְאֶת תּוּבַל קַיִן בְּנוֹ, שֶׁהָיָה לֶמֶךְ סוּמָא וְתוּבַל קַיִן מוֹשְׁכוֹ וְרָאָה אֶת קַיִן וְנִדְמָה לוֹ כְּחַיָּה וְאָמַר לְאָבִיו לִמְשׁוֹךְ בַּקֶּשֶׁת וַהֲרָגוֹ. וְכֵיוָן שֶׁיָּדַע שֶׁהוּא קַיִן זְקֵנוֹ הִכָּה כַּף אֶל כַּף וְסָפַק אֶת בְּנוֹ בֵּינֵיהֶם וַהֲרָגוֹ, וְהָיוּ נָשָׁיו פּוֹרְשׁוֹת מִמֶּנּוּ וְהוּא מְפַיְּסָן: שמען קולי. לְהִשָּׁמַע לִי לְתַשְׁמִישׁ; וְכִי אִישׁ אֲשֶׁר הָרַגְתִּי לְפִצְעִי הוּא נֶהֱרַג, וְכִי אֲנִי פְּצַעְתִּיו מֵזִיד, שֶׁיְּהֵא הַפֶּצַע קָרוּי עַל שְׁמִי? וְיֶלֶד אֲשֶׁר הָרַגְתִּי, לְחַבּוּרָתִי נֶהֱרַג?

Lamech. [19]And Lamech took unto him two wives: the name of the
one was Adah, and the name of the second Zillah. [20]And Adah bare
Jabal: he was the father of such as abide in tents, and of such as
have cattle. [21]And his brother's name was Jubal: he was the father of
all such as handle the harp and pipes. [22]And Zillah, she also bare Tubal-
cain, the father of every sharpener, and of every artificer in copper
and iron: and the sister of Tubal-cain was Naamah. [23]And Lamech
said unto his wives, Adah and Zillah, hear my voice; ye wives of
Lamech, give ear unto my speech: now that I can slay a man by a

רש"י

act of begetting by a man O. F. engendrer; *Engl. engender, beget.* When it says הוליד, [in the Hiphil form], it speaks of the man in his relation to the act of giving birth by the woman — this or that man caused his wife to give birth to a son or daughter; when it says ילד it refers to the act of begetting by the man himself. **(19)** ויקח לו למך AND LAMECH TOOK UNTO HIMSELF — It would not have been necessary to state all this in detail except to inform us by the conclusion of the narrative that the Holy One, blessed be He, kept the promise He made when He said, שבעתים יקם קין "vengeance shall be taken of Cain after seven generations"; *for* Lamech arose after he had begotten children and had raised the seventh generation and killed Cain. It is to this that the statement refers: כי איש הרגתי לפצעי וגו' "for I have slain a man to my wounding etc." (v. 23). שתי נשים TWO WIVES — This was the custom of the generation *that lived before the time* of the Flood; *they had two wives*, one for child-bearing, the other for frivolous companionship and charm; the latter was given a cup of some drug to drink in order that she might become barren, and was dressed up like a bride and fed with the best food, whilst her fellow-wife was left without *her husband's* companionship and *ever* mourned like a widow. Job expressly mentions this (XXIV. 21). "He is a companion to (or, he feedeth) the barren that beareth not, and does not good to the widow", as it is explained in the Agada of Pereq Chelek (s. also Gen. R. 23). עדה ADAH — She was *the wife intended* for propagation, *and she was so named* because she was repulsive to him and was kept aloof from him [other versions read "from his table"] for עדה is the Aramaic word for סורה "kept aloof". צלה ZILLAH — She was the one for companionship alone, *and she was so named* because she always abided in his shadow (צל means "shadow"). Thus is the statement of the Agada in Bereshith Rabbah *(s. 20)*. **(20)** אבי יושב אהל ומקנה THE FATHER OF SUCH AS ABIDE IN TENTS AND OF SUCH THAT HAVE CATTLE — He was the first of those who pastured cattle, and he dwelt in tents, a month here and a month there, on account of the pasture *necessary* for his sheep; for when the grass was finished in one place he went away and pitched his tent in another place. There is a Midrashic statement (Gen. R. 23) that he built temples for idol worship, (for ומקנה may be read וּמַקְנֶה — provoking jealousy), just as you say, (Ezek. VIII. 3) «the image of jealousy which provoketh God to jealousy» (המקנה); similarly his brother handled the harp and guitar to make music for idol worship. **(22)** תובל קין TUBAL-CAIN — He refined Cain's handicraft. The word תובל is connected in meaning with תבלין (spices which give a refined and improved taste to food); he refined and improved the work of Cain by providing weapons for murderers. לטש כל חרש נחשת וברזל THE FORGER OF EVERY CUTTING INSTRUMENT OF BRASS AND IRON — He sharpened *tools used in* brass and iron work; לוטש has the same meaning as (Job XVI. 9) ילטוש "He sharpeneth his eye upon me." The word חרש is not of the form פעל (a noun like אֶכֶל, אֹהֶל etc.), but of the form פועל (a participle), for it has the vowel קמץ קטן (what we term צירה) and its accent is on the last syllable (whereas the noun form has the accent on the first syllable, and the second has a Segol, like קדש), and the meaning is that he sharpened and polished all *cutting* implements (כל חרש) *used in work* of brass and iron. נעמה NAAMAH — She was Noah's wife (Gen. R. 23). **(23)** שמען קולי HEAR MY VOICE — For *his wives* separated from him because he had killed Cain and

בראשית ד ה

לְפִצְעִי וְיֶלֶד לְחַבֻּרָתִי: כד כִּי שִׁבְעָתַיִם יֻקַּם־קָיִן וְלֶמֶךְ שִׁבְעִים וְשִׁבְעָה: כה וַיֵּדַע אָדָם עוֹד אֶת־אִשְׁתּוֹ וַתֵּלֶד בֵּן וַתִּקְרָא אֶת־שְׁמוֹ שֵׁת כִּי שָׁת־לִי אֱלֹהִים זֶרַע אַחֵר תַּחַת הֶבֶל כִּי הֲרָגוֹ קָיִן: כו וּלְשֵׁת גַּם־הוּא יֻלַּד־בֵּן וַיִּקְרָא אֶת־שְׁמוֹ אֱנוֹשׁ אָז הוּחַל לִקְרֹא בְּשֵׁם יְהֹוָה: ס ששי. ה א זֶה סֵפֶר תּוֹלְדֹת אָדָם בְּיוֹם בְּרֹא אֱלֹהִים אָדָם בִּדְמוּת אֱלֹהִים עָשָׂה אֹתוֹ: ב זָכָר וּנְקֵבָה בְּרָאָם וַיְבָרֶךְ אֹתָם וַיִּקְרָא אֶת־שְׁמָם אָדָם בְּיוֹם הִבָּרְאָם: ג וַיְחִי אָדָם שְׁלֹשִׁים וּמְאַת

אונקלוס

וְאַף לָא עוּלֵימָא חַבֵּלִית דִּבְדִילֵהּ יִשְׁתַּצֵּי זַרְעִי: כד אֲרֵי לְשִׁבְעָה דָרִין אִיתְלִין לְקַיִן הֲלָא לְלֶמֶךְ בְּרֵהּ שַׁבְעִין וְשִׁבְעָה: כה וִידַע אָדָם עוֹד יָת אִתְּתֵהּ וִילִידַת בַּר וּקְרַאת יָת שְׁמֵהּ שֵׁת אֲרֵי אֲמַר יְהַב לִי יְיָ בַּר אָחֳרָן חֲלַף הֶבֶל דְּקַטְלֵהּ קָיִן: כו וּלְשֵׁת אַף הוּא אִיתְיְלִיד בַּר וּקְרָא יָת שְׁמֵהּ אֱנוֹשׁ בְּכֵן בְּיוֹמוֹהִי חֲלוּ בְּנֵי אֲנָשָׁא מְלַצָּלָאָה בִּשְׁמָא דַיְיָ: א דֵּין סְפַר תּוֹלְדַת אָדָם בְּיוֹמָא דִּבְרָא יְיָ אָדָם בִּדְמוּת אֱלֹהִים עֲבַד יָתֵהּ: ב דְּכַר וְנוּקְבָא בְּרָאִנּוּן וּבָרֵיךְ יָתְהוֹן וּקְרָא יָת שְׁמְהוֹן אָדָם בְּיוֹמָא דְאִתְבְּרִיאוּ: ג וַחֲיָא אָדָם מְאָה וּתְלָתִין שְׁנִין וְאוֹלִיד בִּדְמוּתֵהּ

רש"י

כְּלוֹמַר, עַל יְדֵי חַבֻּרָתִי? בִּתְמִיָּה; הֲלֹא שׁוֹגֵג אֲנִי וְלֹא מֵזִיד! לֹא זֶהוּ פִצְעִי וְלֹא זֶהוּ חַבֻּרָתִי: פֶּצַע. מַכַּת חֶרֶב אוֹ חֵץ מקא"דורה בלע"ז: (כד) כִּי שִׁבְעָתַיִם יֻקַּם קָיִן. קַיִן שֶׁהָרַג מֵזִיד נִתְלָה לוֹ עַד שִׁבְעָה דוֹרוֹת, אֲנִי שֶׁהֲרַגְתִּי שׁוֹגֵג לֹא כָּל שֶׁכֵּן שֶׁיִּתָּלֶה לִי שְׁבִיעִיּוֹת הַרְבֵּה: שִׁבְעִים וְשִׁבְעָה. לְשׁוֹן רִבּוּי שְׁבִיעִיּוֹת אָחַז לוֹ, כָּךְ דָּרַשׁ רַבִּי תַּנְחוּמָא. וּמִדְרַשׁ בְּרֵאשִׁית רַבָּה: לֹא הָרַג לֶמֶךְ כְּלוּם, וְנָשָׁיו פּוֹרְשׁוֹת מִמֶּנּוּ מִשֶּׁקִּיְּמוּ פְרִיָּה וּרְבִיָּה, לְפִי שֶׁנִּגְזְרָה גְזֵרָה לְכַלּוֹת זַרְעוֹ שֶׁל קַיִן לְאַחַר שִׁבְעָה דוֹרוֹת; אָמְרוּ: מַה אָנוּ יוֹלְדוֹת לַבֶּהָלָה? לְמָחָר הַמַּבּוּל בָּא וְשׁוֹטֵף אֶת הַכֹּל! וְהוּא אוֹמֵר לָהֶן: וְכִי אִישׁ הָרַגְתִּי לְפִצְעִי? וְכִי אֲנִי הֲרַגְתִּיו אֶת הֶבֶל, שֶׁהָיָה אִישׁ בְּקוֹמָה וְיֶלֶד בְּשָׁנִים, שֶׁיְּהֵא זַרְעִי כָּלֶה בְּאוֹתוֹ עָווֹן? וּמָה קַיִן שֶׁהָרַג, נִתְלָה לוֹ שִׁבְעָה דוֹרוֹת, אֲנִי שֶׁלֹּא הָרַגְתִּי, לֹא כָּל שֶׁכֵּן שֶׁיִּתָּלֶה לִי שְׁבִיעִיּוֹת הַרְבֵּה? וְחוֹמֶר שֶׁל שְׁטוּת הוּא, אִם כֵּן אֵין הקב"ה גּוֹבֶה אֶת חוֹבוֹ וּמְקַיֵּם אֶת דְּבָרוֹ: (כה) וַיֵּדַע אָדָם וְגוֹ'. בָּא לוֹ לֶמֶךְ אֵצֶל אָדָם הָרִאשׁוֹן וְקִבֵּל עַל נָשָׁיו, אָמַר לָהֶם: וְכִי עֲלֵיכֶם לְדַקְדֵּק עַל גְּזֵרָתוֹ שֶׁל מָקוֹם? אַתֶּם עֲשׂוּ מִצְוַתְכֶם וְהוּא יַעֲשֶׂה אֶת שֶׁלּוֹ. אָמְרוּ לוֹ: קְשׁוֹט עַצְמְךָ תְּחִלָּה, הֲלֹא פֵרַשְׁתָּ מֵאִשְׁתְּךָ זֶה מֵאָה וּשְׁלֹשִׁים שָׁנָה מִשֶּׁנִּקְנְסָה מִיתָה עַל יָדְךָ; מִיָּד וַיֵּדַע אָדָם וְגוֹ'. וּמַהוּ עוֹד? לְלַמֵּד שֶׁנִּתּוֹסְפָה לוֹ תַאֲוָה עַל תַּאֲוָתוֹ (ב"ר): (כו) אָז הוּחַל. לְשׁוֹן חֻלִּין, לִקְרֹא אֶת שְׁמוֹת הָאָדָם וְאֶת שְׁמוֹת הָעֲצַבִּים בִּשְׁמוֹ שֶׁל הקב"ה לַעֲשׂוֹתָן עֲ"זָ וְלִקְרוֹתָן אֱלֹהוּת:

ה (א) זֶה סֵפֶר תּוֹלְדֹת אָדָם. זוֹ הִיא סְפִירַת תּוֹלְדוֹת אָדָם, וּמִדְרְשֵׁי אַגָּדָה יֵשׁ רַבִּים: בְּיוֹם בְּרֹא וְגוֹ'. מַגִּיד שֶׁבְּיוֹם שֶׁנִּבְרָא הוֹלִיד: (ג) שְׁלֹשִׁים וּמְאַת שָׁנָה. עַד כָּאן פֵּרַשׁ מִן הָאִשָּׁה (ב"ר):

wound of mine, and a child by a stripe of mine: [24]If Cain be avenged
sevenfold, truly Lamech seventy and sevenfold. [25]And Adam knew his
wife again: and she bare a son, and called his name Seth: For God, said
she, hath appointed me another seed instead of Abel, for Cain slew him.
And to Seth, to him also there was born a son; and he called his name
Enos: then it was begun to call idols by the name of the Eternal.

5. [1]This is the book of the generations of Adam. In the day that God
created man, in the likeness of God made he him; [2]Male and female
created he them; and blessed them, and called their name man, in the
day when they were created. [3]And Adam lived an hundred and thirty

רש"י

Tubal-Cain, his own son. Lamech was blind and Tubal-Cain used to lead him. The latter saw Cain and thought him to be an animal. He therefore told his father to draw the bow, and *thus Lamech* killed him. As soon as he learned that it was his forefather Cain, he smote his hands together, struck his son between them and so killed him *too*. His wives thereupon separated from him, and he endeavoured to appease them, *saying* שמען קולי "Hear my voice" — obey me and return to me: for the man I slew — was he slain by m y wounding? *i. e.* did I wound him with premeditation, that the wound should be called by m y name (i. e. attributed to me); and the child that I slew — was it slain by m y blow? (i. e. by a blow directed intentionally by me?) [Rashi here inserts the word בתמיה which he uses frequently to direct that the preceeding words should be read as a question.] Did I not act inadvertently and not with premeditation? This was not m y wound, nor was this m y blow! פצע wound, is the stroke inflicted by a sword or arrow (O. F. macheure). **(24)** כי שבעתים יקם קין IF CAIN SHALL BE AVENGED SEVENFOLD — (according to Rashi, as previously explained, it signifies "If vengeance shall be taken on Cain after seven generations"). *If in the case of* Cain who killed with premeditation *the punishment* was suspended for him until the seventh generation, *in the case of* myself who slew inadvertently does it not necessarily follow that it should be suspended for me until many seven *generations*. שבעים ושבעה SEVENTY AND SEVEN — He uses a term that denotes m a n y[1]) periods of s e v e n *generations*. Thus did R. Tanchuma explain this passage; but the Midrash Rabbah (Ber. R. 23) does not mention that Lamech slew anyone at all, and *only states* that his wives had lived apart from him after they had born children, because God's decree had been issued that Cain's descendants should be exterminated after seven generations. They said, "Why should we bear children only to be destroyed? Soon the Flood will come and will sweep everyone away!" Lamech then said unto them, "Did 'I' slay a man לפצעי for my wounding" (i. e. that I should be wounded — punished)? Did "I" slay Abel who was a m a n in height but a c h i l d in years, that my descendants should be exterminated on account of this sin (the sin of Cain who killed Abel)? If Cain who d i d kill had his punishment suspended until the seventh generation, I who have n o t killed — does it not necessarily follow that my punishment[2]) should be suspended for many seven generations? This, however, is an absurd argument à fortiori, for if so, the Holy One, blessed be He, could never exact his debt nor fulfil his word. **(25)** וידע אדם AND ADAM KNEW — Lamech came to Adam Harishon, complaining about his wives. He (Adam) said to them: "Is it for y o u to be overparticular regarding God's decrees? You do your duty, and He will do His!" They replied to him: "First correct yourself: have you not lived apart from your wife these 130 years, ever since, through you, death was decreed as a punishment?" At once וידע אדם עוד וגו' "Adam knew his wife עוד". — What signifies the word עוד? *It is used here* to teach that his love for her was now greater than before (ib.). **(26)** אז הוחל THEN IT WAS BEGUN [TO CALL etc.] — *The word* הוחל *must be*

NOTES

1) Without meaning e x a c t l y seventy-seven.
2) The extermination of my seed in consequence of Cain's murder.

שָׁנָה וַיּוֹלֶד בִּדְמוּתוֹ כְּצַלְמוֹ וַיִּקְרָא אֶת־שְׁמוֹ שֵׁת׃
ד וַיִּהְיוּ יְמֵי־אָדָם אַחֲרֵי הוֹלִידוֹ אֶת־שֵׁת שְׁמֹנֶה מֵאֹת
שָׁנָה וַיּוֹלֶד בָּנִים וּבָנוֹת׃ ה וַיִּהְיוּ כָּל־יְמֵי אָדָם אֲשֶׁר־
חַי תְּשַׁע מֵאוֹת שָׁנָה וּשְׁלֹשִׁים שָׁנָה וַיָּמֹת׃ ס ו וַיְחִי־
שֵׁת חָמֵשׁ שָׁנִים וּמְאַת שָׁנָה וַיּוֹלֶד אֶת־אֱנוֹשׁ׃
ז וַיְחִי־שֵׁת אַחֲרֵי הוֹלִידוֹ אֶת־אֱנוֹשׁ שֶׁבַע שָׁנִים
וּשְׁמֹנֶה מֵאוֹת שָׁנָה וַיּוֹלֶד בָּנִים וּבָנוֹת׃ ח וַיִּהְיוּ כָּל־
יְמֵי־שֵׁת שְׁתֵּים עֶשְׂרֵה שָׁנָה וּתְשַׁע מֵאוֹת שָׁנָה
וַיָּמֹת׃ ס ט וַיְחִי אֱנוֹשׁ תִּשְׁעִים שָׁנָה וַיּוֹלֶד אֶת־קֵינָן׃
י וַיְחִי אֱנוֹשׁ אַחֲרֵי הוֹלִידוֹ אֶת־קֵינָן חֲמֵשׁ עֶשְׂרֵה
שָׁנָה וּשְׁמֹנֶה מֵאוֹת שָׁנָה וַיּוֹלֶד בָּנִים וּבָנוֹת׃ יא וַיִּהְיוּ
כָּל־יְמֵי אֱנוֹשׁ חָמֵשׁ שָׁנִים וּתְשַׁע מֵאוֹת שָׁנָה
וַיָּמֹת׃ ס יב וַיְחִי קֵינָן שִׁבְעִים שָׁנָה וַיּוֹלֶד אֶת־
מַהֲלַלְאֵל׃ יג וַיְחִי קֵינָן אַחֲרֵי הוֹלִידוֹ אֶת־מַהֲלַלְאֵל
אַרְבָּעִים שָׁנָה וּשְׁמֹנֶה מֵאוֹת שָׁנָה וַיּוֹלֶד בָּנִים וּבָנוֹת׃

אונקלוס

דִּדְמֵי לֵהּ וּקְרָא יָת שְׁמֵהּ שֵׁת׃ ד וַהֲווֹ יוֹמֵי אָדָם בָּתַר דְּאוֹלִיד יָת שֵׁת תְּמְנֵי
מְאָה שְׁנִין וְאוֹלִיד בְּנִין וּבְנָן׃ ה וַהֲווֹ כָּל יוֹמֵי אָדָם דַּחֲיָא תְּשַׁע מְאָה וּתְלָתִין
שְׁנִין וּמִית׃ ו וַחֲיָא שֵׁת מְאָה וַחֲמֵשׁ שְׁנִין וְאוֹלִיד יָת אֱנוֹשׁ׃ ז וַחֲיָא שֵׁת בָּתַר
דְּאוֹלִיד יָת אֱנוֹשׁ תַּמְנֵי מְאָה וּשְׁבַע שְׁנִין וְאוֹלִיד בְּנִין וּבְנָן׃ ח וַהֲווֹ כָּל יוֹמֵי
שֵׁת תְּשַׁע מְאָה וְתַרְתָּא עֲשְׂרֵי שְׁנִין וּמִית׃ ט וַחֲיָא אֱנוֹשׁ תִּשְׁעִין שְׁנִין וְאוֹלִיד
יָת קֵינָן׃ י וַחֲיָא אֱנוֹשׁ בָּתַר דְּאוֹלִיד יָת קֵינָן תַּמְנֵי מְאָה וַחֲמֵשׁ עֲשְׂרֵי שְׁנִין
וְאוֹלִיד בְּנִין וּבְנָן׃ יא וַהֲווֹ כָּל יוֹמֵי אֱנוֹשׁ תְּשַׁע מְאָה וְחַמְשׁ שְׁנִין וּמִית׃ יב וַחֲיָא
קֵינָן שִׁבְעִין שְׁנִין וְאוֹלִיד יָת מַהֲלַלְאֵל׃ יג וַחֲיָא קֵינָן בָּתַר דְּאוֹלִיד יָת מַהֲלַלְאֵל

years, and begat a son in his own likeness, after his image; and called his name Seth:

4And the days of Adam, after he had begotten Seth were eight hundred years: and he begat sons and daughters:

5And all the days that Adam lived were nine hundred and thirty years: and he died.

6And Seth lived an hundred and five years, and begat Enos:

7And Seth lived after he begat Enos eight hundred and seven years, and begat sons and daughters:

8And all the days of Seth were nine hundred and twelve years: and he died.

9And Enos lived ninety years, and begat Cainan:

10And Enos lived after he begat Cainan eight hundred and fifteen years, and begat sons and daughters:

11And all the days of Enos were nine hundred and five years: and he died.

12And Cainan lived seventy years, and begat Mahalaleel:

13And Cainan lived after he begat Mahalaleel eight hundred and forty years, and begat sons and daughters:

רש״י

connected in meaning with חולין "profane matters"[1]) viz., calling the names of men and the names of idols after the name of the Holy One, blessed be He — making them the objects of idolatrous worship and calling them Deities.

5. (1) זה ספר תולדות אדם THIS IS THE BOOK OF THE GENERATIONS OF ADAM — This is the record (or, enumeration) of the generations of Adam. There are however, many Midrashic observations *on this verse.* ביום ברא וגו׳ IN THE DAY THAT [GOD] CREATED etc. — This states that on the day when he was created he begot progeny (Gen. R. 24). **(3)** שלשים ומאת שנה A HUNDRED AND THIRTY YEARS — Until then he lived apart from his wife (ib.).

NOTES

1) The words לשון חולין should be struck out and then the Rashi would read אז הוחל וגו׳ THEN IT WAS BEGUN (i. e. people began) to call the names of men etc. The connection between the words אז הוחל and the following word לקרא as given in our text of Rashi is very loose.

יד וַיִּהְיוּ כָּל־יְמֵי קֵינָן עֶשֶׂר שָׁנִים וּתְשַׁע מֵאוֹת שָׁנָה
וַיָּמֹת: ס טו וַיְחִי מַהֲלַלְאֵל חָמֵשׁ שָׁנִים וְשִׁשִּׁים
שָׁנָה וַיּוֹלֶד אֶת־יָרֶד: טז וַיְחִי מַהֲלַלְאֵל אַחֲרֵי הוֹלִידוֹ
אֶת־יֶרֶד שְׁלֹשִׁים שָׁנָה וּשְׁמֹנֶה מֵאוֹת שָׁנָה וַיּוֹלֶד
בָּנִים וּבָנוֹת: יז וַיִּהְיוּ כָּל־יְמֵי מַהֲלַלְאֵל חָמֵשׁ וְתִשְׁעִים
שָׁנָה וּשְׁמֹנֶה מֵאוֹת שָׁנָה וַיָּמֹת: ס יח וַיְחִי־יֶרֶד
שְׁתַּיִם וְשִׁשִּׁים שָׁנָה וּמְאַת שָׁנָה וַיּוֹלֶד אֶת־חֲנוֹךְ:
יט וַיְחִי־יֶרֶד אַחֲרֵי הוֹלִידוֹ אֶת־חֲנוֹךְ שְׁמֹנֶה מֵאוֹת
שָׁנָה וַיּוֹלֶד בָּנִים וּבָנוֹת: כ וַיִּהְיוּ כָּל־יְמֵי־יֶרֶד שְׁתַּיִם
וְשִׁשִּׁים שָׁנָה וּתְשַׁע מֵאוֹת שָׁנָה וַיָּמֹת: ס כא וַיְחִי
חֲנוֹךְ חָמֵשׁ וְשִׁשִּׁים שָׁנָה וַיּוֹלֶד אֶת־מְתוּשָׁלַח:
כב וַיִּתְהַלֵּךְ חֲנוֹךְ אֶת־הָאֱלֹהִים אַחֲרֵי הוֹלִידוֹ אֶת־
מְתוּשֶׁלַח שְׁלֹשׁ מֵאוֹת שָׁנָה וַיּוֹלֶד בָּנִים וּבָנוֹת:
כג וַיְהִי כָּל־יְמֵי חֲנוֹךְ חָמֵשׁ וְשִׁשִּׁים שָׁנָה וּשְׁלֹשׁ מֵאוֹת

אונקלוס

תַּמְנֵי מְאָה וְאַרְבְּעִין שְׁנִין וְאוֹלִיד בְּנִין וּבְנָן: יד וַהֲווֹ כָּל יוֹמֵי קֵינָן תְּשַׁע מְאָה
וַעֲשַׂר שְׁנִין וּמִית: טו וַחֲיָא מַהֲלַלְאֵל שִׁתִּין וַחֲמֵשׁ שְׁנִין וְאוֹלִיד יָת יָרֶד: טז וַחֲיָא
מַהֲלַלְאֵל בָּתַר דְּאוֹלִיד יָת יֶרֶד תַּמְנֵי מְאָה וּתְלָתִין שְׁנִין וְאוֹלִיד בְּנִין וּבְנָן:
יז וַהֲווֹ כָּל יוֹמֵי מַהֲלַלְאֵל תַּמְנֵי מְאָה וְתִשְׁעִין וַחֲמֵשׁ שְׁנִין וּמִית: יח וַחֲיָא יֶרֶד
מְאָה וְשִׁתִּין וְתַרְתֵּין שְׁנִין וְאוֹלִיד יָת חֲנוֹךְ: יט וַחֲיָא יֶרֶד בָּתַר דְּאוֹלִיד יָת חֲנוֹךְ
תַּמְנֵי מְאָה שְׁנִין וְאוֹלִיד בְּנִין וּבְנָן: כ וַהֲווֹ כָּל יוֹמֵי יֶרֶד תְּשַׁע מְאָה וְשִׁתִּין
וְתַרְתֵּין שְׁנִין וּמִית: כא וַחֲיָא חֲנוֹךְ שִׁתִּין וַחֲמֵשׁ שְׁנִין וְאוֹלִיד יָת מְתוּשְׁלַח:
כב וְהַלִּיךְ חֲנוֹךְ בְּדַחַלְתָּא דַיְיָ בָּתַר דְּאוֹלִיד יָת מְתוּשְׁלַח תְּלָת מְאָה שְׁנִין
וְאוֹלִיד בְּנִין וּבְנָן: כג וַהֲוָה כָּל יוֹמֵי חֲנוֹךְ תְּלָת מְאָה וְשִׁתִּין וַחֲמֵשׁ שְׁנִין:

רש"י

(כב) ויתהלך חנוך. צַדִּיק הָיָה, וְקַל בְּדַעְתּוֹ לָשׁוּב לְהַרְשִׁיעַ, לְפִיכָךְ מִהֵר הַקָּבָּ"ה וְסִלְּקוֹ וְהֵמִיתוֹ קוֹדֶם זְמַנּוֹ, וְזֶהוּ שֶׁשִּׁנָּה הַכָּתוּב בְּמִיתָתוֹ לִכְתּוֹב וְאֵינֶנּוּ בָּעוֹלָם—לְמַלֹּאות שְׁנוֹתָיו (ב"ר):

¹⁴And all the days of Cainan were nine hundred and ten years: and he died. ¹⁵And Mahalaleel lived sixty and five years, and begat Jared: ¹⁶And Mahalaleel lived after he begat Jared eight hundred and thirty years, and begat sons and daughters: ¹⁷And all the days of Mahalaleel were eight hundred ninety and five years: and he died. ¹⁸And Jared lived an hundred sixty and two years, and he begat Enoch: ¹⁹And Jared lived after he begat Enoch eight hundred years, and begat sons and daughters: ²⁰And all the days of Jared were nine hundred sixty and two years: and he died. ²¹And Enoch lived sixty and five years, and begat Methuselah: ²²And Enoch walked with God after he begat Methuselah three hundred years, and begat sons and daughters: ²³And all the days of Enoch were three hundred sixty

רש״י

(22) ויתהלך חנוך AND ENOCH WALKED [WITH GOD] — He was a righteous man, but his mind was easily *induced*[1]) to turn *from his righteous ways* and to become wicked. The Holy One, blessed be He, therefore took him away quickly and made him die before his full time. This is why Scripture uses a different expression when referring to his death by writing ואיננו "and he was not", *meaning, he was not* in the world to complete *the number of*

NOTES

[1]) Some editions have וקבל בדעתו "and he made up is mind" to turn etc.

שָׁנָה׃ כד וַיִּתְהַלֵּךְ חֲנוֹךְ אֶת־הָאֱלֹהִים וְאֵינֶנּוּ כִּי־לָקַח
אֹתוֹ אֱלֹהִים׃ ס שביעי כה וַיְחִי מְתוּשֶׁלַח שֶׁבַע
וּשְׁמֹנִים שָׁנָה וּמְאַת שָׁנָה וַיּוֹלֶד אֶת־לָמֶךְ׃ כו וַיְחִי
מְתוּשֶׁלַח אַחֲרֵי הוֹלִידוֹ אֶת־לֶמֶךְ שְׁתַּיִם וּשְׁמוֹנִים
שָׁנָה וּשְׁבַע מֵאוֹת שָׁנָה וַיּוֹלֶד בָּנִים וּבָנוֹת׃ כז וַיִּהְיוּ
כָּל־יְמֵי מְתוּשֶׁלַח תֵּשַׁע וְשִׁשִּׁים שָׁנָה וּתְשַׁע מֵאוֹת
שָׁנָה וַיָּמֹת׃ ס כח וַיְחִי־לֶמֶךְ שְׁתַּיִם וּשְׁמֹנִים שָׁנָה
וּמְאַת שָׁנָה וַיּוֹלֶד בֵּן׃ כט וַיִּקְרָא אֶת־שְׁמוֹ נֹחַ לֵאמֹר
זֶה יְנַחֲמֵנוּ מִמַּעֲשֵׂנוּ וּמֵעִצְּבוֹן יָדֵינוּ מִן־הָאֲדָמָה
אֲשֶׁר אֵרְרָהּ יְהוָה׃ ל וַיְחִי־לֶמֶךְ אַחֲרֵי הוֹלִידוֹ אֶת־
נֹחַ חָמֵשׁ וְתִשְׁעִים שָׁנָה וַחֲמֵשׁ מֵאֹת שָׁנָה וַיּוֹלֶד
בָּנִים וּבָנוֹת׃ לא וַיְהִי כָּל־יְמֵי־לֶמֶךְ שֶׁבַע וְשִׁבְעִים
שָׁנָה וּשְׁבַע מֵאוֹת שָׁנָה וַיָּמֹת׃ ס לב וַיְהִי־נֹחַ בֶּן־

אונקלוס

כד וְהַלִּיךְ חֲנוֹךְ בְּדַחְלְתָא דַיְיָ וְלֵיתוֹהִי אֲרֵי (לָא) אֲמֵית יָתֵהּ יְיָ׃ כה וַחֲיָא מְתוּשֶׁלַח מְאָה וּתְמָנַן וּשְׁבַע שְׁנִין וְאוֹלִיד יָת־לָמֶךְ׃ כו וַחֲיָא מְתוּשֶׁלַח בָּתַר דְּאוֹלִיד יָת־לָמֶךְ שְׁבַע־מְאָה וּתְמָנַן וְתַרְתֵּין שְׁנִין וְאוֹלִיד בְּנִין וּבְנָן׃ כז וַהֲווֹ כָּל־יוֹמֵי מְתוּשֶׁלַח תְּשַׁע מְאָה וְשִׁתִּין וּתְשַׁע שְׁנִין וּמִית׃ כח וַחֲיָא לָמֶךְ מְאָה וּתְמָנַן וְתַרְתֵּין שְׁנִין וְאוֹלִיד בַּר׃ כט וּקְרָא יָת־שְׁמֵהּ נֹחַ לְמֵימַר דֵּין יְנַחֲמִנַּנָא מֵעוֹבָדָנָא וּמִלֵּאוּת יְדָנָא מִן אַרְעָא דִּי לַטְטַהּ יְיָ׃ ל וַחֲיָא־לָמֶךְ בָּתַר דְּאוֹלִיד יָת־נֹחַ חֲמֵשׁ־מְאָה וְתִשְׁעִין וַחֲמֵשׁ שְׁנִין וְאוֹלִיד בְּנִין וּבְנָן׃ לא וַהֲווֹ כָּל־יוֹמֵי לָמֶךְ שְׁבַע־מְאָה וְשַׁבְעִין וּשְׁבַע שְׁנִין וּמִית׃ לב וַהֲוָה־נֹחַ בַּר־חֲמֵשׁ מְאָה שְׁנִין וְאוֹלִיד נֹחַ יָת־שֵׁם יָת־חָם וְיָת־

רש״י

(כד) כי לקח אתו. לִפְנֵי זְמַנּוֹ, כְּמוֹ הִנְנִי לוֹקֵחַ מִמְּךָ אֶת מַחְמַד עֵינֶיךָ (יחז׳ כ״ד): (כח) ויולד בן. שֶׁמִּמֶּנּוּ נִבְנָה הָעוֹלָם (ב״ר): (כט) זה ינחמנו. יָנַח מִמֶּנּוּ אֶת עִצְּבוֹן יָדֵינוּ. עַד שֶׁלֹּא בָא נֹחַ לֹא הָיָה לָהֶם כְּלֵי מַחֲרֵשָׁה וְהוּא הֵכִין לָהֶם; וְהָיְתָה הָאָרֶץ מוֹצִיאָה קוֹצִים וְדַרְדָּרִים כְּשֶׁזּוֹרְעִים חִטִּים, מִקִּלְלָתוֹ שֶׁל אָדָם הָרִאשׁוֹן, וּבִימֵי נֹחַ נָחָה, וְזֶהוּ יְנַחֲמֵנוּ. וְאִם לֹא תְּפָרְשֵׁהוּ כָּךְ, אֵין טַעַם הַלָּשׁוֹן נוֹפֵל עַל הַשֵּׁם וְאַתָּה צָרִיךְ לִקְרוֹת שְׁמוֹ מְנַחֵם:

and five years: ²⁴And Enoch walked with God: and he was not; for God took him. ²⁵And Methuselah lived an hundred eighty and seven years, and begat Lamech: ²⁶And Methuselah lived after he begat Lamech seven hundred eighty and two years, and begat sons and daughters: ²⁷And all the days of Methuselah were nine hundred sixty and nine years: and he died. ²⁸And Lamech lived an hundred eighty and two years, and begat a son. ²⁹And he called his name Noah, saying, This same shall comfort us concerning our work and sorrow of our hands, because of the ground which the Eternal hath cursed. ³⁰And Lamech lived after he begat Noah five hundred ninety and five years, and begat sons and daughters: ³¹And all the days of Lamech were seven hundred seventy and seven years: and he died.

רש"י

his years. **(24)** כי לקח אותו FOR GOD TOOK HIM — before his time; a similar meaning of לקח "to take" we find in (Ezek. XXIV. 16), "I take away from thee the desire of thine eyes [by a plague]". **(28)** ויולד בן AND HE BEGOT A SON (בן "son", connected with the root בנה "to build") — from whom the world was built up (peopled) (Tanch.) **(29)** זה ינחמנו THIS WILL COMFORT US — He will ease from off us (ינחמנו) the toil of our hands. For until Noah came people had no agricultural instruments and he prepared such for them. The earth had brought forth thorns and thistles when they sowed wheat in consequence of the curse imposed upon Adam Harishon: in the days of Noah, however, this ceased (Tanch.). This is what is meant by the word ינחמנו (viz., ינח מנו). If, however, you do not explain it in this manner, but from the root נחם "to comfort", then the meaning you give to this expression (connecting it with the idea of "comfort") will have no application to the name נח, and you would have to call him מנחם "Comforter".

חֲמֵשׁ מֵאוֹת שָׁנָה וַיּוֹלֶד נֹחַ אֶת־שֵׁם אֶת־חָם וְאֶת־
יָפֶת׃ ו א וַיְהִי כִּי־הֵחֵל הָאָדָם לָרֹב עַל־פְּנֵי הָאֲדָמָה
וּבָנוֹת יֻלְּדוּ לָהֶם׃ ב וַיִּרְאוּ בְנֵי־הָאֱלֹהִים אֶת־בְּנוֹת
הָאָדָם כִּי טֹבֹת הֵנָּה וַיִּקְחוּ לָהֶם נָשִׁים מִכֹּל אֲשֶׁר
בָּחָרוּ׃ ג וַיֹּאמֶר יְהוָה לֹא־יָדוֹן רוּחִי בָאָדָם לְעֹלָם
בְּשַׁגַּם הוּא בָשָׂר וְהָיוּ יָמָיו מֵאָה וְעֶשְׂרִים שָׁנָה׃
ד הַנְּפִלִים הָיוּ בָאָרֶץ בַּיָּמִים הָהֵם וְגַם אַחֲרֵי־כֵן
אֲשֶׁר יָבֹאוּ בְּנֵי הָאֱלֹהִים אֶל־בְּנוֹת הָאָדָם וְיָלְדוּ לָהֶם

אונקלוס

יָפֶת׃ א וַהֲוָה כַּד־שְׁרִיאוּ בְּנֵי־אֲנָשָׁא לְמִסְגֵּי עַל־אַפֵּי אַרְעָא וּבְנָתָא אִתְיְלִידוּ
לְהוֹן׃ ב וַחֲזוֹ בְנֵי־רַבְרְבַיָּא יָת־בְּנַת אֲנָשָׁא אֲרֵי שַׁפִּירָן אִנִּין וּנְסִיבוּ לְהוֹן נְשִׁין
מִכֹּל דִּי אִתְרְעִיאוּ׃ ג וַאֲמַר יְיָ לָא־יִתְקַיַּם דָּרָא־בִישָׁא הָדֵין קֳדָמַי לְעָלַם בְּדִיל
דְּאִנּוּן בִּשְׂרָא וְעוֹבָדֵיהוֹן בִּישַׁיָּא אַרְכָּא יְהִיבַת לְהוֹן מְאָה וְעֶשְׂרִין שְׁנִין אִם־
יְתוּבוּן׃ ד גִּבָּרַיָּא הֲווֹ בְאַרְעָא בְּיוֹמַיָּא הָאִנּוּן וְאַף־בָּתַר־כֵּן דִּי עָלִין בְּנֵי רַבְרְבַיָּא

רש"י

(לב) בן חמש מאות שנה. אָמַר רַבִּי יוּדָן: מַה טַּעַם כָּל הַדּוֹרוֹת הוֹלִידוּ לְק׳ שָׁנָה וְזֶה לַחֲמֵשׁ מֵאוֹת? אָמַר הַקָּבָּ"ה: אִם רְשָׁעִים הֵם יֹאבְדוּ בַמַּיִם וְרַע לְצַדִּיק זֶה, וְאִם צַדִּיקִים הֵם אַטְרִיחַ עָלָיו לַעֲשׂוֹת תֵּיבוֹת הַרְבֵּה, כָּבַשׁ אֶת מַעְיָנוֹ וְלֹא הוֹלִיד עַד חֲמֵשׁ מֵאוֹת שָׁנָה, כְּדֵי שֶׁלֹּא יְהֵא יֶפֶת הַגָּדוֹל שֶׁבְּבָנָיו רָאוּי לְעוֹנָשִׁין לִפְנֵי הַמַּבּוּל (ב"ר), דִּכְתִיב: כִּי הַנַּעַר בֶּן מֵאָה שָׁנָה יָמוּת (ישׁ׳ ס"ה) רָאוּי לְעוֹנֶשׁ לֶעָתִיד, וְכֵן לִפְנֵי מַתַּן תּוֹרָה: את שם את חם ואת יפת. וַהֲלֹא יֶפֶת הַגָּדוֹל הוּא? אֶלָּא בַּתְּחִלָּה אַתָּה דוֹרֵשׁ אֶת שֶׁהוּא צַדִּיק וְנוֹלַד כְּשֶׁהוּא מָהוּל וְשֶׁאַבְרָהָם יָצָא מִמֶּנּוּ וְכוּ׳ כְּבַ"ר:

ו (ב) בני אלהים. בְּנֵי הַשָּׂרִים וְהַשּׁוֹפְטִים. דָּבָר אַחֵר: בְּנֵי הָאֱלֹהִים, הֵם הַשָּׂרִים הַהוֹלְכִים בִּשְׁלִיחוּתוֹ שֶׁל מָקוֹם, אַף הֵם הָיוּ מִתְעָרְבִים בָּהֶם; כָּל אֱלֹהִים שֶׁבַּמִּקְרָא לְשׁוֹן מָרוּת, וְזֶה יוֹכִיחַ: וְאַתָּה תִּהְיֶה לּוֹ לֵאלֹהִים (שמות ד׳), רְאֵה נְתַתִּיךָ אֱלֹהִים (שם ז׳): כי טבת הנה. אָמַר רַבִּי יוּדָן: טבת כְּתִיב, כְּשֶׁהָיוּ מְטִיבִין אוֹתָהּ מְקוּשֶּׁטֶת לִיכָּנֵס לַחוּפָּה, הָיָה גָּדוֹל נִכְנָס וּבוֹעֲלָהּ תְּחִלָּה (ב"ר): מכל אשר בחרו. אַף בְּעוּלַת בַּעַל, אַף הַזָּכָר וְהַבְּהֵמָה (ב"ר): (ג) לא ידון רוחי באדם. לֹא יִתְרָעֵם וְיָרִיב רוּחִי עָלַי בִּשְׁבִיל הָאָדָם: לעלם. לְאוֹרֶךְ יָמִים; הִנֵּה רוּחִי נָדוֹן בְּקִרְבִּי אִם לְהַשְׁחִית וְאִם לְרַחֵם, לֹא יִהְיֶה מָדוֹן זֶה בְּרוּחִי לְעוֹלָם, כְּלוֹמַר, לְאוֹרֶךְ יָמִים: בשגם הוא בשר. כְּמוֹ: בְּשֶׁגַּם, כְּלוֹמַר, בִּשְׁבִיל שֶׁגַּם זֹאת בּוֹ, שֶׁהוּא בָשָׂר וְאַף עַל פִּי כֵן אֵינוֹ נִכְנָע לְפָנַי, וּמָה אִם יִהְיֶה אֵשׁ אוֹ דָבָר קָשֶׁה? כַּיּוֹצֵא בוֹ: עַד שַׁקַּמְתִּי דְּבוֹרָה (שופ׳ ה׳) כְּמוֹ שֶׁקַּמְתִּי. וְכֵן שָׁאַתָּה מְדַבֵּר עִמִּי (שם ו׳) כְּמוֹ שֶׁאַתָּה. אַף בְּשַׁגָּם כְּמוֹ בְּשֶׁגַּם; והיו ימיו וגו׳. עַד ק"ך שָׁנָה אַאֲרִיךְ לָהֶם אַפִּי, וְאִם לֹא יָשׁוּבוּ, אָבִיא עֲלֵיהֶם מַבּוּל. וְאִם תֹּאמַר: מִשֶּׁנּוֹלַד יֶפֶת עַד הַמַּבּוּל אֵינוֹ אֶלָּא מֵאָה שָׁנָה, אֵין מוּקְדָּם וּמְאוּחָר בַּתּוֹרָה (פסחים ו׳),—כְּבָר הָיְתָה הַגְּזֵירָה גְזוּרָה עֶשְׂרִים שָׁנָה קוֹדֶם שֶׁהוֹלִיד נֹחַ תּוֹלָדוֹת. וְכֵן מָצִינוּ בְּסֵדֶר עוֹלָם. יֵשׁ מִדְרְשֵׁי אַגָּדָה רַבִּים בְּלֹא יָדוֹן, אֲבָל זֶה הוּא צַחְצוּחַ פְּשׁוּטוֹ: (ד) הנפילים. עַל שֵׁם שֶׁנָּפְלוּ וְהִפִּילוּ אֶת הָעוֹלָם. וּבִלְשׁוֹן עִבְרִית לְשׁוֹן עֲנָקִים הוּא. בימים ההם. בִּימֵי דוֹר אֱנוֹשׁ וּבְנֵי קַיִן (ב"ר):

32And Noah was five hundred years old: and Noah begat Shem, Ham, and Japheth.

6. 1And it came to pass, when men began to multiply on the face of the earth, and daughters were born unto them, 2That the sons of princes saw the daughters of men that they were fair and they took them wives of all whom they chose. 3And the Eternal said, My spirit shall not henceforth pronounce judgment against man through their backslidings: he is only flesh, therefore his days shall be an hundred and twenty years. 4There were the giants in the earth in those days; and also after that, when the sons of princes came unto the daughters of men, and they bare children

רש״י

(32) בן חמש מאות שנה FIVE HUNDRED YEARS OLD — R. Judan said: "How is it that all the *previous* generations had children at the age of hundred years and this one (Noah) at the age of 500 years? The Holy One, blessed be He, said, "If they (Noah's children) be wicked, they will perish by the water *of the Flood* and it will grieve this righteous man; if they be righteous, I shall have to troube him to construct several arks." He therefore restrained him from having children until he was 500 years old, in order that Japhet, the oldest of his sons (cf. Rashi on Gen. X. 21) should not reach the punishable age before the Flood. For it is written (Isa. LXV. 20), "For as a lad shall one die when he is one hundred years old", *meaning*, that in the future time, he will only *then* be of punishable age, and this was so, too, before the giving of the Torah. את שם ואת חם ואת יפת SHEM, HAM AND JAPHETH — But was not Japheth the eldest? But you *naturally* first interest yourself in Shem who was a righteous man, who was born circumcised (a sign of righteousness) and from whom Abraham was to descend (Gen. R. 26).

6. (2) בני האלהים THE SONS OF ELOHIM — The sons of princes and rulers. Another explanation of בני האלהים is that these were princely *angels* who came as messengers from God: they, too, intermingled with them (the daughters of men). Wherever the word אלהים occurs in the Scriptures it signifies authority, and the following passages prove this: (Ex. IV. 16) "and thou shalt be his (אלהים) master", and (ib. VII. 1) "See, I have made the (אלהים) a master." כי טבת הנה THAT THEY WERE FAIR — Rabbi Judan said, "It is written here טבת, for when they were being made *to appear* "good" by being decked out to be taken beneath the marriage canopy one of the lords would come and carry her off first[1]) (Gen. R. 26). מכל אשר בחרו OF ALL WHOM THEY CHOOSE — even if it were a married woman or a man or an animal. **(3)** לא ידון רוחי באדם MY SPIRIT SHALL NOT STRIVE AGAINST MAN — My Spirit shall not be in a state of discontent and shall not strive with Myself because of man. לעולם ALWAYS — for a long time. Behold, My Spirit has been contending within Me whether to destroy or whether to show mercy: such contending (deliberation) shall not be for ever — meaning, for a long time. בשגם הוא בשר FOR THAT HE ALSO IS FLESH — This is the same as בְּשֶׁגַּם — that is to say: because[2]) this *quality* is also in him *viz.*, that he is *only* flesh, and yet he does not humble himself before Me; what would he do if he were of fire or of some *other* resisting matter! Similarly we find שֶׁ for שַׁ, (Judg. V. 7) עד שַׁקַּמְתִּי דבורה "Until I Deborah arose", where it is the same as שֶׁקַּמְתִּי; so also (ib. VI. 17) שַׁאַתָּה מדבר עמי "that it is thou who talkest with me", where it is the same as שֶׁאַתָּה — so also here, בְּשַׁגַּם is the same as בְּשֶׁגַּם. — והיו ימיו וגו׳ THEREFORE HIS DAYS SHALL BE etc. — For 120 years I will be long-suffering with them, and if they repent not I shall bring a flood upon them. If, now, you object, saying that from the birth of Japheth until the Flood

NOTES

1) See Appendix.

2) i. e. בְּשֶׁ means because that, like באשר XXXIX. 23.

הֵמָּה הַגִּבֹּרִים אֲשֶׁר מֵעוֹלָם אַנְשֵׁי הַשֵּׁם: פ מפטיר.
ה וַיַּרְא יְהוָה כִּי רַבָּה רָעַת הָאָדָם בָּאָרֶץ וְכָל־יֵצֶר
מַחְשְׁבֹת לִבּוֹ רַק רַע כָּל־הַיּוֹם: ו וַיִּנָּחֶם יְהוָה כִּי־
עָשָׂה אֶת־הָאָדָם בָּאָרֶץ וַיִּתְעַצֵּב אֶל־לִבּוֹ: ז וַיֹּאמֶר
יְהוָה אֶמְחֶה אֶת־הָאָדָם אֲשֶׁר־בָּרָאתִי מֵעַל פְּנֵי
הָאֲדָמָה מֵאָדָם עַד־בְּהֵמָה עַד־רֶמֶשׂ וְעַד־עוֹף
הַשָּׁמָיִם כִּי נִחַמְתִּי כִּי עֲשִׂיתִם: ח וְנֹחַ מָצָא חֵן
בְּעֵינֵי יְהוָה: פ

אתקלוס

לְוָת בְּנַת אֱנָשָׁא וִילִידָן לְהוֹן אִנּוּן גִּבָּרַיָּא דְּמֵעָלְמָא אֱנָשִׁין דִּשְׁמָא: ה וַחֲזָא יְיָ
אֲרֵי־סְגִיאַת בִּישַׁת אֱנָשָׁא בְּאַרְעָא וְכָל־יִצְרָא מַחְשְׁבַת לִבֵּהּ לְחוֹד בִּישׁ כָּל־
יוֹמָא: ו וְתָב יְיָ בְּמֵימְרֵהּ אֲרֵי־עֲבַד יָת־אֱנָשָׁא בְּאַרְעָא וַאֲמַר־בְּמֵימְרֵהּ לְמִתְבַּר
תָּקְפְּהוֹן כִּרְעוּתֵהּ: ז וַאֲמַר יְיָ אֶמְחֵי יָת־אֱנָשָׁא דִּי־בְרֵאתִי מֵעַל אַפֵּי אַרְעָא
מֵאֱנָשָׁא עַד־בְּעִירָא עַד־רִחְשָׁא וְעַד־עוֹפָא דִּשְׁמַיָּא אֲרֵי־תָבִית בְּמֵימְרִי אֲרֵי
עֲבַדְתִּנּוּן: ח וְנֹחַ אַשְׁכַּח רַחֲמִין קֳדָם יְיָ:

רש״י

וגם אחרי כן. אַף עַל פִּי שֶׁרָאוּ בְּאָבְדָן שֶׁל דּוֹר אֱנוֹשׁ שֶׁעָלָה אוֹקְיָנוֹס וְהֵצִיף שְׁלִישׁ הָעוֹלָם לֹא נִכְנַע דּוֹר הַמַּבּוּל לִלְמוֹד מֵהֶם: אשר יבאו. הָיוּ יוֹלְדוֹת עֲנָקִים כְּמוֹתָם: הגבורים: לִמְרוֹד בַּמָּקוֹם: אנשי השם. אוֹתָן שֶׁנִּקְּבוּ בְּשֵׁמוֹת עִירָד מְחוּיָאֵל מְתוּשָׁאֵל שֶׁנִּקְּבוּ עַל שֵׁם אָבְדָן, שֶׁנִּמּוֹחוּ וְהוּתְּשׁוּ. דָּבָר אַחֵר. אַנְשֵׁי שְׁמָמוֹן, שֶׁשִּׁמְּמוּ אֶת הָעוֹלָם: (ו) וינחם ה׳ כי עשה. נֶחָמָה הָיְתָה לְפָנָיו שֶׁבְּרָאוֹ בַּתַּחְתּוֹנִים שֶׁאִלּוּ הָיָה מִן הָעֶלְיוֹנִים הָיָה מַמְרִידָן (בב״ר): ויתעצב. הָאָדָם אל לבו שֶׁל מָקוֹם, עָלָה בְּמַחְשַׁבְתּוֹ שֶׁל מָקוֹם לְהַעֲצִיבוֹ, וְזֶהוּ תַּרְגּוּם אוּנְקְלוֹס. דָּבָר אַחֵר: וַיִּנָּחֶם — נֶהֶפְכָה מַחֲשַׁבְתּוֹ שֶׁל מָקוֹם מִמִּדַּת רַחֲמִים לְמִדַּת הַדִּין, עָלָה בְמַחֲשָׁבָה לְפָנָיו מַה לַּעֲשׂוֹת בָּאָדָם שֶׁעָשָׂה בָּאָרֶץ. וְכֵן כָּל לְשׁוֹן נִיחוּם שֶׁבַּמִּקְרָא לְשׁוֹן נִמְלָךְ מַה לַּעֲשׂוֹת: וּבֶן אָדָם וְיִתְנֶחָם (במד׳ כ״ג) וְעַל עֲבָדָיו יִתְנֶחָם (דב׳ ל״ב) וַיִּנָּחֶם ה׳ עַל הָרָעָה (שמ׳ ל״ב) נִחַמְתִּי כִּי הִמְלַכְתִּי (שמואל א׳ ט״ו) כֻּלָּם לְשׁוֹן מַחֲשָׁבָה אַחֶרֶת הֵם: ויתעצב אל לבו. נִתְאַבֵּל עַל אָבְדַן מַעֲשֵׂה יָדָיו, כְּמוֹ: נֶעֱצַב הַמֶּלֶךְ עַל בְּנוֹ (שם ב׳ י״ט). וְזוֹ כָּתַבְתִּי לִתְשׁוּבַת הַמִּינִים: גּוֹי אֶחָד שָׁאַל אֶת רַבִּי יְהוֹשֻׁעַ בֶּן קָרְחָה, אָמַר לוֹ: אֵין אַתֶּם מוֹדִים שֶׁהַקָּבָּ״ה רוֹאֶה אֶת הַנּוֹלָד? אָמַר לוֹ: הֵן, אָמַר לוֹ: וְהָא כְתִיב: וַיִּתְעַצֵּב אֶל לִבּוֹ? אָמַר לוֹ: נוֹלַד לְךָ בֵּן זָכָר מִיָּמֶיךָ? אָמַר לוֹ: הֵן, אָמַר לוֹ: וּמֶה עָשִׂיתָ? אָמַר לוֹ: שָׂמַחְתִּי וְשִׂמַּחְתִּי אֶת הַכֹּל. אָמַר לוֹ: וְלֹא הָיִיתָ יוֹדֵעַ שֶׁסּוֹפוֹ לָמוּת? אָמַר לוֹ: בִּשְׁעַת חֶדְוָתָא חֶדְוָתָא, בִּשְׁעַת אֶבְלָא אֶבְלָא. אָמַר לוֹ: כָּךְ מַעֲשֵׂה הַקָּבָּ״ה, אַף עַל פִּי שֶׁגָּלוּי לְפָנָיו, שֶׁסּוֹפָן לַחֲטוֹא וּלְאָבְדָן לֹא נִמְנַע מִלְּבָרְאָן בִּשְׁבִיל הַצַּדִּיקִים הָעֲתִידִים לַעֲמוֹד מֵהֶם: (ז) ויאמר ה׳ אמחה את הארם. הוּא עָפָר וְאָבִיא עָלָיו מַיִם וְאֶמְחֶה אוֹתוֹ, לְכָךְ נֶאֱמַר לְשׁוֹן מְחוּי: מאדם עד בהמה. אַף הֵם הִשְׁחִיתוּ דַּרְכָּם (ב״ר). דָּבָר אַחֵר: הַכֹּל נִבְרָא בִּשְׁבִיל אָדָם וְכֵיוָן שֶׁהוּא כָּלֶה מַה צֹּרֶךְ בָּאֵלּוּ: כי נחמתי כי עשיתם. חָשַׁבְתִּי מַה לַּעֲשׂוֹת עַל אֲשֶׁר עֲשִׂיתִים: חסלת פרשת בראשית:

to them, these are the heroes who were of old men of name.
5And the Eternal saw that the wickedness of man was great in the earth, and that every imagination of the thoughts of his heart was only evil continually.
6And the Eternal repented that he had made man on the earth, and it pained his heart.
7And the Eternal said, I will blot out the man whom I have created from the face of the ground; from man, to beast, to the creeping thing, and to the fowls of the heaven; for I repent that I have made them.
8But Noah found favor in the eyes of the Eternal.

רש"י

there were only 100 years, *remember that* there is no "earlier" or "later" in the Torah (events are not always related in chronological order) (Pes. 6b): the decree (regarding the Flood) was issued twenty years before Noah had any children, — so we find in Seder Olam[1]). There are many Midrashic explanations of the words לא ידון but this is transparently its plain sense. **(4)** הנפילים THE GIANTS — *Thy were called* נפילים because they fell (נפלו) and caused the downfall of (הפילו) the world (Gen. R. 26). In Hebrew the giants are usually called ענקים[2]). בימים ההם IN THOSE DAYS — In the days of the generations of Enosh and the sons of Cain (ib.). וגם אחרי כן AND ALSO AFTER THAT — Although they witnessed the destruction of the generation of Enosh when the Ocean rose and flooded a third part of the world,[3]) yet the generation of the Flood did not humble itself and take a lesson from them (ib.). אשר יבאו WHEN [THE SONS OF GOD] CAME IN, they (the women) bore children, giants like them (the fathers) (ib.). הגבורים MIGHTY — in rebellion against God. אנשי שם MEN OF RENOWN (lit., men of name) — Men who bore distinctive names: עירד, מחויאל, מתושאל being so named because these names have reference to their destruction, for they were wiped out and torn out from the world (מחוי־אל would signify "wiped-out-by-God", מתושאל "Torn-out-by-God). Another explanation is that they were men of devastation (אנשי שם-מון) — who devastated the world. **(6)** וינחם ה' כי עשה AND THE LORD REPENTED THAT HE HAD MADE — (The first word is connected with that which means "comfort") It was a consolation to Him that He had created man on earth, for had he been one of the heavenly beings he would have incited them *also* to rebel against God (Gen. R. 26). ויתעצב GRIEVED HIM — *means*, in the mind of God man became an object to be troubled (punished): it entered God's heart to grieve him. This is how the Targum of Onkelos understands the verse. Another explanation *of verse 6*: וינחם AND [THE LORD] REPENTED — The thoughts of God turned from Divine mercy to Divine justice: He considered what to do with man whom He had made on the earth. Wherever this term is used in the Scripture it means "considering what to do". *Examples are:* (Num. XVIII. 19) "nor the son of man that He should consider (ויתנחם)"; (Deut. XXXII. 36) "and reconsider (ויתנחם) regarding His servants"; (Ex. XXII. 14) "and the Lord reconsidered (וינחם) regarding the evil"; (1 Sam. XV. 2) "I am reconsidering (נחמתי) that I have set up Saul to be king" — all these passages denote a change of mind. ויתעצב אל לבו AND IT GRIEVED HIM AT HIS HEART — He mourned at the failure of His handiwork. Similarly (2 Sam. XIX. 3) "The king grieved (נעצב) for his son". (Similarly here: God grieved for his (man's) heart: that it had changed from good to bad). The following *extract from the Midrash Rabbah* I am writing *in order that you may know how* to refute the arguments of certain heretics: A gentile once asked Rabbi Joshua, the son of Korcha, saying to him, "Do you not admit that the Holy One, blessed be He, knows what is to happen in the future?" He replied, "Yes." The gentile retorted, "But is it not written 'and He was grieved in His heart'?" He answered: "Have you ever had a son born to you?" The reply was "Yes." He asked (the gentile): "And what did you do?" He replied: "I rejoiced and I made others rejoice also." The Rabbi asked him: "But did you not know that he must die?" The heathen replied: "At the time of joy, let there be joy, at the time of mourning let there be mourning". The Rabbi then said:

NOTES

For Notes 1—3 see Appendix.

ט אֵ֚לֶּה תּוֹלְדֹ֣ת נֹ֔חַ נֹ֗חַ אִ֥ישׁ צַדִּ֛יק תָּמִ֥ים הָיָ֖ה בְּדֹֽרֹתָ֑יו
אֶת־הָֽאֱלֹהִ֖ים הִֽתְהַלֶּךְ־נֹֽחַ׃ י וַיּ֥וֹלֶד נֹ֖חַ שְׁלֹשָׁ֣ה
בָנִ֑ים אֶת־שֵׁ֖ם אֶת־חָ֥ם וְאֶת־יָֽפֶת׃ יא וַתִּשָּׁחֵ֥ת הָאָ֖רֶץ
לִפְנֵ֣י הָֽאֱלֹהִ֑ים וַתִּמָּלֵ֥א הָאָ֖רֶץ חָמָֽס׃ יב וַיַּ֧רְא אֱלֹהִ֛ים
אֶת־הָאָ֖רֶץ וְהִנֵּ֣ה נִשְׁחָ֑תָה כִּֽי־הִשְׁחִ֧ית כָּל־בָּשָׂ֛ר
אֶת־דַּרְכּ֖וֹ עַל־הָאָֽרֶץ׃ ס יג וַיֹּאמֶר֩ אֱלֹהִ֨ים לְנֹ֜חַ
קֵ֤ץ כָּל־בָּשָׂר֙ בָּ֣א לְפָנַ֔י כִּֽי־מָלְאָ֥ה הָאָ֛רֶץ חָמָ֖ס
מִפְּנֵיהֶ֑ם וְהִנְנִ֥י מַשְׁחִיתָ֖ם אֶת־הָאָֽרֶץ׃ יד עֲשֵׂ֤ה לְךָ֙
תֵּבַ֣ת עֲצֵי־גֹ֔פֶר קִנִּ֖ים תַּֽעֲשֶׂ֣ה אֶת־הַתֵּבָ֑ה וְכָֽפַרְתָּ֥

אונקלוס

ט אִלֵּין תּוֹלְדָת נֹחַ נֹחַ גְּבַר זַכַּאי שְׁלִים הֲוָה בְּדָרוֹהִי בְּדַחַלְתָּא דַיְיָ הַלִּיךְ־נֹחַ׃
י וְאוֹלִיד נֹחַ תְּלָתָא בְנִין יָת־שֵׁם יָת־חָם וְיָת־יָפֶת׃ יא וְאִתְחַבַּלַת אַרְעָא קֳדָם
יְיָ וְאִתְמְלִיאַת אַרְעָא חֲטוֹפִין׃ יב וַחֲזָא יְיָ יָת־אַרְעָא וְהָא אִתְחַבָּלַת אֲרֵי־חַבִּילוּ
כָּל־בִּסְרָא אֱנָשׁ יָת־אָרְחֵהּ עַל־אַרְעָא׃ יג וַאֲמַר יְיָ לְנֹחַ קִצָּא דְכָל־בִּסְרָא עָלַת
לְקָדָמַי אֲרֵי־אִתְמְלִיאַת אַרְעָא חֲטוֹפִין מִן־קֳדָם־עוֹבָדֵיהוֹן בִּישַׁיָּא וְהָא־אֲנָא
מְחַבֵּלְהוֹן עִם־אַרְעָא׃ יד עֲבֵיד לָךְ תֵּבוֹתָא דְאָעִין־דְּקַדְרוֹס מְדוֹרִין תַּעְבֵּד יָת־

רש״י

(ט) אלה תולדת נח נח איש צדיק. הוֹאִיל וְהִזְכִּירוֹ סִפֵּר בְּשִׁבְחוֹ; שֶׁנֶּאֱמַר: זֵכֶר צַדִּיק לִבְרָכָה (משלי י׳). דָּבָר אַחֵר: לְלַמֶּדְךָ שֶׁעִקַּר תּוֹלְדוֹתֵיהֶם שֶׁל צַדִּיקִים מַעֲשִׂים טוֹבִים: בדרתיו. יֵשׁ מֵרַבּוֹתֵינוּ דּוֹרְשִׁים אוֹתוֹ לְשֶׁבַח, כָּל שֶׁכֵּן אִלּוּ הָיָה בְּדוֹר צַדִּיקִים הָיָה צַדִּיק יוֹתֵר; וְיֵשׁ שֶׁדּוֹרְשִׁים אוֹתוֹ לִגְנַאי, לְפִי דוֹרוֹ הָיָה צַדִּיק וְאִלּוּ הָיָה בְּדוֹרוֹ שֶׁל אַבְרָהָם לֹא הָיָה נֶחְשָׁב לִכְלוּם (סנה׳ ק״ח): את האלהים התהלך נח. וּבְאַבְרָהָם הוּא אוֹמֵר: אֲשֶׁר הִתְהַלַּכְתִּי לְפָנָיו? (בראׁ כ״ד), נֹחַ הָיָה צָרִיךְ סַעַד לְתָמְכוֹ; אֲבָל אַבְרָהָם הָיָה מִתְחַזֵּק וּמְהַלֵּךְ בְּצִדְקוֹ מֵאֵלָיו: התהלך. לְשׁוֹן עָבָר. וְזֶהוּ שִׁמּוּשׁוֹ שֶׁל לָשׁוֹן: בִּלְשׁוֹן כָּבֵד מְשַׁמֶּשֶׁת לְהַבָּא וּלְשֶׁעָבַר בִּלְשׁוֹן אֶ׳: קוּם הִתְהַלֵּךְ (שם י״ג) לְהַבָּא, הִתְהַלֶּךְ נֹחַ לְשֶׁעָבַר; הִתְפַּלֵּל בְּעַד עֲבָדֶיךָ (שמואל א׳ י״ב) לְהַבָּא; וּבָא וְהִתְפַּלֵּל אֶל הַבַּיִת הַזֶּה (מ״א ח׳) לְשׁוֹן עָבָר, אֶלָּא שֶׁהַוָּ״ו שֶׁבְּרָאשׁוֹ הֲפָכוֹ לְהַבָּא: (יא) ותשחת. לְשׁוֹן עֶרְוָה וַעֲ״ז (סנה׳ נ״ז) כְּמוֹ: פֶּן תַּשְׁחִיתוּן (דב׳ ד׳), כִּי הִשְׁחִית כָּל בָּשָׂר וְגוֹ׳: ותמלא הארץ חמס. גָּזֵל: (יב) כי השחית כל בשר. אֲפִילוּ בְּהֵמָה חַיָּה וָעוֹף נִזְקָקִין לְשֶׁאֵינָן מִינָן: (יג) קץ כל בשר. כָּל מָקוֹם שֶׁאַתָּה מוֹצֵא זְנוּת וַעֲ״ז אַנְדְּרוֹלוֹמוּסְיָא בָּאָה לָעוֹלָם וְהוֹרֶגֶת טוֹבִים וְרָעִים: כי מלאה הארץ חמס. לֹא נֶחְתַּם גְּזַר דִּינָם אֶלָּא עַל הַגָּזֵל (סנה׳ ק״ח): את הארץ. כְּמוֹ מִן הָאָרֶץ. וְדוֹמֶה לוֹ: כְּצֵאתִי אֶת הָעִיר (שמ׳ ט׳), מִן הָעִיר; חָלָה אֶת רַגְלָיו (מ״א ט״ו), מִן רַגְלָיו. דָּ״אַ: אֶת הָאָרֶץ — עִם הָאָרֶץ, שֶׁאַף ג׳ טְפָחִים שֶׁל עוֹמֶק הַמַּחֲרֵישָׁה נִמּוֹחוּ וְנִטַּשְׁטְשׁוּ: (יד) עשה לך תבת. הַרְבֵּה רֶוַח וְהַצָּלָה לְפָנָיו, וְלָמָּה הִטְרִיחוֹ בְּבִנְיָן זֶה? כְּדֵי שֶׁיִּרְאוּהוּ אַנְשֵׁי דּוֹר הַמַּבּוּל עוֹסֵק בָּהּ ק״כ שָׁנָה, וְשׁוֹאֲלִין אוֹתוֹ: מַה זֹּאת לְּךָ, וְהוּא אוֹמֵר לָהֶם: עָתִיד הַקָּבָּ״ה

9These are the progeny of Noah; Noah was a righteous man and perfect in his generations, and Noah walked with God. 10And Noah begat three sons, Shem, Ham, and Japheth. 11Now the earth was corrupt before God, and the earth was filled with violence. 12And God saw the earth, and behold, it was corrupt; for all flesh had corrupted its way upon the earth. 13And God said unto Noah, The end of all flesh is come before me; for the earth is filled with violence through them; and, behold, I will destroy them with the earth. 14Make thee an ark of gopher wood; rooms shalt thou make in the ark and shalt pitch

רש"י

"Such, too, is the way of the Holy One, blessed be He: although it was clear to Him that in the end men would sin, and would be destroyed, He did not refrain from creating them for the sake of the righteous men who were to issue from them". **(7)** ויאמר ה' אמחה את האדם AND GOD SAID I WILL BLOT OUT THE MAN — He is dust and I shall bring water upon him and blot him out: that is why this root מחה is used (it expresses the idea of sponging out by means of wet or dampness). מאדם ועד בהמה — FROM MAN, TO BEAST — These also corrupted their way. Another explanation is: All things were created on man's account; when he ceases to be, what need of them? כי נחמתי כי עשיתים *means for* I have thought out what to do because I have made them. (Cf. this with Rashi's second explanation of וינחם v. 6).

נח

(9) אלה תולדת נח נח איש צדיק THESE ARE THE PROGENY OF NOAH: NOAH WAS A RIGHTEOUS MAN — Since the text mentions him it sings his praise, in accordance with what is said, (Prov. X. 7) "The mention of the righteous shall be for a blessing." Another explanation is: *since after stating "These are the progeny of Noah", it does not at once mention the names of his children but declares that he "was a righteous man"*, Scripture thereby teaches you that the real progeny of righteous people are their good deeds (Gen. R. 30). בדורותיו IN HIS GENERATIONS — Some of our Rabbis explain it (this word) to his credit: *he was righteous even in his generation*; it follows that had he lived in a generation of righteous people he would have been even more righteous *owing to the force of good example*. Others, however, explain it to his discredit: in comparison with his own generation he was accounted righteous, but had he lived in the generation of Abraham he would have been accounted as of no importance (cf. Sanh. 108a). את האלהים התהלך נח NOAH WALKED WITH GOD — In the case of Abraham Scripture says, (Gen. XXIV. 40) "[God] before whom I walked"; Noah needed *God's* support to uphold him *in righteousness*, Abraham drew his *moral* strength from himself and walked in his righteousness by his own effort. התהלך HE WALKED — This word is in the past tense. The following is the usage of this verbal form: in the "heavy" (כבד) conjugation[1]) one grammatical form is used both as future (i. e. the imperative, since the imperative calls for on action to be done in the future relative to the time when the command is given) and as past tense *e. g.*, (XIII. 17) קום התהלך "arise, walk" is future (i. e. imperative); התהלך נח "Noah walked" (in this passage) is past; (1 Sam. XII. 19) התפלל בעד עבדיך "Pray for thy servants" is future (i. e. imperative) and (1 Kings VIII. 42) ובא והתפלל אל הבית הזה "When he shall come and shall pray toward this house" is past, only that the ו at the beginning of the word changes the tense into the future (it is Vau conversive). **(11)** ותשחת [THE EARTH] WAS CORRUPT — It means lewdness and idolatry, as (Deut. IV. 16) פן תשחיתון "lest ye deal corruptly" (the following words show that this refers to idolatry) and as כי השחית כל בשר וגו' "for all flesh had corrupted etc." (in next verse of this chapter where Rashi states that is has reference to lewdness.) ותמלא הארץ חמס AND THE EARTH WAS FILLED WITH VIOLENCE — *means* robbery. **(12)** כי השחית כל בשר FOR ALL FLESH HAD CORRUPTED — even

NOTES

1) See Appendix.

אֹתָהּ מִבַּיִת וּמִחוּץ בַּכֹּפֶר׃ טו וְזֶה אֲשֶׁר תַּעֲשֶׂה אֹתָהּ
שְׁלֹשׁ מֵאוֹת אַמָּה אֹרֶךְ הַתֵּבָה חֲמִשִּׁים אַמָּה רָחְבָּהּ
וּשְׁלֹשִׁים אַמָּה קוֹמָתָהּ׃ טז צֹהַר ׀ תַּעֲשֶׂה לַתֵּבָה
וְאֶל־אַמָּה תְּכַלֶנָּה מִלְמַעְלָה וּפֶתַח הַתֵּבָה בְּצִדָּהּ
תָּשִׂים תַּחְתִּיִּם שְׁנִיִּם וּשְׁלִשִׁים תַּעֲשֶׂהָ׃ יז וַאֲנִי הִנְנִי
מֵבִיא אֶת־הַמַּבּוּל מַיִם עַל־הָאָרֶץ לְשַׁחֵת כָּל־בָּשָׂר
אֲשֶׁר־בּוֹ רוּחַ חַיִּים מִתַּחַת הַשָּׁמָיִם כֹּל אֲשֶׁר־בָּאָרֶץ
יִגְוָע׃ יח וַהֲקִמֹתִי אֶת־בְּרִיתִי אִתָּךְ וּבָאתָ אֶל־הַתֵּבָה
אַתָּה וּבָנֶיךָ וְאִשְׁתְּךָ וּנְשֵׁי־בָנֶיךָ אִתָּךְ׃ יט וּמִכָּל־הָחַי

אונקלוס

תֵּבוֹתָא וְתֶחְפֵּי יָתַהּ מִגַּו וּמִבָּרָא בְּכֻפְרָא׃ טו וְדֵין דְּתַעְבֵּד יָתַהּ תְּלָת מְאָה אַמִּין
אֻרְכָּא דְתֵבוֹתָא חַמְשִׁין אַמִּין פְּתָיַהּ וּתְלָתִין אַמִּין רוּמַהּ׃ טז נְהוֹר ׀ תַּעְבֵּד
לְתֵבוֹתָא וּלְאַמְּתָא תְּשַׁכְלְלִנַּהּ מִלְעֵלָּא וְתַרְעָא דְתֵבוֹתָא בְּסִטְרַהּ תְּשַׁוֵּי מְדוֹרִין
אַרְעִין תִּנְיָנִין וּתְלִיתָאִין תַּעְבְּדִנַּהּ׃ יז וַאֲנָא הָא אֲנָא מַיְתֵי יָת־טוֹפָנָא מַיָּא עַל־אַרְעָא
לְחַבָּלָא כָּל־בִּסְרָא דִּי־בֵהּ רוּחָא דְחַיֵּי מִתְּחוֹת שְׁמַיָּא כֹּל דִּי בְאַרְעָא יְמוּת׃
יח וַאֲקֵים יָת־קְיָמִי עִמָּךְ וְתֵיעוֹל לְתֵבוֹתָא אַתְּ וּבְנָךְ וְאִתְּתָךְ וּנְשֵׁי־בְנָךְ עִמָּךְ׃
יט וּמִכָּל־דְּחַי מִכָּל־בִּסְרָא תְּרֵין מִכֹּלָּא תָּעֵיל לְתֵבוֹתָא לְקַיָּמָא עִמָּךְ דְּכַר וְנֻקְבָּא

רש"י

לְהָבִיא מַבּוּל לָעוֹלָם, אוּלַי יָשׁוּבוּ: עצי גופר. כָּךְ שְׁמוֹ. וְלָמָּה מִמִּין זֶה? עַל שֵׁם גָּפְרִית שֶׁנִּגְזַר עֲלֵיהֶם לִמָּחוֹת בּוֹ: קנים. מְדוֹרִים מְדוֹרִים לְכָל בְּהֵמָה וְחַיָּה: בכפר. זֶפֶת בִּלְשׁוֹן אֲרַמִּי, וּמָצִינוּ בַּתַּלְמוּד כּוּפְרָא. בְּתֵיבָתוֹ שֶׁל מֹשֶׁה, עַל יְדֵי שֶׁהָיוּ הַמַּיִם תָּשִׁים דַּיָּהּ בְּחוֹמֶר מִבִּפְנִים וְזֶפֶת מִבַּחוּץ; וְעוֹד, כְּדֵי שֶׁלֹּא יָרִיחַ אוֹתוֹ צַדִּיק רֵיחַ רַע שֶׁל זֶפֶת, אֲבָל כָּאן מִפְּנֵי חוֹזֶק הַמַּיִם זִפְּתָהּ מִבַּיִת וּמִחוּץ: (טז) צהר. יֵ"א חַלּוֹן וְיֵ"א אֶבֶן טוֹבָה הַמְּאִירָה לָהֶם (ב"ר שם): ואל אמה תכלנה מלמעלה. כְּסוּיָהּ מְשׁוּפָּע וְעוֹלֶה עַד שֶׁהוּא קָצָר מִלְמַעְלָה וְעוֹמֵד עַל אַמָּה כְּדֵי שֶׁיָּזוּבוּ הַמַּיִם לְמַטָּה מִכָּאן וּמִכָּאן: בצדה תשים. שֶׁלֹּא יִפְּלוּ הַגְּשָׁמִים בָּהּ: תחתים שנים ושלשים. ג' עֲלִיּוֹת זוֹ עַל גַּב זוֹ, עֶלְיוֹנִים לָאָדָם, אֶמְצָעִים לְמָדוֹר, תַּחְתִּיִּים לְזֶבֶל (שם): (יז) ואני הנני מביא. הִנְנִי מוּכָן לְהַסְכִּים עִם אוֹתָם שֶׁזֵּרְזוּנִי וְאָמְרוּ לְפָנַי כְּבָר: מָה אֱנוֹשׁ כִּי תִזְכְּרֶנּוּ (תה' ח'): מבול. שֶׁבִּלָּה אֶת הַכֹּל, שֶׁבִּלְבֵּל אֶת הַכֹּל, שֶׁהוֹבִיל אֶת הַכֹּל מִן הַגָּבוֹהַּ לַנָּמוּךְ; וְזֶהוּ לְשׁוֹן אוּנְקְלוֹס שֶׁתִּרְגֵּם טוֹפָנָא, שֶׁהֵצִיף אֶת הַכֹּל, וֶהֱבִיאָהּ לְבָבֶל שֶׁהִיא עֲמוּקָה, לְכָךְ נִקְרֵאת שִׁנְעָר, שֶׁנִּנְעֲרוּ שָׁם כָּל מֵתֵי מַבּוּל: (יח) והקמתי את בריתי. בְּרִית הָיָה צָרִיךְ עַל הַפֵּירוֹת שֶׁלֹּא יִרְקְבוּ וְיִעַפְּשׁוּ וְשֶׁלֹּא יַהַרְגוּהוּ רְשָׁעִים שֶׁבַּדּוֹר (ב"ר): אתה ובניך ואשתך. הָאֲנָשִׁים לְבַד וְהַנָּשִׁים לְבַד; מִכָּאן שֶׁנֶּאֶסְרוּ בְּתַשְׁמִישׁ הַמִּטָּה. (שם): (יט) ומכל החי: אֲפִילוּ שֵׁדִים (ב"ר).

it within and without with pitch. ¹⁵And thus shalt thou make it: The length of the ark shall be three hundred cubits, the breadth of it fifty cubits, and the height of it thirty cubits. ¹⁶A transparency shalt thou make to the ark, and in a cubit shalt thou finish it above; and the entrance of the ark shalt thou put in the side thereof; with lower, second, and third stories shalt thou make it. ¹⁷And behold, I, even I, do bring a deluge of waters upon the earth, to destroy all flesh, wherein is the spirit of life, from under the heaven; and every thing that is in the earth shall expire. ¹⁸But with thee will I establish my covenant; and thou shalt come into the ark, thou, and thy sons, and thy wife, and thy sons' wives with thee. ¹⁹And of every living thing of all flesh,

רש״י

cattle, beasts and fowl did not consort with their own species. (13) קץ כל בשר THE END OF ALL FLESH — Wherever you find lewdness and idolatry, punishment of an indiscriminate character comes upon the world killing good and bad alike. כי מלאה הארץ חמס FOR THE EARTH IS FILLED WITH VIOLENCE — Their fate was sealed only on account of *their sin of* robbery. את הארץ [I WILL DESTROY THEM] WITH THE EARTH — It is similar to מן הארץ "f r o m the earth"; other examples *of this use of* את are: (Exod. IX. 29) כצאתי "when I go forth" את העיר *which means* מן העיר "from the city" and (1 Kings XV. 23) חלה "he suffered" את רגליו *which means* מן רגליו "from his feet". Another explanation of את הארץ is: "t o g e t h e r with the earth" — *for the earth* was blotted out and washed away to the depth of a furrow of three handbreadths. (14) עשה לך תבת MAKE THEE AN ARK — There are numerous ways by which God could have saved *Noah*; why, then, did he burden him with this construction *of the Ark*? So that the men of the generation of the Flood might see him employed on it for 120 years and might ask him, "What do you need this for"? and so that he might answer them, "The Holy One, blessed be He, is about to bring a flood upon the world" — perhaps they might repent. (lit., return *to God*). עצי גופר GOPHER WOOD — Thus is its name. Why of this species (גפר)? Because of the (גפרית) "sulphur" by which it was decreed that they were to be blotted out (see note 2 p. 33). קנים ROOMS — Separate cabins for each *kind* of cattle and beast. בכפר WITH כפר — This is an Aramaic term for *the Hebrew* זפת "pitch", and in the Talmud (Sabb. 67a) we find *the noun* כופרא "pitch". In the case of the ark (cradle) in which Moses was placed, since the waters were not rapid it sufficed *that it should be daubed* with slime inside and with pitch outside; and a further reason for this was that this righteous person (Moses) should not smell the bad odour of the pitch. Here, however, because of the rough waters he had to cover it with pitch inside as well as outside. (16) צהר A LIGHT — Some say this was a window; others say that it was a precious stone that gave light to them (Gen. R. 31). ואל אמה תכלנה מלמעלה AND TO A CUBIT SHALT THOU FINISH IT UPWARD — Its covering (roof) slanted upwards so that it narrowed at the top to a cubit, in order that the water should run off on both sides. בצדה תשים THOU SHALT SET [THE DOOR] IN THE SIDE THEREOF — in order that the rain might not penetrate. תחתים שנים ושלישים WITH LOWER, SECOND AND THIRD STORIES — Three stories one above the other: the top *rooms* for the human beings, the middle ones as cabins for the cattle, and the bottom was for the refuse (ib.) (17) ואני הנני מביא AND I, BEHOLD, I DO BRING — God says, "Now I am prepared to agree with those *angels* who cautioned Me and long ago said to Me (when I was about to create man), (Ps. VIII. 5) "What is man that thou art mindful of him" (ib.). מבול A FLOOD — *so called* because it ruined (בלה) everything; because it cast everything into confusion (בלל), and because it brought (הוביל) from root (יבל) everything down from the heights to a lower level. And this *last* explanation underlies the translation of Onkelos who translates it by טופנא (Ar. טוף = Heb. צוף) because the Flood caused everything to float about and brought it (the Ark) to Babel which is a low-lying district. That is the reason why it (Babylon) is called, *also,* Shinar (שנער): because all those who died through the Flood were shaken out (ננערו) into it (Sabb. 113b). (18) והקמתי את בריתי BUT I WILL ESTA-

מִכֹּל־בָּשָׂר שְׁנַיִם מִכֹּל תָּבִיא אֶל־הַתֵּבָה לְהַחֲיֹת
אִתָּךְ זָכָר וּנְקֵבָה יִהְיוּ: כ מֵהָעוֹף לְמִינֵהוּ וּמִן־הַבְּהֵמָה
לְמִינָהּ מִכֹּל רֶמֶשׂ הָאֲדָמָה לְמִינֵהוּ שְׁנַיִם מִכֹּל יָבֹאוּ
אֵלֶיךָ לְהַחֲיוֹת: כא וְאַתָּה קַח־לְךָ מִכָּל־מַאֲכָל אֲשֶׁר
יֵאָכֵל וְאָסַפְתָּ אֵלֶיךָ וְהָיָה לְךָ וְלָהֶם לְאָכְלָה: כב וַיַּעַשׂ
נֹחַ כְּכֹל אֲשֶׁר צִוָּה אֹתוֹ אֱלֹהִים כֵּן עָשָׂה: שני
ז א וַיֹּאמֶר יְהוָה לְנֹחַ בֹּא־אַתָּה וְכָל־בֵּיתְךָ אֶל־הַתֵּבָה
כִּי־אֹתְךָ רָאִיתִי צַדִּיק לְפָנַי בַּדּוֹר הַזֶּה: ב מִכֹּל ׀
הַבְּהֵמָה הַטְּהוֹרָה תִּקַּח־לְךָ שִׁבְעָה שִׁבְעָה אִישׁ
וְאִשְׁתּוֹ וּמִן־הַבְּהֵמָה אֲשֶׁר לֹא טְהֹרָה הִוא שְׁנַיִם
אִישׁ וְאִשְׁתּוֹ: ג גַּם מֵעוֹף הַשָּׁמַיִם שִׁבְעָה שִׁבְעָה
זָכָר וּנְקֵבָה לְחַיּוֹת זֶרַע עַל־פְּנֵי כָל־הָאָרֶץ: ד כִּי

אונקלוס

יְהוֹן: כ מֵעוֹפָא לִזְנוֹהִי וּמִן־בְּעִירָא לִזְנַהּ וּמִכֹּל רִחְשָׁא דְאַרְעָא לִזְנוֹהִי תְּרֵין
מִכֹּלָא יֵעֲלוּן לְוָתָךְ לְקַיָּמָא: כא וְאַתְּ סַב־לָךְ מִכָּל־מֵיכַל דְּמִתְאֲכֵל וְתִכְנוֹשׁ לְוָתָךְ
וִיהֵי לָךְ וּלְהוֹן לְמֵיכָל: כב וַעֲבַד נֹחַ כְּכֹל דִּי פַקֵּיד יָתֵהּ יְיָ כֵּן עֲבַד: א וַאֲמַר
יְיָ לְנֹחַ עוֹל אַתְּ וְכָל־אֱנָשׁ בֵּיתָךְ לְתֵיבוּתָא אֲרֵי־יָתָךְ חֲזֵיתִי זַכַּאי קֳדָמַי בְּדָרָא
הָדֵין: ב מִכֹּל ׀ בְּעִירָא דַכְיָא תִּסַּב־לָךְ שִׁבְעָה שִׁבְעָה דְּכַר וְנֻקְבָּא וּמִן בְּעִירָא
דְּלָא אִיתָהָא דַכְיָא הִיא תְּרֵין דְּכַר וְנֻקְבָּא: ג אַף מֵעוֹפָא דִשְׁמַיָּא שִׁבְעָא שִׁבְעָא
דְּכַר וְנֻקְבָּא לְקַיָּמָא זַרְעָא עַל־אַפֵּי כָל־אַרְעָא: ד אֲרֵי לִזְמַן־יוֹמִין עוֹד שִׁבְעָא

רש"י

שנים מכל. מִן הַפָּחוּת שֶׁבָּהֶם לֹא פָּחוּת מִשְּׁנַיִם, אֶחָד זָכָר וְאֶחָד נְקֵבָה: (כ) מהעוף למינהו. אוֹתָן שֶׁדָּבְקוּ בְמִינֵיהֶם וְלֹא הִשְׁחִיתוּ דַרְכָּם, וּמֵאֲלֵיהֶם בָּאוּ, וְכֹל שֶׁהַתֵּיבָה קוֹלַטְתּוֹ הִכְנִיסוּהוּ (ב"ר): (כב) ויעש נח. זֶה בִּנְיַן הַתֵּיבָה:

ז (א) ראיתי צדיק. וְלֹא נֶאֱמַר צַדִּיק תָּמִים, מִכָּאן שֶׁאוֹמְרִים מִקְצַת שִׁבְחוֹ שֶׁל אָדָם בְּפָנָיו וְכֻלּוֹ שֶׁלֹּא בְּפָנָיו (ב"ר): (ב) הטהורה. הָעֲתִידָה לִהְיוֹת טְהוֹרָה לְיִשְׂרָאֵל; לָמַדְנוּ שֶׁלָּמַד נֹחַ תּוֹרָה (שם פ' כ"ו): שבעה שבעה. כְּדֵי שֶׁיַּקְרִיב מֵהֶם קָרְבָּן בְּצֵאתוֹ: (ג) גם מעוף השמים וגו'. בִּטְהוֹרִים הַכָּתוּב מְדַבֵּר, וְלָמֵד סָתוּם מִן הַמְפוֹרָשׁ: (ד) כי לימים עוד שבעה. אֵלּוּ ז' יְמֵי אֶבְלוֹ שֶׁל מְתוּשֶׁלַח הַצַּדִּיק שֶׁחָס הַקָּבָּ"ה עַל כְּבוֹדוֹ וְעִכֵּב אֶת הַפּוּרְעָנוּת. צֵא וַחֲשׁוֹב שְׁנוֹתָיו שֶׁל מְתוּשֶׁלַח וְתִמְצָא שֶׁהֵם כָּלִים בִּשְׁנַת תת"ר שָׁנָה לְחַיֵּי נֹחַ (סנה' ק"ח): כי לימים עוד. מַהוּ עוֹד?

two of all shalt thou bring into the ark, to keep them alive with thee; they shall be male and female. ²⁰Of fowls after their kind, and of beasts after their kind, of every creeping thing of the ground, after its kind, two of all shall come unto thee, to keep them alive. ²¹And take thou unto thee of all food that is eaten, and thou shalt gather it to thee; and it shall be for food for thee, and for them. ²²And Noah did thus; according to all that God commanded him, so did he.

7. And the Eternal said unto Noah, Come thou and all thy house into the ark; for thee have I seen righteous before me in this generation. ²Of every clean beast thou shalt take to thee by sevens, the male and its female: and of beasts that are not clean by two, the male and its female. ³Of fowls also of the heaven, by sevens, the male and the female; to keep seed alive upon the face of all the earth. ⁴For yet

רש״י

BLISH MY COVENANT — A covenant was necessary for the sake of the fruits that they should not rot or decay; and *also* that the wicked people of that generation should not kill him (Gen. R. 31). אתה ובניך ואשתך — THOU, AND THY SONS AND THY WIFE — Males separately and females separately. From this one may *infer* that they were not permitted to live together *in the Ark* as man and wife. **(19)** ומכל החי AND OF EVERY LIVING THING — Even of demons (ib.). שנים מכל TWO OF EVERY SORT — Even of the least numerous amongst them there were not less than two—one male, the other female. **(20)** מהעוף למינהו OF THE FOWLS AFTER THEIR KIND — those that had kept to their own species and had not corrupted their way (taking the words to mean, "of the fowls *that had kept* to their own kind"). All these came of their own accord, but *only* those which the Ark was allowing to pass in did Noah permit to enter (Sanh. 108b). **(22)** ויעש נח THUS DID NOAH — This refers to the b u i l d i n g¹) of the Ark (Gen. R. 31).

7. (1) ראיתי צדיק [THEE] HAVE I SEEN RIGHTEOUS — It does not say "righteous and wholehearted" (as it does at the beginning of the Sedrah); hence *we may infer* that only a part of a man's good qualities should be enumerated in his presence (since here God is speaking to Noah and calls him only "righteous"), but that in his absence the whole of his *good qualities* may be told (since when the Torah speaks a b o u t him in the earlier passage it calls him "righteous and wholehearted") (Erub. 18a). **(2)** הטהורה CLEAN — *It means those cattle* which will in future be permitted to Israel as clean; we thus learn that Noah studied the Torah²) (ib. 26). שבעה שבעה SEVEN AND SEVEN — *so many*, in order that he might offer some of them as a sacrifice when leaving the Ark. **(3)** גם מעוף השמים וגו׳ OF FOWLS ALSO OF THE AIR — Scripture here means "clean" *birds just as the animals in verse 2 are stated to be clean*, for what is not explicitly stated may be learned *by analogy* from what is explicitly stated. **(4)** כי לימים עוד שבעה FOR YET SEVEN DAYS — These are the seven days of mourning for the righteous man Methuselah for whose honour the Holy One, blessed be He, had regard, and therefore postponed punishment. Go and calculate the years of Methuselah and you will find that they came to an end (i. e. he died) in the sixhundredth year of Noah's life (which coincided with the

NOTES

¹) Cf. VII. 5 and Rashi thereon.
²) i. e. he was acquainted with the principles laid down later in the Torah.

לְיָמִים עוֹד שִׁבְעָה אָנֹכִי מַמְטִיר עַל־הָאָרֶץ אַרְבָּעִים
יוֹם וְאַרְבָּעִים לָיְלָה וּמָחִיתִי אֶת־כָּל־הַיְקוּם אֲשֶׁר
עָשִׂיתִי מֵעַל פְּנֵי הָאֲדָמָה׃ ה וַיַּעַשׂ נֹחַ כְּכֹל אֲשֶׁר־
צִוָּהוּ יְהוָֹה׃ ו וְנֹחַ בֶּן־שֵׁשׁ מֵאוֹת שָׁנָה וְהַמַּבּוּל הָיָה
מַיִם עַל־הָאָרֶץ׃ ז וַיָּבֹא נֹחַ וּבָנָיו וְאִשְׁתּוֹ וּנְשֵׁי־בָנָיו
אִתּוֹ אֶל־הַתֵּבָה מִפְּנֵי מֵי הַמַּבּוּל׃ ח מִן־הַבְּהֵמָה
הַטְּהוֹרָה וּמִן־הַבְּהֵמָה אֲשֶׁר אֵינֶנָּה טְהֹרָה וּמִן־
הָעוֹף וְכֹל אֲשֶׁר־רֹמֵשׂ עַל־הָאֲדָמָה׃ ט שְׁנַיִם שְׁנַיִם
בָּאוּ אֶל־נֹחַ אֶל־הַתֵּבָה זָכָר וּנְקֵבָה כַּאֲשֶׁר צִוָּה
אֱלֹהִים אֶת־נֹחַ׃ י וַיְהִי לְשִׁבְעַת הַיָּמִים וּמֵי הַמַּבּוּל
הָיוּ עַל־הָאָרֶץ׃ יא בִּשְׁנַת שֵׁשׁ־מֵאוֹת שָׁנָה לְחַיֵּי־נֹחַ
בַּחֹדֶשׁ הַשֵּׁנִי בְּשִׁבְעָה־עָשָׂר יוֹם לַחֹדֶשׁ בַּיּוֹם הַזֶּה

אונקלוס

אֲנָא מָחֵית מִטְרָא עַל־אַרְעָא אַרְבְּעִין יְמָמִין וְאַרְבְּעִין לֵילָוָן וְאֶמְחֵי יָת־כָּל־יְקוּמָא
דִי עֲבָדִית מֵעַל אַפֵּי אַרְעָא׃ ה וַעֲבַד נֹחַ כְּכֹל דִּי־פַקְדֵהּ יְיָ׃ ו וְנֹחַ בַּר־שִׁית
מְאָה שְׁנִין וְטוֹפָנָא הֲוָה מַיָּא עַל־אַרְעָא׃ ז וְעָאל נֹחַ וּבְנוֹהִי וְאִתְּתֵהּ וּנְשֵׁי־בְנוֹהִי
עִמֵּהּ לְתֵבוֹתָא מִן־קֳדָם מֵי טוֹפָנָא׃ ח מִן־בְּעִירָא דַכְיָא וּמִן־בְּעִירָא דִּי לֵיתָהָא
דַּכְיָא וּמִן־עוֹפָא וְכֹל דִּי־רָחֵשׁ עַל־אַרְעָא׃ ט תְּרֵין תְּרֵין עַלוּ לְוָת נֹחַ לְתֵבוֹתָא
דְּכַר וְנֻקְבָּא כְּמָא־דִי פַקֵּיד יְיָ יָת־נֹחַ׃ י וַהֲוָה לִזְמַן שִׁבְעַת־יוֹמִין וּמֵי טוֹפָנָא
הֲווֹ עַל־אַרְעָא׃ יא בִּשְׁנַת שִׁית־מְאָה שְׁנִין לְחַיֵּי נֹחַ בְּיַרְחָא תִּנְיָנָא בְּשִׁבְעַת־
עַשְׂרָא יוֹמָא לְיַרְחָא בְּיוֹמָא הָדֵין אִתְבְּזַעוּ כָּל־מַבּוּעֵי תְּהוֹמָא רַבָּא וְכַוֵּי שְׁמַיָּא
אִתְפְּתַחוּ׃ יב וַהֲוָה מִטְרָא נָחֵית עַל־אַרְעָא אַרְבְּעִין יְמָמִין וְאַרְבְּעִין לֵילָוָן׃ יג בִּכְרַן

רש״י

וּמַן אַחֵר זְמַן זֶה נוֹסָף עַל ק״כ שָׁנָה׃ ארבעים יום. כְּנֶגֶד יְצִירַת הַוָּלָד, שֶׁקִּלְקְלוּ לְהַטְרִיחַ לְיוֹצְרָם לָצוּר צוּרַת מַמְזֵרִים׃ (ה) ויעש נח. זֶה בִּיאָתוֹ לַתֵּבָה׃ (ז) נחובניו. הָאֲנָשִׁים לְבַד וְהַנָּשִׁים לְבַד, לְפִי שֶׁנֶּאֶסְרוּ בְתַשְׁמִישׁ הַמִּטָּה מִפְּנֵי שֶׁהָעוֹלָם שָׁרוּי בְּצַעַר׃ מפני מי המבול. אַף נֹחַ מִקְּטַנֵּי אֲמָנָה הָיָה, מַאֲמִין וְאֵינוֹ מַאֲמִין שֶׁיָּבֹא הַמַּבּוּל, וְלֹא נִכְנַס לַתֵּיבָה עַד שֶׁדְּחָקוּהוּ הַמַּיִם׃ (ט) שנים שנים. כֻּלָּם הֻשְׁווּ בְּמִנְיָן זֶה — מִן הַפְּחוּת הָיוּ שְׁנַיִם׃ באו אל נח. מֵאֲלֵיהֶן׃ (יא) בחדש השני. רַבִּי אֱלִיעֶזֶר אוֹמֵר זֶה מַרְחֶשְׁוָן; רַבִּי יְהוֹשֻׁעַ אוֹמֵר זֶה אִיָּר (ר״ה י״א)

seven days, and I will cause it to rain upon the earth forty days and forty nights; and every being that I have made will I blot out from off the face of the ground. 5And Noah did according unto all that the Eternal commanded him. 6And Noah was six hundred years old when the deluge of waters was upon the earth. 7And Noah came in, and his sons, and his wife, and his sons' wives with him, into the ark, because of the waters of the deluge. 8Of clean beasts, and of beasts that are not clean, and of fowls, and of every thing that creepeth upon the earth, 9There came in two and two unto Noah into the ark, the male and the female, as God had commanded Noah. 10And it came to pass after the seven days, that the waters of the deluge were upon the earth. 11In the six hundredth year of Noah's life, in the second month, the seventeenth day of the month, the same

רש"י

date of the Flood). כי לימים עוד FOR YET [SEVEN] DAYS — What is meant by עוד "yet", "more"? A further period of time: this period (seven days) additional to the 120 years *of respite that was promised.* ארבעים יום FORTY DAYS — corresponding to the *period of a* child's formation, for by their sinning they had troubled their Creator to form embryos of illegitimate children (Gen. R. 32). **(5)** ויעש נח AND NOAH DID — This refers to his coming to the Ark.[1] **(7)** נח ובניו NOAH AND HIS SONS — The men separately and the women separately, because they were forbidden to live together as man and wife since the world was living in a state of distress. מפני מי המבול BECAUSE OF THE WATERS OF THE FLOOD — (מפני properly means "from before") — Noah, also, was of those people who are wanting in faith: he believed and he did not believe that the Flood would come, and he would not enter the Ark until the waters forced him *to do so.* **(9)** שנים שנים TWO AND TWO — In this number they were all equal — the least number was two. באו אל נח THEY CAME TO NOAH — of their own accord (ib.). **(11)** בחדש השני IN THE SECOND MONTH — Rabbi Eliezer said, "This is the month Marcheshvan";

NOTES

[1]) This does not refer to his entering the Ark, because Rashi states in v. 7 that Noah had to be forced to enter the Ark. Cp. also Ibn Ezra.

נִבְקְעוּ כָּל־מַעְיְנוֹת תְּהוֹם רַבָּה וַאֲרֻבֹּת הַשָּׁמַיִם
נִפְתָּחוּ׃ יב וַיְהִי הַגֶּשֶׁם עַל־הָאָרֶץ אַרְבָּעִים יוֹם
וְאַרְבָּעִים לָיְלָה׃ יג בְּעֶצֶם הַיּוֹם הַזֶּה בָּא נֹחַ וְשֵׁם־
וְחָם וָיֶפֶת בְּנֵי־נֹחַ וְאֵשֶׁת נֹחַ וּשְׁלֹשֶׁת נְשֵׁי־בָנָיו אִתָּם
אֶל־הַתֵּבָה׃ יד הֵמָּה וְכָל־הַחַיָּה לְמִינָהּ וְכָל־הַבְּהֵמָה
לְמִינָהּ וְכָל־הָרֶמֶשׂ הָרֹמֵשׂ עַל־הָאָרֶץ לְמִינֵהוּ וְכָל־
הָעוֹף לְמִינֵהוּ כֹּל צִפּוֹר כָּל־כָּנָף׃ טו וַיָּבֹאוּ אֶל־נֹחַ
אֶל־הַתֵּבָה שְׁנַיִם שְׁנַיִם מִכָּל־הַבָּשָׂר אֲשֶׁר־בּוֹ רוּחַ
חַיִּים׃ טז וְהַבָּאִים זָכָר וּנְקֵבָה מִכָּל־בָּשָׂר בָּאוּ כַּאֲשֶׁר
צִוָּה אֹתוֹ אֱלֹהִים וַיִּסְגֹּר יְהוָה בַּעֲדוֹ׃ שלישי יז וַיְהִי
הַמַּבּוּל אַרְבָּעִים יוֹם עַל־הָאָרֶץ וַיִּרְבּוּ הַמַּיִם וַיִּשְׂאוּ

אונקלוס

יוֹמָא הָדֵין עַל נֹחַ וְשֵׁם־וְחָם וָיֶפֶת בְּנֵי־נֹחַ וְאִתַּת נֹחַ וּתְלָתָא נְשֵׁי־בְנוֹהִי עִמְּהוֹן לְתֵבוּתָא׃
יד אִנּוּן וְכָל־חַיְתָא לִזְנַהּ וְכָל בְּעִירָא לִזְנַהּ וְכָל־רִחֲשָׁא דְּרָחֵשׁ עַל־אַרְעָא לִזְנוֹהִי
וְכָל־עוֹפָא לִזְנוֹהִי כֹּל צִפַּר כָּל־דְּפָרַח׃ טו וְעַלּוּ עִם־נֹחַ לְתֵבוּתָא תְּרֵין תְּרֵין מִכָּל־
בִּשְׂרָא דִּי־בֵהּ רוּחָא דְחַיֵּי׃ טז וְעָלַיָּא דְּכַר וְנֻקְבָּא מִכָּל־בִּשְׂרָא עַלּוּ כְּמָא דִי
פַקִּיד יָתֵהּ יְיָ וְאַגֵּן יְיָ (בְּמֵימְרֵהּ) עֲלוֹהִי׃ יז וַהֲוָה טוֹפָנָא אַרְבְּעִין יְמָמִין עַל־אַרְעָא

רש״י

נבקעו. לְהוֹצִיא מֵימֵיהֶן: תהום רבה. מִדָּה כְּנֶגֶד מִדָּה, הֵם חָטְאוּ בְּרַבָּה רָעַת הָאָדָם וְלָקוּ בִּתְהוֹם רַבָּה: (יב) ויהי הגשם על הארץ. וּלְהַלָּן הוּא אוֹמֵר: וַיְהִי הַמַּבּוּל? אֶלָּא כְּשֶׁהוֹרִידָן הוֹרִידָן בְּרַחֲמִים, שֶׁאִם יַחְזְרוּ יִהְיוּ גִּשְׁמֵי בְרָכָה; כְּשֶׁלֹּא חָזְרוּ הָיוּ לְמַבּוּל: ארבעים יום וגו׳. אֵין יוֹם רִאשׁוֹן מִן הַמִּנְיָן, לְפִי שֶׁאֵין לֵילוֹ עִמּוֹ שֶׁהֲרֵי כְּתִיב בַּיּוֹם הַזֶּה נִבְקְעוּ כָּל מַעְיְנוֹת, נִמְצְאוּ אַרְבָּעִים יוֹם כָּלִים בְּכ״ח בְּכִסְלֵו לְרַבִּי אֱלִיעֶזֶר, שֶׁהֶחֳדָשִׁים נִמְנִין כְּסִדְרָן אֶחָד מָלֵא וְאֶחָד חָסֵר, הֲרֵי י״ב מִמַּרְחֶשְׁוָן וְכ״ח מִכִּסְלֵו: (יג) בעצם היום הזה. לִמֶּדְךָ הַכָּתוּב שֶׁהָיוּ בְנֵי דוֹרוֹ אוֹמְרִים: אִלּוּ אָנוּ רוֹאִים אוֹתוֹ נִכְנָס לַתֵּיבָה, אָנוּ שׁוֹבְרִין אוֹתָהּ וְהוֹרְגִין אוֹתוֹ. אָמַר הַקָּבָּ״ה אֲנִי מַכְנִיסוֹ לְעֵינֵי כֻלָּם וְנִרְאֶה דְּבַר מִי יָקוּם: (יד) צפור כל כנף. דָּבוּק הוּא, צִפּוֹר שֶׁל כָּל מִין כָּנָף, לְרַבּוֹת חֲגָבִים (כָּנָף לְשׁוֹן נוֹצָה, כְּמוֹ: וְשִׁסַּע אֹתוֹ בִכְנָפָיו, שֶׁאֲפִילוּ נוֹצָתָהּ עוֹלָה, אַף כָּאן צִפּוֹר כָּל מִין מַרְאִית נוֹצָה): (טז) ויסגור ה׳ בעדו. הֵגֵן עָלָיו שֶׁלֹּא שְׁבָרוּהוּ, הִקִּיף הַתֵּיבָה דֻּבִּים וַאֲרָיוֹת וְהָיוּ הוֹרְגִים בָּהֶם; וּפְשׁוּטוֹ שֶׁל מִקְרָא: סָגַר כְּנֶגְדּוֹ מִן הַמַּיִם, וְכֵן כָּל בְּעַד שֶׁבַּמִּקְרָא לְשׁוֹן כְּנֶגֶד הוּא: בְּעַד כָּל רֶחֶם (בראשית כ׳), בַּעַדְךָ וּבְעַד בָּנֶיךָ (מ״ב ד׳), עוֹר בְּעַד עוֹר (איוב ב), מָגֵן בַּעֲדִי (תהלים ג׳), הִתְפַּלֵּל בְּעַד עֲבָדֶיךָ (שמואל א׳ י״ב) — כְּנֶגֶד עֲבָדֶיךָ: (יז) ותרם מעל הארץ. מְשׁוּקַעַת הָיְתָה בַּמַּיִם י״א

31 Genesis VII. 12—17.

day were all the fountains of the great murmuring deep broken up,
and the apertures of the heaven were opened. [12]And the rain was upon
the earth forty days and forty nights. [13]In the selfsame day came Noah,
and Shem, and Ham, and Japheth, the sons of Noah, and Noah's wife,
and the three wives of his sons with them, into the ark. [14]They, and
every animal after its kind, and every beast after its kind, and every
creeping thing that creepeth upon the earth after its kind, and every
fowl after its kind, every bird, whatever hath wings. [15]And they came
in unto Noah into the ark, two and two of all flesh, wherein is the
spirit of life. [16]And they that came in, came in male and female of all
flesh, as God had commanded him: and the Eternal shut him in. [17]And
the deluge was forty days upon the earth; and the waters increased, and

רש"י

Rabbi Joshua said, "This is the month Eyar" (R. Hash. 11b). נבקעו WERE BROKEN UP — so that they might give forth their waters. תהום רבה THE GREAT DEEP — Measure for measure: they had sinned (בְּ) with רבה רעת האדם "g r e a t was the evil of man" (i. e. their sin is described by the word רבה "great") and they were therefore punished (בְּ) by תהום רבה "the g r e a t deep" (i. e. the expression "great" is used of the instrument by which they were punished for their great sin) (Sanh. 108a). **(12)** ויהי הגשם על הארץ AND THE RAIN WAS UPON THE EARTH — But later on (v. 17) it says. "And the F l o o d was upon *the earth*"! But *the explanation is this:* when He poured down the water *at first* He made it fall in mercy (gently), in order that, if the people would repent, it might prove a rain of blessing; but when they did not repent it became a *destructive* f l o o d. ארבעים יום וגו' FORTY DAYS AND [FORTY NIGHTS] — The first day is not included in this number, because its night (i. e. the night that preceded it, since according to Jewish reckoning a "day" comprises night-time and the following day-time) was not included with it — for it is written (v. 11) "On the same d a y (i. e. day-time) were all the fountains *of the great deep* broken up". Consequently the forty days ended, according to R. Eliezer, on the 28th day of Kislev (R. Hash. 11b), as the months are counted as regular months, one full (of 30 days) and the next defective (of 29 days), so we have, 12 *days* of Marcheshvan and 28 *days* of Kislev. **(13)** בעצם היום הזה IN THE SELF-SAME DAY — Scripture teaches you that the people of his generation said: "If we see him enter the Ark we will smash it up and kill him". The Holy One, blessed be He, thereupon said, "I will let him enter before the eyes of everyone[1]) and we shall see whose word prevails" (Gen. R. 32). **(14)** צפור כל כנף [EVERY] BIRD OF EVERY KIND — *The word* צפור is in the construct state, viz., birds of e v e r y kind of wing, *thus* including locusts (Chul. 139b). The word כנף means "wingfeather", as (Lev. I. 17) "He shall rend it by the wings thereof", for even its feathers were offered as a sacrifice. Also here, *the meaning is*, birds with any kind of semblance of wing. **(16)** ויסגור ה' בעדו AND THE LORD SHUT HIM IN — He protected him so that they could not smash up the Ark (cf. v. 13): He surrounded the Ark (thus e n c l o s i n g it סגר) with bears and lions which killed some of them (Gen. R. 32). But the literal meaning of the text is: He shut *the door* in front of him against the waters. Similarly, wherever בעד occurs in the Scriptures it means כנגד in front of. E. g., (XX. 18) "The lord had made a closure in front of (בעד) every womb"; (2 Kings IV. 4) "Close the door in front of thyself (בעדך) and in front of (ובעד) thy sons"; (Job II. 4) "skin in front of (as a protection for) (בעד) skin"; (Ps. III. 4) "a shield in front of me (בעדי)"; (1 Sam. XII. 19) "Pray (בעד) thy servants" *which means* כנגד in front of (i. e. on behalf of, as a protection for) thy servants.[2])

NOTES

[1]) The word עצם means s t r e n g t h. The strength or essence of a day is broad daylight. Hence Rashi's explanation that Noah entered the Ark "before the eyes of everyone", i. e. in broad daylight when everyone could see him doing so.

[2]) See Appendix.

אֶת־הַתֵּבָה וַתָּרָם מֵעַל הָאָרֶץ׃ יח וַיִּגְבְּרוּ הַמַּיִם
וַיִּרְבּוּ מְאֹד עַל־הָאָרֶץ וַתֵּלֶךְ הַתֵּבָה עַל־פְּנֵי הַמָּיִם׃
יט וְהַמַּיִם גָּבְרוּ מְאֹד מְאֹד עַל־הָאָרֶץ וַיְכֻסּוּ כָּל־
הֶהָרִים הַגְּבֹהִים אֲשֶׁר־תַּחַת כָּל־הַשָּׁמָיִם׃ כ חֲמֵשׁ
עֶשְׂרֵה אַמָּה מִלְמַעְלָה גָּבְרוּ הַמָּיִם וַיְכֻסּוּ הֶהָרִים׃
כא וַיִּגְוַע כָּל־בָּשָׂר ׀ הָרֹמֵשׂ עַל־הָאָרֶץ בָּעוֹף וּבַבְּהֵמָה
וּבַחַיָּה וּבְכָל־הַשֶּׁרֶץ הַשֹּׁרֵץ עַל־הָאָרֶץ וְכֹל הָאָדָם׃
כב כֹּל אֲשֶׁר נִשְׁמַת־רוּחַ חַיִּים בְּאַפָּיו מִכֹּל אֲשֶׁר
בֶּחָרָבָה מֵתוּ׃ כג וַיִּמַח אֶת־כָּל־הַיְקוּם ׀ אֲשֶׁר ׀
עַל־פְּנֵי הָאֲדָמָה מֵאָדָם עַד־בְּהֵמָה עַד־רֶמֶשׂ וְעַד־
עוֹף הַשָּׁמַיִם וַיִּמָּחוּ מִן־הָאָרֶץ וַיִּשָּׁאֶר אַךְ־נֹחַ וַאֲשֶׁר
אִתּוֹ בַּתֵּבָה׃ כד וַיִּגְבְּרוּ הַמַּיִם עַל־הָאָרֶץ חֲמִשִּׁים

אונקלוס

וּסְגִיאוּ מַיָּא וּנְטַלוּ יָת־תֵּבוֹתָא וְאִתְּרָמַת מֵעַל אַרְעָא: יח וּתְקִיפוּ מַיָּא וּסְגִיאוּ
לַחֲדָא עַל־אַרְעָא וּמְהַלְּכָא תֵּבוֹתָא עַל־אַפֵּי מַיָּא: יט וּמַיָּא תְּקִיפוּ לַחֲדָא לַחֲדָא
עַל אַרְעָא וְאִתְחֲפִיאוּ כָּל־טוּרַיָּא רָמַיָּא דִּי תְחוֹת כָּל־שְׁמַיָּא: כ חֲמֵשׁ עַשְׂרֵה
אַמִּין מִלְעֵלָּא תְּקִיפוּ מַיָּא וְאִתְחֲפִיאוּ טוּרַיָּא: כא וּמִית כָּל־בִּשְׂרָא ׀ דְּרָחֵשׁ
עַל־אַרְעָא בְּעוֹפָא וּבִבְעִירָא וּבְחַיְתָא וּבְכָל־רִחְשָׁא דְּרָחֵשׁ עַל־אַרְעָא וְכֹל אֱנָשָׁא:
כב כֹּל נִשְׁמְתָא־רוּחָא דְחַיִּין בְּאַנְפּוֹהִי מִכֹּל דִּי בְּיַבֶּשְׁתָּא מִיתוּ: כג וּמְחָא יָת־כָּל־
יְקוּמָא ׀ דִּי ׀ עַל־אַפֵּי אַרְעָא מֵאֱנָשָׁא עַד־בְּעִירָא עַד־רִחְשָׁא וְעַד־עוֹפָא דִשְׁמַיָּא
וְאִתְמְחִיאוּ מִן־אַרְעָא וְאִשְׁתְּאַר בְּרַם־נֹחַ וְדִי עִמֵּהּ בְּתֵבוֹתָא: כד וּתְקִיפוּ מַיָּא

רש״י

אַמָּה כִּסְפִינָה טְעוּנָה הַמְשֻׁקַּעַת מִקְצָתָהּ בְּמַיִם; וּמִקְרָאוֹת שֶׁלְּפָנֵינוּ יוֹכִיחוּ: (יח) ויגברו. מֵאֲלֵיהֶן: (כ) חמש עשרה אמה מלמעלה. לְמַעְלָה שֶׁל גֹּבַהּ כָּל הֶהָרִים, לְאַחַר שֶׁהֻשְׁווּ הַמַּיִם לְרָאשֵׁי הֶהָרִים: (כב) נשמת רוח חיים. נְשָׁמָה שֶׁל רוּחַ חַיִּים: אשר בחרבה. וְלֹא דָגִים שֶׁבַּיָּם (סנה׳ ק״ח): (כג) וימח. לְשׁוֹן וַיִּפְעַל הוּא וְאֵינוֹ לְשׁוֹן וַיִּפָּעֵל, וְהוּא מִגִּזְרַת וַיִּפֶן וַיִּבֶן. כָּל תֵּיבָה שֶׁסּוֹפָהּ הֵ״א, כְּגוֹן: בָּנָה, מָחָה, קָנָה, כְּשֶׁהוּא נוֹתֵן וָיו יוּ״ד בְּרֹאשָׁהּ, נָקוּד בְּחִירִק תַּחַת הַיּוּ״ד: אך נח. לְבַד נֹחַ, זֶהוּ פְּשׁוּטוֹ; וּמ״א: גּוֹנֵחַ וְכוֹהֶה דָם מִטֹּרַח הַבְּהֵמוֹת וְהַחַיּוֹת. וְיֵ״א שֶׁאִיחֵר מְזוֹנוֹת לָאֲרִי וְהִכִּישׁוֹ, וְעָלָיו נֶאֱמַר: הֵן צַדִּיק בָּאָרֶץ יְשֻׁלָּם (משלי י״א):

bare up the ark, and it was lifted up above the earth. ⁱ⁸And the waters prevailed, and were increased greatly upon the earth; and the ark went upon the face of the waters. ¹⁹And the waters prevailed exceedingly upon the earth; and all the high mountains, that were under the whole heaven, were covered. ²⁰Fifteen cubits above them did the waters prevail; and the mountains were covered. ²¹And all flesh expired that moved upon the earth, of fowl, and of beast, and of animal, and of every prolific creature that bringeth forth abundantly upon the earth, and every man: ²²All in whose nostrils was the breath of the spirit of life, of all that was in the dry land, died. ²³And he blotted out every being which was upon the face of the ground, from man to beast, to creeping things, and to fowl of the heaven; and they were blotted out from the earth: and Noah only remained alive, and they that were with him in the ark. ²⁴And the waters prevailed upon the earth a hundred and fifty days.

רש"י

(17) ותרם מעל הארץ AND IT WAS LIFTED UP ABOVE THE EARTH — It was eleven cubits deep in the water like a laden ship that has part of it sunk in the waters (Gen. R. 32); the following verses prove *that this is the meaning*. **(18)** ויגברו [AND THE WATERS] PREVAILED — by themselves (without any external aid)[1]. **(20)** חמש עשרה אמה מלמעלה FIFTEEN CUBITS ABOVE — above the summits of all the mountains when once the waters reached the level of the mountains.[2] **(22)** נשמת רוח חיים *means* the breathing of the breath of life.[3] אשר בחרבה WHATSOEVER WAS IN THE DRY LAND [DIED] — and not the fish in the sea (Sanh. 108a). **(23)** וימח AND HE BLOTTED OUT — *The word* וימח *is a* Kal *form and not a* Niphal,[4] and it is of the same grammatical form as ויפן and ויבן. Every verb whose last root letter is ה, such as בנה, מחה, קנה when ו and י are perfixed, has Chireq as its vowel beneath the yod. אך נח *means* NOAH ONLY. This is its real meaning. But the Midrashic explanation is (Gen. R. 32 and Tanch.) that he was coughing and spitting blood because of the trouble he had with the cattle and beasts (אך is taken as a מיעוט limitation, meaning to say that something is defective); others say, that he was *once* late in bringing food to a lion, so it struck him. Regarding him may the words be applied (Prov. XI. 31), "Behold, even the righteous is paid (for his evil deeds) in this world".[5]

NOTES

¹) It states (VIII. 3) that the waters began to decrease at the end of 150 days, counting from the time when the rain had ceased to fall (cf. Rashi). Consequently during these 150 days the waters remained at the same height, although no rain was falling. Rashi expresses this by מאליהן.
²) Cf. Joma 76a.
³) See Appendix.
⁴) See Appendix.
⁵) cf. Tanch.

33 בראשית ח נח

וּמְאַת יוֹם: ח א וַיִּזְכֹּר אֱלֹהִים אֶת־נֹחַ וְאֵת כָּל־
הַחַיָּה וְאֶת־כָּל־הַבְּהֵמָה אֲשֶׁר אִתּוֹ בַּתֵּבָה וַיַּעֲבֵר
אֱלֹהִים רוּחַ עַל־הָאָרֶץ וַיָּשֹׁכּוּ הַמָּיִם: ב וַיִּסָּכְרוּ
מַעְיְנֹת תְּהוֹם וַאֲרֻבֹּת הַשָּׁמָיִם וַיִּכָּלֵא הַגֶּשֶׁם מִן־
הַשָּׁמָיִם: ג וַיָּשֻׁבוּ הַמַּיִם מֵעַל הָאָרֶץ הָלוֹךְ וָשׁוֹב
וַיַּחְסְרוּ הַמַּיִם מִקְצֵה חֲמִשִּׁים וּמְאַת יוֹם: ד וַתָּנַח
הַתֵּבָה בַּחֹדֶשׁ הַשְּׁבִיעִי בְּשִׁבְעָה־עָשָׂר יוֹם לַחֹדֶשׁ
עַל הָרֵי אֲרָרָט: ה וְהַמַּיִם הָיוּ הָלוֹךְ וְחָסוֹר עַד הַחֹדֶשׁ
הָעֲשִׂירִי בָּעֲשִׂירִי בְּאֶחָד לַחֹדֶשׁ נִרְאוּ רָאשֵׁי הֶהָרִים:

אונקלוס

עַל־אַרְעָא מְאָה וְחַמְשִׁין יוֹמִין: א וּדְכִיר יְיָ יָת־נֹחַ וְיָת כָּל־חַיְתָא וְיָת־כָּל־בְּעִירָא
דִּי־עִמֵּהּ בְּתֵיבוּתָא וְאַעְבַּר יְיָ רוּחָא עַל־אַרְעָא וְנָחוּ מַיָּא: ב וְאִסְתְּכָרוּ מַבּוּעֵי
תְהוֹמָא וְכַוֵּי שְׁמַיָּא וְאִתְכְּלֵי מִטְרָא מִן־שְׁמַיָּא: ג וְתָבוּ מַיָּא מֵעַל אַרְעָא אָזְלִין
וְתָיְבִין וַחֲסָרוּ מַיָּא מִסּוֹף מְאָה וְחַמְשִׁין יוֹמִין: ד וְנָחַת תֵּבוּתָא בְּיַרְחָא שְׁבִיעָאָה
בְּשִׁבְעַת־עֲשַׂר יוֹמָא לְיַרְחָא עַל טוּרֵי קַרְדּוּ: ה וּמַיָּא הֲווֹ אָזְלִין וְחָסְרִין עַד יַרְחָא

רש"י

ח (א) ויזכור אלהים. זֶה הַשֵּׁם מִדַּת הַדִּין הוּא, וְנֶהֶפְכָה לְמִדַּת רַחֲמִים עַל יְדֵי תְפִלַּת הַצַּדִּיקִים; וְרִשְׁעָתָן שֶׁל רְשָׁעִים הוֹפֶכֶת מִדַּת רַחֲמִים לְמִדַּת הַדִּין, שֶׁנֶּאֱמַר וַיַּרְא ה׳ כִּי רַבָּה רָעַת הָאָדָם, וַיֹּאמֶר ה׳ אֶמְחֶה, (בּרא׳ ו) וְהוּא שֵׁם מִדַּת רַחֲמִים: ויזכור אלהים את נח וגו׳. מַה זָּכַר לָהֶם לַבְּהֵמוֹת? זְכוּת, שֶׁלֹּא הִשְׁחִיתוּ דַרְכָּם קוֹדֶם לָכֵן וְשֶׁלֹּא שִׁמְּשׁוּ בַּתֵּבָה: ויעבר אלהים רוח. רוּחַ תַּנְחוּמִין וַהֲנָחָה עָבְרָה לְפָנָיו: על הארץ. עַל עִסְקֵי הָאָרֶץ: וישכו. כְּמוֹ: כְּשֹׁךְ חֲמַת הַמֶּלֶךְ (אסתר ב׳) לְשׁוֹן הֲנָחַת חֵמָה: (ב) ויסכרו מעינות. כְּשֶׁנִּפְתְּחוּ כְּתִיב כָּל מַעְיְנוֹת; וְכָאן אֵין כְּתִיב כָּל, לְפִי שֶׁנִּשְׁתַּיְּרוּ מֵהֶם אוֹתָן שֶׁיֵּשׁ בָּהֶם צוֹרֶךְ לָעוֹלָם, כְּגוֹן חַמֵּי טְבֶרְיָא וְכַיּוֹצֵא בָהֶן: ויכלא. וַיִּמָּנַע כְּמוֹ: לֹא תִכְלָא רַחֲמֶיךָ (תהלים מ׳), לֹא יִכָּלֶה מִמְּךָ (בּרא׳ כ״ג): (ג) מקצה חמשים ומאת יום. הִתְחִילוּ לַחֲסוֹר וְהוּא אֶחָד בְּסִיוָן. כֵּיצַד? בְּכ״ז בְּכִסְלֵו פָּסְקוּ הַגְּשָׁמִים, הֲרֵי ג׳ מִכִּסְלֵו וְכ״ט מִטֵּבֵת הֲרֵי ל״ב, וּשְׁבָט וַאֲדָר וְנִיסָן וְאִיָּר קי״ח, הֲרֵי ק״נ: (ד) בחדש השביעי. סִיוָן, וְהִיא שְׁבִיעִי לְכִסְלֵו שֶׁבּוֹ פָּסְקוּ הַגְּשָׁמִים: בשבעה עשר יום. מִכָּאן אַתָּה לָמֵד, שֶׁהָיְתָה הַתֵּיבָה מְשׁוּקַעַת בַּמַּיִם י״א אַמָּה. שֶׁהֲרֵי כְתִיב, בָּעֲשִׂירִי בְּאֶחָד לַחֹדֶשׁ נִרְאוּ רָאשֵׁי הֶהָרִים, זֶה אָב, שֶׁהִיא עֲשִׂירִי לְמַרְחֶשְׁוָן לִירִידַת גְּשָׁמִים, וְהֵם הָיוּ גְבוֹהִים עַל הֶהָרִים חֲמֵשׁ עֶשְׂרֵה אַמָּה, וְחָסְרוּ מִיּוֹם אֶחָד בְּסִיוָן עַד אֶחָד בְּאָב חֲמֵשׁ עֶשְׂרֵה אַמָּה לְשִׁשִּׁים יוֹם, הֲרֵי אַמָּה לְד׳ יָמִים, נִמְצָא, שֶׁבְּי״ו בְּסִיוָן לֹא חָסְרוּ אֶלָּא ד׳ אַמּוֹת וְנָחָה הַתֵּיבָה לַיּוֹם הַמָּחֳרָת; לָמַדְתָּ, שֶׁהָיְתָה מְשׁוּקַעַת י״א אַמָּה בַּמַּיִם שֶׁעַל רָאשֵׁי הֶהָרִים: (ה) בעשירי נראו ראשי ההרים. זֶה אָב, שֶׁהוּא עֲשִׂירִי לְמַרְחֶשְׁוָן שֶׁהִתְחִיל הַגֶּשֶׁם. וְאִם תֹּאמַר הוּא אֱלוּל, וַעֲשִׂירִי לְכִסְלֵו שֶׁפָּסַק הַגֶּשֶׁם — כְּשֵׁם שֶׁאַתָּה אוֹמֵר בַּחֹדֶשׁ הַשְּׁבִיעִי סִיוָן, וְהוּא שְׁבִיעִי לְהַפְסָקָה — אִי אֶפְשָׁר לוֹמַר כֵּן, עַל כָּרְחָךְ שְׁבִיעִי אִי אַתָּה מוֹנֶה אֶלָּא לְהַפְסָקָה, שֶׁהֲרֵי לֹא כָלוּ אַרְבָּעִים יוֹם

8. ¹And God remembered Noah, and every animal, and every beast that was with him in the ark: and God caused a wind to pass over the earth, and the waters assuaged. ²The fountains also of the murmuring deep and the apertures of heaven were stopped, and the rain from the heaven was withheld; ³And the waters returned from off the earth continually; and after the end of the hundred and fifty days the waters decreased. ⁴And the ark rested in the seventh month, on the seventeenth day of the month, upon the mountains of Ararat. ⁵And the waters decreased continually until the tenth month: in the tenth month, on the first day of the month, were the tops of the mountains seen.

רש"י

8. (1) ויזכר אלהים AND GOD REMEMBERED — This Divine Name really signifies the God of Strict Justice but it is transformed into Divine Mercy through the prayers of the righteous, whilst the evil practised by wicked people transforms Divine Mercy into Strict Justice, as it is said (Gen. VI. 5) "And the Lord ('ה) saw that the wickedness of man was great" and (ib. v. 7) "And the Lord ('ה) said, "I will blot out etc."— yet in these passages the Name ('ה) is מדת רחמים, that signifying Divine Mercy (Gen. R. 33). ויזכור אלהים את נח וגו' AND GOD REMEMBERED NOAH etc. — What did He remember regarding the cattle? The merit that no perversion of their way had been seen amongst them previously to the Flood, and that they lived apart in the Ark. ויעבר אלהים רוח AND GOD MADE A WIND (or, SPIRIT) TO PASS — A spirit of consolation and relief passed before Him.¹) על הארץ OVER THE EARTH — Because of what was happening on earth. וישכו AND THE WATERS ASSUAGED — The word occurs again (Esth. II. 1), "when the wrath of the king was assuaged (כשוך)", and it means *there* abatement of anger. **(2)** ויסכרו מעינות AND THE FOUNTAINS . . . WERE STOPPED — When they were opened, it was stated that all fountains *were opened* (VII. 11), whilst here the word all is omitted: the reason is that such of them as were essential to the world were left *unstopped*, such as the hot springs of Tiberias and their like (Gen. R. 33)²) ויכלא *means* was restrained, withheld, as (Ps. XL. 12) "Thou wilt not withhold (תכלא) thy mercies" and (Gen. XXIII. 6) "None of us will withhold (יכלה) from thee." **(3)** מקצה חמשים ומאת יום AFTER THE END OF ONE HUNDRED AND FIFTY DAYS they began to decrease: that was on the first day of Sivan. How so? The rains ceased *to fall* on the twenty-seventh day of Kislev — you have three days *left* in Kislev, and the 29 days of Tebeth make 32, and Shebat, Adar, Nisan and Eyar have together 118, making altogether 150. **(4)** בחדש השביעי IN THE SEVENTH MONTH — viz., Sivan, which is the seventh from Kislev in which the rains stopped *falling*. בשבעה עשר יום ON THE SEVENTEENTH DAY — From here you may infer that the Ark was submerged in the water to a depth of eleven cubits. For it is written (next verse) "In the tenth month on the first day of the month the tops of the mountains were seen" and this was Ab which is the tenth month after Cheshvan — after the rain began to fall. Now the waters were 15 cubits high above the mountains so that they subsided from the first of Sivan to the first of Ab 15 cubits for those 60 *intervening* days, which is one cubit each four days. Consequently by the sixteenth of Sivan they had subsided only 4 cubits, and since the Ark rested *on Ararat* on the next day, you may learn that it was submerged eleven cubits in the waters which were *then still* above the mountain tops. **(5)** בעשירי וגו' נראו ראשי ההרים IN THE TENTH MONTH . . . WERE THE TOPS OF THE MOUNTAINS SEEN — This was Ab which is the tenth from Marcheshvan when the rain began. If, however, you say that it means Elul, the tenth month from Kislev in which the rain stopped, just as you said (see Rashi on verse 4) that "in the seventh month" means Sivan which was the seventh month after the rain stopped, *then I reply that* it is

NOTES

¹) According to Rashi רוח does not mean here "wind", because the wind stirs up the water and does not assuage it.
²) The water of the Flood was hot. Cf. Sanh. 108a.

ו וַיְהִ֕י מִקֵּ֖ץ אַרְבָּעִ֣ים י֑וֹם וַיִּפְתַּ֣ח נֹ֔חַ אֶת־חַלּ֥וֹן הַתֵּבָ֖ה
אֲשֶׁ֥ר עָשָֽׂה׃ ז וַיְשַׁלַּ֖ח אֶת־הָעֹרֵ֑ב וַיֵּצֵ֤א יָצוֹא֙ וָשׁ֔וֹב
עַד־יְבֹ֥שֶׁת הַמַּ֖יִם מֵעַ֥ל הָאָֽרֶץ׃ ח וַיְשַׁלַּ֥ח אֶת־הַיּוֹנָ֖ה
מֵאִתּ֑וֹ לִרְאוֹת֙ הֲקַ֣לּוּ הַמַּ֔יִם מֵעַ֖ל פְּנֵ֥י הָאֲדָמָֽה׃ ט וְלֹא־
מָצְאָה֩ הַיּוֹנָ֨ה מָנ֜וֹחַ לְכַף־רַגְלָ֗הּ וַתָּ֤שָׁב אֵלָיו֙ אֶל־
הַתֵּבָ֔ה כִּי־מַ֖יִם עַל־פְּנֵ֣י כָל־הָאָ֑רֶץ וַיִּשְׁלַ֤ח יָדוֹ֙ וַיִּקָּחֶ֔הָ
וַיָּבֵ֥א אֹתָ֛הּ אֵלָ֖יו אֶל־הַתֵּבָֽה׃ י וַיָּ֣חֶל ע֔וֹד שִׁבְעַ֥ת יָמִ֖ים
אֲחֵרִ֑ים וַיֹּ֛סֶף שַׁלַּ֥ח אֶת־הַיּוֹנָ֖ה מִן־הַתֵּבָֽה׃ יא וַתָּבֹ֨א
אֵלָ֤יו הַיּוֹנָה֙ לְעֵ֣ת עֶ֔רֶב וְהִנֵּ֥ה עֲלֵה־זַ֖יִת טָרָ֣ף בְּפִ֑יהָ וַיֵּ֣דַע

אונקלוס

עֲשִׂירָאָה בַּעֲשִׂירָאָה בְּחַד לְיַרְחָא אִתְחֲזִיאוּ רֵישֵׁי טוּרַיָּא: ו וַהֲוָה מִסּוֹף אַרְבְּעִין
יוֹמִין וּפְתַח נֹחַ יָת־כַּוַּת תֵּבוּתָא דִּי עֲבַד: ז וְשַׁלַּח יָת־עָרְבָא וּנְפַק מִפַּק וְתָיֵב
עַד־דִּיבִישׁוּ מַיָּא מֵעַל אַרְעָא: ח וְשַׁלַּח יָת־יוֹנָה מִלְּוָתֵהּ לְמֶחֱזֵי הֲקַלִּיאוּ מַיָּא
מֵעַל־אַפֵּי אַרְעָא: ט וְלָא־אַשְׁכַּחַת יוֹנָה מְנָח לְפַרְסַת־רַגְלַהּ וְתָבַת לְוָתֵהּ לְתֵבוּתָא
אֲרֵי מַיָּא עַל־אַפֵּי כָל־אַרְעָא וְאוֹשֵׁיט יְדֵהּ וְנַסְבַהּ וְאַעֵיל יָתַהּ לְוָתֵהּ לְתֵבוּתָא:
י וְאוֹרִיךְ עוֹד שִׁבְעָה יוֹמִין אָחֳרָנִין וְאוֹסֵיף שַׁלַּח יָת־יוֹנָה מִן־תֵּבוּתָא: יא וַאֲתַת
לְוָתֵהּ יוֹנָה לְעִדָּן רַמְשָׁא וְהָא טְרַף־זֵיתָא תְּבִיר נְחִית־בְּפוּמַּהּ וִידַע נֹחַ אֲרֵי־

רש״י

שֶׁל יְרִידַת גְּשָׁמִים, וּמֵאָה וַחֲמִשִּׁים שֶׁל תִּגְבֹּרֶת הַמַּיִם עַד אֶחָד בְּסִיוָן; וְאִם אַתָּה אוֹמֵר: שְׁבִיעִי
לִירִידָה, אֵין זֶה סִיוָן, וְהָעֲשִׂירִי אִי אֶפְשָׁר לִמְנוֹת אֶלָּא לִירִידָה, שֶׁאִם אַתָּה אוֹמֵר לְהַפְסָקָה
וְהוּא אֱלוּל, אִי אַתָּה מוֹצֵא בָּרִאשׁוֹן בְּאֶחָד לַחֹדֶשׁ חָרְבוּ הַמַּיִם מֵעַל הָאָרֶץ; שֶׁהֲרֵי מִקֵּץ
אַרְבָּעִים יוֹם מִשֶּׁנִּרְאוּ רָאשֵׁי הֶהָרִים שִׁלַּח אֶת הָעוֹרֵב וְכ״א יוֹם הוֹחִיל בִּשְׁלִיחוּת הַיּוֹנָה, הֲרֵי
שִׁשִּׁים יוֹם מִשֶּׁנִּרְאוּ רָאשֵׁי הֶהָרִים עַד שֶׁחָרְבוּ פְּנֵי הָאֲדָמָה. וְאִם תֹּאמַר בֶּאֱלוּל נִרְאוּ, נִמְצָא
שֶׁחָרְבוּ בְּמַרְחֶשְׁוָן וְהוּא קוֹרֵא אוֹתוֹ רִאשׁוֹן, וְאֵין זֶה אֶלָּא תִּשְׁרֵי, שֶׁהוּא רִאשׁוֹן לִבְרִיאַת עוֹלָם,
וּלְרַבִּי יְהוֹשֻׁעַ הוּא נִיסָן: (ו) מקץ ארבעים יום. מִשֶּׁנִּרְאוּ רָאשֵׁי הֶהָרִים: את חלון התיבה
אשר עשה. לְצֹהַר, וְלֹא זֶה פֶּתַח הַתֵּיבָה הֶעָשׂוּי לְבִיאָה וִיצִיאָה: (ז) יצוא ושוב. הוֹלֵךְ
וּמַקִּיף סְבִיבוֹת הַתֵּיבָה, וְלֹא הָלַךְ בִּשְׁלִיחוּתוֹ, שֶׁהָיָה חוֹשְׁדוֹ עַל בַּת זוּגוֹ, כְּמוֹ שֶׁשָּׁנִינוּ בְּאַגָּדַת חֵלֶק
(סנה׳ ק״ח): עד יבשת המים. פְּשׁוּטוֹ כְּמַשְׁמָעוֹ. אֲבָל מִדְרַשׁ אַגָּדָה: מוּכָן הָיָה הָעוֹרֵב
לִשְׁלִיחוּת אַחֶרֶת בַּעֲצִירַת גְּשָׁמִים בִּימֵי אֵלִיָּהוּ, שֶׁנֶּאֱמַר: וְהָעֹרְבִים מְבִיאִים לוֹ לֶחֶם וּבָשָׂר
(מ״א י״ז): (ח) וישלח את היונה. לְסוֹף ז׳ יָמִים. שֶׁהֲרֵי כְּתִיב: וַיָּחֶל עוֹד ז׳ יָמִים אֲחֵרִים, מִכְּלַל זֶה
אַתָּה לָמֵד, שֶׁאַף בָּרִאשׁוֹנָה הוֹחִיל ז׳ יָמִים: וישלח. אֵין זֶה לְשׁוֹן שְׁלִיחוּת אֶלָּא לְשׁוֹן שִׁלּוּחַ; שִׁלְּחָהּ
לָלֶכֶת לְדַרְכָּהּ, וּבָזוֹ יֵרָאֶה, אִם קַלּוּ הַמַּיִם, שֶׁאִם תִּמְצָא מָנוֹחַ לֹא תָשׁוּב אֵלָיו: (י) ויחל. לְשׁוֹן
הַמְתָּנָה, וְכֵן: לִי שָׁמְעוּ וְיִחֵלּוּ (איוב כ״ט), וְהַרְבֵּה יֵשׁ בַּמִּקְרָא: (יא) טרף בפיה. אוֹמֵר אֲנִי שֶׁזָּכָר
הָיָה, לָכֵן קוֹרְאוֹ פְּעָמִים לְשׁוֹן זָכָר וּפְעָמִים לְשׁוֹן נְקֵבָה. לְפִי שֶׁכָּל יוֹנָה שֶׁבַּמִּקְרָא לְשׁוֹן נְקֵבָה,

⁶And it came to pass at the end of forty days, that Noah opened the window of the ark which he had made: ⁷And he sent forth the raven, which went out to and fro, until the waters were dried up from off the earth. ⁸Also he sent forth the dove from him, to see if the waters were abated from off the face of the ground; ⁹But the dove found no rest for the sole of her foot, and she returned unto him into the ark, for the waters were on the face of the whole earth: then he put forth his hand, and took her, and brought her in unto him into the ark. ¹⁰And he waited yet seven other days: and again he sent forth the dove out of the ark. ¹¹And the dove came in to him in the evening time; and, lo, in her mouth was an olive leaf torn off: so Noah knew that the

רש״י

impossible to argue so. For you must needs admit that the "seventh" month *when the Ark rested* can only be counted from the time when the rain stopped, since the 40 days during which the rain fell and the 150 days during which the waters prevailed did not terminate until the first day of Sivan, and if you say that it means the seventh after the rain *began* to fall, this would not be Sivan. The "tenth month", however, *when the tops of the mountains became visible* cannot possibly be counted except from the time *the rain began* to fall, for if you say that *it must be calculated* from the time when it stopped, which would be Elul, you would not then find that "in the f i r s t month, on the first day of the month the waters dried up from off the earth" (see verse 13). For it was only at the end of 40 days after the tops of the mountains were visible that he sent forth the raven (verse 6), and he waited periods amounting altogether to 21 days during which he was sending forth the dove, making altogether 60 days from when the tops of the mountains became visible until when the face of the earth became dry; if, therefore, you say that it was in Elul that they were seen, it would follow that *the earth* became dry in Marcheshvan (60 days after Elul). But it (Scripture) calls it (the month when the waters were dried up; see v. 13) the f i r s t month, and that can only be Tishri which is the first month *reckoning* according to the creation of the world — or according to R. Joshua, it would be Nisan. **(6)** מקץ ארבעים יום AT THE END OF FORTY DAYS from when the tops of the mountains were seen. את חלון התבה אשר עשה THE WINDOW OF THE ARK WHICH HE HAD MADE — for the light; it does not mean the door of the Ark intended for entry and exit. **(7)** יצא ושוב WENT FORTH TO AND FRO — It (the raven) flew in circles round and round the Ark and did not go on its errand for it suspected that he (Noah) intended to injure its mate, just as we learn in the Agada of Chelek[1]) (Sanh. 108b). עד יבשת המים UNTIL THE WATERS WERE DRIED UP — The real sense of the verse is what it plainly implies (until the waters of the Flood were dried up); but the Midrashic explanation is: The raven *went to and fro in the world* being kept in readiness for another errand during the time when the rain was withheld *and the waters dried up* in the days of Elijah, as it is said, (1 Kings XVII. 6) "And the ravens brought him bread and flesh". **(8)** וישלח את היונה AND HE SENT FORTH A DOVE at the end of seven days, for it is written, (v. 10) "And he stayed yet o t h e r seven days" — from this statement you may infer, that after the first occasion, also, he waited seven days. וישלח And HE SENT FORTH — This does not mean merely "sending on an errand", but "sending away", "letting go" — he freed her to go where she liked, and thus he could see whether the waters abated, because if she could find a resting place she would not return to him.[2]) **(10)** ויחל AND HE STAYED — The word means waiting, as (Job XXIX. 21) "Unto me they gave ear and waited (ויחלו)", and it occurs frequently in the Scriptures. **(11)** טרף בפיה PLUCKED IN HER MOUTH —

NOTES

[1]) The eleventh chapter of Treatise Sanhedrin beginning with the sentence כל ישראל יש להם חלק. As it comprises chiefly Agada, Rashi speaks of it as "Agada of Chelek."

[2]) See Appendix.

נֹחַ כִּי־קַלּוּ הַמַּיִם מֵעַל הָאָרֶץ׃ יב וַיִּיָּחֶל עוֹד שִׁבְעַת
יָמִים אֲחֵרִים וַיְשַׁלַּח אֶת־הַיּוֹנָה וְלֹא־יָסְפָה שׁוּב־
אֵלָיו עוֹד׃ יג וַיְהִי בְּאַחַת וְשֵׁשׁ־מֵאוֹת שָׁנָה בָּרִאשׁוֹן
בְּאֶחָד לַחֹדֶשׁ חָרְבוּ הַמַּיִם מֵעַל הָאָרֶץ וַיָּסַר נֹחַ
אֶת־מִכְסֵה הַתֵּבָה וַיַּרְא וְהִנֵּה חָרְבוּ פְּנֵי הָאֲדָמָה׃
יד וּבַחֹדֶשׁ הַשֵּׁנִי בְּשִׁבְעָה וְעֶשְׂרִים יוֹם לַחֹדֶשׁ יָבְשָׁה
הָאָרֶץ׃ ס רביעי. טו וַיְדַבֵּר אֱלֹהִים אֶל־נֹחַ לֵאמֹר׃
טז צֵא מִן־הַתֵּבָה אַתָּה וְאִשְׁתְּךָ וּבָנֶיךָ וּנְשֵׁי־בָנֶיךָ אִתָּךְ׃
יז כָּל־הַחַיָּה אֲשֶׁר־אִתְּךָ מִכָּל־בָּשָׂר בָּעוֹף וּבַבְּהֵמָה
וּבְכָל־הָרֶמֶשׂ הָרֹמֵשׂ עַל־הָאָרֶץ הוֹצֵא אִתָּךְ וְשָׁרְצוּ
בָאָרֶץ וּפָרוּ וְרָבוּ עַל־הָאָרֶץ׃ יח וַיֵּצֵא־נֹחַ וּבָנָיו וְאִשְׁתּוֹ

ס הַיְצֵא קרי

אונקלוס

קַלִּיאוּ מַיָּא מֵעַל־אַרְעָא׃ יב וְאוֹרִיךְ עוֹד שִׁבְעַת יוֹמִין אָחֳרָנִין וְשַׁלַּח יָת־יוֹנָה
וְלָא־אוֹסֵיפַת לְמִתּוּב לְוָתֵהּ עוֹד׃ יג וַהֲוָה בְּשִׁית־מְאָה וְחַד שְׁנִין בְּקַדְמָאָה
בְּחַד לְיַרְחָא נְגוּבוּ מַיָּא מֵעַל אַרְעָא וְאַעְדִּי נֹחַ יָת־חוּפָאָה דְּתֵיבוּתָא וַחֲזָא וְהָא
נְגוּבוּ אַפֵּי אַרְעָא׃ יד וּבְיַרְחָא תִּנְיָנָא בְּעֶשְׂרִין וְשִׁבְעָא יוֹמָא לְיַרְחָא יְבִישַׁת
אַרְעָא׃ טו וּמַלֵּיל יְיָ עִם־נֹחַ לְמֵימָר׃ טז פּוּק מִן־תֵּיבוּתָא אַתְּ וְאִתְּתָךְ וּבְנָךְ וּנְשֵׁי־
בְנָךְ עִמָּךְ׃ יז כָּל־חַיְתָא דְּעִמָּךְ מִכָּל־בִּשְׂרָא בְּעוֹפָא וּבִבְעִירָא וּבְכָל־רִחְשָׁא
דְּרָחֵישׁ עַל־אַרְעָא אַפֵּיק עִמָּךְ וְיִתְיַלְּדוּן בְּאַרְעָא וְיִפְשׁוּן וְיִסְגּוּן עַל־אַרְעָא׃ יח וּנְפַק

רש״י

כְּמוֹ: כְּיוֹנִים עַל אֲפִקֵי מָיִם רוֹחֲצוֹת (שיר ה׳), כְּיוֹנֵי הַגֵּאָיוֹת כֻּלָּם הוֹמוֹת (יחז׳ ז׳), וּכְמוֹ: כְּיוֹנָה פוֹתָה (הושע ז׳): טרף. חָטַף. וּמִדְרַשׁ אַגָּדָה (עיר׳ י״ח): לְשׁוֹן מָזוֹן; וְדָרְשׁוּ בְּפִיהָ לְשׁוֹן מַאֲמָר, אָמְרָה: יִהְיוּ מְזוֹנוֹתַי מְרוֹרִין כְּזַיִת בְּיָדוֹ שֶׁל הַקָּבָּ״ה וְלֹא מְתוּקִין כִּדְבַשׁ בִּידֵי בָּשָׂר וָדָם: (יב) וייחל. הוּא לְשׁוֹן וַיָּחֶל, אֶלָּא שֶׁזֶּה לְשׁוֹן וַיִּפְעַל, וְזֶה לְשׁוֹן וַיִּתְפַּעֵל, וַיָּחֶל—וַיַּמְתֵּן; וַיִּיָּחֶל—וַיִּתְמַתֵּן: (יג) בראשון. לְרַבִּי אֱלִיעֶזֶר הוּא תִּשְׁרֵי וּלְרַבִּי יְהוֹשֻׁעַ הוּא נִיסָן (ר״ה י״א): חרבו. נַעֲשָׂה כְּמִין טִיט שֶׁקָּרְמוּ פָּנֶיהָ שֶׁל מַעְלָה: (יד) בשבעה ועשרים. יְרִידָתָן בַּחֹדֶשׁ הַשֵּׁנִי בְּי״ז בַּחֹדֶשׁ, אֵלּוּ י״א יָמִים שֶׁהַחַמָּה יְתֵירָה עַל הַלְּבָנָה, שֶׁמִּשְׁפַּט דּוֹר הַמַּבּוּל שָׁנָה תְמִימָה הָיָה: יבשה. נַעֲשָׂה גָרִיד כְּהִלְכָתָהּ: (טז) אתה ואשתך וגו׳. אִישׁ וְאִשְׁתּוֹ, כָּאן הִתִּיר לָהֶם תַּשְׁמִישׁ הַמִּטָּה: (יז) הוצא. הוֹצֵא כְּתִיב, הַיְצֵא קְרִי, הַיְצֵא—אֱמוֹר לָהֶם שֶׁיֵּצְאוּ; הוֹצֵא—אִם אֵינָם רוֹצִים לָצֵאת הוֹצִיאֵם אַתָּה:

waters were abated from off the earth. ¹²And he waited yet seven other days; and sent forth the dove which returned not again unto him any more. ¹³And it came to pass in the six hundredth and first year, in the first month, the first day of the month, the waters were dried up from off the earth; and Noah removed the covering of the ark and saw, and, behold, the face of the ground was dried up. ¹⁴And in the second month, on the seven and twentieth day of the month, was the earth dried. ¹⁵And God spake unto Noah, saying, ¹⁶Go out of the ark, thou, and thy wife, and thy sons, and thy sons' wives with thee. ¹⁷Bring forth with thee every animal that is with thee, of all flesh, of fowl, and of beast, and of every creeping thing that creepeth upon the earth; that they may bring forth abundantly in the earth, and be fruitful, and multiply upon the earth. ¹⁸And Noah went out, and his sons, and his wife, and his

רש"י

I am of opinion that it (the dove) was a male and that therefore it (the text) speaks of it sometimes as masculine and sometimes as feminine¹), because *really wherever* יונה "dove" occurs in the Scriptures it is spoken of as feminine, as (Song V. 12) "[His eyes] are like *those of* doves beside the water brooks, that are washing themselves (רוחצות fem.) in milk"²); (Ezek. VII. 16) "Like the doves of the valleys, all of them moaning (הומות fem.)"; and as (Hos. VII. 11) "Like a silly (פותה fem.) dove". טרף *means*³) IT HAD PLUCKED OFF — The Midrashic explanation takes it as meaning "food", and interprets בפיה as "speaking" — viz., she said, "Rather that my food be bitter as an olive but from the hand of God, than as sweet as honey and from the hand of mortal men" (Erub. 18b; Gen. R. 33). **(12)** וייחל AND HE STAYED — This has the same meaning as ויחל (verse 10), only that the latter is the Kal, whereas the word here is the Hithpael; ויחל means "he waited" וייחל "he had patience". **(13)** בראשון IN THE FIRST MONTH — According to R. Eliezer this would be Tishri, and according to R. Joshua Nisan (R. Hash. 11b). חרבו [THE WATERS] DRIED UP — It (the earth) had become like clay, for now its surface had become somewhat hardened. **(14)** בשבעה ועשרים ON THE TWENTY-SEVENTH [OF THE MONTH] — The rain had begun to fall in the second month on the s e v e n t e e n t h day (see chap. VII. 11); the ten days are those by which the solar *year* exceeds the lunar *year*; for the punishment of the generation of the Flood lasted a full (i. e. a solar) year (Gen. R. 33). יבשה WAS [THE EARTH] DRIED — It became hard as is its normal condition (ib.). **(16)** אתה ואשתך וגו' THOU AND THY WIFE etc. — Husband and wife *are mentioned together* — now He allowed them to resume family life (ib. 34). **(17)** הוצא BRING FORTH — The Ketib is הוצא and the Keri היצא; — היצא means, "tell them to go forth", הוצא means, "if they do not wish (if they refuse) to go forth, you make them go out".

NOTES

¹) טרף -masculine. בפיה -feminine. Rashi takes טרף to be a verb, contrary to the usual interpretation of the word, viz., as a participle, or verbal adjective, though it ought then to be punctuated טָרָף, but we also find verbal forms with two Kametz, like (Hos. XI. 1) כי הוא טָרָף וירפאנו; see also 1 Sam. VII. 17; Lev. V. 18 and V. 22. The use of fem. and masc. for the dove may be explained by the fact that the writer thinks of it as a male, and then uses the masc., or he thinks of the grammatical form (יונה being fem.) and then uses the fem.

²) Although רוחצות is usually referred to (עיניו) "his eyes" and not to (יונים) "doves", and Rashi himself in his commentary to Song (v. 12) takes it as referring to עיניו, it nevertheless proves that יונים is fem., for indeed the word refers to יונים as well as to עיניו and the verse has to be translated thus: "His eyes — like those of doves washing themselves beside the water brooks, — are w a s h e d in milk"; for there is no reason why his eyes should be compared to doves b e s i d e t h e w a t e r b r o o k s, unless the meaning is that they are washing themselves there.

³) טרף u s u a l l y means "to prey."

וּנְשֵׁי־בָנָיו אִתּוֹ: יט כָּל־הַחַיָּה כָּל־הָרֶמֶשׂ וְכָל־הָעוֹף
כֹּל רוֹמֵשׂ עַל־הָאָרֶץ לְמִשְׁפְּחֹתֵיהֶם יָצְאוּ מִן־
הַתֵּבָה: כ וַיִּבֶן נֹחַ מִזְבֵּחַ לַיהוָה וַיִּקַּח מִכֹּל ׀ הַבְּהֵמָה
הַטְּהֹרָה וּמִכֹּל הָעוֹף הַטָּהֹר וַיַּעַל עֹלֹת בַּמִּזְבֵּחַ:
כא וַיָּרַח יְהוָה אֶת־רֵיחַ הַנִּיחֹחַ וַיֹּאמֶר יְהוָה אֶל־לִבּוֹ
לֹא אֹסִף לְקַלֵּל עוֹד אֶת־הָאֲדָמָה בַּעֲבוּר הָאָדָם
כִּי יֵצֶר לֵב הָאָדָם רַע מִנְּעֻרָיו וְלֹא־אֹסִף עוֹד לְהַכּוֹת
אֶת־כָּל־חַי כַּאֲשֶׁר עָשִׂיתִי: כב עֹד כָּל־יְמֵי הָאָרֶץ זֶרַע
וְקָצִיר וְקֹר וָחֹם וְקַיִץ וָחֹרֶף וְיוֹם וָלַיְלָה לֹא יִשְׁבֹּתוּ:

אונקלוס

נֹחַ וּבְנוֹהִי וְאִתְּתֵהּ וּנְשֵׁי־בְנוֹהִי עִמֵּהּ: יט כָּל־חַיְתָא כָּל־רִחֲשָׁא וְכָל־עוֹפָא כֹּל
דְּרָחֵשׁ עַל־אַרְעָא לְזַרְעֲיָתְהוֹן נְפַקוּ מִן־תֵּבוֹתָא: כ וּבְנָא נֹחַ מַדְבְּחָא קֳדָם־יְיָ
וּנְסֵיב מִכֹּל ׀ בְּעִירָא דַכְיָא וּמִכֹּל עוֹפָא דְכֵי וְאַסֵּק עֲלָוָן בְּמַדְבְּחָא: כא וְקַבֵּל
יְיָ בְּרַעֲוָא יָת־קוּרְבָּנֵיהּ וַאֲמַר יְיָ בְּמֵימְרֵהּ לָא אוֹסֵף לְמֵילַט עוֹד יָת־אַרְעָא בְּדִיל־
חוֹבֵי אֱנָשָׁא אֲרֵי יִצְרָא לִבָּא דֶאֱנָשָׁא בִּישׁ מִזְּעֵירֵיהּ וְלָא־אוֹסֵף עוֹד לְמִמְחֵי
יָת־כָּל־דְּחַי כְּמָא דַעֲבָדִית: כב עוֹד־כָּל יוֹמֵי־אַרְעָא זְרוּעָא וַחֲצָדָא וְקוּרָא וְחוּמָא

רש״י

ושרצו בארץ. וְלֹא בַתֵּבָה, מַגִּיד שֶׁאַף הַבְּהֵמָה וְהָעוֹף נֶאֶסְרוּ בְתַשְׁמִישׁ: (יט) למשפחותיהם. קִבְּלוּ עֲלֵיהֶם עַל מְנָת לְדַבֵּק בְּמִינָן: (כ) מכל הבהמה הטהרה, אָמַר: לֹא צִוָּה לִי הַקָּבָּ״ה לְהַכְנִיס מֵאֵלּוּ ז׳ ז׳ אֶלָּא כְּדֵי לְהַקְרִיב קָרְבָּן מֵהֶם: (כא) מנעריו. מִנְּעָרָיו כְּתִיב, מִשֶּׁנִּנְעַר לָצֵאת מִמְּעֵי אִמּוֹ נִתַּן בּוֹ יֵצֶר הָרָע: לא אסף ולא אסף. כָּפַל הַדָּבָר לִשְׁבוּעָה; הוּא שֶׁכָּתוּב: אֲשֶׁר נִשְׁבַּעְתִּי מֵעֲבוֹר מֵי נֹחַ, וְלֹא מָצִינוּ בָהּ שְׁבוּעָה, אֶלָּא זוֹ שֶׁכָּפַל דְּבָרָיו וְהִיא שְׁבוּעָה. וְכֵן דָּרְשׁוּ חֲכָמִים בְּמַסֶּ׳ שְׁבוּעוֹת: (כב) עוד כל ימי הארץ וגו׳ לא ישבתו. ו׳ עִתִּים הַלָּלוּ שְׁנֵי חֳדָשִׁים לְכָל אֶחָד וְאֶחָד, כְּמוֹ שֶׁשָּׁנִינוּ: חֲצִי תִשְׁרֵי וּמַרְחֶשְׁוָן וַחֲצִי כִסְלֵו זֶרַע, חֲצִי כִסְלֵו וְטֵבֵת וַחֲצִי שְׁבָט קוֹר (חֹרֶף), (ב״מ ק״ו): קור. קָשֶׁה מֵחֹרֶף: חרף. עֵת זֶרַע שְׂעוֹרִים וְקִטְנִית הַחֲרִיפִין לְהִתְבַּשֵּׁל מַהֵר, וְהוּא חֲצִי שְׁבָט וַאֲדָר וַחֲצִי נִיסָן: קציר. חֲצִי נִיסָן וְאִיָּר וַחֲצִי סִיוָן: קיץ. חֲצִי סִיוָן תַּמּוּז וַחֲצִי אָב, הוּא זְמַן לְקִיטַת תְּאֵנִים וּזְמַן שֶׁמְּיַבְּשִׁים אוֹתָן בַּשָּׂדוֹת, וּשְׁמוֹ קַיִץ, כְּמוֹ: הַלֶּחֶם וְהַקַּיִץ לֶאֱכוֹל הַנְּעָרִים (ש״ב ט״ז): חום. הוּא סוֹף יְמוֹת הַחַמָּה, חֲצִי אָב וֶאֱלוּל וַחֲצִי תִשְׁרֵי, שֶׁהָעוֹלָם חַם בְּיוֹתֵר; כְּמוֹ שֶׁשָּׁנִינוּ בְּמַסֶּכֶת יוֹמָא: שִׁלְהֵי קַיִיטָא קָשֵׁי מִקַּיִיטָא: ויום ולילה לא ישבתו. מִכְּלָל, שֶׁשָּׁבְתוּ כָּל יְמוֹת הַמַּבּוּל, שֶׁלֹּא שִׁמְּשׁוּ הַמַּזָּלוֹת, וְלֹא נִיכַּר בֵּין יוֹם וּבֵין לַיְלָה (ב״ר פכ״ה ופ׳ ל״ד): לא ישבתו. לֹא יִפְסְקוּ כָּל אֵלֶּה מִלְּהִתְנַהֵג כְּסִדְרָן:

sons' wives with him: [19]Every animal, every creeping thing, and every
fowl; whatsoever creepeth upon the earth, after their families, went
forth out of the ark. [20]And Noah built an altar unto the Eternal: and
took of every clean beast, and of every clean fowl, and offered burnt
offerings on the altar. [21]And the Eternal smelled the grateful odour;
and the Eternal said in his heart, I will not again execrate the ground
any more for man's sake; for the imagination of man's heart is evil from
his youth; neither will I again smite any more every thing living, as I
have done. [22]While the earth remaineth, seedtime and harvest, and cold
and heat, and summer and winter, and day and night shall not cease.

רש״י

וישרצו בארץ THAT THEY MAY BRING FORTH ABUNDANTLY IN THE EARTH — but not in the Ark: this teaches that cattle and fowls also were separated, male and female, in the Ark (ib.). **(19)** למשפחתיהם AFTER THEIR FAMILIES — They took upon themselves to keep to their species (ib.). **(20)** מכל הבהמה הטהרה OF ALL CLEAN CATTLE — He said: "The Holy One, blessed be He, ordered me to take in seven pairs of these only in order that I might offer a sacrifice of them" (ib.). **(21)** מנעריו FROM HIS YOUTH — This word is written without a Vau after the ע so that it may be read as מנעריו[1]) *which would imply that* from the moment the embryo bestirs itself to have an independent existence the evil inclination is given to it. לא אסף... ולא אסף I WILL NEVER AGAIN . . . NEITHER WILL I EVER AGAIN — He repeated the expression that it might serve as a *solemn* oath, and it is to this that the text (Is. LIV. 9) refers: "For as I have sworn that the waters of Noah [will never again pass over the earth]". We, however, do not find any *explicit* oath regarding this, but this passage in which He repeated these words, which may be regarded as an oath. Thus do our Sages explain in Treatise Shebuot (36a). **(22)** עוד כל ימי הארץ וגו׳ לא ישבתו WHILE THE EARTH REMAINETH . . . SHALL NOT CEASE — Of these six seasons each consists of two months, as we have learned (B. Mets. 106b): Half of Tishri, Marcheshvan and half of Kislev is seedtime; half of Kislev, Tebeth and half of Shebat is the cold-season. קור COLD-SEASON is more severe than חורף winter. חורף WINTER is the time of sowing barley and pulse which are quick (חריף) to ripen. It is half of Shebat, Adar and half of Nisan. קציר HARVEST — Half of Nisan, Eyar, and half of Sivan. קיץ SUMMER — Half of Sivan, Tammuz and half of Ab. This is the time of fig-gathering, the time when they lay them out to dry in the fields, and its name is קיץ "summer-fruittime", as (2 Sam. XVI. 2) "And the bread and the summer-fruit (קיץ)[2]) for the young men to eat". חום HEAT — This is the end of the hot season, half of Ab, Elul and half of Tishri, when the world is excessively hot, as we have learned in Treatise Joma (29a): "The end of the summer is worse than the summer itself". ויום ולילה לא ישבתו DAY AND NIGHT SHALL NOT CEASE — From this we may infer that they (day and night) ceased during the period of the Flood, for the planetary system did not function, so that there was no distinction between day and night (Gen. R. 34). לא ישבתו SHALL NOT CEASE — None of these shall cease to take their natural course.

NOTES

1) See Appendix.

2) What Rashi means is that originally the word קיץ is the name for summer-fruit and then the name is transferred to season of such fruit.

בראשית ט נח

א וַיְבָרֶךְ אֱלֹהִים אֶת־נֹחַ וְאֶת־בָּנָיו וַיֹּאמֶר לָהֶם פְּרוּ וּרְבוּ וּמִלְאוּ אֶת־הָאָרֶץ: ב וּמוֹרַאֲכֶם וְחִתְּכֶם יִהְיֶה עַל כָּל־חַיַּת הָאָרֶץ וְעַל כָּל־עוֹף הַשָּׁמָיִם בְּכֹל אֲשֶׁר תִּרְמֹשׂ הָאֲדָמָה וּבְכָל־דְּגֵי הַיָּם בְּיֶדְכֶם נִתָּנוּ: ג כָּל־רֶמֶשׂ אֲשֶׁר הוּא־חַי לָכֶם יִהְיֶה לְאָכְלָה כְּיֶרֶק עֵשֶׂב נָתַתִּי לָכֶם אֶת־כֹּל: ד אַךְ־בָּשָׂר בְּנַפְשׁוֹ דָמוֹ לֹא תֹאכֵלוּ: ה וְאַךְ אֶת־דִּמְכֶם לְנַפְשֹׁתֵיכֶם אֶדְרֹשׁ מִיַּד כָּל־חַיָּה אֶדְרְשֶׁנּוּ וּמִיַּד הָאָדָם מִיַּד אִישׁ אָחִיו אֶדְרֹשׁ אֶת־נֶפֶשׁ הָאָדָם: ו שֹׁפֵךְ דַּם הָאָדָם בָּאָדָם דָּמוֹ

אונקלוס

וְקַיְטָא וְסִתְוָא וִימָמָא וְלֵילְיָא לָא יִבְטְלוּן: א וּבָרֵיךְ יְיָ יָת־נֹחַ וְיָת־בְּנוֹהִי וַאֲמַר לְהוֹן פּוּשׁוּ וּסְגוּ וּמְלוּ יָת־אַרְעָא: ב וְדַחֲלַתְכוֹן וְאֵימַתְכוֹן תְּהֵי עַל כָּל־חַיַּת אַרְעָא וְעַל כָּל־עוֹפָא דִשְׁמַיָּא בְּכֹל דִּי תַרְחִישׁ אַרְעָא וּבְכָל־נוּנֵי יַמָּא בִּידֵיכוֹן יְהוֹן מְסִירִין: ג כָּל־רִחְשָׁא דְהוּא חַי לְכוֹן יְהֵי לְמֵיכַל כְּיָרוֹק עִשְׂבָּא יְהַבִית לְכוֹן יָת־כֹּלָּא: ד בְּרַם בְּשַׂר בְּנַפְשֵׁהּ דְּמֵהּ לָא תֵיכְלוּן: ה וּבְרַם יָת־דְּמְכוֹן לְנַפְשָׁתֵיכוֹן אֶתְבַּע מִיַּד כָּל־חַיְתָא אֶתְבְּעִנַּהּ וּמִיַּד אֲנָשָׁא מִיַּד גְּבַר־דְּיֵשׁוֹד יָת־דְּמָא דַּאֲחוּהִי אֶתְבַּע יָת־נַפְשָׁא דֶאֱנָשָׁא: ו דְּיֵשׁוֹד דְּמָא דֶאֱנָשָׁא בְּסָהֲדִין עַל־מֵימַר דַּיָּנַיָּא

רש"י

ט (ב) וחתכם. וְאֵימַתְכֶם, כְּמוֹ תְּרָאוּ חֲתַת (איוב ו'). וְאַגָּדָה: לְשׁוֹן חַיּוּת, שֶׁכָּל זְמַן שֶׁתִּינוֹק בֶּן יוֹמוֹ חַי אֵין אַתָּה צָרִיךְ לְשָׁמְרוֹ מִן הָעַכְבָּרִים; עוֹג מֶלֶךְ הַבָּשָׁן מֵת, צָרִיךְ לְשָׁמְרוֹ מִן הָעַכְבָּרִים: שֶׁנֶּאֱמַר, וּמוֹרַאֲכֶם וְחִתְּכֶם יִהְיֶה, אֵימָתַי יִהְיֶה מוֹרַאֲכֶם עַל הַחַיּוֹת? כָּל זְמַן שֶׁאַתֶּם חַיִּים (שבת קנ"א): (ג) לָכֶם יִהְיֶה לְאָכְלָה. שֶׁלֹּא הִרְשֵׁיתִי לָאָדָם הָרִאשׁוֹן בָּשָׂר אֶלָּא יֶרֶק עֵשֶׂב; וְלָכֶם — כְּיֶרֶק עֵשֶׂב שֶׁהִפְקַרְתִּי לְאָדָם הָרִאשׁוֹן, נָתַתִּי לָכֶם אֶת כֹּל (סנה' נ"ט): (ד) בָּשָׂר בְּנַפְשׁוֹ. אָסַר לָהֶם אֵבָר מִן הַחַי, כְּלוֹמַר כָּל זְמַן שֶׁנַּפְשׁוֹ בוֹ, לֹא תֹאכְלוּ הַבָּשָׂר: בְּנַפְשׁוֹ דָמוֹ. בְּעוֹד נַפְשׁוֹ בּוֹ: בָּשָׂר בְּנַפְשׁוֹ לֹא תֹאכֵלוּ. הֲרֵי אֵבֶר מִן הַחַי, וְאַף בְּנַפְשׁוֹ דָמוֹ לֹא תֹאכֵלוּ, הֲרֵי דָם מִן הַחַי: (ה) וְאַךְ אֶת דִּמְכֶם. אַעַ"פֶּ שֶׁהִתַּרְתִּי לָכֶם נְטִילַת נְשָׁמָה בַּבְּהֵמָה, אֶת דִּמְכֶם אֶדְרוֹשׁ מֵהַשּׁוֹפֵךְ דַּם עַצְמוֹ: לְנַפְשֹׁתֵיכֶם. אַף הַחוֹנֵק עַצְמוֹ, אַף עַל פִּי שֶׁלֹּא יָצָא מִמֶּנּוּ דָם: מִיַּד כָּל חַיָּה. לְפִי שֶׁחָטְאוּ דּוֹר הַמַּבּוּל וְהֻפְקְרוּ לְמַאֲכַל חַיּוֹת רָעוֹת לִשְׁלוֹט בָּהֶן, שֶׁנֶּאֱמַר, נִמְשַׁל כַּבְּהֵמוֹת נִדְמוּ (תהלים מ"ט), לְפִיכָךְ הֻצְרַךְ לְהַזְהִיר עֲלֵיהֶן אֶת הַחַיּוֹת: וּמִיַּד הָאָדָם. מִיַּד הַהוֹרֵג בְּמֵזִיד וְאֵין עֵדִים, אֲנִי אֶדְרוֹשׁ: מִיַּד אִישׁ אָחִיו. שֶׁהוּא אוֹהֵב לוֹ כְּאָח וְהָרַג שׁוֹגֵג, אֲנִי אֶדְרוֹשׁ אִם לֹא יִגְלֶה וִיבַקֵּשׁ עַל עֲוֹנוֹ לִמְחוֹל, שֶׁאַף הַשּׁוֹגֵג צָרִיךְ כַּפָּרָה, וְאִם אֵין עֵדִים לְחַיְּבוֹ גָּלוּת וְהוּא אֵינוֹ נִכְנָע, הַקָּבָּ"ה דּוֹרֵשׁ מִמֶּנּוּ, כְּמוֹ שֶׁדָּרְשׁוּ רַבּוֹתֵינוּ: וְהָאֱלֹהִים אִנָּה לְיָדוֹ — בְּמַסֶּכֶת מַכּוֹת — הַקָּבָּ"ה מְזַמְּנָן לְפוּנְדָּק אֶחָד וְכוּ': (ו) בָּאָדָם דָּמוֹ יִשָּׁפֵךְ.

37 Genesis IX. 1—6.

9. 1 And God blessed Noah and his sons, and said unto them, Be fruit-
ful, and multiply, and fill the earth. 2 And the dread of you and the
terror of you shall be upon every animal of the earth, and upon every
fowl of the heaven, upon all that creepeth upon the ground, and upon
all the fishes of the sea; into your hand are they given. 3 Every creeping
thing that liveth shall be food for you; as the green herb have I given
you all things. 4 Nevertheless flesh with the soul thereof, and the blood
thereof, shall ye not eat. 5 However your own blood of your souls will
I require; at the hand of every living soul will I require it, and at the
hand of man; at the hand of a man's brother will I require the soul
of man. 6 Whoso sheddeth man's blood, by man shall his blood be shed:

רש"י

9. (2) וחתכם *means* AND THE DREAD OF YOU, similar to (Job VI. 21) "ye see a terror (חתת)". The Agada *takes the word as signifying* "life", "vitality" (חיות): So long as a baby, even one day old, has life you do not have to guard it against *the attacks* of mice, whilst Og, king of Bashan, when dead needs to be guarded against *the attacks of* mice, as it is said, "And the fear of you and the terror of you shall be [upon the beasts of the field etc.]." When will the fear of you be upon the beasts? So long as you are alive (חתכם) (Sabb. 151b). **(3)** לכם יהיה לאכלה SHALL BE FOOD FOR YOU — For I did not permit Adam Horishon to eat meat, but green herbs alone; but to you — even as the green herbs that I gave the full use of to Adam Horishon — do I give everything (Sanh. 59b). **(4)** בשר בנפשו FLESH WITH THE SOUL THEREOF [SHALL YE NOT EAT] — He *here* prohibited to them אבר מן החי *the eating of* a limb cut from a living animal, that is to say *that* בשר בנפשו (lit., flesh together with its life) *means* so long as its life is in it you shall not eat the flesh. בנפשו דמו (lit., its blood together with its life) *means* whilst its (the animal's) life is still in it (the blood). *Consequently* בשר בנפשו לא תאכלו: FLESH SO LONG AS THERE IS LIFE IN IT SHALL YE NOT EAT forms the prohibition of אבר מן החי *the eating of* a limb cut from a living animal. And, *connecting* בנפשו *with* דמו *we obtain the reading* also בנפשו דמו לא תאכלו: ITS BLOOD TOGETHER WITH ITS LIFE SHALL YE NOT EAT which forms the prohibition of partaking of blood of a living animal (Sanh. 59a). **(5)** ואך את דמכם HOWEVER YOUR BLOOD — Although I have permitted you to take the life of cattle yet your blood I will surely require from him amongst you who sheds his own blood. לנפשותיכם YOUR LIFE — Even though one strangles himself so that no blood flows from him *yet I will require it from him* (B. Kama 91b). מיד כל חיה AT THE HAND OF EVERY BEAST — Because the generation of the Flood sinned and they were therefore freely exposed to become food for wild beasts which would have power over them — as it is said (Ps. XLIX. 21), "He is ***ruled over by wild beasts*** like the beasts that perish" (these being the prey of other animals) — it was therefore necessary to proclaim a punishment against wild animals on their account. ומיד האדם AT THE HAND OF MAN — At the hand of one who kills with premeditation, when there are no witnesses ***to the murder,*** will "I" require it. מיד איש אחיו AT THE HAND OF EVERY MAN'S BROTHER — At the hand of a man who loves him like a brother and slays him accidentally will "I" require it, unless he go into banishment (in one of the Cities of Refuge) and pray for forgiveness for his iniquity. For even one who kills another by accident needs atonement: therefore if there are no witnesses *to the deed* to make him liable to banishment and he does not humble himself, the Holy One, blessed be He, will require it of him, just as our Rabbis explain the text, (Exod. XXI. 13) "But God causes it to come to hand", in Treatise Maccoth (10b): The Holy One, blessed be He, causes them (the man who killed by accident and had not expiated the murder and the man who killed with premeditation) to meet at the same inn. *The former in ascending a ladder falls upon the latter and kills him and has therefore — the accident having been seen by men — to go to banishment.* **(6)** באדם דמו ישפך BY MAN SHALL HIS BLOOD BE SHED — If

יִשָּׁפֵךְ כִּי בְּצֶלֶם אֱלֹהִים עָשָׂה אֶת־הָאָדָם׃ ז וְאַתֶּם
פְּרוּ וּרְבוּ שִׁרְצוּ בָאָרֶץ וּרְבוּ־בָהּ׃ ס חמישי ח וַיֹּאמֶר
אֱלֹהִים אֶל־נֹחַ וְאֶל־בָּנָיו אִתּוֹ לֵאמֹר׃ ט וַאֲנִי הִנְנִי
מֵקִים אֶת־בְּרִיתִי אִתְּכֶם וְאֶת־זַרְעֲכֶם אַחֲרֵיכֶם׃
י וְאֵת כָּל־נֶפֶשׁ הַחַיָּה אֲשֶׁר אִתְּכֶם בָּעוֹף בַּבְּהֵמָה
וּבְכָל־חַיַּת הָאָרֶץ אִתְּכֶם מִכֹּל יֹצְאֵי הַתֵּבָה לְכֹל חַיַּת
הָאָרֶץ׃ יא וַהֲקִמֹתִי אֶת־בְּרִיתִי אִתְּכֶם וְלֹא־יִכָּרֵת
כָּל־בָּשָׂר עוֹד מִמֵּי הַמַּבּוּל וְלֹא־יִהְיֶה עוֹד מַבּוּל
לְשַׁחֵת הָאָרֶץ׃ יב וַיֹּאמֶר אֱלֹהִים זֹאת אוֹת־הַבְּרִית
אֲשֶׁר־אֲנִי נֹתֵן בֵּינִי וּבֵינֵיכֶם וּבֵין כָּל־נֶפֶשׁ חַיָּה אֲשֶׁר
אִתְּכֶם לְדֹרֹת עוֹלָם׃ יג אֶת־קַשְׁתִּי נָתַתִּי בֶּעָנָן וְהָיְתָה

אונקלוס

דְּמֵהּ יִתְּשַׁד אֲרֵי בְּצַלְמָא דַייָ עֲבַד יָת־אֱנָשָׁא׃ ז וְאַתּוּן פּוּשׁוּ וּסְגוּ אִתְיְלִידוּ
בְּאַרְעָא וּסְגוּ־בַהּ׃ ח וַאֲמַר יְיָ לְנֹחַ וְלִבְנוֹהִי עִמֵּהּ לְמֵימָר׃ ט וַאֲנָא הָא־אֲנָא
מְקִים יָת־קְיָמִי עִמְּכוֹן וְעִם־בְּנֵיכוֹן בַּתְרֵיכוֹן׃ י וְעִם כָּל־נַפְשָׁא חַיְתָא דְּעִמְּכוֹן
בְּעוֹפָא בִּבְעִירָא וּבְכָל־חֵיוַת אַרְעָא דְּעִמְּכוֹן מִכֹּל נָפְקֵי תֵבוּתָא לְכֹל חֵיוַת אַרְעָא׃
יא וַאֲקֵים יָת־קְיָמִי עִמְּכוֹן וְלָא־יִשְׁתֵּיצֵי כָּל־בִּשְׂרָא עוֹד מִמֵּי טוֹפָנָא וְלָא־יְהֵי
עוֹד טוֹפָנָא לְחַבָּלָא אַרְעָא׃ יב וַאֲמַר יְיָ דָּא אָת־קְיָם דִּי־אֲנָא יָהֵב בֵּין־מֵימְרִי
וּבֵינֵיכוֹן וּבֵין כָּל־נַפְשָׁא חַיְתָא דִּי עִמְּכוֹן לְדָרֵי עָלְמָא׃ יג יָת־קַשְׁתִּי יְהָבִית

רש״י

אִם יֵשׁ עֵדִים הֲמִיתוּהוּ אַתֶּם, לָמָּה? כִּי בְּצֶלֶם אֱלֹהִים וגו׳: עשה את האדם. זֶה מִקְרָא חָסֵר, וְצָרִיךְ לִהְיוֹת: עָשָׂה הָעוֹשֶׂה אֶת הָאָדָם. וְכֵן הַרְבֵּה בַּמִּקְרָא: (ז) ואתם פרו ורבו. לְפִי פְּשׁוּטוֹ: הָרִאשׁוֹנָה לִבְרָכָה, וְכָאן לְצִוּוּי. וּלְפִי מִדְרָשׁוֹ: לְהַקִּישׁ מִי שֶׁאֵינוֹ עוֹסֵק בִּפְרִיָּה וּרְבִיָּה לְשׁוֹפֵךְ דָּמִים (יבמות ס״ג): (ט) ואני הנני. מַסְכִּים אֲנִי עִמְּךָ, שֶׁהָיָה נֹחַ דּוֹאֵג לַעֲסוֹק בִּפְרִיָּה וּרְבִיָּה עַד שֶׁהִבְטִיחוֹ הַקָּבָּ״ה שֶׁלֹּא לְשַׁחֵת הָעוֹלָם עוֹד, וְכֵן עָשָׂה. וּבָאַחֲרוֹנָה אָמַר לוֹ: הִנְנִי מַסְכִּים לַעֲשׂוֹת קִיּוּם וְחִזּוּק בְּרִית לַהַבְטָחָתִי וְאֶתֵּן לְךָ אוֹת: (י) חית הארץ אתכם. הֵם הַמִּתְהַלְּכִים עִם הַבְּרִיּוֹת: מכל יוצאי התיבה. לְהָבִיא שְׁקָצִים וּרְמָשִׂים: חית הארץ. לְהָבִיא הַמַּזִּיקִין, שֶׁאֵינָן בִּכְלַל הַחַיָּה אֲשֶׁר אִתְּכֶם, שֶׁאֵין הִלּוּכָן עִם הַבְּרִיּוֹת: (יא) והקמותי. אֶעֱשֶׂה קִיּוּם לִבְרִיתִי. וּמַהוּ קִיּוּמוֹ? אוֹת הַקֶּשֶׁת. כְּמוֹ שֶׁמְּסַיֵּם וְהוֹלֵךְ: (יב) לדרת עולם. נִכְתַּב חָסֵר, שֶׁיֵּשׁ דּוֹרוֹת, שֶׁלֹּא הוּצְרְכוּ לְאוֹת לְפִי שֶׁצַּדִּיקִים גְּמוּרִים הָיוּ, כְּמוֹ: דּוֹרוֹ שֶׁל חִזְקִיָּהוּ מֶלֶךְ יְהוּדָה

for in the image of God made he man. ⁷And you, be ye fruitful, and multiply; bring forth abundantly in the earth, and multiply therein. ⁸And God said unto Noah, and to his sons with him, as follows, ⁹And I, behold, I establish my covenant with you, and with your seed after you; ¹⁰And with every living soul that is with you, of the fowl, of the beast, and of every animal of the earth with you; from all that go out of the ark to every animal of the earth. ¹¹And I will establish my covenant with you; that all flesh shall not be cut off any more by the waters of the deluge; neither shall there any more be a deluge to destroy the earth. ¹²And God said. This is the sign of the covenant which I appoint between me and you and every living soul that is with you, for generations for ever: ¹³My bow I have set in the cloud, and it shall be

רש"י

there are witnesses y o u kill him. Why? Because in the image of God [made He man] *and he has destroyed the Divine image* (Gen. R. 35). עשה את האדם HE MADE MAN — This verse is abbreviated[1]) and should be "the M a k e r made man"; there are many similar expressions in the Scriptures. (7) ואתם פרו ורבו AND YE, BE FRUITFUL AND MULTIPLY — According to the real sense, the first *time this was said to man* (Gen. IX. 1) it was said as a blessing (an assurance that they would be fruitful); here it is a command (Ket. 5a). According to the Midrashic explanation *this command is mentioned here after the mention of murder* in order to liken one who obstains from having children to one who sheds blood (Jeb. 63b). (9) ואני הנני AND I BEHOLD I — "I am in agreement with you"; *He said this* because Noah feared to fulfil the duty of propagating the species until the Holy One, blessed be He, promised him that he would not again destroy the world and this promise God made (see v. 11). Ultimately He said to him, "*If you are still anxious* I am willing to give to My promise the permanence and strength of a covenant and I will give you a sign." (10) חית הארץ אתכם AND EVERY ANIMAL OF THE EARTH WITH YOU or, THAT ARE WITH YOU — those which go about with human beings. מכל יוצאי התבה OF ALL THAT GO OUT OF THE ARK — *These words would* include creeping things and reptiles. חית הארץ [EVEN E V E R Y] BEAST OF THE EARTH — *These words are intended* to include dangerous animals which cannot be included in *the above description*, "every living creature that is with you" — for these do n o t go about with human beings. (11) והקמתי AND I WILL ESTABLISH — I will give confirmation to my covenant; and in what consists this confirmation? "The sign of the rainbow", as it goes on *explaining at the end*. (12) לדרת עולם FOR GENERATIONS FOR EVER — The word לדרת "for generations" is written defective (without Vau) (implying that the sign will be necessary only for such generations as are "defective" in faith)[2]) because there will be some generations which will require no sign since they were completely righteous, such as the generation of Hezekiah, king of Judah.

NOTES

1) The subject to עשה is omitted; it is really equivalent to a passive "man was made".

2) or it may be that the intention of the word being written defective is not to include a l l generations.

לְאוֹת בְּרִית בֵּינִי וּבֵין הָאָרֶץ׃ יד וְהָיָה בְּעַנְנִי עָנָן
עַל־הָאָרֶץ וְנִרְאֲתָה הַקֶּשֶׁת בֶּעָנָן׃ טו וְזָכַרְתִּי אֶת־
בְּרִיתִי אֲשֶׁר בֵּינִי וּבֵינֵיכֶם וּבֵין כָּל־נֶפֶשׁ חַיָּה בְּכָל־
בָּשָׂר וְלֹא־יִהְיֶה עוֹד הַמַּיִם לְמַבּוּל לְשַׁחֵת כָּל־בָּשָׂר׃
טז וְהָיְתָה הַקֶּשֶׁת בֶּעָנָן וּרְאִיתִיהָ לִזְכֹּר בְּרִית עוֹלָם
בֵּין אֱלֹהִים וּבֵין כָּל־נֶפֶשׁ חַיָּה בְּכָל־בָּשָׂר אֲשֶׁר
עַל־הָאָרֶץ׃ יז וַיֹּאמֶר אֱלֹהִים אֶל־נֹחַ זֹאת אוֹת־
הַבְּרִית אֲשֶׁר הֲקִמֹתִי בֵּינִי וּבֵין כָּל־בָּשָׂר אֲשֶׁר עַל־
הָאָרֶץ׃ פ ששי
יח וַיִּהְיוּ בְנֵי־נֹחַ הַיֹּצְאִים מִן־הַתֵּבָה שֵׁם וְחָם וָיָפֶת וְחָם
הוּא אֲבִי כְנָעַן׃ יט שְׁלֹשָׁה אֵלֶּה בְּנֵי־נֹחַ וּמֵאֵלֶּה נָפְצָה
כָל־הָאָרֶץ׃ כ וַיָּחֶל נֹחַ אִישׁ הָאֲדָמָה וַיִּטַּע כָּרֶם׃

אונקלוס

בַּעֲנָנָא וּתְהֵי לְאָת קְיָם בֵּין מֵימְרִי וּבֵין אַרְעָא: יד וִיהֵי בַּעֲנָנוּתִי עֲנָנָא עַל־אַרְעָא
וְתִתְחֲזֵי קַשְׁתָּא בַּעֲנָנָא: טו וְדָכִירְנָא יָת־קְיָמִי דִּי־בֵין מֵימְרִי וּבֵינֵיכוֹן וּבֵין כָּל־
נַפְשָׁא חַיְתָא בְּכָל־בִּשְׂרָא וְלָא יְהֵא עוֹד מַיָּא לְטוֹפָנָא לְחַבָּלָא כָּל בִּשְׂרָא:
טז וּתְהֵא קַשְׁתָּא בַּעֲנָנָא וְאֶחֱזֵנַהּ לְמִדְכַּר קְיָם עָלַם בֵּין מֵימְרָא־דַייָ וּבֵין כָּל־
נַפְשָׁא חַיְתָא בְּכָל־בִּשְׂרָא דִּי עַל־אַרְעָא: יז וַאֲמַר יְיָ לְנֹחַ דָּא אָת־קְיָם דִּי
אֲקֵמִית בֵּין־מֵימְרִי וּבֵין כָּל־בִּשְׂרָא דִּי עַל־אַרְעָא: יח וַהֲווֹ בְנֵי־נֹחַ דִּי נְפָקוּ מִן
תֵּבוֹתָא שֵׁם וְחָם וָיֶפֶת וְחָם הוּא אֲבוּהִי דִכְנָעַן: יט תְּלָתָא אִלֵּין בְּנֵי נֹחַ וּמֵאִלֵּין
אִתְבַּדַּרוּ כָּל־אַרְעָא: כ וְשָׁרֵי נֹחַ גְּבַר פָּלַח בְּאַרְעָא וּנְצִיב כַּרְמָא:

רש"י

וְדוֹרוֹ שֶׁל רַבִּי שִׁמְעוֹן בֶּן יוֹחָאי (ב"ר): (יד) בענני ענן. כְּשֶׁתַּעֲלֶה בְמַחֲשָׁבָה לְפָנַי לְהָבִיא חֹשֶׁךְ וַאֲבַדּוֹן לָעוֹלָם: (טז) בין אלהים ובין כל נפש חיה. בֵּין מִדַּת הַדִּין שֶׁל מַעְלָה וּבֵינֵיכֶם, שֶׁהָיָה לוֹ לִכְתּוֹב, בֵּינִי וּבֵין כָּל נֶפֶשׁ חַיָּה. אֶלָּא זֶהוּ מִדְרָשׁוֹ: כְּשֶׁתָּבֹא מִדַּת הַדִּין לְקַטְרֵג עֲלֵיכֶם, לְחַיֵּב אֶתְכֶם, אֲנִי רוֹאֶה אֶת הָאוֹת וְנִזְכָּר: (יז) זאת אות הברית. הֶרְאָהוּ הַקֶּשֶׁת וְאָמַר לוֹ: הֲרֵי הָאוֹת שֶׁאָמַרְתִּי: (יח) והם הוא אבי כנען. לָמָּה הוּצְרַךְ לוֹמַר כָּאן? לְפִי שֶׁהַפָּרָשָׁה עֲסוּקָה וּבָאָה בְּשִׁכְרוּתוֹ שֶׁל נֹחַ שֶׁקִּלְקֵל בָּהּ חָם וְעַל יָדוֹ נִתְקַלֵּל כְּנַעַן, וַעֲדַיִן לֹא כָתַב תּוֹלְדוֹת חָם, וְלֹא יָדַעְנוּ שֶׁכְּנַעַן בְּנוֹ—לְפִיכָךְ הוּצְרַךְ לוֹמַר כָּאן: וְחָם הוּא אֲבִי כְנָעַן: (כ) ויחל. עָשָׂה עַצְמוֹ חוּלִּין שֶׁהָיָה לוֹ לַעֲסוֹק תְּחִלָּה בִּנְטִיעָה אַחֶרֶת (ב"ר): איש האדמה. אֲדוֹנֵי הָאֲדָמָה.

for a sign of a covenant between me and the earth. 14And it shall come
to pass, when I cloud the earth with clouds, that the bow shall be seen
in the cloud: 15And I will remember my covenant, which is between me
and you and every living soul of all flesh; and the waters shall no more
become a deluge to destroy all flesh. 16And the bow shall be in the cloud;
and I will regard it in order to remember for ever the covenant between
God and every living soul of all flesh that is upon the earth. 17And God
said unto Noah, This is the sign of the covenant, which I have established
between me and all flesh that is upon the earth. 18And the sons of Noah
that went out of the ark, were Shem, and Ham, and Japheth; and Ham is
the father of Canaan. 19These are the three sons of Noah: and by them was
the whole earth overspread. 20And Noah, the husbandman, began and

רש"י

and the generation of R. Simeon ben Jochai (Gen. R. 35). **(14)** בעננִי ענן WHEN I BRING A CLOUD — When I have it in mind to bring darkness and destruction upon the world. **(16)** בין אלהים ובין כל נפש חיה BETWEEN GOD AND EVERY LIVING SOUL — Between Divine J u s t i c e and you; for *otherwise* it should have written "between M e and every living thing". But this is its explanation: when J u s t i c e will come to accuse and condemn you I will look upon the sign and remember the covenant (see Gen. R. 35). **(17)** זאת אות הברית THIS IS THE SIGN OF THE COVENANT — He pointed to the rainbow, and said to him, "T h i s is the sign of which I have spoken." **(18)** והם הוא אבי כנען AND HAM IS THE FATHER OF CANAAN — Why is it necessary to mention this here? Because this section goes on to deal with *the account of* Noah's drunkenness when Ham sinned and through him Canaan was cursed. Now as the generations of Ham have not yet been mentioned and we therefore would not know that Canaan was his son, it was necessary to state here that "Ham is the father of Canaan". **(20)** ויחל [AND NOAH] BEGAN — (The word may be connected also with a root meaning "profane") He profaned (degraded) himself, for he should have occupied himself first with planting something different[1]) (Gen. R. 36). איש האדמה A MAN OF THE GROUND. — The master (owner, lord) of the ground; similar to

NOTES

[1]) Not with a plant supplying intoxicating drink.

כא וַיֵּשְׁתְּ מִן־הַיַּיִן וַיִּשְׁכָּר וַיִּתְגַּל בְּתוֹךְ אָהֳלֹה: כב וַיַּרְא
חָם אֲבִי כְנַעַן אֵת עֶרְוַת אָבִיו וַיַּגֵּד לִשְׁנֵי־אֶחָיו בַּחוּץ:
כג וַיִּקַּח שֵׁם וָיֶפֶת אֶת־הַשִּׂמְלָה וַיָּשִׂימוּ עַל־שְׁכֶם
שְׁנֵיהֶם וַיֵּלְכוּ אֲחֹרַנִּית וַיְכַסּוּ אֵת עֶרְוַת אֲבִיהֶם
וּפְנֵיהֶם אֲחֹרַנִּית וְעֶרְוַת אֲבִיהֶם לֹא רָאוּ: כד וַיִּיקֶץ
נֹחַ מִיֵּינוֹ וַיֵּדַע אֵת אֲשֶׁר־עָשָׂה לוֹ בְּנוֹ הַקָּטָן: כה וַיֹּאמֶר
אָרוּר כְּנָעַן עֶבֶד עֲבָדִים יִהְיֶה לְאֶחָיו: כו וַיֹּאמֶר בָּרוּךְ
יְהוָה אֱלֹהֵי שֵׁם וִיהִי כְנַעַן עֶבֶד לָמוֹ: כז יַפְתְּ אֱלֹהִים

אונקלוס

כא וּשְׁתִי מִן־חַמְרָא וּרְוִי וְאִתְגְּלִי בְּגוֹ מַשְׁכְּנֵהּ: כב וַחֲזָא חָם אֲבוּהִי דִכְנַעַן יָת עֶרְיְתָא
דַאֲבוּהִי וְחַוִּי לִתְרֵין־אֲחוֹהִי בְּשׁוּקָא: כג וּנְסֵיב שֵׁם וָיֶפֶת יָת־כְּסוּתָא וְשַׁוִּיו עַל־
כְּתַף תַּרְוֵיהוֹן וַאֲזָלוּ מְחַזְרִין וַחֲפִיאוּ יָת־עֶרְיְתָא דַאֲבוּהוֹן וְאַפֵּיהוֹן מְחַזְרִין וְעֶרְיְתָא
דַאֲבוּהוֹן לָא־חֲזוֹ: כד וְאִתְּעַר נֹחַ מֵחַמְרֵהּ וִידַע יָת דִּי־עֲבַד לֵהּ בְּרֵהּ זְעֵירָא:
כה וַאֲמַר לִיט כְּנָעַן עֶבֶד פְּלַח עַבְדִין יְהֵי לַאֲחוֹהִי: כו וַאֲמַר בְּרִיךְ יְיָ אֱלָהֵהּ
דְּשֵׁם וִיהֵי כְנַעַן עַבְדָּא לְהוֹן: כז יַפְתֵּי יְיָ לְיֶפֶת וְיַשְׁרֵי שְׁכִנְתֵּהּ בְּמַשְׁכְּנֵהּ דְשֵׁם

רש"י

כְּמוֹ: אִישׁ נָעֳמִי (רות א׳): ויטע כרם. כְּשֶׁנִּכְנַס לַתֵּיבָה הִכְנִיס עִמּוֹ זְמוֹרוֹת וְיִחוּרֵי תְאֵנִים (ב״ר):
(כא) ויתגל. לְשׁוֹן וַיִּתְפָּעֵל: אהלה. אָהֳלֹה כְּתִיב, רֶמֶז לְי׳ שְׁבָטִים שֶׁנִּקְרְאוּ עַל שֵׁם שׁוֹמְרוֹן,
שֶׁנִּקְרֵאת אָהֳלָה שֶׁגָּלוּ עַל עִסְקֵי הַיַּיִן שֶׁנֶּאֱמַר: הַשּׁוֹתִים בְּמִזְרְקֵי יַיִן (עמוס ו׳): (כב) וירא חם
אבי כנען. יֵשׁ מֵרַבּוֹתֵינוּ אוֹמְרִים: כְּנַעַן רָאָה וְהִגִּיד לְאָבִיו, לְכָךְ הוּזְכַּר עַל הַדָּבָר וְנִתְקַלֵּל (ב״ר):
וירא את ערות אביו. יֵשׁ אוֹמְרִים סֵרְסוֹ וְיֵשׁ אוֹמְרִים רְבָעוֹ (סנה׳ ע׳): (כג) ויקח שם ויפת.
אֵין כְּתִיב וַיִּקְחוּ, אֶלָּא וַיִּקַּח — לִמֵּד עַל שֵׁם שֶׁנִּתְאַמֵּץ בְּמִצְוָה יוֹתֵר מִיֶּפֶת, לְכָךְ זָכוּ בָּנָיו לְטַלִּית
שֶׁל צִיצִית, וְיֶפֶת זָכָה לִקְבוּרָה לְבָנָיו, שֶׁנֶּאֱמַר: אֶתֵּן לְגוֹג מְקוֹם שָׁם קֶבֶר (יחזקאל ל״ט).
וְחָם שֶׁבִּזָּה אֶת אָבִיו נֶאֱמַר בְּזַרְעוֹ: כֵּן יִנְהַג מֶלֶךְ אַשּׁוּר אֶת שְׁבִי מִצְרַיִם וְאֶת גָּלוּת כּוּשׁ נְעָרִים
וּזְקֵנִים עָרוֹם וְיָחֵף וַחֲשׂוּפֵי שֵׁת וְגוֹ׳ (ישעי׳ כ׳): ופניהם אחורנית. לָמָּה נֶאֱמַר פַּעַם שְׁנִיָּה?
מְלַמֵּד שֶׁכְּשֶׁקָּרְבוּ אֶצְלוֹ וְהוּצְרְכוּ לַהֲפוֹךְ עַצְמָם לְכַסּוֹתוֹ הָפְכוּ פְּנֵיהֶם אֲחוֹרַנִּית: (כד) בנו
הקטן. הַפָּסוּל וְהַבָּזוּי, כְּמוֹ: הִנֵּה קָטֹן נְתַתִּיךָ בַּגּוֹיִם בָּזוּי בָּאָדָם (ירמיה מ״ט): (כה) ארור
כנען. אַתָּה גָּרַמְתָּ לִי, שֶׁלֹּא אוֹלִיד בֵּן רְבִיעִי אַחֵר לְשַׁמְּשֵׁנִי, אָרוּר בִּנְךָ רְבִיעִי לִהְיוֹת מְשַׁמֵּשׁ
אֶת זַרְעָם שֶׁל אֵלּוּ הַגְּדוֹלִים, שֶׁהוּטַל עֲלֵיהֶם טוֹרַח עֲבוֹדָתִי מֵעַתָּה. וּמָה רָאָה חָם שֶׁסֵּרְסוֹ?
אָמַר לָהֶם לְאֶחָיו: אָדָם הָרִאשׁוֹן שְׁנֵי בָנִים הָיוּ לוֹ, וְהָרַג זֶה אֶת זֶה בִּשְׁבִיל יְרוּשַּׁת הָעוֹלָם,
וְאָבִינוּ יֶשׁ לוֹ ג׳ בָּנִים וַעֲדַיִן מְבַקֵּשׁ בֵּן רְבִיעִי: (כו) ברוך ה׳ אלהי שם. שֶׁעָתִיד לִשְׁמוֹר
הַבְטָחָתוֹ לְזַרְעוֹ, לָתֵת לָהֶם אֶת אֶרֶץ כְּנָעַן: ויהי. לָהֶם כְּנַעַן לְמַס עוֹבֵד: (כז) יפת אלהים ליפת.
מְתוּרְגָּם יַפְתֵּי, יַרְחִיב: וישכן באהלי שם. יַשְׁרֶה שְׁכִינָתוֹ בְּיִשְׂרָאֵל. וּמִדְרַשׁ חֲכָמִים: אַע״פ שֶׁיַּפְתְּ
אֱלֹהִים לְיֶפֶת — שֶׁבָּנָה כּוֹרֶשׁ, שֶׁהָיָה מִבְּנֵי יֶפֶת, בַּיִת שֵׁנִי — לֹא שָׁרְתָה בּוֹ שְׁכִינָה; וְהֵיכָן שָׁרְתָה?

planted a vineyard. ²¹And he drank of the wine, and was drunken; and he was uncovered in the midst of his tent. ²²And Ham, the father of Canaan, saw the nakedness of his father, and told his two brethren without. ²³And Shem and Japheth took an outer garment, and put it upon both their shoulders, and went backwards and covered the nakedness of their father; and their faces were backward, and they saw not their father's nakedness. ²⁴And Noah awoke from his wine, and knew what his younger son had done unto him. ²⁵And he said, Cursed be Canaan; a servant of servants will he be unto his brethren. ²⁶And he said, Blessed be the Eternal God of Shem; and may Canaan be servant to them. ²⁷May God enlarge

רש"י

Ruth I. 3)¹) איש נעמי "The husband (lord) of Naomi". ויטע כרם AND HE PLANTED A VINEYARD — When he went into the Ark, he had taken with him vine-branches and shoots of fig trees (Tanch.). **(21)** ויתגל AND HE UNCOVERED HIMSELF — This is the Hithpael form. אהלה HIS TENT — This word is written אהלה (with ה at end instead of ו) *so that it may be regarded as* an allusion to the ten tribes who were spoken of as Samaria which was called "אהלה" Ohala, and who were exiled because of indulgence in wine, at it is said, (Amos VI. 6) "that drink wine in bowls".²) **(22)** וירא חם אבי כנען AND HAM THE FATHER OF CANAAN SAW — Some of our Rabbis say that C a n a a n saw it and told his father about it, and on that account he is mentioned in connection with this matter and was cursed (Gen. R. 36). **(23)** ויקח שם ויפת AND SHEM AND JAPHETH TOOK — (lit., "And Shem took and Japheth") It is not written here ויקחו "And t h e y took", but ויקח "And h e took", in order to teach regarding Shem that he devoted himself to this duty with more eagerness than Japheth. Therefore have Shem's sons received the privilege of *wearing* the cloak that has fringes, and the sons of Japheth were privileged to receive *honorable* burial, as it is said, (Ez. XXXIX. 11) "I will give unto Gog (a descendant of Japheth) a place fit for burial [in Israel]". But as for Ham who despised his father — of his descendants it is said (Is. XX. 4) "So shall the king of Assyria lead away the captives of Egypt, and the exiles of Ethiopia (these were peopled by the children of Ham) young and old, n a k e d and barefoot and with buttocks uncovered etc." (Gen. R. 36 and Tanch.). ופניהם אחורנית AND THEIR FACES WERE BACKWARD — Wherefore is it written a second time (that they turned themselves backward)? It is to tell us that when they came near to him and it was necessary for them to turn round in order to cover him they kept their f a c e s turned away (ib.). **(24)** בנו הקטן HIS YOUNGER SON — The unworthy and despicable one, as (Jerem. XLIX. 15) "For, behold, I make thee s m a l l (קטן) among the nations, and d e s p i s e d among men" **(25)** ארור כנען CURSED BE CANAAN — You have brought it about that I cannot beget a fourth son to serve me; cursed, therefore, be your fourth son (see Chap. X. 6) to serve under the descendants of these elder ones upon whom the duty of serving me will devolve from now on (Gen. R. 36). Why did Ham maltreat him in this manner? He said to his brothers, "Adam Horishon had two sons and one killed the other in order that he might possess the *whole* world: our father *already* has three sons, and he wishes to have yet another". **(26)** ברוך ה' אלהי שם BLESSED BE THE ETERNAL, THE GOD OF SHEM, who will in days to come carry out his promise to his d e s c e n - d a n t s³) to give them the land of Canaan. ויהי AND MAY HE BE — Canaan — their servant serving and paying tribute (Cp. Josh. XVI. 10). **(27)** יפת אלהים ליפת MAY GOD ENLARGE JAPHETH — The Targum renders *the verb* by יפתי *meaning*, "may He extend". וישכון באהלי שם AND MAY HE DWELL IN THE TENTS OF SHEM — may He make His Divine Presence (Shechinah) dwell in Israel. According to the Midrashic

NOTES

¹) See Ruth I. 3 and Rashi thereon.
²) See Gen. R. 36, where, however, the exile (גלות) of the ten tribes is connected with ויתגל, not with אהלה.
³) for למו is plural and cannot, therefore, refer to שם (sing.).

לְיֶפֶת וְיִשְׁכֹּן בְּאָהֳלֵי־שֵׁם וִיהִי כְנַעַן עֶבֶד לָמוֹ׃ כח וַיְחִי־
נֹחַ אַחַר הַמַּבּוּל שְׁלֹשׁ מֵאוֹת שָׁנָה וַחֲמִשִּׁים שָׁנָה׃
כט וַיְהִי כָּל־יְמֵי־נֹחַ תְּשַׁע מֵאוֹת שָׁנָה וַחֲמִשִּׁים
שָׁנָה וַיָּמֹת׃ פ
י א וְאֵלֶּה תּוֹלְדֹת בְּנֵי־נֹחַ שֵׁם חָם וָיָפֶת וַיִּוָּלְדוּ לָהֶם
בָּנִים אַחַר הַמַּבּוּל׃ ב בְּנֵי יֶפֶת גֹּמֶר וּמָגוֹג וּמָדַי וְיָוָן
וְתֻבָל וּמֶשֶׁךְ וְתִירָס׃ ג וּבְנֵי גֹּמֶר אַשְׁכְּנַז וְרִיפַת
וְתֹגַרְמָה׃ ד וּבְנֵי יָוָן אֱלִישָׁה וְתַרְשִׁישׁ כִּתִּים וְדֹדָנִים׃
ה מֵאֵלֶּה נִפְרְדוּ אִיֵּי הַגּוֹיִם בְּאַרְצֹתָם אִישׁ לִלְשֹׁנוֹ
לְמִשְׁפְּחֹתָם בְּגוֹיֵהֶם׃ ו וּבְנֵי חָם כּוּשׁ וּמִצְרַיִם וּפוּט
וּכְנָעַן׃ ז וּבְנֵי כוּשׁ סְבָא וַחֲוִילָה וְסַבְתָּה וְרַעְמָה
וְסַבְתְּכָא וּבְנֵי רַעְמָה שְׁבָא וּדְדָן׃ ח וְכוּשׁ יָלַד אֶת־
נִמְרֹד הוּא הֵחֵל לִהְיוֹת גִּבֹּר בָּאָרֶץ׃ ט הוּא־הָיָה
גִבֹּר־צַיִד לִפְנֵי יְהוָה עַל־כֵּן יֵאָמַר כְּנִמְרֹד גִּבּוֹר צַיִד

אונקלוס

וִיהֵי כְנַעַן עַבְדָּא לְהוֹן׃ כח וַחֲיָא־נֹחַ בָּתַר טוֹפָנָא תְּלָת מְאָה וְחַמְשִׁין שְׁנִין׃
כט וַהֲווֹ כָּל־יוֹמֵי נֹחַ תְּשַׁע מְאָה וְחַמְשִׁין שְׁנִין וּמִית׃ א וְאִלֵּין תּוּלְדַת בְּנֵי־נֹחַ
שֵׁם חָם וְיֶפֶת וְאִתְיְלִידוּ לְהוֹן בְּנִין בָּתַר טוֹפָנָא׃ ב בְּנֵי יֶפֶת גֹּמֶר וּמָגוֹג וּמָדַי
וְיָוָן וְתוּבָל וּמֶשֶׁךְ וְתִירָס׃ ג וּבְנֵי גֹמֶר אַשְׁכְּנַז וְרִיפַת וְתוֹגַרְמָה׃ ד וּבְנֵי יָוָן
אֱלִישָׁא וְתַרְשִׁישׁ כִּתִּים וְדֹדָנִים׃ ה מֵאִלֵּין אִתְפְּרָשׁוּ נַגְוַת עַמְמַיָּא בְּאַרְעֲהוֹן
גְּבַר לְלִישָׁנֵהּ לְזַרְעֲיָתְהוֹן בְּעַמְמֵיהוֹן׃ ו וּבְנֵי חָם כּוּשׁ וּמִצְרַיִם וּפוּט וּכְנָעַן׃
ז וּבְנֵי כוּשׁ סְבָא וַחֲוִילָה וְסַבְתָּה וְרַעְמָה וְסַבְתְּכָא וּבְנֵי רַעְמָה שְׁבָא וּדְדָן׃
ח וְכוּשׁ אוֹלִיד יָת־נִמְרֹד הוּא שָׁרִי לְמֶהֱוֵי גְּבַר־תַּקִּיף בְּאַרְעָא׃ ט הוּא־הֲוָה

רש״י

בְּמִקְדָּשׁ רִאשׁוֹן שֶׁבָּנָה שְׁלֹמֹה שֶׁהָיָה מִבְּנֵי שֵׁם. ויהי כנען עבד למו. אַף מִשֶּׁיִּגְלוּ בְּנֵי שֵׁם יִמָּכְרוּ לָהֶם עֲבָדִים מִבְּנֵי כְנַעַן׃

י (ב) ותירס. זוֹ פָּרַס (כ״י): (ח) להיות גבור. לְהַמְרִיד כָּל הָעוֹלָם עַל הַקָּבָּ״ה בַּעֲצַת דּוֹר הַפַּלָּגָה׃

Japheth, and may he dwell in the tents of Shem; and may Canaan be servant to them. ²⁸And Noah lived after the deluge three hundred and fifty years. ²⁹And all the days of Noah were nine hundred and fifty years; and he died.

10. ¹Now these are the progeny of the sons of Noah, Shem, Ham, and Japheth; and unto them were sons born after the deluge. ²The sons of Japheth; Gomer, and Magog, and Madai, and Javan, and Tubal, and Meshech, and Tiras. ³And the sons of Gomer; Ashkenaz, and Riphath, and Togarmah. ⁴And the sons of Javan; Elishah, and Tarshish, Kittim, and Dodanim. ⁵From these were parted the inhabitants of the maritime settlements of the nations in their lands; every one after his tongue, after their families, in their nations. ⁶And the sons of Ham; Cush, and Mizraim, and Phut, and Canaan. ⁷And the sons of Cush; Seba, and Havilah, and Sabtah, and Raamah, and Sabtechah: and the sons of Raamah; Sheba, and Dedan. ⁸And Cush begat Nimrod: he began to be a hero in the earth. ⁹He was a hero of the chase before the Eternal: wherefore it is said, Even as Nimrod the hero of the chase before the

רש״י

exposition of the Sages (Joma 10a) *it means:* Although God enlarged Japheth inasmuch that Cyrus, who was a descendant of Japheth, built the second Temple, yet the Shechinah did not dwell in it.¹) Where, then, did it dwell? In the first Temple which Solomon, a descendant of Shem, built (Gen. R. 36). ויהיכנעןעבדלמו AND MAY CANAAN BE SERVANT TO THEM — Even when the children of Shem be in exile, children of Canaan will be sold to them as slaves.

10. (2) ותירס AND TIRAS — This is Persia (Gen. R. 37). **(8)** להיות גבור TO BE A MIGHTY ONE — *Mighty* in causing the whole world to rebel against the Holy One, blessed be He, by the plan *he devised for* the generation that witnessed the

NOTES
¹) Cf. Joma 21b.

לִפְנֵי יְהוָה: י וַתְּהִי רֵאשִׁית מַמְלַכְתּוֹ בָּבֶל וְאֶרֶךְ וְאַכַּד
וְכַלְנֵה בְּאֶרֶץ שִׁנְעָר: יא מִן־הָאָרֶץ הַהִוא יָצָא אַשּׁוּר
וַיִּבֶן אֶת־נִינְוֵה וְאֶת־רְחֹבֹת עִיר וְאֶת־כָּלַח: יב וְאֶת־
רֶסֶן בֵּין נִינְוֵה וּבֵין כָּלַח הִוא הָעִיר הַגְּדֹלָה: יג וּמִצְרַיִם
יָלַד אֶת־לוּדִים וְאֶת־עֲנָמִים וְאֶת־לְהָבִים וְאֶת־
נַפְתֻּחִים: יד וְאֶת־פַּתְרֻסִים וְאֶת־כַּסְלֻחִים אֲשֶׁר
יָצְאוּ מִשָּׁם פְּלִשְׁתִּים וְאֶת־כַּפְתֹּרִים: ס טו וּכְנַעַן
יָלַד אֶת־צִידֹן בְּכֹרוֹ וְאֶת־חֵת: טז וְאֶת־הַיְבוּסִי וְאֶת־
הָאֱמֹרִי וְאֵת הַגִּרְגָּשִׁי: יז וְאֶת־הַחִוִּי וְאֶת־הַעַרְקִי
וְאֶת־הַסִּינִי: יח וְאֶת־הָאַרְוָדִי וְאֶת־הַצְּמָרִי וְאֶת־
הַחֲמָתִי וְאַחַר נָפֹצוּ מִשְׁפְּחוֹת הַכְּנַעֲנִי: יט וַיְהִי גְּבוּל
הַכְּנַעֲנִי מִצִּידֹן בֹּאֲכָה גְרָרָה עַד־עַזָּה בֹּאֲכָה סְדֹמָה

אונקלוס

גְּבַר־תַּקִּיף קֳדָם יְיָ עַל־כֵּן יִתְאֲמַר כְּנִמְרֹד גְּבַר־תַּקִּיף קֳדָם יְיָ: י וַהֲוָת רֵישׁ
מַלְכוּתֵהּ בָּבֶל וְאֶרֶךְ וְאַכַּד וְכַלְנֵה בְּאַרְעָא דְבָבֶל: יא מִן אַרְעָא (ס"א עֵיצָה) הַהִיא
נְפַק אֲתוּרָאָה וּבְנָא יָת־נִינְוֵה וְיָת־רְחֹבֹת (נ"א רְחוֹבֵי קַרְתָּא) וְיָת־כָּלַח: יב וְיָת־
רֶסֶן בֵּין נִינְוֵה וּבֵין כָּלַח הִיא קַרְתָּא רַבְּתָא: יג וּמִצְרָאֵי אוֹלִיד יָת־לוּדָאֵי וְיָת־
עֲנָמָאֵי וְיָת־לְהָבָאֵי וְיָת־נַפְתּוּחָאֵי: יד וְיָת־פַּתְרוּסָאֵי וְיָת־כַּסְלוּחָאֵי דִּי נְפַקוּ
מִתַּמָּן פְּלִשְׁתָּאֵי וְיָת־קַפּוּטְקָאֵי: טו וּכְנַעַן אוֹלִיד יָת־צִידוֹן בֻּכְרֵהּ וְיָת־חֵת:
טז וְיָת־יְבוּסָאֵי וְיָת־אֱמוֹרָאֵי וְיָת־גִּרְגְּשָׁאֵי: יז וְיָת־חִוָּאֵי וְיָת־עַרְקָאֵי וְיָת־אַנְתּוֹסָאֵי:
יח וְיָת־אַרְוָדָאֵי וְיָת־צְמָרָאֵי וְיָת־חֲמָתָאֵי וּבָתַר־כֵּן אִתְבַּדָּרוּ זַרְעִיַת כְּנַעֲנָאֵי:
יט וַהֲוָת תְּחוּם כְּנַעֲנָאֵי מִצִּידוֹן מָטֵי לִגְרָר עַד־עַזָּה מָטֵי לִסְדוֹם וַעֲמֹרָה וְאַדְמָה

רש"י

(ט) גבור ציד. צד דעתן של בריות בפיו, ומטען למרוד במקום: לפני ה'. מתכוין להקניטו על פניו. על כן יאמר. על כל אדם מרשיע בעזות פנים, יודע רבונו ומתכוין למרוד בו, יאמר: זה כנמרוד גבור ציד: (יא) מן הארץ וגו'. כיון שראה אשור את בניו שומעין לנמרוד ומורדין במקום לבנות המגדל יצא מתוכם: (יב) העיר הגדלה. היא נינוה. שנא' ונינוה היתה עיר גדולה לאלהים (יונה ג'): (יג) להבים. שפניהם דומים ללהב: (יד) פתרסים ואת כסלחים אשר יצאו משם פלשתים. משניהם יצאו, שהיו פתרוסים וכסלוחים מחליפין משכב נשותיהם אלו לאלו ויצאו מהם פלשתים: (יח) ואחר נפוצו. מאלה נפוצו משפחות הרבה: (יט) גבול הכנעני. סוף ארצו.

Eternal. 10 And the beginning of his kingdom was Babel, and Erech,
and Accad, and Calneh, in the land of Shinar. 11 Out of that land went
forth Asshur, and builded Nineveh, and the city Rehoboth and Calah.
12 And Resen between Nineveh and Calah: the same is a great city. 13 And
Mitzraim begat Ludim, and Anamim, and Lehabim, and Naphtuhim,
14 And Pathrusim, and Casluhim, out of whom came Philistim, and Caph-
torim. 15 And Canaan begat Sidon his firstborn, and Heth. 16 And the
Jebusite, and the Amorite, and the Girgasite. 17 And the Hivite, and the
Arkite, and the Sinite. 18 And the Arvadite, and the Zemarite, and the
Hamathite: and afterwards were the families of the Canaanite spread
abroad. 19 And the boundary of the Canaanite was from Sidon, as thou
comest to Gerar, unto Gaza; as thou comest, unto Sodom, and Go-

רש"י

separation of the races (דור הפלגה) *to build the Tower of Babel.*[1]) **(9)** נבור ציד A MIGHTY HUNTER — He ensnared the minds of people by his words, misleading them to rebel against the Omnipresent. לפני ה' BEFORE THE LORD — intending purposely to provoke Him to His face. על כן יאמר WHEREFORE IT IS SAID — Regarding any man who brazenly acts wickedly — knowing his Master and yet of set purpose rebelling against Him — it is said, "This man is like Nimrod a mighty hunter" (Sifra, sec. Bechukotai). **(11)** מן הארץ וגו' OUT OF THAT LAND WENT FORTH ASSHUR — As soon as Asshur saw that his sons listened to Nimrod, rebelling against the Omnipresent by building the Tower, he went forth out of their midst (Gen. R. 37). **(12)** העיר הגדלה THE GREAT CITY — This refers to Nineveh (not to Calah the last mentioned city nor to Resen), as it is said. (Jonah III. 3) "Now Nineveh was an exceeding great city" (Joma 10a). **(13)** להבים LEHABIM — *So called* because their faces were *fiery* as a flame (להב). **(14)** פתרסים ואת כסלחים אשר יצאו משם פלשתים AND PATHRUSIM AND CASLUHIM OUT OF WHOM CAME PHILISTIM — They (the Philistines) were descended from both of them, for the Pathrusim and the Casluhim used to live together in promiscuous intercourse, and the Philistines were their offspring (Gen. R. 37). **(18)** ואחר נפוצו AND AFTERWARDS WERE SPREAD ABROAD — From these many families were spread abroad (besides those already mentioned, v. 15—18). **(19)** גבול הכנעני THE BOUNDARY OF THE CANAANITE *means* the end of his land: wherever גבול occurs it signifies

NOTES

1) Cf. Pes. 94b.

וַעֲמֹרָה וְאַדְמָה וּצְבֹיִם עַד־לָשַׁע: כ אֵלֶּה בְנֵי־חָם
לְמִשְׁפְּחֹתָם לִלְשֹׁנֹתָם בְּאַרְצֹתָם בְּגוֹיֵהֶם: ס
כא וּלְשֵׁם יֻלַּד גַּם־הוּא אֲבִי כָּל־בְּנֵי־עֵבֶר אֲחִי יֶפֶת
הַגָּדוֹל: כב בְּנֵי שֵׁם עֵילָם וְאַשּׁוּר וְאַרְפַּכְשַׁד וְלוּד
וַאֲרָם: כג וּבְנֵי אֲרָם עוּץ וְחוּל וְגֶתֶר וָמַשׁ: כד וְאַרְפַּכְשַׁד
יָלַד אֶת־שָׁלַח וְשֶׁלַח יָלַד אֶת־עֵבֶר: כה וּלְעֵבֶר יֻלַּד
שְׁנֵי בָנִים שֵׁם הָאֶחָד פֶּלֶג כִּי בְיָמָיו נִפְלְגָה הָאָרֶץ
וְשֵׁם אָחִיו יָקְטָן: כו וְיָקְטָן יָלַד אֶת־אַלְמוֹדָד וְאֶת־שָׁלֶף
וְאֶת־חֲצַרְמָוֶת וְאֶת־יָרַח: כז וְאֶת־הֲדוֹרָם וְאֶת־אוּזָל
וְאֶת־דִּקְלָה: כח וְאֶת־עוֹבָל וְאֶת־אֲבִימָאֵל וְאֶת־
שְׁבָא: כט וְאֶת־אוֹפִר וְאֶת־חֲוִילָה וְאֶת־יוֹבָב כָּל־אֵלֶּה

אונקלוס

וּצְבוֹיִם עַד־לָשַׁע: כ אִלֵּין בְּנֵי־חָם לְזַרְעֲיָתְהוֹן לְלִישָּׁנְהוֹן בְּאַרְעֲהוֹן בְּעַמְמֵיהוֹן:
כא וּלְשֵׁם אִתְיְלִיד אַף־הוּא אֲבוּהוֹן דְּכָל־בְּנֵי־עֵבֶר אֲחוּהִי דְּיֶפֶת רַבָּא: כב בְּנֵי
שֵׁם עֵילָם וְאַשּׁוּר וְאַרְפַּכְשַׁד וְלוּד וַאֲרָם: כג וּבְנֵי אֲרָם עוּץ וְחוּל וְגֶתֶר וָמַשׁ:
כד וְאַרְפַּכְשַׁד אוֹלִיד יָת־שָׁלַח וְשָׁלַח אוֹלִיד יָת־עֵבֶר: כה וּלְעֵבֶר אִתְיְלִידוּ
תְּרֵין בְּנִין שׁוּם חַד פֶּלֶג אֲרֵי בְיוֹמוֹהִי אִתְפְּלִיגַת אַרְעָא וְשׁוּם אֲחוּהִי יָקְטָן:
כו וְיָקְטָן אוֹלִיד יָת־אַלְמוֹדָד וְיָת־שָׁלֶף וְיָת־חֲצַרְמָוֶת וְיָת־יָרַח: כז וְיָת־הֲדוֹרָם
וְיָת־אוּזָל וְיָת־דִּקְלָה: כח וְיָת־עוֹבָל וְיָת־אֲבִימָאֵל וְיָת־שְׁבָא: כט וְיָת־אוֹפִיר וְיָת

רש"י

כָּל גְּבוּל לְשׁוֹן סוֹף וְקָצֶה: באכה. שֵׁם דָּבָר. וְלִי נִרְאֶה: כְּאָדָם הָאוֹמֵר לַחֲבֵירוֹ, גְּבוּל זֶה מַגִּיעַ
עַד אֲשֶׁר תָּבֹא לִגְבוּל פְּלוֹנִי: (כ) ללשנתם בארצתם. אַעַ"פּ שֶׁנֶּחְלְקוּ לִלְשׁוֹנוֹת וַאֲרָצוֹת, כֻּלָּם
בְּנֵי חָם הֵם: (כא) אבי כל בני עבר הַנָּהָר הָיָה שֵׁם: אחי יפת הגדול. אֵינִי יוֹדֵעַ אִם יֶפֶת הַגָּדוֹל
אִם שֵׁם, כְּשֶׁהוּא אוֹמֵר: שֵׁם בֶּן מְאַת שָׁנָה וְגוֹ' שְׁנָתַיִם אַחַר הַמַּבּוּל, הֱוֵי אוֹמֵר: יֶפֶת הַגָּדוֹל,
שֶׁהֲרֵי בֶּן ת"ק שָׁנָה הָיָה נֹחַ כְּשֶׁהִתְחִיל לְהוֹלִיד, וְהַמַּבּוּל הָיָה בִּשְׁנַת שֵׁשׁ מֵאוֹת שָׁנָה, נִמְצָא
שֶׁהַגָּדוֹל בְּבָנָיו הָיָה בֶּן מֵאָה שָׁנָה, וְשֵׁם לֹא הִגִּיעַ לְמֵאָה עַד שְׁנָתַיִם אַחַר הַמַּבּוּל: אחי יפת. וְלֹא
אֲחִי חָם? שֶׁאֵלּוּ שְׁנֵיהֶם כִּבְּדוּ אֶת אֲבִיהֶם, וְזֶה בְּזָהוּ: (כה) נפלגה. נִתְבַּלְבְּלוּ הַלְּשׁוֹנוֹת וְנָפֹצוּ מִן
הַבִּקְעָה וְנִתְפַּלְּגוּ בְּכָל הָעוֹלָם. לִמַּדְנוּ, שֶׁהָיָה עֵבֶר נָבִיא, שֶׁקָּרָא שֵׁם בְּנוֹ עַל שֵׁם הֶעָתִיד; וְשָׁנִינוּ
בְּסֵדֶר עוֹלָם שֶׁבְּסוֹף יָמָיו נִתְפַּלְּגוּ, שֶׁאִ"ת בִּתְחִלַּת יָמָיו, הֲרֵי יָקְטָן אָחִיו צָעִיר מִמֶּנּוּ, וְהוֹלִיד כַּמָּה
מִשְׁפָּחוֹת קוֹדֶם לָכֵן, שֶׁנֶּאֱמַר וְיָקְטָן יָלַד וְגוֹ' וְאַחַר כָּךְ וַיְהִי כָל הָאָרֶץ וְגוֹ'; וְאִ"ת בְּאֶמְצַע יָמָיו, לֹא בָא
הַכָּתוּב לִסְתּוֹם אֶלָּא לְפָרֵשׁ, הָא לָמַדְתָּ שֶׁבִּשְׁנַת מוֹת פֶּלֶג נִתְפַּלְּגוּ: (כו) ויקטן. שֶׁהָיָה עָנָיו וּמַקְטִין
עַצְמוֹ, לְכָךְ זָכָה לְהַעֲמִיד כָּל הַמִּשְׁפָּחוֹת הַלָּלוּ: חצרמות. עַל שֵׁם מְקוֹמוֹ, דִּבְרֵי אַגָּדָה (ב"ר):

morrah, and Admah, and Zeboim, even unto Lasha. 20These are the sons
of Ham, after their families, after their tongues, in their lands, and in
their nations. 21Unto Shem, also, the father of all the children of Eber,
the brother of Japheth the elder, even to him were children born. 22The
children of Shem; Elam, and Asshur, and Arpachshad, and Lud, and
Aram. 23And the children of Aram; Uz, and Hul, and Gether, and Mash.
24And Arpachshad begat Salah; and Salah begat Eber. 25And unto Eber
were born two sons: the name of one was Peleg; for in his days
was the earth divided; and his brother's name was Joktan. 26And
Joktan begat Almodad, and Sheleph, and Hazarmaveth, and Jerah,
27And Hadoram, and Uzal, and Diklah, 28And Obal, and Abimael,
and Sheba, 29And Ophir, and Havilah, and Jobab: all these were

רש"י

end and extremity. באכה AS THOU COMEST — *This word is* a noun. I think *it is a colloquial expression* like *that used by* a person who says to another: This boundary stretches until you come to such and such a boundary. **(20)** ללשנתם בארצתם AFTER THEIR TONGUES, IN THEIR LANDS — Although these were of different tongues and lands they are nevertheless all sons of Ham. **(21)** אבי כל בני עבר THE FATHER OF ALL THE CHILDREN OF EBER — (עבר means the "side" or "other side" of a river) — The father of all the children of עבר הנהר, the other side of the River (Euphrates), was Shem. אחי יפת הגדול [SHEM ...] THE BROTHER OF JAPHETH, THE ELDER — (The Hebrew is ambiguous: "the elder" may refer either to Shem or to Japheth). One cannot *from here* determine whether Japheth was the elder or Shem. Since, however, it states (XI. 10) "Shem was a hundred years old, .. two years after the flood" you must admit that Japheth was the elder. Because Noah was 500 years old when he first had children (V. 32), and the Flood happened in the six hundredth year of his life (VII. 11), consequently the eldest of his sons was *then* one hundred years old, whereas Shem reached his hundredth year only two years after the Flood (and therefore Japheth was the elder of the two) (Gen. R. 37). אחי יפת THE BROTHER OF JAPHETH — *It does* not *state* "brother of Ham", because these two honoured their father whereas Ham put him to shame. **(25)** נפלגה [THE EARTH] WAS DIVIDED — The languages became confounded and they (the peoples) were scattered abroad from the plain *of Shinar*, and were dispersed throughout the whole world. We may learn from this that Eber was a prophet, for he gave his son the name פלג, "*division*" after *an event which was to happen in* the future (ib.). For we learn in Seder Olam that it was during the last of his days that they were dispersed abroad. For if you argue that this happened early in his life (and that therefore he was not anticipating the future in so naming his son, but that the name referred to an event that had already happened), behold, his brother Joktan was younger than he and he had begotten many families previous *to the dispersion*, as it is said (X. 26) "And Joktan begot etc." and *only* afterwards *is it stated* "And the whole earth was etc." (with reference to the dispersion). If, on the other hand, you argue *that the dispersal happened* in the middle period of his life, then *I reply that* the verse *surely* does not intend to refer *to the time when the dispersion took place* in an indefinite manner,[1]) but to state quite definitely *when it was*. Hence you may learn that it was in the year of Peleg's death that they were dispersed. **(26)** יקטן AND JOKTAN — *He was so called ("the little one")* because he was so humble and thought little (ומקטין) of himself; therefore he merited the privilege of rearing all these families (Tanch.). חצרמות *He was so called (Court of Death)* after his city. So is the statement of the Agada (Gen. R. 37).

NOTES

[1]) Since Peleg lived 239 years, the term בימיו "in his days" is too general a statement were it to refer to the middle period of his life.

בְּנֵי יָקְטָן: ל וַיְהִי מוֹשָׁבָם מִמֵּשָׁא בֹּאֲכָה סְפָרָה הַר
הַקֶּדֶם: לא אֵלֶּה בְנֵי־שֵׁם לְמִשְׁפְּחֹתָם לִלְשֹׁנֹתָם
בְּאַרְצֹתָם לְגוֹיֵהֶם: לב אֵלֶּה מִשְׁפְּחֹת בְּנֵי־נֹחַ
לְתוֹלְדֹתָם בְּגוֹיֵהֶם וּמֵאֵלֶּה נִפְרְדוּ הַגּוֹיִם בָּאָרֶץ
אַחַר הַמַּבּוּל: פ שביעי
יא א וַיְהִי כָל־הָאָרֶץ שָׂפָה אֶחָת וּדְבָרִים אֲחָדִים:
ב וַיְהִי בְּנָסְעָם מִקֶּדֶם וַיִּמְצְאוּ בִקְעָה בְּאֶרֶץ שִׁנְעָר
וַיֵּשְׁבוּ שָׁם: ג וַיֹּאמְרוּ אִישׁ אֶל־רֵעֵהוּ הָבָה נִלְבְּנָה
לְבֵנִים וְנִשְׂרְפָה לִשְׂרֵפָה וַתְּהִי לָהֶם הַלְּבֵנָה לְאָבֶן
וְהַחֵמָר הָיָה לָהֶם לַחֹמֶר: ד וַיֹּאמְרוּ הָבָה | נִבְנֶה־
לָּנוּ עִיר וּמִגְדָּל וְרֹאשׁוֹ בַשָּׁמַיִם וְנַעֲשֶׂה־לָּנוּ שֵׁם

אונקלוס

חֲוִילָה וְיָת־יוֹבָב כָּל־אִלֵּין בְּנֵי יָקְטָן: ל וַהֲוָה מוֹתְבָנְהוֹן מִמֵּישָׁא מָטֵי לִסְפָר טוּר־מַדִּינְחָא: לא אִלֵּין בְּנֵי־שֵׁם לְזַרְעֲיָתְהוֹן לְלִישָׁנֵיהוֹן לְאַרְעָתְהוֹן בְּעַמְמֵיהוֹן: לב אִלֵּין זַרְעֲיַת בְּנֵי־נֹחַ לְתוּלְדָתְהוֹן בְּעַמְמֵיהוֹן וּמֵאִלֵּין אִתְפָּרָשׁוּ עַמְמַיָּא בְּאַרְעָא בָּתַר טוֹפָנָא: א וַהֲוָה כָל־אַרְעָא לִישָׁן חַד וּמַמְלַל חַד: ב וַהֲוָה בְּמִטַּלְהוֹן בְּקַדְמֵיתָא וְאַשְׁכָּחוּ בִקְעֲתָא בְּאַרְעָא דְבָבֶל וִיתִיבוּ תַמָּן: ג וַאֲמָרוּ גְּבַר לְחַבְרֵהּ הָבוּ נִרְמֵי לִבְנִין וְנִשְׂרְפִנּוּן בְּנוּרָא יוֹקַדְתָּא (נ״י בְּנוּרָא) וַהֲוַת לְהוֹן לִבְנְתָא לְאַבְנָא וְחֵמָרָא הֲוָה לְהוֹן לִשְׁיָע: ד וַאֲמָרוּ הָבוּ | נִבְנֵי לָנָא קַרְתָּא וּמַגְדְּלָא וְרֵישֵׁהּ מָטֵי עַד־צֵית־שְׁמַיָּא וְנַעְבֵּיד לָנָא שׁוּם דִּילְמָא נִתְבַּדַּר עַל־אַפֵּי כָל־

רש״י

יא (א) שפה אחת. לְשׁוֹן הַקֹּדֶשׁ: ודברים אחדים. בָּאוּ בְּעֵצָה אַחַת וְאָמְרוּ: לֹא כָל הֵימֶנּוּ שֶׁיָּבוֹר לוֹ אֶת הָעֶלְיוֹנִים, נַעֲלֶה לָרָקִיעַ וְנַעֲשֶׂה עִמּוֹ מִלְחָמָה. דָּבָר אַחֵר: עַל יְחִידוֹ שֶׁל עוֹלָם. דָּבָר אַחֵר: וּדְבָרִים אֲחָדִים — אָמְרוּ: אַחַת לְאֶלֶף ותרנ״ו שָׁנִים הָרָקִיעַ מִתְמוֹטֵט כְּשֵׁם שֶׁעָשָׂה בִּימֵי הַמַּבּוּל, בּוֹאוּ וְנַעֲשֶׂה לוֹ סְמִיכוֹת (ב״ר): (ב) בנסעם מקדם. שֶׁהָיוּ יוֹשְׁבִים שָׁם, כִּדְכְתִיב לְמַעְלָה: וַיְהִי מוֹשָׁבָם וְגוֹ׳ הַר הַקֶּדֶם, וְנָסְעוּ מִשָּׁם לָתוּר לָהֶם מָקוֹם לְהַחֲזִיק אֶת כֻּלָּם וְלֹא מָצְאוּ אֶלָּא שִׁנְעָר: (ג) איש אל רעהו. אֻמָּה לְאֻמָּה, מִצְרַיִם לְכוּשׁ, וְכוּשׁ לְפוּט וּפוּט לִכְנָעַן: הבה. הַזְמִינוּ עַצְמְכֶם. כָּל הָבָה לְשׁוֹן הַזְמָנָה הוּא, שֶׁמְּכִינִים עַצְמָן וּמִתְחַבְּרִים לִמְלָאכָה אוֹ לְעֵצָה אוֹ לְמַשָּׂא. הָבָה הַזְמִינוּ אפר״לייר בלע״ז: לבנים. שֶׁאֵין אֲבָנִים בְּבָבֶל, שֶׁהִיא בִקְעָה: ונשרפה לשריפה. כָּךְ עוֹשִׂין הַלְּבֵנִים שֶׁקּוֹרִין טויל״ש בלע״ז, שׁוֹרְפִים אוֹתָן בְּכִבְשָׁן: לחמר. לָטוּחַ הַקִּיר:

the sons of Joktan. ³⁰And their habitation was from Mesha, as thou comest unto Sephar a mount of the east. ³¹These are the sons of Shem, after their families, after their tongues, in their lands, after their nations. ³²These are the families of the sons of Noah, after their progeny, in their nations: and from these were the nations parted on the earth after the deluge.

11. ¹And the whole earth was of one language, and of few words. ²And it came to pass, as they journeyed from the east, that they found a deep valley in the land of Shinar; and they abode there. ³And they said, one to another, Come, let us make bricks, and burn them thoroughly. And they had brick for stone, and bitumen had they for mortar. ⁴And they said, Come, we will build for us a city and a tower, whose head may reach unto heaven; and we will make for us a name, lest

רש"י

11. **(1)** שפה אחת O N E LANGUAGE — The Holy Tongue (Hebrew). ודברים אחדים AND ONE SPEECH — They came with one plan, saying: "He has no right to select the heavenly regions exclusively for Himself; let us ascend to the skies and make war upon Him". Another explanation (of דברים אחדים which is taken to mean "words referring to "One"): *words regarding the Sole Being* (God) in the Universe. Another explanation of ודברים אחדים is: *they spoke* דברים חדים "sharp" words; they said, "Once in every one thousand six hundred and fifty six years (the period that elapsed from the Creation to the Flood) there is a heaven-shaking, just as there was in the days of the Flood. Come, then, and let us make supports for it" (Gen. R. 38). **(2)** בנסעם מקדם AS THEY JOURNEYED FROM THE EAST where they were then dwelling, as it is written above, (X. 30) "And their dwelling place was ... the mountain of the E a s t". From there they journeyed to search out for themselves a place that would accommodate them all, but they found none except Shinar (ib.). **(3)** איש אל רעהו ONE TO ANOTHER — One n a t i o n to the other: Mizraim to Cush, Cush to Put. and Put to Canaan (ib.). הבה *means*, "Prepare yourselves" Wherever the word הבה (come) occurs it has the meaning of "prepare", *meaning* that they should get themselves ready and unite for some work or plan or burden (undertaking). "Come, get ready": in O. F. appareiller; *Engl. to prepare.* לבנים BRICKS — For there is no stone in Babel which is a plain. ונשרפה לשרפה AND BURN THEM THOROUGHLY — This is how bricks, which in O. F. are called Tuiles, *Engl. tiles*, are made: they fire them in a furnace. לחמר FOR MORTAR to plaster the walls.

בראשית יא נח

פֶּן־נָפוּץ עַל־פְּנֵי כָל־הָאָרֶץ: ה וַיֵּרֶד יְהֹוָה לִרְאֹת אֶת־הָעִיר וְאֶת־הַמִּגְדָּל אֲשֶׁר בָּנוּ בְּנֵי הָאָדָם: ו וַיֹּאמֶר יְהֹוָה הֵן עַם אֶחָד וְשָׂפָה אַחַת לְכֻלָּם וְזֶה הַחִלָּם לַעֲשׂוֹת וְעַתָּה לֹא־יִבָּצֵר מֵהֶם כֹּל אֲשֶׁר יָזְמוּ לַעֲשׂוֹת: ז הָבָה נֵרְדָה וְנָבְלָה שָׁם שְׂפָתָם אֲשֶׁר לֹא יִשְׁמְעוּ אִישׁ שְׂפַת רֵעֵהוּ: ח וַיָּפֶץ יְהֹוָה אֹתָם מִשָּׁם עַל־פְּנֵי כָל־הָאָרֶץ וַיַּחְדְּלוּ לִבְנֹת הָעִיר: ט עַל־כֵּן קָרָא שְׁמָהּ בָּבֶל כִּי־שָׁם בָּלַל יְהֹוָה שְׂפַת כָּל־הָאָרֶץ וּמִשָּׁם הֱפִיצָם יְהֹוָה עַל־פְּנֵי כָּל־הָאָרֶץ: פ
י אֵלֶּה תּוֹלְדֹת שֵׁם שֵׁם בֶּן־מְאַת שָׁנָה וַיּוֹלֶד אֶת־

אונקלוס

אַרְעָא: ה וְאִתְגְּלִי יְיָ לְאִתְפְּרָעָא עַל־עוֹבָדֵי קַרְתָּא וּמִגְדְּלָא דִּי בְנוֹ בְּנֵי אֲנָשָׁא: ו וַאֲמַר יְיָ הָא עַמָּא חַד וְלִישָׁן חַד לְכֻלְּהוֹן וְדֵין דְּשָׁרִיוּ לְמֶעְבַּד וּכְעַן לָא־יִתְמְנַע מִנְּהוֹן כֹּל דְּחַשִּׁיבוּ לְמֶעְבַּד: ז הָבוּ נִתְגְּלֵי וּנְבַלְבֵּל תַּמָּן לִישַׁנְהוֹן דְּלָא יִשְׁמְעוּן (גְּבַר) אֱנָשׁ לִישָׁן חַבְרֵהּ: ח וּבַדַּר יְיָ יָתְהוֹן מִתַּמָּן עַל־אַפֵּי כָל־אַרְעָא וּמְנָעוּ לְמִבְנֵי (ל"א וְאִתְמְנָעוּ מִלְּמִבְנֵי) קַרְתָּא: ט עַל־כֵּן קְרָא שְׁמַהּ בָּבֶל אֲרֵי תַמָּן בַּלְבֵּל יְיָ לִישַׁן כָּל־אַרְעָא וּמִתַּמָּן בַּדְּרִנּוּן יְיָ עַל־אַפֵּי כָל־אַרְעָא: י אִלֵּין תּוֹלְדַת

רש"י

(ד) פֶּן נָפוּץ. שֶׁלֹּא יָבִיא עָלֵינוּ שׁוּם מַכָּה, לַהֲפִיצֵנוּ מִכָּאן: (ה) וַיֵּרֶד ה' לִרְאוֹת. לֹא הוּצְרַךְ לְכָךְ, אֶלָּא בָּא לְלַמֵּד לַדַּיָּנִים, שֶׁלֹּא יַרְשִׁיעוּ הַנִּדּוֹן עַד שֶׁיִּרְאוּ וְיָבִינוּ. מִדְרַשׁ רַבִּי תַנְחוּמָא: בְּנֵי הָאָדָם. אֶלָּא בְּנֵי מִי? שֶׁמָּא בְּנֵי חֲמוֹרִים וּגְמַלִּים? אֶלָּא בְּנֵי אָדָם הָרִאשׁוֹן שֶׁכָּפָה אֶת הַטּוֹבָה, וְאָמַר: הָאִשָּׁה אֲשֶׁר נָתַתָּה עִמָּדִי, אַף אֵלּוּ כָּפוּ בַּטּוֹבָה, לִמְרֹד בְּמִי שֶׁהִשְׁפִּיעָם טוֹבָה, וּמִלְּטָם מִן הַמַּבּוּל: (ו) הֵן עַם אֶחָד. כָּל טוֹבָה זוֹ יֵשׁ עִמָּהֶן, שֶׁעַם אֶחָד הֵם, וְשָׂפָה אַחַת לְכֻלָּן וְדָבָר זֶה הֵחֵלּוּ לַעֲשׂוֹת: הַחִלָּם. כְּמוֹ: אָמְרָם, עֲשׂוֹתָם – לְהַתְחִיל הֵם לַעֲשׂוֹת: לֹא יִבָּצֵר מֵהֶם וְגוֹ' לַעֲשׂוֹת. בִּתְמִיָּה. יִבָּצֵר לְשׁוֹן מְנִיעָה, כְּתַרְגּוּמוֹ, וְדוֹמֶה לוֹ: יִבְצוֹר רוּחַ נְגִידִים (תהי ע"ו): (ז) הָבָה נֵרְדָה. בְּבֵית דִּינוֹ נִמְלַךְ מֵעַנְוְתָנוּתוֹ יְתֵירָה. הָבָה. מִדָּה כְּנֶגֶד מִדָּה. הֵם אָמְרוּ: הָבָה נִבְנֶה, וְהוּא כְּנֶגֶד מִדָּה אָמַר, הָבָה נֵרְדָה: וְנָבְלָה. וּנְבַלְבֵּל; נ"ן מְשַׁמֵּשׁ בִּלְשׁוֹן רַבִּים, וְהֵ"א אַחֲרוֹנָה יְתֵירָה, כְּה"א שֶׁל נֵרְדָה: לֹא יִשְׁמְעוּ. זֶה שׁוֹאֵל לְבֵנָה, וְזֶה מֵבִיא טִיט, וְזֶה עוֹמֵד עָלָיו, וּפוֹצֵעַ אֶת מוֹחוֹ: (ח) וַיָּפֶץ ה' אֹתָם מִשָּׁם. בָּעוֹלָם הַזֶּה: מַה שֶּׁאָמְרוּ פֶּן נָפוּץ, נִתְקַיֵּם עֲלֵיהֶם, הוּא שֶׁאָמַר שְׁלֹמֹה: מְגוֹרַת רָשָׁע הִיא תְבוֹאֶנּוּ (משלי י'): (ט) וּמִשָּׁם הֱפִיצָם. לִמֵּד, שֶׁאֵין לָהֶם חֵלֶק לָעוֹלָם הַבָּא, וְכִי אֵיזוֹ קָשָׁה, שֶׁל דּוֹר הַמַּבּוּל אוֹ שֶׁל דּוֹר הַפַּלָּגָה? אֵלּוּ לֹא פָשְׁטוּ יָד בָּעִקָּר, וְאֵלּוּ פָשְׁטוּ יָד בָּעִקָּר, לְהִלָּחֵם בּוֹ, וְאֵלּוּ נִשְׁטְפוּ, וְאֵלּוּ לֹא נֶאֶבְדוּ מִן הָעוֹלָם? אֶלָּא שֶׁדּוֹר הַמַּבּוּל הָיוּ גַזְלָנִים וְהָיְתָה מְרִיבָה בֵּינֵיהֶם, לְכָךְ נֶאֶבְדוּ; וְאֵלּוּ הָיוּ נוֹהֲגִים אַהֲבָה וְרֵעוּת בֵּינֵיהֶם, שֶׁנֶּאֱמַר: שָׂפָה אַחַת וּדְבָרִים אֲחָדִים. לָמַדְתָּ שֶׁשָּׂנאוּי הַמַּחֲלוֹקֶת וְגָדוֹל הַשָּׁלוֹם: (י) שֵׁם בֶּן מְאַת שָׁנָה. כְּשֶׁהוֹלִיד אֶת אַרְפַּכְשַׁד שְׁנָתַיִם אַחַר הַמַּבּוּל:

we be scattered upon the face of the whole earth. 5 And the Eternal
came down to see the city and the tower, which the children of men
had built. 6 And the Eternal said, Behold, it is one people, and they
have all one language; and this they begin to do: and now shall they
not be precluded from anything which they have devised to do? 7 Come,
we will go down and there confound their language, that they may not
understand one another's speech. 8 So the Eternal scattered them from
thence upon the face of all the earth: and they ceased to build the city.
9 Therefore is the name of it called Babel; because the Eternal did there
confound the language of all the earth: and from thence did the Eter-
nal scatter them upon the face of all the earth. 10 These are the pro-
geny of Shem: Shem was an hundred years old, and begat Arpach-
shad two years after the deluge:

רש"י

(4) פן נפוץ LEST WE BE SCATTERED ABROAD — That He shall not be able by bringing some plague upon us, to scatter us from here. **(5)** וירד ה' לראות AND THE LORD CAME DOWN TO SEE — He really did not need to do this, but *Scripture* intends to teach the judges that they should not proclaim a defendant guilty before they have seen *the case* and thoroughly understand *the matter in question. This is to be found in* Midrash of R. Tanchuma. בני האדם THE CHILDREN OF MAN (ADAM) — But whose children could they have been (except the children of man, i. e. human beings) — perhaps the children of donkeys or camels? But *it means* the children of Adam Horishon who proved himself ungrateful when he said, (Gen. III. 12) "The woman whom Thou gavest to be with me, [she gave me of the tree etc.]". These people, also, were ungrateful, rebelling against the One who had showered kindness upon them and had rescued them from the Flood. **(6)** הן עם אחד BEHOLD, THEY ARE ONE PEOPLE — They possess all the advantage of being one people and of having one language *common* to all of them, and this is what they begin to do! החלם is infinitive, like אמרם "their speaking". עשותם "their doing" (i. e. "they speak", "they do") — *so here*: "they begin to do"[1]). לא יבצר מהם וגו' לעשות This is a question (although the ה which introduces an interrogative sentence is absent): SHALL THEY NOT BE RESTRAINED FROM DOING WHAT THEY IMAGINE TO DO? The word יבצר means "restraining", as the Targum understands it; a similar instance is, (Ps. LXXVI. 13) "He restrains (יבציר) the spirit of princes". **(7)** הבה נרדה COME, LET US GO DOWN — He took counsel with His Judicial Court because of His exceeding meekness. הבה COME — measure for measure: they had said "Come, let us build"; He meted out to them correspondingly saying. "Come let us go down" (Tanch.) ונבלה *means* AND LET US CONFOUND. The נ is the plural prefix, and the ה at the end is additional *to the root* as the ה in נרדה. — לא ישמעו THEY MAY NOT UNDERSTAND — One asks for a brick and the other brings him lime: the former therefore attacks him and splits open his brains. **(8)** ויפץ ה' אתם משם SO THE LORD SCATTERED THEM ABROAD FROM THENCE — In this world (Sanh. 107b). What they had said, (v. 4) "lest we be scattered abroad" really happened to them. This is what Solomon said, (Prov. X. 24) "What the wicked fears will come upon him" (Tanch.). **(9)** ומשם הפיצם AND FROM THENCE DID THE LORD SCATTER THEM — This teaches that they have no portion in the world to come (Sanh. 107b). Which *sin* was greater: that of the generation of the Flood or that of the generation of the Dispersion? The former did not stretch forth their hands against God; the latter did stretch forth their hands against God to war against him (surely, then, the sin of the generation of the Dispersion was greater) and yet the former (the generation of the Flood) were drowned and these did not perish from the world! But *the reason is that* the generation of the Flood were violent robbers and

NOTES

1) See Appendix.

אַרְפַּכְשָׁ֑ד שְׁנָתַ֖יִם אַחַ֥ר הַמַּבּֽוּל׃ יא וַֽיְחִי־שֵׁ֗ם אַֽחֲרֵי֙
הוֹלִיד֣וֹ אֶת־אַרְפַּכְשָׁ֔ד חֲמֵ֥שׁ מֵא֖וֹת שָׁנָ֑ה וַיּ֥וֹלֶד
בָּנִ֖ים וּבָנֽוֹת׃ ס יב וְאַרְפַּכְשַׁ֣ד חַ֔י חָמֵ֥שׁ וּשְׁלֹשִׁ֖ים
שָׁנָ֑ה וַיּ֖וֹלֶד אֶת־שָֽׁלַח׃ יג וַיְחִ֣י אַרְפַּכְשַׁ֗ד אַֽחֲרֵי֙ הוֹלִיד֣וֹ
אֶת־שֶׁ֔לַח שָׁלֹ֣שׁ שָׁנִ֔ים וְאַרְבַּ֥ע מֵא֖וֹת שָׁנָ֑ה וַיּ֥וֹלֶד
בָּנִ֖ים וּבָנֽוֹת׃ ס יד וְשֶׁ֥לַח חַ֖י שְׁלֹשִׁ֣ים שָׁנָ֑ה וַיּ֖וֹלֶד
אֶת־עֵֽבֶר׃ טו וַֽיְחִי־שֶׁ֗לַח אַֽחֲרֵי֙ הוֹלִיד֣וֹ אֶת־עֵ֔בֶר שָׁלֹ֣שׁ
שָׁנִ֔ים וְאַרְבַּ֥ע מֵא֖וֹת שָׁנָ֑ה וַיּ֥וֹלֶד בָּנִ֖ים וּבָנֽוֹת׃ ס
טז וַֽיְחִי־עֵ֕בֶר אַרְבַּ֥ע וּשְׁלֹשִׁ֖ים שָׁנָ֑ה וַיּ֖וֹלֶד אֶת־פָּֽלֶג׃
יז וַֽיְחִי־עֵ֗בֶר אַֽחֲרֵי֙ הוֹלִיד֣וֹ אֶת־פֶּ֔לֶג שְׁלֹשִׁ֣ים שָׁנָ֔ה
וְאַרְבַּ֥ע מֵא֖וֹת שָׁנָ֑ה וַיּ֥וֹלֶד בָּנִ֖ים וּבָנֽוֹת׃ ס יח וַֽיְחִי־
פֶ֖לֶג שְׁלֹשִׁ֣ים שָׁנָ֑ה וַיּ֖וֹלֶד אֶת־רְעֽוּ׃ יט וַֽיְחִי־פֶ֗לֶג אַֽחֲרֵי֙
הוֹלִיד֣וֹ אֶת־רְע֔וּ תֵּ֥שַׁע שָׁנִ֖ים וּמָאתַ֣יִם שָׁנָ֑ה וַיּ֥וֹלֶד
בָּנִ֖ים וּבָנֽוֹת׃ ס כ וַיְחִ֣י רְע֔וּ שְׁתַּ֥יִם וּשְׁלֹשִׁ֖ים שָׁנָ֑ה
וַיּ֖וֹלֶד אֶת־שְׂרֽוּג׃ כא וַיְחִ֣י רְע֗וּ אַֽחֲרֵי֙ הוֹלִיד֣וֹ אֶת־שְׂר֔וּג

אונקלוס

שֵׁם שֵׁם בַּר־מְאָה שְׁנִין וְאוֹלִיד יָת־אַרְפַּכְשָׁד תַּרְתֵּין שְׁנִין בָּתַר טוֹפָנָא:
יא וַחֲיָא־שֵׁם בָּתַר דְּאוֹלִיד יָת־אַרְפַּכְשַׁד חֲמֵשׁ מְאָה שְׁנִין וְאוֹלִיד בְּנִין וּבְנָן:
יב וְאַרְפַּכְשַׁד חֲיָא תְּלָתִין וַחֲמֵשׁ שְׁנִין וְאוֹלִיד יָת־שָׁלַח: יג וַחֲיָא אַרְפַּכְשַׁד
בָּתַר דְּאוֹלִיד יָת־שֶׁלַח אַרְבַּע מְאָה וּתְלָת שְׁנִין וְאוֹלִיד בְּנִין וּבְנָן: יד וְשֶׁלַח
חֲיָא תְּלָתִין שְׁנִין וְאוֹלִיד יָת־עֵבֶר: טו וַחֲיָא־שֶׁלַח בָּתַר דְּאוֹלִיד יָת־עֵבֶר אַרְבַּע
מְאָה וּתְלָת שְׁנִין וְאוֹלִיד בְּנִין וּבְנָן: טז וַחֲיָא־עֵבֶר תְּלָתִין וְאַרְבַּע שְׁנִין וְאוֹלִיד
יָת־פָּלֶג: יז וַחֲיָא־עֵבֶר בָּתַר דְּאוֹלִיד יָת־פֶּלֶג אַרְבַּע מְאָה וּתְלָתִין שְׁנִין וְאוֹלִיד
בְּנִין וּבְנָן: יח וַחֲיָא־פֶלֶג תְּלָתִין שְׁנִין וְאוֹלִיד יָת־רְעוּ: יט וַחֲיָא־פֶלֶג בָּתַר דְּאוֹלִיד
יָת־רְעוּ מָאתָן וּתְשַׁע שְׁנִין וְאוֹלִיד בְּנִין וּבְנָן: כ וַחֲיָא רְעוּ תְּלָתִין וְתַרְתֵּין שְׁנִין
וְאוֹלִיד יָת־שְׂרוּג: כא וַחֲיָא רְעוּ בָּתַר דְּאוֹלִיד יָת־שְׂרוּג מָאתָן וּשְׁבַע שְׁנִין וְאוֹלִיד

Genesis XI. 11—20.

¹¹And Shem lived after he begat Arpachshad five hundred years, and begat sons and daughters.

¹²And Arpachshad lived five and thirty years, and begat Salah:

¹³And Arpachshad lived after he begat Salah four hundred and three years, and begat sons and daughters.

¹⁴And Salah lived thirty years, and begat Eber:

¹⁵And Salah lived after he begat Eber four hundred and three years, and begat sons and daughters.

¹⁶And Eber lived four and thirty years, and begat Peleg:

¹⁷And Eber lived after he begat Peleg four hundred and thirty years, and begat sons and daughters.

¹⁸And Peleg lived thirty years, and begat Reu:

¹⁹And Peleg lived after he begat Reu two hundred and nine years, and begat sons and daughters.

²⁰And Reu lived two and thirty years, and begat Serug:

רש״י

there was strife among them, and therefore they were destroyed; but these conducted themselves in love and friendship, as it is said, "They were one people and had one language". — You may learn *from this* how hateful *to God* is strife and how great is peace (Gen. R. 38). **(10)** שם בן מאת שנה SHEM WAS A HUNDRED YEARS OLD when he begat Arpachshad two years after the Flood.

שֶׁבַע שָׁנִים וּמָאתַיִם שָׁנָה וַיּוֹלֶד בָּנִים וּבָנוֹת: ס
כב וַיְחִי שְׂרוּג שְׁלֹשִׁים שָׁנָה וַיּוֹלֶד אֶת־נָחוֹר: כג וַיְחִי
שְׂרוּג אַחֲרֵי הוֹלִידוֹ אֶת־נָחוֹר מָאתַיִם שָׁנָה וַיּוֹלֶד
בָּנִים וּבָנוֹת: ס כד וַיְחִי נָחוֹר תֵּשַׁע וְעֶשְׂרִים שָׁנָה
וַיּוֹלֶד אֶת־תָּרַח: כה וַיְחִי נָחוֹר אַחֲרֵי הוֹלִידוֹ אֶת־תֶּרַח
תְּשַׁע־עֶשְׂרֵה שָׁנָה וּמְאַת שָׁנָה וַיּוֹלֶד בָּנִים
וּבָנוֹת: ס כו וַיְחִי־תֶרַח שִׁבְעִים שָׁנָה וַיּוֹלֶד אֶת־
אַבְרָם אֶת־נָחוֹר וְאֶת־הָרָן: כז וְאֵלֶּה תּוֹלְדֹת תֶּרַח
תֶּרַח הוֹלִיד אֶת־אַבְרָם אֶת־נָחוֹר וְאֶת־הָרָן וְהָרָן
הוֹלִיד אֶת־לוֹט: כח וַיָּמָת הָרָן עַל־פְּנֵי תֶּרַח אָבִיו
בְּאֶרֶץ מוֹלַדְתּוֹ בְּאוּר כַּשְׂדִּים: מפטיר כט וַיִּקַּח אַבְרָם
וְנָחוֹר לָהֶם נָשִׁים שֵׁם אֵשֶׁת־אַבְרָם שָׂרָי וְשֵׁם אֵשֶׁת־

אונקלוס

בְּנִין וּבְנָן: כב וַחֲיָא שְׂרוּג תְּלָתִין שְׁנִין וְאוֹלִיד יָת־נָחוֹר: כג וַחֲיָא שְׂרוּג בָּתַר
דְּאוֹלִיד יָת־נָחוֹר מָאתַן שְׁנִין וְאוֹלִיד בְּנִין וּבְנָן: כד וַחֲיָא נָחוֹר עַשְׂרִין וּתְשַׁע
שְׁנִין וְאוֹלִיד יָת־תָּרַח: כה וַחֲיָא נָחוֹר בָּתַר דְּאוֹלִיד יָת־תֶּרַח מְאָה וּתְשַׁע־
עֲשַׂר שְׁנִין וְאוֹלִיד בְּנִין וּבְנָן: כו וַחֲיָא־תֶרַח שִׁבְעִין שְׁנִין וְאוֹלִיד יָת־אַבְרָם יָת־
נָחוֹר וְיָת־הָרָן: כז וְאִלֵּין תּוֹלְדַת תֶּרַח תֶּרַח אוֹלִיד יָת־אַבְרָם יָת־נָחוֹר וְיָת־
הָרָן וְהָרָן אוֹלִיד יָת־לוֹט: כח וּמִית הָרָן עַל־אַפֵּי תֶּרַח אֲבוּהִי בְּאַרְעָא דִּילָדוּתֵהּ
בְּאוּרָא דְכַסְדָּאֵי: כט וּנְסִיב אַבְרָם וְנָחוֹר לְהוֹן נְשִׁין שׁוּם אִתַּת־אַבְרָם שָׂרָי

רש"י

(כח) על פני תרח אביו. בְּחַיֵּי אָבִיו. וּמִדְרַשׁ אַגָּדָה אוֹמֵר, שֶׁעַל יְדֵי אָבִיו מֵת; שֶׁקִּבֵּל תֶּרַח עַל אַבְרָם בְּנוֹ לִפְנֵי נִמְרוֹד עַל שֶׁכִּתֵּת אֶת צְלָמָיו, וְהִשְׁלִיכוֹ לְכִבְשַׁן הָאֵשׁ, וְהָרָן יוֹשֵׁב וְאוֹמֵר בְּלִבּוֹ: אִם אַבְרָם נוֹצֵחַ, אֲנִי מִשֶּׁלּוֹ, וְאִם נִמְרוֹד נוֹצֵחַ אֲנִי מִשֶּׁלּוֹ; וּכְשֶׁנִּיצַּל אַבְרָם, אָמְרוּ לוֹ לְהָרָן מִשֶּׁל מִי אַתָּה? אָמַר לָהֶם הָרָן: מִשֶּׁל אַבְרָם אֲנִי! הִשְׁלִיכוּהוּ לְכִבְשַׁן הָאֵשׁ וְנִשְׂרַף, וְזֶהוּ: אור כַּשְׂדִּים (ב"ר). וּמְנַחֵם פֵּרֵשׁ: אוּר—בִּקְעָה; וְכֵן: בָּאֻרִים כַּבְּדוּ ה' (ישעיה כ"ד), וְכֵן: מְאוּרַת צִפְעוֹנִי (שם י"א). כָּל חוֹר וּבֶקַע עָמוֹק קָרוּי אוּר: (כט) יסכה. זוֹ שָׂרָה, עַל שֵׁם שֶׁסּוֹכָה בְּרוּחַ הַקֹּדֶשׁ וְשֶׁהַכֹּל סוֹכִין בְּיָפְיָהּ; וְעוֹד: יִסְכָּה לְשׁוֹן

Genesis XI. 21—29.

²¹And Reu lived after he begat Serug two hundred and seven years, and begat sons and daughters. ²²And Serug lived thirty years, and begat Nahor: ²³And Serug lived after he begat Nahor two hundred years, and begat sons and daughters. ²⁴And Nahor lived nine and twenty years, and begat Terah: ²⁵And Nahor lived after he begat Terah an hundred and nineteen years, and begat sons and daughters. ²⁶And Terah lived seventy years, and begat Abram, Nahor, and Haran. ²⁷Now these are the progeny of Terah: Terah begat Abram, Nahor, and Haran; and Haran begat Lot. ²⁸And Haran died before his father Terah in the land of his kindred, in Ur of the Chaldees. ²⁹And Abram and Nahor took them wives: the name of Abram's wife was Sarai; and the name of Na-

רש״י

(28) על פני תרח אביו IN THE PRESENCE OF HIS FATHER TERAH — *meaning* during his father's life-time (ib.). The Midrashic explanation is that he died through his father. For Terah accused his son Abram before Nimrod of having smashed his idols to pieces, and he cast him into a fiery furnace. Haran waited and said to himself, "If Abram proves triumphant I will be on his side; if Nimrod wins I shall be on his". When Abram was saved they said to Haran, "Whose side are you on?" Haran replied, "I am on Abram's side". They therefore cast him into the fiery furnace and he was burnt *to death. It is to this that the name of the place* Ur-Kasdim (fire of the Chaldees) *alludes.* Menachem ben Seruk, however, explains that אור means a valley, as (Is. XXIV. 15) "Glorify ye the Lord in the valleys (באורים)", and as (ib. XI. 8) "the den (מאורת) of the basilisk". Every hole or deep cleft may be called אור. **(29)** יסכה JISCAH — This was Sarah; *she was also named Jiscah (from a root meaning "to see", "to look")* because she could see the future by holy inspiration, and because everybody looked (gazed) at her beauty. *The name* Jiscah *also has reference to* princely dignity (נסיכות) *just as the*

נָחוֹר מִלְכָּה בַת־הָרָן אֲבִי־מִלְכָּה וַאֲבִי יִסְכָּה: ל וַתְּהִי
שָׂרַי עֲקָרָה אֵין לָהּ וָלָד: לא וַיִּקַּח תֶּרַח אֶת־אַבְרָם
בְּנוֹ וְאֶת־לוֹט בֶּן־הָרָן בֶּן־בְּנוֹ וְאֵת שָׂרַי כַּלָּתוֹ אֵשֶׁת
אַבְרָם בְּנוֹ וַיֵּצְאוּ אִתָּם מֵאוּר כַּשְׂדִּים לָלֶכֶת אַרְצָה
כְּנַעַן וַיָּבֹאוּ עַד־חָרָן וַיֵּשְׁבוּ שָׁם: לב וַיִּהְיוּ יְמֵי־תֶרַח
חָמֵשׁ שָׁנִים וּמָאתַיִם שָׁנָה וַיָּמָת תֶּרַח בְּחָרָן:

קנג. בללאל. סימן אב"י יסכ"ה לו"ט ומפטירין רני עקרה בישעיה סימן כד.

פ פ פ

יב א וַיֹּאמֶר יְהוָה אֶל־אַבְרָם לֶךְ־לְךָ מֵאַרְצְךָ
וּמִמּוֹלַדְתְּךָ וּמִבֵּית אָבִיךָ אֶל־הָאָרֶץ
אֲשֶׁר אַרְאֶךָּ: ב וְאֶעֶשְׂךָ לְגוֹי גָּדוֹל וַאֲבָרֶכְךָ וַאֲגַדְּלָה

אונקלוס

וְשׁוּם אִתַּת־נָחוֹר מִלְכָּה בַּת־הָרָן אֲבוּהָא־דְמִלְכָּה וַאֲבוּהָא דְיִסְכָּה: ל וַהֲוָת
שָׂרַי עֲקָרָא לֵית לַהּ וְלָד: לא וּדְבַר תֶּרַח יָת־אַבְרָם בְּרֵהּ וְיָת־לוֹט בַּר־הָרָן
בַּר־בְּרֵהּ וְיָת־שָׂרַי כַּלְּתֵהּ אִתַּת אַבְרָם בְּרֵהּ וּנְפַקוּ עִמְּהוֹן מֵאוּרָא דְכַסְדָּאֵי
לְמֵיזַל לְאַרְעָא דִכְנַעַן וַאֲתוֹ עַד חָרָן וִיתִיבוּ תַמָּן: לב וַהֲווֹ יוֹמֵי־תֶרַח מָאתָן
וְחָמֵשׁ שְׁנִין וּמִית תֶּרַח בְּחָרָן: ס ס ס
א וַאֲמַר יְיָ לְאַבְרָם אִיזֵל־לָךְ מֵאַרְעָךְ וּמִילָּדוּתָךְ וּמִבֵּית אֲבוּךְ לְאַרְעָא דִּי אַחֲזִנָּךְ:
ב וְאַעְבְּדִנָּךְ לְעַם סַגִּי וַאֲבָרְכִנָּךְ וַאֲרַבֵּי שְׁמָךְ וּתְהֵא מְבָרַךְ:

רש"י

נְסִיכוּת, כְּמוֹ שָׂרָה לְשׁוֹן שְׂרָרָה: (לא) וַיֵּצְאוּ אִתָּם. וַיֵּצְאוּ תֶּרַח וְאַבְרָם עִם לוֹט וְשָׂרַי: (לב) וימת תרח בחרן. לְאַחַר שֶׁיָּצָא אַבְרָם מֵחָרָן וּבָא לְאֶרֶץ כְּנַעַן, וְהָיָה שָׁם יוֹתֵר מִשִּׁשִּׁים שָׁנָה; שֶׁהֲרֵי כָתוּב: וְאַבְרָם בֶּן חָמֵשׁ שָׁנִים וְשִׁבְעִים שָׁנָה בְּצֵאתוֹ מֵחָרָן, וְתֶרַח בֶּן שִׁבְעִים שָׁנָה כְּשֶׁנּוֹלַד אַבְרָם, הֲרֵי קמ"ה לְתֶרַח: כְּשֶׁיָּצָא אַבְרָם מֵחָרָן עֲדַיִין נִשְׁאֲרוּ מִשְּׁנוֹתָיו הַרְבֵּה. וְלָמָּה הִקְדִּים הַכָּתוּב מִיתָתוֹ שֶׁל תֶּרַח לִיצִיאָתוֹ שֶׁל אַבְרָם? שֶׁלֹּא יְהֵא הַדָּבָר מְפוּרְסָם לַכֹּל וְיֹאמְרוּ: לֹא קִיֵּם אַבְרָם אֶת כְּבוֹד אָבִיו, שֶׁהִנִּיחוֹ זָקֵן וְהָלַךְ לוֹ. לְפִיכָךְ קְרָאוֹ הַכָּתוּב מֵת, שֶׁהָרְשָׁעִים אַף בְּחַיֵּיהֶם קְרוּיִם מֵתִים, וְהַצַּדִּיקִים אַף בְּמִיתָתָן קְרוּיִים חַיִּים, שֶׁנֶּאֱמַר: וּבְנָיָהוּ בֶּן יְהוֹיָדָע בֶּן אִישׁ חַי (שמואל ב׳ כ״ג): (בחרן. הַנּוּ"ן הֲפוּכָה. לוֹמַר לְךָ, עַד אַבְרָם חֲרוֹן אַף שֶׁל מָקוֹם):

יב (א) לֵךְ לְךָ. לַהֲנָאָתְךָ וּלְטוֹבָתְךָ, שָׁם אֶעֶשְׂךָ לְגוֹי גָּדוֹל, כָּאן אִי אַתָּה זוֹכֶה לְבָנִים. וְעוֹד: שֶׁאוֹדִיעַ טִבְעֲךָ בָּעוֹלָם: (ב) ואעשך לגוי גדול. לְפִי שֶׁהַדֶּרֶךְ גּוֹרֶמֶת לִשְׁלֹשָׁה דְבָרִים: מְמַעֶטֶת פְּרִיָּה וּרְבִיָּה וּמְמַעֶטֶת אֶת הַמָּמוֹן וּמְמַעֶטֶת אֶת הַשֵּׁם, לְכָךְ הוּזְקַק לִשְׁלֹשָׁה בְרָכוֹת הַלָּלוּ, שֶׁהִבְטִיחוֹ עַל הַבָּנִים, וְעַל הַמָּמוֹן וְעַל הַשֵּׁם: ואברכך. בְּמָמוֹן (ב"ר):

hor's wife, Milcah, the daughter of Haran, the father of Milcah, and the father of Iscah. ³⁰But Sarai was barren; she had no child. ³¹And Terah took Abram his son, and Lot the son of Haran his son's son, and Sarai his daughter in law, his son Abram's wife; and they went forth with them from Ur of the Chaldees, to go into the land of Canaan; and they came unto Haran, and abode there. ³²And the days of Terah were two hundred and five years: and Terah died in Haran.

12. ¹Now the Eternal had said unto Abram, Go out of thy land, and from thy kindred, and from thy father's house, unto the land that I will shew thee: ²And I will make of thee a great nation, and I will bless thee, and make thy name great; and thou shalt

רש״י

name Sarah (שרה) has an allusion to "ruling" (שררה). **(31)** ויצאו אתם AND THEY WENT FORTH WITH THEM — Terah and Abram went forth with Lot and Sarai. **(32)** וימת תרח בחרן AND TERAH DIED IN HARAN a f t e r Abram had left Haran (as related in the next chapter) and had come to the land of Canaan and had been there more than sixty years. For it is written, (Gen. XII. 4) "And Abram was seventy five years old when he left Haran", and Terah was seventy years old when Abram was born (XI. 26), making Terah 145 years old when Abram left Haran, so that there were *then* many years of his life left (i. e. he lived many years after that — as a matter of fact, 60 years, as he was 205 years old when he died). Why, then, does Scripture mention the death of Terah before the departure of Abram? In order that this matter (his leaving home during his father's lifetime) might not become known to all, lest people should say that Abram did not show a son's respect to his father, for he left him in his old age and went his way. That is why Scripture speaks of him as dead (Gen. R. 39). For *indeed* the wicked even while alive are called dead and the righteous even when dead are called living, as it is said, (2 Sam. XXIII. 20) "And Benaiah the son of Jehoiada the son of a l i v i n g man".[1]) בחרן IN HARAN — The נ is inverted[2]) to tell you that until the time of Abraham, the fierce anger (חרון) of the Omnipotent was *kindled* against the world.

12. **(1)** לך לך GET THEE OUT (lit., go for thyself) — for your own benefit, for your own good: t h e r e I will make of you a great nation whilst h e r e you will not merit the privilege of having children. Furthermore, I shall make known your character throughout the world (Tanch.) **(2)** ואעשך לגוי גדול AND I WILL MAKE OF THEE A GREAT NATION — Since travelling is the cause of three things—it decreases (breaks up) family life, it reduces one's wealth and lessens one's renown, he therefore needed these three blessings: that God should promise him children, wealth and a *great* name (Gen. R. 39).

NOTES

1) Cf. Ber. 18a.
2) According to some authorities this should be so.

שְׁמֶךָ וֶהְיֵה בְּרָכָה׃ ג וַאֲבָרְכָה מְבָרְכֶיךָ וּמְקַלֶּלְךָ
אָאֹר וְנִבְרְכוּ בְךָ כֹּל מִשְׁפְּחֹת הָאֲדָמָה׃ ד וַיֵּלֶךְ אַבְרָם
כַּאֲשֶׁר דִּבֶּר אֵלָיו יְהוָה וַיֵּלֶךְ אִתּוֹ לוֹט וְאַבְרָם בֶּן
חָמֵשׁ שָׁנִים וְשִׁבְעִים שָׁנָה בְּצֵאתוֹ מֵחָרָן׃ ה וַיִּקַּח
אַבְרָם אֶת־שָׂרַי אִשְׁתּוֹ וְאֶת־לוֹט בֶּן־אָחִיו וְאֶת־כָּל־
רְכוּשָׁם אֲשֶׁר רָכָשׁוּ וְאֶת־הַנֶּפֶשׁ אֲשֶׁר־עָשׂוּ בְחָרָן
וַיֵּצְאוּ לָלֶכֶת אַרְצָה כְּנַעַן וַיָּבֹאוּ אַרְצָה כְּנָעַן׃ ו וַיַּעֲבֹר
אַבְרָם בָּאָרֶץ עַד מְקוֹם שְׁכֶם עַד אֵלוֹן מוֹרֶה
וְהַכְּנַעֲנִי אָז בָּאָרֶץ׃ ז וַיֵּרָא יְהוָה אֶל־אַבְרָם וַיֹּאמֶר

אונקלוס

ג וַאֲבָרֵיךְ מְבָרְכָךְ וּמְלַטְטָךְ אֵילוּט וְיִתְבָּרְכוּן בְּדִילָךְ כֹּל זַרְעֲיָת אַרְעָא׃ ד וַאֲזַל אַבְרָם
כְּמָא דְּמַלֵּיל עִמֵּהּ יְיָ וַאֲזַל עִמֵּהּ לוֹט וְאַבְרָם בַּר־שַׁבְעִין וְחָמֵשׁ שְׁנִין בְּמִפְּקֵהּ מֵחָרָן׃
ה וּדְבַר אַבְרָם יָת־שָׂרַי אִתְּתֵהּ וְיָת־לוֹט בַּר־אֲחוּהִי וְיָת־כָּל־קִנְיָנְהוֹן דִּי קְנוֹ וְיָת־
נַפְשָׁתָא דְּשַׁעְבִּידוּ לְאוֹרָיְתָא בְּחָרָן וּנְפַקוּ לְמֵיזַל לְאַרְעָא דִּכְנַעַן וַאֲתוֹ לְאַרְעָא דִּכְנָעַן׃
ז וַעֲבַר אַבְרָם בְּאַרְעָא עַד אֲתַר שְׁכֶם עַד מֵישַׁר מוֹרֶה וּכְנַעֲנָאָה בְּכֵן בְּאַרְעָא׃ ז וְאִתְגְּלִי

רש"י

והיה ברכה. הַבְּרָכוֹת נְתוּנוֹת בְּיָדְךָ; עַד עַכְשָׁיו הָיוּ בְּיָדִי, בֵּרַכְתִּי לְאָדָם וְנֹחַ, וּמֵעַכְשָׁיו
אַתָּה תְּבָרֵךְ אֶת אֲשֶׁר תַּחְפּוֹץ (ב"ר). דָּבָר אַחֵר: ואעשך לגוי גדול זֶה שֶׁאוֹמְרִים: אֱלֹהֵי
אַבְרָהָם, ואברכך זֶה שֶׁאוֹמְרִים: אֱלֹהֵי יִצְחָק, ואגדלה שמך זֶה שֶׁאוֹמְרִים: אֱלֹהֵי יַעֲקֹב.
יָכוֹל יְהִיוּ חוֹתְמִין בְּכֻלָּן, תַּלְמוּד לוֹמַר וֶהְיֵה בְּרָכָה, בְּךָ חוֹתְמִין וְלֹא בָהֶם: מארצך. וַהֲלֹא
כְּבָר יָצָא מִשָּׁם עִם אָבִיו וּבָא עַד חָרָן? אֶלָּא כָּךְ אָמַר לוֹ: הִתְרַחֵק עוֹד מִשָּׁם וְצֵא מִבֵּית
אָבִיךָ: אשר אראך. לֹא גִלָּה לוֹ הָאָרֶץ מִיָּד, כְּדֵי לְחַבְּבָהּ בְּעֵינָיו, וְלִתֵּן לוֹ שָׂכָר עַל כָּל דִּבּוּר
וְדִבּוּר; כַּיּוֹצֵא בוֹ, אֶת בִּנְךָ אֶת יְחִידְךָ אֲשֶׁר אָהַבְתָּ אֶת יִצְחָק (בראי כ"ב), כַּיּוֹצֵא בוֹ: עַל אַחַד
הֶהָרִים אֲשֶׁר אוֹמַר אֵלֶיךָ, וְכַיּוֹ"ב וּקְרָא אֵלֶיהָ אֶת הַקְּרִיאָה אֲשֶׁר אָנֹכִי דּוֹבֵר אֵלֶיךָ (יונה ג'):
(ג) ונברכו בך. יֵשׁ אַגָּדוֹת רַבּוֹת וְזֶהוּ פְּשׁוּטוֹ: אָדָם אוֹמֵר לִבְנוֹ, תְּהֵא כְּאַבְרָהָם. וְכֵן כָּל
וְנִבְרְכוּ בְךָ שֶׁבַּמִּקְרָא, וְזֶה מוֹכִיחַ: בְּךָ יְבָרֵךְ יִשְׂרָאֵל לֵאמֹר יְשִׂמְךָ אֱלֹהִים כְּאֶפְרַיִם וְכִמְנַשֶּׁה
(ברי מ"ח): (ה) אשר עשו בחרן. שֶׁהִכְנִיסָן תַּחַת כַּנְפֵי הַשְּׁכִינָה; אַבְרָהָם מְגַיֵּר אֶת הָאֲנָשִׁים
וְשָׂרָה מְגַיֶּרֶת הַנָּשִׁים, וּמַעֲלֶה עֲלֵיהֶם הַכָּתוּב כְּאִלּוּ עֲשָׂאוּם; וּפְשׁוּטוֹ שֶׁל מִקְרָא: עֲבָדִים
וּשְׁפָחוֹת שֶׁקָּנוּ לָהֶם, כְּמוֹ: עָשָׂה אֶת כָּל הַכָּבוֹד הַזֶּה (שם ל"א), וְיִשְׂרָאֵל עֹשֶׂה חָיִל (במדי כ"ד),
לְשׁוֹן קוֹנֶה וְכוֹנֵס: (ו) ויעבר אברם בארץ. נִכְנַס לְתוֹכָהּ. עד מקום שכם. לְהִתְפַּלֵּל עַל בְּנֵי
יַעֲקֹב, כְּשֶׁיָּבֹאוּ לְהִלָּחֵם בִּשְׁכֶם: אלון מורה. הוּא שְׁכֶם. הֶרְאָהוּ הַר גְּרִיזִים וְהַר עֵיבָל, שֶׁשָּׁם קִבְּלוּ
יִשְׂרָאֵל שְׁבוּעַת הַתּוֹרָה: והכנעני אז בארץ. הָיָה הוֹלֵךְ וְכוֹבֵשׁ אֶת אֶרֶץ יִשְׂרָאֵל מִזַּרְעוֹ שֶׁל שֵׁם,
שֶׁבְּחֶלְקוֹ שֶׁל שֵׁם נָפְלָה, כְּשֶׁחִלֵּק נֹחַ אֶת הָאָרֶץ לְבָנָיו, שֶׁנֶּאֱמַר: וּמַלְכִּי צֶדֶק מֶלֶךְ שָׁלֵם (בראי י"ב),
לְפִיכָךְ: וַיֹּאמֶר ה' אֶל אַבְרָם לְזַרְעֲךָ אֶתֵּן אֶת הָאָרֶץ הַזֹּאת, עָתִיד אֲנִי לְהַחֲזִירָהּ לְבָנֶיךָ שֶׁהֵם מִזַּרְעוֹ

be a blessing: [3]And I will bless them that bless thee, and curse him that
execrateth thee: and in thee shall all families of the earth be blessed.
[4]So Abram went, as the Eternal had spoken unto him; and Lot went
with him: and Abram was seventy and five years old when he went out
from Haran. [5]And Abram took Sarai his wife, and Lot his brother's son,
and all their substance that they had gathered, and the souls that they
had gotten in Haran: and they went forth to go into the land of Canaan;
and they came into the land of Canaan. [6]And Abram passed through
the land unto the place of Sichem, unto the oak of Moreh. And the Ca-
naanite was then in the land. [7]And the Eternal appeared unto Abram, and

רש"י

ואברכך AND I WILL BLESS THEE — with wealth.[1]) (ib.) והיה ברכה AND BE THOU A BLESSING — Blessings are entrusted to you; hitherto they were in My power — I blessed Adam and Noah — but from now on you shall bless whomsoever you wish (ib.) Another explanation is: AND I WILL MAKE THEE A GREAT NATION, this *alludes to the fact* that we say *in our prayer* "God of Abraham"; AND I WILL BLESS THEE — that we say, "God of Isaac"; AND I WILL MAKE THY NAME GREAT — that we say, "God of Jacob". One might think that we should conclude *the benediction in which these invocations are recited* by *mentioning again the names of* all *the patriarchs* — the text therefore states "Be thou a blessing" *meaning,* with you (i. e. with your name only) shall they conclude the benediction and not with them (their names) (Pes. 117b).[2]) מארצך FROM THY LAND — But had he not already departed from there together with his father and had reached as far as Haran (chap. XI. 31)? But thus God *in effect* said to him: Go still further away — leave *now* thy father's house *also.* אשר אראך WHICH I WILL SHOW THEE — He did not reveal to him at once which land it was in order that he should hold it in high esteem and in order to reward him for *complying with* each and every command. Similar is, (Gen. XXII. 2) "*Take* thy son — thine only son — whom thou lovest — even Isaac"; similar is (ib.) "upon one of the mountains which I will tell thee of"; similar is, (Jonah III. 2) "And make unto it the proclamation that I shall tell thee of". **(3)** ונברכו בך AND IN THEE SHALL BE BLESSED — There are many Agadoth *concerning this* but the plain sense of the text is as follows: A man says to his son, "Mayest thou become as Abraham". This, too, is the meaning wherever the phrase ונברכו בך "And in thee shall be blessed" occurs in Scripture, and the following example proves this: (Gen. XLVIII. 20) בך יברך "By thee shall Israel bless their children saying, "May God make thee as Ephraim and Manasseh". **(5)** אשר עשו בחרן [THE SOULS] THAT THEY HAD GOTTEN (lit., made) IN HARAN — *The souls* which he had brought beneath the *sheltering* wings of the Shechinah. Abraham converted the men and Sarah converted the women and Scripture accounts it unto them as if they had made them. However, the real sense of the text is that it refers to the menservants and to the maidservants whom they had acquired for themselves. *The word* "עשה" *is used here* as (in Gen. XXXI. 1), "he has acquired (עשה) all this wealth", and (Num. XXIV. 8), "And Israel acquires (עושה) wealth" — an expression for acquiring and amassing. **(6)** ויעבר אברם בארץ AND ABRAHAM PASSED THROUGH THE LAND — he entered it.[3]) עד מקום שכם UNTO THE PLACE OF SHECHEM — In order to pray on behalf of Jacob's sons, *anticipating the time* when they would come to fight against Shechem. אלון מורה THE PLAIN OF MOREH — This is Shechem. He showed him Mount Gerizim

NOTES

1) for the other two blessings are expressly mentioned in this verse.

2) The first benediction of the Amidah opens with "Blessed art Thou, O Lord . . . God of Abraham, God of Isaac and God of Jacob" and concludes only with mention of Abraham's name: "Blessed art Thou, O Lord, Shield of Abraham". Probably the names of the other patriarchs are omitted because only to Abraham did God promise to be a מָגֵן (see Gen. XV. 1).

3) See Appendix.

לְזַ֨רְעֲךָ֔ אֶתֵּ֖ן אֶת־הָאָ֣רֶץ הַזֹּ֑את וַיִּ֤בֶן שָׁם֙ מִזְבֵּ֔חַ לַיהוָ֖ה
הַנִּרְאֶ֥ה אֵלָֽיו׃ ח וַיַּעְתֵּ֨ק מִשָּׁ֜ם הָהָ֗רָה מִקֶּ֛דֶם לְבֵֽית־אֵ֖ל
וַיֵּ֣ט אָהֳלֹ֑ה בֵּֽית־אֵ֤ל מִיָּם֙ וְהָעַ֣י מִקֶּ֔דֶם וַיִּֽבֶן־שָׁ֤ם מִזְבֵּ֙חַ֙
לַֽיהוָ֔ה וַיִּקְרָ֖א בְּשֵׁ֥ם יְהוָֽה׃ ט וַיִּסַּ֣ע אַבְרָ֔ם הָל֖וֹךְ
וְנָס֥וֹעַ הַנֶּֽגְבָּה׃ פ
י וַיְהִ֥י רָעָ֖ב בָּאָ֑רֶץ וַיֵּ֨רֶד אַבְרָ֤ם מִצְרַ֙יְמָה֙ לָג֣וּר שָׁ֔ם
כִּֽי־כָבֵ֥ד הָרָעָ֖ב בָּאָֽרֶץ׃ יא וַיְהִ֕י כַּאֲשֶׁ֥ר הִקְרִ֖יב לָב֣וֹא
מִצְרָ֑יְמָה וַיֹּ֙אמֶר֙ אֶל־שָׂרַ֣י אִשְׁתּ֔וֹ הִנֵּה־נָ֣א יָדַ֔עְתִּי
כִּ֛י אִשָּׁ֥ה יְפַת־מַרְאֶ֖ה אָֽתְּ׃ יב וְהָיָ֗ה כִּֽי־יִרְא֤וּ אֹתָךְ֙
הַמִּצְרִ֔ים וְאָמְר֖וּ אִשְׁתּ֣וֹ זֹ֑את וְהָרְג֥וּ אֹתִ֖י וְאֹתָ֥ךְ יְחַיּֽוּ׃

אונקלוס

יְיָ לְאַבְרָם וַאֲמַר לִבְנָךְ אֶתֵּן יָת־אַרְעָא הָדָא וּבְנָא תַמָּן מַדְבְּחָא קֳדָם יְיָ
דְּאִתְגְּלִי לֵהּ׃ ח וְאִסְתַּלַּק מִתַּמָּן לְטוּרָא מַדְנַח לְבֵית־אֵל וּפְרַס מַשְׁכְּנֵהּ בֵּית־
אֵל מִמַּעְרְבָא וְעַי מִמַּדִינְחָא וּבְנָא־תַמָּן מַדְבְּחָא קֳדָם־יְיָ וְצַלִּי בִּשְׁמָא דַיְיָ׃
ט וּנְטַל אַבְרָם אָזֵל וְנָטֵל לְדָרוֹמָא׃ י וַהֲוָה כַפְנָא בְּאַרְעָא וּנְחַת אַבְרָם לְמִצְרַיִם
לְאִיתּוֹתָבָא תַמָּן אֲרֵי־תַקִּיף כַּפְנָא בְּאַרְעָא׃ יא וַהֲוָה כַּד קְרֵיב לְמֵיעַל לְמִצְרָיִם
וַאֲמַר לְשָׂרַי אִתְּתֵהּ הָא כְעַן יְדַעִית אֲרֵי אִתְּתָא שַׁפִּירַת־חֵיזוּ אַתְּ׃ יב וִיהֵי כַּד
(נ״א אֲרֵי) יֶחֱזוּן יָתִיךְ מִצְרָאֵי וְיֵימְרוּן אִתְּתֵהּ דָּא וְיִקְטְלוּן יָתִי וְיָתִיךְ יְקַיְּמוּן׃

רש״י

שֶׁל שֵׁם: (ז) ויבן שם מזבח. עַל בְּשׂוֹרַת הַזֶּרַע וְעַל בְּשׂוֹרַת אֶרֶץ יִשְׂרָאֵל: (ח) ויעתק משם. אָהֳלוֹ: מקדם לבית אל. בְּמִזְרָחָהּ שֶׁל בֵּית אֵל; נִמְצֵאת בֵּית אֵל בְּמַעֲרָבוֹ, הוּא שֶׁנֶּאֱמַר, בֵּית אֵל מִיָּם: אהלו. אָהֳלָה כְּתִיב. בַּתְּחִלָּה נָטָה אֶת אֹהֶל אִשְׁתּוֹ, וְאַחַר כָּךְ אֶת שֶׁלּוֹ (ב״ר): ויבן שם מזבח. נִתְנַבֵּא שֶׁעֲתִידִין בָּנָיו לְהִכָּשֵׁל שָׁם עַל עֲוֹן עָכָן, וְהִתְפַּלֵּל שָׁם עֲלֵיהֶם: (ט) הלוך ונסוע. לִפְרָקִים: יוֹשֵׁב כָּאן חֹדֶשׁ אוֹ יוֹתֵר, וְנוֹסֵעַ מִשָּׁם וְנוֹטֶה אָהֳלוֹ בְּמָקוֹם אַחֵר, וְכָל מַסָּעָיו הַנֶּגְבָּה, לָלֶכֶת לִדְרוֹמָהּ שֶׁל אֶרֶץ יִשְׂרָאֵל וְהִיא לְצַד יְרוּשָׁלַיִם, שֶׁהוּא בְּחֶלְקוֹ שֶׁל יְהוּדָה שֶׁנָּטְלוּ בִּדְרוֹמָהּ שֶׁל אֶרֶץ יִשְׂרָאֵל לְהַר הַמּוֹרִיָּה שֶׁהִיא נַחֲלָתוֹ (ב״ר): (י) רעב בארץ. בְּאוֹתָהּ הָאָרֶץ לְבַדָּהּ, לְנַסּוֹתוֹ, אִם יְהַרְהֵר אַחַר דְּבָרָיו שֶׁל הַקָּבָּ״ה שֶׁאָמַר לָלֶכֶת אֶל אֶרֶץ כְּנַעַן, וְעַכְשָׁיו מַשִּׂיאוֹ לָצֵאת מִמֶּנָּה: (יא) הנה נא ידעתי. מִדְרַשׁ אַגָּדָה: עַד עַכְשָׁיו לֹא הִכִּיר בָּהּ מִתּוֹךְ צְנִיעוּת שֶׁבִּשְׁנֵיהֶם; וְעַכְשָׁיו הִכִּיר בָּהּ עַל יְדֵי מַעֲשֶׂה. דָּבָר אַחֵר, מִנְהַג הָעוֹלָם שֶׁעַל יְדֵי טֹרַח הַדֶּרֶךְ אָדָם מִתְבַּזֶּה, וְזֹאת עָמְדָה בְּיָפְיָהּ. וּפְשׁוּטוֹ שֶׁל מִקְרָא: הִנֵּה נָא הִגִּיעַ הַשָּׁעָה שֶׁיֵּשׁ לִדְאֹג עַל יָפְיֵךְ, יָדַעְתִּי זֶה יָמִים רַבִּים, כִּי יְפַת מַרְאֶה אַתְּ, וְעַכְשָׁיו אָנוּ בָּאִים בֵּין אֲנָשִׁים שְׁחוֹרִים וּמְכוֹעָרִים אֲחֵיהֶם שֶׁל כּוּשִׁים, וְלֹא הֻרְגְּלוּ בְּאִשָּׁה יָפָה; וְדוֹמֶה לוֹ: הִנֶּה־נָּא אֲדֹנַי סוּרוּ נָא (בר׳ י״ט):

said, Unto thy seed will I give this land: and there he built an altar
unto the Eternal, who appeared unto him. 8And he removed from thence
unto the mountain on the east of Beth-el, and pitched his tent, having
Beth-el on the west, and the Ai on the east: and there he built an altar
unto the Eternal, and called on the name of the Eternal. 9And Abram
journeyed, going and journeying towards the south. 10And there was
a famine in the land: and Abram went down into Egypt to sojourn
there; for the famine was grievous in the land. 11And it came to pass,
when he approached to enter into Egypt, that he said unto Sarai his
wife, Behold now, I know that thou art a woman of beautiful appea-
rance. 12Therefore it shall come to pass, that when the Egyptians see thee,
they will say, This is his wife: and they will slay me, but thee they will keep

רש"י

and Mount Ebal where Israel took upon themselves the oath *to observe* the Torah (cf. Deut. XI. 29—30). והכנעני אז בארץ AND THE CANAANITE WAS THEN IN THE LAND — They (the Canaanites) were gradually conquering the land of Israel from the descendants of Shem, for it had fallen to the share of Shem when Noah apportioned the earth amongst his sons, for it is said (Gen. XIV. 18) "And Melchizedek[1]) king of Salem (Jerusalem)". For this reason the Lord said to Abram (v. 7) "to thy seed will I give this land" — "I will in some future time return it to thy children who are descendants of Shem". **(7)** ויבן שם מזבח AND HE BUILDED THERE AN ALTAR — *in thanksgiving* for the good tidings that he would have children, and for the good tidings that they would possess the land of Israel. **(8)** ויעתק משם AND HE REMOVED FROM THERE — *supply the word* אהלו "his tent". מקדם לבית אל *means* ON THE EAST OF BETHEL. Consequently Bethel lay to his west, and that is what it states בית אל מים BETHEL ON THE WEST. אהלה HIS TENT — *This word is written with a* ה *suffixed instead of the usual* ו *so that* it may read אָהֳלָהּ "her tent" *to intimate that* first he pitched a tent for his wife and afterwards one for himself (Gen. R. 39). ויבן שם מזבח AND HE BUILDED THERE AN ALTAR — He perceived by the gift of prophecy that his descendants would once stumble (fall into sin) there through Achan's transgression (see, Josh. ch. VII): therefore he prayed there for them. **(9)** הלוך ונסוע GOING ON MORE AND MORE TOWARDS THE NEGEB — by stages: he stayed here a month or more, then travelled on and pitched his tent in another place. Yet all his journeys were towards the Negeb to proceed to the South of the land of Israel which is the direction where Jerusalem is — which is in the territory of Judah who had *their portion* in the South of the land of Israel — to Mount Moriah which is his (Judah's) possession (cf. Gen. R. ib.). **(10)** רעב בארץ A FAMINE IN THE LAND — in that land only to test him whether he would take exception to God's commands in that He had bidden him to go to the land of Canaan and now forced him to leave it (Pirké d' Rabbi Eliezer 26). **(11)** הנה נא ידעתי BEHOLD NOW I KNOW — The Midrashic explanation is: Until now he had not perceived her beauty owing to the extreme modesty of both of them; now, however, through this event, he became cognisant of it (Tanch.). Another explanation: Usually, because of the exertion of travelling a person becomes uncomely, but she had retained her beauty (Gen. R. 40). Still, the real sense of the text is this: Behold, n o w the time has come when I am anxious because of thy beauty. I have long known that thou art fair of appearance: but now we are travelling among black and repulsive people, brethren of the Ethiopians (Kushim), who have never been accustomed to see a beautiful woman. A similar example is, (Gen. XIX. 2) "Behold, n o w, my lords, turn aside I pray you."[2])

NOTES

1) Who is identified with Shem; cf. Nedarim 32b.

2) Usually נא denotes a request, whereas in our verse it has the meaning of n o w, just as the f i r s t נא in Gen. XIX. 2.

יג אִמְרִי־נָא אֲחֹתִי אָתְּ לְמַעַן יִיטַב־לִי בַעֲבוּרֵךְ וְחָיְתָה
נַפְשִׁי בִּגְלָלֵךְ: שני יד וַיְהִי כְּבוֹא אַבְרָם מִצְרָיְמָה וַיִּרְאוּ
הַמִּצְרִים אֶת־הָאִשָּׁה כִּי־יָפָה הִוא מְאֹד: טו וַיִּרְאוּ
אֹתָהּ שָׂרֵי פַרְעֹה וַיְהַלְלוּ אֹתָהּ אֶל־פַּרְעֹה וַתֻּקַּח
הָאִשָּׁה בֵּית פַּרְעֹה: טז וּלְאַבְרָם הֵיטִיב בַּעֲבוּרָהּ
וַיְהִי־לוֹ צֹאן־וּבָקָר וַחֲמֹרִים וַעֲבָדִים וּשְׁפָחֹת וַאֲתֹנֹת
וּגְמַלִּים: יז וַיְנַגַּע יְהוָה ׀ אֶת־פַּרְעֹה נְגָעִים גְּדֹלִים
וְאֶת־בֵּיתוֹ עַל־דְּבַר שָׂרַי אֵשֶׁת אַבְרָם: יח וַיִּקְרָא
פַרְעֹה לְאַבְרָם וַיֹּאמֶר מַה־זֹּאת עָשִׂיתָ לִּי לָמָּה לֹא־
הִגַּדְתָּ לִּי כִּי אִשְׁתְּךָ הִוא: יט לָמָה אָמַרְתָּ אֲחֹתִי
הִוא וָאֶקַּח אֹתָהּ לִי לְאִשָּׁה וְעַתָּה הִנֵּה אִשְׁתְּךָ קַח
וָלֵךְ: כ וַיְצַו עָלָיו פַּרְעֹה אֲנָשִׁים וַיְשַׁלְּחוּ אֹתוֹ וְאֶת־

אונקלוס

יג אֵמְרִי־כְעַן אֲחָתִי אַתְּ בְּדִיל דְּיֵיטַב־לִי בְּדִילִךְ וְתִתְקַיַּם נַפְשִׁי בְּפִתְגָּמַיְכִי:
יד וַהֲוָה כַּד־עַל אַבְרָם לְמִצְרָיִם וַחֲזוֹ מִצְרָאֵי יָת־אִתְּתָא אֲרֵי־שַׁפִּירָא הִיא
לַחֲדָא: טו וַחֲזוֹ יָתַהּ רַבְרְבֵי פַרְעֹה וְשַׁבָּחוּ יָתַהּ לְפַרְעֹה וְאִדְּבָרַת אִתְּתָא לְבֵית
פַּרְעֹה: טז וּלְאַבְרָם אוֹטֵיב בְּדִילַהּ וַהֲווֹ־לֵהּ עָן־וְתוֹרִין וַחֲמָרִין וְעַבְדִּין וְאַמְהָן
וְאַתְנָן וְגַמְלִין: יז וְאַיְתִי יְיָ עַל־פַּרְעֹה מַכְתָּשִׁין רַבְרְבִין וְעַל־אֱנָשׁ־בֵּיתֵהּ עַל־
עֵיסַק שָׂרַי אִתַּת אַבְרָם: יח וּקְרָא פַרְעֹה לְאַבְרָם וַאֲמַר מָה־דָא עֲבַדְתְּ לִי לְמָא
לָא־חַוֵּיתָא לִי אֲרֵי אִתְּתָךְ הִיא: יט לְמָא אֲמַרְתְּ אֲחָתִי הִיא וּדְבָרִית יָתַהּ לִי
לְאִתּוּ וּכְעַן הָא אִתְּתָךְ דְּבַר וְאִיזֵיל: כ וּפַקֵּיד עֲלוֹהִי פַרְעֹה גּוּבְרִין וְאַלְוִיאוּ יָתֵהּ

רש״י

(יג) למען ייטב לי בעבורך. יִתְּנוּ לִי מַתָּנוֹת: (יד) ויהי כבוא אברם מצרימה. הָיָה לוֹ לוֹמַר כְּבוֹאָם מִצְרַיְמָה? אֶלָּא לִמֵּד, שֶׁהִטְמִין אוֹתָהּ בְּתֵבָה, וְעַל יְדֵי שֶׁתָּבְעוּ אֶת הַמֶּכֶס פָּתְחוּ וְרָאוּ אוֹתָהּ: (טו) ויהללו אותה אל פרעה. הִלְּלוּהָ בֵּינֵיהֶם, לוֹמַר: הֲגוּנָה זוֹ לַמֶּלֶךְ: (טז) ולאברם היטיב פַּרְעֹה בעבורה: (יז) וינגע ה׳ וגו׳. בְּמַכַּת רָאְתָן לָקָה שֶׁהַתַּשְׁמִישׁ קָשֶׁה לוֹ (ב״ר). ואת ביתו. כְּתַרְגּוּמוֹ: וְעַל אֱנָשׁ בֵּיתֵהּ. וּמִדְרָשׁוֹ: לְרַבּוֹת כּוֹתָלָיו וְעַמּוּדָיו וְכֵלָיו כְּבִרְשַׁ״י יָשָׁן). על דבר שרי. עַל פִּי דִבּוּרָהּ; אוֹמֶרֶת לַמַּלְאָךְ: הַךְ, וְהוּא מַכֶּה; (יט) קח ולך. לֹא כַּאֲבִימֶלֶךְ שֶׁאָמַר לוֹ: הִנֵּה אַרְצִי לְפָנֶיךָ, אֶלָּא אָמַר לוֹ: לֵךְ וְאַל תַּעֲמוֹד, שֶׁהַמִּצְרִים שְׁטוּפֵי זִמָּה הֵם, שֶׁנֶּאֱמַר, וְזִרְמַת סוּסִים זִרְמָתָם. (יחזקאל כ״ג): (כ) ויצו עליו. עַל אוֹדוֹתָיו—לְשַׁלְּחוֹ וּלְשָׁמְרוֹ: וישלחו. כְּתַרְגּוּמוֹ וְאַלְוִיאוּ:

alive. ¹³Say, I pray, thou art my sister: that it may be well with me for thy sake; and my soul shall live because of thee. ¹⁴And it came to pass that, when Abram was come into Egypt, the Egyptians saw the woman that she was very beautiful. ¹⁵The officers also of Pharaoh saw her, and praised her to Pharaoh: and the woman was taken into Pharaoh's house. ¹⁶And to Abram he did well for her sake: and he had flocks, and herds, and he-asses, and menservants, and handmaids, and she-asses, and camels. ¹⁷And the Eternal plagued Pharaoh and his house with great afflictions because of Sarai Abram's wife. ¹⁸And Pharaoh called Abram, and said, What is this that thou hast done unto me? wherefore didst thou not tell me that she was thy wife?. ¹⁹Wherefore saidst thou, She is my sister? so that I took her to me to wife: now therefore behold thy wife, take her, and go. ²⁰And Pharaoh commanded his men concerning him: and they sent him away, and his wife, and all that he had.

רש״י

(13) למען ייטב לי בעבורך THAT IT MAY BE WELL WITH ME FOR THY SAKE — they may give me presents. **(14)** ויהי כבא אברם מצרימה AND IT CAME TO PASS WHEN ABRAM WAS COME INTO EGYPT — It should have said, "when they were come into Egypt"; but *the use of the singular* teaches us that he hid her in a chest, and when they demanded the custom dues they opened *it* and discovered her (Gen. R. 40). **(15)** ויהללו אותה אל פרעה AND THEY PRAISED HER TO PHARAOH — They praised her among themselves saying, "This woman is worthy of the king (i.e. they praised her as being suitable אל פרעה for Pharaoh).¹) **(16)** ולאברם הטיב בעבורה AND TO ABRAM HE DEALT WELL — he *means* Pharaoh — בעבורה FOR HER SAKE. **(17)** וינגע ה׳ וגו׳ AND THE LORD PLAGUED PHARAOH etc. — He was smitten with the disease of Raathon which demands close continence (Gen. R. 41). ואת ביתו AND HIS HOUSE — Take it as the Targum has it: "and the people of his house". A Midrashic explanation is: *the word* את *is used here* to imply that included *in the curse* were *also* its walls, pillars and its utensils. *The whole of this explanation of* ואת ביתו *is given* in an old text of Rashi. על דבר שרי BECAUSE OF SARAI (lit., by the word of Sarai) — at her orders: she said to the angel "Smite" and he smote (Tanch.). **(19)** קח ולך TAKE HER AND GO AWAY — Not as Abimelech who said to him (Gen. XX. 15) "Behold, my land is before thee; *dwell wherever it seemeth proper to thee*": but he (Pharaoh) said to him, "Go and do not stay here," for the Egyptians are greatly addicted to lewd-living, as it is said (Ez. XXIII. 20). "And whose issue is like the issue of horses" (Tanch.). (The passage deals with the immoral practices of the Egyptians). **(20)** ויצו עליו AND PHARAOH GAVE COMMAND CONCERNING HIM — עליו means for his sake — to escort him and to protect him. וישלחו AND THEY ACCOMPANIED HIM — as the Targum has it: they gave him an escort.²)

NOTES

¹) For it should say לפני פרעה.
²) Not they sent him away.

אִשְׁתּ֥וֹ וְאֶת־כָּל־אֲשֶׁר־ל֖וֹ׃ יג א וַיַּ֨עַל אַבְרָ֜ם מִמִּצְרַ֗יִם
ה֠וּא וְאִשְׁתּ֧וֹ וְכָל־אֲשֶׁר־ל֛וֹ וְל֥וֹט עִמּ֖וֹ הַנֶּֽגְבָּה׃
ב וְאַבְרָ֖ם כָּבֵ֣ד מְאֹ֑ד בַּמִּקְנֶ֕ה בַּכֶּ֖סֶף וּבַזָּהָֽב׃ ג וַיֵּ֙לֶךְ֙
לְמַסָּעָ֔יו מִנֶּ֖גֶב וְעַד־בֵּֽית־אֵ֑ל עַד־הַמָּק֗וֹם אֲשֶׁר־הָ֨יָה
שָׁ֤ם אָהֳלֹה֙ בַּתְּחִלָּ֔ה בֵּ֥ין בֵּֽית־אֵ֖ל וּבֵ֥ין הָעָֽי׃ ד אֶל־
מְקוֹם֙ הַמִּזְבֵּ֔חַ אֲשֶׁר־עָ֥שָׂה שָׁ֖ם בָּרִאשֹׁנָ֑ה וַיִּקְרָ֥א
שָׁ֛ם אַבְרָ֖ם בְּשֵׁ֥ם יְהוָֽה׃ שלישי ה וְגַ֨ם־לְל֔וֹט הַהֹלֵ֖ךְ
אֶת־אַבְרָ֑ם הָיָ֥ה צֹאן־וּבָקָ֖ר וְאֹהָלִֽים׃ ו וְלֹֽא־נָשָׂ֥א
אֹתָ֛ם הָאָ֖רֶץ לָשֶׁ֣בֶת יַחְדָּ֑ו כִּֽי־הָיָ֤ה רְכוּשָׁם֙ רָ֔ב וְלֹ֥א
יָֽכְל֖וּ לָשֶׁ֥בֶת יַחְדָּֽו׃ ז וַֽיְהִי־רִ֗יב בֵּ֚ין רֹעֵ֣י מִקְנֵֽה־אַבְרָ֔ם
וּבֵ֖ין רֹעֵ֣י מִקְנֵה־ל֑וֹט וְהַֽכְּנַעֲנִי֙ וְהַפְּרִזִּ֔י אָ֖ז יֹשֵׁ֥ב בָּאָֽרֶץ׃

אונקלוס

וְיָת־אִתְּתֵהּ וְיָת־כָּל־דִּילֵהּ: א וּסְלֵיק אַבְרָם מִמִּצְרַיִם הוּא וְאִתְּתֵהּ וְכָל דִּילֵהּ
וְלוֹט עִמֵּהּ לְדָרוֹמָא: ב וְאַבְרָם תַּקִּיף לַחֲדָא בִּבְעִירָא בְּכַסְפָּא וּבְדַהֲבָא:
ג וַאֲזַל לְמַטְלָנוֹהִי מִדָּרוֹמָא וְעַד־בֵּית־אֵל עַד־אַתְרָא דִּי פְרַס תַּמָּן מַשְׁכְּנֵהּ
בְּקַדְמֵיתָא בֵּין בֵּית־אֵל וּבֵין עָי: ד לַאֲתַר מַדְבְּחָא דִּי־עֲבַד תַּמָּן בְּקַדְמֵיתָא וְצַלִּי
תַּמָּן אַבְרָם בִּשְׁמָא דַיְיָ: ה וְאַף לְלוֹט דְּאָזֵיל עִם־אַבְרָם הֲוָה עָן־וְתוֹרִין וּמַשְׁכְּנִין:
ו וְלָא־סוֹבְרַת יָתְהוֹן אַרְעָא לְמִתַּב כַּחֲדָא אֲרֵי־הֲוָה קִנְיָנְהוֹן סַגִּי וְלָא יְכִילוּ
לְמִיתַּב כַּחֲדָא: ז וַהֲוָה מַצּוּתָא בֵּין רָעֵי בְעִירֵהּ־דְּאַבְרָם וּבֵין רָעֵי בְעִירֵהּ־

רש"י

יג (א) ויעל אברם וגו' הנגבה. לָבֹא לִדְרוֹמָהּ שֶׁל אֶרֶץ יִשְׂרָאֵל, כְּמוֹ שֶׁאָמַר לְמַעְלָה: הָלוֹךְ וְנָסוֹעַ הַנֶּגְבָּה, לְהַר הַמּוֹרִיָּה; וּמִכָּל מָקוֹם כְּשֶׁהוּא הוֹלֵךְ מִמִּצְרַיִם לְאֶרֶץ כְּנַעַן, מִדָּרוֹם לְצָפוֹן הוּא מְהַלֵּךְ, שֶׁאֶרֶץ מִצְרַיִם בִּדְרוֹמָהּ שֶׁל אֶרֶץ יִשְׂרָאֵל כְּמוֹ שֶׁמּוֹכִיחַ בְּמַסָּעוֹת וּבִגְבוּלֵי הָאָרֶץ: (ב) כבד מאד. טָעוּן מַשָּׂאוֹת: (ג) וילך למסעיו. כְּשֶׁחָזַר מִמִּצְרַיִם לְאֶרֶץ כְּנַעַן הָיָה הוֹלֵךְ וְלָן בְּאַכְסַנְיוֹת שֶׁלָּן בָּהֶם בַּהֲלִיכָתוֹ לְמִצְרַיִם, לְמֶדְךָ דֶּרֶךְ אֶרֶץ, שֶׁלֹּא יְשַׁנֶּה אָדָם מֵאַכְסַנְיָא שֶׁלּוֹ. דָּבָר אַחֵר בַּחֲזָרָתוֹ פָּרַע הַקָּפוֹתָיו (ב"ר): מנגב. אֶרֶץ מִצְרַיִם בִּדְרוֹמָהּ שֶׁל אֶרֶץ כְּנָעַן: (ד) אשר עשה שם בראשונה. וַאֲשֶׁר קָרָא שָׁם אַבְרָם בְּשֵׁם ה'. וְגַם יֵשׁ לוֹמַר: וַיִּקְרָא שָׁם עַכְשָׁיו בְּשֵׁם ה': (ה) ההלך את אברם. מִי גָרַם שֶׁהָיָה לוֹ זֹאת? הֲלִיכָתוֹ עִם אַבְרָם: (ו) ולא נשא אתם. לֹא הָיְתָה יְכוֹלָה לְהַסְפִּיק מִרְעֶה לְמִקְנֵיהֶם. וּלְשׁוֹן קָצָר הוּא, וְצָרִיךְ לְהוֹסִיף עָלָיו, כְּמוֹ: וְלֹא נָשָׂא אוֹתָם מִרְעֵה הָאָרֶץ, לְפִיכָךְ כָּתַב, וְלֹא נָשָׂא בִּלְשׁוֹן זָכָר: (ז) ויהי ריב. לְפִי שֶׁהָיוּ רוֹעִים שֶׁל לוֹט רְשָׁעִים וּמַרְעִים בְּהֶמְתָּם בִּשְׂדוֹת אֲחֵרִים, וְרוֹעֵי אַבְרָם מוֹכִיחִים אוֹתָם עַל הַגֶּזֶל, וְהֵ"א: נִתְּנָה הָאָרֶץ לְאַבְרָם, וְלוֹ אֵין יוֹרֵשׁ, וְלוֹט יוֹרְשׁוֹ, וְאֵין זֶה גֶּזֶל, וְהַכָּתוּב אוֹמֵר: וְהַכְּנַעֲנִי וְהַפְּרִזִּי

13. 1And Abram went up out of Egypt, he, and his wife, and all that
he had, and Lot with him, into the south. 2And Abram was very rich in
cattle, in silver, and in gold. 3And he went on his journeys from the south
even to Beth-el, unto the place where his tent had been previously, bet-
ween Beth-el and the Ai; 4Unto the place of the altar, which he had ma-
de there at the first: and there Abram called on the name of the Eternal.
5And Lot also, who went with Abram, had flocks, and herds, and tents.
6And the land was not able to bear them, that they might abide together:
for their substance was great, so that they were not able to abide together.
7And there was a quarrel between the herdmen of Abram's cattle and the
herdmen of Lot's cattle: and the Canaanite and the Perrizite abode then

רש"י

13. **(1)** ויעל אברם וגו' הנגבה AND ABRAM WENT UP [OUT OF EGYPT] . . . TOWARDS THE NEGEB — *He went up* to proceed to the Southern part of the land of Israel — as it is said above (XII. 9) "going on more and more to the Negeb" — to the Mount Moriah. Still, when one goes from Egypt to the land of Canaan, one proceeds f r o m South t o North, because Egypt is to the South of the land of Israel, as may be proved from *the account of* the journeys *that the Israelites made in the wilderness* and from *the description* of the boundaries of the land *of Israel* (see Numb. XXXIII and XXXIV). **(2)** כבד מאד VERY RICH (lit., very heavy) — heavily laden with burdens. **(3)** וילך למסעיו AND HE WENT ON HIS JOURNEYS — When he returned from Egypt to the land of Canaan he went and lodged in the same inns as he had stayed when he travelled to Egypt. This teaches you good manners: that one should not change his inn (Arach 16b); (where the reason is given that one who does this constantly brings discredit on himself and on others). Another interpretation: on his return he paid the debts he had *previously* incurred (Gen. R. 41). (In both these comments emphasis is placed on "his" — he went on h i s journeys i. e. the routes he had taken before.) מנגב FROM THE SOUTH — the land of Egypt lies to the South of the land of Canaan. **(4)** אשר עשה שם בראשונה [UNTO THE PLACE OF THE ALTAR] WHICH HE HAD MADE THERE AT THE FIRST and WHERE ABRAM H A D CALLED [UPON THE NAME OF THE LORD] (that is, ויקרא does not introduce a further action of Abram done at that time, but refers to a former one when he had called upon the Name of the Lord); but it may also be explained that it means that Abram n o w called there upon the Name of the Lord. **(5)** ההלך את אברם WHO WENT WITH ABRAM — What brought it about that he possessed all this? The fact that he was accompanying Abram (Pes. R. שמיני). **(6)** ולא נשא אתם AND THE LAND WAS NOT ABLE TO BEAR THEM — It could not provide sufficient pasture for their cattle. The phrase is elliptical and a word must be supplied, for instance: t h e p a s t u r a g e (מרעה) of the land was not able to bear them — for this reason the word נשא (masculine) is used (to agree in gender with מרעה; the suggestion is that נשא cannot have הארץ as subject since that noun is feminine[1]). **(7)** ויהי ריב AND THERE WAS A QUARREL because Lot's shepherds were wicked men and grazed their cattle in other people's fields. Abram's shepherds rebuked them for this act of robbery, but they replied, "The land has been given to Abram, and since he has no *son as* heir, Lot will be his heir: consequently this is not robbery". Scripture, however, states: "The Canaanite and the Perizzite abode then in

NOTES

1) Cp., however, Ps. CV. 30 שרץ ארצם instead of שרצה.

ח וַיֹּאמֶר אַבְרָם אֶל־לוֹט אַל־נָא תְהִי מְרִיבָה בֵּינִי
וּבֵינֶךָ וּבֵין רֹעַי וּבֵין רֹעֶיךָ כִּי־אֲנָשִׁים אַחִים אֲנָחְנוּ׃
ט הֲלֹא כָל־הָאָרֶץ לְפָנֶיךָ הִפָּרֶד נָא מֵעָלָי אִם־
הַשְּׂמֹאל וְאֵימִנָה וְאִם־הַיָּמִין וְאַשְׂמְאִילָה׃ י וַיִּשָּׂא־
לוֹט אֶת־עֵינָיו וַיַּרְא אֶת־כָּל־כִּכַּר הַיַּרְדֵּן כִּי כֻלָּהּ
מַשְׁקֶה לִפְנֵי ׀ שַׁחֵת יְהוָה אֶת־סְדֹם וְאֶת־עֲמֹרָה
כְּגַן־יְהוָה כְּאֶרֶץ מִצְרַיִם בֹּאֲכָה צֹעַר׃ יא וַיִּבְחַר־לוֹ
לוֹט אֵת כָּל־כִּכַּר הַיַּרְדֵּן וַיִּסַּע לוֹט מִקֶּדֶם וַיִּפָּרְדוּ
אִישׁ מֵעַל אָחִיו׃ יב אַבְרָם יָשַׁב בְּאֶרֶץ־כְּנָעַן וְלוֹט
יָשַׁב בְּעָרֵי הַכִּכָּר וַיֶּאֱהַל עַד־סְדֹם׃ יג וְאַנְשֵׁי סְדֹם

אונקלוס

דְּלוֹט וּכְנַעֲנָאָה וּפְרִזָּאֵי בְּכֵן יָתֵיב בְּאַרְעָא׃ ח וַאֲמַר אַבְרָם לְלוֹט לָא־כְעַן תְּהֵי
מַצּוּתָא בֵּינָא וּבֵינָךְ וּבֵין רָעֲוָתִי וּבֵין רָעֲוָתָךְ אֲרֵי־גוּבְרִין אַחִין אֲנַחְנָא׃ ט הֲלָא
כָל־אַרְעָא קֳדָמָךְ אִתְפָּרֵשׁ כְּעַן מִלְוָתִי עִם־אַתְּ לְצִפּוּנָא וַאֲנָא לְדָרוֹמָא וְאִם־
אַתְּ לְדָרוֹמָא וַאֲנָא לְצִפּוּנָא׃ י וּזְקַף־לוֹט יָת־עֵינוֹהִי וַחֲזָא יָת־כָּל־מֵישַׁר יַרְדְּנָא
אֲרֵי כֻלַּהּ בֵּית־שַׁקְיָא קֳדָם ׀ חַבָּלוּת יְיָ יָת־סְדוֹם וְיָת־עֲמוֹרָה כְּגִנְּתָא־דַיְיָ כְּאַרְעָא
דְמִצְרַיִם מָטֵי לְצֹעַר׃ יא וּבְחַר־לֵהּ לוֹט יָת כָּל־מֵישַׁר יַרְדְּנָא וּנְטַל לוֹט מִלְּקַדְמִין
וְאִתְפְּרָשׁוּ גְּבַר מִלְּוָת אֲחוּהִי׃ יב אַבְרָם יְתֵב בְּאַרְעָא־דִכְנָעַן וְלוֹט יְתֵב בְּקִרְוֵי
מֵישְׁרָא וּפְרַס עַד־סְדוֹם׃ יג וַאֲנָשֵׁי דִסְדוֹם בִּישִׁין בְּמָמוֹנְהוֹן וְחַיָּבִין בְּגוּיַתְהוֹן

רש"י

אָז יוֹשֵׁב בָּאָרֶץ, וְלֹא זָכָה בָהּ אַבְרָם עֲדַיִין (ב"ר)׃ (ח) אנשים אחים. קְרוֹבִים, וּמִדְרַשׁ אַגָּדָה׃
דּוֹמִין בְּקְלַסְתֵּר פָּנִים׃ (ט) אם השמאל ואימנה. בְּכָל אֲשֶׁר תֵּשֵׁב לֹא אֶתְרַחֵק מִמְּךָ וְאֶעֱמוֹד
לְךָ לְמָגֵן וּלְעֵזֶר. וְסוֹף דָּבָר הוּצְרַךְ לוֹ, שֶׁנֶּאֱמַר׃ וַיִּשְׁמַע אַבְרָם כִּי נִשְׁבָּה אָחִיו וְגוֹ'׃ ואימנה.
אַיְמִין אֶת עַצְמִי; כְּמוֹ וְאַשְׂמְאִילָה אַשְׂמְאִיל אֶת עַצְמִי. וְאִם תֹּאמַר הָיָה לוֹ לִנְקֹד, וְאֵימִינָה,
כָּךְ מָצִינוּ בְּמָקוֹם אַחֵר׃ אִם יֵשׁ לְהֵמִין (ש"ב י"ד) וְאֵין נָקוּד לְהַיְמִין׃ (י) כי כלה משקה.
אֶרֶץ נַחֲלֵי מָיִם׃ לפני שחת ה' את סדם ואת עמרה. הָיָה אוֹתוֹ מִישׁוֹר כגן ה' לְאִילָנוֹת,
כארץ מצרים לִזְרָעִים (ב"ר)׃ באכה צער. עַד צֹעַר. וּמִדְרַשׁ אַגָּדָה דּוֹרְשָׁהּ לִגְנַאי, עַל שֶׁהָיוּ
שְׁטוּפֵי זִמָּה בָּחַר לוֹ לוֹט בִּשְׁכוּנָתָם׃ (יא) ככר. מִישׁוֹר כְּתַרְגּוּמוֹ׃ מקדם. נָסַע מֵאֵצֶל אַבְרָם
וְהָלַךְ לוֹ לְמַעֲרָבוֹ שֶׁל אַבְרָם; נִמְצָא נוֹסֵעַ מִמִּזְרָח לְמַעֲרָב. וּמִדְרַשׁ אַגָּדָה׃ הִסִּיעַ עַצְמוֹ
מִקַּדְמוֹנוֹ שֶׁל עוֹלָם; אָמַר׃ אִי אֶפְשִׁי לֹא בְאַבְרָם וְלֹא בֵאלֹהָיו׃ (יב) ויאהל. נָטָה אֳהָלִים
לְרוֹעָיו וּלְמִקְנֵהוּ עַד סְדוֹם׃ (יג) ואנשי סדום רעים. וְאַף עַל פִּי כֵן לֹא נִמְנַע לוֹט
מִלִּשְׁכּוֹן עִמָּהֶם. וְרַבּוֹתֵינוּ לָמְדוּ מִכָּאן (יומא ל"ח)׃ וְשֵׁם רְשָׁעִים יִרְקָב (משלי י')׃

in the land. [8]And Abram said untc Lot, Let there be no contention,
I pray, between me and thee, and between my herdmen and thy herd-
men; for we be kinsmen. [9]Is not the whole land before thee? part, I
pray, from me: if thou wilt take to the left, then I will go to the right;
or if thou depart to the right, then I will go to the left. [10]And Lot
lifted up his eyes, and saw all the district of the Jordan, that it was
well watered every where, before the Eternal destroyed Sodom and Go-
morrah, even as the garden of the Eternal, like the land of Egypt, as
thou comest unto Zoar. [11]Then Lot chose him all the district of the Jor-
dan; and Lot journeyed from the east: and they parted the one from the
other. [12]Abram abode in the land of Canaan, and Lot abode in the cities
of the district, and pitched his tent towards Sodom. [13]But the men of So-

רש"י

the land", so that Abram was not yet entitled to possession (Gen. R. 41). **(8)** אנשים אחים BROTHERS — *i. e.* kinsmen. The Midrashic explanation is: that they resembled each other in their facial features (ib.). **(9)** אם השמאל ואימנה IF THOU WILT TAKE THE LEFT HAND, THAN I WILL GO TO THE RIGHT — Wherever you settle down I will not go far from you and I will stand by you as a shield and as a helper. Ultimately, indeed, he (Lot) was really in need of him, as it is said, (Gen. XIV. 14) "And Abram heard that his brother was taken captive etc." ואימינה I WILL GO TO THE RIGHT — *The word means* "I will direct myself towards the right", just as ואשמאילה means "I will direct myself towards the left." If you say that it should be punctuated וְאֵימִינָה (the regular Hiphil form) *I answer* that in another place also we find this form, (2 Sam. XIV. 19) אם יש לְהֵמִין "none can turn to the right hand", where the punctuation is not לְהֵימִין. **(10)** כי כלה משקה THAT IT WAS WELL WATERED — a land of water-streams. לפני שחת ה' את סדום ואת עמורה BEFORE THE LORD DESTROYED SODOM AND GOMORRAHH that land was כגן ה' LIKE THE GARDEN OF GOD in respect of trees, כארץ מצרים LIKE THE LAND OF EGYPT in respect of seed (vegetables) (Gen. R. 41). באכה צער *means* AS THOU GOEST עד צוער to Zoar. The Midrashic explanation (Hor. 10b; Gen. R. 41) explains it to *Lot's* discredit — just because they (the people of Sodom and Gomorrah) were addicted to lewdness did Lot choose their locality. **(11)** ככר *The word means* "a plain" as the Targum translates it. מקדם FROM THE EAST — He removed from Abram and went westward of Abram — consequently he travelled from the East to the West. A Midrashic explanation is: He wandered away from the Originator (מקדמונו) of the Universe, saying, "I want neither Abramn or his God" (Gen. R. 41). **(12)** ויאהל *means* he pitched tents for his shepherds and cattle עד סדום *throughout the whole district extending* AS FAR AS SODOM. **(13)** ואנשי סדום רעים BUT THE MEN OF SODOM WERE WICKED, and yet Lot did not refrain from living with them. Our Rabbis learned from here *how the text* (Prov. X. 11) "and the name of the wicked shall rot"

רָעִים וְחַטָּאִים לַיהוָה מְאֹד: יד וַיהוָה אָמַר אֶל־אַבְרָם
אַחֲרֵי הִפָּרֶד־לוֹט מֵעִמּוֹ שָׂא־נָא עֵינֶיךָ וּרְאֵה מִן־
הַמָּקוֹם אֲשֶׁר־אַתָּה שָׁם צָפֹנָה וָנֶגְבָּה וָקֵדְמָה וָיָמָּה:
טו כִּי אֶת־כָּל־הָאָרֶץ אֲשֶׁר־אַתָּה רֹאֶה לְךָ אֶתְּנֶנָּה
וּלְזַרְעֲךָ עַד־עוֹלָם: טז וְשַׂמְתִּי אֶת־זַרְעֲךָ כַּעֲפַר
הָאָרֶץ אֲשֶׁר | אִם־יוּכַל אִישׁ לִמְנוֹת אֶת־עֲפַר הָאָרֶץ
גַּם־זַרְעֲךָ יִמָּנֶה: יז קוּם הִתְהַלֵּךְ בָּאָרֶץ לְאָרְכָּהּ
וּלְרָחְבָּהּ כִּי לְךָ אֶתְּנֶנָּה: יח וַיֶּאֱהַל אַבְרָם וַיָּבֹא וַיֵּשֶׁב
בְּאֵלֹנֵי מַמְרֵא אֲשֶׁר בְּחֶבְרוֹן וַיִּבֶן־שָׁם מִזְבֵּחַ
לַיהוָה: פ רביעי.

יד א וַיְהִי בִּימֵי אַמְרָפֶל מֶלֶךְ־שִׁנְעָר אַרְיוֹךְ מֶלֶךְ
אֶלָּסָר כְּדָרְלָעֹמֶר מֶלֶךְ עֵילָם וְתִדְעָל מֶלֶךְ גּוֹיִם:
ב עָשׂוּ מִלְחָמָה אֶת־בֶּרַע מֶלֶךְ סְדֹם וְאֶת־בִּרְשַׁע

אונקלוס

קֳדָם־יְיָ לַחֲדָא: יד וַייָ אֲמַר לְאַבְרָם בָּתַר דְּאִתְפְּרַשׁ־לוֹט מֵעִמֵּהּ זְקוֹף כְּעַן
עֵינָךְ וַחֲזֵי מִן־אַתְרָא דְּאַתְּ תַּמָּן לְצִפּוּנָא וּלְדָרוֹמָא וּלְמַדִּינְחָא וּלְמַעְרְבָא:
טו אֲרֵי יָת־כָּל־אַרְעָא דִּי־אַתְּ חָזֵי לָךְ אֶתְּנִנַּהּ וְלִבְנָךְ עַד־עָלַם: טז וַאֲשַׁוֵּי יָת־בְּנָךְ
סַגִּיאִין כְּעַפְרָא דְּאַרְעָא כְּמָא | דִּי לָא־אֶפְשַׁר לִגְבַר לְמִמְנֵי יָת־עַפְרָא דְּאַרְעָא
אַף בְּנָךְ לָא יִתְמְנוּן: יז קוּם הַלֵּיךְ בְּאַרְעָא לְאָרְכַּהּ וּלְפָתְיַהּ אֲרֵי לָךְ אֶתְּנִנַּהּ:
יח וּפְרַס אַבְרָם וַאֲתָא וִיתֵיב בְּמֵישְׁרֵי מַמְרֵא דִּי בְחֶבְרוֹן וּבְנָא־תַמָּן מַדְבְּחָא קֳדָם־
יְיָ: א וַהֲוָה בְּיוֹמֵי אַמְרָפֶל מַלְכָּא־דְּבָבֶל אַרְיוֹךְ מַלְכָּא דְּאֶלָּסָר כְּדָרְלָעֹמֶר מַלְכָּא
דְעֵילָם וְתִדְעָל מַלְכָּא דְעַמְמֵי: ב סְדָרוּ (נ״י עֲבָדוּ) קְרָבָא עִם־בֶּרַע מַלְכָּא דִסְדוֹם

רש״י

רעים. בְּגוּפָם, וחטאים. בְּמָמוֹנָם (סנה׳ ק״ט): לה׳ מאד. יוֹדְעִים רִבּוֹנָם, וּמִתְכַּוְּנִים לִמְרוֹד בּוֹ: (יד) אחרי הפרד לוט. כָּל זְמַן שֶׁהָרָשָׁע עִמּוֹ הָיָה הַדִּבּוּר פּוֹרֵשׁ מִמֶּנּוּ: (טז) אשר אם יוכל איש. כְּשֵׁם שֶׁאִי אֶפְשָׁר לֶעָפָר לְהִמָּנוֹת כָּךְ זַרְעֲךָ לֹא יִמָּנֶה: (יח) ממרא. שֵׁם אָדָם:

יד (א) אמרפל. הוּא נִמְרוֹד, שֶׁאָמַר לְאַבְרָהָם: פּוֹל לְתוֹךְ כִּבְשַׁן הָאֵשׁ (ב״ר): מלך גוים. מָקוֹם יֵשׁ, שֶׁשְּׁמוֹ גּוֹיִם, עַל שֵׁם שֶׁנִּתְקַבְּצוּ שָׁמָּה מִכַּמָּה אֻמּוֹת וּמְקוֹמוֹת וְהִמְלִיכוּ אִישׁ עֲלֵיהֶם וּשְׁמוֹ תִּדְעָל: (ב) ברע. רַע לַשָּׁמַיִם וְרַע לַבְּרִיּוֹת: ברשע. שֶׁנִּתְעַלָּה בְּרֶשַׁע:

dom were evil and sinful before the Eternal exceedingly. [14]And the Eternal said unto Abram, after that Lot was parted from him, Lift up now thine eyes, and look from the place where thou art northward, and southward, and eastward, and westward: [15]For all the land which thou seest, to thee will I give it, and to thy seed for ever. [16]And I will make thy seed as the dust of the earth: so that if a man is able to count the dust of the earth, then shall thy seed also be counted. [17]Arise, walk about in the land in the length of it and in the breadth of it; for unto thee will I give it. [18]Then Abram pitched his tent, and came and abode at the oaks of Mamre, which are in Hebron, and built there an altar unto the Eternal.

14. [1]And it came to pass in the days of Amraphel king of Shinar, Arioch king of Ellasar, Chedorlaomer king of Elam, and Tidal king of Goiim; [2]That these made war with Bera king of Sodom, and with Birsha

רש"י

should be applied (Joma 38b).[1]) רעים WICKED in their persons, וחטאים AND SINNERS with their wealth (Sanh. 109a)[2]) לה' מאד BEFORE THE LORD, EXCEEDINGLY — They knew their Master and *yet* intentionally rebelled against Him. **(14)** אחרי הפרד לוט AFTER LOT WAS SEPARATED FROM HIM — So long as the wicked (Lot) was with him the word *of God* kept away from him (i. e. God had no communion with Abraham). **(16)** אשר אם יוכל איש SO THAT IF A MAN IS ABLE [TO COUNT] — just as it is impossible for the dust to be counted, so, too, your seed shall not be counted. **(18)** ממרא MAMRE — the name of a man.[3])

14. (1) אמרפל AMRAPHEL — He is identical with Nimrod who said (אמר) to Abraham, "Plunge (פול) into the fiery furnace" (Tanch.).[4]) מלך גוים KING OF GOIIM (nations) — There was a place that was called Goiim because people from many nations and localities gathered there and proclaimed as their king a man named Tidal (Gen. R. 42). **(2)** ברע BERA — Evil (רע) towards God and evil towards mankind (Tanch.). ברשע BIRSHA — Because he rose by means of wickedness (רֶשַׁע) (ib.). שנאב

NOTES

[1]) Viz., that whenever the name of the wicked is mentioned it should be followed by a term of disapprobation.

[2]) Cf. also Onkelos and Gen. R. 41.

[3]) and not the name of a place, as in Gen. XXIII. 17; cf. Gen. XIV. 13 where it is expressly said אלוני ממרא האמורי אחי אשכול.

[4]) See also Erub. 53a.

מֶלֶךְ עֲמֹרָה שִׁנְאָב ׀ מֶלֶךְ אַדְמָה וְשֶׁמְאֵבֶר מֶלֶךְ
צְבֹיִּים וּמֶלֶךְ בֶּלַע הִיא־צֹעַר׃ ג כָּל־אֵלֶּה חָבְרוּ אֶל־
עֵמֶק הַשִּׂדִּים הוּא יָם הַמֶּלַח׃ ד שְׁתֵּים עֶשְׂרֵה שָׁנָה
עָבְדוּ אֶת־כְּדָרְלָעֹמֶר וּשְׁלֹשׁ־עֶשְׂרֵה שָׁנָה מָרָדוּ׃
ה וּבְאַרְבַּע עֶשְׂרֵה שָׁנָה בָּא כְדָרְלָעֹמֶר וְהַמְּלָכִים
אֲשֶׁר אִתּוֹ וַיַּכּוּ אֶת־רְפָאִים בְּעַשְׁתְּרֹת קַרְנַיִם וְאֶת־
הַזּוּזִים בְּהָם וְאֵת הָאֵימִים בְּשָׁוֵה קִרְיָתָיִם׃ ו וְאֶת־
הַחֹרִי בְּהַרְרָם שֵׂעִיר עַד אֵיל פָּארָן אֲשֶׁר עַל־
הַמִּדְבָּר׃ ז וַיָּשֻׁבוּ וַיָּבֹאוּ אֶל־עֵין מִשְׁפָּט הִוא קָדֵשׁ
וַיַּכּוּ אֶת־כָּל־שְׂדֵה הָעֲמָלֵקִי וְגַם אֶת־הָאֱמֹרִי הַיֹּשֵׁב

צבוים ק׳.

אונקלוס

וְעִם בִּרְשַׁע מַלְכָּא דַעֲמֹרָה שִׁנְאָב וּמַלְכָּא דְאַדְמָאָה וְשֶׁמְאֵבֶר מַלְכָּא דִצְבוֹיִם וּמַלְכָּא
דְבֶלַע הִיא צֹעַר׃ ג כָּל־אִלֵּין אִתְכְּנַשׁוּ לְמֵישַׁר חַקְלַיָּא הוּא אֲתַר יַמָּא דְמִלְחָא׃
ד תַּרְתָּא עַשְׂרֵי שְׁנִין פְּלַחוּ יָת־כְּדָרְלָעֹמֶר וּתְלַת־עַשְׂרֵי שְׁנִין מְרָדוּ׃ ה וּבְאַרְבַּע
עַשְׂרֵי שְׁנִין אֲתָא כְדָרְלָעֹמֶר וּמַלְכַיָּא דְעִמֵּהּ וּמְחוֹ יָת־גִּבָּרַיָּא דִּי־בְעַשְׁתְּרוֹת קַרְנַיִם
וְיָת־תַּקִּיפַיָּא דִבְהֶמְתָּא וְיָת־אֵימְתָנֵי דִּבְשָׁוֵה קִרְיָתַיִם׃ ו וְיָת־חוֹרָאֵי דִּי־בְטוּרְהוֹן
דְּשֵׂעִיר עַד מֵישַׁר פָּארָן דִּסְמִיךְ עַל־מַדְבְּרָא׃ ז וְתָבוּ וַאֲתוֹ לְמֵישַׁר פְּלוּג־דִּינָא
הִיא רְקָם וּמְחוֹ יָת־כָּל־חֲקַל עֲמַלְקָאָה וְאַף יָת־אֱמוֹרָאָה דְּיָתֵיב בְּעֵין־גֶּדִי׃

רש״י

שנאב. שׂוֹנֵא אָבִיו שֶׁבַּשָּׁמַיִם: שמאבר. שָׂם אֵבֶר לָעוּף וְלִקְפּוֹץ וְלִמְרוֹד בְּהַקָּבָּ״ה: בלע.
שֵׁם הָעִיר: (ג) עמק השדים. כָּךְ שְׁמוֹ, עַל שֵׁם שֶׁהָיוּ בוֹ שָׂדוֹת הַרְבֵּה: הוא ים המלח. לְאַחַר
זְמַן נִמְשַׁךְ הַיָּם לְתוֹכוֹ וְנַעֲשָׂה יָם הַמֶּלַח: וּמִדְרַשׁ אַגָּדָה אוֹמֵר, שֶׁנִּתְבַּקְּעוּ הַצּוּרִים סְבִיבוֹתָיו
וְנִמְשְׁכוּ יְאוֹרִים לְתוֹכוֹ: (ד) שתים עשרה שנה עבדו. חֲמִשָּׁה מְלָכִים הַלָּלוּ אֶת כְּדָרְלָעוֹמֶר
וּבְאַרְבַּע עֶשְׂרֵה שָׁנָה לְמִרְדָּן בָּא כְּדָרְלָעוֹמֶר; לְפִי שֶׁהוּא הָיָה בַּעַל הַמַּעֲשֶׂה נִכְנַס בְּעוֹבִי
הַקּוֹרָה: (ה) והמלכים. אֵלֶּה שְׁלֹשָׁה מְלָכִים: הזוזים. הֵם זַמְזֻמִּים: (ו) בהררם. בְּהַר שֶׁלָּהֶם:
איל פארן. כְּתַרְגּוּמוֹ מִישׁוֹר. וְאוֹמֵר אֲנִי, שֶׁאֵין אֵיל לְשׁוֹן מִישׁוֹר, אֶלָּא מִישׁוֹר שֶׁל פָּארָן אֵיל
שְׁמוֹ, וְשֶׁל מַמְרֵא אֵלוֹנֵי שְׁמוֹ, וְשֶׁל יַרְדֵּן כִּכַּר שְׁמוֹ, וְשֶׁל שִׁטִּים אָבֵל שְׁמוֹ, אָבֵל הַשִּׁטִּים, וְכֵן
בַּעַל גָּד בַּעַל שְׁמוֹ; וְכֻלָּם מְתוּרְגָּמִין מִישׁוֹר, וְכָל א׳ שְׁמוֹ עָלָיו: על המדבר. אֵצֶל הַמִּדְבָּר,
כְּמוֹ: וְעָלָיו מַטֵּה מְנַשֶּׁה (במדבר ב׳): (ז) עין משפט היא קדש. עַל שֵׁם הֶעָתִיד, שֶׁעֲתִידִין
מֹשֶׁה וְאַהֲרֹן לְהִשָּׁפֵט שָׁם עַל עִסְקֵי אוֹתוֹ הָעַיִן וְהֵם מֵי מְרִיבָה. וְאוּנְקְלוֹס תִּרְגְּמוֹ כִּפְשׁוּטוֹ:
מָקוֹם שֶׁהָיוּ בְּנֵי הַמְּדִינָה מִתְקַבְּצִים שָׁם לְכָל מִשְׁפָּט: שדה העמלקי. עֲדַיִן לֹא נוֹלַד עֲמָלֵק,
וְנִקְרָא עַל שֵׁם הֶעָתִיד: בחצצון תמר. הוּא עֵין גֶּדִי, מִקְרָא מָלֵא בְּדִבְרֵי הַיָּמִים (ב׳ כ׳) בִּיהוֹשָׁפָט:

king of Gomorrah, Shinab king of Admah, and Shemeber king of Zeboi-
im, and the king of Bela, which is Zoar. 3 All these joined together in the
Vale of Siddim, which is the salt sea. 4 Twelve years they served Chedor-
laomer, and in the thirteenth year they rebelled. 5 And in the fourteenth
year came Chedorlaomer, and the kings that were with him, and smote the
Rephaim in Ashteroth Karnaim, and the Zuzim in Ham, and the Emim in
Shaveh Kiriathaim, 6 And the Horites in their Mount Seir, unto El-paran,
which is by the desert. 7 And they returned, and came to Enmishpat, which
is Kadesh, and smote all the country of the Amalekites, and also the Amo-

רש"י

SHINAB — He hated (שנא) his Father (אב) in heaven (ib.). שמאבר SHEMEBER — He set his wings (שם אבר) to fly, flapping them to rebel against the Holy One, blessed be He (ib.). בלע BELA *is* the name of this king's city (but the king's own name is not mentioned here). **(3)** עמק השדים VALE OF SIDDIM — So it was named because it contained many fields (שדות). There are many Midrashic explanations of this name. הוא ים המלח THE SAME IS THE SALT SEA — After some time the sea flowed into it (the vale) and thus the Salt Sea came into existence. The Midrashic explanation states that the rocks that surrounded it had cracked and streams thus flowed into it (Yalk.). **(4)** שתים עשרה שנה עבדו TWELFE YEARS DID THEY i. e. these five kings SERVE Chedorlaomer, ובארבע עשרה שנה AND IN THE FOURTEENTH YEAR of their rebellion[1]) Chedorlaomer came. Because the matter concerned him mostly, "he bore the heavier side of the beam."[2]) **(5)** והמלכים AND THE KINGS [THAT WERE WITH HIM] — These are the *other* three kings. הזוזים These are the Zamzumim (see Deut. II. 10. 11. 20). **(6)** בהררם *means* IN THEIR MOUNT (i. e. הרר is a form of הר — really an earlier form — with pronominal suffix ָם; cf. הררי קדש etc.) איל פארן EL-PARAN — As it is translated in the Targum: Plain *of Paran*. But I hold that איל does not signify a plain *in general* but that the lowland of Paran bore the name of El, and *that* of Mamre was named Elone; that of the Jordan was called Kikkar, *whilst* that of Shittim was called Abel — Abel-Shittim — and *so, too, the lowland* of [Baal] Gad was named Baal. All these are translated in the Targum by מישור, but each *really* had its own particular name. על המדבר BY THE WILDERNESS — next to the wilderness; a similar use *of* על is (Num. II. 20) "and next unto him (עליו) shall be the tribe of Manasseh". **(7)** עין משפט היא קדש EN-MISHPAT, THE SAME IS KADESH — *It is here named* EN-MISHPAT ("the well of judgment") in reference to *what would happen there in* the future — where Moses and Aaron would once be judged because of what occurred at that fountain. It is identical with "the waters of Meribah" (cf. Num. XX. 1 and 13). Onkelos, however, translates it according to its plain sense: the plain where the people of the district used to gather for every lawsuit. שדה העמלקי THE COUNTRY OF THE AMALEKITES — Amalek, *it is true*, was not yet born, but it is here named in reference to *the name it would bear in* the future. בחצצון תמר IN HAZEZON-TAMAR — This is En-Gedi: so a text plainly states in Chronicles (2 Chron. XX. 2) in *the history of*

NOTES

1) i. e. the latter part of v. 4 is to be translated "they rebelled thirteen years," not "in the thirteenth year they rebelled."

2) A talmudical figurative expression for: the person mostly concerned in a matter, has to take the main responsibility for it. Since they had rebelled against Chedorlaomer he bore the brunt of the war against them — he came, the others merely assisting him.

בְּחַֽצְצֹ֖ן תָּמָֽר׃ ח וַיֵּצֵ֨א מֶֽלֶךְ־סְדֹ֜ם וּמֶ֣לֶךְ עֲמֹרָ֗ה וּמֶ֙לֶךְ֙
אַדְמָ֔ה וּמֶ֥לֶךְ צְבֹיִּ֖ם וּמֶ֥לֶךְ בֶּ֖לַע הִוא־צֹ֑עַר וַיַּֽעַרְכ֤וּ
אִתָּם֙ מִלְחָמָ֔ה בְּעֵ֖מֶק הַשִּׂדִּֽים׃ ט אֵ֣ת כְּדָרְלָעֹ֜מֶר
מֶ֣לֶךְ עֵילָ֗ם וְתִדְעָל֙ מֶ֣לֶךְ גּוֹיִ֔ם וְאַמְרָפֶל֙ מֶ֣לֶךְ שִׁנְעָ֔ר
וְאַרְי֖וֹךְ מֶ֣לֶךְ אֶלָּסָ֑ר אַרְבָּעָ֥ה מְלָכִ֖ים אֶת־הַחֲמִשָּֽׁה׃
י וְעֵ֣מֶק הַשִּׂדִּ֗ים בֶּֽאֱרֹ֤ת בֶּֽאֱרֹת֙ חֵמָ֔ר וַיָּנֻ֛סוּ מֶֽלֶךְ־סְדֹ֥ם
וַעֲמֹרָ֖ה וַיִּפְּלוּ־שָׁ֑מָּה וְהַנִּשְׁאָרִ֖ים הֶ֥רָה נָּֽסוּ׃ יא וַ֠יִּקְחוּ
אֶת־כָּל־רְכֻ֨שׁ סְדֹ֧ם וַעֲמֹרָ֛ה וְאֶת־כָּל־אָכְלָ֖ם וַיֵּלֵֽכוּ׃
יב וַיִּקְח֨וּ אֶת־ל֧וֹט וְאֶת־רְכֻשׁ֛וֹ בֶּן־אֲחִ֥י אַבְרָ֖ם וַיֵּלֵ֑כוּ
וְה֥וּא יֹשֵׁ֖ב בִּסְדֹֽם׃ יג וַיָּבֹא֙ הַפָּלִ֔יט וַיַּגֵּ֖ד לְאַבְרָ֣ם הָֽעִבְרִ֑י

צבוים ק׳

אונקלוס

ח וּנְפַק מַלְכָּא־דִסְדוֹם וּמַלְכָּא דַעֲמוֹרָא וּמַלְכָּא דְאַדְמָה וּמַלְכָּא דִצְבוֹיִם וּמַלְכָּא
דְבֶלַע הִיא־צֹעַר וְסַדַּרוּ עִמְּהוֹן קְרָבָא בְּמֵישַׁר חַקְלַיָּא׃ ט עִם כְּדָרְלָעֹמֶר מַלְכָּא
דְעֵילָם וְתִדְעָל מַלְכָּא דְעַמְמִין וְאַמְרָפֶל מַלְכָּא דְבָבֶל וְאַרְיוֹךְ מַלְכָּא דְאֶלָּסָר
אַרְבְּעָה מַלְכִין לָקֳבֵיל חַמְשָׁא׃ י וּמֵישַׁר חַקְלַיָּא בֵּירִין בֵּירִין מַסְּקָא־חֵימָרָא
וַעֲרַקוּ מַלְכָּא־דִסְדוֹם וַעֲמוֹרָה וּנְפַלוּ־תַמָּן וּדְאִשְׁתְּאָרוּ לְטוּרָא עֲרַקוּ׃ יא וּשְׁבוֹ
יָת־כָּל קִנְיָנָא דִסְדוֹם וַעֲמוֹרָה וְיָת־כָּל־מֵיכַלְהוֹן וַאֲזַלוּ׃ יב וּשְׁבוֹ יָת־לוֹט וְיָת־
קִנְיָנֵהּ בַּר־אֲחוּהִי דְאַבְרָם וַאֲזַלוּ וְהוּא יָתֵב בִּסְדוֹם׃ יג וַאֲתָא מְשֵׁיזְבָא וְחַוִּי

רש״י

(ט) ארבעה מלכים וגו׳. וְאַף עַל פִּי כֵן נִצְּחוּ הַמּוּעָטִים, לְהוֹדִיעֲךָ שֶׁגִּבּוֹרִים הָיוּ, וְאַף עַל פִּי כֵן לֹא נִמְנַע אַבְרָהָם מִלִּרְדּוֹף אַחֲרֵיהֶם: (י) בארת בארת חמר. בְּאֵרוֹת הַרְבֵּה הָיוּ שָׁם, שֶׁנּוֹטְלִין מִשָּׁם אֲדָמָה לְטִיט שֶׁל בִּנְיָן. וּמִדְרַשׁ אַגָּדָה: שֶׁהָיָה הַטִּיט מוּגְבָּל בָּהֶם, וְנַעֲשָׂה נֵס לְמֶלֶךְ סְדוֹם, שֶׁיָּצָא מִשָּׁם, לְפִי שֶׁהָיוּ בָאֻמּוֹת מִקְצָתָן שֶׁלֹּא הָיוּ מַאֲמִינִין שֶׁנִּצַּל אַבְרָהָם מֵאוּר כַּשְׂדִּים מִכִּבְשַׁן הָאֵשׁ, וְכֵיוָן שֶׁיָּצָא זֶה מִן הַחֵמָר, הֶאֱמִינוּ בְאַבְרָם לְמַפְרֵעַ: הרה נסו. לְהַר נָסוּ, הֶרָה, כְּמוֹ לְהַר; כָּל תֵּיבָה שֶׁצְּרִיכָה לַמֶּ״ד בִּתְחִלָּתָהּ, הִטִּיל לָהּ הֵ״א בְּסוֹפָהּ. וְיֵשׁ חִלּוּק בֵּין הֶרָה לְהָהָרָה. שֶׁהֵ״א שֶׁבְּסוֹף הַתֵּיבָה עוֹמֶדֶת בִּמְקוֹם לַמֶּ״ד שֶׁבְּרֹאשָׁהּ, אֲבָל אֵינָהּ עוֹמֶדֶת בִּמְקוֹם לַמֶּ״ד וּנְקוּדָה פַּתַח תַּחְתֶּיהָ, וַהֲרֵי הֶרָה כְּמוֹ לְהַר אוֹ כְּמוֹ אֶל הַר, וְאֵינוֹ מְפָרֵשׁ לְאֵיזֶה הַר, אֶלָּא שֶׁכָּל אֶחָד נָס בַּאֲשֶׁר מָצָא הַר תְּחִלָּה, וּכְשֶׁהוּא נוֹתֵן הֵ״א בְרֹאשָׁהּ, לִכְתּוֹב הָהָרָה אוֹ הַמִּדְבָּרָה, פִּתְרוֹנוֹ כְּמוֹ: אֶל הָהָר, אוֹ כְּמוֹ לְהָהָר. וּמַשְׁמַע לְאוֹתוֹ הַר הַיָּדוּעַ וּמְפוֹרָשׁ בַּפָּרָשָׁה: (יב) והוא ישב בסדום. מִי גָרַם לוֹ זֹאת? יְשִׁיבָתוֹ בִסְדוֹם: (יג) ויבא הפליט. לְפִי פְשׁוּטוֹ זֶה עוֹג, שֶׁפָּלַט מִן הַמִּלְחָמָה, וְהוּא שֶׁכָּתוּב כִּי רַק עוֹג נִשְׁאַר מִיֶּתֶר הָרְפָאִים (דבר׳ ג׳) וְזֶהוּ נִשְׁאַר, שֶׁלֹּא הֲרָגוּהוּ אַמְרָפֶל וַחֲבֵרָיו, כְּשֶׁהִכּוּ הָרְפָאִים בְּעַשְׁתְּרוֹת קַרְנַיִם. תַּנְחוּמָא.

rites, that abode in Hazezon-tamar. 8 And there went out the king of So-
dom, and the king of Gomorrah, and the king of Admah, and the king of
Zeboiim, and the king of Bela, the same is Zoar; and they joined battle
with them in the vale of Siddim; 9 With Chedorlaomer the king of Elam,
and with Tidal king of Goiim, and Amraphel king of Shinar, and Arioch
king of Ellasar; four kings with the five. 10 And the vale of Siddim was
full of bitumen pits; and the kings of Sodom and Gomorrah fled and fell
there; and they that remained fled to the mountain. 11 And they took all
the substance of Sodom and Gomorrah, and all their food, and went. 12 And
they took Lot, Abram's brother's son, who abode in Sodom, and his sub-
stance, and they went. 13 And there came one that had escaped, and told

רש"י

Jehoshaphat. **(9)** ארבעה מלכים וגו' FOUR KINGS [AGAINST THE FIVE] — and yet the fewer were victorious; *this statement is expressly made* to tell you how powerful they were, and yet Abraham did not refrain from pursuing them. **(10)** בארת בארת חמר FULL OF BITUMEN PITS — There were many pits there from which they took earth as clay for building purposes. The Midrashic explanation is that the clay was closely kneaded together in them (was very sticky) so that it was only because a miracle was performed for the king of Sodom that he escaped from them. For amongst those nations there were some who did not believe that Abraham had been delivered from Ur-Kasdim — from the fiery furnace — but as soon as this one escaped from the slime they corrected their past disbelief regarding *what had happened to* Abraham (lit., they believed retrospectively in Abraham). הרה נסו *means* THEY FLED TO A MOUNTAIN. The word הרה is the same as לְהַר. When a word requires a ל as a prefix one may put instead a ה as a suffix. There is a difference between הֶרָה and הָהָרָה, for the ה at the end takes the place of a לְ (with Shewa) prefixed (another version has: for the ה at the end does not take the place of a prefixed ל with Patach which would mean to "the") so that הֶרָה is equal to לְהַר or to אֶל הַר to "a" mountain, without explaining which mountain — so that the meaning *here* is that each person fled to the first mountain he came across. When, however, a ה is prefixed *to a word having this* ה *suffix* so that it reads e. g., הָהרה or הַמדברה, it is the same as אל הָהר or לְהָהר (to "the" mount) signifying that mount which is well-known and has been definitely mentioned in the passage. **(12)** והוא ישב בסדם FOR HE DWELT IN SODOM — What made this happen to him? The fact that he was dwelling in Sodom. **(13)** ויבא הפליט AND THERE CAME THE ONE WHO ESCAPED — According to the real meaning this was Og who had escaped from the battle *with the Rephaim* (see v. 5) and it is to this that the text refers (Deut. III. 11) "For only Og king of Bashan was left of the remnant of the Rephaim", and this is what is meant by נשאר "left", for Amraphel and his allies did not kill him when they smote the Rephaim in Ashteroth Karnaim. So is the statement in the Tanchuma (Chukat). But according to the Midrash Bereshith Rabba (42)[1])

NOTES

1) See also Niddah 61a and Targ. Jon.

וְהוּא שֹׁכֵן בְּאֵלֹנֵי מַמְרֵא הָאֱמֹרִי אֲחִי אֶשְׁכֹּל וַאֲחִי
עָנֵר וְהֵם בַּעֲלֵי בְרִית־אַבְרָם׃ יד וַיִּשְׁמַע אַבְרָם כִּי
נִשְׁבָּה אָחִיו וַיָּרֶק אֶת־חֲנִיכָיו יְלִידֵי בֵיתוֹ שְׁמֹנָה עָשָׂר
וּשְׁלֹשׁ מֵאוֹת וַיִּרְדֹּף עַד־דָּן׃ טו וַיֵּחָלֵק עֲלֵיהֶם ׀ לַיְלָה
הוּא וַעֲבָדָיו וַיַּכֵּם וַיִּרְדְּפֵם עַד־חוֹבָה אֲשֶׁר מִשְּׂמֹאל
לְדַמָּשֶׂק׃ טז וַיָּשֶׁב אֵת כָּל־הָרְכֻשׁ וְגַם אֶת־לוֹט אָחִיו
וּרְכֻשׁוֹ הֵשִׁיב וְגַם אֶת־הַנָּשִׁים וְאֶת־הָעָם׃ יז וַיֵּצֵא
מֶלֶךְ־סְדֹם לִקְרָאתוֹ אַחֲרֵי שׁוּבוֹ מֵהַכּוֹת אֶת־
כְּדָרְלָעֹמֶר וְאֶת־הַמְּלָכִים אֲשֶׁר אִתּוֹ אֶל־עֵמֶק שָׁוֵה

אונקלוס

לְאַבְרָם עִבְרָאָה וְהוּא שָׁרֵי בְּמֵישְׁרֵי מַמְרֵא אֱמוֹרָאָה אֲחוּהִי דְאֶשְׁכּוֹל וַאֲחוּהִי
דְעָנֵר וְאִנּוּן אֱנָשֵׁי־קְיָמֵהּ דְאַבְרָם׃ יד וּשְׁמַע אַבְרָם אֲרֵי אִשְׁתְּבִי אֲחוּהִי וְזָרֵיז
יָת־עוּלֵמוֹהִי יְלִידֵי בֵיתֵהּ תְּלָת־מְאָה וּתְמָנְיַת עֲסַר וּרְדַף עַד־דָּן׃ טו וְאִתְפְּלַג
עֲלֵיהוֹן לֵילְיָא הוּא וְעַבְדוֹהִי וּמְחָנוּן וּרְדָפִנּוּן עַד־חוֹבָה דִּי מִצִּפּוּנָא לְדַמֶּשֶׂק׃
טז וַאֲתֵיב יָת כָּל־קִנְיָנָא וְאַף יָת־לוֹט בַּר־אֲחוּהִי וְקִנְיָנֵהּ אֲתֵיב וְאַף יָת־נְשַׁיָּא
וְיָת־עַמָּא׃ יז וּנְפַק מַלְכָּא־דִסְדוֹם לְקַדָּמוּתֵהּ בָּתַר דְּתָב מִלְּמִמְחֵי יָת־כְּדָרְלָעֹמֶר

רש״י

וּמִדְרַשׁ בְּ״ר: זֶה עוֹג, שֶׁפָּלַט מִדּוֹר הַמַּבּוּל; וְזֶהוּ מִיֶּתֶר הָרְפָאִים, שֶׁנֶּאֱמַר: הַנְּפִילִים הָיוּ בָאָרֶץ וְגוֹ׳ (לְעֵיל ו׳) וּמִתְכַּוֵּן שֶׁיֵּהָרֵג אַבְרָם וְיִשָּׂא אֶת שָׂרָה: העברי. שֶׁבָּא מֵעֵבֶר הַנָּהָר (ב״ר): בעלי ברית אברם. שֶׁכָּרְתוּ עִמּוֹ בְּרִית: (יד) וירק. כְּתַרְגּוּמוֹ וְזָרֵיז, וְכֵן וַהֲרִיקֹתִי אַחֲרֵיכֶם חָרֶב (ויקרא כ״ו) — אֲזָדֵּיין בְּחַרְבִּי עֲלֵיכֶם, וְכֵן: אָרִיק חַרְבִּי (שמות ט״ו), וְכֵן: וְהָרֵק חֲנִית וּסְגֹר (תה׳ ל״ה): חניכיו. חֲנִכוֹ כְּתִיב (ס״א קרי), זֶה אֱלִיעֶזֶר שֶׁחִנְּכוֹ לְמִצְוֹת וְהוּא לְשׁוֹן הַתְחָלַת כְּנִיסַת הָאָדָם אוֹ כְּלִי לְאוּמָנוּת שֶׁהוּא עָתִיד לַעֲמוֹד בָּהּ. וְכֵן: חֲנֹךְ לַנַּעַר (משלי כ״ב), חֲנֻכַּת הַמִּזְבֵּחַ (במד׳ ז׳), חֲנֻכַּת הַבַּיִת (תה׳ ל״ו), ובלע״ז קורין לו אינצ״ניר: שמנה עשר וגו׳. רַבּוֹתֵינוּ אָמְרוּ: אֱלִיעֶזֶר לְבַדּוֹ הָיָה (נדרים ל״ב), וְהוּא מִנְיַן גִּימַטְרִיָּא שֶׁל שְׁמוֹ: עד דן. שָׁם תָּשַׁשׁ כֹּחוֹ, שֶׁרָאָה שֶׁעֲתִידִין בָּנָיו לְהַעֲמִיד שָׁם עֵגֶל (סנה׳ צ״ו): (טו) ויחלק עליהם. לְפִי פְּשׁוּטוֹ סָרֵס הַמִּקְרָא: ״וַיֵּחָלֵק הוּא וַעֲבָדָיו עֲלֵיהֶם לַיְלָה״ כְּדֶרֶךְ הָרוֹדְפִים שֶׁמִּתְפַּלְּגִים אַחַר הַנִּרְדָּפִים, כְּשֶׁבּוֹרְחִין זֶה לְכָאן וְזֶה לְכָאן: לילה. כְּלוֹמַר: אַחַר שֶׁחָשְׁכָה לֹא נִמְנַע מִלְּרָדְפָם. וּמִדְרַשׁ אַגָּדָה: שֶׁנֶּחְלַק הַלַּיְלָה, וּבְחֶצְיוֹ הָרִאשׁוֹן נַעֲשָׂה לוֹ נֵס, וְחֶצְיוֹ הַשֵּׁנִי נִשְׁמַר וּבָא לוֹ לַחֲצוֹת לַיְלָה שֶׁל מִצְרַיִם: עד חובה. אֵין מָקוֹם שֶׁשְּׁמוֹ חוֹבָה, וְדָן קוֹרֵא חוֹבָה, עַל שֵׁם עֲבוֹדָה זָרָה שֶׁעֲתִידָה לִהְיוֹת שָׁם: (יז) עמק שוה. כָּךְ שְׁמוֹ, כְּתַרְגּוּמוֹ לְמֵישַׁר מִפְנָא — פָּנוּי מֵאִילָנוֹת וּמִכָּל מִכְשׁוֹל: עמק המלך. בֵּית רֵיסָא דְמַלְכָּא. בֵּית רֵיס א׳, שֶׁהוּא שְׁלֹשִׁים קָנִים, שֶׁהָיָה מְיוּחָד לַמֶּלֶךְ לְצַחֵק שָׁם: וּמִדְרַשׁ אַגָּדָה: עֵמֶק, שֶׁהוּשְׁווּ שָׁם כָּל הָאֻמּוֹת

Abram the Hebrew: for he dwelt at the oaks of Mamre the Amorite, brother of Eschol, and brother of Aner: and these were confederate with Abram. ¹⁴And when Abram heard that his brother was taken captive, he armed his trained servants, born in his own house, three hundred and eighteen, and pursued them unto Dan. ¹⁵And he divided himself, by night, against them, he and his servants, and smote them, and pursued them unto Hobah, which is on the left of Damascus. ¹⁶And he restored all the substance, and also his brother Lot, and his substance he restored, and the women also, and the people. ¹⁷And the King of Sodom went out towards him after his return from smiting Chedorlaomer, and the kings that were with him, to the vale of Shaveh,

רש"י

it refers to Og in allusion to him as the only one of the generation of the Flood who escaped *that catastrophe*,[1]) and this is what is meant (Deut. III. 11) "of the remnant of the Rephaim", for it is said. (Gen. VI. 4) "The Nephilim (= Rephaim cf. Gen. R. 26) were in the earth etc." His intention *in telling Abraham that his nephew was captured* was *that Abraham should wage war against the kings and* that he should be killed so that he, himself, might marry Sarah. העברי THE HEBREW — the one who came from the other side (עבר) of the River (Euphrates) (Gen. R. 42). בעלי ברית אברם CONFEDERATE WITH ABRAM (lit., owners of a covenant with Abram) — They had entered into a covenant with him. Other versions of Rashi have: another explanation is, they advised him to circumcise himself (to keep the [ברית] covenant), as is explained in another place (cf. Rashi on XVIII. 1). **(14)** וירק Its meaning is as the Targum takes it: "he girded". Similar are (Lev. XXIV. 33) "And I will gird myself (והריקותי) with the sword against you", and (Ex. XV. 9) "I will gird on (אריק) my sword", and (Ps. XXXV. 3) "Gird thyself (הרק) with the spear and battle axe". חניכיו HIS TRAINED SERVANTS — The word is written *without a* י (after the כ) *so it may be read* חניכו "his trained one", referring to Eliezer whom he had trained to *the observance of* religious duties. The word חנך signifies introducing a person or a thing, for the first time, to some particular occupation in which it is intended that he should remain (i. e. to dedicate or devote to some particular purpose). It has a similar sense *in* (Prov. XXII. 6) "Train up (חנוך) a child", *and in* (Num. VII. 84) חנוכת המזבח "the dedication of the altar", *and* (Ps. XXX. 1) "The dedication (חנוכת) of the house". In O. F. enseigner; *Engl.: to teach, instruct.* שמנה עשר וגו' THREE HUNDRED AND EIGHTEEN — Our Rabbis said, "It was Eliezer alone *whom he armed and it (318)* is the numerical value of his name" (Ned. 32a). עד דן AS FAR AS DAN — There his strength failed him for he saw *prophetically* that at some future time his descendants would there erect a calf (Sanh. 96a). **(15)** ויחלק עליהם AND HE DIVIDED HIMSELF AGAINST THEM — In accordance with its plain sense you must invert the order *of the words* of the verse: "And he divided himself, he and his servants, against them, at night", as is the manner of those who pursue *their enemies* — they divide themselves up *to follow* after those of whom they are in pursuit when these flee in different directions. לילה BY NIGHT, meaning, even after it became dark they did not give up pursuing them. According to the Midrashic explanation, it was the n i g h t that was divided[2]): during its first half a miracle was wrought for h i m, and the second half was kept in reserve for *the miracle of* the midnight in Egypt. עד חובה UNTO HOBAH — There is no place bearing the the name Hobah, but the city Dan is called Hobah (guilty city) on account of the idolatry which would once be practised there **(17)** עמק שוה THE

NOTES

1) which is contradictory to (Gen. VII. 28) "and N o a h o n l y remained alive"; therefore Rashi considers the first explanation to be according to the p l a i n s e n s e and this to be Midrash.

2) So that the translation would be, "and the night was divided for them, for him and his servants."

הוּא עֵמֶק הַמֶּלֶךְ׃ יח וּמַלְכִּי־צֶדֶק מֶלֶךְ שָׁלֵם הוֹצִיא
לֶחֶם וָיָיִן וְהוּא כֹהֵן לְאֵל עֶלְיוֹן׃ יט וַיְבָרְכֵהוּ וַיֹּאמַר
בָּרוּךְ אַבְרָם לְאֵל עֶלְיוֹן קֹנֵה שָׁמַיִם וָאָרֶץ׃ כ וּבָרוּךְ
אֵל עֶלְיוֹן אֲשֶׁר־מִגֵּן צָרֶיךָ בְּיָדֶךָ וַיִּתֶּן־לוֹ מַעֲשֵׂר
מִכֹּל׃ חמישי כא וַיֹּאמֶר מֶלֶךְ־סְדֹם אֶל־אַבְרָם תֶּן־לִי
הַנֶּפֶשׁ וְהָרְכֻשׁ קַח־לָךְ׃ כב וַיֹּאמֶר אַבְרָם אֶל־מֶלֶךְ
סְדֹם הֲרִמֹתִי יָדִי אֶל־יְהוָה אֵל עֶלְיוֹן קֹנֵה שָׁמַיִם
וָאָרֶץ׃ כג אִם־מִחוּט וְעַד שְׂרוֹךְ־נַעַל וְאִם־אֶקַּח
מִכָּל־אֲשֶׁר־לָךְ וְלֹא תֹאמַר אֲנִי הֶעֱשַׁרְתִּי אֶת־
אַבְרָם׃ כד בִּלְעָדַי רַק אֲשֶׁר אָכְלוּ הַנְּעָרִים וְחֵלֶק

אונקלוס

וְיָת־מַלְכַיָּא דִּי עִמֵּהּ לְמֵישַׁר מַפְנָא הוּא אֲתַר בֵּית־רֵיסָא דְמַלְכָּא׃ יח וּמַלְכִּי־
צֶדֶק מַלְכָּא דִירוּשְׁלֵם אַפֵּיק לְחֵם וַחֲמַר וְהוּא מְשַׁמֵּשׁ קֳדָם־אֵל עִלָּאָה׃
יט וּבָרְכֵהּ וַאֲמַר בְּרִיךְ אַבְרָם לְאֵל עִלָּאָה דִּקְנִנֵהּ שְׁמַיָּא וְאַרְעָא׃
כ וּבְרִיךְ אֵל עִלָּאָה דִּמְסַר סַנְאָךְ בִּידָךְ וִיהַב־לֵהּ חַד־מִן־עַסְרָא מִכֹּלָּא׃ כא וַאֲמַר
מַלְכָּא־דִסְדוֹם לְאַבְרָם הַב־לִי נַפְשָׁתָא וְקִנְיָנָא דְּבַר־לָךְ׃ כב וַאֲמַר אַבְרָם לְמַלְכָּא
דִסְדוֹם אֲרֵימִית יְדִי בִּצְלוֹ קֳדָם־יְיָ קֳדָם אֵל עִלָּאָה דִּקְנִנֵהּ שְׁמַיָּא וְאַרְעָא׃
כג אִם־מִחוּטָא וְעַד־עַרְקַת מְסָנָא וְאִם־אֶסַּב מִכָּל־דִּי־לָךְ וְלָא תֵימַר אֲנָא
אַעְתַּרִית יָת־אַבְרָם׃ כד לְחוֹד מִדַּאֲכַלוּ עוּלֵימַיָּא וְחֻלַק גֻּבְרַיָּא דִּי אֲזַלוּ עִמִּי

רש״י

וְהִמְלִיכוּ אֶת אַבְרָהָם עֲלֵיהֶם לְנְשִׂיא אֱלֹהִים וּלְקָצִין: (יח) ומלכי צדק. מ״א: הוּא שֵׁם בֶּן נֹחַ (נדרים ל״ב): לחם ויין. כָּךְ עוֹשִׂים לִיגִיעֵי מִלְחָמָה, וְהֶרְאָה לוֹ, שֶׁאֵין בְּלִבּוֹ עָלָיו עַל שֶׁהָרַג אֶת בָּנָיו. ומ״א: רָמַז לוֹ עַל הַמְּנָחוֹת וְעַל הַנְּסָכִים שֶׁיַּקְרִיבוּ שָׁם בָּנָיו: (יט) קנה שמים וארץ. כְּמוֹ: עֹשֵׂה שָׁמַיִם וָאָרֶץ (תה׳ קל״ד); עַל יְדֵי עֲשִׂיָּתָן קְנָאָן לִהְיוֹת שֶׁלּוֹ: (כ) אשר מגן. אֲשֶׁר הִסְגִּיר, וְכֵן: אֲמַגֶּנְךָ יִשְׂרָאֵל (הושע י״א): ויתן לו. אַבְרָהָם מעשר מכל אֲשֶׁר לוֹ, לְפִי שֶׁהָיָה כֹּהֵן: (כא) תן לי הנפש. מִן הַשְּׁבִי שֶׁלִּי שֶׁהִצַּלְתָּ, הַחֲזֵר לִי הַגּוּפִים לְבַדָּם: (כב) הרמתי ידי. לְשׁוֹן שְׁבוּעָה: מֵרִים אֲנִי אֶת יָדִי לְאֵל עֶלְיוֹן, וְכֵן: בִּי נִשְׁבַּעְתִּי (בר׳ כ״ב). נִשְׁבָּע אֲנִי, וְכֵן: נָתַתִּי כֶּסֶף הַשָּׂדֶה קַח מִמֶּנִּי (שם כ״ג), נוֹתֵן אֲנִי לְךָ כֶּסֶף הַשָּׂדֶה, קָחֵהוּ מִמֶּנִּי: (כג) אם מחוט ועד שרוך נעל. אֲעַכֵּב לְעַצְמִי מִן הַשְּׁבִי: ואם אקח מכל אשר לך. וְאִם תֹּאמַר לָתֵת לִי שָׂכָר מִבֵּית גְּנָזֶיךָ, לֹא אֶקַּח: ולא תאמר וגו׳. שֶׁהַקָּדוֹשׁ בָּרוּךְ הוּא הִבְטִיחַנִי לְעַשְּׁרֵנִי, שֶׁנֶּאֱמַר וַאֲבָרֶכְךָ וְגוֹ׳: (כד) האנשים. עֲבָדַי אֲשֶׁר הָלְכוּ אִתִּי. וְעוֹד עָנֵר אֶשְׁכּוֹל וּמַמְרֵא וְגוֹ׳; אַף עַל פִּי שֶׁעֲבָדַי נִכְנְסוּ לַמִּלְחָמָה, שֶׁנֶּאֱמַר: הוּא וַעֲבָדָיו וַיַּכֵּם,

which is the king's vale. ¹⁸And Melchizedek king of Salem brought forth bread and wine: and he was a priest of the most high God. ¹⁹And he blessed him, and said, Blessed be Abram of the most high God, possessor of heaven and earth: ²⁰And blessed be the most high God, who hath delivered up thine adversaries into thy hand. And he gave him tithes of all. ²¹And the king of Sodom said unto Abram, Give me the souls, and take the substance to thyself. ²²And Abram said to the king of Sodom, I have lifted up mine hand unto the most high God, possessor of heaven and earth, ²³If I take from a thread even to a sandal tie, and if I take anything that is thine, ... and thou shalt not say, I have made Abram rich: ²⁴Nought for me only that which the lads have eaten, and the portion of the

רש״י

VALLEY OF SHAVEH — So was its name; but the Targum translates it, "to the empty plain" — clear of trees and all impediments. עמק המלך THE KINGS VALE — Onkelos translates it by the king's race-course: a hippodrome that was thirty "kona" (measuring rods) and was set apart for the king's sport. The Midrashic explanation is that it was the valley where all the nations unanimously agreed (הושוו) in appointing Abraham as prince and leader over them (Gen. R. 43). **(18)** ומלכי צדק AND MELCHIZEDEK — A Midrashic explanation is that he is identical with Shem, son of Noah (Nedarim 32b). לחם ויין BREAD AND WINE — Thus is done for those wearied through battle. He showed him (Abraham) that he bore him no malice for killing his descendants.[1]) The Midrashic explanation is that he (Melchizedek) *thereby* gave an intimation to him (Abraham) of the meal-offerings and libations which his descendants would offer there (in Salem which is Jeru-salem) (ib.). **(19)** קנה שמים וארץ MAKER, or POSSESSOR OF HEAVEN AND EARTH — similar to (Ps. CXXXIV. 3) עשה שמים וארץ "Maker of heaven and earth": through His having made them He acquired them as His possession. **(20)** אשר מגן WHO HATH DELIVERED [THY ENEMIES INTO THY HANDS] — מגן means who has handed over or surrendered, as (Hos. XI. 8) "How shall I give thee over, (אמגנך) Israel". ויתן לו AND HE — Abraham — GAVE HIM מעשר מכל A TITHE OF EVERYTHING that he had, because he was a priest. **(21)** תן לי הנפש GIVE ME THE PERSONS — Of that which was captured of mine and which you have rescued give me back the people only. **(22)** הרמתי ידי I HAVE LIFTED UP MY HAND — An expression signifying an oath: I lift up my hand to the Most High God (not, I h a v e lifted up). Similarly, (Gen. XXII. 16) בי נשבעתי which means "By myself do I swear" and similarly, (Gen. XXIII. 13) נתתי כסף השדה קח ממני which means "I g i v e the price of the field, take it from me".[2]) **(23)** אם מחוט ועד שרוך נעל NOT ANYTHING FROM A THREAD EVEN TO A SANDAL TIE shall I retain for myself from the spoil. ואם אקח מכל אשר לך NOR ANYTHING THAT IS THINE WILL I TAKE — And if you say that you will reward me from your own treasures I will still not accept anything. ולא תאמר וגו׳ SO THAT THOU SHOULDST NOT SAY etc. — For the Holy One, blessed be He, has promised to give me riches, as it is said, (Gen. XII. 2) "And I will bless thee" (see Rashi on this passage, where the blessing is explained to consist in ממון "wealth"). **(24)** האנשים [AND THE PORTION OF] THE MEN — My servants who went with me. Then, again, *the others* ANER, ESHCOL AND MAMRE [THEY MAY TAKE THEIR PORTION] — Although my servants took part in the battle as it is said (v. 15) "he and his servants and smote them" — whilst Aner and his friends

NOTES

[1]) The kings mentioned in v. 1 were all of Semitic descent, for Elam is mentioned as one of the sons of Shem (X. 22) and it may be assumed that all the kings who were allied with Chedorlaomer, king of Elam, were of the same stock as himself.

[2]) In all these cases the past is used instead of present, as though the act is already completed.

הָאֲנָשִׁים אֲשֶׁר הָלְכוּ אִתִּי עָנֵר אֶשְׁכֹּל וּמַמְרֵא הֵם
יִקְחוּ חֶלְקָם׃ ס טו א אַחַר ׀ הַדְּבָרִים הָאֵלֶּה
הָיָה דְבַר־יְהוָה אֶל־אַבְרָם בַּמַּחֲזֶה לֵאמֹר אַל־
תִּירָא אַבְרָם אָנֹכִי מָגֵן לָךְ שְׂכָרְךָ הַרְבֵּה מְאֹד׃
ב וַיֹּאמֶר אַבְרָם אֲדֹנָי יֱהוִה מַה־תִּתֶּן־לִי וְאָנֹכִי הוֹלֵךְ
עֲרִירִי וּבֶן־מֶשֶׁק בֵּיתִי הוּא דַּמֶּשֶׂק אֱלִיעֶזֶר׃ ג וַיֹּאמֶר
אַבְרָם הֵן לִי לֹא נָתַתָּה זָרַע וְהִנֵּה בֶן־בֵּיתִי יוֹרֵשׁ אֹתִי׃
ד וְהִנֵּה דְבַר־יְהוָה אֵלָיו לֵאמֹר לֹא יִירָשְׁךָ זֶה כִּי־אִם
אֲשֶׁר יֵצֵא מִמֵּעֶיךָ הוּא יִירָשֶׁךָ׃ ה וַיּוֹצֵא אֹתוֹ הַחוּצָה

אונקלוס

עָנֵר אֶשְׁכֹּל וּמַמְרֵא אִנּוּן יְקַבְּלוּן חֻלָקְהוֹן׃ א בָּתַר ׀ פִּתְגָמַיָּא הָאִלֵּין הֲוָה פִּתְגָמָא
דַּייָ עִם־אַבְרָם בִּנְבוּאָה לְמֵימַר לָא תִדְחַל אַבְרָם מֵימְרִי תְּקוֹף לָךְ אַגְרָךְ סַגִּי
לַחֲדָא׃ ב וַאֲמַר אַבְרָם יְיָ אֱלֹהִים מַה־תִּתֵּן־לִי וַאֲנָא אָזֵיל בְּלָא־וְלַד וּבַר־פַּרְנָסָא
הָדֵין דִּבְבֵיתִי הוּא דַּמַּשְׂקָאָה אֱלִיעֶזֶר׃ ג וַאֲמַר אַבְרָם הָא לִי לָא יְהַבְתְּ וְלַד
וְהָא בַר־בֵּיתִי יָרֵית יָתִי׃ ד וְהָא פִתְגָמָא־דַייָ עִמֵּהּ לְמֵימַר לָא יֵרְתִנָּךְ דֵּין אֱלָהֵין
בַּר דְּתוֹלִיד הוּא יֵרְתִנָּךְ׃ ה וְאַפֵּק יָתֵהּ לְבָרָא וַאֲמַר אִסְתְּכֵי־כְעַן לִשְׁמַיָּא וּמְנֵי

רש״י

וְעָנֵר וַחֲבֵרָיו יָשְׁבוּ עַל הַכֵּלִים לִשְׁמוֹר,—אֲפִילוּ הָכִי הֵם יִקְחוּ חֶלְקָם. וּמִמֶּנּוּ לָמַד דָּוִד, שֶׁאָמַר: כְּחֵלֶק הַיּוֹרֵד בַּמִּלְחָמָה וּכְחֵלֶק הַיּוֹשֵׁב עַל הַכֵּלִים יַחְדָּו יַחֲלוֹקוּ (ש״א ל׳), וּלְכָךְ נֶאֱמַר: וַיְהִי מֵהַיּוֹם הַהוּא וָמָעְלָה וַיְשִׂמֶהָ לְחוֹק וּלְמִשְׁפָּט (שם) וְלֹא נֶאֱמַר וְהָלְאָה—לְפִי שֶׁכְּבָר נִתַּן הַחוֹק בִּימֵי אַבְרָם:

טו (א) אחר הדברים האלה. כָּל מָקוֹם שֶׁנֶּאֱמַר אַחַר סָמוּךְ, אַחֲרֵי—מוּפְלָג (ב״ר). אַחַר הַדְּבָרִים הָאֵלֶּה. אַחַר שֶׁנַּעֲשָׂה לוֹ נֵס זֶה, שֶׁהָרַג אֶת הַמְּלָכִים וְהָיָה דּוֹאֵג וְאוֹמֵר, שֶׁמָּא קִבַּלְתִּי שָׂכָר עַל כָּל צִדְקוֹתַי לְכָךְ אָמַר לוֹ הַמָּקוֹם: אַל תִּירָא אַבְרָם אָנֹכִי מָגֵן לָךְ, מִן הָעוֹנֶשׁ, שֶׁלֹּא תֵעָנֵשׁ עַל כָּל אוֹתָן נְפָשׁוֹת שֶׁהָרַגְתָּ; וּמַה שֶּׁאַתָּה דּוֹאֵג עַל קִבּוּל שְׂכָרְךָ, שְׂכָרְךָ הַרְבֵּה מְאוֹד (ב״ר): (ב) הולך ערירי. מְנַחֵם בֶּן סְרוּק פֵּרְשׁוֹ לְשׁוֹן יוֹרֵשׁ, וְחִבֵּר לוֹ: עֵר וְעֹנֶה (מלאכי ב׳). עֲרִירִי, בְּלֹא יוֹרֵשׁ, כַּאֲשֶׁר תֹּאמַר: וּבְכָל תְּבוּאָתִי תְשָׁרֵשׁ (איוב ל״א)—תְּעַקֵּר שָׁרָשֶׁיהָ, כָּךְ לְשׁוֹן עֲרִירִי חֲסַר בָּנִים ובלע״ז דישאנפנטיש. וְלִי נִרְאֶה: עֵר וְעוֹנֶה מִגִּזְרַת וְלִבִּי עֵר (שה״ש ה׳) וַעֲרִירִי לְשׁוֹן חֻרְבָּן, וְכֵן: עָרוּ עָרוּ (תה׳ קל״ז), וְכֵן: עָרוֹת יְסוֹד (חבקוק ג׳), וְכֵן: עַרְעֵר תִּתְעַרְעַר (ירמ׳ נ״א), וְכֵן: כִּי אַרְזָה עֵרָה (צפניה ב׳): וכן משק ביתי. כְּתַרְגּוּמוֹ, שֶׁכָּל בֵּיתִי נִזּוֹן עַל פִּיו, כְּמוֹ: וְעַל פִּיךָ יִשַּׁק (בר׳ מ״א), אַפּוֹטְרוֹפָּס שֶׁלִּי, וְאִלּוּ הָיָה לִי בֵּן, הָיָה בְּנִי מְמֻנֶּה עַל שֶׁלִּי: דמשק. לְפִי הַתַּרְגּוּם מִדַּמֶּשֶׂק הָיָה, וּלְפִי מ״א, שֶׁרָדַף הַמְּלָכִים עַד דַּמֶּשֶׂק. וּבַתַּלְמוּד דָּרְשׁוּ נוֹטָרִיקוֹן: דּוֹלֶה וּמַשְׁקֶה מִתּוֹרַת רַבּוֹ לַאֲחֵרִים: (ג) הן לי לא נתת זרע. וּמַה תּוֹעֶלֶת בְּכָל אֲשֶׁר תִּתֵּן לִי? (ה) ויוצא אתו החוצה. לְפִי פְּשׁוּטוֹ: הוֹצִיאוֹ מֵאָהֳלוֹ לַחוּץ לִרְאוֹת הַכּוֹכָבִים. וּלְפִי מִדְרָשׁוֹ: אָמַר לוֹ, צֵא מֵאִצְטַגְנִינוּת

men who went with me, Aner, Eschol, and Mamre; let them take their portion.

15. ¹After these things the word of the Eternal came unto Abram in a vision, saying, Fear not, Abram: I am thy shield, thy reward shall be very great. ²And Abram said, Lord Eternal, wherefore wilt thou give me, since I go childless, and the son of the steward of my house is this Eliezer of Damascus. ³And Abram said, Behold, to me thou hast given no seed: and, lo, one born in my house is mine heir. ⁴And, behold, the word of the Eternal came unto him, saying, He shall not be thine heir; but he that shall come forth out of thine own bowels shall be thine heir. ⁵And he brought him forth outside, and said, Look

רש״י

remained with the baggage to guard it,¹) yet they may take their share. From him (Abraham) David took a lesson when he said, (1 Sam XXX. 24) "But as his part is that goeth down to the battle, so shall his part be that tarrieth by the stuff: they shall share alike"; therefore it goes on to say (ib. 25), "And this had been so from that day — ומעלה — and had been so from former times: therefore he (David) made it a statute and an ordinance" — it does not state והלאה "and henceforward", for the statute had already been ordained²) in the days of Abram (Gen. R. 43).

15. (1) אחר הדברים האלה — Wherever the term אחר is used *it signifies immediately after the preceding event*; whilst אחרי signifies *a long time afterwards*. אחר הדברים האלה AFTER THESE THINGS *means:* after this miracle has been wrought for him in that he slew the kings and he was in great anxiety, saying, "Perhaps I have already received, *in this God-given victory* reward for all my good deeds" — therefore the Omnipresent said to him, אל תירא אברם אנכי מגן לך FEAR NOT ABRAM, I AM THY SHIELD against punishment: for you shall not be punished on account of all these people whom you have slain. And as for your being anxious regarding the receipt of any *further* reward, *know that* שכרך הרבה מאד THY REWARD WILL BE EXCEEDING GREAT (Gen. R. 44). (2) הולך ערירי I GO CHILDLESS — Menachem ben Seruk explained it (ערירי) as meaning *heir*, and another example of it is (Mal. II. 12) ער ועונה "son and grandson"³) — ערירי then would mean "without child or heir" *being an example of a word that has two opposite meanings, just as you say* (Job XXXI. 12) "and it would תשרש *all my increase*" — meaning it would *tear up* its roots, *and the same word might also mean to take root*. So, too, the meaning of ערירי is "without a child" *although* ער *means "a child"*. O. F. désenfanté; *Engl.* childless. It, however, seems to me that *the word* ער *in* ער ועונה is of the same derivation as *the same word in* (Song V. 2), ולבי ער "and my heart awaketh", whereas ערירי has the meaning of destroyed (a childless person being "demolished" so far as his memory in future generations is concerned; cf. Rashi on ch. XVI. 2). Similarly (Ps. CXXXVII. 7) ערו ערו "Rase it, rase it"; (Hab. III. 13) ערות יסוד "destroying the foundation", and (Jer. LI. 58) ערער תתערער "shall be utterly destroyed" and (Zeph. II. 14) כי ארזה ערה "for the cedar-work thereof shall be destroyed". ובן משק ביתי AND THE STEWARD OF MY HOUSE — Explain it as the Targum has it, "*the man of my household*", meaning the man by whose orders all my household is fed. Similarly, (Gen. XLI. 40) "And according to thy word shall all my people be fed (ישק)" — so that it signifies my administrator. If, however, I had a son, my son would be in charge of my affairs. דמשק OF DAMASCUS — According to the Targum he was of Damascus, but according to the Midrashic explanation *he bore this designation* because he had pursued the kings as far as Damascus. In the Talmud (Joma 28b) they explained it as an abbreviation of דולה ומשקה "One who drew up and gave to drink to others *of the edifying waters* of instruction given by his Teacher. (3) הן לי לא נתתה

NOTES

1) ²) See Appendix.
3) See ת״י on Mal. II. 12.

בראשית טו לך לך

וַיּוֹצֵא אֹתוֹ הַחוּצָה וַיֹּאמֶר הַבֶּט־נָא הַשָּׁמַיְמָה וּסְפֹר הַכּוֹכָבִים אִם־תּוּכַל לִסְפֹּר אֹתָם וַיֹּאמֶר לוֹ כֹּה יִהְיֶה זַרְעֶךָ: וְהֶאֱמִן בַּיהוָֹה וַיַּחְשְׁבֶהָ לּוֹ צְדָקָה: ששי וַיֹּאמֶר אֵלָיו אֲנִי יְהוָֹה אֲשֶׁר הוֹצֵאתִיךָ מֵאוּר כַּשְׂדִּים לָתֶת לְךָ אֶת־הָאָרֶץ הַזֹּאת לְרִשְׁתָּהּ: ח וַיֹּאמַר אֲדֹנָי יְהוִֹה בַּמָּה אֵדַע כִּי אִירָשֶׁנָּה: ט וַיֹּאמֶר אֵלָיו קְחָה לִי עֶגְלָה מְשֻׁלֶּשֶׁת וְעֵז מְשֻׁלֶּשֶׁת וְאַיִל מְשֻׁלָּשׁ וְתֹר וְגוֹזָל: י וַיִּקַּח־לוֹ אֶת־כָּל־אֵלֶּה וַיְבַתֵּר אֹתָם בַּתָּוֶךְ וַיִּתֵּן אִישׁ־בִּתְרוֹ לִקְרַאת רֵעֵהוּ וְאֶת־הַצִּפֹּר לֹא בָתָר:

אונקלוס

כּוֹכְבַיָּא אִם־תִּכּוֹל לְמִמְנֵי יָתְהוֹן וַאֲמַר לֵהּ כְּדֵין יְהוֹן בְּנָךְ: י וְהֵימִין בְּמֵימְרָא דַיְיָ וְחַשְׁבַהּ לֵהּ לִזְכוּ: ז וַאֲמַר לֵהּ אֲנָא יְיָ דְאַפֵּקְתָּךְ מֵאוּרָא דְכַשְׂדָּאֵי לְמִתַּן לָךְ יָת־אַרְעָא הָדָא לְמֵירְתַהּ: ח וַאֲמַר יְיָ אֱלֹהִים בְּמָה אֵדַע אֲרֵי אֵירְתִנַּהּ: ט וַאֲמַר לֵהּ קָרֵב קֳדָמַי עֶגְלִין תְּלָתָא וְעִזִּין תְּלָתָא וְדִכְרִין תְּלָתָא וְשַׁפְנִינָא וּבַר־יוֹנָא: י וְקָרֵב קֳדָמוֹהִי יָת־כָּל־אִלֵּין וּפַלִּיג יָתְהוֹן בְּשַׁוָה וִיהַב פַּלְגַיָא פְּלוֹג לָקֳבֵל

רש"י

לך לך, שֶׁרָאִיתָ בְּמַזָּלוֹת, שֶׁאֵין אַתָּה עָתִיד לְהַעֲמִיד בֵּן, אַבְרָם אֵין לוֹ בֵן, אֲבָל אַבְרָהָם יֵשׁ לוֹ בֵן; שָׂרַי לֹא תֵלֵד, אֲבָל שָׂרָה תֵּלֵד; אֲנִי קוֹרֵא לָכֶם שֵׁם אַחֵר וְיִשְׁתַּנֶּה הַמַּזָּל. דָּ"אַ: הוֹצִיאוֹ מֵחֲלָלוֹ שֶׁל עוֹלָם וְהִגְבִּיהוֹ לְמַעְלָה מִן הַכּוֹכָבִים. וְזֶהוּ לְשׁוֹן הַבָּטָה מִלְמַעְלָה לְמַטָּה: (ו) והאמן בה'. לֹא שָׁאַל לוֹ אוֹת עַל זֹאת; אֲבָל עַל יְרוּשַּׁת הָאָרֶץ שָׁאַל לוֹ אוֹת וְאָמַר לוֹ בַּמָּה אֵדַע: ויחשבה לו צדקה. הַקָּבָּ"ה חֲשָׁבָהּ לְאַבְרָם לִזְכוּת וְלִצְדָקָה עַל הָאֱמוּנָה שֶׁהֶאֱמִין בּוֹ: במה אדע. לֹא שָׁאַל לוֹ אוֹת, אֶלָּא אָמַר לְפָנָיו, הוֹדִיעֵנִי בְּאֵיזוֹ זְכוּת יִתְקַיְּמוּ בָהּ, אָמַר לוֹ הַקָּבָּ"ה, בִּזְכוּת הַקָּרְבָּנוֹת: (ט) עגלה משלשת. שְׁלשָׁה עֲגָלִים: רֶמֶז לִשְׁלשָׁה פָרִים: פַּר יוֹם הַכִּפּוּרִים וּפַר הֶעְלֵם דָּבָר שֶׁל צִבּוּר וְעֶגְלָה עֲרוּפָה: ועז משלשת. רֶמֶז לְשָׂעִיר הַנַּעֲשֶׂה בִּפְנִים וְשָׂעִירֵי מוּסָפִין שֶׁל מוֹעֵד וּשְׂעִיר חַטַּאת יָחִיד: ואיל משלש. אָשָׁם וַדַּאי וְאָשָׁם תָּלוּי וְכִבְשָׂה שֶׁל חַטָּאת יָחִיד: ותר וגוזל. תּוֹר וּבֶן יוֹנָה: (י) ויבתר אתם. חָלַק כָּל אֶחָד לִשְׁנֵי חֲלָקִים. וְאֵין הַמִּקְרָא יוֹצֵא מִידֵי פְשׁוּטוֹ, לְפִי שֶׁהָיָה כּוֹרֵת בְּרִית עִמּוֹ לִשְׁמוֹר הַבְטָחָתוֹ לְהוֹרִישׁ לְבָנָיו אֶת הָאָרֶץ כִּדְכְתִיב: בַּיּוֹם הַהוּא כָּרַת ה' אֶת אַבְרָם בְּרִית לֵאמֹר, וְנוֹהֲגִים הָיוּ לַחֲלֹק בְּהֵמָה בְּתָרֶיהָ, כְּמָה שֶׁנֶּאֱמַר לְהַלָּן: הָעוֹבְרִים בֵּין בִּתְרֵי הָעֵגֶל (ירמיה לד), אַף כָּאן תַּנּוּר עָשָׁן וְלַפִּיד אֵשׁ אֲשֶׁר עָבַר בֵּין הַגְּזָרִים הוּא שְׁלוּחוֹ שֶׁל שְׁכִינָה, שֶׁהוּא אֵשׁ: ואת הצפר לא בתר. לְפִי שֶׁהָאֻמּוֹת נִמְשְׁלוּ לְפָרִים וְאֵילִים וּשְׂעִירִים, שֶׁנֶּאֱמַר: סְבָבוּנִי פָרִים רַבִּים וְגוֹ' (תהלי' כ"ב). וְאוֹמֵר: הָאַיִל אֲשֶׁר רָאִיתָ בַּעַל הַקְּרָנַיִם, מַלְכֵי מָדַי וּפָרָס (דניאל ח'), וְאוֹמֵר: וְהַצָּפִיר הַשָּׂעִיר מֶלֶךְ יָוָן (שם), וְיִשְׂרָאֵל נִמְשְׁלוּ לִבְנֵי יוֹנָה, שֶׁנֶּאֱמַר: יוֹנָתִי בְּחַגְוֵי הַסֶּלַע (שיר השירים ב'): לפיפך בָּתַר הַבְּהֵמוֹת, רֶמֶז שֶׁיִּהְיוּ

now towards heaven, and count the stars, if thou be able to count them:
and he said unto him, So shall thy seed be. 6And he believed in the
Eternal; and he accounted it to him for righteousness. 7And he said unto
him, I am the Eternal who brought thee out of Ur of the Chaldees,
to give thee this land to possess it. 8And he said, Lord Eternal, whereby
shall I know that I shall possess it? 9And he said unto him, Take me
an heifer of three years old, and a she goat of three years old, and
a ram of three years old, and a turtle dove, and a young pigeon.
10And he took unto him all these, and split them in the midst, and
laid each piece one against another: but the birds split he not. 11And

רש"י

זרע BEHOLD, TO ME THOU HAST GIVEN NO CHILD — What use, then, is all else that thou givest me? **(5)** ויוצא אתו החוצה AND HE BROUGHT HIM FORTH OUTSIDE — Its real meaning is: He brought him outside his tent so that he could look at the stars. Its Midrashic explanation is: Go forth from (give up) your astrological speculations — that you have seen by the planets that you will not raise a son; A b r a m *indeed* may have no son but A b r a h a m will have a son: S a r a i may not bear *a child* but S a r a h will bear. I will give you other names, and your destiny (מזל planet, luck) will be changed. Another explanation: He brought him forth from the terrestial sphere, elevating him above the stars, and this is why He uses the term הבט "look", *when He said "look at the heavens* — for this word signifies l o o k i n g f r o m a b o v e d o w n w a r d. **(6)** והאמין בה' AND HE BELIEVED IN THE LORD — He did not ask Him for a sign regarding this; but in respect to the promise that he would possess the land he asked for a sign, inquiring of God, במה ארע "By what sign shall I know [that I shall possess it?]" (v. 7). ויחשבה לו צדקה AND HE ACCOUNTED IT UNTO HIM FOR RIGHTEOUSNESS — The Holy One, blessed be He, accounted it unto Abraham as a merit, because of the faith with which he had trusted in Him. Another explanation of במה ארע is: he did not, *by these words,* ask for a sign *regarding this promise that he would possess the land,* but he said to Him, "Tell me by what merit they (my descendants) will r e m a i n in it (the land)." God answered him, through the merit of the sacrifices (Meg. 31b). **(9)** עגלה משלשת *means* THREE HEIFERS: symbolical of three *sacrifices of* bullocks, *viz.,* the bullock offered on the Day of Atonement, the bullock offered when the correct interpretation of a precept was unknown (העלם) to leaders of the nation (see Lev. IV. 13), and the heifer whose neck had to be broken (see Deut. XXI. 4) (Gen. R. 44). ועז משולשת THREE GOATS — symbolical of the goat *the blood of* which was sprinkled in the Holy of Holies, of the goats of the additional sacrifices on Festivals, and of the goat brought as a sin-offering by an individual (ib.). ואיל משולש AND THREE RAMS — *symbolical of* the trespass offering brought by a man who knows for certain that he has committed certain offences, the offering brought by a man who is in doubt whether he has committed such offence, and the ewe brought by an individual as a sin-offering (ib.). ותור וגוזל *means* A TURTLE DOVE AND A YOUNG PIGEON. **(10)** ויבתר אתם AND HE SPLIT THEM — He divided each into two portions. This verse does not lose its literal meaning *although there are various Midrashic explanations of it.* Since He was making a covenant with him to keep His promise to give the land as an inheritance to his children — as it is written (v. 18), "In that day the Lord made a covenant with Abram, saying . . . — and as it was the custom for parties to a covenant to divide an animal and to pass between its parts, as it is said elsewhere (Jer. XXXIV. 19) "who passed between the parts of the calf", so also here the smoking furnace and the flaming torch which passed between the pieces (v. 17) were representative of the Divine Shechinah which is *spoken of as* fire. ואת הצפור לא בתר BUT THE BIRDS SPLIT HE NOT — Because other nations are compared to bulls, rams and goats, as it is said (Ps. XXII. 13) "Many b u l l s have encompassed me", and it says, (Dan. VIII. 20) "The r a m which thou sawest having two horns, they are the kings of Media and Persia" and it further says, (ib. v. 21) "And the rough h e - g o a t is the king of Greece" — and Israel is compared to young doves, as it is written, (Song II. 14) "O my d o v e that art in the clefts of the rock" — he therefore divided the animals

יא וַיֵּ֥רֶד הָעַ֖יִט עַל־הַפְּגָרִ֑ים וַיַּשֵּׁ֥ב אֹתָ֖ם אַבְרָֽם׃
יב וַיְהִ֤י הַשֶּׁ֙מֶשׁ֙ לָב֔וֹא וְתַרְדֵּמָ֖ה נָֽפְלָ֣ה עַל־אַבְרָ֑ם
וְהִנֵּ֥ה אֵימָ֛ה חֲשֵׁכָ֥ה גְדֹלָ֖ה נֹפֶ֥לֶת עָלָֽיו׃ יג וַיֹּ֣אמֶר
לְאַבְרָ֗ם יָדֹ֨עַ תֵּדַ֜ע כִּי־גֵ֣ר ׀ יִהְיֶ֣ה זַרְעֲךָ֗ בְּאֶ֙רֶץ֙ לֹ֣א לָהֶ֔ם
וַעֲבָד֖וּם וְעִנּ֣וּ אֹתָ֑ם אַרְבַּ֥ע מֵא֖וֹת שָׁנָֽה׃ יד וְגַ֧ם אֶת־
הַגּ֛וֹי אֲשֶׁ֥ר יַעֲבֹ֖דוּ דָּ֣ן אָנֹ֑כִי וְאַחֲרֵי־כֵ֥ן יֵצְא֖וּ בִּרְכֻ֥שׁ
גָּדֽוֹל׃ טו וְאַתָּ֛ה תָּב֥וֹא אֶל־אֲבֹתֶ֖יךָ בְּשָׁל֑וֹם תִּקָּבֵ֖ר

אונקלוס

חַבְרֵהּ וְיָת־עוֹפָא לָא פְלִיג: יא וּנְחַת עוֹפָא עַל־פַּגְלַיָּא וְאַפְרַח יָתְהוֹן אַבְרָם:
יב וַהֲוָה שִׁמְשָׁא לְמֵיעַל וְשִׁנְתָּא נְפַלַת עַל־אַבְרָם וְהָא אֵימָה קְבַל סַגִּי נְפַלַת
עֲלוֹהִי: יג וַאֲמַר לְאַבְרָם מִדַּע תִּדַּע אֲרֵי־דַיָּרִין ׀ יְהוֹן בְּנָךְ בְּאַרְעָא דְּלָא דִילְהוֹן
וְיִפְלְחוּן בְּהוֹן וִיעַנּוֹן יָתְהוֹן אַרְבַּע מְאָה שְׁנִין: יד וְאַף יָת־עַמָּא דְּיִפְלְחוּן בְּהוֹן
דָּאִין אֲנָא וּבָתַר־כֵּן יִפְּקוּן בְּקִנְיָנָא סַגִּי: טו וְאַתְּ תֵּיעוֹל לְוָת־אֲבָהָתָךְ בִּשְׁלָם

רש"י

הָאֻמּוֹת כָּלִים וְהוֹלְכִים ואת הצפור לא בתר רֶמֶז, שֶׁיִּהְיוּ יִשְׂרָאֵל קַיָּמִין לְעוֹלָם: (יא) העיט. הוּא עוֹף, עַל שֵׁם שֶׁהוּא עָט וְשׁוֹאֵף אֶל הַנְּבֵלוֹת לָטוּשׁ עֲלֵי אוֹכֶל, כְּמוֹ: וַתַּעַט אֶל הַשָּׁלָל (ש"א ט"ו): על הפגרים. עַל הַבְּתָרִים. הַפְּגָרִים מְתַרְגְּמִינַן: פַּגְלַיָּא, אֶלָּא מִתּוֹךְ שֶׁהוּרְגְּלוּ לְתַרְגֵּם „איש בִּתְרוֹ": וִיהַב פַּלְגֵּיהּ,—נִתְחַלֵּף לָהֶם תֵּיבַת פַּגְלַיָּא לְפַלְגַּיָּא וְתִרְגְּמוּ: הַפְּגָרִים — פַּלְגַּיָּא; וְכָל הַמְּתַרְגֵּם כֵּן טוֹעֶה, לְפִי שֶׁאֵין לְהַקִּישׁ בְּתָרִים לִפְגָרִים, שֶׁבְּתָרִים תַּרְגּוּמוֹ: פַּלְגַּיָּא, וּפְגָרִים תַּרְגּוּמוֹ: פַּגְלַיָּא, לְשׁוֹן פִּיגּוּל, כְּמוֹ: פִּגּוּל הוּא (ויקרא ז) לִי פֶּגֶר: וישב. לְשׁוֹן נְשִׁיבָה וְהַפְרָחָה, כְּמוֹ: יַשֵּׁב רוּחוֹ (תה' קמ"ז), רֶמֶז, שֶׁיָּבֹא דָוִד בֶּן יִשַׁי לְכַלּוֹתָם, וְאֵין מַנִּיחִין אוֹתוֹ מִן הַשָּׁמַיִם עַד שֶׁיָּבֹא מֶלֶךְ הַמָּשִׁיחַ: (יב) והנה אימה וגו'. רֶמֶז לְצָרוֹת וְחֹשֶׁךְ שֶׁל גָּלֻיּוֹת: (יג) כי גר יהיה זרעך. מִשֶּׁנּוֹלַד יִצְחָק עַד שֶׁיָּצְאוּ יִשְׂרָאֵל מִמִּצְרַיִם אַרְבַּע מֵאוֹת שָׁנָה. כֵּיצַד? יִצְחָק בֶּן שִׁשִּׁים שָׁנָה כְּשֶׁנּוֹלַד יַעֲקֹב, וְיַעֲקֹב כְּשֶׁיָּרַד לְמִצְרַיִם אָמַר: יְמֵי שְׁנֵי מְגוּרַי שְׁלֹשִׁים וּמְאַת שָׁנָה, הֲרֵי ק"צ, וּבְמִצְרַיִם הָיוּ מָאתַיִם וָעֶשֶׂר כְּמִנְיַן רד"ו, הֲרֵי אַרְבַּע מֵאוֹת שָׁנָה. וְאִם תֹּאמַר בְּמִצְרַיִם הָיוּ אַרְבַּע מֵאוֹת, הֲרֵי קְהָת מִיּוֹרְדֵי מִצְרַיִם הָיָה, צֵא וַחֲשׁוֹב שְׁנוֹתָיו שֶׁל קְהָת וְשֶׁל עַמְרָם וּשְׁמוֹנִים שֶׁל מֹשֶׁה שֶׁהָיָה כְּשֶׁיָּצְאוּ יִשְׂרָאֵל מִמִּצְרַיִם, אֵין אַתָּה מוֹצֵא אֶלָּא שְׁלֹשׁ מֵאוֹת וַחֲמִשִּׁים, וְאַתָּה צָרִיךְ לְהוֹצִיא מֵהֶן כָּל הַשָּׁנִים שֶׁחַי קְהָת אַחַר לֵידַת עַמְרָם, וְשֶׁחַי עַמְרָם אַחַר לֵידַת מֹשֶׁה: בארץ לא להם. לֹא נֶאֱמַר: בְּאֶרֶץ מִצְרַיִם, אֶלָּא לֹא לָהֶם—וּמִשֶּׁנּוֹלַד יִצְחָק: וַיָּגָר אַבְרָהָם וגו' (בר' כ"א), וּבְיִצְחָק: גּוּר בָּאָרֶץ הַזֹּאת (שם כ"ו), וְיַעֲקֹב גָּר בְּאֶרֶץ חָם (תה' ק"ה), לָגוּר בָּאָרֶץ בָּאנוּ (בר' מ"ז): (יד) וגם את הגוי. וְגַם לְרַבּוֹת ד' מַלְכֻיּוֹת, שֶׁאַף הֵן כָּלִים עַל שֶׁשִּׁעְבְּדוּ אֶת יִשְׂרָאֵל: דן אנכי. בְּעֶשֶׂר מַכּוֹת: ברכש גדול. בְּמָמוֹן גָּדוֹל, כְּמוֹ שֶׁנֶּאֱמַר: וַיְנַצְּלוּ אֶת מִצְרָיִם (שמות י"ב): (טו) ואתה תבוא. וְלֹא תִרְאֶה כָּל אֵלֶּה: אל אבותיך. אָבִיו עוֹבֵד ע"ז, וְהוּא מְבַשְּׂרוֹ שֶׁיָּבֹא אֵלָיו! לִמֶּדְךָ, שֶׁעָשָׂה תֶּרַח תְּשׁוּבָה: תקבר בשיבה טובה. בִּשְּׂרוֹ, שֶׁיַּעֲשֶׂה יִשְׁמָעֵאל תְּשׁוּבָה בְּיָמָיו, וְלֹא יֵצֵא עֵשָׂו לְתַרְבּוּת רָעָה בְּיָמָיו; וּלְפִיכָךְ מֵת ה' שָׁנִים קוֹדֶם זְמַנּוֹ, וּבוֹ בַּיּוֹם מָרַד עֵשָׂו:

the birds of prey came down upon the carcasses, and Abram scared them
away. 12 And when the sun was going down, an overpowering sleep fell
upon Abram; and, lo, an horror of great darkness fell upon him. 13 And
he said unto Abram, Know of a surety that thy seed shall be a stranger in
a land that is not their's, and shall serve them; and they shall afflict them
four hundred years; 14 And also against that nation, whom they shall serve,
will I pronounce judgment; and afterwards shall they come out with great
substance. 15 And thou shalt come to thy fathers in peace; thou shalt be

רש"י

indicating that other nations will gradually perish, ואת הצפור לא בתר but "the birds split he not", suggesting thereby that Israel will live for ever (P. d' R. Eliezer 28). **(11)** העיט THE BIRD OF PREY — It is a bird *so called* because it swoops down (עט) greedily upon dead bodies, darting quickly upon *its* food. Similarly *we have the verbal form* (1 Sam. XV. 19) "And thou didst pounce down (ותעט) upon the spoil". על הפגרים UPON THE CARCASSES *i. e.* the pieces *of the carcasses.* — The word הפגרים we should translate in the Targum by פגליא (פגל being the same as פגר); since, however, people were familiar with the Targum's translation of the words איש בתרו (in v. 10) "each piece" by פלגיא (the halves), the word פגליא here was mistakenly changed by them into פלגיא and so they gave the Targum of פגרים (carcasses) by פלגיא (halves). But whoever renders it thus in the Targum is wrong for there is no comparison (similarity in meaning) between בתרים and פגרים; for the Targum of בתרים is פלגיא ("parts", from פלג "to divide") whilst the Targum of פגרים is פגליא, which has the sense of פגול, something abhorrent, as (Lev. VII. 18) פגול הוא "it shall be an abhorred thing", similar in sense to פגר a carcass. וישב [AND ABRAM] SCARED THEM AWAY — *The word* means "blowing upon a thing and making a thing fly away", similar to (Ps. CXLVII. 18) יַשֵּׁב רוחו "He causeth His wind to blow". It is a symbol that David, the son of Jesse, will wish to destroy them (the nations), but that he will not be permitted by God *to do so* until king Messiah comes (P. d. R. Eliez. 28). **(12)** והנה אימה וגו' AND, LO, AN HORROR etc. — This is symbolic of the woes and the gloom of the Jews in Exile (Gen. R. 44). **(13)** כי גר יהיה זרעך THAT THY SEED SHALL BE A STRANGER — From the birth of Isaac until Israel left Egypt was a period of 400 years. How so? Isaac was 60 years old when Jacob was born, and Jacob when he went down to Egypt himself stated, (Gen. XLVII. 9) "The days of the years of my sojournings are a hundred and thirty years", making together 190 years. In Egypt they were 210 years — corresponding to the numerical value of the word רדו (see Rashi in Gen. XLII. 2) — making altogether 400 years. If, however, you say that they were in Egypt 400 years — well, Kohath was one of those who went down to Egypt *with Jacob*; go and add up the years of Kohath (130), those of Amram (137), and the 80 years that Moses was old when Israel left Egypt, and you only have *about* 350, and you really have to deduct all the years that Kohath lived after Amram was born, and those that Amram lived after the birth of Moses (Meg. 9a). בארץ לא להם IN A LAND THAT IS NOT THEIRS — It does not say here in the land of Egypt but in a land that is not theirs; *for* soon after Isaac was born *it states,* (Gen. XXI. 34) "And Abraham sojourned (ויגר) [in the land of the Philistines]"; in regard to Isaac it is said, (ib. XXVI. 3) "Sojourn (גור) in this land (Canaan)", and *of Jacob Scripture states,* (Ps. CV. 23) "Jacob sojourned (גר) in the land of Ham", *whilst of his sons it is said,* (Gen. XLVII. 4) "To sojourn (לגור) in the land (of Egypt) have we come". **(14)** וגם את הגוי AND ALSO THAT NATION — The word וגם and also — (that nation also will I judge) — *suggests that other nations will be judged as well: it is used here* to include the four Monarchies (of the book of Daniel) who also will perish because they enslaved Israel (Gen. R. 44). דן אנכי I WILL JUDGE with ten plagues (ib.). ברכוש גדול WITH GREAT SUBSTANCE — with great wealth, as it is said, (Ex. XII. 36) "And they despoiled the Egyptians." **(15)** ואתה תבוא BUT THOU SHALT COME etc. — Thou shalt not behold all this. אל אבותיך UNTO THY FATHERS — His father was an idolator and yet it (the text) announced to him that he (Abraham) would

בְּשֵׂיבָה טוֹבָה׃ טז וְדוֹר רְבִיעִי יָשׁוּבוּ הֵנָּה כִּי לֹא־
שָׁלֵם עֲוֹן הָאֱמֹרִי עַד־הֵנָּה׃ יז וַיְהִי הַשֶּׁמֶשׁ בָּאָה
וַעֲלָטָה הָיָה וְהִנֵּה תַנּוּר עָשָׁן וְלַפִּיד אֵשׁ אֲשֶׁר עָבַר
בֵּין הַגְּזָרִים הָאֵלֶּה׃ יח בַּיּוֹם הַהוּא כָּרַת יְהוָה אֶת־
אַבְרָם בְּרִית לֵאמֹר לְזַרְעֲךָ נָתַתִּי אֶת־הָאָרֶץ הַזֹּאת
מִנְּהַר מִצְרַיִם עַד־הַנָּהָר הַגָּדֹל נְהַר־פְּרָת׃ יט אֶת־
הַקֵּינִי וְאֶת־הַקְּנִזִּי וְאֵת הַקַּדְמֹנִי׃ כ וְאֶת־הַחִתִּי וְאֶת־
הַפְּרִזִּי וְאֶת־הָרְפָאִים׃ כא וְאֶת־הָאֱמֹרִי וְאֶת־הַכְּנַעֲנִי

אונקלוס

תִּתְקְבַר בְּסֵיבוּ טָבָא׃ טז וְדָרָא רְבִיעָאָה יְתוּבוּן הָכָא אֲרֵי לָא־שְׁלִים חוֹבֵי
אֱמוֹרָאָה עַד־כְּעָן׃ יז וַהֲוָה שִׁמְשָׁא עַלַּת וְקַבְלָא הֲוָה וְהָא תַנּוּר דִּתְנַן וּבְעוּר
דְּאֶשָּׁתָא דִּי עֲדָא בֵּין־פַּלְגַיָּא הָאִלֵּין׃ יח בְּיוֹמָא הַהוּא גְּזַר יְיָ עִם־אַבְרָם קְיָם
לְמֵימַר לִבְנָיךְ יְהָבִית יָת־אַרְעָא הָדָא מִן נַהֲרָא דְמִצְרַיִם וְעַד־נַהֲרָא רַבָּא נַהֲרָא
פְרָת׃ יט יָת־שַׁלְמָאֵי וְיָת־קְנִזָּאֵי וְיָת־קַדְמוֹנָאֵי׃ כ וְיָת־חִתָּאֵי וְיָת־פְּרִזָּאֵי
וְיָת־גִּבָּרָאֵי׃ כא וְיָת־אֱמוֹרָאֵי וְיָת־כְּנַעֲנָאֵי וְיָת־גִּרְגְּשָׁאֵי וְיָת־יְבוּסָאֵי׃

רש״י

(טז) ודור רביעי. לְאַחַר שֶׁיִּגְלוּ לְמִצְרַיִם יִהְיוּ שָׁם ג׳ דוֹרוֹת, וְהָרְבִיעִי יָשׁוּבוּ לָאָרֶץ הַזֹּאת,
לְפִי שֶׁבְּאֶרֶץ כְּנַעַן הָיָה מְדַבֵּר עִמּוֹ, וְכָרַת בְּרִית זוֹ, כְּדִכְתִיב: לָתֵת לְךָ אֶת הָאָרֶץ הַזֹּאת לְרִשְׁתָּהּ.
וְכֵן הָיָה: יַעֲקֹב יָרַד לְמִצְרַיִם, צֵא וַחֲשׁוֹב דּוֹרוֹתָיו: יְהוּדָה, פֶּרֶץ, וְחֶצְרוֹן—וְכָלֵב בֶּן חֶצְרוֹן מִבָּאֵי
הָאָרֶץ הָיָה: כי לא שלם עון האמרי. לִהְיוֹת מְשֻׁתָּלָּח מֵאַרְצוֹ עַד אוֹתוֹ זְמַן, שֶׁאֵין הַקָּבָּ״ה
נִפְרָע מֵאֻמָּה עַד שֶׁתִּתְמַלֵּא סָאתָהּ. שֶׁנֶּאֱמַר: בְּסַאסְּאָה בְּשַׁלְחָהּ תְּרִיבֶנָּה (יש׳ כ״ז): (יז) ויהי
השמש באה. כְּמוֹ: וַיְהִי הֵם מְרִיקִים שַׂקֵּיהֶם (בר׳ מ״ב), וַיְהִי הֵם קוֹבְרִים אִישׁ (מ״ב י״ג),
כְּלוֹמַר, וַיְהִי דָּבָר זֶה: השמש באה. שָׁקְעָה: ועלטה היה. חָשַׁךְ הַיּוֹם: והנה תנור עשן וגו׳.
רָמַז לוֹ, שֶׁיִּפְּלוּ הַמַּלְכֻיּוֹת בְּגֵיהִנֹּם: באה. טַעֲמוֹ לְמַעְלָה, לְכָךְ הוּא מְבוֹאָר, שֶׁבָּא כְּבָר; וְאִם
הָיָה טַעֲמוֹ לְמַטָּה, בָּאָלֶף, הָיָה מְבוֹאָר, כְּשֶׁהִיא שׁוֹקַעַת; וְא״א לוֹמַר כֵּן, שֶׁהֲרֵי כְבָר כְּתִיב:
וַיְהִי הַשֶּׁמֶשׁ לָבוֹא, וְהַעֲבָרַת תַּנּוּר עָשָׁן לְאַחַר מִכַּאן הָיְתָה, נִמְצָא, שֶׁכְּבָר שָׁקְעָה; וְזֶה
חִלּוּק בְּכָל תֵּיבָה לְשׁוֹן נְקֵבָה, שֶׁיְּסוֹדָהּ שְׁתֵּי אוֹתִיּוֹת, כְּמוֹ בָּא, קָם, שָׁב: כְּשֶׁהַטַּעַם
לְמַעְלָה, לְשׁוֹן עָבַר הוּא, כְּגוֹן זֶה, וּכְגוֹן וְרָחֵל בָּאָה, קָמָה אֲלֻמָּתִי, הִנֵּה שָׁבָה יְבִמְתֵּךְ,
וּכְשֶׁהַטַּעַם לְמַטָּה, הוּא לְשׁוֹן הוֹוֶה, דָּבָר שֶׁנַּעֲשֶׂה עַכְשָׁיו וְהוֹלֵךְ, כְּמוֹ: בָּאָה עִם הַצֹּאן, בָּעֶרֶב
הִיא בָאָה וּבַבֹּקֶר הִיא שָׁבָה: (יח) לזרעך נתתי. אֲמִירָתוֹ שֶׁל הַקָּבָּ״ה כְּאִלּוּ הִיא עֲשׂוּיָה:
הנהר הגדול. לְפִי שֶׁהוּא דָבוּק לְאֶרֶץ יִשְׂרָאֵל קוֹרְאֵהוּ גָּדוֹל, אַעַ״פּ שֶׁהוּא מְאוּחָר בְּאַרְבָּעָה נְהָרוֹת
הַיּוֹצְאִים מֵעֵדֶן, שֶׁנֶּאֱמַר: וְהַנָּהָר הָרְבִיעִי הוּא פְרָת; מָשָׁל הֶדְיוֹט: „עֶבֶד מֶלֶךְ מֶלֶךְ, הִדָּבֵק
לְשַׁחֲוָר וְיִשְׁתַּחֲווּ לָךְ״ (ב״ר): (יט) את הקני. עֶשֶׂר אֻמּוֹת יֵשׁ כָּאן וְלֹא נָתַן לָהֶם אֶלָּא
שִׁבְעָה גוֹיִם, וְהַשְּׁלשָׁה: אֱדוֹם וּמוֹאָב וְעַמּוֹן—וְהֵם: קֵינִי, קְנִזִּי, וְקַדְמוֹנִי—עֲתִידִים לִהְיוֹת
יְרוּשָּׁה לֶעָתִיד (ב״ר), שֶׁנֶּאֱמַר: אֱדוֹם וּמוֹאָב מִשְׁלוֹחַ יָדָם וּבְנֵי עַמּוֹן מִשְׁמַעְתָּם (ישעיה י״א):

buried in a good old age. 16 But a fourth generation shall come hither
again: for the iniquity of the Amorite is not yet complete. 17 And it
came to pass, that, when the sun went down, and it was thick darkness,
behold a smoking furnace, and a torch of fire that passed between
those fragments. 18 In the same day the Eternal made a covenant with
Abram, saying, Unto thy seed have I given this land, from the river
of Egypt unto the great river, the river Euphrates: 19 The Kenite, and
the Kenizzite, and the Kadmonite, 20 And the Hittite, and the Perizzite,
and the Rephaim, 21 And the Amorite, and the Canaanite, and the Gir-
gashite, and the Jebusite.

רש"י

go to him! But this teaches you that Terah repented *of his evil ways* (ib.). תקבר בשיבה טובה THOU SHALT BE BURIED IN A GOOD OLD AGE — He announced to him that Ishmael would repent during his (Abraham's) life-time (Gen. R. 38). Esau, too, did, not become degenerate during Abraham's life-time. It was just for this reason (in order that he might not witness Esau's evil conduct) that Abraham died five years before *his proper* time, for the very day *when he died* Esau rebelled *against God* (Gen. R. 63). **(16)** ודור רביעי BUT A FOURTH GENERATION — *i. e.* after they go into exile in Egypt they will be there three generations, and the fourth will return to t h i s land (הֵנָּה hither). For He was then speaking to him in the land of Canaan and it was there that He made this covenant, as it is written (v. 7) "to give thee t h i s land to inherit it". Thus it really was: Jacob went down to Egypt. Go and count up his generations: Judah, Perez, Hezron — and Caleb (whose father Jephuneh is identified with Hezron, see Sotah 11b) was amongst those who entered the land of Canaan. כי לא שלם עון האמורי FOR THE INIQUITY OF THE AMORITE IS NOT YET FULL *enough* that he should be driven out of his land until that time, for the Holy One, blessed be He, does not exact punishment from any nation until its measure is full, as it is said, (Js. XXVII. 8) "I n h e r f u l l m e a s u r e wilt thou contend with her when thou sendest her away." **(17)** ויהי השמש באה AND IT CAME TO PASS, WHEN THE SUN WENT DOWN — Similar *syntactical constructions are* (XLII. 35) ויהי הם מריקים שקיהם "And it came to pass when they were emptying their sacks", and (2 Kings XIII. 21) ויהי הם קוברים איש "and it came to pass when they were burying a man" — as much as to say, a n d t h i s t h i n g h a p p e n e d (i. e. after ויהי supply the words דבר זה: "And this thing happened: the sun set etc.") 1) השמש באה THE SUN CAME — *i. e.* set. ועלטה היה THERE WAS THICK DARKNESS — darkness during the day-time. והנה תנור עשן וגו' BEHOLD A SMOKING FURNACE — He foreshadowed to him that these Monarchies would descend into Gehinom. באה IT (SHE) CAME — The accent is on the first syllable, consequently it must signify that it (the sun) had already set. If, however, the accent were on the last syllable, on the א, it would signify *that there was darkness* whilst it was setting (i. e. the former is a perfect, the latter a participle). It is impossible to explain it thus here (that it means the sun was setting) because it has already been stated (v. 12) "And it came to pass that w h e n t h e s u n w a s s e t t i n g", and the passing of the smoking furnace took place after this — consequently the sun h a d set already *when it passed*. This is the difference in the case of every word (verb), feminine gender, whose root has two letters, as שב, קם, בא: when the accent is on the first syllable, it is the perfect tense, as is this word באה here, and like (XIX. 9) "And Rachel (באה) came"; (XXXVII. 7) "And my sheaf קמה arose"; (Ruth I. 15) "Behold, thy sister-in-law (שבה) has gone back"; but when the accent is on the last syllable it is a present tense (participle), denoting an action being done now and continuing to be done, as for instance, (XXIX. 6) "She is coming (באה) with the sheep"; (Est. II. 14) "In the evening she used to come (באה) and in the morning (שבה) she used to return". **(18)** לזרעך נתתי UNTO THY SEED HAVE I GIVEN — The promise of the Holy

NOTES

1) ויהי is not the predicate השמש, for this would require ותהי, since the noun is fem. in this verse, but it is a separate clause; just as ויהי in Gen. XLII. 35 and in 2 Kings XIII. 21 would have been ויהיו, were it the predicate of הם (plural).

63 בראשית טו טז לך לך

וְאֶת־הַגִּרְגָּשִׁי וְאֶת־הַיְבוּסִי׃ ס טז א וְשָׂרַי
אֵשֶׁת אַבְרָם לֹא יָלְדָה לוֹ וְלָהּ שִׁפְחָה מִצְרִית וּשְׁמָהּ
הָגָר׃ ב וַתֹּאמֶר שָׂרַי אֶל־אַבְרָם הִנֵּה־נָא עֲצָרַנִי
יְהוָה מִלֶּדֶת בֹּא־נָא אֶל־שִׁפְחָתִי אוּלַי אִבָּנֶה מִמֶּנָּה
וַיִּשְׁמַע אַבְרָם לְקוֹל שָׂרָי׃ ג וַתִּקַּח שָׂרַי אֵשֶׁת אַבְרָם
אֶת־הָגָר הַמִּצְרִית שִׁפְחָתָהּ מִקֵּץ עֶשֶׂר שָׁנִים לְשֶׁבֶת
אַבְרָם בְּאֶרֶץ כְּנָעַן וַתִּתֵּן אֹתָהּ לְאַבְרָם אִישָׁהּ לוֹ
לְאִשָּׁה׃ ד וַיָּבֹא אֶל־הָגָר וַתַּהַר וַתֵּרֶא כִּי הָרָתָה וַתֵּקַל
גְּבִרְתָּהּ בְּעֵינֶיהָ׃ ה וַתֹּאמֶר שָׂרַי אֶל־אַבְרָם חֲמָסִי
עָלֶיךָ אָנֹכִי נָתַתִּי שִׁפְחָתִי בְּחֵיקֶךָ וַתֵּרֶא כִּי הָרָתָה

אונקלוס

א וְשָׂרַי אִתַּת אַבְרָם לָא יְלִידַת לֵהּ וְלַהּ אַמְתָא מִצְרֵיתָא וּשְׁמַהּ הָגָר׃ ב וַאֲמֶרֶת שָׂרַי
לְאַבְרָם הָא־כְעַן מַנְעַנִי יְיָ מִלְּמֵילַד עוֹל־כְּעַן לְוָת־אַמְתִי מָה אִם אִתְבְּנֵי מִנַּהּ
וְקַבֵּיל אַבְרָם לְמֵימַר שָׂרָי׃ ג וּדְבָרַת שָׂרַי אִתַּת אַבְרָם יָת־הָגָר מִצְרֵיתָא אַמְתַהּ
מִסּוֹף עֲשַׂר שְׁנִין לְמִתַּב אַבְרָם בְּאַרְעָא דִכְנָעַן וִיהָבַת יָתַהּ לְאַבְרָם בַּעְלַהּ לֵהּ
לְאִנְתּוּ׃ ד וְעַל לְוָת־הָגָר וְעַדִּיאַת וַחֲזַת אֲרֵי עַדִּיאַת וּקְלַת רִבּוֹנְתַהּ בְּעֵינַהָא׃
ה וַאֲמֶרֶת שָׂרַי לְאַבְרָם דִּין־לִי עֲלָךְ אֲנָא יְהָבִית אַמְתִי לָךְ וַחֲזַת אֲרֵי עַדִּיאַת

רש"י

(כ) ואת הרפאים. אֶרֶץ עוֹג; שֶׁנֶּאֱמַר בָּהּ: הַהוּא יִקָּרֵא אֶרֶץ רְפָאִים (דברים ג׳):

טז (א) שפחה מצרית. בַּת פַּרְעֹה הָיְתָה, כְּשֶׁרָאָה נִסִּים שֶׁנַּעֲשׂוּ לְשָׂרָה, אָמַר: מוּטָב שֶׁתְּהֵא בִתִּי שִׁפְחָה בְּבַיִת זֶה וְלֹא גְבִירָה בְּבַיִת אַחֵר: (ב) אולי אבנה ממנה. לִמֵּד עַל מִי שֶׁאֵין לוֹ בָנִים, שֶׁאֵינוֹ בָנוּי אֶלָּא הָרוּס: אבנה ממנה. בִּזְכוּת שֶׁאַכְנִיס צָרָתִי לְתוֹךְ בֵּיתִי: לקול שרי. לְרוּחַ הַקּוֹדֶשׁ שֶׁבָּהּ (ב"ר): (ג) ותקח שרי. לְקָחַתָּהּ בִּדְבָרִים: אַשְׁרֶיךָ שֶׁזָּכִית לְדָבֵק בְּגוּף קָדוֹשׁ כָּזֶה (ב"ר): מקץ עשר שנים. מוֹעֵד הַקָּבוּעַ לְאִשָּׁה שֶׁשָּׁהֲתָה עֶשֶׂר שָׁנִים וְלֹא יָלְדָה לְבַעְלָהּ, חַיָּב לִשָּׂא אַחֶרֶת: לשבת אברם וגו׳. מַגִּיד שֶׁאֵין יְשִׁיבַת חוּצָה לָאָרֶץ עוֹלָה לוֹ מִן הַמִּנְיָן (יב׳ ס"ד), לְפִי שֶׁלֹּא נֶאֱמַר לוֹ: וְאֶעֶשְׂךָ לְגוֹי גָּדוֹל, עַד שֶׁיָּבֹא לְאֶרֶץ יִשְׂרָאֵל: (ד) ויבא אל הגר ותהר. מִבִּיאָה רִאשׁוֹנָה (ב"ר): ותקל גברתה בעיניה. אָמְרָה: שָׂרַי זוֹ אֵין סִתְרָהּ כְּגָלוּיָהּ: מַרְאָה עַצְמָהּ כְּאִלּוּ הִיא צַדֶּקֶת, וְאֵינָהּ צַדֶּקֶת, שֶׁלֹּא זָכְתָה לְהֵרָיוֹן כָּל הַשָּׁנִים הַלָּלוּ, וַאֲנִי נִתְעַבַּרְתִּי מִבִּיאָה רִאשׁוֹנָה (ב"ר): (ה) חמסי עליך. חָמָס הֶעָשׂוּי לִי, עָלֶיךָ אֲנִי מַטִּיל הָעוֹנֶשׁ; כְּשֶׁהִתְפַּלַּלְתָּ לְהַקָּבָּ"ה: מַה תִּתֶּן לִי וְאָנֹכִי הוֹלֵךְ עֲרִירִי, — לֹא הִתְפַּלַּלְתָּ אֶלָּא עָלֶיךָ, וְהָיָה לְךָ לְהִתְפַּלֵּל עַל שְׁנֵינוּ, וְהָיִיתִי אֲנִי נִפְקֶדֶת עִמָּךְ. וְעוֹד: דְּבָרֶיךָ אַתָּה חוֹמֵס מִמֶּנִּי, שֶׁאַתָּה שׁוֹמֵעַ בִּזְיוֹנִי וְשׁוֹתֵק (ב"ר): אנכי נתתי שפחתי וגו׳ ביני וביניך. כָּל „בֵּינֶיךָ" שֶׁבַּמִּקְרָא חָסֵר, וְזֶה מָלֵא, קְרֵי בֵּיהּ:

Genesis XVI. 1—5.

16. ¹Now Sarai Abram's wife bare him no children: and she had an Egyptian handmaid, whose name was Hagar. ²And Sarai said unto Abram, Behold now, the Eternal hath restrained me from bearing: come, I pray, unto my handmaid; perhaps I may obtain children by her. And Abram hearkened to the voice of Sarai. ³And Sarai Abram's wife took Hagar her handmaid the Egyptian, after Abram had abode ten years in the land of Canaan, and gave her to her husband Abram to be his wife. ⁴And he came unto Hagar, and she became pregnant: and when she saw that she was pregnant, her mistress was slighted in her eyes. ⁵And Sarai said unto Abram, My wrong is through thee: I have given my handmaid into thy bosom; and when she saw that she was pregnant,

רש"י

One, blessed be He, is as an accomplished fact. (Consequently the perfect tense is here used) (Gen. R. 44). הנהר הגדול THE GREAT RIVER — Because it is associated with (mentioned in connection with; see Rashi on Deut. I. 7) the land of Israel, Scripture calls it "great" although it is the last mentioned of the four rivers that went out of Eden — as it is said (Gen. II. 14). And the f o u r t h river is the Euphrates". There is a popular proverb: "A king's servant is a king; attach yourself to a captain and people will bow down to you" (Gen. R. 16) **(19)** את הקיני THE KENITE — There are ten nations *mentioned* here but He gave them only *the territory of seven nations* (Deut. VII. 1); the other three, Edom, Moab and Ammon, — who are the Kenites, the Kenizzites and the Kadmonites — will *only* at some future time become Israel's possession, as it is said, (Isa. XI. 14) "They shall put forth their hand upon Edom and Moab; and the children of Ammon shall obey them". **(20)** ואת הרפאים AND THE REPHAIM — the land Og King of Bashan, of which it said, (Deut. III. 13) "All that (Bashan) is called the land of the Rephaim".

16. (1) שפחה מצרית A HANDMAID, AN EGYPTIAN — She was a daughter of Pharaoh; when he saw the miracles which had been performed for Sarah's sake he said, "It is better for my daughter to be a handmaid in this man's house than be mistress in another man's house" (Gen. R. 45). **(2)** אולי אבנה ממנה IT MAY BE THAT I SHALL BE BUILDED UP THROUGH HER — *This statement of Sarah* teaches that a person who has no children is not firmly established (lit., built up: his name and future are not perpetuated) but is unstable (lit., demolished) (ib.). אבנה ממנה I SHALL BE BUILDED UP THROUGH HER — through the merit that I admit *her as* a rival into my house. לקול שרי TO THE VOICE OF SARAI — to the Holy (prophetic) Spirit that was in her (ib.). **(3)** ותקח שרי AND (SARAI TOOK [HAGAR]) — She took (won her over) by *kindly* speech saying, "Happy are you in that you will be privileged to consort with so holy a person as this" (ib.). מקץ עשר שנים AFTER [ABRAM HAD DWELT] TEN YEARS — the period appointed for a woman who has lived with her husband for ten years without having borne children to him when he is bound to take another. לשבת אברם וגו׳ [TEN YEARS] AFTER ABRAHAM HAD DWELT IN THE LAND OF CANAAN — As Abraham had been married to Sarah b e f o r e he entered Canaan this statement *virtually* informs us that the period he dwelt outside the land (Palestine) was not to be included in the number *of these ten years* (Jeb. 64a), for the promise, "And I will make of thee a great nation" was made to him with the intention of being fulfilled only after he had come into the land of Israel. **(4)** ויבא אל הגר ותהר AND HE CAME UNTO HAGAR AND SHE CONCEIVED from the first union (Gen. R. 45). ותקל גברתה בעיניה HER MISTRESS WAS SLIGHTED IN HER EYES — She said, "As regards this woman Sarai, her conduct in private can *certainly* not be like that in public: she pretends to be a righteous woman, but she cannot *really* be righteous since all these years she has not been privileged to have children, whilst I have had that blessing from the first union" (ib.). **(5)** חמסי עליך MY WRONG BE UPON THEE — The wrong

וָאֵקַל בְּעֵינֶיהָ יִשְׁפֹּט יְהוָה בֵּינִי וּבֵינֶיךָ: ו וַיֹּאמֶר אַבְרָם
אֶל־שָׂרַי הִנֵּה שִׁפְחָתֵךְ בְּיָדֵךְ עֲשִׂי־לָהּ הַטּוֹב בְּעֵינָיִךְ
וַתְּעַנֶּהָ שָׂרַי וַתִּבְרַח מִפָּנֶיהָ: ז וַיִּמְצָאָהּ מַלְאַךְ יְהוָה
עַל־עֵין הַמַּיִם בַּמִּדְבָּר עַל־הָעַיִן בְּדֶרֶךְ שׁוּר: ח וַיֹּאמַר
הָגָר שִׁפְחַת שָׂרַי אֵי־מִזֶּה בָאת וְאָנָה תֵלֵכִי וַתֹּאמֶר
מִפְּנֵי שָׂרַי גְּבִרְתִּי אָנֹכִי בֹּרַחַת: ט וַיֹּאמֶר לָהּ מַלְאַךְ
יְהוָה שׁוּבִי אֶל־גְּבִרְתֵּךְ וְהִתְעַנִּי תַּחַת יָדֶיהָ: י וַיֹּאמֶר
לָהּ מַלְאַךְ יְהוָה הַרְבָּה אַרְבֶּה אֶת־זַרְעֵךְ וְלֹא יִסָּפֵר
מֵרֹב: יא וַיֹּאמֶר לָהּ מַלְאַךְ יְהוָה הִנָּךְ הָרָה וְיֹלַדְתְּ
בֵּן וְקָרָאת שְׁמוֹ יִשְׁמָעֵאל כִּי־שָׁמַע יְהוָה אֶל־עָנְיֵךְ:
יב וְהוּא יִהְיֶה פֶּרֶא אָדָם יָדוֹ בַכֹּל וְיַד כֹּל בּוֹ וְעַל־

אונקלוס

וּקְלֵית בְּעֵינַהָא יְדִין יְיָ בֵּינִי וּבֵינָךְ: ו וַאֲמַר אַבְרָם לְשָׂרַי הָא אַמְתִיךְ בִּידִיךְ
עֲבִידִי לַהּ כִּדְתַקִּין בְּעֵינַיְכִי וְעַנִּיתַהּ שָׂרַי וַעֲרַקַת מִקֳּדָמַהָא: ז וְאַשְׁכְּחַהּ מַלְאֲכָא
דַּייָ עַל־עֵינָא דְמַיָּא בְּמַדְבְּרָא עַל־עֵינָא בְּאוֹרְחָא דְחַגְרָא: ח וַאֲמַר הָגָר אַמְתָא
דְשָׂרַי מְנָן־אַתְּ אָתְיָא וּלְאָן אַתְּ־אָזְלָא וַאֲמֶרֶת מִן־קֳדָם־שָׂרַי רִבּוֹנְתִּי אֲנָא עָרְקָא
(נ״י עָרְקַת): ט וַאֲמַר לַהּ מַלְאֲכָא דַייָ תּוּבִי לְוָת־רִבּוֹנְתִּיךְ וְאִשְׁתַּעְבְּדִי תְּחוֹת
יְדַהָא: י וַאֲמַר לַהּ מַלְאֲכָא דַייָ אַסְגָּאָה אַסְגֵּי יָת־בְּנַיְכִי וְלָא יִתְמְנוּן מִסְּגֵי:
יא וַאֲמַר לַהּ מַלְאֲכָא דַייָ הָא־אַתְּ מְעַדְיָא וְתֵלְדִין בַּר וְתִקְרִין שְׁמֵהּ יִשְׁמָעֵאל
אֲרֵי־קַבִּיל יְיָ צְלוֹתִיךְ: יב וְהוּא יְהֵא מְרוֹד בְּאֱנָשָׁא הוּא־יְהֵא צְרִיךְ לְכֹלָּא וְיָדָא

רש״י

וּבֵינֶיךָ, שֶׁהִכְנִיסָה עַיִן הָרָע בְּעִבּוּרָהּ שֶׁל הָגָר וְהִפִּילָה עֻבָּרָהּ: הוּא שֶׁהַמַּלְאָךְ אוֹמֵר לְהָגָר: הִנָּךְ הָרָה, וַהֲלֹא כְבָר הָרְתָה, וְהוּא מְבַשֵּׂר לָהּ שֶׁתַּהַר? אֶלָּא מְלַמֵּד, שֶׁהִפִּילָה הֵרָיוֹן הָרִאשׁוֹן: (ו) ותענה שרי. הָיְתָה מְשַׁעְבֶּדֶת בָּהּ בְּקוֹשִׁי (ב״ר): (ח) אי מזה באת. מֵהֵיכָן בָּאת? יוֹדֵעַ הָיָה, אֶלָּא לִיתֵּן לָהּ פֶּתַח לִכָּנֵס עִמָּהּ בִּדְבָרִים. וּלְשׁוֹן אֵי מִזֶּה: אַיֵּה הַמָּקוֹם, שֶׁתֹּאמַר עָלָיו, מִזֶּה אֲנִי בָאָה? (ט) ויאמר לה מלאך וגו׳. עַל כָּל אֲמִירָה הָיָה שָׁלוּחַ לָהּ מַלְאָךְ אַחֵר, לְכָךְ נֶאֱמַר מַלְאָךְ בְּכָל אֲמִירָה וַאֲמִירָה: (יא) הנך הרה. כְּשֶׁתָּשׁוּבִי תַּהֲרִי, כְּמוֹ ״הִנָּךְ הָרָה״ דְאֵשֶׁת מָנוֹחַ: וילדת בן. כְּמוֹ וְיוֹלֶדֶת. וְדוֹמֶה לוֹ: יֹשַׁבְתְּ בַּלְּבָנוֹן מְקֻנַּנְתְּ בָּאֲרָזִים (ירמיה כ״ב): וקראת שמו. צִוּוּי הוּא, כְּמוֹ שֶׁאוֹמֵר לְזָכָר: וְקָרָאתָ אֶת שְׁמוֹ יִצְחָק (בר׳ י״ז): (יב) פרא אדם. אוֹהֵב מִדְבָּרוֹת לָצוּד חַיּוֹת. כְּמוֹ שֶׁכָּתוּב: וַיֵּשֶׁב בַּמִּדְבָּר וַיְהִי רֹבֶה קַשָּׁת (בראשית כ״א): ידו בכל. לִסְטִים. ויד כל בו. הַכֹּל שׂוֹנְאִין אוֹתוֹ וּמִתְגָּרִין בּוֹ:

I was slighted in her eyes: may the Eternal judge between me and thee.
6But Abram said unto Sarai, Behold, thy handmaid is in thy hand; do to
her as it seemeth good in thine eyes. And Sarai afflicted her, and she
fled from her face. 7And an angel of the Eternal found her by a foun-
tain of water in the desert, by the fountain on the way to Shur. 8And he
said, Hagar, Sarai's handmaid, whence camest thou? and whither wilt thou
go? And she said, From the face of my mistress Sarai I am fleeing. 9And
the angel of the Eternal said unto her, Return to thy mistress, and sub-
mit thyself under her hands. 10And the angel of the Eternal said unto
her, I will multiply thy seed exceedingly, that it shall not be counted for
multitude. 11And the angel of the Eternal said unto her, Behold, thou
art pregnant, and shalt bear a son, and shalt call his name Ishmael; be-
cause the Eternal hath heard thy affliction. 12And he will be like a wild
ass among men; his hand will be against all, and the hand of all against

רש"י

done to me (חמסי)[1] — the punishment for it I call down on you (עליך). "When you prayed to the Holy One, blessed be He, (XV. 2) 'what wilt Thou give me, seeing that I go childless', you prayed only on behalf of yourself whereas you should have prayed on behalf of both of us — then would I have been borne in mind (by God) together with you" (i. e. when you had the gift of a child it would have been "my" child also — not that of a strange woman). Besides this, you deprive me (חומס) of your *protecting* words since you hear how I am despised and yet you keep silent (ib.). אנכי נתתי שפחתי וגו' ביני וביניך I HAVE GIVEN MY HANDMAID etc.... [MAY THE LORD JUDGE] BETWEEN ME AND THEE — Wherever this word "between thee" (masc.) occurs in Scripture it is written defective (i. e. without the second yod) whilst here it is written plene, therefore read it as וּבֵינֵךְ (the fem. form that corresponds to ביניך in our text — as though Sarah turned to Hagar saying "May God judge between me and thee"). Thus she cast the evil eye on Hagar so that she miscarried *on this occasion*. This explains what the angel said to Hagar, (XVI. 11) הנך הרה "behold, thou wilt conceive"; but had she not already conceived and yet he announces to her that she would conceive? This therefore informs us that she miscarried in *this*, her first conception (ib.) (cf. verse 11). **(6)** ותענה שרי AND SARAI AFFLICTED HER — She compelled her to work hard. **(8)** אי מזה באת WHENCE CAMEST THOU? — He knew it, but *he asked this* in order to give her a starting-point so that he might converse with her. The expression אי מזה is to be explained thus: Where is (אי) that place of which thou canst say, "From this (מזה) have I come". **(9)** ויאמר לה מלאך ה' וגו' AND THE ANGEL OF THE LORD SAID UNTO HER etc. (see also verses 10 &11). For each statement (in these three verses) a different angel was sent to her, and this explains why in reference to each statement the phrase is used, "*and* an angel *said to her*". **(11)** הנך הרה BEHOLD THOU WILT BE WITH CHILD — when you return you will conceive, just as the same phrase הנך הרה (Judges XIII. 7) spoken of the wife of Manoah (where it certainly appears to be thou wilt conceive in the future). וְיֹלַדְתְּ בן AND THOU SHALT BEAR A SON — *The word appears to be grammatically a combination of the perfect tense* וְיָלַדְתְּ *and the participle* וְיֹלֶדֶת *but it is similar in sense to* וְיֹלֶדֶת (the participle); so, also, (Jer. XXII. 23) "O thou that dwellest (יֹשַׁבְתְּ) in Lebanon, and art nestled (מְקֻנַּנְתְּ) in the cedars." וקראת שמו AND THOU SHALT CALL — This is a command, just as one would say to a man (וְקָרָאתָ), as (XVII. 19) "And thou shalt call his name Isaac".[2]) **(12)** פרא אדם A WILD MAN — One who loves the open spaces to hunt wild animals, as it is written *of him* (XXI. 20) "And he dwelt in the wilderness and became an archer." ידו בכל

NOTES

For Notes 1, 2 see Appendix.

בראשית טז יז לך לך

פְּנֵי כָל־אֶחָיו יִשְׁכֹּן: יג וַתִּקְרָא שֵׁם־יְהֹוָה הַדֹּבֵר אֵלֶיהָ אַתָּה אֵל רֳאִי כִּי אָמְרָה הֲגַם הֲלֹם רָאִיתִי אַחֲרֵי רֹאִי: יד עַל־כֵּן קָרָא לַבְּאֵר בְּאֵר לַחַי רֹאִי הִנֵּה בֵין־קָדֵשׁ וּבֵין בָּרֶד: טו וַתֵּלֶד הָגָר לְאַבְרָם בֵּן וַיִּקְרָא אַבְרָם שֶׁם־בְּנוֹ אֲשֶׁר־יָלְדָה הָגָר יִשְׁמָעֵאל: טז וְאַבְרָם בֶּן־שְׁמֹנִים שָׁנָה וְשֵׁשׁ שָׁנִים בְּלֶדֶת־הָגָר אֶת־יִשְׁמָעֵאל לְאַבְרָם: ס יז א וַיְהִי אַבְרָם בֶּן־תִּשְׁעִים שָׁנָה וְתֵשַׁע שָׁנִים וַיֵּרָא יְהֹוָה אֶל־אַבְרָם וַיֹּאמֶר אֵלָיו אֲנִי־אֵל שַׁדַּי הִתְהַלֵּךְ לְפָנַי וֶהְיֵה תָמִים:

אונקלוס

דְכֵן אֱנָשָׁא יְהוֹן־צְרִיכִין לֵהּ וְעַל־אַפֵּי כָל־אֲחוֹהִי יִשְׁרֵי: יג וְצַלִּיאַת בִּשְׁמָא דַיְיָ דְּמִתְמַלֵּל עִמַּהּ אֲמַרַת אַתְּ־הוּא אֱלָהָא דְחָזֵי־כֹלָּא אֲרֵי אֲמַרַת הֲבָרַם הָכָא (ר' הַאַף אֲנָא) שָׁרֵתִי חֲזָא בָּתַר דְּאִתְגְּלִי־לִי: יד עַל־כֵּן קְרָא לְבֵירָא בְּאֵרָא דְמַלְאַךְ קַיָּמָא אִתַּחֲזִי עֲלַהּ הָא־(הִיא) בֵּין־רְקַם וּבֵין חַגְרָא: טו וִילִידַת הָגָר לְאַבְרָם בָּר וּקְרָא אַבְרָם שִׁים־בְּרֵהּ דִּילִידַת הָגָר יִשְׁמָעֵאל: טז וְאַבְרָם בַּר־תְּמָנַן וְשִׁית שְׁנִין כַּד־יְלִידַת־הָגָר יָת־יִשְׁמָעֵאל לְאַבְרָם: א וַהֲוָה אַבְרָם בַּר־תִּשְׁעִין וּתְשַׁע שְׁנִין וְאִתְגְּלִי יְיָ לְאַבְרָם וַאֲמַר לֵהּ אֲנָא־אֵל שַׁדַּי פְּלַח קֳדָמַי

רש"י

וְעַל פְּנֵי כָל זוֹחֲיו יִשְׁכֹּן. שֶׁיִּהְיֶה זַרְעוֹ גָּדוֹל. שֶׁיִּהְיֶה זַרְעוֹ גָּדוֹל (ב"ר): (יג) אַתָּה אֵל רֳאִי. נָקוּד חֲטַף קָמָץ, מִפְּנֵי שֶׁהוּא שֵׁם דָּבָר, אֱלוֹהַּ הָרְאִיָּה, שֶׁרוֹאֶה בְּעֶלְבּוֹנָהּ שֶׁל עֲלוּבִין: הֲגַם הֲלֹם. לְשׁוֹן תֵּימָה: וְכִי סְבוּרָה הָיִיתִי, שֶׁאַף הֲלוֹם בְּמִדְבָּרוֹת רָאִיתִי שְׁלוּחוֹ שֶׁל מָקוֹם אַחֲרֵי רוֹאִי אוֹתָם בְּבֵיתוֹ שֶׁל אַבְרָהָם: שֶׁשָּׁם הָיִיתִי רְגִילָה לִרְאוֹת מַלְאָכִים. וְתֵדַע שֶׁהָיְתָה רְגִילָה לִרְאוֹתָם, שֶׁהֲרֵי מָנוֹחַ רָאָה אֶת הַמַּלְאָךְ פַּעַם אַחַת, וְאָמַר: מוֹת נָמוּת (שופ' י"ג), וְזוֹ רָאֲתָה ד' זֶה אַחַר זֶה, וְלֹא חָרְדָה: (יד) בְּאֵר לַחַי רֹאִי. כְּתַרְגּוּמוֹ: (טו) וַיִּקְרָא אַבְרָם שֵׁם וְגוֹ'. אַעַ"פ שֶׁלֹּא שָׁמַע אַבְרָם דִּבְרֵי הַמַּלְאָךְ שֶׁאָמַר: וְקָרָאת שְׁמוֹ יִשְׁמָעֵאל, שָׁרְתָה רוּחַ הַקֹּדֶשׁ עָלָיו וּקְרָאוֹ יִשְׁמָעֵאל: (טז) וְאַבְרָם בֶּן שְׁמוֹנִים וְגוֹ'. לִשְׁבָחוֹ שֶׁל יִשְׁמָעֵאל נִכְתַּב, לְהוֹדִיעַ, שֶׁהָיָה בֶּן י"ג שָׁנָה כְּשֶׁנִּמּוֹל וְלֹא עִכֵּב:

יז (א) אֲנִי אֵל שַׁדַּי. אֲנִי הוּא שֶׁיֵּשׁ דַּי בֶּאֱלָהוּתִי לְכָל בְּרִיָּה, לְפִיכָךְ: הִתְהַלֵּךְ לְפָנַי וֶהְיֵה לֵאלוֹהַּ וּלְפַטְרוֹן: וְכֵן כָּל מָקוֹם שֶׁהוּא בַּמִּקְרָא פֵּרוּשׁוֹ כָּךְ: דַּי שֶׁלּוֹ, וְהַכֹּל לְפִי הָעִנְיָן: הִתְהַלֵּךְ לְפָנַי. כְּתַרְגּוּמוֹ: פְּלַח קֳדָמַי, הִדָּבֵק בַּעֲבוֹדָתִי: וֶהְיֵה תָמִים. אַף זֶה צִוּוּי אַחַר צִוּוּי, הֱוֵה שָׁלֵם בְּכָל נִסְיוֹנוֹתַי: יִלָּפֵי מִדְרָשׁוֹ: הִתְהַלֵּךְ לְפָנַי בְּמִצְוַת מִילָה, וּבַדָּבָר הַזֶּה תִּהְיֶה תָמִים, שֶׁכָּל זְמַן שֶׁהָעָרְלָה בְּךָ אַתָּה בַּעַל מוּם לְפָנַי: דָּבָר אַחֵר: וֶהְיֵה תָמִים. (עַכְשָׁיו אַתָּה חָסֵר ה' אֵיבָרִים, ב' עֵינַיִם, ב' אָזְנַיִם וְרֹאשׁ הַגְּוִיָּה) שֶׁאוֹסִיף לָךְ אוֹת עַל שְׁמֶ

him; and in the face of all his brethren he shall dwell. ¹³And she called the name of the Eternal that spake unto her, Thou art a God visible to me: for she said, Did I see a vestige after my seeing him? ¹⁴Therefore the well was called Beerlahai-roi; behold, it is between Kadesh and Bered. ¹⁵And Hagar bare Abram a son: and Abram called his son's name, whom Hagar bare, Ishmael. ¹⁶And Abram was fourscore and six years old, when Hagar bare Ishmael to Abram.

17. ¹And when Abram was ninety years old and nine, the Eternal appeared to Abram, and said unto him, I am an Almighty God; walk before me,

רש"י

HIS HAND SHALL BE AGAINST EVERY ONE — a highwayman. ויד כל בו AND EVERYONE'S HAND AGAINST HIM — everyone will hate him and attack him. ועל פני כל אחיו ישכון AND HE SHALL DWELL IN THE PRESENCE OF ALL HIS BRETHREN — his descendants will be numerous, (so that his territory must extend over that which his brethren have; cf. XXV. 18). **(13)** אתה אל ראי THOU ART A GOD OF SEEING — The word is punctuated with a Chataph Kametz because it is a noun, and the meaning is "a God of seeing" — One who sees the humiliation to which people are subjected *by others* (Gen. R. 45). הגם הלום HAVE I ALSO [SEEN] HERE — This is an exclamation of surprise: "could I have ever imagined that here also — in the wilderness — I would see the messengers of the Omnipresent after I have seen them in Abraham's house, where I saw them regularly!" You may know that she used to see them *there* regularly *from this*: That Manoah saw the angel only once and exclaimed, (Judg. XIII. 22) "We shall surely die", and she saw *angels* four times, one after the other, and she showed no fear. **(14)** באר לחי ראי As the Targum takes it: *the well at which the living angel had appeared to her*. **(15)** ויקרא אברם שם וגו' AND ABRAM CALLED THE NAME [OF HIS SON] etc. — Although Abram had not heard the words of the angel when he said *to Hagar* "and thou shalt call his name Ishmael", yet the Holy Spirit rested upon him and he called him Ishmael. **(16)** ואברם בן שמנים שנה וגו' AND ABRAM WAS FOURSCORE AND SIX YEARS OLD etc. — This is written to Ishmael's credit, pointing out that he was thirteen years old when he was circumcised (see XVII. 25) and yet he raised no objection.

17. (1) אני אל שדי I AM GOD ALMIGHTY — I am He whose (ש) Godship suffices (די) for every creature (Gen. R. 46), therefore, "walk before Me", and I will be your God and Protector. Similarly, wherever in the Scriptures this Divine Name שדי occurs, it signifies the idea of His sufficiency — but it all depends upon the context *as to what the "sufficiency" refers to*. התהלך לפני WALK BEFORE ME — as the Targum takes it: worship before Me — cleave to My service. והיה תמים AND BE PERFECT — This, too, is a command following upon the previous command: be whole-hearted in all the trials I impose upon you.¹) According to the Midrash (ib.), however, it means: walk before Me by observing the precept of circumcision and through this you will become perfect, for so long as you are uncircumcised I regard you as having a blemish. Another explanation of היה תמים BE THOU PERFECT — at present you lack *the power of controlling morally* five organs, viz., two eyes, two ears and the membrum. Therefore will I add a letter (i. e. the letter 'ה the numerical value of which is five) to your name (אברם) which equals 243) so that the total of the letters of your name (אברהם)

NOTES

¹) Often when an imperative follows upon another, the second has no imperative sense. Cf. Gen. LII. 18 זאת עשו וחיו "Do this and you shall live." Rashi suggests that this is not the case here: that the meaning is not "walk before Me and then you will be perfect", but that each is a separate command.

ב וְאֶתְּנָה בְרִיתִי בֵּינִי וּבֵינֶךָ וְאַרְבֶּה אוֹתְךָ בִּמְאֹד
מְאֹד׃ ג וַיִּפֹּל אַבְרָם עַל־פָּנָיו וַיְדַבֵּר אִתּוֹ אֱלֹהִים
לֵאמֹר׃ ד אֲנִי הִנֵּה בְרִיתִי אִתָּךְ וְהָיִיתָ לְאַב הֲמוֹן
גּוֹיִם׃ ה וְלֹא־יִקָּרֵא עוֹד אֶת־שִׁמְךָ אַבְרָם וְהָיָה שִׁמְךָ
אַבְרָהָם כִּי אַב־הֲמוֹן גּוֹיִם נְתַתִּיךָ׃ ו וְהִפְרֵתִי אֹתְךָ
בִּמְאֹד מְאֹד וּנְתַתִּיךָ לְגוֹיִם וּמְלָכִים מִמְּךָ יֵצֵאוּ׃
שביעי ז וַהֲקִמֹתִי אֶת־בְּרִיתִי בֵּינִי וּבֵינֶךָ וּבֵין זַרְעֲךָ
אַחֲרֶיךָ לְדֹרֹתָם לִבְרִית עוֹלָם לִהְיוֹת לְךָ לֵאלֹהִים
וּלְזַרְעֲךָ אַחֲרֶיךָ׃ ח וְנָתַתִּי לְךָ וּלְזַרְעֲךָ אַחֲרֶיךָ אֵת ׀
אֶרֶץ מְגֻרֶיךָ אֵת כָּל־אֶרֶץ כְּנַעַן לַאֲחֻזַּת עוֹלָם וְהָיִיתִי
לָהֶם לֵאלֹהִים׃ ט וַיֹּאמֶר אֱלֹהִים אֶל־אַבְרָהָם וְאַתָּה

אונקלוס

וֶהֱוֵי שְׁלִים׃ ב וְאֶתֵּן קְיָמִי בֵּין־מֵימְרִי וּבֵינָךְ וְאַסְגֵּי יָתָךְ לַחֲדָא לַחֲדָא׃
ג וּנְפַל אַבְרָם עַל־אַפּוֹהִי וּמַלֵּיל עִמֵּהּ יְיָ לְמֵימָר׃ ד אֲנָא הָא (גְּזַר צנ"ל סיננו)
קְיָמִי עִמָּךְ וּתְהֵי לְאַב סַגִּי עַמְמִין׃ ה וְלָא־יִתְקְרֵי עוֹד יָת־שְׁמָךְ אַבְרָם וִיהֵי
שְׁמָךְ אַבְרָהָם אֲרֵי אַב־סַגִּי עַמְמִין יְהַבְתָּךְ׃ ו וְאַפֵּישׁ יָתָךְ לַחֲדָא לַחֲדָא וְאֶתְּנִנָּךְ
לִכְנִשִׁין וּמַלְכִין דְּשַׁלִּיטִין בְּעַמְמַיָּא מִנָּךְ יִפְקוּן׃ ז וְאָקֵים יָת־קְיָמִי בֵּין־מֵימְרִי
וּבֵינָךְ וּבֵין בְּנָךְ בָּתְרָךְ לְדָרֵיהוֹן לִקְיָם עָלַם לְמֶהֱוֵי לָךְ לֵאלָהָא וְלִבְנָךְ בָּתְרָךְ׃
ח וְאֶתֵּן לָךְ וְלִבְנָךְ בָּתְרָךְ יָת ׀ אַרְעָא תּוֹתָבוּתָךְ יָת כָּל־אַרְעָא דִּכְנַעַן לְאַחְסָנַת
עָלַם וְאֶהֱוֵי לְהוֹן לֵאלָהָא׃ ט וַאֲמַר יְיָ לְאַבְרָהָם וְאַתְּ יָת־קְיָמִי תִּטַּר אַתְּ וּבְנָךְ

רש"י

וְיִהְיוּ מִנְיַן אוֹתִיּוֹתֶיךָ רמ"ח כְּמִנְיַן אֵיבָרֶיךָ׃ (ב) ואתנה בריתי. בְּרִית שֶׁל אַהֲבָה וּבְרִית הָאָרֶץ
לְהוֹרִישָׁהּ לְךָ עַל יְדֵי מִצְוָה זוֹ׃ (ג) ויפל אברם על פניו. מִמּוֹרָא הַשְּׁכִינָה; שֶׁעַד שֶׁלֹּא מָל
לֹא הָיָה בוֹ כֹּחַ לַעֲמוֹד וְרוּחַ הַקֹּדֶשׁ נִצֶּבֶת עָלָיו. וְזֶהוּ שֶׁנֶּאֱמַר בְּבִלְעָם: נֹפֵל וּגְלוּי עֵינָיִם.
בִּבְרַיְיתָא דְרַבִּי אֱלִיעֶזֶר׃ (ה) כי אב המון גוים. לְשׁוֹן נוֹטָרִיקוֹן שֶׁל שְׁמוֹ; וְרי"ש שֶׁהָיְתָה בוֹ
בַּתְּחִלָּה, שֶׁלֹּא הָיָה אָב אֶלָּא לַאֲרָם שֶׁהוּא מְקוֹמוֹ וְעַכְשָׁיו אָב לְכָל הָעוֹלָם, לֹא זָזָה מִמְּקוֹמָהּ,
שֶׁאַף יו"ד שֶׁל שָׂרַי נִתְרַעֲמָה עַל הַשְּׁכִינָה עַד שֶׁנִּתּוֹסְפָה לִיהוֹשֻׁעַ, שֶׁנֶּאֱמַר: וַיִּקְרָא מֹשֶׁה
לְהוֹשֵׁעַ בִּן נוּן יְהוֹשֻׁעַ (במדבר י"ג)׃ (ו) ונתתיך לגוים. יִשְׂרָאֵל וֶאֱדוֹם, שֶׁהֲרֵי יִשְׁמָעֵאל
כְּבָר הָיָה לוֹ, וְלֹא הָיָה מְבַשְּׂרוֹ עָלָיו׃ (ז) והקמתי את בריתי. וּמַה הִיא הַבְּרִית? לִהְיוֹת
לְךָ לֵאלֹהִים׃ (ח) לאחזת עולם. וְשָׁם אֶהְיֶה לָכֶם לֵאלֹהִים; אֲבָל הַדָּר בְּחוּצָה לָאָרֶץ
דּוֹמֶה כְּמִי שֶׁאֵין לוֹ אֱלוֹהַּ׃ (ט) ואתה. וי"ו זוֹ מוֹסִיף עַל עִנְיָן רִאשׁוֹן: אֲנִי הִנֵּה בְרִיתִי אִתָּךְ,

and be thou perfect. [2]And I will make my covenant between me and
thee, and will multiply thee exceedingly. [3]And Abram fell on his fa-
ce: and God spake to him, saying, [4]I am He! behold, my covenant is
with thee, and thou shalt be a father of a multitude of nations. [5]Nei-
ther shall thy name any more be called Abram, but thy name shall
be Abraham; for a father of a multitude of nations have I made thee.
[6]And I will make thee exceeding fruitful, and I will make nations of
thee, and kings shall go forth from thee. [7]And I will establish my co-
venant between me and thee and thy seed after thee throughout their
generations for a covenant for ever, to be a God unto thee, and to
thy seed after thee. [8]And I will give unto thee, and to thy seed after
thee, the land of thy sojournings, all the land of Canaan, for a possession
for ever; and I will be their God. [9]And God said unto Abraham, Thou

רש"י

will become 248, corresponding to the number of limbs of your body (cf. Ned. 32b). **(2)** ואתנה בריתי AND I WILL MAKE MY COVENANT — a covenant of love and a covenant regarding the land — to give it to you as an inheritance through *your observance* of this precept. **(3)** ויפל אברם על פניו AND ABRAM FELL UPON HIS FACE — through fear of the Shechinah, because before he was circumcised he did not have the strength to stand *on his feet* whilst the Holy Spirit stood over him; and it is to this that what is stated in the case of *the heathen* Balaam refers, (Num. XXIV. 4) "fallen down, yet with open eyes". This is to be found in Boraitha of R. Eliezer. **(5)** כי אב המון גוים FOR A FATHER OF A MULTIDUDE OF NATIONS — An acrostic on his name [אב(ר)הם]. But the ר which was previously in his name — denoting that he was the father (chieftain) only of [אב (א) רם] ארם which was his native country (cf. XXI. 7 with verse 10 of the same chapter), whilst now he became father of the entire world — nevertheless was not taken out of his name. For *we find* also, *that* the י in Sarai's name continued to complain to God *that it had been removed from her name when this was changed to Sarah*, until it was placed as an additional letter into the name יהושע, as it is said, (Num. XIII. 16) "And Moses called Hoshea (הושע) the son of Nun, Joshua (יהושע)" (Gen. R. 47). **(6)** ונתתיך לגוים AND I WILL MAKE NATIONS OF THEE — Israel and Edom *only are intended here* for Ishmael was already born to him and He could not, therefore, have been making any announcement concerning him. **(7)** והקמתי את בריתי AND I WILL ESTABLISH MY COVENANT — And what is this Covenant? להיות לך לאלהים TO BE A GOD UNTO THEE. **(8)** לאחזת עולם FOR AN EVERLASTING POSSESSION — and there I will be your God; but whoever resides outside the land *of Palestine* is as if he has no God (Ketub. 110b). **(9)** ואתה AND AS FOR THEE — This ו (of ואתה) connects this verse with the preceding matter (v. 4, thus setting ואתה of here in contrast with the ואני of there): "As for Me, behold My covenant

אֶת־בְּרִיתִי תִשְׁמֹר אַתָּה וְזַרְעֲךָ אַחֲרֶיךָ לְדֹרֹתָם׃
י זֹאת בְּרִיתִי אֲשֶׁר תִּשְׁמְרוּ בֵּינִי וּבֵינֵיכֶם וּבֵין זַרְעֲךָ
אַחֲרֶיךָ הִמּוֹל לָכֶם כָּל־זָכָר׃ יא וּנְמַלְתֶּם אֵת בְּשַׂר
עָרְלַתְכֶם וְהָיָה לְאוֹת בְּרִית בֵּינִי וּבֵינֵיכֶם׃ יב וּבֶן־
שְׁמֹנַת יָמִים יִמּוֹל לָכֶם כָּל־זָכָר לְדֹרֹתֵיכֶם יְלִיד בָּיִת
וּמִקְנַת־כֶּסֶף מִכֹּל בֶּן־נֵכָר אֲשֶׁר לֹא מִזַּרְעֲךָ הוּא׃
יג הִמּוֹל ׀ יִמּוֹל יְלִיד בֵּיתְךָ וּמִקְנַת כַּסְפֶּךָ וְהָיְתָה בְרִיתִי
בִּבְשַׂרְכֶם לִבְרִית עוֹלָם׃ יד וְעָרֵל ׀ זָכָר אֲשֶׁר לֹא־
יִמּוֹל אֶת־בְּשַׂר עָרְלָתוֹ וְנִכְרְתָה הַנֶּפֶשׁ הַהִוא
מֵעַמֶּיהָ אֶת־בְּרִיתִי הֵפַר׃ ס טו וַיֹּאמֶר אֱלֹהִים
אֶל־אַבְרָהָם שָׂרַי אִשְׁתְּךָ לֹא־תִקְרָא אֶת־שְׁמָהּ שָׂרָי

אונקלוס

בָּתְרָךְ לְדָרֵיהוֹן׃ י דָּא קְיָמִי דִּי תִטְּרוּן בֵּין־מֵימְרִי וּבֵינֵיכוֹן וּבֵין בְּנָךְ בָּתְרָךְ
מִגְּזַר לְכוֹן כָּל־דְּכוּרָא׃ יא וְתִגְזְרוּן יָת בְּשַׂר עָרְלַתְכוֹן וּתְהֵי (נ״י וּתְהֵא)
לְאָת קְיָם בֵּין מֵימְרִי וּבֵינֵיכוֹן׃ יב וּבַר־תְּמַנְיָא יוֹמִין יִתְגְּזַר (נ״י יִגְזַר) לְכוֹן כָּל־
דְּכוּרָא לְדָרֵיתֵיכוֹן יְלִידֵי בֵיתָא וּזְבִינֵי־כַסְפָּא מִכֹּל בַּר־עַמְמִין דְּלָא מִבְּנָךְ הוּא׃
יג אִתְגְּזָרָא ׀ יִתְגַּזְרוּן (נ״י מִגְזַר יִגְזַר) יְלִיד בֵּיתָךְ וּזְבִין כַּסְפָּךְ וּתְהֵי קְיָמִי
בִּבְשַׂרְכוֹן לִקְיָם עָלָם׃ יד וְעָרֵל ׀ דְּכוּרָא דִּילָא יִגְזַר יָת־בְּשַׂר עָרְלְתֵהּ וְיִשְׁתֵּיצֵי
אֱנָשָׁא הַהִיא מֵעַמַּהּ יָת־קְיָמִי אַשְׁנִי׃ טו וַאֲמַר יְיָ לְאַבְרָהָם שָׂרַי אִתְּתָךְ

רש״י

וְאַתָּה הֱוֵי זָהִיר לְשָׁמְרוֹ. וּמָה הִיא שְׁמִירָתוֹ? זאת בְּרִיתִי אֲשֶׁר תִּשְׁמְרוּ הִמּוֹל לָכֶם וגו׳: (י) ביני וביניכם וגו׳. אוֹתָם שֶׁל עַכְשָׁיו: ובין זרעך אחריך. הָעֲתִידִין לְהִוָּלֵד: המול. כְּמוֹ לְהִמּוֹל, כְּמוֹ שֶׁאַתָּה אוֹמֵר עֲשׂוֹת, כְּמוֹ לַעֲשׂוֹת: (יא) ונמלתם. כְּמוֹ וּמַלְתֶּם, וְהַנּוּ״ן בּוֹ יְתֵירָה לִיסוֹד הַנּוֹפֵל בּוֹ לִפְרָקִים, כְּגוֹן נ׳ שֶׁל נוֹשֵׁךְ וְנ׳ שֶׁל נוֹשֵׂא, וּנְמַלְתֶּם כְּמוֹ וּנְשָׂאתֶם; אֲבָל יִמּוֹל לְשׁוֹן יִפָּעֵל, כְּמוֹ: יֵעָשֶׂה, יֵאָכֵל: (יב) יליד בית. שֶׁיְּלָדַתּוּ הַשִּׁפְחָה בַּבַּיִת: מקנת כסף. שֶׁקְּנָאוֹ מִשֶּׁנּוֹלַד: (יג) המול ימול יליד ביתך. כַּאן כָּפַל עָלָיו וְלֹא אָמַר לִשְׁמֹנָה יָמִים. לְלַמֶּדְךָ שֶׁיֵּשׁ יְלִיד בַּיִת נִמּוֹל לְאַחַר שְׁמֹנָה יָמִים. כְּמוֹ שֶׁמְּפוֹרָשׁ בְּמַסֶּכֶת שַׁבָּת (דף קל״ה, ב׳): (יד) וערל זכר. כַּאן לִמֵּד, שֶׁהַמִּילָה בְּאוֹתוֹ מָקוֹם שֶׁהוּא נִכָּר בֵּין זָכָר לִנְקֵבָה (ב״ר): אשר לא ימול. מִשֶּׁיַּגִּיעַ לִכְלַל עוֹנָשִׁין וְנִכְרְתָה; אֲבָל אָבִיו אֵין עָנוּשׁ עָלָיו כָּרֵת, אֲבָל עוֹבֵר בַּעֲשֵׂה: ונכרתה הנפש. הוֹלֵךְ עֲרִירִי וּמֵת קוֹדֶם זְמַנּוֹ (שבת כ״ה): (טו) לא תקרא את שמה שרי. דְּמַשְׁמַע שָׂרַי, לִי וְלֹא לַאֲחֵרִים, כִּי שָׂרָה סְתָם שְׁמָהּ, שֶׁתְּהֵא שָׂרָה עַל כֹּל (ברכות י״ג):

shalt keep my covenant therefore, thou, and thy seed after thee, throughout their generations. [10]This is my covenant, which ye shall keep, between me and you and thy seed after thee; every male of you shall be circumcised. [11]And ye shall circumcise the flesh of your foreskin, and it shall be for a sign of the covenant between me and you. [12]And at the age of eight days shall every male of you be circumcised throughout your generations, he that is born in the house, or bought with money of any son of an alien, who is not of thy seed. [13]He that is born in thy house, or bought with thy money, must needs be circumcised: and my covenant shall be in your flesh for a covenant for ever. [14]And the uncircumcised male who doth not circumcise the flesh of his foreskin, that soul shall be cut off from his people; he hath made void my covenant. [15]And God said unto Abraham, As for Sarai thy wife, thou shalt not call her name Sarai,

רש"י

is with thee" — "and as for thee, thou shalt be careful to keep it". And what constitutes the "keeping" of it? THIS IS MY COVENANT WHICH YE SHALL KEEP... EVERY MALE AMONGST YOU [SHALL BE CIRCUMCISED]. **(10)** ביני וביניכם וגו' BETWEEN ME AND YOU — *"you" is plural and refers to all* those *belonging to Abraham* who were then *alive.* ובין זרעך אחריך AND THY SEED AFTER THEE — those who are yet to be born. המול is an infinitive equal to לְהִמּוֹל just as you may say עֲשׂוֹת in place of לעשות (i. e. the infinitive may be with or without ל prefixed). **(11)** ונמלתם AND YE SHALL CIRCUMCISE — *This word, in spite of the* נ *in it, is not Niphal but* the same as ומלתם and the נ in it is an addition to the root, which only sometimes appears in it, as, for example, the נ of נושך and of נושא[1]); ונמלתם is *Kal* like ונשאתם "and ye shall carry" (XLV. 19), but יִמּוֹל (v. 12 and 13) is a Niphal form — "shall be circumcised" — like יֵעָשֶׂה "it shall be done", and יֵאָכֵל "it shall be eaten". **(12)** יליד בית HE THAT IS BORN IN THE HOUSE — one to whom a handmaid gave birth in the house. מקנת כסף HE THAT IS BOUGHT WITH THY MONEY — one whom a person bought after his birth. **(13)** המול ימול יליד ביתך HE THAT IS BORN IN THY HOUSE MUST NEEDS BE CIRCUMCISED — Here *the statement that one born in the house must be circumcised* is repeated but it does not say "after eight days" *as in v. 12,* thus teaching you that there are some cases of those "born in the house" who have to be circumcised on the first[2]) day *of birth,* as is explained in Treatise Sabbath (135b). **(14)** וערל זכר AND THE UNCIRCUMCISED MALE — This phrase teaches that circumcision must be at that place where the distinction between male and female is evident (Gen. R. 46). אשר לא ימול HE WHO DOES NOT CIRCUMCISE HIMSELF[3]) as soon as he reaches the age when he is *legally* liable to punishment, ונכרתה THEN HE SHALL BE CUT OFF — his father, however, *who did not have him circumcised* is not punished on his account with כרת (excision, "being cut off from his people"), but is merely transgressing an עשה "a positive commandment" (for which the punishment is flagellation). ונכרתה הנפש THAT SOUL SHALL BE CUT OFF — i. e. he shall depart hence childless and shall suffer an untimely death. **(15)** לא תקרא את שמה שרי THOU SHALT NOT CALL HER NAME SARAI which means "my princess" — *a princess* to me and not to others — BUT SARAH, in a more general sense, SHALL BE HER NAME: she shall be princess over all

NOTES

[1]) which in some forms is omitted, e. g.. ישך, ישא. Cf. however Rashi on XLIX. 10 where he appears to take the נ as an essential (עיקר) part of the root which sometimes is omitted.

[2]) In some editions of Rashi the reading is לאחר שמנה ימים who have to be circumcised after eight days.

[3]) יָמוֹל is here imperfect Kal of נמל "he will circumcise", as יִפּוֹל from נפל, and יִדּוֹר from נדר.

כִּי שָׂרָה שְׁמָהּ: טז וּבֵרַכְתִּי אֹתָהּ וְגַם נָתַתִּי מִמֶּנָּה
לְךָ בֵּן וּבֵרַכְתִּיהָ וְהָיְתָה לְגוֹיִם מַלְכֵי עַמִּים מִמֶּנָּה
יִהְיוּ: יז וַיִּפֹּל אַבְרָהָם עַל־פָּנָיו וַיִּצְחָק וַיֹּאמֶר בְּלִבּוֹ
הַלְּבֶן מֵאָה־שָׁנָה יִוָּלֵד וְאִם־שָׂרָה הֲבַת־תִּשְׁעִים
שָׁנָה תֵּלֵד: יח וַיֹּאמֶר אַבְרָהָם אֶל־הָאֱלֹהִים לוּ
יִשְׁמָעֵאל יִחְיֶה לְפָנֶיךָ: יט וַיֹּאמֶר אֱלֹהִים אֲבָל שָׂרָה
אִשְׁתְּךָ יֹלֶדֶת לְךָ בֵּן וְקָרָאתָ אֶת־שְׁמוֹ יִצְחָק וַהֲקִמֹתִי
אֶת־בְּרִיתִי אִתּוֹ לִבְרִית עוֹלָם לְזַרְעוֹ אַחֲרָיו:

אונקלוס

לָא־תִקְרֵי יָת־שְׁמַהּ שָׂרָי אֲרֵי שָׂרָה שְׁמַהּ: טז וַאֲבָרֵךְ יָתַהּ וְאַף אֶתֵּן מִנַּהּ
לָךְ בָּר וַאֲבָרְכִנַּהּ ותהי לִכְנִשִׁין מַלְכִין דְּשַׁלִּיטִין בְּעַמְמַיָּא מִנַּהּ יְהוֹן: יז וּנְפַל
אַבְרָהָם עַל־אַפּוֹהִי וַחֲדִי וַאֲמַר בְּלִבֵּהּ הַלְּבַר מְאָה־שְׁנִין יְהֵי וְלַד וְאִם־שָׂרָה
הֲבַת־תִּשְׁעִין שְׁנִין תְּלִיד: יח וַאֲמַר אַבְרָהָם קֳדָם־יְיָ לְוַי יִשְׁמָעֵאל יִתְקַיַּם
קֳדָמָךְ: יט וַאֲמַר יְיָ בְּקוּשְׁטָא שָׂרָה אִתְּתָךְ תְּלִיד לָךְ בָּר וְתִקְרֵי יָת־שְׁמֵהּ

רש״י

(טז) וברכתי אותה. וּמַה הִיא הַבְּרָכָה? שֶׁחָזְרָה לְנַעֲרוּתָהּ, שֶׁנֶּאֱמַר: הָיְתָה לִּי עֶדְנָה (בר׳ י״ח): וב־כתיה. בַּהֲנָקַת שָׁדַיִם; כְּשֶׁנִּצְרְכָה לְכָךְ בְּיוֹם מִשְׁתֶּה שֶׁל יִצְחָק, שֶׁהָיוּ מְרַנְנִין עָלֶיהָ, שֶׁהֵבִיאוּ אֲסוּפִי מִן הַשּׁוּק, וְאוֹמְרִים: בְּנֵנוּ הוּא, וְהֵבִיאָה כָּל אַחַת בְּנָהּ עִמָּהּ וּמֵנִקְתָּהּ לֹא הֵבִיאָה, וְהִיא הֵנִיקָה אֶת כֻּלָּם; הוּא שֶׁנֶּאֱמַר: הֵנִיקָה בָנִים שָׂרָה: בּ״ר רְמָזוֹ בְּמִקְצָת. (יז) ויפל אברהם על פניו ויצחק. זֶה תַּ״א לְשׁוֹן שִׂמְחָה וַחֲדִי וְשֶׁל שָׂרָה לְשׁוֹן מָחוֹךְ; לָמַדְתָּ, שֶׁאַבְרָהָם הֶאֱמִין וְשָׂמַח, וְשָׂרָה לֹא הֶאֱמִינָה וְלִגְלְגָה, וְזֶהוּ שֶׁהִקְפִּיד הַקָּבָּ״ה עַל שָׂרָה וְלֹא הִקְפִּיד עַל אַבְרָהָם: הלבן. יֵשׁ תְּמִיהוֹת שֶׁהֵן קַיָּמוֹת, כְּמוֹ: הֲנִגְלֹה נִגְלֵיתִי? (ש״א ב׳), הֲרוֹאֶה אַתָּה (יחז׳ ח׳), אַף זוֹ הִיא קַיֶּמֶת; וְכָךְ אָמַר בְּלִבּוֹ: הֲנַעֲשָׂה חֶסֶד זֶה לְאַחֵר, מַה שֶּׁהַקָּבָּ״ה עוֹשֶׂה לִי? ואם שרה הבת תשעים שנה. הָיְתָה כְּדַאי לֵילֵד; וְאַף עַל פִּי שֶׁדּוֹרוֹת הָרִאשׁוֹנִים הָיוּ מוֹלִידִין בְּנֵי ת״ק שָׁנָה, בִּימֵי אַבְרָהָם נִתְמַעֲטוּ הַשָּׁנִים כְּבָר וּבָא תְּשׁוּת כֹּחַ לָעוֹלָם, צֵא וּלְמַד מֵעֲשָׂרָה דוֹרוֹת שֶׁמִּנֹּחַ וְעַד אַבְרָהָם, שֶׁמִּהֲרוּ תוֹלְדוֹתֵיהֶן בְּנֵי ס׳ וּבְנֵי ע׳: (יח) לו ישמעאל יחיה. הַלְוַאי שֶׁיִּחְיֶה יִשְׁמָעֵאל; אֵינִי כְדַאי לְקַבֵּל מַתַּן שָׂכָר כָּזֶה: יחיה לפניך. יִחְיֶה בְּיִרְאָתֶךָ, כְּמוֹ: הִתְהַלֵּךְ לְפָנַי — פְּלַח קֳדָמַי: (יט) אבל. לְשׁוֹן אֲמִתַּת דְּבָרִים, וְכֵן: אֲבָל אֲשֵׁמִים אֲנַחְנוּ (בר׳ מ״ב); אֲבָל בֵּן אֵין לָהּ (מ״ב ד׳): וקראת את שמו יצחק. עַל שֵׁם הַצְּחוֹק. וְי״א עַל שֵׁם הָעֲשָׂרָה נִסְיוֹנוֹת וצ׳ שָׁנָה שֶׁל שָׂרָה וח׳ יָמִים שֶׁנִּמּוֹל וק׳ שָׁנָה שֶׁל אַבְרָהָם: והקמתי את בריתי אתו. לָמָּה נֶאֱמַר, כְּבָר כְּתִיב: וְאַתָּה אֶת בְּרִיתִי תִשְׁמֹר אַתָּה וְזַרְעֲךָ וגו׳? אֶלָּא לְפִי שֶׁאוֹמֵר וַהֲקִמוֹתִי וגו׳, יָכוֹל בְּנֵי יִשְׁמָעֵאל וּבְנֵי קְטוּרָה בִּכְלַל הַקִּיּוּם ת״ל: וַהֲקִמוֹתִי אֶת בְּרִיתִי אִתּוֹ — וְלֹא עִם אֲחֵרִים: ואת בריתי אקים את יצחק. לָמָּה נֶאֱמַר? אֶלָּא לְמֵד, שֶׁהָיָה קָדוֹשׁ מִבֶּטֶן. ד״א: אָמַר רִ׳ אַבָּא, מִכָּאן לָמַד ק״ן בֶּן הַגְּבִירָה מִבֶּן הָאָמָה; כְּתִיב: הִנֵּה בֵּרַכְתִּי אֹתוֹ וְהִפְרֵיתִי אֹתוֹ וְהִרְבֵּיתִי אֹתוֹ, זֶה יִשְׁמָעֵאל, וְק״ן וְאֶת בְּרִיתִי אָקִים אֶת יִצְחָק: ואת בריתי. בְּרִית הַמִּילָה

but Sarah shall her name be. [16]And I will bless her, and give thee a son
also of her: yea, I will bless her, and she shall be a mother of nations;
kings of peoples shall be of her. [17]Then Abraham fell upon his face,
and laughed, and said in his heart, Shall a child be born unto him that
is an hundred years old? and shall Sarah, that is ninety years old, bear?
[18]And Abraham said unto God, O that Ishmael might live before thee!
[19]And God said, Indeed, Sarah, thy wife shall bear thee a son; and
thou shalt call his name Isaac: and I will establish my covenant with
him for a covenant for ever, and with his seed after him. [20]And as

רש"י

(Ber. 13a). **(16)** וברכתי אותה AND I WILL BLESS HER — And in what did the blessing consist? In that she resumed her youthfulness, as it is said, (XVIII. 12) "shall I have the pleasure of youth again?" וברכתיה AND I WILL BLESS HER — with teeming breasts. *And this happened* when she really needed this on the day of Isaac's feast. For people were speaking spitefully about them, that they had adopted a foundling from the street saying, "This is our son." Every one, therefore, brought her child with her, but did not bring the wet-nurse and she (Sarah) suckled all of them. To this refers that which is said (XXI. 7) "Sarah has given suck to children". In Ber. R. this is alluded to in part. **(17)** ויפל אברהם על פניו ויצחק AND ABRAHAM FELL UPON HIS FACE AND LAUGHED — This word ויצחק Onkelos translates by וחדי which signifies joy ("and he rejoiced") but *the similar verb* in the case of Sarah (ותצחק XVIII. 12) *he translates* as meaning laughter. *From this* you may understand that Abraham had faith and rejoiced, and that Sarah had no faith and sneered, and that is why God was angry with Sarah (when she laughed) but was not angry with Abraham. הלבן SHALL A CHILD BE BORN TO ONE WHO IS A HUNDRED YEARS OLD? — There are some questions expressing astonishment which *do not imply a doubt but rather* affirm the certainty *that the circumstance referred to has happened or will happen*, as (1 Sam. II. 2) "Did I reveal myself [unto thy father's house?]" (Of course, I did) and (Ezek. VIII. 6) "Seest thou what they do?" (You, of course, have seen it). This question, too, affirms the certainty *that it is possible for God to cause Abraham, at the age of hundred, to beget a son* and this is *in effect* what he said to himself: Would there be done to another man *one hundred years old* this favour that the Holy One, blessed be He, is doing to me"? (Rashi means that the words must be translated, "would a child be born to any other person who is a hundred years old?"), ואם שרה הבת תשעים שנה OR SHALL SARAH, WHO IS NINETY YEARS OLD be worthy to bear *a son?* Although the previous generations used to beget at the age of five hundred years, yet in Abraham's days the length of life had already become shorter and a diminution of strength had come upon people. Go and learn *this* from the ten generations from Noah to Abraham who begot their children at *the then* early age of sixty or seventy. **(18)** לו ישמעאל יחיה *means* O THAT ISHMAEL MIGHT LIVE: I am unworthy to receive such a reward! יחיה לפניך LIVE BEFORE THEE — live in reverence of thee; similar *in sense is Gen. XVII. 1,* התהלך לפני, *which Onkelos renders by* "worship Me". **(19)** אבל VERILY — This word implies confirmation of a statement, just as (Gen. XLII. 21) "Verily (אבל) we are guilty", and (2 Kings IV. 14) "Verily (אבל) she has no son". וקראת את שמו יצחק AND THOU SHALL CALL HIS NAME ISAAC — with reference to his laughter. Some say *the name has reference to* the ten (י) trials, the ninety (צ) years of Sarah's *age*, the eight (ח) days of the circumcision and the hundred (ק) years of Abraham's *age* (Gen. R. 53). והקמתי את בריתי אתו AND I WILL ESTABLISH MY COVENANT WITH HIM — Why is this stated? Is it not already written (v. 9) "as for thee, thou shalt keep My Covenant, thou and thy seed etc."? But since is said, (v. 7) and I will establish My Covenant between Me and thee and thy seed after thee in their generations", it might be inferred that the children of Ishmael and the children of Keturah (who are all descendants of Abraham) are included in this promise of the establishment *of the Covenant*, therefore it states *here (v. 19)* "And I will establish My Covenant with him (Isaac), not with the

כ וּלְיִשְׁמָעֵאל שְׁמַעְתִּיךָ הִנֵּה ׀ בֵּרַכְתִּי אֹתוֹ וְהִפְרֵיתִי
אֹתוֹ וְהִרְבֵּיתִי אֹתוֹ בִּמְאֹד מְאֹד שְׁנֵים־עָשָׂר נְשִׂיאִם
יוֹלִיד וּנְתַתִּיו לְגוֹי גָּדוֹל׃ כא וְאֶת־בְּרִיתִי אָקִים אֶת־
יִצְחָק אֲשֶׁר תֵּלֵד לְךָ שָׂרָה לַמּוֹעֵד הַזֶּה בַּשָּׁנָה
הָאַחֶרֶת׃ כב וַיְכַל לְדַבֵּר אִתּוֹ וַיַּעַל אֱלֹהִים מֵעַל
אַבְרָהָם׃ כג וַיִּקַּח אַבְרָהָם אֶת־יִשְׁמָעֵאל בְּנוֹ וְאֵת
כָּל־יְלִידֵי בֵיתוֹ וְאֵת כָּל־מִקְנַת כַּסְפּוֹ כָּל־זָכָר בְּאַנְשֵׁי
בֵּית אַבְרָהָם וַיָּמָל אֶת־בְּשַׂר עָרְלָתָם בְּעֶצֶם הַיּוֹם
הַזֶּה כַּאֲשֶׁר דִּבֶּר אִתּוֹ אֱלֹהִים׃ מפטיר כד וְאַבְרָהָם
בֶּן־תִּשְׁעִים וָתֵשַׁע שָׁנָה בְּהִמֹּלוֹ בְּשַׂר עָרְלָתוֹ׃
כה וְיִשְׁמָעֵאל בְּנוֹ בֶּן־שְׁלֹשׁ עֶשְׂרֵה שָׁנָה בְּהִמֹּלוֹ אֵת

אונקלוס

יִצְחָק וַאֲקֵים יָת־קְיָמִי עִמֵּהּ לִקְיָם עָלַם לִבְנוֹהִי בָּתְרוֹהִי: כ וְעַל־יִשְׁמָעֵאל
קַבֵּלִית צְלוֹתָךְ הָא ׀ בָּרֵכִית יָתֵהּ וְאַפֵּשׁ יָתֵהּ וְאַסְגֵּי יָתֵהּ לַחֲדָא לַחֲדָא תְּרֵין־עֲשַׂר
רַבְרְבַיָּא יוֹלִיד וְאֶתְּנִנֵּהּ לְעַם סַגִּי: כא וְיָת־קְיָמִי אֲקֵים עִם־יִצְחָק דִּי תְלִיד לָךְ
שָׂרָה לְזִמְנָא הָדֵין בְּשַׁתָּא אָחֳרַנְתָּא: כב וְשֵׁצִי לְמַלָּלָא עִמֵּהּ וְאִסְתַּלַּק יְקָרָא־דַיְיָ
מֵעִלָּווֹהִי דְּאַבְרָהָם: כג וּדְבַר אַבְרָהָם יָת־יִשְׁמָעֵאל בְּרֵהּ וְיָת כָּל־יְלִידֵי בֵיתֵהּ
וְיָת כָּל־זְבִינֵי כַסְפֵּהּ כָּל־דְּכוּרָא בַּאֲנָשֵׁי בֵּית אַבְרָהָם וּגְזַר יָת־בְּשַׂרָא דְעָרְלַתְהוֹן
בִּכְרַן יוֹמָא הָדֵין כְּמָא דִּי מַלִּיל עִמֵּהּ יְיָ: כד וְאַבְרָהָם בַּר־תִּשְׁעִין וּתְשַׁע שְׁנִין
כַּד־גְּזַר בְּשַׂרָא דְעָרְלְתֵהּ: כה וְיִשְׁמָעֵאל בְּרֵהּ בַּר תְּלָת עַשְׂרֵי שְׁנִין כַּד־גְּזַר

רש״י

תְּהֵא מְסוּרָה לְזַרְעוֹ שֶׁל יִצְחָק: (כ) שנים עשר נשיאים. כַּעֲנָנִים יִכְלוּ, כְּמוֹ: נְשִׂיאִים וְרוּחַ (משלי כ״ה): (כב) מעל אברהם. לְשׁוֹן נְקִיָּה הוּא כְּלַפֵּי שְׁכִינָה, וְלִמְּדָנוּ, שֶׁהַצַּדִּיקִים מֶרְכַּבְתּוֹ שֶׁל מָקוֹם (ב״ר): (כג) בעצם היום. בּוֹ בַּיּוֹם שֶׁנִּצְטַוָּה, בַּיּוֹם וְלֹא בַלַּיְלָה; לֹא נִתְיָרֵא לֹא מִן הַגּוֹיִם וְלֹא מִן הַלֵּצָנִים, וְשֶׁלֹּא יִהְיוּ אוֹיְבָיו וּבְנֵי דוֹרוֹ אוֹמְרִים: אִלּוּ רְאִינוּהוּ לֹא הִנַּחְנוּהוּ לָמוֹל וּלְקַיֵּם מִצְוָתוֹ שֶׁל מָקוֹם: וימל. לְשׁוֹן וַיִּפְעַל: (כד) בהמולו. בְּהִפָּעֲלוֹ, כְּמוֹ בְּהִבָּרְאָם (בראשית ב׳): (כה) בהמולו את בשר ערלתו. בְּאַבְרָהָם לֹא נֶאֱמַר „אֶת״, לְפִי שֶׁלֹּא הָיָה חָסֵר אֶלָּא חִתּוּךְ בָּשָׂר, שֶׁכְּבָר נִתְמַעֵךְ עַל יְדֵי הַשְּׁמִישׁ; אֲבָל יִשְׁמָעֵאל שֶׁהָיָה יֶלֶד, הוּזְקַק לַחְתּוֹךְ עָרְלָה וְלִפְרוֹעַ הַמִּילָה, לְכָךְ נֶאֱמַר בּוֹ „אֶת״ (בראשית רבה):

for Ishmael, I have heard thee: Behold, I have blessed him, and will
make him fruitful, and will multiply him exceedingly; twelve princes
shall he beget, and I will make him a great nation. 21 But my covenant
will I establish with Isaac, whom Sarah shall bear unto thee at this ap-
pointed time in the next year. 22 And he finished speaking with him, and
God went up from Abraham. 23 And Abraham took Ishmael his son,
and all that were born in his house, and all that were bought with his
money, every male of the men of Abraham's house; and circumcised the
flesh of their foreskin in the selfsame day, as God had spoken unto him.
24 And Abraham was ninety years old and nine, when he was cir-
cumcised in the flesh of his foreskin. 25 And Ishmael his son was
thirteen years old, when he was circumcised in the flesh of his fore-

רש"י

others" (cf. Sanh. 59b). *If so,* why is there a repetition *of the statement that the covenant will be established* w i t h *I s a a c in the words* (v. 21) ואת בריתי אקים את יצחק "but My Covenant will I establish with I s a a c"? But *it is repeated in order to add the words* אשר תלד 1) so as to teach that he was holy from his birth (Sabb. 137b). Another explanation *of why v. 21 is repeated* is: R. Aba said, "from here Scripture draws a logical conclusion regarding the son of the Mistress (Sarah) from *what is said regarding* the son of the handmaid (Hagar): It is written (v. 20) "Behold I have blessed him and will make him fruitful", and this refers to Ishmael: Surely then, it follows logically that "I must establish my covenant (of blessing) with Isaac a l s o!" (Gen. R. 47). ואת בריתי [AND I WILL ESTABLISH] MY COVENANT — The Covenant of circumcision shall be transmitted *only* to the descendants of Isaac. **(20)** שנים עשר נשיאם TWELVE PRINCES — like clouds shall they vanish, *the word* נשיאים *being explained here* as the same word *in* (Prov. XXV. 14) נשיאים ורוח "C l o u d s and wind" **(22)** מעל אברהם [GOD WENT UP] FROM ABRAHAM — This is a more fitting expression to use of God, and we learn *from it* that the righteous are the Chariot of the Omnipresent God (Gen. R. 47)2). **(23)** בעצם היום IN THE SELFSAME DAY — on the very day when he received the command *of circumcision:* by day and not by night — he was afraid neither of the heathens nor of the cynics. *And he did it in broad daylight* in order that his enemies3) and other people should not say, "If we had seen him we would never have allowed him to practise circumcision and carry out the commandment of the Omnipresent (ib.). וימל AND HE CIRCUMCISED — This is a Kal form (active). **(24)** בהמלו WHEN HE WAS CIRCUMCISED — a Niphal form (passive), like (II. 4) בהבראם "when they were created".

NOTES

1) Or, as some expositors say to employ and emphasize the word א"קי"ם which is an abbreviation of אשר קידש ידיד מבטן "who hallowed the 'beloved' (Isaac, cp. XXII. 2) from his birth".

2) God went up מעל, *from being above* Abraham suggests that God had previously been על above him. It is a more fitting term to say that God (or the angels, cf. Rashi on Gen. XVIII. 2 נצבים עליו) was a b o v e Abraham than that He was w i t h him or b e s i d e him. Our Rabbis learn from מעל and similar expressions, as (XXVIII. 13) והנה ה' נצב עליו, (XXXV. 13) ויעל מעליו אלהים that there is no intercessor between God and the righteous, that they are the Chariot, the direct bearers of His Glory on earth as are the angels (the Hayoth, cf. Ezek. I) in heaven.

3) cf. Rashi on VII. 13 and the note thereon.

70 בראשית יז יח לך לך

בְּשַׂר עָרְלָתוֹ׃ כו בְּעֶצֶם הַיּוֹם הַזֶּה נִמּוֹל אַבְרָהָם
וְיִשְׁמָעֵאל בְּנוֹ׃ כז וְכָל־אַנְשֵׁי בֵיתוֹ יְלִיד בָּיִת וּמִקְנַת־
כֶּסֶף מֵאֵת בֶּן־נֵכָר נִמֹּלוּ אִתּוֹ׃

קכ"ו. נמל"ו. סימן: תכנדי"ב סימן: ומפטירין ביסעיה סימן מ' **למה תאמר יעקב:**

פ פ פ

יח א וַיֵּרָא אֵלָיו יְהוָה בְּאֵלֹנֵי מַמְרֵא וְהוּא יֹשֵׁב
פֶּתַח־הָאֹהֶל כְּחֹם הַיּוֹם׃ ב וַיִּשָּׂא עֵינָיו וַיַּרְא וְהִנֵּה
שְׁלֹשָׁה אֲנָשִׁים נִצָּבִים עָלָיו וַיַּרְא וַיָּרָץ לִקְרָאתָם
מִפֶּתַח הָאֹהֶל וַיִּשְׁתַּחוּ אָרְצָה׃ ג וַיֹּאמַר אֲדֹנָי אִם־נָא

*אדני קדש

אונקלוס

יָת בְּשַׂר עָרְלְתֵהּ׃ כו בִּכְרַן יוֹמָא הָדֵין אִתְגְּזַר (נ"י גְּזַר) אַבְרָהָם וְיִשְׁמָעֵאל
בְּרֵהּ׃ כז וְכָל־אֱנָשֵׁי בֵיתֵהּ יְלִידֵי בֵיתָא וּזְבִינֵי־כַסְפָּא מִן בַּר־עַמְמִין אִתְגְּזָרוּ
(נ"י גְּזָרוּ) עִמֵּהּ׃

פ פ פ

א וְאִתְגְּלִי לֵהּ יְיָ בְּמֵישְׁרֵי מַמְרֵא וְהוּא יָתֵב בִּתְרַע מַשְׁכְּנָא כְּמֵיחַם יוֹמָא׃
ב וּזְקַף עֵינוֹהִי וַחֲזָא וְהָא תְּלָתָא גֻבְרִין (נ"י גַּבְרִין) קָיְמִין עִלָּוֹהִי וַחֲזָא וּרְהַט
לְקַדָּמוּתְהוֹן מִתְּרַע מַשְׁכְּנָא וּסְגִיד עַל־אַרְעָא׃ ג וַאֲמַר יְיָ אִם־כְּעַן

רש"י

(כו) בעצם היום הזה. שֶׁמָּלְאוּ לְאַבְרָהָם צ"ט שָׁנָה וּלְיִשְׁמָעֵאל י"ג שָׁנִים, נִמּוֹל אברהם וישמעאל בנו:

יח (א) וירא אליו. לְבַקֵּר אֶת הַחוֹלֶה. אָמַר רַבִּי חָמָא בַּר חֲנִינָא, יוֹם שְׁלִישִׁי לְמִילָתוֹ הָיָה, וּבָא הַקָּבָּ"ה וְשָׁאַל בִּשְׁלוֹמוֹ (ב"מ פ"ו): באלוני ממרא. הוּא שֶׁנָּתַן לוֹ עֵצָה עַל הַמִּילָה, לְפִיכָךְ נִגְלָה עָלָיו בְּחֶלְקוֹ (ב"ר): יושב. יָשַׁב כְּתִיב, בִּקֵּשׁ לַעֲמוֹד, אָמַר לוֹ הַקָּבָּ"ה: שֵׁב, וַאֲנִי אֶעֱמוֹד, וְאַתָּה סִימָן לְבָנֶיךָ, שֶׁעָתִיד אֲנִי לְהִתְיַצֵּב בַּעֲדַת הַדַּיָּינִים, וְהֵן יוֹשְׁבִין, שֶׁנֶּאֱמַר: אֱלֹהִים נִצָּב בַּעֲדַת אֵל (תה' פ"ב) (ב"ר): פתח האהל. לִרְאוֹת אִם יֵשׁ עוֹבֵר וָשָׁב וְיַכְנִיסֵם בְּבֵיתוֹ: כחום היום. הוֹצִיא הַקָּבָּ"ה חַמָּה מִנַּרְתִּיקָהּ, שֶׁלֹּא לְהַטְרִיחוֹ בְּאוֹרְחִים, וּלְפִי שֶׁרָאָהוּ מִצְטַעֵר, שֶׁלֹּא הָיוּ אוֹרְחִים בָּאִים, הֵבִיא הַמַּלְאָכִים עָלָיו בִּדְמוּת אֲנָשִׁים (ב"מ שם): (ב) והנה שלשה אנשים. אֶחָד לְבַשֵּׂר אֶת שָׂרָה וְאֶחָד לַהֲפֹךְ אֶת סְדוֹם וְאֶחָד לְרַפְּאוֹת אֶת אַבְרָהָם, שֶׁאֵין מַלְאָךְ אֶחָד עוֹשֶׂה שְׁתֵּי שְׁלִיחֻיּוֹת (ב"ר). תֵּדַע לְךָ, שֶׁכֵּן כָּל הַפָּרָשָׁה הוּא מַזְכִּירָן בִּלְשׁוֹן רַבִּים: וַיֹּאכֵלוּ, וַיֹּאמְרוּ אֵלָיו, וּבַבְּשׂוֹרָה נֶאֱמַר: וַיֹּאמֶר שׁוֹב אָשׁוּב אֵלֶיךָ, וּבַהֲפִיכַת סְדוֹם הוּא אוֹמֵר: כִּי לֹא אוּכַל לַעֲשׂוֹת דָּבָר לְבִלְתִּי הָפְכִּי. וּרְפָאֵל שֶׁרִפֵּא אֶת אַבְרָהָם הָלַךְ מִשָּׁם לְהַצִּיל אֶת לוֹט; הוּא שֶׁנֶּאֱמַר: וַיְהִי כְהוֹצִיאָם אוֹתָם הַחוּצָה וַיֹּאמֶר הִמָּלֵט עַל נַפְשֶׁךָ, לָמַדְתָּ שֶׁהָאֶחָד הָיָה מַצִּיל (ב"ר): נצבים עליו. לְפָנָיו, אֲבָל לְשׁוֹן נְקִיָּה הוּא כְּלַפֵּי הַמַּלְאָכִים: וירא. מַהוּ וַיַּרְא וַיַּרְא שְׁתֵּי פְּעָמִים? הָרִאשׁוֹן כְּמַשְׁמָעוֹ וְהַשֵּׁנִי לְשׁוֹן הֲבָנָה. נִסְתַּכֵּל שֶׁהָיוּ נִצָּבִים בְּמָקוֹם אֶחָד, וְהֵבִין שֶׁלֹּא הָיוּ רוֹצִים לְהַטְרִיחוֹ, וְאַף עַל פִּי שֶׁיּוֹדְעִים הָיוּ שֶׁיֵּצֵא לִקְרָאתָם, עָמְדוּ בִמְקוֹמָם לִכְבוֹדוֹ, לְהַרְאוֹתוֹ שֶׁלֹּא רָצוּ לְהַטְרִיחוֹ, וְקָדַם הוּא וְרָץ לִקְרָאתָם. בְּבָבָא מְצִיעָא: כְּתִיב נִצָּבִים עָלָיו, וּכְתִיב וַיָּרָץ לִקְרָאתָם? כַּד חַזְיוּהוּ דַּהֲוָה שָׁרֵי וְאָסַר פֵּירְשׁוּ הֵימֶנּוּ, מִיַּד וַיָּרָץ לִקְרָאתָם: (ג) ויאמר אדני אם נא וגו'.

skin. [26]In the selfsame day was Abraham circumcised, and Ishmael his son. [27]And all the men of his house, born in the house, or bought with money of the son of an alien, were circumcised with him.

18. [1]And the Eternal appeared unto him in the oaks of Mamre: and he sat in the entrance of the tent in the heat of the day. [2]And he lifted up his eyes and saw, and lo, three men stood by him: and when he saw them, he ran towards them from the entrance of the tent, and prostrated himself towards the earth, [3]And said, My Lord, if now I have found

רש"י

(26) בעצם היום הזה ON THE SELFSAME DAY when Abraham completed his ninety-ninth year and Ishmael his thirteenth year נמול אברהם וישמעאל בנו WAS ABRAHAM CIRCUMCISED AND ISHMAEL HIS SON.

וירא

18. (1) וירא אליו AND THE LORD APPEARED UNTO HIM to visit the sick man. R. Hama the son of Hanina said: it was the third day after his circumcision and the Holy One, blessed be He, came and enquired after the state of his health (B. Mez. 86b) באלוני ממרא BY THE TEREBINTHS OF MAMRÉ — It was he (Mamre) who advised him (Abraham) regarding the circumcision and therefore He revealed himself to him in his (Mamre's) territory (Gen. R. 48). יֹשֵׁב *lit.*, WAS SITTING — The word is written ישב (without the ו) *and therefore may be translated "he sat"*: He wished to rise, but the Holy One, blessed be He, said to him, Sit and I wil stand[1]). You shall form an example to your descendants — that I, in time to come, will stand in the assembly of the judges while they will sit, as it is said, (Ps. LXXXII. 1) "God standeth in the assembly of the judges" (Gen. R. 48). פתח האהל AT THE TENT-DOOR — that he might see whether anyone passed by, and invite him into the house. כחום היום IN THE HEAT OF THE DAY — The Holy One, blessed be He, brought the sun out of its sheath that he might not be troubled by travellers, and when He perceived that he was grieved that no travellers came He brought to him angels in the form of men (Baba Mez. 86b). **(2)** והנה שלשה אנשים AND BEHOLD THREE MEN — one to announce to Sarah *the birth of a son*, one to overthrow Sodom, and one to cure Abraham, for one angel does not carry out two commissions[2]) (Gen. R. 50). You may know *that this is so* because throughout this section it (Scripture) mentions them in the plural — "and they ate" (v. 8), "and they said unto him" (v. 9) — whilst in the case of the announcement it states, (v. 10) "And he said, I will certainly return unto thee", and with regard to the overthrow of Sodom it says (XIX. 22) "For "I" cannot do anything" and (XIX. 21) "that "I" will not overthrow [the city]". Raphael who healed Abraham went thence to rescue Lot[3]); that explains what is stated (XIX. 17) "And it came to pass when they had brought them forth, that he said, Escape for thy life", for you learn *from this* that *only* one *of these* acted as Deliverer (Gen. R. 50). נצבים עליו STOOD BY, or OVER HIM — before him; only this is a more fitting expression to use of angels. וירא AND HE SAW — What does the repetition of this word וירא imply? The first time it has its ordinary meaning ("he looked"), the second that of understanding: he saw that they were standing in one spot, and so understood that they had no desire to cause him any trouble. Although they knew that he would go to meet them they nevertheless remained where they were out of respect to him and to show him that they wished to spare him trouble; he, therefore, took the initiative and ran towards them. In the Treatise Baba Mezia (86b) *we have the following*: It is written, "they were standing by him" and it is *also* written "He ran towards them" — *how can these apparently*

NOTES

1) והוא יושב would mean: [The Lord appeared unto him] while he was sitting, but ישב means: and he sat, i. e. he remained sitting. Cf. Rashi on XIX. 1 and XXIII. 10. 2) And likewise not two angels one commission.

3) For this was not a further mission requiring a fourth angel, since healing and rescue form a mission of the same kind.

בראשית יח וירא 71

מָצָאתִי חֵן בְּעֵינֶיךָ אַל־נָא תַעֲבֹר מֵעַל עַבְדֶּךָ: ד יֻקַּח־
נָא מְעַט־מַיִם וְרַחֲצוּ רַגְלֵיכֶם וְהִשָּׁעֲנוּ תַּחַת הָעֵץ:
ה וְאֶקְחָה פַת־לֶחֶם וְסַעֲדוּ לִבְּכֶם אַחַר תַּעֲבֹרוּ
כִּי־עַל־כֵּן עֲבַרְתֶּם עַל־עַבְדְּכֶם וַיֹּאמְרוּ כֵּן תַּעֲשֶׂה
כַּאֲשֶׁר דִּבַּרְתָּ: ו וַיְמַהֵר אַבְרָהָם הָאֹהֱלָה אֶל־שָׂרָה
וַיֹּאמֶר מַהֲרִי שְׁלֹשׁ סְאִים קֶמַח סֹלֶת לוּשִׁי וַעֲשִׂי
עֻגוֹת: ז וְאֶל־הַבָּקָר רָץ אַבְרָהָם וַיִּקַּח בֶּן־בָּקָר רַךְ
וָטוֹב וַיִּתֵּן אֶל־הַנַּעַר וַיְמַהֵר לַעֲשׂוֹת אֹתוֹ: ח וַיִּקַּח

אונקלוס

אשכחית רחמין קדמך (נ"י בעיניך) לא־כען תעבר מעל עבדך: ד יסבון כען
זעיר־מיא ואסחו רגליכון ואסתמיכו תחות אילנא: ה ואסב פתא־דלחמא
וסעידו לבכון בתר־כן תעברו ארי־על־כן עברתון על־עבדכון ואמרו כן תעביד
כמא דימללתא: ו ואוחי אברהם למשכנא לות־שרה ואמר אוחא תלת סאין
קמחא דסלתא לושי ועבידי גריצן: ז ולות־תורי רהט אברהם ודבר בר־תורי
רכיך וטב ויהב לעילמא ואוחי למעבד יתה: ח ונסיב שמן וחלב ובר־תורי

רש"י

לגדול שבהם אמר וקראם כלם אדונים ולגדול אמר אל נא תעבור, וכיון שלא יעבור הוא יעמדו חבריו עמו. ובלשון זה הוא חול (שבועות ל"ה) ד"א, קודש הוא, והיה אומר להקב"ה להמתין לו עד שירוץ ויכנים את האורחים. ואע"פ שכתוב אחר וירץ לקראתם, האמירה קודם לכן היתה; ודרך המקראות לדבר כן, כמו שפירשתי אצל לא ידון רוחי באדם, שנכתב אחר ויולד נח, ואי אפשר לומר אלא שהיתה הגזירה קודם ללידה כ' שנה. ושתי הלשונות בב"ר: (ד) יקח נא. על ידי שליח, והקב"ה שלם לבניו על ידי שליח, שנאמר: וירם משה את ידו ויך את הסלע (במדבר כ'): ורחצו רגליכם. כסבור שהם ערביים שמשתחוים לאבק רגליהם והקפיד שלא להכנים ע"ז לביתו; אבל לוט שלא הקפיד, הקדים לינה לרחיצה, שנאמר: ולינו ורחצו רגליכם: תחת העץ. תחת האילן: (ה) וסעדו לבכם. בתורה, בנביאים ובכתובים מצינו דפתא סעדתא דלבא. בתורה: וסעדו לבכם, בנביאים: סעד לבך פת לחם (שופ' י"ט), בכתובים: ולחם לבב אנוש יסעד (תהלי' ק"ד). אמר רבי חמא: לבבכם אין כתיב כאן, אלא לבכם, מגיד שאין יצר הרע שולט במלאכים (ב"ר): אחר תעבורו. אחר כן תלכו: כי על כן עברתם. כי הדבר הזה אני מבקש מכם מאחר שעברתם עלי לכבודי: כי על כן. כמו על אשר. וכן כל כי על כן שבמקרא: כי על כן באו בצל קורתי (בראי י"ט), כי על כן ראיתי פניך (בראי ל"ג), כי על כן לא נתתיה (שם ל"ח), כי על כן ידעת חנתינו (במדי י'): (ו) קמח סלת. סלת לעגות, קמח לעמלן של טבחים, לכסות את הקדרה לשאוב את הזוהמה: (ז) בן בקר רך וטוב. ג' פרים היו, כדי להאכילן ג' לשונות בחרדל (ב"מ פ"ז): אל הנער. זה ישמעאל, לחנכו במצות (ב"ר): (ח) ויקח חמאה וגו'. ולחם לא הביא, לפי שפרסה שרה נדה, שחזר לה אורח כנשים אותו היום,

favour in thy eyes, pass not, I pray, from thy servant: ⁴Let a little water, I pray, be taken, and lave your feet, and recline under the tree: ⁵And I will take a morsel of bread, and sustain ye your hearts; after that ye may pass: for therefore have ye passed by your servant. And they said, So do, as thou hast said. ⁶And Abraham hastened into the tent unto Sarah, and said, Hasten three seahs of fine meal, knead it, and make hearthcakes. ⁷And Abraham ran unto the herd, and took a calf tender and good, and gave it unto the lad; and he hasted to dress it. ⁸And he

רש״י

contradictory statements be reconciled? But *the explanation* is, that *at first they stood by him* and when they perceived that he was loosening and re-binding his bandages, they retired from him; he *therefore* immediately ran towards them. **(3)** 'ויאמר אדני אם נא וגו AND HE SAID, MY LORD, IF NOW etc. — He addressed himself to the Chief of them; calling them all "lords", (אדני may mean "my lords"), whilst to their Chief he said "Do not I pray thee pass away", for *he knew that* if he would not pass by, his companions would *certainly* remain with him. In this explanation *the word* אדני has a "profane" sense (does not refer to God, being merely a term of address, "Sirs") (Sheb. 35b). Another explanation is that the word is "holy" (referring to God): he asked God to wait for him whilst he ran and invited the travellers. For although this is written a f t e r the *words* "and he ran to meet them", yet the conversation took place b e f o r e h a n d. It, indeed, is the way of the Scriptures to speak in this manner as I have explained in my comment on "My spirit shall not strive" (VI. 3) which is written after *the passage.* "And Noah begot" (V. 32) whereas it is impossible to say otherwise than that the decree *of a respite of 120 years made in reference to this verse* "*My spirit shall not strive etc.*" was twenty years before the birth *of Noah's sons.*¹) Both these explanations of אדני are to be found in Bereshith Rabbah. **(4)** יקח נא LET BE FETCHED, I PRAY THEE — *This implies* bringing by a messenger: therefore did the Holy One, blessed be He, recompense his (Abraham's) children by a messenger *when they required water,* as it is said, (Num. XX. 11) "And Moses lifted up his hand and smote the rock etc." (Bab. Metsia 86b).²) ורחצו רגליכם AND WASH YOUR FEET — He thought they were Arabians who worship the dust of their feet, and he was particular not to have the object of idolatrous worship brought into his house (ib.). Lot, however, who was not particular *about this,* mentioned "lodging" (i. e. entering the house) before "washing" *the feet,* as it is said (XIX. 2) "[And he said to the angels] tarry here all night and wash your feet." תחת העץ UNDER THE TREE — beneath the terebinth. **(5)** וסעדו לבכם AND SUSTAIN YOUR HEARTS — In the Torah, the Prophets and the Hagiographa we find that bread is the sustenance of the heart. In the Torah. "[And I will fetch a morsel of bread] and sustain your heart." In the Prophets: "Stay thy heart with a morsel of bread" (Jud. XIX. 5). In the Hagiographa: "And bread that sustaineth man's heart" (Ps. CIV. 15). R. Hama said: Here is not written לבבכם but לבכם³) thus teaching that the evil inclination has no power over angels (Gen. R. 48). אחר תעבורו *means* after that, you may go away,⁴) כי על כן עברתם FORASMUCH AS YE HAVE PASSED — For (כי) I ask you this thing b e c a u s e t h a t (על כן) you have honoured me by calling at my place. [כי] על כן has the same meaning as על אשר "because that". So, too, is the meaning wherever כי על כן occurs in Scripture, e. g., (XIX. 9) "For (כי) *I ask you this* because that (על כן) they have come under the shadow of my roof"; (XXXIII. 10) "For (כי) *you ought to do this* because that (על כן) I have seen thy face"; (XXXVIII. 26) "for (כי) *she has done right* because that (על כן) I gave her not"; (Num. X. 31) "for (כי) *thou ought to accompany us* because that (על כן) thou knowest how we are to encamp". **(6)** קמח סלת MEAL, FINE FLOUR — The fine flour (סלת) for the cakes, the meal (קמח) for the dough used by cooks to place over the pot to absorb the scum (B. Metsia 86b). **(7)** בן בקר רך וטוב A CALF, TENDER AND GOOD — There were three calves so
NOTES
For Notes 1—4 see Appendix.

חֶמְאָה וְחָלָב וּבֶן־הַבָּקָר אֲשֶׁר עָשָׂה וַיִּתֵּן לִפְנֵיהֶם
וְהוּא עֹמֵד עֲלֵיהֶם תַּחַת הָעֵץ וַיֹּאכֵלוּ: ט וַיֹּאמְרוּ
אֵלָיו אַיֵּה שָׂרָה אִשְׁתֶּךָ וַיֹּאמֶר הִנֵּה בָאֹהֶל: י וַיֹּאמֶר
שׁוֹב אָשׁוּב אֵלֶיךָ כָּעֵת חַיָּה וְהִנֵּה־בֵן לְשָׂרָה אִשְׁתֶּךָ
וְשָׂרָה שֹׁמַעַת פֶּתַח הָאֹהֶל וְהוּא אַחֲרָיו: יא וְאַבְרָהָם
וְשָׂרָה זְקֵנִים בָּאִים בַּיָּמִים חָדַל לִהְיוֹת לְשָׂרָה אֹרַח
כַּנָּשִׁים: יב וַתִּצְחַק שָׂרָה בְּקִרְבָּהּ לֵאמֹר אַחֲרֵי בְלֹתִי
הָיְתָה־לִּי עֶדְנָה וַאדֹנִי זָקֵן: יג וַיֹּאמֶר יְהוָה אֶל־אַבְרָהָם

ס נָקוּד עַל אי״ו

אונקלוס

דִי עֲבַד וִיהַב קֳדָמֵיהוֹן וְהוּא־מְשַׁמֵּשׁ עִלָּוֵיהוֹן תְּחוֹת אִילָנָא וַאֲכָלוּ: ט וַאֲמָרוּ
לֵהּ אָן שָׂרָה אִתְּתָךְ וַאֲמַר הָא בְמַשְׁכְּנָא: י וַאֲמַר מְתָב אֲתוּב לְוָתָךְ כְּעִדָּן
דְאַתּוּן קַיָּמִין וְהָא בַר לְשָׂרָה אִתְּתָךְ וְשָׂרָה שָׁמְעַת בִּתְרַע מַשְׁכְּנָא וְהוּא אֲחוֹרוֹהִי:
יא וְאַבְרָהָם וְשָׂרָה סִיבוּ עָלוּ בְּיוֹמִין פְּסַק מִלְמֶהֱוֵי לְשָׂרָה אֹרַח כִּנְשַׁיָּא:
יב וְחַיִּכַת שָׂרָה בִּמְעָהַהּ לְמֵימַר בָּתַר דְּסֵיבִית הֲוַת־לִי עוּלֵימוּ וְרִבּוֹנִי סִיב:
יג וַאֲמַר יְיָ לְאַבְרָהָם לְמָא דְנָן חַיְכַת שָׂרָה לְמֵימַר הַבִרַם־בְּקוּשְׁטָא אוֹלִיד

רש״י

וְנִטְמֵאת הָעִסָּה (ב״מ שם): חמאה. שׁוּמַן הֶחָלָב שֶׁקּוֹלְטִין מֵעַל פָּנָיו: ובן הבקר אשר עשה. אֲשֶׁר תִּקֵּן; קַמָּא קַמָּא שֶׁתִּקֵּן אַמְטִי וְאַיְיתִי קַמַּיְהוּ: ויאכלו. נִרְאוּ כְּמִי שֶׁאָכְלוּ; מִכָּאן שֶׁלֹּא יְשַׁנֶּה אָדָם מִן הַמִּנְהָג (ב״מ שם): (ט) ויאמרו אליו. נָקוּד עַל אי״ו שֶׁבְּאֵלָיו, וְתַנְיָא ר״ש בֶּן אֶלְעָזָר אוֹמֵר: כָּל מָקוֹם שֶׁכְּתָב רַבָּה עַל הַנְּקוּדָה, אַתָּה דוֹרֵשׁ הַכְּתָב; וְכָאן הַנְּקוּדָה רַבָּה עַל הַכְּתָב, אַתָּה דוֹרֵשׁ הַנְּקוּדָה: שֶׁאַף לְשָׂרָה שָׁאֲלוּ אַיּוֹ אַבְרָהָם. לָמַדְנוּ שֶׁיִּשְׁאַל אָדָם בְּאַכְסַנְיָא שֶׁלּוֹ לָאִישׁ עַל הָאִשָּׁה וְלָאִשָּׁה עַל הָאִישׁ. בְּבָבָא מְצִיעָא אוֹמְרִים: יוֹדְעִים הָיוּ מַלְאֲכֵי הַשָּׁרֵת שָׂרָה אִמֵּנוּ הֵיכָן הָיְתָה אֶלָּא לְהוֹדִיעַ שֶׁצְּנוּעָה הָיְתָה, כְּדֵי לְחַבְּבָהּ עַל בַּעְלָהּ. אָמַר רַבִּי יוֹסֵי בַּר חֲנִינָא: כְּדֵי לְשַׁגֵּר לָהּ כּוֹס שֶׁל בְּרָכָה: הנה באהל. צְנוּעָה הִיא: (י) שוב אשוב. לֹא בִּשְּׂרוֹ הַמַּלְאָךְ שֶׁיָּשׁוּב אֵלָיו, אֶלָּא בִּשְׁלִיחוּתוֹ שֶׁל מָקוֹם אָמַר לוֹ. כְּמוֹ וַיֹּאמֶר לָהּ מַלְאַךְ ה׳ הַרְבָּה אַרְבֶּה, וְהוּא אֵין בְּיָדוֹ לְהַרְבּוֹת, אֶלָּא בִּשְׁלִיחוּתוֹ שֶׁל מָקוֹם, אַף כָּאן בִּשְׁלִיחוּתוֹ שֶׁל מָקוֹם אָמַר לוֹ כֵּן (בְּ״ר): אֱלִישָׁע אָמַר לַשּׁוּנַמִּית לַמּוֹעֵד הַזֶּה כָּעֵת חַיָּה אַתְּ חוֹבֶקֶת בֵּן וַתֹּאמֶר אַל אֲדֹנִי אִישׁ הָאֱלֹהִים אַל תְּכַזֵּב בְּשִׁפְחָתֶךָ, אוֹתָן הַמַּלְאָכִים שֶׁבִּשְּׂרוּ אֶת שָׂרָה אָמְרוּ לַמּוֹעֵד אָשׁוּב! אָמַר לָהּ אֱלִישָׁע אוֹתָם הַמַּלְאָכִים שֶׁהֵם חַיִּים וְקַיָּמִים לָעוֹלָם אָמְרוּ לַמּוֹעֵד אָשׁוּב אֲבָל אֲנִי בָּשָׂר וָדָם שֶׁהַיּוֹם חַי וּמָחָר מֵת — בֵּין חַי וּבֵין מֵת לַמּוֹעֵד הַזֶּה וגו׳: כעת חיה. כָּעֵת הַזֹּאת לְשָׁנָה הַבָּאָה, וּפֶסַח הָיָה, וּלְפֶסַח הַבָּא נוֹלַד יִצְחָק, מִדְּלָא קָרֵינָן כְּעֵת אֶלָּא כָּעֵת. כעת חיה: כָּעֵת הַזֹּאת שֶׁתְּהֵא חַיָּה לָכֶם, שֶׁתִּהְיוּ כֻּלְּכֶם שְׁלֵמִים וְקַיָּמִים: והוא אחריו. הַפֶּתַח הָיָה אַחַר הַמַּלְאָךְ: (יא) חדל להיות. פָּסַק מִמֶּנָּה: אורח כנשים. אוֹרַח נִדּוּת: (יב) בקרבה. מִסְתַּכֶּלֶת בְּמֵעֶיהָ וְאָמְרָה: אֶפְשָׁר הַקְּרָבַיִם הַלָּלוּ טְעוּנִין וָלָד? הַשָּׁדַיִם הַלָּלוּ שֶׁצָּמְקוּ, מוֹשְׁכִין חָלָב? תַּנְחוּמָא. עדנה. צַחְצוּחַ בָּשָׂר. וּלְשׁוֹן מִשְׁנָה: מַשִּׁיר אֶת הַשֵּׂעָר וּמְעַדֵּן אֶת הַבָּשָׂר.

took clotted cream, and milk, and the calf; which he had dressed, and set it before them; and he stood by them under the tree, and they did eat.
9And they said unto him, Where is Sarah thy wife? And he said, Behold,
in the tent. 10And he said, I will certainly return unto thee as the time that liveth; and, lo, Sarah thy wife shall have a son. And Sarah heard it in the entrance of the tent, as this was behind him. 11Now Abraham and Sarah were advanced in days; the manner of women had ceased with
Sarah. 12Therefore Sarah laughed within herself, saying, After I am faded shall I have pleasure, my lord being old also? 13And the Eternal said

רש"י

that he might give them to eat three tongues together with mustard condiment (ib.)[1]. אל הנער TO THE YOUNG MAN — This was Ishmael *whom he bade to do this* in order to train him to the performance of religious duties (in this case the duty of hospitality). **(8)** חמאה is the fatty part of milk which is skimmed off its surface. ובן הבקר אשר עשה lit., AND THE CALF WHICH HE HAD MADE — i. e. prepared. Whatever was ready first he brought and placed before them. ויאכלו AND THEY DID EAT — They a p p e a r e d to be eating: from this *we may learn* that a man should not act differently from the prevalent custom (ib.). **(9)** ויאמרו אליו AND THEY SAID UNTO HIM — The letters א' י' ו' of the word אליו havo dots over them (thus distinguishing these letters which form the word meaning "where is he"?). R. Simeon the son of Eleazar said: wherever you find *in a particular word or phrase that the letters* in ordinary writing are more numerous than those dotted, you should give a special interpretation to those in ordinary writing. Here the dotted letters are more than those in ordinary writing and you, therefore, give an explanation of the dotted letters — that of Sarah also, they asked, איו "where is h e (Abraham)"? So we may learn that in his inn a man should enquire of the man (the host) as to his wife's *welfare* and of the woman (the hostess) about her husband's. In Treatise Baba Metsia (87a) it is stated: The ministering angels knew, *indeed*, where our mother Sarah was but *they asked this question* in order to call attention to her modesty (retiring disposition) and so to endear her *all the more* to her husband.[2]) R. José the son of Haninah stated *that they enquired where she was* in order to send her the wine-cup of blessing (the glass of wine held by him who recites the Grace after meals). הנה באהל BEHOLD, IN THE TENT — She is a modest woman. **(10)** שוב אשוב I WILL CERTAINLY RETURN — The angel was not announcing that h e would return to him, but he was speaking to him as God's agent (meaning that God would return). Similar is, (XVI. 10) "And the angel of the Lord said to her, I will greatly multiply thy seed, but h e had no power to multiply, *and was speaking* only as God's agent. So also here, he spoke thus as God's agent. Elisha said to the Shunamite (2 Kings IV. 16), "At this season when the time cometh round thou shalt embrace a son", and she said, "Nay, my lord, thou man of God, do not lie unto thy handmaid; *see*, those angels who made the announcement to Sarah said "at the appointed time I w i l l r e t u r n"! Elisha *in effect* said to her, "Those angels who live and endure for ever could indeed promise "at the appointed time I w i l l r e t u r n", but I am only flesh and blood (human), alive to-day and dead to-morrow — but whether I live or die, "at this season [thou shalt embrace a son]". כעת חיה *means* at this time next year — it was the Passover, and on the next Passover Isaac was born — since we do not read כְּעֵת (at "a" time) but כָּעֵת (at t h i s time). *The words* כעת חיה signify: at this time when there will be life to you[3]) — when you will all be healthy and alive. והוא אחריו AND IT (lit., HE) WAS BEHIND HIM — The door was behind the angel. **(12)** בקרבה [SARAH LAUGHED] WITHIN HERSELF (or, REGARDING HER INSIDE) — She reflected on her physical condition, saying, "Is it possible that this womb shall bear a child, that these dried-up breasts shall give forth milk" (Tanch. Schoftim). עדנה *means* glistening flesh (skin), and so it is used in the Mishna (Men. 86a): it makes the hair fall out and the skin smooth (מעדן).

NOTES

1) which is a delicacy. 2) 3) See Appendix.

לָמָּה זֶּה צָחֲקָה שָׂרָה לֵאמֹר הַאַף אֻמְנָם אֵלֵד וַאֲנִי
זָקַנְתִּי: יד הֲיִפָּלֵא מֵיְהוָה דָּבָר לַמּוֹעֵד אָשׁוּב אֵלֶיךָ
כָּעֵת חַיָּה וּלְשָׂרָה בֵן: שני טו וַתְּכַחֵשׁ שָׂרָה | לֵאמֹר
לֹא צָחַקְתִּי כִּי | יָרֵאָה וַיֹּאמֶר | לֹא כִּי צָחָקְתְּ: טז וַיָּקֻמוּ
מִשָּׁם הָאֲנָשִׁים וַיַּשְׁקִפוּ עַל־פְּנֵי סְדֹם וְאַבְרָהָם הֹלֵךְ
עִמָּם לְשַׁלְּחָם: יז וַיהוָה אָמָר הַמְכַסֶּה אֲנִי מֵאַבְרָהָם
אֲשֶׁר אֲנִי עֹשֶׂה: יח וְאַבְרָהָם הָיוֹ יִהְיֶה לְגוֹי גָּדוֹל
וְעָצוּם וְנִבְרְכוּ־בוֹ כֹּל גּוֹיֵי הָאָרֶץ: יט כִּי יְדַעְתִּיו לְמַעַן
אֲשֶׁר יְצַוֶּה אֶת־בָּנָיו וְאֶת־בֵּיתוֹ אַחֲרָיו וְשָׁמְרוּ דֶּרֶךְ

אונקלוס

ואנא סבית: יד היתכסא מן קדם יי פתגמא לזמן אתוב לותך כעדן דאתון
קימין ולשרה בר: טו וכדיבת שרה למימר לא חייכית ארי דחילת ואמר לא
ברם חייכת: טז וקמו מתמן גבריא ואסתכיאו על אפי סדום ואברהם אזל
עמהון לאלוואיתהון: יז ויי אמר המכסי אנא מאברהם די אנא עבד:
יח ואברהם מהוה יהוי לעם סגי ותקיף ויתברכון בדילה כל עממי ארעא:
יט ארי גלי קדמי (נ״י מנ״ז ידעתנה) בדיל די יפקד ית בנוהי וית אנש ביתה

רש״י

דבר אחר: לשון עידן; זמן נסת נדות: (יג) האף אמנם. הגם אמת אלד? ואני זקנתי. שנה הכתוב מפני השלום, שהרי היא אמרה ואדני זקן: (יד) היפלא. כתרגומו היתכסי? וכי שום דבר מופלא ומופרד ומכוסה ממני מלעשות כרצוני: למועד. לאותו מועד המיוחד שקבעתי לך אתמול, למועד הזה בשנה האחרת: (טו) כי יראה וגו׳ כי צחקת. הראשון משמש לשון דהא, שנותן טעם לדבר: ותכחש שרה — לפי שיראה; והשני משמש בלשון אלא: ויאמר לא כדברך הוא אלא צחקת, שאמרו רבותינו: כי משמש בארבע לשונות, אי, דילמא, אלא, דהא: (טז) וישקיפו. כל השקפה שבמקרא לרעה חוץ מהשקיפה ממעון קדשך (דברי׳ כ״ו), שגדול כח מתנות עניים שהופך מדת הרוגז לרחמים: לשלחם. ללוותם; כסבור אורחים הם: (יז) המכסה אני. בתמיה; אשר אני עושה בסדום; לא יפה לי לעשות דבר זה שלא מדעתו. אני נתתי לו את הארץ הזאת, וחמשה כרכין הללו שלו הן. שנאמר: גבול הכנעני מצידון באכה סדמה ועמרה וגו׳ (בראי׳ י׳). קראתי אותו אברהם — אב המון גוים, ואשמיד את הבנים ולא אודיע לאב, שהוא אוהבי! (יח) ואברהם היו יהיה. מ״א: זכר צדיק לברכה, הואיל והזכירו ברכו. ופשוטו: וכי ממנו אני מעלים, והרי הוא חביב לפני להיות לגוי גדול ולהתברך בו כל גויי הארץ! (יט) כי ידעתיו. לשון חבה. כמו, מודע לאישה (רות ב׳), הלא בועז מדעתנו (שם ג׳), ואדעך בשם (שמות ל״ג). ואמנם עיקר לשון כלם אינו אלא לשון ידיעה, שהמחבב את האדם מקרבו אצלו ויודעו ומכירו. ולמה ידעתיו? למען אשר יצוה. לפי שהוא מצוה את בניו עלי לשמור דרכי. ואם תפרשהו כתרגומו: יודע אני בו שיצוה את

unto Abraham, Wherefore did Sarah laugh, saying, Shall I of a surety
bear, I being old? [14]Is anything too hard for the Eternal? At the time
appointed I will return unto thee, as the time that liveth, and Sarah shall
have a son. [15]Then Sarah denied, saying, I laughed not; for she was
afraid. And he said, Nay; but thou didst laugh. [16]And the men rose from
thence, and glanced towards Sodom: and Abraham went with them to
send them away. [17]And the Eternal said, Shall I hide from Abraham
that thing which I am about to do; [18]Since Abraham shall surely become
a great and mighty nation, and all the nations of the earth shall be bless-
ed in him? [19]For I know him, that he will command his chil-
dren and his household after him, and they shall keep the way of

רש"י

(13) האף אמנם *means* SHALL I REALLY BEAR? ואני זקנתי I BEING OLD — Scripture (God) *in relating her words to her husband* alters *them* for the sake of peace, for she had said (v. 12) "my lord is old" (Gen. R. 48). **(14)** היפלא IS TOO HARD? — As the Targum takes it: is *anything* hidden — far distant and apart (מופלא) from Me that I cannot do as I would wish? למועד AT THE APPOINTED TIME — at the special time that I fixed for you yesterday (i. e. on a preyious occasion) *when I said*, (XVII. 21) "at this set time next year". **(15)** כי יראה וגו' כי צחקת FOR SHE WAS AFRAID ... BUT THOU DIDST LAUGH — The first כי is used in the sense of "because", giving a reason for the *former* statement — Sarah denied ... because she was afraid; the second כי is used in the meaning of "but" — "and He said, 'It is not as you say *that you did not laugh*, but thou didst laugh'." For our Rabbis say (Rosh-ha-Shanah 3a) that the word כי has four meanings: "if", "perhaps", "but", "because". **(16)** וישקיפו [AND THE MEN] GLANCED — Wherever the Hiphil form of שקף occurs in the Scriptures it denotes *taking notice for the purpose of bringing* evil (Tanch. Ki-Tisa), except (Deut. XXVI. 15) (a passage dealing with the tithe, including that given to the poor), "Look forth (השקיפה) from thy holy habitation ... [and bless thy people]", for so great is the power (virtue) of giving to the poor that it changes *God's* anger into mercy. לשלחם *means* TO ESCORT THEM, for he believed that they were travellers. **(17)** המכסה אני SHALL I HIDE? This is a question. אשר אני עושה WHAT I AM DOING in Sodom. It is not proper for Me to do this thing without his knowledge. I gave him this land and these five cities therefore are his — as it is said, (X. 19) "And the territory of the Canaanites was from Sidon ... as thou goest towards Sodom and Gommorah etc." I called him Abraham, the father of a multitude of nations; should I destroy the children without informing the father who loves me?! **(18)** ואברהם היו יהיה SEEING THAT ABRAHAM SHALL SURELY BECOME — The Midrash *applies to this the text Prov. X. 7*, "The mention of the righteous shall be for a blessing": therefore, since He mentions him He blessed him. But its real meaning is: "Shall I conceal it from him, seeing that he is so beloved by Me as to become a great nation, and *seeing* that all nations of the earth shall bless themselves through him?" **(19)** כי ידעתיו FOR I KNOW HIM — this is an expression denoting "affection", as (Ruth II. 1) "kinsman (מודע) of her husband," and (ib. III. 2) "And is not Boaz our kinsman (מודעתנו), and (Ex. XXX. 17) "I have distinguished (ידעתיך) thee by name". Still the primary meaning of these terms *connected with the root* ידע is really that of knowing, for whoever holds a person in affection attaches him to himself, so that he knows him well and is familiar with him. And why do I hold him dear? למען אשר יצוה BECAUSE HE WILL GIVE HIS CHILDREN CHARGE CONCERNING ME TO KEEP MY WAYS. If, however, you explain it as the Targum, "I know "of"

יְהוָה לַעֲשׂוֹת צְדָקָה וּמִשְׁפָּט לְמַעַן הָבִיא יְהוָה עַל־
אַבְרָהָם אֵת אֲשֶׁר־דִּבֶּר עָלָיו׃ כ וַיֹּאמֶר יְהוָה זַעֲקַת
סְדֹם וַעֲמֹרָה כִּי־רָבָּה וְחַטָּאתָם כִּי כָבְדָה מְאֹד׃
כא אֵרְדָה־נָּא וְאֶרְאֶה הַכְּצַעֲקָתָהּ הַבָּאָה אֵלַי עָשׂוּ ׀
כָּלָה וְאִם־לֹא אֵדָעָה׃ כב וַיִּפְנוּ מִשָּׁם הָאֲנָשִׁים וַיֵּלְכוּ
סְדֹמָה וְאַבְרָהָם עוֹדֶנּוּ עֹמֵד לִפְנֵי יְהוָה׃ כג וַיִּגַּשׁ
אַבְרָהָם וַיֹּאמַר הַאַף תִּסְפֶּה צַדִּיק עִם־רָשָׁע׃ כד אוּלַי
יֵשׁ חֲמִשִּׁים צַדִּיקִם בְּתוֹךְ הָעִיר הַאַף תִּסְפֶּה וְלֹא־

אונקלוס

בַּתְרוֹהִי וְיִטְּרוּן אָרְחָן דְּתַקְנָן קֳדָם־יְיָ לְמֶעְבַּד צְדַקְתָּא וְדִינָא בְּדִיל דְּיַיְתֵי יְיָ
עַל־אַבְרָהָם יָת דְּמַלֵּיל עֲלוֹהִי׃ כ וַאֲמַר יְיָ קְבִלַת דִּסְדוֹם וַעֲמוֹרָה אֲרֵי סְגִיאַת
וְחוֹבַתְהוֹן אֲרֵי תְּקִיפַת לַחֲדָא׃ כא אִתְגְּלֵי־כְעַן וְאֶחְזֵי הֲכִי קְבִלְתְּהוֹן דְּעָלַת
לִקְדָמַי עֲבַדוּ אֶעְבֵּד עִמְּהוֹן־גְּמִירָא (אִם־לָא תָיְבִין) וְאִם־תָּיְבִין לָא אֶתְפְּרַע׃
כב וְאִתְפְּנִיאוּ מִתַּמָּן גֻּבְרַיָּא וַאֲזַלוּ לִסְדוֹם וְאַבְרָהָם עַד־כְּעַן מְשַׁמֵּשׁ־בִּצְלוֹ קֳדָם יְיָ׃
כג וּקְרֵיב אַבְרָהָם וַאֲמַר הֲבִרְגַז תְּשֵׁיצֵי זַכָּאָה עִם־חַיָּבָא׃ כד מָאִים אִית חַמְשִׁין

רש"י

בָּנָיו וְגו׳ אֵין לְמַעַן נוֹפֵל עַל הַלָּשׁוֹן: יצוה. לְשׁוֹן הֹוֶה כְּמוֹ: כָּכָה יַעֲשֶׂה אִיּוֹב (איוב א׳):
למען הביא. כָּךְ הוּא מְצַוֶּה לְבָנָיו, שִׁמְרוּ דֶּרֶךְ ה׳ כְּדֵי שֶׁיָּבִיא ה׳ עַל אַבְרָהָם וְגו׳; עַל בֵּית
אַבְרָהָם לֹא נֶאֱמַר אֶלָּא עַל אַבְרָהָם, לָמַדְנוּ, כָּל הַמַּעֲמִיד בֵּן צַדִּיק כְּאִלּוּ אֵינוֹ מֵת:
(כ) ויאמר ה׳. אֶל אַבְרָהָם, שֶׁעָשָׂה כַּאֲשֶׁר אָמַר, שֶׁלֹּא יְכַסֶּה מִמֶּנּוּ: כי רבה. כָּל רַבָּה שֶׁבַּמִּקְרָא
הַטַּעַם לְמַטָּה בְּבֵי״ת, לְפִי שֶׁהֵן מְתוּרְגָּמִין גְּדוֹלָה, אוֹ גָּדְלָה וְהוֹלֶכֶת, אֲבָל זֶה טַעֲמוֹ לְמַעְלָה
בְּרֵי״שׁ, לְפִי שֶׁמְּתוּרְגָּם גָּדְלָה כְּבָר. כְּמוֹ שֶׁפֵּרַשְׁתִּי וַיְהִי הַשֶּׁמֶשׁ בָּאָה, הִנֵּה שָׁבָה יְבִמְתֵּךְ:
(כא) ארדה נא. לִמֵּד לַדַּיָּנִים שֶׁלֹּא יִפְסְקוּ דִּינֵי נְפָשׁוֹת אֶלָּא בִּרְאִיָּה, הַכֹּל כְּמוֹ, שֶׁפֵּרַשְׁתִּי
בְּפָרָשַׁת הַפְּלָגָה. דָּבָר אַחֵר: אֵרְדָה נָא לְסוֹף מַעֲשֵׂיהֶם: הכצעקתה. שֶׁל מְדִינָה: הבאה אלי
עשו. וְכֵן עוֹמְדִים בְּמִרְדָּם, כָּלָה אֲנִי עוֹשֶׂה בָהֶם, וְאִם לֹא יַעַמְדוּ בְּמִרְדָּן אֵדְעָה מַה אֶעֱשֶׂה
לְהִפָּרַע מֵהֶן בְּיִסּוּרִין, וְלֹא אֲכַלֶּה אוֹתָן. וְכַיּוֹצֵא בוֹ מָצִינוּ בְּמָקוֹם אַחֵר: וְעַתָּה הוֹרֵד עֶדְיְךָ
מֵעָלֶיךָ וְאֵדְעָה מָה אֶעֱשֶׂה־לָּךְ (שמות ל״ג); וּלְפִיכָךְ יֵשׁ הֶפְסֵק נְקוּדַּת פְּסִיק בֵּין עָשׂוּ לְכָלָה,
כְּדֵי לְהַפְרִיד תֵּיבָה מֵחֲבֶרְתָּהּ. וְרַבּוֹתֵינוּ דָּרְשׁוּ: הַכְּצַעֲקָתָהּ — צַעֲקַת רִיבָה אַחַת שֶׁהָרְגוּ מִיתָה
מְשֻׁנָּה עַל שֶׁנָּתְנָה מָזוֹן לְעָנִי, כִּמְפוֹרָשׁ בְּחֵלֶק: (כב) ויפנו משם. מִמָּקוֹם שֶׁאַבְרָהָם לִוָּם
שָׁם: ואברהם עודנו עומד לפני ה׳. וַהֲלֹא לֹא הָלַךְ לַעֲמוֹד לְפָנָיו, אֶלָּא הַקָּבָּ״ה בָּא אֶצְלוֹ
וְאָמַר לוֹ, זַעֲקַת סְדוֹם וַעֲמוֹרָה כִּי רָבָּה וְהָיָה לוֹ לִכְתּוֹב „וַה׳ עוֹדֶנּוּ עוֹמֵד עַל אַבְרָהָם״? אֶלָּא
תִּקּוּן סוֹפְרִים הוּא זֶה, (אֲשֶׁר הָפְכוּהוּ רַז״ל לִכְתּוֹב כֵּן) (ב״ר): (כג) ויגש אברהם. מָצִינוּ
הַגָּשָׁה לְמִלְחָמָה: וַיִּגַּשׁ יוֹאָב וְגו׳ (ש״ב י׳), וְהַגָּשָׁה לְפִיּוּס: וַיִּגַּשׁ אֵלָיו יְהוּדָה, וְהַגָּשָׁה לִתְפִלָּה:
וַיִּגַּשׁ אֵלִיָּהוּ הַנָּבִיא (מ״א י״ח), וּלְכָל אֵלֶּה נִכְנַס אַבְרָהָם: לְדַבֵּר קָשׁוֹת וּלְפִיּוּס וְלִתְפִלָּה: האף
תספה. הֲגַם תִּסְפֶּה. וּלְתַרְגּוּם שֶׁל אוּנְקְלוֹס, שֶׁתִּרְגְּמוֹ לְשׁוֹן רֹגֶז, כָּךְ פֵּירוּשׁוֹ: הַאַף יַשִּׂיאֲךָ

the Eternal, to do righteousness and judgment; that the Eternal may bring upon Abraham that which he hath spoken of him. [20]And the Eternal said, Because the cry of Sodom and Gomorrah is great, and because their sin is very heavy; [21]I will go down now, and see if they have done according to the cry of it which is come unto me — extermination, and if not — I will know. [22]And the men turned from thence, and went towards Sodom: but Abraham stood yet before the Eternal. [23]And Abraham stepped near, and said, Wilt thou also sweep away the righteous with the wicked? [24]Peradventure there be fifty righteous in the midst of the city; wilt thou also sweep away and not bear

רש"י

him that he will command his sons etc.", then the word למען does not fit into the sense. יצוה HE WILL COMMAND — *This form of the verb (the imperfect)* expresses frequentative action, as (Job I. 5) "This Job used to do" (יַעֲשֶׂה). למען הביא IN ORDER THAT [THE LORD] MAY BRING — Thus will he ever command his children saying "Keep the way of the Lord in order[1]) that the Lord may bring upon Abraham etc." Since it does not say here "upon the house of Abraham", but upon Abraham *himself*, we may infer that he who trains up a righteous son is as though he never dies (Gen. R. 49). **(20)** ויאמר ה' AND THE LORD SAID to Abraham, thus doing what he had said — that He would not conceal *the matter* from him. כי רבה BECAUSE IT IS GREAT — Wherever רבה *elsewhere* occurs in Scripture the accent is on the last syllable — on the ב — because it is to be translated by "great (adj.) or "becoming great" (participle), but this, here, has the accent on the first syllable — on the ר — because it is to be translated by "has already become great" (perf.), just as I have explained (XV. 17) "And it came to pass, that, when the sun had gone down (בָּאָה)" and (Ruth I. 15) "Behold, thy sister-in-law has gone back (שָׁבָה)".[2])
(21) ארדה נא I WILL GO DOWN NOW — This teaches the judges that they should not give decisions in cases involving capital punishment, except *after having* carefully looked into the matter — all as I have explained in the section dealing with the dispersion of the nations (XI. 5). Another explanation of ארדה נא is: I will go down to the very end of their doings (I will fathom the depths of their wickedness.) הכצעקתה WHETHER ACCORDING TO THE CRY OF IT (lit., of her) — i. e. the cry of the country (מדינה) which is feminine). הבאה אלי עשו WHETHER THEY HAVE DONE [ACCORDING TO THE CRY OF IT] WHICH IS COME UNTO ME — If they persist in their rebellious ways, (כלה) an end will I make of them; if, however, they do not persist in their rebellious ways, I shall know what I shall do — punishing them *only* with suffering, but I will not make an end of them. — A similar phrase we find elsewhere, (Ex. XXXIII. 5) "Therefore now put off thy ornaments from thee that I may know what to do unto thee". — For this reason there is a separation marked by a פסיק between עשו and כלה, in order to separate *in sense* one word from the other. Our Teachers explained the word הכצעקתה "the cry of her", to refer to *the cry of* a certain girl whom they put to death in an unnatural manner because she had given food to a poor man, as is explained in the chapter Chelek (Sanh. 109b).
(22) ויפנו משם AND [THE MEN] TURNED FROM THENCE — from the place where Abraham had accompanied them. ואברהם עודנו עומד לפני ה' BUT ABRAHAM STOOD YET BEFORE THE LORD — But surely it was not he (Abraham) who had gone to stand before Him, but it was the Holy One, blessed be He, Who had come to him and had said to him, "Because the cry of Sodom and Gomorrah is great" and it should therefore have written here, "And the Lord stood yet before Abraham"? But it is a variation such as writers make to avoid an apparently irreverent expression (Gen. R. 49) (which our Rabbis, of blessed memory, altered, writing it thus).[3]) **(23)** ויגש אברהם AND ABRAHAM DREW NEAR — We find the verb נגש "to come near" used in the sense of coming near

NOTES

For Notes 1—3 see Appendix.

בראשית יח וירא

תִשָּׂ֣א לַמָּק֔וֹם לְמַ֛עַן חֲמִשִּׁ֥ים הַצַּדִּיקִ֖ם אֲשֶׁ֥ר בְּקִרְבָּֽהּ: כה חָלִ֨לָה לְּךָ֜ מֵעֲשֹׂ֣ת ׀ כַּדָּבָ֣ר הַזֶּ֗ה לְהָמִ֤ית צַדִּיק֙ עִם־רָשָׁ֔ע וְהָיָ֥ה כַצַּדִּ֖יק כָּרָשָׁ֑ע חָלִ֣לָה לָּ֔ךְ הֲשֹׁפֵט֙ כָּל־הָאָ֔רֶץ לֹ֥א יַעֲשֶׂ֖ה מִשְׁפָּֽט: כו וַיֹּ֣אמֶר יְהֹוָ֔ה אִם־אֶמְצָ֥א בִסְדֹ֛ם חֲמִשִּׁ֥ים צַדִּיקִ֖ם בְּת֣וֹךְ הָעִ֑יר וְנָשָׂ֥אתִי לְכָל־הַמָּק֖וֹם בַּעֲבוּרָֽם: כז וַיַּ֥עַן אַבְרָהָ֖ם וַיֹּאמַ֑ר הִנֵּה־נָ֤א הוֹאַ֨לְתִּי֙ לְדַבֵּ֣ר אֶל־אֲדֹנָ֔י וְאָנֹכִ֖י עָפָ֥ר וָאֵֽפֶר: כח א֠וּלַ֠י יַחְסְר֞וּן חֲמִשִּׁ֤ים הַצַּדִּיקִם֙ חֲמִשָּׁ֔ה הֲתַשְׁחִ֥ית בַּחֲמִשָּׁ֖ה אֶת־כָּל־הָעִ֑יר וַיֹּ֨אמֶר֙ לֹ֣א אַשְׁחִ֔ית אִם־אֶמְצָ֣א שָׁ֔ם אַרְבָּעִ֖ים וַחֲמִשָּֽׁה: כט וַיֹּ֨סֶף ע֜וֹד לְדַבֵּ֤ר אֵלָיו֙ וַיֹּאמַ֔ר אוּלַ֛י יִמָּצְא֥וּן שָׁ֖ם

אונקלוס
זְכָאִין בְּגוֹ קַרְתָּא הֲבַרְגַז תְּשֵׁיצֵי וְלָא־תִשְׁבּוֹק לְאַתְרָא בְּדִיל חַמְשִׁין זַכָּאִין דִּי בְגַוַּהּ: כה קוּשְׁטָא אִנּוּן דִּינָךְ מִלְמֶעְבַּד ׀ כְּפִתְגָּמָא הָדֵין לְקַטָּלָא זַכָּאָה עִם־חַיָּבָא וִיהֵי זַכָּאָה כְּחַיָּבָא קוּשְׁטָא אִנּוּן דִּינָךְ דַּיָּנִן (ל' הֲדַיִן) כָּל־אַרְעָא לָא (ל' בְּרַם) יַעְבֵּד דִּינָא: כו וַאֲמַר יְיָ אִם־אַשְׁכַּח בִּסְדֹם חַמְשִׁין זַכָּאִין בְּגוֹ קַרְתָּא וְאֶשְׁבּוֹק לְכָל־אַתְרָא בְּדִילְהוֹן: כז וַאֲתֵיב אַבְרָהָם וַאֲמַר הָא־כְעַן שָׁרֵיתִי לְמַלָּלָא קֳדָם־יְיָ וַאֲנָא עֲפָר וּקְטָם: כח מָאִים יַחְסְרוּן חַמְשִׁין זַכָּאִין בַּחֲמִשָּׁה הַתְחַבֵּל בְּחַמְשָׁא יָת־כָּל־קַרְתָּא וַאֲמַר לָא אֲחַבֵּל אִם־אַשְׁכַּח תַּמָּן אַרְבְּעִין וְחַמְשָׁא: כט וְאוֹסִיף עוֹד לְמַלָּלָא קֳדָמוֹהִי וַאֲמַר מָאִים יִשְׁתַּכְּחוּן תַּמָּן אַרְבְּעִין וַאֲמַר לָא אֶעְבַּד־גְּמֵרָא

רש"י
שֶׁתִּסְפֶּה צַדִּיק עִם רָשָׁע: (כד) אוּלַי יֵשׁ חֲמִשִּׁים צַדִּיקִים. עֲשָׂרָה צַדִּיקִים לְכָל כְּרַךְ וּכְרַךְ, כִּי ה' מְקוֹמוֹת יֵשׁ. וְאִם תֹּאמַר: לֹא יַצִּילוּ הַצַּדִּיקִים אֶת הָרְשָׁעִים, לָמָּה תָמִית הַצַּדִּיקִים? (כה) חָלִלָה לְּךָ. חוּלִין הוּא לְךָ, יֹאמְרוּ כַּךְ הוּא אֻמָּנוּתוֹ, שׁוֹטֵף הַכֹּל, צַדִּיקִים וּרְשָׁעִים. כַּךְ עָשִׂיתָ לְדוֹר הַמַּבּוּל וּלְדוֹר הַפְלָגָה: כַּדָּבָר הַזֶּה. לֹא הוּא וְלֹא כַּיּוֹצֵא בוֹ: חָלִלָה לְּךָ. לְעוֹלָם הַבָּא. הֲשֹׁפֵט כָּל הָאָרֶץ. נָקוּד בַּחֲטָף פַּתָּח הֵ"א שֶׁל הֲשֹׁפֵט, לְשׁוֹן תְּמִיהָה: וְכִי מִי שֶׁהוּא שׁוֹפֵט לֹא יַעֲשֶׂה מִשְׁפָּט אֱמֶת: (כו) אִם אֶמְצָא בִסְדֹם וְגוֹ' לְכָל הַמָּקוֹם. לְכָל הַכְּרַכִּים, וּלְפִי שֶׁסְּדוֹם הָיְתָה מְטְרוֹפּוֹלִין וַחֲשׁוּבָה מִכֻּלָּם, תָּלָה בָהּ הַכָּתוּב: (כז) הוֹאַלְתִּי. רָצִיתִי. כְּמוֹ וַיּוֹאֶל מֹשֶׁה (שמות ב'): וְאָנֹכִי עָפָר וָאֵפֶר. וּכְבָר הָיִיתִי רָאוּי לִהְיוֹת עָפָר עַל יְדֵי הַמְּלָכִים, וְאֵפֶר עַל יְדֵי נִמְרוֹד, לוּלֵי רַחֲמֶיךָ אֲשֶׁר עָמְדוּ לִי: (כח) הֲתַשְׁחִית בַּחֲמִשָּׁה. וַהֲלֹא

with the place for the fifty righteous that are therein? ²⁵It is unworthy of thee to do after this manner to put to death the righteous with the wicked, so that like as the righteous so the wicked; it is unworthy of thee: Shall the Judge of all the earth not do judgment? ²⁶And the Eternal said, If I find in Sodom fifty righteous in the midst of the city, then I will bear with all the place for their sakes. ²⁷And Abraham answered and said, Behold now, I have taken upon me to speak unto the Lord, and I am but dust and ashes: ²⁸Peradventure there shall lack five of the fifty righteous: wilt thou destroy for five all the city? And he said, If I find there forty and five I will not destroy it. ²⁹And he continued yet to speak unto him, and said, Peradventure there shall be

רש"י

to wage war — (II. Sam. X. 13) "So Joab ... drew near unto the battle"; — of coming near to persuade by entreaty — (XLIV. 18) "And Judah came near to him [and said, Oh, my lord]" — and of coming near to pray — (1 Kings XVIII. 36) "And Elijah the prophet came near [and said, O Lord, God of Abraham etc.]". Abraham employed all these *methods* — *to fight*, by speaking stern words, and to persuade by entreaty, and to pray (Gen. R. 49). האף תספה *means* wilt Thou *also* destroy. But according to the Targum of Onkelos which translates it (the word האף) in the sense of anger, the explanation would be as follows: will Your anger urge you to destroy righteous with wicked? **(24)** אולי יש חמשים צדיקים PERADVENTURE THERE BE FIFTY RIGHTEOUS — ten righteous men for each city for there were five localities *concerned*. Should You, however, say that the righteous cannot save the wicked — but why should You kill the r i g h t e o u s *at all?* **(25)** חלילה לך FAR BE IT FROM THEE — It is a profanation (חולין) of Yourself. People will say, "That is what He usually busies Himself with: He destroys every one, righteous and wicked *alike"* — *and* thus did You *indeed* do to the generation of the Flood and to that of the dispersal of nations (Tanch.). כדבר הזה ANYTHING LIKE THIS THING — neither this nor anything like it (Gen. R. 49). חלילה לך IT IS UNWORTHY OF THEE — in the world to come.[1] השופט כל הארץ SHALL NOT THE JUDGE OF ALL THE EARTH [DO JUSTICE]? — The 'ה of השופט is punctuated with Chataph Patach *because the words* express a question: "Should not He who is Judge practice true justice"? **(26)** אם אמצא בסדום וגו' לכל המקום IF I FIND IN SODOM ... FORGIVE ALL THE PLACE — all the cities, but because Sodom was the capital city *of the district* and the most important of all, Scripture subordinates *the order cities* to it. **(27)** הואלתי means I am willing *to speak*, just as (Ex. II. 21) "And Moses was pleased (ויואל) [to dwell with the man]". ואנכי עפר ואפר I Am BUT DUST AND ASHES — I would long ago have been reduced to dust by the kings and to ashes by Nimrod had it not been that Thy mercies stood by me (Gen. R. 49)[2]. **(28)** התשחית בחמשה WILT THOU DESTROY ON ACCOUNT OF THE

NOTES

1) Cf. Tanch. ed. Buber.
2) According to Rashi the verse must be explained as follows: Behold I am the more willing (or ready) to speak on their behalf, since I myself have experienced Thy saving power and know that Thou art a merciful God.

אַרְבָּעִים וַיֹּאמֶר לֹא אֶעֱשֶׂה בַּעֲבוּר הָאַרְבָּעִים׃
ל וַיֹּאמֶר אַל־נָא יִחַר לַאדֹנָי וַאֲדַבֵּרָה אוּלַי יִמָּצְאוּן
שָׁם שְׁלֹשִׁים וַיֹּאמֶר לֹא אֶעֱשֶׂה אִם־אֶמְצָא שָׁם
שְׁלֹשִׁים׃ לא וַיֹּאמֶר הִנֵּה־נָא הוֹאַלְתִּי לְדַבֵּר אֶל־
אֲדֹנָי אוּלַי יִמָּצְאוּן שָׁם עֶשְׂרִים וַיֹּאמֶר לֹא אַשְׁחִית
בַּעֲבוּר הָעֶשְׂרִים׃ לב וַיֹּאמֶר אַל־נָא יִחַר לַאדֹנָי
וַאֲדַבְּרָה אַךְ־הַפַּעַם אוּלַי יִמָּצְאוּן שָׁם עֲשָׂרָה
וַיֹּאמֶר לֹא אַשְׁחִית בַּעֲבוּר הָעֲשָׂרָה׃ לג וַיֵּלֶךְ יְהוָה
כַּאֲשֶׁר כִּלָּה לְדַבֵּר אֶל־אַבְרָהָם וְאַבְרָהָם שָׁב
לִמְקֹמוֹ׃ שלישי יט א וַיָּבֹאוּ שְׁנֵי הַמַּלְאָכִים סְדֹמָה
בָּעֶרֶב וְלוֹט יֹשֵׁב בְּשַׁעַר־סְדֹם וַיַּרְא־לוֹט וַיָּקָם

אונקלוס

בְּדִיל אַרְבְּעִין׃ ל וַאֲמַר לָא־כְעַן יִתְקַף קֳדָם־(נ״י רוּגְזָא) דַיָי וַאֲמַלֵּל מָאִים
יִשְׁתַּכְּחוּן תַּמָּן תְּלָתִין וַאֲמַר לָא אֶעְבֵּד־גְּמִירָא אִם־אַשְׁכַּח תַּמָּן תְּלָתִין׃ לא וַאֲמַר
הָא־כְעַן שָׁרֵיתִי לְמַלָּלָא קֳדָם־יְיָ מָאִים יִשְׁתַּכְּחוּן תַּמָּן עֶשְׂרִין וַאֲמַר לָא אֲחַבֵּל
בְּדִיל עֶשְׂרִין׃ לב וַאֲמַר לָא־כְעַן יִתְקַף קֳדָם יְיָ וַאֲמַלֵּל בְּרַם־זִמְנָא־הָדָא מָאִים
יִשְׁתַּכְּחוּן תַּמָּן עַשְׂרָא וַאֲמַר לָא אֲחַבֵּל בְּדִיל עַשְׂרָא׃ לג וְאִסְתַּלַּק יְקָרָא־דַיְיָ
כַּד שֵׁצִי לְמַלָּלָא עִם־אַבְרָהָם וְאַבְרָהָם תָּב לְאַתְרֵהּ׃ א וְעַלּוּ תְּרֵין מַלְאָכַיָּא
לִסְדוֹם בְּרַמְשָׁא וְלוֹט יָתֵב בְּתַרְעָא־(נ״י בִּתְרַע) דִסְדוֹם וַחֲזָא לוֹט וְקָם לְקַדָּמוּתְהוֹן

רש״י

הֵן ט׳ לְכָל כְּרַךְ, וְאַתָּה צַדִּיקוֹ שֶׁל עוֹלָם תִּצְטָרֵף עִמָּהֶם׃ (כט) אולי ימצאון שם ארבעים. וְיִמָּלְטוּ ד׳ הַכְּרַכִּים. וְכֵן ל׳ יַצִּילוּ ג׳ מֵהֶם אוֹ כ׳ יַצִּילוּ ב׳ מֵהֶם אוֹ י׳ יַצִּילוּ אֶחָד מֵהֶם׃ (לא) הואלתי. רָצִיתִי, כְּמוֹ וַיּוֹאֶל מֹשֶׁה (שמ׳ ב׳)׃ (לב) אולי ימצאון שם עשרה. עַל הַפָּחוֹת לֹא בִקֵּשׁ, אָמַר׃ דּוֹר הַמַּבּוּל הָיוּ ח׳, נֹחַ וּבָנָיו וּנְשֵׁיהֶם, וְלֹא הִצִּילוּ עַל דּוֹרָם; וְעַל ט׳ עַל יְדֵי צֵרוּף כְּבָר בִּקֵּשׁ וְלֹא מָצָא׃ (לג) וילך ה׳ וגו׳. כֵּיוָן שֶׁנִּשְׁתַּתֵּק הַסַּנֵּיגוֹר הָלַךְ לוֹ הַדַּיָּן׃ ואברהם שב למקומו. נִסְתַּלֵּק הַדַּיָּן נִסְתַּלֵּק הַסַּנֵּיגוֹר, וְהַקַּטֵּיגוֹר מְקַטְרֵג וּלְפִיכָךְ וַיָּבֹאוּ שְׁנֵי הַמַּלְאָכִים סְדוֹמָה לְהַשְׁחִית.

יט (א) שני. א׳ לְהַשְׁחִית אֶת סְדוֹם וא׳ לְהַצִּיל אֶת לוֹט, וְהוּא אוֹתוֹ שֶׁבָּא לְרַפְּאוֹת אַבְרָהָם וְהַשְּׁלִישִׁי שֶׁבָּא לְבַשֵּׂר אֶת שָׂרָה, כֵּיוָן שֶׁעָשָׂה שְׁלִיחוּתוֹ נִסְתַּלֵּק לוֹ׃ המלאכים. וּלְהַלָּן קְרָאָם אֲנָשִׁים? כְּשֶׁהָיְתָה שְׁכִינָה עִמָּהֶם קְרָאָם אֲנָשִׁים; דָּבָר אַחֵר׃ אֵצֶל אַבְרָהָם שֶׁכֹּחוֹ גָדוֹל

forty found there. And he said, I will not do it for forty's sake. ³⁰And he said unto him, Oh let not the wrath of the Lord glow, and I will speak: Peradventure there shall thirty be found there. And he said, I will not do it, if I find there thirty. ³¹And he said, Behold, now, I have taken upon me to speak unto the Lord: Peradventure there shall be twenty found there. And he said, I will not destroy it for twenty's sake. And he said, Oh let not the Lord be wroth, and I will speak yet but this once: Peradventure ten shall be found there. And he said, I will not destroy it for ten's sake. ³³And the Eternal went as soon as he had finished speaking with Abraham: and Abraham returned unto his place.

19. ¹And the two angels came to Sodom at evening; and Lot was sitting in the gate of Sodom: and Lot seeing them rose to

רש"י

FIVE — Will there not still be nine for each city, and You, the All-Righteous One of the Universe, can be counted with them *to make up the original number of ten!* (ib.). **(29)** אולי ימצאון שם ארבעים PERADVENTURE THERE SHALL BE FORTY FOUND THERE — then let four cities be saved; so, too, let thirty save three of them and twenty save two of them or ten save one of them. **(31)** הואלתי *means* I am willing *to speak*, just as (Ex. II. 21) "And Moses was pleased (ויואל) [to dwell with the man]". **(32)** אולי ימצאון שם עשרה PERADVENTURE THERE SHALL TEN BE FOUND THERE — For a smaller number he did not plead *because he knew already of two instances where less than ten had failed to save the wicked.* He said to himself: In the generation of the Flood there were eight righteous people, viz., Noah, his sons and their wives, and they could not save their generation (Gen. R. 49), and for nine in association with God he had already pleaded but had found *no acceptance.* **(33)** וילך ה' וגו' AND THE LORD WENT AWAY — As soon as the counsel for the defence had nothing more to say the Judge took his departure. ואברהם שב למקומו AND ABRAHAM RETURNED UNTO HIS PLACE — The Judge departed, the Advocate went away, but the Prosecutor continued his accusation, and on that account — ויבואו שני המלאכים סדומה "The two angels came to Sodom" to destroy *it.*

19. **(1)** שני TWO — One to destroy Sodom, the other to rescue Lot — it was he who had come to heal Abraham — whilst the third, who had come to make the announcement to Sarah, had departed as soon as he had carried out his mission. המלאכים ANGELS — But elsewhere (XVIII. 2) Scripture calls them men! When the Divine Presence was with them, it speaks of them as men. Another explanation is: in connection with Abraham whose power *to receive heavenly visitors* was

לִקְרָאתָם וַיִּשְׁתַּחוּ אַפַּיִם אָרְצָה׃ ב וַיֹּאמֶר הִנֶּה נָּא־
אֲדֹנַי סוּרוּ נָא אֶל־בֵּית עַבְדְּכֶם וְלִינוּ וְרַחֲצוּ רַגְלֵיכֶם
וְהִשְׁכַּמְתֶּם וַהֲלַכְתֶּם לְדַרְכְּכֶם וַיֹּאמְרוּ לֹּא כִּי
בָרְחוֹב נָלִין׃ ג וַיִּפְצַר־בָּם מְאֹד וַיָּסֻרוּ אֵלָיו וַיָּבֹאוּ
אֶל־בֵּיתוֹ וַיַּעַשׂ לָהֶם מִשְׁתֶּה וּמַצּוֹת אָפָה וַיֹּאכֵלוּ׃
ד טֶרֶם יִשְׁכָּבוּ וְאַנְשֵׁי הָעִיר אַנְשֵׁי סְדֹם נָסַבּוּ עַל־
הַבַּיִת מִנַּעַר וְעַד־זָקֵן כָּל־הָעָם מִקָּצֶה׃ ה וַיִּקְרְאוּ
אֶל־לוֹט וַיֹּאמְרוּ לוֹ אַיֵּה הָאֲנָשִׁים אֲשֶׁר־בָּאוּ אֵלֶיךָ
הַלָּיְלָה הוֹצִיאֵם אֵלֵינוּ וְנֵדְעָה אֹתָם׃ ו וַיֵּצֵא אֲלֵהֶם

*אדני חול

אונקלוס

וּסְגִיד עַל־אַפּוֹהִי עַל־אַרְעָא׃ ב וַאֲמַר בְּבָעוּ־כְעַן רִבּוֹנַי זוּרוּ כְעַן לְבֵית עַבְדְּכוֹן
וּבִיתוּ וְאַסְחוּ רַגְלֵיכוֹן וְתַקְדְּמוּן וּתְהָכוּן לְאָרְחָכוֹן וַאֲמָרוּ לָא אֱלָהֵין בִּרְחוֹבָא נְבִית׃
ג וְאַתְקֵיף־בְּהוֹן לַחֲדָא וְזָרוּ לְוָתֵהּ וְעַלּוּ לְבֵיתֵהּ וַעֲבַד לְהוֹן מִשְׁתְּיָא וּפַטִּיר אֲפָא־
לְהוֹן וַאֲכָלוּ׃ ד עַד־לָא שְׁכִיבוּ וַאֲנָשֵׁי קַרְתָּא אֲנָשֵׁי סְדוֹם אַקִּיפוּ עַל־בֵּיתָא
מֵעוּלֵימָא וְעַד־סָבָא כָּל־עַמָּא מִסּוֹפֵהּ׃ ה וּקְרוֹ לְלוֹט וַאֲמָרוּ לֵהּ אָן גֻּבְרַיָּא דִּי
אֲתוֹ לְוָתָךְ לֵילְיָא אַפֵּקִנּוּן לְוָתָנָא וְנִדַּע יָתְהוֹן׃ ו וּנְפַק לְוָתְהוֹן לוֹט לְתַרְעָא

רש"י

וְהָיוּ הַמַּלְאָכִים תְּדִירִין אֶצְלוֹ כַּאֲנָשִׁים קְרָאָם אֲנָשִׁים, וְאֵצֶל לוֹט קְרָאָם מַלְאָכִים (ב"ר)׃ בערב. וְכִי כָל כַּךְ שָׁהוּ הַמַּלְאָכִים מֵחֶבְרוֹן לִסְדוֹם? אֶלָּא מַלְאֲכֵי רַחֲמִים הָיוּ וּמַמְתִּינִים שֶׁמָּא יוּכַל אַבְרָהָם לְלַמֵּד עֲלֵיהֶם סַנֵּיגוֹרְיָא׃ ולוט ישב בשער סדום. יָשַׁב כְּתִיב, אוֹתוֹ הַיּוֹם מִנּוּהוּ שׁוֹפֵט עֲלֵיהֶם (ב"ר)׃ וירא לוט וגו'. מִבֵּית אַבְרָהָם לָמַד לַחֲזוֹר עַל הָאוֹרְחִים׃ (ב) הנה נא אדני. הִנֵּה נָא אַתֶּם אֲדוֹנִים לִי אַחַר שֶׁעֲבַרְתֶּם עָלָי. דָּבָר אַחֵר: הִנֵּה נָא צְרִיכִים אַתֶּם לָתֵת לֵב עַל הָרְשָׁעִים הַלָּלוּ שֶׁלֹּא יַכִּירוּ בָכֶם. וְזוֹ הִיא עֵצָה נְכוֹנָה סורו נא. עַקְּמוּ אֶת הַדֶּרֶךְ לְבֵיתִי דֶּרֶךְ עֲקַלְתּוֹן שֶׁלֹּא יַכִּירוּ שֶׁאַתֶּם נִכְנָסִין שָׁם, לְכָךְ נֶאֱמַר סוּרוּ (בראשית רבה)׃ ולינו ורחצו רגליכם. וְכִי דַרְכָּן שֶׁל בְּנֵי אָדָם לָלוּן תְּחִלָּה וְאַחַר כָּךְ רוֹחֵץ? וְעוֹד, שֶׁהֲרֵי אַבְרָהָם אָמַר לָהֶם תְּחִלָּה רַחֲצוּ רַגְלֵיכֶם? אֶלָּא כָּךְ אָמַר לוֹט: אִם כְּשֶׁיָּבֹאוּ אַנְשֵׁי סְדוֹם וְיִרְאוּ שֶׁכְּבָר רָחֲצוּ רַגְלֵיהֶם יַעֲלִילוּ עָלַי וְיֹאמְרוּ כְּבָר עָבְרוּ שְׁנֵי יָמִים אוֹ שְׁלֹשָׁה שֶׁבָּאוּ לְבֵיתְךָ וְלֹא הוֹדַעְתָּנוּ, לְפִיכָךְ אָמַר, מוּטָב שֶׁיִּתְעַכְּבוּ כָאן בַּאֲבַק רַגְלֵיהֶם שֶׁיִּהְיוּ נִרְאִין כְּמוֹ שֶׁבָּאוּ עַכְשָׁיו; לְפִיכָךְ אָמַר לִינוּ תְּחִלָּה וְאַחַר כָּךְ רַחֲצוּ׃ ויאמרו לא. וּלְאַבְרָהָם אָמְרוּ כֵּן תַּעֲשֶׂה, מִכָּאן שֶׁמְּסָרְבִין לְקָטָן וְאֵין מְסָרְבִין לְגָדוֹל (ב"ר)׃ כי ברחוב נלין. הֲרֵי כִּי מְשַׁמֵּשׁ בִּלְשׁוֹן אֶלָּא, שֶׁאָמְרוּ לֹא נָסוּר אֶל בֵּיתְךָ אֶלָּא בִּרְחוֹבָהּ שֶׁל עִיר נָלִין׃ (ג) ויסרו אליו. עִקְּמוּ אֶת הַדֶּרֶךְ לְצַד בֵּיתוֹ׃ ומצות אפה. פֶּסַח הָיָה׃ (ד) טרם ישכבו ואנשי העיר אנשי סדום. כָּךְ נִדְרַשׁ בִּב"ר: טֶרֶם יִשְׁכָּבוּ וְאַנְשֵׁי הָעִיר הָיוּ בְּפִיהֶם שֶׁל מַלְאָכִים, שֶׁהָיוּ שׁוֹאֲלִים לְלוֹט מַה טִּיבָם וּמַעֲשֵׂיהֶם וְהוּא אוֹמֵר לָהֶם: רוּבָּם רְשָׁעִים; עוֹדָם מְדַבְּרִים בָּהֶם וְאַנְשֵׁי סְדוֹם וְגוֹ'. וּפְשׁוּטוֹ שֶׁל מִקְרָא: וְאַנְשֵׁי הָעִיר אַנְשֵׁי

Genesis XIX. 2—6.

meet them; and he prostrated himself with his face towards the earth: ²And he said, Behold now, my lords, turn-in, I pray, to your servant's house, and lodge over night, and lave your feet, and ye may rise up early, and go on your ways. And they said, Nay; but we will abide in the street over night. ³And he pressed upon them greatly; and they turned in unto him, and came into his house; and he made them a feast, and did bake unleavened bread, and they did eat. ⁴They had not yet laid down, when the men of the city, even the men of Sodom, compassed the house round, both old and young, all the people from every quarter. ⁵And they called unto Lot, and said unto him, Where are the men who came to thee this night? bring them out unto us, that we may know them. ⁶And Lot went out at

רש״י

great and whom angels visited as regularly as men, it calls them men, but in connection with Lot it calls them angels (Gen. R. 50). בערב AT EVENTIDE — Did it, however, take the angels such a long time *to travel* from Hebron to Sodom? But they were angels of mercy and so they tarried — perhaps Abraham would succeed in his advocacy for them (ib.). ולוט יׁשב בשער סדום AND LOT WAS SITTING IN THE GATE OF SODOM — The word is written *without a* ו *so that it may be read* יָשַׁב (he sat) — because that day they had appointed him as their judge (ib.).[1] וירא לוט וגו' AND LOT SAW THEM etc. — From the practice in Abraham's house he had learned to look out for strangers (ib.). **(2)** הנה נא אדני BEHOLD NOW, MY LORDS — Behold n o w you are my lords since you have passed by me.[2]) Another explanation is: Behold n o w you should be careful with respect to these wicked people that they should not observe you, and, therefore this is the good advice *that I give you, viz.:* סורו נא — take a circuitous route to my house — a round-about way, that people should not notice you entering it. For this reason he said: סורו t u r n a s i d e (ib.). ולינו ורחצו רגליכם AND LODGE OVER NIGHT AND LAVE YOUR FEET — Is it then customary for people first to tarry all night and then to wash? Furthermore, Abraham b e g a n by saying to them, "Wash your feet"! — But this is what Lot thought: If when the men of Sodom come they see that they have already washed their feet, they will make a charge against me saying, "Two or three days have already elapsed since these come to your house and you did not report it to us" — consequently he said: it is better that they should stay here with the dust on their feet so that they would seem to have just arrived. On this account he first said to them, "Lodge over night", and afterwards "Wash [your feet]". ויאמרו לא AND THEY SAID, NAY — But to Abraham they had said, "So do [as thou hast said]"! Hence we may infer that one may readily decline an invitation from an inferior but one should not so readily decline an invitation from a superior. כי ברחוב נלין BUT WE WILL ABIDE IN THE STREET — Here כי is used in the sense of *but*; they said: We will not turn aside into your house b u t we will abide in the street of the city all night. **(3)** ויסרו אליו AND THEY TURNED ASIDE UNTO HIM — They took a circuitous route towards his house (ib.). ומצות אפה AND HE BAKED UNLEAVENED BREAD — It was Passover (ib.). **(4)** טרם ישכבו ואנשי העיר אנשי סדום The following explanation is given in Gen. R. (50): Before they lay down, the men of the city were a topic of conversation[3]) (lit., were in the mouths of the angels), for they asked Lot about their character and doings, and the latter replied that most of them were wicked. They were still speaking about them, ואנשי סדום וגו' "when the men of Sodom etc." However the real sense of the text is: The men of the city, wicked

NOTES

¹) Cf. Rashi on XVIII. 1.
²) Cf. Rashi on XII. 11.
³) The Midrash interprets the verse thus: Before they lay down *the angels were already told that* the men of the city were m e n o f S o d o m, i. e. wicked ones.

לוֹט הַפֶּתְחָה וְהַדֶּלֶת סָגַר אַחֲרָיו: ז וַיֹּאמַר אַל־
נָא אַחַי תָּרֵעוּ: ח הִנֵּה־נָא לִי שְׁתֵּי בָנוֹת אֲשֶׁר לֹא־
יָדְעוּ אִישׁ אוֹצִיאָה־נָּא אֶתְהֶן אֲלֵיכֶם וַעֲשׂוּ לָהֶן
כַּטּוֹב בְּעֵינֵיכֶם רַק לָאֲנָשִׁים הָאֵל אַל־תַּעֲשׂוּ דָבָר
כִּי־עַל־כֵּן בָּאוּ בְּצֵל קֹרָתִי: ט וַיֹּאמְרוּ גֶּשׁ־הָלְאָה
וַיֹּאמְרוּ הָאֶחָד בָּא־לָגוּר וַיִּשְׁפֹּט שָׁפוֹט עַתָּה נָרַע
לְךָ מֵהֶם וַיִּפְצְרוּ בָאִישׁ בְּלוֹט מְאֹד וַיִּגְּשׁוּ לִשְׁבֹּר
הַדָּלֶת: י וַיִּשְׁלְחוּ הָאֲנָשִׁים אֶת־יָדָם וַיָּבִיאוּ אֶת־
לוֹט אֲלֵיהֶם הַבָּיְתָה וְאֶת־הַדֶּלֶת סָגָרוּ: יא וְאֶת־
הָאֲנָשִׁים אֲשֶׁר־פֶּתַח הַבַּיִת הִכּוּ בַּסַּנְוֵרִים מִקָּטֹן
וְעַד־גָּדוֹל וַיִּלְאוּ לִמְצֹא הַפָּתַח: יב וַיֹּאמְרוּ הָאֲנָשִׁים

אונקלוס

וְדַשָּׁא אֲחַד בַּתְרוֹהִי: ז וַאֲמַר בְּבָעוּ־כְעַן אַחַי לָא תַבְאִישׁוּן: ח הָא־כְעַן לִי
תַּרְתֵּין בְּנָן דִּי לָא יְדַעָנוּ גְּבַר אַפֵּק־כְּעַן יָתְהֶן לְוָתְכוֹן וְעִיבִידוּ לְהֵן כִּדְתַקִּן
בְּעֵינֵיכוֹן לְחוֹד לְגֻבְרַיָּא הָאִלֵּין לָא־תַעְבְּדוּן מִדַּעַם אֲרֵי־עַל־כֵּן עַלּוּ בִּטְלַל שֵׁרוּתִי:
ט וַאֲמָרוּ ו קְרַב לְהַלָּא וַאֲמָרוּ חַד אֲתָא־לְאִתּוֹתָבָא וְהָא־דָּאִין דִּינָא כְּעַן נַבְאֵשׁ
לָךְ מִדִּילְהוֹן וְתַקִּיפוּ בְגֻבְרָא בְּלוֹט לַחֲדָא וּקְרִיבוּ לְמִתְבַּר דַּשָּׁא: י וְאוֹשִׁיטוּ
גֻבְרַיָּא יָת־יְדֵיהוֹן וְאַיְתִיאוּ יָת־לוֹט לְוָתְהוֹן לְבֵיתָא וְיָת־דַּשָּׁא אֲחָדוּ: יא וְיָת־
גֻּבְרַיָּא דִּי־בִתְרַע בֵּיתָא מְחוֹ בְּשַׁבְרִירַיָּא מִזְעֵירָא וְעַד־רַבָּא וּלְאוֹ לְאַשְׁכָּחָא
תַּרְעָא: יב וַאֲמָרוּ גֻבְרַיָּא לְלוֹט עוֹד מָן־לָךְ הָכָא חַתְנָא וּבְנָךְ וּבְנָתָךְ וְכֹל דִּי

רש״י

רֶשַׁע, נָסַבּוּ עַל הַבַּיִת; עַל שֶׁהָיוּ רְשָׁעִים נִקְרָאִים אַנְשֵׁי „סְדוֹם", כְּמוֹ שֶׁאָמַר הַכָּתוּב וְאַנְשֵׁי סְדוֹם רָעִים וְחַטָּאִים: כל העם מקצה. מִקְצֵה הָעִיר עַד הַקָּצֶה, שֶׁאֵין אֶחָד מוֹחֶה בְּיָדָם, שֶׁאֲפִילוּ צַדִּיק אֶחָד אֵין בָּהֶם: (ח) ונדעה אותם. בְּמִשְׁכַּב זָכָר. כְּמוֹ: אֲשֶׁר לֹא יָדְעוּ אִישׁ (ב״ר): האל. כְּמוֹ הָאֵלֶּה: כי על כן באו. כִּי הַטּוֹבָה הַזֹּאת תַּעֲשׂוּ לִכְבוֹדִי עַל אֲשֶׁר בָּאוּ בְּצֵל קֹרָתִי; תַּרְגּוּם: בִּטְלַל שֵׁרוּתִי, תַּרְגּוּם שֶׁל קוֹרָה — שֵׁרוּתָא: (ט) ויאמרו גש הלאה. קְרַב לְהָלְאָה, כְּלוֹמַר, הִתְקָרֵב לִצְדָדִין וְהִתְרַחֵק מִמֶּנּוּ. וְכֵן כָּל הָלְאָה שֶׁבַּמִּקְרָא לְשׁוֹן רחוק, כְּמוֹ: זְרֵה הָלְאָה (במד׳ י״ז), הִנֵּה הַחֵצִי מִמְּךָ וָהָלְאָה (שמואל א׳ כ׳), גְּשׁ הָלְאָה (ישעי׳ מ״ט) — הִמָּשֵׁךְ לְהַלָּן, בִּלְשׁוֹן לַעַז טריטי״דנוש, וְדָבָר נְזִיפָה הוּא, לוֹמַר — אֵין אָנוּ חוֹשְׁשִׁין לָךְ. וְדוֹמֶה לוֹ: קְרַב אֵלֶיךָ אַל תִּגַּשׁ־בִּי (ישׁ׳ ס״ה), וְכֵן, גְּשָׁה־לִּי וְאֵשֵׁבָה (שם מ״ט) — הִמָּשֵׁךְ לִצְדָדִין בַּעֲבוּרִי וְאֵשֵׁב אֶצְלְךָ; אַתָּה מֵלִיץ עַל הָאוֹרְחִין, אֵיךְ מְלָאֲךָ לִבְּךָ? עַל שֶׁאָמַר לָהֶם עַל הַבָּנוֹת, אָמְרוּ לוֹ: גש הלאה, לְשׁוֹן נַחַת; וְעַל שֶׁהָיָה מֵלִיץ עַל הָאוֹרְחִים — האחד בא לגור, אָדָם נָכְרִי

the entrance unto them, and shut the door after him, 7And said, pray, my brethren, do not so wickedly. 8Behold now, I have two daughters who have not known man; pray, let me bring them out unto you, and do ye to them as is good in your eyes: only unto these men do nothing; for therefore came they under the shadow of my roof. 9But they said, Step back. And they said again, This one came to sojourn, and he will needs judge: now will we do worse with thee, than with them. And they pressed sore upon the man, even Lot, and stepped near to break the door. 10But the men put forth their hand, and brought Lot into the house to them, and shut the door. 11And they smote the men that were at the entrance of the house with blindness, both small and great: so that they wearied themselves to find the entrance. 12And the men said

רש"י

men, compassed the house. Because they were wicked he designates them as "men of Sodom", just as Scripture said, (XIII. 13) "And the men of Sodom were wicked and sinners". כל העם מקצה ALL THE PEOPLE FROM EVERY QUARTER — from one end of the city to the other end, and no-one protested, for there was not even one righteous person amongst them (Gen. R. 50). **(8)** האל is the same[1]) as האלה THESE. כי על כן באו FORASMUCH AS THEY HAVE COME — For (כי) this kindness please do out of respect to me because that (על כן) they have come בצל קורתי UNDER THE SHADOW OF MY ROOF. — In the Targum this is given by בטלל שרותי: the Targum (Aramaic) for קורה (a beam) is שרותא. **(9)** ויאמרו גש הלאה AND THEY SAID, STEP BACK — Get you away over there — as much as to say, Take yourself aside and keep away from us. Similarly wherever the word הלאה occurs in Scripture it has the meaning of further away. For example: (Num. XVII. 2) "Scatter (הלאה) yonder"; (1 Sam. XX. 22) "Behold the arrows are beyond thee (הלאה)". Thus גש הלאה signifies, withdraw yourself further away (O. F. Retire-toi de nous). It is an expression of contempt, signifying, "we do not take any notice of you!" Of a similar character are: (Is. LXV, 5) "Stand by thyself (אל תגש בי) come not near unto me", and (Is. XLIX, 20) גשה לי "Give place to me that I may dwell" *which means* "withdraw aside for my sake (לי) that I may dwell where you are now". — *They really meant to say to Lot:* "You intercede for these strangers; how dare you!" In reply to what he had said to them regarding his daughters they answered: "Get out of the way" — a somewhat gentle expression — whilst with regard to his advocacy for the strangers they retorted, האחד בא לגור THIS MAN CAME TO

NOTES

1) It is an archaic form of האלה.

אֶל־לוֹט עֹד מִי־לְךָ פֹה חָתָן וּבָנֶיךָ וּבְנֹתֶיךָ וְכֹל
אֲשֶׁר־לְךָ בָּעִיר הוֹצֵא מִן־הַמָּקוֹם: יג כִּי־מַשְׁחִתִים
אֲנַחְנוּ אֶת־הַמָּקוֹם הַזֶּה כִּי־גָדְלָה צַעֲקָתָם אֶת־
פְּנֵי יְהוָה וַיְשַׁלְּחֵנוּ יְהוָה לְשַׁחֲתָהּ: יד וַיֵּצֵא לוֹט וַיְדַבֵּר
אֶל־חֲתָנָיו לֹקְחֵי בְנֹתָיו וַיֹּאמֶר קוּמוּ צְּאוּ מִן־הַמָּקוֹם
הַזֶּה כִּי־מַשְׁחִית יְהוָה אֶת־הָעִיר וַיְהִי כִמְצַחֵק בְּעֵינֵי
חֲתָנָיו: טו וּכְמוֹ הַשַּׁחַר עָלָה וַיָּאִיצוּ הַמַּלְאָכִים בְּלוֹט
לֵאמֹר קוּם קַח אֶת־אִשְׁתְּךָ וְאֶת־שְׁתֵּי בְנֹתֶיךָ
הַנִּמְצָאֹת פֶּן־תִּסָּפֶה בַּעֲוֺן הָעִיר: טז וַיִּתְמַהְמָהּ ׀
וַיַּחֲזִיקוּ הָאֲנָשִׁים בְּיָדוֹ וּבְיַד־אִשְׁתּוֹ וּבְיַד שְׁתֵּי בְנֹתָיו
בְּחֶמְלַת יְהוָה עָלָיו וַיֹּצִאֻהוּ וַיַּנִּחֻהוּ מִחוּץ לָעִיר:

אונקלוס

לָךְ בְּקַרְתָּא אַפֵּיק מִן־אַתְרָא: יג אֲרֵי־מְחַבְּלִין אֲנַחְנָא יָת־אַתְרָא הָדֵין אֲרֵי־
סְגִיאַת קְבֻלְתְּהוֹן קֳדָם יְיָ וְשַׁלְחָנָא יְיָ לְחַבָּלוּתַהּ: יד וּנְפַק לוֹט וּמַלִּיל ׀ עִם־
חַתְנוֹהִי ׀ נָסְבֵי בְנָתֵהּ וַאֲמַר קוּמוּ פּוּקוּ מִן־אַתְרָא הָדֵין אֲרֵי־מְחַבֵּל יְיָ יָת־קַרְתָּא
וַהֲוָה כְּמָחֵיךְ בְּעֵינֵי חַתְנוֹהִי: טו וּכְמִסַּק צַפְרָא הֲוָה וּדְחִיקוּ מַלְאֲכַיָּא בְּלוֹט
לְמֵימַר קוּם דְּבַר יָת־אִתְּתָךְ וְיָת־תַּרְתֵּין בְּנָתָךְ דְּאִשְׁתְּכַחַן מְהֵימְנָא־
עִמָּךְ דִּלְמָא־תִלְקֵי בְּחוֹבֵי קַרְתָּא: טז וְאִתְעַכַּב ׀ וְאַתְקִיפוּ גֻבְרַיָּא בִּידֵהּ וּבִידָא
דְאִתְּתֵהּ וּבִיד תַּרְתֵּין בְּנָתֵהּ כְּרַחֵם (נ״י כַּד רְחֵם) יְיָ עֲלוֹהִי וְאַפְּקוּהִי וְאַשְׁרוּהִי

רש״י

יחידי אתה בינינו, שבאת לגור, וישפוט שפוט, ועשית מוכיח אותנו? הדלת. היא הסובבת לנעול ולפתוח: (יא) פתח. הוא החלל, שבו נכנסין ויוצאין: בסנורים. מכת עורון: מקטן ועד גדול. הקטנים התחילו בעבירה תחלה, שנאמר: מנער ועד זקן, לפיכך התחילה הפורענות מהם (ב״ר): (יב) עד מי לך פה. פשוטו של מקרא: מי יש לך עוד בעיר הזאת חוץ מאשתך ובנותיך שבבית: חתן ובניך ובנתיך. ואם יש לך חתן או בנים ובנות הוצא מן המקום: ובניך. בני בנותיך הנשואות. ומ״א: עד — מאחר שעושין נבלה כזאת, מי לך פתחון פה ללמד סניגוריא עליהם? שכל הלילה היה מליץ עליהם טובות: קרי ביה: מי לך פה: (יד) חתניו. שתי בנות נשואות היו לו בעיר: לוקחי בנותיו. שאותן שבבית ארוסות להם: (טו) ויאיצו. כתרגומו ודחיקו — מהרוהו. הנמצאות. המזומנות לך בבית להצילם. ומ״א יש וזה ישובו של מקרא: תספה. תהיה כלה. עד תום כל הדור (דב׳ ב׳), מתורגם עד דסף כל דרא: (טז) ויתמהמה. כדי להציל את ממונו: ויחזיקו. אחד מהם היה שליח להצילו וחבירו להפוך

unto Lot, whom hast thou yet here? son in law, and thy sons, and thy
daughters, and whatsoever thou hast in the city, bring out of the place:
13For we will destroy this place, because the cry concerning them is
great before the face of the Eternal; and the Eternal hath sent us to
destroy it. 14And Lot went out, and spake unto his sons in law, the
suitors of his daughters, and said, Arise, go out of this place; for the
Eternal will destroy the city; but he was as one that jested in the eyes
of his sons in law. 15And when the morning dawn went up, then the
angels urged Lot, saying, Arise, take thy wife, and thy two daughters,
who are found here, lest thou be swept away in the iniquity of the
city. 16And while he lingered, the men laid hold of his hand, and of
the hand of his wife, and of the hand of his two daughters; the Eternal
having pity upon him: and they brought him forth, and placed him

רש"י

SOJOURN — You are the only strange man amongst us, for you have come to sojourn here, וישפוט שפוט and you make yourself a Reprover of us! הדלת THE DOOR — *This term* דלת *signifies the wooden frame-work* which swings round on hinges to close and open *the entrance* (cf. Verse 11). **(11)** פתח THE DOOR (lit., opening) — This means the hollow space (opening) through which people go in and out. בסנורים This is an attack of blindness (cf. Joma 28b). מקטן ועד גדול FROM SMALL TO GREAT — The small had begun this wrongdoing — as it is said, (v. 14) "both young and old" — therefore the punishment started with them. **(12)** עד מי לך פה WHOM HAST THOU YET HERE — The evident sense of the verse is: whom else have you in this city besides thy wife and daughters who are at home with you. חתן ובניך ובנותיך SON-IN-LAW, THY SONS AND THY DAUGHTERS — If you have a son-in-law, sons or daughters take them out of this place. ובניך THY SONS *means* the sons of your married daughters. The Midrashic explanation of עוד YET is: since they have perpetrated so disgraceful an act, can you yet be so bold (more literally, "can you yet open your mouth") to speak in defence of them? — for the whole night through he had been talking in favor of them. *To obtain this explanation you must read:* עוד מי לך פֶּה Have you yet a mouth! (instead of פֹּה here). **(14)** חתניו SONS-IN-LAW — he had two married daughters in the city (Gen. R. 50). לוקחי בנותיו THOSE WHO WERE MARRYING HIS DAUGHTERS — those to whom his daughters at home were betrothed (ib.). **(15)** ויאיצו THEY URGED [LOT] — as the Targum takes it, "they pressed" — i. e. they hurried him. הנמצאות WHO ARE HERE (lit., who can be found) — who are ready at hand in the house to be rescued. There is a Midrashic explanation also, but this is the proper way to explain the text. תספה *means* [LEST] THOU BE MADE AN END OF. The words (Deut. II, 14) עד תום כל הדור "until all the generation were completely ended are translated by Onkelos: עד דסף כל דרא (the same root סף as in our text). **(16)** ויתמהמה BUT HE LINGERED in order to save his property. ויחזיקו AND THE MEN LAID HOLD [UPON HIS HAND] — One of these was commissioned to rescue him whilst his fellow was to overthrow Sodom;

יז וַיְהִי כְהוֹצִיאָם אֹתָם הַחוּצָה וַיֹּאמֶר הִמָּלֵט עַל־
נַפְשֶׁךָ אַל־תַּבִּיט אַחֲרֶיךָ וְאַל־תַּעֲמֹד בְּכָל־הַכִּכָּר
הָהָרָה הִמָּלֵט פֶּן־תִּסָּפֶה׃ יח וַיֹּאמֶר לוֹט אֲלֵהֶם
אַל־נָא אֲדֹנָי׃ יט הִנֵּה־נָא מָצָא עַבְדְּךָ חֵן בְּעֵינֶיךָ
וַתַּגְדֵּל חַסְדְּךָ אֲשֶׁר עָשִׂיתָ עִמָּדִי לְהַחֲיוֹת אֶת־נַפְשִׁי
וְאָנֹכִי לֹא אוּכַל לְהִמָּלֵט הָהָרָה פֶּן־תִּדְבָּקַנִי הָרָעָה
וָמַתִּי׃ כ הִנֵּה־נָא הָעִיר הַזֹּאת קְרֹבָה לָנוּס שָׁמָּה
וְהִוא מִצְעָר אִמָּלְטָה נָּא שָׁמָּה הֲלֹא מִצְעָר הִוא

אונקלוס

מִבְּרָא לְקַרְתָּא׃ יז וַהֲוָה כַּד־אַפִּיקוּ יָתְהוֹן לְבָרָא וַאֲמַר חוּס עַל־נַפְשָׁךְ לָא־
תִסְתְּכֵי לַאֲחוֹרָךְ וְלָא־תְקוּם בְּכָל־מֵישְׁרָא לְטוּרָא אִשְׁתֵּזֵיב דִּלְמָא־תִלְקֵי׃ יח וַאֲמַר
לוֹט לְהוֹן בְּבָעוּ כְעַן רִבּוֹנִי (ל״י יְיָ)׃ יט הָא־כְעַן אַשְׁכַּח עַבְדָּךְ רַחֲמִין קֳדָמָךְ
וְאַסְגִּיתָא טֵיבוּתָךְ דִּי עֲבַדְתָּא עִמִּי לְקַיָּמָא יָת־נַפְשִׁי וַאֲנָא לֵית־אֲנָא יָכִיל לְאִשְׁתֵּזָבָא
לְטוּרָא דִּילְמָא־תְעָרְעִנַּנִי בִּישְׁתָּא וְאֵימוּת׃ כ הָא־כְעַן קַרְתָּא הָדָא קְרִיבָא לְמֵיעֲרוֹק

רש״י

סְדוֹם, לְכָךְ נֶאֱמַר: „וַיֹּאמֶר" הִמָּלֵט, וְלֹא נֶאֱמַר וַיֹּאמְרוּ (ב״ר): (יז) המלט על נפשך. דַּיֶּךָ לְהַצִּיל נְפָשׁוֹת, אַל תָּחוּס עַל הַמָּמוֹן: אל תביט אחריך. אַתָּה הִרְשַׁעְתָּ עִמָּהֶם וּבִזְכוּת אַבְרָהָם אַתָּה נִצָּל; אֵינְךָ כְּדַאי לִרְאוֹת בְּפוּרְעָנוּתָם וְאַתָּה נִצָּל: בכל הככר. כִּכַּר הַיַּרְדֵּן: ההרה המלט. אֵצֶל אַבְרָהָם בְּרַח, שֶׁהוּא יוֹשֵׁב בָּהָר, שֶׁנֶּאֱמַר: וַיַּעְתֵּק מִשָּׁם הָהָרָה (בראי י״ב), וְאַף עַכְשָׁיו הָיָה יוֹשֵׁב שָׁם, שֶׁנֶּאֱמַר: אֶל הַמָּקוֹם אֲשֶׁר הָיָה שָׁם אָהֳלוֹ בַּתְּחִלָּה. וְאַע״פ שֶׁכָּתוּב וַיֶּאֱהַל אַבְרָהָם וְגו׳ (שם י״ג), אֹהָלִים הַרְבֵּה הָיוּ לוֹ וְנִמְשְׁכוּ עַד חֶבְרוֹן: המלט. לְשׁוֹן הַשְׁמָטָה. וְכֵן כָּל הַמְלָטָה שֶׁבַּמִּקְרָא אשמוצי״ר בלע״ז. וְכֵן: וְהִמְלִיטָה זָכָר (יש׳ ס״ו), שֶׁנִּשְׁמַט הָעוּבָּר מִן הָרֶחֶם, כְּצִפּוֹר נִמְלְטָה (תה׳ קכ״ד), לֹא יָכְלוּ מַלֵּט מַשָּׂא (יש׳ מ״ו), לְהַשְׁמִיט מַשָּׂא הָרְעִי שֶׁבְּנִקְבֵיהֶם: (יח) אל נא אדני. רַבּוֹתֵינוּ אָמְרוּ (שבו׳ ל״ב) שֶׁשֵּׁם זֶה קֹדֶשׁ, שֶׁנֶּאֱמַר בּוֹ: לְהַחֲיוֹת אֶת נַפְשִׁי — מִי שֶׁיֵּשׁ בְּיָדוֹ לְהָמִית וּלְהַחֲיוֹת; וְתַרְגּוּמוֹ בְּבָעוּ כְעַן ה׳: אל נא. אַל תֹּאמְרוּ אֵלַי לְהִמָּלֵט הָהָרָה. נא. לְשׁוֹן בַּקָּשָׁה: (יט) פן תדבקני הרעה. כְּשֶׁהָיִיתִי אֵצֶל אַנְשֵׁי סְדוֹם, הָיָה הַקָּבָּ״ה רוֹאֶה מַעֲשַׂי וּמַעֲשֵׂה בְּנֵי הָעִיר, וְהָיִיתִי נִרְאֶה צַדִּיק, וּכְדַאי לְהִנָּצֵל, וּכְשֶׁאָבֹא אֵצֶל צַדִּיק אֲנִי כְּרָשָׁע. וְכֵן אָמְרָה הַצָּרְפִית לְאֵלִיָּהוּ: בָּאתָ אֵלַי לְהַזְכִּיר אֶת עֲוֹנִי (מ״א י״ז), עַד שֶׁלֹּא בָּאתָ אֶצְלִי הָיָה הַקָּבָּ״ה רוֹאֶה מַעֲשַׂי וּמַעֲשֵׂה עַמִּי, וַאֲנִי צַדֶּקֶת בֵּינֵיהֶם, וּמִשֶּׁבָּאתָ אֶצְלִי, לְפִי מַעֲשֶׂיךָ אֲנִי רְשָׁעָה: (כ) העיר הזאת קרובה. קְרוֹבָה יְשִׁיבָתָהּ, נִתְיַשְּׁבָה מִקָּרוֹב, לְפִיכָךְ לֹא נִתְמַלְּאָה סְאָתָהּ עֲדַיִין (שבת י׳). וּמָה הִיא קְרִיבָתָהּ? מִדּוֹר הַפַּלָּגָה שֶׁנִּתְפַּלְּגוּ הָאֲנָשִׁים וְהִתְחִילוּ לְהִתְיַשֵּׁב אִישׁ אִישׁ בִּמְקוֹמוֹ, וְהִיא הָיְתָה בִּשְׁנַת מוֹת פֶּלֶג, וּמִשָּׁם וְעַד כַּאן נ״ב שָׁנָה. שֶׁפֶּלֶג מֵת בִּשְׁנַת מ״ח לְאַבְרָהָם, כֵּיצַד? פֶּלֶג חַי אַחֲרֵי הוֹלִידוֹ אֶת רְעוּ ר״ט שָׁנָה, צֵא מֵהֶם ל״ב כְּשֶׁנּוֹלַד שְׂרוּג, וּמִשְּׂרוּג עַד שֶׁנּוֹלַד נָחוֹר ל׳, הֲרֵי ס״ב, וּמִנָּחוֹר עַד שֶׁנּוֹלַד תֶּרַח כ״ט, הֲרֵי צ״א, וּמִשָּׁם עַד שֶׁנּוֹלַד אַבְרָהָם ע׳, הֲרֵי קס״א, תֵּן לָהֶם מ״ח הֲרֵי ר״ט, וְאוֹתָהּ שָׁנָה הָיְתָה שְׁנַת הַפַּלָּגָה, וּכְשֶׁנֶּחְרְבָה

without the city. 17And it came to pass, when they had brought them
forth abroad, that he said, Escape for thy life; look not behind thee,
neither stand in all the district; escape to the mountain, lest thou be
swept away. 18And Lot said unto them, Oh, not so, my Lord: 19Behold
now, thy servant hath found favour in thy eyes, and thou hast magni-
fied thy mercy, which thou hast showed me in keeping alive my soul;
and I cannot escape to the mountain, lest some evil cleave unto me,
and I die: 20Behold now, this city is near to flee unto, and it is
little: Oh, let me escape thither, indeed it is little, that my soul

רש״י

that is why it is stated (v. 17) "And h e said, escape", and it is not stated "And t h e y said" (Gen. R. 50). **(17)** המלט על נפשך ESCAPE FOR THY LIFE — Let it suffice you to save your lives; do not give a thought to your possessions. אל תבט אחריך LOOK NOT BEHIND THEE — You sinned with them but art saved through the merit of Abraham. It is not fitting that you should witness their doom whilst you yourself are escaping. בכל הככר IN ALL THE PLAIN — the plain of the Jordan (cf. XIII, 11). ההרה המלט ESCAPE TO THE MOUNTAIN — Flee to Abraham who is dwelling in the mountain — as it is said, (XII. 8) "And he removed his tent thence unto the mountain". He was still dwelling there, as it is said, (XIII. 3) "[And he went unto] . . . the place where his tent had been at first", and although it is stated (XIII, 18) "And Abraham moved his tent etc.", he had m a n y tents and they stretched as far as Hebron. המלט ESCAPE — it means "slipping away" and similarly wherever this root מלט occurs in the Scriptures; in O. F. émisser. Examples are: (Is. LXVI. 7) "she was delivered of (המליטה) a man child" i. e. the embryo slipped out of the womb; (Ps. CXXIV. 7) "[Our soul] is escaped (נמלטה) like a bird"; and (Is. XLVI. 2) "They could not deliver (מלט) the burden", i. e. discharge (make slip out) the burden of excrement in their bowel-passages. **(18)** אל נא אדני OH NOT SO, MY LORD — Our Rabbis said, that this name (Lord) is holy (i. e. refers to God; Sheb. 35b), since it is said regarding him (i. e. regarding the one who was addressed by this name) (v. 19) "[and thou hast magnified thy mercy . . .] in keeping alive my soul". *Therefore it must refer to Him* who has the power to kill or keep alive. Indeed the Targum renders it, "I beg of thee, O L o r d¹)". אל נא OH NOT SO — do not tell me to escape to the mountain. נא: — This word is used when a request is being made. **(19)** פן תדבקני הרעה [I CANNOT ESCAPE TO THE MOUNTAIN,] LEST SOME EVIL CLEAVE UNTO ME — Whilst I was with the people of Sodom the Holy One, blessed be He, compared my deeds with the deeds of the people of my city and I seemed to be righteous and deserving to be saved. When, however, I come to the righteous man (i. e. Abraham whom Rashi v. 17 stated to be dwelling in the mountain) I must be regarded as wicked. Thus, too, did the woman of Zarefath say to Elijah, (1 Kings XVII. 18) "Art thou come to bring my sin in remembrance?" Before you came to me the Holy One, blessed be He, compared my doings with the doings of my people and I was regarded as a righteous woman amongst them, but now that you have come to me, in comparison with your deeds, I am wicked (Gen. 50). **(20)** העיר הזאת קרובה THIS CITY IS NEAR — Its settlement *as a city* is near *in point of time* — it has been populated quite recently and therefore its measure is not yet filled (Sabb. 10b). And how recent was its settlement? It dated from the generation of the Dispersal of Nations, when mankind was scattered and men began to settle down each in his own place. This took place in the year when Peleg died²), and from that time until now was fifty-two years, because Peleg died when Abraham was 48 years old. How is this? Peleg lived after he begat Reu 209 years (XI. 19): deduct from this

NOTES

¹) Since some editions have רבוני instead of יְיָ. Rashi's observation may mean that its proper translation should be יְיָ and not רבוני as you find in some editions.

²) Cf. Rashi on X. 25.

וּתְחִי נַפְשִׁי׃ רביעי כא וַיֹּאמֶר אֵלָיו הִנֵּה נָשָׂאתִי
פָנֶיךָ גַּם לַדָּבָר הַזֶּה לְבִלְתִּי הָפְכִּי אֶת־הָעִיר אֲשֶׁר
דִּבַּרְתָּ׃ כב מַהֵר הִמָּלֵט שָׁמָּה כִּי לֹא אוּכַל לַעֲשׂוֹת
דָּבָר עַד־בֹּאֲךָ שָׁמָּה עַל־כֵּן קָרָא שֵׁם־הָעִיר צוֹעַר׃
כג הַשֶּׁמֶשׁ יָצָא עַל־הָאָרֶץ וְלוֹט בָּא צֹעֲרָה׃ כד וַיהוָה
הִמְטִיר עַל־סְדֹם וְעַל־עֲמֹרָה גָּפְרִית וָאֵשׁ מֵאֵת
יְהוָה מִן־הַשָּׁמָיִם׃ כה וַיַּהֲפֹךְ אֶת־הֶעָרִים הָאֵל וְאֵת
כָּל־הַכִּכָּר וְאֵת כָּל־יֹשְׁבֵי הֶעָרִים וְצֶמַח הָאֲדָמָה׃

אונקלוס

לְתַמָּן וְהִיא זְעֵירָא אִשְׁתֵּזֵב כְּעַן תַּמָּן הֲלָא זְעֵירָא הִיא וְתִתְקַיַּם נַפְשִׁי׃ כא וַאֲמַר
לֵהּ הָא נְסֵיבִית אַפָּךְ אַף לְפִתְגָּמָא הָדֵין בְּדִיל דְּלָא לְמֶהְפַּךְ יָת־קַרְתָּא דְּבָעֵיתָא
עֲלַהּ׃ כב אוֹחִי לְאִשְׁתֵּזָבָא תַּמָּן אֲרֵי לָא אִכּוּל לְמֶעְבַּד פִּתְגָּמָא עַד מֵיתָךְ לְתַמָּן
עַל־כֵּן קְרָא שְׁמָא־דְקַרְתָּא צוֹעַר׃ כג שִׁמְשָׁא נְפַק עַל־אַרְעָא וְלוֹט עַל לְצוֹעַר׃
כד וַיְיָ אַמְטַר עַל־סְדוֹם וְעַל־עֲמוֹרָה גָּפְרִיתָא וְאֶשָּׁתָא מִן־קֳדָם יְיָ מִן־שְׁמַיָּא׃
כה וַהֲפַךְ יָת־קִרְוַיָּא הָאִלֵּין וְיָת כָּל־מֵישְׁרָא וְיָת כָּל־יָתְבֵי קִרְוַיָּא וְצִמְחָא דְּאַרְעָא׃

רש״י

סְדוֹם הָיָה אַבְרָהָם בֶּן צ״ט שָׁנָה, הֲרֵי מִדּוֹר הַפְּלָגָה עַד כָּאן נ״ב שָׁנָה; וְצוֹעַר אַחֲרָהּ יְשִׁיבָתָהּ אַחֲרֵי יְשִׁיבַת סְדוֹם וַחֲבֵירוֹתֶיהָ שָׁנָה אַחַת, הוּא שֶׁנֶּאֱמַר אִמָּלְטָה נָּא, נָא בְּגִימַטְרִיָּא נ״א: הלא מצער הוא. וַהֲלֹא עֲוֹנוֹתֶיהָ מוּעָטִין וְיָכוֹל אַתָּה לְהַנִּיחָהּ: ותחי נפשי. בָּהּ, זֶהוּ מִדְרָשׁוֹ. וּפְשׁוּטוֹ שֶׁל מִקְרָא: הֲלֹא עִיר קְטַנָּה הִיא וַאֲנָשִׁים בָּהּ מְעַט, אֵין לְךָ לְהַקְפִּיד אִם תַּנִּיחֶנָּה וּתְחִי נַפְשִׁי בָּהּ: (כא) גם לדבר הזה. לֹא דַיֶּךָ שֶׁאַתָּה נִצָּל, אֶלָּא אַף כָּל הָעִיר אַצִּיל בִּגְלָלְךָ: הפכי. הוֹפֵךְ אֲנִי. כְּמוֹ: עַד בּוֹאִי, אַחֲרֵי רוֹאִי, מִדֵּי דַבְּרִי בּוֹ (יר׳ ל״א): (כב) כי לא אוכל לעשות. זֶה עָנְשָׁן שֶׁל מַלְאָכִים, עַל שֶׁאָמְרוּ כִּי מַשְׁחִיתִים אֲנַחְנוּ, וְתָלוּ הַדָּבָר בְּעַצְמָן, לְפִיכָךְ לֹא זָזוּ מִשָּׁם עַד שֶׁהוּזְקְקוּ לוֹמַר שֶׁאֵין הַדָּבָר בִּרְשׁוּתָן: כי לא אוכל. לְשׁוֹן יָחִיד; מִכָּאן אַתָּה לָמֵד, שֶׁהָאֶחָד הוֹפֵךְ וְהָאֶחָד מַצִּיל, שֶׁאֵין ב׳ מַלְאָכִים נִשְׁלָחִים לְדָבָר א׳: על כן קרא שם העיר צוער. עַל שֵׁם וְהִיא מִצְעָר: (כד) וה׳ המטיר. כָּל מָקוֹם שֶׁנֶּאֱמַר: וַה׳ — הוּא וּבֵית דִּינוֹ: המטיר על סדום. בַּעֲלוֹת הַשַּׁחַר, כְּמוֹ שֶׁנֶּאֱמַר: וּכְמוֹ הַשַּׁחַר עָלָה; שָׁעָה שֶׁהַלְּבָנָה עוֹמֶדֶת בָּרָקִיעַ עִם הַחַמָּה, לְפִי שֶׁהָיוּ מֵהֶם עוֹבְדִין לַחַמָּה וּמֵהֶם לַלְּבָנָה, אָמַר הַקָּבָּ״ה: אִם אֶפָּרַע מֵהֶם בַּיּוֹם, יִהְיוּ עוֹבְדֵי לְבָנָה אוֹמְרִים: אִלּוּ הָיָה בַּלַּיְלָה, כְּשֶׁהַלְּבָנָה מוֹשֶׁלֶת, לֹא הָיִינוּ חֲרֵבִין, וְאִם אֶפָּרַע מֵהֶם בַּלַּיְלָה, יִהְיוּ עוֹבְדֵי הַחַמָּה אוֹמְרִים: אִלּוּ הָיָה בַּיּוֹם, כְּשֶׁהַחַמָּה מוֹשֶׁלֶת, לֹא הָיִינוּ חֲרֵבִין; לְכָךְ כְּתִיב, וּכְמוֹ הַשַּׁחַר עָלָה, וְנִפְרַע מֵהֶם בְּשָׁעָה שֶׁהַחַמָּה וְהַלְּבָנָה מוֹשְׁלוֹת: המטיר גפרית ואש. בַּתְּחִלָּה מָטָר, וְנַעֲשָׂה גָּפְרִית וָאֵשׁ: מאת ה׳. דֶּרֶךְ הַמִּקְרָאוֹת לְדַבֵּר כֵּן, כְּמוֹ: נְשֵׁי לֶמֶךְ, וְלֹא אָמַר נָשַׁי; וְכֵן אָמַר דָּוִד: קְחוּ עִמָּכֶם אֶת עַבְדֵי אֲדֹנֵיכֶם (מ״א א׳) וְלֹא אָמַר מֵעֲבָדַי; וְכֵן אֲחַשְׁוֵרוֹשׁ אָמַר: בְּשֵׁם הַמֶּלֶךְ, וְלֹא אָמַר בִּשְׁמִי; אַף כָּאן אָמַר, מֵאֵת ה׳ וְלֹא אָמַר מֵאִתִּי: מן השמים. הוא

may live? 21 And he said unto him, See, I have accepted thee concerning
this thing also, that I will not overthrow this city, for which thou hast
spoken. 22 Haste thee, escape thither; for I cannot do any thing till thou
art come thither. Therefore one called the name of the city Zoar. 23 The
sun was risen upon the earth when Lot came into Zoar. 24 Then the
Eternal caused to rain upon Sodom and upon Gomorrah brimstone and
fire from the Eternal out of heaven; 25 And he overthrew those cities,
and all the district, and all the inhabitants of the cities, and the growth of

רש"י

number the 32 years *that Reu was old* when Serug was born (v. 22) and the 30 from the birth of Serug until the birth of Nahor (v. 22) giving 62, and from the birth of Nahor until Terah was born (v. 24) 29, giving 91, and from then until Abraham's birth 70, giving a total of 161. Add 48 years *of Abraham's life* and you have the 209. That was the year of the Dispersion. When Sodom was destroyed Abraham was 99 years old, so that from the Generation of the Dispersal (in the 48th year of Abraham's life) until this time was 52 years. The colonisation of Zoar took place one year later than that of Sodom and its sister-cities. To this fact reference is made in the words אמלטה נא "let me escape נא" i. e. let me escape to the city which is (נ"א) 51 in numerical value. הלא מצער הוא IS IT NOT SMALL? — Are not its sins but few, so that you can let it alone ותחי נפשי SO THAT MY SOUL MAY LIVE? This is the Midrashic explanation. The real meaning of the verse is: Is it not a small city with few inhabitants; you therefore need not be particular about leaving it alone, so that my soul may live in it. **(21)** גם לדבר הזה CONCERNING THIS THING ALSO — Not only will you be saved, but I will also save the whole city for your sake. הפכי *means* I OVERTHROW, just as (XLVIII. 5) "until I come (בואי)", and (XVI. 13) "after I have seen (רואי)" and (Jer. XXXI. 19) "whenever I speak (דברי) of him[1])". **(22)** כי לא אוכל לעשות FOR I CANNOT DO [ANY THING] — This *admission of their powerlessness* was the angels' punishment for having said, (v. 13) "For we will destroy the city", attributing the act to themselves; therefore they could not go away from there (i. e., the incident could not close) until they were compelled to admit that the thing was not in their power[2]) (Gen. R. 50). כי לא אוכל FOR I CANNOT DO ANY THING — *The pronoun is* singular number. This proves that one was to overthrow *the city* and the other to deliver, for two angels are not sent on the same mission.[3]) על כן קרא שם העיר צוער THEREFORE THE NAME OF THE CITY WAS CALLED ZOAR, with reference to *Lot's words* (v. 28) "And it is (מצער) a little one". **(24)** וה' המטיר AND THE LORD CAUSED TO RAIN — Wherever it is said 'וה "And the Lord", *it means* He and His *Celestial* Court (Gen. R. 51). המטיר על סדום HE CAUSED IT TO RAIN ON SODOM — When the morning broke[4]), as it is said, (v. 15) "And when the morning dawned", i. e. the time when the moon is in the sky together with the sun. As some of them worshipped the sun and others the moon, the Holy One, blessed be He, said, "If I punish them by day, the moon-worshippers may say, "If it had taken place at night when the moon rules we would not have been destroyed." And if I punish them by night the sun-worshippers may say, "If it had taken place at day time when the sun rules we would not have been destroyed." For this reason it is written, "And when the morning dawned" — He punished them at that time when both moon and sun are ruling. המטיר גפרית ואש HE RAINED BRIMSTONE AND FIRE — At first it was rain (מטר) to see whether they would repent[5]) and this was then turned into brimstone and fire (Mechilta, Beshalach). מאת ה' FROM THE LORD — This is the Scriptural way of speaking (the Lord rained ... from the Lord); e. g., (IV. 23) "Ye wives of Lamech" and he did not say "my wives". Thus, too, did David say, (1 Kings I. 33) "Take with you the servants of your lord" and he did not say, "my servants" and so, too, did Ahasuerus say, (Est. VIII, 8) "in the king's name" and did not say, "in my name". So, also, here: "From the Lord" and He did not say, "from

NOTES

For Notes 1—5 see Appendix.

כו וַתַּבֵּט אִשְׁתּוֹ מֵאַחֲרָיו וַתְּהִי נְצִיב מֶלַח: כז וַיַּשְׁכֵּם
אַבְרָהָם בַּבֹּקֶר אֶל־הַמָּקוֹם אֲשֶׁר־עָמַד שָׁם אֶת־
פְּנֵי יְהוָה: כח וַיַּשְׁקֵף עַל־פְּנֵי סְדֹם וַעֲמֹרָה וְעַל
כָּל־פְּנֵי אֶרֶץ הַכִּכָּר וַיַּרְא וְהִנֵּה עָלָה קִיטֹר הָאָרֶץ
כְּקִיטֹר הַכִּבְשָׁן: כט וַיְהִי בְּשַׁחֵת אֱלֹהִים אֶת־עָרֵי
הַכִּכָּר וַיִּזְכֹּר אֱלֹהִים אֶת־אַבְרָהָם וַיְשַׁלַּח אֶת־לוֹט
מִתּוֹךְ הַהֲפֵכָה בַּהֲפֹךְ אֶת־הֶעָרִים אֲשֶׁר־יָשַׁב בָּהֵן
לוֹט: ל וַיַּעַל לוֹט מִצּוֹעַר וַיֵּשֶׁב בָּהָר וּשְׁתֵּי בְנֹתָיו
עִמּוֹ כִּי יָרֵא לָשֶׁבֶת בְּצוֹעַר וַיֵּשֶׁב בַּמְּעָרָה הוּא
וּשְׁתֵּי בְנֹתָיו: לא וַתֹּאמֶר הַבְּכִירָה אֶל־הַצְּעִירָה
אָבִינוּ זָקֵן וְאִישׁ אֵין בָּאָרֶץ לָבוֹא עָלֵינוּ כְּדֶרֶךְ כָּל־
הָאָרֶץ: לב לְכָה נַשְׁקֶה אֶת־אָבִינוּ יַיִן וְנִשְׁכְּבָה עִמּוֹ

אונקלוס

כו וְאִסְתְּכִיאַת אִתְּתֵהּ מִבָּתְרוֹהִי וַהֲוַת קָמָא דִמְלַחָא: כז וְאַקְדִּים אַבְרָהָם בְּצַפְרָא
לְאַתְרָא דְּשַׁמֵּשׁ תַּמָּן בִּצְלוֹ קֳדָם יְיָ: כח וְאִסְתְּכִי עַל־אַפֵּי סְדוֹם וַעֲמֹרָה וְעַל־
כָּל־אַפֵּי אַרְעָא דְמֵישְׁרָא וַחֲזָא וְהָא סְלִיק תְּנָנָא דְאַרְעָא כִּתְנָנָא דְאַתּוּנָא:
כט וַהֲוָה בְּחַבָּלוּת (נ״י כַּד חַבַּל) יְיָ יָת־קִרְוֵי מֵישְׁרָא וּדְכִיר יְיָ יָת־אַבְרָהָם וְשַׁלַּח
יָת־לוֹט מִגּוֹ הֲפֵכְתָּא כַּד־הֲפַךְ יָת־קִרְוַיָּא דִּי־הֲוָה־יָתֵב בְּהֵן לוֹט: ל וּסְלֵק לוֹט
מִצּוֹעַר וִיתֵב בְּטוּרָא וְתַרְתֵּין בְּנָתֵיהּ עִמֵּהּ אֲרֵי דְחִיל לְמִתַּב בְּצוֹעַר וִיתֵב
בִּמְעַרְתָּא הוּא וְתַרְתֵּין בְּנָתֵהּ: לא וַאֲמָרַת רַבְּתָא לִזְעֶרְתָּא אֲבוּנָא סִיב וּגְבַר לֵית
בְּאַרְעָא לְמֵיעַל עֲלָנָא כְּאֹרַח כָּל־אַרְעָא: לב אִיתָא נַשְׁקֵי יָת־אֲבוּנָא חַמְרָא

רש״י

שֶׁאָמַר הַכָּתוּב: כִּי בָם יָדִין עַמִּים וְגוֹ׳ (איוב ל״ו). כְּשֶׁבָּא לְיַסֵּר הַבְּרִיּוֹת מֵבִיא עֲלֵיהֶם אֵשׁ מִן
הַשָּׁמַיִם, כְּמוֹ שֶׁעָשָׂה לִסְדוֹם, וּכְשֶׁבָּא לְהוֹרִיד הַמָּן מִן הַשָּׁמַיִם: הִנְנִי מַמְטִיר לָכֶם לֶחֶם מִן
הַשָּׁמָיִם (שמ׳ ט״ז): (כה) ויהפך את הערים וגו׳. אַרְבַּעְתָּם יוֹשְׁבוֹת בְּסֶלַע אֶחָד וַהֲפָכָן מִלְמַעְלָה
לְמַטָּה, שֶׁנֶּאֱמַר: בַּחַלָּמִישׁ שָׁלַח יָדוֹ וְגוֹ׳ (איוב כ׳): (כו) ותבט אשתו מאחריו. שֶׁל לוֹט: ותהי
נציב מלח. בְּמֶלַח חָטְאָה וּבְמֶלַח לָקְתָה; אָמַר לָהּ: תְּנִי מְעַט מֶלַח לָאוֹרְחִים הַלָּלוּ, אָמְרָה לוֹ: אַף
הַמִּנְהָג הָרַע הַזֶּה אַתָּה בָא לְהַנְהִיג בַּמָּקוֹם הַזֶּה (ב״ר): (כח) קיטר. תִּימוֹר שֶׁל עָשָׁן, טורק״א
בלע״ז: הכבשן. חֲפִירָה שֶׁשּׂוֹרְפִין בָּהּ אֶת הָאֲבָנִים לְסִיד, וְכֵן כָּל כִּבְשָׁן שֶׁבַּתּוֹרָה: (כט) ויזכר
א־להים את אברהם. מַהוּ זְכִירָתוֹ שֶׁל אַבְרָהָם עַל לוֹט? נִזְכַּר, שֶׁהָיָה לוֹט יוֹדֵעַ שֶׁשָּׂרָה אִשְׁתּוֹ שֶׁל

the ground. 26 But his wife looked back from behind him, and she be-
came a pillar of salt. 27 And Abraham rose early in the morning to go
to the place where he had stood before the Eternal: 28 And he glanced
towards Sodom and Gomorrah, and towards all the face of the land
of the district, and beheld, and, lo, the vapour of the earth went up as
the vapour of a furnace. 29 And it came to pass, when God destroyed the
cities of the district, that God remembered Abraham, and sent Lot out
of the midst of the overthrow, when he overthrew the cities in which
Lot abode. 30 And Lot went up out of Zoar, and abode in the mountain,
and his two daughters with him; for he feared to abide in Zoar: and he
abode in a cave, he and his two daughters. 31 And the firstborn said
unto the younger, Our father is old, and there is not a man in the
earth to come unto us after the way of all the earth: 32 Come,
let us make our father drink wine, and we will lie with him, that

רש"י

Him" (Gen. R. 51). מן השמים FROM HEAVEN — The text (Job. XXXVI, 31) refers to this: "For by them (the heavens; see the preceding verses) He judges the peoples etc." When God is about to punish mankind He brings upon them fire from heaven just as He did to Sodom (cf. v. 32 of the same chapter); and when he caused the Manna to fall *it was also* from heaven (cf. the second half of v. 31) *as it is said*, (Ex. XVI. 4) "Behold I will rain bread from heaven for you" (cf. Sanh. 104b). **(25)** ויהפוך את הערים וגו' AND HE OVERTHREW [THOSE CITIES] etc. — The four[1]) cities were situated on one rock and He turned them upside down, as it is said, (Job. XXVIII. 9) "He putteth forth His hand upon the flinty rock [and overturneth the mountains by the roots]" (Gen. R. 51). **(26)** ותבט אשתו מאחריו AND HIS WIFE LOOKED BACK FROM BEHIND HIM — behind Lot. ותהי נציב מלח AND SHE BECAME A PILLAR OF SALT — By salt had she sinned and by salt was she punished. He (Lot) said to her *once:* "Give a little salt to these strangers" and she answered him, "Do you mean to introduce this bad custom, also, into our city?" (ib.). **(28)** קיטר signifies a column of smoke. O. F. torche; *Engl. torch.* הכבשן A FURNACE — an excavation in which they burn stone to lime. This is the meaning of כבשן wherever it occurs in the Torah. **(29)** ויזכר אלהים את אברהם GOD REMEMBERED ABRAHAM — What bearing has God's remembering Abraham upon the rescue of Lot? He remembered that Lot knew that Sarah was

NOTES

[1]) Viz., Sodom, and Gomorrah, Admah, and Zeboim (see Deut. XXIX. 22). In Gen. R. 51 however it speaks of five cities (cf. Rashi on XVIII. 24) apparently including "Zoar", which however was not destroyed!

וּנְחַיֶּה מֵאָבִינוּ זָרַע׃ לג וַתַּשְׁקֶיןָ אֶת־אֲבִיהֶן יַיִן בַּלַּיְלָה
הוּא וַתָּבֹא הַבְּכִירָה וַתִּשְׁכַּב אֶת־אָבִיהָ וְלֹא־יָדַע
בְּשִׁכְבָהּ וּבְקוּמָהּ׃ לד וַיְהִי מִמָּחֳרָת וַתֹּאמֶר הַבְּכִירָה
אֶל־הַצְּעִירָה הֵן־שָׁכַבְתִּי אֶמֶשׁ אֶת־אָבִי נַשְׁקֶנּוּ יַיִן
גַּם־הַלַּיְלָה וּבֹאִי שִׁכְבִי עִמּוֹ וּנְחַיֶּה מֵאָבִינוּ זָרַע׃
לה וַתַּשְׁקֶיןָ גַּם בַּלַּיְלָה הַהוּא אֶת־אֲבִיהֶן יָיִן וַתָּקָם
הַצְּעִירָה וַתִּשְׁכַּב עִמּוֹ וְלֹא־יָדַע בְּשִׁכְבָהּ וּבְקֻמָהּ׃
לו וַתַּהֲרֶיןָ שְׁתֵּי בְנוֹת־לוֹט מֵאֲבִיהֶן׃ לז וַתֵּלֶד הַבְּכִירָה
בֵּן וַתִּקְרָא שְׁמוֹ מוֹאָב הוּא אֲבִי־מוֹאָב עַד־הַיּוֹם׃
לח וְהַצְּעִירָה גַם־הִוא יָלְדָה בֵּן וַתִּקְרָא שְׁמוֹ בֶּן־
עַמִּי הוּא אֲבִי בְנֵי־עַמּוֹן עַד־הַיּוֹם׃ ס כ א וַיִּסַּע

אונקלוס

וְנִשְׁכּוּב עִמֵּהּ וּנְקַיֵּם מֵאֲבוּנָא בְּנִין׃ לג וְאַשְׁקִיאָה יָת־אֲבוּהֵן חַמְרָא בְּלֵילְיָא הוּא
וְעַלַּת רַבְּתָא וּשְׁכִיבָא עִם־אֲבוּהָא וְלָא־יְדַע בְּמִשְׁכְּבַהּ וּבְקִימַהּ׃ לד וַהֲוָת בְּיוֹמָא
דְבַתְרוֹהִי וַאֲמָרַת רַבְּתָא לִזְעֶרְתָּא הָא־שְׁכֵיבִית רַמְשָׁא עִם־אַבָּא נַשְׁקִנֵּהּ חַמְרָא
אַף־בְּלֵילְיָא וְעוּלִי שְׁכִיבִי עִמֵּהּ וּנְקַיֵּם מֵאֲבוּנָא בְּנִין׃ לה וְאַשְׁקִיאָה אַף בְּלֵילְיָא
הַהוּא יָת־אֲבוּהֵן חַמְרָא וְקָמַת זְעֶרְתָּא וּשְׁכִיבַת עִמֵּהּ וְלָא־יְדַע בְּמִשְׁכְּבַהּ
וּבְקִימַהּ׃ לו וְעַדִּיאָן תַּרְתֵּין בְּנַת־לוֹט מֵאֲבוּהֵן׃ לז וִילֵידַת רַבְּתָא בַּר וּקְרַת
שְׁמֵהּ מוֹאָב הוּא אֲבוּהוֹן דְּמוֹאֲבָאֵי עַד־יוֹמָא דֵין׃ לח וּזְעֶרְתָּא אַף־הִיא יְלֵידַת בַּר
וּקְרַת שְׁמֵהּ בַּר־עַמִּי הוּא אֲבוּהוֹן דִּבְנֵי־עַמּוֹן עַד־יוֹמָא־דֵין׃ א וּנְטַל מִתַּמָּן

רש"י

אַבְרָהָם וְשָׁמַע שֶׁאָמַר אַבְרָהָם בְּמִצְרַיִם עַל שָׂרָה: אֲחוֹתִי הִיא, וְלֹא גִלָּה הַדָּבָר, שֶׁהָיָה חָס עָלָיו, לְפִיכָךְ חָס הַקָּבָּ"ה עָלָיו (ב"ר): (ל) כי ירא לשבת בצוער. לְפִי שֶׁהָיְתָה קְרוֹבָה לִסְדוֹם: (לא) אבינו זקן. וְאִם לֹא עַכְשָׁיו אֵימָתַי? שֶׁמָּא יָמוּת אוֹ יִפְסוֹק מִהוֹלִיד: ואיש אין בארץ. סְבוּרוֹת הָיוּ, שֶׁכָּל הָעוֹלָם נֶחֱרַב כְּמוֹ בְּדוֹר הַמַּבּוּל (ב"ר): (לג) ותשקין וגו'. יַיִן נִזְדַּמֵּן לָהֶן בַּמְּעָרָה לְהוֹצִיא מֵהֶן שְׁנֵי אֻמּוֹת: ותשכב את אביה. וּבִצְעִירָה כְּתִיב: וַתִּשְׁכַּב עִמּוֹ? צְעִירָה, לְפִי שֶׁלֹּא פָּתְחָה בִּזְנוּת, אֶלָּא אֲחוֹתָהּ לִמְּדַתָּה חִסֵּךְ עָלֶיהָ הַכָּתוּב וְלֹא פֵּרֵשׁ גְּנוּתָהּ; אֲבָל בְּכִירָה שֶׁפָּתְחָה בִּזְנוּת פִּרְסְמָהּ הַכָּתוּב בִּמְפוֹרָשׁ. ובקומה שֶׁל בְּכִירָה נָקוּד, לוֹמַר, שֶׁבְּקוּמָהּ יָדַע, וְאַעַפְּ"כ לֹא נִשְׁמַר לֵיל שֵׁנִי מִלִּשְׁתּוֹת: אָמַר רַבִּי לֵוִי: כָּל מִי שֶׁהוּא לָהוּט אַחַר בּוּלְמוּס שֶׁל עֲרָיוֹת לְסוֹף מַאֲכִילִים אוֹתוֹ מִבְּשָׂרוֹ: (לו) ותהרין וגו'. אַעַ"פ שֶׁאֵין הָאִשָּׁה מִתְעַבֶּרֶת מִבִּיאָה רִאשׁוֹנָה, אֵלּוּ שָׁלְטוּ בְּעַצְמָן וְהוֹצִיאוּ עֶרְוָתָן לַחוּץ וְנִתְעַבְּרוּ מִבִּיאָה רִאשׁוֹנָה: (לז) מואב. זוֹ שֶׁלֹּא הָיְתָה צְנוּעָה פֵּרְשָׁה שֶׁמֵּאָבִיהָ הוּא, אֲבָל צְעִירָה קְרָאַתּוּ בִּלְשׁוֹן נְקִיָּה, וְקִבְּלָה שָׂכָר בִּימֵי

we may keep alive seed from our father. 33And they made their father
drink wine that night: and the firstborn came and lay with her father;
and he knew not when she lay down, nor when she arose. 34And it came
to pass on the morrow, that the firstborn said unto the younger, Be-
hold, I lay yesternight with my father; let us make him drink wine
this night also; and come thou, and lie with him, that we may keep
alive seed from our father. 35And they made their father drink wine
that night also: and the younger arose, and lay with him; and he knew
not when she lay down, nor when she arose. 36Thus the two daughters
of Lot became pregnant by their father. 37And the firstborn bare a son,
and called his name Moab: the same is the father of Moab unto this day.
38And the younger, she also bare a son, and called his name Ben-ammi:
the same is the father of the children of Ammon unto this day.

20. 1And Abraham journeyed from thence towards the land

רש״י

Abraham's wife and that when he heard that Abraham said in Egypt regarding Sarah, "She is my sister", he did not betray him because he had sympathy with him. For this reason God had mercy upon him (Lot) (ib.). **(30)** כי ירא לשבת בצוער FOR HE FEARED TO DWELL IN ZOAR, because it was near to Sodom. **(31)** אבינו זקן OUR FATHER IS OLD — And if not now, when? He may die or may cease to beget children. ואיש אין בארץ AND THERE IS NOT A MAN IN THE EARTH — They thought that the whole world had been destroyed as in the time of the generation of the Flood (ib.). **(33)** ותשקין וגו׳ AND THEY MADE THEIR FATHER DRINK [WINE] etc. — Wine was at hand for them in the cave out of a set purpose that they might bring forth two nations (ib.). ותשכב את אביה AND SHE LAY WITH HER FATHER — In the case of the younger daughter it is written (v. 35) "and she lay with him", *and it does not state "she lay with her father"*. But because the younger did not originate this unchaste conduct but her sister taught it to her, Scripture glosses over her sin and does not explicitly make mention of her shame; but since the elder originated this unchaste conduct Scripture exposes her fully. ובקומה NOR WHEN SHE AROSE — This word where it occurs with reference to the elder sister (v. 33) has dots above it (as though it is not written at all), implying that when she arose, he (Lot) was aware of it, and yet he did not take care on the second night to obstain from wine. (Hor. 10b.) R. Levi said, Whoever is inflamed by sexual desire will, in the end, be made to eat his own flesh (Gen. R. 51)[1]. **(37)** מואב MOAB — This daughter who was immodest openly proclaimed that *the son* was born of her father (מֵאָב), but the younger named her child in a euphemistic fashion and was rewarded for this at

NOTES

1) This is a euphemism and means "will fall into the sin of incest" (Cf. Rashi on כי אם הלחם, XXXIX. 6).

84 בראשית כ וירא

מִשָּׁ֨ם אַבְרָהָ֜ם אַ֣רְצָה הַנֶּ֔גֶב וַיֵּ֥שֶׁב בֵּין־קָדֵ֖שׁ וּבֵ֣ין
שׁ֑וּר וַיָּ֖גָר בִּגְרָֽר׃ ב וַיֹּ֧אמֶר אַבְרָהָ֛ם אֶל־שָׂרָ֥ה אִשְׁתּ֖וֹ
אֲחֹ֣תִי הִ֑וא וַיִּשְׁלַ֗ח אֲבִימֶ֙לֶךְ֙ מֶ֣לֶךְ גְּרָ֔ר וַיִּקַּ֖ח אֶת־
שָׂרָֽה׃ ג וַיָּבֹ֧א אֱלֹהִ֛ים אֶל־אֲבִימֶ֖לֶךְ בַּחֲל֣וֹם הַלָּ֑יְלָה
וַיֹּ֣אמֶר ל֗וֹ הִנְּךָ֥ מֵת֙ עַל־הָאִשָּׁ֣ה אֲשֶׁר־לָקַ֔חְתָּ וְהִ֖וא
בְּעֻ֥לַת בָּֽעַל׃ ד וַאֲבִימֶ֕לֶךְ לֹ֥א קָרַ֖ב אֵלֶ֑יהָ וַיֹּאמַ֕ר
אֲדֹנָ֕י הֲג֥וֹי גַּם־צַדִּ֖יק תַּהֲרֹֽג׃ ה הֲלֹ֨א ה֤וּא אָֽמַר־לִי֙
אֲחֹ֣תִי הִ֔וא וְהִֽיא־גַם־ה֥וּא אָֽמְרָ֖ה אָחִ֣י ה֑וּא בְּתָם־
לְבָבִ֛י וּבְנִקְיֹ֥ן כַּפַּ֖י עָשִׂ֥יתִי זֹֽאת׃ ו וַיֹּאמֶר֩ אֵלָ֨יו הָאֱלֹהִ֜ים
בַּחֲלֹ֗ם גַּ֣ם אָנֹכִ֤י יָדַ֙עְתִּי֙ כִּ֣י בְתָם־לְבָבְךָ֙ עָשִׂ֣יתָ זֹּ֔את
וָאֶחְשֹׂ֧ךְ גַּם־אָנֹכִ֛י אוֹתְךָ֖ מֵחֲטוֹ־לִ֑י עַל־כֵּ֥ן לֹֽא־

אונקלוס

אַבְרָהָם לְאַרְעָא דָרוֹמָא וִיתֵיב בֵּין רְקַם וּבֵין חַגְרָא וְאִתּוֹתַב בִּגְרָר: ב וַאֲמַר אַבְרָהָם עַל־שָׂרָה אִתְּתֵהּ אֲחָתִי הִיא וּשְׁלַח אֲבִימֶלֶךְ מַלְכָּא דִגְרָר וּדְבַר יָת־שָׂרָה: ג וַאֲתָא מֵימַר מִן־קֳדָם־יְיָ לְוַת־אֲבִימֶלֶךְ בְּחֶלְמָא דְלֵילְיָא וַאֲמַר לֵהּ הָא־אַתְּ מָיֵת עַל־עֵיסַק אִתְּתָא דִדְבַרְתָּא וְהִיא אִתַּת גְּבַר: ד וַאֲבִימֶלֶךְ לָא קְרֵב לְוָתַהּ וַאֲמַר יְיָ הַעַם אַף־זַכַּי תִּקְטוֹל: ה הֲלָא הוּא אֲמַר־לִי אֲחָתִי הִיא וְהִיא־אַף־הִיא אֲמָרַת אָחִי הוּא בְּקַשִּׁיטוּת לִבִּי וּבְזַכָּאוּת יְדַי עֲבָדִית דָּא: ו וַאֲמַר לֵהּ מֵימַר מִן קֳדָם יְיָ בְּחֶלְמָא אַף־קֳדָמַי גְּלֵי אֲרֵי בְקַשִּׁיטוּת־לִבָּךְ עֲבַדְתְּ דָּא וּמְנָעִית אַף־אֲנָא יָתָךְ מִלְּמֶחֱטֵי קֳדָמָי עַל־כֵּן לָא־שְׁבַקְתָּךְ לְמִקְרַב לְוָתַהּ:

רש״י

מֹשֶׁה, שֶׁנֶּאֱמַר בִּבְנֵי עַמּוֹן אַל תִּתְגָּר בָּם (דב׳ ב׳) — כְּלָל, וּבְמוֹאָב לֹא הִזְהִיר אֶלָּא שֶׁלֹּא יִלָּחֵם בָּם, אֲבָל לְצַעֲרָן הִתִּיר לוֹ:

כ (א) ויסע משם אברהם. כְּשֶׁרָאָה שֶׁחָרְבוּ הַכְּרַכִּים וּפָסְקוּ הָעוֹבְרִים וְהַשָּׁבִים, נָסַע לוֹ מִשָּׁם. ד״א: לְהִתְרַחֵק מִלּוֹט, שֶׁיָּצָא עָלָיו שֵׁם רָע, שֶׁבָּא עַל בְּנוֹתָיו: (ב) ויאמר אברהם. כָּאן לֹא נָטַל רְשׁוּת אֶלָּא עַל כָּרְחָהּ שֶׁלֹּא בְטוֹבָתָהּ, לְפִי שֶׁכְּבָר לָקְחָה לְבֵית פַּרְעֹה עַל יְדֵי כֵן: אל שרה אשתו. עַל שָׂרָה אִשְׁתּוֹ, כַּיּוֹצֵא בוֹ: אֶל הִלָּקַח אֲרוֹן וְגוֹ׳ וְאֶל מֵת חָמִיהָ (ש״א ד׳), שְׁנֵיהֶם בִּלְשׁוֹן עַל: (ד) לא קרב אליה: הַמַּלְאָךְ מְנָעוֹ, כְּמוֹ שֶׁנֶּאֱמַר: לֹא נְתַתִּיךָ לִנְגֹּעַ אֵלֶיהָ: הגוי גם צדיק תהרג. אַף אִם הוּא צַדִּיק תַּהַרְגֵנוּ! שֶׁמָּא כָּךְ דַּרְכְּךָ לְאַבֵּד הָאֻמּוֹת חִנָּם? כָּךְ עָשִׂיתָ לְדוֹר הַמַּבּוּל וּלְדוֹר הַפְּלָגָה. אַף אֲנִי אוֹמֵר שֶׁהֲרַגְתָּם עַל לֹא דָבָר, כְּשֵׁם שֶׁאַתָּה אוֹמֵר לְהָרְגֵנִי: (ה) גם הוא. לְרַבּוֹת עֲבָדִים וְגַמָּלִים וְחַמָּרִים שֶׁלָּהּ, אֶת כֻּלָּם שָׁאַלְתִּי וְאָמְרוּ לִי:

of the south, and abode between Kadesh and Shur, and sojourned in Gerar. ²And Abraham said of Sarah his wife, she is my sister: and Abimelech king of Gerar sent, and took Sarah. ³But God came to Abimelech in a dream by night, and said to him, Behold, thou shalt die for the woman whom thou hast taken; for she is a man's wife. ⁴But Abimelech had not approached her: and he said, Lord, wilt thou slay also a righteous nation? ⁵Said he not unto to me, She is my sister? and she, even she herself said, He is my brother: in the integrity of my heart and innocency of my hands have I done this. ⁶And God said unto him in a dream, Yea, I know that thou didst this in the integrity of thy heart; therefore I withheld thee from sinning against

רש"י

the time of Moses, as it is said regarding the children of Ammon, (Deut. II. 19) "Do not contend with them" — in any manner at all — whereas in reference to Moab it (Scripture) only forbade waging war against them but permitted them (the Israelites) to vex them (Gen. R. 51).

20. (1) ויסע משם אברהם AND ABRAHAM JOURNEYED FROM THENCE — When he observed that the cities had been destroyed and travellers ceased to pass to and fro, he went away from there. Another explanation is: *he journeyed from there* to get away from Lot who had gained an evil reputation because of his intercourse with his daughters (ib. 52). **(2)** ויאמר אברהם AND ABRAHAM SAID — This time he did not ask her consent but forcibly and against her inclination *he stated that she was his sister*, because she had already been taken once to Pharaoh's house on account of this¹) (ib.). אל שרה אשתו OF SARAH HIS WIFE — *means* in reference to (אֶל in sense of עַל) just as (1 Sam. IV. 21) "in reference to (אֶל) the ark of God being taken, and in reference to (אֶל) her father-in-law", where the word אל, in both cases, has the same meaning as עַל. **(4)** לא קרב אליה HE HAD NOT COME NEAR HER — The Angel prevented him, as it is said (v. 6) "I have not permitted thee to touch her" (cf. Gen. R 52). הגוי גם צדיק תהרוג WILT THOU SLAY ALSO A RIGHTEOUS NATION? — Even though it be righteous will you slay it? Is such perhaps Your usual way — to destroy nations without cause? That is what you did to the generation of the Flood and to the generation of the Dispersal. I may indeed say that you slew t h e m without proper cause, just as you think to kill m e *without cause*. **(5)** גם הוא ALSO SHE HERSELF — *The word "also" presupposes that others a l s o said the same*: it serves to include her servants, cameldrivers and assdrivers — all these I asked and they told me, "He

NOTES

¹) He was therefore sure she would not consent to this pretence.

נְתַתִּיךָ לִנְגֹּעַ אֵלֶיהָ׃ ז וְעַתָּה הָשֵׁב אֵשֶׁת־הָאִישׁ
כִּי־נָבִיא הוּא וְיִתְפַּלֵּל בַּעַדְךָ וֶחְיֵה וְאִם־אֵינְךָ מֵשִׁיב
דַּע כִּי־מוֹת תָּמוּת אַתָּה וְכָל־אֲשֶׁר־לָךְ׃ ח וַיַּשְׁכֵּם
אֲבִימֶלֶךְ בַּבֹּקֶר וַיִּקְרָא לְכָל־עֲבָדָיו וַיְדַבֵּר אֶת־
כָּל־הַדְּבָרִים הָאֵלֶּה בְּאָזְנֵיהֶם וַיִּירְאוּ הָאֲנָשִׁים
מְאֹד׃ ט וַיִּקְרָא אֲבִימֶלֶךְ לְאַבְרָהָם וַיֹּאמֶר לוֹ מֶה־
עָשִׂיתָ לָּנוּ וּמֶה־חָטָאתִי לָךְ כִּי־הֵבֵאתָ עָלַי וְעַל־
מַמְלַכְתִּי חֲטָאָה גְדֹלָה מַעֲשִׂים אֲשֶׁר לֹא־יֵעָשׂוּ
עָשִׂיתָ עִמָּדִי׃ י וַיֹּאמֶר אֲבִימֶלֶךְ אֶל־אַבְרָהָם מָה
רָאִיתָ כִּי עָשִׂיתָ אֶת־הַדָּבָר הַזֶּה׃ יא וַיֹּאמֶר אַבְרָהָם
כִּי אָמַרְתִּי רַק אֵין־יִרְאַת אֱלֹהִים בַּמָּקוֹם הַזֶּה
וַהֲרָגוּנִי עַל־דְּבַר אִשְׁתִּי׃ יב וְגַם־אָמְנָה אֲחֹתִי בַת־

אונקלוס

ז וּכְעַן אֲתֵיב אִתַּת־גַּבְרָא אֲרֵי־נְבִיָּא הוּא וִיצַלֵּי עֲלָךְ וּתְחֵי וְאִם־לֵיתָךְ מְתֵיב
דַּע אֲרֵי־מֵימַת תְּמוּת אַתְּ וְכָל־דִּי־לָךְ: ח וְאַקְדֵּים אֲבִימֶלֶךְ בְּצַפְרָא וּקְרָא לְכָל־
עַבְדוֹהִי וּמַלִּיל יָת־כָּל־פִּתְגָּמַיָּא הָאִלֵּין קֳדָמֵיהוֹן וּדְחִילוּ גֻּבְרַיָּא לַחֲדָא: ט וּקְרָא
אֲבִימֶלֶךְ לְאַבְרָהָם וַאֲמַר לֵהּ מָה־עֲבַדְתְּ לַנָא וּמָה־חָבִית (נ״י חֲטֵית) לָךְ אֲרֵי
אַיְתֵיתָא עֲלַי וְעַל־מַלְכוּתִי חוֹבָא רַבָּא עוֹבָדִין דִּי־לָא כַשְׁרִין לְאִתְעֲבָדָא עֲבַדְתְּ
עִמִּי: י וַאֲמַר אֲבִימֶלֶךְ לְאַבְרָהָם מָה חֲזֵיתָ אֲרֵי עֲבַדְתְּ יָת־פִּתְגָּמָא הָדֵין:
יא וַאֲמַר אַבְרָהָם אֲרֵי אֲמָרִית לְהוֹד לֵית־דַּחַלְתָּא דַיְיָ בְּאַתְרָא הָדֵין וְיִקְטְלֻנַּנִי
עַל־עֵסַק אִתְּתִי: יב וּבְרַם־בְּקוּשְׁטָא אֲחָתִי בַת־אַבָּא הִיא בְּרַם לָא בַת־אִמָּי

רש״י

אָחִיהָ הוּא: בתם לבבי. שֶׁלֹּא דִמִּיתִי לַחֲטוֹא: ובנקיון כפי. נָקִי אֲנִי מִן הַחֵטְא, שֶׁלֹּא נָגַעְתִּי בָּהּ: (ו) ידעתי כי בתם לבבך וגו׳. אֱמֶת שֶׁלֹּא דִמִּיתָ מִתְּחִלָּה לַחֲטוֹא אֲבָל נִקְיוֹן כַּפַּיִם אֵין כָּאן: לא נתתיך. לֹא מִמְּךָ הָיָה שֶׁלֹּא נָגַעְתָּ בָהּ, אֶלָּא חָשַׂכְתִּי אֲנִי אוֹתְךָ מֵחֲטוֹא וְלֹא נָתַתִּי לְךָ כֹּחַ, וְכֵן: וְלֹא נְתָנוֹ אֱלֹהִים (בראשית ל״א), וְכֵן: וְלֹא נְתָנוֹ אָבִיהָ לָבוֹא (שופטים ט״ו): (ז) השב אשת האיש. וְאַל תְּהֵא סָבוּר שֶׁמָּא תִתְגַּנֶּה בְעֵינָיו וְלֹא יְקַבְּלֶנָּה אוֹ יִשְׂנָאֶךָ וְלֹא יִתְפַּלֵּל עָלֶיךָ: כי נביא הוא. וְיוֹדֵעַ שֶׁלֹּא נָגַעְתָּ בָהּ, לְפִיכָךְ ויתפלל בעדך (ב״ק צ״ב): (ט) מעשים אשר לא יעשו. מַכָּה, אֲשֶׁר לֹא הֻרְגְּלָה לָבֹא עַל בְּרִיָּה, בָּאָה לָנוּ עַל יָדְךָ: עֲצִירַת כָּל נְקָבִים, שֶׁל זֶרַע וְשֶׁל קְטַנִּים וּרְעִי וְאָזְנַיִם וְחוֹטָם: (יא) רק אין יראת אלהים. אַכְסְנַאי שֶׁבָּא לָעִיר עַל עִסְקֵי

me: therefore suffered I thee not to touch her. [7]Now therefore restore
the man his wife; for he is a prophet, and he shall pray for thee, and
thou shalt live: and if thou restore her not, know thou that thou shalt
surely die, thou, and all that are thine. [8]Therefore Abimelech rose
early in the morning, and called all his servants, and spake all these
words in their ears: and the men were sore afraid. [9]Then Abimelech
called Abraham, and said unto him, What hast thou done unto us? and
in what have I sinned against thee, that thou hast brought on me and
on my kingdom a great sin? thou hast done deeds unto me that ought
not to be done. [10]And Abimelech said unto Abraham, What sawest thou,
that thou hast done this thing? [11]And Abraham said, Because I said,
Surely the fear of God is not in this place; and they will slay me for my
wife's sake. [12]And yet indeed she is my sister; she is the daughter of

רש"י

is her brother" (ib.). בתם לבבי IN THE INTEGRITY OF MY HEART — I did not intend to sin. ובנקיון כפי AND IN THE INNOCENCY OF MY HANDS — I am innocent of this sin because I have not touched her. **(6)** ידעתי כי בתם לבבך וגו' I KNOW THAT IN THE INTEGRITY OF THY HEART etc. — It is true that at first you had no intention of sinning, but you cannot claim innocency of hands — because לא נתתיך I PERMITTED THEE NOT — It was not of your own will that you did not touch her, but it was "I" who withheld you from sinning, and "I' did not permit you the possibility *to touch her*. Similar *examples of* נתן *in sense of permitting are,* (XXXI. 7) "God permitted him not (לא נתנו)" and (Judg. XV. 1) "But her father did not permit him (ולא נתנו) to go in." **(7)** השב אשת האיש RESTORE THE MAN'S WIFE and do not think that she will be repulsive in his eyes and that he will not take her back or that he will hate you and will not pray for you כי נביא הו' FOR HE IS A PROPHET and he knows that you have not touched her; therefore — ויתפלל בעדך HE WILL PRAY FOR THEE. **(9)** מעשים אשר לא יעשו THINGS THAT OUGHT NOT TO BE DONE — A plague such as does not ordinarily fall upon human beings has come upon us through you, viz., the closing up of all the *secretory* channels — *those* of semen, urine, excrement, of the ears and the nose (cf. B. Kama 92a). **(11)** רק אין יראת אלהים SURELY THERE IS NO FEAR OF GOD — When a stranger arrives in a city do people ask him about what he would like to eat or to drink, or do

אָבִי הִוא אַךְ לֹא בַת־אִמִּי וַתְּהִי־לִי לְאִשָּׁה׃ יג וַיְהִי
כַּאֲשֶׁר הִתְעוּ אֹתִי אֱלֹהִים מִבֵּית אָבִי וָאֹמַר לָהּ
זֶה חַסְדֵּךְ אֲשֶׁר תַּעֲשִׂי עִמָּדִי אֶל כָּל־הַמָּקוֹם אֲשֶׁר
נָבוֹא שָׁמָּה אִמְרִי־לִי אָחִי הוּא׃ יד וַיִּקַּח אֲבִימֶלֶךְ
צֹאן וּבָקָר וַעֲבָדִים וּשְׁפָחֹת וַיִּתֵּן לְאַבְרָהָם וַיָּשֶׁב
לוֹ אֵת שָׂרָה אִשְׁתּוֹ׃ טו וַיֹּאמֶר אֲבִימֶלֶךְ הִנֵּה אַרְצִי
לְפָנֶיךָ בַּטּוֹב בְּעֵינֶיךָ שֵׁב׃ טז וּלְשָׂרָה אָמַר הִנֵּה
נָתַתִּי אֶלֶף כֶּסֶף לְאָחִיךְ הִנֵּה הוּא־לָךְ כְּסוּת עֵינַיִם
לְכֹל אֲשֶׁר אִתָּךְ וְאֵת־כֹּל וְנֹכָחַת׃ יז וַיִּתְפַּלֵּל אַבְרָהָם

אונקלוס

וַהֲוָת־־לִי־־לְאִנְתּוּ: יג וַהֲוָה כַּד טְעוֹ עַמְמַיָּא בָּתַר עוֹבָדֵי־־יְדֵהּ יָתִי קָרִיב־יְיָ
לְדַחַלְתֵּהּ מִבֵּית אַבָּא וַאֲמָרִית לַהּ דֵּין (נ״י דָּא) טֵיבוּתִיךְ דִּי תַעְבְּדִי עִמִּי לְכָל־
אַתְרָא דִּינְהַךְ לְתַמָּן אֱמַרִי עֲלַי אָחִי הוּא: יד וּדְבַר אֲבִימֶלֶךְ עָאן וְתוֹרִין וְעַבְדִין
וְאַמְהָן וִיהַב לְאַבְרָהָם וַאֲתֵיב לֵהּ יָת שָׂרָה אִתְּתֵהּ: טו וַאֲמַר אֲבִימֶלֶךְ הָא
אַרְעִי קֳדָמָךְ בִּדְתַקִּין בְּעֵינָךְ תִּיב: טז וּלְשָׂרָה אֲמַר הָא יְהָבִית אֲלַף־סִלְעִין־
דִּכְסַף לְאָחִיךְ הָא הוּא־לִיךְ כְּסוּת דִּיקָר (עַיְנִין) חֲלָף דִּשְׁלַחִית דְּבַרְתִּיךְ וַחֲזֵית

רש״י

אֲכִילָה וּשְׁתִיָּה שׁוֹאֲלִין אוֹתוֹ אוֹ עַל עִסְקֵי אִשְׁתּוֹ שׁוֹאֲלִין אוֹתוֹ? אִשְׁתְּךָ הִיא אוֹ אֲחוֹתְךָ הִיא?
(ב״ק שם): (יב) אחתי בת אבי הוא. וּבַת אָב מוּתֶּרֶת לְבֶן נֹחַ, שֶׁאֵין אַבְהוּת לְגוֹי. וּכְדֵי לְאַמֵּת
דְּבָרָיו הֱשִׁיבָם כֵּן. וְאִם תֹּאמַר: וַהֲלֹא בַּת אָחִיו הָיְתָה? בְּנֵי בָנִים הֲרֵי הֵן כְּבָנִים, וַהֲרֵי הִיא
בִּתּוֹ שֶׁל תֶּרַח; וְכֵן הוּא אוֹמֵר לְלוֹט: כִּי אֲנָשִׁים אַחִים אֲנָחְנוּ (בראי׳ י״ג): אך לא בת אמי.
הָרָן מֵאֵם אַחֶרֶת הָיָה: (יג) ויהי כאשר התעו וגו׳. אוּנְקְלוֹס תִּרְגֵּם מַה שֶׁתִּרְגֵּם; וְיֵשׁ לְיַשְּׁבוֹ
עוֹד דָּבָר דָּבוּר עַל אָפְנָיו: כְּשֶׁהוֹצִיאַנִי הַקָּבָּ״ה מִבֵּית אָבִי לִהְיוֹת מְשׁוֹטֵט וְנָד מִמָּקוֹם לְמָקוֹם,
יָדַעְתִּי, שֶׁאֶעֱבוֹר בִּמְקוֹם רְשָׁעִים ואמר לה זה חסדך: כאשר התעו. לָשׁוֹן רַבִּים. וְאַל תִּתְמַהּ,
כִּי הַרְבֵּה מְקוֹמוֹת לְשׁוֹן אֱלָהוּת וּלְשׁוֹן מָרוּת קָרוּי בִּלְשׁוֹן רַבִּים: אֲשֶׁר הָלְכוּ אֱלֹהִים
(ש״ב ז), אֱלֹהִים חַיִּים (דבי׳ ה׳), אֱלֹהִים קְדוֹשִׁים (יהו׳ כ״ד), וְכָל לְשׁוֹן אַדְנוּת לְשׁוֹן רַבִּים;
וְכֵן: וַיִּקַּח אֲדוֹנֵי יוֹסֵף (בראי׳ ל״ט), וַאֲדוֹנֵי הָאֲדוֹנִים (דבי׳ י׳), אֲדוֹנֵי הָאָרֶץ (בראי׳ מ״ב); וְכֵן:
בְּעָלָיו עִמּוֹ (שמ׳ כ״ב), וְהוּעַד בִּבְעָלָיו (שם ט״ו); וְאִם תֹּאמַר: מַהוּ לְשׁוֹן הִתְעוּ? כָּל הַגּוֹלֶה
מִמְּקוֹמוֹ וְאֵינוֹ מְיוּשָּׁב קָרוּי תּוֹעֶה, כְּמוֹ: וַתֵּלֶךְ וַתֵּתַע (בראי׳ כ״א), תָּעִיתִי כְּשֶׂה אֹבֵד
(תה׳ קי״ט), יִתְעוּ לִבְלִי אוֹכֶל (איוב ל״ח)—יֵצְאוּ וְיִתְעוּ לְבַקֵּשׁ אָכְלָם: אמרי לי. עָלַי, וְכֵן:
וַיִּשְׁאֲלוּ אַנְשֵׁי הַמָּקוֹם לְאִשְׁתּוֹ (בראי׳ כ״ו), עַל אִשְׁתּוֹ, וְכֵן וְאָמַר פַּרְעֹה לִבְנֵי יִשְׂרָאֵל (שמ׳ י״ד),
כְּמוֹ עַל בְּנֵי יִשְׂרָאֵל; פֶּן יֹאמְרוּ לִי אִשָּׁה הֲרָגַתְהוּ (שופ׳ ט׳): (יד) ויתן לאברהם. כְּדֵי שֶׁיִּתְפַּיֵּס
וְיִתְפַּלֵּל עָלָיו: (טו) הנה ארצי לפניך: אֲבָל פַּרְעֹה אָמַר לוֹ: הִנֵּה אִשְׁתְּךָ קַח וָלֵךְ, לְפִי
שֶׁנִּתְיָרֵא, שֶׁהַמִּצְרִיִּים שְׁטוּפֵי זִמָּה: (טז) ולשרה אמר אֲבִימֶלֶךְ לִכְבוֹדָהּ כְּדֵי לְפַיְּסָהּ, הִנֵּה

my father, but not the daughter of my mother; and she became my
wife. 13And it came to pass, when God caused me to wander from my
father's house, that I said unto her, This is thy kindness which thou
shalt do unto me: at every place whither we shall come, say of me, He
is my brother. 14And Abimelech took flocks, and herds, and menser-
vants, and handmaids, and gave them unto Abraham, and restored
him Sarah his wife. 15And Abimelech said, Behold, my land is be-
fore thee: abide where it is good in thine eyes. 16And unto Sarah
he said, Behold, I have given thy brother a thousand pieces of sil-
ver: behold, it shall be to thee an eye-covering unto all that are
with thee, and thou mayest face every one. 17So Abraham prayed

רש"י

they ask him about his wife — "Is this your wife?" or "Is this your sister?" (ib.) (Surely if they ask at all, it is about his needs; if they ask regarding his relationship to the lady accompanying him, it is evidence that they are not God-fearing people!) **(12)** אחותי בת אבי היא SHE IS MY SISTER, THE DAUGHTER OF MY FATHER — And the daughter of the same father is permitted *to be married* to a descendant of Noah[1]), for the paternal relationship is not taken into consideration in *the case of the marriages* between idolators (i. e. the "Sons of Noah"). He answered them in this way in order to bear out his *former* statement *that she was his sister*.[2]) If, however, you ask, "But was she not his brother's daughter? (see chapter XI. 29, and so she was granddaughter of Terah, Abraham's father), *then I reply*, one's children's children are considered as one's own children. Thus, too, did he say to Lot, (XIII. 8) "For we are brethren" (although the relationship was that of uncle and nephew, as here it was that of uncle and niece). אך לא בת אמי BUT NOT THE DAUGHTER OF MY MOTHER — For Haran (her father) was born of a different mother *than Abraham* (Baba K. 92a). **(13)** ויהי כאשר התעו אותי וגו' AND IT CAME TO PASS WHEN GOD CAUSED ME TO WANDER etc. — Onkelos translates it in his own way, but it can be explained in another manner that is also appropriate: When the Holy One, blessed be He, brought me forth from my father's house to be a nomad, wandering from place to place, I knew that I would traverse places where there are wicked people ואמר לה זה חסדך AND *so* I SAID UNTO HER THIS IS THY LOVINGKINDNESS [WHICH THOU SHALT SHOW UNTO ME]. כאשר התעו WHEN GOD CAUSED ME TO WANDER — *The verb is in* the plural. Do not be surprised at this, for in many passages words denoting Godship or denoting Authority are grammatically treated as plural, *e. g.*, (2 Sam. VII. 23) "Whom God went (הלכו plural) to redeem"; (Deut. V. 23) "the living (חיים adjective, plural) God"; (Josh. XXIV. 19) "a Holy (קדושים adjective, plural) God". So, too, the idea of Authority is expressed by the plural form, as (XXXIX. 20) "And the master of (אדני construct plural) Joseph took *him*", and as (Deut. X. 17) "Lord of (אדני) lords (האדנים)", and (XLII. 30) "the lord of (אדני) the land"; as well as (Ex. XXII. 14) "*if* its owner (בעליו) be with it", and (Ex. XXI. 19) "and warning has been given to its master (בעליו)". If you ask why does it here use the term התעו, *I reply*, anyone who is exiled from his home and has no settled abode may be styled תועה a wanderer (or "one moving about aimlessly"), as (XXI. 14) "And she, Hagar, went and strayed about (ותתע) *in the wilderness:*" (Ps. CXIX. 176) "I have gone astray (תעיתי) like a lost sheep", and (Job XXXVIII. 41) "they wander (יתעו) through lack of food", i. e. they go out and wander about to seek their food. אמרי לי *means say* regarding me (the ל of לי signifies על); similar are: (XXVI. 7) "And the men of the place asked לאשתו" *where* לאשתו *is the same as* על אשתו regarding his wife; (Ex. XIV. 3) "And Pharaoh will say לבני ישראל" *where* לבני *is the same as* על בני ישראל; (Judges IX. 54) "That men say not (לי) regarding me, a woman slew him".

NOTES

1) See Note 3 page 7.
2) See Appendix.

87 בראשית כ כא וירא

אֶל־הָאֱלֹהִים וַיִּרְפָּא אֱלֹהִים אֶת־אֲבִימֶלֶךְ וְאֶת־
אִשְׁתּוֹ וְאַמְהֹתָיו וַיֵּלֵדוּ׃ יח כִּי־עָצֹר עָצַר יְהוָה בְּעַד
כָּל־רֶחֶם לְבֵית אֲבִימֶלֶךְ עַל־דְּבַר שָׂרָה אֵשֶׁת
אַבְרָהָם׃ ס כא א וַיהוָה פָּקַד אֶת־שָׂרָה כַּאֲשֶׁר
אָמָר וַיַּעַשׂ יְהוָה לְשָׂרָה כַּאֲשֶׁר דִּבֵּר׃ ב וַתַּהַר
וַתֵּלֶד שָׂרָה לְאַבְרָהָם בֵּן לִזְקֻנָיו לַמּוֹעֵד אֲשֶׁר־
דִּבֶּר אֹתוֹ אֱלֹהִים׃ ג וַיִּקְרָא אַבְרָהָם אֶת־שֶׁם־
בְּנוֹ הַנּוֹלַד־לוֹ אֲשֶׁר־יָלְדָה־לּוֹ שָׂרָה יִצְחָק׃ ד וַיָּמָל
אַבְרָהָם אֶת־יִצְחָק בְּנוֹ בֶּן־שְׁמֹנַת יָמִים כַּאֲשֶׁר

אונקלוס

יָתִיךְ וְיָת־כָּל־דְעִמָּךְ וְעַל־כָּל־מָה־דַאֲמַרְתְּ אִתּוֹכַחַתְּ׃ יז וְצַלִּי אַבְרָהָם קֳדָם־יְיָ
וְאַסִּי יְיָ יָת־אֲבִימֶלֶךְ וְיָת־אִתְּתֵהּ וְאַמְהָתֵהּ וְאִתְרְוַחוּ׃ יח אֲרֵי־מֵיחַד אֲחַד יְיָ
בְּאַפֵּי כָּל־פְּתַח־וַלְדָּא לְבֵית אֲבִימֶלֶךְ עַל־עֵסַק שָׂרָה אִתַּת אַבְרָהָם׃ א וַייָ
דְּכִיר יָת־שָׂרָה כְּמָא דַאֲמַר וַעֲבַד יְיָ לְשָׂרָה כְּמָא דְמַלֵּיל׃ ב וְעַדִּיאַת וִילֵידַת
שָׂרָה לְאַבְרָהָם בַּר לְסֵיבְתוֹהִי לִזְמַן דְּמַלֵּיל יָתֵהּ יְיָ׃ ג וּקְרָא אַבְרָהָם יָת־
שׁוּם בְּרֵהּ דְּאִתְיְלִיד־לֵהּ דִּילֵידַת־לֵהּ שָׂרָה יִצְחָק׃ ד וּגְזַר אַבְרָהָם יָת־יִצְחָק

רש"י

עָשִׂיתִי לְךָ כָּבוֹד זֶה, נָתַתִּי מָמוֹן לְאָחִיךְ שֶׁאָמַרְתְּ עָלָיו אָחִי הוּא, הִנֵּה הַמָּמוֹן וְהַכָּבוֹד הַזֶּה לָךְ כסות עינים לכל אשר אתך. יְכַסּוּ עֵינֵיהֶם שֶׁלֹּא יְקִילוּךְ, שֶׁאִלּוּ הֲשִׁיבוֹתִיךְ רֵיקָנִית. יֵשׁ לָהֶם לוֹמַר: לְאַחַר שֶׁנִּתְעַלֵּל בָּהּ הֶחֱזִירָהּ; עַכְשָׁיו שֶׁהוּצְרַכְתִּי לְבַזְבֵּז מָמוֹן וּלְפַיְּסֵךְ, יוֹדְעִים יִהְיוּ, שֶׁעַל כָּרְחִי הֲשִׁיבוֹתִיךְ וְעַל יְדֵי נֵס: ואת כל. וְעִם כָּל בָּאֵי עוֹלָם: ונכחת. יְהִי לָךְ פִּתְחוֹן פֶּה לְהִתְוַכֵּחַ וּלְהַרְאוֹת דְּבָרִים נִכָּרִים הַלָּלוּ: וּלְשׁוֹן הוֹכָחָה בְּכָל מָקוֹם בֵּרוּר דְּבָרִים ובלע"ז אשפרו"ביר, וְאוּנְקְלוֹס תִּרְגֵּם בְּפָנִים אֲחֵרִים, וּלְשׁוֹן הַמִּקְרָא כָּךְ הוּא נוֹפֵל עַל הַתַּרְגּוּם: הִנֵּה לָךְ כְּסוּת שֶׁל כָּבוֹד עַל הָעֵינַיִם שֶׁלִּי שֶׁשָּׁלְטוּ בָּךְ וּבְכָל אֲשֶׁר אִתָּךְ, וְעַל כֵּן תִּרְגְּמוֹ: וַחֲזֵית יָתִיךְ וְיָת כָּל דְּעִמָּךְ. וְיֵשׁ מ"א; אֲבָל יִשּׁוּב לְשׁוֹן הַמִּקְרָא פֵּרַשְׁתִּי: (יז) וילדו. כְּתַרְגּוּמוֹ: וְאִתְרְוַחוּ, נִפְתְּחוּ נִקְבֵיהֶם וְהוֹצִיאוּ, וְהִיא לֵידָה שֶׁלָּהֶם: (יח) בעד כל רחם. כְּנֶגֶד כָּל פֶּתַח: על דבר שרה. עַל פִּי דִבּוּרָהּ שֶׁל שָׂרָה:

כא (א) וה' פקד את שרה וגו'. סָמַךְ פָּרָשָׁה זוֹ לְלַמֶּדְךָ, שֶׁכָּל הַמְבַקֵּשׁ רַחֲמִים עַל חֲבֵירוֹ וְהוּא צָרִיךְ לְאוֹתוֹ דָבָר, הוּא נַעֲנֶה תְּחִלָּה (ב"ק צ"ב), שֶׁנֶּאֱמַר וַיִּתְפַּלֵּל וְגוֹ', וְסָמִיךְ לֵיהּ: וַה' פָּקַד אֶת שָׂרָה, שֶׁפְּקָדָהּ כְּבָר קוֹדֶם שֶׁרִפָּא אֶת אֲבִימֶלֶךְ: פקד את שרה כאשר אמר. בְּהֵרָיוֹן: כאשר דבר. בְּלֵידָה. וְהֵיכָן הִיא אֲמִירָה, וְהֵיכָן הוּא דִּבּוּר? אֲמִירָה: וַיֹּאמֶר אֱלֹהִים אֲבָל שָׂרָה אִשְׁתְּךָ וְגוֹ' (בראשית י"ז), דִּבּוּר: הָיָה דְבַר ה' אֶל אַבְרָם בִּבְרִית בֵּין הַבְּתָרִים, וְשָׁם נֶאֱמַר לֹא יִירָשְׁךָ זֶה וְגוֹ' (שם ט"ו), וְהַבִּיא הַיּוֹרֵשׁ מִשָּׂרָה: ויעש ה' לשרה כאשר דבר. לְאַבְרָהָם: (ב) למועד אשר דבר אתו. דִּי מַלֵּיל יָתֵהּ, אֶת הַמּוֹעֵד דִּבֵּר וְקָבַע כְּשֶׁאָמַר לוֹ: לַמּוֹעֵד אָשׁוּב

unto God: and God healed Abimelech, and his wife, and his maidser-
vants; and they bare children. 18For the Eternal had restrained every
womb of the house of Abimelech, because of Sarah Abraham's wife.

21. 1And the Eternal visited Sarah as he had said, and the Eternal
did unto Sarah as he had spoken. 2For Sarah became pregnant, and
bare Abraham a son in his old age, at the appointed time of which
God had spoken to him. 3And Abraham called the name of his son
that was born unto him, whom Sarah bare to him, Isaac. 4And Abra-
ham circumcised his son Isaac being eight days old as God had com-

רש״י

(14) ויתן לאברהם AND GAVE THEM UNTO ABRAHAM, so that he might be mollified and pray for him. **(15)** הנה ארצי לפניך BEHOLD MY LAND IS BEFORE THEE — But Pharaoh had said to him (XII. 19) "Behold thy wife, take her and go", because he feared *for Sarah's safety* since the Egyptians were addicted to lewd practices (see Rashi on this passage). **(16)** ולשרה אמר AND UNTO SARAH HE SAID — Abimelech said — out of respect for her and to mollify her: "Behold I have shown you this mark of respect, *viz.*, I have given money to your brother — to him of whom thou didst say "he is my brother". הנה BEHOLD, this money and this evidence of respect לך כסות עינים לכל אשר אתך SHALL BE UNTO THEE A COVERING OF THY EYES TO ALL WHO ARE WITH THEE — these will put a covering over the eyes of all who are with thee so that they shall not hold you in light esteem. But had I sent you back empty-handed, they might have said, "After he abused her he sent her back"; now, however, that I have had to lavish money and to mollify you they will understand that I have sent you back against my own will *forced to do so* by a miracle. ואת כל AND WITH ALL — *means* and with all people in the world. ונכחת AND THOU MAYEST FACE EVERY ONE — You will have an opening of the mouth (an opportunity) to defend yourself (להתוכח) and to point to these evident facts. This expression יכח in the Hiphil means everywhere making a thing plain; in O. F. éprouver; *Engl. to prove.* Onkelos translated in a different manner, and the words of the text fit in with the Targum in the following way: Behold this shall be to you as a veil of honour on account of my eyes which have gazed upon (lit., ruled over) you and upon all who are with you; and that is why he translates it by: "*because that* I saw you and your people[1]) that are with you". There are Midrashic explanations, but I have given the more exact meaning of the text. **(17)** וילדו AND THEY BROUGHT FORTH — Explain it as the Targum takes it: "and they were relieved" — their channels were opened (cf. v. 9) and they brought forth their secretions — and this is לידה "bringing forth", as far as they are concerned. **(18)** בעד כל רחם GOD HAD CLOSED UP EVERY רחם — *means had closed up every* opening (of the body). על דבר שרה וגו׳ BECAUSE OF (lit., by the word of) SARAH — at Sarah's bidding (Gen. R. 52).[2])

21. (1) וה׳ פקד את שרה וגו׳ AND THE LORD VISITED SARAH — It (Scripture) places this section after the preceding one to teach you that whoever prays for mercy on behalf of another when he himself also is in need of that very thing *for which he prays on the other's behalf*, will himself first receive a favorable response *from God*, for it is said (at end of last chapter), "And Abraham prayed for Abimelech and his wife and they brought forth" and immediately afterwards it states here, "And the Lord remembered Sarah" — i. e. he had already remembered her before he healed Abimelech.[3]) פקד את שרה כאשר אמר HE REMEMBERED SARAH AS HE SAID — *He remembered her* by *granting her* pregnancy. כאשר דבר [HE DID TO SARAH] AS HE HAD SPOKEN — by *granting her* the birth *of a son* (Pesikta). Where are the expressions "saying" and "speaking" *used respectively in regard to these? "Saying" is mentioned in the verse* (XVII. 19) "And God said (ויאמר): "nay, but Sarah, thy wife" etc.; — "Speaking", *is mentioned in* (XV. 1) "And the word (דבר "speaking")

NOTES

For Notes 1—3 see Appendix.

צִוָּה אֹתוֹ אֱלֹהִים: חמישי ה וְאַבְרָהָם בֶּן־מְאַת
שָׁנָה בְּהִוָּלֶד לוֹ אֵת יִצְחָק בְּנוֹ: ו וַתֹּאמֶר שָׂרָה
צְחֹק עָשָׂה לִי אֱלֹהִים כָּל־הַשֹּׁמֵעַ יִצְחַק־לִי:
ז וַתֹּאמֶר מִי מִלֵּל לְאַבְרָהָם הֵינִיקָה בָנִים שָׂרָה
כִּי־יָלַדְתִּי בֵן לִזְקֻנָיו: ח וַיִּגְדַּל הַיֶּלֶד וַיִּגָּמַל וַיַּעַשׂ
אַבְרָהָם מִשְׁתֶּה גָדוֹל בְּיוֹם הִגָּמֵל אֶת־יִצְחָק:
ט וַתֵּרֶא שָׂרָה אֶת־בֶּן־הָגָר הַמִּצְרִית אֲשֶׁר־יָלְדָה
לְאַבְרָהָם מְצַחֵק: י וַתֹּאמֶר לְאַבְרָהָם גָּרֵשׁ הָאָמָה
הַזֹּאת וְאֶת־בְּנָהּ כִּי לֹא יִירַשׁ בֶּן־הָאָמָה הַזֹּאת
עִם־בְּנִי עִם־יִצְחָק: יא וַיֵּרַע הַדָּבָר מְאֹד בְּעֵינֵי

אונקלוס

בְּרֵהּ בַּר־תְּמַנְיָא יוֹמִין כְּמָא־דִי פַקִּיד יָתֵהּ יְיָ: ה וְאַבְרָהָם בַּר מְאָה־שְׁנִין כַּד־
אִתְיְלִיד לֵהּ יָת יִצְחָק בְּרֵהּ: ו וַאֲמֶרֶת שָׂרָה חֶדְוָא עֲבַד לִי יְיָ כָּל־דְּשָׁמַע יֶחְדֵי־
לִי: ז וַאֲמֶרֶת מָאן מְהֵימָן דַּאֲמַר לְאַבְרָהָם קַיָּם דְּתוֹנִיק־בְּנִין שָׂרָה אֲרֵי־
יְלֵידִית בַּר לְסֵיבְתוּהִי: ח וּרְבָא רַבְיָא וְאִתְחֲסִיל וַעֲבַד אַבְרָהָם מִשְׁתְּיָא רַבָּא
בְּיוֹמָא דְּאִתְחֲסִיל יָת־יִצְחָק: ט וַחֲזָת שָׂרָה יָת־בַּר־הָגָר מִצְרֵיתָא דִּילֵידַת
לְאַבְרָהָם מְחַיֵּיךְ: י וַאֲמֶרֶת לְאַבְרָהָם תָּרֵךְ אַמְתָא הָדָא וְיָת־בְּרַהּ אֲרֵי לָא
יֵירַת בַּר־אַמְתָא הָדָא עִם־בְּרִי עִם־יִצְחָק: יא וּבְאֵישׁ פִּתְגָמָא לַחֲדָא בְּעֵינֵי

רש״י

אֵלֶיךָ: (שם י״ח), שָׂרַט לוֹ שְׂרִיטָה בַּכּוֹתֶל, אָמַר לוֹ: כְּשֶׁתַּגִּיעַ חַמָּה לִשְׂרִיטָה זוֹ בְּשָׁנָה הָאַחֶרֶת, תֵּלֵד: (ו) יצחק לי. יִשְׂמַח עָלַי. ומ״א: הַרְבֵּה עֲקָרוֹת נִפְקְדוּ עִמָּהּ, הַרְבֵּה חוֹלִים נִתְרַפְּאוּ בוֹ בַּיּוֹם, הַרְבֵּה תְּפִלּוֹת נַעֲנוּ עִמָּהּ, וְרַב שְׂחוֹק הָיָה בָעוֹלָם: (ז) מי מלל לאברהם. לְשׁוֹן שֶׁבַח וַחֲשִׁיבוּת, רְאוּ, מִי הוּא וְכַמָּה הוּא שׁוֹמֵר הַבְטָחָתוֹ! הַקָּבָּ״ה. מַבְטִיחַ וְעוֹשֶׂה! מלל. שִׁנָּה הַכָּתוּב וְלֹא אָמַר: דִּבֶּר,—גִּימַטְרִיָּא שֶׁלּוֹ ק׳, כְּלוֹמַר: לְסוֹף מֵאָה לְאַבְרָהָם: היניקה בנים שרה. וּמַהוּ בָּנִים לְשׁוֹן רַבִּים? בְּיוֹם הַמִּשְׁתֶּה הֵבִיאוּ הַשָּׂרוֹת בְּנֵיהֶן עִמָּהֶן וְהֵינִיקָה אוֹתָם, שֶׁהָיוּ אוֹמְרוֹת: לֹא יָלְדָה שָׂרָה, אֶלָּא אֲסוּפִי הֵבִיאָה מִן הַשּׁוּק: (ח) ויגמל. לְסוֹף כ״ד חֹדֶשׁ (גיטין ע״ה): משתה גדול. שֶׁהָיוּ שָׁם גְּדוֹלֵי הַדּוֹר: שֵׁם וְעֵבֶר וַאֲבִימֶלֶךְ (ב״ר): (ט) מצחק. לְשׁוֹן ע״ז, כְּמוֹ שֶׁנֶּאֱמַר: וַיָּקוּמוּ לְצַחֵק (שמ׳ ל״ב). ד״א. לְשׁוֹן גִּלּוּי עֲרָיוֹת, כְּמָה דְתֵימָא: לְצַחֶק בִּי (ברי ל״ב); ד״א. לְשׁוֹן רְצִיחָה, כְּמוֹ: יָקוּמוּ נָא הַנְּעָרִים וִישַׂחֲקוּ לְפָנֵינוּ וְגוֹ׳ (ש״ב ב׳), שֶׁהָיָה מֵרִיב עִם יִצְחָק עַל הַיְרוּשָׁה וְאוֹמֵר: אֲנִי בְּכוֹר וְנוֹטֵל פִּי שְׁנַיִם, וְיוֹצְאִים בַּשָּׂדֶה וְנוֹטֵל קַשְׁתּוֹ וְיוֹרֶה בוֹ חִצִּים, כְּמָה דְתֵימָא: כְּמִתְלַהְלֵהַּ הַיּוֹרֶה זִקִּים וְגוֹ׳ וְאָמַר הֲלֹא מְשַׂחֵק אָנִי (משלי כ״ו): (י) עם בני עם יצחק. מִכֵּיוָן שֶׁהוּא בְּנִי אֲפִילוּ אִם אֵינוֹ הָגוּן כְּיִצְחָק, אוֹ הָגוּן כְּיִצְחָק,

manded him. 5 And Abraham was an hundred years old, when his son
Isaac was born unto him. 6 And Sarah said, God hath made me a person
to be laughed at, all that hear it will laugh at me. 7 And she said, Who
would have declared unto Abraham, that Sarah should have suckled
children? for I have born him a son in his old age. 8 And the child grew,
and was weaned: and Abraham made a great feast on the day that Isaac
was weaned. 9 And Sarah saw the son of Hagar the Egyptian, whom she
had born unto Abraham, mocking. 10 Wherefore she said unto Abraham,
Drive away this maidservant and her son: for the son of this maidservant
shall not possess with my son, even with Isaac. 11 And the thing was very

רש"י

of the Lord came to Abraham", *and this was* when He made the Covenant between the Pieces where it was stated, "This man (Eliezer) shall not be thine heir, [but one who shall be born from thee shall be thine heir]," and He brought *forth* this heir from Sarah. ויעש ה' לשרה כאשר דבר AND THE LORD DID UNTO SARAH AS HE HAD SPOKEN — *means, spoken* to Abraham.[1]) **(2)** למועד אשר דבר אתו *Render it as Onkelos translates: "At the appointed time* which He had spoken: — the time[2]) He had said and appointed. When He had said to him (XVIII. 4) "At the set time I will return unto thee", He scratched a mark in the wall and said to him, "When the sunrays touch this mark next year she will bear a son" (Tanch.). **(6)** יצחק לי *means* will rejoice on my account. The Midrashic statement is (Gen. R. 53): Many barren women were remembered together with her, many sick were healed in that day, many prayers were answered with hers and there was great rejoicing in the world. **(7)** מי מלל לאברהם *The word* מי *is used as* an exclamation of praise *alluding to* the distinguished position *of the Being spoken of. The sense therefore is:* See, Who it is, and to what extent He keeps his promise! The Holy One, blessed be He, promises and performs! מלל SAID — Scripture employs here an unusual expression and does not use דבר, said, *because* its numerical value (i. e. of מלל) is one hundred, signifying as much as: *Who was it who spoke* in reference to the end of one hundred years of Abraham's life הניקה בנים שרה THAT SARAH WILL HAVE SUCKLED CHILDREN (Gen. R. 53). What is the force of the word "children", in the plural? On the feast-day princesses brought their children with them and she (Sarah) gave them suck, for these *women* said, "Sarah has not given birth to a son; she has brought into her house a foundling from the street" (B. Metsia 87a). **(8)** ויגמל AND HE WAS WEANED — at the expiration of twenty-four months (Gittin 75b). משתה גדול A GREAT FEAST — *it is so designated* because the great men of that generation were present at it — Shem, Eber and Abimelech (Gen. R. 53). **(9)** מצחק MAKING SPORT — This means worshipping idols, as it is said *in reference of the Golden Calf,* (Ex. XXXII. 6) "And they rose up to make merry (לצחק)." Another explanation is that it refers to immoral conduct, just as you say *in reference to Potiphar's wife,* (Gen. XXXIX. 17) "To mock (לצחק) at me." Another explanation is that it refers to murder, as (2 Sam. II. 14) "Let the young men, I pray thee, arise and make sport (וישחקו) before us" (where they fought with and killed one another) (Gen. R. 53). *From Sarah's reply — "for the son of this bondwoman shall not be heir with my son" — you may infer that* he (Ishmael) was quarrelling with Isaac about the inheritance, saying, "I am the first-born and will, therefore, take a double portion". They went into the field and he (Ishmael) took his bow and shot arrows at him (Isaac), just as you say (Prov. XXVI. 18, 19) "As a madman who casteth firebrands, [arrows and death] and says: I am only מצחק mocking" (ib.). **(10)** עם בני עם יצחק WITH MY SON, WITH ISAAC — For since this is my

NOTES

For Notes 1 and 2 see Appendix.

אַבְרָהָ֑ם עַ֖ל אוֹדֹ֥ת בְּנֽוֹ׃ יב וַיֹּ֨אמֶר אֱלֹהִ֜ים אֶל־
אַבְרָהָ֗ם אַל־יֵרַ֤ע בְּעֵינֶ֙יךָ֙ עַל־הַנַּ֣עַר וְעַל־אֲמָתֶ֔ךָ
כֹּל֩ אֲשֶׁ֨ר תֹּאמַ֥ר אֵלֶ֛יךָ שָׂרָ֖ה שְׁמַ֣ע בְּקֹלָ֑הּ כִּ֣י
בְיִצְחָ֔ק יִקָּרֵ֥א לְךָ֖ זָֽרַע׃ יג וְגַ֥ם אֶת־בֶּן־הָאָמָ֖ה לְג֣וֹי
אֲשִׂימֶ֑נּוּ כִּ֥י זַרְעֲךָ֖ הֽוּא׃ יד וַיַּשְׁכֵּ֣ם אַבְרָהָ֣ם ׀ בַּבֹּ֡קֶר
וַיִּֽקַּֽח־לֶ֩חֶם֩ וְחֵ֨מַת מַ֜יִם וַיִּתֵּ֣ן אֶל־הָ֠גָר שָׂ֧ם עַל־
שִׁכְמָ֛הּ וְאֶת־הַיֶּ֖לֶד וַֽיְשַׁלְּחֶ֑הָ וַתֵּ֣לֶךְ וַתֵּ֔תַע בְּמִדְבַּ֖ר
בְּאֵ֥ר שָֽׁבַע׃ טו וַיִּכְל֥וּ הַמַּ֖יִם מִן־הַחֵ֑מֶת וַתַּשְׁלֵ֣ךְ אֶת־
הַיֶּ֔לֶד תַּ֖חַת אַחַ֥ד הַשִּׂיחִֽם׃ טז וַתֵּלֶךְ֩ וַתֵּ֨שֶׁב לָ֜הּ מִנֶּ֗גֶד
הַרְחֵק֙ כִּמְטַחֲוֵ֣י קֶ֔שֶׁת כִּ֣י אָֽמְרָ֔ה אַל־אֶרְאֶ֖ה בְּמ֣וֹת
הַיָּ֑לֶד וַתֵּ֣שֶׁב מִנֶּ֔גֶד וַתִּשָּׂ֥א אֶת־קֹלָ֖הּ וַתֵּֽבְךְּ׃ יז וַיִּשְׁמַ֣ע

אונקלוס

אַבְרָהָם עַל־עֵסַק בְּרֵהּ: יב וַאֲמַר יְיָ לְאַבְרָהָם לָא־יִבְאַשׁ בְּעֵינָךְ עַל־עוּלֵימָא
וְעַל־אַמְתָךְ כֹּל דִּיתֵימַר לָךְ שָׂרָה קַבֵּל מִנַּהּ אֲרֵי בְיִצְחָק יִקְרוּן לָךְ בְּנִין: יג וְאַף
יָת־בַּר־אַמְתָא לְעַם אֲשַׁוִּנֵּהּ אֲרֵי בְנָךְ הוּא: יד וְאַקְדֵּים אַבְרָהָם בְּצַפְרָא וּנְסִיב
לַחְמָא וְרָקְבָא דְמַיָּא וִיהַב לְהָגָר שַׁוִּי עַל־כַּתְפַּהּ וְיָת־רַבְיָא וְשַׁלְּחַהּ וַאֲזַלַת
וּתְעָת בְּמַדְבְּרָא (נ״א בְּמַדְבַּר) בְּאֵר שָׁבַע: טו וּשְׁלִימוּ מַיָּא מִן־רָקְבָא וּרְמַת יָת־
רַבְיָא תְּחוֹת חַד מִן־אִילָנַיָּא: טז וַאֲזַלַת וִיתֵיבַת לַהּ מִקָּבֵל אַרְחֵיקַת (נ״י אַרְחִיק)
כְּמִיגַד קַשְׁתָּא אֲרֵי אֲמַרַת לָא־אֶחֱזֵי בְּמוֹתָא דְרַבְיָא וִיתֵיבַת מִקָּבֵל וַאֲרֵימַת
יָת־קָלַהּ וּבְכָת: יז וּשְׁמִיעַ קֳדָם־יְיָ יָת־קָלֵהּ דְּרַבְיָא וּקְרָא מַלְאֲכָא דַייָ לְהָגָר מִן־

רש״י

אֲפִילוּ אֵינוֹ בְּנִי אֵין זֶה כְּדַאי לִירַשׁ עִמּוֹ, — קַ״ו עִם בְּנִי עִם יִצְחָק, שֶׁשְּׁתֵּיהֶן בּוֹ (ב״ר): (יא) על אודת בנו. שֶׁשָּׁמַע שֶׁיָּצָא לְתַרְבּוּת רָעָה (ב״ר), וּפְשׁוּטוֹ: עַל שֶׁאָמְרָה לוֹ לְשַׁלְּחוֹ: (יב) שמע בקולה. לָמַדְנוּ, שֶׁהָיָה אַבְרָהָם טָפֵל לְשָׂרָה בִּנְבִיאוּת: (יד) לחם וחמת מים. וְלֹא כֶּסֶף וְזָהָב, לְפִי שֶׁהָיָה שׂוֹנְאוֹ עַל שֶׁיָּצָא לְתַרְבּוּת רָעָה: ואת הילד. אַף הַיֶּלֶד שָׂם עַל שִׁכְמָהּ, שֶׁהִכְנִיסָה בּוֹ שָׂרָה עַיִן רָעָה וַאֲחָזַתּוּ חַמָּה וְלֹא יָכוֹל לֵילֵךְ בְּרַגְלָיו (ב״ר): ותלך ותתע. חָזְרָה לְגִלּוּלֵי בֵּית אָבִיהָ (פדר״א פ׳ ל׳): (טו) ויכלו המים. לְפִי שֶׁדֶּרֶךְ חוֹלִים לִשְׁתּוֹת הַרְבֵּה: (טז) מנגד. מֵרָחוֹק: כמטחוי קשת. כִּשְׁתֵּי טִיחוֹת (ב״ר). וְהוּא לְשׁוֹן יְרִיַּת חֵץ; בִּלְשׁוֹן מִשְׁנָה: שֶׁהֵטִיחַ בְּאִשְׁתּוֹ, עַל שֵׁם שֶׁהַזֶּרַע יוֹרֶה כַּחֵץ; וְאִם תֹּאמַר: הָיָה לוֹ לִכְתּוֹב כִּמְטַחֵי קֶשֶׁת, מִשְׁפַּט הַוָּי״ו לְבָנַם לְכָאן, כְּמוֹ: בְּחַגְוֵי הַסֶּלַע (שיר, ב׳) מִגְזֶרֶת וְהָיְתָה אַדְמַת יְהוּדָה לְמִצְרַיִם לְחָגָּא (יש׳ י״ט), וּמִגְּזֶרֶת יָחוֹגּוּ וְיָנוּעוּ כַּשִּׁכּוֹר (תה׳ ק״ז), וְכֵן: קַצְוֵי אֶרֶץ, (תה׳ ס״ה), מִגְּזֶרֶת קָצֶה: יתשב מנגד. כֵּיוָן שֶׁקָּרַב לָמוּת הוֹסִיפָה לְהִתְרַחֵק: (יז) את קול הנער. מִכָּאן שֶׁיָּפָה תְּפִלַּת

evil in the eyes of Abraham, because of his son. [12]And God said unto
Abraham, Let it not be evil in thy eyes because of the lad, and because of
thy maid servant; in all that Sarah hath said unto thee, hearken unto her
voice; for through Isaac shall seed be raised unto thee. [13]And also of the
son of the maidservant will I make a nation, because he is thy seed. [14]And
Abraham rose early in the morning, and took bread, and a skin-vessel of
water, and gave it unto Hagar, putting it on her shoulder, and the child,
and sent her away: and she went, and wandered in the desert of Beer-sheba.
[15]And the water was finished from the skin-vessel, and she cast the child
under one of the plants. [16]And she went, and sat her down over against
him, at the distance of about a bowshot: for she said, Let me not see the
death of the child. And she sat over against him, and lifted up her voice,

רש"י

son, even though he were not as good as Isaac really is, or if he were as good a man as Isaac really is, even though he were not my son, this one (Ishmael) is not deserving of inheriting with him: how much less is he deserving of inheriting with my son, with Isaac — with one who possesses both these qualities (of being my son and of being the good man Isaac). **(11)** על אדות בנו ON ACCOUNT OF HIS SON — because he heard that he had taken to degenerate ways (Tanch. Shemoth). The real meaning, however, is because she (Sarah) had told him to send him away. **(12)** שמע בקולה HEARKEN UNTO HER VOICE — we may infer that Abraham was inferior to Sarah in respect of prophecy (ib.). **(14)** לחם וחמת מים BREAD AND A BOTTLE OF WATER — but not silver and gold, because he hated him for taking to degenerate ways. ואת הילד AND THE CHILD — the child, too, he placed on her shoulder, for Sarah had cast an evil eye upon him, so that a fever seized him and he could not walk (Gen. R. 53). ותלך ותתע AND SHE WENT AND WANDERED — she reverted to the the idol-worship of her father's house (P. d' R. Eliezer 30). **(15)** ויכלו המים AND THE WATER WAS SPENT, because it is the nature of sick people to drink much. **(16)** מנגד *means* some distance away. כמטחוי קשת AS IT WERE A BOWSHOT — about two bowshots (since the first word is really plural). The word signifies shooting an arrow — *we find it so used* in the Mishna (Sanh. 46a). If you say that it should have been written כִּמְטַחֵי קשת (since the root is טחה) *then I say that* it is quite regular for a ו to be inserted in these forms as (Song II, 14) "in the clefts (בחגוי) of the rock", *where* בחגוי *is* of the same derivation *as* חגא *in* (Is. XIX. 17) "And the land of Judah shall become a breach (לחגא) to Egypt" and of the same derivation as יחוגו *in* (Ps. CVII. 27) "They reeled (יחוגו) to and fro and staggered like a drunken man". Similar, also, is (Ps. LXV, 6) "The ends of (קצוי) the earth" which is of the same derivation as קצה, end. ותשב מנגד SHE SAT AT A DISTANCE — (this is the second time that it is so said) — now that he came nearer to death she moved further away from him. **(17)** את קול הנער THE VOICE OF THE LAD — From this

90 בראשית כא וירא

אֱלֹהִים אֶת־קוֹל הַנַּעַר וַיִּקְרָא מַלְאַךְ אֱלֹהִים ׀ אֶל־
הָגָר מִן־הַשָּׁמַיִם וַיֹּאמֶר לָהּ מַה־לָּךְ הָגָר אַל־
תִּירְאִי כִּי־שָׁמַע אֱלֹהִים אֶל־קוֹל הַנַּעַר בַּאֲשֶׁר
הוּא־שָׁם: יח קוּמִי שְׂאִי אֶת־הַנַּעַר וְהַחֲזִיקִי אֶת־
יָדֵךְ בּוֹ כִּי־לְגוֹי גָּדוֹל אֲשִׂימֶנּוּ: יט וַיִּפְקַח אֱלֹהִים
אֶת־עֵינֶיהָ וַתֵּרֶא בְּאֵר מָיִם וַתֵּלֶךְ וַתְּמַלֵּא אֶת־
הַחֵמֶת מַיִם וַתַּשְׁקְ אֶת־הַנָּעַר: כ וַיְהִי אֱלֹהִים אֶת־
הַנַּעַר וַיִּגְדָּל וַיֵּשֶׁב בַּמִּדְבָּר וַיְהִי רֹבֶה קַשָּׁת: כא וַיֵּשֶׁב
בְּמִדְבַּר פָּארָן וַתִּקַּח־לוֹ אִמּוֹ אִשָּׁה מֵאֶרֶץ
מִצְרָיִם: פ ששי.

אונקלוס

שְׁמַיָּא וַאֲמַר לַהּ מָה־לִיךְ הָגָר לָא תִדְחֲלִי אֲרֵי שְׁמִיעַ קֳדָם־יְיָ יָת קָלֵהּ דְּרַבְיָא בְּאַתַר דְּהוּא תַמָּן: יח קוּמִי טוּלִי יָת־רַבְיָא וְאַתְקִיפִי יָת־יְדֵךְ בֵּהּ אֲרֵי־לְעַם סַגִּי אֲשַׁוִּנֵּהּ: יט וּגְלָא יְיָ יָת־עֵינַהָא וַחֲזַת בֵּירָא דְמַיָּא וַאֲזַלַת וּמְלַת יָת־רְקְבָא מַיָּא וְאַשְׁקִיאַת יָת־רַבְיָא: כ וַהֲוָה מֵימְרָא־דַיְיָ בְּסַעְדֵּהּ דְּרַבְיָא וּרְבָא וִיתֵב בְּמַדְבְּרָא וַהֲוָה רָבֵי קַשְׁתָּא: כא וִיתֵב בְּמַדְבְּרָא דְפָארָן וּנְסִיבַת־לֵהּ אִמֵּהּ אִתְּתָא

רש"י

הַחוֹלֶה מְתְפַּלֶּת אֲחֵרִים עָלָיו וְהִיא קוֹדֶמֶת לְהִתְקַבֵּל (ב"ר): באשר הוא שם. לְפִי מַעֲשִׂים שֶׁהוּא עוֹשֶׂה עַכְשָׁיו הוּא נָדוֹן, וְלֹא לְפִי מַה שֶּׁהוּא עָתִיד לַעֲשׂוֹת (ר"ה ט"ז); לְפִי שֶׁהָיוּ מַלְאֲכֵי הַשָּׁרֵת מְקַטְרְגִים וְאוֹמְרִים: רִבּוֹנוֹ שֶׁל עוֹלָם, מִי שֶׁעָתִיד זַרְעוֹ לְהָמִית בָּנֶיךָ בַּצָּמָא, אַתָּה מַעֲלֶה לוֹ בְּאֵר! וְהוּא מְשִׁיבָם: עַכְשָׁיו מַה הוּא, צַדִּיק אוֹ רָשָׁע? אָמְרוּ לוֹ: צַדִּיק; אָמַר לָהֶם: לְפִי מַעֲשָׂיו שֶׁל עַכְשָׁיו אֲנִי דָנוֹ, וְזֶהוּ: בַּאֲשֶׁר הוּא שָׁם. וְהֵיכָן הֵמִית אֶת יִשְׂרָאֵל בַּצָּמָא? כְּשֶׁהִגְלָם נְבוּכַדְנֶצַּר, שֶׁנֶּאֱמַר, מַשָּׂא בַּעְרָב וְגוֹ' לִקְרַאת צָמֵא הֵתָיוּ מָיִם וְגוֹ' (יש' כ"א), כְּשֶׁהָיוּ מוֹלִיכִין אוֹתָם אֵצֶל עַרְבִיִּים, הָיוּ יִשְׂרָאֵל אוֹמְרִים לְשׁוֹבֵיהֶם: בְּבַקָּשָׁה מִכֶּם הוֹלִיכוּנוּ אֵצֶל בְּנֵי דוֹדֵנוּ יִשְׁמָעֵאל וִירַחֲמוּ עָלֵינוּ, שֶׁנֶּאֱמַר: אֹרְחוֹת דְּדָנִים (שם)—אַל תִּקְרֵי דְּדָנִים אֶלָּא דּוֹדִים—וְאֵלּוּ יוֹצְאִים לִקְרָאתָם וּמְבִיאִין לָהֶם בָּשָׂר וְדָג מָלוּחַ וְנוֹדוֹת נְפוּחִים; כִּסְבוּרִים יִשְׂרָאֵל, שֶׁהֵם מְלֵאִים מַיִם, וּכְשֶׁמַּכְנִיסוֹ לְתוֹךְ פִּיו וּפוֹתְחוֹ, הָרוּחַ נִכְנֶסֶת בְּגוּפוֹ וּמֵת: (כ) רבה קשת. יוֹרֶה חִצִּים בַּקֶּשֶׁת: קשת. עַל שֵׁם הָאוּמָּנוּת. כְּמוֹ חַמָּר, גַּמָּל, צַיָּד; לְפִיכָךְ הַשִּׁי"ן מוּדְגֶּשֶׁת; הָיָה יוֹשֵׁב בַּמִּדְבָּר וּמְלַסְטֵם אֶת הָעוֹבְרִים, הוּא שֶׁנֶּאֱמַר: יָדוֹ בַכֹּל וְגוֹמֵר: (כא) מארץ מצרים. מִמְּקוֹם גִּדּוּלֶיהָ, שֶׁנֶּאֱמַר: וְלָהּ שִׁפְחָה מִצְרִית וְגוֹ' (בראשית ט"ז),

90 Genesis XXI. 17—21.

and wept. 17And God heard the voice of the lad: and an angel of
God called to Hagar out of the heaven, and said unto her, What aileth
thee, Hagar? fear not; for God hath heard the voice of the lad where
he is. 18Arise, lift up the lad, and hold him in thine hand; for I will
make him a great nation. 19And God unclosed her eyes, and she saw a
well of water; and she went, and filled the skin-vessel with water, and
gave the lad drink. 20And God was with the lad; and he grew, and abode
in the desert, and became an archer. 21And he abode in the desert
of Paran: and his mother took him a wife out of the land of Egypt.

רש"י

we may infer that the prayer of a sick person is more effective than the prayer offered by others for him and that it is more readily accepted (Gen. R. 53). באשר הוא שם WHERE HE IS — According to the actions he is now doing shall he be judged and not according to what he may do in future. Because the ministering angels laid information against him, saying, "Master of the Universe, for him whose descendants will at one time kill your children with thirst will You provide a well?" He asked them, "What is he now, righteous or wicked?" They replied to him, "Righteous." He said to them, "According to his present deeds will I judge him." This is the meaning of what is written: "[For God hath heard the voice of the lad] באשר הוא שם in *that condition in* which he now is". Where did he (Ishmael) kill Israel with thirst? When Nebuchadnezzar carried them into exile — as it is said, (Is. XXI. 13, 14) "The burden upon Arabia ... O ye caravans of Dedanites, unto him that is thirsty bring ye water! etc." When they were bringing them near the Arabians the Israelites said to their captors, "We beg of you bring us to the children of our uncle, Ishmael, who will certainly show pity to us", as it is said, "O ye caravans of the Dedanites (דדנים)"; read not דדנים but דודים, kinsmen. — These indeed came to them bringing them salted meat and fish and water-skins inflated with air. The Israelites believed that these were full of water and when they placed them in their mouths, *after* having opened them, the air entered their bodies and they died (Tanch. Shemoth)[1]. **(20)** רבה קשת AN ARCHER — One who shoots arrows by a bow. (This is the explanation of רבה). קַשָּׁת *he is so designated* after his occupation, *that of a bow-man* — just as חַמָּר *denotes one who is* an assdriver, גַּמָּל a cameldriver, צַיָּד a huntsman; consequently the ש has a Dagesh (which distinguishes all these forms). — He used to live in the wilderness and rob travellers. It is to this the statement refers, (XV. 12) ידו בכל "his hand shall be against everyone, etc." **(21)** מארץ מצרים FROM THE LAND OF EGYPT — from the place where she was brought up — as it is said (XVI. 1) "And she (Sarah) had an Egyptian handmaid [whose name

NOTES

1) The Arab tribes are regarded as descendants of Ishmael, whilst Dedan was a son of Keturah, who is identified with Hagar, Ishmael's mother. The Dedanites were consequently kinsmen of the Israelites. The prophecy of Isaiah against Arabia refers to a call for water and to fugitives being supplied by an Arabian tribe with food.

כב וַיְהִי בָּעֵת הַהִוא וַיֹּאמֶר אֲבִימֶלֶךְ וּפִיכֹל שַׂר־
צְבָאוֹ אֶל־אַבְרָהָם לֵאמֹר אֱלֹהִים עִמְּךָ
בְּכֹל אֲשֶׁר־אַתָּה עֹשֶׂה׃ כג וְעַתָּה הִשָּׁבְעָה לִּי
בֵאלֹהִים הֵנָּה אִם־תִּשְׁקֹר לִי וּלְנִינִי וּלְנֶכְדִּי כַּחֶסֶד
אֲשֶׁר־עָשִׂיתִי עִמְּךָ תַּעֲשֶׂה עִמָּדִי וְעִם־הָאָרֶץ
אֲשֶׁר־גַּרְתָּה בָּהּ׃ כד וַיֹּאמֶר אַבְרָהָם אָנֹכִי אִשָּׁבֵעַ׃
כה וְהוֹכִחַ אַבְרָהָם אֶת־אֲבִימֶלֶךְ עַל־אֹדוֹת בְּאֵר
הַמַּיִם אֲשֶׁר גָּזְלוּ עַבְדֵי אֲבִימֶלֶךְ׃ כו וַיֹּאמֶר אֲבִימֶלֶךְ
לֹא יָדַעְתִּי מִי עָשָׂה אֶת־הַדָּבָר הַזֶּה וְגַם־אַתָּה
לֹא הִגַּדְתָּ לִּי וְגַם אָנֹכִי לֹא שָׁמַעְתִּי בִּלְתִּי הַיּוֹם׃
כז וַיִּקַּח אַבְרָהָם צֹאן וּבָקָר וַיִּתֵּן לַאֲבִימֶלֶךְ וַיִּכְרְתוּ
שְׁנֵיהֶם בְּרִית׃ כח וַיַּצֵּב אַבְרָהָם אֶת־שֶׁבַע כִּבְשֹׂת
הַצֹּאן לְבַדְּהֶן׃ כט וַיֹּאמֶר אֲבִימֶלֶךְ אֶל־אַבְרָהָם מָה

אונקלוס

מֵאַרְעָא דְמִצְרָיִם׃ כב וַהֲוָה בְּעִדָּנָא הַהִיא וַאֲמַר אֲבִימֶלֶךְ וּפִיכֹל רַב־חֵילֵהּ
לְאַבְרָהָם לְמֵימַר מֵימְרָא־דַייָ בְּסַעֲדָךְ בְּכֹל דִּיאַתְּ עָבֵד׃ כג וּכְעַן קַיֵּם לִי בְּמֵימְרָא־
דַייָ הָכָא דְּלָא־תְשַׁקַּר בִּי וּבִבְרִי וּבְבַר־בְּרִי כְּטֵיבוּתָא דִּי־עֲבָדִית עִמָּךְ תַּעְבֵּד
עִמִּי וְעִם־אַרְעָא דְּאִתּוֹתַבְתָּא בַהּ׃ כד וַאֲמַר אַבְרָהָם אֲנָא אֲקַיֵּם׃ כה וְאוֹכַח
אַבְרָהָם יָת־אֲבִימֶלֶךְ עַל־עֵיסַק בֵּירָא דְמַיָּא דִּי אֲנִיסוּ עַבְדֵי אֲבִימֶלֶךְ׃ כו וַאֲמַר
אֲבִימֶלֶךְ לָא יְדַעִית מַאן עֲבַד יָת־פִּתְגָמָא הָדֵין וְאַף־אַתְּ לָא חַוֵּיתָ לִי וְאַף אֲנָא
לָא־שְׁמָעִית אֱלָהֵין יוֹמָא דֵין׃ כז וּדְבַר אַבְרָהָם עָאן וְתוֹרִין וִיהַב לַאֲבִימֶלֶךְ
וּגְזַרוּ תַּרְוֵיהוֹן קְיָם׃ כח וַאֲקֵים אַבְרָהָם יָת־שְׁבַע חוּרְפַן דְּעָאן בִּלְחוֹדֵיהֶן׃
כט וַאֲמַר אֲבִימֶלֶךְ לְאַבְרָהָם מָה אִנּוּן שְׁבַע חוּרְפַן אִלֵּין דַּאֲקֵימְתָּא בִּלְחוֹדֵיהֶן׃

רש"י

הַיְינוּ דְאָמְרֵי אִינְשֵׁי: זְרוֹק חוּטְרָא לַאֲוִירָא, אַעִיקָרֵיהּ קָאֵי: (כב) אלהים עמך. לְפִי שֶׁרָאוּ,
שֶׁיָּצָא מִשְּׁכוּנַת סְדוֹם לְשָׁלוֹם, וְעִם הַמְּלָכִים נִלְחַם וְנָפְלוּ בְיָדוֹ, וְנִפְקְדָה אִשְׁתּוֹ
לִזְקוּנָיו: (כג) ולניני ולנכדי. עַד כָּאן רַחֲמֵי הָאָב עַל הַבֵּן: כחסד אשר־עשיתי עמך תעשה
עמדי. שֶׁאָמַרְתִּי לְךָ: הִנֵּה אַרְצִי לְפָנֶיךָ (ב"ר): (כה) והוכח. נִתְוַכַּח עִמּוֹ עַל כָּךְ:

91 Genesis XXI. 22—29.

22 And it came to pass at that time, that Abimelech and Phichol the
officer of his host spake unto Abraham, saying, God is with thee in all
that thou doest: 23 Now therefore swear unto me here by God that
thou wilt not deal falsely with me, nor with my offspring, nor with my
grand-child: but according to the mercy that I have done unto thee,
thou shalt do unto me, and to the land wherein thou hast sojourned.
24 And Abraham said, I will swear. 25 And Abraham reproved Abimelech
because of a well of water, which Abimelech's servants had violently
taken away. 26 And Abimelech said, I know not who hath done this thing:
neither didst thou tell me, neither yet heard I of it, but to-day. 27 And
Abraham took flocks and herds, and gave them unto Abimelech; and
both of them made a covenant. 28 And Abraham placed seven ewe lambs
of the flock by themselves. 29 And Abimelech said unto Abraham, What

רש״י

was Hagar]". That is what the popular proverb says: "Throw a stick into the air and it will fall back to (lit., stand on) its element"[1]) (Gen. R. 53). **(22)** אלהים עמך GOD IS WITH THEE — *They said this* because they saw that he had left the locality of Sodom safely, that he had fought against the kings and that they had fallen into his hand, and that his wife had been remembered in his old age (ib. 54). **(23)** ולניני ולנכדי NOR WITH MY SON NOR WITH MY SON'S SON — thus far extends a man's pity for his descendants (ib.). כחסד אשר עשיתי עמך תעשה עמדי ACCORDING TO THE KINDNESS THAT I HAVE DONE UNTO THEE THOU SHALT DO UNTO ME — *viz.*, that I said to you. (XX. 15) "Behold my land is before thee". **(25)** והוכח AND [ABRAHAM] RE-

NOTES

[1]) i. e. the earth where it was cut from.

הִנָּה שֶׁבַע כְּבָשֹׂת הָאֵלֶּה אֲשֶׁר הִצַּבְתָּ לְבַדָּנָה׃
ל וַיֹּאמֶר כִּי אֶת־שֶׁבַע כְּבָשֹׂת תִּקַּח מִיָּדִי בַּעֲבוּר
תִּהְיֶה־לִּי לְעֵדָה כִּי חָפַרְתִּי אֶת־הַבְּאֵר הַזֹּאת׃
לא עַל־כֵּן קָרָא לַמָּקוֹם הַהוּא בְּאֵר שָׁבַע כִּי שָׁם
נִשְׁבְּעוּ שְׁנֵיהֶם׃ לב וַיִּכְרְתוּ בְרִית בִּבְאֵר שָׁבַע
וַיָּקָם אֲבִימֶלֶךְ וּפִיכֹל שַׂר־צְבָאוֹ וַיָּשֻׁבוּ אֶל־אֶרֶץ
פְּלִשְׁתִּים׃ לג וַיִּטַּע אֶשֶׁל בִּבְאֵר שָׁבַע וַיִּקְרָא־שָׁם
בְּשֵׁם יְהוָה אֵל עוֹלָם׃ לד וַיָּגָר אַבְרָהָם בְּאֶרֶץ
פְּלִשְׁתִּים יָמִים רַבִּים׃ פ שביעי.

אונקלוס

ל וַאֲמַר אֲרֵי יָת־שְׁבַע חוּרְפָּן תְּקַבֵּל מִן־יְדִי בְּדִיל דִּתְהֵי לִי לְסָהֲדוּ אֲרֵי חֲפָרִית
יָת־בֵּירָא הָדֵין (נ״י הָדָא): לא עַל־כֵּן קְרָא לְאַתְרָא הַהוּא בְּאֵר־שָׁבַע אֲרֵי תַּמָּן
קַיִּימוּ תַּרְוֵיהוֹן: לב וּגְזָרוּ קְיָם בִּבְאֵר שָׁבַע וְקָם אֲבִימֶלֶךְ וּפִיכֹל רַב חֵילֵהּ וְתָבוּ
לְאַרַע פְּלִשְׁתָּאֵי: לג וּנְצַב נִצְבָּא (נ״י אִילָנָא) בִּבְאֵר שָׁבַע וְצַלִּי תַּמָּן בִּשְׁמָא דַיְיָ
אֱלָהָא דְעָלְמָא: לד וְאִתּוֹתַב אַבְרָהָם בְּאַרַע פְּלִשְׁתָּאֵי יוֹמִין סַגִּיאִין:

רש״י

(ל) בעבור תהיה לי זאת לעדה. לְשׁוֹן עֵדוּת שֶׁל נְקֵבָה, כְּמוֹ: וְעֵדָה הַמַּצֵּבָה (בראש׳ ל״א): כי חפרתי את הבאר. מְרִיבִים הָיוּ עָלֶיהָ רוֹעֵי אֲבִימֶלֶךְ וְאוֹמְרִים: אֲנַחְנוּ חֲפַרְנוּהָ; אָמְרוּ בֵינֵיהֶם: כָּל מִי שֶׁיִּתְרָאֶה עַל הַבְּאֵר וְיַעֲלוּ הַמַּיִם לִקְרָאתוֹ, שֶׁלּוֹ הִיא, וְעָלוּ לִקְרַאת אַבְרָהָם: (לג) אשל. רַב וּשְׁמוּאֵל, חַד אָמַר: פַּרְדֵּס לְהָבִיא מִמֶּנּוּ פֵּירוֹת לָאוֹרְחִים בִּסְעוּדָה, וְחַד אָמַר: פּוּנְדָּק לְאַכְסַנְיָא וּבוֹ כָּל מִינֵי פֵּירוֹת. וּמָצִינוּ לְשׁוֹן נְטִיעָה בְּאֹהָלִים שֶׁנֶּאֱמַר: וַיִּטַּע אָהֳלֵי אַפַּדְנוֹ (דני׳ י״א): ויקרא שם וגו׳. עַל יְדֵי אוֹתוֹ אֵשֶׁל נִקְרָא שְׁמוֹ שֶׁל הַקָּבָּ״ה אֱלוֹהַּ לְכָל הָעוֹלָם. לְאַחַר שֶׁאוֹכְלִים וְשׁוֹתִים אוֹמֵר לָהֶם: בָּרְכוּ לְמִי שֶׁאֲכַלְתֶּם מִשֶּׁלּוֹ, סְבוּרִים אַתֶּם, שֶׁמִּשֶּׁלִּי אֲכַלְתֶּם? מִשֶּׁל מִי שֶׁאָמַר וְהָיָה הָעוֹלָם אֲכַלְתֶּם! (סוטה י׳): (לד) ימים רבים. מְרוּבִּים עַל שֶׁל חֶבְרוֹן: בְּחֶבְרוֹן עָשָׂה כ״ה שָׁנָה וְכָאן כ״ו, שֶׁהֲרֵי בֶּן ע״ה שָׁנָה הָיָה בְּצֵאתוֹ מֵחָרָן, אוֹתָהּ שָׁנָה וַיָּבֹא וַיֵּשֶׁב בְּאֵלֹנֵי מַמְרֵא — שֶׁלֹּא מָצִינוּ קוֹדֶם לָכֵן שֶׁנִּתְיַשֵּׁב אֶלָּא שָׁם; שֶׁבְּכָל מְקוֹמוֹתָיו הָיָה כְּאוֹרֵחַ חוֹנֶה וְנוֹסֵעַ וְהוֹלֵךְ; שֶׁנֶּאֱמַר, וַיַּעֲבֹר אַבְרָם, וַיַּעְתֵּק מִשָּׁם, וַיְהִי רָעָב בָּאָרֶץ וַיֵּרֶד אַבְרָם מִצְרַיְמָה (בראש׳ י״ב), וּבְמִצְרַיִם לֹא עָשָׂה אֶלָּא שְׁלֹשָׁה חֳדָשִׁים שֶׁהֲרֵי שִׁלְּחוּ פַּרְעֹה מִיָּד, וַיֵּלֶךְ לְמַסָּעָיו עַד וַיָּבֹא וַיֵּשֶׁב בְּאֵלֹנֵי מַמְרֵא אֲשֶׁר בְּחֶבְרוֹן (שם י״ג), שָׁם יָשַׁב עַד שֶׁנֶּהֶפְכָה סְדוֹם, מִיָּד וַיִּסַּע מִשָּׁם אַבְרָם מִפְּנֵי בּוּשָׁה שֶׁל לוֹט וּבָא לְאֶרֶץ פְּלִשְׁתִּים, וּבֶן צ״ט שָׁנָה הָיָה, שֶׁהֲרֵי בַּשְּׁלִישִׁי לְמִילָתוֹ בָּאוּ אֶצְלוֹ הַמַּלְאָכִים, הֲרֵי כ״ה שָׁנָה, וְכָאן כְּתִיב: יָמִים רַבִּים, מְרוּבִּים עַל הָרִאשׁוֹנִים — וְלֹא בָא הַכָּתוּב לִסְתּוֹם אֶלָּא לְפָרֵשׁ, וְאִם הָיוּ מְרוּבִּים עֲלֵיהֶם שְׁתֵּי שָׁנִים אוֹ יוֹתֵר הָיָה מְפָרְשָׁם וְעַל כָּרְחֲךָ אֵינָם יְתֵרִים יוֹתֵר מִשָּׁנָה, הֲרֵי כ״ו שָׁנָה; מִיָּד

mean these seven ewe lambs which thou hast placed by themselves? ³⁰And he said, For these seven ewe lambs shalt thou take of my hand, that they may be a witness unto me, that I have digged this well. ³¹Wherefore he called that place Beer-sheba; because there they sware both of them. ³²Thus they made a covenant at Beer-sheba: then Abimelech rose, and Phichol the officer of his host, and they returned into the land of the Philistines. ³³And Abraham planted a tamarisk in Beer-sheba, and invoked there in the name of the Eternal, the everlasting God. ³⁴And Abraham sojourned in the Philistines' land many days.

רש״י

PROVED — *it means* he argued with him about it. **(30)** בעבור תהיה לי לעדה (*supply the word* זאת) — IN ORDER THAT THIS MAY BE UNTO ME AS A WITNESS (where t h i s, a feminine form in a neuter sense, as is usual in Hebrew, refers to the incident just recorded). *The word* עדה *means* w i t n e s s in reference to a previous feminine form (in this case to זאת t h i s, which word Rashi supplied), just as (XXXI. 52) "And the pillar is a witness" (עדה the feminine form to correspond with the feminine noun מצבה, whereas the preceding words are עד הגל הזה "this heap is a witness" where עד is masc. to agree with גל). כי חפרתי את הבאר THAT I HAVE DIGGED THIS WELL — Abimelech's herdsmen quarrelled about it, saying, "We have dug it". They arranged amongst themselves that the well should belong to him who would show himself at the well *together with his sheep* and at whose approach the waters would rise, and they rose at the approach of Abraham *and his sheep* (Gen. R. 54). **(33)** אשל [AND ABRAHAM PLANTED AN] אשל — Rab and Samuel *differ as to what this was.* One said *it was* an orchard from which to supply fruit for the guests at their meal. The other said *it was* an inn for lodging in which were all kinds of fruit (Sota 10a). *And we can speak of* p l a n t i n g   a n   i n n for we find the expression p l a n t i n g used of tents, as it is said, (Dan. XI. 45) "And he shall plant the tents of his palace". ויקרא שם וגו׳ AND HE CALLED THERE etc. — Through this Eshel the name of the Holy One, blessed be He, was called "God of the entire Universe". *For* after they had eaten and drunk he said to them, "Bless Him of whose possessions you have eaten! Do you think that you have eaten of what is mine? You have eaten of that which belongs to Him Who spake and the Universe came into existence" (Sota 10a). **(34)** ימים רבים MANY DAYS (or, MORE DAYS) — More than those *he sojourned* in Hebron: in Hebron he had stayed 25 years and here 26. For he was 75 years old when he left Haran (XII. 4), and of t h a t   s a m e   y e a r it is said (XIII. 18) "And he came and dwelt by the terebinths of Mamre [which are in Hebron]" — for we do not find that he had settled down anywhere prior to settling there (at Hebron), since in every place where he went he was only like a traveller who pitches his camp and then goes on journeying, as it is said, (XII. 6) "And Abraham passed on"; (ib. 8) "And Abraham removed from thence"; (ib. 10) "And there was a famine in the land and Abraham went down to Egypt". In Egypt, too, he stayed only three months, for Pharoah sent him away (XII. 20). Immediately (XIII. 3) "He went on his journeys" until (ib. 18) "He came and dwelt by the terebinths of Mamre which are in Hebron". There he resided until Sodom was overthrown, and immediately afterwards (XX. 1) "Abraham journeyed from thence" on account of the shame *he felt* at Lot's *doings* and came to the land of the Philistines. He was then 99 years old, because it was on the third day of his circumcision that the angels came to him. Consequently you have 25 years *from the time he settled in Hebron* (the year he left his father's house) *until he came to the land of the Philistines.* Now, here it is written *that he sojourned in the land of the Philistines* ימים רבים m o r e   d a y s, *which means* more than the preceding days *in Hebron.* Scripture does not intend *by these words* to leave *the number* indefinite, but to state it explicitly, for if the "more days" exceeded the former period *in Hebron* by two years or more, it would have said so plainly, so that you must admit that the excess was only one year — that gives 26 years *in the land of the Philistines.* He

כב א וַיְהִי אַחַר הַדְּבָרִים הָאֵלֶּה וְהָאֱלֹהִים נִסָּה
אֶת־אַבְרָהָם וַיֹּאמֶר אֵלָיו אַבְרָהָם וַיֹּאמֶר
הִנֵּנִי: ב וַיֹּאמֶר קַח־נָא אֶת־בִּנְךָ אֶת־יְחִידְךָ אֲשֶׁר־
אָהַבְתָּ אֶת־יִצְחָק וְלֶךְ־לְךָ אֶל־אֶרֶץ הַמֹּרִיָּה וְהַעֲלֵהוּ
שָׁם לְעֹלָה עַל אַחַד הֶהָרִים אֲשֶׁר אֹמַר אֵלֶיךָ:
ג וַיַּשְׁכֵּם אַבְרָהָם בַּבֹּקֶר וַיַּחֲבֹשׁ אֶת־חֲמֹרוֹ וַיִּקַּח
אֶת־שְׁנֵי נְעָרָיו אִתּוֹ וְאֵת יִצְחָק בְּנוֹ וַיְבַקַּע עֲצֵי
עֹלָה וַיָּקָם וַיֵּלֶךְ אֶל־הַמָּקוֹם אֲשֶׁר־אָמַר־לוֹ

אונקלוס

א וַהֲוָה בָּתַר פִּתְגָּמַיָּא הָאִלֵּין וַייָ נַסִּי יָת־אַבְרָהָם וַאֲמַר לֵהּ אַבְרָהָם וַאֲמַר הָא־אֲנָא: ב וַאֲמַר דְּבַר־כְּעַן יָת־בְּרָךְ יָת־יְחִידָךְ דִּי רְחֵמְתָּ יָת־יִצְחָק וְאִיזֵל לָךְ לְאַרְעָא פּוּלְחָנָא וְאַסְּקֵהּ קֳדָמַי תַּמָּן לַעֲלָתָא עַל־חַד מִן־טוּרַיָּא דִּי אֵימַר לָךְ: ג וְאַקְדֵּים אַבְרָהָם בְּצַפְרָא וְזָרֵז יָת־חֲמָרֵהּ וּדְבַר יָת־תְּרֵין עוּלֵימוֹהִי עִמֵּהּ וְיָת־יִצְחָק בְּרֵהּ

רש"י

יָצָא מִשָּׁם וְחָזַר לְחֶבְרוֹן. וְאוֹתָהּ שָׁנָה קָדְמָה לִפְנֵי עֲקֵידָתוֹ שֶׁל יִצְחָק י"ב שָׁנִים. בְּסֵדֶר עוֹלָם:

כב (א) אחר הדברים האלה. יֵשׁ מֵרַבּוֹתֵינוּ אוֹמְרִים (סנה' פ"ט): אַחַר דְּבָרָיו שֶׁל שָׂטָן, שֶׁהָיָה מְקַטְרֵג וְאוֹמֵר: מִכָּל סְעוּדָה שֶׁעָשָׂה אַבְרָהָם לֹא הִקְרִיב לְפָנֶיךָ פַּר אֶחָד אוֹ אַיִל אֶחָד; אָמַר לוֹ: כְּלוּם עָשָׂה אֶלָּא בִּשְׁבִיל בְּנוֹ, אִלּוּ הָיִיתִי אוֹמֵר לוֹ: זְבַח אוֹתוֹ לְפָנַי, לֹא הָיָה מְעַכֵּב. וְי"א: אַחַר דְּבָרָיו שֶׁל יִשְׁמָעֵאל, שֶׁהָיָה מִתְפָּאֵר עַל יִצְחָק שֶׁמָּל בֶּן י"ג וְלֹא מִיחָה, אָמַר לוֹ יִצְחָק: בְּאֵבֶר א' אַתָּה מְיָרְאֵנִי? אִלּוּ אָמַר לִי הַקָּבָּ"ה: זְבַח עַצְמְךָ לְפָנַי, לֹא הָיִיתִי מְעַכֵּב! הנני. כָּךְ הִיא עֲנִיָּתָם שֶׁל חֲסִידִים, לְשׁוֹן עֲנָוָה הוּא וּלְשׁוֹן זִמּוּן: (ב) קח נא. אֵין נָא אֶלָּא לְשׁוֹן בַּקָּשָׁה. אָמַר לוֹ: בְּבַקָּשָׁה מִמְּךָ, עֲמוֹד לִי בְּזוֹ הַנִּסָּיוֹן, שֶׁלֹּא יֹאמְרוּ: הָרִאשׁוֹנוֹת לֹא הָיָה בָּהֶן מַמָּשׁ: את בנך. אָמַר לוֹ: שְׁנֵי בָנִים יֵשׁ לִי, אָמַר לוֹ: אֶת יְחִידְךָ; אָמַר לוֹ: זֶה יָחִיד לְאִמּוֹ וְזֶה יָחִיד לְאִמּוֹ. אָמַר לוֹ: אֲשֶׁר אָהַבְתָּ; אָמַר לוֹ: שְׁנֵיהֶם אֲנִי אוֹהֵב, אָמַר לוֹ: אֶת יִצְחָק (סנה' פ"ט). וְלָמָּה לֹא גִּלָּה לוֹ מִתְּחִלָּה? שֶׁלֹּא לְעַרְבְּבוֹ פִּתְאוֹם וְתָזוּחַ דַּעְתּוֹ עָלָיו וְתִטָּרֵף, וּכְדֵי לְחַבֵּב עָלָיו אֶת הַמִּצְוָה וְלִיתֵּן לוֹ שָׂכָר עַל כָּל דִּבּוּר וְדִבּוּר: ארץ המריה. יְרוּשָׁלַיִם, וְכֵן בְּדִבְרֵי הַיָּמִים: לִבְנוֹת אֶת בֵּית ה' בִּירוּשָׁלַיִם בְּהַר הַמּוֹרִיָּה (ד"ה ב' ג'). וְרַבּוֹתֵינוּ פֵּרְשׁוּ: עַל שֵׁם שֶׁמִּשָּׁם הוֹרָאָה יוֹצְאָה לְיִשְׂרָאֵל. וְאוּנְקְלוֹס תִּרְגְּמוֹ: עַל שֵׁם עֲבוֹדַת הַקְּטֹרֶת שֶׁיֵּשׁ בּוֹ מוֹר נֵרְדְּ וּשְׁאָר בְּשָׂמִים: והעלהו. לֹא אָמַר לוֹ: שְׁחָטֵהוּ, לְפִי שֶׁלֹּא הָיָה חָפֵץ הַקָּבָּ"ה לְשָׁחֲטוֹ אֶלָּא לְהַעֲלוֹתוֹ לָהָר לַעֲשׂוֹתוֹ עוֹלָה. וּמִשֶּׁהֶעֱלָהוּ, אָמַר לוֹ: הוֹרִידֵהוּ; אחד ההרים. הַקָּבָּ"ה מְתַהֵא הַצַּדִּיקִים וְאַחַר כָּךְ מְגַלֶּה לָהֶם; וְכָל זֶה כְּדֵי לְהַרְבּוֹת שְׂכָרָן, וְכֵן: אֶל הָאָרֶץ אֲשֶׁר אַרְאֶךָּ (בראי' י"ב), וְכֵן בְּיוֹנָה: וּקְרָא עָלֶיהָ אֶת הַקְּרִיאָה (יונה ב'): (ג) וישכם. נִזְדָּרֵז לַמִּצְוָה (פס' ד'): ויחבש. הוּא בְּעַצְמוֹ, וְלֹא צִוָּה לְאֶחָד מֵעֲבָדָיו, שֶׁהָאַהֲבָה מְקַלְקֶלֶת הַשּׁוּרָה: את שני נעריו. יִשְׁמָעֵאל וֶאֱלִיעֶזֶר, שֶׁאֵין אָדָם חָשׁוּב רַשַּׁאי לָצֵאת לַדֶּרֶךְ בְּלֹא ב' אֲנָשִׁים (בראשית רבה), שֶׁאִם יִצְטָרֵךְ הָאֶחָד לִנְקָבָיו וְיִתְרַחֵק, יִהְיֶה הַשֵּׁנִי עִמּוֹ: ויבקע. תַּרְגּוּם וְצַלַּח. כְּמוֹ: וַיִּצְלְחוּ הַיַּרְדֵּן (שמות ב' י"ט), לְשׁוֹן בִּיקּוּעַ, פינדר"א בלע"ז:

93 Genesis XXII. 1—3.

22. [1]And it came to pass after these things that God did try Abraham, and said unto him, Abraham: and he said, Behold, here I am. [2]And he said, Take now thy son, thine only one, whom thou lovest, Isaac, and go into the land of Moriah; and bring him up there for a burnt offering upon one of the mountains which I will tell thee of. [3]And Abraham rose early in the morning, and saddled his ass, and took his two lads with him, and Isaac his son, and clave the wood for the burnt offering, and rose, and went unto the place of which God had told him.

רש"י

immediately left there and returned to Hebron, and that year was 12 years before the Binding of Isaac. *All this is explained* in Seder Olam (See Note on X. 25).

22. (1) אחר הדברים האלה AFTER THESE THINGS [or, WORDS] — Some of our Rabbis say (Sanh. 89b) *that it means* after the words of Satan who denounced Abraham saying, "Of all the banquets which Abraham prepared not a single bullock nor a single ram did he bring as a sacrifice to You". God replied to him, "Does he do anything at all except for his son's sake? Yet if I were to bid him, "Sacrifice him to Me", he would not refuse". Others say *that it means* "after the words of Ishmael" who boasted to Isaac that he had been circumcised when he was thirteen years old without resisting. Isaac replied to him, "You think to intimidate me by *mentioning the loss of* one part of the body! If the Holy One, blessed be He, were to tell me, "Sacrifice yourself to Me" I would not refuse" (cf. Gen. R. 55 and Sanh. 89b). הנני HERE AM I — Such is the answer of the pious: it is an expression of meekness and readiness (Tanch.). **(2)** קח נא TAKE, NOW — The word נא is used as a request: God said to him, "I beg of you, stand firm for me in this trial, so that people may not say that the previous trials were no real *tests*". את בנך THY SON — Abraham said *to God*, "I have two sons". "He answered him, "Thine only son". Abraham said, "This one is the only son of his mother and the other is the only son of his mother". God then said, "the one whom thou lovest". Abraham replied, "I love both of them". Whereupon God said "even Isaac". Why did He not disclose this to him at the very first? So as not to confuse him suddenly lest his mind become distracted and bewildered *and in his confused state he would involuntarily consent, when there would have been no merit in his sacrifice*, and so that he might more highly value God's command and that God might reward him for *the increasing sacrifice demanded by obedience to* each and every expression *used here* (ib. and Gen. R. 55). ארץ המריה THE LAND OF MORIAH — This is Jerusalem, and so *we find* in Chronicles (2 Chron. III. 1) "To build the house of the Lord at Jerusalem in Mount Moriah". Our Rabbis have explained *that it is called Moriah — Instruction* — because from it (i. e. from the Temple built on that mountain) instruction הוראה came forth to Israel (Gen. R. 55). Onkelos translates it *by "the land of the Divine Service". He takes it* as having reference to the offering of incense *brought in the Temple on Moriah* in which there were myrrh (מור) nard and other spices.[1]) והעלהו AND OFFER HIM (lit., bring him up) — He did not say, "Slay him", because the Holy One, blessed be He, did not desire that he should slay him, but he told him to bring him up to the mountain to prepare him as a burnt offering. So when he had taken him up, God said to him, "Bring him down". אחד ההרים ONE OF THE MOUNTAINS — The Holy One, blessed be He, first makes the righteous expectant and only afterwards discloses fully to them *his intention* — and all this in order to augment their reward. Similarly we have (XII. 1) "[Go to] the land which I will show thee", and similarly in the case of Jonah (III. 2) "Make unto it the proclamation which I shall bid thee" (Gen. R. 39). **(3)** וישכם AND HE ROSE EARLY — He was alert to fulfil the command (Pes. 4a). ויחבוש AND HE SADDLED [HIS ASS] — He himself: he did not order one of his servants *to do so*, for love disregards the rule *im-*

NOTES

[1]) See Appendix.

הָאֱלֹהִים: ד בַּיּוֹם הַשְּׁלִישִׁי וַיִּשָּׂא אַבְרָהָם אֶת־
עֵינָיו וַיַּרְא אֶת־הַמָּקוֹם מֵרָחֹק: ה וַיֹּאמֶר אַבְרָהָם
אֶל־נְעָרָיו שְׁבוּ־לָכֶם פֹּה עִם־הַחֲמוֹר וַאֲנִי וְהַנַּעַר
נֵלְכָה עַד־כֹּה וְנִשְׁתַּחֲוֶה וְנָשׁוּבָה אֲלֵיכֶם: ו וַיִּקַּח
אַבְרָהָם אֶת־עֲצֵי הָעֹלָה וַיָּשֶׂם עַל־יִצְחָק בְּנוֹ וַיִּקַּח
בְּיָדוֹ אֶת־הָאֵשׁ וְאֶת־הַמַּאֲכֶלֶת וַיֵּלְכוּ שְׁנֵיהֶם יַחְדָּו:
ז וַיֹּאמֶר יִצְחָק אֶל־אַבְרָהָם אָבִיו וַיֹּאמֶר אָבִי וַיֹּאמֶר
הִנֶּנִּי בְנִי וַיֹּאמֶר הִנֵּה הָאֵשׁ וְהָעֵצִים וְאַיֵּה הַשֶּׂה
לְעֹלָה: ח וַיֹּאמֶר אַבְרָהָם אֱלֹהִים יִרְאֶה־לּוֹ הַשֶּׂה
לְעֹלָה בְּנִי וַיֵּלְכוּ שְׁנֵיהֶם יַחְדָּו: ט וַיָּבֹאוּ אֶל־הַמָּקוֹם
אֲשֶׁר אָמַר־לוֹ הָאֱלֹהִים וַיִּבֶן שָׁם אַבְרָהָם אֶת־

אונקלוס

וְצַלַּח אָעֵי לַעֲלָתָא וְקָם וַאֲזַל לְאַתְרָא דַּאֲמַר לֵהּ יְיָ: ד בְּיוֹמָא תְלִיתָאָה וּזְקַף
אַבְרָהָם יָת־עֵינוֹהִי וַחֲזָא יָת־אַתְרָא מֵרָחִיק: ה וַאֲמַר אַבְרָהָם לְעוּלֵימוֹהִי
אוֹרִיכוּ לְכוֹן הָכָא עִם־חֲמָרָא וַאֲנָא וְעוּלֵימָא נִתְמְטֵי עַד־כָּא וְנִסְגּוּד וּנְתוּב
לְוָתְכוֹן: ו וּנְסֵיב אַבְרָהָם יָת־אָעֵי דַעֲלָתָא וְשַׁוִּי עַל יִצְחָק בְּרֵהּ וּנְסֵיב בִּידֵהּ
יָת־אֶשָּׁתָא וְיָת־סַכִּינָא וַאֲזַלוּ תַרְוֵיהוֹן כַּחְדָא (נ״י כַּחֲדָא): ז וַאֲמַר יִצְחָק לְאַבְרָהָם
אֲבוּהִי וַאֲמַר אַבָּא וַאֲמַר הָא־אֲנָא בְרִי וַאֲמַר הָא אֶשָּׁתָא וְאָעַיָּא וְאָן אִימְרָא
לַעֲלָתָא: ח וַאֲמַר אַבְרָהָם קֳדָם יְיָ גְּלֵי־לֵהּ אִמְּרָא לַעֲלָתָא בְּרִי וַאֲזַלוּ תַרְוֵיהוֹן
כַּחֲדָא: ט וַאֲתוֹ לְאַתְרָא דִּי אֲמַר־לֵהּ וּבְנָא תַמָּן אַבְרָהָם יָת־מַדְבְּחָא וְסַדַּר

רש״י

(ד) ביום השלישי. לָמָּה אֵחַר מִלְּהַרְאוֹתוֹ מִיָּד? כְּדֵי שֶׁלֹּא יֹאמְרוּ הֲמָמוֹ וְעִרְבְּבוֹ פִּתְאוֹם וְטָרַף דַּעְתּוֹ, וְאִלּוּ הָיָה לוֹ שָׁהוּת לְהִמָּלֵךְ אֶל לִבּוֹ, לֹא הָיָה עוֹשֶׂה: וירא את המקום. רָאָה עָנָן קָשׁוּר עַל הָהָר: (ה) עד כה. כְּלוֹמַר: דֶּרֶךְ מוּעָט לַמָּקוֹם אֲשֶׁר לְפָנֵינוּ. וּמ״א: אֶרְאֶה הֵיכָן הוּא מַה שֶּׁאָמַר לִי הַמָּקוֹם: כֹּה יִהְיֶה זַרְעֶךָ: ונשובה. נִתְנַבֵּא שֶׁיָּשׁוּבוּ שְׁנֵיהֶם: (ו) המאכלת. סַכִּין, עַל שֵׁם שֶׁאוֹכֶלֶת אֶת הַבָּשָׂר, כְּמָה דְתֵימָא: וְחַרְבִּי תֹּאכַל בָּשָׂר (דב׳ ל״ב), וְשֶׁמַּכְשֶׁרֶת בָּשָׂר לַאֲכִילָה. דָּ״אֲ: זֹאת נִקְרֵאת מַאֲכֶלֶת עַל שֵׁם שֶׁיִּשְׂרָאֵל אוֹכְלִים מַתַּן שְׂכָרָהּ: וילכו שניהם יחדיו. אַבְרָהָם שֶׁהָיָה יוֹדֵעַ שֶׁהוֹלֵךְ לִשְׁחוֹט אֶת בְּנוֹ הָיָה הוֹלֵךְ בְּרָצוֹן וְשִׂמְחָה, כְּיִצְחָק, שֶׁלֹּא הָיָה מַרְגִּישׁ בַּדָּבָר: (ח) יראה לו השה. כְּלוֹמַר יִרְאֶה וְיִבְחַר לוֹ הַשֶּׂה וְאִם אֵין שֶׂה, לעולה בני! וְאַף עַל פִּי שֶׁהֵבִין יִצְחָק, שֶׁהוּא הוֹלֵךְ לְהִשָּׁחֵט, וילכו

Genesis XXII. 4—9.

⁴'Then on the third day Abraham lifted up his eyes, and saw the place afar off. ⁵And Abraham said unto his lads, Abide ye here with the ass; and I and the lad will go yonder and prostrate ourselves, and return to you. ⁶And Abraham took the wood of the burnt offering, and put it upon Isaac his son; and he took the fire in his hand, and the slaughtering knife; and they went both of them together. ⁷And Isaac said unto Abraham his father, and he said, My father: and he said, Here am I, my son. And he said, Behold the fire and the wood: but where is any of the flock for a burnt offering? ⁸And Abraham said, My son, God will provide himself one of the flock for a burnt offering: so they went both of them together. ⁹And they came to the place which God had told him of; and Abraham built an altar there,

רש"י

posed on one by his exalted position in life. ("Love" here means Love of God as displayed in obedience to His command.) (Gen. R. 55.) את שני נעריו HIS TWO LADS — Ishmael and Eliezer. For a man of high standing should not travel without two men *as attendants* (P. d' R. Eliez. 31) so that if one needs to ease himself and goes aside *for this purpose* the other will still remain with him. ויבקע AND HE CLEAVED [THE WOOD] — Its rendering in the Targum וצלח has the same meaning as *the verb in* (2 Sam. XIX. 18) "And they rushed into the Jordan", which signifies cleaving *the waters*; O. F. fendre; *Engl. to split.* **(4)** ביום השלישי ON THE THIRD DAY — Why did God delay and not show it to him at once? So that people should not say, "He confused and confounded him suddenly and bewildered his mind. If, however, he had had time for consideration, he would not have obeyed" (Tanch.). וירא את המקום AND HE SAW THE PLACE — He saw a cloud lowering over the mountain (Gen. R. 56). **(5)** עד כה YONDER — meaning a short distance: to the place in front of us. The Midrashic explanation (based upon the meaning of כה "thus") is: I will see where will be (i. e. what will happen to) the promise which God made to me, (XV. 5) "T h u s (כה) shall thy seed be" (Gen. R. 56).¹) ונשובה AND WE WILL COME BACK — He prophesied that they would both return (ib.). **(6)** המאכלת — means a knife. *It is called* מאכלת *from* אכל *to eat,* because it devours the meat, — just as you say, (Deut. XXXII. 42 "And my sword shall d e v o u r (תאכל) flesh" — or because it makes animal flesh fit for eating (מאכלת) (by killing the animal; because while the animal is living its flesh is unfit for eating). Another explanation: זאת נקראת This knife is called מאכלת (and the term is never used of an ordinary knife) because Israel still e a t s of the reward given for it (Tanch.)²). וילכו שניהם יחדיו AND THEY WENT BOTH OF THEM TOGETHER — Abraham who was aware that he was going to slay his son walked along with the same willingness and joy as Isaac who had no idea of the matter. **(8)** יראה לו השה — this means as much as: He will look out for and choose a lamb for Himself, and if there will be no lamb for a burnt offering, then, בני MY SON *will be the offering.* Although Isaac then understood that he was travelling on to be slain,

NOTES

¹) The meaning underlying this Midrash is: God has promised me, "Thus shall thy seed be, even as the stars of the heavens". Now He bids me slay the son through whom He promised the realisation of this, "For in Isaac shall seed be called to thee" (XXI. 12). I go to the place of sacrifice assured that I shall there see how the promise can be fulfilled even though I slay my son.

²) The מאכלת is thus the instrument which c a u s e s I s r a e l t o e a t of the reward given for Abraham's obedience.

הַמִּזְבֵּ֔חַ וַֽיַּעֲרֹ֖ךְ אֶת־הָעֵצִ֑ים וַֽיַּעֲקֹד֙ אֶת־יִצְחָ֣ק בְּנ֔וֹ
וַיָּ֤שֶׂם אֹתוֹ֙ עַל־הַמִּזְבֵּ֔חַ מִמַּ֖עַל לָעֵצִֽים׃ י וַיִּשְׁלַ֤ח
אַבְרָהָם֙ אֶת־יָד֔וֹ וַיִּקַּ֖ח אֶת־הַמַּאֲכֶ֑לֶת לִשְׁחֹ֖ט אֶת־
בְּנֽוֹ׃ יא וַיִּקְרָ֨א אֵלָ֜יו מַלְאַ֤ךְ יְהוָה֙ מִן־הַשָּׁמַ֔יִם וַיֹּ֖אמֶר
אַבְרָהָ֣ם ׀ אַבְרָהָ֑ם וַיֹּ֖אמֶר הִנֵּֽנִי׃ יב וַיֹּ֗אמֶר אַל־
תִּשְׁלַ֤ח יָֽדְךָ֙ אֶל־הַנַּ֔עַר וְאַל־תַּ֥עַשׂ ל֖וֹ מְא֑וּמָה כִּ֣י ׀
עַתָּ֣ה יָדַ֗עְתִּי כִּֽי־יְרֵ֤א אֱלֹהִים֙ אַ֔תָּה וְלֹ֥א חָשַׂ֛כְתָּ
אֶת־בִּנְךָ֥ אֶת־יְחִידְךָ֖ מִמֶּֽנִּי׃ יג וַיִּשָּׂ֨א אַבְרָהָ֜ם אֶת־
עֵינָ֗יו וַיַּרְא֙ וְהִנֵּה־אַ֔יִל אַחַ֕ר נֶאֱחַ֥ז בַּסְּבַ֖ךְ בְּקַרְנָ֑יו
וַיֵּ֤לֶךְ אַבְרָהָם֙ וַיִּקַּ֣ח אֶת־הָאַ֔יִל וַיַּעֲלֵ֥הוּ לְעֹלָ֖ה תַּ֥חַת

אונקלוס

יָת־אָעַיָּא וַעֲקַד יָת־יִצְחָק בְּרֵהּ וְשַׁוִּי יָתֵהּ עַל־מַדְבְּחָא עֵיל מִן־אָעַיָּא׃ י וְאוֹשֵׁיט
אַבְרָהָם יָת־יְדֵהּ וּנְסֵיב יָת־סַכִּינָא לְמִיכַּס יָת־בְּרֵהּ׃ יא וּקְרָא לֵהּ מַלְאֲכָא דַייָ
מִן־שְׁמַיָּא וַאֲמַר אַבְרָהָם ׀ אַבְרָהָם וַאֲמַר הָא אֲנָא׃ יב וַאֲמַר לָא־תוֹשֵׁיט יְדָךְ
לְעוּלֵימָא וְלָא־תַעֲבֵד לֵהּ מִדְּעַם אֲרֵי ׀ כְּעַן יְדַעְנָא (נ״י יְדַעִית) אֲרֵי־דָחֲלָא דַייָ
אַתְּ וְלָא מְנַעְתָּ יָת־בְּרָךְ יָת־יְחִידָךְ מִנִּי׃ יג וּזְקַף אַבְרָהָם יָת־עֵינוֹהִי כְּתַר־אִלֵּין
וַחֲזָא וְהָא־דִכְרָא כְּתַר אֲחִיד בְּאִילָנָא בְּקַרְנוֹהִי וַאֲזַל אַבְרָהָם וּנְסֵב יָת־דִּכְרָא

רש״י

שניהם יחדיו בְּלֵב שָׁוֶה: (ט) ויעקד. יָדָיו וְרַגְלָיו מֵאֲחוֹרָיו; הַיָּדַיִם וְהָרַגְלַיִם בְּיַחַד הִיא עֲקֵידָה (שבת נ״ד), וְהוּא לְשׁוֹן עֲקֻדִּים; שֶׁהָיוּ קַרְסוּלֵיהֶם לְבָנִים; מָקוֹם שֶׁעוֹקְדִין אוֹתָן בּוֹ, הָיָה נִכָּר: (יא) אברהם אברהם. לְשׁוֹן חִבָּה הוּא, שֶׁכּוֹפֵל אֶת שְׁמוֹ: (יב) אל תשלח. לִשְׁחוֹט; אָמַר לוֹ: אִם כֵּן לְחִנָּם בָּאתִי לְכָאן, אֶעֱשֶׂה בּוֹ חֲבָלָה וְאוֹצִיא מִמֶּנּוּ מְעַט דָּם, אָמַר לוֹ: אל תעש לו מאומה — אַל תַּעַשׂ בּוֹ מוּם: כי עתה ידעתי. אָמַר רַבִּי אַבָּא, אָמַר לוֹ אַבְרָהָם: אֲפָרֵשׁ לְפָנֶיךָ אֶת שִׂיחָתִי, אֶתְמוֹל אָמַרְתָּ לִי כִּי בְיִצְחָק יִקָּרֵא לְךָ זָרַע, וְחָזַרְתָּ וְאָמַרְתָּ: קַח נָא אֶת בִּנְךָ, עַכְשָׁיו אַתָּה אוֹמֵר: אַל תִּשְׁלַח יָדְךָ אֶל הַנַּעַר! אָמַר לוֹ הַקָּבָּ״ה: לֹא אֲחַלֵּל בְּרִיתִי וּמוֹצָא שְׂפָתַי לֹא אֲשַׁנֶּה; כְּשֶׁאָמַרְתִּי לְךָ „קַח״, מוֹצָא שְׂפָתַי לֹא אֲשַׁנֶּה — לֹא אָמַרְתִּי לְךָ שְׁחָטֵהוּ אֶלָּא הַעֲלֵהוּ: אַסֵּקְתֵּיהּ, אַחֲתֵיהּ! כי עתה ידעתי. מֵעַתָּה יֵשׁ לִי מַה לְּהָשִׁיב לַשָּׂטָן וּלְאֻמּוֹת הַתְּמֵהִים מָה הִיא חִבָּתִי אֶצְלְךָ; יֵשׁ לִי פִּתְחוֹן פֶּה עַכְשָׁיו, שֶׁרוֹאִים כִּי יְרֵא אֱלֹהִים אָתָּה: (יג) והנה איל. מוּכָן הָיָה לְכָךְ מִשֵּׁשֶׁת יְמֵי בְרֵאשִׁית: אחר. אַחֲרֵי שֶׁאָמַר לוֹ הַמַּלְאָךְ אַל תִּשְׁלַח יָדְךָ, רָאָהוּ כְּשֶׁהוּא נֶאֱחָז. וְהוּא שֶׁמְּתַרְגְּמִינַן: וּזְקַף אַבְרָהָם יַת עֵינוֹהִי בָּתַר אִלֵּין: בסבך. אִילָן: בקרניו. שֶׁהָיָה רָץ אֵצֶל אַבְרָהָם, וְהַשָּׂטָן סוֹבְכוֹ וּמְעַרְבְּבוֹ בָּאִילָנוֹת: תחת בנו. מֵאַחַר שֶׁכָּתוּב: וַיַּעֲלֵהוּ לְעוֹלָה, לֹא חָסֵר הַמִּקְרָא כְּלוּם, מַהוּ תַּחַת בְּנוֹ? עַל כָּל עֲבוֹדָה שֶׁעָשָׂה מִמֶּנּוּ, הָיָה מִתְפַּלֵּל וְאוֹמֵר: יְהִי רָצוֹן שֶׁתְּהֵא זוֹ כְּאִלּוּ הִיא

and set the wood in order, and bound Isaac his son, and put him on the altar upon the wood. ¹⁰And Abraham stretched forth his hand, and took the slaughtering knife to slaughter his son. ¹¹And an angel of the Eternal called unto him out of the heaven, and said, Abraham, Abraham: and he said, Here am I. ¹²And he said, Lay not thine hand upon the lad, neither do thou any thing unto him: for now I know that thou fearest God, since thou hast not kept back thy son, thine only one from me. ¹³And Abraham lifted up his eyes, and saw, and behold a ram, afterwards caught in the thicket by its horns: and Abraham went and took the ram, and brought it up for a burnt offering in the stead of

רש״י

yet וילכו שניהם יחדיו THEY WENT BOTH OF THEM TOGETHER — with the same *ready* heart. **(9)** ויעקד AND HE BOUND his hands and feet behind him. Hands and feet *tied together* is what is meant by עקידה "binding". It is associated in meaning with עקודים in (Gen. XXX. 35) "[she-goats] that were streaked" — whose ankles were *streaked* white *so that* the place where they are bound could be plainly seen.¹) **(11)** אברהם אברהם ABRAHAM, ABRAHAM — The repetition of his name is an expression of affection (Gen. R. 56). **(12)** אל תשלח LAY NOT THINE HAND [UPON THE LAD] to slay *him*. Then he (Abraham) said to God, "If this be so, I have come here for nothing; let me *at least* inflict a wound on him and draw some blood from him". God replied, "Neither do thou anything (מאומה) to him" — inflict no blemish (מום) on him (ib.). כי עתה ידעתי FOR NOW I KNOW — R. Aba said: Abraham said to God, "I will lay my complaint before you. Yesterday (on an earlier occasion) you told me, (XXI. 12) "In Isaac shall seed be called to thee", and then again you said, (v. 2) "Take now thy son". Now you tell me, "Lay not thy hand upon the lad"! The Holy One, blessed be He, said to him, *in the words of Ps. LXXIX. 35*, "My covenant will I not profane, nor alter that which is gone out of My lips". When I told you, "Take *thy son*", I was not altering that which went out from My lips *namely, My promise that you would have descendants through Isaac*. I did not tell you "Slay him" but bring him up *to the mountain*. You have brought him up — take him down again" (Gen. R. ib.). כי עתה ידעתי FOR NOW I KNOW — From now I have a reply to give to Satan and to the nations who wonder at the love I bear you: I have an opening of the mouth (i. e. I have an excuse, a reason to give them) now that they see that you are a God-fearing man. **(13)** והנה איל BEHOLD, A RAM — It was predestined for that purpose from the six days of Creation (Tanch.). אחר AFTER the angel had said to him "Lay not thy hand *upon the lad*" he saw it being caught *in the thicket*. And that is what we mean when we translate it in the Targum by "And Abraham lifted up his eyes after these (i. e. after these words)". Other versions of Rashi have: according to the Midrashic explanation, after means, after all the words of the angel and the Shechinah, and after all the arguments of Abraham. בסבך IN A THICKET — a tree. בקרניו BY ITS HORNS — because it was running towards Abraham, but Satan caused it to be caught and entangled among the trees (P. d' R. Eliez. 31). תחת בנו IN THE STEAD OF HIS SON — Since it is written, "He offered it up for a burnt offering", *surely* nothing is missing in the text; what then is the force of "in the stead of his son"? At every sacrificial act he performed on it he prayed saying, "May it be

NOTES

¹) Rashi takes עקודים to mean marked on the place where the animals are tied up.

בְּנֽוֹ׃ יד וַיִּקְרָ֧א אַבְרָהָ֛ם שֵֽׁם־הַמָּק֥וֹם הַה֖וּא יְהוָ֣ה ׀
יִרְאֶ֑ה אֲשֶׁר֙ יֵאָמֵ֣ר הַיּ֔וֹם בְּהַ֥ר יְהוָ֖ה יֵרָאֶֽה׃ טו וַיִּקְרָ֛א
מַלְאַ֥ךְ יְהוָ֖ה אֶל־אַבְרָהָ֑ם שֵׁנִ֖ית מִן־הַשָּׁמָֽיִם׃
טז וַיֹּ֗אמֶר בִּ֥י נִשְׁבַּ֖עְתִּי נְאֻם־יְהוָ֑ה כִּ֗י יַ֚עַן אֲשֶׁ֤ר
עָשִׂ֙יתָ֙ אֶת־הַדָּבָ֣ר הַזֶּ֔ה וְלֹ֥א חָשַׂ֖כְתָּ אֶת־בִּנְךָ֥ אֶת־
יְחִידֶֽךָ׃ יז כִּֽי־בָרֵ֣ךְ אֲבָרֶכְךָ֗ וְהַרְבָּ֨ה אַרְבֶּ֤ה אֶֽת־
זַרְעֲךָ֙ כְּכוֹכְבֵ֣י הַשָּׁמַ֔יִם וְכַח֕וֹל אֲשֶׁ֖ר עַל־שְׂפַ֣ת הַיָּ֑ם
וְיִרַ֣שׁ זַרְעֲךָ֔ אֵ֖ת שַׁ֥עַר אֹיְבָֽיו׃ יח וְהִתְבָּרֲכ֣וּ בְזַרְעֲךָ֔
כֹּ֖ל גּוֹיֵ֣י הָאָ֑רֶץ עֵ֕קֶב אֲשֶׁ֥ר שָׁמַ֖עְתָּ בְּקֹלִֽי׃ יט וַיָּ֤שָׁב
אַבְרָהָם֙ אֶל־נְעָרָ֔יו וַיָּקֻ֛מוּ וַיֵּלְכ֥וּ יַחְדָּ֖ו אֶל־בְּאֵ֣ר
שָׁ֑בַע וַיֵּ֥שֶׁב אַבְרָהָ֖ם בִּבְאֵ֥ר שָֽׁבַע׃ פ מפטיר.

אונקלוס

וְאַסְקֵיהּ לַעֲלָתָא חֲלַף בְּרֵיהּ׃ יד וּפְלַח וְצַלִּי אַבְרָהָם תַּמָּן בְּאַתְרָא הַהוּא וַאֲמַר
קֳדָם־יְיָ הָכָא יְהוֹן־פָּלְחַן דָּרַיָּא בְּכֵן יִתְאֲמַר בְּיוֹמָא הָדֵין בְּטוּרָא הָדֵין אַבְרָהָם
קֳדָם־יְיָ פְּלַח׃ טו וּקְרָא מַלְאֲכָא דַיְיָ לְאַבְרָהָם תִּנְיָנוּת מִן־שְׁמַיָּא׃ טז וַאֲמַר
בְּמֵימְרִי קַיֵּמִית אֲמַר יְיָ אֲרֵי חֲלַף דִּי עֲבַדְתָּא יָת־פִּתְגָּמָא הָדֵין וְלָא מְנַעְתָּא
יָת־בְּרָךְ יָת־יְחִידָךְ׃ יז אֲרֵי־בָרָכָא אֲבָרְכִנָּךְ וְאַסְגָּאָה אַסְגֵּי יָת־בְּנָךְ כְּכוֹכְבֵי
שְׁמַיָּא וּכְחָלָא דִּי עַל־כֵּיף יַמָּא וְיֵרְתוּן בְּנָיךְ יָת קִרְוֵי סָנְאֵיהוֹן׃ יח וְיִתְבָּרְכוּן
בְּדִיל־בְּנָיךְ כֹּל עַמְמֵי אַרְעָא חֲלַף דִּי קַבֵּלְתָּא לְמֵימְרִי׃ יט וְתָב אַבְרָהָם
לְוַת עוּלֵימוֹהִי וְקָמוּ וַאֲזַלוּ כַּחְדָא לִבְאֵר שָׁבַע וִיתֵיב אַבְרָהָם בִּבְאֵר שָׁבַע׃

רש"י

עשויה בבני, כאלו בני שחוט, כאלו דמו זרוק, כאלו הוא מופשט, כאלו הוא נקטר ונעשה דשן: (יד) ה' יראה. פשוטו כתרגומו: ה' יבחר ויראה לו את המקום הזה להשרות בו שכינתו ולהקריב כאן קרבנות: אשר יאמר היום. שיאמרו לימי הדורות עליו: בהר זה יראה הקב"ה לעמו: היום. הימים העתידין, כמו עד היום הזה שבכל המקרא; שכל הדורות הבאים, הקוראים את המקרא הזה, אומרים עד היום הזה על היום שעומדים בו. ומ"א: ה' יראה עקידה זו לסלוח לישראל בכל שנה ולהצילם מן הפורענות. כדי שיאמר היום הזה — בכל הדורות הבאים — בהר ה' יראה אפרו של יצחק צבור ועומד לכפרה: (יז) ברך אברכך. אחת לאב ואחת לבן: והרבה ארבה. אחת לאב ואחת לבן: (יט) וישב אברהם בבאר שבע. לא ישיבה ממש, שהרי בחברון היה יושב. י"ב שנים לפני עקידתו של יצחק יצא מבאר שבע והלך לו לחברון, כמו שנאמר: ויגר אברהם בארץ פלשתים ימים רבים,

his son. ¹⁴And Abraham called the name of that place Adonay-Yireh: as it is said to this day, In the mount of the Eternal it shall be seen. ¹⁵And an angel of the Eternal called unto Abraham out of the heaven the second time. ¹⁶And said, By myself have I sworn, is the declaration of the Eternal, that because thou hast done this thing, and hast not kept back thy son, thine only one: ¹⁷That I will greatly bless thee, and I will exceedingly multiply thy seed as the stars of the heaven, and as the sand which is upon the sea shore; and thy seed shall possess the gate of his enemies; ¹⁸And all the nations of the earth shall bless themselves with thy seed; because thou hast hearkened to my voice. ¹⁹So Abraham returned unto his lads, and they rose and went together to Beer-sheba; and Abraham abode at Beer-sheba.

רש"י

Thy will that this *act* may be regarded as having been done to my son — as though my son is being slain; as though his blood is being sprinkled; as though his skin were being flayed; as though he is being burnt and is being reduced to ashes" (Gen. R. 56). **(14)** ה' יראה Its real meaning is as the Targum renders it: The Lord will choose and select for Himself this place to make His Shechinah reside in it and for sacrifices to be offered there. אשר יאמר היום AS IT IS SAID TO THIS DAY — In the generations *to come* people will say of it," On this mountain the Holy One, blessed be He, shows Himself to His people." היום THIS DAY — the future days, with the same meaning as עד היום הזה "even until this day" wherever it occurs in the entire Scriptures: that all future generations who read this passage will refer the *phrase* "even unto this day" to the day in which they live. The Midrashic explanation is: May God see this Binding *of Isaac* every year to forgive Israel and to save them from punishment, so that it may be said "in this day" — in all future generations — "there are seen in the mountain of the Lord" the ashes of Isaac heaped up *as it were* and serving as a means of atonement (Tanch.). **(17)** ברך אברכך I WILL SURELY BLESS THEE — *The double use of the term "bless" is intended to signify* a blessing for the father and a blessing for the son (Gen. R. 56). והרבה ארבה AND I WILL GREATLY MULTIPLY — once for the father, and once for the son (ib.). **(19)** וישב אברהם בבאר שבע AND ABRAHAM DWELT AT BEER-SHEBA — This does not mean really dwelling there *but merely staying there on his way home*, because he was, as a matter of fact, living at Hebron. Twelve years before the Binding of Isaac he had left Beer-Sheba and had gone to Hebron, as it is said, (XXI. 34) "And Abraham sojourned in the land of the Philistines

בראשית כב כג וירא 97

כ וַיְהִי אַחֲרֵי הַדְּבָרִים הָאֵלֶּה וַיֻּגַּד לְאַבְרָהָם לֵאמֹר
הִנֵּה יָלְדָה מִלְכָּה גַם־הִוא בָּנִים לְנָחוֹר אָחִיךָ:
כא אֶת־עוּץ בְּכֹרוֹ וְאֶת־בּוּז אָחִיו וְאֶת־קְמוּאֵל אֲבִי
אֲרָם: כב וְאֶת־כֶּשֶׂד וְאֶת־חֲזוֹ וְאֶת־פִּלְדָּשׁ וְאֶת־
יִדְלָף וְאֵת בְּתוּאֵל: כג וּבְתוּאֵל יָלַד אֶת־רִבְקָה
שְׁמֹנָה אֵלֶּה יָלְדָה מִלְכָּה לְנָחוֹר אֲחִי אַבְרָהָם:
כד וּפִילַגְשׁוֹ וּשְׁמָהּ רְאוּמָה וַתֵּלֶד גַּם־הִוא אֶת־טֶבַח
וְאֶת־גַּחַם וְאֶת־תַּחַשׁ וְאֶת־מַעֲכָה:

קמ״ז. למגו״ן סימן: ומסטירין ואשה אחת. במלאכים ג׳ סימן ל׳:

פ פ פ

כג א וַיִּהְיוּ חַיֵּי שָׂרָה מֵאָה שָׁנָה וְעֶשְׂרִים שָׁנָה
וְשֶׁבַע שָׁנִים שְׁנֵי חַיֵּי שָׂרָה: ב וַתָּמָת

אונקלוס

כ וַהֲוָה בָּתַר פִּתְגָמַיָּא הָאִלֵּין וְאִתְחַוָּא לְאַבְרָהָם לְמֵימַר הָא יְלֵידַת מִלְכָּא אַף הִיא בְּנִין לְנָחוֹר אֲחוּךְ: כא יָת־עוּץ בּוּכְרֵהּ וְיָת־בּוּז אֲחוּהִי וְיָת־קְמוּאֵל אֲבוּהִי דַאֲרָם: כב וְיָת־כֶּשֶׂד וְיָת־חֲזוֹ וְיָת־פִּלְדָּשׁ וְיָת־יִדְלָף וְיָת בְּתוּאֵל: כג וּבְתוּאֵל אוֹלִיד יָת־רִבְקָה תְּמַנְיָא אִלֵּין יְלֵידַת מִלְכָּה לְנָחוֹר אֲחוּהִי דְאַבְרָהָם: כד וּלְחֵינְתֵהּ וּשְׁמַהּ רְאוּמָה וִילֵידַת אַף־הִיא יָת־טֶבַח וְיָת־גַּחַם וְיָת־תַּחַשׁ וְיָת־מַעֲכָה:

פ פ פ

א וַהֲווֹ חַיֵּי שָׂרָה מְאָה וְעַשְׂרִין וּשְׁבַע שְׁנִין שְׁנֵי חַיֵּי שָׂרָה: ב וּמִיתַת שָׂרָה

רש״י

מְרוּבִּים מִשֶּׁל חֶבְרוֹן הָרִאשׁוֹנִים, וְהֵם כ״ו שָׁנָה, כְּמוֹ שֶׁפֵּרַשְׁנוּ לְמַעְלָה: (כ) אחר הדברים האלה ויגד וגו׳. בְּשׁוּבוֹ מֵהַר הַמּוֹרִיָּה הָיָה אַבְרָהָם מְהַרְהֵר וְאוֹמֵר: אִלּוּ הָיָה בְּנִי שָׁחוּט כְּבָר, הָיָה הוֹלֵךְ בְּלֹא בָנִים, הָיָה לִי לְהַשִּׂיאוֹ אִשָּׁה מִבְּנוֹת עָנֵר אֶשְׁכּוֹל וּמַמְרֵא, בִּשְּׂרוֹ הַקָּבָּ״ה שֶׁנּוֹלְדָה רִבְקָה בַּת זוּגוֹ. וְזֶהוּ: הדברים האלה, הִרְהוּרֵי דְבָרִים, שֶׁהָיוּ עַל יְדֵי עֲקֵידָה: גם הוא. אַף הִיא הִשְׁוַת מִשְׁפְּחוֹתֶיהָ לְמִשְׁפְּחוֹת אַבְרָהָם י״ב. מַה אַבְרָהָם י״ב שְׁבָטִים, שֶׁיָּצְאוּ מִיַּעֲקֹב, ח׳ בְּנֵי הַגְּבִירוֹת וְד׳ בְּנֵי שְׁפָחוֹת, אַף אֵלּוּ ח׳ בְּנֵי גְבִירוֹת וְד׳ בְּנֵי פִלֶּגֶשׁ: (כג) ובתואל ילד את רבקה. כָּל הַיִּחוּסִין הַלָּלוּ לֹא נִכְתְּבוּ אֶלָּא בִּשְׁבִיל פָּסוּק זֶה:

כג (כג) ויהיו חיי שרה מאה שנה ועשרים שנה ושבע שנים. לְכָךְ נִכְתַּב שָׁנָה בְּכָל כְּלָל וּכְלָל, לוֹמַר לָךְ, שֶׁכָּל אֶחָד נִדְרָשׁ לְעַצְמוֹ: בַּת ק׳ כְּבַת כ׳ לְחֵטְא, מַה בַּת כ׳ לֹא חָטְאָה, שֶׁהֲרֵי אֵינָהּ בַּת עֳנָשִׁין, אַף בַּת ק׳ בְּלֹא חֵטְא, וּבַת כ׳ כְּבַת ז׳ לְיֹפִי: שני חיי שרה. כֻּלָּן שָׁוִין לְטוֹבָה:

²⁰And it came to pass after these things, that it was told Abraham, saying, Behold, Milcah, she hath also born children unto thy brother Nahor; ²¹Huz his firstborn, and Buz his brother, and Kemuel the father of Aram, ²²And Chesed, and Hazo, and Pildash, and Jidlaph, and Bethuel. ²³And Bethuel begat Rebekah: these eight Milcah did bear to Nahor, Abraham's brother. ²⁴And his concubine, whose name was Reumah, she bare also Tebah, and Gaham, and Thahash, and Maachah.

23. ¹And the life of Sarah was an hundred years and seven years and twenty years: these were the years of the life of Sarah. ²And Sarah died

רש"י

many days", i.e. exceeding in number the earlier days *when he had resided at Hebron* — altogether 26 years, as we have explained above (XXI. 34). **(20)** אחרי הדברים האלה AFTER THESE THINGS [IT WAS TOLD ABRAHAM] etc. — When he returned from Mount Moriah Abraham was pondering and he said, "If my son had *really* been slain, he would have died without children! I must marry him to one of the daughters of Aner or Eshcol or Mamre". The Holy One, blessed be He, therefore had the announcement made to him that Rebecca, the one fit to be his (Isaac's) consort, had been born. This is what is meant by *"after* these things or words" — namely, *"after* the words" that expressed the thoughts aroused by the Binding *of Isaac* (Gen. R. 56). גם היא SHE ALSO — She also had *a number of* families equal *in all respects* to those which Abraham was to have — namely, twelve, and just as in the case of Abraham, of the twelve tribes born of Jacob¹) eight were the children of the principal wives and four those of the hand-maids, so here, also, eight were sons of the principal wife and four were sons of the concubine (ib. 57). **(23)** ובתואל ילד את רבקה AND BETHUEL BEGAT REBECCA — The entire genealogical record is given only for the sake of this verse (i. e. to lead up to this verse).

חיי שרה

23. (1) ויהיו חיי שרה מאה שנה ועשרים שנה ושבע שנים AND THE LIFE OF SARAH WAS 127 YEARS (lit., 100 years, 20 years and 7 years) — The reason the word שנה is written at every term is to tell you that each term must be explained by itself *as a complete number*: at the age of one hundred she was as a woman of twenty as regards sin — for just as at the age of twenty *one may regard her as having* never sinned, since she had not then reached the age when she was subject to punishment, so, too, when she was one hundred years old she was sinless — and when she was twenty she was as beautiful as when she was seven (Gen. R. 58). שני חיי שרה THE YEARS OF SARAH'S LIFE —

NOTES

¹) See Appendix.

שָׂרָה בְּקִרְיַת אַרְבַּע הִוא חֶבְרוֹן בְּאֶרֶץ כְּנָעַן וַיָּבֹא
אַבְרָהָם לִסְפֹּד לְשָׂרָה וְלִבְכֹּתָהּ׃ ג וַיָּקָם אַבְרָהָם
מֵעַל פְּנֵי מֵתוֹ וַיְדַבֵּר אֶל־בְּנֵי־חֵת לֵאמֹר׃ ד גֵּר־
וְתוֹשָׁב אָנֹכִי עִמָּכֶם תְּנוּ לִי אֲחֻזַּת־קֶבֶר עִמָּכֶם
וְאֶקְבְּרָה מֵתִי מִלְּפָנָי׃ ה וַיַּעֲנוּ בְנֵי־חֵת אֶת־אַבְרָהָם
לֵאמֹר לוֹ׃ ו שְׁמָעֵנוּ ׀ אֲדֹנִי נְשִׂיא אֱלֹהִים אַתָּה
בְּתוֹכֵנוּ בְּמִבְחַר קְבָרֵינוּ קְבֹר אֶת־מֵתֶךָ אִישׁ מִמֶּנּוּ
אֶת־קִבְרוֹ לֹא־יִכְלֶה מִמְּךָ מִקְּבֹר מֵתֶךָ׃ ז וַיָּקָם
אַבְרָהָם וַיִּשְׁתַּחוּ לְעַם־הָאָרֶץ לִבְנֵי־חֵת׃ ח וַיְדַבֵּר
אִתָּם לֵאמֹר אִם־יֵשׁ אֶת־נַפְשְׁכֶם לִקְבֹּר אֶת־מֵתִי
מִלְּפָנַי שְׁמָעוּנִי וּפִגְעוּ־לִי בְּעֶפְרוֹן בֶּן־צֹחַר׃ ט וְיִתֶּן־

°כ׳ זעירא

אונקלוס

בְּקִרְיַת אַרְבַּע הִיא חֶבְרוֹן בְּאַרְעָא דִכְנָעַן וַאֲתָא אַבְרָהָם לְמִסְפַּד לְשָׂרָה
וּלְמִבְכַּהּ׃ ג וְקָם אַבְרָהָם מֵעַל אַפֵּי מִיתֵהּ וּמַלֵּל עִם־בְּנֵי־חִתָּאָה לְמֵימָר׃
ד דַּיָּר וְתוֹתָב אֲנָא עִמְּכוֹן הָבוּ לִי אַחְסָנַת־קְבוּרָא עִמְּכוֹן וְאֶקְבַּר מִיתִי מִן־קֳדָמָי׃
ה וַאֲתִיבוּ בְנֵי־חִתָּאָה יָת־אַבְרָהָם לְמֵימַר לֵהּ׃ ו קַבֵּל־מִנָּנָא רִבּוֹנָנָא רַב קֳדָם־
יְיָ אַתְּ בֵּינָנָא בִּשְׁפַר קִבְרָנָא קְבַר יָת־מִיתָךְ אֱנַשׁ מִנָּנָא יָת־קִבְרֵהּ לָא־יִמְנַע
מִנָּךְ מִלְּמִקְבַּר מִיתָךְ׃ ז וְקָם אַבְרָהָם וּסְגִיד לְעַמָּא־דְאַרְעָא לִבְנֵי־חִתָּאָה׃
ח וּמַלֵּל עִמְּהוֹן לְמֵימָר אִם־אִית־רַעֲוָא בְנַפְשְׁכוֹן לְמִקְבַּר יָת־מִיתִי מִן־קֳדָמַי
קַבִּילוּ־מִנִּי וּבְעוֹ־לִי מִן־עֶפְרוֹן בַּר־צֹחַר׃ ט וְיִתֶּן־לִי יָת־מְעָרַת כָּפֵלְתָּא דִּי לֵהּ

רש״י

(ב) בקרית ארבע. עַל שֵׁם אַרְבַּע עֲנָקִים שֶׁהָיוּ שָׁם: אֲחִימָן, שֵׁשַׁי וְתַלְמַי וַאֲבִיהֶם. ד״א: עַל שֵׁם אַרְבַּע זוּגוֹת שֶׁנִּקְבְּרוּ שָׁם אִישׁ וְאִשְׁתּוֹ: אָדָם וְחַוָּה, אַבְרָהָם וְשָׂרָה, יִצְחָק וְרִבְקָה, יַעֲקֹב וְלֵאָה (ב״ר): ויבא אברהם. מִבְּאֵר שָׁבַע: לספוד לשרה ולבכותה. וְנִסְמְכָה מִיתַת שָׂרָה לַעֲקֵידַת יִצְחָק, לְפִי שֶׁעַל יְדֵי בְשׂוֹרַת הָעֲקֵידָה, שֶׁנִּזְדַּמֵּן בְּנָהּ לִשְׁחִיטָה וְכִמְעַט שֶׁלֹּא נִשְׁחַט, פָּרְחָה נִשְׁמָתָהּ מִמֶּנָּה וּמֵתָה: (ד) גר ותושב אנכי עמכם. גֵּר מֵאֶרֶץ אַחֶרֶת וְנִתְיַשַּׁבְתִּי עִמָּכֶם. וּמִדְרַשׁ אַגָּדָה: אִם תִּרְצוּ הֲרֵינִי גֵּר וְאִם לַאו אֶהְיֶה תוֹשָׁב וְאֶטְלֶנָּה מִן הַדִּין, שֶׁאָמַר לִי הַקָּבָּ״ה: לְזַרְעֲךָ אֶתֵּן אֶת הָאָרֶץ הַזֹּאת: אחזת קבר. אֲחֻזַּת קַרְקַע לְבֵית הַקְּבָרוֹת: (ו) לא יכלה. לֹא יִמְנַע, כְּמוֹ: לֹא תִכְלָא רַחֲמֶיךָ (תהלים מ׳), וּכְמוֹ וַיִּכָּלֵא הַגֶּשֶׁם (בראשית ח׳): נפשכם. רְצוֹנְכֶם: ופגעו לי. לְשׁוֹן בַּקָּשָׁה. כְּמוֹ: אַל תִּפְגְּעִי בִי (רות א׳):

in Kirjath-arba; the same is Hebron in the land of Canaan: and Abraham
came to bewail Sarah, and to weep for her. 3And Abraham arose from
before his dead, and spake unto the sons of Heth, saying, 4I am a stranger
and a sojourner with you: give me a possession of a burying-place with
you, that I may bury my dead from before me. 5And the children of Heth
answered Abraham, saying unto him, 6Hear us, my lord: thou art a prince
of God in the midst of us: in the choice of our burying-place bury thy
dead; none of us shall withhold from thee his burying-place, but that
thou mayest bury thy dead. 7And Abraham arose, and prostrated himself
to the people of the land, even to the children of Heth. 8And he spake
with them, saying, If it be your mind to bury my dead from before me;
hear me, and intreat for me to Ephron the son of Zohar. 9That he may

רש"י

The word y e a r s *is repeated and without a number* to indicate that they were all equally good. **(2)** בקרית ארבע *lit., the city of the Four, and it was so called* because of the four giants who lived there: Ahiman, Sheshai, Talmai and their father (Num. XIII. 22). Another explanation is, *that it was so called* because of the four couples who were buried there, man and wife — Adam and Eve, Abraham and Sarah, Isaac and Rebecca, Jacob and Leah (Gen. R. 58). ויבא אברהם AND ABRAHAM CAME from B e e r - S h e b a. לספוד לשרה ולבכותה TO BEWAIL SARAH AND TO WEEP FOR HER — The narrative of the death of Sarah follows immediately on that of the Binding of Isaac, because through the announcement of the Binding — that her son had been made ready for sacrifice and had almost been sacrificed — she received a great shock (lit., her soul flew from her) and she died (P. d' R. Eliezer 32). **(4)** גר ותושב אנכי עמכם I AM A STRANGER AND A SETTLER WITH YOU — A stranger *having come* from another land, but I have s e t t l e d d o w n amongst you. A Midrashic explanation is: if you agree *to* s e l l *me the land* then I will regard myself as a s t r a n g e r *and will pay for it,* but if not, I shall claim it as a s e t t l e r and will take it as my legal right, because the Holy One, blessed be He, said to me, (XII. 7) "Unto thy seed I give this land". אחזת קבר A POSSESSION OF A BURYING PLACE — *means* possession of land to serve as a burying place. **(6)** לא יכלה *means* will not withhold, just as (Ps. XL. 12) "Thou wilt not withhold (תכלא) Thy mercies", and (Gen. VIII. 2) "And the rain was restrained (ויכלא)"1). **(8)** נפשכם *means* YOUR WILL. ופגעו לי — *This phrase* signifies entreaty, as (Ruth I. 16) "Do not entreat (תפגעי) me".

NOTES

1) Although the root here is כלה, with ה, it has the same meaning "to keep back" as the verb כלא with א, in the examples given.

לִי אֶת־מְעָרַת הַמַּכְפֵּלָה אֲשֶׁר־לוֹ אֲשֶׁר בִּקְצֵה
שָׂדֵהוּ בְּכֶסֶף מָלֵא יִתְּנֶנָּה לִּי בְּתוֹכְכֶם לַאֲחֻזַּת־
קָבֶר: י וְעֶפְרוֹן יֹשֵׁב בְּתוֹךְ בְּנֵי־חֵת וַיַּעַן עֶפְרוֹן
הַחִתִּי אֶת־אַבְרָהָם בְּאָזְנֵי בְנֵי־חֵת לְכֹל בָּאֵי שַׁעַר־
עִירוֹ לֵאמֹר: יא לֹא־אֲדֹנִי שְׁמָעֵנִי הַשָּׂדֶה נָתַתִּי לָךְ
וְהַמְּעָרָה אֲשֶׁר־בּוֹ לְךָ נְתַתִּיהָ לְעֵינֵי בְנֵי־עַמִּי
נְתַתִּיהָ לָּךְ קְבֹר מֵתֶךָ: יב וַיִּשְׁתַּחוּ אַבְרָהָם לִפְנֵי
עַם־הָאָרֶץ: יג וַיְדַבֵּר אֶל־עֶפְרוֹן בְּאָזְנֵי עַם־הָאָרֶץ
לֵאמֹר אַךְ אִם־אַתָּה לוּ שְׁמָעֵנִי נָתַתִּי כֶּסֶף הַשָּׂדֶה
קַח מִמֶּנִּי וְאֶקְבְּרָה אֶת־מֵתִי שָׁמָּה: יד וַיַּעַן עֶפְרוֹן
אֶת־אַבְרָהָם לֵאמֹר לוֹ: טו אֲדֹנִי שְׁמָעֵנִי אֶרֶץ אַרְבַּע
מֵאֹת שֶׁקֶל־כֶּסֶף בֵּינִי וּבֵינְךָ מַה־הִוא וְאֶת־מֵתְךָ

אונקלוס

דִּי בִּסְטַר חַקְלֵהּ בְּכַסְפָּא שְׁלִים יִתְּנִינַהּ לִי בֵּינֵיכוֹן לְאַחְסָנַת קְבוּרָא: י וְעֶפְרוֹן
יָתֵב בְּגוֹ בְּנֵי־חִתָּאָה וַאֲתֵיב עֶפְרוֹן חִתָּאָה יָת־אַבְרָהָם קֳדָם בְּנֵי־חִתָּאָה לְכֹל־
עָלֵי תְּרַע־קַרְתֵּהּ לְמֵימָר: יא לָא־רִבּוֹנִי קַבֵּל־מִנִּי חַקְלָא יְהָבִית לָךְ וּמְעַרְתָּא
דִּי־בֵהּ לָךְ יְהַבִיתַהּ לְעֵינֵי בְנֵי־עַמִּי יְהַבִיתַהּ לָךְ קְבַר מִיתָךְ: יב וּסְגִיד אַבְרָהָם
קֳדָם־עַמָּא דְאַרְעָא: יג וּמַלֵּיל עִם־עֶפְרוֹן קֳדָם־עַמָּא דְאַרְעָא לְמֵימַר בְּרַם
אִם־אַתְּ עָבֵיד־לִי־טֵיבוּ קַבֵּל־מִנִּי אֶתֵּן כַּסְפָּא דְמֵי־חַקְלָא סַב מִנִּי וְאֶקְבַּר יָת־
מִיתִי תַּמָּן: יד וַאֲתֵיב עֶפְרוֹן יָת־אַבְרָהָם לְמֵימַר לֵהּ: טו רִבּוֹנִי קַבֵּל־מִנִּי אַרְעָא

רש"י

(ט) המכפלה. בַּיִת וַעֲלִיָּה עַל גַּבָּיו. ד"א: שֶׁכְּפוּלָה בְּזוּגוֹת (עירו' נ"ג): בכסף מלא. שָׁלֵם
כָּל שָׁוְיָהּ; וְכֵן דָּוִד אָמַר לַאֲרַוְנָה: בְּכֶסֶף מָלֵא (ד"ה א' כ"א): (י) ועפרון ישב. כְּתִיב חָסֵר,
אוֹתוֹ הַיּוֹם מִנּוּהוּ שׁוֹטֵר עֲלֵיהֶם; מִפְּנֵי חֲשִׁיבוּתוֹ שֶׁל אַבְרָהָם, שֶׁהָיָה צָרִיךְ לוֹ, עָלָה לִגְדֻלָּה:
לכל באי שער עירו. שֶׁכֻּלָּן בָּטְלוּ מִמְּלַאכְתָּן וּבָאוּ לִגְמוֹל חֶסֶד לְשָׂרָה: (יא) לא אדני. לֹא
תִקְנֶה אוֹתָהּ בְּדָמִים: נתתי לך. הֲרֵי הִיא כְּמוֹ שֶׁנְּתַתִּיהָ לְךָ: (יג) אך אם אתה לו שמעני.
אַתָּה אוֹמֵר לִי לִשְׁמוֹעַ לְךָ וְלִקַּח בְּחִנָּם, אֲנִי אִי אֶפְשִׁי בְּכָךְ. אך אם אתה לו שמעני. הַלְוַאי
וְתִשְׁמְעֵנִי: נתתי דני"ש בלע"ז, מוּכָן הוּא אֶצְלִי, וְהַלְוַאי נָתַתִּי לְךָ כְּבָר: (טו) ביני ובינך.
בֵּין שְׁנֵי אוֹהֲבִים כָּמוֹנוּ מַה הִיא חֲשׁוּבָה? לִכְלוּם! אֶלָּא הַנַּח אֶת הַמֶּכֶר וְאֶת מֵתְךָ קְבוֹר (ב"ר):

give me the cave of Machpelah, which he hath, which is in the extremity of
his field; for its full value in silver he shall give it me for a property
of a burying-place in the midst of you. 10Now Ephron was sitting in
the midst of the children of Heth; and Ephron the Hittite answered Abra-
ham in the audience of the children of Heth, even of all that came in
at the gate of his city, saying, 11Nay, my lord, hear me: the field give I
thee, and the cave that is therein, I give it thee; before the eyes of the
sons of my people give I it thee: bury thy dead. 12And Abraham prostrat-
ed himself before the people of the land. 13And he spake unto Ephron in
the audience of the people of the land, saying, But if thou wouldst only
hear me: I will give thee money for the field: take it of me, and I
will bury my dead there. 14And Ephron answered Abraham, saying unto
him. 15My lord, hearken unto me: land worth four hundred shekels of
silver, — what is that between me and thee? bury therefore thy dead.

רש"י

(9) המכפלה MACHPELAH (the root, כפל, means d o u b l e) — *it had* a lower and an upper caven. Another explanation *of why it was so called is*, because *it has the characteristic* of being d o u b l e d on account of the couples *who are buried there* (see Rashi in verse 2) (Erub. 53a). בכסף מלא FOR ITS FULL VALUE IN SILVER — מלא *means* שלם *so that the phrase means* all that it is worth. Thus, too, did David say to Ornan, (1 Chron. XXI. 22) "for full money". **(10)** ועפרון ישב The verb is written without a ו so that it may be read ישב h e s a t, *thus indicating that* on that very day they had appointed him (Ephron) to be an officer over them. Because of the high standing of Abraham who needed to *negotiate with* him, he was elevated to a dignified position (so that Abraham whom they esteemed as a great prince might have to negotiate with an equal and not with an inferior person) Gen. R. 58).[1]) לכל באי שער עירו OF ALL THAT CAME IN AT THE GATE OF HIS CITY — for they a l l left their work and came to pay their last respect to Sarah (ib.). **(11)** לא ארני NAY, MY LORD — You are not to buy it with money. נתתי לך I HAVE GIVEN IT TO THEE (a perfect tense) — See, it is as though I have already given it to you. **(13)** אך אם אתה לו שמעני BUT IF THOU WOULDST ONLY HEAR ME — You tell me to listen to you (verse 11) and to accept it without payment. I do not desire this: BUT IF THOU WOULDST ONLY HEAR ME! — i. e. I only wish that you would listen to me *and do as I ask*. נתתי I GIVE (perfect with present sense) O. F. donne; *Engl. I give*. I have the money ready and I only wish that I had already given it to you.[2]) **(15)** ביני ובינך BETWEEN ME AND THEE — Between two such friends as we are, of what importance is t h a t? Nothing at all! Leave business alone and bury

NOTES

1) See Rashi on XVIII. 1 for difference between יושב and ישב.

2) Rashi is compelled to give a present sense to נתתי in this verse, on account of the following words קח ממני "Take it from me".

100 בראשית כג כד חיי שרה

קָבֹר: טז וַיִּשְׁמַע אַבְרָהָם אֶל־עֶפְרוֹן וַיִּשְׁקֹל אַבְרָהָם
לְעֶפְרֹן אֶת־הַכֶּסֶף אֲשֶׁר דִּבֶּר בְּאָזְנֵי בְנֵי־חֵת אַרְבַּע
מֵאוֹת שֶׁקֶל כֶּסֶף עֹבֵר לַסֹּחֵר: שני יז וַיָּקָם ׀ שְׂדֵה
עֶפְרוֹן אֲשֶׁר בַּמַּכְפֵּלָה אֲשֶׁר לִפְנֵי מַמְרֵא הַשָּׂדֶה
וְהַמְּעָרָה אֲשֶׁר־בּוֹ וְכָל־הָעֵץ אֲשֶׁר בַּשָּׂדֶה אֲשֶׁר
בְּכָל־גְּבֻלוֹ סָבִיב: יח לְאַבְרָהָם לְמִקְנָה לְעֵינֵי בְנֵי־
חֵת בְּכֹל בָּאֵי שַׁעַר־עִירוֹ: יט וְאַחֲרֵי־כֵן קָבַר אַבְרָהָם
אֶת־שָׂרָה אִשְׁתּוֹ אֶל־מְעָרַת שְׂדֵה הַמַּכְפֵּלָה עַל־
פְּנֵי מַמְרֵא הִוא חֶבְרוֹן בְּאֶרֶץ כְּנָעַן: כ וַיָּקָם הַשָּׂדֶה
וְהַמְּעָרָה אֲשֶׁר־בּוֹ לְאַבְרָהָם לַאֲחֻזַּת־קָבֶר מֵאֵת
בְּנֵי־חֵת: ס כד א וְאַבְרָהָם זָקֵן בָּא בַּיָּמִים
וַיהוָה בֵּרַךְ אֶת־אַבְרָהָם בַּכֹּל: ב וַיֹּאמֶר אַבְרָהָם

אונקלוס

שְׁוֵי־אַרְבַּע מְאָה סִלְעִין־דִּכְסַף בֵּינָא וּבֵינָךְ מַה־הִיא וְיָת־מִיתָךְ קְבַר: טז וְקַבֵּל
אַבְרָהָם מִן־עֶפְרוֹן וּתְקַל אַבְרָהָם לְעֶפְרוֹן יָת־כַּסְפָּא דְּמַלֵּל קֳדָם בְּנֵי־חִתָּאָה
אַרְבַּע מְאָה סִלְעִין דִּכְסַף מִתַּקְבַּל־סְחוֹרָא (נ"י דְּמִתַּקְבַּל סְחוֹרְתָא) בְּכָל־מְדִינְתָּא:
יז וְקָם ׀ חֲקַל עֶפְרוֹן דִּי בִכְפֵלְתָּא דִּי קֳדָם מַמְרֵא חַקְלָא וּמְעַרְתָּא דִּי־בֵהּ
וְכָל־אִילָנֵי דִּי בְחַקְלָא דִּי בְּכָל־תְּחוּמֵהּ סְחוֹר־סְחוֹר: יח לְאַבְרָהָם לִזְבִינוֹהִי
לְעֵינֵי בְּנֵי־חִתָּאָה בְּכֹל עָלֵי תְּרַע־קַרְתֵּהּ: יט וּבָתַר כֵּן קְבַר אַבְרָהָם יָת־שָׂרָה
אִתְּתֵהּ בִּמְעָרַת חֲקַל כְּפֵלְתָּא עַל־אַפֵּי מַמְרֵא הִיא חֶבְרוֹן בְּאַרְעָא דִּכְנָעַן: כ וְקָם
חַקְלָא וּמְעַרְתָּא דִּי־בֵהּ לְאַבְרָהָם לְאַחְסָנַת־קְבוּרָא מִן בְּנֵי־חִתָּאָה: א וְאַבְרָהָם
סִיב עַל בְּיוֹמִין וַיְיָ בָּרִיךְ יָת־אַבְרָהָם בְּכֹלָּא: ב וַאֲמַר אַבְרָהָם לְעַבְדֵּהּ סָבָא

רש"י

(טז) וישקל אברהם לעפרן. חָסֵר וָי"ו; לְפִי שֶׁאָמַר הַרְבֵּה, וַאֲפִילוּ מְעַט לֹא עָשָׂה (ב"מ פ"ז), שֶׁנָּטַל
מִמֶּנּוּ שְׁקָלִים גְּדוֹלִים שֶׁהֵן קַנְטָרִין שֶׁנֶּאֱמַר: עֹבֵר לַסֹּחֵר, שֶׁמִּתְקַבְּלִים בְּשֶׁקֶל בְּכָל מָקוֹם (שם
ובכורות נ'), וְיֵשׁ מָקוֹם שֶׁשִּׁקְלֵיהֶן גְּדוֹלִים, שֶׁהֵן קַנְטָרִין צנטינא"רש בלע"ז: (יז) ויקם שדה עפרון.
תְּקוּמָה הָיְתָה לוֹ, שֶׁיָּצָא מִיַּד הֶדְיוֹט לְיַד מֶלֶךְ; וּפְשׁוּטוֹ שֶׁל מִקְרָא: וַיָּקָם הַשָּׂדֶה וְהַמְּעָרָה אֲשֶׁר בּוֹ
וְכָל הָעֵץ לְאַבְרָהָם לְמִקְנָה וגו': (יח) בכל באי שער עירו. בְּקֶרֶב כֻּלָּם וּבְמַעֲמַד כֻּלָּם הִקְנָהוּ לוֹ:
כד (א) ברך את אברהם בכל. בכל עוֹלֶה בְּגִימַטְרִיָּא בֵּן, וּמֵאַחַר שֶׁהָיָה לוֹ בֵּן הָיָה צָרִיךְ

¹⁶And Abraham hearkened unto Ephron; and Abraham weighed to Ephron the silver, which he had named in the audience of the sons of Heth, four hundred shekels of silver current money with the merchant. ¹⁷And the field of Ephron, which was in Machpelah, which was before Mamre, the field, and the cave which was therein, and all the trees that were in the field, that were in all the boundaries round were made sure ¹⁸unto Abraham for a purchase before the eyes of the children of Heth, before all that came in at the gate of his city. ¹⁹And after this, Abraham buried Sarah his wife in the cave of the field of Machpelah before Mamre: the same is Hebron in the land of Canaan. ²⁰And the field, and the cave that is therein, were made sure unto Abraham for a property of a buryingplace by the sons of Heth.

24. ¹And Abraham was old, and well stricken in age, and the Eternal had blessed Abraham in all things. ²And Abraham said unto

רש"י

your dead! **(16)** וישקל אברהם לעפרן AND ABRAHAM WEIGHED TO EPHRON [THE SILVER] — *The name Ephron is written defectively* (without the ו) *to indicate that there was something missing in Ephron viz., sincerity* — because he promised much but did not do even the very least (B. Metsia 87a): He took from him big Shekels, viz., centenaria (worth a full 100 smaller units) as it is said, *"money* current with the merchant" *which means, such coins* as were everywhere accepted as worth a *full* Shekel — for there are places where their Shekels are of large size, c e n t e n a r i a; O. F. Centenars (cf. Ruth R. 7). **(17)** ויקם שדה עפרון AND THE FIELD OF EPHRON WAS MADE SURE (lit., i t r o s e) — It received a rise *in* importance because it passed from the possession of a commoner (הדיוט an ordinary person) into the possession of a king (Gen. R. 58). But the real meaning of the verse is: The field and the cave that was therein and all the trees ... became secured to Abraham as a possession etc. (i. e. verse 17 is an incomplete sentence and must be read together with verse 18, thus: ויקם השדה וגו'... לאברהם למקנה — The field etc. became secured to Abraham as a possession). **(18)** בכל באי שער עירו BEFORE ALL THAT CAME IN AT THE GATE OF HIS CITY — In the midst of all them, and with all of them standing by he gave him legal possession of it.

24. (1) ברך את אברהם בכל [THE LORD HAD] BLESSED ABRAHAM IN ALL THINGS — The numerical value of *the word* בכל is equal to that of בן (a son) — *suggesting that God had blessed Abraham with a son* and since he had a son

אֶל־עַבְדּוֹ זְקַן בֵּיתוֹ הַמֹּשֵׁל בְּכָל־אֲשֶׁר־לוֹ שִׂים־
נָא יָדְךָ תַּחַת יְרֵכִי: ג וְאַשְׁבִּיעֲךָ בַּיהוָה אֱלֹהֵי הַשָּׁמַיִם
וֵאלֹהֵי הָאָרֶץ אֲשֶׁר לֹא־תִקַּח אִשָּׁה לִבְנִי מִבְּנוֹת
הַכְּנַעֲנִי אֲשֶׁר אָנֹכִי יוֹשֵׁב בְּקִרְבּוֹ: ד כִּי אֶל־אַרְצִי
וְאֶל־מוֹלַדְתִּי תֵּלֵךְ וְלָקַחְתָּ אִשָּׁה לִבְנִי לְיִצְחָק:
ה וַיֹּאמֶר אֵלָיו הָעֶבֶד אוּלַי לֹא־תֹאבֶה הָאִשָּׁה לָלֶכֶת
אַחֲרַי אֶל־הָאָרֶץ הַזֹּאת הֶהָשֵׁב אָשִׁיב אֶת־בִּנְךָ
אֶל־הָאָרֶץ אֲשֶׁר־יָצָאתָ מִשָּׁם: ו וַיֹּאמֶר אֵלָיו
אַבְרָהָם הִשָּׁמֶר לְךָ פֶּן־תָּשִׁיב אֶת־בְּנִי שָׁמָּה:
ז יְהוָה ׀ אֱלֹהֵי הַשָּׁמַיִם אֲשֶׁר לְקָחַנִי מִבֵּית אָבִי
וּמֵאֶרֶץ מוֹלַדְתִּי וַאֲשֶׁר דִּבֶּר־לִי וַאֲשֶׁר נִשְׁבַּע־לִי
לֵאמֹר לְזַרְעֲךָ אֶתֵּן אֶת־הָאָרֶץ הַזֹּאת הוּא יִשְׁלַח

אונקלוס

דְּבֵיתֵהּ דְּשַׁלִּיט בְּכָל־דִּי־לֵהּ שַׁוִּי־כְעַן יְדָךְ תְּחוֹת יַרְכִּי: ג וַאֲקַיֵּם עֲלָךְ בְּמֵימְרָא־
דַּייָ אֱלָהָא דִּשְׁמַיָּא וֵאלָהָא דְּאַרְעָא דְּלָא תִסַּב אִתְּתָא לִבְרִי מִבְּנָת כְּנַעֲנָאֵי דִּי
אֲנָא יָתֵב בֵּינֵיהוֹן: ד אֱלָהֵין לְאַרְעִי וּלְיַלָּדוּתִי תֵּיזֵיל וְתִיסַּב אִתְּתָא לִבְרִי לְיִצְחָק:
ה וַאֲמַר לֵהּ עַבְדָּא מָאִים לָא־תֵיבֵי אִתְּתָא לְמֵיתֵי בַּתְרַי לְאַרְעָא הָדָא הַאֲתָבָא
אָתֵיב יָת־בְּרָךְ לְאַרְעָא דִּי־נְפַקְתָּא מִתַּמָּן: ו וַאֲמַר לֵהּ אַבְרָהָם אִסְתַּמַּר לָךְ
דִּילְמָא־תָתֵיב יָת־בְּרִי לְתַמָּן: ז יְיָ ׀ אֱלָהָא דִּשְׁמַיָּא דִּי דַבְּרַנִי מִבֵּית אַבָּא וּמֵאֲרַע
יַלָּדוּתִי וְדִי מַלֵּל לִי וְדִי קַיֵּים לִי לְמֵימַר לִבְנָךְ אֶתֵּן יָת־אַרְעָא הָדָא הוּא יִשְׁלַח

רש״י

לְהַשִּׂיאוֹ אִשָּׁה: (ב) זקן ביתו. לְפִי שֶׁהוּא דָּבוּק נָקוּד זְקַן: תחת ירכי. לְפִי שֶׁהַנִּשְׁבָּע צָרִיךְ
שֶׁיִּטּוֹל בְּיָדוֹ חֵפֶץ שֶׁל מִצְוָה, כְּגוֹן: סֵפֶר תּוֹרָה אוֹ תְּפִלִּין (שבועות ל״ח), וְהַמִּילָה הָיְתָה
מִצְוָה רִאשׁוֹנָה לוֹ, וּבָאָה לוֹ עַל יְדֵי צַעַר וְהָיְתָה חֲבִיבָה עָלָיו וּנְטָלָהּ: (ז) ה׳ אלהי השמים
אשר לקחני מבית אבי. וְלֹא אָמַר „וֵאלֹהֵי הָאָרֶץ״, וּלְמַעְלָה אָמַר: וְאַשְׁבִּיעֲךָ וְגוֹ׳? אָמַר לוֹ:
עַכְשָׁיו הוּא אֱלֹהֵי הַשָּׁמַיִם וֵאלֹהֵי הָאָרֶץ, שֶׁהִרְגַּלְתִּיו בְּפִי הַבְּרִיּוֹת, אֲבָל כְּשֶׁלְּקָחַנִי מִבֵּית
אָבִי, הָיָה אֱלֹהֵי הַשָּׁמַיִם וְלֹא אֱלֹהֵי הָאָרֶץ, שֶׁלֹּא הָיוּ בָּאֵי עוֹלָם מַכִּירִים בּוֹ וּשְׁמוֹ לֹא
הָיָה רָגִיל בָּאָרֶץ: מבית אבי. מֵחָרָן: ומארץ מולדתי. מֵאוּר כַּשְׂדִּים: ואשר דבר לי.
לְצָרְכִּי: כְּמוֹ: אֲשֶׁר דִּבֶּר עָלַי (מלכים א׳ ב׳), וְכֵן כָּל לִי וְלוֹ וְלָהֶם הַסְּמוּכִים אֵצֶל
דִּבּוּר מְפוֹרָשִׁים בִּלְשׁוֹן עַל, וְתַרְגּוּם שֶׁלָּהֶם עֲלַי, עֲלוֹהִי, עֲלֵיהוֹן, שֶׁאֵין נוֹפֵל אֵצֶל

his servant, the elder of his house, that ruled over all that he had, Put, I pray thee, thy hand under my thigh: ³And I will adjure thee by the Eternal, the God of the heaven, and the God of the earth, that thou shalt not take a wife unto my son of the daughters of the Canaanites, among whom I abide. ⁴But thou shalt go unto my country, and to my kindred, and take a wife unto my son Isaac. ⁵And the servant said unto him, Peradventure the woman will not be willing to go after me unto this land: must I needs bring thy son again unto the land from whence thou didst go out? ⁶And Abraham said unto him, Beware lest thou bring my son thither again. ⁷The Eternal God of the heaven, who took me from my father's house, and from the land of my kindred, and who spake unto me, and who sware unto me, saying, Unto thy seed will I give this land:

רש״י

he had to find him a wife¹). **(2)** זקן ביתו THE ELDER OF HIS HOUSE — Because the noun is in the construct state the ק is punctuated with a Patach. תחת ירכי UNDER MY THIGH — because whoever takes an oath must take in his hand some sacred object, such as a Scroll of the Law or Tefillin (Sheb. 38b). As circumcision was the first commandment given to him and became his only through much pain it was *consequently* dear to him and therefore he selected this as the object upon which to take the oath. **(7)** ה׳ אלהי השמים אשר לקחני מבית אבי THE LORD, GOD OF HEAVEN, WHO TOOK ME FROM MY FATHER'S HOUSE — Here he did not say "[The God of heaven] a n d t h e G o d o f t h e e a r t h", whereas above (v. 3) he said, "And I will make thee swear etc. . . . [a n d t h e G o d o f t h e e a r t h]". But, *in effect*, Abraham said to him: N o w He is the God of heaven a n d the God of the earth, because I have made him (i. e. His Name) a familiar one in peoples' mouths: but at the time when He took me from my father's house He was God of heaven *only* and n o t God of the earth, for people did not acknowledge Him, and His Name was not commonly known on earth (Gen. R. 59). מבית אבי FROM MY FATHER'S HOUSE — from Haran. ומארץ מולדתי AND FROM THE LAND OF MY NATIVITY — from Ur-Kasdim. ואשר דבר לי AND WHO SPOKE לי — *The word* לי *means* "in my interest", just as (1 Kings II. 4) "which He spake concerning me (עלי)". In the same way, in every case where לי or לו or להם follow after the verb דבר they must be explained in the sense of על "c o n c e r n i n g" — and in the Targum they should be rendered

NOTES

¹) Rashi endeavours to find a connection between the fact that God had blessed Abraham and what follows — Abraham's determination to find a wife for Isaac. For apparently the association between the two is very slight. But if this verse means God had blessed Abraham with a son the incident that follows is quite a natural one.

מַלְאָכוֹ֙ לְפָנֶ֔יךָ וְלָקַחְתָּ֥ אִשָּׁ֛ה לִבְנִ֖י מִשָּֽׁם׃ ח וְאִם־
לֹ֨א תֹאבֶ֤ה הָֽאִשָּׁה֙ לָלֶ֣כֶת אַחֲרֶ֔יךָ וְנִקִּ֕יתָ מִשְּׁבֻעָתִ֖י
זֹ֑את רַ֣ק אֶת־בְּנִ֔י לֹ֥א תָשֵׁ֖ב שָֽׁמָּה׃ ט וַיָּ֤שֶׂם הָעֶ֨בֶד֙
אֶת־יָד֔וֹ תַּ֖חַת יֶ֣רֶךְ אַבְרָהָ֣ם אֲדֹנָ֑יו וַיִּשָּׁ֣בַע ל֔וֹ עַל־
הַדָּבָ֖ר הַזֶּֽה׃ שלישי י וַיִּקַּ֣ח הָ֠עֶבֶד עֲשָׂרָ֨ה גְמַלִּ֜ים
מִגְּמַלֵּ֤י אֲדֹנָיו֙ וַיֵּ֔לֶךְ וְכָל־ט֥וּב אֲדֹנָ֖יו בְּיָד֑וֹ וַיָּ֗קָם וַיֵּ֛לֶךְ
אֶל־אֲרַ֥ם נַהֲרַ֖יִם אֶל־עִ֥יר נָחֽוֹר׃ יא וַיַּבְרֵ֧ךְ הַגְּמַלִּ֛ים
מִח֥וּץ לָעִ֖יר אֶל־בְּאֵ֣ר הַמָּ֑יִם לְעֵ֣ת עֶ֔רֶב לְעֵ֖ת צֵ֥את
הַשֹּׁאֲבֹֽת׃ יב וַיֹּאמַ֓ר ׀ יְהֹוָ֗ה אֱלֹהֵי֙ אֲדֹנִ֣י אַבְרָהָ֔ם
הַקְרֵה־נָ֥א לְפָנַ֖י הַיּ֑וֹם וַעֲשֵׂה־חֶ֕סֶד עִ֖ם אֲדֹנִ֥י אַבְרָהָֽם׃
יג הִנֵּ֛ה אָנֹכִ֥י נִצָּ֖ב עַל־עֵ֣ין הַמָּ֑יִם וּבְנוֹת֙ אַנְשֵׁ֣י הָעִ֔יר
יֹצְאֹ֖ת לִשְׁאֹ֥ב מָֽיִם׃ יד וְהָיָ֣ה הַֽנַּעֲרָ֗ °אֲשֶׁ֨ר אֹמַ֤ר

°הנערה ק׳

אונקלוס

מַלְאָכֵהּ קֳדָמָךְ וְתִסַּב אִתְּתָא לִבְרִי מִתַּמָּן: ח וְאִם לָא תֵיבֵי אִתְּתָא לְמֵיתֵי
בַּתְרָךְ וּתְהֵי־זַכָּאָה מִמּוֹמָתִי דָּא לְחוֹד יָת־בְּרִי לָא תְתֵב לְתַמָּן: ט וְשַׁוִּי עַבְדָּא
יָת־יְדֵהּ תְּחוֹת יַרְכָּא דְּאַבְרָהָם רִבּוֹנֵהּ וְקַיֵּים לֵהּ עַל־פִּתְגָּמָא הָדֵין: י וּדְבַר
עַבְדָּא עַשְׂרָא גַמְלִין מִגַּמְלֵי רִבּוֹנֵיהּ וַאֲזַל וְכָל שְׁפַר רִבּוֹנֵיהּ בִּידֵהּ וְקָם וַאֲזַל
לַאֲרָם דִּי עַל־פְּרָת לְקַרְתָּא דְנָחוֹר: יא וְאַשְׁרֵי גַמְלַיָּא מִבָּרָא לְקַרְתָּא לִבְאֵרָא
דְמַיָּא לְעִדָּן דְּנָפְקָן מַלְיָתָא: יב וַאֲמַר יְיָ אֱלָהֵהּ דְּרִבּוֹנִי אַבְרָהָם זַמֵּין־כְּעַן קֳדָמַי
יוֹמָא־דֵין וַעֲבֵד־טֵיבוּ עִם רִבּוֹנִי אַבְרָהָם: יג הָא אֲנָא קָאֵם עַל־עֵינָא דְמַיָּא
וּבְנָת אֱנָשֵׁי קַרְתָּא נָפְקָן לְמִמְלֵי מַיָּא: יד וּתְהֵי עוּלֶמְתָּא דְּאֵימַר לַהּ אַרְכִינִי־

רש״י

דִּבּוּר לְשׁוֹן לִי וְלוֹ וְלָהֶם אֶלָּא אֵלַי, אֵלָיו, אֲלֵיהֶם, וְתַרְגּוּם שֶׁלָּהֶם: עִמִּי, עִמֵּיהּ, עִמְּהוֹן, אֲבָל אֵצֶל אֲמִירָה נוֹפֵל לְשׁוֹן לִי וְלוֹ וְלָהֶם: **ואשר נשבע לי.** בֵּין הַבְּתָרִים: **(ח) ונקית משבעתי וגו׳.** וְקַח לוֹ אִשָּׁה מִבְּנוֹת עָנֵר אֶשְׁכּוֹל וּמַמְרֵא: **רק את בני וגו׳.** רַק מִעוּט הוּא; בְּנִי אֵינוֹ חוֹזֵר, אֲבָל יַעֲקֹב בֶּן בְּנִי סוֹפוֹ לַחֲזוֹר: **(י) מגמלי אדוניו.** נִכָּרִין הָיוּ מִשְּׁאָר גְּמַלִּים, שֶׁהָיוּ יוֹצְאִין זְמוּמִין מִפְּנֵי הַגָּזֵל, שֶׁלֹּא יִרְעוּ בְּשָׂדוֹת אֲחֵרִים (ב״ר): **וכל טוב אדניו בידו.** שְׁטַר מַתָּנָה כָּתַב לְיִצְחָק עַל כָּל אֲשֶׁר לוֹ, כְּדֵי שֶׁיִּקְפְּצוּ לִשְׁלֹחַ לוֹ בִּתָּם (ב״ר): **ארם נהרים.** בֵּין שְׁתֵּי נְהָרוֹת יוֹשֶׁבֶת: **(יא) ויברך הגמלים.** הִרְבִּיצָם: **(יד) אתה הכחת.** רְאוּיָה הִיא לִי. שֶׁתְּהֵא גּוֹמֶלֶת חֲסָדִים וּכְדַאי לִכָּנֵס בְּבֵיתוֹ שֶׁל אַבְרָהָם; וּלְשׁוֹן הוֹכַחְתָּ:

he shall send his angel before thee, and thou shalt take a wife unto
my son from thence. [8]And if the woman will not be willing to go af-
ter thee, then thou shalt be clear from this my oath: only bring not
my son thither again. [9]And the servant put his hand under the thigh of
Abraham his lord, and sware to him concerning that matter. [10]And the
servant took ten camels of the camels of his lord, and went; all the
goods of his lord being in his hand: and he arose, and went to Mesopo-
tamia, unto the city of Nahor. [11]And he made his camels to kneel down
without the city by a well of water at the time of the evening, even the
time that the females go out to draw water. [12]And he said, O Eternal
God of my lord Abraham, I pray thee, let it happen this day before me,
and shew mercy unto my lord Abraham. [13]Behold, I am placed by the
well of water; and the daughters of the men of the city come out to draw
water: [14]And let it come to pass, that the damsel to whom I shall say,

רש"י

by עלי or עלוהי or עליהון *regarding me etc.* — for with this verb דַּבֵּר *in the sense of speaking to a person* the expressions לי and לו and להם are not the appropriate ones, but אלי and אליו and אליהן, and their renderings in the Targum should be עמי and עמיה and עמהן *i. e., to speak with me or him or them.* In the case of the verb אמר, however, the expressions לי and לו and להם are the appropriate ones. ואשר נשבע לי AND WHO SWORE UNTO ME *at the Covenant* between the Pieces (Gen. R. 59). **(8)** ונקית משבעתי וגו' THEN SHALT THOU BE CLEAR FROM THIS MY OATH etc. — and take a wife for him from the daughters of Aner or Eshcol or Mamre (Kid. 61a). רק את בני וגו' ONLY [BRING NOT] MY SON [THITHER] etc. — The word רק narrows and limits (מעוט) the sense: it is only my son who may not go back there, but Jacob, my son's son, in the end will go back there *to find a wife* (ib.). **(10)** מגמלי אדניו OF HIS MASTER'S CAMELS — These were distinguished from other camels by going out muzzled to avoid robbery — *i. e.* that they should not graze in other peoples' fields (P. d' R. Eliezer 16). וכל טוב אדניו בידו AND ALL THE GOODS OF HIS MASTER WERE IN HIS HAND — He wrote a deed of gift of all his possessions in favour of Isaac so that they would be eager to send him their daughter (Gen. R. 59). ארם נהרים MESOPOTAMIA (lit., ARAM OF THE TWO RIVERS) — it was situated between the two rivers, *Euphrates and Tigris*. **(11)** ויברך הגמלים *means* HE MADE THEM KNEEL (ib.). **(14)** אתה הכחת HER THOU HAST APPOINTED — She is fit for him since she will be charitable and will *therefore* be worthy of admission into the house of Abraham. The word הכחת means selected; O. F. approuvest; *Engl. thou hast selected.*

בראשית כד חיי שרה

אֵלֶיהָ הַטִּי־נָא כַדֵּךְ וְאֶשְׁתֶּה וְאָמְרָה שְׁתֵה וְגַם־גְּמַלֶּיךָ אַשְׁקֶה אֹתָהּ הֹכַחְתָּ לְעַבְדְּךָ לְיִצְחָק וּבָהּ אֵדַע כִּי־עָשִׂיתָ חֶסֶד עִם־אֲדֹנִי: יטּ וַיְהִי־הוּא טֶרֶם כִּלָּה לְדַבֵּר וְהִנֵּה רִבְקָה יֹצֵאת אֲשֶׁר יֻלְּדָה לִבְתוּאֵל בֶּן־מִלְכָּה אֵשֶׁת נָחוֹר אֲחִי אַבְרָהָם וְכַדָּהּ עַל־שִׁכְמָהּ: טז וְהַנַּעֲרָ֗ טֹבַת מַרְאֶה מְאֹד בְּתוּלָה וְאִישׁ לֹא יְדָעָהּ וַתֵּרֶד הָעַיְנָה וַתְּמַלֵּא כַדָּהּ וַתָּעַל: יז וַיָּרָץ הָעֶבֶד לִקְרָאתָהּ וַיֹּאמֶר הַגְמִיאִינִי נָא מְעַט־מַיִם מִכַּדֵּךְ: יח וַתֹּאמֶר שְׁתֵה אֲדֹנִי וַתְּמַהֵר וַתֹּרֶד כַּדָּהּ עַל־יָדָהּ וַתַּשְׁקֵהוּ: יט וַתְּכַל לְהַשְׁקֹתוֹ וַתֹּאמֶר גַּם לִגְמַלֶּיךָ אֶשְׁאָב עַד אִם־כִּלּוּ לִשְׁתֹּת: כ וַתְּמַהֵר וַתְּעַר כַּדָּהּ אֶל־הַשֹּׁקֶת וַתָּרָץ עוֹד אֶל־הַבְּאֵר

הנערה ק׳

אונקלוס

כְּעַן קוּלִּיתִיךְ וְאֵשְׁתִּי וְתֵימַר אִשְׁתְּ וְאַף־גַּמְלָךְ אַשְׁקֵי יָתַהּ זְמֵנְתְּ לְעַבְדָּךְ לְיִצְחָק וּבַהּ אִדַּע אֲרֵי־עֲבַדְתְּ טֵיבוּ עִם־רִבּוֹנִי: טו וַהֲוָה־הוּא עַד־לָא שֵׁיצִי לְמַלָּלָא וְהָא רִבְקָה נָפְקַת דְּאִתְיְלִידַת לִבְתוּאֵל בַּר־מִלְכָּה אִתַּת נָחוֹר אֲחוּהִי דְאַבְרָהָם וְקוּלְּתַהּ עַל־כַּתְפַהּ: טז וְעוּלֶמְתָּא שַׁפִּירַת חֵיזוּ (נ״י שַׁפִּירָא לְמֶחֱזֵי) לַחֲדָא בְּתֻלְתָּא וּגְבַר לָא יְדָעַהּ וּנְחָתַת לְעֵינָא וּמְלַת קוּלְּתַהּ וּסְלֵיקַת: יז וּרְהַט עַבְדָּא לְקַדָּמוּתַהּ וַאֲמַר אַשְׁקֵינִי־(נ״י אַטְעַמְנִי) כְעַן זְעֵיר־מַיָּא מִקּוּלְּתִיךְ: יח וַאֲמַרַת אִשְׁתְּ רִבּוֹנִי וְאוֹחִיאַת וַאֲחִיתַת קוּלְּתַהּ עַל־יְדַהּ וְאַשְׁקִיתֵהּ: יט וְשֵׁיצִיאַת לְאַשְׁקָיוּתֵהּ וַאֲמַרַת אַף לְגַמְלָךְ אֱמַלֵּי עַד דִּי־סְפִיקוּן לְמִשְׁתֵּי: כ וְאוֹחִיאַת וּנְפֵצַת

רש"י

בְּכַדֵּךְ. אפרו״בישט בלע״ז: וּבָהּ אֵדַע. לְשׁוֹן תְּחִנָּה: הוֹדַע לִי בָהּ כִּי עָשִׂיתָ חֶסֶד. אִם תִּהְיֶה מִמִּשְׁפַּחְתּוֹ וְהוֹגֶנֶת לוֹ, אֲדַע כִּי עָשִׂיתָ חָסֶד: (טז) בְּתוּלָה. מְקוֹם בְּתוּלִים (ב״ר): וְאִישׁ לֹא יְדָעָהּ. שֶׁלֹּא כְדַרְכָּהּ, לְפִי שֶׁבְּנוֹת הַגּוֹיִם הָיוּ מְשַׁמְּרוֹת מְקוֹם בְּתוּלֵיהֶן וּמַפְקִירוֹת עַצְמָן מִמָּקוֹם אַחֵר, הֵעִיד עַל זוֹ שֶׁנְּקִיָּה מִכֹּל: (יז) וַיָּרָץ הָעֶבֶד לִקְרָאתָהּ. לְפִי שֶׁרָאָה שֶׁעָלוּ הַמַּיִם לִקְרָאתָהּ (ב״ר): הַגְמִיאִינִי נָא. לְשׁוֹן גְּמִיעָה, הומיי״ר בלע״ז: (יח) וַתֹּרֶד כַּדָּהּ. מֵעַל שִׁכְמָהּ: (יט) עַד אִם כִּלּוּ. עַד אִם כִּלּוּ, הֲרֵי אִם מְשַׁמֵּשׁ בִּלְשׁוֹן אֲשֶׁר, אִם כִּלּוּ דַי סְפּוּקָן, שֶׁזּוּ הִיא גְמָר שְׁתִיָּתָן, כְּשֶׁשָּׁתוּ דַי סִפּוּקָן: (כ) וַתְּעַר. לְשׁוֹן נְפִיצָה. וְהַרְבֵּה יֵשׁ בִּלְשׁוֹן מִשְׁנָה:

incline thy pitcher, I pray thee, that I may drink; and she shall say,
Drink, and I will give thy camels drink also: let the same be she that
thou hast appointed for thy servant Isaac; and thereby shall I know
that thou hast done mercy unto my lord. [15]And it came to pass, before
he had finished speaking, that, behold, Rebekah came out, who was
born to Bethuel, son of Milcah, the wife of Nahor, Abraham's brother,
with her pitcher upon her shoulder. [16]And the damsel was very fair
to look upon, a virgin, no man had known her: and she went down
to the well and filled her pitcher, and went up. [17]And the servant ran
towards her, and said, Let me, I pray thee, sip a little water from thy
pitcher. [18]And she said, Drink, my lord: and she hasted, and let down
her pitcher upon her hand, and gave him drink. [19]And when she had
finished giving him drink, she said, I will draw water for thy camels
also, until they have finished drinking. [20]And she hasted, and emptied
her pitcher, into the drinking trough, and ran again unto the well

רש"י

ובה אדע This is a petition: "Let me know through her" כי עשית חסד THAT THOU HAST SHOWN KINDNESS — if she is of his family and a fit companion for him I shall know that thou hast shown kindness to my master. **(17)** וירץ העבד לקראתה AND THE SERVANT RAN TOWARDS HER — because he saw that the waters rose *in the well* when she approached it (ib.). הגמיאיני נא GIVE ME TO DRINK, I PRAY THEE — the word means sipping; O. F. humer. **(18)** ותרד כדה SHE LET DOWN HER PITCHER from off her shoulder. **(19)** עד אם כלו lit., UNTIL THAT THEY HAVE FINISHED [DRINKING] — Here the word אם is used in the sense of אשר "that". *The words* אם כלו *the Targum renders by* "That they have done enough *drinking*". *Though the verb* כלה *signifies to finish, to end, the Targum is right in translating* *it thus* for this is the end of their drinking when they have drunk as much as they wanted (cf. Rashi on XLIII. 2). **(20)** ותער AND SHE EMPTIED — It means "pouring out". It occurs *in this sense* many times in the Mishna; e. g., (Ab. Zar. 72a), "He who pours (המערה)

לִשְׁאֹב וַתִּשְׁאַב לְכָל־גְּמַלָּיו׃ כא וְהָאִישׁ מִשְׁתָּאֵה
לָהּ מַחֲרִישׁ לָדַעַת הַהִצְלִיחַ יְהוָה דַּרְכּוֹ אִם־לֹא׃
כב וַיְהִי כַּאֲשֶׁר כִּלּוּ הַגְּמַלִּים לִשְׁתּוֹת וַיִּקַּח הָאִישׁ
נֶזֶם זָהָב בֶּקַע מִשְׁקָלוֹ וּשְׁנֵי צְמִידִים עַל־יָדֶיהָ
עֲשָׂרָה זָהָב מִשְׁקָלָם׃ כג וַיֹּאמֶר בַּת־מִי אַתְּ הַגִּידִי
נָא לִי הֲיֵשׁ בֵּית־אָבִיךְ מָקוֹם לָנוּ לָלִין׃ כד וַתֹּאמֶר
אֵלָיו בַּת־בְּתוּאֵל אָנֹכִי בֶּן־מִלְכָּה אֲשֶׁר יָלְדָה
לְנָחוֹר׃ כה וַתֹּאמֶר אֵלָיו גַּם־תֶּבֶן גַּם־מִסְפּוֹא רַב

אונקלוס

קוּלְתַהּ לְבֵית־שַׁקְיָא וּרְהָטַת עוֹד לְבֵירָא לְמִמְלֵי וּמְלַת לְכָל־גַּמְלוֹהִי כא וְגַבְרָא שָׁהֵי בַהּ מִסְתַּכַּל שָׁתִיק לְמִידַע הַאַצְלַח יְיָ אָרְחֵהּ אִם־לָא׃ כב וַהֲוָה כַּד סַפִּיקוּ גַמְלַיָּא לְמִשְׁתֵּי וּנְסֵיב גַּבְרָא קְדָשָׁא דְדַהֲבָא תִּקְלָא מַתְקְלֵהּ וּתְרֵין שֵׁירִין עַל־יְדַהָא מַתְקַל־עֲשַׂר סִלְעִין־דְּדַהֲבָא מַתְקָלְהוֹן׃ כג וַאֲמַר בַּת־מַן אַתְּ חַוִּי כְעַן לִי הַאִית בֵּית־אֲבוּךְ אֲתַר כְּשַׁר־לַנָא לִמְבָת׃ כד וַאֲמַרַת לֵהּ בַּת־בְּתוּאֵל אֲנָא בַּר־מִלְכָּא דִילִידַת לְנָחוֹר׃ כה וַאֲמַרַת לֵהּ אַף־תִּבְנָא אַף־כִּסְתָּא סַגִּי עִמַּנָא אַף

רש"י

הַמְעָרֶה מִכְּלִי אֶל כְּלִי. וּבַמִּקְרָא יֵשׁ לוֹ דּוֹמֶה: אַל תְּעַר נַפְשִׁי (תה' קמ"א), אֲשֶׁר הֶעֱרָה לַמָּוֶת נַפְשׁוֹ (ישעי' נ"ג): השקת. אֶבֶן חֲלוּלָה שֶׁשּׁוֹתִים בָּהּ הַגְּמַלִּים: (כא) משתאה. לְשׁוֹן שְׁאִיָּה כְּמוֹ, שָׁאוּ עָרִים, תִּשָּׁאֶה שְׁמָמָה (שם ו'): משתאה. מִשְׁתּוֹמֵם וּמִתְבַּהֵל עַל שֶׁרָאָה דְּבָרוֹ קָרוֹב לְהַצְלִיחַ; אֲבָל אֵינוֹ יוֹדֵעַ אִם מִמִּשְׁפַּחַת אַבְרָהָם הִיא לָאו. וְאַל תִּתְמַהּ בְּתָ' שֶׁל מִשְׁתָּאֵה, שֶׁאֵין לְךָ תֵּיבָה, שֶׁתְּחִלַּת יְסוֹדָהּ שִׁי"ן וּמְדַבֶּרֶת בִּלְשׁוֹן מִתְפָּעֵל, שֶׁאֵין תָּי"ו מַפְרִידָהּ בֵּין שְׁתֵּי אוֹתִיּוֹת שֶׁל עִקַּר הַיְסוֹד, כְּגוֹן: מִשְׁתָּאֵה, מִשְׁתּוֹלֵל, מִגִּזְרַת שׁוֹלָל, וַיִּשְׁתּוֹמֵם מִגִּזְרַת שְׁמָמָה, וְיִשְׁתַּמֵּר חֻקּוֹת עָמְרִי (מיכה ו'), מִגִּזְרַת וַיִּשְׁמֹר, אַף כָּאן מִשְׁתָּאֵה מִגִּזְרַת תִּשָּׁאֶה. וּכְשֵׁם שֶׁאַתָּה מוֹצֵא לְשׁוֹן מְשׁוֹמֵם בְּאָדָם נִבְהָל וְנֶאֱלָם וּבַעַל מַחֲשָׁבוֹת, כְּמוֹ: עַל יוֹמוֹ נָשַׁמּוּ אַחֲרֹנִים (איוב י"ט), שׁוֹמּוּ שָׁמַיִם (יר' ב'), אֶשְׁתּוֹמֵם כְּשָׁעָה חֲדָא (דניאל ד'), כָּךְ תְּפָרֵשׁ לְשׁוֹן שְׁאִיָּה בְּאָדָם בָּהוּל וּבַעַל מַחֲשָׁבוֹת. (וְאוּנְקְלוֹס תִּרְגֵּם לְשׁוֹן שְׁהִיָּה, וְגַבְרָא שָׁהֵי, שֶׁהָיָה וְעוֹמֵד בְּמָקוֹם אֶחָד לִרְאוֹת הַהִצְלִיחַ ה' דַּרְכּוֹ; וְאֵין לְתַרְגֵּם שָׁתֵי, שֶׁהֲרֵי אֵינוֹ לְשׁוֹן שְׁתִיָּה, שֶׁאֵין אָלֶ"ף נוֹפֶלֶת בִּלְשׁוֹן שְׁתִיָּה): משתאה לה. מִשְׁתּוֹמֵם עָלֶיהָ, כְּמוֹ: אִמְרִי לִי אָחִי הוּא (בראש' כ'), וּכְמוֹ: וַיִּשְׁאֲלוּ אַנְשֵׁי הַמָּקוֹם לְאִשְׁתּוֹ (שם כ"ו): (כב) בקע. רֶמֶז לְשִׁקְלֵי יִשְׂרָאֵל בֶּקַע לַגֻּלְגֹּלֶת: ושני צמידים. רֶמֶז לִשְׁנֵי לֻחוֹת מְצֻמָּדוֹת: עשרה זהב משקלם. רֶמֶז לַעֲשֶׂרֶת הַדִּבְּרוֹת שֶׁבָּהֶן: (כג) ויאמר בת מי את. לְאַחַר שֶׁנָּתַן לָהּ שְׁאָלָהּ, לְפִי שֶׁהָיָה בָּטוּחַ בִּזְכוּתוֹ שֶׁל אַבְרָהָם שֶׁהִצְלִיחַ הַקָּבָּ"ה דַּרְכּוֹ: ללין. לִינָה אַחַת. לִין שֵׁם דָּבָר; וְהִיא אָמְרָה לָלוּן—כַּמָּה לֵינוֹת: (כד) בת בתואל. הֱשִׁיבַתּוּ עַל רִאשׁוֹן רִאשׁוֹן וְעַל אַחֲרוֹן אַחֲרוֹן:

to draw water, and drew for all his camels. 21 And the man wondering at
her was silent, to know whether the Eternal had made his journey pros-
perous or not. 22 And it came to pass, as the camels had finished drinking,
that the man took a golden pendant a beka in weight, and two bracelets
for her hands of ten shekels weight of gold; 23 And said, Whose daugh-
ter art thou? tell me, I pray thee: is there place in thy father's house
for us to lodge over night? 24 And she said unto him, I am the daugh-
ter of Bethuel the son of Milcah, whom she bare unto Nahor. 25 She
said moreover unto him, We have both straw and provender enough,

רש"י

from one vessel into another", and we find it again in a similar sense in Biblical Hebrew: (Ps. CXLI. 8) "O pour not out (תער) my soul", and (Is. LIII. 12) "Because he poured forth (הערה) his soul unto death". השקת THE TROUGH — a hollowed-out stone from which the camels drink. **(21)** משתאה WAS WONDERING — The word *really* has the idea of being waste and desolate, as (Is. VI. 11) "Until cities be waste (שאו) and the land become utterly desolate (תשאה)". משתאה *means* he was astonished and perplexed, because he saw that what he had said was nearly successful only that he did not know whether she belonged to Abraham's family or not. Do not be puzzled by the ת in the word משתאה for you will find no word (verb) whose first root letter is ש where, when it is used in the Hithpael, the ת *of the Hithpael-prefix* does not come between the first two letters of the root, as e. g., משתאה (here) and (Is. LIX. 15) משתולל of the same root as שולל, and (ib. 16) וישתומם of the same root as שממה and (Micha VI. 16) "For the statutes of Omri are kept (וישתמר)" from the same root as וישמר — so, also, here משתאה is of the same root as תשאה. Now, just as you find the expression שמם (which really means waste and desolate) applied to a person who is perplexed and speechless (with amazement) and sunk in deep thought (about what is happening) — e. g., (Job. XVIII. 20) "They that come after shall be astonished (נשמו) at his day", and (Jer. II. 12) "Be astonished (שומו) ye heavens", and (Dan. IV. 16) "He was appalled (אשתומם) for a time" — so too you may explain the expression שאה (which also really means waste and desolate) *in all its verbal or noun forms* as referring to a person who is perplexed and sunk deep in thought. Onkelos translates it in the sense of lingering — "the man lingered" — i. e. he waited, standing on one spot, to see "whether God had made his journey prosperous". But one should not read in the Targum שתי *in place of* שהי, *as the Targum of* משתאה, (as evidently some versions of the Targum read), for *the word* משתאה certainly does not mean drinking, for א has no place in the *Hebrew* words which mean drinking (root שתה). משתאה לה *means* he was wondering about her, just as *the* ל *has the meaning "about" in* (XX. 13) "Say of me (לי), he is my brother", and (XXVI. 7) "And the men of the place asked about his wife (לאשתו)." **(22)** בקע BEKA (half a Shekel) — a symbol of the Shekels of the Israelites *of which it is said* (Ex. XXXVIII. 26) "a Beka (half a Shekel) a head" (cf. Targum Jon.). ושני צמידים AND TWO BRACELETS (the word for bracelet signifies something joined or united) — a symbol of the two Tablets of stone, joined one to another[1]) (Gen. R. 60). עשרה זהב משקלם TEN SHEKELS OF GOLD WAS THEIR WEIGHT — a symbol of the Ten Commandments written on them (the Tablets) (ib.). **(23)** ויאמר בת מי את AND HE SAID, WHOSE DAUGHTER ART THOU? — He asked her this after he had given her *these presents*, for he was confident that, on account of the merit of Abraham, the Holy One, blessed be He, had made his journey successful. ללין TO LODGE IN — *the word means* one night's lodging. The word לין is a noun (of the same form as שיר, גיל). She however said (v. 25) ללון (a verb, "to lodge" generally) meaning many nights' lodging (ib.). **(24)** בת בתואל DAUGHTER OF BETHUEL — She answered his first question first and his last last (cf. Ethics of the Fathers, Chap. V, 9). **(25)** מספוא PROVENDER —

NOTES

1) As in the ordinary representation of the two Tablets placed above the Ark in our Synagogues.

עִמָּ֖נוּ גַּם־מָק֥וֹם לָלֽוּן׃ כו וַיִּקֹּ֣ד הָאִ֔ישׁ וַיִּשְׁתַּ֖חוּ
לַֽיהוָֽה׃ רביעי כז וַיֹּ֗אמֶר בָּר֤וּךְ יְהוָה֙ אֱלֹהֵי֙ אֲדֹנִ֣י
אַבְרָהָ֔ם אֲשֶׁ֛ר לֹא־עָזַ֥ב חַסְדּ֛וֹ וַאֲמִתּ֖וֹ מֵעִ֣ם אֲדֹנִ֑י
אָנֹכִ֗י בַּדֶּ֙רֶךְ֙ נָחַ֣נִי יְהוָ֔ה בֵּ֖ית אֲחֵ֥י אֲדֹנִֽי׃ כח וַתָּ֙רָץ֙
הַֽנַּעֲרָ֔° וַתַּגֵּ֖ד לְבֵ֣ית אִמָּ֑הּ כַּדְּבָרִ֖ים הָאֵֽלֶּה׃ כט וּלְרִבְקָ֥ה
אָ֖ח וּשְׁמ֣וֹ לָבָ֑ן וַיָּ֨רָץ לָבָ֧ן אֶל־הָאִ֛ישׁ הַח֖וּצָה אֶל־
הָעָֽיִן׃ ל וַיְהִ֣י ׀ כִּרְאֹ֣ת אֶת־הַנֶּ֗זֶם וְאֶת־הַצְּמִדִים֮ עַל־
יְדֵ֣י אֲחֹתוֹ֒ וּכְשָׁמְע֗וֹ אֶת־דִּבְרֵ֞י רִבְקָ֤ה אֲחֹתוֹ֙ לֵאמֹ֔ר
כֹּֽה־דִבֶּ֥ר אֵלַ֖י הָאִ֑ישׁ וַיָּבֹא֙ אֶל־הָאִ֔ישׁ וְהִנֵּ֛ה עֹמֵ֥ד
עַל־הַגְּמַלִּ֖ים עַל־הָעָֽיִן׃ לא וַיֹּ֕אמֶר בּ֖וֹא בְּר֣וּךְ יְהוָ֑ה
לָ֤מָּה תַעֲמֹד֙ בַּח֔וּץ וְאָנֹכִי֙ פִּנִּ֣יתִי הַבַּ֔יִת וּמָק֖וֹם
לַגְּמַלִּֽים׃ לב וַיָּבֹ֤א הָאִישׁ֙ הַבַּ֔יְתָה וַיְפַתַּ֖ח הַגְּמַלִּ֑ים

°הנערה ק'

אונקלוס

אֲתַר כְּשַׁר־לִמְבָת׃ כו וּכְרַע גַּבְרָא וּסְגִיד קֳדָם־יְיָ׃ כז וַאֲמַר בְּרִיךְ יְיָ אֱלָהָא
דְּרִבּוֹנִי אַבְרָהָם דִּי לָא־מְנַע טֵיבוּתֵהּ וְקוּשְׁטֵהּ מִן־רִבּוֹנִי אֲנָא בְּאֹרַח תַּקְנָא
דַּבְּרַנִי יְיָ בֵּית אֲחוּהִי דְרִבּוֹנִי׃ כח וּרְהָטַת עוּלֵמְתָא וְחַוִּיאַת לְבֵית אִמַּהּ כְּפִתְגָּמַיָּא
הָאִלֵּין׃ כט וּלְרִבְקָה אֲחָא וּשְׁמֵהּ לָבָן וּרְהַט לָבָן לְוָת־גַּבְרָא לְבָרָא לְוָת־עֵינָא׃
ל וַהֲוָה ׀ כַּד חֲזָא יָת־קְדָשָׁא וְיָת־שֵׁירַיָּא עַל־יְדֵי אֲחָתֵהּ וְכַד־שְׁמַע יָת־פִּתְגָּמֵי
רִבְקָה אֲחָתֵהּ לְמֵימַר כְּדֵין־מַלֵּל עִמִּי גַּבְרָא וַאֲתָא לְוָת־גַּבְרָא וְהָא קָאֵם
עִלָּוֵי־גַמְלַיָּא עַל־עֵינָא׃ לא וַאֲמַר עוּל בְּרִיכָא דַייָ לְמָא אַתְּ קָאֵים
בְּבָרָא וַאֲנָא פַּנֵּיתִי בֵיתָא וַאֲתַר כְּשַׁר־לְגַמְלַיָּא׃ לב וְעַל גַּבְרָא לְבֵיתָא

רש"י

(כה) מספוא. כָּל מַאֲכַל הַגְּמַלִּים קָרוּי מִסְפּוֹא, כְּגוֹן תֶּבֶן וּשְׂעוֹרִים: (כז) בדרך. דֶּרֶךְ הַמְּזֻמָּן, דֶּרֶךְ הַיָּשָׁר, בְּאוֹתוֹ דֶרֶךְ שֶׁהָיִיתִי צָרִיךְ. וְכֵן כָּל בֵּי"ת וְלָמֶ"ד וְהֵ"א הַמְּשַׁמְּשִׁים בְּרֹאשׁ הַתֵּיבָה וּנְקוּדִים בְּפַתָּח, מְדַבְּרִים בְּדָבָר הַפָּשׁוּט שֶׁנִּזְכַּר כְּבָר בְּמָקוֹם אַחֵר, אוֹ שֶׁהוּא מְבוֹרָר וְנִכָּר בְּאֵיזוֹ הוּא מְדַבֵּר: (כח) לבית אמה. דֶּרֶךְ הַנָּשִׁים הָיְתָה לִהְיוֹת לָהֶן בַּיִת לֵישֵׁב בּוֹ לִמְלַאכְתָּן, וְאֵין הַבַּת מַגֶּדֶת אֶלָּא לְאִמָּהּ: (כט) וירץ. לָמָּה רָץ וְעַל מָה רָץ? ויהי כראות את הנזם, אָמַר: עָשִׁיר הוּא זֶה, וְנָתַן עֵינָיו בַּמָּמוֹן: (ל) על הגמלים. לְשָׁמְרָן, כְּמוֹ: וְהוּא עוֹמֵד עֲלֵיהֶם (בר' י"ח), לְשַׁמְּשָׁם: (לא) פניתי הבית. מֵעֲבוֹדַת אֱלִילִים (ב"ר): (לב) ויפתח. הִתִּיר זְמָם

and place to lodge over night. 26 And the man bowed down his head, and
prostrated himself to the Eternal. 27 And he said, Blessed be the Eternal
God of my lord Abraham, who hath not left destitute my lord of his
mercy and his truth: I being in the way, the Eternal led me to the house
of my lord's brethren. 28 And the damsel ran, and told them of her mo-
ther's house these things. 29 And Rebekah had a brother, and his name was
Laban: and Laban ran out unto the man, unto the well. 30 And it came to
pass, when he saw the pendant and bracelets upon his sister's hands, and
when he heard the words of Rebekah his sister, saying, Thus spake the
man unto me; that he came unto the man; and, behold, he stood by the
camels at the well. 31 And he said, Come in, thou blessed of the Eternal;
wherefore standest thou without? for I have cleared the house, and a place
for the camels. 32 And the man came into the house: and he ungirded his

רש״י

All kinds of camels' food is called מספוא e. g., straw and barley. **(27)** בדרך [I BEING] IN THE WAY — *The way* i. e. the designated way — the right way — that way which I really required. In the same manner wherever ב or ל or ה are prefixed to a word and are punctuated with a Patach, they speak of some object that is quite definite *in sense*, having been already mentioned in another passage, or *of some object* where it is quite clear and evident about what one is speaking. **(28)** לבית אמה [AND TOLD IT] TO THEM OF HER MOTHER'S HOUSE — It was customary for the women to have their own apartments to sit in at their work — and a daughter, of course, confides only in her mother (Gen. R. 60). **(29)** וירץ AND HE RAN — Why did he run and what did he run for? (The next verse explains why.) ויהי כראות הנזם AND IT CAME TO PASS WHEN HE SAW THE RING — he said, "This must be a rich man", and he had an eye to his money. **(30)** על הגמלים [HE WAS STANDING] BY THE CAMELS — to look after them. *The phrase is the same* as (XVIII. 8) "And he (Abraham) stood by them (עומד עליהם)" — to wait on them[1]). **(31)** פניתי הבית I HAVE CLEARED THE HOUSE of idols (Gen. R. 60). **(32)** ויפתח HE UN-

NOTES

1) Rashi means that the phrase עמד על "to stand by a person or thing" denotes to stand by them as an act of service.

וַיִּתֵּן תֶּבֶן וּמִסְפּוֹא לַגְּמַלִּים וּמַיִם לִרְחֹץ רַגְלָיו
וְרַגְלֵי הָאֲנָשִׁים אֲשֶׁר אִתּוֹ׃ לג וַיִּישַׂם לְפָנָיו לֶאֱכֹל
וַיֹּאמֶר לֹא אֹכַל עַד אִם־דִּבַּרְתִּי דְּבָרָי וַיֹּאמֶר דַּבֵּר׃
לד וַיֹּאמַר עֶבֶד אַבְרָהָם אָנֹכִי׃ לה וַיהוָה בֵּרַךְ אֶת־
אֲדֹנִי מְאֹד וַיִּגְדָּל וַיִּתֶּן־לוֹ צֹאן וּבָקָר וְכֶסֶף וְזָהָב
וַעֲבָדִם וּשְׁפָחֹת וּגְמַלִּים וַחֲמֹרִים׃ לו וַתֵּלֶד שָׂרָה
אֵשֶׁת אֲדֹנִי בֵן לַאדֹנִי אַחֲרֵי זִקְנָתָהּ וַיִּתֶּן־לוֹ אֶת־
כָּל־אֲשֶׁר־לוֹ׃ לז וַיַּשְׁבִּעֵנִי אֲדֹנִי לֵאמֹר לֹא־תִקַּח
אִשָּׁה לִבְנִי מִבְּנוֹת הַכְּנַעֲנִי אֲשֶׁר אָנֹכִי יֹשֵׁב בְּאַרְצוֹ׃
לח אִם־לֹא אֶל־בֵּית־אָבִי תֵּלֵךְ וְאֶל־מִשְׁפַּחְתִּי וְלָקַחְתָּ
אִשָּׁה לִבְנִי׃ לט וָאֹמַר אֶל־אֲדֹנִי אֻלַי לֹא־תֵלֵךְ הָאִשָּׁה
אַחֲרָי׃ מ וַיֹּאמֶר אֵלָי יְהוָה אֲשֶׁר־הִתְהַלַּכְתִּי לְפָנָיו
יִשְׁלַח מַלְאָכוֹ אִתָּךְ וְהִצְלִיחַ דַּרְכֶּךָ וְלָקַחְתָּ אִשָּׁה

°ויושם ק׳

אונקלוס

וּשְׁרָא גַּמְלַיָּא וִיהַב תִּבְנָא וְכִסְּתָא לְגַמְלַיָּא וּמַיָּא לְאַסְחָאָה רַגְלוֹהִי וְרַגְלֵי גֻבְרַיָּא
דְּעִמֵּהּ׃ לג וְשַׁוִּיו קֳדָמוֹהִי לְמֵיכַל וַאֲמַר לָא אֵיכוֹל עַד דַּאֲמַלֵּל פִּתְגָּמָי וַאֲמַר
מַלֵּל׃ לד וַאֲמַר עַבְדָּא דְאַבְרָהָם אֲנָא׃ לה וַיָי בָּרֵיךְ יָת־רִבּוֹנִי לַחֲדָא וּרְבָא
וִיהַב־לֵהּ עָאן וְתוֹרִין וּכְסַף וּדְהַב וְעַבְדִּין וְאַמְהָן וְגַמְלִין וַחֲמָרִין׃ לו וִילֵידַת
שָׂרָה אִתַּת רִבּוֹנִי בַּר לְרִבּוֹנִי בָּתַר דְּסֵיבַת וִיהַב־לֵהּ יָת־כָּל־דִּילֵהּ׃ לז וְקַיֵּים
עֲלַי רִבּוֹנִי לְמֵימַר לָא־תִסַּב אִתְּתָא לִבְרִי מִבְּנָת כְּנַעֲנָאֵי דִּי אֲנָא יָתֵיב בְּאַרְעֵהּ׃
לח אֱלָהֵין לְבֵית־אַבָּא תֵּיזִיל וּלְזַרְעִיתִי וְתִיסַּב אִתְּתָא לִבְרִי׃ לט וַאֲמָרִית לְרִבּוֹנִי
מָאִים לָא־תֵיתֵי אִתְּתָא בַּתְרָי׃ מ וַאֲמַר לִי יְיָ דִּי־פְלָחִית קֳדָמוֹהִי יִשְׁלַח מַלְאֲכֵהּ

רש״י

שֶׁלָּהֶם, שֶׁהָיָה כּוֹתֵם אֶת פִּיהֶם שֶׁלֹּא יִרְעוּ בַּדֶּרֶךְ בִּשְׂדוֹת אֲחֵרִים: (לג) עד אם דברתי. הֲרֵי אִם מְשַׁמֵּשׁ בִּלְשׁוֹן אֲשֶׁר וּבִלְשׁוֹן כִּי, כְּמוֹ: עַד כִּי יָבֹא שִׁילֹה (בראשי׳ מ״ט), וְזֶהוּ שֶׁאָמְרוּ חֲזַ״ל: כִּי מְשַׁמֵּשׁ בְּד׳ לְשׁוֹנוֹת וְהָאֶחָד אִי, וְהוּא אִם: (לו) ויתן לו את כל אשר לו. שְׁטַר הַמַּתָּנָה הֶרְאָה לָהֶם: (לז) לא תקח אשה לבני מבנות הכנעני. אם לא תֵּלֵךְ תְּחִלָּה אֶל בֵּית אָבִי וְלֹא תֹאבֶה לָלֶכֶת אַחֲרֶיךָ: (לט) אלי לא תלך האשה. אֻלַי כְּתִיב, בַּת הָיְתָה לוֹ לֶאֱלִיעֶזֶר,

camels, and gave straw and provender for the camels, and water to lave his feet, and the men's feet that were with him. ³³And there was put meat before him to eat: but he said, I will not eat until I have spoken my words. And he said, Speak on. ³⁴And he said, Abraham's servant am I. ³⁵And the Eternal hath blessed my lord greatly; and he is become great: and he hath given him flocks, and herds, and silver, and gold, and menservants, and handmaids, and camels, and asses. ³⁶And Sarah my lord's wife bare a son to my master when she was old: and unto him hath he given all that he hath. ³⁷And my lord adjured me, saying, Thou shalt not take a wife to my son of the daughters of the Canaanites, in whose land I abide: ³⁸But thou shalt go unto my father's house, and to my family, and take a wife unto my son. ³⁹And I said unto my lord, Peradventure the woman will not go after me. ⁴⁰And he said unto me, The Eternal, before whom I walk, will send his angel with thee, and prosper thy way; and thou shalt take a wife

רש"י

GIRDED — He removed their muzzles, for he had closed their mouths *by them so* that on the journey they might not graze in other peoples' fields (ib.). **(33)** עד אם דברתי UNTIL THAT I HAVE SPOKEN — *This is the same as* עד אשר, *so that* you see that אם has the meaning of both אשר and כי, an example *of the latter usage* being (XLIX. 10) "Until that (עד כי) men come to Shiloh" (where עד כי is equivalent to עד אם in our verse). That is what our Sages, of blessed memory, have said (Rosh Hashanah 3a): The word כי is used in four meanings. One of these *they say,* is אי which is the Aramaic for the Hebrew word אם¹) **(36)** ויתן לו את כל אשר לו AND HE HATH GIVEN TO HIM ALL THAT HE HATH — he showed them the deed of gift. **(37)** לא תקח אשה לבני מבנות הכנעני THOU SHALT NOT TAKE A WIFE FOR MY SON FROM THE DAUGHTERS OF THE CANAANITES if you do not f i r s t go to my father's house *and to my family that thou mayest take a wife to my son* and she will not be willing to follow you²). **(39)** אלי לא תלך האשה PERADVENTURE THE WOMAN WILL NOT FOLLOW ME — The word אולי p e r - h a p s is written without ו so that it may be read אֵלַי u n t o m e. Eliezer had a

NOTES

¹) It would seem from this that כי has more than 4 meanings, for אשר is not one of those assigned to it in the passage in Tr. Rosh Hashanah. But Rashi points out here that really it is not a fifth meaning because כי signifies אשר only because both are equivalent to אם, and אם (אי), indeed, is one of the 4 meanings mentioned by the Talmud. Rashi therefore goes on to state that כי has f o u r meanings, one of which is אם (and כי has not a fifth meaning, since כי = אשר only through the medium of אם).

²) Rashi connects verse 38 with verse 37: (37) Thou shalt not take a Canaanite woman for my son, (38) if you do not go f i r s t to my own family that you may take a wife for my son from one of them, and she prove unwilling to follow you.

בראשית כד חיי שרה

לִבְנִי מִמִּשְׁפַּחְתִּי וּמִבֵּית אָבִי: מא אָז תִּנָּקֶה מֵאָלָתִי כִּי תָבוֹא אֶל־מִשְׁפַּחְתִּי וְאִם־לֹא יִתְּנוּ לָךְ וְהָיִיתָ נָקִי מֵאָלָתִי: מב וָאָבֹא הַיּוֹם אֶל־הָעָיִן וָאֹמַר יְהוָה אֱלֹהֵי אֲדֹנִי אַבְרָהָם אִם־יֶשְׁךָ־נָּא מַצְלִיחַ דַּרְכִּי אֲשֶׁר אָנֹכִי הֹלֵךְ עָלֶיהָ: מג הִנֵּה אָנֹכִי נִצָּב עַל־עֵין הַמָּיִם וְהָיָה הָעַלְמָה הַיֹּצֵאת לִשְׁאֹב וְאָמַרְתִּי אֵלֶיהָ הַשְׁקִינִי־נָא מְעַט־מַיִם מִכַּדֵּךְ: מד וְאָמְרָה אֵלַי גַּם־אַתָּה שְׁתֵה וְגַם לִגְמַלֶּיךָ אֶשְׁאָב הִוא הָאִשָּׁה אֲשֶׁר־הֹכִיחַ יְהוָה לְבֶן־אֲדֹנִי: מה אֲנִי טֶרֶם אֲכַלֶּה לְדַבֵּר אֶל־לִבִּי וְהִנֵּה רִבְקָה יֹצֵאת וְכַדָּהּ עַל־שִׁכְמָהּ וַתֵּרֶד הָעַיְנָה וַתִּשְׁאָב וָאֹמַר אֵלֶיהָ הַשְׁקִינִי נָא:

אונקלוס

עַמָּךְ וְיַצְלַח אָרְחָךְ וְתִסַּב אִתְּתָא לִבְרִי מִזַּרְעִיתִי וּמִבֵּית אַבָּא: מא בְּכֵן תְּהֵא זַכַּאי (נ"א זַכָּא) מִמּוֹמָתִי אֲרֵי תֵהַךְ לְזַרְעִיתִי וְאִם־לָא יִתְּנוּן לָךְ וּתְהֵי זַכַּי מִמּוֹמָתִי: מב וַאֲתֵית (נ"א וַאֲתֵיתִי) יוֹמָא דֵין לְעֵינָא וַאֲמָרִית יְיָ אֱלָהָא דְּרִבּוֹנִי אַבְרָהָם אִם־אִית־כְּעַן רַעֲוָא־קֳדָמָךְ לְאַצְלָחָא אָרְחִי דִּי אֲנָא אָזֵל עֲלַהּ: מג הָא אֲנָא קָאֵם עַל־עֵינָא דְמַיָּא וִיהֵי עוּלֶמְתָּא דְתִפּוֹק לְמִמְלֵי וְאֵימַר לַהּ אַשְׁקִינִי־כְעַן זְעֵיר־מַיָּא מִקּוּלְּתִיךְ: מד וְתֵימַר לִי אַף־אַתְּ אִשְׁתְּ וְאַף לְגַמְלָיךְ אֲמַלֵּי הִיא אִתְּתָא דְּזַמִּין יְיָ לְבַר־רִבּוֹנִי: מה אֲנָא עַד־לָא שֵׁיצִיתִי לְמַלָּלָא בְלִבִּי וְהָא רִבְקָה נְפַקַת וְקוּלְּתַהּ עַל־כַּתְפַּהּ וּנְחָתַת לְעֵינָא וּמְלָת וַאֲמָרִית לַהּ אַשְׁקִינִי

רש"י

וְהָיָה מֵחַדַּד לִמְצוֹא עָלָה, שֶׁיֹּאמַר לוֹ אַבְרָהָם לִפְנוֹת אֵלָיו לְהַשִּׂיאוֹ בִּתּוֹ, אָמַר לוֹ אַבְרָהָם: בְּנִי בָּרוּךְ וְאַתָּה אָרוּר וְאֵין אָרוּר מִדַּבֵּק בְּבָרוּךְ: (מכ) וָאָבֹא הַיּוֹם. הַיּוֹם יָצָאתִי וְהַיּוֹם בָּאתִי, מִכָּאן שֶׁקָּפְצָה לוֹ הָאָרֶץ. אָמַר רַבִּי אֲחָא: יָפָה שִׂיחָתָן שֶׁל עַבְדֵי אָבוֹת לִפְנֵי הַמָּקוֹם מִתּוֹרָתָן שֶׁל בָּנִים, שֶׁהֲרֵי פָּרָשָׁה שֶׁל אֱלִיעֶזֶר כְּפוּלָה בַתּוֹרָה וְהַרְבֵּה גּוּפֵי תוֹרָה לֹא נִתְּנוּ אֶלָּא בִּרְמִיזָה (ב"ר): (מד) גַּם אָתָּה. גַּם לְרַבּוֹת אֲנָשִׁים עִמּוֹ: הֹכִיחַ. בֵּירֵר וְהוֹדִיעַ, וְכֵן כָּל הוֹכָחָה שֶׁבַּמִּקְרָא בֵּרוּר דָּבָר: (מה) טֶרֶם אֲכַלֶּה. טֶרֶם שֶׁאֲנִי מְכַלֶּה, פְּעָמִים שֶׁהוּא מְדַבֵּר בִּלְשׁוֹן עָבָר וְיָכוֹל לִכְתּוֹב: טֶרֶם שֶׁמְּדַבֵּר בִּלְשׁוֹן עָתִיד, כְּמוֹ: כִּי אָמַר אִיּוֹב, הֲרֵי לְשׁוֹן עָבַר, כָּכָה יַעֲשֶׂה אִיּוֹב (איוב א'), הֲרֵי לְשׁוֹן עָתִיד, וּפֵירוּשׁ שְׁנֵיהֶם לְשׁוֹן הוֹוֶה.

for my son of my family, and of my father's house: 41 Then shalt thou be
clear from this my oath, when thou comest to my family; and if they give
not thee one, thou shalt be clear from my oath. 42 And I came this day
unto the well, and said, O Eternal God of my lord Abraham, if now thou
do prosper my way which I go: 43 Behold, I am placed by the well of wa-
ter; and let it come to pass, that when the young woman cometh forth to
draw water, and I say to her, Give me, I pray thee, a little water of thy
pitcher to drink; 44 And she say to me, both drink thou, and I will also draw
for thy camels: let the same be the woman whom the Eternal hath appoint-
ed for my lord's son. 45 And before I had finished speaking in mine heart,
behold, Rebekah came forth with her pitcher on her shoulder; and she
went down unto the well, and drew water: and I said unto her, Give me

רש״י

daughter and he was endeavouring to find some reason why Abraham should say that he must appeal to him (Eliezer) that he should give his daughter in marriage to Isaac[1]). Abraham said to him, "My son is blessed and you are subject to a curse. One who is under a curse cannot unite with one who is blessed" (Gen. R. 59). **(42)** ואבא היום AND I CAME THIS DAY — To-day I started on my journey and to-day I have arrived *here*. Hence we may infer that the earth (the road) shrunk for him (i. e. that the journey was shortened in a miraculous manner). R. Acha said: The ordinary conversation of the patriarchs' servants is more pleasing to God than even the Torah (religious discourse) of their children, for the chapter of Eliezer (the account of his journey) is repeated in the Torah (i. e. it is written once as a narrative and again repeated as part of the conversation of the patriarch's servant) whereas many important principles of the Law are derived only from slight indications given in the Text (Gen. R. 60). **(44)** גם אתה DRINK THOU ALSO — *Her use of the word* גם, **also**, suggests that she intended to include the men who accompanied him. הכיח *means* selected and designated. So, too, wherever this word (the Hiphil of יכח) occurs in the Scriptures it signifies "making something clear". **(45)** טרם אכלה *means* I WAS NOT YET FINISHING. Similarly in the case of every word that expresses an action contemporaneous with another Scripture sometimes uses the past tense — so that it might have written here טרם כִּלִּיתִי — and sometimes it uses the future tense. Examples are: (Job I. 5) "For Job was saying (אמר)" — here it is past tense. and (ib.) "Thus was Job doing (יעשה)" — here it is future tense. But the meaning of both of them is contemporaneous action: "for Job was saying (whilst he sacrificed), "Perhaps

NOTES

1) Rashi suggests that we must translate thus: Unto me (אֵלַי) you will have to come to seek a wife for Isaac; the woman will certainly not follow me.

מו וַתְּמַהֵר וַתּוֹרֶד כַּדָּהּ מֵעָלֶיהָ וַתֹּאמֶר שְׁתֵה וְגַם־
גְּמַלֶּיךָ אַשְׁקֶה וָאֵשְׁתְּ וְגַם הַגְּמַלִּים הִשְׁקָתָה׃
מז וָאֶשְׁאַל אֹתָהּ וָאֹמַר בַּת־מִי אַתְּ וַתֹּאמֶר בַּת־
בְּתוּאֵל בֶּן־נָחוֹר אֲשֶׁר יָלְדָה־לּוֹ מִלְכָּה וָאָשִׂם
הַנֶּזֶם עַל־אַפָּהּ וְהַצְּמִידִים עַל־יָדֶיהָ׃ מח וָאֶקֹּד
וָאֶשְׁתַּחֲוֶה לַיהוָה וָאֲבָרֵךְ אֶת־יְהוָה אֱלֹהֵי אֲדֹנִי
אַבְרָהָם אֲשֶׁר הִנְחַנִי בְּדֶרֶךְ אֱמֶת לָקַחַת אֶת־
בַּת־אֲחִי אֲדֹנִי לִבְנוֹ׃ מט וְעַתָּה אִם־יֶשְׁכֶם עֹשִׂים
חֶסֶד וֶאֱמֶת אֶת־אֲדֹנִי הַגִּידוּ לִי וְאִם־לֹא הַגִּידוּ לִי
וְאֶפְנֶה עַל־יָמִין אוֹ עַל־שְׂמֹאל׃ נ וַיַּעַן לָבָן וּבְתוּאֵל
וַיֹּאמְרוּ מֵיְהוָה יָצָא הַדָּבָר לֹא נוּכַל דַּבֵּר אֵלֶיךָ
רַע אוֹ־טוֹב׃ נא הִנֵּה־רִבְקָה לְפָנֶיךָ קַח וָלֵךְ וּתְהִי
אִשָּׁה לְבֶן־אֲדֹנֶיךָ כַּאֲשֶׁר דִּבֶּר יְהוָה׃ נב וַיְהִי כַּאֲשֶׁר

אונקלוס

כְּעַן: מו וְאוֹחִיאַת וַאֲחִיתַת קוּלְתַהּ מִנַּהּ וַאֲמָרַת אִשְׁתְּ וְאַף גַּמְלָיךְ אַשְׁקֵי
וּשְׁתֵיתִי וְאַף גַּמְלַיָּא אַשְׁקִיאַת: מז וּשְׁאֵילִית יָתַהּ וַאֲמָרִית בַּת־מָן אַתְּ וַאֲמָרַת
בַּת־בְּתוּאֵל בַּר־נָחוֹר דִּילֵידַת־לֵהּ מִלְכָּה וְשַׁוֵּיתִי קָדָשָׁא עַל־אַפַּהּ וְשֵׁירַיָּא
עַל־יְדַהָא: מח וּכְרָעִית וּסְגָדִית קֳדָם יְיָ וּבָרֵכִית יָת־יְיָ אֱלָהֵהּ דְּרִבּוֹנִי אַבְרָהָם
דְּדַבְּרַנִי בְּאֹרַח קְשׁוֹט לְמִסַּב יָת־בַּת־אֲחוּהִי דְּרִבּוֹנִי לִבְרֵהּ: מט וּכְעַן אִם־
אִיתֵיכוֹן עָבְדִין טֵיבוּ וּקְשׁוֹט עִם־רִבּוֹנִי חַוּוֹ לִי וְאִם־לָא חַוּוֹ לִי וְאֶתְפְּנֵי עַל־
יַמִּינָא אוֹ עַל־שְׂמָאלָא: נ וַאֲתֵיב לָבָן וּבְתוּאֵל וַאֲמַרוּ מִן־קֳדָם־יְיָ נְפַק פִּתְגָמָא
לֵית־אֲנַחְנָא־יָכְלִין לְמַלָּלָא עִמָּךְ בִּישׁ אוֹ־טָב: נא הָא־רִבְקָה קֳדָמָךְ דְּבַר וְאִיזֵיל
וּתְהֵי אִתְּתָא לְבַר־רִבּוֹנָךְ כְּמָא דְּמַלֵּיל יְיָ: נב וַהֲוָה כַּד שְׁמַע עַבְדָּא דְאַבְרָהָם

רש״י

כִּי אוֹמֵר הָיָה אִיּוֹב, אוּלַי חָטְאוּ בָנַי וְגוֹ׳, וְהָיָה עוֹשֶׂה כָּךְ: (מז) ואשאל ואשם. שִׁנָּה הַסֵּדֶר, שֶׁהֲרֵי הוּא תְּחִלָּה נָתַן וְאַחַר כָּךְ שָׁאַל, אֶלָּא שֶׁלֹּא יִתְפְּשׂוּהוּ בִדְבָרָיו וְיֹאמְרוּ: הֵאֵיךְ נָתַתָּ לָהּ וַעֲדַיִין אֵינְךָ יוֹדֵעַ מִי הִיא: (מט) על ימין. מִבְּנוֹת יִשְׁמָעֵאל: על שמאל. מִבְּנוֹת לוֹט, שֶׁהָיָה יוֹשֵׁב לִשְׂמֹאלוֹ שֶׁל אַבְרָהָם: (נ) ויען לבן ובתואל. רָשָׁע הָיָה, וְקָפַץ לְהָשִׁיב לִפְנֵי אָבִיו:

drink, I pray thee? [46]And she made haste, and let down her pitcher from
her shoulder, and said, Drink, and I will give thy camels drink also: so I
drank, and she gave the camels drink also. [47]And I asked her, and said,
Whose daughter art thou? And she said, The daughter of Bethuel, Na-
hor's son, whom Milcah bare unto him: and I put the pendant upon her
nose, and the bracelets upon her hands. [48]And I bowed down my head,
and prostrated myself to the Eternal, and blessed the Eternal God of my
lord Abraham, who had led me in the way of truth to take my lord's
brother's daughter unto his son. [49]And now if ye will show mercy and
truth with my lord, tell me: and if not, tell me; that I may turn to the
right or to the left. [50]Then Laban and Bethuel answered and said, The
thing has gone forth from the Eternal: we cannot speak unto thee evil or
good. [51]Behold, Rebekah is before thee, take her, and go, and let her be thy
lord's son's wife, as the Eternal hath spoken. [52]And it came to pass, that,

רש״י

my sons have sinned etc." "and he was doing this" (whenever his sons feasted). **(47)** ואשאל...ואשם AND I ASKED HER . . . AND I PUT THE RING — He changed the order *of proceedings* for in fact he had first given *the presents* and afterwards questioned *her*. But *he did this* in order that they should not catch him by his own words and say, "How could you give her *anything* when you did not yet know who she was!" **(49)** על ימין TO THE RIGHT HAND — *to take a wife* of the daughters of Ishmael. על שמאל TO THE LEFT — *to take a wife* of the daughters of Lot who dwelt at the left of Abraham (Gen. R. 60). **(50)** ויען לבן ובתואל THEN LABAN AND BETHUEL ANSWERED — He (Laban) was a wicked person and so rushed in to answer before his father.

שָׁמַ֛ע עֶ֥בֶד אַבְרָהָ֖ם אֶת־דִּבְרֵיהֶ֑ם וַיִּשְׁתַּ֥חוּ אַ֖רְצָה
לַֽיהוָֽה׃ חמישי נג וַיּוֹצֵ֨א הָעֶ֜בֶד כְּלֵי־כֶ֨סֶף וּכְלֵ֤י זָהָב֙
וּבְגָדִ֔ים וַיִּתֵּ֖ן לְרִבְקָ֑ה וּמִ֨גְדָּנֹ֔ת נָתַ֥ן לְאָחִ֖יהָ וּלְאִמָּֽהּ׃
נד וַיֹּאכְל֣וּ וַיִּשְׁתּ֗וּ ה֛וּא וְהָאֲנָשִׁ֥ים אֲשֶׁר־עִמּ֖וֹ וַיָּלִ֑ינוּ
וַיָּק֣וּמוּ בַבֹּ֔קֶר וַיֹּ֖אמֶר שַׁלְּחֻ֥נִי לַֽאדֹנִֽי׃ נה וַיֹּ֤אמֶר
אָחִ֙יהָ֙ וְאִמָּ֔הּ תֵּשֵׁ֨ב הַנַּעַרְ֥ אִתָּ֛נוּ יָמִ֖ים א֣וֹ עָשׂ֑וֹר
אַחַ֖ר תֵּלֵֽךְ׃ נו וַיֹּ֤אמֶר אֲלֵהֶם֙ אַל־תְּאַחֲר֣וּ אֹתִ֔י וַֽיהוָ֖ה
הִצְלִ֣יחַ דַּרְכִּ֑י שַׁלְּח֕וּנִי וְאֵלְכָ֖ה לַֽאדֹנִֽי׃ נז וַיֹּאמְר֖וּ
נִקְרָ֣א לַֽנַּעַרְ֑ וְנִשְׁאֲלָ֖ה אֶת־פִּֽיהָ׃ נח וַיִּקְרְא֤וּ לְרִבְקָה֙
וַיֹּאמְר֣וּ אֵלֶ֔יהָ הֲתֵלְכִ֖י עִם־הָאִ֣ישׁ הַזֶּ֑ה וַתֹּ֖אמֶר
אֵלֵֽךְ׃ נט וַֽיְשַׁלְּח֛וּ אֶת־רִבְקָ֥ה אֲחֹתָ֖ם וְאֶת־מֵנִקְתָּ֑הּ
וְאֶת־עֶ֥בֶד אַבְרָהָ֖ם וְאֶת־אֲנָשָֽׁיו׃ ס ס וַיְבָרְכ֤וּ אֶת־רִבְקָה֙

ס׳ נערה ק׳ ס׳ לנערה ק׳

אונקלוס

יָת־פִּתְגָּמֵיהוֹן וּסְגִיד עַל־אַרְעָא קֳדָם־יְיָ׃ נג וְאַפֵּק עַבְדָּא מָנִין־דִּכְסַף וּמָנִין דִּדְהַב וּלְבוּשִׁין וִיהַב לְרִבְקָה וּמִגְדָּנִין יְהַב לַאֲחוּהָא וּלְאִמַּהּ׃ נד וַאֲכַלוּ וּשְׁתִיאוּ הוּא וְגוּבְרַיָּא דִּי־עִמֵּהּ וּבָתוּ וְקָמוּ בְצַפְרָא וַאֲמַר שַׁלְּחוּנִי לְוָת־רִבּוֹנִי׃ נה וַאֲמַר אֲחוּהָא וְאִמַּהּ תִּתֵּיב עוּלֵימְתָא עִמָּנָא עִידָּן־בְּעִידָּן אוֹ עַסְרָא־יַרְחִין בָּתַר־כֵּן תֵּיזִיל׃ נו וַאֲמַר לְהוֹן לָא־תְאַחֲרוּן יָתִי וַייָ אַצְלַח אָרְחִי שַׁלְּחוּנִי וְאֵיהַךְ לְוָת־רִבּוֹנִי׃ נז וַאֲמַרוּ נִקְרֵי לְעוּלֵימְתָא וְנִשְׁמַע מַה־דְּהִיא אָמְרָה׃ נח וּקְרוֹ לְרִבְקָה וַאֲמַרוּ לַהּ הֲתֵיזְלִין עִם־גַּבְרָא הָדֵין וַאֲמֶרֶת אֵיזִיל׃ נט וְשַׁלַּחוּ יָת־רִבְקָה אֲחַתְהוֹן וְיָת־מֵינִקְתַּהּ וְיָת־עַבְדָּא דְּאַבְרָהָם וְיָת־גֻּבְרוֹהִי׃ ס וּבָרִיכוּ יָת־רִבְקָה וַאֲמַרוּ לַהּ

רש״י

לא נוכל דבר אליך. לְמָאֵן בְּדָּבָר הַזֶּה לֹא עַל יְדֵי תְשׁוּבַת דָּבָר רָע, וְלֹא עַל יְדֵי תְשׁוּבַת דָּבָר הָגוּן, וְנִכָּר שֶׁמֵּה׳ יָצָא הַדָּבָר, לְפִי דְבָרֶיךָ שֶׁזִּמְּנָהּ לְךָ (ב״ר)׃ (נב) וישתחו ארצה. מִכָּאן שֶׁמּוֹדִים עַל בְּשׂוֹרָה טוֹבָה׃ (נג) ומגדנות. לְשׁוֹן מְגָדִים, שֶׁהֵבִיא עִמּוֹ מִינֵי פֵּירוֹת שֶׁל אֶרֶץ יִשְׂרָאֵל׃ (נד) וילינו. כָּל לִינָה שֶׁבַּמִּקְרָא לִינַת לַיְלָה אֶחָד׃ (נה) ויאמר אחיה ואמה. וּבְתוּאֵל הֵיכָן הָיָה? הָיָה רוֹצֶה לְעַכֵּב וּבָא מַלְאָךְ וֶהֱמִיתוֹ׃ ימים. שָׁנָה, כְּמוֹ: יָמִים תִּהְיֶה גְאֻלָּתוֹ (ויק׳ כ״ה), שֶׁכָּךְ נוֹתְנִין לִבְתוּלָה זְמַן י״ב חֹדֶשׁ לְפַרְנֵס עַצְמָהּ בְּתַכְשִׁיטִים (כת׳ נ״ז)׃ או עשור. י׳ חֳדָשִׁים; וְאִם תֹּאמַר: יָמִים מַמָּשׁ, אֵין דֶּרֶךְ הַמְבַקְּשִׁים לְבַקֵּשׁ דָּבָר מוּעָט, וְאִם לֹא תִרְצֶה תֵּן לָנוּ מְרֻבֶּה מִזֶּה׃ (נז) ונשאלה את פיה. מִכָּאן שֶׁאֵין מַשִּׂיאִין אֶת הָאִשָּׁה אֶלָּא מִדַּעְתָּהּ (ב״ר)׃

when Abraham's servant heard their words, he prostrated himself to the earth before the Eternal. ⁵³And the servant brought forth vessels of silver, and vessels of gold, and garments, and gave them to Rebekah: he gave also to her brother and to her mother precious things. ⁵⁴And they did eat and drink, he and the men that were with him, and lodged over night; and they rose in the morning, and he said, Send me away unto my lord. ⁵⁵And her brother and her mother said, Let the damsel abide with us a year or ten months; after that she may go. ⁵⁶And he said unto them, Delay me not, for the Eternal hath prospered my way; send me away that I may go to my lord. ⁵⁷And they said, We will call the damsel, and ask at her mouth. ⁵⁸And they called Rebekah, and said unto her, Wilt thou go with this man? And she said, I will go. ⁵⁹And they sent away Rebekah their sister, and her nurse, and Abraham's servant, and his men. ⁶⁰And they blessed Rebekah, and said

רש"י

לא נוכל דבר אליך WE CANNOT SPEAK UNTO THEE — refusing this proposition either by answering you with unpleasant words (i. e. a flat refusal) or by giving you a reasoned reply, for it is evident that the matter proceedeth from the Lord since, according to your statement, He brought her and you together. (52) וישתחו ארצה HE PROSTRATED HIMSELF — From this we may learn that we should thank God for good news (ib.). (53) ומגדנות PRECIOUS THINGS — it has the same meaning as מגדים (cf. Song VII. 14) "precious fruits", for he had brought with him various kinds of fruit from the land of Israel. (54) וילינו AND LODGED OVER NIGHT — wherever the root לין occurs in Scripture it signifies staying for only one night. (55) ויאמר אחיה ואמה AND HER BROTHER AND HER MOTHER SAID — But where was Bethuel? He wished to prevent the marriage therefore an angel came and killed him (ib.). ימים (lit., days) means a year — just as (Lev. XXV. 29) "For a whole year (ימים) shall he have the right of redemption" — for the custom was to give a maiden twelve months to provide herself with a trousseau (lit., ornaments) (Keth. 57b). או עשור OR TEN — i. e. ten months. But if you say that it does really mean "days" ("a few days", and that it does not mean a year) I reply that it is not usual for people who make a request to ask for a little and to say "If you do not agree to this, then give us even more" (ib.). (57) ונשאלה את פיה AND ASK HER MOUTH — From this we may infer that a woman should not be given in

וַיֹּאמְרוּ לָהּ אֲחֹתֵנוּ אַתְּ הֲיִי לְאַלְפֵי רְבָבָה וְיִירַשׁ
זַרְעֵךְ אֵת שַׁעַר שֹׂנְאָיו: סא וַתָּקָם רִבְקָה וְנַעֲרֹתֶיהָ
וַתִּרְכַּבְנָה עַל־הַגְּמַלִּים וַתֵּלַכְנָה אַחֲרֵי הָאִישׁ וַיִּקַּח
הָעֶבֶד אֶת־רִבְקָה וַיֵּלַךְ: סב וְיִצְחָק בָּא מִבּוֹא בְּאֵר
לַחַי רֹאִי וְהוּא יוֹשֵׁב בְּאֶרֶץ הַנֶּגֶב: סג וַיֵּצֵא יִצְחָק
לָשׂוּחַ בַּשָּׂדֶה לִפְנוֹת עָרֶב וַיִּשָּׂא עֵינָיו וַיַּרְא וְהִנֵּה
גְמַלִּים בָּאִים: סד וַתִּשָּׂא רִבְקָה אֶת־עֵינֶיהָ וַתֵּרֶא
אֶת־יִצְחָק וַתִּפֹּל מֵעַל הַגָּמָל: סה וַתֹּאמֶר אֶל־הָעֶבֶד
מִי־הָאִישׁ הַלָּזֶה הַהֹלֵךְ בַּשָּׂדֶה לִקְרָאתֵנוּ וַיֹּאמֶר
הָעֶבֶד הוּא אֲדֹנִי וַתִּקַּח הַצָּעִיף וַתִּתְכָּס: סו וַיְסַפֵּר
הָעֶבֶד לְיִצְחָק אֵת כָּל־הַדְּבָרִים אֲשֶׁר עָשָׂה:

אונקלוס

אֲחָתַנָא אַתְּ הֲוִי לְאַלְפִין וּלְרִבְוָן וְיִרְתוּן בְּנַיְכִי יָת קִרְוֵי סָנְאֵיהוֹן: סא וְקָמַת
רִבְקָה וְעוּלֵימָתַהָא וּרְכִיבָא עַל־גַּמְלַיָּא וַאֲזַלָא בָּתַר גַּבְרָא וּדְבַר עַבְדָּא יָת־רִבְקָה
וַאֲזַל: סב וְיִצְחָק אֲתָא־מִמֵּתוֹהִי (נ"י עַל־בְּמֵיתוֹהִי) מְבֵירָא דְּמַלְאַךְ־קַיָּמָא אִתְחֲזֵי־
עֲלַהּ וְהוּא יָתֵב בַּאֲרַע דָּרוֹמָא: סג וּנְפַק יִצְחָק לְצַלָּאָה בְחַקְלָא לְמִפְנֵי רַמְשָׁא
וּזְקַף עֵינוֹהִי וַחֲזָא וְהָא גַמְלַיָּא אָתַן: סד וּזְקַפַת רִבְקָה יָת־עֵינַהָא וַחֲזַת יָת־יִצְחָק
וְאִתְרְכִינַת מֵעַל גַּמְלָא: סה וַאֲמַרַת לְעַבְדָּא מַן־גַּבְרָא דֵיכִי דִּמְהַלֵּךְ בְּחַקְלָא
לְקַדָּמוּתַנָא וַאֲמַר עַבְדָּא הוּא רִבּוֹנִי וּנְסֵיבַת עֵיפָא וְאִתְכַּסִּיאַת: סו וְאִשְׁתָּעִי

רש"י

(נח) ותאמר אלך. מֵעַצְמִי, וְאַף אִם אֵינְכֶם רוֹצִים: (ס) את היי לאלפי רבבה. אַתְּ וְזַרְעֵךְ תְּקַבְּלוּ אוֹתָהּ בְּרָכָה שֶׁנֶּאֱמַר לְאַבְרָהָם בְּהַר הַמּוֹרִיָּה: וְהַרְבָּה אַרְבֶּה אֶת זַרְעֲךָ וגו'; יְהִי רָצוֹן, שֶׁיְּהֵא אוֹתוֹ הַזֶּרַע מִמֵּךְ וְלֹא מֵאִשָּׁה אַחֶרֶת: (סב) מבוא באר לחי ראי. שֶׁהָלַךְ לְהָבִיא הָגָר לְאַבְרָהָם אָבִיו שֶׁיִּשָּׂאֶנָּה (ב"ר): יושב בארץ הנגב. קָרוֹב לְאוֹתוֹ בְּאֵר, שֶׁנֶּאֱמַר: וַיִּסַּע מִשָּׁם אַבְרָהָם אַרְצָה הַנֶּגֶב וַיֵּשֶׁב בֵּין קָדֵשׁ וּבֵין שׁוּר (בראשית כ') וְשָׁם הָיָה הַבְּאֵר, שֶׁנֶּאֱמַר: הִנֵּה בֵין קָדֵשׁ וּבֵין בָּרֶד (שם ט"ז): (סג) לשוח. לְשׁוֹן תְּפִלָּה (ב"ר), כְּמוֹ: יִשְׁפֹּךְ שִׂיחוֹ (תהל' ק"ב): (סד) ותרא את יצחק. רָאֲתָה אוֹתוֹ הָדוּר וְתָוְהָא מִפָּנָיו (ב"ר): ותפול. הִשְׁמִיטָה עַצְמָהּ לָאָרֶץ, כְּתַרְגּוּמוֹ: וְאִתְרְכִינַת, הִטְּתָה עַצְמָהּ לָאָרֶץ, וְלֹא הִגִּיעָה עַד הַקַּרְקַע, כְּמוֹ: הַטִּי נָא כַדֵּךְ, אַרְכִּינִי, וַיֵּט שָׁמַיִם (תהל' י"ח), וְאַרְכִּין, לְשׁוֹן מוּטֶה לָאָרֶץ, וְדוֹמֶה לוֹ: כִּי יִפּוֹל לֹא יוּטָל (תהל' ל"ז), כְּלוֹמַר אִם יֻטֶּה לָאָרֶץ, לֹא יַגִּיעַ עַד הַקַּרְקַע: (סה) ותתכס. לְשׁוֹן וַתִּתְפָּעֵל, כְּמוֹ וַתִּקָּבֵר, וַתִּשָּׁבֵר:

unto her, Our sister! mayest thou become thousands of myriads, and
let thy seed possess the gate of those who hate them. [61]And Rebekah
arose, and her damsels, and they rode upon the camels, and went after
the man: and the servant took Rebekah, and went. [62]And Isaac had
just come from the well Lahai-roi; for he abode in the south country.
[63]And Isaac went out to meditate in the field at the turn of evening:
and he lifted up his eyes, and saw, and, behold, camels were coming.
[64]And Rebekah lifted up her eyes, and she saw Isaac, and she fell
off the camel. [65]And she said unto the servant, What man is this
that goeth in the field towards us? And the servant said, It is
my lord; and she took the veil, and covered herself. [66]And the
servant related to Isaac all the things that he had done. [67]And

רש"י

marriage except with her own consent (ib.). **(58)** ותאמר אלך AND SHE SAID, I WILL GO — of my own accord even though you do not consent (ib.). **(60)** את היי לאלפי רבבה MAYEST THOU BECOME THOUSANDS OF MYRIADS — May you and your seed receive that blessing which was promised to Abraham on Mount Moriah, (XXII. 17) "I will greatly multiply thy seed ... [and let thy seed possess the gates of their enemies]". May it be *God's* will that that seed may proceed from you and not from another woman[1])". **(62)** מבוא באר לחי ראי HE HAD JUST COME FROM THE WELL LACHAI-ROI — For he had gone *there* to bring Hagar *back* to Abraham that he might take her again as his wife (ib.). יושב בארץ הנגב FOR HE DWELT IN THE LAND OF THE SOUTH, near to that well, as it is said, (XX. 1) "And Abraham journeyed from thence towards the land of the South and dwelt between Kadesh and Shur", and the well was there, as is said, (XVI. 14) "behold it is between Kadesh and Bered". **(63)** לשוח TO MEDITATE — this means "to pray" (Gen. R. 60), as we find (Ps. CII. 1) "[A prayer of the afflicted ...] when he poureth forth his plaint (שיחו)". **(64)** ותרא את יצחק AND SHE SAW ISAAC — She saw his lordly appearance and gazed at him in astonishement (ib.). ותפל SHE ALIGHTED (lit., she fell) — She let herself slide towards the ground; as the Targum renders it וארכינת — she inclined herself towards the earth, but did not actually reach the ground. Similarly in (v. 14) "let down thy pitcher, I pray thee", *the word* הטי let down, *Onkelos translates by* ארכיני "incline", and (Psalm XVIII. 10) "He bowed (ויט) the heavens" *he translates by* וארכין which means "He bent them towards the ground". A similar idea is (Ps. XXXVII. 24) "Though he fall (יפול) he shall not be utterly cast down" which is as much as to say, "though he bends himself towards the earth yet he shall not touch the ground (i. e. shall not fall entirely)". **(65)** ותתכס AND [SHE] COVERED HERSELF — This has a passive meaning (she was covered); it is like (XXXV. 8) ותקבר "and she was buried", and

NOTES

[1]) Rashi means to stress the first word את "thou": Mayst thou (and no other woman) become the thousands of myriads promised to Abraham.

111 בראשית כד כה חיי שרה

סז וַיְבִאֶהָ יִצְחָק הָאֹהֱלָה שָׂרָה אִמּוֹ וַיִּקַּח אֶת־רִבְקָה
וַתְּהִי־לוֹ לְאִשָּׁה וַיֶּאֱהָבֶהָ וַיִּנָּחֵם יִצְחָק אַחֲרֵי
אִמּוֹ׃ פ ששי
כה א וַיֹּסֶף אַבְרָהָם וַיִּקַּח אִשָּׁה וּשְׁמָהּ קְטוּרָה׃
ב וַתֵּלֶד לוֹ אֶת־זִמְרָן וְאֶת־יָקְשָׁן וְאֶת־
מְדָן וְאֶת־מִדְיָן וְאֶת־יִשְׁבָּק וְאֶת־שׁוּחַ׃ ג וְיָקְשָׁן
יָלַד אֶת־שְׁבָא וְאֶת־דְּדָן וּבְנֵי דְדָן הָיוּ אַשּׁוּרִם
וּלְטוּשִׁם וּלְאֻמִּים׃ ד וּבְנֵי מִדְיָן עֵיפָה וָעֵפֶר וַחֲנֹךְ
וַאֲבִידָע וְאֶלְדָּעָה כָּל־אֵלֶּה בְּנֵי קְטוּרָה׃ ה וַיִּתֵּן
אַבְרָהָם אֶת־כָּל־אֲשֶׁר־לוֹ לְיִצְחָק׃ ו וְלִבְנֵי

אונקלוס

עַבְדָּא לְיִצְחָק יָת כָּל־פִּתְגָּמַיָּא דִּי עֲבַד׃ סז וְאַעֲלַהּ יִצְחָק לְמַשְׁכְּנָא וַחֲזָא וְהָא־
הַתְקִנִין עוֹבָדַהָא כְּעוֹבָדֵי שָׂרָה אִמֵּהּ וּנְסֵיב יָת־רִבְקָה וַהֲוַת־לֵהּ לְאִנְתּוּ וְרַחֲמַהּ
וְאִתְנְחֵם יִצְחָק בָּתַר־דְּמִיתַת אִמֵּהּ׃ א וְאוֹסֵיף אַבְרָהָם וּנְסֵיב אִתְּתָא וּשְׁמַהּ
קְטוּרָה׃ ב וִילֵידַת לֵהּ יָת־זִמְרָן וְיָת־יָקְשָׁן וְיָת־מְדָן וְיָת־מִדְיָן וְיָת־יִשְׁבָּק וְיָת־
שׁוּחַ׃ ג וְיָקְשָׁן אוֹלֵיד יָת־שְׁבָא וְיָת־דְּדָן וּבְנֵי דְדָן הֲווֹ לְמַשִּׁירִין וְלִשְׁכוּנִין וּלְנַגְוָן׃
ד וּבְנֵי מִדְיָן עֵיפָא וָעֵפֶר וַחֲנוֹךְ וַאֲבִידָע וְאֶלְדָּעָה כָּל־־אִלֵּין בְּנֵי קְטוּרָה׃
ה וִיהַב אַבְרָהָם יָת־כָּל־דִּילֵהּ לְיִצְחָק׃ ו וְלִבְנֵי לְחֵינָתָא דִּי לְאַבְרָהָם יְהַב

רש״י

(סו) ויספר העבד. גִּלָּה לו נִסִּים שֶׁנַּעֲשׂוּ לוֹ, שֶׁקָּפְצָה לו הָאָרֶץ וְשֶׁנִּזְדַּמְּנָה לו רִבְקָה בִּתְפִלָּתוֹ (ב״ר): (סז) האהלה שרה אמו. וַיְבִיאֶהָ הָאֹהֱלָה וְנַעֲשֵׂית דּוּגְמַת שָׂרָה אִמּוֹ, כְּלוֹמַר, וַהֲרֵי הִיא שָׂרָה אִמּוֹ, שֶׁכָּל זְמַן שֶׁשָּׂרָה קַיֶּמֶת הָיָה נֵר דָּלוּק מֵעֶרֶב שַׁבָּת לְעֶרֶב שַׁבָּת, וּבְרָכָה מְצוּיָה בָּעִסָּה, וְעָנָן קָשׁוּר עַל הָאֹהֶל; וּמִשֶּׁמֵּתָה פָּסְקוּ, וּכְשֶׁבָּאת רִבְקָה חָזְרוּ (ב״ר): אחרי אמו. דֶּרֶךְ אֶרֶץ: כָּל זְמַן שֶׁאִמּוֹ שֶׁל אָדָם קַיֶּמֶת, כָּרוּךְ הוּא אֶצְלָהּ; וּמִשֶּׁמֵּתָה, הוּא מִתְנַחֵם בְּאִשְׁתּוֹ:

כה (א) קטורה. זוֹ הָגָר, וְנִקְרֵאת קְטוּרָה עַל שֶׁנָּאִים מַעֲשֶׂיהָ כִּקְטֹרֶת (ב״ר), וְשֶׁקָּשְׁרָה פִּתְחָהּ, שֶׁלֹּא נִזְדַּוְּגָה לְאָדָם מִיּוֹם שֶׁפֵּרְשָׁה מֵאַבְרָהָם: (ג) אשורם ולטושם. שֵׁם רָאשֵׁי אֻמּוֹת (ב״ר), וְתַרְגּוּם שֶׁל אוּנְקְלוֹס אֵין לִי לְיַשְּׁבוֹ עַל לְשׁוֹן הַמִּקְרָא (שֶׁפֵּרֵשׁ לְמַשִּׁירִין, לְשׁוֹן מַחֲנֶה. וְאִם תֹּאמַר שֶׁאֵינוֹ כֵן מִפְּנֵי הָאָלֶ״ף שֶׁאֵינָהּ יְסוֹדִית, הֲרֵי לָנוּ תֵּיבוֹת שֶׁאֵין בְּרֹאשָׁם אָלֶ״ף וְנִתּוֹסְּפָה אָלֶ״ף בְּרֹאשָׁם, כְּמוֹ: חוֹמַת אֲנָךְ, שֶׁהוּא מִן נְכֵה רַגְלַיִם, וּכְמוֹ: אָסוּךְ שָׁמֶן, שֶׁהוּא מִן וְרָחַצְתְּ וָסַכְתְּ. וּלְטוּשִׁים הֵם בַּעֲלֵי אֹהָלִים הַמִּתְפַּזְּרִים אָנֶה וָאָנָה וְנוֹסְעִים אִישׁ בְּאָהֳלֵי אַפַּדְנוֹ, וְכֵן הוּא אוֹמֵר וְהִנֵּם נְטֻשִׁים עַל פְּנֵי כָל הָאָרֶץ (ש״א ל׳)׳ שֶׁכֵּן לָמֶ״ד וְנוּ״ן מִתְחַלְּפוֹת זוֹ בְזוֹ): (ה) ויתן אברהם וגו׳. אָמַר רַבִּי נְחֶמְיָה: בְּרָכָה דְיַאתִּיקֵי, שֶׁאָמַר לוֹ הַקָּבָּ״ה לְאַבְרָהָם, וֶהְיֵה בְּרָכָה,

Isaac brought her into his mother Sarah's tent, and took Rebekah, and she became his wife; and he loved her: and Isaac was comforted after his mother's death.

25. [1]Then again Abraham took a wife, and her name was Keturah. [2]And she bare him Zimran, and Jokshan, and Medan, and Midian, and Ishbak, and Shuah. [3]And Jokshan begat Sheba, and Dedan. And the sons of Dedan were Asshurim, and Letushim, and Leummim. [4]And the sons of Midian; Ephah, and Epher, and Hanoch, and Abidah, and Eldaah. All these were the children of Keturah. [5]And Abraham gave all that he had unto Isaac. [6]But unto the sons of the con-

רש"י

(1 Sam. IV. 18) ותשבר "and [his neck] was broken". **(66)** ויספר העבד AND THE SERVANT RELATED — He reported to him the miracles that had been wrought for him — how the earth had shrunk for him, and how Rebecca was ready for him *in response* to his prayer (Gen. R. 60). **(67)** האהלה שרה אמו INTO HIS MOTHER SARAH'S TENT — He brought her into the tent and she became exactly like his mother Sarah — that is to say, *the words signify as much as*, [And he brought her into the tent] and, behold, she was Sarah, his mother![1]) For whilst Sarah was living a light had been burning *in the tent* from one Sabbath eve to the next, there was always a blessing in the dough (a miraculous increase) and a cloud was always hanging over the tent (as a divine protection), but since her death all these had stopped. However, when Rebecca came, they reappeared" (ib.). אחרי אמו [AND ISAAC WAS COMFORTED] AFTER HIS MOTHER'S DEATH — It is natural that whilst a man's mother is living he is wrapped up in her, but when she dies he finds comfort in his wife (P. d'.R. Eliez. 32).

25. **(1)** קטורה KETURAH — This is Hagar. She was named Keturah because her deeds were as beautiful (sweet) as incense (Ketoreth) (Gen. R. 61). **(3)** אשורם ולטושם The names of chieftains of clans. As regards the translation of Onkelos I cannot make it fit in exactly with the words of the text. He explains אשורם by למשירין which means "camps" (cf. שיירא a caravan). If you say that this cannot be correct on account of the א in אשורם which is not a root letter *in the word from which* משירין *is derived* (whilst in אשורם we have an א) *then I would reply* that we find some words which should have no א at the beginning, but still א is placed before them. Such are אנך *in* (Amos VII. 7) "a wall made by a plumbline (אנך)", where the word is of the same root as נכה *in* (2 Sam. IV. 4) "stricken (נכה) in his feet", and אסוך, a cruse containing anointing oil, *in* (2 Kings IV. 2) "a pot (אסוך) of oil" which is of the same root as וסכת *in* (Ruth III. 3) "wash thyself and (וסכת) annoint thyself". The לטושים (according to Onkelos) are owners of tents who spread about in all directions and travel about each in the "tents of his palace" (Rashi uses a Biblical phrase (Dan. XI. 45), but he means nothing more than "each in his own tent"). Indeed Scripture says (1 Sam. XXX. 16) "Behold they were s p r e a d (נטושים) over all the ground", for ל and נ may interchange (so that לטושים is equivalent to נטושים)[2]). **(5)** ויתן אברהם וגו' AND ABRAHAM GAVE etc. — R. Nehemiah said, he gave him the blessing as a legacy (lit., will, testament). The Holy One, blessed be He, had said to Abraham (XII. 2) "Be thou a blessing" *which means* "the blessing are entrusted

NOTES

[1]) For the meaning is not "to the tent of Sarah his mother" for האהלה cannot be in construct state since it has the definite article.

[2]) So there can be no objection to the translation of Onkelos (for the א of אשורם may be explained and נטושים=לטושם, except that it is not in keeping with the plain sense of the verse, for it is evident that the Targum having a ל before the three words takes היו followed by ל in sense of b e c o m e. Rashi feels that the Hebrew should then be היו לאשורם ללטושם וללאומים and therefore he states that he cannot fit in the Targum with the Hebrew.

הַפִּילַגְשִׁים אֲשֶׁר לְאַבְרָהָם נָתַן אַבְרָהָם מַתָּנֹת
וַיְשַׁלְּחֵם מֵעַל יִצְחָק בְּנוֹ בְּעוֹדֶנּוּ חַי קֵדְמָה אֶל־אֶרֶץ
קֶדֶם׃ ז וְאֵלֶּה יְמֵי שְׁנֵי־חַיֵּי אַבְרָהָם אֲשֶׁר־חָי מְאַת
שָׁנָה וְשִׁבְעִים שָׁנָה וְחָמֵשׁ שָׁנִים׃ ח וַיִּגְוַע וַיָּמָת
אַבְרָהָם בְּשֵׂיבָה טוֹבָה זָקֵן וְשָׂבֵעַ וַיֵּאָסֶף אֶל־עַמָּיו׃
ט וַיִּקְבְּרוּ אֹתוֹ יִצְחָק וְיִשְׁמָעֵאל בָּנָיו אֶל־מְעָרַת
הַמַּכְפֵּלָה אֶל־שְׂדֵה עֶפְרֹן בֶּן־צֹחַר הַחִתִּי אֲשֶׁר
עַל־פְּנֵי מַמְרֵא׃ י הַשָּׂדֶה אֲשֶׁר־קָנָה אַבְרָהָם מֵאֵת
בְּנֵי־חֵת שָׁמָּה קֻבַּר אַבְרָהָם וְשָׂרָה אִשְׁתּוֹ׃ יא וַיְהִי
אַחֲרֵי מוֹת אַבְרָהָם וַיְבָרֶךְ אֱלֹהִים אֶת־יִצְחָק בְּנוֹ
וַיֵּשֶׁב יִצְחָק עִם־בְּאֵר לַחַי רֹאִי׃ פ שביעי
יב וְאֵלֶּה תֹּלְדֹת יִשְׁמָעֵאל בֶּן־אַבְרָהָם אֲשֶׁר יָלְדָה
הָגָר הַמִּצְרִית שִׁפְחַת שָׂרָה לְאַבְרָהָם׃

אונקלוס

אַבְרָהָם מַתְּנָן וְשַׁלְּחִנּוּן מֵעַל יִצְחָק בְּרֵיהּ בְּעוֹד־דְּהוּא קַיָּם קִידוּמָא לַאֲרַע
מָדִינְחָא׃ ז וְאִלֵּין יוֹמֵי שְׁנֵי־חַיֵּי אַבְרָהָם דַּחֲיָא מְאָה וְשַׁבְעִין וְחָמֵשׁ שְׁנִין׃
ח וְאִתְנְגִיד וּמִית אַבְרָהָם בְּסֵיבוּ טָבָא סִיב וּשְׂבַע־יוֹמִין וְאִתְכְּנִישׁ לְעַמֵּיהּ׃
ט וּקְבַרוּ יָתֵיהּ יִצְחָק וְיִשְׁמָעֵאל בְּנוֹהִי בִּמְעָרַת כָּפֵלְתָּא בַּחֲקַל עֶפְרוֹן בַּר־צֹחַר
חִתָּאָה דִּי עַל־אַפֵּי מַמְרֵא׃ י חַקְלָא דִּי־זְבַן אַבְרָהָם מִן בְּנֵי־חִתָּאָה תַּמָּן
אִתְקְבַר אַבְרָהָם וְשָׂרָה אִתְּתֵיהּ׃ יא וַהֲוָה בָּתַר דְּמִית אַבְרָהָם וּבָרֵיךְ יְיָ יָת
יִצְחָק בְּרֵיהּ וִיתֵב יִצְחָק עִם־בֵּירָא דְּמַלְאַךְ־קַיָּמָא אִתְחֲזֵי עֲלַהּ׃ יב וְאִלֵּין תּוֹלְדָת

רש"י

הַבְּרָכוֹת מְסוּרוֹת בְּיָדְךָ לְבָרֵךְ אֶת מִי שֶׁתִּרְצֶה, וְאַבְרָהָם מְסָרָן לְיִצְחָק (ב"ר): (ו) הפילגשם. חָסֵר כְּתִיב, שֶׁלֹּא הָיְתָה אֶלָּא פִּלֶגֶשׁ אַחַת, הִיא הָגָר, הִיא קְטוּרָה (ב"ר). נָשִׁים בִּכְתוּבָּה, פִּילַגְשִׁים בְּלֹא כְתוּבָּה, כִּדְאָמְרִינַן בְּסַנְהֶדְרִין, בְּנָשִׁים וּפִילַגְשִׁים דְּדָוִד: נתן אברהם מתנת. פֵּרְשׁוּ רַבּוֹתֵינוּ: שֵׁם טוּמְאָה מָסַר לָהֶם (סנה' צ"א). ד"א: מַה שֶּׁנִּתַּן לוֹ עַל אוֹדוֹת שָׂרָה וּשְׁאָר מַתָּנוֹת שֶׁנְּתָנוּ לוֹ, הַכֹּל נָתַן לָהֶם, שֶׁלֹּא רָצָה לֵהָנוֹת מֵהֶם: (ז) מאת שנה ושבע' שנה וחמש שנים. בֶּן ק' כְּבֶן ע' וּבֶן ע' כְּבֶן ה' בְּלֹא חֵטְא: (ט) יצחק וישמעאל. מִכָּאן שֶׁעָשָׂה יִשְׁמָעֵאל תְּשׁוּבָה וְהוֹלִיךְ אֶת יִצְחָק לְפָנָיו, וְהִיא שֵׂיבָה טוֹבָה שֶׁנֶּאֶמְרָה בְּאַבְרָהָם (ב"ר): (יא) ויהי אחרי

cubines, whom Abraham had, Abraham gave gifts, and sent them away
from Isaac his son, while he yet lived, eastward, unto the east country.
7And these are the days of the years of Abraham's life which he lived,
an hundred years, and threescore, and fifteen years. 8Then Abraham
expired, and died in a good old age, old and full of years; and was
gathered to his peoples. 9And his sons Isaac and Ishmael buried him in
the cave of Machpelah, in the field of Ephron the son of Zohar the Hit-
tite, which is before Mamre: 10The field which Abraham purchased of
the sons of Heth: there was Abraham buried, and Sarah his wife. 11And
it came to pass after the death of Abraham, that God blessed his son
Isaac; and Isaac abode by the well Lahai-roi. 12Now these are the progeny
of Ishmael, Abraham's son, whom Hagar the Egyptian, Sarah's handmaid,

רש"י

to you that you may bless whomseover you please", and Abraham transferred them to Isaac (cf. Gen. R. 61). **(6)** הפילגשים THE CONCUBINES — This word is written deficient, (without י, but our texts have a י in both places) because he had only one concubine, Hagar, who is identical with Keturah. Wives *are those whom a man marries* with a marriage-contract (Ketubah): concubines have no marriage-contract, as we explain in the Talmud (Sanh. 21a) in reference to David's wives and concubines. נתן אברהם מתנות ABRAHAM GAVE GIFTS — Our Rabbis explained that he transmitted to them the names of impure things.1) Another explanation is: all that he had received *as gifts* because of Sarah — and other gifts that people had given him — all these he gave to them because he did not wish to derive any benefit from these. **(7)** מאת שנה ושבעים שנה וחמש שנים A HUNDRED AND SEVENTY FIVE YEARS — (lit., a hundred years, and seventy years and five years) — at the age of one hundred years he was *as strong* as at seventy, and at the age of seventy he was as five — without sin.2) **(9)** יצחק וישמעאל ISAAC AND ISHMAEL — From this we gather that Ishmael repented *of his evil ways* (cf. B. Bath. 16b) and yielded the precedence to Isaac. This is what is meant by the "good old age" mentioned in connection with Abraham. **(11)** ויהי אחרי מות

NOTES

1) This refers to sorcery and magic arts practised in idolatrous and impure worship. מתנות cannot mean gifts as ordinarily understood, for it is stated (v. 5) that he gave all he had to Isaac.

2) cf. XXIII. 1.

יג וְאֵ֗לֶּה שְׁמוֹת֙ בְּנֵ֣י יִשְׁמָעֵ֔אל בִּשְׁמֹתָ֖ם לְתוֹלְדֹתָ֑ם
בְּכֹ֤ר יִשְׁמָעֵאל֙ נְבָיֹ֔ת וְקֵדָ֥ר וְאַדְבְּאֵ֖ל וּמִבְשָֽׂם׃
יד וּמִשְׁמָ֥ע וְדוּמָ֖ה וּמַשָּֽׂא׃ טו חֲדַ֣ד וְתֵימָ֔א יְט֖וּר
נָפִ֥ישׁ וָקֵֽדְמָה׃ מפטיר טז אֵ֣לֶּה הֵ֞ם בְּנֵ֣י יִשְׁמָעֵאל֒
וְאֵ֣לֶּה שְׁמֹתָ֔ם בְּחַצְרֵיהֶ֖ם וּבְטִֽירֹתָ֑ם שְׁנֵים־עָשָׂ֥ר
נְשִׂיאִ֖ם לְאֻמֹּתָֽם׃ יז וְאֵ֗לֶּה שְׁנֵי֙ חַיֵּ֣י יִשְׁמָעֵ֔אל מְאַ֥ת
שָׁנָ֛ה וּשְׁלֹשִׁ֥ים שָׁנָ֖ה וְשֶׁ֣בַע שָׁנִ֑ים וַיִּגְוַ֣ע וַיָּ֔מָת וַיֵּאָ֖סֶף
אֶל־עַמָּֽיו׃ יח וַיִּשְׁכְּנ֨וּ מֵֽחֲוִילָ֜ה עַד־שׁ֗וּר אֲשֶׁר֙ עַל־
פְּנֵ֣י מִצְרַ֔יִם בֹּאֲכָ֖ה אַשּׁ֑וּרָה עַל־פְּנֵ֥י כָל־אֶחָ֖יו
נָפָֽל׃ פ פ פ

ק"ס יהוי"דע סימן: ומפטירין והמלך דוד זקן במלכים א' סימן א':

אונקלוס

יִשְׁמָעֵאל בַּר־אַבְרָהָם דִּי יְלֵדַת הָגָר מִצְרֵיתָא אַמְתָא דְשָׂרָה לְאַבְרָהָם: יג וְאִלֵּין
שְׁמָהָן בְּנֵי יִשְׁמָעֵאל בִּשְׁמָהַתְהוֹן לְתוֹלְדָתְהוֹן בּוּכְרָא דְיִשְׁמָעֵאל נְבָיוֹת וְקֵדָר
וְאַדְבְּאֵל וּמִבְשָׂם: יד וּמִשְׁמָע וְדוּמָה וּמַשָּׂא: טו חֲדַד וְתֵימָא יְטוּר נָפִישׁ וְקֵדְמָה:
טז אִלֵּין אִנּוּן בְּנֵי יִשְׁמָעֵאל וְאִלֵּין שְׁמָהַתְהוֹן בְּפַצְחֵיהוֹן וּבִכְרַכֵּיהוֹן תְּרֵין־עֲסַר
רַבְרְבִין לְאֻמֵּיהוֹן: יז וְאִלֵּין שְׁנֵי חַיֵּי יִשְׁמָעֵאל מְאָה וּתְלָתִין וּשְׁבַע שְׁנִין וְאִתְנְגִיד
וּמִית וְאִתְכְּנִישׁ לְעַמֵּיהּ: יח וּשְׁרוֹ מֵחֲוִילָה עַד־חַגְרָא דִּי עַל אַפֵּי מִצְרַיִם מָטֵי
לְאָתוּר עַל־אַפֵּי כָל־אֲחוּהִי שְׁרָא: פ פ פ

רש"י

מות אברהם ויברך וגו'. נִחֲמוֹ תַּנְחוּמֵי אֲבֵלִים. ד"א: אע"פ שֶׁמָּסַר הַקָּבָּ"ה אֶת הַבְּרָכוֹת לְאַבְרָהָם, נִתְיָרֵא לְבָרֵךְ אֶת יִצְחָק מִפְּנֵי שֶׁצָּפָה אֶת עֵשָׂו יוֹצֵא מִמֶּנּוּ, אָמַר: יָבֹא בַּעַל הַבְּרָכוֹת וִיבָרֵךְ אֶת אֲשֶׁר יִיטַב בְּעֵינָיו, וּבָא הַקָּבָּ"ה וּבֵרְכוֹ (סוטה י"ד): (יג) בשמתם לתולדתם. סֵדֶר לֵידָתָן זֶה אַחַר זֶה: (טז) בחצריהם. כְּרַכִּים שֶׁאֵין לָהֶם חוֹמָה, וְתַרְגּוּמוֹ בְּפַצְחֵיהוֹן שֶׁהֵם מְפֻצָּחִים, לְשׁוֹן פְּתִיחָה, כְּמוֹ פִּצְחוּ וְרַנְּנוּ (תה' צ"ח): (יז) ואלה שני חיי ישמעאל וגו'. אָמַר רַבִּי חִיָּא בַּר אַבָּא: לָמָּה נִמְנוּ שְׁנוֹתָיו שֶׁל יִשְׁמָעֵאל, כְּדֵי לְיַחֵס בָּהֶן שְׁנוֹתָיו שֶׁל יַעֲקֹב. מִשְּׁנוֹתָיו שֶׁל יִשְׁמָעֵאל לָמַדְנוּ שֶׁשִּׁמֵּשׁ יַעֲקֹב בְּבֵית עֵבֶר י"ד שָׁנָה כְּשֶׁפֵּרַשׁ מֵאָבִיו קוֹדֶם שֶׁבָּא אֵצֶל לָבָן, שֶׁהֲרֵי כְּשֶׁפֵּרַשׁ יַעֲקֹב מֵאָבִיו מֵת יִשְׁמָעֵאל, שֶׁנֶּאֱמַר: וַיֵּלֶךְ עֵשָׂו אֶל יִשְׁמָעֵאל וְגוֹ' (בר' כ"ח), כְּמוֹ שֶׁמְּפוֹרָשׁ בְּסוֹף מְגִלָּה נִקְרֵאת: ויגוע. לֹא נֶאֶמְרָה גְוִיעָה אֶלָּא בְּצַדִּיקִים: (יח) נפל. שָׁכַן, כְּמוֹ: וּמִדְיָן וַעֲמָלֵק וּבְנֵי קֶדֶם נוֹפְלִים בָּעֵמֶק (שופ' ז'); כָּאן הוּא אוֹמֵר לְשׁוֹן נְפִילָה, וּלְהַלָּן אוֹמֵר עַל פְּנֵי כָל אֶחָיו יִשְׁכֹּן (בר' ט"ז)? עַד שֶׁלֹּא מֵת אַבְרָהָם יִשְׁכֹּן, מִשֶּׁמֵּת אַבְרָהָם נָפָל:

bare unto Abraham: ¹³And these are the names of the sons of Ishmael, by their names, according to their progeny: the firstborn of Ishmael, Nebajoth: and Kedar, and Abdeel, and Mibsam, ¹⁴And Mishma, and Dumah, and Massa. ¹⁵Hahar, and Tema, Jetur, Naphish, and Kedemah: ¹⁶These are the sons of Ishmael, and these are their names, by their enclosures, and by their strongholds; twelve princes according to their races. ¹⁷And these are the years of the life of Ishmael, an hundred years, and thirty years, and seven years: and he expired and died; and was gathered unto his peoples. ¹⁸And they dwelt from Havilah unto Shur, that is before Egypt, as thou comest towards Assyria: his portion lay in the presence of all his brethren.

רש״י

אברהם ויברך וגו' AND IT CAME TO PASS AFTER THE DEATH OF ABRAHAM THAT GOD BLESSED ISAAC etc. — He comforted him with the *words of the formula of* consolation which we offer to mourners. Another explanation is: Although the Holy One, blessed be He, had entrusted the blessings to Abraham *to bless whomever he wished* yet he (Abraham) feared to bless Isaac, because he foresaw that Esau would be born from him. He therefore said, "Let the Master of the blessings come himself and bless whomever it seems proper in his eyes" — G o d came and blessed him (Isaac). **(13)** בשמתם לתולדתם BY THEIR NAMES ACCORDING TO THEIR PROGENY — by the order in which they were born one after the other. **(16)** בחצריהם BY THEIR ENCLOSURES — Unwalled towns. In the Targum it is rendered by בפצחיהון because they are מפוצחים, which means "open"; similar in meaning to (Ps. XCVIII. 4) "Open *your mouths* (פצחו) and sing for joy". **(17)** ואלה שני חיי ישמעאל וגו' AND THESE ARE THE YEARS OF THE LIFE OF ISHMAEL etc. — R. Chija the son of Abba asked: Why are the years of Ishmael enumerated? In order to trace through them the years of Jacob (i. e. the years in which the various incidents of his life happened). Calculating from the age of Ishmael (when he died) we may learn that Jacob attended at the School of Eber for fourteen years after he left his father and before he arrived at Laban's house, for just when Jacob left his father Ishmael died, for it is said, (XXVIII. 9) "So Esau went to Ishmael etc.", as is explained in the Chapter Megilla Nikraath (Meg. 17a) (cf. Rashi on Gen. XXVIII. 9). ויגוע AND HE EXPIRED — *This expression* — expiring — *associated with a word denoting dying* is only mentioned in the case of righteous people (B. Bath. 16b). **(18)** נפל (lit., he fell) means "he dwelt", as (Judg. VII. 12) "Now the Midianites and the Amalekites and all children of the East dwelt (נופלים) in the valley." Here it says "He f e l l" and there (XVI. 12) it says "In the presence of all his brethren shall he d w e l l". *But it may be explained thus*: before Abraham died it could be said "He would dwell *in security*": after he died, "he fell" (Gen. R. 62).

יט וְאֵלֶּה תּוֹלְדֹת יִצְחָק בֶּן־אַבְרָהָם אַבְרָהָם הוֹלִיד
אֶת־יִצְחָק׃ כ וַיְהִי יִצְחָק בֶּן־אַרְבָּעִים שָׁנָה
בְּקַחְתּוֹ אֶת־רִבְקָה בַּת־בְּתוּאֵל הָאֲרַמִּי מִפַּדַּן אֲרָם
אֲחוֹת לָבָן הָאֲרַמִּי לוֹ לְאִשָּׁה׃ כא וַיֶּעְתַּר יִצְחָק
לַיהוָה לְנֹכַח אִשְׁתּוֹ כִּי עֲקָרָה הִוא וַיֵּעָתֶר לוֹ יְהוָה
וַתַּהַר רִבְקָה אִשְׁתּוֹ׃ כב וַיִּתְרֹצְצוּ הַבָּנִים בְּקִרְבָּהּ
וַתֹּאמֶר אִם־כֵּן לָמָּה זֶּה אָנֹכִי וַתֵּלֶךְ לִדְרֹשׁ אֶת־

אונקלוס

יט וְאִלֵּין תּוֹלְדָת יִצְחָק בַּר־אַבְרָהָם אַבְרָהָם אוֹלִיד יָת־יִצְחָק׃ כ וַהֲוָה יִצְחָק
בַּר־אַרְבְּעִין שְׁנִין כַּד־נְסֵיב יָת־רִבְקָה בַּת־בְּתוּאֵל אֲרַמָּאָה מִפַּדַּן אֲרָם
אֲחָתֵהּ דְּלָבָן אֲרַמָּאָה לֵהּ לְאִנְתּוּ׃ כא וְצַלִּי יִצְחָק קֳדָם־יְיָ לָקֳבֵל אִתְּתֵהּ אֲרֵי
עֲקָרָא הִיא וְקַבֵּל צְלוֹתֵהּ יְיָ וְעַדִּיאַת רִבְקָה אִתְּתֵהּ׃ כב וּדְחָקִין בְּנַיָּא בִּמְעַהָא

רש"י

(יט) ואלה תולדת יצחק. יַעֲקֹב וְעֵשָׂו הָאֲמוּרִים בַּפָּרָשָׁה: אברהם הוליד את יצחק. עַל יְדֵי שֶׁכָּתַב הַכָּתוּב יִצְחָק בֶּן אַבְרָהָם הוּזְקַק לוֹמַר: אַבְרָהָם הוֹלִיד אֶת יִצְחָק; לְפִי שֶׁהָיוּ לֵיצָנֵי הַדּוֹר אוֹמְרִים: מֵאֲבִימֶלֶךְ נִתְעַבְּרָה שָׂרָה, שֶׁהֲרֵי כַּמָּה שָׁנִים שֶׁהָתָה עִם אַבְרָהָם וְלֹא נִתְעַבְּרָה הֵימֶנּוּ; מֶה עָשָׂה הַקָּבָּ"ה? צָר קְלַסְתֵּר פָּנָיו שֶׁל יִצְחָק דּוֹמֶה לְאַבְרָהָם, וְהֵעִידוּ הַכֹּל: אַבְרָהָם הוֹלִיד אֶת יִצְחָק, וְזֶהוּ שֶׁכָּתוּב כָּאן יִצְחָק בֶּן אַבְרָהָם, שֶׁהֲרֵי עֵדוּת יֵשׁ שֶׁאַבְרָהָם הוֹלִיד אֶת יִצְחָק: (כ) בן ארבעים שנה. שֶׁהֲרֵי כְּשֶׁבָּא אַבְרָהָם מֵהַר הַמּוֹרִיָּה, נִתְבַּשֵּׂר שֶׁנּוֹלְדָה רִבְקָה, וְיִצְחָק הָיָה בֶּן ל"ז שָׁנָה, שֶׁהֲרֵי בּוֹ בַּפֶּרֶק מֵתָה שָׂרָה, וּמִשֶּׁנּוֹלַד יִצְחָק עַד הָעֲקֵידָה שֶׁמֵּתָה שָׂרָה, ל"ז שָׁנָה הָיוּ, — כִּי בַּת צ' הָיְתָה כְּשֶׁנּוֹלַד יִצְחָק, וּבַת קכ"ז כְּשֶׁמֵּתָה — שֶׁנֶּאֱמַר: וַיִּהְיוּ חַיֵּי שָׂרָה וְגוֹ' הֲרֵי לְיִצְחָק ל"ז שָׁנִים, וּבוֹ בַּפֶּרֶק נוֹלְדָה רִבְקָה; הִמְתִּין לָהּ עַד שֶׁתְּהֵא רְאוּיָה לְבִיאָה ג' שָׁנִים וּנְשָׂאָהּ: בת בתואל מפדן ארם אחות לבן. וְכִי עֲדַיִין לֹא נִכְתַּב, שֶׁהִיא בַּת בְּתוּאֵל וַאֲחוֹת לָבָן וּמִפַּדַּן אֲרָם? אֶלָּא לְהַגִּיד שִׁבְחָהּ, שֶׁהָיְתָה בַּת רָשָׁע וַאֲחוֹת רָשָׁע וּמְקוֹמָהּ אַנְשֵׁי רֶשַׁע וְלֹא לָמְדָה מִמַּעֲשֵׂיהֶם: מפדן ארם. עַל שֵׁם שֶׁשְּׁנֵי אֲרָם הָיוּ, אֲרַם נַהֲרַיִם וַאֲרַם צוֹבָה, קוֹרֵא אוֹתוֹ פַּדָּן, לְשׁוֹן צֶמֶד בָּקָר, תַּרְגּוּם: פַּדַּן תּוֹרִין; וְיֵשׁ פּוֹתְרִין פַּדַּן אֲרָם כְּמוֹ שְׂדֵה אֲרָם, שֶׁבִּלְשׁוֹן יִשְׁמָעֵאל קוֹרִין לְשָׂדֶה פַּדָּן: (כא) ויעתר. הִרְבָּה וְהִפְצִיר בִּתְפִלָּה: ויעתר לו. נִתְפַּצֵּר וְנִתְפַּיֵּס וְנִתְפַּתָּה לוֹ. וְאוֹמֵר אֲנִי, כָּל לְשׁוֹן עָתָר לְשׁוֹן הַפְצָרָה וְרִבּוּי הוּא, וְכֵן: וַעֲתַר עֲנַן הַקְּטֹרֶת (יחז' ח') — מַרְבִּית עֲלִיַּת הֶעָשָׁן, וְכֵן: וְהַעְתַּרְתֶּם עָלַי דִּבְרֵיכֶם (שם ל"ה), וְכֵן: וְנַעְתָּרוֹת נְשִׁיקוֹת שׂוֹנֵא (משלי כ"ז) — דּוֹמוֹת לְמַרְבּוֹת וְהֵנָּם לְמַשָּׂא; אנקרי"שרא בלע"ז: לנכח אשתו. זֶה עוֹמֵד בְּזָוִית זוֹ וּמִתְפַּלֵּל וְזוֹ עוֹמֶדֶת בְּזָוִית זוֹ וּמִתְפַּלֶּלֶת: ויעתר לו. וְלֹא לָהּ, שֶׁאֵין דּוֹמָה תְּפִלַּת צַדִּיק בֶּן צַדִּיק לִתְפִלַּת צַדִּיק בֶּן רָשָׁע, לְפִיכָךְ לוֹ וְלֹא לָהּ (יבמות ס"ד): (כב) ויתרוצצו. ע"כ הַמִּקְרָא הַזֶּה אוֹמֵר דָּרְשֵׁנִי, שֶׁסָּתַם מַה הִיא רְצִיצָה זוֹ וְכָתַב: אִם כֵּן לָמָּה זֶה אָנֹכִי? רַבּוֹתֵינוּ דְּרָשׁוּהוּ לְשׁוֹן רִיצָה; כְּשֶׁהָיְתָה עוֹבֶרֶת עַל פִּתְחֵי תוֹרָה שֶׁל שֵׁם וָעֵבֶר, יַעֲקֹב רָץ וּמְפַרְכֵּס לָצֵאת, עוֹבֶרֶת עַל פֶּתַח עֲבוֹדַת אֱלִילִים, עֵשָׂו מְפַרְכֵּס לָצֵאת. דָּבָר אַחֵר: מִתְרוֹצְצִים זֶה עִם זֶה וּמְרִיבִים בְּנַחֲלַת שְׁנֵי עוֹלָמוֹת: ותאמר אם כן גָּדוֹל צַעַר הָעִבּוּר למה זה אנכי מִתְאַוָּה וּמִתְפַּלֶּלֶת עַל הֵרָיוֹן: ותלך לדרוש. לְבֵית מִדְרָשׁוֹ שֶׁל שֵׁם: לדרוש את ה'. שֶׁיַּגִּיד לָהּ מַה תְּהֵא בְּסוֹפָהּ:

19And these are the progeny of Isaac, Abraham's son: Abraham begat
Isaac: 20And Isaac was forty years old when he took Rebekah to wife,
the daughter of Bethuel the Syrian of Padan-aram, the sister to Laban
the Syrian. 21And Isaac entreated the Eternal facing his wife, because
she was barren: and the Eternal was entreated of him, and Rebekah his
wife became pregnant. 22And the children struggled together within her;
and she said, If it be so, wherefore am I thus—? And she went to en-

רש"י

תולדות

(19) ואלה תולדות יצחק AND THESE ARE THE PROGENY OF ISAAC — viz., Jacob and Esau who are spoken of in this section. אברהם הוליד את יצחק ABRAHAM BEGAT ISAAC — Just because Scripture wrote, "Isaac, son of Abraham" it felt compelled to say "Abraham begat Isaac", because the cynics of that time said, "Sarah became with child of Abimelech. See how many years she lived with Abraham without becoming with child". What did the Holy One, blessed be He, do? He shaped Isaac's facial features exactly similar to those of Abraham's, so that everyone had to admit that Abraham begat Isaac. This is what is stated here: that Isaac was the son of Abraham, for there is evidence that Abraham begat Isaac (Tanch.). **(20)** בן ארבעים שנה FORTY YEARS OLD — For when Abraham came from Mount Moriah he received the news that Rebecca was born (XXII. 20). Isaac was then thirty-seven years old, because at that time Sarah died and from the birth of Isaac until the Binding — when Sarah died — there were 37 years since she was 90 years old when Isaac was born and 127 when she died, as it is said, (XXIII. 1) "And the life of Sarah was [one hundred and twenty seven years]" — thus Isaac was then 37 years old. At that period Rebecca was born and he waited until she was fit for marriage — 3 years — and then married her. (Seder Olam). בת בתואל מפדן ארם אחות לבן THE DAUGHTER OF BETHUEL THE SYRIAN OF PADAN-ARAM, THE SISTER TO LABAN — Has it not already been written that she was the daughter of Bethuel and sister of Laban of Padan-aram? But *we are told these facts once more* to proclaim her praise — she was the daughter of a wicked man, sister of a wicked man, and her native place was *one of* wicked people, and yet she did not learn from their doings (Gen. R. 63). מפדן ארם FROM PADAN-ARAM — Because there were two Arams — Aram-Naharaim (Mesopotamia) and Aram-Zoba — it is called Padan-aram, (Padan meaning pair). It has the same meaning as צמד *in the phrase* צמד בקר (1 Sam. XI. 7) *which we know signifies a pair of oxen* and which is translated in the Targum by פדן תורין a Padan of oxen, *so that we see that Padan means a pair.* Some, however, explain Padan-aram to be the same as (Hos. XII. 13) "the field (country) of Aram", because in the Arabic language a field is called Padan. **(21)** וַיֶּעְתַּר AND ISAAC ENTREATED — He prayed much and urgently. וַיֵּעָתֶר לוֹ WAS ENTREATED OF HIM — He let himself be urged, conciliated and influenced by him. I say that wherever this root עתר occurs it has the meaning of heaping up and increasing. E. g., (Ezek. VIII. 11) "And a thick (עתר) cloud of incense" *which means* an abundance of ascending smoke; (ib. XXXV. 13) "You have multiplied (העתרתם) your words against me"; (Prov. XXVII. 6) "The kisses of an enemy are importunate (נעתרות)" — they appear to be too many and therefore they are burdensome. O. F. encresser; *Engl. to increase.* לנכח אשתו FACING HIS WIFE — He stood in one corner and prayed whilst she stood in the other corner and prayed (Jeb. 64a). ויעתר לו [AND THE LORD] WAS ENTREATED OF HIM — *of him* and not of her, because there is no comparison between the prayer of a righteous person who is the son of a righteous person and the prayer of a righteous person the child of a wicked-person — therefore God allowed himself to be entreated of him and not of her (ib.). **(22)** ויתרצצו AND [THE CHILDREN] STRUGGLED — You must admit that this verse calls for a Midrashic interpretation since it leaves unexplained what this struggling was about and it states that she exclaimed "If it be so, wherefore did I desire this" (i. e. she asked whether this was the normal

בראשית כה חיי שרה

יְהֹוָה: כג וַיֹּאמֶר יְהֹוָה לָהּ שְׁנֵי גֹיִים בְּבִטְנֵךְ וּשְׁנֵי לְאֻמִּים מִמֵּעַיִךְ יִפָּרֵדוּ וּלְאֹם מִלְאֹם יֶאֱמָץ וְרַב יַעֲבֹד צָעִיר: כד וַיִּמְלְאוּ יָמֶיהָ לָלֶדֶת וְהִנֵּה תוֹמִם בְּבִטְנָהּ: כה וַיֵּצֵא הָרִאשׁוֹן אַדְמוֹנִי כֻּלּוֹ כְּאַדֶּרֶת שֵׂעָר וַיִּקְרְאוּ שְׁמוֹ עֵשָׂו: כו וְאַחֲרֵי־כֵן יָצָא אָחִיו וְיָדוֹ אֹחֶזֶת בַּעֲקֵב עֵשָׂו וַיִּקְרָא שְׁמוֹ יַעֲקֹב וְיִצְחָק בֶּן־שִׁשִּׁים שָׁנָה בְּלֶדֶת אֹתָם: כז וַיִּגְדְּלוּ הַנְּעָרִים
<small>גיים ק'</small>

וַאֲמֶרֶת אִם־כֵּן לָמָה דְנָן אֲנָא וַאֲזָלַת לְמִתְבַּע אוּלְפַן מִן־קֳדָם יְיָ: כג וַאֲמַר יְיָ לַהּ תְּרֵין עַמְמִין בִּמְעָיְכִי וְתַרְתֵּין מַלְכְּוָן מִמְּעָיְכִי יִתְפָּרְשָׁן וּמַלְכוּ מִמַּלְכוּ יַתְקַף וְרַבָּא יִשְׁתַּעְבֵּד לִזְעֵירָא: כד וּשְׁלִימוּ יוֹמָהָא לְמֵילַד וְהָא תְיוֹמִין בִּמְעָהָא: כה וּנְפַק קַדְמָאָה סָמוֹק כּוּלֵהּ כִּגְלִים (נ"א כְּכָלָן) דִּשְׂעָר וּקְרוֹ שְׁמֵיהּ עֵשָׂו: כו וּבָתַר־כֵּן נְפַק אֲחוּהִי וִידֵהּ אֲחִידָא בְּעִקְבָא דְעֵשָׂו וּקְרָא רֵישֵׁיהּ יַעֲקֹב וְיִצְחָק בַּר־שִׁתִּין שְׁנִין כַּד־יְלִידַת יָתְהוֹן: כז וּרְבִיוּ עוּלֵימַיָּא וַהֲוָה עֵשָׂו גְּבַר נְחַשִּׁירְכָן

רש"י

(כג) ויאמר ה' לה. על ידי שליח: לשם נאמר ברוח הקדש והוא אמר לה (ב"ר): שני גוים בבטנך. גיים כתיב, אלו אנטונינוס ורבי, שלא פסקו מעל שולחנם לא צנון ולא חזרת לא בימות החמה ולא בימות הגשמים (ע"ז י"א): ושני לאמים. אין לאום אלא מלכות ממעיך יפרדו. מן המעים הם נפרדים זה לרשעו וזה לתומו: מלאום יאמץ: לא ישוו בגדלה, כשזה קם זה נופל, וכן הוא אומר: אמלאה החרבה (יחז' כ"ו), לא נתמלאה צור אלא מחורבנה של ירושלים: (כד) וימלאו ימיה. אבל בתמר כתיב: ויהי בעת לדתה (ברא' ל"ח), שלא מלאו ימיה, כי לז' חדשים ילדתם: והנה תומם. חסר, ובתמר תאומים מלא, לפי ששניהם צדיקים; אבל כאן אחד צדיק ואחד רשע: (כה) אדמוני. סימן הוא שיהא שופך דמים (ב"ר): כלו כאדרת שער. מלא שער כטלית של צמר המלאה שער, פלוקי"דא בלע"ז: ויקראו שמו עשו. הכל קראו לו כן, לפי שהיה נעשה ונגמר בשערו כבן שנים הרבה: (כו) ואחרי כן יצא אחיו וגו'. שמעתי מ"א הדורשו לפי פשוטו: בדין היה אוחז בו לעכבו. יעקב נוצר מטפה ראשונה ועשו מן השניה, צא ולמד משפופרת שפיה קצרה, תן לה שתי אבנים זו אחר זו, הנכנסת ראשונה תצא אחרונה והנכנסת אחרונה תצא ראשונה, נמצא עשו הנוצר באחרונה יצא ראשון ויעקב שנוצר ראשונה יצא אחרון, ויעקב בא לעכבו, שיהא ראשון ללידה כראשון ליצירה, ויפטור את רחמה ויטול את הבכורה מן הדין; בעקב עשו. סימן, שאין זה מספיק לגמור מלכותו עד שזה עומד ונוטלה הימנו: ויקרא שמו יעקב. הקב"ה: ד"א: אביו קרא לו יעקב על שם אחיזת העקב: בן ששים שנה. י' שנים משנשאה עד שנעשית בת י"ג שנה וראויה להריון וי' שנים הללו צפה והמתין לה, כמו שעשה אביו לשרה; כיון שלא נתעברה, ידע שהיא עקרה, והתפלל עליה (יבמות כ"ד). ושפחה לא רצה לשא, לפי שנתקדש בהר המוריה להיות עולה תמימה: (כז) ויגדלו... ויהי עשו. כל זמן שהיו קטנים, לא היו נכרים במעשיהם,

quire of the Eternal. 23And the Eternal said unto her, Two nations are
in thy womb, and two races shall be parted from thy bowels; and one
race shall be firmer than the other race; and the elder shall serve the
younger. 24And when her days to bear were full, behold, there were
twins in her womb. 25And the first went out red, all over like an hairy
robe; and they called his name Esau. 26And after that went his brother
out, his hand seizing Esau's heel; and his name he called Jacob: and
Isaac was threescore years old when she bare them. 27And the lads grew:

רש״י

course of child-bearing, feeling that something extraordinary was happening). Our Rabbis explain that the word ויתרוצצו has the meaning of running, moving quickly: whenever she passed by the doors of the Torah (i. e. the Schools of Shem and Eber) Jacob moved convulsively in his efforts to come to birth, but whenever she passed by the gate of a pagan temple Esau moved convulsively in his efforts to come to birth (Gen. R. 63). Another explanation is: they struggled with one another and quarrelled as to how they should divide the two worlds as their inheritance (Yalkut). ותאמר אם כן *means* AND SHE SAID, "IF the pain of pregnancy BE SO great, למה זה אנכי WHY IS IT that I longed and prayed to become pregnant?" (Gen. R. 63). ותלך לדרש AND SHE WENT TO ENQUIRE at the school of Shem (ib.). לדרש את ה' TO ENQUIRE OF THE LORD, that He might tell her what would happen to her at the end. **(23)** ויאמר ה' לה AND THE ETERNAL SAID UNTO HER through a messenger: it was told to Shem by holy inspiration and he told it to her (ib.). שני גיים בבטנך TWO NATIONS ARE IN THY WOMB — The word is written גיים (exalted, noble persons), an allusion to Antoninus and Rabbi (Rabbi Judah the Prince) from whose table neither radish nor lettuce was absent neither in summer nor in winter (Ab. Zar. 11a). ושני לאמים AND TWO RACES — The word לאם always denotes *a people that has all the characteristics of* a kingdom (ib. 2b). ממעיך יפרדו SHALL BE PARTED FROM THY BOWELS — as soon as they leave thy body they will take each a different course — one to his wicked ways, the other to his plain life (cf. v. 27). מלאם יאמץ SHALL BE STRONGER THAN THE OTHER RACE — They will never be equally great at the same time: when one rises the other will fall. Thus it says, (Ezek. XXVI. 2) "[Because Tyre (colonised by Esau) says about Jerusalem] I shall be filled with her that is laid waste" — Tyre became full (powerful) only through the ruin of Jerusalem (Meg. 6a). **(24)** וימלאו ימיה AND WHEN HER DAYS TO BEAR WERE FULL — But in the case of Tamar it is written, (XXXVII. 27) "And it came to pass a t t h e t i m e of her travail", for her days were not f u l f i l l e d as she gave birth to them (her children) at the end of seven months. והנה תומם BEHOLD, THERE WERE TWINS — *The word for twins is written* defective (without א and י) whilst in the case of Tamar *it is written* תאומים plene (with א and י); because *in the latter case* both children proved righteous whilst here one was righteous and the other wicked (Gen. R. 63). **(25)** אדמוני RED — a sign that he would *always* be shedding blood (ib.). כלו כאדרת שער *means* full of hair like a woollen garment that is full of hair. O. F. floche; *Engl. flock).* ויקרא שמו עשו AND THEY CALLED HIS NAME ESAU — every one called him thus because he was made (עשה means to make) and fully developed with hair as a lad several years old. **(26)** בעקב עשו ESAU'S HEEL — a sign that this one (Esau) will hardly have time to complete his *period of* domination before the other would rise and take it (his power) from him. ויקרא שמו יעקב AND HE CALLED HIS NAME JACOB — The Holy One, blessed be He, *thus named him.* [Some versions add: He said to them (to those who gave Esau that name cf. v. 25): You have given your first-born a name, I, too, will give my son, my firstborn, (cf. Ex. IV. 23) a name. That is what is written, "And H e called his name, Jacob" (ib.). Another explanation is: his father called him Jacob because he was grasping *Esau's* h e e l. בן ששים שנה THREESCORE YEARS OLD — Ten years passed from the time when he married her until she became thirteen years old and capable of child-bearing, and a further ten years he hopefully waited as his father did

וַיְהִי עֵשָׂו אִישׁ יֹדֵעַ צַיִד אִישׁ שָׂדֶה וְיַעֲקֹב אִישׁ
תָּם יֹשֵׁב אֹהָלִים: כח וַיֶּאֱהַב יִצְחָק אֶת־עֵשָׂו כִּי־
צַיִד בְּפִיו וְרִבְקָה אֹהֶבֶת אֶת־יַעֲקֹב: כט וַיָּזֶד יַעֲקֹב
נָזִיד וַיָּבֹא עֵשָׂו מִן־הַשָּׂדֶה וְהוּא עָיֵף: ל וַיֹּאמֶר עֵשָׂו
אֶל־יַעֲקֹב הַלְעִיטֵנִי נָא מִן־הָאָדֹם הָאָדֹם הַזֶּה כִּי
עָיֵף אָנֹכִי עַל־כֵּן קָרָא־שְׁמוֹ אֱדוֹם: לא וַיֹּאמֶר יַעֲקֹב
מִכְרָה כַיּוֹם אֶת־בְּכֹרָתְךָ לִי: לב וַיֹּאמֶר עֵשָׂו הִנֵּה
אָנֹכִי הוֹלֵךְ לָמוּת וְלָמָּה־זֶּה לִי בְּכֹרָה: לג וַיֹּאמֶר

אונקלוס

גְּבַר נָפֵק לְחַקְלָא וְיַעֲקֹב גְּבַר שְׁלִים מְשַׁמֵּשׁ בֵּית־אוּלְפָנָא: כח וּרְחֵם יִצְחָק יָת
עֵשָׂו אֲרֵי־מִצֵּידֵהּ הֲוָה אָכֵיל וְרִבְקָה רָחֲמַת יָת־יַעֲקֹב: כט וּבַשֵּׁיל יַעֲקֹב תַּבְשִׁילָא
וַאֲתָא (נ״א וְעָל) עֵשָׂו מִן־חַקְלָא וְהוּא מְשַׁלְהֵי: ל וַאֲמַר עֵשָׂו לְיַעֲקֹב אַטְעֵמְנִי
כְעַן מִן־סִמּוֹקָא סִמּוֹקָא הָדֵין אֲרֵי מְשַׁלְהֵי אֲנָא עַל־כֵּן קְרָא־שְׁמֵהּ אֱדוֹם:
לא וַאֲמַר יַעֲקֹב זַבִּין כְּיוֹם־דִּלְהֵן יָת־בְּכֵירוּתָךְ לִי: לב וַאֲמַר עֵשָׂו הָא אֲנָא אָזֵל
לִמְמָת וּלְמָה־דְּנָן לִי בְּכֵירוּתָא: לג וַאֲמַר יַעֲקֹב קַיֵּים לִי כְּיוֹם דִּלְהֵן וְקַיֵּים לֵהּ

רש״י

וְאֵין אָדָם מְדַקְדֵּק בָּהֶם, מַה טִּיבָם; כֵּיוָן שֶׁנַּעֲשׂוּ בְּנֵי שְׁלֹשׁ עֶשְׂרֵה שָׁנָה, זֶה פֵּרֵשׁ לְבָתֵּי מִדְרָשׁוֹת וְזֶה פֵּרֵשׁ לַעֲ״זָ: ידע ציד. לָצוּד וּלְרַמּוֹת אֶת אָבִיו בְּפִיו וְשׁוֹאֲלוֹ: אַבָּא, הֵאֵיךְ מְעַשְּׂרִין אֶת הַמֶּלַח וְאֶת הַתֶּבֶן? כִּסְבוּר אָבִיו, שֶׁהוּא מְדַקְדֵּק בְּמִצְוֹת (תנחומא): איש שדה. כְּמַשְׁמָעוֹ, אָדָם בָּטֵל וְצוֹדֶה בְּקַשְׁתּוֹ חַיּוֹת וְעוֹפוֹת: תם. אֵינוֹ בָקִי בְּכָל אֵלֶּה, כְּלִבּוֹ כֵּן פִּיו, מִי שֶׁאֵינוֹ חָרִיף לְרַמּוֹת קָרוּי תָּם: ישב אהלים. אָהֳלוֹ שֶׁל שֵׁם וְאָהֳלוֹ שֶׁל עֵבֶר: (כח) בפיו. כְּתַרְגּוּמוֹ: בְּפִיו שֶׁל יִצְחָק. וּמִדְרָשׁוֹ: בְּפִיו שֶׁל עֵשָׂו, שֶׁהָיָה צָד אוֹתוֹ וּמְרַמֵּהוּ בִּדְבָרָיו: (כט) ויזד. לְשׁוֹן בִּשּׁוּל, כְּתַרְגּוּמוֹ: והוא עיף. בִּרְצִיחָה, כְּמָה דְתֵימָא: כִּי עָיְפָה נַפְשִׁי לַהֹרְגִים (ירמ׳ ד׳) (ב״ר): (ל) הלעיטני. אֶפְתַּח פִּי וּשְׁפוֹךְ הַרְבֵּה לְתוֹכָהּ, כְּמוֹ שֶׁשָּׁנִינוּ: אֵין אוֹבְסִין אֶת הַגָּמָל אֲבָל מַלְעִיטִין אוֹתוֹ: מן האדם האדם. עֲדָשִׁים אֲדֻמּוֹת. וְאוֹתוֹ הַיּוֹם מֵת אַבְרָהָם, שֶׁלֹּא יִרְאֶה אֶת עֵשָׂו בֶּן בְּנוֹ יוֹצֵא לְתַרְבּוּת רָעָה, וְאֵין זוֹ שֵׂיבָה טוֹבָה שֶׁהִבְטִיחוֹ הַקָּבָּ״ה; לְפִיכָךְ קִצֵּר הַקָּבָּ״ה ה׳ שָׁנִים מִשְּׁנוֹתָיו, שֶׁיִּצְחָק חַי ק״פ שָׁנָה וְזֶה קע״ה, וּבִשֵּׁל יַעֲקֹב עֲדָשִׁים לְהַבְרוֹת אֶת הָאָבֵל. וְלָמָּה עֲדָשִׁים? שֶׁדּוֹמוֹת לְגַלְגַּל, שֶׁהָאֲבֵלוּת גַּלְגַּל הַחוֹזֵר בָּעוֹלָם (וְעוֹד: מָה עֲדָשִׁים אֵין לָהֶם פֶּה, כָּךְ הָאָבֵל אֵין לוֹ פֶּה, שֶׁאָסוּר לְדַבֵּר, וּלְפִיכָךְ הַמִּנְהָג לְהַבְרוֹת הָאָבֵל בִּתְחִלַּת מַאֲכָלוֹ בֵּיצִים, שֶׁהֵם עֲגוּלִים וְאֵין לָהֶם פֶּה, כַּךְ אָבֵל כָּל שְׁלֹשָׁה יָמִים הָרִאשׁוֹנִים אֵינוֹ מֵשִׁיב שָׁלוֹם לְכָל אָדָם וְכָ״שֶׁ שֶׁאֵינוֹ שׁוֹאֵל בַּתְּחִלָּה, מִג׳ וְעַד ז׳ מֵשִׁיב וְאֵינוֹ שׁוֹאֵל וְכוּ׳; בְּרַשִׁ״י יָשָׁן): (לא) מכרה כיום. כְּתַרְגּוּמוֹ: כְּיוֹם דִּלְהֵן. כַּיּוֹם שֶׁהוּא בָרוּר, כַּךְ מְכוֹר לִי מְכִירָה בְרוּרָה: בכרתך. לְפִי שֶׁהָעֲבוֹדָה בִּבְכוֹרוֹת, אָמַר יַעֲקֹב: אֵין רָשָׁע זֶה כְּדַאי שֶׁיַּקְרִיב לְהַקָּבָּ״ה: (לב) הנה אנכי הולך למות. (מִתְנוֹדֶדֶת וְהוֹלֶכֶת הִיא הַבְּכוֹרָה שֶׁלֹּא תְהֵא כָל עֵת הָעֲבוֹדָה בִּבְכוֹרוֹת, כִּי שֵׁבֶט לֵוִי יִטּוֹל אוֹתָהּ, וְעוֹד) אָמַר עֵשָׂו: מַה

and Esau was a cunning hunter, a man of the field; but Jacob was a
plain man, abiding in tents. 28 And Isaac loved Esau, because he did eat
of his venison; but Rebekah loved Jacob. 29 And Jacob sod pottage: and
Esau came from the field, and he was faint: 30 And Esau said to
Jacob, Let me devour, I pray thee, from this red, even this red thing; for
I am faint: therefore was his name called Edom. 31 And Jacob said,
Sell me this day thy birthright. 32 And Esau said, Behold, I am in peril
to die: and what is this birthright to me? 33 And Jacob said, Swear

רש"י

in regard to Sarah[1]). When even then she did not become with child he realised that she was barren and he prayed for her. But He did not wish to take a maid-servant as *a second* wife because he had been sanctified on Mount Moriah to be a burnt-offering without blemish. **(27)** ויגדלו... ויהי עשו AND THEY GREW . . . AND ESAU WAS — So long as they were young they could not be distinquished by what they did and no-one paid much attention to their characters, but when they reached the age of thirteen, one went his way to the houses of learning and the other went his way to the idolatrous temples (ib.). יודע ציד A CUNNING HUNTER lit., understanding hunting) — *understanding how* to entrap and deceive his father with his mouth. He would ask him, "Father how should salt and straw be tithed"? (although he knew full well that these are not subject to the law of tithe). Consequently his father believed him to be very punctilious in *observing the divine* ordinances (Tanch.). איש שדה A MAN OF THE FIELD — Explain it literally (i. e., not in a Midrashic manner): a man without regular occupation, hunting beasts and birds with his bow. תם A PLAIN MAN — not expert in all these things: as his heart was his mouth (his thoughts and his words tallied). One who is not ingenious in deceiving *people* is called תם plain, simple. יושב אהלים DWELLING IN TENTS — the tent of Shem and the tent of Eber (ib.). **(28)** בפיו [THERE WAS HUNTING] IN HIS MOUTH — Understand this as the Targum renders it: in Isaac's mouth (i. e. Isaac ate the venison he brought home). But its Midrashic explanation is: *there was hunting* in Esau's mouth, *meaning* that he used to entrap and deceive him by his words (ib.). **(29)** ויזד means boiling, as the Targum renders it. והוא עיף AND HE WAS FAINT through murdering *people*, just as you mention *faintness in connection with murder*, (Jer. IV. 31) "For my soul fainteth before the murderers" (B. Bath. 16b). **(30)** הלעיטני LET ME SWALLOW — I will open my mouth and you pour a lot in. ***The word is really used of feeding animals*** as we find the word in the Mishna, (Sabb. 155b) "One may not fatten up a camel *on the Sabbath* but one may put food (מלעיטין) into its mouth." מן האדם האדם הזה FROM THIS RED, EVEN THIS RED THING — red lentils. On that day Abraham had died in order that he might not see his grandson Esau falling into degenerate ways. This would not have been the "good old age" (cf. XXV. 8) which God had promised him; therefore the Holy One, blessed be He, cut his life short by five years — for Isaac lived 180 years and he *only* one hundred and seventy five. Jacob was boiling lentils to provide the customary first meal for the immediate mourners. Why should lentils be the mourner's food? Because they are round like a wheel and mourning (sorrow) is a wheel that revolves in the world (it touches everyone sooner or later as a revolving wheel touches every spot in turn). And a further reason is: just as lentils have no mouth — (the word mouth פה is used in Hebrew of a serrated edge) — so, too, mourners have no mouth (appear dumb), for speech (greeting others) is forbidden to them. For this reason, also, it is customary to give eggs to a mourner as his first meal, because they are round and have no mouth (serrated edge) and similarly a mourner has no mouth (may not greet others), just as we say in Moed Katan, (21b) "A mourner during the first three days (of the week of mourning) may not respond to the greeting of any person — it follows, of course, that he may not be the first to greet anyone — and from the third to the seventh day he may

NOTES

1) Cf. XVI. 3.

יַעֲקֹב הִשָּׁבְעָה לִּי כַּיּוֹם וַיִּשָּׁבַע לוֹ וַיִּמְכֹּר אֶת־בְּכֹרָתוֹ
לְיַעֲקֹב: לד וְיַעֲקֹב נָתַן לְעֵשָׂו לֶחֶם וּנְזִיד עֲדָשִׁים
וַיֹּאכַל וַיֵּשְׁתְּ וַיָּקָם וַיֵּלַךְ וַיִּבֶז עֵשָׂו אֶת־הַבְּכֹרָה: פ
כו א וַיְהִי רָעָב בָּאָרֶץ מִלְּבַד הָרָעָב הָרִאשׁוֹן אֲשֶׁר
הָיָה בִּימֵי אַבְרָהָם וַיֵּלֶךְ יִצְחָק אֶל־אֲבִימֶלֶךְ
מֶלֶךְ־פְּלִשְׁתִּים גְּרָרָה: ב וַיֵּרָא אֵלָיו יְהוָה וַיֹּאמֶר
אַל־תֵּרֵד מִצְרָיְמָה שְׁכֹן בָּאָרֶץ אֲשֶׁר אֹמַר אֵלֶיךָ:
ג גּוּר בָּאָרֶץ הַזֹּאת וְאֶהְיֶה עִמְּךָ וַאֲבָרְכֶךָּ כִּי־לְךָ
וּלְזַרְעֲךָ אֶתֵּן אֶת־כָּל־הָאֲרָצֹת הָאֵל וַהֲקִמֹתִי אֶת־
הַשְּׁבֻעָה אֲשֶׁר נִשְׁבַּעְתִּי לְאַבְרָהָם אָבִיךָ: ד וְהִרְבֵּיתִי
אֶת־זַרְעֲךָ כְּכוֹכְבֵי הַשָּׁמַיִם וְנָתַתִּי לְזַרְעֲךָ אֵת כָּל־
הָאֲרָצֹת הָאֵל וְהִתְבָּרְכוּ בְזַרְעֲךָ כֹּל גּוֹיֵי הָאָרֶץ:

אונקלוס

וּזְבִין יָת־בְּכֵרוּתֵהּ לְיַעֲקֹב: לד וְיַעֲקֹב יְהַב לְעֵשָׂו לְחֵם וְתַבְשִׁיל דִּטְלוֹפְחִין וַאֲכַל
וּשְׁתִי וְקָם וַאֲזַל וְשָׁט עֵשָׂו יָת־בְּכֵרוּתָא: א וַהֲוָה כַפְנָא בְּאַרְעָא בַּר מִכַּפְנָא
קַדְמָאָה דִּהֲוָה בְּיוֹמֵי אַבְרָהָם וַאֲזַל יִצְחָק לְוַת־אֲבִימֶלֶךְ מַלְכָּא־דִּפְלִשְׁתָּאֵי לִגְרָר:
ב וְאִתְגְּלִי לֵהּ יְיָ וַאֲמַר לָא־תֵחוֹת לְמִצְרָיִם שְׁרֵי בְּאַרְעָא דִּי אֵימַר לָךְ: ג דּוּר
בְּאַרְעָא הָדָא וִיהֵי־מֵימְרִי בְּסַעְדָּךְ וַאֲבָרְכִנָּךְ אֲרֵי־לָךְ וְלִבְנָךְ אֶתֵּן יָת־כָּל־אַרְעָתָא
הָאִלֵּין וַאֲקִים יָת־קְיָמָא דִּקַיֵּמִית לְאַבְרָהָם אֲבוּךְ: ד וְאַסְגֵּי יָת־בְּנָךְ סַגִּיאִין כְּכוֹכְבֵי
שְׁמַיָּא וְאֶתֵּן לִבְנָךְ יָת־כָּל־אַרְעָתָא הָאִלֵּין וְיִתְבָּרְכוּן בְּדִיל־בְּנָךְ כֹּל עַמְמֵי אַרְעָא:

רש"י

טִיבָהּ שֶׁל עֲבוֹדָה זוֹ? אָמַר לוֹ: כַּמָּה אַזְהָרוֹת וְעוֹנָשִׁין וּמִיתוֹת תְּלוּיִין בָּהּ כְּאוֹתָהּ שֶׁשָּׁנִינוּ, אֵלּוּ הֵן שֶׁבְּמִיתָה: שְׁתוּיֵי יַיִן וּפְרוּעֵי רֹאשׁ; אָמַר: אֲנִי הוֹלֵךְ לָמוּת עַל יָדָהּ, אִם כֵּן מַה חֵפֶץ לִי בָּהּ? (לד) ויבז עשו. הֵעִיד הַכָּתוּב עַל רִשְׁעוֹ, שֶׁבִּזָּה עֲבוֹדָתוֹ שֶׁל מָקוֹם:

כו (ב) אל תרד מצרימה, שֶׁהָיָה דַּעְתּוֹ לָרֶדֶת מִצְרַיְמָה, כְּמוֹ שֶׁיָּרַד אָבִיו בִּימֵי הָרָעָב; אָמַר לוֹ: אַל תֵּרֵד מִצְרַיְמָה, שֶׁאַתָּה עוֹלָה תְמִימָה, וְאֵין חוּצָה לָאָרֶץ כְּדַאי לָךְ: (ג) האל. כְּמוֹ הָאֵלֶּה: (ד) והתברכו בזרעך. אָדָם אוֹמֵר לִבְנוֹ: יְהֵא זַרְעֲךָ כְּזַרְעוֹ שֶׁל יִצְחָק. וְכֵן בְּכָל הַמִּקְרָא, וְזֶה אָב לְכֻלָּן: בְּךָ יְבָרֵךְ יִשְׂרָאֵל לֵאמֹר יְשִׂמְךָ וְגוֹ' (בראש' מ"ח); וְאַף לְעִנְיַן הַקְּלָלָה מָצִינוּ כֵן: וְהָיְתָה הָאִשָּׁה לְאָלָה (במ' ה'), שֶׁהַמְקַלֵּל שׂוֹנְאוֹ אוֹמֵר תְּהֵא כִּפְלוֹנִית, וְכֵן: וְהִנַּחְתֶּם

to me this day; and he sware to him: and he sold his birthright unto Jacob. ³⁴Then Jacob gave Esau bread and pottage of lentiles; and he did eat and drink, and he rose and went; thus Esau despised his birthright.

26. ¹And there was a famine in the land, besides the first famine that was in the days of Abraham. And Isaac went unto Abimelech king of the Philistines unto Gerar. ²And the Eternal appeared unto him, and said, Go not down into Egypt: dwell in the land which I shall tell thee of. ³Sojourn in this land, and I will be with thee, and will bless thee; for unto thee, and unto thy seed, I will give all these countries, and I will establish the oath which I sware unto Abraham thy father: ⁴And I will make thy seed to multiply as the stars of heaven, and will give unto thy seed all these lands; and in thy seed shall all the nations of the earth

רש"י

respond to a greeting but may not be the first to offer a greeting etc." *From "And a further reason" is to be found* in an old Rashi text. **(31)** מכרה כיום SELL ME THIS DAY (lit., like the day) — Explain it as the Targum renders it *"as this day"*: just as this day is certain, so make me a sure sale.¹) בכרתך THY BIRTH-RIGHT — Because the sacrificial service *was then carried out* by the first-born sons, Jacob said, "This wicked man is unworthy to sacrifice to the Holy One, blessed be He" (Gen. R. 63). **(32)** הנה אנכי הולך למות BEHOLD I AM IN PERIL TO DIE — The birthright is something unstable, for not always will the sacrificial duties *be performed* by the first-born, for the tribe of Levi will assume this. Further Esau said: What is the nature of this Service? Jacob replied, "Many prohibitions and punishments and many acts involving even the punishment of death are associated with it — just as we read in the Mishna, (Sanh. 22b): the following priests are liable to death: those who carry out their duties after having drunk *too much* wine and those who officiate long-haired. He said: If I am going to die through it, why should I desire it. **(34)** ויבז עשו THUS ESAU DESPISED — Scripture testifies to his wickedness: that he despised the Service of the Omnipresent!

26. **(2)** אל תרד מצרימה GO NOT DOWN INTO EGYPT — Because he thought of going down to Egypt as his father had gone down in time of famine. He said to him, "Do not go down to Egypt for you are a burnt-offering without blemish and residence outside the *Holy* Land is not befitting you". **(3)** האל is the same²) as האלה THESE. **(4)** והתברכו בזרעך AND IN THY SEED SHALL BLESS THEMSELVES — A man will say to his son, "May your seed be as the seed of Isaac". Such is *the meaning of this phrase wherever it occours in the entire Scriptures.* The following *passage* is that from which this meaning may be derived for all *such passages:* (XLVII. 20) "By thee shall all Israel bless their children saying, "May God make thee [as Ephraim and Manasseh]". So, too, in the case of a curse do we find a similar *idea:* (Num. V. 27) "And the woman shall become a curse", *meaning* that one who curses his enemy will say "May you be like such and such a woman". Similar, also, is (Is. LXV. 15) "And ye shall leave your name for a curse unto mine elect", *meaning* that one who takes an oath will say "May I be like such-and-such a person if I have really done

NOTES

¹) this day is the only certain and sure day for anyone: yesterday is past and to-morrow is not yet come — to-day, only, are we sure of. Cf. in the Amidah Prayer וברך שְׁנָתֵנוּ "and bless our year", i. e. this year.

²) האל is an archaic form of האלה.

ה עֵקֶב אֲשֶׁר־שָׁמַע אַבְרָהָם בְּקֹלִי וַיִּשְׁמֹר מִשְׁמַרְתִּי
מִצְוֺתַי חֻקּוֹתַי וְתוֹרֹתָי׃ שני ו וַיֵּשֶׁב יִצְחָק בִּגְרָר׃
ז וַיִּשְׁאֲלוּ אַנְשֵׁי הַמָּקוֹם לְאִשְׁתּוֹ וַיֹּאמֶר אֲחֹתִי
הִוא כִּי יָרֵא לֵאמֹר אִשְׁתִּי פֶּן־יַהַרְגֻנִי אַנְשֵׁי הַמָּקוֹם
עַל־רִבְקָה כִּי־טוֹבַת מַרְאֶה הִוא׃ ח וַיְהִי כִּי־אָרְכוּ־
לוֹ שָׁם הַיָּמִים וַיַּשְׁקֵף אֲבִימֶלֶךְ מֶלֶךְ פְּלִשְׁתִּים
בְּעַד הַחַלּוֹן וַיַּרְא וְהִנֵּה יִצְחָק מְצַחֵק אֵת רִבְקָה
אִשְׁתּוֹ׃ ט וַיִּקְרָא אֲבִימֶלֶךְ לְיִצְחָק וַיֹּאמֶר אַךְ הִנֵּה
אִשְׁתְּךָ הִוא וְאֵיךְ אָמַרְתָּ אֲחֹתִי הִוא וַיֹּאמֶר אֵלָיו
יִצְחָק כִּי אָמַרְתִּי פֶּן־אָמוּת עָלֶיהָ׃ י וַיֹּאמֶר אֲבִימֶלֶךְ
מַה־זֹּאת עָשִׂיתָ לָּנוּ כִּמְעַט שָׁכַב אַחַד הָעָם אֶת־

אונקלוס

ה חֲלָף דִּי־קַבִּיל אַבְרָהָם בְּמֵימְרִי וּנְטַר מַטְּרַת־מֵימְרִי פִּקּוֹדַי קְיָמַי וְאוֹרָיָתָי׃
ו וִיתֵב יִצְחָק בִּגְרָר׃ ז וּשְׁאִילוּ אֱנָשֵׁי אַתְרָא (עַל־עֵיסַק) לְאִתְּתֵיהּ וַאֲמַר אֲחָתִי
הִיא אֲרֵי דְחֵיל לְמֵימַר אִתְּתִי דִּלְמָא־יִקְטְלֻנַּנִי אֱנָשֵׁי אַתְרָא עַל־רִבְקָה אֲרֵי־
שַׁפִּירַת חֵיזוּ הִיא׃ ח וַהֲוָה כַּד־סְגִיאוּ־לֵהּ תַּמָּן יוֹמַיָּא וְאִסְתְּכִי אֲבִימֶלֶךְ מַלְכָּא
דִפְלִשְׁתָּאֵי מִן חַרַכָּא וַחֲזָא וְהָא יִצְחָק מְחַיֵּיךְ עִם רִבְקָה אִתְּתֵיהּ׃ ט וּקְרָא
אֲבִימֶלֶךְ לְיִצְחָק וַאֲמַר בְּרַם הָא אִתְּתָךְ הִיא וְאֶכְדֵּין אֲמַרְתְּ אֲחָתִי הִיא וַאֲמַר
לֵהּ יִצְחָק אֲרֵי אֲמָרִית דִּילְמָא אֵימוּת עֲלַהּ׃ י וַאֲמַר אֲבִימֶלֶךְ מַה־דָא עֲבַדְתְּ
לָנָא כִּזְעֵיר־פּוֹן שְׁכִיב דִּמְיַחַד בְּעַמָּא עִם־אִתְּתָךְ וְאַיְתִיתָא עֲלָנָא חוֹבָא׃

רש״י

שִׁמְכֶם לִשְׁבוּעָה לִבְחִירַי (ישעי׳ ס״ה), שֶׁהַנִּשְׁבָּע אוֹמֵר: אֱהֵא כִּפְלוֹנִי אִם עָשִׂיתִי כָּךְ וְכָךְ: (ה) שמע אברהם בקולי. כְּשֶׁנִּסִּיתִי אוֹתוֹ: וישמר משמרתי. גְּזֵרוֹת לְהַרְחָקָה עַל הָאַזְהָרוֹת שֶׁבַּתּוֹרָה, כְּגוֹן: שְׁנִיּוֹת לַעֲרָיוֹת וּשְׁבוּת לַשַּׁבָּת (יב׳ כ״א): מצותי. דְּבָרִים שֶׁאִלּוּ לֹא נִכְתְּבוּ רְאוּיִן הֵם לְהִצְטַוּוֹת, כְּגוֹן: גָּזֵל וּשְׁפִיכוּת דָּמִים: חקותי. דְּבָרִים שֶׁיֵּצֶר הָרָע וְאֻמּוֹת הָעוֹלָם מְשִׁיבִין עֲלֵיהֶם, כְּגוֹן: אֲכִילַת חֲזִיר וּלְבִישַׁת שַׁעַטְנֵז, שֶׁאֵין טַעַם בַּדָּבָר, אֶלָּא גְּזֵירַת הַמֶּלֶךְ וְחֻקּוֹתָיו עַל עֲבָדָיו: ותורתי. לְהָבִיא תוֹרָה שֶׁבְּעַל פֶּה הֲלָכָה לְמֹשֶׁה מִסִּינַי (ב״ר): (ז) לאשתו. עַל אִשְׁתּוֹ, כְּמוֹ: אִמְרִי לִי אָחִי הוּא (בראשית כ׳): (ח) כי ארכו. אָמַר: מֵעַתָּה אֵין לִי לִדְאוֹג, מֵאַחַר שֶׁלֹּא אֲנָסוּהָ עַד עַכְשָׁיו, וְלֹא נִזְהַר לִהְיוֹת נִשְׁמָר: וישקף אבימלך וגומר. רָאָהוּ מְשַׁמֵּשׁ

bless themselves. ⁵As a reward that Abraham hearkened to my voice, and kept my charge, my commandments, my ordinances, and my laws. ⁶And Isaac abode in Gerar: ⁷And the men of the place asked him of his wife; and he said, She is my sister: for he feared to say, She is my wife; lest, said he, the men of the place should slay me for Rebekah; because she was fair to look upon. ⁸And it came to pass, when he had been there a long time, that Abimelech king of the Philistines glanced out at a window, and saw, and, behold, Isaac was sporting with Rebekah his wife. ⁹And Abimelech called Isaac, and said, Behold, of a surety she is thy wife: and how saidst thou, She is my sister? And Isaac said unto him, Because I said, Lest I die for her. ¹⁰And Abimelech said, What is this thou hast done unto us? one of the people might lightly have lain

רש"י

so-and-so" (Sifré Num. 6). **(5)** שמע אברהם בקלי ABRAHAM HEARKENED TO MY VOICE when I put him to the test. וישמר משמרתי AND KEPT MY CHARGE — *This refers to* precautionary measures which are intended to make us avoid the *infringement* of Biblical prohibitions: such are the Rabbinical inhibition of marriage between relatives in the second degree and the Rabbinical regulations regarding not doing certain acts on the Sabbath (cf. Jeb. 21a). מצותי MY COMMANDMENTS — those matters which, had they not been written *in the Torah, we would nevertheless hold that they* are fitting matters to be the subject of a commandment, such as robbery and murder (cf. Joma 67b). חקותי MY ORDINANCES — matters which our evil inclination and the heathen nations argue against *the necessity of prohibiting*, such as the eating of swine's flesh and the wearing of garments made of a mixture of wool and linen — things for which there are no apparent reasons but which are the King's decrees and enactments *imposed* on His subjects (ib.). ותורתי AND MY LAWS — *The plural serves* to include *with the written Law* also the Oral Law which *prescribes commands that are* an ancient institution given *by God* to Moses from Sinai (cf. Gen. R. 64). **(7)** לאשתו means CONCERNING HIS WIFE, just as (XX. 13) "Say about me (לי), He is my brother". **(8)** כי ארכו WHEN HE HAD BEEN THERE A LONG TIME — He thought, "From now I need have no fear since they have not molested her up to now", and he was not *sufficiently* strict in guard-

בראשית כו תולדת

אִשְׁתֶּךָ וְהֵבֵאתָ עָלֵינוּ אָשָׁם: יא וַיְצַו אֲבִימֶלֶךְ אֶת־כָּל־הָעָם לֵאמֹר הַנֹּגֵעַ בָּאִישׁ הַזֶּה וּבְאִשְׁתּוֹ מוֹת יוּמָת: יב וַיִּזְרַע יִצְחָק בָּאָרֶץ הַהִוא וַיִּמְצָא בַּשָּׁנָה הַהִוא מֵאָה שְׁעָרִים וַיְבָרֲכֵהוּ יְהוָה: שלישי יג וַיִּגְדַּל הָאִישׁ וַיֵּלֶךְ הָלוֹךְ וְגָדֵל עַד כִּי־גָדַל מְאֹד: יד וַיְהִי־לוֹ מִקְנֵה־צֹאן וּמִקְנֵה בָקָר וַעֲבֻדָּה רַבָּה וַיְקַנְאוּ אֹתוֹ פְּלִשְׁתִּים: טו וְכָל־הַבְּאֵרֹת אֲשֶׁר חָפְרוּ עַבְדֵי אָבִיו בִּימֵי אַבְרָהָם אָבִיו סִתְּמוּם פְּלִשְׁתִּים וַיְמַלְאוּם עָפָר: טז וַיֹּאמֶר אֲבִימֶלֶךְ אֶל־יִצְחָק לֵךְ מֵעִמָּנוּ כִּי־עָצַמְתָּ מִמֶּנּוּ מְאֹד: יז וַיֵּלֶךְ מִשָּׁם יִצְחָק וַיִּחַן בְּנַחַל־גְּרָר וַיֵּשֶׁב שָׁם: יח וַיָּשָׁב יִצְחָק וַיַּחְפֹּר ׀ אֶת־

אונקלוס

יא וּפַקִּיד אֲבִימֶלֶךְ יָת כָּל עַמָּא לְמֵימַר דְּיַנִּיק בְּגַבְרָא הָדֵין וּבְאִתְּתֵהּ אִתְקְטָלָא יִתְקְטֵל: יב וּזְרַע יִצְחָק בְּאַרְעָא הַהִיא וְאַשְׁכַּח בְּשַׁתָּא הַהִיא עַל חַד מְאָה בְּדִשְׁעָרוֹהִי וּבָרְכֵהּ יְיָ: יג וּרְבָא גַּבְרָא וַאֲזַל אָזֵיל (ל' סַגִּי) וְרָבֵי עַד דִּי־רְבָא לַחֲדָא: יד וַהֲוָה־לֵהּ גֵּיתֵי־עָנָא וְגֵיתֵי תוֹרִין וּפָלְחָנָא (ל' וַעֲבוּדָה) סַגִּיאָא וְקַנִּיאוּ בֵהּ פְּלִשְׁתָּאֵי: טו וְכָל־בֵּירִין דִּי חֲפָרוּ עַבְדֵי אֲבוּהִי בְּיוֹמֵי אַבְרָהָם אֲבוּהִי טַמּוֹנוּן פְּלִשְׁתָּאֵי וּמְלָאנוּן עַפְרָא: טז וַאֲמַר אֲבִימֶלֶךְ לְיִצְחָק אֱזֵיל מֵעִמָּנָא אֲרֵי תְקֵפְתָּא מִנַּנָא לַחֲדָא: יז וַאֲזַל מִתַּמָּן יִצְחָק וּשְׁרָא בְּנַחֲלָא־דִגְרָר וִיתֵיב תַּמָּן: יח וְתָב יִצְחָק וְחָפַר ׀ יָת־בֵּירֵי דְמַיָּא דִּי חֲפָרוּ בְּיוֹמֵי אַבְרָהָם אֲבוּהִי וְטַמּוֹנוּן

רש"י

מִּטָּתוֹ: אֶחָד הָעָם. הַמְיֻחָד בָּעָם, זֶה הַמֶּלֶךְ: וְהֵבֵאתָ עָלֵינוּ אָשָׁם. אִם שָׁכַב כְּבָר, הֲבֵאתָ עָלֵינוּ אָשָׁם: (יב) בָּאָרֶץ הַהִוא. אע"פ שֶׁאֵינוֹ חֲשׁוּבָה כְּאֶרֶץ יִשְׂרָאֵל עַצְמָהּ, כְּאֶרֶץ שִׁבְעָה גוֹיִם (ב"ר): בַּשָּׁנָה הַהִוא. אע"פ שֶׁאֵינָה כְּתִקְנָהּ, שֶׁהָיְתָה שְׁנַת רְעָבוֹן (ב"ר): בָּאָרֶץ הַהִוא בַּשָּׁנָה הַהִיא. שְׁנֵיהֶם לָמָּה? לוֹמַר, שֶׁהָאָרֶץ קָשָׁה וְהַשָּׁנָה קָשָׁה: מֵאָה שְׁעָרִים. שֶׁאֲמָדוּהָ כַּמָּה רְאוּיָה לַעֲשׂוֹת, וְעָשְׂתָה עַל אַחַת שֶׁאֲמָדוּהָ מֵאָה. וְרַבּוֹתֵינוּ אָמְרוּ אֹמֶד זֶה לְמַעְשְׂרוֹת הָיָה: (יג) כִּי גָדַל מְאֹד. שֶׁהָיוּ אוֹמְרִים זֶבֶל פִּרְדּוֹתָיו שֶׁל יִצְחָק וְלֹא כַסְפּוֹ וּזְהָבוֹ שֶׁל אֲבִימֶלֶךְ (ב"ר): (יד) וַעֲבֻדָּה רַבָּה. פְּעֻלָּה רַבָּה בְּלָשׁוֹן לַעַ"ז אובריינ"א, עֲבוֹדָה מַשְׁמַע עֲבוֹדָה אַחַת, עֲבֻדָּה מַשְׁמַע פְּעֻלָּה רַבָּה: (טו) סִתְּמוּם פְּלִשְׁתִּים. מִפְּנֵי שֶׁאָמְרוּ תַּקָּלָה הֵם לָנוּ מִפְּנֵי הַגְּיָסוֹת הַבָּאוֹת עָלֵינוּ. טַמּוֹנוּן פְּלִשְׁתָּאֵי לְשׁוֹן סְתִימָה, וּבִלְשׁוֹן הַתַּלְמוּד: מְטַמְטֵם אֶת הַלֵּב: (יז) בְּנַחַל גְּרָר. רָחוֹק מִן הָעִיר: (יח) וַיָּשָׁב וַיַּחְפֹּר. הַבְּאֵרוֹת אֲשֶׁר חָפְרוּ בִּימֵי אַבְרָהָם אָבִיו וּפְלִשְׁתִּים

with thy wife, and thou wouldst have brought guilt upon us. [11]And
Abimelech commanded all the people, saying, He that toucheth this man
or his wife shall surely be put to death. [12]Then Isaac sowed in that land,
and found in that year an hundredfold: and the Eternal blessed him:
[13]Thus the man grew, and went forward, and grew until he became very
great: [14]For he had possession of flocks, and possession of herds, and
many domestics: and the Philistines were jealous of him. [15]For all the
wells which his father's servants had digged in the days of Abraham his
father, the Philistines had stopped them and filled them with dust.
[16]And Abimelech said unto Isaac, Go from us; for thou art become
much mightier than we. [17]And Isaac went thence, and encamped in the
valley of Gerar, and abode there. [18]And Isaac digged again the wells

רש"י

ing *his actions* (ib.). **(10)** אחד העם ONE OF THE PEOPLE — the one singled out from the people — viz., the king (cf. Targ.). והבאת עלינו אשם *means* had he really lain with her you would have now brought guiltiness upon us (i. e. the verb is not in the future but in the conditional past tense). **(12)** בארץ ההוא IN THAT LAND although it (Gerar) had not the *sacred* importance of Erez-Yisroel proper — i. e., as the territory of the seven nations, *and is therefore not as fertile as the Holy Land* (cf. Keth. 112a). בשנה ההיא IN THAT YEAR although it was not a normal year, being a year of famine. בארץ ההיא.. בשנה ההיא In that land and in that year. — Why *is there mention of* the two — *that land and that year?* To tell *you* that that soil was hard and that year was a hard one (Gen. R. 64). מאה שערים AN HUNDREDFOLD — for they had estimated how much it should have yielded and it yielded one hundred for every *measure* which they had estimated. Our Rabbis said that the estimate was made for the purpose of the tithe (ib.).[1]) **(13)** כי גדל מאד UNTIL HE BECAME VERY GREAT — so that people used to say, "Rather the dung of Isaac's mules than all Abimelech's gold and silver" (ib.). **(14)** וַעֲבֻדָּה רבה *means* a great many things to do (i. e. great undertakings) O. F. ouvraine. The word עֲבוֹדָה denotes one thing to be done whereas עֲבֻדָּה denotes many things to be done (a collective noun). **(15)** סתמום פלשתים THE PHILISTINES STOPPED THEM, saying, "They may become a source of danger to us because of marauding troops that may invade us" (i. e., they may invade our country to obtain possession of the wells, or if they invade us for any other reason they will be able to find a supply of water). (Tos. Sota 10.) The rendering of the Targum טמונין means "stopping up" and we find it in the language of the Talmud (Pes. 42a) "Chokes up (מטמטם) the heart". **(17)** בנחל גרר IN THE VALLEY OF GERAR — far away from the city. **(18)** וישב ויחפר AND ISAAC DIGGED AGAIN — those wells which they had dug in the days of his father Abraham and which the Philistines had stopped up[2]) before Isaac left Gerar he once again dug.

NOTES

[1]) But why should he wish to know in advance how much he had to give as tithe? As a matter of fact, in Ber. Rab. the reading is ומפני מה מדד אותה, מפני המעשרות Why did he measure it? I. e., why did he measure it after the crops had been gathered in? And the reply is — for the purpose of discovering what quantity was due as tithe. It is not easy to understand why Rashi states that they estimated it for the purpose of the tithe.

[2]) ויסתמום is pluperfect, i. e. they had stopped them up after the death of Abraham, not now after he had dug them again.

בְּאֵרֹת הַמַּיִם אֲשֶׁר חָפְרוּ בִּימֵי אַבְרָהָם אָבִיו
וַיְסַתְּמוּם פְּלִשְׁתִּים אַחֲרֵי מוֹת אַבְרָהָם וַיִּקְרָא
לָהֶן שֵׁמוֹת כַּשֵּׁמֹת אֲשֶׁר־קָרָא לָהֶן אָבִיו: יט וַיַּחְפְּרוּ
עַבְדֵי־יִצְחָק בַּנָּחַל וַיִּמְצְאוּ־שָׁם בְּאֵר מַיִם חַיִּים:
כ וַיָּרִיבוּ רֹעֵי גְרָר עִם־רֹעֵי יִצְחָק לֵאמֹר לָנוּ הַמָּיִם
וַיִּקְרָא שֵׁם־הַבְּאֵר עֵשֶׂק כִּי הִתְעַשְּׂקוּ עִמּוֹ:
כא וַיַּחְפְּרוּ בְּאֵר אַחֶרֶת וַיָּרִיבוּ גַּם־עָלֶיהָ וַיִּקְרָא
שְׁמָהּ שִׂטְנָה: כב וַיַּעְתֵּק מִשָּׁם וַיַּחְפֹּר בְּאֵר אַחֶרֶת
וְלֹא רָבוּ עָלֶיהָ וַיִּקְרָא שְׁמָהּ רְחֹבוֹת וַיֹּאמֶר כִּי־
עַתָּה הִרְחִיב יְהוָה לָנוּ וּפָרִינוּ בָאָרֶץ: רביעי כג וַיַּעַל
מִשָּׁם בְּאֵר שָׁבַע: כד וַיֵּרָא אֵלָיו יְהוָה בַּלַּיְלָה הַהוּא
וַיֹּאמֶר אָנֹכִי אֱלֹהֵי אַבְרָהָם אָבִיךָ אַל־תִּירָא כִּי־
אִתְּךָ אָנֹכִי וּבֵרַכְתִּיךָ וְהִרְבֵּיתִי אֶת־זַרְעֲךָ בַּעֲבוּר
אַבְרָהָם עַבְדִּי: כה וַיִּבֶן שָׁם מִזְבֵּחַ וַיִּקְרָא בְּשֵׁם

אונקלוס

פְּלִשְׁתָּאֵי בָּתַר דְּמִית אַבְרָהָם וּקְרָא לְהֵן שְׁמָהָן כִּשְׁמָהָן דִּי הֲוָה קָרֵי לְהֵן אֲבוּהִי:
יט וַחֲפַרוּ עַבְדֵי־יִצְחָק בְּנַחְלָא וְאַשְׁכַּחוּ־תַמָּן בֵּירָא דְמַיִין נָבְעִין: כ וּנְצוֹ רַעֲוָתָא
דִגְרָר עִם־רַעֲוָתָא דְיִצְחָק לְמֵימַר דִּי־לַנָא מַיָּא וּקְרָא שְׁמָא־דְבֵירָא עִסְקָא אֲרֵי
אִתְעַסִּיקוּ עִמֵּהּ: כא וַחֲפַרוּ בֵּירָא אָחֳרִי וּנְצוֹ אַף־עֲלַהּ וּקְרָא שְׁמַהּ שִׂטְנָה:
כב וְאִסְתַּלַּק מִתַּמָּן וַחֲפַר בֵּירָא אָחֳרִי וְלָא נְצוֹ עֲלַהּ וּקְרָא שְׁמַהּ רְחֹבוֹת וַאֲמַר אֲרֵי
כְעַן אַפְתִּי יְיָ לַנָא וְנִיפוּשׁ (נ״י וְנִפְשׁוֹנָנָא) בְּאַרְעָא: כג וְאִסְתַּלַּק מִתַּמָּן בְּאֵר שָׁבַע:
כד וְאִתְגְּלִי לֵהּ יְיָ בְּלֵילְיָא הַהוּא וַאֲמַר אֲנָא אֱלָהֵיהּ דְּאַבְרָהָם אֲבוּךְ לָא־תִדְחַל
אֲרֵי־בְסַעְדָךְ מֵימְרִי וַאֲבָרְכִנָּךְ וְאַסְגֵּי יָת־בְּנָיךְ בְּדִיל אַבְרָהָם עַבְדִּי: כה וּבְנָא
תַמָּן מַדְבְּחָא וְצַלִּי בִּשְׁמָא דַייָ וּפְרַס־תַּמָּן מַשְׁכְּנֵהּ וּכְרוֹ־תַמָּן עַבְדֵי־יִצְחָק בֵּירָא:

רש״י

סִתְּמוּם, מִקּוֹדֶם שֶׁנָּסַע יִצְחָק מִגְּרָר, חָזַר וַחֲפָרָן. (כ) עשק. עִרְעוּר: כי התעשקו עמו. נִתְעַשְּׂקוּ
עִמּוֹ עָלֶיהָ בִּמְרִיבָה וְעִרְעוּר: (כא) שטנה. נושימנ״ט: (כב) ופרינו בארץ. כְּתַרְגּוּמוֹ: וְנִיפּוּשׁ

of water, which they had digged in the days of Abraham his father; for the Philistines had stopped them after the death of Abraham: and he called their names after the names by which his father had called them. ¹⁹And Isaac's servants digged in the valley, and found there a well of living water. ²⁰And the herdmen of Gerar quarrelled with Isaac's herdmen, saying, The water is ours: and he called the name of the well Esek; because they contended with him. ²¹And they digged another well, and quarrelled for that also: and he called the name of it Sitnah. ²²And he removed from thence, and digged another well; and for that they quarrelled not; and he called the name of it Rehoboth; and he said, For now the Eternal hath made room for us, and we shall be fruitful in the land. ²³And he went up from thence to Beer-sheba. ²⁴And the Eternal appeared unto him the same night, and said, I am the God of Abraham thy father: fear not, for I am with thee, and will bless thee, and multiply thy seed for my servant Abraham's sake. ²⁵And he builded an altar there, and invoked the name of

רש״י

(20) עשק means DISPUTE. כי התעשקו עמו means THEY ENGAGED WITH HIM about it IN strife and DISPUTE. (21) שטנה O. F. nuisement; *Engl.* hindrance. (22) ופרינו בארץ WE SHALL BE FRUITFUL IN THE LAND — as the Targum

בראשית כו תולדת

יְהוָה וַיֶּט־שָׁם אָהֳלוֹ וַיִּכְרוּ־שָׁם עַבְדֵי־יִצְחָק בְּאֵר: כו וַאֲבִימֶלֶךְ הָלַךְ אֵלָיו מִגְּרָר וַאֲחֻזַּת מֵרֵעֵהוּ וּפִיכֹל שַׂר־צְבָאוֹ: כז וַיֹּאמֶר אֲלֵהֶם יִצְחָק מַדּוּעַ בָּאתֶם אֵלָי וְאַתֶּם שְׂנֵאתֶם אֹתִי וַתְּשַׁלְּחוּנִי מֵאִתְּכֶם: כח וַיֹּאמְרוּ רָאוֹ רָאִינוּ כִּי־הָיָה יְהוָה ׀ עִמָּךְ וַנֹּאמֶר תְּהִי נָא אָלָה בֵּינוֹתֵינוּ בֵּינֵינוּ וּבֵינֶךָ וְנִכְרְתָה בְרִית עִמָּךְ: כט אִם־תַּעֲשֵׂה עִמָּנוּ רָעָה כַּאֲשֶׁר לֹא נְגַעֲנוּךָ וְכַאֲשֶׁר עָשִׂינוּ עִמְּךָ רַק־טוֹב וַנְּשַׁלֵּחֲךָ בְּשָׁלוֹם אַתָּה עַתָּה בְּרוּךְ יְהוָה: חמישי ל וַיַּעַשׂ לָהֶם מִשְׁתֶּה וַיֹּאכְלוּ וַיִּשְׁתּוּ: לא וַיַּשְׁכִּימוּ בַבֹּקֶר וַיִּשָּׁבְעוּ אִישׁ לְאָחִיו וַיְשַׁלְּחֵם יִצְחָק וַיֵּלְכוּ מֵאִתּוֹ בְּשָׁלוֹם: לב וַיְהִי ׀ בַּיּוֹם הַהוּא וַיָּבֹאוּ עַבְדֵי יִצְחָק וַיַּגִּדוּ לוֹ עַל־אֹדוֹת הַבְּאֵר

אונקלוס

כו וַאֲבִימֶלֶךְ אֲזַל לְוָתֵהּ אֲזַל מִגְּרָר וְסִיעַת מֵרָחֲמוֹהִי וּפִיכֹל רַב־חֵילֵהּ: כז וַאֲמַר לְהוֹן יִצְחָק מָה־דֵין אֲתֵיתוּן לְוָתִי וְאַתּוּן סְנֵיתוּן יָתִי וְשַׁלַּחְתּוּנִי מִלְּוָתְכוֹן: כח וַאֲמָרוּ מֵחֱזָא חֲזֵינָא אֲרֵי־הֲוָה מֵימְרָא־דַיָי בְּסַעְדָּךְ וַאֲמַרְנָא יִתְקַיַּם כְּעַן מוֹמָתָא דַּהֲוָה בֵין אֲבָהָתָנָא בֵּינָנָא וּבֵינָךְ וְנִגְזַר קְיָם עִמָּךְ: כט אִם־תַּעְבֵּד עִמָּנָא בִּישָׁא כְּמָא דִי־לָא אַנְזֵקְנָךְ וּכְמָא דִי־עֲבַדְנָא עִמָּךְ לְחוֹד־טָב וְשַׁלַּחְנָךְ בִּשְׁלָם אַף כְּעַן בְּרִיכָא דַיָי: ל וַעֲבַד לְהוֹן מִשְׁתְּיָא וַאֲכַלוּ וּשְׁתִיאוּ: לא וְאַקְדִימוּ בְצַפְרָא נְקִימוּ גְּבַר לַאֲחוּהִי וְשַׁלְּחִנּוּן יִצְחָק וַאֲזַלוּ מִלְּוָתֵהּ בִּשְׁלָם: לב וַהֲוָה ׀ בְּיוֹמָא הַהוּא וַאֲתוֹ עַבְדֵי יִצְחָק וְחַוִּיאוּ לֵהּ עַל־עֵיסַק בֵּירָא דִי חֲפַרוּ וַאֲמָרוּ לֵהּ

רש"י

בְּאֵרָא: (כו) וַאֲחֻזַּת מֵרֵעֵהוּ: כְּתַרְגּוּמוֹ. וְסִיעַת מֵרָחֲמוֹהִי, סִיעַת מֵאוֹהֲבָיו. וְיֵשׁ פּוֹתְרִין מֵרֵעֵהוּ מ' מִיסוֹד הַתֵּיבָה, כְּמוֹ: שְׁלֹשִׁים מֵרֵעִים דְּשִׁמְשׁוֹן, כְּדֵי שֶׁתְּהֵא תֵּיבַת וַאֲחֻזַּת דְּבוּקָה; אֲבָל אֵין דֶּרֶךְ אֶרֶץ לְדַבֵּר עַל הַמַּלְכוּת כֵּן, סִיעַת אוֹהֲבָיו, שֶׁאִם כֵּן כָּל סִיעַת אוֹהֲבָיו הוֹלִיךְ עִמּוֹ, וְלֹא הָיָה לוֹ אֶלָּא סִיעָה אַחַת שֶׁל אוֹהֲבִים, לָכֵן יֵשׁ לְפוֹתְרוֹ בַּלָּשׁוֹן הָרִאשׁוֹן; וְאַל תִּתְמַהּ עַל תָּי"ו שֶׁל אֲחֻזַּת וַאֲ"פ שֶׁאֵין תֵּיבָה סְמוּכָה, יֵשׁ דֻּגְמָתָהּ בַּמִּקְרָא: עֶזְרָת מִצַּר (תהלים ס), וְשִׁכְרַת וְלֹא מִיָּיִן (יש' נ"א): אֲחֻזַּת. לְשׁוֹן קְבוּצָה וַאֲגֻדָּה שֶׁנֶּאֱחָזִין יַחַד: (כח) רָאוֹ רָאִינוּ. רָאִינוּ בְּאָבִיךְ, רָאִינוּ בְּךָ: תְּהִי נָא אָלָה בֵּינוֹתֵינוּ וגו'. הָאָלָה אֲשֶׁר בֵּינוֹתֵינוּ מִימֵי אָבִיךָ תְּהִי גַּם עַתָּה בֵּינֵינוּ וּבֵינֶיךָ: (כט) לֹא נְגַעֲנוּךָ. כְּשֶׁאָמַרְנוּ לְךָ: לֵךְ מֵעִמָּנוּ:

the Eternal, and pitched his tent there: and there Isaac's servants digg-
ed a well. 26 Then Abimelech went to him from Gerar, and Ahuzzath his
companion, and Phichol the officer of his host. 27 And Isaac said unto
them, Why come ye to me, when ye hate me, and have sent me away
from you? 28 And they said, We saw plainly that the Eternal was with
thee: and we said, Let there be now an oath between us, even between
us and thee, and let us make a covenant with thee. 29 That thou wilt do
us no evil, since we have not touched thee, and since we have done unto
thee nothing but good, and have sent thee away in peace. Thou art now
blessed of the Eternal. 30 And he made them a feast, and they did eat and
drink. 31 And they rose early in the morning, and sware one to another;
and Isaac sent them away, and they went from him in peace. 32 And it
came to pass that day, that Isaac's servants came, and told him concern-

רש"י

translates it וניפוש and we shall increase in the land[1]). **(26)** ואחזת מרעהו — as the Targum renders it: וסיעת מרחמוהי *which means* a company formed from his friends, *the* מ *meaning from*. There are some who explain that in מרעהו the מ is part of the noun מֵרֵעַ — just like (Jud. XIV. 11) "Thirty companions (מרעים)" *in the narrative* of Samson — in order that the word ואחזת should be taken to be the construct state to מרעהו (the company of his friends). But it would not be a polite thing to speak thus of a king — the company of his friends — for if this were the meaning *it would imply that* he (Abimelech) took with him the whole company of his friends and that he had no more than one group of friends. For this reason it should be interpreted in the first way (that אחזת is not construct). And you need not be surprised at the ת of אחזת although the word is not in the construct state, for we have similar cases in Scripture: (Ps. LX. 13) "help (עזרת) against the adversary", and (Is. LI. 21) "Drunken, (שכרת) but not with wine". אחזת signifies a collection and band, *and a band is so called* because *the people who constitute it* are held נאחזין together. **(28)** ראו ראינו WE SAW PLAINLY (lit., seeing we have seen) — We saw it in the case of your father and we see it in the case of yourself (Gen. R. 64). תהי נא אלה בינותינו וגו' *means* LET THE OATH that has existed BETWEEN US since the days of your father CONTINUE NOW BETWEEN US AND YOU. **(29)** לא נגענוך WE HAVE NOT TOUCHED THEE when we said to you "Go from us". אתה THOU

NOTES

1) Some editions of the Targum have the reading ויפשיננא "and he will increase us". Rashi seems to suggest that וניפוש is the correct reading. For it is hardly possible that by his comment he intends to point out how the word ופרינו should be translated since the word is a common one, and the Targum always translates it by the root פוש. It may be, however, that Rashi makes no allusion here to the variant reading but by citing the Targum is merely stressing the fact that ופרינו must be translated by "and we shall increase" and that the ו is the Vau Conversive.

בראשית כו כז תולדת

אֲשֶׁר חָפָרוּ וַיֹּאמְרוּ לוֹ מָצָאנוּ מָיִם: לג וַיִּקְרָא אֹתָהּ שִׁבְעָה עַל־כֵּן שֵׁם־הָעִיר בְּאֵר שֶׁבַע עַד הַיּוֹם הַזֶּה: ס לד וַיְהִי עֵשָׂו בֶּן־אַרְבָּעִים שָׁנָה וַיִּקַּח אִשָּׁה אֶת־יְהוּדִית בַּת־בְּאֵרִי הַחִתִּי וְאֶת־בָּשְׂמַת בַּת־אֵילֹן הַחִתִּי: לה וַתִּהְיֶיןָ מֹרַת רוּחַ לְיִצְחָק וּלְרִבְקָה: ס כז א וַיְהִי כִּי־זָקֵן יִצְחָק וַתִּכְהֶיןָ עֵינָיו מֵרְאֹת וַיִּקְרָא אֶת־עֵשָׂו ׀ בְּנוֹ הַגָּדֹל וַיֹּאמֶר אֵלָיו בְּנִי וַיֹּאמֶר אֵלָיו הִנֵּנִי: ב וַיֹּאמֶר הִנֵּה־נָא זָקַנְתִּי לֹא יָדַעְתִּי יוֹם מוֹתִי: ג וְעַתָּה שָׂא־נָא כֵלֶיךָ תֶּלְיְךָ וְקַשְׁתֶּךָ וְצֵא הַשָּׂדֶה וְצוּדָה לִּי צָיִד: ד וַעֲשֵׂה־

צִיד ק'

אונקלוס

אַשְׁכַּחְנָא מַיָּא: לג וּקְרָא יָתַהּ שִׁבְעָה עַל־כֵּן שְׁמָא דְקַרְתָּא בְּאֵרָא דְשֶׁבַע (ל"י בְּאֵר שֶׁבַע) עַד יוֹמָא הָדֵין: לד וַהֲוָה עֵשָׂו בַּר־אַרְבְּעִין שְׁנִין וּנְסִיב אִתְּתָא יָת־יְהוּדִית בַּת־בְּאֵרִי חִתָּאָה וְיָת־בָּשְׂמַת בַּת־אֵילוֹן חִתָּאָה: לה וַהֲוָאָה מְסָרְבָן וּמַרְגְּזָן עַל־מֵימַר יִצְחָק וְרִבְקָה: א וַהֲוָה כַּד־סִיב יִצְחָק וּכְהַיָא עֵינוֹהִי מִלְּמֶחֱזֵי וּקְרָא יָת־עֵשָׂו ׀ בְּרֵהּ רַבָּא וַאֲמַר לֵהּ בְּרִי וַאֲמַר לֵהּ הָא אֲנָא: ב וַאֲמַר הָא־כְעַן סֵיבִית לֵית־אֲנָא יְדַע יוֹמָא דְאֵמוּתֵהּ: ג וּכְעַן סַב־כְּעַן זֵינָךְ סַיְפָךְ וְקַשְׁתָּךְ וּפוּק לְחַקְלָא וְצוּד לִי צֵידָא: ד וְעָבֵיד־לִי תַבְשִׁילִין כְּמָא־דִרְחֵמִית וְאָעֵל לִי

רש"י

אתה. גם אתה עשה לנו כמו כן: (לד) שם הברית: (לג) בן ארבעים שנה. עשו היה נמשל לחזיר, שנאמר: יכרסמנה חזיר מיער (תה' פ'), החזיר הזה כשהוא שוכב, פושט טלפיו, לומר: ראו שאני טהור, כך אלו גוזלים וחומסים ומראים עצמם כשרים: כל מ' שנה היה עשו צד נשים מתחת בעליהן ומענה אותם, כשהיה בן מ' אמר: אבא בן מ' שנה נשא אשה, אף אני כן: (לה) מרת רוח. לשון המראות רוח, כמו: ממרים הייתם, כל מעשיהן היו להכעיס ולעצבון ליצחק ולרבקה. שהיו עובדות ע"ז (ב"ר):

כז (א) ותכהין. בעשנן של אלו. ד"א: כשנעקד ע"ג המזבח והיה אביו רוצה לשחטו, באותה שעה נפתחו השמים, וראו מלאכי השרת והיו בוכים, וירדו דמעותיהם ונפלו על עיניו, לפיכך כהו עיניו. ד"א: כדי שיטול יעקב את הברכות: (ב) לא ידעתי יום מותי. אמר רבי יהושע בן קרחה: אם מגיע אדם לפרק אבותיו ידאג חמש שנים לפניהם וחמש לאחר כן: ויצחק היה בן קכ"ג, אמר: שמא לפרק אמי אני מגיע והיא מתה בת קכ"ז והריני בן ה' שנים סמוך לפרקה: לפיכך לא ידעתי יום מותי, שמא לפרק אמי, שמא לפרק אבא: (ג) שא נא. לשון השחזה, כאותה ששנינו: אין משחיזין את הסכין, אבל משיאה על גבי

122 Genesis XXVI. 33–35; XXVII. 1–4.

ing the well which they had digged, and said unto him, We have found
water. 33 And he called it Shebah: therefore the name of the city is Beer-
sheba unto this day. 34 And Esau was forty years old, when he took to
wife Judith the daughter of Beeri the Hittite, and Bashemath the daugh-
ter of Elon the Hittite: 35 And they were a vexation of spirit unto Isaac
and unto Rebekah.

27. 1 And it came to pass, that when Isaac was old, and his eyes
were too dim to see, he called Esau his eldest son, and said unto
him, My son: and he said unto him, Behold, here am I. 2 And he
said, Behold now, I am old, I know not the day of my death: 3 Now
therefore take, I pray thee, thy weapons, thy quiver and thy bow,
and go out to the field, and hunt me some venison: 4 And make

רש"י

— thou, also, do with us in a like manner. **(33)** שבעה [AND HE CALLED IT] SHIBAH (swearing), in allusion to the Covenant (cf. v. 31; "And they sware" etc.). **(34)** בן ארבעים שנה [AND ESAU WAS] FORTY YEARS OLD — Esau is compared to a boar, as it is said, (Ps. LXXX. 14) "The boar from the wood doth ravage it"[1]). The boar when it lies down stretches forth its cloven hoof *as much as* to say, "See, I am a clean animal" (whilst really cloven hoofs are a feature of clean animals only in conjunction with another that is lacking in the swine). In the same way these *dukes of Esau* rob and extort and pretend to be honorable. For the whole forty years Esau enticed women from their husbands and ill-treated them; when he reached the age of forty he said, "My father took a wife when he was forty and I shall do the same" (Gen. R. 65). **(35)** מרת רוח [AND THEY WERE] A VEXATION OF SPIRIT — the expression means opposing the spirit *of a person*[2]). *The first word is of* the same *root* as (Deut. IX. 24), "Ye have been rebellious (ממרים)": all their actions tended to be a grief ליצחק ולרבקה TO ISAAC AND REBEKAH, because they worshipped idols (Gen. R. 65).

27. (1) ותכהין HIS EYES WERE DIM through the smoke raised by these women *in offering incense to idols* (Tanch.). Another explanation is: When Isaac was bound upon the altar and his father was about to slay him, at that very moment the heavens opened, the ministering angels saw it and wept, and their tears flowed and fell upon Isaac's eyes which thus became dim (Gen. R. 65). Another explanation is: *They became dim* just in order that Jacob might receive the blessings (ib.). **(2)** לא ידעתי יום מותי I KNOW NOT THE DAY OF MY DEATH — R. Joshua the son of Korcha said: When a person approaches the age at which his parents died he may well be anxious five years before and five years after. Isaac was then one hundred and twenty three years old and he said, "Perhaps I shall *only* reach the age of my mother who died at the age of 127 and I am now within five years of her age: therefore, 'I know not the day of my death' — I may *only* reach the age of my mother or it may be the age of my father" (ib.). **(3)** שא נא — The word **שא** means sharpen, similar to what we read in the Mishna

NOTES

1) See Appendix.

2) According to Rashi מרת is construct of a noun מֹרָה meaning "an opposition". It is an abstract noun. The use of the abstract instead of the concrete is quite customary in Hebrew: cf. ואני תפלה "and I am prayer" instead of "I am a man of prayer". There is no need therefore to supply the words כל אחת — "They were each of them, etc.", as some commentators do. In explaining the noun as the equivalent of עצבון Rashi has in mind Is. LXIII. 10: כי מרו ועצבו את רוח קדשו.

לִי מַטְעַמִּים כַּאֲשֶׁר אָהַבְתִּי וְהָבִיאָה לִּי וְאֹכֵלָה
בַּעֲבוּר תְּבָרֶכְךָ נַפְשִׁי בְּטֶרֶם אָמוּת: ה וְרִבְקָה
שֹׁמַעַת בְּדַבֵּר יִצְחָק אֶל־עֵשָׂו בְּנוֹ וַיֵּלֶךְ עֵשָׂו הַשָּׂדֶה
לָצוּד צַיִד לְהָבִיא: ו וְרִבְקָה אָמְרָה אֶל־יַעֲקֹב בְּנָהּ
לֵאמֹר הִנֵּה שָׁמַעְתִּי אֶת־אָבִיךָ מְדַבֵּר אֶל־עֵשָׂו
אָחִיךָ לֵאמֹר: ז הָבִיאָה לִּי צַיִד וַעֲשֵׂה־לִי מַטְעַמִּים
וְאֹכֵלָה וַאֲבָרֶכְכָה לִפְנֵי יְהוָה לִפְנֵי מוֹתִי: ח וְעַתָּה
בְנִי שְׁמַע בְּקֹלִי לַאֲשֶׁר אֲנִי מְצַוָּה אֹתָךְ: ט לֶךְ־נָא
אֶל־הַצֹּאן וְקַח־לִי מִשָּׁם שְׁנֵי גְּדָיֵי עִזִּים טֹבִים
וְאֶעֱשֶׂה אֹתָם מַטְעַמִּים לְאָבִיךָ כַּאֲשֶׁר אָהֵב:
י וְהֵבֵאתָ לְאָבִיךָ וְאָכָל בַּעֲבֻר אֲשֶׁר יְבָרֶכְךָ לִפְנֵי
מוֹתוֹ: יא וַיֹּאמֶר יַעֲקֹב אֶל־רִבְקָה אִמּוֹ הֵן עֵשָׂו אָחִי
אִישׁ שָׂעִר וְאָנֹכִי אִישׁ חָלָק: יב אוּלַי יְמֻשֵּׁנִי אָבִי

אונקלוס

וְאֵיכוּל בְּדִיל דִּיתְבָרְכִנָּךְ נַפְשִׁי עַד־לָא אֵימוּת: ה וְרִבְקָה שְׁמַעַת כַּד־מַלֵּיל
יִצְחָק לְוָת־עֵשָׂו בְּרַהּ וַאֲזַל עֵשָׂו לְחַקְלָא לְמֵיצַד צֵידָה לְאַיְתָאָה: ו וְרִבְקָה אֲמַרַת
לְוָת־יַעֲקֹב בְּרַהּ לְמֵימַר הָא שְׁמָעִית מִן־אֲבוּךְ מְמַלֵּל עִם־עֵשָׂו אֲחוּךְ לְמֵימַר:
ז אַיְתִי לִי צֵידָא וַעֲבֵיד־לִי תַּבְשִׁילִין וְאֵיכוּל וַאֲבָרְכִנָּךְ קֳדָם יְיָ קֳדָם מוֹתִי:
ח וּכְעַן בְּרִי קַבֵּל מִנִּי לְמָא דִּי־אֲנָא מְפַקֵּד יָתָךְ: ט אֱזֵיל־כְּעַן לְוָת־עָנָא וְסַב־לִי
מִתַּמָּן תְּרֵין גַּדְיֵי (בר) עִזִּין טָבִין וְאַעְבֵּד יָתְהוֹן תַּבְשִׁילִין לַאֲבוּךְ כְּמָא דִּי־רָחֵים:
י וְתַיְתֵי (נ"י וְתָעֵיל) לַאֲבוּךְ וְיֵיכוּל בְּדִיל דִּיבָרְכִנָּךְ קֳדָם מוֹתֵהּ: יא וַאֲמַר יַעֲקֹב
לְרִבְקָה אִמֵּהּ הָא עֵשָׂו אֲחִי גְּבַר שְׂעָרָן וַאֲנָא גְּבַר שְׁעִיעַ: יב מָאִים יְמַשְׁנִנִי

רש"י

חֲבֶרְתָּהּ (ביצה כ"ח), חַדֵּד סַכִּינְךָ וּשְׁחוֹט יָפֶה, שֶׁלֹּא תַאֲכִילֵנִי נְבֵלָה (ב"ר): תליך. חַרְבְּךָ שֶׁדַּרְכְּךָ לְתָלוֹתָהּ: וצודה לי. מִן הַהֶפְקֵר וְלֹא מִן הַגָּזֵל: (ה) לצוד ציד להביא. מַהוּ לְהָבִיא? אִם לֹא יִמְצָא צַיִד יָבִיא מִן הַגָּזֵל: (ז) לפני ה'. בִּרְשׁוּתוֹ, שֶׁיַּסְכִּים עַל יָדַי: (ט) וקח לי. מִשֶּׁלִּי הֵם וְאֵינָם גָּזֵל, שֶׁכָּךְ כָּתַב לָהּ יִצְחָק בִּכְתֻבָּתָהּ לִטּוֹל שְׁנֵי גְּדָיֵי עִזִּים בְּכָל יוֹם (ב"ר): שני גדיי עזים. וְכִי שְׁנֵי גְּדָיֵי עִזִּים הָיָה מַאֲכָלוֹ שֶׁל יִצְחָק? אֶלָּא הָאֶחָד הִקְרִיב לְפִסְחוֹ וְהָאֶחָד עָשָׂה מַטְעַמִּים; בְּפִרְקֵי רַבִּי אֱלִיעֶזֶר: כאשר אהב. כִּי טַעַם הַגְּדִי כְּטַעַם הַצְּבִי: (יא) איש שעיר. בַּעַל שֵׂעָר: (יב) ימשני. כְּמוֹ מְמַשֵּׁשׁ בַּצָּהֳרַיִם:

me savoury meats, such as I love, and bring them to me, that I may eat;
that my soul may bless thee before I die. 5 And Rebekah heard when
Isaac spake to Esau his son. And Esau went to the field to hunt for
venison, in order to bring it. 6 And Rebekah said unto Jacob her son,
as follows: Behold, I heard thy father speak unto Esau thy brother
saying, 7 Bring me venison and make me savoury meats, that I may eat,
and bless thee before the Eternal before my death. 8 Now therefore,
my son, hearken to my voice according to that which I command
thee. 9 Go now to the flock, and take me from thence two good kids
of the goats, and I will make them savoury meats for thy father, such
as he loveth: 10 And thou shalt bring them to thy father, that he may
eat, so that he may bless thee before his death. 11 And Jacob said to
Rebekah his mother, Behold, Esau my brother is a hairy man, and
I am a smooth man: 12 My father peradventure will feel me and I

רש"י

(Betsah 28a) "One may not sharpen the knife *in the usual manner* but one may sharpen it by passing it (משיאין) over another". *Isaac said to Esau,* "Sharpen your knife and slaughter an animal according to the regulations so that you may not give me to eat נבלה" (i. e. the flesh of animal that is not killed according to the ritual rules) (Gen. R. 65). תליך *means* thy sword which is usually hung (at the side). וצודה לי AND HUNT FOR ME [SOME VENISION] of *animals that are* ownerless, but not of *such as are acquired by* theft (lit., by robbery). **(5)** לצוד ציד להביא TO HUNT FOR VENISON IN ORDER TO BRING IT — What is the force of to bring it?[1]) *It means that he intended that* if he would find no venison (flesh of a wild, ownerless animal) he would bring *home* of *the flesh of an animal acquired by* theft (ib.). **(7)** לפני ה' BEFORE THE LORD — By his permission: that He should approve of what I do. **(9)** וקח לי AND TAKE FOR ME — (The words may mean "Take that which belongs to me") — these are mine and not *the proceeds of* theft. Isaac had made provision in her marriage contract that she should receive daily two kids of the goats (ib.). שני גדיי עזים TWO KIDS OF THE GOATS — Did then two kids of the goats form a meal for Isaac? But *the explanation is: it being Passover* he offered one as his Paschal sacrifice and of the other he prepared the savoury food. So is it stated in Pirké d' R. Eliezer (ch. 32). כאשר אהב SUCH AS HE LOVETH (cp. v. 4) — For the taste of a kid is similar to the taste of a deer[2]). **(11)** איש שער *means* A HAIRY MAN. **(12)** ימשני HE WILL FEEL ME — *The word is* of the same root as *the verb in* (Deut. XXVII. 29) "One groping (ממשש) at noon-day".

NOTES

1) In verse 3, Isaac tells Esau to hunt some venison for him. In verse 4, he tells his son to make savoury meat of it and to bring that to him. Here, however, the verb "to bring" is connected with the act of hunting: He went to the field to hunt, determined under any circumstances to bring home the flesh of some animal.

2) See Appendix.

וְהָיִיתִי בְעֵינָיו כִּמְתַעְתֵּעַ וְהֵבֵאתִי עָלַי קְלָלָה וְלֹא
בְרָכָה: יג וַתֹּאמֶר לוֹ אִמּוֹ עָלַי קִלְלָתְךָ בְּנִי אַךְ
שְׁמַע בְּקֹלִי וְלֵךְ קַח־לִי: יד וַיֵּלֶךְ וַיִּקַּח וַיָּבֵא לְאִמּוֹ
וַתַּעַשׂ אִמּוֹ מַטְעַמִּים כַּאֲשֶׁר אָהֵב אָבִיו: טו וַתִּקַּח
רִבְקָה אֶת־בִּגְדֵי עֵשָׂו בְּנָהּ הַגָּדֹל הַחֲמֻדֹת אֲשֶׁר
אִתָּהּ בַּבָּיִת וַתַּלְבֵּשׁ אֶת־יַעֲקֹב בְּנָהּ הַקָּטָן: טז וְאֵת
עֹרֹת גְּדָיֵי הָעִזִּים הִלְבִּישָׁה עַל־יָדָיו וְעַל חֶלְקַת
צַוָּארָיו: יז וַתִּתֵּן אֶת־הַמַּטְעַמִּים וְאֶת־הַלֶּחֶם אֲשֶׁר
עָשָׂתָה בְּיַד יַעֲקֹב בְּנָהּ: יח וַיָּבֹא אֶל־אָבִיו וַיֹּאמֶר
אָבִי וַיֹּאמֶר הִנֶּנִּי מִי אַתָּה בְּנִי: יט וַיֹּאמֶר יַעֲקֹב
אֶל־אָבִיו אָנֹכִי עֵשָׂו בְּכֹרֶךָ עָשִׂיתִי כַּאֲשֶׁר דִּבַּרְתָּ
אֵלָי קוּם־נָא שְׁבָה וְאָכְלָה מִצֵּידִי בַּעֲבוּר תְּבָרְכַנִּי
נַפְשֶׁךָ: כ וַיֹּאמֶר יִצְחָק אֶל־בְּנוֹ מַה־זֶּה מִהַרְתָּ

אונקלוס

אַבָּא וְאֶהֱוֵי בְעֵינוֹהִי כִּמְתַלְעַב וְאַיְתֵי־מַיְתֵי (נ״י וָאֱהֵי־מַיְתֵי) עֲלַי לְוָטִין וְלָא בִרְכָן:
יג וַאֲמָרַת לֵהּ אִמֵּהּ עֲלַי אִתְאֲמַר־בִּנְבוּאָה דְּלָא־יֵיתוּן לְוָטַיָּא עֲלָךְ בְּרִי בְּרַם
קַבֵּל מִנִּי וְאִיזִיל סַב־לִי: יד וַאֲזַל וּנְסֵיב וְאַיְתִי לְאִמֵּהּ וַעֲבַדַת אִמֵּהּ תַּבְשִׁילִין
כְּמָא דִּרְחֵם אֲבוּהִי: טו וּנְסֵיבַת רִבְקָה יָת־לְבוּשֵׁי עֵשָׂו בְּרַהּ רַבָּא דַּכְיָתָא דִּי־
עִמַּהּ בְּבֵיתָא וְאַלְבֵּישַׁת יָת־יַעֲקֹב בְּרַהּ זְעֵירָא: טז וְיָת מַשְׁכֵי גַּדְיֵי בְּנֵי־עִזֵּי
אַלְבֵּישַׁת עַל־יְדוֹהִי וְעַל שְׁעִיעוּת צַוְרֵהּ: יז וִיהָבַת יָת־תַּבְשִׁילַיָּא וְיָת־לַחְמָא דִּי
עֲבָדַת בִּידָא דְיַעֲקֹב בְּרַהּ: יח וְעַל לְוָת־אֲבוּהִי וַאֲמַר אַבָּא וַאֲמַר הָא־אֲנָא מַן
אַתְּ בְּרִי: יט וַאֲמַר יַעֲקֹב לַאֲבוּהִי אֲנָא עֵשָׂו בּוּכְרָךְ עֲבָדִית כְּמָא דִּי־מַלֵּילְתָּא
עִמִּי (נ״י לִי) קוּם־כְּעַן אִסְתַּחַר וֶאֱכוֹל מִצֵּידִי בְּדִיל דִּי־תְבָרְכִנַּנִי נַפְשָׁךְ: כ וַאֲמַר
יִצְחָק לִבְרֵהּ מָה־דֵּין אוֹחֵיתָא לְאַשְׁכָּחָא בְּרִי וַאֲמַר אֲרֵי זַמִּין יְיָ אֱלָהָךְ קֳדָמָי:

רש״י

(טו) החמדת. הַנְּקִיּוֹת, כְּתַרְגּוּמוֹ: דַּכְיָתָא. דָּ״אַ: שֶׁחָמַד אוֹתָן מִן נִמְרוֹד: אשר אתה בבית. וַהֲלֹא כַּמָּה נָשִׁים הָיוּ לוֹ, וְהוּא מַפְקִיד אֵצֶל אִמּוֹ? אֶלָּא שֶׁהָיָה בָּקִי בְּמַעֲשֵׂיהֶן וְחוֹשְׁדָן:
(יט) אנכי עשו בכורך. אָנֹכִי הַמֵּבִיא לְךָ וְעֵשָׂו הוּא בְּכוֹרְךָ: עשיתי. כַּמָּה דְבָרִים כַּאֲשֶׁר

shall be in his eyes as an impostor; and I shall bring a curse upon me,
and not a blessing. [13]And his mother said unto him, Upon me be thy
curse, my son: only hearken to my voice, and go take them to me. [14]And
he went, and took, and brought them to his mother: and his mother
made savoury meats, such as his father loved. [15]And Rebekah took the
costly garments of her eldest son Esau, which were with her in the
house, and clothed with them Jacob her younger son: [16]And she clo-
thed with the skins of the kids of the goats his hands, and the smooth
of his neck: [17]And she gave the savoury meats, and the bread, which
she had made, into the hand of her son Jacob. [18]And he came unto his
father, and said, My father: and he said, Here am I; who art thou,
my son? [19]And Jacob said unto his father, I am Esau thy firstborn;
I have done according as thou spakest unto me: arise, I pray thee, sit
and eat of my venison, that thy soul may bless me. [20]And Isaac said
unto his son, How is it that thou hast found it so quickly, my son?

רש"י

(15) החמדות THE COSTLY [GARMENTS] — the clean ones, as the Targum has it, דכייתא (clean); (cf. Rashbam). Another explanation: *They are called* חמדות lit., *coveted ones*, because he had coveted them from Nimrod (who also whas a hunter; cf. X. 9). אשר אתה בבית WHICH WERE WITH HER IN THE HOUSE — But he had several wives and yet he stored them with his mothor! But *the reason for this was* that he was acquainted with their practices and was suspicious of them (ib.) (he feared that they might steal his clothes). **(19)** אנכי עשו בכרך I AM ESAU THY FIRST-BORN — I am he that brings *food* to you, and Esau is your first-born. עשיתי I HAVE DONE many things *at dif-*

לִמְצֹא בְּנִי וַיֹּאמֶר כִּי הִקְרָה יְהוָה אֱלֹהֶיךָ לְפָנָי׃
כא וַיֹּאמֶר יִצְחָק אֶל־יַעֲקֹב גְּשָׁה־נָּא וַאֲמֻשְׁךָ בְּנִי
הַאַתָּה זֶה בְּנִי עֵשָׂו אִם־לֹא׃ כב וַיִּגַּשׁ יַעֲקֹב אֶל־
יִצְחָק אָבִיו וַיְמֻשֵּׁהוּ וַיֹּאמֶר הַקֹּל קוֹל יַעֲקֹב וְהַיָּדַיִם
יְדֵי עֵשָׂו׃ כג וְלֹא הִכִּירוֹ כִּי־הָיוּ יָדָיו כִּידֵי עֵשָׂו אָחִיו
שְׂעִרֹת וַיְבָרְכֵהוּ׃ כד וַיֹּאמֶר אַתָּה זֶה בְּנִי עֵשָׂו וַיֹּאמֶר
אָנִי׃ כה וַיֹּאמֶר הַגִּשָׁה לִּי וְאֹכְלָה מִצֵּיד בְּנִי לְמַעַן
תְּבָרֶכְךָ נַפְשִׁי וַיַּגֶּשׁ־לוֹ וַיֹּאכַל וַיָּבֵא לוֹ יַיִן וַיֵּשְׁתְּ׃
כו וַיֹּאמֶר אֵלָיו יִצְחָק אָבִיו גְּשָׁה־נָּא וּשְׁקָה־לִּי בְּנִי׃
כז וַיִּגַּשׁ וַיִּשַּׁק־לוֹ וַיָּרַח אֶת־רֵיחַ בְּגָדָיו וַיְבָרְכֵהוּ
וַיֹּאמֶר רְאֵה רֵיחַ בְּנִי כְּרֵיחַ שָׂדֶה אֲשֶׁר בֵּרֲכוֹ
יְהוָה׃ ששי כח וְיִתֶּן־לְךָ הָאֱלֹהִים מִטַּל הַשָּׁמַיִם

אונקלוס

כא וַאֲמַר יִצְחָק לְיַעֲקֹב קְרִיב כְּעַן וַאֲמַשְׁנָךְ בְּרִי הַאַתְּ דֵּין בְּרִי עֵשָׂו אִם־לָא:
כב וּקְרֵיב יַעֲקֹב לְוָת־יִצְחָק אֲבוּהִי וּמַשְׁיֵהּ וַאֲמַר קָלָא קָלָא דְיַעֲקֹב וִידַיָּא יְדוֹהִי דְעֵשָׂו: כג וְלָא אִשְׁתְּמוֹדְעֵהּ אֲרֵי הֲוָאָה יְדוֹהִי כִּידֵי עֵשָׂו אֲחוּהִי שְׂעִירָן (נ"י שַׂעְרָנִין) וּבָרְכֵהּ: כד וַאֲמַר אַתְּ דֵּין בְּרִי עֵשָׂו וַאֲמַר הָא אֲנָא: כה וַאֲמַר קָרֵיב קֳדָמַי וְאֵכוֹל מִצֵּידָא דִבְרִי בְּדִיל דִּי־תְבָרְכִנָּךְ נַפְשִׁי וְקָרֵיב לֵהּ וַאֲכַל וְאַיְתִי (נ"י וְעָאל) לֵהּ חַמְרָא וּשְׁתִי: כו וַאֲמַר לֵהּ יִצְחָק אֲבוּהִי קְרִיב־כְּעַן וְנַשֵּׁק־לִי (נ"י וְשַׁק־לִי) בְּרִי: כז וּקְרֵיב וְנַשֵּׁיק־לֵהּ וַאֲרַח יָת־רֵיחָא דִלְבוּשׁוֹהִי וּבָרְכֵהּ וַאֲמַר חֲזוֹ (נ"י חֲזֵי) רֵיחָא דִבְרִי כְּרֵיחָא דְחַקְלָא דִּי בָרְכֵהּ יְיָ: כח וְיִתֵּן־לָךְ יְיָ מִטַּלָּא

רש"י

דברת אלי: שבה. לשון מסב על השלחן, לכך מתרגם אסתחר: (כא) גשה נא ואמשך. אמר יצחק בלבו: אין דרך עשו להיות שם שמים שגור בפיו, וזה אמר: כי הקרה ה' אלהיך: (כב) קול יעקב. שמדבר בלשון תחנונים: קום נא, אבל עשו בקנטוריא דבר: יקם אבי: (כד) ויאמר אני. לא אמר אני עשו אלא אני: (כז) וירח וגו'. והלא אין ריח רע יותר משטף העזים? אלא מלמד, שנכנסה עמו ריח גן עדן: כריח שדה אשר ברכו ה'. שנתן בו ריח טוב וזהו שדה תפוחים. כך דרשו רז"ל: (כח) ויתן לך. יתן ויחזור ויתן (ב"ר). ולפי פשוטו מוסב לענין הראשון: ראה ריח בני שנתן לו הקב"ה כריח שדה וגו' ועוד יתן לך מטל השמים וגו': מטל השמים. כמשמעו; ומדרשי אגדה יש להרבה פנים:

And he said, Because the Eternal thy God caused it thus to happen be-
fore me. 21 And Isaac said unto Jacob, Step near, I pray thee, that I may
feel thee, my son, whether thou be my son Esau himself or not. 22 And
Jacob stepped near unto Isaac his father; and he felt him, and said,
The voice is Jacob's voice, but the hands are the hands of Esau. 23 And
he recognised him not, because his hands were hairy, as his brother
Esau's hands: so he blessed him. 24 And he said, Art thou my son Esau
himself? And he said, I am. 25 And he said, Reach it to me, and I will eat
of my son's venison, that my soul may bless thee. And he reached it to him,
and he did eat: and he brought him wine, and he drank. 26 And his father
Isaac said unto him, Step near now, and kiss me, my son. 27 And he stepp-
ed near, and kissed him: and he smelled the odour of his garments, and
blessed him, and said, See, the odour of my son is as the odour of a field
which the Eternal hath blessed: 28 Therefore God give thee of the dew of

רש"י

ferent times כאשר דברת אלי ACCORDING AS THOU SPAKEST UNTO ME. שבה SIT — *The word* means to sit at the table and therefore it is translated in the Targum by אסתחר[1]) (from סחר to "go round" corresponding to the Hebrew סבב from which the term מֵסַב to recline at, to sit round the table at a meal is derived). **(21)** גשה נא ואמשך STEP NEAR, I PRAY THEE, THAT I MAY FEEL THEE — Isaac said to himself, "It is not Esau's way to mention the name of God so readily, and this one says, "Because the Lord thy God caused it thus to happen to me!" **(22)** קול יעקב THE VOICE OF JACOB, because he speaks in an entreating strain — "Arise I pray thee." Esau, however, spoke in a harsh strain (v. 31) "Let my father arise" (Tanch.). **(24)** ויאמר אני AND HE SAID I AM — He did not say, "I am Esau", but "It is I". **(27)** וירח וגו' AND HE SMELLED etc. — Surely there is no more offensive smell than that of washed goat-skins! But Scripture *implicitly* tells us that the perfume of the Garden of Eden entered *the room* with him (Gen. R. 65). כריח שדה אשר ברכו ה' AS THE ODOUR OF A FIELD WHICH THE ETERNAL HATH BLESSED — to which God has given a pleasant perfume: it refers to a field of apple-trees. So have our Rabbis, of blessed memory, explained it (Taan. 29b). **(28)** ויתן לך THEREFORE GOD GIVE THEE — May he give thee and give thee repeatedly[2]). However, according to its real meaning it must be connected with the preceding statement — *viz., with the words,* "See, the smell of my son, which the Holy One, blessed be He, has given him is like the smell of the field etc." And may He also give thee of the dew of heaven. מטל השמים OF THE DEW OF HEAVEN — *Take it* in the ordinary sense of the words; but there are Midrashic explanations giving many different meanings.

NOTES

1) Whereas the Targum of שבה in the sense of sitting down or of abiding would be תיב (cp. Ex. XVI. 29 שבו, which is rendered in the Targum by תיבו).

2) The ו in ויתן indicates a further gift.

בראשית כז תולדת

וּמִשְׁמַנֵּי הָאָרֶץ וְרֹב דָּגָן וְתִירֹשׁ: כּט יַעַבְדוּךָ עַמִּים וְיִשְׁתַּחֲווּ לְךָ לְאֻמִּים הֱוֵה גְבִיר לְאַחֶיךָ וְיִשְׁתַּחֲווּ לְךָ בְּנֵי אִמֶּךָ אֹרְרֶיךָ אָרוּר וּמְבָרֲכֶיךָ בָּרוּךְ: ל וַיְהִי כַּאֲשֶׁר כִּלָּה יִצְחָק לְבָרֵךְ אֶת־יַעֲקֹב וַיְהִי אַךְ יָצֹא יָצָא יַעֲקֹב מֵאֵת פְּנֵי יִצְחָק אָבִיו וְעֵשָׂו אָחִיו בָּא מִצֵּידוֹ: לא וַיַּעַשׂ גַּם־הוּא מַטְעַמִּים וַיָּבֵא לְאָבִיו וַיֹּאמֶר לְאָבִיו יָקֻם אָבִי וְיֹאכַל מִצֵּיד בְּנוֹ בַּעֲבֻר תְּבָרֲכַנִּי נַפְשֶׁךָ: לב וַיֹּאמֶר לוֹ יִצְחָק אָבִיו מִי־אָתָּה וַיֹּאמֶר אֲנִי בִּנְךָ בְכֹרְךָ עֵשָׂו: לג וַיֶּחֱרַד יִצְחָק חֲרָדָה גְּדֹלָה עַד־מְאֹד וַיֹּאמֶר מִי־אֵפוֹא הוּא הַצָּד־

אונקלוס

דִּשְׁמַיָּא וּמִטּוּבָא דְאַרְעָא וּסְגִיאוּת (ל״י יִסְגֵּיוֹן) עִיבוּר וַחֲמָר: כט יִפְלְחֻנָּךְ עַמְמִין וְיִשְׁתַּעְבְּדוּן לָךְ מַלְכְוָן הֱוֵי רַב סִלְכָנוּן לְאַחָיךְ וְיִסְגְּדוּן לָךְ בְּנֵי אִמָּךְ מְלָטְטָיךְ יְהוֹן לִיטִין וּמְבָרֲכָיךְ יְהוֹן בְּרִיכִין: ל וַהֲוָה כַּד־שֵׁיצִי יִצְחָק לְבָרָכָא יַת־יַעֲקֹב וַהֲוָה בְּרַם מִפָּק נְפַק יַעֲקֹב מִלְוָת אַפֵּי יִצְחָק אֲבוּהִי וְעֵשָׂו אֲחוּהִי אֲתָא (ל״י עַל) מִצֵּידֵהּ: לא וַעֲבַד אַף־הוּא תַּבְשִׁילִין וְאָעֵיל לְוָת־אֲבוּהִי וַאֲמַר לַאֲבוּהִי יָקוּם אַבָּא וְיֵכוּל מִצֵּידָא דִבְרֵהּ בְּדִיל דִּי־תְבָרֲכִנַּנִי נַפְשָׁךְ: לב וַאֲמַר לֵהּ יִצְחָק אֲבוּהִי מַן אָתְּ וַאֲמַר אֲנָא בְּרָךְ בּוּכְרָךְ עֵשָׂו: לג וּתְוָהּ יִצְחָק תְּוָהָא רַבָּא עַד־לַחֲדָא וַאֲמַר מַן הוּא־דִיכִי דְצָד־צֵידָא וְאָעֵיל לִי וַאֲכָלִית מִכֹּלָּא עַד־לָא תֵיעוֹל וּבָרֶכְתֵּהּ

רש"י

הָאֱלֹהִים מַהוּ הָאֱלֹהִים? בַּדִּין: אִם רָאוּי לְךָ יִתֵּן לְךָ וְאִם לָאו לֹא יִתֵּן לְךָ, אֲבָל לְעֵשָׂו אָמַר: מִשְׁמַנֵּי הָאָרֶץ יִהְיֶה מוֹשָׁבֶךָ, בֵּין צַדִּיק בֵּין רָשָׁע יִתֵּן לְךָ. וּמִמֶּנּוּ לָמַד שְׁלֹמֹה — כְּשֶׁעָשָׂה הַבַּיִת סִדֶּר תְּפִלָּתוֹ: יִשְׂרָאֵל, שֶׁהוּא בַּעַל אֱמוּנָה וּמַצְדִּיק עָלָיו אֶת הַדִּין לֹא יִקְרָא עָלֶיךָ תִּגָּר, לְפִיכָךְ וְנָתַתָּ לָאִישׁ כְּכָל דְּרָכָיו אֲשֶׁר תֵּדַע אֶת לְבָבוֹ (מ״א, ח׳), אֲבָל נָכְרִי מְחֻסַּר אֲמָנָה, לְפִיכָךְ אָמַר: אַתָּה תִּשְׁמַע הַשָּׁמַיִם, וְעָשִׂיתָ כְּכֹל אֲשֶׁר יִקְרָא אֵלֶיךָ הַנָּכְרִי (שם). בֵּין רָאוּי בֵּין שֶׁאֵינוֹ רָאוּי תֵּן לוֹ, כְּדֵי שֶׁלֹּא יִקְרָא עָלֶיךָ תִּגָּר: (כט) בְּנֵי אִמֶּךָ. וְיַעֲקֹב אָמַר לִיהוּדָה בְּנֵי אָבִיךָ, לְפִי שֶׁהָיוּ לוֹ בָנִים מִכַּמָּה אִמָּהוֹת, וְכָאן, שֶׁלֹּא נָשָׂא אֶלָּא אִשָּׁה אַחַת, אוֹמֵר: בְּנֵי אִמֶּךָ (ב״ר): אֹרְרֶיךָ אָרוּר וּמְבָרֲכֶיךָ בָרוּךְ. וּבְבִלְעָם הוּא אוֹמֵר: מְבָרֲכֶיךָ בָרוּךְ וְאֹרְרֶיךָ אָרוּר, הַצַּדִּיקִים תְּחִלָּתָם יִסּוּרִים וְסוֹפָן שַׁלְוָה, וְאוֹרְרֵיהֶם וּמְצַעֲרֵיהֶם קוֹדְמִים לִמְבָרֲכֵיהֶם, לְפִיכָךְ יִצְחָק הִקְדִּים קִלְלַת אוֹרְרִים לְבִרְכַּת מְבָרְכִים; הָרְשָׁעִים תְּחִלָּתָן שַׁלְוָה וְסוֹפָן יִסּוּרִין, לְפִיכָךְ בִּלְעָם הִקְדִּים בְּרָכָה לִקְלָלָה (ב״ר): (ל) יָצֹא יָצָא. זֶה יוֹצֵא וְזֶה בָּא: (לג) וַיֶּחֱרַד. כְּתַרְגּוּמוֹ וּתְוָהּ, לְשׁוֹן תְּמִיהָה. וּמִדְרָשׁוֹ: רָאָה גֵּיהִנֹּם פְּתוּחָה מִתַּחְתָּיו: מִי אֵפוֹא. לְשׁוֹן לְעַצְמוֹ מְשַׁמֵּשׁ עִם כַּמָּה

heaven, and the fatness of the earth, and plenty of corn and wine: ²⁹Let peoples serve thee, and races prostrate themselves to thee: be master over thy brethren, and let thy mother's sons prostrate themselves to thee: they that curse thee shall be cursed, and they that bless thee shall be blessed. ³⁰And it came to pass, as soon as Isaac had finished blessing Jacob, and Jacob was yet scarce gone out from the face of Isaac his father, that Esau his brother came in from his hunting. ³¹And he also had made savoury meats, and brought them unto his father, and said unto his father, Let my father arise, and eat of his son's venison, that thy soul may bless me. ³²And Isaac his father said unto him, Who art thou? And he said, I am thy son, thy firstborn, Esau. ³³And Isaac trembled with an exceedingly great trembling, and said, Who then is he

רש"י

האלהים GOD [GIVE THEE] — What *denotes* the use here of the *Divine Name* אלהים *which signifies God in His attribute of Justice? May He act* in justice! If you are worthy of it may He give it to you, and if not, let Him not give it to you. But to Esau he said, (v. 39) "The fat places of the earth s h a l l be thy dwelling" — whether you be righteous or wicked He will give you this. From him (Isaac) did Solomon learn when he built the Temple how to compose his prayer (having in mind a similar idea): An Israelite who is a man of faith and acknowledges that God's judgment is just will not reproach You; — therefore (1 Kings VIII. 39) "Render unto every man (Israelite; cf. v. 38) a c c o r d i n g to h i s w a y s whose heart thou knowest". A stranger, however, is lacking in faith; therefore Solomon said, (ib. 43) "Hear thou in heaven . . . and do according to a l l that the s t r a n g e r calleth to thee for — whether he be worthy or unworthy grant him *his request* in order that he may not reproach You. This explanation of האלהים is found in an old and correct text of Rashi. **(29)** בני אמך THY MOTHER'S SONS — Jacob, however, said to Judah (XLIX. 8) "Thy father's sons (shall bow down to thee])", because he had sons by several wives, but here, because he (Isaac) had but one wife he said "thy mother's sons" (Gen. R. 66). ארריך ארור ומברכיך ברוך THEY THAT CURSE THEE SHALL BE CURSED AND THEY THAT BLESS THEE SHALL BE BLESSED — But in the case of Balaam Scripture says (Num. XXIV. 9) "Blessed be everyone that blesseth thee and cursed be every one that curseth thee". *The explanation* is: the righteous have sufferings first and happiness afterwards, so that *in point of time* those who curse and afflict them (cause them suffering) come before those who bless them (cause them happiness) — therefore Isaac, *a righteous man*, invokes a curse upon those who themselves curse before he invokes a blessing upon those who bless. The wicked however have happiness first and suffering afterwards; therefore Balaam, *a wicked man*, invokes the blessing before the curse (Gen. R. 66). **(30)** יצא יצא [JACOB] WAS YET SCARCE GONE OUT — *this means*, as one went out the other came in. **(33)** ויחרד [AND ISAAC] TREMBLED — *Explain it* as the Targum renders it ותוה, which means *he was* perplexed. The Midrashic explanation (Tanch.) is that he saw Gehinnom opening beneath him (Esau). מי אפוא WHO THEN IS HE — *The word* אפוא *is* an independent particle *having no etymological connection with any other*

בראשית כז תולדת

צַיִד וַיָּבֵא לִי וָאֹכַל מִכֹּל בְּטֶרֶם תָּבוֹא וָאֲבָרֲכֵהוּ
גַּם־בָּרוּךְ יִהְיֶה: לד כִּשְׁמֹעַ עֵשָׂו אֶת־דִּבְרֵי אָבִיו
וַיִּצְעַק צְעָקָה גְּדֹלָה וּמָרָה עַד־מְאֹד וַיֹּאמֶר לְאָבִיו
בָּרֲכֵנִי גַם־אָנִי אָבִי: לה וַיֹּאמֶר בָּא אָחִיךָ בְּמִרְמָה
וַיִּקַּח בִּרְכָתֶךָ: לו וַיֹּאמֶר הֲכִי קָרָא שְׁמוֹ יַעֲקֹב
וַיַּעְקְבֵנִי זֶה פַעֲמַיִם אֶת־בְּכֹרָתִי לָקָח וְהִנֵּה עַתָּה
לָקַח בִּרְכָתִי וַיֹּאמַר הֲלֹא־אָצַלְתָּ לִּי בְּרָכָה: לז וַיַּעַן
יִצְחָק וַיֹּאמֶר לְעֵשָׂו הֵן גְּבִיר שַׂמְתִּיו לָךְ וְאֶת־כָּל־
אֶחָיו נָתַתִּי לוֹ לַעֲבָדִים וְדָגָן וְתִירֹשׁ סְמַכְתִּיו וּלְכָה
אֵפוֹא מָה אֶעֱשֶׂה בְּנִי: לח וַיֹּאמֶר עֵשָׂו אֶל־אָבִיו
הַבְרָכָה אַחַת הִוא־לְךָ אָבִי בָּרֲכֵנִי גַם־אָנִי אָבִי

אונקלוס

אַף־בְּרִיךְ יְהֵי: לד כַּד שְׁמַע עֵשָׂו יָת־פִּתְגָמֵי אֲבוּהִי וּצְוַח צְוָחָא רַבָּא וּמְרִירָא
עַד־לַחֲדָא וַאֲמַר לַאֲבוּהִי בָּרֲכַנִי אַף־אֲנָא (ל״י לִי) אַבָּא: לה וַאֲמַר עַל אֲחוּךְ
בְּחָכְמְתָא וְקַבִּיל בִּרְכְתָךְ: לו וַאֲמַר יָאוּת קְרָא שְׁמֵהּ יַעֲקֹב וְחַכְּמַנִי דְּנָן תַּרְתֵּין
זִמְנִין יָת־בְּכֵירוּתִי נְסִיב וְהָא כְעַן קַבִּיל בִּרְכְתִי וַאֲמַר הֲלָא־שְׁבַקְתְּ לִי בִרְכְתָא:
לז וַאֲתֵיב יִצְחָק וַאֲמַר לְעֵשָׂו הָא רַב שַׁוִּיתֵהּ לָךְ (ל״י עֲלָךְ) וְיָת־כָּל־אֲחוֹהִי יְהָבִית
לֵהּ לְעַבְדִין וְעִיבוּר וַחֲמַר סְעַדְתֵּהּ וְלָךְ הָכָא מָה אַעְבֵּיד בְּרִי: לח וַאֲמַר עֵשָׂו

רש״י

דְּבָרִים: אֵיפֹה — אַיֵּה פֹה, מִי הוּא וְאֵיפֹה הוּא הַצָּד צַיִד: וָאֹכַל מִכֹּל. מִכָּל מְעָמִים שֶׁבִּקַּשְׁתִּי
לִטְעוֹם, טָעַמְתִּי בּוֹ (ב״ר): נַם בָּרוּךְ יִהְיֶה. שֶׁלֹּא תֹאמַר אִלּוּלֵי שֶׁרִמָּה יַעֲקֹב לְאָבִיו לֹא נָטַל
אֶת הַבְּרָכוֹת, לְכָךְ הִסְכִּים וּבֵרְכוֹ מִדַּעְתּוֹ (ב״ר): (לה) בְּחָכְמָה. בְּעָרְמָה: (לו) הֲכִי קָרָא
שְׁמוֹ. לְשׁוֹן תֵּימָה הוּא, כְּמוֹ: הֲכִי אָחִי אָתָּה: שֶׁמָּא לְכָךְ נִקְרָא שְׁמוֹ יַעֲקֹב עַל שֵׁם סוֹפוֹ
שֶׁהוּא עָתִיד לְעָקְבֵנִי? תַּנְחוּמָא: לָמָּה חָרַד יִצְחָק? אָמַר: שֶׁמָּא עָוֹן יֵשׁ בִּי, שֶׁבֵּרַכְתִּי קָטָן
לִפְנֵי גָדוֹל וְשִׁנִּיתִי סֵדֶר הַיַּחַס, הִתְחִיל עֵשָׂו מְצַעֵק: וַיַּעְקְבֵנִי זֶה פַעֲמָיִם. אָמַר לוֹ אָבִיו: מַה
עָשָׂה לְךָ? אָמַר לוֹ: אֶת בְּכֹרָתִי לָקָח, אָמַר: בְּכָךְ הָיִיתִי מֵצֵר וְחָרֵד שֶׁמָּא עָבַרְתִּי עַל שׁוּרַת
הַדִּין, עַכְשָׁיו לַבְּכוֹר בֵּרַכְתִּי, גַּם בָּרוּךְ יִהְיֶה. וְיַעְקְבֵנִי. כְּתַרְגּוּמוֹ: וְכַמַּנִי — אַרְבַנִי. וְאֶרַ"ב — וּכְמַן.
וְיֵשׁ מְתַרְגְּמִין וְחַכְּמַנִי, נִתְחַכֵּם לִי: אָצַלְתָּ. לְשׁוֹן הַפְרָשָׁה כְּמוֹ, וַיָּאצֶל: (לו) הֵן גְּבִיר. בְּרָכָה
זוֹ שְׁבִיעִית הִיא, וְהוּא עוֹשֶׂה אוֹתָהּ רִאשׁוֹנָה? אֶלָּא אָמַר לוֹ: מַה תּוֹעֶלֶת לְךָ בִּבְרָכָה? אִם
תִּקְנֶה נְכָסִים, שֶׁלּוֹ הֵם, שֶׁהֲרֵי גְּבִיר שַׂמְתִּיו לָךְ, וּמַה שֶּׁקָּנָה עֶבֶד קָנָה רַבּוֹ: וּלְכָה אֵפוֹא מָה
אֶעֱשֶׂה. אַיֵּה אֵיפֹא אֲבַקֵּשׁ מַה לַּעֲשׂוֹת לָךְ: (לח) הַבְרָכָה אַחַת. הַ"א זוֹ מְשַׁמֶּשֶׁת לְשׁוֹן תְּמִיָּה.

that hath hunted venison and brought it me, and I have eaten of all be-
fore thou camest, and have blessed him? yea, and he shall be blessed.
34And when Esau heard the words of his father, he cried with a great and
exceeding bitter cry, and said unto his father Bless me, even me also,
O my father. 35And he said, Thy brother came with subtlety, and hath
taken thy blessing. 36And he said, Is it because he was called Jacob, that
he hath supplanted me these two times: he took my birthright; and, be-
hold, now he hath taken my blessing. And he said, Hast thou not reserv-
ed a blessing for me? 37And Isaac answered and said unto Esau, Behold,
I have made him thy master, and all his brethren have I given to him for
servants; and with corn and must have I supported him: and what shall
I do now unto thee, my son? 38And Esau said unto his father, Hast thou
but one blessing, my father? bless me, even me also, O my father.

רש"י

Hebrew word and is used with many different shades of meaning[1]). Another explanation of אפוא is that it is the same as איה פה where here, — *so that* מי אפוא *means* "Who is he and where is he here that hath hunted venison"?[2]) ואכל מכל AND I HAVE EATEN OF ALL — all tastes that I desired to find in it I indeed found *therein* (Gen. R. 67). גם ברוך יהיה YEA, AND HE SHALL BE BLESSED — In order that you may not say "If Jacob had not deceived his father he would never have received the blessing", he, therefore, confirmed it, blessing him now of his own free will (ib.). **(35)** במרמה WITH SUBTLETY — with cleverness (cf. Onkelos). **(36)** הכי קרא שמו IS IT BECAUSE HE HAS BEEN CALLED [JACOB] — This is a question, like (XXIX. 15) "Is it because (הכי) thou art my brother?" Perhaps that is why they have given him the name Jacob — in reference to what was to happen in the future — that he would some time or other supplant me (יעקבני)? (Tanch.). Why did Isaac tremble? He thought: Perhaps I have sinned in blessing the younger before the elder, thus changing the order of relationship *between them*. But when Esau began to cry out, "for he hath supplanted me these two times", his father asked him, "What did he do to you?" He replied, "He took away my birth-right". Isaac thereupon said, "It was on account of this that I was grieved and trembled: perhaps I had overstepped the line of strict justice. Now, however, I have really blessed the first-born — 'And he shall indeed be blessed'". ויעקבני THAT HE HATH SUPPLANTED ME — *Explain it* as the Targum renders it, וכמני, *which means* "and he lay in wait for me." The word (Deut. XIX. 11) וארב "and he lies in wait" is rendered by the Targum ויכמן. There are some who read in the Targum *not* וכמני *but* וחכמני *which means* "he showed himself clever against me" (outwitted me). אצלת HAST THOU NOT RESERVED — *the word means* "separating", "setting aside", like (Num. XI. 25) "And he separated (ויאצל)". **(37)** הן גביר BEHOLD I HAVE MADE HIM THY MASTER — This blessing is the seventh *in the series of blessings which Isaac gave to Jacob* (cf. vv. 28. 29) and yet he (Isaac) singles it out as *though it were* the chief *blessing*? But *the explanation is*, he said to him (Esau): "What benefit will a blessing be to you? If you acquire property, it will belong to him, for "Behold, I have made him thy master", and whatever a servant acquires becomes the property of his master[3]) (Gen. R. 67). ולכה אפוא מה אעשה AND WHAT SHALL I DO NOW UNTO THEE [MY SON?] — Where here (איפו) shall I look for something that I can do for you? **(38)** הברכה אחת HAST THOU BUT ONE

NOTES

1) See Appendix.
2) Cf. Ibn Ezra. Sforno, however, distinguishes between אפוא if this be so, and איפה where?
3) Cf. Kiddushin, 23b.

וַיִּשָּׂ֥א עֵשָׂ֛ו קֹל֖וֹ וַיֵּֽבְךְּ׃ לט וַיַּ֛עַן יִצְחָ֥ק אָבִ֖יו וַיֹּ֣אמֶר
אֵלָ֑יו הִנֵּ֞ה מִשְׁמַנֵּ֤י הָאָ֙רֶץ֙ יִהְיֶ֣ה מֽוֹשָׁבֶ֔ךָ וּמִטַּ֥ל
הַשָּׁמַ֖יִם מֵעָֽל׃ מ וְעַל־חַרְבְּךָ֣ תִֽחְיֶ֔ה וְאֶת־אָחִ֖יךָ
תַּעֲבֹ֑ד וְהָיָה֙ כַּאֲשֶׁ֣ר תָּרִ֔יד וּפָרַקְתָּ֥ עֻלּ֖וֹ מֵעַ֥ל
צַוָּארֶֽךָ׃ מא וַיִּשְׂטֹ֤ם עֵשָׂו֙ אֶֽת־יַעֲקֹ֔ב עַל־הַבְּרָכָ֔ה
אֲשֶׁ֥ר בֵּרְכ֖וֹ אָבִ֑יו וַיֹּ֨אמֶר עֵשָׂ֜ו בְּלִבּ֗וֹ יִקְרְבוּ֙ יְמֵי֙
אֵ֣בֶל אָבִ֔י וְאַֽהַרְגָ֖ה אֶת־יַעֲקֹ֥ב אָחִֽי׃ מב וַיֻּגַּ֣ד לְרִבְקָ֔ה
אֶת־דִּבְרֵ֥י עֵשָׂ֖ו בְּנָ֣הּ הַגָּדֹ֑ל וַתִּשְׁלַ֞ח וַתִּקְרָ֤א לְיַעֲקֹב֙
בְּנָ֣הּ הַקָּטָ֔ן וַתֹּ֣אמֶר אֵלָ֔יו הִנֵּה֙ עֵשָׂ֣ו אָחִ֔יךָ מִתְנַחֵ֥ם
לְךָ֖ לְהָרְגֶֽךָ׃ מג וְעַתָּ֥ה בְנִ֖י שְׁמַ֣ע בְּקֹלִ֑י וְק֛וּם בְּרַח־
לְךָ֥ אֶל־לָבָ֖ן אָחִ֥י חָרָֽנָה׃ מד וְיָשַׁבְתָּ֥ עִמּ֖וֹ יָמִ֣ים

אונקלוס

לַאֲבוּהִי הֲבִרְכְּתָא חֲדָא הִיא־לָךְ אַבָּא בָּרֵיךְ־לִי אַף־אֲנָא אַבָּא וַאֲרֵים עֵשָׂו
קָלֵיהּ וּבְכָא׃ לט וַאֲתֵיב יִצְחָק אֲבוּהִי וַאֲמַר לֵיהּ הָא מִטּוּבָא דְאַרְעָא יְהֵא מוֹתְבָךְ
וּמִטַּלָּא דִשְׁמַיָּא מִלְּעֵלָּא׃ מ וְעַל־חַרְבָּךְ תֵּיחֵי וְיָת־אֲחוּךְ תִּפְלַח וִיהֵי כַּד יַעְבְּרוּן
בְּנוֹהִי עַל־פִּתְגָמֵי אוֹרַיְתָא וְתַעְדֵּי נִירֵיהּ מֵעַל צַוְּרָךְ׃ מא וּנְטַר עֵשָׂו דִּבְבוּ לְיַעֲקֹב
עַל־בִּרְכְּתָא דִּי בָרְכֵיהּ אֲבוּהִי וַאֲמַר עֵשָׂו בְּלִבֵּיהּ יִקְרְבוּן יוֹמֵי אֶבְלֵי דְאַבָּא
וְאֶקְטוֹל יָת־יַעֲקֹב אָחִי׃ מב וְאִתְחַוָּה לְרִבְקָה יָת־פִּתְגָמֵי עֵשָׂו בְּרַהּ רַבָּא וְשַׁלְחַת
וּקְרָת לְיַעֲקֹב בְּרַהּ זְעֵירָא וַאֲמַרַת לֵיהּ הָא עֵשָׂו אֲחוּךְ כָּמֵן לָךְ לְמִקְטְלָךְ׃
מג וּכְעַן בְּרִי קַבֵּל מִנִּי וְקוּם אֱזֵיל־לָךְ לְוָת־לָבָן אֲחִי לְחָרָן׃ מד וְתֵתֵיב עִמֵּיהּ יוֹמִין

רש״י

כְּמוֹ הַבְּמַחֲנִים? הַשְּׁמֵנָה הִיא? הַכְּמוֹת נָבָל? (לט) משמני הארץ וגו׳. זוֹ אִיטַלְיָאָה שֶׁל יָוָן: (מ) ועל חרבך. כְּמוֹ בְּחַרְבְּךָ, יֵשׁ עַל בִּמְקוֹם ב׳, כְּמוֹ: עֲמַדְתֶּם עַל חַרְבְּכֶם — בְּחַרְבְּכֶם; עַל צִבְאוֹתָם — בְּצִבְאוֹתָם: תריד. לְשׁוֹן צַעַר כְּמוֹ אָרִיד בְּשִׂיחִי, כְּלוֹמַר, כְּשֶׁיַּעַבְרוּ יִשְׂרָאֵל עַל הַתּוֹרָה וְיִהְיֶה לְךָ פִּתְחוֹן פֶּה לְהִצְטַעֵר עַל הַבְּרָכוֹת שֶׁנָּטַל, ופרקת עלו וגומר: (מא) יקרבו ימי אבל אבי. כְּמַשְׁמָעוֹ, שֶׁלֹּא אֲצַעֵר אֶת אַבָּא, וּמִדְרְשֵׁי אַגָּדָה לְכַמָּה פָּנִים יֵשׁ: (מב) ויגד לרבקה. בְּרוּחַ הַקֹּדֶשׁ הֻגַּד לָהּ מַה שֶּׁעֵשָׂו מְהַרְהֵר בְּלִבּוֹ: מתנחם לך. נִחָם עַל הָאַחֲוָה לַחְשֹׁב מַחֲשָׁבָה אַחֶרֶת לְהִתְנַכֵּר לְךָ וּלְהָרְגֶךָ. וּמִדְרַשׁ אַגָּדָה: כְּבָר אַתָּה מֵת בְּעֵינָיו וְשָׁתָה עָלֶיךָ כּוֹס שֶׁל תַּנְחוּמִים. וּלְפִי פְּשׁוּטוֹ לְשׁוֹן תַּנְחוּמִים, מִתְנַחֵם הוּא עַל הַבְּרָכוֹת בַּהֲרִיגָתֶךָ:

And Esau lifted up his voice, and wept. ³⁹And Isaac his father answered and said unto him, Behold, thy dwelling shall be the fatness of the earth, and from the dew of heaven from above; ⁴⁰And by thy sword shalt thou live, and shalt serve thy brother; and it shall come to pass when thou rovest about, that thou shalt pull his yoke from off thy neck. ⁴¹And Esau was hostile to Jacob because of the blessing wherewith his father blessed him: and Esau said in his heart, The days of mourning for my father approach; then will I slay my brother Jacob. ⁴²And these words of Esau her elder son were told to Rebekah: and she sent and called Jacob her younger son, and said unto him, Behold, thy brother Esau, concerning thee, doth comfort himself, intending to slay thee. ⁴³Now therefore, my son, hearken to my voice; and arise, flee thou to Laban my brother to Haran; ⁴⁴And abide with him a few days,

רש"י

BLESSING? The ה in הברכה is the interrogative prefix,¹) as in (Num. XIII. 19, 20) "whether in camps (הבמחנים)", "whether it is fat (השמנה)", and (2 Sam. III. 33) "Should *Abner die* (הכמות) as a churl dieth"? **(39)** משמני הארץ וגו' THE FATNESS OF THE EARTH etc. — This refers to the Greek portions of Italy (Graeca Magna)²). **(40)** ועל חרבך — *The phrase is* equivalent to בחרבך BY THY SWORD. The word על is sometimes used instead of the prefix ב, as (Ezek. XXXIII. 26) "Ye stand by your sword (על חרבכם)", *which is the same as* בחרבכם; (Ex. VI. 26)"by their hosts (על צבאותם), *which is the same as* בצבאותם. והיה כאשר תריד AND IT SHALL CAME TO PASS THAT WHEN THOU RO-VEST ABOUT — *The word* תריד signifies grief, pain, as (Ps. LV. 3) "I am distraught (אריד) in my complaint". It means: when Israel will transgress the Torah and you will have reason to feel aggrieved with regard to the Blessings. ופרקת עלו וגו' THEN THOU SHALT PULL HIS YOKE FROM OFF THY NECK. **(41)** יקרבו ימי אבל אבי THE DAYS OF MOURNING FOR MY FATHER APPROACH — *Explain it* according to the evident meaning of the words — (I will wait to kill him until my father is dead), that I may not cause grief to my father. There are Midrashic explanations of various kinds. **(42)** ויגד לרבקה WERE TOLD TO REBEKAH — It was told her by the Holy Spirit what Esau was thinking in his heart. (Gen. R. 67.) מתנחם לך DOTH COMFORT HIMSELF CONCERNING THEE — He regrets the brotherly relationship *existing between you,* harbouring thoughts other *than those of brotherhood,* to estrange himself from you and to kill you. The Midrashic explanation is: In his eyes you are already regarded as dead and he has drunk for you (i. e. because he regards you as dead) the cup of consolation (which it was customary for near relatives of the deceased to drink). But according to the real meaning the word signifies "comforting" — he will comfort himself for *the loss of* the blessings

NOTES

¹) For though the interrogative prefix ה should be punctuated with Chataph-patach, when it precedes a letter with Sheva it takes a Patach sometimes followed by a Dagesh. In such a case the ה may easily be mistaken for the definite article. Consequently Rashi points out here that it is the interrogative ה and gives similar examples, all followed by a Dagesh.

²) See Rappaport's Erech Millin sub voce.

אֲחָדִים עַד אֲשֶׁר־תָּשׁוּב חֲמַת אָחִיךָ׃ מה עַד־
שׁוּב אַף־אָחִיךָ מִמְּךָ וְשָׁכַח אֵת אֲשֶׁר־עָשִׂיתָ לּוֹ
וְשָׁלַחְתִּי וּלְקַחְתִּיךָ מִשָּׁם לָמָה אֶשְׁכַּל גַּם־שְׁנֵיכֶם
יוֹם אֶחָד׃ מו וַתֹּאמֶר רִבְקָה אֶל־יִצְחָק קַצְתִּי בְחַיַּי
מִפְּנֵי בְּנוֹת חֵת אִם־לֹקֵחַ יַעֲקֹב אִשָּׁה מִבְּנוֹת־
חֵת כָּאֵלֶּה מִבְּנוֹת הָאָרֶץ לָמָּה לִּי חַיִּים׃
כח א וַיִּקְרָא יִצְחָק אֶל־יַעֲקֹב וַיְבָרֶךְ אֹתוֹ וַיְצַוֵּהוּ
וַיֹּאמֶר לוֹ לֹא־תִקַּח אִשָּׁה מִבְּנוֹת כְּנָעַן׃ ב קוּם
לֵךְ פַּדֶּנָה אֲרָם בֵּיתָה בְתוּאֵל אֲבִי אִמֶּךָ וְקַח־לְךָ
מִשָּׁם אִשָּׁה מִבְּנוֹת לָבָן אֲחִי אִמֶּךָ׃ ג וְאֵל שַׁדַּי
יְבָרֵךְ אֹתְךָ וְיַפְרְךָ וְיַרְבֶּךָ וְהָיִיתָ לִקְהַל עַמִּים׃
ד וְיִתֶּן־לְךָ אֶת־בִּרְכַּת אַבְרָהָם לְךָ וּלְזַרְעֲךָ אִתָּךְ

ס׳ קצתי ק׳ זעירא

אונקלוס

זְעִירִין עַד דְּיֵיתוּב רוּגְזָא דְאָחוּךְ: מה עַד־דְּיֵיתוּב רוּגְזָא־דְאָחוּךְ מִנָּךְ וְיִתְנְשֵׁי יָת
דִּי־עֲבַדְתְּ לֵהּ וְאֶשְׁלַח וְאֶדְבְּרִנָּךְ מִתַּמָּן לְמָה אֶתְכַּל אַף־תַּרְוֵיכוֹן יוֹמָא חַד:
מו וַאֲמַרַת רִבְקָה לְיִצְחָק עָקִית בְּחַיַּי מִן־קֳדָם בְּנַת חִתָּאָה אִם־נָסִיב יַעֲקֹב
אִתְּתָא מִבְּנַת־חִתָּאָה כְּאִלֵּין מִבְּנַת אַרְעָא לְמָה לִי חַיִּים: א וּקְרָא יִצְחָק לְיַעֲקֹב
וּבָרֵיךְ יָתֵהּ וּפַקְדֵהּ וַאֲמַר לֵהּ לָא תִסַּב אִתְּתָא מִבְּנַת כְּנָעַן: ב קוּם אֱזֵיל לְפַדַּן
אֲרָם לְבֵית בְּתוּאֵל אֲבוּהָא דְאִמָּךְ וְסַב־לָךְ מִתַּמָּן אִתְּתָא מִבְּנַת לָבָן אֲחוּהָא
דְאִמָּךְ: ג וְאֵל שַׁדַּי יְבָרֵךְ יָתָךְ וְיַפְּשִׁנָּךְ וְיַסְגִּנָּךְ וּתְהֵי לִכְנִשַׁת שִׁבְטִין: ד וְיִתֵּן
לָךְ יָת־בִּרְכְּתָא דְאַבְרָהָם לָךְ וְלִבְנָיךְ עִמָּךְ לְמֵירְתָךְ יָת־אֲרַע תּוֹתָבוּתָךְ דִּי־

רש״י

(מד) אחדים. מוּעָטִים: (מה) למה אשכל. אֶהְיֶה שְׁכוּלָה מִשְּׁנֵיכֶם. הַקּוֹבֵר אֶת בָּנָיו קָרוּי שָׁכוּל. וְכֵן בְּיַעֲקֹב אָמַר: כַּאֲשֶׁר שָׁכֹלְתִּי שָׁכָלְתִּי: גם שניכם. אִם יָקוּם עָלֶיךָ וְאַתָּה תַהַרְגֶנּוּ יַעַמְדוּ בָנָיו וְיַהַרְגוּךָ; וְרוּחַ הַקֹּדֶשׁ נִזְרְקָה בָהּ וְנִתְנַבְּאָה, שֶׁבְּיוֹם אֶחָד יָמוּתוּ, כְּמוֹ שֶׁמְּפֹרָשׁ בְּפֶרֶק הַמְקַנֵּא לְאִשְׁתּוֹ: (מו) קצתי בחיי. מָאַסְתִּי בְחַיָּי:

כח (ב) פדנה. כְּמוֹ לְפַדַּן: ביתה בתואל. לְבֵית בְּתוּאֵל, כָּל תֵּיבָה שֶׁצְּרִיכָה לָמֶ״ד בִּתְחִלָּתָהּ הִטִּיל לָהּ הֵ״א בְּסוֹפָהּ (יב׳ י״ג): (ג) ואל שדי. מִי שֶׁדַּי בְּבִרְכוֹתָיו לַמִּתְבָּרְכִין מִפִּיו, יברך אותך: (ד) את ברכת אברהם. שֶׁאָמַר לוֹ: וְאֶעֶשְׂךָ לְגוֹי גָּדוֹל וְהִתְבָּרְכוּ בְזַרְעֲךָ.

until thy brother's fury turn; [45]Until thy brother's wrath turn away
from thee, and he forget that which thou hast done to him: then I will
send, and take thee from thence: wherefore should I be bereft also of
you both in one day? [46]And Rebekah said to Isaac, My life is harassed,
because of the daughters of Heth: if Jacob take a wife of the daughters
of Heth, like these of the daughters of the land, what is life to me?

28. [1]And Isaac called Jacob, and blessed him, and commanded
him, and said unto him, Thou shalt not take a wife of the daughters
of Canaan. [2] Arise, go to Padan-aram, to the house of Bethuel thy mo-
ther's father; and take thee a wife from thence of the daughters of La-
ban thy mother's brother. [3]And God Almighty will bless thee, and make
thee fruitful, and multiply thee, that thou mayest be an assembly of
peoples; [4]And give thee the blessing of Abraham, to thee, and to thy seed

רש"י

by killing you. **(44)** אחדים *means* A FEW. **(45)** למה אשכל *means* WHY SHOULD I BE BEREAVED משניכם OF BOTH OF YOU? — The one who buries his children is termed שכול bereaved: so we find in the case of Jacob (XLIII. 14), "If I am to be bereaved (שכלתי) let me be bereaved"![1]) גם שניכם OF YOU BOTH — If he attacks you and you kill him his children will rise and kill you. The Holy Spirit poured itself forth upon her and she prophesied (had a presage) that they would both die on one day just as it is stated in the Chapter המקנא לאשתו (Sota 13a). **(48)** קצתי בחיי *means* I AM DISGUSTED WITH MY LIFE.

28. **(2)** פדנה is the same as לפדן to Padan; ביתה בתואל is the same as לבית בתואל to the house of Bethuel. To every word requiring a ל prefixed you may attach a ה as a suffix (Jeb. 13b)[2]). **(3)** ואל שדי AND GOD ALMIGHTY — He who has a sufficiency of blessings (שֶׁדַּי) for those who are blessed by Him, יברך אתך MAY HE BLESS THEE. **(4)** את ברכת אברהם THE BLESSING OF ABRAHAM, (i. e. the blessing which He gave to (Abraham)) to whom He promised, (XII. 2) "and I will make of thee a great nation", and (XXVI. 4) "and all the na-

NOTES

[1]) The verb שכל (Kal) is an intransitive verb, "to be bereaved" and שניכם cannot be the direct object. Rashi therefore substitutes משניכם for it because, as he states, the verb is used of a parent who is deprived of children, as is evident from Jacob's exclamation.

[2]) The Talmudical passage and Rashi refer, of course, only to what is termed "the locative ה" as e. g. מצרימה for למצרים and בבלה for לבבל.

לְרִשְׁתְּךָ֙ אֶת־אֶ֣רֶץ מְגֻרֶ֔יךָ אֲשֶׁר־נָתַ֥ן אֱלֹהִ֖ים
לְאַבְרָהָֽם׃ שביעי ה וַיִּשְׁלַ֤ח יִצְחָק֙ אֶֽת־יַעֲקֹ֔ב וַיֵּ֖לֶךְ
פַּדֶּ֣נָה אֲרָ֑ם אֶל־לָבָ֤ן בֶּן־בְּתוּאֵל֙ הָֽאֲרַמִּ֔י אֲחִ֣י רִבְקָ֔ה
אֵ֥ם יַעֲקֹ֖ב וְעֵשָֽׂו׃ ו וַיַּ֣רְא עֵשָׂ֗ו כִּֽי־בֵרַ֣ךְ יִצְחָק֮ אֶֽת־
יַעֲקֹב֒ וְשִׁלַּ֤ח אֹתוֹ֙ פַּדֶּ֣נָה אֲרָ֔ם לָקַֽחַת־ל֥וֹ מִשָּׁ֖ם
אִשָּׁ֑ה בְּבָרֲכ֣וֹ אֹת֔וֹ וַיְצַ֤ו עָלָיו֙ לֵאמֹ֔ר לֹֽא־תִקַּ֥ח
אִשָּׁ֖ה מִבְּנ֥וֹת כְּנָֽעַן׃ מפטיר ז וַיִּשְׁמַ֣ע יַעֲקֹ֔ב אֶל־אָבִ֖יו
וְאֶל־אִמּ֑וֹ וַיֵּ֖לֶךְ פַּדֶּ֥נָה אֲרָֽם׃ ח וַיַּ֣רְא עֵשָׂ֔ו כִּ֥י רָע֖וֹת
בְּנ֣וֹת כְּנָ֑עַן בְּעֵינֵ֖י יִצְחָ֥ק אָבִֽיו׃ ט וַיֵּ֥לֶךְ עֵשָׂ֖ו אֶל־
יִשְׁמָעֵ֑אל וַיִּקַּ֡ח אֶֽת־מָחֲלַ֣ת ׀ בַּת־יִשְׁמָעֵ֨אל בֶּן־
אַבְרָהָ֜ם אֲח֧וֹת נְבָי֛וֹת עַל־נָשָׁ֖יו ל֥וֹ לְאִשָּֽׁה׃ ס

ק"ו סימן עליו: הפטרת תולדת בה"ע **משא דבר ה'** מלאכי בסימן א':

ס ס ס

אונקלוס

יְהַב יְיָ לְאַבְרָהָם: ה וּשְׁלַח יִצְחָק יָת־יַעֲקֹב וַאֲזַל לְפַדַּן אֲרָם לְוָת לָבָן בַּר־
בְּתוּאֵל אֲרַמָּאָה אֲחוּהָא דְרִבְקָה אִמֵּהּ דְּיַעֲקֹב וְעֵשָׂו: ו וַחֲזָא עֵשָׂו אֲרֵי־בָרֵיךְ
יִצְחָק יָת־יַעֲקֹב וְשַׁלַּח יָתֵהּ לְפַדַּן אֲרָם לְמִסַּב־לֵהּ מִתַּמָּן אִתְּתָא כַּד־בָּרֵיךְ יָתֵהּ
וּפַקֵּיד עֲלוֹהִי לְמֵימַר לָא־תִסַּב אִתְּתָא מִבְּנַת כְּנָעַן: ז וְקַבֵּיל יַעֲקֹב מִן־אֲבוּהִי
וּמִן־אִמֵּהּ וַאֲזַל לְפַדַּן אֲרָם: ח וַחֲזָא עֵשָׂו אֲרֵי בִישָׁא בְּנַת כְּנַעַן בְּעֵינֵי יִצְחָק
אֲבוּהִי: ט וַאֲזַל עֵשָׂו לְוָת־יִשְׁמָעֵאל וּנְסֵיב יָת־מַחֲלַת ׀ בַּת־יִשְׁמָעֵאל בַּר־אַבְרָהָם
אֲחָתֵהּ דִּנְבָיוֹת עַל־נְשׁוֹהִי לֵהּ לְאִנְתּוּ:

ס ס ס

רש"י

יִהְיוּ אוֹתָן בְּרָכוֹת אֲמוּרוֹת בִּשְׁבִילְךָ – מִמְּךָ יֵצֵא אוֹתוֹ הַגּוֹי וְאוֹתוֹ הַזֶּרַע הַמְבוֹרָךְ: (ה) אם יעקב ועשו. אֵינִי יוֹדֵעַ מַה מְּלַמְּדֵנוּ: (ז) וישמע יעקב. מְחֻבָּר לָעִנְיָן שֶׁל מַעְלָה, וַיַּרְא עֵשָׂו כִּי בֵרַךְ יִצְחָק וְגוֹ' וְכִי שִׁלַּח אוֹתוֹ פַּדֶּנָה אֲרָם, וְכִי שָׁמַע יַעֲקֹב אֶל אָבִיו וְהָלַךְ פַּדֶּנָה אֲרָם, וְכִי רָעוֹת בְּנוֹת כְּנָעַן, וְהָלַךְ גַּם הוּא אֶל יִשְׁמָעֵאל: (ט) אחות נביות. מִמַּשְׁמַע שֶׁנֶּאֱמַר בַּת יִשְׁמָעֵאל אֵינִי יוֹדֵעַ שֶׁהִיא אֲחוֹת נְבָיוֹת? אֶלָּא לִמְּדָנוּ, שֶׁמֵּת יִשְׁמָעֵאל מִשֶּׁיְּעָדָהּ לְעֵשָׂו קֹדֶם נִשּׂוּאֶיהָ וְהִשִּׂיאָהּ נְבָיוֹת אָחִיהָ. וְלִמְּדָנוּ, שֶׁהָיָה יַעֲקֹב בְּאוֹתוֹ הַפֶּרֶק בֶּן ס"ג שָׁנִים, שֶׁהֲרֵי יִשְׁמָעֵאל בֶּן ע"ד שָׁנִים הָיָה כְּשֶׁנּוֹלַד יַעֲקֹב. י"ד שָׁנָה הָיָה גָּדוֹל יִשְׁמָעֵאל מִיִּצְחָק,

with thee; that thou mayest possess the land of thy sojournings, which God gave unto Abraham. ⁵And Isaac sent away Jacob; and he went to Padan-aram unto Laban, son of Bethuel the Syrian, the brother of Rebekah, Jacob's and Esau's mother. ⁶When Esau saw that Isaac had blessed Jacob, and sent him away to Padan-aram, to take him a wife from thence; and that as he blessed him he prohibited him, saying, Thou shalt not take a wife of the daughters of Canaan; ⁷And that Jacob had hearkened unto his father and his mother, and was gone to Padan-aram; ⁸Esau thus saw that the daughters of Canaan were evil in the eyes of Isaac his father: ⁹Then went Esau unto Ishmael, and took besides his former wives, Mahalath the daughter of Ishmael Abraham's son, the sister of Nebajoth, to be his wife. ¹⁰And

רש"י

tions shall bless themselves by thy seed": may these blessings have been said regarding y o u — may that great nation and that blessed seed issue from y o u. (5) אם יעקב ועשו MOTHER OF JACOB AND ESAU — I do not know what *the addition of these words* is intended to tell us. (7) וישמע יעקב AND THAT JACOB HEARKENED — This is to be connected with the preceeding statement, (v. 6) thus: And when Esau saw that Isaac had blessed Jacob and that he had sent him away to Padan-aram ... a n d t h a t J a c o b h a d h e a r k e n e d to his father and h a d gone to Padan-aram and that the daughters of Canaan were evil ... then he also *determined to take a wife from his own family and* went to Ishmael. (9) אחות נביות THE SISTER OF NEBAIOTH — By a logical inference from what is stated *that she was* "the daughter of Ishmael" would I not know that she was the sister of Nebaioth? But *the words are added* to tell us that Ishmael died after he had betrothed her to Esau and before her marriage, and that h e r b r o t h e r N e b a i o t h gave her away in marriage. And we may learn, also, that Jacob was at that period sixty-three years old. For Ishmael was seventy-four years old when Jacob was born — since Ishmael was fourteen years older than Isaac, and Isaac was sixty when they (Jacob and Esau) were born, making seventy-four and his (Ishmael's) years were one hundred and thirty seven — as it is said (XXV. 17) "And these are the years of Ishmael etc." — consequently when Ishmael died Jacob was sixty-three years old. We learn from this that he (Jacob) concealed himself in Eber's School for fourteen years and only after that did he proceed to Haran. For before Joseph's birth he had stayed in Laban's house only fourteen years, as it is said (XXXI. 41) "I served thee fourteen years for thy two daughters and six years for thy flock", and he received the sheep as wages only after Joseph was born, for it is said (XXX. 25) "And it came to pass when Rachel had borne Joseph etc. [that Jacob wished to leave Laban and he agreed to remain with him on condition of receiving certain sheep as wages]. Now Joseph was thirty years old when he became ruler *in Egypt*, and from then until the time that Jacob came down to Egypt was nine years — seven of plenty and two of famine — and Jacob then said to Pharaoh (XLVII. 9), "The days of the years of my pilgrimage are an hundred and thirty years". Go and calculate: the fourteen years *he passed with Laban* before Joseph's birth, and the thirty years of Joseph's life *before he became ruler* and the nine years from when he became ruler until the time that Jacob came *to Egypt* make fifty three years *from the time he joined Laban until the time he came to Egypt*. But when he parted from his father he was sixty-three years old, *as shown above*, so that you have 116 years *as his age when he came to Egypt*, on the assumption that *the fifty-three years he spent with Laban etc. began immediately after he had left his father*. But he (Jacob) himself said to Pharaoh, "[I am] one hundred and thirty years". So you see that fourteen years are missing *on this assumption*. Thus you learn that after he had received the blessings he concealed himself in Eber's School for fourteen years. But he received no punishment for them (these fourteen years) on account of the merit of *having studied* the Torah *in Eber's School during that period*. For Joseph was separated from h i s father only twenty-two years — that is, from

131 בראשית כח ויצא

י וַיֵּצֵא יַעֲקֹב מִבְּאֵר שָׁבַע וַיֵּלֶךְ חָרָנָה: יא וַיִּפְגַּע
בַּמָּקוֹם וַיָּלֶן שָׁם כִּי־בָא הַשֶּׁמֶשׁ וַיִּקַּח מֵאַבְנֵי
הַמָּקוֹם וַיָּשֶׂם מְרַאֲשֹׁתָיו וַיִּשְׁכַּב בַּמָּקוֹם הַהוּא:
יב וַיַּחֲלֹם וְהִנֵּה סֻלָּם מֻצָּב אַרְצָה וְרֹאשׁוֹ מַגִּיעַ

אונקלוס

י וּנְפַק יַעֲקֹב מִבְּאֵרָא דְשָׁבַע וַאֲזַל לְחָרָן: יא וַעֲרַע בְּאַתְרָא וּבָת תַּמָּן אֲרֵי־עַל
שִׁמְשָׁא וּנְסִיב מֵאַבְנֵי אַתְרָא וְשַׁוִּי אִסָּדוֹהִי וּשְׁכִיב בְּאַתְרָא הַהוּא:
יב יַחֲלַם וְהָא סֻלְמָא נְעִיץ בְּאַרְעָא וְרֵישֵׁהּ מָטֵי עַד־צֵית־שְׁמַיָּא וְהָא מַלְאֲכַיָּא

רש״י

וְיִצְחָק בֶּן ס׳ שָׁנָה בְּלֶדֶת אוֹתָם הֲרֵי ע״ד, וּשְׁנוֹתָיו הָיוּ קל״ז, שֶׁנֶּאֱמַר: וְאֵלֶּה שְׁנֵי חַיֵּי יִשְׁמָעֵאל וְגוֹ׳, נִמְצָא יַעֲקֹב כְּשֶׁמֵּת יִשְׁמָעֵאל בֶּן ס״ג שָׁנִים הָיָה, וְלָמַדְנוּ מִכָּאן, שֶׁנִּטְמַן בְּבֵית עֵבֶר י״ד שָׁנָה וְאַחַר כָּךְ הָלַךְ לְחָרָן, שֶׁהֲרֵי לֹא שָׁהָה בְּבֵית לָבָן לִפְנֵי לֵידָתוֹ שֶׁל יוֹסֵף אֶלָּא י״ד שָׁנָה, שֶׁנֶּאֱמַר: עֲבַדְתִּיךָ אַרְבַּע עֶשְׂרֵה שָׁנָה בִּשְׁתֵּי בְנֹתֶיךָ וְשֵׁשׁ שָׁנִים בְּצֹאנֶךָ, וּשְׂכַר הַצֹּאן מִשֶּׁנּוֹלַד יוֹסֵף הָיָה, שֶׁנֶּאֱמַר: וַיְהִי כַּאֲשֶׁר יָלְדָה רָחֵל אֶת יוֹסֵף וְגוֹ׳; וְיוֹסֵף בֶּן ל׳ שָׁנָה הָיָה כְּשֶׁמָּלַךְ וּמִשָּׁם עַד שֶׁיָּרַד יַעֲקֹב לְמִצְרַיִם ט׳ שָׁנִים, ז׳ שֶׁל שָׂבָע וּב׳ שֶׁל רָעָב, וְיַעֲקֹב אָמַר לְפַרְעֹה יְמֵי שְׁנֵי מְגוּרַי שְׁלֹשִׁים וּמְאַת שָׁנָה — צֵא וַחֲשׁוֹב י״ד שֶׁלִּפְנֵי לֵידַת יוֹסֵף וּשְׁלֹשִׁים שֶׁל יוֹסֵף וְתֵשַׁע מִשֶּׁמָּלַךְ עַד שֶׁבָּא יַעֲקֹב, הֲרֵי נ״ג, וּכְשֶׁפֵּרַשׁ מֵאָבִיו הָיָה בֶּן ס״ג, הֲרֵי קי״ו וְהוּא אוֹמֵר שְׁלֹשִׁים וּמְאַת שָׁנָה, הֲרֵי חֲסֵרִים י״ד שָׁנִים, הָא לָמַדְתָּ, שֶׁאַחַר שֶׁקִּבֵּל הַבְּרָכוֹת נִטְמַן בְּבֵית עֵבֶר י״ד שָׁנִים: אֲבָל לֹא נֶעֱנַשׁ בִּזְכוּת הַתּוֹרָה; שֶׁהֲרֵי לֹא פֵּרַשׁ יוֹסֵף מֵאָבִיו אֶלָּא כ״ב שָׁנָה, דְּהַיְנוּ מִי״ז עַד ל״ט, כְּנֶגֶד כ״ב שֶׁפֵּרַשׁ יַעֲקֹב מֵאָבִיו וְלֹא כִבְּדוֹ, וְהֵם כ׳ שָׁנִים בְּבֵית לָבָן וּשְׁתֵּי שָׁנִים שֶׁשָּׁהָה בַּדֶּרֶךְ, כִּדְכְתִיב: וַיִּבֶן לוֹ בָּיִת וּלְמִקְנֵהוּ עָשָׂה סֻכֹּת, וּפֵי׳ רַזַ״ל מִזֶּה הַפָּסוּק שֶׁשָּׁהָה י״ח חֳדָשִׁים בַּדֶּרֶךְ — דְּבַיִת הָיָה בִּימוֹת הַגְּשָׁמִים וְסֻכֹּת הֲווּ בִּימוֹת הַחַמָּה — וּלְחֶשְׁבּוֹן הַפְּסוּקִים שֶׁחָשַׁבְנוּ לְעֵיל מִשֶּׁפֵּרַשׁ מֵאָבִיו עַד שֶׁיָּרַד לְמִצְרַיִם שֶׁהָיָה בֶּן קי״ל שָׁנִים, שֶׁשָּׁם אָנוּ מוֹצְאִים עוֹד י״ד שָׁנִים — אֶלָּא וַדַּאי נִטְמַן בְּבֵית עֵבֶר בַּהֲלִיכָתוֹ לְבֵית לָבָן לִלְמוֹד תּוֹרָה מִמֶּנּוּ, וּבִשְׁבִיל זְכוּת הַתּוֹרָה לֹא נֶעֱנַשׁ עֲלֵיהֶם וְלֹא פֵּרַשׁ יוֹסֵף מִמֶּנּוּ אֶלָּא כ״ב שָׁנָה — מִדָּה כְּנֶגֶד מִדָּה — ע״כ בְּרַשִׁ״י יָשָׁן: על נשיו. הוֹסִיף רִשְׁעָה עַל רִשְׁעָתוֹ, שֶׁלֹּא גֵּרֵשׁ אֶת הָרִאשׁוֹנוֹת:

(י) ויצא יעקב. עַל יְדֵי שֶׁבִּשְׁבִיל שֶׁרָעוֹת בְּנוֹת כְּנַעַן בְּעֵינֵי יִצְחָק אָבִיו הָלַךְ עֵשָׂו אֶל יִשְׁמָעֵאל, הִפְסִיק הָעִנְיָן בְּפָרָשָׁתוֹ שֶׁל יַעֲקֹב, וּכְתִיב וַיַּרְא עֵשָׂו כִּי בֵרַךְ וְגוֹ׳, וּמִשֶּׁגָּמַר חָזַר לָעִנְיָן הָרִאשׁוֹן: ויצא. לֹא הָיָה צָרִיךְ לִכְתּוֹב אֶלָּא וַיֵּלֶךְ יַעֲקֹב חָרָנָה, וְלָמָּה הִזְכִּיר יְצִיאָתוֹ? אֶלָּא מַגִּיד, שֶׁיְּצִיאַת צַדִּיק מִן הַמָּקוֹם עוֹשָׂה רוֹשֶׁם, שֶׁבִּזְמַן שֶׁהַצַּדִּיק בָּעִיר, הוּא הוֹדָהּ הוּא זִיוָהּ, הוּא הֲדָרָהּ; יָצָא מִשָּׁם, פָּנָה הוֹדָהּ, פָּנָה זִיוָהּ, פָּנָה הֲדָרָהּ. וְכֵן: וַתֵּצֵא מִן הַמָּקוֹם הָאָמוּר בְּנָעֳמִי וְרוּת (רות א׳): וילך חרנה. יָצָא לָלֶכֶת לְחָרָן: (יא) ויפגע במקום. לֹא הִזְכִּיר הַכָּתוּב בְּאֵיזֶה מָקוֹם אֶלָּא בַּמָּקוֹם — הַנִּזְכָּר בְּמָקוֹם אַחֵר, הוּא הַר הַמּוֹרִיָּה, שֶׁנֶּאֱמַר בּוֹ: וַיַּרְא אֶת הַמָּקוֹם מֵרָחוֹק: ויפגע. כְּמוֹ וּפָגַע בִּירִיחוֹ וּפָגַע בְּדַבָּשֶׁת (יה׳ ט״ז וי״ט). וְרַבּוֹתֵינוּ פֵּרְשׁוּ לְשׁוֹן תְּפִלָּה (ברכות כ״ו), כְּמוֹ: וְאַל־תִּפְגַּע־בִּי (יר׳ ז׳), וְלָמַדְנוּ שֶׁתִּקֵּן תְּפִלַּת עַרְבִית. וְשִׁנָּה הַכָּתוּב, וְלֹא כָתַב וַיִּתְפַּלֵּל: לְלַמֶּדְךָ, שֶׁקָּפְצָה לוֹ הָאָרֶץ, כְּמוֹ שֶׁמְּפֹרָשׁ בְּפֶרֶק גִּיד הַנָּשֶׁה (חולין צ״א): כי בא השמש. הָיָה לוֹ לִכְתּוֹב וַיָּבֹא הַשֶּׁמֶשׁ וַיָּלֶן שָׁם, כִּי בָא הַשֶּׁמֶשׁ מַשְׁמַע, שֶׁשָּׁקְעָה לוֹ חַמָּה פִּתְאוֹם, שֶׁלֹּא בְּעוֹנָתָהּ, כְּדֵי שֶׁיָּלִין שָׁם: וישם מראשותיו. עֲשָׂאָן כְּמִין מַרְזֵב סָבִיב לְרֹאשׁוֹ, שֶׁיָּרֵא מִפְּנֵי חַיּוֹת רָעוֹת; הִתְחִילוּ מְרִיבוֹת זוֹ אֶת זוֹ, זֹאת אוֹמֶרֶת: עָלַי יָנִיחַ צַדִּיק אֶת רֹאשׁוֹ. וְזֹאת אוֹמֶרֶת: עָלַי יָנִיחַ; מִיָּד עֲשָׂאָן הַקָּבָּ״ה אֶבֶן אַחַת, וְזֶהוּ שֶׁנֶּאֱמַר; וַיִּקַּח אֶת הָאֶבֶן אֲשֶׁר שָׂם מְרַאֲשֹׁתָיו: וישכב במקום ההוא. לְשׁוֹן מִיעוּט; בְּאוֹתוֹ מָקוֹם שָׁכַב אֲבָל י״ד שָׁנִים שֶׁשִּׁמֵּשׁ

Jacob went out from Beer-sheba, and went towards Haran. ¹¹And he lighted upon the place, and tarried there all night, because the sun was set; and he took of the stones of that place, and put them for a resting-place for his head, and lay down in that place. ¹²And he dreamed, and behold a ladder set up on the earth, and the top of it reached to

רש״י

the age of seventeen to that of thirty-nine — corresponding to the twenty-two years during which Jacob was separated from his father and could not perform the duty of honouring him (by actively attending to his needs), viz., the twenty years he spent in Laban's house and the two years he passed in travelling *home* — for it is written (XXXIII. 17) *with regard to his journey homewards*, "And Jacob built him a house and made booths for his cattle", and our Rabbis, of blessed memory, inferred from this verse that during his travels he passed eighteen months *at Succoth*, since a h o u s e means *a dwelling* for the rainy season, and "b o o t h s" means for the summer time¹). *And this statement that the study of the Torah protects one from punishment* fits in with the calculation which we made above, based upon the Sacred Text, *regarding the period* from when he left his father until the time when he went down to Egypt at the age of 130 years, where we found a surplus of 14 years, *so that he must have been absent from his father for 36 years*. But *we may regard it as* certain that when on his journey to Laban he concealed himself in Eber's house it was for the purpose of studying the Torah with him and that because of the merit of *studying* the Torah he received no punishment for them (those fourteen years) so that Joseph was separated from him only twenty-two years "measure for measure". Thus far (beginning at "But he received no punishment") is found in an old Rashi text. על נשיו BESIDES HIS FORMER WIVES — He added wickedness to his wickedness, for he did not divorce his first wives.

ויצא

(10) ויצא יעקב AND JACOB WENT OUT — Owing to the fact that it was because the daughters of Canaan were evil in the eyes of Isaac, his father, that Esau went to Ishmael, Scripture broke off the narrative *contained* in the section dealing with Jacob, and wrote (verse 6 till verse 9), "Now Esau saw that Isaac had blessed [Jacob] etc., *that the daughters of Canaan were evil in the eyes of Isaac and so he went to Ishmael"* and when it finished this (the account of Esau's further marriage) it resumes the previous subject. ויצא [AND JACOB] WENT OUT — It need have written simply "And Jacob went to Haran"; why then does it mention his departure *from Beersheba*? But it intends to tell us that the departure of a righteous person from his city makes an impression. As long as a righteous man is in his city he is its glory and splendour and beauty; when he leaves it, there depart also its glory, its splendour and its beauty. This, too, is the meaning of (Ruth I. 7) "And she went forth out of the place", stated in reference to Naomi and Ruth. וילך חרנה means he went out TO GO TO HARAN. **(11)** ויפגע במקום AND HE LIGHTED UPON THE PLACE — Scripture does not mention which place, *but by writing* בַּמָּקוֹם *th e place it refers to* the place mentioned already in another passage, viz., Mount Moriah of which it is stated (XXII. 4) "And he saw t h e p l a c e (המקום) afar off". ויפגע AND HE LIGHTED — similar are (Josh. XVI. 7) "and it reached (ופגע) unto Jericho", and (ib. XIX. 11) "and reached (ופגע) to Dabesheth". Our Rabbis explained it in the sense of "praying"²), just as (Jer. VII. 16) "Neither make intercession (תפגע) to me". Thus we may learn that Jacob originated the custom of Evening Prayer. Scripture purposely changed the usual *word for "praying"*, not writing ויתפלל "And he prayed" (which would have been the more appropriate word, but ויפגע which means to hit upon a place unexpectedly), to teach you *also* that the ground shrunk before him (the journey was miraculously shortened) as it is explained in the Chapter גיד הנשה (Chul. 91b). כי בא השמש BECAUSE THE SUN WAS

NOTES

¹) for Notes 1 and 2 see Appendix.

הַשָּׁמָיְמָה וְהִנֵּה מַלְאֲכֵי אֱלֹהִים עֹלִים וְיֹרְדִים בּוֹ:
יג וְהִנֵּה יְהוָה נִצָּב עָלָיו וַיֹּאמַר אֲנִי יְהוָה אֱלֹהֵי
אַבְרָהָם אָבִיךָ וֵאלֹהֵי יִצְחָק הָאָרֶץ אֲשֶׁר אַתָּה
שֹׁכֵב עָלֶיהָ לְךָ אֶתְּנֶנָּה וּלְזַרְעֶךָ: יד וְהָיָה זַרְעֲךָ
כַּעֲפַר הָאָרֶץ וּפָרַצְתָּ יָמָּה וָקֵדְמָה וְצָפֹנָה וָנֶגְבָּה
וְנִבְרְכוּ בְךָ כָּל־מִשְׁפְּחֹת הָאֲדָמָה וּבְזַרְעֶךָ:
טו וְהִנֵּה אָנֹכִי עִמָּךְ וּשְׁמַרְתִּיךָ בְּכֹל אֲשֶׁר־תֵּלֵךְ
וַהֲשִׁבֹתִיךָ אֶל־הָאֲדָמָה הַזֹּאת כִּי לֹא אֶעֱזָבְךָ עַד
אֲשֶׁר אִם־עָשִׂיתִי אֵת אֲשֶׁר־דִּבַּרְתִּי לָךְ: טז וַיִּיקַץ
יַעֲקֹב מִשְּׁנָתוֹ וַיֹּאמֶר אָכֵן יֵשׁ יְהוָה בַּמָּקוֹם הַזֶּה
וְאָנֹכִי לֹא יָדָעְתִּי: יז וַיִּירָא וַיֹּאמַר מַה־נּוֹרָא הַמָּקוֹם

אונקלוס

דַּיְיָ סָלְקִין וְנָחֲתִין בֵּהּ: יג וְהָא יְקָרָא־דַיְיָ מְעַתַּד עִלָּוֹהִי וַאֲמַר אֲנָא יְיָ אֱלָהֵהּ
דְּאַבְרָהָם אֲבוּךְ וֵאלָהֵהּ דְּיִצְחָק אַרְעָא דִּי אַתְּ שָׁרֵי עֲלַהּ לָךְ אֶתְּנִנַּהּ וְלִבְנָיךְ:
יד וִיהוֹן בְּנָיךְ סַגִּיאִין כְּעַפְרָא־דְאַרְעָא וְתִתְקַף לְמַעְרְבָא וּלְמָדִינְחָא וּלְצִפּוּנָא
וּלְדָרוֹמָא וְיִתְבָּרְכוּן בְּדִילָךְ כָּל־זַרְעֲיָת אַרְעָא וּבְדִיל בְּנָיךְ: טו וְהָא מֵימְרִי
בְּסַעֲדָךְ וְאֶטְּרִנָּךְ בְּכֹל־אֲתַר דִּי־תְהָךְ וַאֲתִיבִנָּךְ לְאַרְעָא הָדָא אֲרֵי לָא אֶשְׁבְּקִנָּךְ
עַד דִּי אַעְבֵּיד יָת־דְּמַלֵּלִית לָךְ: טז וְאִתְּעַר יַעֲקֹב מִשִּׁנְתֵּהּ וַאֲמַר בְּקוּשְׁטָא
(אִית) יְקָרָא־דַיְיָ שָׁרֵי בְּאַתְרָא הָדֵין וַאֲנָא לָא־הֲוֵיתִי יָדַע: יז וּדְחֵיל וַאֲמַר מָה־

רש״י

בְּבֵית עֵבֶר לֹא שָׁכַב בַּלַּיְלָה, שֶׁהָיָה עוֹסֵק בַּתּוֹרָה: (יב) עלים וירדים. עוֹלִים תְּחִלָּה וְאַחַר כָּךְ יוֹרְדִים? מַלְאָכִים שֶׁלִּוּוּהוּ בָּאָרֶץ, אֵין יוֹצְאִים חוּצָה לָאָרֶץ וְעָלוּ לָרָקִיעַ, וְיָרְדוּ מַלְאֲכֵי חוּצָה לָאָרֶץ לְלַוּוֹתוֹ: (יג) נצב עליו. לְשָׁמְרוֹ: ואלהי יצחק. אַעַ״פּ שֶׁלֹּא מָצִינוּ בַּמִּקְרָא שֶׁיִּחֵד הַקָּבָּ״ה שְׁמוֹ עַל הַצַּדִּיקִים בְּחַיֵּיהֶם לִכְתּוֹב אֱלֹהֵי פְּלוֹנִי, מִשּׁוּם שֶׁנֶּאֱמַר: הֵן בִּקְדוֹשָׁיו לֹא יַאֲמִין (איוב ט״ו), כָּאן יִחֵד שְׁמוֹ עַל יִצְחָק, לְפִי שֶׁכָּהוּ עֵינָיו וְכָלוּא בַּבַּיִת, וַהֲרֵי הוּא כְּמֵת וְיֵצֶר הָרָע פָּסַק מִמֶּנּוּ. תַּנְחוּמָא: שכב עליה. קִפֵּל הַקָּבָּ״ה כָּל אֶרֶץ יִשְׂרָאֵל תַּחְתָּיו, רָמַז לוֹ שֶׁתְּהֵא נוֹחָה לְכָּבֵשׁ לְבָנָיו כְּדֵי אַמּוֹת שֶׁהוּא מְקוֹמוֹ שֶׁל אָדָם (חולין שם): (יד) ופרצת. וְחָזַקְתָּ, כְּמוֹ וְכֵן יִפְרוֹץ (שמ׳ א׳): (טו) אנכי עמך. לְפִי שֶׁהָיָה יָרֵא מֵעֵשָׂו וּמִלָּבָן: עד אשר אם עשיתי. אִם מְשַׁמֵּשׁ בִּלְשׁוֹן כִּי (גיטין צ׳): דברתי לך. לְצָרְכְּךָ וְעָלֶיךָ; מַה שֶּׁהִבְטַחְתִּי לְאַבְרָהָם עַל זַרְעוֹ, לְךָ הִבְטַחְתִּיו, וְלֹא לְעֵשָׂו, שֶׁלֹּא אָמַרְתִּי לוֹ: כִּי יִצְחָק יִקָּרֵא לְךָ זֶרַע אֶלָּא כִּי בְּיִצְחָק, וְלֹא כָּל יִצְחָק, וְכֵן כָּל לִי וְלְךָ וְלוֹ וְלָהֶם, הַסְּמוּכִים אֵצֶל דִּבּוּר מְשַׁמְּשִׁים לְשׁוֹן עַל, וְזֶה יוֹכִיחַ, שֶׁהֲרֵי עִם יַעֲקֹב לֹא דִבֵּר קֹדֶם לָכֵן: (טז) ואנכי לא ידעתי. שֶׁאִם יָדַעְתִּי, לֹא יָשַׁנְתִּי בְּמָקוֹם

132 Genesis XXVIII. 13—17.

heaven: and behold angels of God going up and down on it. 13And, behold, the Eternal stood above it, and said, I am the Eternal God of Abraham thy father, and the God of Isaac: the land whereon thou liest, to thee will I give it, and to thy seed; 14And thy seed shall be as the dust of the earth, and thou shalt spread abroad to the west, and to the east, and to the north, and to the south: and in thee and in thy seed shall all the families of the earth be blessed. 15And behold, I am with thee, and will keep thee whither-soever thou goest, and will restore thee again into this land; for I will not forsake thee, until I have done that which I have spoken to thee. 16And Jacob awoke out of his sleep, and he said, Surely the Eternal is in this place; and I knew it not. 17And he was afraid, and said, How fearful is this place! this

רש"י

SET — It should have written, "The sun set and he tarried there all night", *but the words "he tarried there all night* because the sun set", imply that the sun set unexpectedly — not at its proper time — just in order that he should tarry there over night[1]). וישם מראשתיו AND PUT THEM FOR A RESTING PLACE FOR HIS HEAD — He arranged them in the form of a drain-pipe around his head for he was afraid of wild beasts (Gen. R. 68). They (the stones) began quarrelling with one another. One said, "Upon me let this righteous man rest his head", and another said "Upon me let him rest *it*". Whereupon the Holy One, blessed be He, straightway made them into one stone! This explains what is written (v. 18), "And he took the stone that he had put under his head" (Chul. 91b). וישכב במקום ההוא AND [HE] LAY DOWN IN THAT PLACE — The word ההוא, that, has a limitative force: in that place he lay down to sleep, but during the *previous* fourteen years when he sat under his teachers in the School of Eber he never slept at night for he was *incessantly* engaged in the study of the Torah (Gen. R. 68). **(12)** עלים וירדים ASCENDING AND DESCENDING — *It states* first ascending and afterwards descending! Those angels who accompanied him in the land *of Israel* were not permitted to leave the Land: they ascended to Heaven and angels which *were to minister* outside the Land descended to accompany him (ib.). **(13)** נצב עליו STOOD ABOVE HIM to guard him. ואלהי יצחק AND THE GOD OF ISAAC — Although we do not find in the Scriptures that God associates his Name with that of the righteous whilst they are yet alive by writing, "The God of so-and-so", — because it is said (Job. XV. 15) "Behold He putteth no trust *even* in His holy ones" — here, however, He associated his Name with that of Isaac because his eyes had become dim and he was confined to the house, so that he might be regarded as dead and as though the evil inclination had *already* passed away from him *and he was unlikely to sin any more* (Tanch. Toldoth). שכב עליה THE LAND WHEREON THOU LIEST — The Holy One, blessed be He, rolled together the entire Land of Israel under him, thus intimating to him that it would be as easily conquered by his descendants (Chul. 91b) as a *piece of land* four cubits *in length*, which is the space covered by a person *lying down* (see Rashi, Chul. 91b, and the note of the ב"ח thereon). **(14)** ופרצת *means* AND THOU SHALT BECOME STRONG, like (Ex. I. 12) "the more they became strong (יפרוץ)". **(15)** אנכי עמך I AM WITH THEE — *God promised him this* because he was in terror of Esau and Laban. עד אשר אם עשיתי UNTIL I HAVE DONE — The word אם is here used in the sense of כי (cf. Gittin 90a). דברתי לך *means I have spoken* in thy interest and concerning thee: whatever I promised to Abraham regarding his seed it was in reference to you that I promised it and not in reference to Esau, for I did not say to him "Isaac shall be called thy seed" (which would have signified that all Isaac's descendants would be regarded, also, as Abraham's) but *I said* (XXI. 12) ביצחק "In Isaac" and not all *the issue of* Isaac". In the same way wherever לי or לך or לו or להם are used after *a verbal form of* דבר, they are used in the sense of "concerning". This verse proves *that*

NOTES

1) See Appendix.

הַזֶּה אֵין זֶה כִּי אִם־בֵּית אֱלֹהִים וְזֶה שַׁעַר הַשָּׁמָיִם:
יח וַיַּשְׁכֵּם יַעֲקֹב בַּבֹּקֶר וַיִּקַּח אֶת־הָאֶבֶן אֲשֶׁר־שָׂם
מְרַאֲשֹׁתָיו וַיָּשֶׂם אֹתָהּ מַצֵּבָה וַיִּצֹק שֶׁמֶן עַל־
רֹאשָׁהּ: יט וַיִּקְרָא אֶת־שֵׁם־הַמָּקוֹם הַהוּא בֵּית־אֵל
וְאוּלָם לוּז שֵׁם־הָעִיר לָרִאשֹׁנָה: כ וַיִּדַּר יַעֲקֹב
נֶדֶר לֵאמֹר אִם־יִהְיֶה אֱלֹהִים עִמָּדִי וּשְׁמָרַנִי בַּדֶּרֶךְ
הַזֶּה אֲשֶׁר אָנֹכִי הוֹלֵךְ וְנָתַן־לִי לֶחֶם לֶאֱכֹל וּבֶגֶד
לִלְבֹּשׁ: כא וְשַׁבְתִּי בְשָׁלוֹם אֶל־בֵּית אָבִי וְהָיָה יְהוָה

אונקלוס

דְחִילוּ אַתְרָא הָדֵין לֵית דֵּין אֲתַר־הֶדְיוֹט אֱלָהֵין אֲתַר דְּרַעֲוָא־בֵהּ מִן־קֳדָם יְיָ
וְדֵין תְּרַע קֳבֵל־שְׁמַיָּא: יח וְאַקְדִּים יַעֲקֹב בְּצַפְרָא וּנְסִיב יָת־אַבְנָא דִּי־שַׁוִּי אִסָּדוֹהִי
וְשַׁוִּי יָתַהּ קָמָא וַאֲרִיק מִשְׁחָא עַל־רֵישַׁהּ: יט וּקְרָא יָת־שְׁמָא־דְאַתְרָא הַהוּא
בֵּית־אֵל וּבְרַם לוּז שְׁמָא־דְקַרְתָּא בְּקַדְמֵיתָא: כ וְקַיֵּים יַעֲקֹב קְיָם לְמֵימַר אִם־
יְהֵא מֵימְרָא־דַיְיָ בְּסַעְדִּי וְיִטְּרִנַּנִי בְּאָרְחָא הָדֵין דִּי אֲנָא אָזֵל וְיִתֵּן־לִי לַחְמָא
(נ״י לְחֵם) לְמֵיכַל וּכְסוּ לְמִלְבָּשׁ: כא וְאֵתוּב בִּשְׁלָם לְבֵית אַבָּא וִיהֵא מֵימְרָא־

רש״י

קָדוֹשׁ כָּזֶה: (יז) כי אם בית אלהים. אָ״ר אֶלְעָזָר בְּשֵׁם רַבִּי יוֹסֵי בֶּן זִמְרָא: הַסֻּלָּם הַזֶּה עוֹמֵד בִּבְאֵר שֶׁבַע, וְאֶמְצַע שִׁפּוּעוֹ מַגִּיעַ כְּנֶגֶד בֵּית הַמִּקְדָּשׁ, שֶׁבְּאֵר שֶׁבַע עוֹמֵד בִּדְרוֹמָהּ שֶׁל יְהוּדָה, וִירוּשָׁלַיִם בִּצְפוֹנָהּ — בִּגְבוּל שֶׁבֵּין יְהוּדָה וּבִנְיָמִין — וּבֵית אֵל הָיָה בִּצְפוֹן שֶׁל נַחֲלַת בִּנְיָמִין, בִּגְבוּל שֶׁבֵּין בִּנְיָמִין וּבֵין בְּנֵי יוֹסֵף; נִמְצָא סֻלָּם שֶׁרַגְלָיו בִּבְאֵר שֶׁבַע וְרֹאשׁוֹ בְּבֵית אֵל, מַגִּיעַ אֶמְצַע שִׁפּוּעוֹ נֶגֶד יְרוּשָׁלַיִם; וּלְפִי שֶׁאָמְרוּ רַבּוֹתֵינוּ, שֶׁאָמַר הַקָּבָּ״ה: צַדִּיק זֶה בָּא לְבֵית מְלוֹנִי וְיִפָּטֵר בְּלֹא לִינָה, וְאָמְרוּ: יַעֲקֹב קְרָאָהּ לִירוּשָׁלַיִם בֵּית אֵל וְזוֹ לוּז הִיא, וְלֹא יְרוּשָׁלַיִם, וּמֵהֵיכָן לָמְדוּ לוֹמַר כֵּן? אֲנִי אוֹמֵר, שֶׁנֶּעֱקַר הַר הַמּוֹרִיָּה וּבָא לְכָאן וְזוֹ הִיא קְפִיצַת הָאָרֶץ הָאֲמוּרָה בִּשְׁחִיטַת חוּלִין, שֶׁבָּא בֵּית הַמִּקְדָּשׁ לִקְרָאתוֹ עַד בֵּית אֵל, וְזֶהוּ: וַיִּפְגַּע בַּמָּקוֹם. וְאִם תֹּאמַר: כְּשֶׁעָבַר יַעֲקֹב עַל בֵּית הַמִּקְדָּשׁ, מַדּוּעַ לֹא עִכְּבוֹ שָׁם? אִיהוּ לֹא יָהַב לִבֵּיהּ לְהִתְפַּלֵּל בַּמָּקוֹם שֶׁהִתְפַּלְּלוּ אֲבוֹתָיו, וּמִן הַשָּׁמַיִם יְעַכְּבוּהוּ! אִיהוּ עַד חָרָן אֲזַל, כִּדְאָמְרִינַן בְּפֶרֶק גִּיד הַנָּשֶׁה; וּקְרָא מוֹכִיחַ: וַיֵּלֶךְ חָרָנָה; כִּי מָטָא לְחָרָן, אָמַר: אֶפְשָׁר שֶׁעָבַרְתִּי עַל מָקוֹם שֶׁהִתְפַּלְּלוּ אֲבוֹתַי וְלֹא הִתְפַּלַּלְתִּי בוֹ? יָהַב דַּעְתֵּיהּ לְמֶהְדַּר וְחָזַר עַד בֵּית אֵל וְקָפְצָה לוֹ הָאָרֶץ. הַאי בֵּית אֵל לֹא הַסָּמוּךְ לְעַי הוּא אֶלָּא לִירוּשָׁלַיִם, וְעַל שֵׁם יִהְיֶה בֵּית אֱלֹהִים קְרָאוֹ בֵּית אֵל, וְהוּא הַר הַמּוֹרִיָּה שֶׁהִתְפַּלֵּל בּוֹ אַבְרָהָם, וְהוּא שָׂדֶה שֶׁהִתְפַּלֵּל בּוֹ יִצְחָק, כִּדְכְתִיב לָשׂוּחַ בַּשָּׂדֶה; דְּהָכִי אָמְרִינַן בִּפְסָחִים „אֶל הַר ד׳ וְאֶל בֵּית אֱלֹהֵי יַעֲקֹב״ — מַאי שְׁנָא יַעֲקֹב? אֶלָּא לֹא כְּאַבְרָהָם שֶׁקְּרָאוֹ הַר, דִּכְתִיב בְּהַר ד׳ יֵרָאֶה, וְלֹא כְּיִצְחָק שֶׁקְּרָאוֹ שָׂדֶה דִּכְתִיב לָשׂוּחַ בַּשָּׂדֶה, אֶלָּא כְּיַעֲקֹב שֶׁקְּרָאוֹ בַּיִת (עַ״כ פֵּרַשׁ״י מְדֻיָּק): מה נורא. תַּרְגּוּם: מַה דְּחִילוּ אַתְרָא הָדֵין. דְּחִילוּ שֵׁם דָּבָר הוּא, כְּמוֹ סוֹכַלְתָנוּ. וּכְסוּ לְמִלְבָּשׁ: וזה שער השמים. מְקוֹם תְּפִלָּה לַעֲלוֹת תְּפִלָּתָם הַשָּׁמַיְמָה. וּמִדְרָשׁוֹ, שֶׁבֵּית הַמִּקְדָּשׁ שֶׁל מַעְלָה מְכֻוָּן כְּנֶגֶד בֵּית הַמִּקְדָּשׁ שֶׁל מַטָּה: (כ) אם יהיה אלהים עמדי. אִם יִשְׁמוֹר לִי הַבְטָחוֹת הַלָּלוּ שֶׁהִבְטִיחַנִי לִהְיוֹת עִמָּדִי, כְּמוֹ שֶׁאָמַר לִי, וְהִנֵּה אָנֹכִי עִמָּךְ: ושמרני. כְּמוֹ שֶׁאָמַר לִי: וּשְׁמַרְתִּיךָ בְּכֹל אֲשֶׁר תֵּלֵךְ: ונתן

is none other but the house of God, and this is the gate of heaven. ¹⁸And Jacob rose early in the morning, and took the stone that he had put for a resting-place for his head, and set it up for a pillar, and poured oil upon the top of it. ¹⁹and he called the name of that place Beth-el: whereas Luz had been the name of the city at the first. ²⁰And Jacob vowed a vow, saying, If God will be with me, and will keep me in this way that I go, and will give me bread to eat, and a garment to put on, ²¹So that I return to my father's house in peace: then shall the

רש"י

this is so, since it cannot mean "I have spoken to thee" as He had never spoken to Jacob before this *occasion*. **(16)** ואנכי לא ידעתי AND I KNEW IT NOT — for had I known it I would not have slept in such a holy place as this. **(17)** כי אם בית אלהים THIS IS NONE OTHER THAN THE HOUSE OF GOD — R. Eleazar said in the name of R. José the son of Zimra: "This ladder stood in Beersheba and [the middle of]¹) its slope reached opposite the Temple" (Gen. R. 69). For Beersheba is situated in the South of Judah, Jerusalem in the North of it on the boundary between Judah and Benjamin and Bethel in the North of Benjamin's territory, on the border between *the land of* Benjamin and *that of* the children of Joseph. It follows, therefore, that a ladder whose foot is in Beersheba and whose top is in Bethel has the m i d d l e of its slope reaching opposite Jerusalem. Now as regards what our Rabbis stated (Chul. 91b) that the Holy One, blessed be He, said, "This righteous man has came to the place where I dwell (i. e., the Temple at Jerusalem, whilst from here it is evident that he had come to Luz) and shall he depart without staying here over night?", and with regard to what they also said, (Pesach. 88a) "Jacob gave the name Bethel to Jerusalem", whereas this place *which he called Bethel* was Luz and not Jerusalem, whence did they learn to make this statement (which implies that Luz is identical with Jerusalem)? I say that Mount Moriah was forcibly removed from its locality and came hither (to Luz), and that this is what is meant by the "shrinking" of the ground that is mentioned in the Treatise Chulin (91b) — that the *site of the Temple* came towards him (Jacob) as far as Bethel and this too is what is meant by ויפגע במקום, "he lighted upon t h e place" (i. e., he "met" t h e place, as two people meet who are moving towards each other; cf. Rashi on v. 11). *Now, since Jacob's route must have been from Beersheba to Jerusalem and thence to Luz and Haran and consequently when he reached Luz he had passed Jerusalem*, if you should ask, "When Jacob passed the Temple why did He not make him stop there?" — If it never entered his mind to pray at the spot where his fathers had prayed should Heaven force him to stop there *to do so? Really* he had reached as far as Haran as we say in the Chapter גיד הנשה (ib.), and Scripture itself proves this since it states, "And he w e n t to Haran". When he arrived at Haran he said, "Is it possible that I have passed the place where my fathers prayed without myself praying there?" He decided to return and got as far as Bethel where the ground "shrank" for him. This Bethel is not *the Bethel* that is near Ai (cf. XII. 8) but that which is near Jerusalem, and because *he said of it*, "It shall be the House of God", he called it Bethel. This, too, is M o u n t Moriah, where Abraham prayed, and it is also the f i e l d in which Isaac offered prayer as it is written, "[Isaac went out] to meditate (i. e., to pray; cf. XXIV. 63) in the field". Thus, too, do we read in the Treatise Pesachim (88a) in *a comment on the verse Micah IV. 2:* "[O come ye and let us go up] to the mountain of the Lord (i.e. the mountain upon which the Temple is built) and to the house of the God of Jacob". What particular reason is there for mentioning Jacob? *But the text calls the Temple* not as Abraham did who called it a mount, and not as Isaac did, who called it a field, but as J a c o b did who called it Beth[el] — the House of God. (To here from "This Bethel" is to be found in a certain correct Rashi-text). מה נורא HOW FEARFUL — In the Targum it is translated by "How

N O T E S

¹⁾ See Appendix.

לִ֖י לֵאלֹהִֽים׃ כב וְהָאֶ֣בֶן הַזֹּ֗את אֲשֶׁר־שַׂ֙מְתִּי֙ מַצֵּבָ֔ה
יִהְיֶ֖ה בֵּ֣ית אֱלֹהִ֑ים וְכֹל֙ אֲשֶׁ֣ר תִּתֶּן־לִ֔י עַשֵּׂ֖ר אֲעַשְּׂרֶ֥נּוּ
לָֽךְ׃ כט שני א וַיִּשָּׂ֥א יַעֲקֹ֖ב רַגְלָ֑יו וַיֵּ֖לֶךְ אַ֥רְצָה בְנֵי־
קֶֽדֶם׃ ב וַיַּ֞רְא וְהִנֵּ֧ה בְאֵ֣ר בַּשָּׂדֶ֗ה וְהִנֵּה־שָׁ֞ם שְׁלֹשָׁ֤ה
עֶדְרֵי־צֹאן֙ רֹבְצִ֣ים עָלֶ֔יהָ כִּ֚י מִן־הַבְּאֵ֣ר הַהִ֔וא
יַשְׁק֖וּ הָעֲדָרִ֑ים וְהָאֶ֥בֶן גְּדֹלָ֖ה עַל־פִּ֥י הַבְּאֵֽר׃
ג וְנֶאֶסְפוּ־שָׁ֣מָּה כָל־הָעֲדָרִ֗ים וְגָלְל֤וּ אֶת־הָאֶ֙בֶן֙ מֵעַל֙
פִּ֣י הַבְּאֵ֔ר וְהִשְׁק֖וּ אֶת־הַצֹּ֑אן וְהֵשִׁ֧יבוּ אֶת־הָאֶ֛בֶן
עַל־פִּ֥י הַבְּאֵ֖ר לִמְקֹמָֽהּ׃ ד וַיֹּ֤אמֶר לָהֶם֙ יַעֲקֹ֔ב אַחַ֖י
מֵאַ֣יִן אַתֶּ֑ם וַיֹּ֣אמְר֔וּ מֵחָרָ֖ן אֲנָֽחְנוּ׃ ה וַיֹּ֣אמֶר לָהֶ֔ם
הַיְדַעְתֶּ֖ם אֶת־לָבָ֣ן בֶּן־נָח֑וֹר וַיֹּאמְר֖וּ יָדָֽעְנוּ׃ ו וַיֹּ֥אמֶר

אונקלוס

דַייָ לִי לֶאֱלָהּ: כב וְאַבְנָא הָדָא דִּי שַׁוֵּיתִי קָמָא תְּהֵי דִּי־אֱהֵי־פָּלַח־עֲלַהּ קֳדָם־ייָ, וְכֹל דִּי תִתֶּן־לִי חַד־מִן־עַסְרָא אַפְרְשִׁנֵּהּ קֳדָמָךְ: א וּנְטַל יַעֲקֹב רַגְלוֹהִי (נ"י ריגלוהי) וַאֲזַל לַאֲרַע בְּנֵי־מַדִּינְחָא: ב וַחֲזָא וְהָא בֵירָא בְּחַקְלָא וְהָא־תַמָּן תְּלָתָא עֶדְרִין־דְּעָן רָבְעִין עֲלַהּ אֲרֵי מִן־בֵּירָא הַהִיא מַשְׁקַן עֶדְרַיָּא וְאַבְנָא רַבְּתָא עַל־פּוּמָא דְבֵירָא: ג וּמִתְכַּנְּשִׁין לְתַמָּן כָּל־עֶדְרַיָּא וּמְגַנְדְּרִין יָת־אַבְנָא מֵעַל־פּוּמָא דְבֵירָא וּמַשְׁקַן יָת־עָנָא וּמְתִיבִין יָת־אַבְנָא עַל־פּוּמָא דְבֵירָא לְאַתְרַהּ: ד וַאֲמַר לְהוֹן יַעֲקֹב אַחַי מְנַן אַתּוּן וַאֲמַרוּ מֵחָרָן אֲנַחְנָא: ה וַאֲמַר לְהוֹן הַיְדַעְתּוּן יָת־לָבָן בַּר־נָחוֹר וַאֲמַרוּ יָדְעִנָן: ו וַאֲמַר לְהוֹן הַשְׁלָם לֵהּ וַאֲמַרוּ שְׁלָם וְהָא רָחֵל

רש"י

לי לחם לאכל. כְּמוֹ שֶׁאָמַר: כִּי לֹא אֶעֱזָבְךָ וְהַמְבַקֵּשׁ לֶחֶם הוּא קָרוּי נֶעֱזָב, שֶׁנֶּאֱמַר: וְלֹא רָאִיתִי צַדִּיק נֶעֱזָב וְזַרְעוֹ מְבַקֶּשׁ לָחֶם (תה' ל"ז): (כא) ושבתי. כְּמוֹ שֶׁאָמַר לִי: וַהֲשִׁיבוֹתִיךָ אֶל הָאֲדָמָה: בשלום. שָׁלֵם מִן הַחֵטְא, שֶׁלֹּא אֶלְמַד מִדַּרְכֵי לָבָן: והיה ה' לי לאלהים. שֶׁיָּחוּל שְׁמוֹ עָלַי מִתְּחִלָּה וְעַד סוֹף, שֶׁלֹּא יִמָּצֵא פְּסוּל בְּזַרְעִי, כְּמוֹ שֶׁנֶּאֱמַר אֲשֶׁר דִּבַּרְתִּי לָךְ; וְהַבְטָחָה זוֹ הִבְטִיחַ לְאַבְרָהָם, שֶׁנֶּאֱמַר: לִהְיוֹת לְךָ לֵאלֹהִים וּלְזַרְעֲךָ אַחֲרֶיךָ (בראי י"ז): (כב) והאבן הזאת. כָּךְ תְּפָרֵשׁ וָי"ו זוֹ שֶׁל וְהָאֶבֶן: אִם תַּעֲשֶׂה לִי אֶת אֵלֶּה, אֲנִי אֶעֱשֶׂה זֹאת: והאבן הזאת אשר שמתי מצבה וגו'. כְּתַרְגּוּמוֹ אֱהֵי פָּלַח עֲלַהּ קֳדָם ה'. וְכֵן עָשָׂה בְּשׁוּבוֹ מִפַּדַּן אֲרָם; כְּשֶׁאָמַר לוֹ קוּם עֲלֵה בֵית אֵל (שם ל"ה י"ד) מַה נֶּאֱמַר שָׁם? וַיַּצֵּב יַעֲקֹב מַצֵּבָה וַיַּסֵּךְ עָלֶיהָ נֶסֶךְ:

כט (א) וישא יעקב רגליו. מִשֶּׁנִּתְבַּשֵּׂר בְּשׂוֹרָה טוֹבָה שֶׁהֻבְטַח בִּשְׁמִירָה נָשָׂא לִבּוֹ אֶת רַגְלָיו וְנַעֲשָׂה קַל לָלֶכֶת. כָּךְ מְפוֹרָשׁ בִּבְ"ר. (ב) ישקו העדרים. מַשְׁקִים הָרוֹעִים אֶת הָעֲדָרִים, וְהַמִּקְרָא דִבֵּר בְּלָשׁוֹן קְצָרָה: (ג) ונאספו. רְגִילִים הָיוּ לְהֵאָסֵף, לְפִי שֶׁהָיְתָה הָאֶבֶן גְּדוֹלָה:

Eternal be my God; ²²and this stone which I have put for a pillar, shall be God's house: and of all that thou shalt give me I will surely give the tenth unto thee.

29. ¹Then Jacob lifted up his feet, and went into the land of the children of the east. ²And he saw, and behold a well in the field, and, lo, there were three droves of sheep crouching by it; for out of that well they gave the droves drink: and the stone upon the well's mouth was great. ³And thither were all the droves gathered: and they rolled the stone from the well's mouth, and gave the flocks drink, and restored the stone upon the well's mouth in its place. ⁴And Jacob said unto them, My brethren, whence are ye? And they said, of Haran are we. ⁵And he said unto them, Know ye Laban the son of Nahor? And they said, We know him.

רש"י

דחילו is this place!" דחילו is a noun, like סוכלתנו which is the Targum of תבונה "understanding" (Deut. XXXII. 28), and [למלבש] וכסו which is the Targum of ובגר ללבש "and raiment to put on"¹) (Gen. XXVIII. 20). וזה שער השמים AND THIS IS THE GATE OF HEAVEN — a place of prayer where their prayers would ascend to heaven. The Midrash states (Gen. R. 69) that the Heavenly Temple is situated immediately opposite the Earthly Temple (so that the Temple at Jerusalem-Bethel may be styled "the gate" to the Heavenly Temple). **(20)** אם יהיה אלהים עמדי IF GOD WILL BE WITH ME — if He will keep for me these promises which He has made me that He would be with me, even as He said to me (v. 15), "Behold, I am with thee" (Gen. R. 69), ושמרני AND IF HE WILL KEEP ME — even as He said to me (v. 15) "And I will keep thee whithersoever thou goest", (Gen. R. 69) ונתן לי לחם לאכול AND IF HE WILL GIVE ME BREAD TO EAT — even as He said (v. 15) "For I will not f o r s a k e thee", — for one who has to beg his bread is called "forsaken", as it is said (Ps. XXXVII. 25) "I have not seen the righteous f o r s a k e n and his seed b e g g i n g b r e a d". (Gen. R. 69), **(21)** ושבתי SO THAT I RETURN — even as He said (v. 15) "I will restore thee again into this land" (Gen. R. 69), בשלום IN PEACE, perfectly free (שָׁלֵם) from sin, not having learnt evil from Laban's ways, והיה ה' לי לאלהים AND IF THE LORD WILL BE MY GOOD, in that His Name shall rest upon me from the beginning to the end: that no unworthy person shall be found in my descendants (cf. Sifré ואתחנן) — just as it is said (v. 15), "I will do that which I spake c o n - c e r n i n g t h e e"; and this promise He made to Abraham, as it is said (XVII. 7) "T o b e a G o d unto thee and unto t h y s e e d after thee", **(22)** והאבן הזאת THEN THIS STONE — This is how you should explain the ו of והאבן: i f H e will do these things mentioned in v. 15 as He promised, t h e n I, also, will do this: והאבן הזאת אשר שמתי מצבה THEN THIS STONE WHICH I HAVE SET UP FOR A PILLAR etc. — Explain it as the Targum translates it: "I shall serve the Lord upon it". This, indeed, he did on his return from Padan-aram, when God said to him, (XXXV. 1) "Arise, go up to Bethel". What is stated there? "And Jacob set up a p i l l a r ... and he poured out a drink-offering thereon" (ib. 14).

29. (1) וישא יעקב רגליו THEN JACOB LIFTED UP HIS FEET — As soon as he received the good tidings that he was assured of God's protection his heart lifted up his feet and he walked swiftly. Thus is it explained in Bereshith Rabbah (70). **(2)** וישקו העדרים THEY GAVE THE DROVES DRINK — the s h e p h e r d s used to water the flocks: this verse uses an elliptical phrase (omitting the subject "the shepherds"). **(3)** ונאספו [AND THITHER WERE ALL THE DROVES] GATHERED — they regularly gathered there because the stone was

NOTES

¹) See Appendix.

לָהֶם הֲשָׁל֣וֹם ל֑וֹ וַיֹּאמְר֣וּ שָׁל֔וֹם וְהִנֵּה֙ רָחֵ֣ל בִּתּ֔וֹ
בָּאָ֖ה עִם־הַצֹּֽאן׃ ז וַיֹּ֗אמֶר הֵ֥ן ע֙וֹד֙ הַיּ֣וֹם גָּד֔וֹל לֹא־
עֵ֖ת הֵאָסֵ֣ף הַמִּקְנֶ֑ה הַשְׁק֥וּ הַצֹּ֖אן וּלְכ֥וּ רְעֽוּ׃ ח וַיֹּאמְרוּ֮
לֹ֣א נוּכַל֒ עַ֣ד אֲשֶׁ֤ר יֵאָֽסְפוּ֙ כָּל־הָ֣עֲדָרִ֔ים וְגָֽלֲלוּ֙ אֶת־
הָאֶ֔בֶן מֵעַ֖ל פִּ֣י הַבְּאֵ֑ר וְהִשְׁקִ֖ינוּ הַצֹּֽאן׃ ט עוֹדֶ֖נּוּ
מְדַבֵּ֣ר עִמָּ֑ם וְרָחֵ֣ל ׀ בָּ֗אָה עִם־הַצֹּאן֙ אֲשֶׁ֣ר לְאָבִ֔יהָ
כִּ֥י רֹעָ֖ה הִֽוא׃ י וַיְהִ֡י כַּֽאֲשֶׁר֩ רָאָ֨ה יַעֲקֹ֜ב אֶת־רָחֵ֗ל
בַּת־לָבָן֙ אֲחִ֣י אִמּ֔וֹ וְאֶת־צֹ֥אן לָבָ֖ן אֲחִ֣י אִמּ֑וֹ וַיִּגַּ֣שׁ
יַעֲקֹ֗ב וַיָּ֤גֶל אֶת־הָאֶ֙בֶן֙ מֵעַל֙ פִּ֣י הַבְּאֵ֔ר וַיַּ֕שְׁקְ אֶת־
צֹ֖אן לָבָ֥ן אֲחִ֥י אִמּֽוֹ׃ יא וַיִּשַּׁ֥ק יַעֲקֹ֖ב לְרָחֵ֑ל וַיִּשָּׂ֥א אֶת־
קֹל֖וֹ וַיֵּֽבְךְּ׃ יב וַיַּגֵּ֨ד יַעֲקֹ֜ב לְרָחֵ֗ל כִּ֣י אֲחִ֤י אָבִ֙יהָ֙ ה֔וּא

אונקלוס

בְּרַתֵּהּ אָתְיָא עִם־עָנָא: ז וַאֲמַר הָא עוֹד יוֹמָא סַגִּי לָא עִדָּן לְמִכְנַשׁ בְּעִיר אַשְׁקוּ
עָנָא וְאִזִילוּ רְעוּ: ח וַאֲמָרוּ לָא נִכּוֹל עַד דִּי־מִתְכַּנְשִׁין כָּל־עֶדְרַיָּא וּמְגַנְדְּרִין יָת־
אַבְנָא מֵעַל פּוּמָא דְבֵירָא וְנַשְׁקֵי עָנָא: ט עַד־דְּהוּא מְמַלֵּל עִמְּהוֹן וְרָחֵל אֲתָת
עִם־עָנָא דִּי לַאֲבוּהָ אֲרֵי רָעִיתָא הִיא: י וַהֲוָה כַּד חֲזָא יַעֲקֹב יָת־רָחֵל בַּת־לָבָן
אֲחוּהָא דְאִמֵּהּ וְיָת־עָנָא דְלָבָן אֲחוּהָא דְאִמֵּהּ וּקְרֵב יַעֲקֹב וּמְגַנְדַּר יָת־אַבְנָא
מֵעַל־פּוּמָא דְבֵירָא וְאַשְׁקִי יָת־עָנָא דְלָבָן אֲחוּהָא דְאִמֵּהּ: יא וּנְשַׁק יַעֲקֹב לְרָחֵל
וַאֲרִים יָת־קָלֵהּ וּבְכָא: יב וְחַוִּי יַעֲקֹב לְרָחֵל אֲרֵי בַר־אֲחָת דַּאֲבוּהָ הוּא וַאֲרֵי

רש״י

וגללו. וְגוֹלְלִים, וְתַרְגּוּמוֹ: וּמְגַנְדְּרִין. כָּל לְשׁוֹן הֹוֶה מִשְׁתַּנֶּה לְדַבֵּר בִּלְשׁוֹן עָתִיד וּבִלְשׁוֹן עָבָר, לְפִי שֶׁכָּל דָּבָר הַהוֹוֶה תָּמִיד כְּבָר הָיָה וְעָתִיד לִהְיוֹת: והשיבו. תַּרְגּוּמוֹ: וּמְתִיבִין: (ו) באה עם הצאן. הַטַּעַם בְּאָלֶ״ף וְתַרְגּוּמוֹ אָתְיָא; וְרָחֵל בָּאָה — הַטַּעַם לְמַעְלָה בְּבֵ״ת וְתַרְגּוּמוֹ אֲתָת; הָרִאשׁוֹן לְשׁוֹן עוֹשָׂה וְהַשֵּׁנִי לְשׁוֹן עָשְׂתָה: (ז) הן עוד היום גדול. לְפִי שֶׁרָאָה אוֹתָם רוֹבְצִים, כְּסָבוּר שֶׁרוֹצִים לֶאֱסֹף הַמִּקְנֶה הַבַּיְתָה, וְלֹא יִרְעוּ עוֹד, אָמַר לָהֶן: הֵן עוֹד הַיּוֹם גָּדוֹל, כְּלוֹמַר אִם שְׂכִירִים אַתֶּם לֹא שִׁלַּמְתֶּם פְּעֻלַּת הַיּוֹם, וְאִם הַבְּהֵמוֹת שֶׁלָּכֶם, אַעַ״פ כֵּן לֹא עֵת הֵאָסֵף הַמִּקְנֶה וְגוֹ׳ (ב״ר): (ח) לא נוכל. לְהַשְׁקוֹת, לְפִי שֶׁהָאֶבֶן גְּדוֹלָה: וגללו. זֶה מְתֻרְגָּם וִיגַנְדְּרוּן, לְפִי שֶׁהוּא לְשׁוֹן עָתִיד: (י) ויגש יעקב ויגל. כְּמִי שֶׁמַּעֲבִיר אֶת הַפְּקָק מֵעַל פִּי צְלוֹחִית; לְהוֹדִיעֲךָ שֶׁכֹּחוֹ גָּדוֹל (ב״ר): (יא) ויבך. לְפִי שֶׁצָּפָה בְּרוּחַ הַקֹּדֶשׁ שֶׁאֵינָהּ נִכְנֶסֶת עִמּוֹ לַקְּבוּרָה. דָּ״אֶ: לְפִי שֶׁבָּא בְּיָדַיִם רֵקָנִיּוֹת; אָמַר: אֱלִיעֶזֶר עֶבֶד אֲבִי אַבָּא הָיוּ בְּיָדָיו נְזָמִים וּצְמִידִים וּמִגְדָּנוֹת וַאֲנִי אֵין בְּיָדִי כְּלוּם; לְפִי שֶׁרָדַף אֱלִיפַז בֶּן עֵשָׂו בְּמִצְוַת אָבִיו אַחֲרָיו לְהָרְגוֹ, וְהִשִּׂיגוֹ, וּלְפִי שֶׁגָּדַל אֱלִיפַז בְּחֵיקוֹ שֶׁל יִצְחָק, מָשַׁךְ יָדָיו. אָמַר לוֹ: מָה אֶעֱשֶׂה לְצִוּוּי שֶׁל אַבָּא? אָמַר לוֹ יַעֲקֹב:

135 Genesis XXIX. 6—12.

6And he said unto them, Is he well? And they said, He is well: and, be-
hold, Rachel his daughter is coming with the flock. 7And he said, Lo,
it is yet high day, it is not yet time for the cattle to be gathered: give
ye drink to the flock, and go and feed them. 8And they said, We cannot,
until all the droves be gathered, and till they roll the stone from the
well's mouth; then we give the flock drink. 9And while he yet spake with
them, Rachel came with her father's flock: for she was a shepherdess.
10And it came to pass, when Jacob saw Rachel the daughter of Laban his
mother's brother, and the flock of Laban his mother's brother, that
Jacob stepped near, and rolled the stone from the well's mouth,
and gave drink to the flock of Laban his mother's brother. 11And
Jacob kissed Rachel, and lifted up his voice, and wept. 12And
Jacob told Rachel that he was her father's kinsman, and that he

רש״י

a heavy one. וגללו AND THEY ROLLED THE STONE — *it means* and they used to roll. In the Targum it is *therefore* translated by ומגנדרין (a participle). The idea of frequentative action is expressed indifferently by the imperfect (future) or the perfect (past) because every action that occurs continually, has already happened and will again happen, והשיבו AND RESTORED [THE STONE] — In the Targum it is translated by ומתיבין (a participle) — and they were *always* putting back. **(6)** באה עם הצאן IS COMING WITH THE FLOCK — The accent *in the word* באה is on the א, and the Targum is אתיא (a partiiple), "she is coming"; but *in* (v. 9) "And Rachel came (באה)", the accent is on the first syllable, on the ב, and the Targum is אתת, "she came". The former expresses the meaning "she is doing something" (a participle), the latter expresses the meaning "she has done something" (a past tense). **(7)** הן עוד היום גדול LO, IT IS YET HIGH DAY — Because he saw them lying down he thought that they wished to take the cattle home, and that they should not graze any longer. He, therefore, said to them, "Lo, it is yet high day" — meaning, if you are hired men you have not yet finished your day's task, and if these are your own cattle, nevertheless — לא עת האסף המקנה וגו׳ IT IS NOT YET TIME FOR THE CATTLET TO BE GATHERED TOGETHER TO TAKE THEM HOME (Gen. R. 70). **(8)** לא נוכל WE CANNOT give them water because the stone is a heavy one. וגללו AND THEY ROLL AWAY — This word is rendered in the Targum by ויגנדרון "and they will roll away" (whilst in v. 3 it is rendered by an Aramaic participle) because the verb has *here* a future meaning. **(10)** ויגש יעקב ויגל JACOB STEPPED NEAR AND ROLLED [THE STONE], as *easily as* one draws the stopper from the mouth of a bottle — thus showing you how strong he was[1]). **(11)** ויבך AND HE WEPT, because he foresaw by the Holy Spirit that she would not be buried with him in *the cave of Machpelah*. Another explanation is: *he wept* because he came with empty hands. He thought: Eliezer, my grandfather's servant, had with him rings, bracelets and all good things, whilst I have nothing with me (ib.). *This was* because Eliphaz Esau's son pursued Jacob by his father's order to kill him, and overtook him. But because Eliphaz had been brought up on Isaac's lap, (cp. Deut. R. 2) he withheld his hand. He said to him (Jacob), "But what shall I

NOTES

1) Rashi derives this idea from the sequence of the two verbs (and for this reason, too, he does not attach his comment to ויגל alone, but to the two verbs): "He stepped near and rolled" i. e. no sooner had he stepped near than he rolled the stone away. See a somewhat similar explanation on XVI. 4 and for a similar reason.

וְכִי בֶן־רִבְקָה הוּא וַתָּרָץ וַתַּגֵּד לְאָבִיהָ׃ יג וַיְהִי
כִשְׁמֹעַ לָבָן אֶת־שֵׁמַע ׀ יַעֲקֹב בֶּן־אֲחֹתוֹ וַיָּרָץ
לִקְרָאתוֹ וַיְחַבֶּק־לוֹ וַיְנַשֶּׁק־לוֹ וַיְבִיאֵהוּ אֶל־בֵּיתוֹ
וַיְסַפֵּר לְלָבָן אֵת כָּל־הַדְּבָרִים הָאֵלֶּה׃ יד וַיֹּאמֶר
לוֹ לָבָן אַךְ עַצְמִי וּבְשָׂרִי אָתָּה וַיֵּשֶׁב עִמּוֹ חֹדֶשׁ
יָמִים׃ טו וַיֹּאמֶר לָבָן לְיַעֲקֹב הֲכִי־אָחִי אַתָּה
וַעֲבַדְתַּנִי חִנָּם הַגִּידָה לִּי מַה־מַּשְׂכֻּרְתֶּךָ׃ טז וּלְלָבָן
שְׁתֵּי בָנוֹת שֵׁם הַגְּדֹלָה לֵאָה וְשֵׁם הַקְּטַנָּה רָחֵל׃
יז וְעֵינֵי לֵאָה רַכּוֹת וְרָחֵל הָיְתָה יְפַת־תֹּאַר וִיפַת
מַרְאֶה׃ שלישי יח וַיֶּאֱהַב יַעֲקֹב אֶת־רָחֵל וַיֹּאמֶר

אונקלוס

בַּר־רִבְקָה הוּא וּרְהָטַת וְחַוִּיאַת לַאֲבוּהָא׃ יג וַהֲוָה כַּד־שְׁמַע לָבָן יָת־שֵׁמַע ׀
יַעֲקֹב בַּר־אֲחָתֵהּ וּרְהַט לְקַדָּמוּתֵהּ וְגַפֵּף לֵהּ וְנַשִּׁיק־לֵהּ וְאַעְלֵהּ לְבֵיתֵהּ וְאִשְׁתָּעִי
לְלָבָן יָת כָּל־פִּתְגָּמַיָּא הָאִלֵּין׃ יד וַאֲמַר לֵהּ לָבָן בְּרַם קָרִיבִי וּבִשְׂרִי אַתְּ וִיתֵיב
עִמֵּהּ יְרַח יוֹמִין׃ טו וַאֲמַר לָבָן לְיַעֲקֹב הֲמִדְּאָחִי אַתְּ וְתִפְלְחִנַּנִי מַגָּן חֲוִי־לִי מָה־
אַגְרָךְ׃ טז וּלְלָבָן תַּרְתֵּין בְּנָן שׁוּם רַבְּתָא לֵאָה וְשׁוּם זְעֶרְתָּא רָחֵל׃ יז וְעֵינֵי
לֵאָה יָאָן וְרָחֵל הֲוַת שַׁפִּירָא־בְרֵיוָא וְיָאְיָא בְּחֶזְוָא׃ יח וּרְחֵם יַעֲקֹב יָת־רָחֵל

רש"י

טול מַה שֶּׁבְּיָדִי, וְהֶעָנִי חָשׁוּב כְּמֵת: (יב) כי אחי אביה הוא. קָרוֹב לְאָבִיהָ, כְּמוֹ: אֲנָשִׁים אַחִים אֲנָחְנוּ. וּמִדְרָשׁוֹ: אִם לְרַמָּאוּת הוּא בָּא, גַּם אֲנִי אָחִיו בְּרַמָּאוּת, וְאִם אָדָם כָּשֵׁר הוּא, גַּם אֲנִי בֶּן רִבְקָה אֲחוֹתוֹ הַכְּשֵׁרָה: ותגד לאביה. לְפִי שֶׁאִמָּהּ מֵתָה, וְלֹא הָיָה לָהּ לְהַגִּיד אֶלָּא לוֹ (ב"ר): (יג) וירץ לקראתו. כְּסָבוּר מָמוֹן הוּא טָעוּן, שֶׁהֲרֵי עֶבֶד הַבַּיִת בָּא לְכָאן בַּעֲשָׂרָה גְמַלִּים טְעוּנִים: ויחבק. כְּשֶׁלֹּא רָאָה עִמּוֹ כְלוּם, אָמַר: שֶׁמָּא זְהוּבִים הֵבִיא וְהִנָּם בְּחֵיקוֹ: וינשק לו. אָמַר: שֶׁמָּא מַרְגָּלִיּוֹת הֵבִיא וְהֵם בְּפִיו, בְּ"ר: ויספר ללבן. שֶׁלֹּא בָא אֶלָּא מִתּוֹךְ אֹנֶס אָחִיו, וְשֶׁנָּטְלוּ מָמוֹנוֹ מִמֶּנּוּ: (יד) אך עצמי ובשרי. מֵעַתָּה אֵין לִי לְאָסְפְךָ הַבַּיְתָה, הוֹאִיל וְאֵין בְּיָדְךָ כְלוּם, אֶלָּא מִפְּנֵי קוּרְבָה אֲטַפֵּל בְּךָ חֹדֶשׁ יָמִים, וְכֵן עָשָׂה, וְאַף זוֹ לֹא לְחִנָּם, שֶׁהָיָה רוֹעֶה צֹאנוֹ: (טו) הכי אחי אתה. לְשׁוֹן תְּמִיהָ, וְכִי בִּשְׁבִיל שֶׁאָחִי אַתָּה תַּעַבְדֵנִי חִנָּם; ועבדתני. כְּמוֹ וְתַעַבְדֵנִי; וְכֵן כָּל תֵּיבָה שֶׁהִיא לְשׁוֹן עָבָר הוֹסִיף וָי"ו בְּרֹאשָׁהּ, וְהִיא הוֹפֶכֶת הַתֵּיבָה לְהַבָּא: (יז) רכות. שֶׁהָיְתָה סְבוּרָה לַעֲלוֹת בְּגוֹרָלוֹ שֶׁל עֵשָׂו וּבוֹכָה, שֶׁהָיוּ הַכֹּל אוֹמְרִים: שְׁנֵי בָנִים לְרִבְקָה וּשְׁתֵּי בָנוֹת לְלָבָן, הַגְּדוֹלָה לַגָּדוֹל וְהַקְּטַנָּה לַקָּטָן (ב"ב קכ"ג): (תאר.

was Rebekah's son: and she ran and told her father. ¹³And it came to pass, when Laban heard the report of Jacob his sister's son, that he ran towards him, and embraced him, and kissed him, and brought him to his house. And he related to Laban all these things. ¹⁴And Laban said unto him, Surely thou art my bone and my flesh. And he abode with him the space of a month. ¹⁵And Laban said unto Jacob, Is it because thou art my brother, that thou shouldest serve me for nought? tell me, what shall thy hire be? ¹⁶And Laban had two daughters: the name of the elder was Leah, and the name of the younger was Rachel. ¹⁷And the eyes of Leah were tender; but Rachel was of beautiful form, and of beautiful appearance. ¹⁸And Jacob loved Rachel; and said, I

רש"י

do as regards my father's order?" Jacob replied, "Take all I have *and you can say that* I am dead for a poor man may be accounted as dead. **(12)** כי אחי אביה הוא HE WAS HER FATHER'S BROTHER — near kin to her father, as (XIII. 8) "for we are men, brothers (אחים)" (i. e. near kin). A Midrashic explanation is that *he meant:* if he (Laban) intends to practice deceit upon me then I am his brother (a match for him) in deception; if, however, he is an honest man then I, too, am the son of his sister, the pious Rebekah. ותגד לאביה AND SHE TOLD HER FATHER, because her mother was dead and she had no one to tell except him (ib.). **(13)** וירץ לקראתו HE RAN TOWARDS HIM, thinking that he was laden with money, for the servant of that household (Eliezer) had come there with ten camels fully laden (ib.). ויחבק AND EMBRACED HIM — When he saw that he had nothing with him, he thought, "Perhaps he has brought gold coins and they are *hidden away* in his bosom!" וינשק לו HE KISSED HIM — he thought, "Perhaps he has brought pearls (or precious stones, in general) and they are in his mouth!" ויספר ללבן HE TOLD LABAN that he had come only because he was forced to do so by his brother, and that all his money had been taken from him. **(14)** אך עצמי ובשרי SURELY THOU ART MY BONE AND MY FLESH — Really, I have no reason to take you into my house, since you have brought nothing with you; but because of *our* relationship I will put up with you for "the space of a month". Thus, indeed, he did, but even this was not for nothing, for he tended Laban's sheep. **(15)** הכי אחי אתה This is a question: IS IT BECAUSE THOU ART MY BROTHER THAT THOU SHOULDST SERVE ME FOR NOUGHT? ועבדתני is the same *in sense* as וְתַעַבְדֵנִי] THAT THOU SHOULDST SERVE ME. So, too, in the case of every verb in the past tense, if one adds as prefix a ו it may change the verb to the future. **(17)** רכות TENDER — She thought she would have to fall to the lot of Esau and she therefore wept continually, because everyone said, "Rebekah has two sons, Laban has two daughters — the elder daughter for the elder son, the younger daughter for

אֶעֱבָדְךָ שֶׁבַע שָׁנִים בְּרָחֵל בִּתְּךָ הַקְּטַנָּה׃ יט וַיֹּאמֶר
לָבָן טוֹב תִּתִּי אֹתָהּ לָךְ מִתִּתִּי אֹתָהּ לְאִישׁ אַחֵר
שְׁבָה עִמָּדִי׃ כ וַיַּעֲבֹד יַעֲקֹב בְּרָחֵל שֶׁבַע שָׁנִים
וַיִּהְיוּ בְעֵינָיו כְּיָמִים אֲחָדִים בְּאַהֲבָתוֹ אֹתָהּ׃
כא וַיֹּאמֶר יַעֲקֹב אֶל־לָבָן הָבָה אֶת־אִשְׁתִּי כִּי מָלְאוּ
יָמָי וְאָבוֹאָה אֵלֶיהָ׃ כב וַיֶּאֱסֹף לָבָן אֶת־כָּל־אַנְשֵׁי
הַמָּקוֹם וַיַּעַשׂ מִשְׁתֶּה׃ כג וַיְהִי בָעֶרֶב וַיִּקַּח אֶת־
לֵאָה בִתּוֹ וַיָּבֵא אֹתָהּ אֵלָיו וַיָּבֹא אֵלֶיהָ׃ כד וַיִּתֵּן לָבָן
לָהּ אֶת־זִלְפָּה שִׁפְחָתוֹ לְלֵאָה בִתּוֹ שִׁפְחָה׃ כה וַיְהִי
בַבֹּקֶר וְהִנֵּה־הִוא לֵאָה וַיֹּאמֶר אֶל־לָבָן מַה־זֹּאת
עָשִׂיתָ לִּי הֲלֹא בְרָחֵל עָבַדְתִּי עִמָּךְ וְלָמָּה רִמִּיתָנִי׃
כו וַיֹּאמֶר לָבָן לֹא־יֵעָשֶׂה כֵן בִּמְקוֹמֵנוּ לָתֵת הַצְּעִירָה

אונקלוס

וַאֲמַר אֶפְלְחִנָּךְ שְׁבַע שְׁנִין בְּרָחֵל בְּרַתָּךְ זְעֶרְתָּא: יט וַאֲמַר לָבָן טַב דְּאֶתֵּן יָתַהּ לָךְ מִדְּאֶתֵּן יָתַהּ לִגְבַר אָחֳרָן תִּיב עִמִּי: כ וּפְלַח יַעֲקֹב בְּרָחֵל שְׁבַע שְׁנִין וַהֲווֹ בְעֵינוֹהִי כְּיוֹמִין זְעִירִין כַּד רָחֵים יָתַהּ: כא וַאֲמַר יַעֲקֹב לְלָבָן הַב יָת אִתְּתִי אֲרֵי אִשְׁלְמוּ יוֹמֵי פָלְחָנִי וְאֵעוֹל לְוָתַהּ: כב וּכְנַשׁ לָבָן יָת כָּל אֱנָשֵׁי אַתְרָא וַעֲבַד מִשְׁתְּיָא: כג וַהֲוָה בְרַמְשָׁא וּדְבַר יָת לֵאָה בְרַתֵּהּ וְאָעֵיל יָתַהּ לְוָתֵהּ וְעַל לְוָתַהּ: כד וִיהַב לָבָן לַהּ יָת זִלְפָּה אַמְתֵהּ לְלֵאָה בְרַתֵּהּ לְאַמְהוּ: כה וַהֲוָה בְצַפְרָא וְהָא הִיא לֵאָה וַאֲמַר לְלָבָן מָה דָא עֲבַדְתְּ לִי הֲלָא בְרָחֵל פְּלָחִית עִמָּךְ וּלְמָא שַׁקַּרְתְּ בִּי: כו וַאֲמַר לָבָן לָא אִתְעֲבֵד כְּדֵין בְּאַתְרָנָא לְמִתַּן זְעֶרְתָּא קֳדָם רַבְּתָא:

רש"י

הוּא צוּרַת הַפַּרְצוּף, לְשׁוֹן יִתְאָרֵהוּ בַשֶּׂרֶד. (ישע' מ"ד י"ג), קונ"פאש בלע"ז: מראה. הוּא זִיו קְלַסְתֵּר: (יח) אעבדך שבע שנים. הֵם יָמִים אֲחָדִים שֶׁאָמְרָה לוֹ אִמּוֹ: וְיָשַׁבְתָּ עִמּוֹ יָמִים אֲחָדִים (כ"ז): וְתֵדַע שֶׁכֵּן הוּא, שֶׁהֲרֵי כְתִיב: וַיִּהְיוּ בְעֵינָיו כְּיָמִים אֲחָדִים (כה' כ"ט): ברחל בתך הקטנה. כָּל הַסִּימָנִים הַלָּלוּ לָמָּה? לְפִי שֶׁהוּא יוֹדֵעַ בּוֹ, שֶׁהוּא רַמַּאי, אָמַר לוֹ, אֶעֱבָדְךָ בְּרָחֵל, וְשֶׁמָּא תֹּאמַר רָחֵל אַחֶרֶת מִן הַשּׁוּק, תַּלְמוּד לוֹמַר: בִּתְּךָ, וְשֶׁמָּא תֹּאמַר אַחְלִיף לְלֵאָה שְׁמָהּ וְאֶקְרָא שְׁמָהּ רָחֵל, תַּלְמוּד לוֹמַר: הַקְּטַנָּה; וְאַף עַל פִּי כֵן לֹא הוֹעִיל, שֶׁהֲרֵי רִמָּהוּ: (כא) מלאו ימי. שֶׁאָמְרָה לִי אִמִּי. וְעוֹד מָלְאוּ יָמַי, שֶׁהֲרֵי אֲנִי בֶּן פ"ד שָׁנָה וְאֵימָתַי אַעֲמִיד י"ב שְׁבָטִים? וְזֶהוּ שֶׁאָמַר: וְאָבוֹאָה אֵלֶיהָ; וַהֲלֹא קַל שֶׁבַּקַּלִּים אֵינוֹ אוֹמֵר כֵּן? אֶלָּא לְהוֹלִיד

will serve thee seven years for Rachel thy younger daughter. 19 And La-
ban said, It is better that I give her to thee, than that I should give her
to another man: abide with me. 20 And Jacob served seven years for
Rachel; and they were in his eyes as a few days, in his love for her.
21 And Jacob said unto Laban, Give me my wife, for my days are ful-
filled, that I may come unto her. 22 And Laban gathered all the men of
the place, and made a feast. 23 And it came to pass in the evening, that
he took Leah his daughter, and brought her to him; and he came unto
her. 24 And Laban gave unto his daughter Leah Zilpah his handmaid for
a handmaid. 25 And it came to pass, that in the morning, behold, it was
Leah: and he said to Laban, What is this that thou hast done unto me?
did not I serve with thee for Rachel? wherefore then hast thou deceived
me? 26 And Laban said, It must not be so done in our place, to give the

רש״י

the younger son" (ib.). תאר FORM — this denotes the shape (outline) of the face, just as *the verb formed from the same root in* (Is. XLIV. 13) "he marks it out (יתארהו) with a pencil". O. F. compas[1]). מראה OF BEAUTIFUL APPEARANCE — this denotes the beauty of her features (a good complexion). **(18)** אעבדך שבע שנים I WILL SERVE THEE SEVEN YEARS — These are the "few days" of which his mother had spoken to him (XXVII. 44)[2]): "And thou shalt tarry with him a few days". You can see that this is so, for it is written (v. 20) "And they (the seven years) were in his eyes (i. e. according to his view) the few days" *of which his mother had spoken* (Gen. R. 70). ברחל בתך הקטנה (lit., for Rachel, thy daughter, the younger one) — What reason was there for *mentioning* all these detailed descriptions *of Rachel*? Because he (Jacob) knew that he (Laban) was a deceiver. He said to him, "I will serve thee for Rachel"; and should you say that *I mean* any other Rachel out of the street, therefore I say "your daughter". Should you say, "I will change Leah's name and call her Rachel", I say "your younger one". In spite of this, however, *all these precautions* did not avail, for he did actually deceive him. **(21)** מלאו ימי MY DAYS ARE FULFILLED which my mother told me *to remain with you*. And another explanation is: MY DAYS ARE FULFILLED for I am now eighty-four years old and when shall I beget twelve tribes? That is what he meant *by adding* "that I may go in unto her"; for surely even the commonest of people would not use such an expression. But he said this because his mind was intent upon having issue

NOTES

1) The passage quoted should be the next words in the text from Isaiah, ובמחוגה יתארהו "and he marks it out with a compass" for in his comment on this passage Rashi explains מחוגה by compass, translating שרד by a different French word. It is evident, also, that the quotation is an interpolation, for it is not Rashi's custom when quoting a passage as an example of the meaning of a particular word to explain some other word in the passage cited.

2) Thus he did not, by his offer, disobey his mother, for Rebekah also meant by ימים אחדים a longer time than a few days. The Midrash upon which Rashi bases his comment, shows by means of a גזרה שוה that Rebekah must have meant seven years. Indeed, Rashi's language here appears to suggest a ג״ש. Ibn Ezra takes it in this sense and refers to Lev. XXV. 29 (cf. also Rashi on XXIV. 55).

לִפְנֵי הַבְּכִירָה׃ כז מַלֵּא שְׁבֻעַ זֹאת וְנִתְּנָה לְךָ גַּם־
אֶת־זֹאת בַּעֲבֹדָה אֲשֶׁר תַּעֲבֹד עִמָּדִי עוֹד שֶׁבַע־
שָׁנִים אֲחֵרוֹת׃ כח וַיַּעַשׂ יַעֲקֹב כֵּן וַיְמַלֵּא שְׁבֻעַ זֹאת
וַיִּתֶּן־לוֹ אֶת־רָחֵל בִּתּוֹ לוֹ לְאִשָּׁה׃ כט וַיִּתֵּן לָבָן
לְרָחֵל בִּתּוֹ אֶת־בִּלְהָה שִׁפְחָתוֹ לָהּ לְשִׁפְחָה׃
ל וַיָּבֹא גַּם אֶל־רָחֵל וַיֶּאֱהַב גַּם־אֶת־רָחֵל מִלֵּאָה
וַיַּעֲבֹד עִמּוֹ עוֹד שֶׁבַע־שָׁנִים אֲחֵרוֹת׃ לא וַיַּרְא
יְהוָה כִּי־שְׂנוּאָה לֵאָה וַיִּפְתַּח אֶת־רַחְמָהּ וְרָחֵל
עֲקָרָה׃ לב וַתַּהַר לֵאָה וַתֵּלֶד בֵּן וַתִּקְרָא שְׁמוֹ
רְאוּבֵן כִּי אָמְרָה כִּי־רָאָה יְהוָה בְּעָנְיִי כִּי עַתָּה
יֶאֱהָבַנִי אִישִׁי׃ לג וַתַּהַר עוֹד וַתֵּלֶד בֵּן וַתֹּאמֶר כִּי־
שָׁמַע יְהוָה כִּי־שְׂנוּאָה אָנֹכִי וַיִּתֶּן־לִי גַּם־אֶת־זֶה

אונקלוס

כז אַשְׁלֵים שְׁבוּעֲתָא דְדָא וְנִתֵּן לָךְ אַף־יָת־דָּא בְּפָלְחָנָא דִּי־תִפְלַח עִמִּי עוֹד
שְׁבַע־שְׁנִין אָחֳרָנִין׃ כח וַעֲבַד יַעֲקֹב כֵּן וְאַשְׁלֵים שְׁבוּעֲתָא דְדָא וִיהַב לֵהּ יָת־
רָחֵל בְּרַתֵּהּ לֵהּ לְאִנְתּוּ׃ כט וִיהַב לָבָן לְרָחֵל בְּרַתֵּהּ יָת־בִּלְהָה אַמְתֵהּ לַהּ
לְאַמְהוּ׃ ל וְעַל אַף לְוָת־רָחֵל וּרְחֵים אַף־יָת־רָחֵל מִלֵּאָה וּפְלַח עִמֵּהּ עוֹד
שְׁבַע־שְׁנִין אָחֳרָנִין׃ לא וַחֲזָא יְיָ אֲרֵי־שְׂנִיאֲתָא לֵאָה וִיהַב־לַהּ עִדּוּי וְרָחֵל עַקְרָא׃
לב וְעַדִּיאַת לֵאָה וִילֵידַת בָּר וּקְרָת שְׁמֵהּ רְאוּבֵן אֲרֵי אֲמָרַת אֲרֵי־גְלֵי קֳדָם־יְיָ
עֻלְבּוֹנִי אֲרֵי כְעַן יְרַחֲמִנַּנִי בַעְלִי׃ לג וְעַדִּיאַת עוֹד וִילֵידַת בָּר וַאֲמָרַת אֲרֵי־
שְׁמִיעַ קֳדָם־יְיָ אֲרֵי־שְׂנִיאֲתָא אֲנָא וִיהַב לִי אַף־יָת־דֵּין וּקְרָת שְׁמֵהּ שִׁמְעוֹן׃

רש"י

תולדות אמר כן: ויהי בבקר והנה היא לאה. אבל בלילה לא היתה לאה; לפי שמסר יעקב סימנים לרחל; וכשראתה רחל שמכניסין לו לאה אמרה: עכשיו תכלם אחותי, עמדה ומסרה לה אותן סימנים (מגילה י"ג): (כז) מלא שבע זאת. דבוק הוא, שהרי נקוד בחטף, שבוע של זאת והן שבעת ימי המשתה. בתלמוד ירוש' במועד קטן: (וא"א לומר שבוע ממש, שאם כן היה צריך להנקד בפתח השי"ן; ועוד ששבוע לשון זכר, כדכתיב שבעה שבועות תספר לך, לפיכך אין משמע שבוע אלא שבעה שטיי"נא בלעז): ונתנה לך. לשון רבים, כמו: נרדה ונבלה ונשרפה (בר' י"א), אף זה לשון ונתן: גם את זאת. מיד לאחר שבעת ימי המשתה, ותעבוד לאחר נשואיה: (ל) עוד שבע שנים אחרות. אחרות הקישן לראשונות,

younger before the firstborn. 27Fulfil the week of this one, and we
will give thee this also for the service which thou shalt serve with me
yet seven other years. 28And Jacob did so, and fulfilled the week of
that one: and he gave him Rachel his daughter to wife also. 29And La-
ban gave to Rachel his daughter Bilhah his handmaid to be her hand-
maid. 30And he came also unto Rachel, and he loved Rachel more than
Leah, and served with him yet seven other years. 31And when the Eter-
nal saw that Leah was hated, he opened her womb: but Rachel was
barren. 32And Leah became pregnant, and bare a son, and she cal-
led his name Reuben: for she said, Surely the Eternal hath seen my
affliction; now therefore my husband will love me. 33And she be-
came pregnant again, and bare a son: and said, Because the Eter-
nal hath heard that I was hated, he hath therefore given me this also:

רש"י

(to fulfil his mission of rearing children who would carry on the religious traditions of his fathers) (Gen. R. 70). **(25)** ויהי בבקר והנה הוא לאה AND IT CAME TO PASS, THAT IN THE MORNING, BEHOLD, IT WAS LEAH — But at night it was not Leah (i. e. he failed to recognise that it was Leah) because Jacob had given Rachel *certain secret* signs *by which they could at all times recognise one another*, and when Rachel saw that they were about to bring Leah to him for the marriage ceremony, she thought, "My sister may now be put to shame", and she therefore *readily* transmitted these signs to her (Meg. 13b). **(27)** מלא שבע זאת FULFIL THE WEEK OF THIS ONE — *The word* is in the construct state for it is punctuated with Sheva, *so that the meaning is* "the seven days of this woman", referring to the seven days of the *marriage* feast. Such is the statement in the Jerusalem Talmud, Moed Katan (Ch. 1). It is impossible to say that it means an actual week, (i. e. a calendar week[1]), so that it would mean "finish this week" in the sense "wait until this week be ended") — for, if so, the ש should be punctuated with Patach (Rashi terms our Kametz a Patach) *for the noun must be in the absolute state.* Then, again, the word שְׁבֻעַ is masculine — as it is written (Deut. XVI. 9) "Seven (שבעה) weeks shalt thou number unto thyself" (and here we should have had שְׁבֻעַ זֶה). Consequently the word שבוע can only mean "a period of seven days" O. F. septaine (cf. Rashi on Exod. X. 22). ונתנה לך AND WE WILL GIVE THEE — The verb is plural *1st pers.* like (נרדה) (Gen. XI. 7) "let us go down", ונבלה "and let us confuse", and (ib. 3) ונשרפה "and let us burn": so, also here, it is a form of וְנִתֵּן "and we will give"[2]). גם את זאת THIS ONE ALSO *we shall give to you* immediately after the seven days of the marriage-feast and you may serve *for her* after marriage with her. **(30)** עוד שבע שנים אחרות YET SEVEN OTHER YEARS *Scripture adds the apparently redundant word* אחרות another *seven years, for the purpose of* comparing them to the pre-

NOTES

1) The explanation that Rashi means that שבוע cannot mean an actual period of seven years — fulfil this period of seven years — must be rejected for he had already served the seven years stipulated (cf. Mizrachi). The entire phraseology of Rashi tells against this explanation.

2) נתנה may be Niphal perfect 3rd fem. sing: "she was given". Here the ו prefixed would change the past to future, and the subject would be זאת — "This one will also be given to thee". The fact that את is prefixed to the subject forms no objection to this explanation, since the subject of a passive verb is frequently introduced by את. Rashi, however, prefers to take it as Future Kal 1st pers. plural, so that it would mean "and let us (i. e. let me and the men of my place) give thee this one also". He thus brings Laban's offer into agreement with his former statement (v. 26), "It is not so done in our place to give the younger before the first-born".

וַתִּקְרָא שְׁמוֹ שִׁמְעוֹן׃ לד וַתַּהַר עוֹד וַתֵּלֶד בֵּן
וַתֹּאמֶר עַתָּה הַפַּעַם יִלָּוֶה אִישִׁי אֵלַי כִּי־יָלַדְתִּי
לוֹ שְׁלֹשָׁה בָנִים עַל־כֵּן קָרָא־שְׁמוֹ לֵוִי׃ לה וַתַּהַר
עוֹד וַתֵּלֶד בֵּן וַתֹּאמֶר הַפַּעַם אוֹדֶה אֶת־יְהוָה עַל־
כֵּן קָרְאָה שְׁמוֹ יְהוּדָה וַתַּעֲמֹד מִלֶּדֶת׃ ל א וַתֵּרֶא
רָחֵל כִּי לֹא יָלְדָה לְיַעֲקֹב וַתְּקַנֵּא רָחֵל בַּאֲחֹתָהּ
וַתֹּאמֶר אֶל־יַעֲקֹב הָבָה־לִּי בָנִים וְאִם־אַיִן מֵתָה
אָנֹכִי׃ ב וַיִּחַר־אַף יַעֲקֹב בְּרָחֵל וַיֹּאמֶר הֲתַחַת
אֱלֹהִים אָנֹכִי אֲשֶׁר־מָנַע מִמֵּךְ פְּרִי־בָטֶן׃ ג וַתֹּאמֶר
הִנֵּה אֲמָתִי בִלְהָה בֹּא אֵלֶיהָ וְתֵלֵד עַל־בִּרְכַּי

אונקלוס

לד וְעַדִּיאַת עוֹד וִילֵידַת בָּר וַאֲמֶרֶת הָדָא זִימְנָא יִתְחַבַּר־לִי בַעְלִי אֲרֵי־יְלֵידִית
לֵהּ תְּלָתָא בְנִין עַל־כֵּן קְרָא־שְׁמֵהּ לֵוִי׃ לה וְעַדִּיאַת עוֹד וִילֵידַת בָּר וַאֲמֶרֶת
הָדָא־זִמְנָא אוֹדֵי קֳדָם־יְיָ עַל־כֵּן קְרַת שְׁמֵהּ יְהוּדָה וְקָמַת מִלְּמֵילַד׃ א וַחֲזַת
רָחֵל אֲרֵי לָא יְלֵידַת לְיַעֲקֹב וְקַנִּיאַת רָחֵל בַּאֲחָתַהּ וַאֲמֶרֶת לְיַעֲקֹב הַב־לִי בְנִין
וְאִם־לָא מֵיתָא אֲנָא׃ ב וּתְקֵיף־רוּגְזָא דְיַעֲקֹב בְּרָחֵל וַאֲמַר הֲא מִנִּי אַתְּ־בָּעְיָא
הֲלָא מִן־קֳדָם יְיָ תִּבְעִין דִּי־מְנַע מִנִּיךְ וַלְדָא דִמְעִין׃ ג וַאֲמֶרֶת הָא אַמְתִי בִלְהָה

רש״י

מה רִאשׁוֹנוֹת בֶּאֱמוּנָה אַף הָאַחֲרוֹנוֹת בֶּאֱמוּנָה, וְאַעַ״פ שֶׁבִּדְמָאוֹת בָּא עָלָיו (ב״ר): (לב) ותקרא שמו ראובן. רַבּוֹתֵינוּ פֵּרְשׁוּ: אָמְרָה, רְאוּ מַה בֵּין בְּנִי לְבֶן חָמִי שֶׁמָּכַר הַבְּכוֹרָה לְיַעֲקֹב, וְזֶה לֹא מְכָרָהּ לְיוֹסֵף, וְלֹא עִרְעֵר עָלָיו, וְלֹא עוֹד שֶׁלֹּא עִרְעֵר עָלָיו, אֶלָּא שֶׁבִּקֵּשׁ לְהוֹצִיאוֹ מִן הַבּוֹר (ברכות ז׳): (לד) הפעם ילוה אישי. לְפִי שֶׁהָאִמָּהוֹת נְבִיאוֹת הָיוּ, וְיוֹדְעוֹת שֶׁי״ב שְׁבָטִים יוֹצְאִים מִיַּעֲקֹב וְד׳ נָשִׁים יִשָּׂא, אָמְרָה, מֵעַתָּה אֵין לוֹ פִּתְחוֹן פֶּה עָלַי, שֶׁהֲרֵי נָטַלְתִּי כָּל חֶלְקִי בַּבָּנִים (ברכ׳ ס׳): על כן. כָּל מִי שֶׁנֶּאֱמַר בּוֹ עַל כֵּן מְרֻבֶּה בְּאוּכְלוּסִין, חוּץ מִלֵּוִי שֶׁהָאָרוֹן הָיָה מְכַלֶּה בָּהֶם: קרא שמו לוי. בְּכֻלָּם כְּתִיב וַתִּקְרָא, וְזֶה כָּתַב בּוֹ קָרָא, וְיֵשׁ מ״א בְּאֵלֶּה הַדְּבָרִים רַבָּה שֶׁשָּׁלַח הַקָּבָּ״ה גַּבְרִיאֵל וֶהֱבִיאוֹ לְפָנָיו וְקָרָא לוֹ שֵׁם זֶה, וְנָתַן לוֹ כ״ד מַתְּנוֹת כְּהֻנָּה, וְעַל שֵׁם שֶׁלְּוָהוּ בְּמַתָּנוֹת קְרָאוֹ לֵוִי: (לה) הפעם אודה. שֶׁנָּטַלְתִּי יוֹתֵר מֵחֶלְקִי, מֵעַתָּה יֵשׁ לִי לְהוֹדוֹת:

ל (א) ותקנא רחל באחותה. קִנְּאָה בְּמַעֲשֶׂיהָ הַטּוֹבִים, אָמְרָה: אִלּוּלֵי שֶׁצָּדְקָה מִמֶּנִּי לֹא זָכְתָה לְבָנִים (ב״ר): הבה לי. וְכִי כָּךְ עָשָׂה אָבִיךָ לְאִמְּךָ? וַהֲלֹא הִתְפַּלֵּל עָלֶיהָ: מתה אנכי. מִכָּאן לְמִי שֶׁאֵין לוֹ בָּנִים שֶׁחָשׁוּב כְּמֵת (ב״ר): (ב) התחת. וְכִי בִמְקוֹמוֹ אֲנִי? אשר מנע ממך. אַתְּ אוֹמֶרֶת שֶׁאֶעֱשֶׂה כְּאַבָּא, אֲנִי אֵינִי כְּאַבָּא, אַבָּא לֹא הָיוּ לוֹ בָּנִים, אֲנִי יֵשׁ לִי בָּנִים; מִמֵּךְ

and she called his name Simeon.
34 And she became pregnant again and bare a son; and said, Now this time will my husband become attached to me, because I have born him three sons: therefore was his name called Levi.
35 And she became pregnant again, and bare a son: and she said, Now will I praise the Eternal: therefore she called his name Judah; and left bearing.

30. 1 And when Rachel saw that she bare Jacob no children, Rachel envied her sister; and said unto Jacob, Give me children, if not I am a dead woman.
2 And Jacob's wrath glowed against Rachel: and he said, Am I in God's stead, who hath kept back from thee the fruit of the womb?
3 And she said, Behold my maid servant Bilhah, come unto her; and she shall bear upon my knees,

רש"י

ceding *seven years*. — Even as he had worked faithfully during the earlier period (not anticipating any deception on Laban's part), so he worked faithfully during the latter period, although he (Laban) had practised this deception on him (Gen. R. 70). **(32)** ותקרא שמו ראובן AND SHE CALLED HIS NAME REUBEN — Our Rabbis explained it thus: she said, "See (ראו) the difference between (בין) my son and my father-in-law's son who himself sold the birthright to Jacob *and yet wished to kill him afterwards*. This (my son) did not sell it (his birthright) to Joseph (it must be remembered that Joseph being the founder of two tribes was regarded as the first-born of Jacob's sons since the eldest son took a double portion in the father's property), yet he did not raise any protest to him *being regarded as the first-born* and not only did he not raise a protest but he even wished to take him out of the pit *and so rescue him from death* (Berach. 7b). **(34)** הפעם ילוה אישי THIS TIME WILL MY HUSBAND BECOME ATTACHED TO ME — Because the Matriarchs were prophetesses and knew that twelve tribes would issue from Jacob and that he would have four wives, she said, "From now he will have no fault to find with me, for I have assumed my full share in *giving him* children" (cf. Berach. 60a). על כן THEREFORE — Wherever *in the case of the names given to Jacob's sons* the word "therefore" is used, that tribe had a numerous population, Levi forming an exception, because the Ark decimated them[1]) (Gen. R. 71). קרא שמו לוי [THEREFORE] WAS HIS NAME CALLED LEVI (lit., he called his name) — Of all of them (the sons) it is written "And she called", but of this one Scripture writes "he called!" There is a Midrashic statement in Debarim Rabbah that the Holy One, blessed be He, sent Gabriel who brought him (Levi) into His presence. He called him by this name and gave him the twenty-four perquisites with which the priesthood was favoured, and because He gave him these perquisites as an accompaniment (לוהו) He called him Levi (accompanied). **(35)** הפעם אודה NOW WILL I PRAISE [THE LORD] — because I have assumed more than my share, from now on I should praise *God* (ib.).

30. (1) ותקנא רחל באחתה RACHEL ENVIED HER SISTER — She was envious of her because of her good deeds, thinking, "Unless she were more reghteous than I am she would not have been privileged to bear children (ib.)". הבה לי GIVE ME [CHILDREN] — Did, then, your father act so towards your mother? Did he not pray on her behalf (ib.). מתה אנכי I AM A DEAD WOMAN — One may infer from this that he who is childless may be regarded as dead. **(2)** התחת *means* AM I IN HIS STEAD? אשר מנע ממך WHO HATH WITHHELD FROM THEE — You say that I should do as my father did; but I am not *circumstanced* as my father was. My father had no children *at all*, I, however, have children. From you He has

NOTES

1) Because the tribe of Levi carried the holy Ark (Num. IV) many of them died because they were not sufficiently circumspect when doing so.

בראשית ל ויצא

וְאִבָּנֶה גַם אָנֹכִי מִמֶּנָּה: ד וַתִּתֶּן־לוֹ אֶת־בִּלְהָה שִׁפְחָתָהּ לְאִשָּׁה וַיָּבֹא אֵלֶיהָ יַעֲקֹב: ה וַתַּהַר בִּלְהָה וַתֵּלֶד לְיַעֲקֹב בֵּן: ו וַתֹּאמֶר רָחֵל דָּנַנִּי אֱלֹהִים וְגַם שָׁמַע בְּקֹלִי וַיִּתֶּן־לִי בֵּן עַל־כֵּן קָרְאָה שְׁמוֹ דָּן: ז וַתַּהַר עוֹד וַתֵּלֶד בִּלְהָה שִׁפְחַת רָחֵל בֵּן שֵׁנִי לְיַעֲקֹב: ח וַתֹּאמֶר רָחֵל נַפְתּוּלֵי אֱלֹהִים ׀ נִפְתַּלְתִּי עִם־אֲחֹתִי גַּם־יָכֹלְתִּי וַתִּקְרָא שְׁמוֹ נַפְתָּלִי: ט וַתֵּרֶא לֵאָה כִּי עָמְדָה מִלֶּדֶת וַתִּקַּח אֶת־זִלְפָּה שִׁפְחָתָהּ וַתִּתֵּן אֹתָהּ לְיַעֲקֹב לְאִשָּׁה: י וַתֵּלֶד זִלְפָּה שִׁפְחַת לֵאָה לְיַעֲקֹב בֵּן: יא וַתֹּאמֶר לֵאָה בָּא גָד וַתִּקְרָא אֶת־

אונקלוס

עוֹל לְוָתַהּ וּתְלִיד וַאֲנָא אֱרַבִּי וְאִתְבְּנֵי אַף־אֲנָא מִנַּהּ: ד וִיהָבַת לֵהּ יָת־בִּלְהָה אַמְתַהּ לְאִנְתּוּ וְעַל לְוָתַהּ יַעֲקֹב: ה וְעַדִּיאַת בִּלְהָה וִילִידַת לְיַעֲקֹב בָּר: ו וַאֲמֶרֶת רָחֵל דָּנַנִי יְיָ וְאַף קַבִּיל צְלוֹתִי וִיהַב־לִי בָּר עַל־כֵּן קְרָת שְׁמֵהּ דָּן: ז וְעַדִּיאַת עוֹד וִילִידַת בִּלְהָה אַמְתָא דְּרָחֵל בָּר תִּנְיָן לְיַעֲקֹב: ח וַאֲמֶרֶת רָחֵל קַבִּיל יְיָ בָּעוּתִי בְּאִתְחַנָּנוּתִי בִּצְלוֹתִי חֲמִידַת דִּיהֵי־לִי־וְלַד כְּאַחָתִי אַף־אִתְיְהִיב־לִי וּקְרַת שְׁמֵהּ נַפְתָּלִי: ט וַחֲזַת לֵאָה אֲרֵי קָמַת מִלְּמֵילַד וּדְבַרַת יָת־זִלְפָּה אַמְתַהּ וִיהָבַת יָתַהּ לְיַעֲקֹב לְאִנְתּוּ: י וִילִידַת זִלְפָּה אַמְתָא דְלֵאָה לְיַעֲקֹב בָּר: יא וַאֲמֶרֶת

רש"י

מָנַע וְלֹא מִמֶּנִּי: (ג) עַל בִּרְכַּי. כְּתַרְגּוּמוֹ וַאֲנָא אֱרַבֵּי: וְאִבָּנֶה גַם אָנֹכִי. מַהוּ גַּם? אָמְרָה לוֹ: זְקֵנְךָ אַבְרָהָם הָיוּ לוֹ בָּנִים מֵהָגָר וְחָגַר מָתְנָיו כְּנֶגֶד שָׂרָה, אָמַר לָהּ: זְקֶנְתִּי הַכְנִיסָה צָרָתָהּ לְבֵיתָהּ, אָמְרָה לוֹ: אִם הַדָּבָר הַזֶּה מְעַכֵּב, הִנֵּה אֲמָתִי... וְאִבָּנֶה גַם אָנֹכִי כְּשָׂרָה: (ו) דָּנַנִי אֱלֹהִים. דָּנַנִי וְחִיְּבַנִי, וְזִכַּנִי (ב"ר): (ח) נַפְתּוּלֵי אֱלֹהִים. מְנַחֵם בֶּן סָרוּק פֵּרְשׁוֹ בְּמַחְבֶּרֶת צָמִיד פָּתִיל, חִבּוּרִים מֵאֵת הַמָּקוֹם נִתְחַבַּרְתִּי עִם אֲחוֹתִי לִזְכּוֹת לְבָנִים. וַאֲנִי מְפָרְשׁוֹ לְשׁוֹן עֵקֶשׁ וּפְתַלְתֹּל (דב' ל"ב): נִתְעַקַּשְׁתִּי וְהִפְצַרְתִּי פְּצִירוֹת וְנַפְתּוּלִים הַרְבֵּה לַמָּקוֹם, לִהְיוֹת שָׁוָה לַאֲחוֹתִי: גַּם יָכֹלְתִּי. הִסְכִּים עַל יָדִי. וְאוּנְקְלוֹס תִּרְגְּמוֹ לְשׁוֹן תְּפִלָּה, כְּמוֹ נַפְתּוּלֵי אֱלֹהִים נִפְתַּלְתִּי) בְּקַשּׁוּת הַתְחַבְּרוּת לְפָנָיו: נִתְקַבַּלְתִּי: נַעֲתַרְתִּי כַאֲחוֹתִי. נִפְתַּלְתִּי: נִתְקַבְּלָה תְּפִלָּתִי. וְיֵשׁ רַבִּים בִּלְשׁוֹן נוֹטָרִיקוֹן: (י) וַתֵּלֶד זִלְפָּה. בְּכֻלָּן נֶאֱמַר הֵרָיוֹן חוּץ מִזִּלְפָּה, לְפִי שֶׁהָיְתָה בַּחוּרָה מִכֻּלָּן וְתִינוֹקֶת בְּשָׁנִים וְאֵין הֵרָיוֹן נִכָּר בָּהּ. וּכְדֵי לְרַמּוֹת לְיַעֲקֹב, נָתְנָהּ לָבָן לְלֵאָה, שֶׁלֹּא יָבִין שֶׁמַּכְנִיסִין לוֹ אֶת לֵאָה, שֶׁכָּךְ מִנְהָג לָתֵת שִׁפְחָה הַגְּדוֹלָה לַגְּדוֹלָה וּקְטַנָּה לַקְּטַנָּה: (יא) בָּא גָד. בָּא מַזָּל טוֹב, כְּמוֹ: גָּד נְדִי וְסָנוּק לֹא (שבת ס"ז), וְדוֹמֶה לוֹ הָעֹרְכִים לַגַּד שֻׁלְחָן (יש' ס"ה), וּמִ"א: שֶׁנּוֹלַד מָהוּל, כְּמוֹ: גְּדוּ אִילָנָא (דנ' ד'), וְלֹא יָדַעְתִּי עַל מַה נִכְתְּבָה תֵּיבָה

*) ס"א: נפתולי אלהים נפתלתי.

that I may also have children by her. [4]And she gave him Bilhah her
handmaid to wife: and Jacob came unto her. [5]And Bilhah became
pregnant, and bare Jacob a son. [6]And Rachel said, God hath pro-
nounced judgment upon me, and hath also heard my voice, and hath
given me a son: therefore called she his name Dan. [7]And Bilhah Rachel's
handmaid became pregnant again, and bare Jacob a second son. [8]And
Rachel said, Wrestlings of God have I wrestled with my sister:
and I have prevailed: and she called his name Naphtali. [9]When
Leah saw that she had left bearing, she took Zilpah her hand-
maid, and gave her Jacob to wife. [10]And Zilpah Leah's handmaid bare
Jacob a son. [11]And Leah said, Good luck cometh: and she called

רש"י

withheld *children* and not from me (ib.). **(3)** על ברכי UPON MY KNEES — as the Targum takes it: *she will bear children* and I will rear them. ואבנה גם אנכי AND I ALSO MAY HAVE CHILDREN — What force has "also"? She said to him, "Your grandfather, Abraham, had children from Hagar and *yet* he girded up his loins (actively interceded) for Sarah *and she afterwards was blessed with a child*". He replied, "But my grandmother brought an associate wife unto her house". She retorted, "If that is what prevents *me being blessed with children*, הנה אמתי BEHOLD MY HANDMAID" etc. ואבנה גם אנכי AND I ALSO MAY HAVE CHILDREN *through her* as Sarah *was built up through her handmaid*. **(6)** דנני אלהים GOD HATH PRONOUNCED JUDGMENT UPON ME — He judged me and found me guilty; he judged me again and found me guiltless (ib.)[1]. **(8)** נפתולי אלהים WRESTLINGS OF GOD — Menachem ben Seruk explains in his Machbereth (Dictionary) *that the word* נפתולי *is of the same root as* פתיל *in* (Numb. XIX. 15) "a covering (פתיל) closely bound upon it", so *that the words here mean*: By bonds from God have I been joined to my sister (made equal to her) to merit the privilege of having children. I, however, explain it in the same sense as (Deut. XXXII. 5) "perverse and crooked (עקש ופתלתול)". I have been persistent and have made many importunities and wrestlings with God that I may become like my sister. גם יכלתי AND I HAVE PREVAILED — He has yielded to my importunities. Onkelos translated it in the sense of prayer (תפלה), in this way: נפתולי אלהים נפתלתי means prayers that were pleasing to God *I offered* and I was accepted and was answered like my sister.[2]) נפתלתי *means* my prayer was accepted. There are many Midrashic explanations in the manner of Notaricon (i.e. making the letters of the word the initial letters of phrases having reference to the matter in question). **(10)** ותלד זלפה AND ZILPAH BARE — In the case of all *Jacob's wives* there is mention of their having been with child (i.e. Scripture states ותהר) except in the case of Zilpah. *This was* because she was the youngest of all and quite a child in age so that her being with child was not noticeable (Gen. R. 71). Laban had given her to Leah in order to deceive Jacob — that he might not perceive that they were bringing Leah to him in marriage — for thus was the custom: to give the elder handmaid to the elder daughter, and the younger handmaid to the younger daughter. **(11)** בא גד FOR MY HAPPINESS! — Good luck has come, as (Sabb. 67b) "Be lucky, my luck (גד גדי) and tire not". Similar, also, is (Is. LXV. 11) "That prepare a table for fortune

NOTES

1) דן has two meanings: to find guilty, as דן אנכי (Gen. XV. 14), and to champion one's cause, as כי ידין ה' עמו (Deut. XXXII. 36). The Midrash takes the word here in both senses, since first, by God's judgment, she was barren, and now God gave her a son.

2) The text of Rashi varies in different editions: they all, however, agree in taking the words in the sense of תפלה prayer, פתל having the same meaning as תפלה prayer, or, in connecting them with (Deut. IX. 25) ואתנפל לפני ה' "I made supplication to God". The words נפתולי אלהים accordingly mean, prayers pleasing to God and נפתלתי means I have been acceded to as regards my prayer. Thus does Rashi himself in the next note explain נפתלתי.

שְׁמ֖וֹ גָּֽד׃ יב וַתֵּ֗לֶד זִלְפָּה֙ שִׁפְחַ֣ת לֵאָ֔ה בֵּ֥ן שֵׁנִ֖י לְיַעֲקֹֽב׃
יג וַתֹּ֣אמֶר לֵאָ֔ה בְּאָשְׁרִ֕י כִּ֥י אִשְּׁר֖וּנִי בָּנ֑וֹת וַתִּקְרָ֥א
אֶת־שְׁמ֖וֹ אָשֵֽׁר׃ רביעי יד וַיֵּ֨לֶךְ רְאוּבֵ֜ן בִּימֵ֣י קְצִיר־
חִטִּ֗ים וַיִּמְצָ֤א דֽוּדָאִים֙ בַּשָּׂדֶ֔ה וַיָּבֵ֣א אֹתָ֔ם אֶל־לֵאָ֖ה
אִמּ֑וֹ וַתֹּ֤אמֶר רָחֵל֙ אֶל־לֵאָ֔ה תְּנִי־נָ֣א לִ֔י מִדּוּדָאֵ֖י
בְּנֵֽךְ׃ טו וַתֹּ֨אמֶר לָ֜הּ הַמְעַט֙ קַחְתֵּ֣ךְ אֶת־אִישִׁ֔י
וְלָקַ֕חַת גַּ֥ם אֶת־דּוּדָאֵ֖י בְּנִ֑י וַתֹּ֣אמֶר רָחֵ֗ל לָכֵן֙ יִשְׁכַּ֤ב
עִמָּךְ֙ הַלַּ֔יְלָה תַּ֖חַת דּוּדָאֵ֥י בְנֵֽךְ׃ טז וַיָּבֹ֨א יַעֲקֹ֣ב מִן־
הַשָּׂדֶה֮ בָּעֶ֒רֶב֒ וַתֵּצֵ֨א לֵאָ֜ה לִקְרָאת֗וֹ וַתֹּ֨אמֶר֙ אֵלַ֣י
תָּב֔וֹא כִּ֚י שָׂכֹ֣ר שְׂכַרְתִּ֔יךָ בְּדוּדָאֵ֖י בְּנִ֑י וַיִּשְׁכַּ֥ב עִמָּ֖הּ
בַּלַּ֥יְלָה הֽוּא׃ יז וַיִּשְׁמַ֥ע אֱלֹהִ֖ים אֶל־לֵאָ֑ה וַתַּ֥הַר

אונקלוס

לֵאָה אֲתָא גָד וּקְרָת־יָת־שְׁמֵהּ גָּד׃ יב וִילֵידַת זִלְפָּא אַמְתָא דְלֵאָה בַּר תִּנְיָן
לְיַעֲקֹב׃ יג וַאֲמָרַת לֵאָה תֻּשְׁבַּחְתָּא־הֲוָת־לִי אֲרֵי־בְכֵן יְשַׁבְּחֻנַּנִי נְשַׁיָּא וּקְרָת
יָת־שְׁמֵהּ אָשֵׁר׃ יד וַאֲזַל רְאוּבֵן בְּיוֹמֵי חֲצַד־חִטִּין וְאַשְׁכַּח יַבְרוּחִין בְּחַקְלָא
וְאַיְתִי יָתְהוֹן לְלֵאָה אִמֵּהּ וַאֲמָרַת רָחֵל לְלֵאָה הָבִי־כְעַן לִי מִיַּבְרוּחֵי דִבְרִיךְ׃
טו וַאֲמָרַת לַהּ הַזְעֵיר דִּדְבַרְתְּ יָת־בַּעְלִי וְתִסְּבִין אַף יָת־יַבְרוּחֵי דִבְרִי וַאֲמָרַת
רָחֵל בְּכֵן יִשְׁכּוּב עִמִּךְ בְּלֵילְיָא חֲלָף יַבְרוּחֵי דִבְרִיךְ׃ טז וַאֲתָא (נ״י וְעַל) יַעֲקֹב
מִן־חַקְלָא בְּרַמְשָׁא וּנְפַקַת לֵאָה לְקַדָּמוּתֵהּ וַאֲמָרַת לְוָתִי תֵיעוֹל אֲרֵי מֵיגַר
אֲגַרְתִּיךְ בְּיַבְרוּחֵי דִבְרִי וּשְׁכִיב עִמַּהּ בְּלֵילְיָא הוּא׃ יז וְקַבִּיל יְיָ צְלוֹתַהּ דְּלֵאָה

רש״י

אחת; ד״א: לָמָּה נִקְרֵאת תֵּיבָה אַחַת — בָּגָד כְּמוֹ בָּגַדְתָּ בִּי, כְּשֶׁבָּאתָ אֶל שִׁפְחָתִי, כְּאִישׁ שֶׁבָּגַד בְּאֵשֶׁת נְעוּרִים: (יד) בימי קציר חטים. לְהַגִּיד שִׁבְחָן שֶׁל שְׁבָטִים; שְׁעַת הַקָּצִיר הָיָה וְלֹא פָשַׁט יָדוֹ בְּגָזֵל לְהָבִיא חִטִּים וּשְׂעוֹרִים, אֶלָּא דָּבָר הַהֶפְקֵר, שֶׁאֵין אָדָם מַקְפִּיד בּוֹ: דודאים. סִיגְלִי, עֵשֶׂב הוּא (סנה׳ צ״ט), וּבִלְשׁוֹן יִשְׁמָעֵאל יַסְמִי״ן: (טו) ולקחת גם את דודאי בני. בִּתְמִיָּה, וְלַעֲשׂוֹת עוֹד זֹאת לָקַחַת גַּם אֶת דּוּדָאֵי בְּנִי; וְתַרְגּוּמוֹ וּלְמִיסַּב: לכן ישכב עמך הלילה. שֶׁלִּי הָיְתָה שְׁכִיבַת לַיְלָה זוֹ, וַאֲנִי נוֹתְנָהּ לָךְ תַּחַת דּוּדָאֵי בְּנֵךְ, וּלְפִי שֶׁזִּלְזְלָה בְּמִשְׁכַּב הַצַּדִּיק לֹא זָכְתָה לְהִקָּבֵר עִמּוֹ (נדה ל״א): (טז) שכר שכרתיך. נָתַתִּי לְרָחֵל שְׂכָרָהּ: בלילה הוא. הַקָּבָּ״ה סִיְּעוֹ שֶׁיָּצָא מִשָּׁם יִשָּׂשכָר (ב״ר): (יז) וישמע אלהים אל לאה. שֶׁהָיְתָה מִתְאַוָּה וּמְחַזֶּרֶת

his name Gad. 12 And Zilpah Leah's handmaid bare Jacob a second son.
13 And Leah said, For my happiness! for daughters will call me happy:
and she called his name Asher. 14 And Reuben went in the days of wheat
harvest, and found mandrakes in the field, and brought them unto his
mother Leah. Then Rachel said to Leah, Give me, I pray thee, of thy
son's mandrakes. 15 And she said unto her, Is it too little that thou hast
taken my husband? and wouldest thou take away my son's mandrakes
also? And Rachel said, Therefore he shall lie with thee to-night for
thy son's mandrakes. 16 And Jacob came out of the field in the evening,
and Leah went out towards him, and said, Thou must come unto me; for
surely I have hired thee with my son's mandrakes. And he lay with her
that night. 17 And God hearkened unto Leah, and she became pregnant,

רש"י

(גד)". The Midrashic explanation is that he was born with the sign of the covenant upon him. It would then be like (Dan. IV. 11) "cut down (גדו) the tree". I do not know why it (בגד) is written as one word. Another comment *on* בגד is: why is it read as one word? *It may be connected with the root* בגד *which denotes faithless* as though *Leah said to Jacob,* "You proved faithless to me when you married my handmaid", like a man who is faithless (בגד) to the wife of his youth[1]). **(14)** בימי קציר חטים IN THE DAYS OF WHEAT HARVEST — *This is stated* in praise of the tribes (שבטים a common term for Jacob's twelve sons, the ancestors of the T r i b e s of Israel): it was harvest-time, yet he (Reuben) did not put forth his hand upon private property (lit., that which is stolen) by bringing home wheat or barley, but he brought home *only* ownerless things (such as were free for all to take) about which no one is particular (Gen. R. 72). דודאים *are* violets: it is a plant. In Arabic *it is called* Jasmin. **(15)** ולקחת גם את דודאי בני This is a question. *Is it a small matter that thou hast taken my husband* and that thou wouldst do this in addition — TO TAKE MY SON'S MANDRAKES ALSO? It should therefore be translated in the Targum by ולמיסב[2]) *the infinitive like the Hebrew infinitive* וְלָקַחַת *"and to take"*. לכן ישכב עמך הלילה THEREFORE SHALL HE BE WITH THEE TO NIGHT — He should have stayed this night with me but I cede it to you in return for your son's mandrakes. Because she thought lightly of companionship with so righteous a man she was not privileged to be buried together with him (ib.). **(16)** שכר שכרתיך FOR SURELY I HAVE HIRED THEE — I have given Rachel the hire she demanded[3]). בלילה הוא THAT NIGHT — With God's help Isaachar was born (Nid. 31a, and cf. Ber. 99)[4]). **(17)** וישמע אלהים אל לאה AND GOD HEARKENED UNTO LEAH — for she eagerly desired and sought means to increase the number of the tribes

NOTES

1) The suggestion appears to be: when, at Rachel's request, you took her handmaid, you rightly did so in order that my sister might be "built up". When however, I offered you my handmaid, you should have refused her since I already was the mother of several children. You have thus proved faithless to the wife of your youth.

2) Our Onkelos-text reads ותסבין "and you take" but Targ. Jon. has למיסב "to take", which corresponds to לָקַחַת the infinitive, and not to לָקַחַתְּ (2nd pers. sing. fem. perfect).

3) See Appendix.

4) The anomalous form הוא in place of the regular ההוא is referred to God.

וַתֵּ֧לֶד לְיַעֲקֹ֖ב בֵּ֥ן חֲמִישִֽׁי׃ יח וַתֹּ֣אמֶר לֵאָ֗ה נָתַ֤ן
אֱלֹהִים֙ שְׂכָרִ֔י אֲשֶׁר־נָתַ֥תִּי שִׁפְחָתִ֖י לְאִישִׁ֑י וַתִּקְרָ֥א
שְׁמ֖וֹ יִשָּׂשכָֽר׃ יט וַתַּ֤הַר עוֹד֙ לֵאָ֔ה וַתֵּ֥לֶד בֵּן־שִׁשִּׁ֖י
לְיַעֲקֹֽב׃ כ וַתֹּ֣אמֶר לֵאָ֗ה זְבָדַ֨נִי אֱלֹהִ֥ים ׀ אֹתִי֮ זֵ֣בֶד
ט֒וֹב֒ הַפַּ֙עַם֙ יִזְבְּלֵ֣נִי אִישִׁ֔י כִּֽי־יָלַ֥דְתִּי ל֖וֹ שִׁשָּׁ֣ה בָנִ֑ים
וַתִּקְרָ֥א אֶת־שְׁמ֖וֹ זְבֻלֽוּן׃ כא וְאַחַ֖ר יָ֣לְדָה בַּ֑ת וַתִּקְרָ֥א
אֶת־שְׁמָ֖הּ דִּינָֽה׃ כב וַיִּזְכֹּ֥ר אֱלֹהִ֖ים אֶת־רָחֵ֑ל וַיִּשְׁמַ֤ע
אֵלֶ֙יהָ֙ אֱלֹהִ֔ים וַיִּפְתַּ֖ח אֶת־רַחְמָֽהּ׃ כג וַתַּ֖הַר וַתֵּ֣לֶד
בֵּ֑ן וַתֹּ֕אמֶר אָסַ֥ף אֱלֹהִ֖ים אֶת־חֶרְפָּתִֽי׃ כד וַתִּקְרָ֧א
אֶת־שְׁמ֛וֹ יוֹסֵ֖ף לֵאמֹ֑ר יֹסֵ֧ף יְהוָ֛ה לִ֖י בֵּ֥ן אַחֵֽר׃
כה וַיְהִ֕י כַּאֲשֶׁ֛ר יָלְדָ֥ה רָחֵ֖ל אֶת־יוֹסֵ֑ף וַיֹּ֤אמֶר יַעֲקֹב֙

אונקלוס

וְעַדִּיאַת וִילֵידַת לְיַעֲקֹב בַּר חֲמִישָׁא: יח וַאֲמַרַת לֵאָה יְהַב יְיָ אַגְרִי דִּיהָבִית
אַמְתִי לְבַעְלִי וּקְרָת שְׁמֵהּ יִשָּׂשכָר: יט וְעַדִּיאַת עוֹד לֵאָה וִילֵידַת בַּר־שְׁתִיתָי
לְיַעֲקֹב: כ וַאֲמַרַת לֵאָה יְהַב יְיָ ׀ יָתַהּ־לִי חֲלָק טָב הָדָא־זִמְנָא יְהֵא־מְדוֹרֵהּ־
דְּבַעְלִי לְוָתִי אֲרֵי־יְלֵידִית לֵהּ שִׁתָּא בְנִין וּקְרָת יָת־שְׁמֵהּ זְבוּלֻן: כא וּבָתַר־כֵּן
יְלֵידַת בְּרַתָּא וּקְרָת יָת־שְׁמַהּ דִּינָה: כב וְעַל דּוּכְרָנַא־דְרָחֵל קֳדָם־יְיָ וְקַבִּיל
צְלוֹתַהּ יְיָ וִיהַב־לַהּ עִדּוּי: כג וְעַדִּיאַת וִילֵידַת בַּר וַאֲמָרַת כְּנַשׁ יְיָ יָת־חִסּוּדִי:
כד וּקְרָת יָת־שְׁמֵהּ יוֹסֵף לְמֵימַר יוֹסֵף יְיָ לִי בַּר אָחֳרָן: כה וַהֲוָה כַּד יְלֵידַת

רש״י

לְהַרְבּוֹת שְׁבָטִים: (כ) זבד טוב. כְּתַרְגּוּמוֹ: יזבלני. לְשׁוֹן בֵּית זְבֻל (מ״א ה׳), הירבריי״א בְּלַעַז, בֵּית מָדוֹר, מֵעַתָּה לֹא תְהֵא עִיקַּר דִּירָתוֹ אֶלָּא עִמִּי שֶׁיֵּשׁ לִי בָנִים כְּנֶגֶד כָּל נָשָׁיו: (כא) דינה. פֵּרְשׁוּ רַבּוֹתֵינוּ, שֶׁדָּנָה לֵאָה דִּין בְּעַצְמָהּ, אִם זֶה זָכָר לֹא תְהֵא רָחֵל אֲחוֹתִי כְּאַחַת הַשְּׁפָחוֹת, וְהִתְפַּלְּלָה עָלָיו וְנֶהְפַּךְ לִנְקֵבָה (ברכות ס׳): (כב) ויזכר אלהים את רחל. זָכַר לָהּ שֶׁמָּסְרָה סִימָנֶיהָ לַאֲחוֹתָהּ וְשֶׁהָיְתָה מִצֵרָה שֶׁמָּא תַעֲלֶה בְּגוֹרָלוֹ שֶׁל עֵשָׂו, שֶׁמָּא יְגָרְשֶׁנָּה יַעֲקֹב לְפִי שֶׁאֵין לָהּ בָּנִים, וְאַף עֵשָׂו הָרָשָׁע כָּךְ עָלָה בְלִבּוֹ, כְּשֶׁשָּׁמַע שֶׁאֵין לָהּ בָּנִים; הוּא שֶׁיִּסֵּד הַפַּיְּט: הָאַדְמוֹן כְּבָט שֶׁלֹּא חָלָה, צָבָה לְקַחְתָּהּ לוֹ וְנִתְבַּהֲלָה: (כג) אסף. הִכְנִיסָהּ בְּמָקוֹם שֶׁלֹּא תֵרָאֶה, וְכֵן: אֱסוֹף חֶרְפָּתֵנוּ (ישי׳ ד׳), וְלֹא יֵאָסֵף הַבַּיְתָה (שמ׳ ט׳), אָסְפוּ נָגְהָם (יואל ד׳), וִירֵחֵךְ לֹא יֵאָסֵף (ישי׳ ס׳)—לֹא יִטָּמֵן: חרפתי. שֶׁהָיִיתִי לְחֶרְפָּה שֶׁאֲנִי עֲקָרָה וְהָיוּ אוֹמְרִים עָלַי, שֶׁאֶעֱלֶה לְחֶלְקוֹ שֶׁל עֵשָׂו הָרָשָׁע. וְאַגָּדָה: כָּל זְמַן שֶׁאֵין לָאִשָּׁה בֵּן, אֵין לָהּ בְּמִי לִתְלוֹת סִרְחוֹנָהּ, מִשֶּׁיֵּשׁ לָהּ בֵּן, תּוֹלָה בוֹ: מִי שָׁבַר כְּלִי זֶה? בִּנְךָ! מִי אָכַל תְּאֵנִים אֵלּוּ? בִּנְךָ! (כד) יסף ה׳ לי בן אחר. יוֹדַעַת הָיְתָה בִנְבוּאָה, שֶׁאֵין יַעֲקֹב עָתִיד לְהַעֲמִיד אֶלָּא שְׁנֵים עָשָׂר שְׁבָטִים, אָמְרָה: יְהִי רָצוֹן שֶׁאוֹתוֹ שֶׁהוּא עָתִיד לְהַעֲמִיד יְהֵא מִמֶּנִּי, לְכָךְ לֹא נִתְפַּלְּלָה אֶלָּא עַל בֵּן אַחֵר: (כה) כאשר ילדה

and bare Jacob a fifth son. [18]And Leah said, God hath given me my
share, because I have given my handmaid to my husband: and she
called his name Issachar. [19]And Leah became pregnant, again, and bare
Jacob a sixth son. [20]And Leah said, God hath endued me with a good
dowry; now will my husband reside with me, because I have born
him six sons: and she called his name Zebulun. [21]And afterwards she
bare a daughter, and called her name Dinah. [22]And God remembered
Rachel, and God hearkened to her, and opened her womb. [23]And
she became pregnant, and bare a son; and said, God hath ta-
ken away my disgrace: [24]And she called his name Joseph; and
said, The Eternal will add to me another son. [25]And it
came to pass, when Rachel had born Joseph, that Jacob said

רש"י

(Gen. R. 72). **(20)** זבד טוב A GOOD DOWRY — explain it as the Targum renders it: *a good portion.* יזבלני WILL RESIDE WITH ME — It has the same meaning as (1 Kings VIII. 13) "a house for dwelling (זבול)". In O. Fr. herbergeric, a *dwelling house*. *Leah meant*: *From now on* his real home will be with me since I have as many children as all his *other* wives together. **(21)** דינה DINAH (Judgment) — Our Rabbis explained, that Leah *set herself up as judge* (דנה) against herself *saying*: "If this be a son, my sister Rachel cannot be even the equal of any of the handmaids". She, therefore, offered prayer regarding it, and its sex was changed (Ber. 60a)[1]). **(22)** ויזכר אלהים את רחל AND GOD REMEMBERED RACHEL — He remembered it to her *as a merit* that she had transmitted the *secret* signs to her sister and that she was greatly troubled lest she should fall to Esau's lot if Jacob were to divorce her because she was childless. Indeed, this had entered Esau's mind when he heard that she was childless. The poet refers to this in his Composition (for the First Day of the New Year) "When the Ruddy One (Esau) perceived that she did not travail with child, he hoped to take her for himself and she became terrified". **(23)** אסף [GOD] HATH TAKEN AWAY [MY DISGRACE] — He has laid it up somewhere where it cannot be seen. Similar examples are (Is. IV. 1) "Take thou away (אסוף) our reproach"; (Ex. IX. 19) "and shall not have been taken away (יאסף) into the house"; (Joel IV. 13) "withdraw (אספו) their shining"; (Is. LX. 20) "neither shall thy moon withdraw itself (יאסף) — *meaning* shall not hide itself. חרפתי DISGRACE — because I had become an object of reproach as I was barren for people said about me that I would fall to the lot of Esau, the wicked. A Midrashic explanation is (Gen. R. 73): So long as a woman has no child she has no-one to blame for her faults; when, however, she has a child, she puts it on him. "Who broke this vessel?" "Your son!" "Who ate those figs?" "Your son!" **(24)** יסף ה׳ לי בן אחר THE ETERNAL WILL ADD TO ME ANOTHER SON — She knew prophetically that Jacob would rear only twelve tribes. She therefore prayed: "May it be God's will that the tribe which he is yet destined to rear may issue from me". For this reason she prayed only for *one other* son. **(25)** כאשר ילדה רחל את

NOTES

1) Leah knew by prophetic insight that twelve sons were to be born to Jacob (cp. Rashi on v. 24). She had already given birth to six and each of the handmaids to two. Consequently if she were to give birth to another son Rachel could at most become the mother of only one, and she would consequently be inferior in this respect to any of the handmaids.

אֶל־לָבָן שַׁלְּחֵנִי וְאֵלְכָה אֶל־מְקוֹמִי וּלְאַרְצִי׃ כו תְּנָה
אֶת־נָשַׁי וְאֶת־יְלָדַי אֲשֶׁר עָבַדְתִּי אֹתְךָ בָּהֵן וְאֵלֵכָה
כִּי אַתָּה יָדַעְתָּ אֶת־עֲבֹדָתִי אֲשֶׁר עֲבַדְתִּיךָ׃
כז וַיֹּאמֶר אֵלָיו לָבָן אִם־נָא מָצָאתִי חֵן בְּעֵינֶיךָ
נִחַשְׁתִּי וַיְבָרְכֵנִי יְהוָה בִּגְלָלֶךָ׃ חמישי כח וַיֹּאמַר
נָקְבָה שְׂכָרְךָ עָלַי וְאֶתֵּנָה׃ כט וַיֹּאמֶר אֵלָיו אַתָּה
יָדַעְתָּ אֵת אֲשֶׁר עֲבַדְתִּיךָ וְאֵת אֲשֶׁר־הָיָה מִקְנְךָ
אִתִּי׃ ל כִּי מְעַט אֲשֶׁר־הָיָה לְךָ לְפָנַי וַיִּפְרֹץ לָרֹב
וַיְבָרֶךְ יְהוָה אֹתְךָ לְרַגְלִי וְעַתָּה מָתַי אֶעֱשֶׂה גַם־
אָנֹכִי לְבֵיתִי׃ לא וַיֹּאמֶר מָה אֶתֶּן־לָךְ וַיֹּאמֶר יַעֲקֹב
לֹא־תִתֶּן־לִי מְאוּמָה אִם־תַּעֲשֶׂה־לִּי הַדָּבָר הַזֶּה

אונקלוס

רָחֵל יָת־יוֹסֵף וַאֲמַר יַעֲקֹב לְלָבָן שַׁלְּחַנִי וְאֵיהָךְ לְאַתְרִי וּלְאַרְעִי׃ כו הַב יָת־
נְשַׁי וְיָת־בְּנַי דִּי פְּלָחִית יָתָךְ בְּהֵן וְאֵיזִיל אֲרֵי אַתְּ יְדַעְתְּ יָת־פֻּלְחָנִי דִּפְלַחְתָּךְ׃
כז וַאֲמַר לֵהּ לָבָן אִם כְּעַן אַשְׁכָּחִית רַחֲמִין קֳדָמָךְ נַסֵּיתִי וּבָרְכַנִי יְיָ בְּדִילָךְ׃
כח וַאֲמַר פָּרֵישׁ אַגְרָךְ עֲלַי וְאֶתֵּן׃ כט וַאֲמַר לֵהּ אַתְּ יְדַעְתְּ יָת דִּפְלַחְתָּךְ וְיָת
דַּהֲוָה בְעִירָךְ עִמִּי׃ ל אֲרֵי זְעֵיר דִּי־הֲוָה לָךְ קֳדָמַי וּתְקֵיף לְמִסְגֵּי וּבָרֵיךְ
יְיָ יָתָךְ בְּדִילִי וּכְעַן אֵימָתַי אַעְבֵּיד אַף־אֲנָא לְבֵיתִי׃ לא וַאֲמַר מָה אֶתֶּן־לָךְ
וַאֲמַר יַעֲקֹב לָא־תִתֶּן־לִי מִדַּעַם אִם תַּעְבֶּד־לִי פִּתְגָּמָא הָדֵין אֲתוּב אֶרְעֵי עָנָךְ

רש״י

רחל את יוסף. מִשֶּׁנּוֹלַד שִׂטְנוֹ שֶׁל עֵשָׂו, שֶׁנֶּאֱמַר: וְהָיָה בֵית יַעֲקֹב אֵשׁ וּבֵית יוֹסֵף לֶהָבָה וּבֵית
עֵשָׂו לְקַשׁ (עובדיה א׳), אֵשׁ בְּלֹא לֶהָבָה אֵינוֹ שׁוֹלֵט לְמֵרָחוֹק, מִשֶּׁנּוֹלַד יוֹסֵף, בָּטַח יַעֲקֹב
בְּהַקָּבָּ״ה וְרָצָה לָשׁוּב: (כו) תנה את נשי וגו׳. אֵינִי רוֹצֶה לָצֵאת כִּי אִם בִּרְשׁוּת: (כז) נחשתי.
מְנַחֵשׁ הָיִיתִי, נִסִּיתִי בְּנִחוּשׁ שֶׁלִּי, שֶׁעַל יָדְךָ בָּאָה לִי בְרָכָה; כְּשֶׁבָּאתָ לְכָאן לֹא הָיוּ לִי בָנִים,
שֶׁנֶּאֱמַר: וְהִנֵּה רָחֵל בִּתּוֹ בָּאָה עִם הַצֹּאן (בר׳ כ״ט), אֶפְשָׁר יֵשׁ לוֹ בָנִים, וְהוּא שׁוֹלֵחַ בִּתּוֹ אֵצֶל
הָרוֹעִים? עַכְשָׁיו הָיוּ לוֹ בָנִים, שֶׁנֶּאֱמַר: וַיִּשְׁמַע אֶת דִּבְרֵי בְנֵי לָבָן (שם ל״א): (כח) נקבה.
כְּתַרְגּוּמוֹ: פָּרֵשׁ אַגְרָךְ: (כט) ואת אשר היה מקנך אתי. אֶת חֶשְׁבּוֹן מְעוּט מִקְנְךָ שֶׁבָּא לְיָדִי
מִתְּחִלָּה, כַּמָּה הָיוּ: (ל) לרגלי. עִם רַגְלִי, בִּשְׁבִיל בִּיאַת רַגְלִי בָּאת אֶצְלְךָ הַבְּרָכָה, כְּמוֹ: הָעָם
אֲשֶׁר בְּרַגְלֶיךָ (שופ׳ י״א), לָעָם אֲשֶׁר בְּרַגְלָי (שופ׳ ח׳) — הַבָּאִים עִמִּי: גם אנכי לביתי. לְצוֹרֶךְ
בֵּיתִי; עַכְשָׁיו אֵין עוֹשִׂין לְצְרָכַי אֶלָּא בָנַי וְצָרִיךְ אֲנִי לִהְיוֹת עוֹשֶׂה גַּם אֲנִי עִמָּהֶם לִסְמֹךְ,

unto Laban, Send me away, that I may go unto mine own place, and to my country. ²⁶Give me my wives and my children for whom I have served thee, and let me go: for thou knowest my service which I have served thee. ²⁷And Laban said unto him, I pray thee, would I had found favour in thine eyes, I have divined that the Eternal hath blessed me for thy sake. ²⁸And he said, Appoint me thy hire, and I will give it. ²⁹And he said unto him, Thou knowest how I have served thee, and what thy cattle has become with me. ³⁰For a little which thou hadst before me, is now increased unto a multitude, and the Eternal hath blessed thee since my coming, and now when shall I provide for mine own house also? ³¹And he said, What shall I give thee? And Jacob said, Thou shalt not give me any thing: if thou wilt do this thing for me,

רש״י

יוסף WHEN RACHEL HAD BORN JOSEPH — after the birth of *whim who was to become* Esau's adversary — as it is said (Obad. I. 18) "And the house of Jacob shall be a fire, and the house of J o s e p h a f l a m e and the house of E s a u for stubble". Fire (Jacob) that has no flame (Joseph) has no effect at a distance. Therefore, when Joseph was born Jacob put his trust in the Holy One, blessed be He, and wished to return *home* (ib.). (26) תנה את נשי וגו' GIVE ME MY WIVES etc. — I have no wish to go away except with your permission. (27) נחשתי I HAVE DIVINED — He was a diviner. "I have discovered by my art of divination that through you a blessing has come to me. When you first came here I had no sons" — for it is said (XXIX. 6) "And, behold, Rachel his daughter is coming with the flock": is it possible if he had sons that he would have let his daughter go among the shepherds? — now, however, he had sons, as it is said (XXXI. 1) "And he heard the words of Laban's s o n s". (28) נקבה Explain it as the Targum renders it: state plainly thy wage. (29) ואת אשר היה מקנך אתי AND WHAT THY CATTLE HATH BECOME WITH ME — You know the number of your few cattle that were entrusted to me at first — how *small* their number was. (30) לרגלי SINCE MY COMING — The word is the same as עם רגלי "with my coming" (lit., with my foot) — on account of my coming has the blessing come to you (Gen. R. 73). Similar is (Ex. XI. 8) "And all the people that come with thee (ברגלך)", and (Jud. VIII. 5) "and the people that are ברגלי" — i. e. that are coming with me. גם אנכי לביתי WHEN SHALL I PROVIDE FOR MINE OWN HOUSE ALSO? — לביתי means for the needs of my household. At present my sons alone provide for my needs, but I, a l s o , ought to work together with them, to assist them. This is the force

אָשׁוּבָה אֶרְעֶה צֹאנְךָ אֶשְׁמֹר: לב אֶעֱבֹר בְּכָל־
צֹאנְךָ הַיּוֹם הָסֵר מִשָּׁם כָּל־שֶׂה ׀ נָקֹד וְטָלוּא וְכָל־
שֶׂה־חוּם בַּכְּשָׂבִים וְטָלוּא וְנָקֹד בָּעִזִּים וְהָיָה שְׂכָרִי:
לג וְעָנְתָה־בִּי צִדְקָתִי בְּיוֹם מָחָר כִּי־תָבוֹא עַל־
שְׂכָרִי לְפָנֶיךָ כֹּל אֲשֶׁר־אֵינֶנּוּ נָקֹד וְטָלוּא בָּעִזִּים
וְחוּם בַּכְּשָׂבִים גָּנוּב הוּא אִתִּי: לד וַיֹּאמֶר לָבָן הֵן
לוּ יְהִי כִדְבָרֶךָ: לה וַיָּסַר בַּיּוֹם הַהוּא אֶת־הַתְּיָשִׁים
הָעֲקֻדִּים וְהַטְּלֻאִים וְאֵת כָּל־הָעִזִּים הַנְּקֻדּוֹת
וְהַטְּלֻאֹת כֹּל אֲשֶׁר־לָבָן בּוֹ וְכָל־חוּם בַּכְּשָׂבִים
וַיִּתֵּן בְּיַד־בָּנָיו: לו וַיָּשֶׂם דֶּרֶךְ שְׁלֹשֶׁת יָמִים בֵּינוֹ
וּבֵין יַעֲקֹב וְיַעֲקֹב רֹעֶה אֶת־צֹאן לָבָן הַנּוֹתָרֹת:

אונקלוס

אֶטַּר: לב אֶעְבַּר בְּכָל־עָנָךְ יוֹמָא־דֵין הַעֲדִי (נ״י אַעְדִּי) מִתַּמָּן כָּל־אִמַּר ׀ נְמוֹר
וּרְקוֹעַ וְכָל־אִמַּר־שְׁחוּם בְּאִמְּרַיָּא וּרְקוֹעַ וּנְמוֹר בְּעִזַּיָּא וִיהֵי אַגְרִי: לג וְתַסְהֵד־
בִּי זָכוּתִי בְּיוֹם דִּמְחַר אֲרֵי־תֵיעוֹל עַל־אַגְרִי קֳדָמָךְ כֹּל דְּ־לֵיתוֹהִי נְמוֹר וּרְקוֹעַ
בְּעִזַּיָּא וּשְׁחוּם בְּאִמְּרַיָּא גְּנוּבָא הוּא עִמִּי: לד וַאֲמַר לָבָן בְּרַם לְוַי יְהֵי כְפִתְגָּמָךְ:
לה וְאַעְדִּי בְּיוֹמָא הַהוּא יָת־תְּיָשַׁיָּא רְגוֹלַיָּא וּרְקוֹעַיָּא וְיָת כָּל־עִזַּיָּא נְמוֹרָתָא
וּרְקוֹעָתָא כֹּל דִּי־חִוָּר בֵּהּ וְכָל־דִּשְׁחוּם בְּאִמְּרַיָּא וִיהַב בְּיַד־בְּנוֹהִי: לו וְשַׁוִּי
מַהֲלַךְ תְּלָתָא יוֹמִין בֵּינוֹהִי וּבֵין יַעֲקֹב וְיַעֲקֹב רָעֵי יָת־עָנָא דְלָבָן דְּאִשְׁתָּאֲרָן:

רש״י

וְזֶהוּ נַּם: (לב) נקד. מְנֻמָּר בַּחֲבַרְבּוּרוֹת דַּקּוֹת כְּמוֹ נְקֻדּוֹת פּוּינְטוּר״א בְּלַעַז: וטלוא. לְשׁוֹן טְלָאִים—חֲבַרְבּוּרוֹת רְחָבוֹת: חום. שָׁחוּם, דּוֹמֶה לְאָדֹם רו״ש בְּלַעַז; לְשׁוֹן מִשְׁנָה: שְׁחַמְתִּית וְנִמְצֵאת לְבָנָה, לְעִנְיַן הַתְּבוּאָה: והיה שכרי. אוֹתָן שֶׁיִּוָּלְדוּ מִכָּאן וּלְהַבָּא נְקֻדִּים וּטְלוּאִים בָּעִזִּים, וּשְׁחוּמִים בַּכְּשָׂבִים, יִהְיוּ שֶׁלִּי, וְאוֹתָן שֶׁיֶּשְׁנָן עַכְשָׁיו, הַפְרֵשׁ מֵהֶם וְהַפְקִידֵם בְּיַד בָּנֶיךָ, שֶׁלֹּא תֹאמַר לִי עַל הַנּוֹלָדִים מֵעַתָּה: אֵלּוּ הָיוּ שָׁם מִתְּחִלָּה, וְעוֹד, שֶׁלֹּא תֹאמַר לִי, עַל יְדֵי הַזְּכָרִים שֶׁהֵן נְקֻדִּים וּטְלוּאִים, תֵּלַדְנָה הַנְּקֵבוֹת דּוּגְמָתָן מִכָּאן וְאֵילָךְ: (לג) וענתה בי וגו׳. אִם תַּחְשְׁדֵנִי שֶׁאֲנִי נוֹטֵל מִשֶּׁלְּךָ כְּלוּם, תַּעֲנֶה בִּי צִדְקָתִי כִּי תָבֹא צִדְקָתִי וְתָעִיד עַל שְׂכָרִי לְפָנֶיךָ, שֶׁלֹּא תִמְצָא בְּעֶדְרִי כִּי אִם נְקֻדִּים וּטְלוּאִים, וְכָל שֶׁתִּמְצָא בָהֶן שֶׁאֵינוֹ נָקוֹד אוֹ טָלוּא אוֹ חוּם, בְּיָדוּעַ, שֶׁגְּנַבְתִּיו לְךָ וּבִגְנֵיבָה הוּא שָׁרוּי אֶצְלִי: (לד) הן. לְשׁוֹן קַבָּלַת דְּבָרִים: לו יהי כדברך. הַלְוַאי שֶׁתַּחְפּוֹץ בִּדְבָרֶךָ: (לה) ויסר לבן ביום ההוא את התישים. עִזִּים זְכָרִים: כל אשר לבן בו. כֹּל אֲשֶׁר הָיְתָה בוֹ חֲבַרְבּוּרִית לְבָנָה. ויתן לָבָן ביד בניו: (לו) הי צרת. הָרוֹעוֹת

I will turn again, feed and keep thy flock. [32]I will pass through all thy flock to day, removing from thence every one of the flock speckled and spotted, and every one dark among the sheep, and the spotted and speckled among the goats: and they shall be my hire. [33]And my righteousness shall answer for me in time to come, when thou goest over my hire before thee: every one that is not speckled and spotted among the goats, and dark among the sheep, that shall be accounted stolen with me. [34]And Laban said, Behold, I would it might be according to thy word. [35]And he removed that day the he-goats that were ringstraked and spotted, and all the she goats that were speckled and spotted, and every one that had white in it, and all the dark among the sheep, and gave them into the hands of his sons. [36]And he set three days journey between himself and Jacob: and Jacob fed the flock of Laban that was left.

רש"י

of the word גם a l s o. **(32)** נקוד SPECKLED — marked with small specks like dots. O. F. pointure; *Engl. points.* וטלוא AND SPOTTED — The word has the same meaning as טלאים "patches" — wide spots. חום BROWN — dark, somewhat reddish, O. F. rouge. In the language of the Mishna (B. Bath. V. 6): *"If he sells it as* reddish-dark *coloured* (שחמתית) and it is found to be white" — *a statement made* in reference to grain. והיה שכרי AND THEY SHALL BE MY HIRE — those which from now on will be born speckled and spotted among the goats and the brownish ones amongst the sheep shall belong to me. Those that are at present *such* set them apart and place them in charge of your sons, so that you may not be able to say to me about those that will be born in the future *spotted and speckled and brownish*, "These were there originally". *And a* further *reason why these should be set apart is,* in order that you may not be able to say to me, "Because of the male animals that are speckled and spotted the females will give birth from now onwards to offspring of their own kind" (i. e., speckled etc.). **(33)** וענתה בי וגו' AND MY RIGHTEOUSNESS SHALL ANSWER FOR ME etc. — Should you suspect me of taking any *animals* that are yours my righteousness will answer for me, — for my righteousness will come and bear witness before thee as to my hire that you will find in my herd only speckled and spotted ones. Whatever, however, you find amongst them (amongst the animals) that is n o t speckled or spotted or brownish it will be certain that I have stolen it *from your flocks* and that it is in my possession by way of theft. **(34)** הן WELL! — an expression denoting agreement with a statement. לו יהי כדברך I WOULD IT MIGHT BE ACCORDING TO THY WORD — Would that you will remain satisfied with this! **(35)** ויסר AND HE REMOVED i. e., L a b a n removed ביום ההוא ON THAT DAY את התישים i. e. THE HE-GOATS. כל אשר לבן בו EVERY ONE THAT HAD WHITE IN IT — all that had a white spot. ויתן AND HE i. e. Laban, GAVE THEM ביד בניו INTO THE HAND OF HIS SONS.

לז וַיִּקַּח־לוֹ יַעֲקֹב מַקַּל לִבְנֶה לַח וְלוּז וְעַרְמוֹן וַיְפַצֵּל
בָּהֵן פְּצָלוֹת לְבָנוֹת מַחְשֹׂף הַלָּבָן אֲשֶׁר עַל־הַמַּקְלוֹת׃
לח וַיַּצֵּג אֶת־הַמַּקְלוֹת אֲשֶׁר פִּצֵּל בָּרְהָטִים בְּשִׁקֲתוֹת
הַמָּיִם אֲשֶׁר תָּבֹאןָ הַצֹּאן לִשְׁתּוֹת לְנֹכַח הַצֹּאן
וַיֵּחַמְנָה בְּבֹאָן לִשְׁתּוֹת׃ לט וַיֶּחֱמוּ הַצֹּאן אֶל־הַמַּקְלוֹת
וַתֵּלַדְןָ הַצֹּאן עֲקֻדִּים נְקֻדִּים וּטְלֻאִים׃ מ וְהַכְּשָׂבִים
הִפְרִיד יַעֲקֹב וַיִּתֵּן פְּנֵי הַצֹּאן אֶל־עָקֹד וְכָל־חוּם
בְּצֹאן לָבָן וַיָּשֶׁת לוֹ עֲדָרִים לְבַדּוֹ וְלֹא שָׁתָם עַל־
צֹאן לָבָן׃ מא וְהָיָה בְּכָל־יַחֵם הַצֹּאן הַמְקֻשָּׁרוֹת

אונקלוס

לז וּנְסֵיב־לֵהּ יַעֲקֹב חוּטְרִין דִּלְבַן רַטִּיבִין דִּדְלוּז וְדִדְלֵיף וְקַלִּיף בְּהוֹן קִלְפִין
חִוָּרִין קְלוּף חִוָּר דִּי עַל־חוּטְרַיָּא׃ לח וּדְעִיץ יָת־חוּטְרַיָּא דִּי קַלִּיף בְּרַהֲטַיָּא
אֲתַר־בֵּית־שַׁקְיָא דְּמַיָּא אֲתַר דְּאָתְן (נ״י דְּאָתְיָן) עָנָא לְמִשְׁתֵּי לְקִבְלֵהוֹן דְּעָנָא
יְמִתְיַחֲמָן בְּמֵיתֵיהוֹן לְמִשְׁתֵּי׃ לט וְאִתְיַחֲמָא עָנָא בְּחוּטְרַיָּא וִילֵידָא עָנָא רְגוֹלִין
נְמוֹרִין וּרְקוֹעִין׃ מ וְאִמְּרַיָּא אַפְרֵשׁ יַעֲקֹב וִיהַב בְּרֵישׁ עָנָא כָּל־דִּרְגוֹל וְכָל־
דִּשְׁחוֹם בְּעָנָא דְלָבָן וְשַׁוִּי לֵהּ עֶדְרִין בִּלְחוֹדוֹהִי וְלָא עָרְבִנּוּן עִם־עָנָא דְלָבָן׃
מא וַהֲוֵי בְּכָל־עִדָּן־דִּמְתְיַחֲמָן עָנָא מְבַכְּרָתָא וּמְשַׁוֵּי יַעֲקֹב יָת־חוּטְרַיָּא לְעֵינֵי

רש״י

שֶׁבָּהֶן, הַחוּלוֹת וְהָעֲקָרוֹת שֶׁאֵינָן אֶלָּא שִׁירַיִם, אוֹתָן מָסַר לוֹ: (לז) מקל לבנה. עֵץ הוּא, וּשְׁמוֹ
לִבְנֶה, כְּמָה דְתֵימָא, תַּחַת אַלּוֹן וְלִבְנֶה (הושע ד׳), וְאוֹמֵר אֲנִי: הוּא שֶׁקּוֹרִין טרינבל״א בְּלַעַ״ז,
שֶׁהוּא לָבָן: לח. כְּשֶׁהוּא רָטוֹב: לוז. וְעוֹד לָקַח מַקַּל לוּז, עֵץ שֶׁגְּדֵלִין בּוֹ אֱגוֹזִים דַּקִּים קולדרו״י
בְּלַעַז: וערמון. קשטני״ר בְּלַעַז: פצלות. קִלּוּפִים קִלּוּפִים, שֶׁהָיָה עוֹשֵׂהוּ מְנֻמָּר: מחשף
הלבן. גִּלּוּי לוֹבֶן שֶׁל מַקֵּל, כְּשֶׁהָיָה קוֹלְפוֹ הָיָה נִרְאֶה וְנִגְלֶה לוֹבֶן שֶׁלּוֹ בִּמְקוֹם הַקְּלִיפָה:
(לח) ויצג. תַּרְגּוּמוֹ וְדָעִיץ, לְשׁוֹן תְּחִיבָה וּנְעִיצָה הוּא בִּלְשׁוֹן אֲרַמִּי, וְהַרְבֵּה יֵשׁ בַּתַּלְמוּד: דָּצָה
וּשְׁלָפָהּ, דַּץ בֵּיהּ מִידֵי, דָּצָה כְּמוֹ דְּעָצָהּ, אֶלָּא שֶׁמְּקַצֵּר אֶת לְשׁוֹנוֹ: ברהטים. בִּמְרוּצוֹת הַמַּיִם,
בִּבְרֵיכוֹת הָעֲשׂוּיוֹת בָּאָרֶץ לְהַשְׁקוֹת שָׁם הַצֹּאן: אשר תבאן וגו׳. בָּרְהָטִים אֲשֶׁר תָּבֹאנָה הַצֹּאן
לִשְׁתּוֹת שָׁם הִצִּיג הַמַּקְלוֹת לְנֹכַח הַצֹּאן: ויחמנה. הַבְּהֵמָה רוֹאָה אֶת הַמַּקְלוֹת וְהִיא נִרְתַּעַת
לַאֲחוֹרֶיהָ וְהַזָּכָר רוֹבְעָהּ וְיוֹלֶדֶת כַּיּוֹצֵא בוֹ: רַבִּי הוֹשַׁעְיָה אוֹמֵר: הַמַּיִם נַעֲשִׂין זֶרַע בְּמֵעֶיהָן,
וְלֹא הָיוּ צְרִיכוֹת לְזָכָר, וְזֶהוּ וַיֵּחַמְנָה וְגוֹ׳ (ב״ר): (לט) אל המקלות. אֶל מַרְאוֹת הַמַּקְלוֹת:
עקדים. מְשׁוּנִּים בִּמְקוֹם עֲקֵידָתָם, הֵם קַרְסוּלֵי יְדֵיהֶם וְרַגְלֵיהֶם: (מ) והכשבים הפריד יעקב.
הַנּוֹלָדִים עֲקוּדִּים נְקוּדִּים הִבְדִּיל וְהִפְרִישׁ לְעַצְמָן וְעָשָׂה אוֹתָן עֵדֶר עֵדֶר לְבַדּוֹ, וְהוֹלִיךְ אוֹתוֹ
הָעֵדֶר הֶעָקוּד לִפְנֵי הַצֹּאן, וּפְנֵי הַצֹּאן הַהוֹלְכִים אַחֲרֵיהֶם צוֹפוֹת אֲלֵיהֶם; וְזֶהוּ שֶׁאָמַר:
וַיִּתֵּן פְּנֵי הַצֹּאן אֶל עָקֹד, שֶׁהָיוּ פְּנֵי הַצֹּאן אֶל הָעֲקוּדִּים, וְאֶל כָּל חוּם שֶׁמָּצָא בְּצֹאן לָבָן:
וישת לו עדרים. כְּמוֹ שֶׁפֵּרַשְׁתִּי: (מא) המקשרות. כְּתַרְגּוּמוֹ: הַבְּכִירוֹת, וְאֵין לִי עֵד

37And Jacob took him moist sticks of poplar, and of the almond and
plane tree; and peeled white strakes in them, making bare the white
which was in the sticks. 38And he set down the sticks which he had peeled
in the gutters in the watering troughs, whither the flocks came to drink,
opposite the flocks, that they should become heated when they came to
drink. 39And the flocks became heated before the sticks, and the
flocks bare ringstraked, speckled and spotted. 40And Jacob parted
the lambs, and set the faces of the flocks toward the ringstraked,
and all the dark in the flock of Laban; and he put his own
droves by themselves, and set them not with Laban's flocks. 41And
it came to pass, whensoever the stonger flocks became heated,

רש"י

(36) הנותרות [THE FLOCK OF LABAN] THAT WAS LEFT — The defective *animals* amongst them, the sickly and the barren, which were nothing but the leavings — these he (Laban) handed over to him. **(37)** מקל לבנה STICKS OF לבנה — a tree that is called לבנה — just as you say (Hos. IV. 13) "Under oaks and *poplars* (ולבנה)". I think it is what is called in O. F. tremble; *Engl. trembling-poplar*, which is white. לח FRESH — *He took it* when it was moist. לוז ALMOND — He also took rods of לוז, a tree upon which small nuts grow. O. F. coudre; *Engl. hazel.* וערמון is O. F. chastenier, *Engl. chestnut.* פצלות STREAKS — many peelings so that he gave it the appearence of being striped. מחשוף הלבן MAKING BARE THE WHITE — *there was thus* an uncovering of the white part of the rod: when he peeled it the white in it became uncovered and visible in the places where it was peeled. **(38)** ויצג AND HE SET — In the Targum it is rendered by ודעיץ which signifies in the Aramaic language sticking in and inserting. It occurs many times in the Talmud: (Sabb. 50b) "if he stuck it in (דצה) and pulled it out"; (Chul. 93b) "he stuck (דץ) something into it", where דצה is the same as דעצה, being really a contracted form of it. ברהטים IN THE GUTTERS — in the currents (מרוצות) of water running in the trenches made in the ground to water the sheep there. (רהט is the Aramaic of רוץ). אשר תבאנה WHERE THE FLOCKS COME TO DRINK etc. — In the currents whither the sheep come to drink, there did he set the rods in front of the sheep.1) ויחמנה AND THEY CONCEIVED — The female animal saw the rods, it was startled *at the sight of them* and recoiled; its mate then pairing with it, it *afterwards* gave birth to young *marked* similar to the rods. **(39)** אל המקלות *means* at the sight of the rods. עקודים RING-STRAKED — the word is connected with the root עקד "to bind" — differently *coloured* at that place where they are bound, viz., the ankles of the forelegs and hindlegs. **(40)** והכשבים הפריד יעקב AND JACOB PARTED THE LAMBS — Those sheep that were *thus* born spotted on the ankles and speckled he separated and set apart by themselves, thus forming them into a separate flock. He led that spotted flock in front of *ordinary* sheep so that the faces of the sheep that followed behind them were gazing at them. This is what *Scripture* means in saying, "He set the faces of the flocks towards the spotted" — that the faces of the sheep were directed towards the spotted animals and towards all that were brownish which he found amongst Laban's sheep (i. e., amongst the sickly sheep which Laban had left him; cf. v. 36). וישת לו עדרים *means he formed them into a separate flock* as I have already explained. **(41)** המקשרות THE STRONGER — Explain it as the Targum renders it: הבכירות the early-bearing sheep; but I have no

NOTES

1) Rashi points out 1. that the words אשר תבאנה וכו' are to be connected closely with the preceding words: "He set the rods in the gutters where the flocks came to drink": 2. that לנכח הצאן are to be connected with ויצג — He set the rods ... in front of the sheep.

וְשָׂם יַעֲקֹב אֶת־הַמַּקְלוֹת לְעֵינֵי הַצֹּאן בָּרְהָטִים
לְיַחְמֶנָּה בַּמַּקְלוֹת׃ מב וּבְהַעֲטִיף הַצֹּאן לֹא יָשִׂים
וְהָיָה הָעֲטֻפִים לְלָבָן וְהַקְּשֻׁרִים לְיַעֲקֹב׃ מג וַיִּפְרֹץ
הָאִישׁ מְאֹד מְאֹד וַיְהִי־לוֹ צֹאן רַבּוֹת וּשְׁפָחוֹת
וַעֲבָדִים וּגְמַלִּים וַחֲמֹרִים׃ לא א וַיִּשְׁמַע אֶת־דִּבְרֵי
בְנֵי־לָבָן לֵאמֹר לָקַח יַעֲקֹב אֵת כָּל־אֲשֶׁר לְאָבִינוּ
וּמֵאֲשֶׁר לְאָבִינוּ עָשָׂה אֵת כָּל־הַכָּבֹד הַזֶּה׃ ב וַיַּרְא
יַעֲקֹב אֶת־פְּנֵי לָבָן וְהִנֵּה אֵינֶנּוּ עִמּוֹ כִּתְמוֹל שִׁלְשׁוֹם׃
ג וַיֹּאמֶר יְהוָה אֶל־יַעֲקֹב שׁוּב אֶל־אֶרֶץ אֲבוֹתֶיךָ
וּלְמוֹלַדְתֶּךָ וְאֶהְיֶה עִמָּךְ׃ ד וַיִּשְׁלַח יַעֲקֹב וַיִּקְרָא
לְרָחֵל וּלְלֵאָה הַשָּׂדֶה אֶל־צֹאנוֹ׃ ה וַיֹּאמֶר לָהֶן רֹאֶה
אָנֹכִי אֶת־פְּנֵי אֲבִיכֶן כִּי־אֵינֶנּוּ אֵלַי כִּתְמֹל שִׁלְשֹׁם

אונקלוס

עָנָא בְּרַהֲטַיָּא לְיַחֲמוּתְהוֹן בְּחוּטְרַיָּא׃ מב וּבְלַקִּישׁוּת עָנָא לָא מְשַׁוֵּי וַהֲווֹ לַקִּישַׁיָּא
לְלָבָן וּבַכִּירַיָּא לְיַעֲקֹב׃ מג וּתְקֵיף גַּבְרָא לַחֲדָא לַחֲדָא וַהֲווֹ־לֵהּ עָן סַגִּיאָן וְאַמְהָן
וְעַבְדִּין וְגַמְלִין וַחֲמָרִין׃ א וּשְׁמַע יָת־פִּתְגָּמֵי בְנֵי־לָבָן דְּאָמְרִין נְסֵיב יַעֲקֹב יָת
כָּל־דִּי לַאֲבוּנָא וּמִדִּי לַאֲבוּנָא קְנָא יָת כָּל־נִכְסַיָּא הָדֵין׃ ב וַחֲזָא יַעֲקֹב יָת־סְבַר־
אַפֵּי לָבָן וְהָא לֵיתוֹהִי עִמֵּהּ כְּמֵאִתְמָלֵי וּמִדְּקַמּוֹהִי׃ ג וַאֲמַר יְיָ לְיַעֲקֹב תּוּב
לְאַרְעָא דַּאֲבָהָתָךְ וּלְיַלָּדוּתָךְ וִיהֵי־מֵימְרִי בְּסַעְדָּךְ׃ ד וּשְׁלַח יַעֲקֹב וּקְרָא לְרָחֵל
וּלְלֵאָה לְחַקְלָא לְוַת־עָנֵהּ׃ ה וַאֲמַר לְהֵן חָזֵי אֲנָא יָת־סְבַר־אַפֵּי אֲבוּכֵן אֲרֵי־

רש״י

בְּמִקְרָא: וּמְנַחֵם חִבְּרוֹ עִם אֲחִיתוֹפֶל בַּקֹּשְׁרִים (ש״ב ט״ו), וַיְהִי הַקֶּשֶׁר אַמִּיץ (שם), אוֹתָן הַמִּתְקַשְּׁרוֹת יַחַד לְמַהֵר עִבּוּרָן: (מב) ובהעטיף. לְשׁוֹן אִיחוּר, כְּתַרְגּוּמוֹ: וּבְלַקִּישׁוּת. וּמְנַחֵם חִבְּרוֹ עִם הַמְּחֻלָּצוֹת וְהַמַּעֲטָפוֹת (ישע׳ ג׳), לְשׁוֹן עֲטִיפַת כְּסוּת, כְּלוֹמַר, מִתְעַטְּפוֹת בְּעוֹרָן וְצַמְרָן וְאֵינָן מִתְאַוּוֹת לְהִתְיַחֵם ע״י הַזְּכָרִים: (מג) צאן רבות. פָּרוֹת וְרָבוֹת מִשְּׁאָר צֹאן. וּשְׁפָחוֹת ועבדים. מוֹכֵר צֹאנוֹ בְּדָמִים יְקָרִים וְלוֹקֵחַ לוֹ כָּל אֵלֶּה:

לא (א) עשה. כָּנַס, כְּמוֹ. וַיַּעַשׂ חַיִל וַיַּךְ אֶת עֲמָלֵק (ש״א י״ד): (ג) שוב אל ארץ אבותיך. וְשָׁם אֶהְיֶה עִמְּךָ, אֲבָל בְּעוֹדְךָ מְחֻבָּר לַטָּמֵא אִי אֶפְשָׁר לְהַשְׁרוֹת שְׁכִינָתִי עָלֶיךָ (ב״ר): (ד) ויקרא לרחל וללאה. לְרָחֵל תְּחִלָּה וְאַחַר כָּךְ לְלֵאָה, שֶׁהִיא הָיְתָה עֲקֶרֶת הַבַּיִת שֶׁבִּשְׁבִילָהּ נִזְדַּוֵּג יַעֲקֹב עִם לָבָן, וְאַף בָּנֶיהָ שֶׁל לֵאָה מוֹדִים בַּדָּבָר, שֶׁהֲרֵי בֹּעַז וּבֵית דִּינוֹ

that Jacob put the sticks before the eyes of the flocks in the gutters,
that they might become heated among the sticks. 42But when the flocks
were feeble, he put them not: so that the feebler were Laban's, and
the stronger Jacob's. 43And the man increased exceedingly, and had
many flocks, and handmaids, and menservants, and camels, and asses.

31. 1And he heard the words of Laban's sons, saying, Jacob hath
taken all that was our father's; and of that which was our father's hath
he made all this glory. 2And Jacob saw the face of Laban, and, behold,
it was not towards him as before. 3And the Eternal said unto Jacob, Re-
turn unto the land of thy fathers, and to thy kindred; and I will be with
thee. 4And Jacob sent and called Rachel and Leah to the field unto his
flock. 5And said unto them, I see your father's face, that it is not towards

רש"י

evidence in the Scripture (i. e. I have no other example of the use of this word) to prove that this is its meaning. Menachem classifies it under the same root as (2 Sam. XV. 31) "Ahitophel is among the conspirators (בקשרים)", and as (ib. 12) "And the conspiracy (הקשר) was strong" — *so that the meaning would be* those sheep that banded themselves together (mated) in order to accelerate their pregnancy (i. e. in order that they might become בכירות, early-bearing sheep). **(42)** ובהעטיף WHEN THE FLOCKS WERE FEEBLE — the word has the meaning of "being late", as the Targum renders it בלקישות the late-bearing ones (cf. מלקוש the "latter" rain). Menachem classifies it under the same root as (Is. III. 22) "the aprons and the mantelets (המעטפות)", so that it has the meaning of wrapping onself in a garment, and the word denotes those animals that are well wrapped up in their skin and fur so that they do not desire to be warmed by the males. **(43)** צאן רבות MANY SHEEP — sheep that multiplied and were fruitful more than other sheep[1]) (Tanch.). ושפחות ועבדים AND HANDMAIDS, AND MEN-SERVANTS — he used to sell his sheep at a high price and he bought for himself all these (Tanch.).

31. **(1)** עשה HE HATH MADE — i. e. gathered, as (I. Sam. XIV. 48) "And he gathered (ויעש) troops and smote the Amalekites". **(3)** שוב אל ארץ אבותיך RETURN UNTO THE LAND OF THY FATHERS — and there I will be with thee; but as long as you are associated with the unclean *Laban* it is impossible to make my Divine Presence (Shechina) rest upon you (Gen. R. 74). **(4)** ויקרא לרחל וללאה AND HE CALLED RACHEL AND LEAH — First Rachel and afterwards Leah for she was the chief wife[2]) of the house for whose sake Jacob had entered into relations with Laban. Even the descendants of Leah admitted this (that Rachel was the principal wife), for Boaz and his Law-

NOTES

1) Rashi takes רבות as a participle so that the meaning is: *sheep* that multiply (more than other sheep).

2) An expression taken from Ps. CXIII. 9 whose it means "barren woman of the house", Rashi, however, uses it here with a play on עָקָר "the chief, main thing" of the house. Cf. Ruth R. 7.

וֵאלֹהֵי אָבִי הָיָה עִמָּדִי׃ ו וְאַתֵּנָה יְדַעְתֶּן כִּי בְּכָל־
כֹּחִי עָבַדְתִּי אֶת־אֲבִיכֶן׃ ז וַאֲבִיכֶן הֵתֶל בִּי וְהֶחֱלִף
אֶת־מַשְׂכֻּרְתִּי עֲשֶׂרֶת מֹנִים וְלֹא־נְתָנוֹ אֱלֹהִים
לְהָרַע עִמָּדִי׃ ח אִם־כֹּה יֹאמַר נְקֻדִּים יִהְיֶה שְׂכָרֶךָ
וְיָלְדוּ כָל־הַצֹּאן נְקֻדִּים וְאִם־כֹּה יֹאמַר עֲקֻדִּים
יִהְיֶה שְׂכָרֶךָ וְיָלְדוּ כָל־הַצֹּאן עֲקֻדִּים׃ ט וַיַּצֵּל אֱלֹהִים
אֶת־מִקְנֵה אֲבִיכֶם וַיִּתֶּן־לִי׃ י וַיְהִי בְּעֵת יַחֵם הַצֹּאן
וָאֶשָּׂא עֵינַי וָאֵרֶא בַּחֲלוֹם וְהִנֵּה הָעַתֻּדִים הָעֹלִים
עַל־הַצֹּאן עֲקֻדִּים נְקֻדִּים וּבְרֻדִּים׃ יא וַיֹּאמֶר אֵלַי
מַלְאַךְ הָאֱלֹהִים בַּחֲלוֹם יַעֲקֹב וָאֹמַר הִנֵּנִי׃ יב וַיֹּאמֶר
שָׂא־נָא עֵינֶיךָ וּרְאֵה כָּל־הָעַתֻּדִים הָעֹלִים עַל־
הַצֹּאן עֲקֻדִּים נְקֻדִּים וּבְרֻדִּים כִּי רָאִיתִי אֵת כָּל־

אונקלוס

לִיתוֹהִי עִמִּי כְּמֵאִתְמָלֵי וּמִדְּקַמּוֹהִי וֵאלָהֵהּ דְּאַבָּא הֲוָה בְּסַעֲדִי׃ ו וְאַתִּין יְדַעְתִּין
אֲרֵי בְּכָל־חֵילִי פְּלָחִית יָת־אֲבוּכֵן׃ ז וַאֲבוּכֵן שַׁקַּר בִּי וְאַשְׁנִי יָת־אַגְרִי עֲשַׂר
וּמְנִין וְלָא־שַׁבְקֵהּ יְיָ לְאַבְאָשָׁא עִמִּי׃ ח אִם־כְּדֵין הֲוָה־אָמַר נְמוֹרִין יְהֵא אַגְרָךְ
וִילִידָן כָּל־עָנָא נְמוֹרִין וְאִם־כְּדֵין הֲוָה־אָמַר רְגוֹלִין יְהֵא אַגְרָךְ וִילִידָן כָּל־עָנָא
רְגוֹלִין׃ ט וְאַפְרֵשׁ יְיָ יָת־גֵּיתֵי דַּאֲבוּכוֹן וִיהַב־לִי׃ י וַהֲוָה בְּעִדָּן דְּאִתְיַחֲמָא עָנָא
וּזְקָפִית עֵינַי וַחֲזֵית בְּחֶלְמָא וְהָא תֵּישַׁיָּא דְּסָלְקִין עַל־עָנָא רְגוֹלִין נְמוֹרִין וּפְצִיחִין׃
יא וַאֲמַר לִי מַלְאֲכָא דַּיְיָ בְּחֶלְמָא יַעֲקֹב וַאֲמָרִית הָא אֲנָא׃ יב וַאֲמַר זְקוֹף־כְּעַן
עֵינָךְ וַחֲזִי כָּל־תֵּישַׁיָּא דְּסָלְקִין עַל־עָנָא רְגוֹלִין נְמוֹרִין וּפְצִיחִין אֲרֵי גְלֵי־קֳדָמַי

רש״י

מִשְׁפַּט יְהוּדָה אוֹמְרִים: כְּרָחֵל וּכְלֵאָה אֲשֶׁר בָּנוּ שְׁתֵּיהֶם וְגוֹ׳—הִקְדִּימוּ רָחֵל לְלֵאָה: (ז) עשרת מנים. אין מונים פְּחוּת מֵעֲשָׂרָה: מנים. לשון סְכוּם, כְּלַל הַחֶשְׁבּוֹן וְהֵן עֲשִׂירִיּוֹת; לִמְּדָנוּ, שֶׁהֶחֱלִיף תְּנָאוֹ ק׳ פְּעָמִים: (י) והנה העתדים. אַעַ״פִּ שֶׁהִבְדִּילָם לָבָן כֻּלָּם שֶׁלֹּא יִתְעַבְּרוּ הַצֹּאן דּוּגְמָתָן, הָיוּ הַמַּלְאָכִים מְבִיאִין אוֹתָן מֵעֵדֶר הַמָּסוּר בְּיַד בְּנֵי לָבָן לָעֵדֶר שֶׁבְּיַד יַעֲקֹב (ב״ר): וברדים. כְּתַרְגּוּמוֹ וּפְצִיחִין פיישׁ״יד בלע״ז, חוּט שֶׁל לָבָן מַקִּיף אֶת גּוּפוֹ סָבִיב, חֲבַרְבּוּרוֹת שֶׁלּוֹ פְּתוּחָה וּמְפֻלֶּשֶׁת מִזּוֹ אֶל זוֹ; וְאֵין לְהָבִיא עֵד מִן הַמִּקְרָא:

me as before; but the God of my father hath been with me. 6And ye
know that with all my strength I have served your father. 7And your
father hath deceived me, and changed my hire ten times; but God
suffered him not to do me evil. 8If he said thus, The speckled shall
be thy hire; then all the flocks bare speckled; and if he said thus,
The ringstraked shall be thy hire; then bare all the flocks ringstraked.
9Thus God hath delivered the cattle of your father, and given them
to me. 10And it came to pass at the time that the flocks became
heated, that I lifted up mine eyes, and saw in a dream, and, be-
hold, the rams which went up on the flocks were ringstraked,
speckled, and grisled. 11And an angel of God spake unto me in a
dream, saying, Jacob: And I said, Here am I. 12And he said, Lift
up now thine eyes, and see, all the rams which go up on the flocks
are ringstraked, speckled, and grisled: for I have seen all that La-

רש״י

Court who were of the Tribe of Judah (L e a's son) said[1]) (Ruth IV. 11) "like Rachel and like Leah which two did build etc.", mentioning Rachel before Leah (ib.). **(7)** עשרת מנים TEN TIMES — *The word* מנים never means less then ten (ib.)[2]). מנים signifies sum — the total of enumeration — these are tens: we may infer, therefore, that he changed the conditions *of his hire* one hundred times. **(10)** והנה העתדים BEHOLD THE RAMS — Although Laban had separated all these so that the sheep should not give birth to young marked similar to them, angels brought them from the flock which had been placed in charge of Laban's sons to the flock in Jacob's charge (Tanch.). וברדים GRISLED — Explain it as the Targum renders it: פציחין open; O. F. faissie, checquered. There was a white stripe going right round the body, the spots of which it was composed being open and running from one end to the other[3]). But I can bring no

NOTES

[1]) In fact was not Boaz who said this but the people and the elders. According to Ruth Rabbah 7, however, the majority of those present were also descendants of Leah.

[2]) Cf. Gen. R. 74 אין מנין פחות מי׳. Although מנין really means nothing more than "number" it is used to denote the number of t e n persons.

[3]) Cf. Tosef Kil. II. 1 for this use of the word מפולש.

אֲשֶׁר לָבָן עֹשֶׂה לָּךְ׃ יג אָנֹכִי הָאֵל בֵּית־אֵל אֲשֶׁר
מָשַׁחְתָּ שָּׁם מַצֵּבָה אֲשֶׁר נָדַרְתָּ לִּי שָׁם נֶדֶר עַתָּה
קוּם צֵא מִן־הָאָרֶץ הַזֹּאת וְשׁוּב אֶל־אֶרֶץ מוֹלַדְתֶּךָ׃
יד וַתַּעַן רָחֵל וְלֵאָה וַתֹּאמַרְנָה לוֹ הַעוֹד לָנוּ חֵלֶק
וְנַחֲלָה בְּבֵית אָבִינוּ׃ טו הֲלוֹא נָכְרִיּוֹת נֶחְשַׁבְנוּ לוֹ
כִּי מְכָרָנוּ וַיֹּאכַל גַּם־אָכוֹל אֶת־כַּסְפֵּנוּ׃ טז כִּי כָל־
הָעֹשֶׁר אֲשֶׁר הִצִּיל אֱלֹהִים מֵאָבִינוּ לָנוּ הוּא וּלְבָנֵינוּ
וְעַתָּה כֹּל אֲשֶׁר אָמַר אֱלֹהִים אֵלֶיךָ עֲשֵׂה׃ ששי
יז וַיָּקָם יַעֲקֹב וַיִּשָּׂא אֶת־בָּנָיו וְאֶת־נָשָׁיו עַל־הַגְּמַלִּים׃
יח וַיִּנְהַג אֶת־כָּל־מִקְנֵהוּ וְאֶת־כָּל־רְכֻשׁוֹ אֲשֶׁר רָכָשׁ
מִקְנֵה קִנְיָנוֹ אֲשֶׁר רָכַשׁ בְּפַדַּן אֲרָם לָבוֹא אֶל־יִצְחָק

אונקלוס

יָת כָּל־דִּי לָבָן עָבֵד לָךְ׃ יג אֲנָא אֱלָהָא דְּאִתְגְּלֵיתִי־עֲלָךְ בְּבֵית־אֵל דִּי מְשַׁחְתָּא
תַּמָּן קָמָא דִּי קַיֶּמְתָּא קֳדָמַי תַּמָּן קְיָם כְּעַן קוּם פּוּק מִן־אַרְעָא הָדָא וְתוּב
לַאֲרַע יַלָּדוּתָךְ׃ יד וַאֲתִיבַת רָחֵל וְלֵאָה וַאֲמָרָן לֵהּ הַעוֹד (כְּעַן־) לָנָא חֲלָק
וְאַחֲסָנָא בְּבֵית אֲבוּנָא׃ טו הֲלָא נוּכְרָאָן אִתְחֲשַׁבְנָא לֵהּ אֲרֵי זַבְּנָנָא וַאֲכַל אַף־
מֵיכַל יָת־כַּסְפָּנָא׃ טז אֲרֵי־כָל־עוּתְרָא דִּי אַפְרֵשׁ יְיָ מֵאֲבוּנָא דִּילָנָא הוּא וּלְבְנָנָא
וּכְעַן כֹּל דִּי אֲמַר יְיָ לָךְ עֲבֵד׃ יז וְקָם יַעֲקֹב וּנְטַל יָת־בְּנוֹהִי וְיָת־נְשׁוֹהִי עַל־
גַּמְלַיָּא׃ יח וּדְבַר יָת־כָּל־גֵּיתוֹהִי וְיָת־כָּל־קִנְיָנֵהּ דִּקְנָא גֵּיתֵי קִנְיָנֵהּ דִּי קְנָא בְּפַדַּן

רש״י

(יג) האל בית אל. כְּמוֹ אֵל בֵּית אֵל, הַהֵ״א יְתֵירָה, וְדֶרֶךְ מִקְרָאוֹת לְדַבֵּר כֵּן, כְּמוֹ: כִּי אַתֶּם בָּאִים אֶל הָאָרֶץ כְּנָעַן (במ׳ ל״ד): **משחת שם.** לְ׳ רִבּוּי וּגְדוּלָּה כְּשֶׁנִּמְשַׁח לְמַלְכוּת, כָּךְ וַיִּצֹק שֶׁמֶן עַל רֹאשָׁהּ—לִהְיוֹת מְשׁוּחָה לְמִזְבֵּחַ: **אשר נדרת לי.** וְצָרִיךְ אַתָּה לְשַׁלְּמוֹ, שֶׁאָמַרְתָּ יִהְיֶה בֵּית אֱלֹהִים, שֶׁתַּקְרִיב שָׁם קָרְבָּנוֹת: **(יד) העוד לנו.** לָמָּה נְעַכֵּב עַל יָדְךָ מִלָּשׁוּב? כְּלוּם אָנוּ מְיַחֲלוֹת לִירַשׁ מִנִּכְסֵי אָבִינוּ כְּלוּם בֵּין הַזְּכָרִים: **(טו) הלא נכריות נחשבנו לו.** אֲפִילוּ בְּשָׁעָה שֶׁדֶּרֶךְ בְּנֵי אָדָם לָתֵת נְדוּנְיָה לִבְנוֹתָיו—בִּשְׁעַת נִשּׂוּאִין—נָהַג עִמָּנוּ כְּנָכְרִיּוֹת, כִּי מְכָרָנוּ לְךָ בִּשְׂכַר הַפְּעֻלָּה: **את כספנו.** שֶׁעִכֵּב דְּמֵי שְׂכַר פְּעֻלָּתְךָ: **(טז) כי כל העשר.** כִּי זֶה מְשַׁמֵּשׁ בִּלְשׁוֹן אֶלָּא; כְּלוֹמַר, מִשֶּׁל אָבִינוּ אֵין לָנוּ כְּלוּם, אֶלָּא מַה שֶּׁהִצִּיל הַקָּבָּ״ה מֵאָבִינוּ שֶׁלָּנוּ הוּא: **הציל.** לְשׁוֹן הִפְרִישׁ. וְכֵן כָּל לְשׁוֹן הַצָּלָה שֶׁבַּמִּקְרָא לְשׁוֹן הַפְרָשָׁה, שֶׁמַּפְרִישׁוֹ מִן הָרָעָה וּמִן הָאוֹיֵב: **(יז) את בניו ואת נשיו.** הִקְדִּים זְכָרִים לִנְקֵבוֹת, וְעֵשָׂו הִקְדִּים נְקֵבוֹת לִזְכָרִים, שֶׁנֶּאֱמַר: וַיִּקַּח עֵשָׂו אֶת נָשָׁיו וְאֶת בָּנָיו וְגוֹמֵר: **(יח) מקנה קנינו.** מַה שֶּׁקָּנָה מִצֹּאנוֹ, עֲבָדִים וּשְׁפָחוֹת וּגְמַלִּים וַחֲמוֹרִים:

ban doeth unto thee. ¹³I am the God of Beth-el, where thou anointedst a pillar, and where thou vowedst a vow unto me: now arise, go out from this land, and return unto the land of thy kindred. ¹⁴And Rachel and Leah answered and said unto him, Is there yet any portion or inheritance for us in our father's house? ¹⁵Are we not thought aliens by him? for he hath sold us, and hath also altogether eaten our money. ¹⁶For all the riches which God hath delivered from our father, that is our's, and our children's: now then, whatsoever God hath said unto thee, do. ¹⁷Then Jacob rose, and lifted up his sons and his wives upon the camels; ¹⁸And he led away all his cattle, and all his substance which he had gotten, the cattle of his property, which he had gotten in Padan-aram, to come to Isaac

רש"י

evidence from Scripture *that this is the meaning*. **(13)** האל בית אל is the same as אל בית אל the ה of האל being redundant. It is customary for Scripture to speak thus, e. g. (Numb. XXXIV. 2) "When ye come into the land of Canaan הארץ כנען (instead of ארץ כנען). משחת שם WHERE THOU ANOINTEDST [A PILLAR] — This denotes distinction and eminence just as when one is anointed king *one is raised to eminence:* thus, too (XXVIII. 18) "and he poured oil upon the top of it (the stone)" that it might be anointed to be an altar (thus being distinguished among other stones). אשר נדרת לי WHERE THOU VOWEDST A VOW UNTO ME — and you are bound to fulfil it, for you said (ib. 22) "*it* shall be God's house", *signifying* that you would offer sacrifice there. **(14)** העוד לנו IS THERE YET ANY FOR US? — Why should we prevent you from returning? Can we at all hope to inherit anything belonging to our father together with *his* sons? **(15)** הלא נכריות נחשבנו לו ARE WE NOT THOUGHT ALIENS BY HIM? — Even at a time when it is customary for people to give a dowry to their daughters — at the time of *their* marriage — he treated us as strangers for he sold us to you in return for your labour *during fourteen years*. את כספנו [HAS EATEN] OUR MONEY — for he kept for himself the money for the wages of your labour *during the next six years*. **(16)** כי כל העשר FOR ALL THE RICHES — The word כי here means but; as much as to say: of our father's property we have nothing at all; but what The Holy One, blessed be He, has taken away from our father, that is ours. הציל means separated (or taken away). Similarly all forms from the Hiphil of this root occuring in Scripture (usually translated by "to deliver", "to rescue") mean t a k i n g a w a y, for one *who rescues a person* takes him away from the misfortune or from the enemy. **(17)** את בניו ואת נשיו HIS SONS AND HIS WIVES — He took the males before the females whereas Esau took the females before the males, as it is said (XXXVI. 6) "And Esau took his wives and his sons etc."¹) **(18)** מקנה קנינו means what he had purchased by means of קנינו *his own property i. e.* his sheep, viz., menservants, maidservants, camels and

NOTES

¹) The suggestion is that Esau had a thought rather for the company of his womenkind than for that of his children.

אָבִיו אַרְצָה כְּנָעַן: יט וְלָבָן הָלַךְ לִגְזֹז אֶת־צֹאנוֹ
וַתִּגְנֹב רָחֵל אֶת־הַתְּרָפִים אֲשֶׁר לְאָבִיהָ: כ וַיִּגְנֹב
יַעֲקֹב אֶת־לֵב לָבָן הָאֲרַמִּי עַל־בְּלִי הִגִּיד לוֹ כִּי
בֹרֵחַ הוּא: כא וַיִּבְרַח הוּא וְכָל־אֲשֶׁר־לוֹ וַיָּקָם וַיַּעֲבֹר
אֶת־הַנָּהָר וַיָּשֶׂם אֶת־פָּנָיו הַר הַגִּלְעָד: כב וַיֻּגַּד
לְלָבָן בַּיּוֹם הַשְּׁלִישִׁי כִּי בָרַח יַעֲקֹב: כג וַיִּקַּח אֶת־
אֶחָיו עִמּוֹ וַיִּרְדֹּף אַחֲרָיו דֶּרֶךְ שִׁבְעַת יָמִים וַיַּדְבֵּק
אֹתוֹ בְּהַר הַגִּלְעָד: כד וַיָּבֹא אֱלֹהִים אֶל־לָבָן הָאֲרַמִּי
בַּחֲלֹם הַלָּיְלָה וַיֹּאמֶר לוֹ הִשָּׁמֶר לְךָ פֶּן־תְּדַבֵּר
עִם־יַעֲקֹב מִטּוֹב עַד־רָע: כה וַיַּשֵּׂג לָבָן אֶת־יַעֲקֹב
וְיַעֲקֹב תָּקַע אֶת־אָהֳלוֹ בָּהָר וְלָבָן תָּקַע אֶת־אֶחָיו
בְּהַר הַגִּלְעָד: כו וַיֹּאמֶר לָבָן לְיַעֲקֹב מֶה עָשִׂיתָ

אונקלוס

אֲרָם לְמֵיתֵי לְוָת־יִצְחָק אֲבוּהִי לְאַרְעָא כְנָעַן: יט וְלָבָן אֲזַל לְמִגַּז יָת־עָנֵהּ וְכַסִּיאַת
רָחֵל יָת־צַלְמָנַיָּא דִּי לַאֲבוּהָא: כ וְכַסִּי יַעֲקֹב מִן־לִבָּא דְּלָבָן אֲרַמָּאָה עַל־דְּלָא
חַוִּי לֵהּ אֲרֵי אָזֵל הוּא: כא וַאֲזַל הוּא וְכָל־דִּי־לֵהּ וְקָם וַעֲבַר יָת־פְּרָת וְשַׁוִּי
יָת־אַפּוֹהִי לְטוּרָא דְגִלְעָד: כב וְאִתְחַוָּה לְלָבָן בְּיוֹמָא תְלִיתָאָה אֲרֵי אֲזַל יַעֲקֹב:
כג וּדְבַר יָת־אֲחוּהִי עִמֵּהּ וּרְדַף בַּתְרוֹהִי מַהֲלַךְ שַׁבְעַת יוֹמִין וְאַדְבֵּק יָתֵהּ בְּטוּרָא
דְגִלְעָד: כד וַאֲתָא מֵימַר־מִן־קֳדָם־יְיָ לְוָת־לָבָן אֲרַמָּאָה בְּחֶלְמָא דִּי לֵילְיָא וַאֲמַר
לֵהּ אִסְתַּמַּר לָךְ דִּילְמָא־תְמַלֵּיל עִם־יַעֲקֹב מִטַּב עַד־בִּישׁ: כה וְאַדְבֵּיק לָבָן יָת־
יַעֲקֹב וְיַעֲקֹב פְּרַס יָת־מַשְׁכְּנֵהּ בְּטוּרָא וְלָבָן אַשְׁרֵי יָת־אֲחוּהִי בְּטוּרָא דְגִלְעָד:
כו וַאֲמַר לָבָן לְיַעֲקֹב מָה עֲבַדְתְּ וְכַסִּיתָא מִנִּי וּדְבַרְתָּא יָת־בְּנָתַי כִּשְׁבְיוֹת חַרְבָּא:

רש"י

(יט) לגזז את צאנו. שֶׁנָּתַן בְּיַד בָּנָיו, דֶּרֶךְ שְׁלֹשֶׁת יָמִים בֵּינוֹ וּבֵין יַעֲקֹב: ותגנב רחל את התרפים. לְהַפְרִישׁ אֶת אָבִיהָ מֵעֲ"זָ נִתְכַּוְּנָה (ב"ר): (כב) ביום השלישי. שֶׁהֲרֵי דֶּרֶךְ שְׁלֹשֶׁת יָמִים הָיָה בֵּינֵיהֶם: (כג) את אחיו. קְרוֹבָיו: דרך שבעת ימים. כָּל אוֹתָן ג' יָמִים שֶׁהָלַךְ הַמַּגִּיד לְהַגִּיד לְלָבָן, הָלַךְ יַעֲקֹב לְדַרְכּוֹ, נִמְצָא, יַעֲקֹב רָחוֹק מִלָּבָן שִׁשָּׁה יָמִים, וּבַשְּׁבִיעִי הִשִּׂיגוֹ לָבָן. לָמַדְנוּ, שֶׁכָּל מַה שֶּׁהָלַךְ יַעֲקֹב בְּשִׁבְעָה יָמִים, הָלַךְ לָבָן בְּיוֹם אֶחָד (שֶׁנֶּאֱמַר: וַיִּרְדֹּף אַחֲרָיו דֶּרֶךְ שִׁבְעַת יָמִים, וְלֹא נֶאֱמַר: וַיִּרְדֹּף אַחֲרָיו שִׁבְעַת יָמִים): (כד) מטוב עד רע. כָּל טוֹבָתָן

his father to the land of Canaan. ¹⁹For Laban had gone to shear his flock: and Rachel stole the teraphim that were her father's. ²⁰And Jacob stole the heart of Laban the Syrian, in that none told him that he fled. ²¹So he fled with all that he had; and he rose, and passed over the river, and put his face towards mount Gilead. ²²And it was told Laban on the third day that Jacob was fled. ²³And he took his brethren with him, and pursued after him seven days' journey; and he overtook him in Mount Gilead. ²⁴And God came to Laban the Syrian in a dream by night, and said unto him, Take heed that thou speak not to Jacob either good or evil. ²⁵Then Laban overtook Jacob. Now Jacob had fixed his tent in the mount: and Laban fixed with his brethren in the mount of Gilead. ²⁶And Laban said to Jacob, What hast thou done,

רש"י

asses (cf. Rashi on XXX. 43). **(19)** לגזז את צאנו TO SHEAR HIS FLOCK which he had given into the charge of his sons at a distance of three days' journey between himself and Jacob. ותגנב רחל את התרפים AND RACHEL STOLE THE TERAPHIM—her intention was to wean her father from idol-worship (ib.). **(22)** ביום השלישי ON THE THIRD DAY, for there was a journey of three days between them. **(23)** את אחיו HIS BRETHREN — i. e. his kinsmen. דרך שבעת ימים SEVEN DAY'S JOURNEY — During all the three days during which the messenger had gone to tell Laban Jacob had proceeded on his journey. Consequently Jacob was then six days distance from Laban. On the seventh day (i. e. on the day when Jacob covered that stretch of ground which made him seven days distant from Laban's starting point Laban overtook him. We may infer, therefore, that all *the distance* that Jacob w o u l d h a v e t a k e n seven days to cover Laban covered in one day. And thus it states: "and he pursued after him seven day's j o u r n e y"¹) and it does not say "and he pursued after him for seven days". **(24)** מטוב עד רע EITHER GOOD OR EVIL—*why should he not speak g o o d?* Because all the good

NOTES

¹) This involves the assumption that Laban overtook him on the fourth day after Jacob had set out, and consequently that Laban took only one day in overtaking him, since he must have begun his pursuit three days after Jacob had started.

וַתִּגְנֹב אֶת־לְבָבִי וַתְּנַהֵג אֶת־בְּנֹתַי כִּשְׁבֻיוֹת חָרֶב׃
כז לָמָּה נַחְבֵּאתָ לִבְרֹחַ וַתִּגְנֹב אֹתִי וְלֹא־הִגַּדְתָּ לִּי
וָאֲשַׁלֵּחֲךָ בְּשִׂמְחָה וּבְשִׁרִים בְּתֹף וּבְכִנּוֹר׃ כח וְלֹא
נְטַשְׁתַּנִי לְנַשֵּׁק לְבָנַי וְלִבְנֹתָי עַתָּה הִסְכַּלְתָּ עֲשׂוֹ׃
כט יֶשׁ־לְאֵל יָדִי לַעֲשׂוֹת עִמָּכֶם רָע וֵאלֹהֵי אֲבִיכֶם
אֶמֶשׁ ׀ אָמַר אֵלַי לֵאמֹר הִשָּׁמֶר לְךָ מִדַּבֵּר עִם־
יַעֲקֹב מִטּוֹב עַד־רָע׃ ל וְעַתָּה הָלֹךְ הָלַכְתָּ כִּי־
נִכְסֹף נִכְסַפְתָּה לְבֵית אָבִיךָ לָמָּה גָנַבְתָּ אֶת־אֱלֹהָי׃
לא וַיַּעַן יַעֲקֹב וַיֹּאמֶר לְלָבָן כִּי יָרֵאתִי כִּי אָמַרְתִּי
פֶּן־תִּגְזֹל אֶת־בְּנוֹתֶיךָ מֵעִמִּי׃ לב עִם אֲשֶׁר תִּמְצָא
אֶת־אֱלֹהֶיךָ לֹא יִחְיֶה נֶגֶד אַחֵינוּ הַכֶּר־לְךָ מָה עִמָּדִי
וְקַח־לָךְ וְלֹא־יָדַע יַעֲקֹב כִּי רָחֵל גְּנָבָתַם׃ לג וַיָּבֹא
לָבָן בְּאֹהֶל יַעֲקֹב ׀ וּבְאֹהֶל לֵאָה וּבְאֹהֶל שְׁתֵּי הָאֲמָהֹת

אונקלוס

כז לְמָה אִטְמַרְתְּ לְמֵיזַל וְכַסֵּיתָא מִנִּי וְלָא־חַוֵּיתָא לִי וְשַׁלַּחְתָּךְ־פּוֹן בְּחֶדְוָא וּבְתוּשְׁבְּחָן בְּתוּפִין וּבְכִנָּרִין׃ כח וְלָא שְׁבַקְתַּנִי לְנַשָּׁקָא לִבְנַי וְלִבְנָתָי כְּעַן אַסְכֶּלְתָּא לְמֶעְבַּד׃ כט אִית־חֵילָא בִּידִי לְמֶעְבַּד עִמְּכוֹן בִּישׁ וֵאלָהָא דַאֲבוּכוֹן בְּרַמְשָׁא ׀ אֲמַר לִי לְמֵימַר אִסְתַּמַּר לָךְ מִלְּמַלָּלָא עִם־יַעֲקֹב מִטַּב עַד־בִּישׁ׃ ל וּכְעַן מֵיזַל אֲזַלְתָּא אֲרֵי־חַמָּדָא חַמֶּדְתָּא לְבֵית אֲבוּךְ לְמָא נְסַבְתָּא יָת־דַּחַלְתִּי׃ לא וַאֲתֵיב יַעֲקֹב וַאֲמַר לְלָבָן אֲרֵי דְחֵילִית אֲרֵי אֲמָרִית דִּילְמָא־תָנֵיס יָת־בְּנָתָךְ מִנִּי׃ לב עִם (נ״י אֲתַר) דִּי תַשְׁכַּח יָת־דַּחַלְתָּךְ לָא יִתְקַיַּם קֳדָם אֲחָנָא אִשְׁתְּמוֹדַע־לָךְ מָה דְעִמִּי וְסַב־לָךְ וְלָא־יְדַע יַעֲקֹב אֲרֵי רָחֵל נְסִיבַתְהוֹן׃ לג וְעַל לָבָן

רש״י

שֶׁל רְשָׁעִים רָעָה הִיא אֵצֶל הַצַּדִּיקִים (יב׳ ק״ג)׃ (כו) כשביות חרב. כָּל חַיִל הַבָּא לַמִּלְחָמָה קְרוּי חָרֶב׃ (כז) ותגנב אתי. גָּנַבְתָּ אֶת דַּעְתִּי׃ (כט) יש לאל ידי. יֵשׁ כֹּחַ וְחַיִל בְּיָדִי לַעֲשׂוֹת עִמָּכֶם רָע. וְכָל אֵל שֶׁהוּא לְשׁוֹן קֹדֶשׁ עַל שֵׁם עִזּוּז וְרוֹב אוֹנִים הוּא׃ (ל) נכספת. חָמַדְתָּ, וְהַרְבֵּה יֵשׁ בַּמִּקְרָא׃ נִכְסְפָה וְגַם כָּלְתָה נַפְשִׁי (תה׳ פ״ד), לְמַעֲשֵׂה יָדֶיךָ תִכְסֹף (איוב י״ד)׃ (לא) כי יראתי וגו׳. הֵשִׁיבוֹ עַל רִאשׁוֹן רִאשׁוֹן, שֶׁאָמַר לוֹ, וַתְּנַהֵג אֶת בְּנֹתַי וְגו׳׃ (לב) לא יחיה. וּמֵאוֹתָהּ קְלָלָה מֵתָה רָחֵל בַּדֶּרֶךְ (ב״ר)׃ מה עמדי משלך׃ (לג) באהל יעקב. הוּא אֹהֶל

that thou hast stolen away my heart, and led away my daughters, as captives taken with the sword? ²⁷Wherefore didst thou flee away secretly, and steal away from me; and didst not tell me, that I might have sent thee away with joy, and with songs, with tabret, and with harp? ²⁸And hast not suffered me to kiss my sons and my daughters? thou hast now done foolishly. ²⁹It is in the power of my hand to do you evil: but the God of your father said unto me yesternight, Take thou heed that thou speak not to Jacob either good or evil. ³⁰And now, though thou wouldest needs be gone, because thou sore longedst after thy father's house, yet wherefore hast thou stolen my gods? ³¹And Jacob answered and said to Laban, Because I feared: for I said, Peradventure thou wouldest violently take thy daughters from me. ³²With whomsoever thou findest thy gods, let him not live; before our brethren recognise what is thine with me, and take it to thee; for Jacob knew not that Rachel had stolen them. ³³And Laban came into Jacob's tent, and into Leah's tent, and into the two maidservants' tents; but

רש"י

that the wicked do *to the righteous* is evil in the opinion of the righteous (Jeb. 103b). **(26)** כשביות חרב AS CAPTIVES TAKEN BY THE SWORD — an army going to war is termed "sword". **(27)** ותגנב אתי *means* thou didst steal away my m i n d (as in v. 26). **(29)** יש לאל ידי means MY HAND HAS THE STRENGTH AND THE POWER to do you hurt (אל therefore means strength and יש לאל ידי is equivalent to יש אל לידי). Wherever אל is used as a Divine Name it is because it signifies strength and abundance of power. **(30)** נכספתה *means* THOU DIDST LONG. It occurs many times in Scripture: (Ps. LXXXIX. 3) "My soul yearneth (נכספה) yea, pineth"; (Job. XIV. 15) "Thou wouldst have a desire (תכסוף) to the work of hands". **(31)** כי יראתי BECAUSE I FEARED — He answered his first question first, for he had asked him (v. 26) "[what hast thou done ....] that thou hast carried away my daughters etc." (this being the first of all Laban's questions). **(32)** לא יחיה LET HIM NOT LIVE — In consequence of this curse Rachel died on the journey (Gen. R. 74). מה עמדי WHAT IS WITH ME that belongs to you. **(33)** באהל

151 בראשית לא ויצא

וְלֹא מָצָא וַיֵּצֵא מֵאֹהֶל לֵאָה וַיָּבֹא בְּאֹהֶל רָחֵל:
לד וְרָחֵל לָקְחָה אֶת־הַתְּרָפִים וַתְּשִׂמֵם בְּכַר הַגָּמָל
וַתֵּשֶׁב עֲלֵיהֶם וַיְמַשֵּׁשׁ לָבָן אֶת־כָּל־הָאֹהֶל וְלֹא
מָצָא: לה וַתֹּאמֶר אֶל־אָבִיהָ אַל־יִחַר בְּעֵינֵי אֲדֹנִי
כִּי לוֹא אוּכַל לָקוּם מִפָּנֶיךָ כִּי־דֶרֶךְ נָשִׁים לִי וַיְחַפֵּשׂ
וְלֹא מָצָא אֶת־הַתְּרָפִים: לו וַיִּחַר לְיַעֲקֹב וַיָּרֶב
בְּלָבָן וַיַּעַן יַעֲקֹב וַיֹּאמֶר לְלָבָן מַה־פִּשְׁעִי מַה חַטָּאתִי
כִּי דָלַקְתָּ אַחֲרָי: לז כִּי־מִשַּׁשְׁתָּ אֶת־כָּל־כֵּלַי מַה־
מָּצָאתָ מִכֹּל כְּלֵי־בֵיתֶךָ שִׂים כֹּה נֶגֶד אַחַי וְאַחֶיךָ
וְיוֹכִיחוּ בֵּין שְׁנֵינוּ: לח זֶה עֶשְׂרִים שָׁנָה אָנֹכִי עִמָּךְ
רְחֵלֶיךָ וְעִזֶּיךָ לֹא שִׁכֵּלוּ וְאֵילֵי צֹאנְךָ לֹא אָכָלְתִּי:

אונקלוס

בְּמַשְׁכְּנָא דְּיַעֲקֹב וּבְמַשְׁכְּנָא דְלֵאָה וּבְמַשְׁכְּנָא דְּתַרְתֵּין לְחֵינָתָא וְלָא אַשְׁכַּח
וּנְפַק מִמַּשְׁכְּנָא דְלֵאָה וְעַל בְּמַשְׁכְּנָא דְרָחֵל: לד וְרָחֵל נְסֵיבַת יָת צַלְמָנַיָּא וְשַׁוִּתִנּוּן
בַּעֲבִיטָא דְגַמְלָא וִיתֵיבַת עֲלֵיהוֹן וּמַשִּׁישׁ לָבָן יָת־כָּל־מַשְׁכְּנָא וְלָא אַשְׁכַּח:
לה וַאֲמָרַת לַאֲבוּהָא לָא יִתְקַף בְּעֵינֵי רִבּוֹנִי אֲרֵי לָא אִכּוּל לְמֵיקַם מִן קֳדָמָךְ
אֲרֵי־אֹרַח נְשִׁין לִי וּבְלַשׁ וְלָא אַשְׁכַּח יָת־צַלְמָנַיָּא: לו וּתְקֵיף לְיַעֲקֹב וּנְצָא עִם־
לָבָן וַאֲתֵיב יַעֲקֹב וַאֲמַר לְלָבָן מַה־חוֹבִי מַה סוּרְחָנִי אֲרֵי רְדַפְתָּא בַּתְרָי:
לז אֲרֵי־מַשֵּׁשְׁתָּא יָת־כָּל־מָנַי מָה־אַשְׁכַּחְתָּא מִכֹּל מָנֵי־בֵיתָךְ שַׁוִּי הָכָא קֳדָם
אַחַי וְאַחָךְ וְיוֹכְחוּן בֵּין תַּרְוָנָא: לח דְּנַן עַשְׂרִין שְׁנִין אֲנָא עִמָּךְ רַחֵלָיךְ וְעִזָּיךְ

רש"י

רחל, שֶׁהָיָה יַעֲקֹב תָּדִיר אֶצְלָהּ; וְכֵן הוּא אוֹמֵר, בְּנֵי רָחֵל אֵשֶׁת יַעֲקֹב וּבְכֻלָּן לֹא נֶאֱמַר אֵשֶׁת יַעֲקֹב: ויבא באהל רחל. כְּשֶׁיָּצָא מֵאֹהֶל לֵאָה חָזַר לוֹ לְאֹהֶל רָחֵל קוֹדֶם שֶׁיְּחַפֵּשׂ בְּאֹהֶל הָאֲמָהוֹת. וְכָל כָּךְ לָמָּה? שֶׁהָיָה מַכִּיר בָּהּ שֶׁהִיא מְמַשְׁמֶשֶׁת: (לד) בכר הגמל. לְשׁוֹן כָּרִים וּכְסָתוֹת, כְּתַרְגּוּמוֹ בַּעֲבִיטָא דְגַמְלָא, וְהִיא מַרְדַּעַת הָעֲשׂוּיָה כְּמִין כַּר; וּבְעֵירוּבִין (דף ט"ז), שְׁנִינוּ: הִקִּיפוּהָ בַּעֲבִיטִין, וְהֵן עֲבִיטֵי גְּמַלִּים בשט"ו בְּלַעַז: (לו) דלקת. רָדַפְתָּ, כְּמוֹ עַל הֶהָרִים דְּלָקֻנוּ (איכה ד'), וּכְמוֹ מִדְּלוֹק אַחֲרֵי פְלִשְׁתִּים (ש"א י"ז): (לז) ויוכיחו. וִיבָרְרוּ עִם מִי הַדִּין אפרובי"ר בְּלַעַז: (לח) לא שכלו. לֹא הִפִּילוּ עִבּוּרָם, כְּמוֹ רֶחֶם מַשְׁכִּיל (הושע ט'), תְּפַלֵּט פָּרָתוֹ וְלֹא תְשַׁכֵּל (איוב כ"א): ואילי צאנך. מִכָּאן אָמְרוּ: אַיִל בֶּן יוֹמוֹ

he found them not. Then went he out of Leah's tent, and came into
Rachel's tent. [34]Now Rachel had taken the teraphim, and put them in
the camel's saddle-pillow, and sat upon them. And Laban felt all the
tent, but found them not. [35]And she said to her father, Let it not be
displeasing in the eyes of my lord that I cannot rise before thee; for
the way of women is upon me. And he searched, but found not the
teraphim. [36]And Jacob was wroth, and quarrelled with Laban: and
Jacob answered and said to Laban, What is my trespass? what is my
sin, that thou hast so hotly pursued after me? [37]For thou hast felt all
my vessels, what hast thou found of all thy household vessels? put it
here before my brethren and thy brethren, that they may judge between
us both. [38]This twenty years have I been with thee: thy ewes and thy
she-goats have not lost their young, and the rams of thy flock have I not

רש"י

יעקב INTO JACOB'S TENT — This was Rachel's tent also, for Jacob was constantly with her. For the same reason Scripture says (XLVI. 19) "the sons of Rachel J a c o b 's w i f e", whilst in the case of the other *wives* it does not state "Jacob's wife" (Gen. R. 73). ויבא באהל רחל AND HE CAME INTO RACHEL'S TENT — When he left Leah's tent he returned again to Rachel's tent before he searched the tent of the two maid-servants. Why did he feel compelled to do all this? Because he knew full well that she was meddlesome (ib. 74). **(34)** בכר הגמל IN THE CAMEL'S SADDLE-PILLOW — כר *has* the same meaning as *in the Talmudic phrase* "pillows (כרים) and bolsters". Explain it as the Targum renders it: "in the עביטא of the camel". This is a packsaddle made like a pillow. In Erubin (16a) we find, "they enclosed it with עביטין" by which is meant the saddles of camels. O. F. bast, bât; *Engl. packsaddle.* **(36)** דלקת *means* THOU HAST PURSUED, as *in* (Lam. IV. 19) "They chased us (דלקונו) upon the mountains", and (1 Sam. XVII. 53) "from chasing (מדלק) after the Philistines". **(37)** ויוכיחו *means* that they may decide who is right. O. F. eprouver; *Engl. prove.* **(38)** לא שכלו *means* HAVE NOT MISCARRIED — Similar are: (Hos. IX. 14) "a miscarrying (משכיל) womb"; (Job XXI. 10) "his cow calveth and casteth (תשכל) not her calf". ואילי צאנך AND THE RAMS OF THY FLOCK — From this phrase they (the Rabbis) inferred (B. Kam. 65b) that a male

לט טְרֵפָה לֹא־הֵבֵאתִי אֵלֶיךָ אָנֹכִי אֲחַטֶּנָּה מִיָּדִי
תְּבַקְשֶׁנָּה גְּנֻבְתִי יוֹם וּגְנֻבְתִי לָיְלָה: מ הָיִיתִי בַיּוֹם
אֲכָלַנִי חֹרֶב וְקֶרַח בַּלָּיְלָה וַתִּדַּד שְׁנָתִי מֵעֵינָי: מא זֶה־
לִּי עֶשְׂרִים שָׁנָה בְּבֵיתֶךָ עֲבַדְתִּיךָ אַרְבַּע־עֶשְׂרֵה
שָׁנָה בִּשְׁתֵּי בְנֹתֶיךָ וְשֵׁשׁ שָׁנִים בְּצֹאנֶךָ וַתַּחֲלֵף אֶת־
מַשְׂכֻּרְתִּי עֲשֶׂרֶת מֹנִים: מב לוּלֵי אֱלֹהֵי אָבִי אֱלֹהֵי
אַבְרָהָם וּפַחַד יִצְחָק הָיָה לִי כִּי עַתָּה רֵיקָם שִׁלַּחְתָּנִי
אֶת־עָנְיִי וְאֶת־יְגִיעַ כַּפַּי רָאָה אֱלֹהִים וַיּוֹכַח אָמֶשׁ:
שביעי מג וַיַּעַן לָבָן וַיֹּאמֶר אֶל־יַעֲקֹב הַבָּנוֹת בְּנֹתַי
וְהַבָּנִים בָּנַי וְהַצֹּאן צֹאנִי וְכֹל אֲשֶׁר־אַתָּה רֹאֶה לִי

אונקלוס

לָא אַתְכֵּילוּ וְדִכְרֵי עָנָךְ לָא אֲכָלִית: לט דִּתְבִירָא לָא־אַיְתֵיתִי לְוָתָךְ דַּהֲוָה שָׁגֵיא
סְפֵינָא מִנִּי אַתְּ־בָּעֵי־לַהּ נְטָרִית בִּימָמָא וּנְטָרִית בְּלֵילְיָא: מ הֲוֵיתִי בִימָמָא
אֲכַלְנִי שַׁרְבָּא וּגְלִידָא (הֲוָה־) נָחֵית־עֲלַי־בְּלֵילְיָא וּנְדַד שִׁנְתִּי מֵעֵינָי: מא דְּנַן־
לִי עַסְרִין שְׁנִין בְּבֵיתָךְ פְּלַחְתָּךְ אַרְבַּע־עַסְרֵי שְׁנִין בְּתַרְתֵּין בְּנָתָךְ וְשִׁתְּ שְׁנִין
בְּעָנָךְ וְאַשְׁנֵיתָא יָת־אַגְרִי עֲסַר זִמְנִין: מב אִילוּלָא־פוֹן אֱלָהֵהּ דְּאַבָּא אֱלָהֵהּ
דְּאַבְרָהָם וּדְדָחִיל־לֵהּ יִצְחָק הֲוָה בְּסַעְדִּי אֲרֵי כְעַן רֵיקָן שַׁלַּחְתַּנִי יָת־עַמְלִי
וְיָת־לֵיאוּת יְדַי גְּלֵי קֳדָם־יְיָ וְאוֹכַח בְּרַמְשָׁא: מג וַאֲתֵיב לָבָן וַאֲמַר לְיַעֲקֹב בְּנָתָא
בְּנָתִי וּבְנַיָּא בְּנַי וְעָנָא עָנִי וְכֹל דִּי־אַתְּ חָזֵי דִּילִי הוּא וְלִבְנָתִי מָה־אַעְבֵּיד לְאִלֵּין

רש״י

קְרוּי אַיִל, שֶׁאִם לֹא כֵן, מַה שִּׁבְחוֹ? אֵילִים לֹא אָכַל, אֲבָל כְּבָשִׂים אָכַל, אִם כֵּן גַּזְלָן הוּא (ב״ק ס״ה): (לט) טרפה. עַל יְדֵי אֲרִי וְזְאֵב: אנכי אחטנה. לְשׁוֹן קוֹלֵעַ בָּאֶבֶן אֶל הַשַּׂעֲרָה וְלֹא יַחֲטִא (שופ׳ כ׳), אֲנִי וּבְנִי שְׁלֹמֹה חַטָּאִים (מ״א א׳)—חֲסֵרִים. אָנֹכִי אֶחְסָרֶנָּה, אִם חָסְרָה חָסְרָה לִי, שֶׁמִּיָּדִי תְּבַקְשֶׁנָּה: (אנכי אחטנה. תַּרְגּוּמוֹ דַּהֲוַת שָׁגְיָא מִמִּנְיָנָא, שֶׁהָיְתָה נִפְקֶדֶת וּמְחֻסֶּרֶת, כְּמוֹ וְלֹא נִפְקַד מִמֶּנּוּ אִישׁ (במ׳ ל״א) תַּרְגּוּמוֹ לֹא שְׁגָא): גנבתי יום וגנבתי לילה. גְּנוּבַת יוֹם אוֹ גְנוּבַת לַיְלָה הַכֹּל שִׁלַּמְתִּי: גנבתי. כְּמוֹ: רַבָּתִי בַגּוֹיִם שָׂרָתִי בַּמְּדִינוֹת (איכה א), מְלֵאֲתִי מִשְׁפָּט (יש׳ א׳) אוֹהַבְתִּי לָדוּשׁ (הושע י׳): (מ) אכלני חרב. לְשׁוֹן אֵשׁ אֹכְלָה: וקרח. כְּמוֹ מַשְׁלִיךְ קַרְחוֹ (תה׳ קמ״ז), תַּרְגּוּמוֹ גְּלִידָא: שנתי. לְשׁוֹן שֵׁנָה: (מא) ותחלף את משכרתי. הָיִיתָ מְשַׁנֶּה תְּנַאי שֶׁבֵּינֵינוּ, מִנָּקוֹד לְטָלוּא, וּמֵעֲקֻדִּים לִבְרֻדִּים: (מב) ופחד יצחק. לֹא רָצָה לוֹמַר אֱלֹהֵי יִצְחָק, שֶׁאֵין הַקָּבָּ״ה מְיַחֵד שְׁמוֹ עַל הַצַּדִּיקִים בְּחַיֵּיהֶם, וְאַעַ״פּ שֶׁאָמַר לוֹ בְּצֵאתוֹ מִבְּאֵר שָׁבַע, אֲנִי ה׳ אֱלֹהֵי אַבְרָהָם אָבִיךָ וֵאלֹהֵי יִצְחָק, בִּשְׁבִיל שֶׁכָּהוּ עֵינָיו, וַהֲרֵי הוּא כְּמֵת; יַעֲקֹב נִתְיָרֵא לוֹמַר אֱלֹהֵי, וְאָמַר וּפַחַד: ויוכח. לְשׁוֹן תּוֹכָחָה הוּא וְלֹא

eaten. 39That which was torn I brought not unto thee: I bare the loss
of it; at my hand didst thou seek it, whether stolen by day, or stolen
by night. 40Where I was by day the drought consumed me, and the
frost by night; and my sleep departed from mine eyes. 41I have now
been twenty years in thy house; I served thee fourteen years for thy
two daughters, and six years for thy flocks: and thou hast changed my
hire ten times. 42Unless the God of my father, the God of Abraham,
and the dread of Isaac, had been with me, surely thou hadst sent me
away now empty. God hath seen my misery, and the labour of my
hands, and reproved thee yesternight. 43And Laban answered and said
unto Jacob, These daughters are my daughters, and these children are
my children, and these flocks are my flocks, and all that thou seest

רש"י

sheep even when one day old is called a ram; for if this be not so, how was this creditable to him? *Did he mean that* he had not eaten rams (i. e. the larger animals), but that he had eaten the smaller sheep?[1]) If so, he was a thief! **(39)** טרפה THAT WHICH WAS TORN by a lion or a wolf. אנכי אחטנה I BARE THE LOSS OF IT — It has the same meaning as *the verb in* (Judg. XX. 16) "sling stones at a hair-breadth and not miss (יחטא)", and (1 Kings I. 21) "that I and my son Solomon shall suffer the loss of it (חטאים)" i. e. shall be lacking *in authority*. *The sense therefore is*: "I" was short of it; if it was missing, it was missing to me because you required it of my hand. אנכי אחטנה In the Targum it is translated by דהות שגיא ממנינא *which means* that which was missing and deficient from the number *of the animals*. The words (Num. XXXI. 49) "There is missing (נפקד) not one man of us", is rendered in the Targum by ולא שגיא[2]). גנבתי יום וגנבתי לילה WHETHER STOLEN BY DAY OR STOLEN BY NIGHT — everything I paid back. גנבתי *As regards the suffix* י it is similar to the י in (Lam. I. 1) "great (רבתי) among the nations, princess (שרתי) among the provinces"; (Is. I. 21) "that was full of (מלאתי) justice"; (Hos. X. 11) "that loveth (אהבתי) to thresh"[3]). **(40)** אכלני חרב THE DROUGHT CONSUMED ME — the same metaphor as (Deut. IV. 24) אש אכלה "a consuming fire". וקרח THE FROST — as (Ps. CXLVII. 17) "He casteth forth his ice (קרחו)". In the Targum it is rendered by גלידא "hoar-frost". שנתי *means* MY SLEEP. **(41)** ותחלף את משכרתי AND THOU HAST CHANGED MY HIRE — You have altered the agreement regarding my hire between us from speckled to spotted and from streaked to grisled. **(42)** ופחד יצחק AND THE DREAD OF ISAAC — He did not like to say "God of Isaac" because God does not associate His name with the righteous whilst they are alive. And although He (God) said, when he (Jacob) was departing from Beer-Sheba, (XXVIII. 13) "I am the Lord, the God of Abraham thy father and the God of Isaac", *this was* because his (Isaac's) eyes were dim and he might therefore be regarded as dead — Jacob, however, feared to say "God of Isaac" and said "the Dread". ויוכח The word here has the meaning of reproof ("and he reproved thee"; cf. v. 24) and not

NOTES

1) Consequently אילי צאנך must signify animals that have no value — very young ones. "Even these", said Jacob, "I did not eat".

2) Consequently although the Targum does not translate the words אנכי אחטנה literally, it is evident that it took the verb in the sense of "something being missing", and therefore his paraphrase supports Rashi's translation.

3) I. e. the י is redundant and not the suffix of the pers. pronoun.

הוּא וְלִבְנֹתַי מָה־אֶעֱשֶׂה לָאֵלֶּה הַיּוֹם אוֹ לִבְנֵיהֶן
אֲשֶׁר יָלָדוּ: מד וְעַתָּה לְכָה נִכְרְתָה בְרִית אֲנִי וָאָתָּה
וְהָיָה לְעֵד בֵּינִי וּבֵינֶךָ: מה וַיִּקַּח יַעֲקֹב אָבֶן וַיְרִימֶהָ
מַצֵּבָה: מו וַיֹּאמֶר יַעֲקֹב לְאֶחָיו לִקְטוּ אֲבָנִים וַיִּקְחוּ
אֲבָנִים וַיַּעֲשׂוּ־גָל וַיֹּאכְלוּ שָׁם עַל־הַגָּל: מז וַיִּקְרָא־
לוֹ לָבָן יְגַר שָׂהֲדוּתָא וְיַעֲקֹב קָרָא לוֹ גַּלְעֵד: מח וַיֹּאמֶר
לָבָן הַגַּל הַזֶּה עֵד בֵּינִי וּבֵינְךָ הַיּוֹם עַל־כֵּן קָרָא־
שְׁמוֹ גַּלְעֵד: מט וְהַמִּצְפָּה אֲשֶׁר אָמַר יִצֶף יְהוָה בֵּינִי
וּבֵינֶךָ כִּי נִסָּתֵר אִישׁ מֵרֵעֵהוּ: נ אִם־תְּעַנֶּה אֶת־
בְּנֹתַי וְאִם־תִּקַּח נָשִׁים עַל־בְּנֹתַי אֵין אִישׁ עִמָּנוּ
רְאֵה אֱלֹהִים עֵד בֵּינִי וּבֵינֶךָ: נא וַיֹּאמֶר לָבָן לְיַעֲקֹב
הִנֵּה ׀ הַגַּל הַזֶּה וְהִנֵּה הַמַּצֵּבָה אֲשֶׁר יָרִיתִי בֵּינִי

אונקלוס

יוֹמָא־דֵין אוֹ לִבְנֵיהֶן דִּילִידָן: מד וּכְעַן אֱתָא נִגְזַר קְיָם אֲנָא וְאַתְּ וִיהֵי לְסָהִיד
בֵּינִי וּבֵינָךְ: מה וּנְסֵיב יַעֲקֹב אַבְנָא וְזַקְפַהּ קָמָא: מו וַאֲמַר יַעֲקֹב לַאֲחוֹהִי לְקוּטוּ
אַבְנִין וּנְסִיבוּ אַבְנִין וַעֲבַדוּ־דְגוֹרָא וַאֲכַלוּ תַמָּן עַל־דְּגוֹרָא: מז וּקְרָא־לֵהּ לָבָן
יְגַר שַׂהֲדוּתָא וְיַעֲקֹב קְרָא לֵהּ גַּלְעֵד: מח וַאֲמַר לָבָן דְּגוֹרָא הָדֵין סָהִיד בֵּינִי
וּבֵינָךְ יוֹמָא־דֵין עַל־כֵּן קְרָא־שְׁמֵהּ גַּלְעֵד: מט וְסָכוּתָא דִּי אֲמַר יִסֵּךְ מֵימְרָא־
דַיְיָ בֵּינִי וּבֵינָךְ אֲרֵי נִתְכַּסֵּי גְּבַר מֵחַבְרֵהּ: נ אִם־תְּעַנֵּי יָת־בְּנָתַי וְאִם־תִּסַּב
נְשִׁין עַל־בְּנָתַי לֵית אֱנַשׁ עִמָּנָא חֲזִי מֵימְרָא־דַיְיָ סָהִיד בֵּינִי וּבֵינָךְ: נא וַאֲמַר

רש"י

לשון הוכחה: (מג) מה אעשה לאלה. איך תעלה על לבי להרע להן: (מד) והיה לעד. הקב"ה: (מו) לאחיו. הם בניו, שהיו לו אחים, נגשים אליו לצרה ולמלחמה (ב"ר): (מז) יגר שהדותא. תרגומו של גלעד: גלעד. גל עד: (מט) והמצפה אשר אמר וגו'. והמצפה אשר בהר הגלעד. כמו שכתוב, ויעבר את מצפה גלעד (שופטים י"א), ולמה נקראת שמה מצפה? לפי שאמר אחד מהם לחברו, יצף ה' ביני וביניך אם תעבור את הברית: כי נסתר. ולא נראה איש את רעהו: (נ) בנתי, בנתי. שתי פעמים, אף בלהה וזלפה בנותיו היו מפילגש: אם תענה את בנתי. למנוע מהן עונת תשמיש (יומא ע"ז): (נא) ירית. כמו ירה בים, כזה

is mine: and what can I do this day unto these my daughters, or unto their children which they have born? ⁴⁴Now therefore come thou, let us make a covenant, I and thou; and let it be for a witness between me and thee. ⁴⁵And Jacob took a stone, and set it up for a pillar. ⁴⁶And Jacob said unto his brethren, Collect stones; and they took stones, and made a stone-heap: and they did eat there upon the stone-heap. ⁴⁷And Laban called it Jegar-sahadutha: but Jacob called it Galeed. ⁴⁸And Laban said, This stone-heap is a witness between me and thee this day. Therefore was the name of it called Galeed; ⁴⁹And Mizpah; for he said, The Eternal watch between me and thee, when we are absent from one another. ⁵⁰If thou shalt afflict my daughters, or if thou shalt take other wives beside my daughters, no man is with us; see, God is witness between me and thee. ⁵¹And Laban said to Jacob, Behold this stone-heap, and behold this pillar, which I have cast

רש״י

of deciding (as in v. 37). **(43)** מה אעשה לאלה WHAT CAN I DO UNTO THEM — How could it enter my mind injure them, my daughters![1]) **(44)** והיה לעד means and LET GOD BE FOR A WITNESS. **(46)** לאחיו UNTO HIS BRETHREN — really his sons, who were like brothers to him since they were standing by him in trouble and in battle (Gen. R. 74). **(47)** יגר שהדותא This is the Aramaic of גלעד. — גלעד is really two words — גל עד heap of testimony. **(49)** והמצפה אשר אמר AND MIZPAH (lit., the Mizpah); BECAUSE HE SAID etc. — The word והמצפה and the Mizpah must refer to some well-known place bearing this name (for there are several places named Mizpah) it refers to the Mizpah which is in Mount Gilead — as it is written (Judg. XI. 29) "and he passed over Mizpah of Gilead". Why was it also called Mizpah? Because each of them said to the other, "The Lord watch (יצף) between me and thee that thou shouldst not violate this covenant". כי נסתר WHEN WE ARE ABSENT, and shall not see (be able to watch) one another. **(50)** בנתי · · · בנתי The word is written twice, referring once to Leah and Rachel and the second time to the handmaids, because Bilhah and Zilpah were also his daughters from a concubine (Gen. R. 74). אם תענה את בנתי IF THOU SHALT AFFLICT MY DAUGHTERS by refusing them thy companionship (Jom. 77b). **(51)** יריתי I HAVE SET UP (by casting stones down); the word has the same meaning as (Ex. XV. 4) "He cast

NOTES

1) מה usually means "what" as asking for a description of the object referred to. It cannot mean this here, for Laban did not mean to ask Jacob, "what are the things that I should do", i. e. "tell me what I should do?"

154 בראשית לא לב ויצא

וּבֵינֶךָ׃ נב עֵד הַגַּל הַזֶּה וְעֵדָה הַמַּצֵּבָה אִם־אָנִי
לֹא־אֶעֱבֹר אֵלֶיךָ אֶת־הַגַּל הַזֶּה וְאִם־אַתָּה לֹא־
תַעֲבֹר אֵלַי אֶת־הַגַּל הַזֶּה וְאֶת־הַמַּצֵּבָה הַזֹּאת
לְרָעָה׃ נג אֱלֹהֵי אַבְרָהָם וֵאלֹהֵי נָחוֹר יִשְׁפְּטוּ
בֵינֵינוּ אֱלֹהֵי אֲבִיהֶם וַיִּשָּׁבַע יַעֲקֹב בְּפַחַד אָבִיו
יִצְחָק׃ נד וַיִּזְבַּח יַעֲקֹב זֶבַח בָּהָר וַיִּקְרָא לְאֶחָיו
לֶאֱכָל־לָחֶם וַיֹּאכְלוּ לֶחֶם וַיָּלִינוּ בָּהָר׃ מפטיר
נה וַיַּשְׁכֵּם לָבָן בַּבֹּקֶר וַיְנַשֵּׁק לְבָנָיו וְלִבְנוֹתָיו וַיְבָרֶךְ
אֶתְהֶם וַיֵּלֶךְ וַיָּשָׁב לָבָן לִמְקֹמוֹ׃ לב א וְיַעֲקֹב הָלַךְ
לְדַרְכּוֹ וַיִּפְגְּעוּ־בוֹ מַלְאֲכֵי אֱלֹהִים׃ ב וַיֹּאמֶר יַעֲקֹב
כַּאֲשֶׁר רָאָם מַחֲנֵה אֱלֹהִים זֶה וַיִּקְרָא שֵׁם־הַמָּקוֹם
הַהוּא מַחֲנָיִם׃ פ פ פ סקדש

קמ"ה חלקי מחנים סימן: ומפטירין ויברח יעקב בהושע סימן י"ב:

אונקלוס

לָבָן לְיַעֲקֹב הָא ו דְּגוֹרָא הָדֵין וְהָא קָמְתָא דִּי אֲקֵימִית בֵּינִי וּבֵינָךְ: נב סָהִיד
דְּגוֹרָא הָדֵין וְסָהֲדָא קָמָא אִם־אֲנָא לָא־אֶעְבַּר לְוָתָךְ יָת־דְּגוֹרָא הָדֵין וְאִם־אַתְּ
לָא־תֶעְבַּר לְוָתִי יָת־דְּגוֹרָא הָדֵין וְיָת־קָמְתָא הָדָא לְבִישׁוּ: נג אֱלָהֵהּ דְּאַבְרָהָם
וֵאלָהֵהּ דְּנָחוֹר יְדוּנוּן בֵּינָנָא אֱלָהֵהּ דַּאֲבוּהוֹן וְקַיֵּים יַעֲקֹב בִּדְדָחִיל־לֵהּ אֲבוּהִי
יִצְחָק: נד וּנְכַס יַעֲקֹב נִכְסְתָא בְּטוּרָא וּקְרָא לַאֲחוּהִי לְמֵיכַל־לַחְמָא וַאֲכַלוּ
לַחְמָא וּבִיתוּ בְּטוּרָא: נה וְאַקְדֵּם לָבָן בְּצַפְרָא וְנַשֵּׁק לִבְנוֹהִי וְלִבְנָתֵהּ וּבָרֵיךְ
יָתְהוֹן וַאֲזַל וְתָב לָבָן לְאַתְרֵהּ: א וְיַעֲקֹב אֲזַל לְאָרְחֵהּ וַעֲרָעוּהִי מַלְאֲכַיָּא דַּיְיָ:
ב וַאֲמַר יַעֲקֹב כַּד חֲזָנוּן מַשְׁרִיתָא מִן־קֳדָם־יְיָ אִלֵּין וּקְרָא שְׁמָא־דְאַתְרָא הַהוּא
מַחֲנָיִם: פ פ פ

רש"י

שֶׁהוּא יוֹרֶה הַחֵץ: (נב) אם אני. הֲרֵי אִם מְשַׁמֵּשׁ בִּלְשׁוֹן אֲשֶׁר, כְּמוֹ: עַד אִם דִּבַּרְתִּי דְּבָרָי: לרעה. לְרָעָה אִי אַתָּה עוֹבֵר, אֲבָל אַתָּה עוֹבֵר לִפְרַקְמַטְיָה: (נג) אלהי אברהם. קֹדֶשׁ (ב"ר): ואלהי נחור. חוֹל: אלהי אביהם. חוֹל: (נד) ויזבח יעקב זבח. שָׁחַט בְּהֵמוֹת לְמִשְׁתֶּה: לאחיו. לְאוֹהֲבָיו שֶׁעִם לָבָן: לאכל לחם. כָּל דְּבַר מַאֲכָל קָרוּי לֶחֶם, כְּמוֹ: עֲבַד לְחֶם רַב (דני' ה'), נַשְׁחִיתָה עֵץ בְּלַחְמוֹ (ירמ' י"א):

לב (א) ויפגעו בו מלאכי אלהים. מַלְאָכִים שֶׁל אֶרֶץ יִשְׂרָאֵל בָּאוּ לִקְרָאתוֹ לְלַוּוֹתוֹ לָאָרֶץ: (ב) מחנים. שְׁתֵּי מַחֲנוֹת, שֶׁל חוּצָה לָאָרֶץ שֶׁבָּאוּ עִמּוֹ עַד כָּאן וְשֶׁל אֶרֶץ יִשְׂרָאֵל שֶׁבָּאוּ לִקְרָאתוֹ (עי' תנחומא פ' וישלח):

between me and thee. ⁵²This stone-heap be witness, and this pillar be witness, that I will not pass over this stone-heap to thee, and that thou shalt not pass over this stone-heap and this pillar unto me, for evil. ⁵³The God of Abraham, and the God of Nahor, the God of their father, judge between us. And Jacob sware by the dread of his father Isaac. ⁵⁴Then Jacob sacrificed upon the mountain, and called his brethren to eat bread; and they did eat bread, and lodged all night in the mountain. ⁵⁵And early in the morning Laban rose, and kissed his sons and his daughters, and blessed them: and Laban went, and returned unto his place.

32. ¹And Jacob went on his way, and the angels of God met him. ²And when Jacob saw them, he said, This is God's camp: and he called the name of that place Mahanaim. ³And Jacob

רש״י

(ירה) into the sea". *Laban speaks* like a person who casts (יורה) one arrow (Midrash Rab. has "one spear") *and boasts of his* prowess¹). **(52)** אם אני THAT I WILL NOT — Here the word אם is used in the sense of אשר "that", as (XXIV. 33) "until that (אם) I have spoken my words". לרעה FOR EVIL — For evil you may not pass, but for trading purposes (as e. g., with a caravan) you may pass (Gen. R. 74). **(53)** אלהי אברהם GOD OF ABRAHAM — Here the word אלהים is holy (i. e. it is the Divine Name). אלהי נחור THE GOD OF NAHOR — Here the name is non-holy (i. e. it is a designation for an idol) (ib.). אלהי אביהם THE GOD OF THEIR FATHER — Here the name is non-holy.²) **(54)** ויזבח יעקב זבח AND JACOB OFFERED A SACRIFICE — he slaughtered cattle for the feast. לאחיו HIS BRETHREN — those of his friends who were with Laban (cf. Targ. Jon.) לאכל לחם TO EAT BREAD — Any article of food is termed לחם bread, as (Dan. V. 1) "made a great feast (לחם רב)", and (Jer. XI. 19) "Let us destroy the tree with the fruit thereof (בלחמו)".²)

32. (1) ויפגעו בו מלאכי אלהים AND THE ANGELS OF GOD MET HIM — The angels who minister in the Land of Israel came to meet him in order to escort him into the *Holy* Land (Gen. R.74). **(2)** מחנים means two camps — the one consisting of the angels ministering outside the *Holy* Land who had come with him thus far, the other, of those ministering in the Land of Israel who had come to meet him (Tanch. Vajishlach).

NOTES

¹) Laban took no part in setting up the heap and the pillar (see verses 45 and 46); he had merely suggested that they should make a covenant (v. 44), and yet he boasts of having set them up.

²) According to Rashi these three phrases do not refer to the same God as does the combination אלהי אברהם אלהי יצחק ואלהי יעקב. The god of Nahor was not the God of Abraham; he was the god of their father, Terah, who was an idolator.

³) לחם therefore refers to the cattle which Jacob had slaughtered.

ג וַיִּשְׁלַח יַעֲקֹב מַלְאָכִים לְפָנָיו אֶל־עֵשָׂו אָחִיו אַרְצָה
שֵׂעִיר שְׂדֵה אֱדוֹם׃ ד וַיְצַו אֹתָם לֵאמֹר
כֹּה תֹאמְרוּן לַאדֹנִי לְעֵשָׂו כֹּה אָמַר עַבְדְּךָ יַעֲקֹב
עִם־לָבָן גַּרְתִּי וָאֵחַר עַד־עָתָּה׃ ה וַיְהִי־לִי שׁוֹר
וַחֲמוֹר צֹאן וְעֶבֶד וְשִׁפְחָה וָאֶשְׁלְחָה לְהַגִּיד לַאדֹנִי
לִמְצֹא־חֵן בְּעֵינֶיךָ׃ ו וַיָּשֻׁבוּ הַמַּלְאָכִים אֶל־יַעֲקֹב
לֵאמֹר בָּאנוּ אֶל־אָחִיךָ אֶל־עֵשָׂו וְגַם הֹלֵךְ לִקְרָאתְךָ
וְאַרְבַּע־מֵאוֹת אִישׁ עִמּוֹ׃ ז וַיִּירָא יַעֲקֹב מְאֹד וַיֵּצֶר
לוֹ וַיַּחַץ אֶת־הָעָם אֲשֶׁר־אִתּוֹ וְאֶת־הַצֹּאן וְאֶת־
הַבָּקָר וְהַגְּמַלִּים לִשְׁנֵי מַחֲנוֹת׃ ח וַיֹּאמֶר אִם־
יָבוֹא עֵשָׂו אֶל־הַמַּחֲנֶה הָאַחַת וְהִכָּהוּ וְהָיָה הַמַּחֲנֶה

אונקלוס

ג וּשְׁלַח יַעֲקֹב אִזְגַּדִּין קֳדָמוֹהִי לְוָת־עֵשָׂו אֲחוּהִי לְאַרְעָא דְשֵׂעִיר לַחֲקַל אֱדוֹם׃
ד וּפַקֵּיד יָתְהוֹן לְמֵימַר כְּדֵין תֵּימְרוּן לְרִבּוֹנִי לְעֵשָׂו כִּדְנַן אֲמַר עַבְדָּךְ
יַעֲקֹב עִם־לָבָן דָּרִית וְאוֹחָרִית עַד־כְּעָן׃ ה וַהֲוָה־לִי תּוֹרִין וַחֲמָרִין עָן וְעַבְדִּין
וְאַמְהָן וּשְׁלָחִית לְחַוָּאָה לְרִבּוֹנִי לְאַשְׁכָּחָא־רַחֲמִין בְּעֵינָךְ׃ ו וְתָבוּ אִזְגַּדַּיָּא לְוָת־
יַעֲקֹב לְמֵימַר אֲתֵינָא לְוָת־אֲחוּךְ לְוָת־עֵשָׂו וְאַף אָתֵי לְקַדָּמוּתָךְ וְאַרְבַּע־מְאָה
גֻּבְרָא עִמֵּיהּ׃ ז וּדְחֵיל יַעֲקֹב לַחֲדָא וַעֲקַת לֵיהּ וּפַלֵּיג יָת־עַמָּא דִּי־עִמֵּיהּ וְיָת־עָנָא
וְיָת־תּוֹרֵי וְגַמְלַיָּא לִתְרֵין מַשְׁרְיָן׃ ח וַאֲמַר אִם־יֵיתֵי עֵשָׂו לְמַשְׁרִיתָא חֲדָא

רש״י

(ג) וישלח יעקב מלאכים. מַלְאָכִים מַמָּשׁ (ב״ר): ארצה שעיר. לְאֶרֶץ שֵׂעִיר. כָּל תֵּיבָה שֶׁצְּרִיכָה לָמֶ״ד בִּתְחִלָּתָהּ הִטִּיל לָהּ הַכָּתוּב הֵ״א בְּסוֹפָהּ: (ד) גרתי. לֹא נַעֲשֵׂיתִי שַׂר וְחָשׁוּב אֶלָּא גֵּר, אֵינְךָ כְּדַאי לִשְׂנֹא אוֹתִי עַל בִּרְכַּת אָבִיךָ שֶׁבֵּרְכַנִי: הֱוֵה גְבִיר לְאַחֶיךָ, שֶׁהֲרֵי לֹא נִתְקַיְּמָה בִּי. דָּ״אַ: גַּרְתִּי בְּגִימַטְרִיָּא תרי״ג, כְּלוֹמַר, עִם לָבָן גַּרְתִּי וְתַרְיַ״ג מִצְוֹת שָׁמַרְתִּי וְלֹא לָמַדְתִּי מִמַּעֲשָׂיו הָרָעִים: (ה) ויהי לי שור וחמור. אַבָּא אָמַר לִי: מִטַּל הַשָּׁמַיִם וּמִשְׁמַנֵּי הָאָרֶץ, זוּ אֵינָהּ לֹא מִן הַשָּׁמַיִם וְלֹא מִן הָאָרֶץ: שור וחמור. דֶּרֶךְ אֶרֶץ לוֹמַר עַל שְׁוָרִים הַרְבֵּה שׁוֹר — אָדָם אוֹמֵר לַחֲבֵירוֹ: בַּלַּיְלָה קָרָא הַתַּרְנְגוֹל וְאֵינוֹ אוֹמֵר קָרְאוּ הַתַּרְנְגוֹלִים: ואשלחה להגיד לאדוני. לְהוֹדִיעַ שֶׁאֲנִי בָּא אֵלֶיךָ: למצא חן בעיניך. שֶׁאֲנִי שָׁלֵם עִמְּךָ וּמְבַקֵּשׁ אַהֲבָתְךָ: (ו) באנו אל אחיך אל עשו. שֶׁהָיִיתָ אוֹמֵר אָחִי הוּא, אֲבָל הוּא נוֹהֵג עִמְּךָ כְּעֵשָׂו הָרָשָׁע, עוֹדֶנּוּ בְּשִׂנְאָתוֹ (ב״ר פ׳): (ז) ויירא ויצר. וַיִּירָא שֶׁמָּא יֵהָרֵג, וַיֵּצֶר לוֹ, אִם יַהֲרֹג הוּא אֶת אֲחֵרִים (ב״ר ותנח׳): (ח) המחנה האחת והכהו. מַחֲנֶה מְשַׁמֵּשׁ לְשׁוֹן זָכָר וּלְשׁוֹן נְקֵבָה.

155 Genesis XXXII. 3—8.

sent messengers before him to Esau his brother unto the land of Seir,
the field of Edom. 4And he commanded them, saying, Thus shall ye
say unto my lord Esau; Thy servant Jacob saith thus, I have sojourned
with Laban, and have delayed there until now: 5And I have oxen, and
asses, flocks, and menservants, and handmaids: and I have sent to tell
my lord, that I may find favour in thy eyes. 6And the messengers re-
turned to Jacob, saying, We came to thy brother Esau, and also he goeth
towards thee, and four hundred men with him. 7Then Jacob feared
greatly and was distressed: and he apportioned the people that were with
him, and the flocks, and herds, and the camels, into two camps; 8And
said, If Esau come to the one camp, and smite it, then the remaining

רש"י

וישלח

(3) וישלח יעקב מלאכים AND JACOB SENT MESSENGERS (Heb. מלאכים angels) — actually angels (Gen. R. 75).[1]) ארצה שעיר *means* TO THE LAND OF SEIR — A word that requires a ל as prefix has a י placed as a suffix. **(4)** גרתי I HAVE SOJOURNED — I have become neither a prince nor *other* person of importance but merely a sojourner. It is not worth your while to hate me on account of the blessing of your father who blessed me (XXVII. 29) "Be master over thy brethren", for it has not been fulfilled in me. Another explanation: the word גרתי has the numerical value of תרי"ג, 613 — it is as much as to say, "Though I have sojourned with Laban, the wicked, I have observed the תרי"ג מצות, the 613 Divine Commandments, and I have learned nought of his evil ways **(5)** ויהי לי שור וחמור AND I HAVE OXEN AND ASSES — Our father promised me, (XXVII. 28) "[God will give thee] of the dew of heaven and of the fat places of the earth" — these are neither of the heaven nor of the earth. שור וחמור (lit., an ox and an ass) — It is the customary thing to speak of many oxen as an ox (Gen. R. 75) — a man says to his fellow, "During the night the cock crowed"; he does not say "the cocks crowed". ואשלחה להגיד לאדוני AND I HAVE SENT TO TELL MY LORD — to announce that I am coming to you. למצא חן בעיניך THAT I MAY FIND FAVOUR IN THY EYES, for I am at peace with you and seek your friendship.[2]) **(6)** באנו אל אחיך אל עשו WE CAME TO THY BROTHER, TO ESAU — *to him* of whom you said he is my brother, but he behaves towards you as Esau, the wicked — he is still harbouring hatred (Tanch.). **(7)** ויירא. . . . ויצר HE FEARED GREATLY AND WAS DISTRESSED — He was afraid lest he be killed, and he was distressed that he might have to kill someone (Tanch.). **(8)** המחנה האחת והכהו TO THE ONE CAMP AND SMITE IT — The word מחנה is treated grammatically as masculine or

NOTES

1) The preceding verse tells of the angels who met him: it was some of these that he sent to Esau.

2) Not to tell you of my wealth — for he was anxious, according to Rashi, to divert Esau's mind from his wealth — but to tell you that I am coming to you in a friendly spirit.

156 בראשית לב וישלח

הַנִּשְׁאָר לִפְלֵיטָה: ט וַיֹּאמֶר יַעֲקֹב אֱלֹהֵי אָבִי
אַבְרָהָם וֵאלֹהֵי אָבִי יִצְחָק יְהוָה הָאֹמֵר אֵלַי שׁוּב
לְאַרְצְךָ וּלְמוֹלַדְתְּךָ וְאֵיטִיבָה עִמָּךְ: י קָטֹנְתִּי מִכֹּל
הַחֲסָדִים וּמִכָּל־הָאֱמֶת אֲשֶׁר עָשִׂיתָ אֶת־עַבְדֶּךָ
כִּי בְמַקְלִי עָבַרְתִּי אֶת־הַיַּרְדֵּן הַזֶּה וְעַתָּה הָיִיתִי
לִשְׁנֵי מַחֲנוֹת: יא הַצִּילֵנִי נָא מִיַּד אָחִי מִיַּד עֵשָׂו
כִּי־יָרֵא אָנֹכִי אֹתוֹ פֶּן־יָבוֹא וְהִכַּנִי אֵם עַל־בָּנִים:
יב וְאַתָּה אָמַרְתָּ הֵיטֵב אֵיטִיב עִמָּךְ וְשַׂמְתִּי אֶת־

אונקלוס

וּמַשְׁרִיתָא וִיהֵי (נ״י וּמַשְׁרִיתָא וּתְהֵי) מַשְׁרִיתָא דְתִשְׁתְּאַר לְשֵׁיזָבָא: ט וַאֲמַר יַעֲקֹב
אֱלָהֵהּ דְּאַבָּא אַבְרָהָם וֵאלָהֵהּ דְּאַבָּא יִצְחָק יְיָ דִּי־אֲמַר לִי תּוּב לְאַרְעָךְ
וּלְיַלָּדוּתָךְ וְאוֹטֵב עִמָּךְ: י וְעִירָן־זָכְוָתִי מִכֹּל חִסְדִּין וּמִכָּל־טַבְוָן דִּי עֲבַדְתָּ עִם־
עַבְדָּךְ אֲרֵי יְחִידִי עֲבָרִית יָת־יַרְדְּנָא הָדֵין וּכְעַן הֲוֵיתִי לְתַרְתֵּין (נ״י לְתַרְתֵּין)
מַשְׁרְיָן: יא שֵׁיזְבְנִי כְעַן מִידָא דְאָחִי מִידָא דְעֵשָׂו אֲרֵי־דָחֵל אֲנָא מִנֵּהּ דִּילְמָא־
יֵיתֵי וְיִמְחִנַּנִי אִמָּא עַל־בְּנַיָּא: יב וְאַתְּ אֲמַרְתְּ אוֹטָבָא אוֹטֵיב עִמָּךְ וַאֲשַׁוֵּי יָת־

רש״י

אִם תַּחֲנֶה עָלַי מַחֲנֶה (תה׳ כ״ז), הֲרֵי נְקֵבָה, הַמַּחֲנֶה הַזֶּה (ב״ר ל״ג), זָכָר, וְכֵן יֵשׁ שְׁאָר דְּבָרִים מְשַׁמְּשִׁים לְשׁוֹן זָכָר וּלְשׁוֹן נְקֵבָה: הַשֶּׁמֶשׁ יָצָא עַל הָאָרֶץ (שם י״ט), מִקְצֵה הַשָּׁמַיִם מוֹצָאוֹ (תהלים י״ט), הֲרֵי לְשׁוֹן זָכָר; וְהַשֶּׁמֶשׁ זָרְחָה עַל הַמַּיִם (מ״ב ג׳), הֲרֵי לְשׁוֹן נְקֵבָה. וְכֵן רוּחַ: וְהִנֵּה רוּחַ גְּדוֹלָה בָּאָה, הֲרֵי לְשׁוֹן נְקֵבָה, וַיִּגַּע בְּאַרְבַּע פִּנּוֹת הַבַּיִת (איוב א׳), הֲרֵי לְשׁוֹן זָכָר, וְרוּחַ גְּדוֹלָה וְחָזָק מְפָרֵק הָרִים (מלכים א׳ י״ט), הֲרֵי לְשׁוֹן זָכָר וּלְשׁוֹן נְקֵבָה. וְכֵן אֵשׁ: וְאֵשׁ יָצְאָה מֵאֵת ה׳ (במ׳ ט״ז), לְשׁוֹן נְקֵבָה. אֵשׁ לוֹהֵט (תה׳ ק״ד), לְשׁוֹן זָכָר: והיה המחנה הנשאר לפליטה. עַל כָּרְחוֹ, כִּי אֶלָּחֵם עִמּוֹ. הִתְקִין עַצְמוֹ לִשְׁלֹשָׁה דְבָרִים, לְדוֹרוֹן, לִתְפִלָּה וּלְמִלְחָמָה. לְדוֹרוֹן: וַתַּעֲבֹר הַמִּנְחָה עַל פָּנָיו; לִתְפִלָּה: אֱלֹהֵי אָבִי אַבְרָהָם; לְמִלְחָמָה: וְהָיָה הַמַּחֲנֶה הַנִּשְׁאָר לִפְלֵיטָה: (ט) ואלהי אבי יצחק. וּלְהַלָּן הוּא אוֹמֵר וּפַחַד יִצְחָק? וְעוֹד: וּמַהוּ שֶׁחָזַר וְהִזְכִּיר שֵׁם הַמְיוּחָד? הָיָה לוֹ לִכְתּוֹב: הָאוֹמֵר אֵלַי שׁוּב לְאַרְצְךָ וְגוֹ׳! אֶלָּא כָּךְ אָמַר יַעֲקֹב לִפְנֵי הַקָּבָּ״ה: שְׁתֵּי הַבְטָחוֹת הִבְטַחְתַּנִי, אַחַת בְּצֵאתִי מִבֵּית אָבִי מִבְּאֵר שֶׁבַע, שֶׁאָמַרְתָּ לִי, אֲנִי ה׳ אֱלֹהֵי אַבְרָהָם אָבִיךָ וֵאלֹהֵי יִצְחָק, וְשָׁם אָמַרְתָּ לִי: וּשְׁמַרְתִּיךָ בְּכֹל אֲשֶׁר תֵּלֵךְ, וּבְבֵית לָבָן אָמַרְתָּ לִי (ברי׳ ל״א), שׁוּב אֶל אֶרֶץ אֲבוֹתֶיךָ וּלְמוֹלַדְתֶּךָ וְאֶהְיֶה עִמָּךְ, וְשָׁם נִגְלֵיתָ אֵלַי בְּשֵׁם הַמְיוּחָד לְבַדּוֹ, שֶׁנֶּאֱמַר: וַיֹּאמֶר ה׳ אֶל יַעֲקֹב שׁוּב אֶל אֶרֶץ אֲבוֹתֶיךָ וְגוֹ׳ בִּשְׁתֵּי הַבְטָחוֹת אֵלּוּ אֲנִי בָא לְפָנֶיךָ: (י) קטנתי מכל החסדים. נִתְמַעֲטוּ זְכֻיּוֹתַי עַל יְדֵי הַחֲסָדִים וְהָאֱמֶת שֶׁעָשִׂיתָ עִמִּי, לְכָךְ אֲנִי יָרֵא, שֶׁמָּא מִשֶּׁהִבְטַחְתַּנִי נִתְקַלְקַלְתִּי בְחֵטְא וְיִגְרוֹם לִי לְהִמָּסֵר בְּיַד עֵשָׂו (שבת ל״ב): ומכל האמת. אֲמִתַּת דְּבָרֶיךָ, שֶׁשָּׁמַרְתָּ לִי כָּל הַבְטָחוֹת שֶׁהִבְטַחְתָּנִי: כי במקלי. לֹא הָיָה עִמִּי לֹא כֶסֶף וְלֹא זָהָב וְלֹא מִקְנֶה אֶלָּא מַקְלִי לְבַדּוֹ. וּמ״א: נָתַן מַקְלוֹ בַּיַּרְדֵּן וְנִבְקַע הַיַּרְדֵּן: (יא) מיד אחי מיד עשו. מִיַּד אָחִי שֶׁאֵין נוֹהֵג עִמִּי כְּאָח אֶלָּא כְּעֵשָׂו הָרָשָׁע: (יב) היטב איטיב. הֵיטֵב בִּזְכוּתְךָ, אֵיטִיב בִּזְכוּת אֲבוֹתֶיךָ (ב״ר):

camp may escape. ⁹And Jacob said, O God of my father Abraham, and God of my father Isaac, Eternal who saidst unto me, Return unto thy country, and to thy kindred, and I will do thee good: ¹⁰I am too unworthy of all the mercies, and of all the truth which thou hast showed unto thy servant; for with my staff I passed this Jordan; and now I am become two camps. ¹¹Deliver me, I pray thee, from the hand of my brother, from the hand of Esau: for I fear him, lest he will come and smite me, and the mother with the children. ¹²And thou saidst, I will surely do thee good, and make thy seed as the

רש"י

feminine:[1]) in (Ps. XXVII. 3) "Though a camp should encamp (תחנה) against me" it is feminine; in (XXXIII. 8) "this (הזה) camp" it is masculine. Similarly there are other words treated grammatically as both masculine and feminine. *For example, the word* שמש *in* (XIX. 23) "The sun was risen (יצא) upon the earth" and in (Ps. XIX. 7) "His (the sun's) going forth (מוצאו) is from the end of the heaven"; here it is masculine, *but in* (2 Kings III. 22) "and the sun shone (זרחה) upon the water" it is feminine. Similarly with רוח: in (Job. I. 19) "and behold there came (באה) a great wind" it is feminine, *and in the same verse* "and smote (ויגע) the four corners of the house" it is masculine; in (1 Kings XIX. 11) "and a great (גדולה) and strong (וחזק) wind rent (מפרק) the mountains" it is both masculine and feminine. So also *in the case of* אש: in (Num. XVI. 35) "and fire came forth (יצאה) from the Lord" it is feminine, and in (Ps. CIV. 4) "The flaming (להט) fire" it is masculine. והיה המחנה הנשאר לפליטה THEN THE REMAINING CAMP MAY ESCAPE in spite of him, for I will fight against him. He prepared himself for three things: *to give him* a present — *as it states* (v. 22) "So, the present passed before him"; for prayer — *as it states* (v. 10), "And he said, 'O God of my father Abraham'"; for war — *as it states in this verse*, "then the remaining camp may escape", *for I will fight against him* (Tanch.). **(9)** ואלהי אבי יצחק AND GOD OF MY FATHER ISAAC — But in another place (XXXI. 42) he said, "And the Dread of Isaac"! Then also why did he again mention the Proper Name of God (first invoking him as God of Abraham, God of Isaac, and then continuing "O Lord, who saidst unto me")? It should have been written "O God of Abraham and God of Isaac (omitting 'O Lord') who saidst unto me, "Return unto thy country" etc. But *the explanation is as follows:* Jacob said to the Holy One, blessed be He, "You made me two promises. One was when I left my father's house at Beersheba when You said to me (XXVIII. 3) "I am the Lord, the God of Abraham thy father and the God of Isaac", and on that occasion you promised me (v. 15) "and I will keep thee whithersoever thou goest". Then *again* in Laban's house You said to me (XXXI. 3) "Return unto the land of thy fathers and to thy kindred and I will be with thee". There You revealed Yourself to me by Your Proper Name alone, as it is said (ib.) "And the Lord said unto Jacob "Return unto the land of thy fathers etc." Relying upon these two promises I now come before You *invoking you as "the God of Abraham and the God of Isaac" and also simply as "the Lord" under which names You made me these two promises respectively.* **(10)** קטנתי מכל החסדים I AM TOO UNWORTHY OF ALL THE MERCIES (This may be rendered "I am small — unworthy — b e c a u s e o f[2]) all the kindnesses) — My merits are diminished in consequence of all the kindness and truth which You have already shown me. For this reason I am afraid: perhaps, since You made these promises to me, I have become depraved (נתקלקלתי) by sin (another version of Rashi has נתלכלכתי, I have become defiled by sin) and this may cause me to be delivered unto Esau's power (Sabb. 32a). ומכל האמת *[my merits are diminished in consequence]*

NOTES

1) Here, האחת is fem., and in והכהו, lit., and he smites him, it is treated as masc., as also in המחנה הנשאר.
2) I. e. the מ of מכל does not indicate the "comparative" but has the meaning of מפני "in consequence of".

זַרְעֲךָ כְּחוֹל הַיָּם אֲשֶׁר לֹא־יִסָּפֵר מֵרֹב: שני יג וַיָּלֶן
שָׁם בַּלַּיְלָה הַהוּא וַיִּקַּח מִן־הַבָּא בְיָדוֹ מִנְחָה לְעֵשָׂו
אָחִיו: יד עִזִּים מָאתַיִם וּתְיָשִׁים עֶשְׂרִים רְחֵלִים
מָאתַיִם וְאֵילִים עֶשְׂרִים: טו גְּמַלִּים מֵינִיקוֹת וּבְנֵיהֶם
שְׁלֹשִׁים פָּרוֹת אַרְבָּעִים וּפָרִים עֲשָׂרָה אֲתֹנֹת
עֶשְׂרִים וַעְיָרִם עֲשָׂרָה: טז וַיִּתֵּן בְּיַד־עֲבָדָיו עֵדֶר
עֵדֶר לְבַדּוֹ וַיֹּאמֶר אֶל־עֲבָדָיו עִבְרוּ לְפָנַי וְרֶוַח
תָּשִׂימוּ בֵּין עֵדֶר וּבֵין עֵדֶר: יז וַיְצַו אֶת־הָרִאשׁוֹן

אונקלוס

בְּנָיךְ סַגִּיאִין כְּחָלָא דְיַמָּא דְּלָא יִתְמְנוּן מִסְּגִי: יג וּבָת תַּמָּן בְּלֵילְיָא הַהוּא
וּנְסֵיב מִן־דְּאַיְתִי בִידֵהּ תִּקְרֻבְתָּא לְעֵשָׂו אֲחוּהִי: יד עִזֵּי מָאתַן וּתְיָשַׁיָּא עַסְרִין
רַחְלִין מָאתַן וְדִכְרִין עַסְרִין: טו גַּמְלֵי מֵינְקָתָא וּבְנֵיהוֹן תְּלָתִין תּוֹרָתָא אַרְבְּעִין
וְתוֹרֵי עַסְרָא אַתְנָן עַסְרִין וְעִילֵי עַסְרָא: טז וִיהַב בְּיַד עַבְדּוֹהִי עֶדְרָא עֶדְרָא
בִּלְחוֹדוֹהִי וַאֲמַר לְעַבְדּוֹהִי עִבַרוּ קֳדָמַי וְרַוְחָא תְּשַׁוּוֹן בֵּין עֶדְרָא וּבֵין עֶדְרָא:
יז וּפַקֵּיד יָת־קַדְמָאָה לְמֵימַר אֲרֵי יְעָרְעִנָּךְ עֵשָׂו אָחִי וְיִשְׁאֲלִנָּךְ לְמֵימַר לְמַן־אַתְּ

רש"י

ושמתי את זרעך כחול הים: וְהֵיכָן אָ"ל כֵּן? וַהֲלֹא לֹא אָ"ל אֶלָּא: וְהָיָה זַרְעֲךָ כַּעֲפַר הָאָרֶץ
(שם כ"ח)? אֶלָּא שֶׁאָ"ל כִּי לֹא אֶעֱזָבְךָ עַד אֲשֶׁר אִם עָשִׂיתִי אֵת אֲשֶׁר דִּבַּרְתִּי לָךְ (שם), וּלְאַבְרָהָם
אָמַר וְהַרְבָּה אַרְבֶּה אֶת זַרְעֲךָ כְּכוֹכְבֵי הַשָּׁמַיִם וְכַחוֹל אֲשֶׁר עַל שְׂפַת הַיָּם: (יג) הבא בידו.
בִּרְשׁוּתוֹ. וְכֵן: וַיִּקַּח אֶת כָּל אַרְצוֹ מִיָּדוֹ (במ' כ"א). וּמ"א: מִן הַבָּא בְיָדוֹ—אֲבָנִים טוֹבוֹת וּמַרְגָּלִיּוֹת,
שֶׁאָדָם צָר בִּצְרוֹר וְנוֹשְׂאָם בְּיָדוֹ. (ד"א: מִן הַבָּא בְיָדוֹ, מִן הַחֻלִּין, שֶׁנָּטַל מַעֲשֵׂר, כְּמָה דְאַתְּ אָמַר:
עַשֵּׂר אֲעַשְּׂרֶנּוּ לָךְ, וַהֲדַר לָקַח מִנְחָה): (יד) עזים מאתים ותישים עשרים. מָאתַיִם עִזִּים צְרִיכוֹת
עֶשְׂרִים תְּיָשִׁים, וְכֵן כֻּלָּם, הַזְּכָרִים כְּדֵי צוֹרֶךְ הַנְּקֵבוֹת; וּבְבֵ"ר דּוֹרֵשׁ, מִכָּאן לְעוֹנָה הָאֲמוּרָה בַּתּוֹרָה,
הַטַּיָּלִים בְּכָל יוֹם, הַפּוֹעֲלִים שְׁתַּיִם בְּשַׁבָּת, הַחַמָּרִים אַחַת בְּשַׁבָּת, הַגַּמָּלִים אַחַת לִשְׁלֹשִׁים יוֹם,
הַסַּפָּנִים אַחַת לְשִׁשָּׁה חֳדָשִׁים; וְאֵינִי יוֹדֵעַ לְכַוֵּן הַמִּדְרָשׁ הַזֶּה בְּכִוּוּן. אַךְ נִרְאֶה בְּעֵינַי שֶׁלָּמַדְנוּ
מִכָּאן, שֶׁאֵין הָעוֹנָה שָׁוָה בְּכָל אָדָם אֶלָּא לְפִי טוֹרַח הַמֻּטָּל עָלָיו, שֶׁמָּצִינוּ כָּאן שֶׁמָּסַר לְכָל תַּיִשׁ
עֶשֶׂר עִזִּים וְכֵן לְכָל אַיִל; לְפִי שֶׁהֵם פְּנוּיִים מִמְּלָאכָה דַּרְכָּם לְהַרְבּוֹת תַּשְׁמִישׁ וּלְעַבֵּר עֶשֶׂר
נְקֵבוֹת, וּבְהֵמָה מִשֶּׁנִּתְעַבְּרָה אֵינָהּ מְקַבֶּלֶת זָכָר, וּפָרִים שֶׁעוֹסְקִין בִּמְלָאכָה, לֹא מָסַר לְזָכָר
אֶלָּא אַרְבַּע נְקֵבוֹת, וְלַחֲמוֹר שֶׁהוֹלֵךְ בְּדֶרֶךְ רְחוֹקָה, שְׁתֵּי נְקֵבוֹת לְזָכָר, וְלַגְּמַלִּים, שֶׁהוֹלְכִים דֶּרֶךְ
יוֹתֵר רְחוֹקָה, נְקֵבָה אַחַת לְזָכָר: (טו) גמלים מיניקות שלשים, ובניהם עִמָּהֶם. וּמ"א: וּבְנֵיהֶם—
בַּנָּאֵיהֶם, זָכָר כְּנֶגֶד נְקֵבָה, וּלְפִי שֶׁצָּנוּעַ בְּתַשְׁמִישׁ, לֹא פִּרְסְמוֹ הַכָּתוּב (ב"ר): ועירם. חֲמוֹרִים
זְכָרִים: (טז) עדר עדר לבדו. כָּל מִין וָמִין לְעַצְמוֹ: עברו לפני. דֶּרֶךְ יוֹם אוֹ פָּחוֹת וַאֲנִי אָבֹא
אַחֲרֵיכֶם: ורוח תשימו. עֵדֶר לִפְנֵי חֲבֵרוֹ מְלֹא עַיִן, כְּדֵי לְהַשְׂבִּיעַ עֵינוֹ שֶׁל רָשָׁע וּלְתַוְּהוֹ עַל רִבּוּי

sand of the sea, which cannot be numbered for multitude. [13]And he
lodged there that same night; and took of that which came to his
hand a present for Esau his brother; [14]Two hundred she goats and
twenty he goats, two hundred ewes, and twenty rams. [15]Thirty milch
camels with their colts, forty kine, and ten bulls, twenty she asses, and
ten foals. [16]And he gave them into the hand of his servants, every
drove by itself, and said unto his servants, Pass before me, and put
a space between drove and drove. [17]And he commanded the first,

רש״י

OF ALL THE TRUTH — of the true fulfilment (אמיתת) of Your promises — because You have already kept all the promises You made me. כי במקלי FOR WITH MY STAFF — I had with me neither silver nor gold nor cattle — only this staff of mine. The Midrashic explanation is, that he had placed his staff in the Jordan and Jordan had divided *for him to pass over*. **(11)** מיד אחי מיד עשו FROM THE HAND OF MY BROTHER, FROM THE HAND OF ESAU — from the hand of my brother who does not treat me as a brother *should*, but as Esau, the wicked. **(12)** היטב איטיב I WILL SURELY DO [THEE] GOOD — *The use of two words denoting "doing good" is intended to signify*: היטב doing good *to thee* on account of your own merits, איטיב I will *also* do good *to thee* on account of your father's merits (Gen. R. 76). ושמתי את זרעך כחול הים AND I WILL MAKE THY SEED AS THE SAND OF THE SEA — Where, indeed, did God promise him this? Did he not promise him only (XXVIII. 14) "And thy seed shall be as the dust of the earth"? But *the explanation is* that He had at the same time promised him (ib. v. 15) "for I will not leave thee until I have done that which I have spoken about thee", and to Abraham he had promised (XXII. 17) "and I will greatly multiply thy seed as the stars of heaven and as the sand which is upon the sea-shore". **(13)** הבא בידו AND TOOK OF THAT WHICH CAME TO HIS HAND (lit., in his hand) — in his possession, similar to (Num. XXI. 26) "and he had taken all his land out of his possession (מידו)." A Midrashic explanation is: מן הבא בידו — precious stones and jewels which a person ties up in a package and carries in his hand. Another explanation is: מן הבא בידו THAT WHICH A MAN MAY TAKE INTO HIS OWN POSSESSION — of that which no longer has a sacred character[1]) — for he had set aside the tithe, just as you read (XXVIII. 22) "[And Jacob vowed] ... I will surely give the tenth unto Thee". Only fterwards did he take the present *of what was left after the tithe had been set aside, and this was that which he might rightly take into his own possession.* **(14)** עזים מאתים ותישים עשרים TWO HUNDRED SHE GOATS AND TWENTY HE GOATS — Two hundred she goats have need of twenty he goats, and so too in the case of all the various species the males were in number according to the need of the females. In Bereshith Rabbah an inference is made from here as regards the minimum period imperative for the marital duty imposed by the Torah. I am unable however to show exactly how this inference is arrived at. But it appears to me that we may learn from here *at least* that this period is not the same for every person, but that it depends upon the amount of labour imposed upon him *by his occupation*. **(15)** גמלים מיניקות MILCH CAMELS שלשים THIRTY, ובניהם *means* AND THEIR COLTS with them[2]). A Midrashic explanation of ובניהם is that it is the same as וּבַנָּאֵיהֶם their builders (those that build them up) i. e., one male for each

NOTES

[1]) חולין — cattle and produce of which the tithe has been set aside. Until this is done the owner may make no use of them.

[2]) Rashi connects the word שלשים with גמלים not with ובניהם, their colts, the number of which is not stated.

לֵאמֹר כִּי יִפְגָשְׁךָ עֵשָׂו אָחִי וּשְׁאֵלְךָ לֵאמֹר לְמִי־
אַתָּה וְאָנָה תֵלֵךְ וּלְמִי אֵלֶּה לְפָנֶיךָ׃ יח וְאָמַרְתָּ
לְעַבְדְּךָ לְיַעֲקֹב מִנְחָה הִוא שְׁלוּחָה לַאדֹנִי לְעֵשָׂו
וְהִנֵּה גַם־הוּא אַחֲרֵינוּ׃ יט וַיְצַו גַּם אֶת־הַשֵּׁנִי גַּם
אֶת־הַשְּׁלִישִׁי גַּם אֶת־כָּל־הַהֹלְכִים אַחֲרֵי הָעֲדָרִים
לֵאמֹר כַּדָּבָר הַזֶּה תְּדַבְּרוּן אֶל־עֵשָׂו בְּמֹצַאֲכֶם
אֹתוֹ׃ כ וַאֲמַרְתֶּם גַּם הִנֵּה עַבְדְּךָ יַעֲקֹב אַחֲרֵינוּ
כִּי־אָמַר אֲכַפְּרָה פָנָיו בַּמִּנְחָה הַהֹלֶכֶת לְפָנָי
וְאַחֲרֵי־כֵן אֶרְאֶה פָנָיו אוּלַי יִשָּׂא פָנָי׃ כא וַתַּעֲבֹר
הַמִּנְחָה עַל־פָּנָיו וְהוּא לָן בַּלַּיְלָה־הַהוּא בַּמַּחֲנֶה׃
כב וַיָּקָם ׀ בַּלַּיְלָה הוּא וַיִּקַּח אֶת־שְׁתֵּי נָשָׁיו וְאֶת־שְׁתֵּי

אונקלוס

וּלְאָן אַתְּ־אָזֵל וּלְמָן אִלֵּין דִּקְדָמָךְ׃ יח וְתֵימַר לְעַבְדָּךְ לְיַעֲקֹב תִּקְרֻבְתָּא הִיא
דִּמְשַׁלְחָא לְרִבּוֹנִי לְעֵשָׂו וְהָא אַף־הוּא אָתֵי־בַתְרָנָא׃ יט וּפַקֵּיד אַף יָת־תִּנְיָנָא
אַף יָת־תְּלִיתָאָה אַף יָת־כָּל־דְּאָזְלִין בָּתַר עֶדְרַיָּא לְמֵימַר כְּפִתְגָּמָא הָדֵין תְּמַלְּלוּן
עִם־עֵשָׂו כַּד־תַּשְׁכְּחוּן יָתֵהּ׃ כ וְתֵימְרוּן אַף הָא עַבְדָּךְ יַעֲקֹב אָתֵי־בַתְרָנָא אֲרֵי־
אֲמַר אֲנַחְנֵהּ לְרוּגְזֵהּ בְּתִקְרֻבְתָּא דְּאָזְלָא לְקֳדָמַי וּבָתַר־כֵּן אֶחֱזֵי אַפּוֹהִי מָאִים
יִסַּב אַפִּי׃ כא וַעֲבַרַת תִּקְרֻבְתָּא עַל־אַפּוֹהִי וְהוּא בָּת בְּלֵילְיָא־הַהוּא בְּמַשְׁרִיתָא׃
כב וְקָם ׀ בְּלֵילְיָא הוּא וּדְבַר יָת־תַּרְתֵּין נְשׁוֹהִי וְיָת־תַּרְתֵּין לְחֵינָתֵהּ וְיָת־חַד

רש״י

הדורון: (יז) למי אתה. של מי אתה, מי שולחך, ותרגום דמאן את? ולמי אלה לפניך.
ואלה שלפניך של מי הם; למי המנחה הזאת שלוחה? למ״ד משמשת בראש התיבה במקום
של, כמו: וכל אשר אתה רואה לי הוא (ברי ל״א)—שלי הוא; לה׳ הארץ ומלואה (תה׳ כ״ד)—
של ה׳: (יח) ואמרת לעבדך ליעקב. על ראשון ראשון ועל אחרון אחרון; ששאלת: למי
אתה? לעבדך ליעקב אני—ותרגומו דעבדך דיעקב—וששאלת: ולמי אלה לפניך, מנחה
היא שלוחה וגו׳: והנה גם הוא. יעקב: (כ) אכפרה פניו. אבטל רגזו; וכן וכפר בריתכם
את מות (ישי׳ כ״ח), לא תוכלי כפרה (שם מ״ז). ונראה בעיני, שכל כפרה שאצל עון וחטא
ואצל פנים כלן לשון קנוח והעברה הן, ולשון ארמי הוא והרבה בתלמוד: וכפר ידיה, בעי
לכפורי ידי בההוא גברא, וגם בלשון המקרא נקראים המזרקים של קדש כפורי זהב (עזרא א׳)
על שם שהכהן מקנח ידיו בהן בשפת המזרק: (כא) על פניו. כמו לפניו. וכן: חמס
ושד ישמע בה על פני תמיד (ירי ו׳), וכן: המכעיסים אותי על פני (ישי׳ ס״ה);

saying, When Esau my brother, meeteth thee, and asketh thee, saying,
Whose art thou? and whither goest thou? and whose are these before
thee? 18Then thou shalt say, They are thy servant Jacob's; it is a present
sent unto my lord Esau: and, behold, also he is behind us. 19And so
commanded he the second, and the third, and all that went after the
droves, saying, In this manner shall ye speak unto Esau, when ye find
him. 20And say ye moreover, Behold, thy servant Jacob is behind us;
For he said, I will appease him with the present that goeth before
me, and afterwards I will see his face; peradventure he will accept
of me. 21So the present passed before him: and himself lodged that
night in the camp. 22And he rose that night, and took his two wives, and

רש"י

female[1]). Because, however, it (the camel) is chaste in its ways Scripture does not state this plainly (Gen. R. 76) *but employs a term from which it may be inferred.* ועירים *means* MALE ASSES. **(16)** עדר עדר לבדו EVERY DROVE BY ITSELF — each species *forming a drove* by itself. עברו לפני PASS ON BEFORE ME, a day's journey or less and I shall follow you.[2]) ורוח תשימו AND PUT A SPACE — one drove before the other at a distance as far as the eye can see, in order to satisfy the eye (the cupidity) of that wicked man and to amaze him by the size of the gift (ib.). **(17)** למי אתה *means* TO WHOM DO YOU BELONG, *implying* who has sent thee? The Targum should be דמאן את "of whom are you" *and not* למאן את *as some editions have.* ולמי אלה לפניך *means* and these which are before you whose are they; i. e. to whom is this present being sent? The letter ל is used as a prefix in place of של "belonging to"; e. g., (XXXI. 43) "and all that thou seest is mine (לי)" i. e. belongs to me; (Ps. XXIV. 1) "The earth is the Lord's (לה') and the fullness thereof" i. e. belongs to the Lord. **(18)** ואמרת לעבדך ליעקב THEN SHALT THOU SAY THEY ARE THY SERVANT JACOB'S — *You shall answer* the first question first and the last question last, *saying: "In reply to* what you have asked", "Whose art thou?", "I belong to thy servant Jacob" — and it should be rendered in the Targum דעבדך דיעקב belonging to your servant, belonging to Jacob"[3]) — *and in reply to* what you have asked, "And whose are these before thee?" "It is a present sent etc.". והנה גם הוא AND, BEHOLD, ALSO HE IS BEHIND US — *The word "he" refers to* Jacob. **(20)** אכפרה פניו I WILL APPEASE HIM – I will remove his anger. Similarly, (Is. XXVIII. 18) "and your covenant with death shall be annulled (וכפר)"; (ib. XLVII. 11) "Thou shalt not be able to put it away (כפרה)". I am of the opinion that wherever the verb כפר is used in association with iniquity and sin and in association with anger (פנים), it always signifies wiping away, removing. It is an Aramaic expression occurring frequently in the Talmud: "He wiped his hand off (כפר ידיה)", and (Gitt. 56a) "he wants to wipe (לכפורי) his hands off on this man" (i. e. he desires to put the responsibility upon me). In Biblical Hebrew, also, the bowls of the Sanctuary are called, (Ezra I. 10) "כפורי of gold" — *and they are so called* because the priest wiped his hands on them — on the rim of the bowl. **(21)** על פניו *means* BEFORE HIM. Similarly (Jer. VI. 7) "Violence and spoil is heard in her (על פני) before me continually"; and similarly (ib. LXV. 3) "that provoke me (על פני) to my face". The Midrash

NOTES

1) Cf. Rashi on XVI. 2, אִבָּנֶה מִמֶּנָּה. Cf. also the well-known passage, אל תקרי בָּנָיִךְ אלא בּוֹנָיִךְ.

2) Not immediately, for else all these precautions would have been useless. On the other hand, the distance must not be too great, for he told them to say (v. 18) "behold, he also is behind us.

3) Both the question and the reply should have the ד in the Targum: דמאן and דעבדך. Indeed the use of this prefix in both cases is proof that the first answer — in which the ד occurs — is the reply to the first question.

שִׁפְחֹתָיו וְאֶת־אַחַד עָשָׂר יְלָדָיו וַיַּעֲבֹר אֵת מַעֲבַר
יַבֹּק׃ כג וַיִּקָּחֵם וַיַּעֲבִרֵם אֶת־הַנָּחַל וַיַּעֲבֵר אֶת־אֲשֶׁר
לוֹ׃ כד וַיִּוָּתֵר יַעֲקֹב לְבַדּוֹ וַיֵּאָבֵק אִישׁ עִמּוֹ עַד עֲלוֹת
הַשָּׁחַר׃ כה וַיַּרְא כִּי לֹא יָכֹל לוֹ וַיִּגַּע בְּכַף־יְרֵכוֹ
וַתֵּקַע כַּף־יֶרֶךְ יַעֲקֹב בְּהֵאָבְקוֹ עִמּוֹ׃ כו וַיֹּאמֶר
שַׁלְּחֵנִי כִּי עָלָה הַשָּׁחַר וַיֹּאמֶר לֹא אֲשַׁלֵּחֲךָ כִּי
אִם־בֵּרַכְתָּנִי׃ כז וַיֹּאמֶר אֵלָיו מַה־שְּׁמֶךָ וַיֹּאמֶר
יַעֲקֹב׃ כח וַיֹּאמֶר לֹא יַעֲקֹב יֵאָמֵר עוֹד שִׁמְךָ כִּי

אונקלוס

עֲסַר בְּנוֹהִי וַעֲבַר יָת מַעְבַּר יוּבְקָא׃ כג וּדְבַרנּוּן וְעַבְּרִנּוּן יָת־נַחְלָא וְאַעְבַּר יָת־
דִּילֵהּ׃ כד וְאִשְׁתְּאַר יַעֲקֹב בִּלְחוֹדוֹהִי וְאִשְׁתַּדַּל גֻּבְרָא עִמֵּהּ עַד דִּסְלֵק צַפְרָא׃
כה וַחֲזָא אֲרֵי לָא יְכֵיל לֵהּ וּקְרֵיב בִּפְתֵי־יִרְכֵּהּ וּזָע פְּתֵי־יִרְכָּא דְיַעֲקֹב
בְּאִשְׁתַּדָּלוּתֵהּ עִמֵּהּ׃ כו וַאֲמַר שַׁלְּחַנִי אֲרֵי סְלֵיק צַפְרָא וַאֲמַר לָא אֲשַׁלְּחִנָּךְ
אֱלָהֵין בָּרֵכְתָּנִי׃ כז וַאֲמַר לֵהּ מַה־שְׁמָךְ וַאֲמַר יַעֲקֹב׃ כח וַאֲמַר לָא יַעֲקֹב
יִתְאֲמַר עוֹד שְׁמָךְ אֱלָהֵין יִשְׂרָאֵל אֲרֵי־רַבְרְבַת קֳדָם־יְיָ וְעִם־גּוּבְרַיָּא וִיכֵלְתָּא׃

רש"י

ומ"א: עַל פָּנָיו, אַף הוּא שָׁרוּי בְּכַעַס, שֶׁהָיָה צָרִיךְ לְכָל זֶה (ב"ר): (כב) ואת אחד עשר ילדיו. וְדִינָה הֵיכָן הָיְתָה? נְתָנָהּ בְּתֵבָה, וְנָעַל בְּפָנֶיהָ, שֶׁלֹּא יִתֵּן בָּהּ עֵשָׂו עֵינָיו, וּלְכָךְ נֶעֱנַשׁ יַעֲקֹב שֶׁמְּנָעָהּ מֵאָחִיו, שֶׁמָּא תַחֲזִירֶנּוּ לְמוּטָב, וְנָפְלָה בְּיַד שְׁכֶם (ב"ר): יבק. שֵׁם הַנָּהָר: (כג) את אשר לו. הַבְּהֵמָה וְהַמִּטַּלְטְלִים; עָשָׂה עַצְמוֹ כְּגֶשֶׁר נוֹטֵל מִכָּאן וּמַנִּיחַ כָּאן (ב"ר): (כד) ויותר יעקב. שָׁכַח פַּכִּים קְטַנִּים וְחָזַר עֲלֵיהֶם (חולין צ"א): ויאבק איש. מְנַחֵם פֵּי' וַיִּתְעַפֵּר אִישׁ, לְשׁוֹן אָבָק, שֶׁהָיוּ מַעֲלִים עָפָר בְּרַגְלֵיהֶם ע"י נִעְנוּעָם. וְלִי נִרְאֶה, שֶׁהוּא לְשׁוֹן וַיִּתְקַשֵּׁר וּלְשׁוֹן אֲרַמִּי הוּא, בָּתַר דְּאָבִיקוּ בֵּיהּ, וְאָבִיק לֵיהּ מֵיבַק—לְשׁוֹן עֲנִיבָה, שֶׁכֵּן דֶּרֶךְ שְׁנַיִם שֶׁמִּתְעַצְּמִים לְהַפִּיל אִישׁ אֶת רֵעֵהוּ. שֶׁחוֹבְקוֹ וְאוֹבְקוֹ בִּזְרוֹעוֹתָיו, וּפֵרְשׁוּ רַזַ"לִ, שֶׁהוּא שָׂרוֹ שֶׁל עֵשָׂו (ב"ר): (כה) ויגע בכף ירכו. קוּלִית הַיָּרֵךְ הַתָּקוּעַ בַּקַּלְבּוּסִית קָרוּי כַּף, ע"ש שֶׁהַבָּשָׂר שֶׁעָלֶיהָ כְּמִין כַּף שֶׁל קְדֵרָה: ותקע. נִתְקַעְקְעָה מִמְּקוֹם מַחְבַּרְתָּהּ, וְדוֹמֶה לוֹ: פֶּן תֵּקַע נַפְשִׁי מִמֵּךְ (יר' ו'), לְשׁוֹן הֲסָרָה. וּבְמִשְׁנָה: לְקַעְקֵעַ בֵּיצָתָן— לְשָׁרֵשׁ שָׁרָשֵׁיהֶן: (כו) כי עלה השחר. וְצָרִיךְ אֲנִי לוֹמַר שִׁירָה בַּיּוֹם (חולין צ"א). ברכתני. הוֹדֶה לִי עַל הַבְּרָכוֹת שֶׁבֵּרְכַנִי אָבִי, שֶׁעֵשָׂו מְעַרְעֵר עֲלֵיהֶן: (כח) לא יעקב. לֹא יֵאָמֵר עוֹד שֶׁהַבְּרָכוֹת בָּאוּ לְךָ בְּעָקְבָה וּרְמִיָּה כִּי אִם בִּשְׂרָרָה וְגִלּוּי פָּנִים, וְסוֹפְךָ שֶׁהַקָּבָּ"ה נִגְלֶה אֵלֶיךָ בְּבֵית אֵל וּמַחֲלִיף שִׁמְךָ וְשָׁם הוּא מְבָרֶכְךָ, וַאֲנִי שָׁם אֶהְיֶה וְאוֹדֶה לְךָ עֲלֵיהֶן, וְזֶה שֶׁכָּתוּב וַיָּשַׂר אֶל מַלְאָךְ וַיֻּכָל בָּכָה וַיִּתְחַנֶּן לוֹ (הושע י"ב)—בָּכָה הַמַּלְאָךְ וַיִּתְחַנֶּן לוֹ, וּמַה נִּתְחַנֵּן לוֹ? בֵּית אֵל יִמְצָאֶנּוּ וְשָׁם יְדַבֵּר עִמָּנוּ, הַמְתֵּן לִי עַד שֶׁיְּדַבֵּר עִמָּנוּ שָׁם; וְלֹא רָצָה יַעֲקֹב, וְעַל כָּרְחוֹ הוֹדָה לוֹ עֲלֵיהֶן, וְזֶהוּ: וַיְבָרֶךְ אוֹתוֹ שָׁם, שֶׁהָיָה

his two handmaids, and his eleven children, and passed the ford Jabbok.
23And he took them, and made them pass the brook, and he made pass
that which was his. 24And Jacob was left alone; and there wrestled a
man with him until the breaking of the day. 25And when he saw that
he was not able to prevail against him, he touched the hollow of his
thigh; and the hollow of Jacob's thigh was sprained, as he wrestled with
him. 26And he said, Send me away, for the day breaketh. And he said, I
will not send thee away, except thou bless me. 27And he said unto him, What
is thy name? And he said, Jacob. 28And he said, Thy name shall be called no

רש"י

connects the word פניו *in* על פניו *with* פנים *anger* [1]) — he (Jacob) was also in an angry mood that it should be necessary for him him to do all this (Gen. R. 76). **(22)** ואת אחד עשר ילדיו AND HIS ELEVEN CHILDREN — But where was Dinah? He placed her in a chest and locked her in so that Esau should not set his fancy upon her (desire to marry her). On this account Jacob was punished — because he had kept her away from his brother for she might have led him back to the right *path;* she therefore fell into the power of Shechem (ib.). יבק JABBOK — the name of the river. **(23)** את אשר לו [HE MADE PASS] THAT WHICH WAS HIS — the cattle and movables. He acted as a ferry-man taking *them* from one side and setting *them* down on the other. **(24)** ויותר יעקב AND JACOB WAS LEFT ALONE — He had forgotten some small jars[2]) and he returned for them (Chul. 91a). ויאבק איש AND A MAN WRESTLED — Menachem (ben Seruk) explains: "a man covered himself with dust", *taking the verb as connected* in sense with אבק "dust". *It would mean* that they were raising the dust with their feet through their movements. I, however, am of opinion that it means "he fastened himself on", and that it is an Aramaic word, as (Sanh. 63b) "after they have joined (אביקו) it", and (Menach. 42a) "and he twined (the "Fringes") with loops". It denotes "intertwining", for such is the manner of two people who make strong efforts to throw each other — one clasps the other and twines himself round him with his arms[3]). Our Rabbis of blessed memory explained that he was Esau's guardian angel (Gen. R. 77). **(25)** ויגע בכף ירכו HE TOUCHED THE HOLLOW OF HIS THIGH — The upper thigh-bone that is sunk in the hip is called כף because the flesh on it (on this bone) has the form of *the hollow part of* a pot-ladle (כף). ותקע AND WAS STRAINED — It was violently torn from its joint. Similar in meaning is (Jer. VI. 8) "Lest My soul be alienated (תקע) from thee" — i. e. removed *from thee*; and in the Mishna, לקעקע בצתם, *which means* to remove violently (לשרש) their roots. **(26)** כי עלה השחר FOR THE DAY BREAKETH, and I have to sing *God's* praise at day (Chul. 91b; Gen. R. 78). ברכתני [EXCEPT] THOU BLESS ME — admit my right to the blessings which my father gave me and to which Esau lays claim[4]). **(28)** לא יעקב

NOTES

1) Berliner in the Introduction to his Edition of Rashi's Commentary states (2nd Ed. p. XVI., Note 43) that the omission of a comma after the word אף is a printer's blunder, because אף is a Midrashic explanation of על פניו, meaning anger. He holds that it is incorrect to join it with the following words. But as a matter of fact, a reference to the Midrash Rabbah on these words על פניו shows that the usual way in which this is printed in text of Rashi is correct, for we have there only these words: אף הוא בעקא Berliner evidently was of opinion that Rashi's comment in the sense of "he (Jacob) also was angry" gives no sense. But Rashi points out on v. 21 that אכפרה פניו refers to Esau's anger. Here he states that Jacob was also angry for the reason given.

2) For it is already written ויעבר את אשר לו, the phrase therefore means some unimportant articles.

3) Aramaic אבק corresponds to Hebrew חבק.

4) Just as טִהֵר and טִמֵּא (Piel) mean to declare clean and unclean and קִדֵּשׁ means to declare holy, so בֵּרֵךְ means to declare blessed.

אִם־יִשְׂרָאֵל כִּי־שָׂרִיתָ עִם־אֱלֹהִים וְעִם־אֲנָשִׁים
וַתּוּכָל: כט וַיִּשְׁאַל יַעֲקֹב וַיֹּאמֶר הַגִּידָה־נָּא שְׁמֶךָ
וַיֹּאמֶר לָמָּה זֶּה תִּשְׁאַל לִשְׁמִי וַיְבָרֶךְ אֹתוֹ שָׁם:
שלישי ל וַיִּקְרָא יַעֲקֹב שֵׁם הַמָּקוֹם פְּנִיאֵל כִּי־רָאִיתִי
אֱלֹהִים פָּנִים אֶל־פָּנִים וַתִּנָּצֵל נַפְשִׁי: לא וַיִּזְרַח־לוֹ
הַשֶּׁמֶשׁ כַּאֲשֶׁר עָבַר אֶת־פְּנוּאֵל וְהוּא צֹלֵעַ עַל־
יְרֵכוֹ: לב עַל־כֵּן לֹא־יֹאכְלוּ בְנֵי־יִשְׂרָאֵל אֶת־גִּיד
הַנָּשֶׁה אֲשֶׁר עַל־כַּף הַיָּרֵךְ עַד הַיּוֹם הַזֶּה כִּי נָגַע
בְּכַף־יֶרֶךְ יַעֲקֹב בְּגִיד הַנָּשֶׁה: לג א וַיִּשָּׂא יַעֲקֹב
עֵינָיו וַיַּרְא וְהִנֵּה עֵשָׂו בָּא וְעִמּוֹ אַרְבַּע מֵאוֹת אִישׁ
וַיַּחַץ אֶת־הַיְלָדִים עַל־לֵאָה וְעַל־רָחֵל וְעַל שְׁתֵּי
הַשְּׁפָחוֹת: ב וַיָּשֶׂם אֶת־הַשְּׁפָחוֹת וְאֶת־יַלְדֵיהֶן

אונקלוס

כט וּשְׁאֵל יַעֲקֹב וַאֲמַר חַוִּי־כְעַן שְׁמָךְ וַאֲמַר לְמָא דְנַן אַתְּ־שָׁאֵל לִשְׁמִי וּבָרֵיךְ
יָתֵהּ תַּמָּן: ל וּקְרָא יַעֲקֹב שְׁמָא דְאַתְרָא פְּנִיאֵל אֲרֵי־חֲזֵיתִי מַלְאֲכָא־דַיְיָ אַפִּין
בְּאַפִּין וְאִשְׁתֵּזֵבַת נַפְשִׁי: לא וּדְנַח־לֵהּ שִׁמְשָׁא כַּד דִּי־עֲבַר יָת־פְּנוּאֵל וְהוּא
מַטְלַע עַל־יַרְכֵהּ: לב עַל־כֵּן לָא־יֵיכְלוּן בְּנֵי־יִשְׂרָאֵל יָת־גִּידָא דְנַשְׁיָא דִּי עַל־
פְּתֵי יַרְכָּא עַד יוֹמָא הָדֵין אֲרֵי קְרֵיב בִּפְתֵי־יַרְכָּא דְיַעֲקֹב בְּגִידָא דְנַשְׁיָא:
א וּזְקַף יַעֲקֹב עֵינוֹהִי וַחֲזָא וְהָא עֵשָׂו אָתֵא וְעִמֵּהּ אַרְבַּע מְאָה גֻּבְרִין וּפַלֵּיג יָת־
בְּנַיָּא עַל־לֵאָה וְעַל־רָחֵל וְעַל תַּרְתֵּין לְחֵינָתָא: ב וְשַׁוִּי יָת־לְחֵינָתָא וְיָת־בְּנֵיהֵן

רש"י

מִתְחַנֵּן לְהַמְתִּין לוֹ וְלֹא רָצָה: ועם אנשים. עֵשָׂו וְלָבָן: ותוכל. לָהֶם: (כט) למה זה תשאל. אֵין לָנוּ שֵׁם קָבוּעַ, מִשְׁתַּנִּים שְׁמוֹתֵינוּ, הַכֹּל לְפִי מִצְוַת עֲבוֹדַת הַשְּׁלִיחוּת שֶׁאָנוּ מִשְׁתַּלְּחִים (ב"ר): (לא) ויזרח לו השמש. לְשׁוֹן בְּנֵי אָדָם הוּא: כְּשֶׁהִגַּעְנוּ לְמָקוֹם פְּלוֹנִי הֵאִיר לָנוּ הַשַּׁחַר, זֶהוּ פְּשׁוּטוֹ; וּמִ"אַ ויזרח לו: לְצָרְכּוֹ — לְרַפְּאוֹת אֶת צַלְעָתוֹ, כְּמָה דְּתֵימָא: שֶׁמֶשׁ צְדָקָה וּמַרְפֵּא בִּכְנָפֶיהָ (מלאכי ג'); וְאוֹתָן שָׁעוֹת שֶׁמִּהֲרָה לִשְׁקוֹעַ בִּשְׁבִילוֹ כְּשֶׁיָּצָא מִבְּאֵר שֶׁבַע מִהֲרָה לִזְרוֹחַ בִּשְׁבִילוֹ: והוא צלע. הָיָה צוֹלֵעַ כְּשֶׁזָּרְחָה הַשֶּׁמֶשׁ: (לב) גיד הנשה. לָמָּה נִקְרָא שְׁמוֹ גִּיד הַנָּשֶׁה? לְפִי שֶׁנָּשָׁה מִמְּקוֹמוֹ וְעָלָה, וְהוּא לְשׁוֹן קְפִיצָה, וְכֵן: נָשְׁתָה גְבוּרָתָם (יר' נ"א), וְכֵן: כִּי נַשַּׁנִי אֱלֹהִים אֶת כָּל עֲמָלִי (בר' מ"א):

more Jacob, but Israel: for thou hast contended with God and with men, and hast prevailed. ²⁹And Jacob asked him, and said, Tell me, I pray thee, thy name. And he said, Wherefore is it that thou dost ask after my name? And he blessed him there. ³⁰And Jacob called the name of the place Peniel: for I have seen an angel face to face, and my soul is preserved. ³¹And the sun shone upon him as he passed over Penuel, and he halted upon his thigh. ³²Therefore the children of Israel eat not of the tendon which shrank, which is upon the hollow of the thigh, unto this day: because he touched the hollow of Jacob's thigh on the tendon that shrank.

33. ¹And Jacob lifted up his eyes, and saw, and, behold, Esau came, and with him four hundred men. And he apportioned the children unto Leah, and unto Rachel, and unto the two handmaids. ²And he put the handmaids and their children first, and Leah

רש״י

[THY NAME SHALL] NO MORE BE CALLED JACOB [BUT ISRAEL] (lit., "not Jacob — supplanting — shall any more be said to thee") — It shall no longer be said that the blessings came to you through supplanting and subtlety but through noble conduct (שררה) and in an open manner. Because later on the Holy One, blessed be He, will reveal Himself to you at Bethel and will change your name. There He will bless you, and I shall be there and admit your right to them (the blessings). It is to this that *the passage* refers (Hos. XII. 5), "And he strove with an angel and prevailed; he wept and made supplication unto him" — *it means* the angel wept and made supplication unto him (Jacob). What was the subject of his supplication? *This is stated in the next verse:* "At Bethel He will meet us and there He will speak with us — *implying the request*, "Wait until he will speak with us there", *and then I will admit your right to the blessings."* Jacob, however, would not agree to this, and against his own wish he had to admit his right to the blessings. That is what is meant when it states (v. 30) "And he declared him blessed there", that he begged him to wait and he did not agree to do so (cp. Gen. R. 78). ועם אנשים AND WITH MEN — Esau and Laban. ותוכל AND HAST PREVAILED over them. **(29)** למה זה תשאל WHEREFORE IS IT THAT THOU DOST ASK [AFTER MY NAME]? — We have no fixed names; our names change, all depending upon the service we are commanded to carry out as the errand with which we are charged (ib.). **(31)** ויזרח לו השמש AND THE SUN SHONE UPON HIM — This is the expression that people use: "When we reached such-and-such a place the dawn broke upon us". This is its literal sense. But the Midrash says that לו means, "for his needs" — to heal his lameness. Thus, too, you read *in Scripture a similar metaphor* (Mal. III. 30) "the sun of righteousness with healing in its wings" (ib.). The hours that it had set before its time for his sake when he left Beer-Sheba (cp. XVIII. 11) it now rose before its time for his sake. והוא צלע AND HE LIMPED — He was limping when the sun rose¹). **(32)** גיד הנשה THE SINEW OF THE THIGH-VEIN — Why is its name called גיד הנשה? Because it sprang (נשה) and rose from its proper position. The word has the meaning of "springing". Other examples are: (Jer. LI. 30) "Their strength sprang away (נשתה)" and (XLI. 51) "for God hath made all my trouble spring away from me (נַשַּׁנִי)".

33. **(2)** ואת לאה וילדיה אחרנים AND LEAH AND HER CHILDREN AFTER —

NOTES

¹) Since Rashi has stated that the sun rose for the express purpose of healing Jacob, it is evident that in the statement that the sun rose and he was limping, the sun's rising was not the cause of his limping. Rashi therefore connects the two phrases in point of time.

רִאשֹׁנָה וְאֶת־לֵאָה וִילָדֶיהָ אַחֲרֹנִים וְאֶת־רָחֵל
וְאֶת־יוֹסֵף אַחֲרֹנִים׃ ג וְהוּא עָבַר לִפְנֵיהֶם וַיִּשְׁתַּחוּ
אַרְצָה שֶׁבַע פְּעָמִים עַד־גִּשְׁתּוֹ עַד־אָחִיו׃ ד וַיָּרָץ
עֵשָׂו לִקְרָאתוֹ וַיְחַבְּקֵהוּ וַיִּפֹּל עַל־צַוָּארָו° וַיִּשָּׁקֵהוּ°
וַיִּבְכּוּ׃ ה וַיִּשָּׂא אֶת־עֵינָיו וַיַּרְא אֶת־הַנָּשִׁים וְאֶת־
הַיְלָדִים וַיֹּאמֶר מִי־אֵלֶּה לָּךְ וַיֹּאמַר הַיְלָדִים אֲשֶׁר־
חָנַן אֱלֹהִים אֶת־עַבְדֶּךָ׃ רביעי ו וַתִּגַּשְׁןָ הַשְּׁפָחוֹת
הֵנָּה וְיַלְדֵיהֶן וַתִּשְׁתַּחֲוֶיןָ׃ ז וַתִּגַּשׁ גַּם־לֵאָה וִילָדֶיהָ
וַיִּשְׁתַּחֲווּ וְאַחַר נִגַּשׁ יוֹסֵף וְרָחֵל וַיִּשְׁתַּחֲווּ׃ ח וַיֹּאמֶר
מִי לְךָ כָּל־הַמַּחֲנֶה הַזֶּה אֲשֶׁר פָּגָשְׁתִּי וַיֹּאמֶר

°צואריו ק׳ °וישקהו כלו נקוד

אונקלוס

קַדְמָאִין וְיָת־לֵאָה וּבְנַהָא בַּתְרָאִין וְיָת־רָחֵל וְיָת־יוֹסֵף בַּתְרָאִין׃ ג וְהוּא עֲבַר
קֳדָמֵיהוֹן וּסְגִיד עַל־אַרְעָא שְׁבַע זִמְנִין עַד־מִקְרְבֵהּ עַד (נ״י לְוָת־) אֲחוּהִי׃
ד וּרְהַט עֵשָׂו לְקַדָּמוּתֵהּ וְגַפְּפֵהּ וּנְפַל עַל־צַוְּארֵהּ וְנַשְּׁקֵהּ וּבְכוֹ׃ ה וּזְקַף יָת־
עֵינוֹהִי וַחֲזָא יָת־נְשַׁיָּא וְיָת־בְּנַיָּא וַאֲמַר מָן־אִלֵּין לָךְ וַאֲמַר בְּנַיָּא דִּי־רָחֵם יְיָ יָת־
עַבְדָּךְ׃ ו וּקְרִיבַת לְחֵינָתָא אִנִּין וּבְנֵיהֶן וּסְגִידָא׃ ז וּקְרִיבָא אַף־לֵאָה וּבְנַהָא וּסְגִידוּ
וּבָתַר־כֵּן קְרִיב יוֹסֵף וְרָחֵל וּסְגִידוּ׃ ח וַאֲמַר מָן לָךְ כָּל־מַשְׁרִיתָא הָדֵין דִּי

רש״י

לג (ב) ואת לאה וילדיה אחרנים. אַחֲרוֹן אַחֲרוֹן חָבִיב: (ג) עבר לפניהם. אָמַר: אִם יָבֹא אותו רָשָׁע לְהִלָּחֵם יִלָּחֵם בִּי תְּחִלָּה: (ד) ויחבקהו. נִתְגַּלְגְּלוּ רַחֲמָיו, כְּשֶׁרָאָהוּ מִשְׁתַּחֲוֶה כָּל הַשְׁתַּחֲוָאוֹת הַלָּלוּ: וישקהו. נָקוּד עָלָיו; וְיֵשׁ חוֹלְקִין בַּדָּבָר הַזֶּה בְּבָרַיְתָא דְסִפְרֵי, יֵשׁ שֶׁדָּרְשׁוּ נְקֻדָּה זוֹ, שֶׁלֹּא נְשָׁקוֹ בְּכָל לִבּוֹ. אָמַר רַבִּי שִׁמְעוֹן בֶּן יוֹחָאי, הֲלָכָה הִיא בְּיָדוּעַ שֶׁעֵשָׂו שׂוֹנֵא לְיַעֲקֹב, אֶלָּא שֶׁנִּכְמְרוּ רַחֲמָיו בְּאוֹתָהּ שָׁעָה וּנְשָׁקוֹ בְּכָל לִבּוֹ (ב״ר): (ה) מי אלה לך. מִי אֵלֶּה לִהְיוֹת שֶׁלָּךְ: (ז) נגש יוסף ורחל. בְּכֻלָּן הָאִמָּהוֹת נִגָּשׁוֹת לִפְנֵי הַבָּנִים, אֲבָל בְּרָחֵל יוֹסֵף נִגַּשׁ לְפָנֶיהָ, אָמַר: אִמִּי יְפַת תֹּאַר שֶׁמָּא יִתְלֶה בָהּ עֵינָיו אוֹתוֹ רָשָׁע, אֶעֱמוֹד כְּנֶגְדָּהּ וְאֲעַכְּבֶנּוּ מִלְּהִסְתַּכֵּל בָּהּ; מִכָּאן זָכָה יוֹסֵף לְבִרְכַּת עֲלֵי עָיִן: (ח) מי לך כל המחנה. מִי כָּל הַמַּחֲנֶה אֲשֶׁר פָּגַשְׁתִּי, שֶׁהוּא שֶׁלָּךְ? כְּלוֹמַר לָמָּה הוּא לָךְ? פְּשׁוּטוֹ שֶׁל מִקְרָא עַל מוֹלִיכֵי הַמִּנְחָה, וּמִדְרָשׁוֹ: כִּתּוֹת שֶׁל מַלְאָכִים פָּגַע, שֶׁהָיוּ דוֹחֲפִין אוֹתוֹ וְאֶת אֲנָשָׁיו וְאוֹמְרִים לָהֶם: שֶׁל מִי אַתֶּם? וְהֵם אוֹמְרִים לָהֶם שֶׁל עֵשָׂו, וְהֵם אוֹמְרִים: הַכּוּ, הַכּוּ! וְאֵלּוּ אוֹמְרִים: הַנִּיחוּ, בְּנוֹ שֶׁל יִצְחָק הוּא, וְלֹא הָיוּ מַשְׁגִּיחִים עָלָיו; בֶּן בְּנוֹ שֶׁל אַבְרָהָם הוּא, וְלֹא הָיוּ מַשְׁגִּיחִין; אָחִיו שֶׁל יַעֲקֹב הוּא, אוֹמְרִים לָהֶם: אִם כֵּן, מִשֶּׁלָּנוּ אַתֶּם:

and her children behind, and Rachel and Joseph hindmost. ³And he himself passed before them, and prostrated himself to the earth seven times, until he stepped near to his brother. ⁴And Esau ran towards him, and embraced him, and fell on his neck, and kissed him: and they wept. ⁵And he lifted up his eyes, and saw the women and the children; and said, Who are these with thee? And he said, The children with whom God hath favored thy servant. ⁶Then the handmaidens stepped near, they and their children, and prostrated themselves. ⁷And Leah also with her children stepped near, and prostrated themselves: and afterwards Joseph and Rachel stepped near, and they prostrated themselves. ⁸And he said, What meanest thou by all this camp which I met? And he

רש"י

The more behind — the more beloved (Gen. R. 78). **(3)** עבר לפניהם AND HE HIMSELF] PASSED BEFORE THEM — He thought: if that wicked man comes to fight let him fight me first (ib.). ויחבקהו AND EMBRACED HIM — His pity was aroused when he saw him prostrating himself so many times (ib.). וישקהו AND HE KISSED HIM — Dots are placed above the letters of this word, and a difference of opinion is expressed in the Boraitha of Sifré (בהעלותך) *as to what these dots are intended to suggest*: some explain the dotting as meaning that he did not kiss him with his whole heart, whereas R. Simeon the son of Johai said: Is it not[1]) well-known that Esau hated Jacob? But at that moment his pity was really aroused and he kissed him with his whole heart. **(5)** מי אלה לך WHO ARE THESE WITH THEE? (lit., to thee)? — Who are these that they should be yours (are they your children or your servants)? **(7)** נגש יוסף ורחל JOSEPH AND RACHEL STEPPED NEAR — In the case of all *the others* the mothers approached before the children, but in the case of Rachel, Joseph came in front of her. He said: "My mother is a beautiful woman: for fear that this wicked man will set his fancy on her I will stand in front of her and prevent him from gazing at her." As a reward for this Joseph merited the blessing associated with the words עלי עין "with the eye" (Gen. R. 78)²). **(8)** מי לך כל המחנה WHAT MEANEST THOU BY ALL THIS CAMP? — What is all this camp that I have met which belongs to you — as much as to say: what do you intend by it? Scripture really uses the word המחנה in reference to those who were bringing the present. A Midrashic explanation is: He had met c o m p a n i e s o f a n g e l s who thrust him and his men aside, asking them, "Who are you?" These replied, "We belong to Esau". Whereupon the angels exclaimed, "Smite, smite!" They (Esau's men) then said, "Let him alone; he is a son of Isaac". They took no notice of this. "He is a grandson of Abraham". *Again* they took no notice of this. "He is Jacob's brother". Whereupon they said: if this be so, you are one with us"

NOTES

¹) The word הלכה in the Sifré is amended to הלא.
²) See Rashi on XLIX. 22 where he quotes this Midrash in a somewhat different form: to protect her עלי עין against the eye of Esau he drew himself up to his full "greatness" (height) שרבב קומתו in front of his mother — therefore he was blessed with "greatness" (i. e. a distinguished position in Egypt)

לִמְצֹא־חֵן בְּעֵינֵי אֲדֹנִי׃ ט וַיֹּאמֶר עֵשָׂו יֶשׁ־לִי רָב
אָחִי יְהִי לְךָ אֲשֶׁר־לָךְ׃ י וַיֹּאמֶר יַעֲקֹב אַל־נָא אִם־
נָא מָצָאתִי חֵן בְּעֵינֶיךָ וְלָקַחְתָּ מִנְחָתִי מִיָּדִי כִּי עַל־
כֵּן רָאִיתִי פָנֶיךָ כִּרְאֹת פְּנֵי אֱלֹהִים וַתִּרְצֵנִי׃ יא קַח־
נָא אֶת־בִּרְכָתִי אֲשֶׁר הֻבָאת לָךְ כִּי־חַנַּנִי אֱלֹהִים
וְכִי יֶשׁ־לִי־כֹל וַיִּפְצַר־בּוֹ וַיִּקָּח׃ יב וַיֹּאמֶר נִסְעָה
וְנֵלֵכָה וְאֵלְכָה לְנֶגְדֶּךָ׃ יג וַיֹּאמֶר אֵלָיו אֲדֹנִי יֹדֵעַ
כִּי־הַיְלָדִים רַכִּים וְהַצֹּאן וְהַבָּקָר עָלוֹת עָלָי וּדְפָקוּם

אונקלוס

עֲרָעִית וַאֲמַר לְאַשְׁכָּחָא רַחֲמִין בְּעֵינֵי רִבּוֹנִי׃ ט וַאֲמַר עֵשָׂו אִית־לִי סַגִּי אֲצְלַח
בְּדִילָךְ׃ י וַאֲמַר יַעֲקֹב בְּבָעוּ אִם־כְּעַן אַשְׁכַּחִית רַחֲמִין בְּעֵינָיךְ וּתְקַבֵּל תִּקְרֻבְתִּי
מִן־יְדִי אֲרֵי עַל־כֵּן חֲזֵיתִנוּן לְאַפָּךְ כְּחֵיזוּ אַפֵּי רַבְרְבַיָּא וְאִתְרְעִיתָ־לִי׃ יא קַבֵּל־
כְּעַן יָת־תִּקְרֻבְתִּי דְּאִתּוֹתִיאַת לָךְ אֲרֵי־רַחֵים־עֲלַי (קֳדָם) יְיָ וַאֲרֵי אִית־לִי־כֹלָּא
וְאַתְקֵיף־בֵּהּ וְקַבִּיל׃ יב וַאֲמַר נִטּוֹל וּנְהָךְ וְאֵיהָךְ לְקִבְלָךְ׃ יג וַאֲמַר לֵהּ רִבּוֹנִי
יָדַע אֲרֵי־יְנוּקַיָּא רַכִּיכִין וְעָנָא וְתוֹרֵי מֵינְקָתָא עֲלָי וְיִדְחוֹקִנּוּן יוֹמָא חַד וִימוּתוּן

רש"י

(ט) יהי לך אשר לך. כָּאן הוֹדָה לוֹ עַל הַבְּרָכוֹת (ב"ר)׃ (י) אל נא. אַל נָא תֹּאמַר לִי כֵן׃ אם נא מצאתי חן בעיניך ולקחת מנחתי מידי כי על כן ראיתי פניך וגו'. כִּי כְדַאי וְהָגוּן לְךָ, שֶׁתְּקַבֵּל מִנְחָתִי, עַל אֲשֶׁר רָאִיתִי פָּנֶיךָ, וְהֵן חֲשׁוּבִין לִי כִּרְאִיַּת פְּנֵי הַמַּלְאָךְ, שֶׁרָאִיתִי שַׂר שֶׁלְּךָ, וְעוֹד עַל שֶׁנִּתְרַצִּיתָ לִמְחוֹל סוּרְחָנִי. וְלָמָּה הִזְכִּיר לוֹ רְאִיַּת הַמַּלְאָךְ? כְּדֵי שֶׁיִּתְיָרֵא הֵימֶנּוּ וְיֹאמַר׃ רָאָה מַלְאָכִים וְנִצַּל, אֵינִי יָכוֹל לוֹ מֵעַתָּה׃ ותרצני. נִתְפַּיַּסְתָּ לִי, וְכֵן כָּל רָצוֹן שֶׁבַּמִּקְרָא לְשׁוֹן פִּיּוּס אפייצימנ"ט בְּלַעַז, כִּי לֹא לְרָצוֹן יִהְיֶה לָכֶם (ויקרא כ"ב) — הַקָּרְבָּנוֹת בָּאוֹת לְפַיֵּס וּלְרַצּוֹת, וְכֵן׃ שִׂפְתֵי צַדִּיק יֵדְעוּן רָצוֹן (משלי י') — יוֹדְעִים לְפַיֵּס וּלְרַצּוֹת׃ (יא) ברכתי. מִנְחָתִי, מִנְחָה זוּ הַבָּאָה עַל רְאִיַּת פָּנִים לִפְרָקִים אֵינָהּ בָּאָה אֶלָּא לִשְׁאִילַת שָׁלוֹם, וְכָל בְּרָכָה שֶׁהִיא לִרְאִיַּת פָּנִים — כְּגוֹן׃ וַיְבָרֶךְ יַעֲקֹב אֶת פַּרְעֹה (בר' מ"ז), עֲשׂוּ אִתִּי בְרָכָה דְּסַנְחֵרִיב (מ"ב י"ח), וְכֵן׃ לִשְׁאָל לוֹ לְשָׁלוֹם וּלְבָרְכוֹ דְּתוֹעִי מֶלֶךְ חֲמָת (ש"ב ח') — כֻּלָּם לְשׁוֹן בִּרְכַּת שָׁלוֹם הֵן, שֶׁקּוֹרִין בְּלַעַז שלו"איר. אַף זוּ בִּרְכָתִי מו"ן שלו"ד׃ אשר הבאת לך. לֹא טָרַחְתָּ בָּהּ וַאֲנִי יָגַעְתִּי לְהַגִּיעָהּ עַד שֶׁבָּאָה לְיָדְךָ (ב"ר)׃ חנני. נו"ן רִאשׁוֹנָה מְדֻגֶּשֶׁת, לְפִי שֶׁהִיא מְשַׁמֶּשֶׁת בִּמְקוֹם שְׁנֵי נוּנִי"ן, שֶׁהָיָה לוֹ לוֹמַר חֲנָנַנִי, שֶׁאֵין חָנַן בְּלֹא שְׁתֵּי נוּנִי"ן, וְהַשְּׁלִישִׁית לְשִׁמּוּשׁ, כְּמוֹ עָשָׂנִי, זְבָדַנִי׃ יש לי כל. כָּל סִפּוּקִי; וְעֵשָׂו דִּבֵּר בִּלְשׁוֹן גַּאֲוָה׃ יֶשׁ לִי רָב, יוֹתֵר וְיוֹתֵר מִכְּדֵי צָרְכִּי׃ (יב) נסעה. כְּמוֹ שְׁמְעָה, סְלָחָה, שֶׁהוּא כְּמוֹ שְׁמַע, סְלַח, אַף כָּאן נִסְעָה כְּמוֹ נְסַע, וְהַנּוּ"ן יְסוֹד בַּתֵּיבָה, וְתַרְגּוּם שֶׁל אוּנְקְלוֹס׃ טוּל וּנְהָךְ, עֵשָׂו אָמַר לְיַעֲקֹב נְסַע מִכָּאן וְנֵלֵךְ׃ ואלכה לנגדך. בְּשָׁוֶה לְךָ; טוֹבָה זוּ אֶעֱשֶׂה לְךָ, שֶׁאַאֲרִיךְ יְמֵי מַהֲלָכְתִּי, לָלֶכֶת לְאַט כַּאֲשֶׁר אַתָּה צָרִיךְ, וְזֶהוּ לְנֶגְדֶּךָ — בְּשָׁוֶה לְךָ׃ (יג) עלות עלי. הַצֹּאן וְהַבָּקָר, שֶׁהֵן עָלוֹת, מֻטָּלוֹת עָלַי לְנַהֲלָן לְאַט׃ עלות. מְגַדְּלוֹת עוֹלְלֵיהוֹן, לְשׁוֹן עוֹלָל וְיוֹנֵק (איכה ב'), עוּל יָמִים (יש' ס"ה), וּשְׁתֵּי פָרוֹת עָלוֹת (ש"א ו'). וּבְלַעַז

said, These are to find favour in the eyes of my lord. 9 And Esau said,
I have enough; my brother, be thine that which is thine. 10 And Jacob
said, Nay, I pray thee, if now I have found favour in thy eyes, then
take my present at my hand: for therefore I have seen thy face, as
though I had seen the face of a god-like being, and thou wast pleased
with me. 11 Take, I pray thee, my blessing that is brought to thee; because
God hath favoured me, and because I have everything. And he pressed
him, and he took it. 12 And he said, Let us journey, and let us go,
and I will go along with thee. 13 And he said unto him, My lord
knoweth that the children are tender, and the flocks and herds
with young are with me: and if men should overdrive them one

רש"י

(ib.). **(9)** יהי לך אשר לך BE THINE THAT WHICH IS THINE — In these words he admitted his right to the blessings (ib.). **(10)** אל נא NAY, I PRAY THEE — Do not, I pray thee, speak to me thus. אם נא מצאתי חן בעיניך ולקחת מנחתי מידי כי על כן ראיתי פניך וגו' IF NOW I HAVE FOUND FAVOUR IN THY EYES. THEN TAKE MY PRESENT AT MY HAND: FOR THEREFORE I HAVE SEEN THY FACE etc. — *Accept my present* because (כי) it is fitting and proper for you to accept my present, for that (על כן) I have seen your face which is as dear to me as the sight of the angel — for I have seen your guardian angel. And *a* further *reason why you should accept my present is* ותרצני — because you have agreed to pardon my offence. Why, however, did he mention to him that he had seen the angel? In orther that he (Esau) should be afraid of him saying, "He has seen angels and nevertheless escaped safely! Now, certainly, I shall be unable to overcome him". ותרצני AND THOU WAST PLEASED WITH ME — You are reconciled with me. Wherever the term רצה (the verb, or the noun רצון) occurs in Scripture it means "propitiating"; O. F. appaisement; *Engl. appeasing. An example is,* (Lev. XXII. 20) "It shall not be (לרצון) acceptable *as a propitiatory sacrifice* to you", for the purpose of the sacrifices is to conciliate and to propitiate. Similarly (Prov. X. 31) "The lips of the righteous know רצון — they understand to conciliate and propitiate. **(11)** ברכתי *means* MY PRESENT — a present such as this that is brought, when one has an audience with a person after an interval of time is intended only as a greeting. Now wherever the term "blessing" (ברכה) is used in connection with an audience — as for example, (XLVII. 7) "Jacob blessed (ויברך) Pharoah", and (2 Kings XVIII. 31) "make your peace (ברכה) with me" mentioned in connection with Sennacherib, and also (2 Sam. VIII. 10) to salute him and to bless him (לברכו)" mentioned in connection with Toi, King of Hamath — they all signify greeting, O. F. saluer. So that here, too: ברכתי *really means* "mon salut" — *my greetings and the term is then transferred to the greeting-present.* אשר הבאת לך THAT IS BROUGHT TO THEE without any exertion on your part. I have myself taken the trouble to bring it *all this way* until it has reached your hand (Gen. R. 78). חַנַּנִי GOD HATH FAVOURED ME — The first נ has a Dagesh, because it serves the purpose of two נ's since it should have said חַנְנַנִי [1]) as we always find the forms of חנן with two נ's. The third נ here (Rashi means the third that is pronounced) serves *as part of the accusative pronominal suffix (meaning "me"),* as (Is. XXIX. 16) עשני "He made me", and as (XXX. 20) זבדני "he endowed me". יש לי כל I HAVE EVERYTHING — all that will supply my needs. But Esau spoke proudly (v. 8): I have (רב) abundance — far more my needs. **(12)** נסעה *is an imperative* like שִׁמְעָה and שִׁלְחָה which are equivalent to שְׁמַע hearken!" and שְׁלַח "send!" Similarly here, נִסְעָה is equivalent to נְסַע "travel on!", where the נ is a root-letter of the word *and not the prefix of the future in which case the word would mean "let us travel on", similar to the following word* ונלכה *"and let us go".* The Targum *also takes it in this sense,* rendering

NOTES

1) See Appendix.

יוֹם אֶחָד וָמֵתוּ כָּל־הַצֹּאן׃ יד יַעֲבָר־נָא אֲדֹנִי לִפְנֵי
עַבְדּוֹ וַאֲנִי אֶתְנָהֲלָה לְאִטִּי לְרֶגֶל הַמְּלָאכָה אֲשֶׁר־
לְפָנַי וּלְרֶגֶל הַיְלָדִים עַד אֲשֶׁר־אָבֹא אֶל־אֲדֹנִי
שֵׂעִירָה׃ טו וַיֹּאמֶר עֵשָׂו אַצִּיגָה־נָּא עִמְּךָ מִן־הָעָם
אֲשֶׁר אִתִּי וַיֹּאמֶר לָמָּה זֶּה אֶמְצָא־חֵן בְּעֵינֵי אֲדֹנִי׃
טז וַיָּשָׁב בַּיּוֹם הַהוּא עֵשָׂו לְדַרְכּוֹ שֵׂעִירָה׃ יז וְיַעֲקֹב
נָסַע סֻכֹּתָה וַיִּבֶן לוֹ בָּיִת וּלְמִקְנֵהוּ עָשָׂה סֻכֹּת עַל־
כֵּן קָרָא שֵׁם־הַמָּקוֹם סֻכּוֹת׃ ס יח וַיָּבֹא יַעֲקֹב
שָׁלֵם עִיר שְׁכֶם אֲשֶׁר בְּאֶרֶץ כְּנַעַן בְּבֹאוֹ מִפַּדַּן

אונקלוס

כָּל־עָנָא׃ יד יִעְבַּר־כְּעַן רִבּוֹנִי קֳדָם עַבְדֵּהּ וַאֲנָא אֲדַבַּר בְּנִיחַ לְרֶגֶל עוֹבַדְתָּא
דִּי־קֳדָמַי וּלְרֶגֶל יָנְקַיָּא עַד דִּי־אֵיעוֹל לְוָת־רִבּוֹנִי לְשֵׂעִיר׃ טו וַאֲמַר עֵשָׂו אֶשְׁבּוֹק־
כְּעַן עִמָּךְ מִן־עַמָּא דְּעִמִּי וַאֲמַר לְמָא דְנַן אַשְׁכַּח־רַחֲמִין בְּעֵינֵי רִבּוֹנִי׃ טז וְתָב
בְּיוֹמָא הַהוּא עֵשָׂו לְאָרְחֵהּ לְשֵׂעִיר׃ יז וְיַעֲקֹב נְטַל לְסֻכּוֹת וּבְנָא לֵהּ בֵּיתָא
וְלִבְעִירֵהּ עֲבַד מְטַלְּן עַל־כֵּן קְרָא שְׁמָא־דְאַתְרָא סֻכּוֹת׃ יח וַאֲתָא יַעֲקֹב שְׁלִים
לְקַרְתָּא דִשְׁכֶם דִּי בְּאַרְעָא דִכְנַעַן בְּמֵיתֵהּ מִפַּדַּן דַּאֲרָם וּשְׁרָא לָקֳבֵל (אַפֵּי)

רש״י

אנפנטיי״ש. ודפקום יום אחד. לְיַגְּעָם בַּדֶּרֶךְ בִּמְרוּצָה ומתו כל הצאן: ודפקום. כְּמוֹ: קוֹל דּוֹדִי דוֹפֵק (שיר ה׳) — נוֹקֵשׁ בַּדֶּלֶת: (יד) יעבר נא אדני. אַל נָא תַּאֲרִיךְ יְמֵי הֲלִיכָתְךָ, עֲבוֹר כְּפִי דַרְכְּךָ וְאַף אִם תִּתְרַחֵק: אתנהלה. אֶתְנַהֵל, הַה״א יְתֵירָה, כְּמוֹ אֵרְדָה, אֶשְׁמְעָה: לאטי. לְאַט שֶׁלִּי, לְשׁוֹן נַחַת, הַהוֹלְכִים לְאַט, לְאַט לִי לַנַּעַר (ש״ב י״ח): לְאִטִּי: הַלָּמֶ״ד מִן הַיְסוֹד, וְאֵינָהּ מְשַׁמֶּשֶׁת — אֶתְנַהֵל נַחַת שֶׁלִּי: לרגל המלאכה. לְפִי צוֹרֶךְ הֲלִיכַת רַגְלֵי הַמְּלָאכָה הַמּוּטֶּלֶת עָלַי לְהוֹלִיךְ: ולרגל הילדים. לְפִי רַגְלֵיהֶם שֶׁהֵם יְכוֹלִים לֵילֵךְ: עד אשר אבא אל אדני שעירה. הִרְחִיב לוֹ הַדֶּרֶךְ, שֶׁלֹּא הָיָה דַעְתּוֹ לָלֶכֶת אֶלָּא עַד סֻכּוֹת; אָמַר: אִם דַּעְתּוֹ לַעֲשׂוֹת לִי רָעָה, יַמְתִּין עַד בּוֹאִי אֶצְלוֹ, וְהוּא לֹא הָלַךְ; וְאֵימָתַי יֵלֵךְ? בִּימֵי הַמָּשִׁיחַ (ב״ר), שֶׁנֶּאֱמַר: וְעָלוּ מוֹשִׁיעִים בְּהַר צִיּוֹן לִשְׁפּוֹט אֶת הַר עֵשָׂו (עובדיה א׳); וּמ״א יֵשׁ לְפָרָשָׁה זוֹ רַבִּים: (טו) ויאמר למה זה תַּעֲשֶׂה לִּי טוֹבָה זוֹ שֶׁאֵינִי צָרִיךְ לָהּ: אמצא חן בעיני אדני. וְלֹא תְשַׁלֵּם לִי עַתָּה שׁוּם גְּמוּל: (טז) וישב ביום ההוא עשו לדרכו. עֵשָׂו לְבַדּוֹ, וד׳ מֵאוֹת אִישׁ שֶׁהָלְכוּ עִמּוֹ נִשְׁמְטוּ מֵאֶצְלוֹ אֶחָד אֶחָד, וְהֵיכָן פָּרַע לָהֶם הַקָּבָּ״ה? בִּימֵי דָוִד, שֶׁנֶּאֱמַר: כִּי אִם אַרְבַּע מֵאוֹת אִישׁ נַעַר אֲשֶׁר רָכְבוּ עַל הַגְּמַלִּים (ש״א ל׳), (ב״ר): (יז) ויבן לו בית. שָׁהָה שָׁם י״ח חֹדֶשׁ, קַיִץ וָחוֹרֶף וְקַיִץ (מגילה י״ז), סֻכּוֹת — קַיִץ; בַּיִת — חוֹרֶף, סֻכּוֹת — קַיִץ: (יח) שלם. שָׁלֵם בְּגוּפוֹ, שֶׁנִּתְרַפֵּא מִצַּלְעָתוֹ, שָׁלֵם בְּמָמוֹנוֹ, שֶׁלֹּא חָסַר כְּלוּם מִכָּל אוֹתוֹ דוֹרוֹן, שָׁלֵם בְּתוֹרָתוֹ, שֶׁלֹּא שָׁכַח תַּלְמוּדוֹ בְּבֵית לָבָן (שבת ל״ג): עיר שכם. כְּמוֹ לְעִיר. וְכָמוֹהוּ: עַד בּוֹאֲנָה בֵּית לָחֶם (רות א׳):

day, all the flocks will die. [14]Let my lord, I pray thee, pass before his servant: and I will lead on gently in my slow progress, according to the pace of the drove that is before me, and according to the pace of the children, until I come unto my lord unto Seir. [15]And Esau said, Let me now leave with thee some of the people that are with me. And he said, Wherefore this? let me find favour in the eyes of my lord. [16]So Esau returned that day on his way unto Seir. [17]And Jacob journeyed to Succoth, and built for himself a house, and made booths for his cattle: therefore he called the name of the place Succoth. [18]And Jacob came safely to the city of Shechem, which is in the land of Canaan, when he came from Padanaram: and encam-

רש"י

it: "Travel on and let us go". Thus Esau said to Jacob, "Travel thou on from here and let us go" etc. ואלכה לנגדך *means* AND I WILL GO SIDE BY SIDE WITH THEE — I will do you this favour: that I will take a longer time on my journey by going slowly as is necessary for you. This is the meaning of לנגדך — alongside of you. **(13)** עלות עלי WITH YOUNG ARE WITH ME — The sheep and the oxen which are giving suck constitute a charge upon me (עלי) to drive them slowly. עלות *means* bringing up their young. *Words of* the same root *are found in* (Lam. II. 11) "young children (עולל) and the sucklings": (Is. LXV. 20) "an infant (עול) of days"; (1 Sam. VI. 7) "and two milch kine (עלות)". O. F. enfantées. ודפקום יום אחד AND IF MEN SHOULD OVERDRIVE THEM, wearying them on the journey by making them run, ומתו כל הצאן ALL THE FLOCKS WILL DIE. ודפקום has the same meaning as in (Song. V. 2) "Hark, my beloved knocketh (דופק)" — knocks at the door — *so that it means to beat the animals in order that they may travel quickly.* **(14)** יעבר נא אדני LET MY LORD, I PRAY THEE, PASS — do not prolong the time of your journey: pass on at your usual speed even though you *thereby* get far away *from me.* אתנהלה is the same as אתנהל I WILL LEAD ON. The ה *at the end of the word* is redundant as in (VIII. 21) ארדה "I will go down", and in (Ps. LXXXV. 9) אשמעה "I will hear". לאטי SLOWLY — *the word means* "my slowness", לאט having the meaning of ease, gentleness. *Examples are:* (Is. VIII. 6) "that go (לאט) softly"; (2 Sam. XVIII. 5) "Deal (לאט) gently for my sake with the young man." *In* לאטי the ל is a root-letter and not a prefix, *so that the meaning is,* "I will lead on *at* my slow rate". לרגל המלאכה ACCORDING TO THE PACE OF THE DROVE — according to the requirements made by the pace of the feet of the cattle which is incumbent on me to drive. ולרגל הילדים AND ACCORDING TO THE PACE OF THE CHILDREN — according to the speed (רגל) which they are able to keep up. עד אשר אבא אל אדני שעירה UNTIL I COME UNTO MY LORD UNTO SEIR — He mentioned a much longer journey, for he *really* intended to go only as far as Succoth (Ab. Zara 25b). He said, "If he means to do me harm let him wait *to do so* until I reach his abode *at Seir.*" Therefore he did not go *to Seir.* But when will he go?[1]) In the days of the Messiah, as it is said (Obad. I. 21) "And saviours shall go up on Mount Zion to judge the mount of Esau". There are many Midrashic explanations of this section. **(15)** ויאמר למה זה *means* AND HE SAID, WHY IS IT that thou shouldst do me a favour which I do not need?"[2]) אמצא חן בעיני אדני LET ME FIND FAVOUR IN THE EYES OF MY LORD and do not give me any recompense at present *for the gifts I have made you.* **(16)** וישב ביום ההוא עשו לדרכו SO ESAU RETURNED THAT DAY ON HIS WAY — Esau alone *returned,* but the four hundred men who had accompanied him slipped away from him one by one. When did the Holy One, blessed be He, reward them *for this*? In the days of David, as it is said (1 Sam. XXX. 17) (in reference to an attack which he made upon the Amalekites, descendants of Esau) "[and there escaped not a man of them] save four hundred

NOTES

1) Since he surely did not wish to utter a falsehood; cf. Gen. R. 79.

2) Rashi points out that למה זה does not refer to the following words אמצא חן but to the previous אצינה נא.

164 בראשית לג לד וישלח

אֲרָם וַיִּחַן אֶת־פְּנֵי הָעִיר׃ יט וַיִּקֶן אֶת־חֶלְקַת הַשָּׂדֶה
אֲשֶׁר נָטָה־שָׁם אָהֳלוֹ מִיַּד בְּנֵי־חֲמוֹר אֲבִי שְׁכֶם
בְּמֵאָה קְשִׂיטָה׃ כ וַיַּצֶּב־שָׁם מִזְבֵּחַ וַיִּקְרָא־לוֹ אֵל
אֱלֹהֵי יִשְׂרָאֵל׃ ס חמישי לד א וַתֵּצֵא דִינָה בַּת־
לֵאָה אֲשֶׁר יָלְדָה לְיַעֲקֹב לִרְאוֹת בִּבְנוֹת הָאָרֶץ׃
ב וַיַּרְא אֹתָהּ שְׁכֶם בֶּן־חֲמוֹר הַחִוִּי נְשִׂיא הָאָרֶץ
וַיִּקַּח אֹתָהּ וַיִּשְׁכַּב אֹתָהּ וַיְעַנֶּהָ׃ ג וַתִּדְבַּק נַפְשׁוֹ
בְּדִינָה בַּת־יַעֲקֹב וַיֶּאֱהַב אֶת־הַנַּעֲרָ °וַיְדַבֵּר עַל־לֵב
הַנַּעֲרָ°׃ ד וַיֹּאמֶר שְׁכֶם אֶל־חֲמוֹר אָבִיו לֵאמֹר קַח־
לִי אֶת־הַיַּלְדָּה הַזֹּאת לְאִשָּׁה׃ ה וְיַעֲקֹב שָׁמַע כִּי

°הנערה ק' °הנערה ק'

אונקלוס

קַרְתָּא׃ יט וּזְבַן יָת־אַחְסָנַת חַקְלָא דִּי פְרַס־תַּמָּן מַשְׁכְּנֵהּ מִיְּדָא דִבְנֵי־חֲמוֹר
אֲבוּהִי דִשְׁכֶם בִּמְאָה חוּרְפָן׃ כ וַאֲקֵם־תַּמָּן מַדְבְּחָא וּפְלַח־עֲלוֹהִי קֳדָם־אֵל
אֱלָהָא דְיִשְׂרָאֵל׃ א וּנְפָקַת דִּינָה בַּת־לֵאָה דִּי יְלִידַת לְיַעֲקֹב לְמִחֱזֵי בִּבְנָת
אַרְעָא׃ ב וַחֲזָא יָתַהּ שְׁכֶם בַּר־חֲמוֹר חִוָּאָה רַבָּא דְאַרְעָא וּדְבַר יָתַהּ וּשְׁכִיב
יָתַהּ וְעַנְיַהּ׃ ג וְאִתְרְעִיאַת נַפְשֵׁהּ בְּדִינָה בַּת־יַעֲקֹב וּרְחֵם יָת־עוּלֶמְתָּא וּמַלֵּיל
עַל־לִבָּא דְעוּלֶמְתָּא׃ ד וַאֲמַר שְׁכֶם לַחֲמוֹר אֲבוּהִי לְמֵימַר סַב־לִי יָת־עוּלֶמְתָּא
הָדָא לְאִנְתּוּ׃ ה וְיַעֲקֹב שְׁמַע אֲרֵי סָאֵיב יָת־דִּינָה בְרַתֵּהּ וּבְנוֹהִי הֲווֹ עִם־

רש"י

בבאו מפדן ארם. כְּאָדָם הָאוֹמֵר לַחֲבֵירוֹ: יָצָא פְּלוֹנִי מִבֵּין שְׁנֵי אֲרָיוֹת וּבָא שָׁלֵם, אַף כָּאן וַיָּבֹא שָׁלֵם מִפַּדַּן אֲרָם, מִלָּבָן וּמֵעֵשָׂו שֶׁנִּזְדַּוְּגוּ לוֹ בַּדֶּרֶךְ: (יט) קשיטה. מֵעָה. אָמַר רַבִּי עֲקִיבָא: כְּשֶׁהָלַכְתִּי לִכְרַכֵּי הַיָּם, הָיוּ קוֹרִין לַמָּעָה קְשִׂיטָה (וְתַרְגּוּמוֹ: חוּרְפָן—טוֹבִים, חֲרִיפִים בְּכָל מָקוֹם, כְּגוֹן עוֹבֵר לַסּוֹחֵר): (כ) ויקרא לו אל אלהי ישראל. לֹא שֶׁהַמִּזְבֵּחַ קָרוּי אֱלֹהֵי יִשְׂרָאֵל אֶלָּא עַל שֵׁם שֶׁהָיָה הַקָּבָּ"ה עִמּוֹ וְהִצִּילוֹ קָרָא שֵׁם הַמִּזְבֵּחַ עַל שֵׁם הַנֵּס, לִהְיוֹת שִׁבְחוֹ שֶׁל מָקוֹם נִזְכָּר בִּקְרִיאַת הַשֵּׁם, כְּלוֹמַר: מִי שֶׁהוּא אֵל, הוּא הַקָּבָּ"ה, הוּא לֵאלֹהִים לִי, שֶׁשְּׁמִי יִשְׂרָאֵל. וְכֵן מָצִינוּ בְּמשֶׁה: וַיִּקְרָא שְׁמוֹ ה' נִסִּי (שמ' י"ז), לֹא שֶׁהַמִּזְבֵּחַ קָרוּי ה', אֶלָּא עַל שֵׁם הַנֵּס קָרָא שֵׁם הַמִּזְבֵּחַ לְהַזְכִּיר שִׁבְחוֹ שֶׁל הַקָּבָּ"ה, ה' הוּא נִסִּי. וְרַבּוֹתֵינוּ דָּרְשׁוּ, שֶׁהַקָּבָּ"ה קְרָאוֹ לְיַעֲקֹב אֵל (מגילה י"ח); וְדִבְרֵי תוֹרָה כְּפַטִּישׁ יְפוֹצֵץ סָלַע (ע' שבת פ"ח)—מִתְחַלְּקִים לְכַמָּה טְעָמִים, וַאֲנִי לְיַשֵּׁב פְּשׁוּטוֹ שֶׁל מִקְרָא בָּאתִי:

לד (א) בת לאה. וְלֹא בַּת יַעֲקֹב? אֶלָּא עַל שֵׁם יְצִיאָתָהּ נִקְרֵאת בַּת לֵאָה, שֶׁאַף הִיא יַצְאָנִית הָיְתָה (ב"ר), שֶׁנֶּאֱמַר: וַתֵּצֵא לֵאָה לִקְרָאתוֹ: (וְעָלֶיהָ מָשְׁלוּ הַמָּשָׁל: כְּאִמָּהּ כְּבִתָּהּ): (ב) וישכב אתה. כְּדַרְכָּהּ: ויענה. שֶׁלֹּא כְּדַרְכָּהּ (ב"ר): (ג) על לב הנערה. דְּבָרִים

ped before the city. [19]And he obtained a part of a field, where he had spread his tent, at the hand of the children of Hamor, Shechem's father, for an hundred kesitahs. [20]And he erected there an altar, and called it El-elohe-Israel.

34. [1]And Dinah the daughter of Leah, whom she bare unto Jacob, went out to see among the daughters of the land. [2]And when Shechem the son of Hamor the Hivite, prince of the country, saw her, he took her, and lay with her, and afflicted her. [3]And his soul clave unto Dinah the daughter of Jacob, and he loved the damsel, and spake lovingly to the damsel. [4]And Shechem spake unto his father Hamor, saying, Take me this young maiden to wife. [5]And Jacob heard that he

רש"י

young men who rode upon camels" (Gen. Rab. 78). **(17)** ויבן לו בית AND HE BUILT FOR HIMSELF A HOUSE — He stayed there eighteen months — summer, winter and summer *again* (Megil. 17a); for *the first mention of* Succoth (booths which are erected for the cattle) *points to the* summer (when booths are necessary for the cattle), *the mention of building a* house *to the* winter, *and the second mention of* booths to the *next* summer. **(18)**שלם SAFELY (lit., whole, perfect, unimpaired) — unimpaired in body (health) because he was cured of his lameness; whole as regards his possessions for he was not short of anything even though he had given that gift (for his remaining cattle soon bore other young; cf. Rashi on XXX. 43); and perfect in his *knowledge of the* Torah for whilst he was in Laban's house he had not forgotten what he had before learned (Sabb. 33b). עיר שכם — *the word* עיר is equivalent to לעיר to the city of. Similarly we have (Ruth I. 19) "until they came "בית לחם" " — "to Bethlehem". בבאו מפדן ארם WHEN HE CAME FROM PADAN-ARAM — *This is stated here* in the same way as a person says to his neighbour, "that man there has come from between the teeth of the lion and has returned unhurt". Similarly here: he came whole from Padan-aram — from Laban and from Esau who had come to attack him on his journey. **(19)** קשיטה is a Meah (a certain coin). Rabbi Akiba said, "When I visited the coast-towns *I found that* they called a Meah a Kesittah (R. Hash. 26b). In the Targum it is rendered by חורפן good ones, current everywhere: the same idea as (XXIII. 16) "current with the merchant". **(20)** ויקרא לו אל אלהי ישראל AND HE CALLED IT EL-ELOHE ISRAEL — It does not mean that the altar was named "The God of Israel" *thus bearing a Divine Name*, but because the Holy One, blessed be He, had been with him and delivered him he called the name of the altar by a term that had an allusion to the miracle, so that the praise of God might be mentioned when people called it by its name. Thus it would mean: He who is El, God — viz., the Holy One, blessed be He — is the God of me whose name is Israel. We find something similar in the case of Moses (Ex. XVIII. 15): "And he called its (the altar's) name 'Adonai-Nissi'. Not that the altar was called *by the Divine Name*, Adonai, but he named the altar thus, to mention the praise of the Holy One, blessed be He: "The Lord — He is my banner!"[1]) Our Rabbis, of blessed memory, expounded it thus: that the Holy One, blessed be He, called Jacob *by the name* El. *The verse therefore should be translated "and the God of Israel called him* (Jacob) *El"* (Megil. 18a). And *in reference to all these different explanations it may be said that* the words of the Torah — just as a hammer splits the rock into many different pieces (Sabb. 88b) — may be given many different explanations. I, however, make it my aim to give the plain sense of Scripture.

34. (1) בת לאה THE DAUGHTER OF LEAH — *so Scripture calls her; why not* the daughter of Jacob? But just because she "went out" she is called

NOTES

1) The names are thus similar in formation to צורישדי "The Allmighty is my Rock" and similar names compounded with a Divine appellation except that these combine the two elements into one word.

טִמֵּא אֶת־דִּינָה בִתּוֹ וּבָנָיו הָיוּ אֶת־מִקְנֵהוּ בַּשָּׂדֶה
וְהֶחֱרִשׁ יַעֲקֹב עַד־בֹּאָם׃ ו וַיֵּצֵא חֲמוֹר אֲבִי־שְׁכֶם
אֶל־יַעֲקֹב לְדַבֵּר אִתּוֹ׃ ז וּבְנֵי יַעֲקֹב בָּאוּ מִן־הַשָּׂדֶה
כְּשָׁמְעָם וַיִּתְעַצְּבוּ הָאֲנָשִׁים וַיִּחַר לָהֶם מְאֹד כִּי
נְבָלָה עָשָׂה בְיִשְׂרָאֵל לִשְׁכַּב אֶת־בַּת־יַעֲקֹב וְכֵן
לֹא יֵעָשֶׂה׃ ח וַיְדַבֵּר חֲמוֹר אִתָּם לֵאמֹר שְׁכֶם בְּנִי
חָשְׁקָה נַפְשׁוֹ בְּבִתְּכֶם תְּנוּ נָא אֹתָהּ לוֹ לְאִשָּׁה׃
ט וְהִתְחַתְּנוּ אֹתָנוּ בְּנֹתֵיכֶם תִּתְּנוּ־לָנוּ וְאֶת־בְּנֹתֵינוּ
תִּקְחוּ לָכֶם׃ י וְאִתָּנוּ תֵּשֵׁבוּ וְהָאָרֶץ תִּהְיֶה לִפְנֵיכֶם
שְׁבוּ וּסְחָרוּהָ וְהֵאָחֲזוּ בָּהּ׃ יא וַיֹּאמֶר שְׁכֶם אֶל־
אָבִיהָ וְאֶל־אַחֶיהָ אֶמְצָא־חֵן בְּעֵינֵיכֶם וַאֲשֶׁר תֹּאמְרוּ
אֵלַי אֶתֵּן׃ יב הַרְבּוּ עָלַי מְאֹד מֹהַר וּמַתָּן וְאֶתְּנָה
כַּאֲשֶׁר תֹּאמְרוּ אֵלָי וּתְנוּ־לִי אֶת־הַנַּעֲרָ לְאִשָּׁה׃
יג וַיַּעֲנוּ בְנֵי־יַעֲקֹב אֶת־שְׁכֶם וְאֶת־חֲמוֹר אָבִיו

יהנערה ק'

אונקלוס

גֵּיתוֹהִי בְּחַקְלָא וּשְׁתִיק יַעֲקֹב עַד־מֵיתֵיהוֹן׃ ו וּנְפַק חֲמוֹר אֲבוּהִי־דִשְׁכֶם לְוַת־
יַעֲקֹב לְמַלָּלָא עִמֵּהּ׃ ז וּבְנֵי יַעֲקֹב עָלוּ מִן־חַקְלָא כַּד־שְׁמָעוּ וְאִתְנְסִיסוּ גֻּבְרַיָּא
וּתְקֵיף לְהוֹן לַחְדָּא אֲרֵי קְלָנָא עֲבַד בְּיִשְׂרָאֵל לְמִשְׁכַּב עִם־בַּת־יַעֲקֹב וְכֵן לָא־
כָשַׁר לְאִתְעֲבָדָא׃ ח וּמַלֵּיל חֲמוֹר עִמְּהוֹן לְמֵימַר שְׁכֶם בְּרִי אִתְרְעִיאַת נַפְשֵׁהּ
בִּבְרַתְּכוֹן הָבוּ כְעַן יָתַהּ לֵהּ לְאִנְתּוּ׃ ט וְתִתְחַתְּנוּן בַּנָא בְּנָתֵיכוֹן תִּתְּנוּן לַנָא וְיָת־
בְּנָתַנָא תִּסְּבוּן לְכוֹן׃ י וְעִמַּנָא תִּתְּבוּן וְאַרְעָא תְּהֵי קֳדָמֵיכוֹן תִּיבוּ וְעֲבִידוּ־בַהּ־
סְחוֹרְתָא וְאַחֲסִינוּ בַהּ׃ יא וַאֲמַר שְׁכֶם לַאֲבוּהָא וּלְאַחָהָא אַשְׁכַּח רַחֲמִין
בְּעֵינֵיכוֹן וְדִי תֵימְרוּן לִי אֶתֵּן׃ יב אַסְגּוּ עֲלַי לַחְדָּא מוֹהֲרִין וּמַתְּנָן וְאֶתֵּן כְּמָא
דִי־תֵימְרוּן לִי וְהָבוּ־לִי יָת־עוּלֵימְתָּא לְאִנְתּוּ׃ יג וַאֲתִיבוּ בְנֵי־יַעֲקֹב יָת־שְׁכֶם וְיָת־

רש"י

הַמִּתְיַשְּׁבִים עַל הַלֵּב: רְאִי, אָבִיךְ בְּחֶלְקַת שָׂדֶה קְטַנָּה כַּמָּה מָמוֹן בִּזְבֵּז, אֲנִי אֶשָּׂאֵךְ וְתִקְנֶה
הָעִיר וְכָל שְׂדוֹתֶיהָ: (ז) וכן לא יעשה. לְעַנּוֹת אֶת הַבְּתוּלוֹת, שֶׁהָאֻמּוֹת גָּדְרוּ עַצְמָן מִן הָעֲרָיוֹת

had defiled Dinah his daughter: now his sons were with his cattle in the field: and Jacob was silent until they were come. ⁶And Hamor the father of Shechem went out unto Jacob to speak with him. ⁷And the sons of Jacob came from the field when they heard it: and the men were grieved, and they were very wroth, because he had wrought a base deed against Israel in lying with Jacob's daughter; and thus it ought not to be done. ⁸And Hamor spake with them, saying, The soul of my son Shechem delighteth in your daughter: I pray you give her him to wife. ⁹And intermarry with us, and give your daughters unto us, and take our daughters unto you. ¹⁰And ye shall abide with us: and the land shall be before you; and travel ye therein, and get you possessions therein. ¹¹And Shechem said unto her father and unto her brethren, Let me find favour in your eyes, and what ye shall say unto me I will give. ¹²Multiply upon me greatly dowry and gift, and I will give according as ye shall say unto me: but give me the damsel to wife. ¹³And the sons of Jacob answered Shechem and Hamor his father with

רש"י

Leah's daughter, since she, too, was fond "of going out" (Gen. R. 80), as it is said (XXX. 16) "and Leah went out to meet him". With an allusion to her they formulated the proverb: "Like mother, like daughter". (3) על לב הנערה [AND SPAKE] LOVINGLY TO THE DAMSEL (lit., he spoke to the heart of the maiden) words that would appeal to her heart: See how much money your father has lavished for a small plot of field. I will marry you and you will then possess the city and all its fields (Joma 77b). (7) וכן לא יעשה AND THUS IT OUGHT NOT TO BE DONE — viz., to do violence to a maiden, for even the heathens have trained themselves (lit., have fenced themselves round) against unchastity as a

בְּמִרְמָה וַיְדַבֵּרוּ אֲשֶׁר טִמֵּא אֵת דִּינָה אֲחֹתָם:
יד וַיֹּאמְרוּ אֲלֵיהֶם לֹא נוּכַל לַעֲשׂוֹת הַדָּבָר הַזֶּה
לָתֵת אֶת־אֲחֹתֵנוּ לְאִישׁ אֲשֶׁר־לוֹ עָרְלָה כִּי־חֶרְפָּה
הִוא לָנוּ: טו אַךְ־בְּזֹאת נֵאוֹת לָכֶם אִם תִּהְיוּ כָמֹנוּ
לְהִמֹּל לָכֶם כָּל־זָכָר: טז וְנָתַנּוּ אֶת־בְּנֹתֵינוּ לָכֶם
וְאֶת־בְּנֹתֵיכֶם נִקַּח־לָנוּ וְיָשַׁבְנוּ אִתְּכֶם וְהָיִינוּ לְעַם
אֶחָד: יז וְאִם־לֹא תִשְׁמְעוּ אֵלֵינוּ לְהִמּוֹל וְלָקַחְנוּ
אֶת־בִּתֵּנוּ וְהָלָכְנוּ: יח וַיִּיטְבוּ דִבְרֵיהֶם בְּעֵינֵי חֲמוֹר
וּבְעֵינֵי שְׁכֶם בֶּן־חֲמוֹר: יט וְלֹא־אֵחַר הַנַּעַר לַעֲשׂוֹת
הַדָּבָר כִּי חָפֵץ בְּבַת־יַעֲקֹב וְהוּא נִכְבָּד מִכֹּל בֵּית
אָבִיו: כ וַיָּבֹא חֲמוֹר וּשְׁכֶם בְּנוֹ אֶל־שַׁעַר עִירָם
וַיְדַבְּרוּ אֶל־אַנְשֵׁי עִירָם לֵאמֹר: כא הָאֲנָשִׁים הָאֵלֶּה

אונקלוס

חֲמוֹר אֲבוּהִי בְּחָכְמְתָא וּמַלִּילוּ דִּי סָאֵב יָת דִּינָה אֲחָתְהוֹן: יד וַאֲמַרוּ לְהוֹן לָא
נִכּוֹל לְמֶעְבַּד פִּתְגָּמָא הָדֵין לְמִתַּן יָת־אֲחָתַנָא לִגְבַר דִּי־לֵהּ עָרְלְתָא אֲרֵי־
חִסּוּדָא הִיא לָנָא: טו בְּרַם־בְּדָא נִתְפַּיַּס לְכוֹן אִם־תְּהוֹן כְּוָתַנָא לְמִגְזַר לְכוֹן
כָּל־דְּכוּרָא: טז וְנִתֵּן יָת־בְּנָתָנָא לְכוֹן וְיָת־בְּנָתֵיכוֹן נִסַּב־לָנָא וְנִתּוֹב עִמְּכוֹן וּנְהֵי
לְעַמָּא חַד: יז וְאִם־לָא תְקַבְּלוּן מִנַּנָא לְמִגְזַר וְנִדְבַּר יָת־בְּרַתַּנָא וְנֵיזֵיל: יח וּשְׁפַרוּ
פִּתְגָּמֵיהוֹן בְּעֵינֵי חֲמוֹר וּבְעֵינֵי שְׁכֶם בַּר־חֲמוֹר: יט וְלָא־אוֹחַר עוּלֵימָא לְמֶעְבַּד
פִּתְגָּמָא אֲרֵי אִתְרְעִי בְּבַת־יַעֲקֹב וְהוּא יַקִּיר מִכֹּל בֵּית אֲבוּהִי: כ וַאֲתָא חֲמוֹר
וּשְׁכֶם בְּרֵהּ לִתְרַע קַרְתְּהוֹן וּמַלִּילוּ עִם־אֱנָשֵׁי קַרְתְּהוֹן לְמֵימָר: כא גֻּבְרַיָּא

רש"י

עַל יְדֵי הַמַּבּוּל (ב"ר): (ח) חשקה. חָפְצָה: (יב) מהר. כְּתוּבָּה: (יג) במרמה. בְּחָכְמָה: אשר טמא. הַכָּתוּב אוֹמֵר שֶׁלֹּא הָיְתָה רְמִיָּה, שֶׁהֲרֵי טִמֵּא אֶת דִּינָה אֲחֹתָם (ב"ר): (יד) חרפה הוא. שֶׁמֶץ פְּסוּל הוּא אֶצְלֵנוּ; הַבָּא לְחָרֵף חֲבֵרוֹ, הָיָה אוֹמֵר לוֹ: עָרֵל אַתָּה, אוֹ בֶּן עָרֵל. חֶרְפָּה בְּכָל מָקוֹם גִּדּוּף: (טו) נאות לכם. נִתְרַצֶּה לָכֶם, לְשׁוֹן וַיֵּאֹתוּ (מ"ב י"ב): להמול. לִהְיוֹת נִמּוֹל, אֵינוֹ לְשׁוֹן לִפְעוֹל אֶלָּא לְשׁוֹן לְהִפָּעֵל: (טז) ונתנו. נו"ן שְׁנִיָּה מְדֻגֶּשֶׁת לְפִי שֶׁהִיא מְשַׁמֶּשֶׁת בִּמְקוֹם שְׁתֵּי נוּנִי"ן, וְנָתַנְנוּ: ואת בנתיכם נקח לנו. אַתָּה מוֹצֵא בִּתְנָאֵי שֶׁאָמַר חֲמוֹר לְיַעֲקֹב וּבִתְשׁוּבַת בְּנֵי יַעֲקֹב לַחֲמוֹר, שֶׁתָּלוּ הַחֲשִׁיבוּת בִּבְנֵי יַעֲקֹב לִקַּח בְּנוֹת שְׁכֶם אֶת שֶׁיִּבְחֲרוּ לָהֶם, וּבְנוֹתֵיהֶם יִתְּנוּ לָהֶם לְפִי דַּעְתָּם, דִּכְתִיב: וְנָתַנּוּ אֶת בְּנוֹתֵינוּ — לְפִי דַּעְתֵּנוּ, וְאֶת

subtlety, and spake thus because he had defiled Dinah their sister: ¹⁴And they said unto them, We cannot do this thing, to give our sister to one that is uncircumcised; for that were a disgrace unto us: ¹⁵But in this will we consent unto you: If ye will be as we are, to circumcise every male of you, ¹⁶Then will we give our daughters unto you, and we will take your daughters to us, and we will abide with you, and we will become one people. ¹⁷But if ye will not hearken unto us, to be circumcised; then will we take our daughter, and we will go. ¹⁸And their words were good in the eyes of Hamor, and in the eyes of Shechem Hamor's son. ¹⁹And the young man delayed not to do the thing, because he was pleased with Jacob's daughter: and he was the most honoured of all the house of his father. ²⁰And Hamor and Shechem his son came unto the gate of their city, and spake with the men of their city, saying,

רש"י

consequence of the Flood *which had come upon the world as a punishment for this sin* (Gen. R. 80). **(8)** השקה means desires. **(12)** מהר DOWRY, refers to the Ketuba (the sum settled by the husband on his wife as set forth in the Ketuba — the marriage contract (ib.). **(13)** במרמה WITH GUILE — cleverly. אשר טמא BECAUSE HE HAD DEFILED — S c r i p t u r e (the Sacred Historian) says that there was no deception (מרמה) in this because he had defiled Dinah their sister[1]). **(14)** חרפה הוא THAT WERE A DISGRACE — Amongst us it is somewhat of a blot on our pedigree, for if one wishes to revile another, he says to him: "You are an uncircumcised person", or "the son of an uncircumcised person". The word חרפה always means "reviling". **(15)** נאות לכם means WE WILL CONSENT UNTO YOU: it has the same meaning as (2 Kings XII. 9) ויאותו "and they consented".[2]) להמול means TO BE CIRCUMCISED — It is not an active infinitive (Kal), but a passive infinitive (Niphal). **(16)** וְנָתַנּוּ THEN WILL WE GIVE — The second נ has a Dagesh because it serves the purpose of two נ-s — וְנָתַנְנוּ (cf. Rashi on חנני XXXIII. 11). ואת בנותיכם נקח לנו AND WE WILL TAKE YOUR DAUGHTERS TO US — You will find that in the proposition which Hamor made to Jacob (v. 9) and in the reply of Jacob's sons to Hamor (in this verse) they (both parties to the proposition) regarded the sons of Jacob as being the more important — that t h e y should t a k e of the daughters of Shechem whomsoever t h e y would select for themselves and that t h e y should g i v e their daughters to them (the men of Shechem) as t h e y (Jacob's sons) would think fit, as it is written, "and we will give our daughters" — as we

NOTES

[1]) For these cannot be the words of Jacob's sons, for their endeavour was not to touch upon this point.
[2]) The root is אות; the נ is a prefix. This may be seen from ויאותו where there is no נ, and where the י is a prefix analogous to the נ in נאות.

שְׁלֵמִים הֵם אִתָּנוּ וְיֵשְׁבוּ בָאָרֶץ וְיִסְחֲרוּ אֹתָהּ
וְהָאָרֶץ הִנֵּה רַחֲבַת־יָדַיִם לִפְנֵיהֶם אֶת־בְּנֹתָם
נִקַּח־לָנוּ לְנָשִׁים וְאֶת־בְּנֹתֵינוּ נִתֵּן לָהֶם׃ כב אַךְ־
בְּזֹאת יֵאֹתוּ לָנוּ הָאֲנָשִׁים לָשֶׁבֶת אִתָּנוּ לִהְיוֹת
לְעַם אֶחָד בְּהִמּוֹל לָנוּ כָּל־זָכָר כַּאֲשֶׁר הֵם נִמֹּלִים׃
כג מִקְנֵהֶם וְקִנְיָנָם וְכָל־בְּהֶמְתָּם הֲלוֹא לָנוּ הֵם
אַךְ נֵאוֹתָה לָהֶם וְיֵשְׁבוּ אִתָּנוּ׃ כד וַיִּשְׁמְעוּ אֶל־חֲמוֹר
וְאֶל־שְׁכֶם בְּנוֹ כָּל־יֹצְאֵי שַׁעַר עִירוֹ וַיִּמֹּלוּ כָּל־זָכָר
כָּל־יֹצְאֵי שַׁעַר עִירוֹ׃ כה וַיְהִי בַיּוֹם הַשְּׁלִישִׁי בִּהְיוֹתָם
כֹּאֲבִים וַיִּקְחוּ שְׁנֵי־בְנֵי־יַעֲקֹב שִׁמְעוֹן וְלֵוִי אֲחֵי
דִינָה אִישׁ חַרְבּוֹ וַיָּבֹאוּ עַל־הָעִיר בֶּטַח וַיַּהַרְגוּ כָּל־
זָכָר׃ כו וְאֶת־חֲמוֹר וְאֶת־שְׁכֶם בְּנוֹ הָרְגוּ לְפִי־חָרֶב

אונקלוס

הָאִלֵּין שְׁלָמִין אִנּוּן עִמָּנָא וְיִתְּבוּן בְּאַרְעָא וְיַעְבְּדוּן בַּהּ סְחוֹרְתָּא וְאַרְעָא הָא
פְּתָיוּת־יְדִין קֳדָמֵיהוֹן יָת־בְּנָתְהוֹן נִסַּב־לָנָא לִנְשִׁין וְיָת־בְּנָתָנָא נִתֵּן לְהוֹן׃
כב בְּרַם־בְּדָא יִתְפַּסּוּן לָנָא גֻּבְרַיָּא לְמִתַּב עִמָּנָא לְמֶהֱוֵי לְעַמָּא חַד לְמִגְזַר לָנָא
כָּל דְּכוּרָא כְּמָא דִּי־אִנּוּן גְּזִירִין׃ כג גֵּיתֵיהוֹן וְקִנְיָנְהוֹן וְכָל־בְּעִירְהוֹן הֲלָא דִּילָנָא
אִנּוּן בְּרַם נִתְפַּס לְהוֹן וְיִתְּבוּן עִמָּנָא׃ כד וְקַבִּילוּ מִן־חֲמוֹר וּמִן־שְׁכֶם בְּרֵהּ
כָּל־נָפְקֵי תְּרַע קַרְתֵּהּ וּגְזַרוּ כָּל־דְּכוּרָא כָּל־נָפְקֵי תְּרַע קַרְתֵּהּ׃ כה וַהֲוָה בְּיוֹמָא
תְלִיתָאָה כַּד־תְּקִיפוּ־עֲלֵיהוֹן כְּאֵבֵיהוֹן וּנְסִיבוּ תְּרֵין־בְּנֵי־יַעֲקֹב שִׁמְעוֹן וְלֵוִי אֲחֵי
דִינָה גְּבַר חַרְבֵּהּ וְעַלּוּ עַל־קַרְתָּא דְּיָתְבוּן־לְרַחֲצָן וְקַטַּלוּ כָּל־דְּכוּרָא׃ כו וְיָת־
חֲמוֹר וְיָת־שְׁכֶם בְּרֵהּ קַטַּלוּ לְפִתְגָם־דְּחָרֶב וּדְבַרוּ יָת־דִּינָה מִבֵּית שְׁכֶם

רש״י

בְּנוֹתֵיכֶם נִקַּח לָנוּ — כָּל אֲשֶׁר נַחְפֹּץ; וּכְשֶׁדִּבְּרוּ חֲמוֹר וּשְׁכֶם בְּנוֹ אֶל יוֹשְׁבֵי עִירָם, הָפְכוּ הַדְּבָרִים: אֶת בְּנוֹתָם נִקַּח לָנוּ לְנָשִׁים וְאֶת בְּנוֹתֵינוּ נִתֵּן לָהֶם, כְּדֵי לְרַצּוֹתָם שֶׁיֵּאוֹתוּ לְהִמּוֹל: (כא) שלמים. בְּשָׁלוֹם וּבְלֵב שָׁלֵם: והארץ הנה רחבת ידים. כְּאָדָם שֶׁיָּדוֹ רְחָבָה וּוַתְּרָנִית; כְּלוֹמַר, אַל תַּפְסִידוּ כְּלוּם — פְּרַקְמַטְיָא הַרְבֵּה בָּאָה לְכָאן, וְאֵין לָהּ קוֹנִים: (כב) בהמול. בִּהְיוֹת נִמּוֹל: (כג) אך נאותה להם. לְדָבָר זֶה, וְעַל יְדֵי כֵן יֵשְׁבוּ אִתָּנוּ: (כה) שני בני יעקב. בָּנָיו הָיוּ, וְאַעַ״פ כֵן נָהֲגוּ עַצְמָן שִׁמְעוֹן וְלֵוִי כִּשְׁאָר אֲנָשִׁים שֶׁאֵינָם בָּנָיו, שֶׁלֹּא נָטְלוּ עֵצָה הֵימֶנּוּ (ב״ר):

Genesis XXXIV. 21—26.

²¹These men are completely with us; therefore let them abide in the land, and travel therein; for the land, behold, it is large enough for them; let us take their daughters to us for wives, and let us give them our daughters. ²²Only herein will the men consent unto us for to abide with us, to be one people, if every male among us be circumcised, as they are circumcised. ²³Shall not their cattle and their property and every beast of their's be our's? only let us consent unto them, and they will abide with us. ²⁴And unto Hamor and unto Shechem his son hearkened all that went out of the gate of his city; and every male was circumcised, all that went out of the gate of his city. ²⁵And it came to pass on the third day, when they were sore, that two of the sons of Jacob, Simeon and Levi, Dinah's brethren, took each man his sword, and came upon the city in security, and slew all the males. ²⁶And they slew Hamor and Shechem his son with the edge of the sword, and

רש״י

think fit — "and we will take your daughters unto us" — whomsoever we please. When, however, Hamor and his son spoke to the inhabitants of their city (v. 21) they reversed the matter, saying, "their daughters we will take to us for wives, and our daughters we will give unto them, *instead of saying "they will give their daughters to us, and they will take our daughters to themselves*, in order to induce them to consent to be circumcised. **(21)** שלמים *means* peaceable and whole hearted. והארץ הנה רחבת ידים FOR THE LAND, BEHOLD, IT IS LARGE ENOUGH (lit., wide-handed) — the metaphor is that of a man whose hand is large and generous, and the idea is: "You will lose nothing *if they dwell and trade in the land*, for much merchandise is brought here and there are no buyers for it". **(22)** בהמול *means* by *every male of us* being circumcised (infinitive Niphal). **(23)** אך נאותה להם LET US CONSENT UNTO THEM in this matter, and because of this they will dwell with us.¹) **(25)** שני בני יעקב TWO OF THE SONS OF JACOB — They were his sons (the sons of Jacob, a wise and clever man), but they acted *as any man named* Simeon and Levi would do — as other people would do who were not his sons — for they did not take counsel

NOTES

¹) Not, let us consent ... that the[y] ma[y] [d]well with us, but let us consent ... [and] then they will agree to dwell with us

וַיִּקְחוּ אֶת־דִּינָה מִבֵּית שְׁכֶם וַיֵּצֵאוּ׃ כז בְּנֵי יַעֲקֹב
בָּאוּ עַל־הַחֲלָלִים וַיָּבֹזּוּ הָעִיר אֲשֶׁר טִמְּאוּ אֲחוֹתָם׃
כח אֶת־צֹאנָם וְאֶת־בְּקָרָם וְאֶת־חֲמֹרֵיהֶם וְאֵת
אֲשֶׁר־בָּעִיר וְאֶת־אֲשֶׁר בַּשָּׂדֶה לָקָחוּ׃ כט וְאֶת־כָּל־
חֵילָם וְאֶת־כָּל־טַפָּם וְאֶת־נְשֵׁיהֶם שָׁבוּ וַיָּבֹזּוּ וְאֵת
כָּל־אֲשֶׁר בַּבָּיִת׃ ל וַיֹּאמֶר יַעֲקֹב אֶל־שִׁמְעוֹן וְאֶל־
לֵוִי עֲכַרְתֶּם אֹתִי לְהַבְאִישֵׁנִי בְּיֹשֵׁב הָאָרֶץ בַּכְּנַעֲנִי
וּבַפְּרִזִּי וַאֲנִי מְתֵי מִסְפָּר וְנֶאֶסְפוּ עָלַי וְהִכּוּנִי
וְנִשְׁמַדְתִּי אֲנִי וּבֵיתִי׃ לא וַיֹּאמְרוּ הַכְזוֹנָה יַעֲשֶׂה
אֶת־אֲחוֹתֵנוּ׃ פ

לה א וַיֹּאמֶר אֱלֹהִים אֶל־יַעֲקֹב קוּם עֲלֵה בֵית־אֵל
וְשֶׁב־שָׁם וַעֲשֵׂה־שָׁם מִזְבֵּחַ לָאֵל

אונקלוס

וּנְסִיבוּ: כז בְּנֵי יַעֲקֹב עַלּוּ לְחַלָּצָא־קְטִילַיָּא וּבַזּוּ קַרְתָּא דִּי סָאִיבוּ אֲחָתְהוֹן:
כח יָת־עָנְהוֹן וְיָת־תּוֹרֵיהוֹן וְיָת־חֲמָרֵיהוֹן וְיָת דִּי־בְקַרְתָּא וְיָת־דִּי בְחַקְלָא בַּזּוּ: כט וְיָת־
כָּל־נִכְסֵיהוֹן וְיָת־כָּל־טַפְלְהוֹן וְיָת־נְשֵׁיהוֹן שְׁבוֹ וּבַזּוּ וְיָת כָּל־דִּי בְּבֵיתָא: ל וַאֲמַר
יַעֲקֹב לְשִׁמְעוֹן וּלְלֵוִי עֲכַרְתּוּן יָתִי לְמִתַּן־דְּבָבוּ בֵּינָנָא־וּבֵין־יָתְבֵי אַרְעָא בִּכְנַעֲנָאָה
וּבִפְרִזָּאָה וַאֲנָא עַם דְּמִנְיָן וְיִתְכַּנְּשׁוּן עֲלַי וְיִמְחֲנוּנִי וְאֶשְׁתֵּצֵי אֲנָא וֶאֱנָשׁ־בֵּיתִי:
לא וַאֲמָרוּ הַכְנָפְקַת־בָּרָא יִתְעֲבֵד (נ״י יַעֲבֵד יָת־) לַאֲחָתַנָא: א וַאֲמַר יְיָ לְיַעֲקֹב

רש״י

אחי דינה. לְפִי שֶׁמָּסְרוּ עַצְמָן עָלֶיהָ נִקְרְאוּ אַחֶיהָ: בטח. שֶׁהָיוּ כּוֹאֲבִים. ומ״א: בְּטוּחִים הָיוּ עַל כֹּחוֹ שֶׁל זָקֵן (ב״ר): (כז) על החללים. לְפַשֵּׁט הַחֲלָלִים: (כט) חילם. מָמוֹנָם. וְכֵן: עָשָׂה לִי אֶת הַחַיִל הַזֶּה (דב׳ ח׳), וְיִשְׂרָאֵל עוֹשֶׂה חָיִל (במ׳ כ״ד), וְעָזְבוּ לַאֲחֵרִים חֵילָם (תה׳ מ״ט): שבו. לְשׁוֹן שְׁבִיָּה, לְפִיכָךְ טַעְמוֹ מִלְרַע: (ל) עכרתם. לְשׁוֹן מַיִם עֲכוּרִים, אֵין דַּעְתִּי צְלוּלָה עַכְשָׁיו (ברכ׳ כ״ה), וְאַגָּדָה: צְלוּלָה הָיְתָה הֶחָבִית, וַעֲכַרְתֶּם אוֹתָהּ (ב״ר)—מְסוֹרֶת הָיְתָה בְּיַד כְּנַעֲנִים, שֶׁיִּפְּלוּ בְּיַד בְּנֵי יַעֲקֹב, אֶלָּא שֶׁהָיוּ אוֹמְרִים, עַד אֲשֶׁר תִּפְרֶה וְנָחַלְתָּ אֶת הָאָרֶץ (שמ׳ ל״), לְפִיכָךְ הָיוּ שׁוֹתְקִין: מתי מספר. אֲנָשִׁים מוּעָטִים: (לא) הכזונה. הֶפְקֵר: את אחותנו. יָת אֲחָתָנָא:

לה (א) קום עלה. לְפִי שֶׁאִחַרְתָּ בַּדֶּרֶךְ נֶעֱנַשְׁתָּ וּבָא לְךָ זֹאת מִבִּתְּךָ (תנחומא):

took Dinah out of Shechem's house, and went out. ²⁷The sons of Jacob came upon the slain, and plundered the city, because they had defiled their sister. ²⁸They took their flocks, and their herds, and their asses, and that which was in the city, and that which was in the field; ²⁹And all their wealth and all their little ones, and their wives took they captive, and plundered even all that was in the house. ³⁰And Jacob said to Simeon and Levi, Ye have troubled me to make me to stink among the inhabitants of the land, among the Canaanites and the Perrizzites: and I being few in number, they may gather themselves together against me, and smite me; and I shall be exterminated, I and my house. ³¹And they said, Should he do with our sister as with an harlot?

35. ¹And God said unto Jacob, Arise, go up to Beth-el, and abide there: and make there an altar unto God, who appeared

רש"י

with him (ib.). אחי דינה DINAH'S BROTHERS — because they risked their lives for her they are designated as her brothers (Gen. R. 80). בטח IN SECURITY — because they (the men of Shechem) were ill. The Midrashic explanation, taking בטח in the sense of *confident*, is: that they relied upon the strength (i. e. the merits) of the old man (Jacob) (ib.). (27) על החללים UPON THE SLAIN — to strip the slain. (29) חילם means THEIR WEALTH. Examples are: (Deut. VIII. 17) "hath gotten me this (חיל) wealth"; (Num. XIX. 18) "and Israel acquireth (חיל) wealth"; (Ps. XLIX. 11) "and they leave (חילם) their wealth to others". שבו has the meaning of taking captive (i. e. it is the Kal. perfect, 3rd pl. of the root שבה and means "they took captive"), and therefore it is accented on the last syllable (whereas שָׁבוּ, accented on the first syllable, is the same form of the verb שוב and means "they returned"). (30) עכרתם YE HAVE TROUBLED ME — This has the same meaning as (Berach 25b) "troubled (עכורים) waters" (i. e. waters that are disturbed, not clear) *He meant* "Now my mind will never be clear (without worry)". There is an Agada, (Gen. R. 80) "He said: the wine in the cask was clear but you have troubled it". The Canaanites had a tradition that they would fall by the hands of the sons of Jacob, but they thought *that this would happen only when the condition was fulfilled as expressed in the verse* (Ex. XXIII. 30) "when thou shalt increase, then shalt thou inherit the land"; consequently they had been silent until now (i. e. they had not attacked them)¹) מתי מספר means A FEW MEN (31) הכזונה implies as one unprotected. אחותנו *The Targum renders it as an accusative* — ית אחתנא "our sister",²) *so that the meaning is: Should one (be permitted to) make our sister become as a woman who has no one to protect her.*

35. (1) קום עלה ARISE: GO UP [TO BETHEL] — Because you have

NOTES

¹) The implication is: they did not anticipate any attack on our part as they believed that the tradition was not to be fulfilled until our numbers had increased. But now since we have attacked them they will regard our conquest of Canaan as having begun, and "they will gather together against me" (i. e. the various clans of Canaan will make an alliance against me), and I shall be destroyed "being few in number".

²) Rashi intends to point out that את does not mean עם, "with" as it so frequently does, and that it should not be translated, shall one do with our sister as one does with a זונה.

169 בראשית לה וישלח

הַנִּרְאֶה אֵלֶיךָ בְּבָרְחֲךָ מִפְּנֵי עֵשָׂו אָחִיךָ׃ ב וַיֹּאמֶר
יַעֲקֹב אֶל־בֵּיתוֹ וְאֶל כָּל־אֲשֶׁר עִמּוֹ הָסִרוּ אֶת־
אֱלֹהֵי הַנֵּכָר אֲשֶׁר בְּתֹכְכֶם וְהִטַּהֲרוּ וְהַחֲלִיפוּ
שִׂמְלֹתֵיכֶם׃ ג וְנָקוּמָה וְנַעֲלֶה בֵּיתאֵל וְאֶעֱשֶׂה־שָּׁם
מִזְבֵּחַ לָאֵל הָעֹנֶה אֹתִי בְּיוֹם צָרָתִי וַיְהִי עִמָּדִי
בַּדֶּרֶךְ אֲשֶׁר הָלָכְתִּי׃ ד וַיִּתְּנוּ אֶל־יַעֲקֹב אֵת כָּל־
אֱלֹהֵי הַנֵּכָר אֲשֶׁר בְּיָדָם וְאֶת־הַנְּזָמִים אֲשֶׁר
בְּאָזְנֵיהֶם וַיִּטְמֹן אֹתָם יַעֲקֹב תַּחַת הָאֵלָה אֲשֶׁר
עִם־שְׁכֶם׃ ה וַיִּסָּעוּ וַיְהִי ׀ חִתַּת אֱלֹהִים עַל־הֶעָרִים
אֲשֶׁר סְבִיבוֹתֵיהֶם וְלֹא רָדְפוּ אַחֲרֵי בְּנֵי יַעֲקֹב׃
ו וַיָּבֹא יַעֲקֹב לוּזָה אֲשֶׁר בְּאֶרֶץ כְּנַעַן הִוא בֵּיתאֵל
הוּא וְכָל־הָעָם אֲשֶׁר־עִמּוֹ׃ ז וַיִּבֶן שָׁם מִזְבֵּחַ וַיִּקְרָא
לַמָּקוֹם אֵל בֵּיתאֵל כִּי שָׁם נִגְלוּ אֵלָיו הָאֱלֹהִים

אונקלוס

קוּם סַק לְבֵית־אֵל וְתִיב תַּמָּן וַעֲבֵד־תַּמָּן מַדְבְּחָא לֶאֱלָהָא דְּאִתְגְּלִי לָךְ בְּמֵעֲרָקָךְ
מִן־קֳדָם עֵשָׂו אֲחוּךְ׃ ב וַאֲמַר יַעֲקֹב לֶאֱנָשׁ־בֵּיתֵהּ וּלְכֹל דִּי עִמֵּהּ אַעְדּוֹ יָת־
טַעֲוַת עַמְמַיָּא דִּי בֵינֵיכוֹן וְאִדַּכּוֹ וְשַׁנּוֹ כְּסוּתְכוֹן׃ ג וּנְקוּם וְנִסַּק לְבֵית־אֵל וְאַעְבֵּד־
תַּמָּן מַדְבְּחָא לֶאֱלָהָא דְּקַבֵּיל צְלוֹתִי בְּיוֹמָא דְעָקְתִי וַהֲוָה־מֵימְרֵהּ בְּסַעֲדִי בְּאָרְחָא
דִּי אֲזָלִית׃ ד וִיהַבוּ לְיַעֲקֹב יָת כָּל־טַעֲוַת עַמְמַיָּא דִּי בִידֵיהוֹן וְיָת־קָדָשַׁיָּא דִּי
בְאֻדְנֵיהוֹן וּטְמַר יָתְהוֹן יַעֲקֹב תְּחוֹת בְּטִמָּא דִּי עִם־שְׁכֶם׃ ה וּנְטַלוּ וַהֲוָת דַּחַלָא
דַּייָ עַל־עַמְמַיָּא דִּי בְקִרְוֵי־סַחְרָנֵיהוֹן וְלָא רְדַפוּ בָּתַר בְּנֵי יַעֲקֹב׃ ו וַאֲתָא יַעֲקֹב
לְלוּז דִּי בְּאַרְעָא דִכְנַעַן הִיא בֵּית־אֵל הוּא וְכָל־עַמָּא דִּי־עִמֵּהּ׃ ז וּבְנָא תַמָּן

רש״י

(ב) הנכר. שֶׁיֵּשׁ בְּיֶדְכֶם מִשְׁלַל שֶׁל שְׁכֶם: והטהרו. מֵעֲ״זָ: והחליפו שמלתיכם. שֶׁמָּא
יֵשׁ בְּיֶדְכֶם כְּסוּת שֶׁל עֲ״זָ: (ד) האלה. מִין אִילָן סְרָק: עם שכם. אֵצֶל שְׁכֶם: (ה) חתת.
פַּחַד: (ז) אל בית אל. הַקָּבָּ״ה בְּבֵית אֵל, גִּלּוּי שְׁכִינָתוֹ בְּבֵית אֵל. יֵשׁ תֵּיבָה חֲסֵרָה בֵּי״ת
הַמְּשַׁמֶּשֶׁת בְּרֹאשָׁהּ, כְּמוֹ: הִנֵּה הוּא בֵּית מָכִיר בֶּן עַמִּיאֵל (ש״ב ט׳)—כְּמוֹ בְּבֵית מָכִיר;
בֵּית אָבִיךָ, (בראשית ל״ח)—כְּמוֹ בְּבֵית אָבִיךָ: נגלו אליו האלהים. בִּמְקוֹמוֹת הַרְבֵּה יֵשׁ שֵׁם
אֱלָהוּת וְאַדְנוּת בִּלְשׁוֹן רַבִּים, כְּמוֹ אֲדוֹנֵי יוֹסֵף (שם ל״ט), אִם בְּעָלָיו עִמּוֹ (שמות כ׳), וְלֹא נֶאֱמַר

unto thee when thou fleddest from the face of Esau thy brother. ²Then Jacob said unto his household, and to all that were with him, Remove the strange gods that are in the midst of you, and purify yourselves, and change your garments: ³And let us arise, and go up to Beth-el; and I will make there an altar unto God, who answered me in the day of my distress, and was with me in the way which I went. ⁴And they gave unto Jacob all the strange gods which were in their hand, and all their pendants which were in their ears; and Jacob secreted them under the terebinth which was by Shechem. ⁵And they journeyed: and the terror of God was upon the cities that were round about them, and they did not pursue after the sons of Jacob. ⁶So Jacob came to Luz, which is in the land of Canaan, that is, Beth-el, he and all the people that were with him. ⁷And he built there an altar, and called the place El-beth-el: because there god-like beings were revealed unto

רש"י

delayed to fulfil your vow *to sacrifice to me at Bethel you have been punished by this trouble of your daughter coming upon you.* **(2)** הנכר [PUT AWAY] THE STRANGE [GODS] which you have in your possession from the spoil of Shechem. והטהרו AND PURIFY YOURSELVES of idol-worship. והחליפו שמלותיכם AND CHANGE YOUR GARMENTS — lest you have in your possession a vestment that has been employed in idolatrous worship. **(4)** האלה THE TEREBINTH — a kind of tree that bears no fruit. עם שכם *means* by Shechem. **(5)** חתת *means* terror. **(7)** אל בית אל EL-BETH-EL — the Holy One, blessed be He, is in Beth-El; i. e. His Divine Presence has revealed itself in Bethel. Sometimes the prefix ב "in" is omitted from a word: e. g., (2 Sam. IX. 4) "Behold, he is (בית) in the house of Machir, the son of Ammiel", which is the same as בבית in the house of Machir; (XXIV. 13) בית אביך is the same as בבית אביך "in the house of thy father". נגלו אליו האלהים GOD WAS REVEALED UNTO Him — In many passages terms denoting Divine Power and Lordship are used in the plural e. g., (XXXIX. 20) "Joseph's master (אֲדֹנֵי)" (construct plural), and (Ex. XXII. 14) "If its owner (בעליו) be with it", where it

בְּבָרְחוֹ מִפְּנֵי אָחִיו: ח וַתָּמָת דְּבֹרָה מֵינֶקֶת רִבְקָה וַתִּקָּבֵר מִתַּחַת לְבֵית־אֵל תַּחַת הָאַלּוֹן וַיִּקְרָא שְׁמוֹ אַלּוֹן בָּכוּת: פ

ט וַיֵּרָא אֱלֹהִים אֶל־יַעֲקֹב עוֹד בְּבֹאוֹ מִפַּדַּן אֲרָם וַיְבָרֶךְ אֹתוֹ: י וַיֹּאמֶר־לוֹ אֱלֹהִים שִׁמְךָ יַעֲקֹב לֹא־יִקָּרֵא שִׁמְךָ עוֹד יַעֲקֹב כִּי אִם־יִשְׂרָאֵל יִהְיֶה שְׁמֶךָ וַיִּקְרָא אֶת־שְׁמוֹ יִשְׂרָאֵל: יא וַיֹּאמֶר לוֹ אֱלֹהִים אֲנִי אֵל שַׁדַּי פְּרֵה וּרְבֵה גּוֹי וּקְהַל גּוֹיִם

אונקלוס

סְדְבָא וּקְרָא לְאַתְרָא אֵל בֵּית־אֵל אֲרֵי תַמָּן אִתְגְּלִי לֵהּ יְיָ בְּמֶעְרְקֵהּ מִן קֳדָם אֲחוּהִי: ח וּמִיתַת דְּבוֹרָה מֵנִקְתָּא דְרִבְקָה וְאִתְקְבַרַת מִלְּרַע לְבֵית־אֵל בְּשִׁפּוּלֵי מֵישְׁרָא וּקְרָא שְׁמַהּ מֵישַׁר בְּכִיתָא: ט וְאִתְגְּלִי יְיָ לְיַעֲקֹב עוֹד בְּמֵיתוֹהִי מִפַּדַּן אֲרָם וּבָרִיךְ יָתֵהּ: י וַאֲמַר־לֵהּ יְיָ שְׁמָךְ יַעֲקֹב לָא־יִתְקְרֵי שְׁמָךְ עוֹד יַעֲקֹב אֱלָהֵין יִשְׂרָאֵל יְהֵא שְׁמָךְ וּקְרָא יָת־שְׁמֵהּ יִשְׂרָאֵל: יא וַאֲמַר לֵהּ יְיָ אֲנָא אֵל שַׁדַּי פּוּשׁ וּסְגִי עַם וְכִנְשַׁת שִׁבְטִין יְהֵא מִנָּךְ וּמַלְכִין דְּשַׁלִּיטִין בְּעַמְמַיָּא מִנָּךְ

רש"י

בַּעֲלוּ. וְכֵן אֱלֹהוּת, שֶׁהוּא לְשׁוֹן שׁוֹפֵט וּמָרוּת נִזְכָּר בִּלְשׁוֹן רַבִּים, אֲבָל אֶחָד מִכָּל שְׁאָר הַשֵּׁמוֹת לֹא תִמְצָא בִּלְשׁוֹן רַבִּים: (ח) וַתָּמָת דְּבוֹרָה. מַה עִנְיַן דְּבוֹרָה בְּבֵית יַעֲקֹב? אֶלָּא לְפִי שֶׁאָמְרָה רִבְקָה לְיַעֲקֹב, וְשָׁלַחְתִּי וּלְקַחְתִּיךָ מִשָּׁם, שָׁלְחָה דְבוֹרָה אֶצְלוֹ לְפַדַּן אֲרָם לָצֵאת מִשָּׁם, וּמֵתָה בַדֶּרֶךְ. מִדִּבְרֵי רַבִּי מֹשֶׁה הַדַּרְשָׁן לְמַדְתִּיהָ: מִתַּחַת לְבֵית אֵל. הָעִיר יוֹשֶׁבֶת בָּהָר, וְנִקְבְּרָה בְּרַגְלֵי הָהָר: תַּחַת הָאַלּוֹן. בְּשִׁפּוּלֵי מֵישְׁרָא, שֶׁהָיָה מִישׁוֹר מִלְמַעְלָה בְּשִׁפּוּעַ הָהָר, וְהַקְּבוּרָה מִלְּמַטָּה, וּמִישׁוֹר שֶׁל בֵּית אֵל הָיוּ קוֹרִין לוֹ אַלּוֹן. וְאַגָּדָה: נִתְבַּשֵּׂר שָׁם בְּאֵבֶל שֵׁנִי, שֶׁהֻגַּד לוֹ עַל אִמּוֹ שֶׁמֵּתָה (ב"ר). וְאַלּוֹן בִּלְשׁוֹן יְוָנִי אַחֵר, וּלְפִי שֶׁהֶעֱלִימוּ אֶת יוֹם מוֹתָהּ, שֶׁלֹּא יְקַלְּלוּ הַבְּרִיּוֹת כֶּרֶס שֶׁיָּצָא מִמֶּנּוּ עֵשָׂו, אַף הַכָּתוּב לֹא פִרְסְמָהּ: (ט) עוֹד. פַּעַם שֵׁנִי בַּמָּקוֹם הַזֶּה, אֶחָד בְּלֶכְתּוֹ וְאֶחָד בְּשׁוּבוֹ: וַיְבָרֶךְ אֹתוֹ. בִּרְכַּת אֲבֵלִים (ב"ר): (י) לֹא יִקָּרֵא שִׁמְךָ עוֹד יַעֲקֹב. לְשׁוֹן אָדָם הַבָּא בְּמַאֲרָב וְעָקְבָה, אֶלָּא לְשׁוֹן שַׂר וְנָגִיד: (יא) אֲנִי אֵל שַׁדַּי. שֶׁאֲנִי כְדַאי לְבָרֵךְ, שֶׁהַבְּרָכוֹת שֶׁלִּי: פְּרֵה וּרְבֵה. עַל שֵׁם שֶׁעֲדַיִן לֹא נוֹלַד בִּנְיָמִין, וְאַף עַל פִּי שֶׁכְּבָר נִתְעַבְּרָה מִמֶּנּוּ: גּוֹי. בִּנְיָמִין: גּוֹיִם. מְנַשֶּׁה וְאֶפְרַיִם, שֶׁעֲתִידִים לָצֵאת מִיּוֹסֵף, וְהֵם בְּמִנְיַן הַשְּׁבָטִים (ב"ר): וּמְלָכִים. שָׁאוּל וְאִישׁ בּשֶׁת, שֶׁהָיוּ מִשֵּׁבֶט בִּנְיָמִין (ב"ר), שֶׁעֲדַיִן לֹא נוֹלְדוּ. (וּפָסוּק זֶה דְרָשׁוּ אַבְנֵר כְּשֶׁהִמְלִיךְ אִישׁ בֹּשֶׁת, וְאַף הַשְּׁבָטִים דְּרָשׁוּהוּ וְקֵרְבוּ בִּנְיָמִין, דִּכְתִיב אִישׁ מִמֶּנּוּ לֹא יִתֵּן אֶת בִּתּוֹ לְבִנְיָמִין לְאִשָּׁה (שופ' כ"א), וְחָזְרוּ וְאָמְרוּ אִלְמָלֵא הָיָה עוֹלֶה מִן הַשְּׁבָטִים לֹא הָיָה הַקָּבָּ"ה אוֹמֵר לְיַעֲקֹב וּמְלָכִים מֵחֲלָצֶיךָ יֵצֵאוּ. גּוֹי וּקְהַל גּוֹיִם — שְׁנֵי גוֹיִם עֲתִידִים בָּנָיו לְהַעֲשׂוֹת כְּמִנְיַן הַגּוֹיִם, שֶׁהֵם ע' אֻמּוֹת, וְכֵן כָּל הַסַּנְהֶדְרִין שִׁבְעִים: דָּבָר אַחֵר: שֶׁעֲתִידִים בָּנָיו לְהַקְרִיב בָּמוֹת כְּגוֹיִם בִּימֵי אֵלִיָּהוּ.

him, when he fled from the face of his brother. 8 But Deborah Re-
bekah's nurse died, and she was buried beneath Beth-el under the oak:
and he called its name Allonbachuth. 9 And God appeared unto Jacob
again, when he came from Padan-aram, and blessed him. 10 And God
said unto him, Thy name is Jacob: thy name shall not be called any
more Jacob, but Israel shall be thy name: and he called his name Is-
rael. 11 And God said unto him, I am God Almighty: be fruit-
ful and multiply; a nation and an assembly of nations shall be

רש"י

does not say בַּעְלוֹ (the singular form). Similarly, forms of אלהים denoting Judge or Authority are expressed in the plural, but you will find none other of the Divine Names in the plural. **(8)** ותמת דבורה AND DEBORAH DIED — How came Deborah to be in Jacob's house? But *the explanation is*: because Rebékah had promised Jacob (XXVI. 45) "then I will send and fetch thee from thence", she sent Deborah to him to Padan-aram *to tell him* to leave that place, and she died on the *return* journey. I learnt this from a comment of R. Moses Ha-darshan. מתחת לבית אל BELOW BETHEL — The city was situated on a mountain and she was buried at the foot of the mountain. תחת האלון UNDER THE OAK — *The Targum renders it by* "on the lower part of the plain" because there was some level ground above on the slope of the hill and her grave was beneath this. The plain of Bethel bore the name of Allon (cf. Rashi on XIV. 6). An Agada states that he there received news of a n o t h e r mourning for he was informed that his mother had died. — In Greek a l l o n means "another". — Because the time of her death was kept secret in order that people might not curse the mother who gave birth to Esau, Scripture also does not make open mention of her death (Tanch. כי תצא). **(9)** עוד AGAIN — the second time at this spot: once when he set out on his journey, once when he returned. ויברך אתו AND HE BLESSED HIM. — He gave him the blessing of *consolation addressed to* mourners (Gen. R. 81) (cp. Rashi on XXV. 11). **(10)** לא יקרא שמך עוד יעקב THY NAME SHALL NOT BE CALLED ANY MORE JACOB, which means a man who comes as a lurker and trickster, but *it shall be Israel* (ישראל), which signifies Prince and Chief. **(11)** אני אל שדי I AM GOD, ALMIGHTY, for I have the power to bless because the blessings are Mine. פרה ורבה BE FRUITFUL AND MULTIPLY — *God said this* in allusion to the fact that Benjamin was not yet born although she (Rachel) was soon to give birth to him (ib.). גוי A NATION — *referring to* Benjamin. גוים NATIONS — *referring to* Manasseh and Ephraim who would come from Joseph — and these actually were counted as tribes. ומלכים AND KINGS — *referring to* Saul and Ishbosheth who were of the tribe of Benjamin and these were not yet born[1]). This verse Abner explained in this sense when he made Ishbosheth king, and the tribes of Israel also explained it thus and *therefore* became friendly again with *the tribe of* Benjamin. For so it is written (Judg. XXI. 1) "*They said* there shall not any of us give his daughter unto Benjamin to wife". *Afterwards* they retracted this, saying, "If, indeed, he was not to be counted among the tribes[2]), the Holy One, blessed be He would not have said to Jacob *in reference to Ben-*

NOTES

1) The correct reading appears to be נולדו, alluding to the kings. So far as Benjamin was concerned כבר יצא מחלציו של יעקב שהרי אמו כבר נתעברה ממנו so that the reading נולד referring to Benjamin is hardly applicable. Of these kings, however, who were to be born hundreds of years later it might be said, even though somewhat loosely, ומלכים מחלציך יצאו

2) אלמלא היה עולה מן השבטים This is sometimes translated, "If, indeed, he were to be excluded from the tribes". But the similar Aramaic phrase in Jer. Sanh. I. 18c סלקית ממנינא "whether I was counted in the number" speaks for the translation given above (cf. also Megil. II. 6 ואין עולין להם מן המנין) As regards the two meanings, positive and negative, of אלמלא cf. the Lexicons.

יִהְיֶה מִמֶּךָּ וּמְלָכִים מֵחֲלָצֶיךָ יֵצֵאוּ׃ ששי יב וְאֶת־
הָאָרֶץ אֲשֶׁר נָתַתִּי לְאַבְרָהָם וּלְיִצְחָק לְךָ אֶתְּנֶנָּה
וּלְזַרְעֲךָ אַחֲרֶיךָ אֶתֵּן אֶת־הָאָרֶץ׃ יג וַיַּעַל מֵעָלָיו
אֱלֹהִים בַּמָּקוֹם אֲשֶׁר־דִּבֶּר אִתּוֹ׃ יד וַיַּצֵּב יַעֲקֹב
מַצֵּבָה בַּמָּקוֹם אֲשֶׁר־דִּבֶּר אִתּוֹ מַצֶּבֶת אָבֶן וַיַּסֵּךְ
עָלֶיהָ נֶסֶךְ וַיִּצֹק עָלֶיהָ שָׁמֶן׃ טו וַיִּקְרָא יַעֲקֹב אֶת־
שֵׁם הַמָּקוֹם אֲשֶׁר דִּבֶּר אִתּוֹ שָׁם אֱלֹהִים בֵּית־אֵל׃
טז וַיִּסְעוּ מִבֵּית אֵל וַיְהִי־עוֹד כִּבְרַת־הָאָרֶץ לָבוֹא
אֶפְרָתָה וַתֵּלֶד רָחֵל וַתְּקַשׁ בְּלִדְתָּהּ׃ יז וַיְהִי בְהַקְשֹׁתָהּ
בְּלִדְתָּהּ וַתֹּאמֶר לָהּ הַמְיַלֶּדֶת אַל־תִּירְאִי כִּי־גַם־
זֶה לָךְ בֵּן׃ יח וַיְהִי בְּצֵאת נַפְשָׁהּ כִּי מֵתָה וַתִּקְרָא
שְׁמוֹ בֶּן־אוֹנִי וְאָבִיו קָרָא־לוֹ בִנְיָמִין׃ יט וַתָּמָת רָחֵל

אונקלוס

יִפְּקוּן׃ יב וְיָת־אַרְעָא דִּי יְהָבִית לְאַבְרָהָם וּלְיִצְחָק לָךְ אֶתְּנִנַּהּ וְלִבְנָיךְ בָּתְרָךְ
אֶתֵּן יָת־אַרְעָא׃ יג וְאִסְתַּלַּק מֵעִלָּוֹהִי יְקָרָא־דַיְיָ בְּאַתְרָא דִּי־מַלֵּיל עִמֵּהּ׃
יד וַאֲקִים יַעֲקֹב קָמְתָא בְּאַתְרָא דִּי־מַלֵּיל עִמֵּהּ קָמַת אַבְנָא וְאַסֵּיךְ עֲלַהּ נִסּוּכִין
וְאָרֵיק עֲלַהּ מִשְׁחָא׃ טו וּקְרָא יַעֲקֹב יָת־שְׁמָא דְאַתְרָא דִּי מַלֵּיל עִמֵּהּ תַּמָּן יְיָ
בֵּית־אֵל׃ טז וּנְטַלוּ מִבֵּית אֵל וַהֲוָה־עוֹד כְּרוּבַת־אַרְעָא לְמֵיעַל לְאֶפְרָת וִילֵידַת
רָחֵל וְקַשִּׁיאַת בְּמֵילְדַהּ׃ יז וַהֲוָה בְּקַשְׁיוּתַהּ בְּמֵילְדַהּ וַאֲמַרַת לַהּ חָיְתָא לָא־
תִדְחֲלִי אֲרֵי־אַף־דֵּין לִיךְ בָּר׃ יח וַהֲוָה בְּמִפַּק נַפְשַׁהּ אֲרֵי מֵיתַת (נ״י מָיְתָא)
וּקְרָת שְׁמֵהּ בַּר־דְּוָנִי וַאֲבוּהִי קְרָא־לֵהּ בִּנְיָמִין׃ יט וּמִיתַת רָחֵל וְאִתְקְבַרַת בְּאֹרַח

רש״י

(יד) במקום אשר דבר אתו. אֵינִי יוֹדֵעַ מַה מְּלַמְּדֵנוּ: (טו) כברת הארץ. מְנַחֵם פֵּרֵשׁ לְשׁוֹן כַּבִּיר, רִבּוּי, מַהֲלָךְ רַב. וְאַגָּדָה: בִּזְמַן שֶׁהָאָרֶץ חֲלוּלָה וּמְנֻקֶּבֶת כִּכְבָרָה (ב״ר), שֶׁהַנִּיר מָצוּי, הַסְּתָיו עָבַר וְהַשָּׁרָב עֲדַיִן לֹא בָא; וְאֵין זֶה פְּשׁוּטוֹ שֶׁל מִקְרָא, שֶׁהֲרֵי בְּנַעֲמָן מָצִינוּ: וַיֵּלֶךְ מֵאִתּוֹ כִּבְרַת אָרֶץ (מ״ב ה׳); וְאוֹמֵר אֲנִי, שֶׁהוּא שֵׁם מִדַּת קַרְקַע, כְּמוֹ מַהֲלַךְ פַּרְסָה אוֹ יוֹתֵר, כְּמוֹ שֶׁאַתָּה אוֹמֵר: צִמְדֵּי כֶרֶם (ישׁ׳ ה׳), חֶלְקַת שָׂדֶה, (ברי׳ ל״ג), כָּךְ בְּמַהֲלָךְ אָדָם נוֹתֵן שֵׁם מִדָּה כִּבְרַת אָרֶץ: (יז) כי גם זה נוסף לָךְ עַל יוֹסֵף; וְרַבּוֹתֵינוּ דָרְשׁוּ: עִם כָּל שֵׁבֶט נוֹלְדָה תְאוֹמָה, וְעִם בִּנְיָמִין נוֹלְדָה תְאוֹמָה יְתֵירָה: (יח) בן אוני. בֶּן צַעֲרִי: בנימין. נִרְאֶה בְעֵינַי, לְפִי שֶׁהוּא לְבַדּוֹ נוֹלַד בְּאֶרֶץ כְּנַעַן שֶׁהוּא בַּנֶּגֶב כְּשֶׁאָדָם בָּא מֵאֲרַם נַהֲרַיִם, כְּמוֹ שֶׁנֶּאֱמַר: בַּנֶּגֶב בְּאֶרֶץ כְּנָעַן (במדי׳ ל״ג), הָלוֹךְ וְנָסוֹעַ הַנֶּגְבָּה (בראי׳ י״ב), בנימין — בֶּן יָמִין:

of thee, and kings shall go out of thy loins. [12]And the land which I gave
Abraham and Isaac, to thee I will give it, and to thy seed after thee
will I give the land. [13]And God went up from him at the place where
he spake with him. [14]And Jacob set up a pillar in the place where he
spake with him, even a pillar of stone: and he poured out a libation
thereon, and he poured oil thereon. [15]And Jacob called the name of
the place where God spake with him, Beth-el. [16]And they journeyed
from Beth-el; and there was but a kibrath of land to come to Ephrath:
and Rachel bare, and she had hard labour. [17]And it came to pass,
when she was in hard labour, that the midwife said unto her, Fear
not; for this also is a son for thee. [18]And it came to pass, as her
soul was departing, for she died, that she called his name Ben-oni:
but his father called his name Benjamin. [19]And Rachel died, and

רש״י

jamin and kings shall come out of thy loins" (and since there have not yet been kings of the tribe of Benjamin that tribe must not be exterminated). גוי וקהל גוים "A NATION AND AN ASSEMBLAGE OF NATIONS"[1]) — *this means* that his sons are destined to become nations the same in number as the nations (of the ancient world) which was seventy. So, too, the whole Sanhedrin consisted of seventy. Another explanation is *that it signifies* that his children will sacrifice on high places at a time when this *practice* is forbidden, as other nations *always* did — this refers to the days of Elijah. *From "This verse" is found* in an old text of Rashi.) **(14)** במקום אשר דבר אתו: AT THE PLACE WHERE HE SPAKE WITH HIM — I do not know what this is intended to tell us. **(16)** כברת הארץ A KIBRATH OF LAND — Menachem *ben Seruk* explains *the word* כברת to have the meaning of כביר "much" *and that the phrase means* a great distance. A Midrashic explanation is: at the time when the ground was full of holes and was riddled like a sieve (כברה) (cf. Rashi on XLVIII. 7) — when there was plenty of ploughed ground; the winter was passed, but the dry season had not yet come. This, however, cannot be the literal sense of the verse, for in the case of Naaman we find (2 Kings V.19) "So he departed from him כברת ארץ" (which cannot possibly have this meaning). I think that it is a name for a measure of land, the distance of a Parsa or more, just as you say (Is. V. 10) "acres (צמדי) of vineyard" and (XXXIII. 19) "the parcel (חלקת) of field"[2]): In the same way in reference to a man's journey Scripture mentions the name of a measure — viz., a כברת ארץ, a כברה of land. **(17)** כי גם זה FOR THIS ALSO — *also means* additional to you, over and above Joseph. Our Rabbis explained that with each of Jacob's sons a twin-sister was born, whilst with Benjamin an additional twin-sister was born (Gen. R. 82). **(18)** בן אוני *means* SON OF MY SORROW. בנימין BENJAMIN — I am of opinion *that he was so called* because he alone was born in the land of Canaan which is in the South (ימין) as one comes from Aram-Naharaim, as it is said (Num. XXXIII. 40) "in the South, in the Land of Canaan", and (XII. 9) "going on still towards the South". בנימין *therefore means* בן ימין *where* ימין has the same meaning as in (Ps. LXXXIX. 13) "The North

NOTES

[1]) In the two comments that follow גוי וקהל גוים are taken in the sense: "a nation — and one, too, that may be regarded as the assemblage of nations — will come forth from thee".

[2]) Where צמדי and חלקת each signify a certain measure.

וַתִּקָּבֵר בְּדֶרֶךְ אֶפְרָתָה הִוא בֵּית לָחֶם: כ וַיַּצֵּב
יַעֲקֹב מַצֵּבָה עַל־קְבֻרָתָהּ הִוא מַצֶּבֶת קְבֻרַת־רָחֵל
עַד־הַיּוֹם: כא וַיִּסַּע יִשְׂרָאֵל וַיֵּט אָהֳלֹה מֵהָלְאָה
לְמִגְדַּל־עֵדֶר: כב וַיְהִי בִּשְׁכֹּן יִשְׂרָאֵל בָּאָרֶץ הַהִוא
וַיֵּלֶךְ רְאוּבֵן וַיִּשְׁכַּב אֶת־בִּלְהָה פִּילֶגֶשׁ אָבִיו וַיִּשְׁמַע
יִשְׂרָאֵל: פ
וַיִּהְיוּ בְנֵי־יַעֲקֹב שְׁנֵים עָשָׂר: כג בְּנֵי לֵאָה בְּכוֹר
יַעֲקֹב רְאוּבֵן וְשִׁמְעוֹן וְלֵוִי וִיהוּדָה וְיִשָּׂשכָר
וּזְבֻלוּן: כד בְּנֵי רָחֵל יוֹסֵף וּבִנְיָמִן: כה וּבְנֵי בִלְהָה
שִׁפְחַת רָחֵל דָּן וְנַפְתָּלִי: כו וּבְנֵי זִלְפָּה שִׁפְחַת לֵאָה
גָּד וְאָשֵׁר אֵלֶּה בְּנֵי יַעֲקֹב אֲשֶׁר יֻלַּד־לוֹ בְּפַדַּן אֲרָם:
כז וַיָּבֹא יַעֲקֹב אֶל־יִצְחָק אָבִיו מַמְרֵא קִרְיַת הָאַרְבַּע

°פסקא באמצע פסוק

אונקלוס

אֶפְרָת הִיא בֵּית לָחֶם: כ וַאֲקֵים יַעֲקֹב קָמְתָא עַל־קְבוּרְתַּהּ הִיא קָמַת קְבוּרְתָּא־
דְרָחֵל עַד־יוֹמָא־דֵין: כא וּנְטַל יִשְׂרָאֵל וּפְרַס מַשְׁכְּנֵהּ מִלְּהַלָּא לְמַגְדְּלָא־
דְעֵדֶר: כב וַהֲוָה כַּד־שְׁרָא יִשְׂרָאֵל בְּאַרְעָא הַהִיא וַאֲזַל רְאוּבֵן וּשְׁכִיב עִם־
בִּלְהָה לְחֵינְתָא דַאֲבוּהִי וּשְׁמַע יִשְׂרָאֵל וַהֲווֹ בְנֵי־יַעֲקֹב תְּרֵי עֲסַר: כג בְּנֵי לֵאָה
בּוּכְרָא דְיַעֲקֹב רְאוּבֵן וְשִׁמְעוֹן וְלֵוִי וִיהוּדָה וְיִשָּׂשכָר וּזְבוּלוּן: כד בְּנֵי רָחֵל יוֹסֵף
וּבִנְיָמִן: כה וּבְנֵי בִלְהָה אַמְתָא דְרָחֵל דָּן וְנַפְתָּלִי: כו וּבְנֵי זִלְפָּה אַמְתָא דְלֵאָה
גָּד וְאָשֵׁר אִלֵּין בְּנֵי יַעֲקֹב דִּי אִתְיְלִידוּ לֵהּ בְּפַדַּן אֲרָם: כז וַאֲתָא יַעֲקֹב לְוָת־

רש"י

לשון צפון וְיָמִין אַתָּה בְרָאתָם (תהי׳ פ״ט), לְפִיכָךְ הוא מָלֵא: (כב) בשכן ישראל בארץ ההיא. עַד שֶׁלֹּא בָא לְחֶבְרוֹן אֵצֶל יִצְחָק אֵרְעוּהוּ כָּל אֵלֶּה: וישכב. מִתּוֹךְ שֶׁבִּלְבֵּל מִשְׁכָּבוֹ, מַעֲלֶה עָלָיו הַכָּתוּב כְּאִלּוּ שְׁכָבָהּ; וְלָמָּה בִלְבֵּל וְחִלֵּל יְצוּעָיו? שֶׁכְּשֶׁמֵּתָה רָחֵל נָטַל יַעֲקֹב מִטָּתוֹ, שֶׁהָיְתָה נְתוּנָה תָדִיר בְּאֹהֶל רָחֵל, וְלֹא בִשְׁאָר אֹהָלִים, וּנְתָנָהּ בְּאֹהֶל בִּלְהָה; בָּא רְאוּבֵן וְתָבַע עֶלְבּוֹן אִמּוֹ, אָמַר: אִם אֲחוֹת אִמִּי הָיְתָה צָרָה לְאִמִּי, שִׁפְחַת אֲחוֹת אִמִּי תְּהֵא צָרָה לְאִמִּי! לְכָךְ בִּלְבֵּל (שבת נ״ה): ויהיו בני יעקב שנים עשר. מַתְחִיל לְעִנְיָן רִאשׁוֹן, מִשֶּׁנּוֹלַד בִּנְיָמִין נִשְׁלְמָה הַמִּטָּה וּמֵעַתָּה רְאוּיִים לְהִמָּנוֹת, וּמְנָאָן; וְרַבּוֹתֵינוּ דָרְשׁוּ: לְלַמְּדֵנוּ בָא, שֶׁכֻּלָּן שָׁוִין וְכֻלָּן צַדִּיקִים, שֶׁלֹּא חָטָא רְאוּבֵן: (כג) בכור יעקב. אֲפִילּוּ בִשְׁעַת הַקַּלְקָלָה, קְרָאוֹ בְכוֹר: בכור יעקב. בְּכוֹר לְנַחֲלָה, בְּכוֹר לַעֲבוֹדָה, בְּכוֹר לְמִנְיָן. וְלֹא נִתְּנָה בְכוֹרָה לְיוֹסֵף אֶלָּא לְעִנְיַן הַשְּׁבָטִים — שֶׁנַּעֲשָׂה לִשְׁנֵי שְׁבָטִים: (כז) ממרא. שֵׁם הַמִּישׁוֹר: קרית הארבע. שֵׁם הָעִיר;

was buried on the way to Ephrath, which is Beth-lehem. ²⁰And Jacob set up a pillar upon her burying-place: that is the pillar of Rachel's burying place unto this day. ²¹And Israel journeyed, and spread his tent beyond Migdal Edar. ²²And it came to pass, when Israel dwelt in that land, that Reuben went and lay with Bilhah his father's concubine: and Israel heard it. Now the sons of Jacob were twelve. ²³The sons of Leah; Reuben, Jacob's firstborn, and Simeon, and Levi, and Judah, and Issachar, and Zebulum: ²⁴The sons of Rachel; Joseph, and Benjamin: ²⁵And the sons of Bilhah; Rachel's handmaid; Dan and Naphtali: ²⁶And the sons of Zilpah, Leah's handmaid; Gad, and Asher; these are the sons of Jacob, who were born to him in Padan-aram. ²⁷And Jacob came unto Isaac his father unto Mamre, the city of Arbah,

רש"י

and the S o u t h (ימין) Thou hast created them". For this reason the word is here written p l e n e (with a י after the מ)¹). Another explanation of בנימי is that it means "son of his old days (ימים)", only that it is written with ן (instead of ם), like (Dan. XII. 13) "at the end of days (ימין)". **(22)** בשכן ישראל בארץ ההוא WHEN ISRAEL DWELT IN THAT LAND — before he came to Isaac at Hebron²), all these *troubles* happened to him. וישכב AND HE LAY — Because he had disturbed his couch Scripture accounts it to him as though he had actually sinned in this manner. But why did he disturb his couch? When Rachel died Jacob removed to Bilhah's tent and Reuben came and protested against the slight thus inflicted on his mother (Leah). He said: "If my mother's sister was her rival, is that any reason why the h a n d m a i d of my mother's sister should become a rival to her!" On this account he disturbed the couch (Sabb. 55b). ויהיו בני יעקב שנים עשר NOW THE SONS OF JACOB WERE TWELVE — *Scripture begins again where it left off* the previous narrative (i. e. the birth of Benjamin): when Benjamin was born the destined number of his sons was complete and it was proper that they should then be enumerated; and therefore it enumerates them. Our Rabbis explained *that these words are intended* to tell us that *Jacob's twelve sons* were all equal — they were all equally righteous, for Reuben had committed no actual sin (ib.) **(23)** בכור יעקב JACOB'S FIRSTBORN — even when it speaks of his corrupt action Scripture calls him firstborn (Gen. R. 82). בכור יעקב JACOB'S FIRSTBORN — firstborn with regard to heritage, firstborn with regard to Divine Service (for before the Levites were appointed to minister to God the duty devolved upon the eldest son in each family)³), firstborn in any enumeration *of the twelve tribes*; for the right of a firstborn son was given to Joseph only in respect of the tribes — in that he founded t w o tribes (just as a firstborn son received a double portion in his father's property) (ib.). **(27)** ממרא MAMRE — the name of the plain. קרית הארבע KIRIATH-ARBA — the name of the city. ממרא קרית הארבע *therefore*

NOTES

¹) Thus suggesting the derivation of the name which is given here; but in all other passages in Scripture the second י is omitted since there is no point in emphasizing the derivation of the name (cf. Sota, 32b) when once this has been done.

²) As a punishment, because he had not proceeded immediately to his father.

³) Or this may be an allusion to the fact that on the breast plate of the High Priest, who carried out the Divine Service, the f i r s t precious stone was inscribed with the name of Reuben.

173 בראשית לה לו וישלח

הוּא חֶבְרוֹן אֲשֶׁר־גָּר־שָׁם אַבְרָהָם וְיִצְחָק: כח וַיִּהְיוּ
יְמֵי יִצְחָק מְאַת שָׁנָה וּשְׁמֹנִים שָׁנָה: כט וַיִּגְוַע יִצְחָק
וַיָּמָת וַיֵּאָסֶף אֶל־עַמָּיו זָקֵן וּשְׂבַע יָמִים וַיִּקְבְּרוּ
אֹתוֹ עֵשָׂו וְיַעֲקֹב בָּנָיו: פ

לו א וְאֵלֶּה תֹּלְדוֹת עֵשָׂו הוּא אֱדוֹם: ב עֵשָׂו לָקַח
אֶת־נָשָׁיו מִבְּנוֹת כְּנָעַן אֶת־עָדָה בַּת־
אֵילוֹן הַחִתִּי וְאֶת־אָהֳלִיבָמָה בַּת־עֲנָה בַּת־צִבְעוֹן
הַחִוִּי: ג וְאֶת־בָּשְׂמַת בַּת־יִשְׁמָעֵאל אֲחוֹת נְבָיוֹת:

אונקלוס

יִצְחָק אֲבוּהִי מַמְרֵא קִרְיַת אַרְבַּע הִיא חֶבְרוֹן דִּי־דָר־תַּמָּן אַבְרָהָם וְיִצְחָק:
כח וַהֲווֹ יוֹמֵי יִצְחָק מְאָה וּתְמָנַן שְׁנִין: כט וְאִתְנְגִיד יִצְחָק וּמִית וְאִתְכְּנֵישׁ
לְעַמֵּהּ סִיב וּשְׂבַע יוֹמִין וּקְבַרוּ יָתֵהּ עֵשָׂו וְיַעֲקֹב בְּנוֹהִי: א וְאִלֵּין תּוּלְדַת עֵשָׂו
הוּא אֱדוֹם: ב עֵשָׂו נְסִיב יָת־נְשׁוֹהִי מִבְּנָת כְּנַעַן יָת־עָדָה בַּת־אֵילוֹן חִתָּאָה
וְיָת־אָהֳלִיבָמָה בַּת־עֲנָה בַּת־צִבְעוֹן חִוָּאָה: ג וְיָת־בָּשְׂמַת בַּת־יִשְׁמָעֵאל אֲחָתֵהּ

רש"י

ממרא קרית הארבע. אֶל מִישׁוֹר שֶׁל קִרְיַת אַרְבַּע. וְאִ"ת הָיָה לוֹ לִכְתּוֹב מַמְרֵא הַקִּרְיַת אַרְבַּע? כֵּן דֶּרֶךְ הַמִּקְרָא בְּכָל דָּבָר שֶׁשְּׁמוֹ כָּפוּל, כְּגוֹן זֶה, וּכְגוֹן בֵּית לֶחֶם, אֲבִי עֶזֶר, בֵּית אֵל, אִם הוּצְרַךְ לְהַטִּיל בּוֹ הֵ"א, נוֹתְנָהּ בְּרֹאשׁ הַתֵּיבָה הַשְּׁנִיָּה — בֵּית הַלַּחְמִי (ש"א ט"ז), בְּעָפְרַת אֲבִי הָעֶזְרִי (שופ' ו'), בָּנָה חִיאֵל בֵּית הָאֱלִי (מ"א ט"ז): (כט) ויגוע יצחק. אֵין מֻקְדָּם וּמְאֻחָר בַּתּוֹרָה; מְכִירָתוֹ שֶׁל יוֹסֵף קָדְמָה לְמִיתָתוֹ שֶׁל יִצְחָק י"ב שָׁנָה, שֶׁהֲרֵי כְּשֶׁנּוֹלַד יַעֲקֹב הָיָה יִצְחָק בֶּן שִׁשִּׁים שָׁנָה, שֶׁנֶּאֱמַר: וְיִצְחָק בֶּן שִׁשִּׁים שָׁנָה וגו', וְיִצְחָק מֵת בִּשְׁנַת ק"כ לְיַעֲקֹב — אִם תּוֹצִיא שִׁשִּׁים מִמֵּאָה וּשְׁמוֹנִים שָׁנָה נִשְׁאֲרוּ ק"כ — וְיוֹסֵף נִמְכַּר בֶּן י"ז שָׁנָה, וְאוֹתָהּ שָׁנָה שְׁנַת מֵאָה וּשְׁמֹנָה לְיַעֲקֹב. כֵּיצַד? בֶּן שִׁשִּׁים וְשָׁלֹשׁ נִתְבָּרֵךְ, אַרְבַּע עֶשְׂרֵה שָׁנָה נִטְמַן בְּבֵית עֵבֶר, הֲרֵי שִׁבְעִים וָשֶׁבַע, וְאַרְבַּע עֶשְׂרֵה עָבַד בְּאִשָּׁה, וּבְסוֹף אַרְבַּע עֶשְׂרֵה נוֹלַד יוֹסֵף, שֶׁנֶּאֱמַר: וַיְהִי כַּאֲשֶׁר יָלְדָה רָחֵל אֶת יוֹסֵף וְגוֹ', הֲרֵי תִּשְׁעִים וְאַחַת, וְי"ז עַד שֶׁלֹּא נִמְכַּר יוֹסֵף, הֲרֵי מֵאָה וּשְׁמֹנָה: (עוֹד מְפֹרָשׁ מִן הַמִּקְרָא: מִשֶּׁנִּמְכַּר יוֹסֵף עַד שֶׁבָּא יַעֲקֹב מִצְרַיְמָה כ"ב שָׁנָה שֶׁ', וְיוֹסֵף בֶּן שְׁלֹשִׁים שָׁנָה וְגוֹ', וְז' שְׁנֵי שָׂבָע וּשְׁנָתַיִם רָעָב, הֲרֵי כ"ב וּכְתִיב יְמֵי שְׁנֵי מְגוּרַי שְׁלֹשִׁים וּמְאַת שָׁנָה, נִמְצָא בִּמְכִירָתוֹ ק"ח):

לו (ב) עדה בת אילון. הִיא בָּשְׂמַת בַּת אֵילוֹן, וְנִקְרֵאת בָּשְׂמַת עַל שֵׁם שֶׁהָיְתָה מְקַטֶּרֶת בְּשָׂמִים לַעֲ"זָ: אהליבמה. הִיא יְהוּדִית וְהוּא כִּנָּה שְׁמָהּ יְהוּדִית, לוֹמַר, שֶׁהִיא כּוֹפֶרֶת בַּעֲ"זָ, כְּדֵי לְהַטְעוֹת אֶת אָבִיו: בת ענה בת צבעון. אִם בַּת עֲנָה לֹא בַּת צִבְעוֹן? עֲנָה בְּנוֹ שֶׁל צִבְעוֹן, שֶׁנֶּאֱמַר: וְאֵלֶּה בְנֵי צִבְעוֹן וְאַיָּה וַעֲנָה? מְלַמֵּד שֶׁבָּא צִבְעוֹן עַל כַּלָּתוֹ אֵשֶׁת עֲנָה, וְיָצָאת אָהֳלִיבָמָה מִבֵּין שְׁנֵיהֶם, וְהוֹדִיעֲךָ הַכָּתוּב שֶׁכֻּלָּן בְּנֵי מַמְזֵרוּת הָיוּ: (ג) בשמת בת ישמעאל. וּלְהַלָּן קוֹרֵא לָהּ מָחֲלַת? מָצִינוּ בְּאַגָּדַת מִדְרַשׁ סֵפֶר שְׁמוּאֵל: ג' מוֹחֲלִים לָהֶן עֲוֹנוֹתֵיהֶן, גֵּר שֶׁנִּתְגַּיֵּר, וְהָעוֹלֶה לִגְדוּלָּה וְהַנּוֹשֵׂא אִשָּׁה, וְלָמַד הַטַּעַם מִכָּאן — לְכָךְ נִקְרֵאת מָחֲלַת, שֶׁנִּמְחֲלוּ עֲוֹנוֹתָיו:

which is Hebron, where Abraham and Isaac sojourned. 28 And the days
of Isaac were an hundred and fourscore years. 29 And Isaac expired,
and died, and was gathered unto his peoples, being old and full of
days: and his sons Esau and Jacob buried him.

36. 1 Now these are the generations of Esau, who is Edom. 2 Esau
took his wives of the daughters of Canaan; Adah the daughter of Elon
the Hittite, and Aholibamah the daughter of Anah the daughter of Zi-
beon the Hivite; 3 And Basmath Ishmael's daughter, sister of Nebajoth.

רש"י

means "to the plain of Kiriath-arba". If you say that it should have written ממרא הקרית ארבע (that Kirjath-arba being one name the definite article should be placed in front of it) *then I reply* that this is the rule in Biblical Hebrew: in every case of a name compounded of two words, such as this, and such as בית לחם and אבי עזר, and בית אל, when it is necessary to prefix the definite article (in order to determine the name) it is prefixed to the s e c o n d element *of the name* — t h u s (1 Sam. XVI. 1) בית הלחמי the Beth-lehemite; (Judg. VI. 24) "in Ophrah (אבי העזרי) of the Abiezrites"; (1 Kings XVI. 34) "did Hiel the Bethelite (בית האלי) build". **(29)** ויגוע יצחק AND ISAAC EXPIRED — There is no such thing as "earlier" or "later" (chronological order) in *the narratives of* the Torah, and the sale of Joseph preceded Isaac's death by twelve years. Thus: at Jacob's birth Isaac was sixty years old — as it is said (XXV. 26) "And Isaac was sixty years old [when he bore them]" (Esau and Jacob). Isaac died when Jacob was 120, for if you deduct 60 from 180 (Isaac's age when he died), you have left 120. Joseph was 17 years old when he was sold, and that year was the one hundred and eighth of Jacob's life. How is this? Jacob was 63 when he received the blessing of *his father*; 14 years he hid himself in Eber's School — making 77 — and 14 years "he served for his wives" (Rashi borrows a phrase from Hosea XII. 13 "And Israel served for a wife"; but he means for both wives), and at the expiration of these 14 years Joseph was born — as it is said (XXX. 25) "and it came to pass when Rachel had born Joseph" (that Jacob wished to return home and he would not have desired to do this if his fourteen years of service were not completed) making 91. *Add to this* the seventeen years *of Joseph's life* before he was sold, and you have 108. This may also be derived more directly from Scripture *thus*: from the time when Joseph was sold until the time when Jacob came to Egypt was 22 years, for it is said (XLI. 46) "And Joseph was 30 years old [when he stood before Pharoah]" (and therefore he had been in Egypt 13 years, as he was 17 when he was sold) and the seven years of plenty and two of famine had elapsed *before Jacob came to Egypt* (cf. XLV. 6), making 22 years. And as it is written (XLVII. 9) *that Jacob on his arrival in Egypt said to Pharoah* "The days of the years of my sojournings are a hundred and thirty years", it follows that at the time when Joseph was sold Jacob was one hundred and eight years old.

36. (2) עדה בת אילון ADAH THE DAUGHTER OF ELON — She is identical with Basemath daughter of Elon (cf. XXVI. 34) and she was called Basemath because she offered spices (בשמים) *as incense* to idols. אהליבמה OHOLIBAMAH is identical with Judith. He (Esau) changed her name to Judith (Jewess), suggesting that she had abandoned idol-worship, so that he might deceive his father. בת ענה בת צבעון THE DAUGHTER OF ANAH THE DAUGHTER OF ZIBEON — If she was the daughter of Anah she could not have been the daughter of Zibeon, for Anah was the s o n of Zibeon as it is said (v. 24) "And these are the sons of Zibeon: Aiah and A n a h"! *Scripture thus* tells us that Zibeon took his daughter-in-law, Anah's wife, and of them twain Oholibamah was born (so that being a daughter of Anah's wife she is called also h i s daughter). This text informs you that these were all of illegitimate birth (Tanch. וישב). **(3)** בשמת בת ישמעאל BASEMATH ISHMAEL'S DAUGHTER — But elsewhere (XXVIII. 9) she is called

בראשית לו וישלח

ד וַתֵּלֶד עָדָה לְעֵשָׂו אֶת־אֱלִיפָז וּבָשְׂמַת יָלְדָה אֶת־
רְעוּאֵל: ה וְאָהֳלִיבָמָה יָלְדָה אֶת־יְעִישׁ וְאֶת־יַעְלָם
וְאֶת־קֹרַח אֵלֶּה בְּנֵי עֵשָׂו אֲשֶׁר יֻלְּדוּ־לוֹ בְּאֶרֶץ כְּנָעַן:
ו וַיִּקַּח עֵשָׂו אֶת־נָשָׁיו וְאֶת־בָּנָיו וְאֶת־בְּנֹתָיו וְאֶת־כָּל־
נַפְשׁוֹת בֵּיתוֹ וְאֶת־מִקְנֵהוּ וְאֶת־כָּל־בְּהֶמְתּוֹ וְאֵת כָּל־
קִנְיָנוֹ אֲשֶׁר רָכָשׁ בְּאֶרֶץ כְּנָעַן וַיֵּלֶךְ אֶל־אֶרֶץ מִפְּנֵי
יַעֲקֹב אָחִיו: ז כִּי־הָיָה רְכוּשָׁם רָב מִשֶּׁבֶת יַחְדָּו וְלֹא
יָכְלָה אֶרֶץ מְגוּרֵיהֶם לָשֵׂאת אֹתָם מִפְּנֵי מִקְנֵיהֶם:
ח וַיֵּשֶׁב עֵשָׂו בְּהַר שֵׂעִיר עֵשָׂו הוּא אֱדוֹם: ט וְאֵלֶּה
תֹּלְדוֹת עֵשָׂו אֲבִי אֱדוֹם בְּהַר שֵׂעִיר: י אֵלֶּה שְׁמוֹת
בְּנֵי־עֵשָׂו אֱלִיפַז בֶּן־עָדָה אֵשֶׁת עֵשָׂו רְעוּאֵל בֶּן־

° יְעוּשׁ ק׳

אונקלוס

דִּנְבָיוֹת: ד וִילִידַת עָדָה לְעֵשָׂו יָת־אֱלִיפָז וּבָשְׂמַת יְלִידַת יָת־רְעוּאֵל: ה וְאָהֳלִיבָמָה
יְלִידַת יָת־יְעוּשׁ וְיָת־יַעְלָם וְיָת־קֹרַח אִלֵּין בְּנֵי עֵשָׂו דִּי אִתְיְלִידוּ־לֵהּ בְּאַרְעָא
דִכְנָעַן: ו וּדְבַר עֵשָׂו יָת־נְשׁוֹהִי וְיָת־בְּנוֹהִי וְיָת־בְּנָתֵהּ וְיָת־כָּל־נַפְשָׁת בֵּיתֵהּ
וְיָת־גֵּיתוֹהִי וְיָת־כָּל־בְּעִירֵהּ וְיָת כָּל־קִנְיָנֵהּ דִּי קְנָא בְּאַרְעָא דִכְנַעַן וַאֲזַל לְאַרְעָא
אָחֳרִי מִן־קֳדָם יַעֲקֹב אָחוּהִי: ז אֲרֵי־הֲוָה קִנְיָנְהוֹן סַגִּי מִלְּמִתַּב כַּחֲדָא וְלָא
יָכִילַת אֲרַע תּוֹתָבוּתְהוֹן לְסוֹבָרָא יָתְהוֹן מִן־קֳדָם גֵּיתֵיהוֹן: ח וִיתֵיב עֵשָׂו בְּטוּרָא
דְשֵׂעִיר עֵשָׂו הוּא אֱדוֹם: ט וְאִלֵּין תּוּלְדַת עֵשָׂו אֲבוּהוֹן דַּאֲדוֹמָאֵי בְּטוּרָא דְשֵׂעִיר:
י אִלֵּין שְׁמָהַת בְּנֵי־עֵשָׂו אֱלִיפָז בַּר־עָדָה אִתַּת עֵשָׂו רְעוּאֵל בַּר־בָּשְׂמַת אִתַּת

רש"י

אֲחוֹת נְבָיוֹת. עַל שֵׁם שֶׁהוּא הִשִּׂיאָהּ לוֹ מִשֶּׁמֵּת יִשְׁמָעֵאל נִקְרֵאת עַל שְׁמוֹ: (ה) וְאָהֳלִיבָמָה יָלְדָה
וְגוֹ׳. קֹרַח זֶה מַמְזֵר הָיָה וּבֶן אֱלִיפַז הָיָה, שֶׁבָּא עַל אֵשֶׁת אָבִיו, אֶל אָהֳלִיבָמָה אֵשֶׁת עֵשָׂו, שֶׁהֲרֵי
הוּא מָנוּי עִם אַלּוּפֵי אֱלִיפַז בְּסוֹף הָעִנְיָן (ב״ר): (ו) וַיֵּלֶךְ אֶל אֶרֶץ. לָגוּר בַּאֲשֶׁר יִמְצָא:
(ז) וְלֹא יָכְלָה אֶרֶץ מְגוּרֵיהֶם לְהַסְפִּיק מִרְעֶה לַבְּהֵמוֹת שֶׁלָּהֶם (ב״ר). וּמִ״א: מִפְּנֵי יַעֲקֹב
אָחִיו. מִפְּנֵי שְׁטַר חוֹב שֶׁל גְּזֵרַת כִּי גֵר יִהְיֶה זַרְעֲךָ, הַמֻּטָּל עַל זַרְעוֹ שֶׁל יִצְחָק, אָמַר:
אֵלֵךְ לִי מִכָּאן, אֵין לִי חֵלֶק לֹא בַמַּתָּנָה, שֶׁנִּתְּנָה לוֹ הָאָרֶץ הַזֹּאת, וְלֹא בְּפִרְעוֹן הַשְּׁטָר,
וּמִפְּנֵי הַבּוּשָׁה שֶׁמָּכַר בְּכוֹרָתוֹ: (ט) וְאֵלֶּה. הַתּוֹלָדוֹת שֶׁהוֹלִידוּ בָּנָיו מִשֶּׁהָלַךְ לְשֵׂעִיר:

⁴And Adah bare to Esau Eliphaz; and Basmath bare Reuel; ⁵And Aholibamah bare Jeush, and Jaalam, and Korah: these are the sons of Esau, who were born unto him in the land of Canaan. ⁶And Esau took his wives, and his sons, and his daughters, and all the souls of his house, and his cattle, and all his beasts, and all his property, which he had got in the land of Canaan; and went into a country away from the face of his brother Jacob. ⁷For their substance was more than that they could abide together; and the land of their sojournings could not bear them because of their cattle. ⁸Thus Esau abode in mount Seir: Esau is Edom. ⁹And these are the generations of Esau the father of Edom in mount Seir: ¹⁰These are the names of Esau's sons; Eliphaz the son of Adah the wife of Esau, Reuel the son

רש"י

Mahalath! We find in the Agadic Midrash on the Book of Samuel (Ch. 17) that there are three classes whose sins are pardoned: a proselyte, one who is exalted to a high position and a man on his marriage. It derives the proof *for the latter case* from here; viz., the reason why she was *also* calleth Mahalath (pardon) was because his (Esau's) sins were pardoned on his marriage to her (cf. also Gen. R. 63). אחות נביות SISTER OF NEBAIOTH — because he gave her in marriage after Ishmael's death she is called after his name (Nebaioth's sister). **(5)** ואהליבמה ילדה וגו' AND OHOLIBAMAH BARE etc. — This Korah was an illegitimate child for he was the son of Eliphaz (cf. vv. 15, 16, 18) who had taken his father's wife — Oholibamah, the wife of Esau — for he is enumerated *also* amongst the chiefs of Eliphaz at the end of this section (Gen. R. 82). **(6)** וילך אל ארץ AND WENT INTO A COUNTRY (i. e. no particular country, but into any country), to stay whereever he could find *room*. **(7)** ולא יכלה ארץ מגוריהם AND THE LAND OF THEIR SOJOURNINGS COULD NOT supply sufficient pasture for the cattle which they had. A Midrashic comment on מפני יעקב אחיו [HE WENT TO A COUNTRY] ON ACCOUNT OF HIS BROTHER JACOB is: on account of the bond of indebtedness involved in the decree, (XIV. 13) "thy seed shall be a stranger etc. . . . *and they shall afflict them etc.*" that was imposed upon Isaac's descendants. He said, "I shall go hence — I desire no part either in the g i f t of this land which has been made to him (to my father) nor in the payment of this b o n d (cf. Gen. R. 82). *Another reason why he went away was* on account of the shame *he felt* at having sold his birthright. **(9)** ואלה AND THESE are the generations that his sons

בָּשְׂמַת אֵשֶׁת עֵשָׂו׃ יא וַיִּהְיוּ בְּנֵי אֱלִיפָז תֵּימָן אוֹמָר
צְפוֹ וְגַעְתָּם וּקְנַז׃ יב וְתִמְנַע ׀ הָיְתָה פִילֶגֶשׁ לֶאֱלִיפַז
בֶּן־עֵשָׂו וַתֵּלֶד לֶאֱלִיפַז אֶת־עֲמָלֵק אֵלֶּה בְּנֵי עָדָה
אֵשֶׁת עֵשָׂו׃ יג וְאֵלֶּה בְּנֵי רְעוּאֵל נַחַת וָזֶרַח שַׁמָּה
וּמִזָּה אֵלֶּה הָיוּ בְּנֵי בָשְׂמַת אֵשֶׁת עֵשָׂו׃ יד וְאֵלֶּה הָיוּ
בְּנֵי אָהֳלִיבָמָה בַת־עֲנָה בַּת־צִבְעוֹן אֵשֶׁת עֵשָׂו
וַתֵּלֶד לְעֵשָׂו אֶת־°יְעִישׁ וְאֶת־יַעְלָם וְאֶת־קֹרַח׃
טו אֵלֶּה אַלּוּפֵי בְנֵי־עֵשָׂו בְּנֵי אֱלִיפַז בְּכוֹר עֵשָׂו אַלּוּף
תֵּימָן אַלּוּף אוֹמָר אַלּוּף צְפוֹ אַלּוּף קְנַז׃ טז אַלּוּף־
קֹרַח אַלּוּף גַּעְתָּם אַלּוּף עֲמָלֵק אֵלֶּה אַלּוּפֵי אֱלִיפַז
בְּאֶרֶץ אֱדוֹם אֵלֶּה בְּנֵי עָדָה׃ יז וְאֵלֶּה בְּנֵי רְעוּאֵל
בֶּן־עֵשָׂו אַלּוּף נַחַת אַלּוּף זֶרַח אַלּוּף שַׁמָּה אַלּוּף
מִזָּה אֵלֶּה אַלּוּפֵי רְעוּאֵל בְּאֶרֶץ אֱדוֹם אֵלֶּה בְּנֵי

°יְעוּשׁ ק׳

אונקלוס

עֵשָׂו: יא וַהֲווֹ בְּנֵי אֱלִיפַז תֵּימָן אוֹמָר צְפוֹ וְגַעְתָּם וּקְנַז: יב וְתִמְנַע הֲוָת לְחֵינְתָא
לֶאֱלִיפַז בַּר־עֵשָׂו וִילֵידַת לֶאֱלִיפַז יָת־עֲמָלֵק אִלֵּין בְּנֵי עָדָה אִתַּת עֵשָׂו: יג וְאִלֵּין
בְּנֵי רְעוּאֵל נַחַת וָזֶרַח שַׁמָּה וּמִזָּה אִלֵּין הֲווֹ בְּנֵי בָשְׂמַת אִתַּת עֵשָׂו: יד וְאִלֵּין
הֲווֹ בְּנֵי אָהֳלִיבָמָה בַּת־עֲנָה בַּת־צִבְעוֹן אִתַּת עֵשָׂו וִילֵידַת לְעֵשָׂו יָת־יְעוּשׁ וְיָת־
יַעְלָם וְיָת־קֹרַח: טו אִלֵּין רַבְרְבֵי בְנֵי־עֵשָׂו בְּנֵי אֱלִיפַז בּוּכְרָא דְעֵשָׂו רַבָּא תֵימָן
רַבָּא אוֹמָר רַבָּא צְפוֹ רַבָּא קְנַז: טז רַבָּא קֹרַח רַבָּא גַעְתָּם רַבָּא עֲמָלֵק אִלֵּין
רַבְרְבֵי דֶאֱלִיפַז בְּאַרְעָא דֶאֱדוֹם אִלֵּין בְּנֵי עָדָה: יז וְאִלֵּין בְּנֵי רְעוּאֵל בַּר־עֵשָׂו
רַבָּא נַחַת רַבָּא זֶרַח רַבָּא שַׁמָּה רַבָּא מִזָּה אִלֵּין רַבְרְבֵי רְעוּאֵל בְּאַרְעָא

רש״י

(יב) ותמנע היתה פילגש. לְהוֹדִיעַ גְּדֻלָּתוֹ שֶׁל אַבְרָהָם, כַּמָּה הָיוּ תְּאֵבִים לְדָבֵק בְּזַרְעוֹ. תִּמְנַע זוֹ בַּת אַלּוּפִים הָיְתָה, שֶׁנֶּאֱמַר: וַאֲחוֹת לוֹטָן תִּמְנָע, וְלוֹטָן מֵאַלּוּפֵי יוֹשְׁבֵי שֵׂעִיר הָיָה מִן הַחוֹרִים שֶׁיָּשְׁבוּ בָהּ לְפָנִים, אָמְרָה: אֵינִי זוֹכָה לְהִנָּשֵׂא לְךָ הַלְוַאי וְאֶהְיֶה פִּילֶגֶשׁ. וּבְדִבְרֵי הַיָּמִים מוֹנֶה אוֹתָהּ בְּבָנָיו שֶׁל אֱלִיפַז, מְלַמֵּד שֶׁבָּא עַל אִשְׁתּוֹ שֶׁל שֵׂעִיר וְיָצְאָה תִמְנַע מִבֵּינֵיהֶם, וּכְשֶׁגָּדְלָה, נַעֲשֵׂית פִּילַגְשׁוֹ, וְזֶהוּ: וַאֲחוֹת לוֹטָן תִּמְנָע, וְלֹא מְנָאָהּ עִם בְּנֵי שֵׂעִיר שֶׁהָיְתָה אֲחוֹתוֹ מִן הָאֵם וְלֹא מִן הָאָב: (טו) אלה אלופי בני עשו. רָאשֵׁי מִשְׁפָּחוֹת:

Genesis XXXVI. 11—17.

of Basmath the wife of Esau. ¹¹And the sons of Eliphaz were Teman, Omar, Zepho, and Gatam, and Kenaz. ¹²And Timna was concubine to Eliphaz Esau's son; and she bare to Eliphaz Amalek: these were the sons of Adah Esau's wife. ¹³And these are the sons of Reuel; Nahath, and Zerah, Shammah, and Mizzah: these were the sons of Basmath Esau's wife. ¹⁴And these were the sons of Aholibamah, the daughter of Anah the daughter of Zibeon, Esau's wife: and she bare to Esau Jeush, and Jaalam, and Korah. ¹⁵These were chieftains of the sons of Esau: the sons of Eliphaz the firstborn son of Esau; chieftain Teman, chieftain Omar, chieftain Zepho, chieftain Kenaz. ¹⁶Chieftain Korah, chieftain Gatam, and chieftain Amalek: these are the chieftains that came of Eliphaz in the land of Edom; these were the sons of Adah. ¹⁷And these are the sons of Reuel Esau's son; chieftain Nahath, chieftain Zerah, chieftain Shammah, chieftain Mizzah: these are the chieftains that came of Reuel in the land of Edom; these are the sons

רש״י

begat after he went to Seir.¹) **(12)** ותמנע היתה פילגש AND TIMNA WAS CONCUBINE — *This is stated* to tell you in what importance Abraham was held — how eager people were to attach themselves to his descendants. This Timna was a descendant of chieftains, as it is said (v. 22) "And Lotan's sister was Timna", and Lotan was one of the chieftains inhabiting Seir — *he was one* of the Horites who had dwelt there from ancient times. She said *to Eliphaz,* "If I am unworthy to become your wife would that I might become your concubine!" In Chronicles (1 I. 36) Scripture enumerates her amongst the children of Eliphaz, *thus* intimating that he took Seir's wife and from the two of them Timna was born. When she grew up she became his concubine. This is why it is stated, "and Lotan's sister was Timna", and why Scripture does not enumerate her amongst Seir's children, *merely stating that she was sister to Lotan, Seir's son, (see v. 20)* because she was his sister from one mother and not from one father (Tanch.). **(15)** אלה אלופי בני עשו THESE WERE CHIEFTAINS OF THE SONS OF ESAU — Heads of

NOTES

¹) Esau's descendants born in Canaan are given in verses 1—5 (cf. the last words of v. 5).

בָּשְׂמַת אֵשֶׁת עֵשָׂו׃ יח וְאֵלֶּה בְּנֵי אָהֳלִיבָמָה אֵשֶׁת
עֵשָׂו אַלּוּף יְעוּשׁ אַלּוּף יַעְלָם אַלּוּף קֹרַח אֵלֶּה
אַלּוּפֵי אָהֳלִיבָמָה בַּת־עֲנָה אֵשֶׁת עֵשָׂו׃ יט אֵלֶּה
בְנֵי־עֵשָׂו וְאֵלֶּה אַלּוּפֵיהֶם הוּא אֱדוֹם׃ ס שביעי
כ אֵלֶּה בְנֵי־שֵׂעִיר הַחֹרִי יֹשְׁבֵי הָאָרֶץ לוֹטָן וְשׁוֹבָל
וְצִבְעוֹן וַעֲנָה׃ כא וְדִשׁוֹן וְאֵצֶר וְדִישָׁן אֵלֶּה אַלּוּפֵי
הַחֹרִי בְּנֵי שֵׂעִיר בְּאֶרֶץ אֱדוֹם׃ כב וַיִּהְיוּ בְנֵי־לוֹטָן
חֹרִי וְהֵימָם וַאֲחוֹת לוֹטָן תִּמְנָע׃ כג וְאֵלֶּה בְּנֵי שׁוֹבָל
עַלְוָן וּמָנַחַת וְעֵיבָל שְׁפוֹ וְאוֹנָם׃ כד וְאֵלֶּה בְנֵי־צִבְעוֹן
וְאַיָּה וַעֲנָה הוּא עֲנָה אֲשֶׁר מָצָא אֶת־הַיֵּמִם בַּמִּדְבָּר
בִּרְעֹתוֹ אֶת־הַחֲמֹרִים לְצִבְעוֹן אָבִיו׃ כה וְאֵלֶּה בְנֵי־

אונקלוס

(דְ)אֱדוֹם אִלֵּין בְּנֵי בָשְׂמַת אִתַּת עֵשָׂו׃ יח וְאִלֵּין בְּנֵי אָהֳלִיבָמָה אִתַּת עֵשָׂו רַבָּא
יְעוּשׁ רַבָּא יַעְלָם רַבָּא קֹרַח אִלֵּין רַבְרְבֵי אָהֳלִיבָמָה בַּת־עֲנָה אִתַּת עֵשָׂו׃
יט אִלֵּין בְּנֵי־עֵשָׂו וְאִלֵּין רַבְרְבָנֵיהוֹן הוּא אֱדוֹם׃ כ אִלֵּין בְּנֵי־שֵׂעִיר חוֹרָאָה
יָתְבֵי דְאַרְעָא לוֹטָן וְשׁוֹבָל וְצִבְעוֹן וַעֲנָה׃ כא וְדִשׁוֹן וְאֵצֶר וְדִישָׁן אִלֵּין רַבְרְבֵי
חוֹרָאֵי בְּנֵי שֵׂעִיר בְּאַרְעָא דֶאֱדוֹם׃ כב וַהֲווֹ בְנֵי־לוֹטָן חוֹרִי וְהֵימָם וַאֲחָתֵיהּ
דְּלוֹטָן תִּמְנָע׃ כג וְאִלֵּין בְּנֵי שׁוֹבָל עַלְוָן וּמָנַחַת וְעֵיבָל שְׁפוֹ וְאוֹנָם׃ כד וְאִלֵּין
בְּנֵי־צִבְעוֹן וְאַיָּה וַעֲנָה הוּא עֲנָה דִּי אַשְׁכַּח יָת־גִּבָּרַיָּא בְּמַדְבְּרָא כַּד־הֲוָה־רָעֵי
יָת־חַמְרַיָּא לְצִבְעוֹן אֲבוּהִי׃ כה וְאִלֵּין בְּנֵי־עֲנָה דִּשָׁן וְאָהֳלִיבָמָה בַּת־עֲנָה׃

רש"י

(כ) ישבי הארץ. שֶׁהָיוּ יוֹשְׁבֶיהָ קוֹדֶם שֶׁבָּא עֵשָׂו לְשָׁם. וְרַבּוֹתֵינוּ דָרְשׁוּ (שבת פ"ה), שֶׁהָיוּ בְקִיאִין בְּיִשּׁוּבָהּ שֶׁל אֶרֶץ; מְלֹא קָנֶה זֶה לְזֵיתִים, מְלֹא קָנֶה זֶה לִגְפָנִים, שֶׁהָיוּ טוֹעֲמִין הֶעָפָר וְיוֹדְעִין אֵי זוֹ נְטִיעָה רְאוּיָה לוֹ: (כד) ואיה וענה. וָי"ו יְתֵירָה, וְהוּא כְּמוֹ אַיָּה וַעֲנָה. וְהַרְבֵּה יֵשׁ בַּמִּקְרָא: תֵּת וְקֹדֶשׁ וְצָבָא מִרְמָס (דני' ח') נִרְדָּם וְרֶכֶב וָסוּס (תה' ע"ו): הוא ענה. הָאָמוּר לְמַעְלָה שֶׁהוּא אָחִיו שֶׁל צִבְעוֹן וְכָאן הוּא קוֹרֵא אוֹתוֹ בְּנוֹ? מְלַמֵּד שֶׁבָּא צִבְעוֹן עַל אִמּוֹ וְהוֹלִיד אֶת עֲנָה: את הימם. פְּרָדִים. הִרְבִּיעַ חֲמוֹר עַל סוּס נְקֵבָה וְיָלְדָה פֶּרֶד, וְהוּא הָיָה מַמְזֵר, וְהֵבִיא פְּסוּלִין לָעוֹלָם; וְלָמָּה נִקְרָא שְׁמָם יֵמִים? שֶׁאֵימָתָן מוּטֶּלֶת עַל הַבְּרִיּוֹת, דְּאָמַר רַבִּי חֲנִינָא: מִיָּמַי לֹא שְׁאָלַנִי אָדָם עַל מַכַּת פִּרְדָּה לְבָנָה וְחָיָה (חולין ז') וְהָלֹא קָא חָזִינַן דְּחָיְיָה? אַל תִּקְרֵי וְחָיָה אֶלָּא וְחָיְתָה, כִּי הַמַּכָּה לֹא תִרְפָא לְעוֹלָם; בְּרַשִׁ"י יָשָׁן) וְלֹא הֻזְקַק לִכְתּוֹב לָנוּ מִשְׁפְּחוֹת הַחוֹרִי,

of Basmath Esau's wife. 18And these are the sons of Aholibamah Esau's
wife; chieftain Jeush, chieftain Jaalam, chieftain Korah: these were
the chieftains that came of Aholibamah the daughter of Anah, Esau's
wife. 19These are the sons of Esau, who is Edom, and these are their
chieftains. 20These are the sons of Seir the Horite, the inhabitants of
the land; Lotan, and Shobal, and Zibeon, and Anah, 21And Dishon, and
Ezer, and Dishan: these are the chieftains of the Horites, the children
of Seir in the land of Edom. 22And the children of Lotan were Hori
and Heman; and Lotan's sister was Timna. 23And the children of
Shobal were these; Alvan, and Manahath, and Ebal, Shepho, and
Onam. 24And these are the children of Zibeon; and Ajah, and Anah:
this was that Anah that found the yemim in the desert, as he fed
the asses of Zibeon his father. 25And the children of Anah were

רש"י

families. **(20)** ישבי הארץ THE INHABITANTS OF THE LAND i. e. who had been its inhabitants b e f o r e Esau came there. Our Rabbis explained (Sabb. 85b) *that they are called* וישבי הארץ because they were experts in making the land h a b i t a b l e (by skilful cultivation) *saying:* this entire rood *of ground* is suitable for *planting* olives, that entire rood for vines — because they tasted the soil and so discovered what was suitable for planting in it. **(24)** ואיה וענה lit., AND AJAH AND ANAH — The ו in ואיה is redundant, *so that the words are* equivalent to איה וענה Ajah and Anah. There are many examples of this in Biblical Hebrew: (Dan. VIII. 13) "to give (וקדש וצבא) b o t h the Sanctuary and the host to be trampled under foot"; (Ps. LXXXVI. 7) "they are cast into a deep sleep (ורכב וסום) the riders also and the horses".1) הוא ענה THIS WAS THAT ANAH mentioned above (v. 20) as the b r o t h e r of Zibeon. Here is called his s o n, *thus* telling us that Zibeon and his own mother were the parents of Anah (Gen. R. 84). את הימים *means* THE MULES — He crossed an ass and a mare, the offspring being a mule. Being himself the offspring of an unnatural union he reared such in the animal world (ib.). Why are they called ימים (which may signify "dreaded beings")? Because the fear of them lies upon people; for R. Hanina said, "No-one has ever consulted me about an injury caused by a white mule and has recovered (וחיה lit., lived)". "But do we not see that such a person has recovered (lived)? But you should not read וחיה "and he lived", but וחיתה "and it (the wound) healed up" — for such a wound never heals up (Chul. 7b). *From "But do we not see is to be found* in an old text of Rashi. It would have been unnecessary

NOTES

1) The translation here given of the phrases which Rashi cites takes the prepositions ו . . . ו in the sense of "both . . . and" similar to גם . . . גם, but this is not Rashi's view.

עֲנָה דִּשֹׁן וְאָהֳלִיבָמָה בַּת־עֲנָה׃ כו וְאֵלֶּה בְּנֵי דִישָׁן
חֶמְדָּן וְאֶשְׁבָּן וְיִתְרָן וּכְרָן׃ כז אֵלֶּה בְּנֵי־אֵצֶר בִּלְהָן
וְזַעֲוָן וַעֲקָן׃ כח אֵלֶּה בְנֵי־דִישָׁן עוּץ וַאֲרָן׃ כט אֵלֶּה
אַלּוּפֵי הַחֹרִי אַלּוּף לוֹטָן אַלּוּף שׁוֹבָל אַלּוּף צִבְעוֹן
אַלּוּף עֲנָה׃ ל אַלּוּף דִּשֹׁן אַלּוּף אֵצֶר אַלּוּף דִּישָׁן
אֵלֶּה אַלּוּפֵי הַחֹרִי לְאַלֻּפֵיהֶם בְּאֶרֶץ שֵׂעִיר׃ פ
לא וְאֵלֶּה הַמְּלָכִים אֲשֶׁר מָלְכוּ בְּאֶרֶץ אֱדוֹם לִפְנֵי
מְלָךְ־מֶלֶךְ לִבְנֵי יִשְׂרָאֵל׃ לב וַיִּמְלֹךְ בֶּאֱדוֹם
בֶּלַע בֶּן־בְּעוֹר וְשֵׁם עִירוֹ דִּנְהָבָה׃ לג וַיָּמָת בָּלַע
וַיִּמְלֹךְ תַּחְתָּיו יוֹבָב בֶּן־זֶרַח מִבָּצְרָה׃ לד וַיָּמָת יוֹבָב
וַיִּמְלֹךְ תַּחְתָּיו חֻשָׁם מֵאֶרֶץ הַתֵּימָנִי׃ לה וַיָּמָת חֻשָׁם
וַיִּמְלֹךְ תַּחְתָּיו הֲדַד בֶּן־בְּדַד הַמַּכֶּה אֶת־מִדְיָן

אונקלוס

כו וְאִלֵּין בְּנֵי דִישָׁן חֶמְדָּן וְאֶשְׁבָּן וְיִתְרָן וּכְרָן׃ כז אִלֵּין בְּנֵי־אֵצֶר בִּלְהָן וְזַעֲוָן וַעֲקָן׃ כח אִלֵּין בְּנֵי־דִישָׁן עוּץ וַאֲרָן׃ כט אִלֵּין רַבְרְבֵי חוֹרָאָה רַבָּא לוֹטָן רַבָּא שׁוֹבָל רַבָּא צִבְעוֹן רַבָּא עֲנָה׃ ל רַבָּא דִשׁוֹן רַבָּא אֵצֶר רַבָּא דִישָׁן אִלֵּין רַבְרְבֵי חוֹרָאָה לְרַבְרְבָנֵיהוֹן בְּאַרְעָא דְשֵׂעִיר׃ לא וְאִלֵּין מַלְכַיָּא דִּי מְלִיכוּ בְּאַרְעָא דֶאֱדוֹם קֳדָם דִּי־מְלַךְ־מַלְכָּא לִבְנֵי יִשְׂרָאֵל׃ לב וּמְלַךְ בֶּאֱדוֹם בֶּלַע בַּר־בְּעוֹר וְשׁוּם קַרְתֵּהּ דִּנְהָבָה׃ לג וּמִית בָּלַע וּמְלַךְ תְּחוֹתוֹהִי יוֹבָב בַּר־זֶרַח מִבָּצְרָה׃ לד וּמִית יוֹבָב וּמְלַךְ תְּחוֹתוֹהִי חֻשָׁם מֵאַרְעָא דָרוֹמָא׃ לה וּמִית חֻשָׁם וּמְלַךְ תְּחוֹתוֹהִי הֲדַד בַּר־בְּדַד דִּקְטִיל יָת־מִדְיָנָאֵי בְּחַקְלָא דְמוֹאָב וְשׁוּם קַרְתֵּהּ עֲוִית׃

רש״י

אֶלָּא מִפְּנֵי תִמְנַע, וּלְהוֹדִיעַ גְּדֻלַּת אַבְרָהָם, כְּמוֹ שֶׁפֵּרַשְׁתִּי לְמַעְלָה: (לא) ואלה המלכים וגו׳. שְׁמוֹנָה הָיוּ וּכְנֶגְדָּן הֶעֱמִיד יַעֲקֹב וּבִטֵּל מַלְכוּת עֵשָׂו בִּימֵיהֶם, וְאֵלּוּ הֵן, שָׁאוּל וְאִישׁ בֹּשֶׁת, דָּוִד וּשְׁלֹמֹה, רְחַבְעָם, אֲבִיָּה, אָסָא, יְהוֹשָׁפָט; וּבִימֵי יוֹרָם בְּנוֹ כְּתִיב: בְּיָמָיו פָּשַׁע אֱדוֹם מִתַּחַת יַד יְהוּדָה וַיַּמְלִיכוּ עֲלֵיהֶם מֶלֶךְ (מ״ב ח׳), וּבִימֵי שָׁאוּל כְּתִיב: וּמֶלֶךְ אֵין בֶּאֱדוֹם נִצָּב מֶלֶךְ (מ״א כ״ב): (לג) יובב בן זרח מבצרה. בָּצְרָה מֵעָרֵי מוֹאָב הִיא, שֶׁנֶּאֱמַר: וְעַל קְרִיּוֹת וְעַל בָּצְרָה וגו׳, (יר׳ מ״ח); וּלְפִי שֶׁהֶעֱמִידָה מֶלֶךְ לֶאֱדוֹם, עֲתִידָה לִלְקוֹת עִמָּהֶם, שֶׁנֶּאֱמַר: כִּי זֶבַח לַה׳ בְּבָצְרָה (יש׳ ל״ד): (לה) המכה את מדין בשדה מואב. שֶׁבָּאוּ מִדְיָן עַל מוֹאָב לְמִלְחָמָה, וְהָלַךְ מֶלֶךְ אֱדוֹם לַעֲזוֹר אֶת מוֹאָב; וּמִכָּאן אָנוּ לְמֵדִים, שֶׁהָיוּ מִדְיָן וּמוֹאָב מְרִיבִים זֶה עִם זֶה,

these; Dishon, and Aholibamah the daughter of Anah. 26 And these are the children of Dishon; Hemdan, and Eshban, and Ithran, and Cheran. 27 The children of Ezer are these; Bilhan, and Zaavan, and Akan. 28 The children of Dishan are these; Uz, and Aran. 29 These are the chieftains that came of the Horites; chieftain Lotan, chieftain Shobal, chieftain Zibeon, chieftain Anah. 30 Chieftain Dishon, chieftain Ezer, chieftain Dishan: these are the chieftains that came of Hori, according to their chieftains in the land of Seir. 31 And these are the kings that reigned in the land of Edom, before there reigned any king over the children of Israel. 32 And Bela the son of Beor reigned in Edom: and the name of his city was Dinhabah. 33 And Bela died, and Jobab the son of Zerah of Bozrah reigned in his stead. 34 And Jobab died, and Husham of the land of Temani reigned in his stead. 35 And Husham died, and Hadad the son of Bedad, who smote Midian in the

רש"י

to write the genealogy of the Horites had it not been that it wishes to mention Timna, thereby showing in what importance Abraham was held, as I have explained above (see v. 12). **(31)** ואלה המלכים וגו' AND THESE ARE THE KINGS etc. — There were eight and Jacob raised an equal number in whose days the kingdom of Esau *temporarily* ceased to exist, viz., Saul, Ishbosheth, David, Solomon, Rehoboam, Asa, Abiah and Jehoshaphat. For of the days of Yoram his (Jehoshaphat's) son it is written, (2 Kings VIII. 20) "In his days Edom revolted from under the hand of Judah and made a king over themselves", whereas in the days of Jehoshaphat it is written, (1 Kings XXIII. 48) "And there was no king in Edom: a deputy was king". **(33)** יובב בן זרח מבצרה JOBAB, THE SON OF ZERAH OF BOZRAH — Bozrah was one of the Moabite cities, as it is said (Jer. XLVIII. 24 which chapter is a prophecy against Moab), "[Judgment is come upon . . .] and upon Keriath and upon Bozrah etc." Because it produced a king for Edom it is to be smitten together with them (the Edomites), as it is said (Is. XXXIV. 6) "For the Lord hath a slaughtering in Bozrah, [and a great slaughter in the Land of Edom]' (Gen. R. 83). **(35)** המכה את מדין בשדה מואב WHO SMOTE MIDIAN IN THE FIELD OF MOAB — for Midian came to war against Moab and the king of Edom went to assist Moab. From here we learn that although Midian and Moab were at strife one with the other yet in the time of Balaam they made peace in

בִּשְׂדֵה מוֹאָב וְשֵׁם עִירוֹ עֲוִית׃ לו וַיָּמָת הֲדָד וַיִּמְלֹךְ
תַּחְתָּיו שַׂמְלָה מִמַּשְׂרֵקָה׃ לז וַיָּמָת שַׂמְלָה וַיִּמְלֹךְ
תַּחְתָּיו שָׁאוּל מֵרְחֹבוֹת הַנָּהָר׃ לח וַיָּמָת שָׁאוּל
וַיִּמְלֹךְ תַּחְתָּיו בַּעַל חָנָן בֶּן־עַכְבּוֹר׃ לט וַיָּמָת בַּעַל
חָנָן בֶּן־עַכְבּוֹר וַיִּמְלֹךְ תַּחְתָּיו הֲדַר וְשֵׁם עִירוֹ פָּעוּ
וְשֵׁם אִשְׁתּוֹ מְהֵיטַבְאֵל בַּת־מַטְרֵד בַּת מֵי זָהָב׃
מפטיר מ וְאֵלֶּה שְׁמוֹת אַלּוּפֵי עֵשָׂו לְמִשְׁפְּחֹתָם
לִמְקֹמֹתָם בִּשְׁמֹתָם אַלּוּף תִּמְנָע אַלּוּף עַלְוָה אַלּוּף
יְתֵת׃ מא אַלּוּף אָהֳלִיבָמָה אַלּוּף אֵלָה אַלּוּף פִּינֹן׃
מב אַלּוּף קְנַז אַלּוּף תֵּימָן אַלּוּף מִבְצָר׃ מג אַלּוּף
מַגְדִּיאֵל אַלּוּף עִירָם אֵלֶּה ׀ אַלּוּפֵי אֱדוֹם לְמֹשְׁבֹתָם
בְּאֶרֶץ אֲחֻזָּתָם הוּא עֵשָׂו אֲבִי אֱדוֹם׃

קנ"ד קליטס סימן ומפטירין חזון עובדיה בס"ע:

פ פ פ

אונקלוס

לו וּמִית הֲדַד וּמְלַךְ תְּחוֹתוֹהִי שַׂמְלָה מִמַּשְׂרֵקָה׃ לז וּמִית שַׂמְלָה וּמְלַךְ תְּחוֹתוֹהִי
שָׁאוּל מֵרְחוֹבֵי דְּעַל־פְּרָת׃ לח וּמִית שָׁאוּל וּמְלַךְ תְּחוֹתוֹהִי בַּעַל חָנָן בַּר־עַכְבּוֹר׃
לט וּמִית בַּעַל חָנָן בַּר־עַכְבּוֹר וּמְלַךְ תְּחוֹתוֹהִי הֲדַר וְשׁוּם קַרְתֵּהּ פָּעוּ וְשׁוּם
אִתְּתֵהּ מְהֵיטַבְאֵל בַּת־מַטְרֵד בַּת מְצָרֵף דַּהֲבָא׃ מ וְאִלֵּין שְׁמָהַת רַבְרְבֵי עֵשָׂו
לְזַרְעֲיָתְהוֹן לְאַתְרֵיהוֹן בִּשְׁמָהָתְהוֹן רַבָּא תִמְנָע רַבָּא עַלְוָה רַבָּא יְתֵת׃ מא רַבָּא
אָהֳלִיבָמָה רַבָּא אֵלָה רַבָּא פִינֹן׃ מב רַבָּא קְנַז רַבָּא תֵימָן רַבָּא מִבְצָר׃ מג רַבָּא
מַגְדִּיאֵל רַבָּא עִירָם אִלֵּין ׀ רַבְרְבֵי אֱדוֹם לְמוֹתְבָנְהוֹן בַּאֲרַע אַחְסַנְתְּהוֹן הוּא
עֵשָׂו אֲבוּהוֹן דַּאֲדוּמָאֵי׃ ס ס ס

רש"י

וּבִימֵי בִלְעָם עָשׂוּ שָׁלוֹם לְהִתְקַשֵּׁר עַל יִשְׂרָאֵל: (לט) בת מי זהב. מַהוּ זָהָב? עָשִׁיר הָיָה, וְאֵין זָהָב חָשׁוּב בְּעֵינָיו לִכְלוּם: (מ) ואלה שמות אלופי עשו. שֶׁנִּקְרְאוּ עַל שֵׁם מְדִינוֹתֵיהֶם, לְאַחַר שֶׁמֵּת הֲדַר וּפָסְקָה מֵהֶם מַלְכוּת. וְהָרִאשׁוֹנִים הַנִּזְכָּרִים לְמַעְלָה הֵם שְׁמוֹת תּוֹלְדוֹתָם: וְכֵן מְפֹרָשׁ בְּדִבְרֵי הַיָּמִים: וַיָּמָת הֲדָד וַיִּהְיוּ אַלּוּפֵי אֱדוֹם אַלּוּף תִּמְנָע וְגוֹמֵר: (מג) מגדיאל. הִיא רוֹמִי:

field of Moab, reigned in his stead: and the name of his city was Avith.
36 And Hadad died, and Samlah of Masrekah reigned in his stead. 37 And
Samlah died, and Saul of Rehoboth by the river reigned in his stead.
38 And Saul died, and Baal-hanan the son of Achbor reigned in his
stead. 39 And Baal-hanan the son of Achbor died, and Hadar reigned in
his stead: and the name of his city was Pau; and his wife's name was
Mehetabel, the daughter of Matred, the daughter of Mezahab. 40 And
these are the names of the chieftains that came of Esau, according to
their families, after their places, by their names; chieftain Timnah,
chieftain Alvah, chieftain Jetheth. 41 Chieftain Aholibamah, chieftain
Elah, chieftain Pinon, 42 Chieftain Kenaz, chieftain Teman, chieftain
Mibzar, 43 Chieftain Magdiel, chieftain Iram: these are the chieftains
of Edom, according to their habitations, in the land of their possession:
he is Esau the father of the Edomites.

רש"י

order to band themselves against Israel.[1]) **(39)** בת מי זהב THE DAUGHTER OF ME-ZAHAB — *meaning* מהו זהב what value has gold? He was so rich that gold had no value in his eyes (ib.). **(40)** ואלה שמות אלופי עשו AND THESE ARE THE NAMES OF THE CHIEFS OF ESAU [... AFTER THEIR PLACES ACCORDING TO THEIR NAMES] — they were called by the names of their districts after Hadad died and the royal dignity had ceased so far as they were concerned. The former names mentioned above (v. 15ff.), are the names given them at their birth. This, too, (the first statement made here) is expressly set forth in Chronicles (1 I. 51) "And Hadad (Hadar) died, and the chiefs of Edom were: the chief of Timna etc." (We must therefore translate here: "the chieftain of Timna etc.") **(43)** מגדיאל MAGDIEL — This is Rome (P. d' R. Eliez. 38).

NOTES

[1]) cf. Rashi on Num. XXII. 4.

179 בראשית לז וישב

לז א וַיֵּשֶׁב יַעֲקֹב בְּאֶרֶץ מְגוּרֵי אָבִיו בְּאֶרֶץ כְּנָעַן׃
ב אֵלֶּה ׀ תֹּלְדוֹת יַעֲקֹב יוֹסֵף בֶּן־שְׁבַע־
עֶשְׂרֵה שָׁנָה הָיָה רֹעֶה אֶת־אֶחָיו בַּצֹּאן וְהוּא נַעַר
אֶת־בְּנֵי בִלְהָה וְאֶת־בְּנֵי זִלְפָּה נְשֵׁי אָבִיו וַיָּבֵא יוֹסֵף
אֶת־דִּבָּתָם רָעָה אֶל־אֲבִיהֶם׃ ג וְיִשְׂרָאֵל אָהַב אֶת־
יוֹסֵף מִכָּל־בָּנָיו כִּי־בֶן־זְקֻנִים הוּא לוֹ וְעָשָׂה לוֹ

אונקלוס

א וִיתֵיב יַעֲקֹב בְּאַרְעָא תּוֹתָבוּת אֲבוּהִי בְּאַרְעָא דִכְנָעַן׃ ב אִלֵּין תּוֹלְדָת יַעֲקֹב יוֹסֵף
בַּר־שְׁבַע־עַסְרֵי שְׁנִין (כַּד־) הֲוָה רָעֵי עִם־אֲחוֹהִי בְּעָנָא וְהוּא מְרַבֵּי
עִם־בְּנֵי בִלְהָה וְעִם־בְּנֵי זִלְפָּה נְשֵׁי אֲבוּהִי וְאַיְתִי יוֹסֵף יָת־דִּבְּתְהוֹן בִּישָׁא לְוָת־
אֲבוּהוֹן׃ ג וְיִשְׂרָאֵל רְחֵם יָת־יוֹסֵף מִכָּל־בְּנוֹהִי אֲרֵי־בַר־חַכִּים הוּא לֵהּ וַעֲבַד

רש״י

לז (א) וישב יעקב וגו׳. אַחַר שֶׁכָּתַב לְךָ יִשּׁוּבֵי עֵשָׂו וְתוֹלְדוֹתָיו בְּדֶרֶךְ קְצָרָה, שֶׁלֹּא הָיוּ סְפוּנִים וַחֲשׁוּבִים לְפָרֵשׁ, הֵיאַךְ נִתְיַשְּׁבוּ, וְסֵדֶר מִלְחֲמוֹתֵיהֶם, אֵיךְ הוֹרִישׁוּ אֶת הַחֹרִי, פֵּרֵשׁ לְךָ יִשּׁוּבֵי יַעֲקֹב וְתוֹלְדוֹתָיו בְּדֶרֶךְ אֲרוּכָה, כָּל גִּלְגּוּלֵי סִבָּתָם, לְפִי שֶׁהֵם חֲשׁוּבִים לִפְנֵי הַמָּקוֹם לְהַאֲרִיךְ בָּהֶם. וְכֵן אַתָּה מוֹצֵא בְּי׳ דוֹרוֹת שֶׁמֵּאָדָם וְעַד נֹחַ, פְּלוֹנִי הוֹלִיד פְּלוֹנִי, וּכְשֶׁבָּא לְנֹחַ הֶאֱרִיךְ בּוֹ. וְכֵן בְּי׳ דוֹרוֹת שֶׁמִּנֹּחַ וְעַד אַבְרָהָם קִצֵּר בָּהֶם, וּמִשֶּׁהִגִּיעַ אֵצֶל אַבְרָהָם הֶאֱרִיךְ בּוֹ. מָשָׁל לְמַרְגָּלִית, שֶׁנָּפְלָה בֵּין הַחוֹל, אָדָם מְמַשְׁמֵשׁ בַּחוֹל וְכוֹבְרוֹ בִּכְבָרָה, עַד שֶׁמּוֹצֵא אֶת הַמַּרְגָּלִית, וּמִשֶּׁמְּצָאָהּ, הוּא מַשְׁלִיךְ אֶת הַצְּרוֹרוֹת מִיָּדוֹ, וְנוֹטֵל הַמַּרְגָּלִית. ד״א: וישב יעקב. הַפִּשְׁתָּנִי הַזֶּה נִכְנְסוּ גְּמַלָּיו טְעוּנִים פִּשְׁתָּן, הַפֶּחָמִי תָּמַהּ: אָנָה יִכָּנֵס כָּל הַפִּשְׁתָּן הַזֶּה; הָיָה פִּקֵּחַ אֶחָד מֵשִׁיב לוֹ: נִיצוֹץ אֶחָד יוֹצֵא מִמַּפּוּחַ שֶׁלְּךָ שֶׁשּׂוֹרֵף אֶת כֻּלּוֹ. כָּךְ יַעֲקֹב רָאָה אֶת כָּל הָאַלּוּפִים הַכְּתוּבִים לְמַעְלָה, תָּמַהּ וְאָמַר: מִי יָכוֹל לִכְבּוֹשׁ אֶת כֻּלָּן! מַה כְּתִיב לְמַטָּה? אֵלֶּה תּוֹלְדוֹת יַעֲקֹב יוֹסֵף, דִּכְתִיב: וְהָיָה בֵית יַעֲקֹב אֵשׁ וּבֵית יוֹסֵף לֶהָבָה וּבֵית עֵשָׂו לְקַשׁ (עובדיה א׳)— נִיצוֹץ יוֹצֵא מִיּוֹסֵף שֶׁמְּכַלֶּה וְשׂוֹרֵף אֶת כֻּלָּם: (ב) אלה תלדות יעקב. וְאֵלֶּה שֶׁל תּוֹלְדוֹת יַעֲקֹב, אֵלּוּ יִשּׁוּבֵיהֶם וְגִלְגּוּלֵיהֶם עַד שֶׁבָּאוּ לִכְלַל יִשּׁוּב: סִבָּה רִאשׁוֹנָה יוֹסֵף בֶּן י״ז וְנוֹמַר, עַל יְדֵי זֶה נִתְגַּלְגְּלוּ וְיָרְדוּ לְמִצְרַיִם; זֶהוּ אַחַר יִשּׁוּב פְּשׁוּטוֹ שֶׁל מִקְרָא לִהְיוֹת דָּבָר דָּבוּר עַל אָפְנָיו. וּמ״א דּוֹרֵשׁ: תָּלָה הַכָּתוּב תּוֹלְדוֹת יַעֲקֹב בְּיוֹסֵף מִפְּנֵי כַּמָּה דְבָרִים, אַחַת, שֶׁכָּל עַצְמוֹ שֶׁל יַעֲקֹב לֹא עָבַד אֵצֶל לָבָן אֶלָּא בְּרָחֵל וְשֶׁהָיָה זִיו אִיקוֹנִין שֶׁל יוֹסֵף דּוֹמֶה לוֹ, וְכָל מַה שֶּׁאֵרַע לְיַעֲקֹב אֵרַע לְיוֹסֵף; זֶה נִשְׂטַם וְזֶה נִשְׂטָם; זֶה אָחִיו מְבַקֵּשׁ לְהָרְגוֹ, וְזֶה אֶחָיו מְבַקְשִׁים לְהָרְגוֹ; וְכֵן הַרְבֵּה בְּבְ״ר. וְעוֹד נִדְרַשׁ בּוֹ, וישב, בִּקֵּשׁ יַעֲקֹב לֵישֵׁב בְּשַׁלְוָה, קָפַץ עָלָיו רָגְזוֹ שֶׁל יוֹסֵף—צַדִּיקִים מְבַקְשִׁים לֵישֵׁב בְּשַׁלְוָה, אָמַר הקב״ה: לֹא דַיָּן לַצַּדִּיקִים מַה שֶּׁמְּתֻקָּן לָהֶם לָעוֹלָם הַבָּא, אֶלָּא שֶׁמְּבַקְשִׁים לֵישֵׁב בְּשַׁלְוָה בָּעוֹלָם הַזֶּה: והוא נער. שֶׁהָיָה עוֹשֶׂה מַעֲשֵׂה נַעֲרוּת, מְתַקֵּן בִּשְׂעָרוֹ, מְמַשְׁמֵשׁ בְּעֵינָיו, כְּדֵי שֶׁיִּהְיֶה נִרְאֶה יָפֶה: את בני בלהה. כְּלוֹמַר, וְרָגִיל אֵצֶל בְּנֵי בִלְהָה, לְפִי שֶׁהָיוּ אֶחָיו מְבַזִּין אוֹתָן וְהוּא מְקָרְבָן: את דבתם רעה. כָּל רָעָה שֶׁהָיָה רוֹאֶה בְּאֶחָיו בְּנֵי לֵאָה הָיָה מַגִּיד לְאָבִיו, שֶׁהָיוּ אוֹכְלִין אֵבֶר מִן הַחַי וּמְזַלְזְלִין בִּבְנֵי הַשְּׁפָחוֹת לִקְרוֹתָן עֲבָדִים, וַחֲשׁוּדִים עַל הָעֲרָיוֹת; וּבִשְׁלָשְׁתָּן לָקָה: וַיִּשְׁחֲטוּ שְׂעִיר עִזִּים בִּמְכִירָתוֹ וְלֹא אֲכָלוּהוּ חַי; וְעַל דִּבָּה שֶׁסִּפֵּר עֲלֵיהֶם שֶׁקּוֹרִין לַאֲחֵיהֶם עֲבָדִים—„לְעֶבֶד נִמְכַּר יוֹסֵף״; וְעַל עֲרָיוֹת שֶׁסִּפֵּר עֲלֵיהֶם, וַתִּשָּׂא אֵשֶׁת אֲדֹנָיו וגו׳: דבתם. כָּל לְשׁוֹן דִּבָּה פרלרי״ץ בְּלַעַז; כָּל מַה שֶּׁהָיָה יָכוֹל לְדַבֵּר בָּהֶם רָעָה, הָיָה מְסַפֵּר: דבה. לְשׁוֹן דּוֹבֵב שִׂפְתֵי יְשֵׁנִים (שיר ז׳): (ג) בן זקנים. שֶׁנּוֹלַד לוֹ לְעֵת זִקְנָתוֹ. וְאוּנְקְלוֹס תִּרְגֵּם: בַּר חַכִּים הוּא לֵהּ—כָּל מַה שֶּׁלָּמַד

Genesis XXXVII. 1—3.

37. ¹And Jacob abode in the land of his father's sojourning, in the land of Canaan. ²These are the progeny of Jacob. Joseph, being seventeen years old, was feeding the flock with his brethren; and the lad was with the sons of Bilhah, and with the sons of Zilpah, his father's wives: and Joseph brought unto his father their evil report. ³Now Israel loved Joseph more than all his children, because he was the son of his old age:

רש״י

וישב

37. (1) וישב יעקב AND JACOB ABODE — After it (Scripture) has described to you the settlements of Esau and his descendants in a brief manner — since they were not distinguished and important *enough* that it should be related in detail how they settled down and that there should be given an account of their wars *and* how they drove out the Horites (see Deut. II. 12) — it explains clearly and at length the settlements made by Jacob and his descendants and all the events which brought these about, ¹) because these are regarded by the Omnipresent as of sufficient importance to speak of them at length (Tanch.). Thus, too, you will find that in the case of the ten generations from Adam to Noah *it states* "So-and-so begat so-and-so", but when it reaches Noah it deals with him at length. Similarly, of the ten generations from Noah to Abraham it gives but a brief account, but when it comes to Abraham it speaks of him more fully. It may be compared to the case of a jewel that falls into the sand: a man searches in the sand, sifts it in a sieve until he finds the jewel. When he has found it he throws away the pebbles and keeps the jewel. Another explanation of וישב יעקב AND JACOB ABODE: The camels of a flaxdealer once came into a city laden with flax. A blacksmith asked in wonder where all that flax could be stored, and a clever fellow answered him, "A single spark caused by your bellows can burn up all of it." "So, too, when Jacob saw (heard of) all these chiefs *whose names are* written above he said wonderingly, "Who can conquer all these?" What is written after *the names of these chieftains? — and in this may be found the reply to Jacob's question:* These are the generations of Jacob — J o s e p h. For it is written (Obad. I. 18) "And the house of Jacob shall be a fire and the house of J o s e p h a f l a m e, and the house of Esau, for s t u b b l e : one spark issuing from Joseph will burn up all of these (descendants of Esau). *The passage beginning "Another explanation"* is found in an old Rashi text. **(2)** אלה תלדות יעקב THESE ARE THE PROGENY OF JACOB — And these are *an account* of the generations of J a c o b:²) these are their settlements and the events that happened to them until they formed a p e r m a n e n t settlement. The first cause is *found in the narrative,* "Joseph being seventeen years old, etc. etc."— it was through this *incident* that it came about that they went down to Egypt. This is the real explanation of the text and in it each statement finds its proper setting. The Midrash, however, explains that *by the words,* "These are the progeny of Jacob — Joseph", Scripture regards all Jacob's sons as secondary to Joseph for several reasons: first, the whole purpose of Jacob in working for Laban was only for Rachel, *Joseph's mother,* (and all his children were born only in consequence of this); then, again, Joseph's facial features bore a striking resemblance to those of Jacob. Further, whatever happened to Jacob happened to Joseph: the one was hated, the other was hated; in the case of the one his brother wished to kill him so, too, in the case of the other, his brethren wished to kill him. Many such *similarities are pointed out* in Bereshith Rabbah (ch. 84). Another comment on this *verse* is: וישב AND HE ABODE — Jacob wished to live at ease, but this trouble in connection with Joseph suddenly came upon him³). When the righteous wish to live at ease, the Holy one, blessed be He⁴), says *to them:* „Are not the righteous satisfied with what

NOTES

For Notes 1—4 see Appendix.

כְּתֹנֶת פַּסִּים׃ ד וַיִּרְאוּ אֶחָיו כִּי־אֹתוֹ אָהַב אֲבִיהֶם
מִכָּל־אֶחָיו וַיִּשְׂנְאוּ אֹתוֹ וְלֹא יָכְלוּ דַּבְּרוֹ לְשָׁלֹם׃
ה וַיַּחֲלֹם יוֹסֵף חֲלוֹם וַיַּגֵּד לְאֶחָיו וַיּוֹסִפוּ עוֹד שְׂנֹא
אֹתוֹ׃ ו וַיֹּאמֶר אֲלֵיהֶם שִׁמְעוּ־נָא הַחֲלוֹם הַזֶּה
אֲשֶׁר חָלָמְתִּי׃ ז וְהִנֵּה אֲנַחְנוּ מְאַלְּמִים אֲלֻמִּים
בְּתוֹךְ הַשָּׂדֶה וְהִנֵּה קָמָה אֲלֻמָּתִי וְגַם־נִצָּבָה וְהִנֵּה
תְסֻבֶּינָה אֲלֻמֹּתֵיכֶם וַתִּשְׁתַּחֲוֶיןָ לַאֲלֻמָּתִי׃ ח וַיֹּאמְרוּ
לוֹ אֶחָיו הֲמָלֹךְ תִּמְלֹךְ עָלֵינוּ אִם־מָשׁוֹל תִּמְשֹׁל
בָּנוּ וַיּוֹסִפוּ עוֹד שְׂנֹא אֹתוֹ עַל־חֲלֹמֹתָיו וְעַל־דְּבָרָיו׃
ט וַיַּחֲלֹם עוֹד חֲלוֹם אַחֵר וַיְסַפֵּר אֹתוֹ לְאֶחָיו וַיֹּאמֶר
הִנֵּה חָלַמְתִּי חֲלוֹם עוֹד וְהִנֵּה הַשֶּׁמֶשׁ וְהַיָּרֵחַ וְאַחַד
עָשָׂר כּוֹכָבִים מִשְׁתַּחֲוִים לִי׃ י וַיְסַפֵּר אֶל־אָבִיו

אונקלוס

לֵהּ כִּתּוּנָא דְפַסֵּי׃ ד וַחֲזוֹ אֲחוֹהִי אֲרֵי־יָתֵהּ רְחֵם אֲבוּהוֹן מִכָּל־אֲחוֹהִי וּסְנוֹ יָתֵהּ
וְלָא צָבַן לְמַלָּלָא־עִמֵּהּ לִשְׁלָם׃ ה וַחֲלַם יוֹסֵף חֶלְמָא וְחַוִּי לַאֲחוֹהִי וְאוֹסִיפוּ עוֹד
סְנוֹ יָתֵהּ׃ ו וַאֲמַר לְהוֹן שְׁמָעוּ־כְעַן חֶלְמָא הָדֵין דִּי חֲלֵמִית׃ ז וְהָא אֲנַחְנָא
מְאַסְּרִין אֱסָרָן בְּגוֹ חַקְלָא וְהָא קָמַת אֱסָרְתִי וְאַף־אִזְדְּקֵפַת וְהָא מִסְתַּחֲרָן
אֱסָרָתְכוֹן וְסָגְדָן לֶאֱסָרְתִי׃ ח וַאֲמַרוּ לֵהּ אֲחוֹהִי הֲמַלְכוּ אַתְּ־מְדַמֵּי לְמִמְלַךְ עֲלָנָא
אוֹ־שׁוּלְטָן אַתְּ־סְבִיר־לְמִשְׁלַט בָּנָא וְאוֹסִיפוּ עוֹד סְנוֹ יָתֵהּ עַל־חֶלְמוֹהִי וְעַל־
פִּתְגָמוֹהִי׃ ט וַחֲלַם עוֹד חֶלְמָא אָחֳרָנָא וְאִשְׁתָּעֵי יָתֵהּ לַאֲחוֹהִי וַאֲמַר הָא חֲלֵמִית
חֶלְמָא עוֹד וְהָא שִׁמְשָׁא וְסִהֲרָא וְחַד עֲשַׂר כּוֹכְבַיָּא סָגְדִן לִי׃ י וְאִשְׁתָּעִי לַאֲבוּהִי

רש״י

מִשָּׁם וְעָבַר מָסַר לוֹ. דָּ״אַ, שֶׁהָיָה זִיו אִיקוֹנִין שֶׁלּוֹ דוֹמֶה לוֹ: פסים. לְשׁוֹן כְּלֵי מֵלָת, כְּמוֹ כַּרְפַּס וּתְכֵלֶת, וּכְמוֹ כְתֹנֶת הַפַּסִּים דְּתָמָר וְאַמְנוֹן, וּמ״אַ: עַ״שׁ צָרוֹתָיו, שֶׁנִּמְכַּר לְפוֹטִיפַר וְלַסּוֹחֲרִים, וּלְיִשְׁמְעֵאלִים וּלְמִדְיָנִים: (ד) ולא יכלו דברו לשלם. מִתּוֹךְ גְּנוּתָם לָמַדְנוּ שִׁבְחָם, שֶׁלֹּא דִבְּרוּ אַחַת בַּפֶּה וְאַחַת בַּלֵּב: דברו. לְדַבֵּר עִמּוֹ: (ז) מאלמים אלמים. כְּתַרְגּוּמוֹ: מְאַסְּרִין אֱסָרִין — עֳמָרִין; וְכֵן: נוֹשֵׂא אֲלֻמֹּתָיו (תהלים קכ״ו), וְכָמוֹהוּ בִּלְשׁוֹן מִשְׁנָה: וְהָאֲלֻמּוֹת נוֹטֵל וּמַכְרִיז: קמה אלמתי. נִזְקְפָה: וגם נצבה. לַעֲמוֹד עַל עָמְדָהּ בִּזְקִיפָה: (ח) ועל דבריו. עַל דִּבָּתָם רָעָה שֶׁהָיָה מֵבִיא לַאֲבִיהֶם: (י) ויספר אל אביו ואל אחיו.

and he made him a long sleeved garment. ⁴And when his brethren saw that their father loved him more than all his brethren, they hated him, and could not speak peaceably unto him. ⁵And Joseph dreamed a dream, and he told it his brethren: and they continued still more to hate him. ⁶And he said unto them, Hear, I pray you, this dream which I have dreamed: ⁷For, behold, we were binding sheaves in the midst of the field, and, lo, my sheaf arose, and also placed itself upright; and, behold, your sheaves surrounded, and prostrated themselves to my sheaf. ⁸And his brethren said to him, Shalt thou indeed reign over us? or shalt thou indeed have dominion over us? and they continued to hate him still more for his dreams, and for his words. ⁹And he dreamed yet another dream, and related it to his brethren, and said, Behold, I have dreamed a dream more; and, behold, the sun and the moon and eleven stars prostrated themselves to me. ¹⁰And he related it to his father, and

רש״י

is stored up for them in the world to come that they wish to live at ease in this world *too!* והוא נער AND HE, BEING A LAD — His actions were childish: he dressed his hair, he touched up his eyes so that he should appear good-looking. את בני בלהה WITH THE SONS OF BILHAH — meaning that he made it his custom to associate with the sons of Bilhah because his brothers slighted them *as being sons of a hand-maid;* therefore he fraternised with them. את דבתם רעה THEIR EVIL REPORT — Whatever he saw wrong in his brothers, the sons of Leah, he reported to his father: that they used to eat flesh cut off from a living animal, that they treated the sons of the hand-maids with contempt, calling them slaves, and that they were suspected of living in an immoral manner. With three such similar matters he was therefore punished. *In consequence of his having stated that they used to eat flesh cut off from a living animal* Scripture states, (v. 31) "And they slew a he-goat" after they had sold him and they did n o t eat *its flesh whilst the animal was still* living. And because of the slander which he related about them that they called their brothers slaves — (Ps. CV. 17) "Joseph was sold for a slave." And because he charged them with immorality (XXXIX. 7) "his master's wife cast her eyes upon him etc." (Gen. R. 84). דבתם THEIR REPORT — The word דבה always means in O. F. parleriz; *Engl. gossip:* whatever he could speak bad about them he told *to his father.* דבה has the same meaning as *the verb of the same root in* (Song VII. 10) "(דובב) making speak the lips of those that are asleep". (3) בן זקנים THE SON OF HIS OLD AGE — because he was a w i s e s o n¹) to him" — all that he had learnt from Shem and Eber he taught him (ib.). Another expla-nation *of* בן זקנים — his facial features²) were similar to his (Jacob's) (ib.). פסים is a term for raiment of fine wool. Similar is (Est. I. 6) כרפס "Fine linen and blue"³). The same garment כתנת הפסים is mentioned (2 Sam. XIII. 18) in the story of Amnon and Tamar *and we may therefore gather that it was made of very fine material.* There is a Midrashic statement that in the word פסים we may find an allusion to all his misfortunes: he was sold to Potiphar (פוטיפר), to the merchants (סוחרים), to the Ishmaelites (ישמעאלים), and to the Midianites (מדינים) (ib.). (4) ולא יכלו דברו לשלום AND THEY COULD NOT SPEAK PEACEABLY TO HIM — from what is stated to their discredit we may infer something to their credit: they did not speak one thing with their mouth having another thing *quite different* in their hearts (ib.).

NOTES

¹) As the Talmud often takes זקן to be an abbreviation of זה שקנה חכמה one who has acquired wisdom.
²) זקנים play on זיו אוקנין "facial features".
³) כרפס is explained (Megil. 12a) as a compound word: כר a cushion of פס fine wool.

וְאֶל־אֶחָיו וַיִּגְעַר־בּוֹ אָבִיו וַיֹּאמֶר לוֹ מָה הַחֲלוֹם
הַזֶּה אֲשֶׁר חָלָמְתָּ הֲבוֹא נָבוֹא אֲנִי וְאִמְּךָ וְאַחֶיךָ
לְהִשְׁתַּחֲוֹת לְךָ אָרְצָה: יא וַיְקַנְאוּ־בוֹ אֶחָיו וְאָבִיו
שָׁמַר אֶת־הַדָּבָר: שני יב וַיֵּלְכוּ אֶחָיו לִרְעוֹת אֶת־
צֹאן אֲבִיהֶם בִּשְׁכֶם: יג וַיֹּאמֶר יִשְׂרָאֵל אֶל־יוֹסֵף
הֲלוֹא אַחֶיךָ רֹעִים בִּשְׁכֶם לְכָה וְאֶשְׁלָחֲךָ אֲלֵיהֶם
וַיֹּאמֶר לוֹ הִנֵּנִי: יד וַיֹּאמֶר לוֹ לֶךְ־נָא רְאֵה אֶת־
שְׁלוֹם אַחֶיךָ וְאֶת־שְׁלוֹם הַצֹּאן וַהֲשִׁבֵנִי דָּבָר
וַיִּשְׁלָחֵהוּ מֵעֵמֶק חֶבְרוֹן וַיָּבֹא שְׁכֶמָה: טו וַיִּמְצָאֵהוּ
אִישׁ וְהִנֵּה תֹעֶה בַּשָּׂדֶה וַיִּשְׁאָלֵהוּ הָאִישׁ לֵאמֹר

את נקוד כלו

אונקלוס

וּלְאַחוֹהִי וּנְזַף־בֵּהּ אֲבוּהִי וַאֲמַר לֵהּ מָה חֶלְמָא הָדֵין דִּי חֲלַמְתָּא הֲמֵיתָא נֵיתֵי
אֲנָא וְאִמָּךְ וְאַחָיךְ לְמִסְגַּד לָךְ עַל־אַרְעָא: יא וְקַנִּיאוּ־בֵהּ אֲחוֹהִי וַאֲבוּהִי נְטַר
יָת־פִּתְגָּמָא: יב וַאֲזַלוּ אֲחוֹהִי לְמִרְעֵי יָת־עָנָא דַּאֲבוּהוֹן בִּשְׁכֶם: יג וַאֲמַר יִשְׂרָאֵל
לְיוֹסֵף הֲלָא אֲחָיךְ רָעַן בִּשְׁכֶם אֱתָא וְאֶשְׁלְחִנָּךְ לְוָתְהוֹן וַאֲמַר לֵהּ הָא־אֲנָא:
יד וַאֲמַר לֵהּ אִיזֵל־כְּעַן חֲזֵי יָת־שְׁלָמָא דַאֲחָךְ וְיָת־שְׁלָמָא דְעָנָא וַאֲתִיבְנִי פִּתְגָּמָא
וְשַׁלְחֵהּ מִמֵּישַׁר חֶבְרוֹן וַאֲתָא לִשְׁכֶם: טו וְאַשְׁכְּחֵהּ גֻּבְרָא וְהָא תָעֵי בְּחַקְלָא

רש״י

לְאַחַר שֶׁסִּפֵּר אוֹתוֹ לְאֶחָיו חָזַר וְסִפְּרוֹ לְאָבִיו בִּפְנֵיהֶם: ויגער בו. לְפִי שֶׁהָיָה מֵטִיל שִׂנְאָה עָלָיו: הבוא נבוא. וַהֲלֹא אִמְּךָ כְּבָר מֵתָה, וְהוּא לֹא הָיָה יוֹדֵעַ שֶׁהַדְּבָרִים מַגִּיעִין לְבִלְהָה שֶׁגִּדְּלַתּוּ כְּאִמּוֹ. וְרַבּוֹתֵינוּ לָמְדוּ מִכָּאן, שֶׁאֵין חֲלוֹם בְּלֹא דְּבָרִים בְּטֵלִים. וְיַעֲקֹב נִתְכַּוֵּן לְהוֹצִיא הַדָּבָר מִלֵּב בָּנָיו שֶׁלֹּא יְקַנְאוּהוּ, לְכָךְ אָמַר לוֹ: הֲבוֹא נָבוֹא וְגוֹ׳ — כְּשֵׁם שֶׁאִי אֶפְשָׁר בְּאִמְּךָ כָּךְ הַשְּׁאָר הוּא בָטֵל: (יא) שמר את הדבר. הָיָה מַמְתִּין וּמְצַפֶּה מָתַי יָבֹא. וְכֵן: שׁוֹמֵר אֱמוּנִים (ישי׳ כ״ו), וְכֵן: לֹא תִשְׁמוֹר עַל חַטָּאתִי (איוב י״ד) — לֹא תַמְתִּין: (יב) לרעות את צאן. נָקוּד עַל אֶת, שֶׁלֹּא הָלְכוּ אֶלָּא לִרְעוֹת אֶת עַצְמָן: (יג) הנני. לְשׁוֹן עֲנָוָה וּזְרִיזוּת, נִזְדָּרֵז לְמִצְוַת אָבִיו, וְאַף עַל פִּי שֶׁהָיָה יוֹדֵעַ בְּאֶחָיו שֶׁשּׂוֹנְאִין אוֹתוֹ: (יד) מעמק חברון. וַהֲלֹא חֶבְרוֹן בָּהָר, שֶׁנֶּאֱמַר: וַיַּעֲלוּ בַנֶּגֶב וַיָּבֹא עַד חֶבְרוֹן (במדי׳ י״ג)? אֶלָּא מֵעֵצָה עֲמוּקָּה שֶׁל אוֹתוֹ צַדִּיק הַקָּבוּר בְּחֶבְרוֹן, לְקַיֵּם מַה שֶּׁנֶּאֱמַר לְאַבְרָהָם בֵּין הַבְּתָרִים: כִּי גֵר יִהְיֶה זַרְעֲךָ (בר׳ ט״ו): ויבא שכמה. מָקוֹם מוּכָן לְפֻרְעָנוּת: שָׁם קִלְקְלוּ הַשְּׁבָטִים, שָׁם עִנּוּ אֶת דִּינָה, שָׁם נֶחְלְקָה מַלְכוּת בֵּית דָּוִד, שֶׁנֶּאֱמַר: וַיֵּלֶךְ רְחַבְעָם שְׁכֶמָה, (מ״א י״ב): (טו) וימצאהו איש.

to his brethren: and his father rebuked him, and said unto him, What
is this dream that thou hast dreamed? Shall I and thy mother and thy
brethren indeed come to prostrate ourselves to thee to the earth? 11 And
his brethren envied him; but his father observed the matter. 12 And his
brethren went to feed their father's flock in Shechem. 13 And Israel
said unto Joseph, Do not thy brethren feed the flock in Shechem?
come, and I will send thee unto them. And he said to him, Here am I.
14 And he said to him, Go, I pray thee, see if peace be with thy brethren,
and if peace be with the flocks; and bring me word again. So he sent
him out of the vale of Hebron, and he came to Shechem. 15 And a man
found him, and behold, he was straying in the field: and the man asked

רש״י

דברו *means* TO SPEAK TO HIM[1]). **(7)** מאלמים אלמים — *Understand it* as the Targum renders it: were binding bundles i. e. sheaves. Similar is (Ps. CXXVI. 6) "bearing (אלומותיו) its sheaves". Similarly in Mishnaic Hebrew we have (Bab. Mets. 22b) "and he takes (האלומות) the sheaves and makes public proclamation". קמה אלמתי *means* it raised itself erect. וגם נצבה *means* remaining erect in its place. **(8)** ועל דבריו AND FOR HIS WORDS — for the evil report about them which he used to bring to their father. **(10)** ויספר אל אביו ואל אחיו AND HE TOLD IT TO HIS FATHER AND TO HIS BRETHREN — After he had related it to his brothers (see v. 9) he again related it to his father in their presence. ויגער בו AND HIS FATHER REBUKED HIM because he was arousing hatred against himself *by relating the dream.* הבוא נבוא SHALL WE INDEED COME — "Is not your mother long since dead?" He did not, however, understand that the statement really alluded to Bilhah who had brought him up as though she were his own mother (Gen. R. 84). Our Rabbis inferred from here that there is no dream but has some absurd incidents (Ber. 55b). Jacob's intention *in pointing out the absurdity of Joseph's mother, who was dead, bowing down to him* was to make his sons forget the whole matter so that they should not envy him, and on this account he said to him, "Shall we indeed come etc." — *meaning,* just as it (the fulfilment of the dream) is impossible in the case of your mother so the remainder *of the dream* is absurd. **(11)** שמר את הדבר OBSERVED THE MATTER — He awaited and looked forward to the time when this would come to pass. In the same sense we have (Is. XXVI. 2) "that watch (שומר) for faithfulness" (i. e., for the performence of a promise)[2]) and (Job. XIV. 16) — "לא תשמור for my sin" — which means "thou dost not wait *for my sin*". **(12)** לרעות את צאן TO FEED THE FLOCK — The word את has dots above it, to denote that they went only to feed themselves[3]) (Gen. R. 84). **(13)** הנני HERE AM I — An expression denoting humility and readiness: he was zealous to perform his father's bidding, although he was aware that his brothers hated him[4]) (ib.). **(14)** מעמק חברון FROM THE VALE OF HEBRON — But was not Hebron situated on a hill, as it is said (Num. XIII. 22) "And they went up into the South and they came unto Hebron" *why then does it state that Jacob sent him from the* עמק, *(the vale, the deep part) of Hebron?* But *the meaning is that Jacob sent him* in consequence of the *necessity of bringing into operation the* profound (עמוקה) thought of the righteous man who was buried in Hebron — in order that there might be fulfilled that which was spoken to Abraham *when the Covenant was made* "between the parts" (cf. XV. 13), "thy

NOTES

1) It is a rare form, for the person spoken to is here the direct object of the verb דבר.

2) Cf. Rashi on Is. XXVI. 2.

3) Cp. Ezech. XXXIV. 2 היו רועים אותם who have fed themselves.

4) And that is was, therefore, dangerous to come in touch with them.

מַה־תְּבַקֵּשׁ: טז וַיֹּאמֶר אֶת־אַחַי אָנֹכִי מְבַקֵּשׁ הַגִּידָה־
נָּא לִי אֵיפֹה הֵם רֹעִים: יז וַיֹּאמֶר הָאִישׁ נָסְעוּ
מִזֶּה כִּי שָׁמַעְתִּי אֹמְרִים נֵלְכָה דֹּתָיְנָה וַיֵּלֶךְ יוֹסֵף
אַחַר אֶחָיו וַיִּמְצָאֵם בְּדֹתָן: יח וַיִּרְאוּ אֹתוֹ מֵרָחֹק
וּבְטֶרֶם יִקְרַב אֲלֵיהֶם וַיִּתְנַכְּלוּ אֹתוֹ לַהֲמִיתוֹ:
יט וַיֹּאמְרוּ אִישׁ אֶל־אָחִיו הִנֵּה בַּעַל הַחֲלֹמוֹת הַלָּזֶה
בָּא: כ וְעַתָּה לְכוּ וְנַהַרְגֵהוּ וְנַשְׁלִכֵהוּ בְּאַחַד הַבֹּרוֹת
וְאָמַרְנוּ חַיָּה רָעָה אֲכָלָתְהוּ וְנִרְאֶה מַה־יִּהְיוּ
חֲלֹמֹתָיו: כא וַיִּשְׁמַע רְאוּבֵן וַיַּצִּלֵהוּ מִיָּדָם וַיֹּאמֶר
לֹא נַכֶּנּוּ נָפֶשׁ: כב וַיֹּאמֶר אֲלֵהֶם ׀ רְאוּבֵן אַל־תִּשְׁפְּכוּ־
דָם הַשְׁלִיכוּ אֹתוֹ אֶל־הַבּוֹר הַזֶּה אֲשֶׁר בַּמִּדְבָּר
וְיָד אַל־תִּשְׁלְחוּ־בוֹ לְמַעַן הַצִּיל אֹתוֹ מִיָּדָם לַהֲשִׁיבוֹ

אונקלוס

וּשְׁאַלְנֵהּ גַּבְרָא לְמֵימַר מָה־אַתְּ־בָּעֵי: טז וַאֲמַר יָת־אַחַי אֲנָא בָעֵי חַוִּי־כְעַן לִי
הֵיכָא אִנּוּן רָעַן: יז וַאֲמַר גַּבְרָא נְטַלוּ מִכָּא אֲרֵי שְׁמָעִית דְּאָמְרִין נֵיזֵיל לְדֹתָן
וַאֲזַל יוֹסֵף בָּתַר אֲחוֹהִי וְאַשְׁכְּחִנּוּן בְּדֹתָן: יח וַחֲזוֹ יָתֵהּ מֵרָחִיק עַד־לָא קְרִיב
לְוָתְהוֹן וְחַשִּׁיבוּ עֲלוֹהִי לְמִקְטְלֵהּ: יט וַאֲמָרוּ גְּבַר לַאֲחוּהִי הָא מָרֵי חֶלְמַיָּא דֵיכִי
אָתֵא: כ וּכְעַן ׀ אֱתוֹ וְנִקְטְלִנֵּהּ וְנִרְמְנֵהּ בַּחֲדָא מִן־גֻּבַּיָּא וְנֵימַר חַיְתָא בִישְׁתָא
אֲכַלְתֵּהּ וְנֶחֱזֵי מָה־יְהוֹן בְּסוֹף־חֶלְמוֹהִי: כא וּשְׁמַע רְאוּבֵן וְשֵׁיזְבֵהּ מִידֵיהוֹן וַאֲמַר
לָא נִקְטְלִנֵּהּ נְפַשׁ: כב וַאֲמַר לְהוֹן ׀ רְאוּבֵן לָא־תוֹשְׁדוּן־דְּמָא רְמוֹ יָתֵהּ לְגֻבָּא הָדֵין
דִּי בְמַדְבְּרָא וִידָא לָא־תוֹשְׁטוּן־בֵּהּ בְּדִיל לְשֵׁיזָבָא יָתֵהּ מִידֵהוֹן לַאֲתָבוּתֵהּ לְוָת־

רש״י

זֶה גַּבְרִיאֵל, שֶׁנֶּאֱמַר: וְהָאִישׁ גַּבְרִיאֵל (דני׳ ט׳) (יז) נסעו מזה. הִסִּיעוּ עַצְמָן מִן הָאַחֲוָה: נלכה
דתינה. לְבַקֵּשׁ לְךָ נִכְלֵי דָתוֹת שֶׁיְּמִיתוּךְ בָּהֶם; וּלְפִי פְּשׁוּטוֹ שֵׁם מָקוֹם הוּא, וְאֵין מִקְרָא יוֹצֵא
מִידֵי פְּשׁוּטוֹ: (יח) ויתנכלו. נִתְמַלְּאוּ נְכָלִים וְעַרְמוּמִית: אתו. כְּמוֹ אִתּוֹ, עִמּוֹ, כְּלוֹמַר, אֵלָיו:
(כ) ונראה מה יהיו חלמתיו. אָמַר רַבִּי יִצְחָק: מִקְרָא זֶה אוֹמֵר דָּרְשֵׁנִי, רוּחַ הַקֹּדֶשׁ אוֹמֶרֶת
כֵּן: הֵם אוֹמְרִים נַהַרְגֵהוּ, וְהַכָּתוּב מְסַיֵּם וְנִרְאֶה מַה יִּהְיוּ חֲלוֹמוֹתָיו — נִרְאֶה דְּבַר מִי יָקוּם אוֹ שֶׁלָּכֶם
אוֹ שֶׁלִּי! וְא״א שֶׁיֹּאמְרוּ הֵם „וְנִרְאֶה מַה יִּהְיוּ חֲלוֹמוֹתָיו״, שֶׁמִּכֵּיוָן שֶׁיַּהַרְגוּהוּ בָּטְלוּ חֲלוֹמוֹתָיו:
(כא) לא נכנו נפש. מַכַּת נֶפֶשׁ, זוֹ הִיא מִיתָה: (כב) למען הציל אתו. רוּחַ הַקֹּדֶשׁ מְעִידָה עַל

him, saying, What seekest thou?
[16]And he said, I seek my brethren:
tell me, I pray thee, where they feed their flocks?
[17]And the man said,
They have journeyed hence; for I heard them say, Let us go to Dothan.
And Joseph went after his brethren, and found them in Dothan.
[18]And
when they saw him afar off, even before he approached unto them,
they conspired against him to put him to death.
[19]And they said one
to another, Behold, that dreamer cometh.
[20]Come now therefore, and
let us slay him, and cast him into one of the pits, and we will say,
Some evil beast hath eaten him: and we shall see what will become
of his dreams.
[21]And Reuben heard it, and he delivered him out of
their hands; and said, Let us not kill him.
[22]And Reuben said unto them,
Shed no blood, cast him into this pit that is in the desert, but lay no
hand upon him; that he might deliver him out of their hands,

רש״י

seed shall be a stranger etc."[1]) ויבא שכמה AND HE CAME TO SHECHEM — A spot foredestined to be the scene of misfortunes: there the sons of Jacob sinned (by selling Joseph), there Dinah was maltreated, there the kingdom of the House of David was divided, as it said (1 Kings XII. 1) "And Rehoboam went to Shechem etc." (Sanh. 102 a). **(15)** וימצאהו איש AND A MAN FOUND HIM — This was *the angel* Gabriel (Tanch.) as it is said, (Dan. X. 21) and the man (והאיש) Gabriel". **(17)** נסעו מזה THEY HAVE JOURNEYED HENCE — they have departed from all feeling of brotherhood (ib.). נלכה דתינה LET US GO TO DOTHAN — "*let us go* to seek some legal (דתות) pretexts" to put you to death. According to the literal sense, however, it is the name of place, and Scripture never really loses its literal sense. **(18)** ויתנכלו AND THEY CONSPIRED — *The Hithpael form denotes that* they became filled with plots and craft. אתו is here the same as אִתּוֹ which means "with him" — [2]) meaning אליו: *they became filled with plots and craft directed towards him* (אליו). **(20)** ונראה מה יהיו חלמתיו AND WE SHALL SEE WHAT WILL BECOME OF HIS DREAMS — R. Isaac said, this verse calls for a *homiletic* explanation. The Holy Spirit said this *latter part of the text.* They say "let us slay him", and Scripture (i. e. the Holy Spirit) *breaks in upon their words* concluding *them by saying,* "and we shall see what will become of his dreams": we shall see whose words will be fulfilled — yours or mine. For it is impossible that they should have said, "and we shall see what will become of his dreams", for as soon as they would kill him his dreams would be of no effect (Gen. R. 84). **(21)** לא נכנו נפש — *supply the word* מכת *so that the meaning will be* "Let us not smite him with a smiting of his life" — it means killing. **(22)** למען הציל אתו THAT HE MIGHT DELIVER HIM [OUT OF THEIR HAND] — Tho Holy Spirit (Scripture) bears witness for Reuben

NOTES

[1]) And Jacob knew that this departure of Joseph was to become the cause and the beginning of Israel's wanderings.

[2]) cf. Jer. XX. 11.

אֶל־אָבִיו: שלישי כג וַיְהִי כַּאֲשֶׁר־בָּא יוֹסֵף אֶל־אֶחָיו
וַיַּפְשִׁיטוּ אֶת־יוֹסֵף אֶת־כֻּתָּנְתּוֹ אֶת־כְּתֹנֶת הַפַּסִּים
אֲשֶׁר עָלָיו: כד וַיִּקָּחֻהוּ וַיַּשְׁלִכוּ אֹתוֹ הַבֹּרָה וְהַבּוֹר
רֵק אֵין בּוֹ מָיִם: כה וַיֵּשְׁבוּ לֶאֱכָל־לֶחֶם וַיִּשְׂאוּ
עֵינֵיהֶם וַיִּרְאוּ וְהִנֵּה אֹרְחַת יִשְׁמְעֵאלִים בָּאָה מִגִּלְעָד
וּגְמַלֵּיהֶם נֹשְׂאִים נְכֹאת וּצְרִי וָלֹט הוֹלְכִים לְהוֹרִיד
מִצְרָיְמָה: כו וַיֹּאמֶר יְהוּדָה אֶל־אֶחָיו מַה־בֶּצַע כִּי
נַהֲרֹג אֶת־אָחִינוּ וְכִסִּינוּ אֶת־דָּמוֹ: כז לְכוּ וְנִמְכְּרֶנּוּ
לַיִּשְׁמְעֵאלִים וְיָדֵנוּ אַל־תְּהִי־בוֹ כִּי־אָחִינוּ בְשָׂרֵנוּ
הוּא וַיִּשְׁמְעוּ אֶחָיו: כח וַיַּעַבְרוּ אֲנָשִׁים מִדְיָנִים

אונקלוס

אֲבוּהִי: כג וַהֲוָה כַּד־עַל יוֹסֵף לְוָת־אֲחוֹהִי וְאַשְׁלַחוּ יָת־יוֹסֵף יָת־כִּתּוּנֵהּ יָת־
כִּתּוּנָא דְפַסֵּי דִּי עֲלוֹהִי: כד וְנַסְבוּהִי וּרְמוֹ יָתֵהּ לְגֻבָּא וְגֻבָּא רֵיקָא לֵית בֵּהּ
מַיָא: כה וְאַסְחַרוּ לְמֵיכַל־לַחְמָא וּזְקָפוּ עֵינֵיהוֹן וַחֲזוֹ וְהָא שַׁיָּרַת עַרְבָאֵי אָתְיָא
מִגִּלְעָד וְגַמְלֵיהוֹן טְעִינִין שְׁעַף וּקְטַף וּלְטוֹם אָזְלִין לַאֲחָתָא לְמִצְרָיִם: כו וַאֲמַר
יְהוּדָה לַאֲחוֹהִי מָה־מָמוֹן מִתְהֲנֵי־לָנָא אֲרֵי נִקְטוֹל יָת־אֲחוּנָא וּנְכַסֵּי עַל־דְּמֵהּ:
כז אֱתוֹ וּנְזַבְּנִנֵּהּ לְעַרְבָאֵי וִידָנָא לָא־תְהֵי בֵהּ אֲרֵי־אֲחוּנָא בִסְרַנָא הוּא וְקַבִּילוּ
מִנֵּהּ אֲחוֹהִי: כח וַעֲבַרוּ גַּבְרֵי מִדְיָנָאֵי תַּגָּרֵי וּנְגִידוּ וְאַסִּיקוּ יָת־יוֹסֵף מִן־גֻּבָּא

רש"י

רְאוּבֵן, שֶׁלֹּא אָמַר זֹאת אֶלָּא לְהַצִּיל אוֹתוֹ שֶׁיָּבֹא הוּא וְיַעֲלֵהוּ מִשָּׁם: אָמַר, אֲנִי בְכוֹר, וְגָדוֹל שֶׁבְּכֻלָּן, לֹא יִתָּלֶה הַסִּרָחוֹן אֶלָּא בִּי: (כג) את כתנתו. זֶה חָלוּק: את כתנת הפסים. הוּא שֶׁהוֹסִיף לוֹ אָבִיו יוֹתֵר עַל אֶחָיו: (כד) והבור רק אין בו מים. מִמַּשְׁמַע שֶׁנֶּאֱמַר וְהַבּוֹר רֵק, אֵינִי יוֹדֵעַ שֶׁאֵין בּוֹ מַיִם, מַה תַּלְמוּד לוֹמַר אֵין בּוֹ מָיִם? מַיִם אֵין בּוֹ, אֲבָל נְחָשִׁים וְעַקְרַבִּים יֵשׁ בּוֹ (ב"ר שבת כ"ב): (כה) ארחת. כְּתַרְגּוּמוֹ, שַׁיָּרַת, עַל שֵׁם הוֹלְכֵי אוֹרַח: וגמליהם נשאים וגו'. לָמָּה פִּרְסֵם הַכָּתוּב אֶת מַשָּׂאָם? לְהוֹדִיעַ מַתַּן שְׂכָרָן שֶׁל צַדִּיקִים, שֶׁאֵין דַּרְכָּן שֶׁל עַרְבִיִּים לָשֵׂאת אֶלָּא נֵפְט וְעִטְרָן, שֶׁרֵיחָן רַע, וְלָזֶה נִזְדַּמְּנוּ בְשָׂמִים, שֶׁלֹּא יֻזַּק מֵרֵיחַ רָע: נכאת. כָּל כְּנוּסֵי בְשָׂמִים הַרְבֵּה קָרוּי נְכֹאת, וְכֵן: וַיַּרְאֵם אֶת כָּל בֵּית נְכֹתֹה (מ"ב כ')—מִרְקַחַת בְּשָׂמָיו. וְאוּנְקְלוֹס תִּרְגֵּם לְשׁוֹן שַׁעֲוָה: צרי. שְׂרַף הַנּוֹטֵף מֵעֲצֵי הַקְּטָף, וְהוּא נָטָף הַנִּמְנֶה עִם סַמְמָנֵי הַקְּטֹרֶת: ולט. לוֹטִיטָא שְׁמוֹ בִּלְשׁוֹן מִשְׁנָה; וְרַבּוֹתֵינוּ פֵּרְשׁוּהוּ שֹׁרֶשׁ עֵשֶׂב, וּשְׁמוֹ אשטרולוזיאה בְּמַסֶּכֶת נִדָּה: (כו) מה בצע. מַה מָּמוֹן, כְּתַרְגּוּמוֹ: וכסינו את דמו. וְנַעֲלִים אֶת מִיתָתוֹ: (כז) וישמעו. וְקַבִּילוּ מִנֵּהּ; וְכָל שְׁמִיעָה שֶׁהִיא קַבָּלַת דְּבָרִים כְּגוֹן זֶה, וּכְגוֹן וַיִּשְׁמַע יַעֲקֹב אֶל אָבִיו, נַעֲשֶׂה וְנִשְׁמָע, מְתֻרְגָּם: נְקַבֵּל; וְכָל שֶׁהִיא שְׁמִיעַת הָאֹזֶן, כְּגוֹן, וַיִּשְׁמְעוּ אֶת קוֹל ה' אֱלֹהִים מִתְהַלֵּךְ בַּגָּן, וְרִבְקָה שׁוֹמַעַת, וַיִּשְׁמַע יִשְׂרָאֵל, שָׁמַעְתִּי אֶת תְּלוּנּוֹת, כֻּלָּן מְתֻרְגָּם וּשְׁמַעוּ, וּשְׁמַעַת, וּשְׁמַע, שְׁמִיעַ קֳדָמַי: (כח) ויעברו אנשים מדינים. זוֹ הִיא שַׁיָּרָה

to restore him to his father. [23]And it came to pass, when Joseph was
come unto his brethren, that they made Joseph strip off his long, sleev-
ed garment, the long, sleeved garment that was on him; [24]And they
took him, and cast him into the pit: and the pit was empty, there was
no water in it. [25]And they sat down to eat bread: and they lifted up
their eyes and saw, and, behold, a company of Ishmaelites came from
Gilead with their camels bearing spicery and balm and labdanum,
going to bring it down to Egypt. [26]And Judah said unto his brethren,
What profit is it if we slay our brother, and conceal his blood?
[27]Come, and let us sell him to the Ishmaelites, and let not our hand be
upon him: for he is our brother and our flesh. And his brethren
hearkened. [28]Then there passed by Midianites merchantmen; and

רש"י

that he said this only for the purpose of saving his brother — that he would come *afterwards* and draw him up from there. He thought, "I am the first-born and the chief among them, and blame will attach to no one but myself" (ib.). **(23)** את כתנתו HIS GARMENT — this means his shirt. את כתנת הפסים THE LONG SLEEVED GARMENT — this was the garment that his father had given him additional to those of his brothers (ib.)[1]. **(24)** והבור רק אין בו מים AND THE PIT WAS EMPTY, THERE WAS NO WATER IN IT — Since it states, "the pit was empty", do I not know that "there was no water in it"? What then is the force of "there was no water in it"? Water, *indeed* it did not contain, but there were serpents and scorpions in it (Sabb. 22a). **(25)** ארחת means what the Targum says — A CARAVAN; *this is called* ארחת with reference to the travellers on the road (ארח) *who compose it.* וגמליהם נשאים AND THEIR CAMELS WERE BEARING etc. — Why does Scripture specially announce what they were laden with? It is to tell you how great is the reward of the righteous: it is not usual for Arabs to carry anything but naphta and itran (tar) which are evil-smelling, but for this one (Joseph, the righteous) it was specially arranged that they should be carrying fragrant spices so that he should not suffer from a bad odour. נכאת SPICERY — Every collection of many *kinds* of spices is called נכאת. So, too, (2 Kings XX. 13) "and he showed them all the house of his נכתה *which means the house* where his spices were mixed. Onkelos translates it as meaning wax (perhaps an aromatic gum). צרי AND BALM — a resin that exudes from the wood of the balsam-tree: it is the נטף that is enumerated among the ingredients of the incense *used in the Tabernacle* (Ex. XXX. 34; cf. Kerith 6a). ולט AND LADANUM — This is called Lotos in the language of the Mishna. Our Rabbis have in treatise Niddah (8a) explained that it is a vegetable root; it bears the name aristolochia (birthwort). **(26)** מה בצע *means* WHAT PROFIT, just as the Targum renders it. וכסינו את דמו AND CONCEAL HIS BLOOD — *this signifies* and we hide the fact of his death (for they had not shed his blood, but had cast him into a pit to die). **(27)** וישמעו AND THEY HEARKENED — *The Targum renders this by* "and they accepted *it* from him" (i. e., they agreed with him). Wherever the verb שמע means agreeing with a person's statement — obeying — as here, and as (XXVIII. 7) "and Jacob had hearkened (וישמע) to his father", and (Ex. XXIV. 7) "We will do and we will obey (ונשמע)" it is translated in the Targum by קבל "accepting", but wherever it merely means hearing with the ear, as e. g. (III. 8) "And they heard (וישמעו) the voice of the Lord God walking in the garden", and (XXVII. 5) "and Rebecca heard (שומעת)", and (XXXI. 1) "And Israel heard (וישמע)", and (Ex. XVI. 12) "I have heard (שמעתי) the murmurings of the children of Israel", — all such cases are rendered by *various forms of* שמע: ושמעו "and they heard", ושמעת "and she heard", ושמע "and he heard", שמיע קדמי "there is

NOTES

[1]) They stripped him of two garments — his shirt and that given him by his father.

סֹחֲרִים וַיִּמְשְׁכוּ וַיַּעֲלוּ אֶת־יוֹסֵף מִן־הַבּוֹר וַיִּמְכְּרוּ
אֶת־יוֹסֵף לַיִּשְׁמְעֵאלִים בְּעֶשְׂרִים כָּסֶף וַיָּבִיאוּ אֶת־
יוֹסֵף מִצְרָיְמָה: כט וַיָּשָׁב רְאוּבֵן אֶל־הַבּוֹר וְהִנֵּה
אֵין־יוֹסֵף בַּבּוֹר וַיִּקְרַע אֶת־בְּגָדָיו: ל וַיָּשָׁב אֶל־אֶחָיו
וַיֹּאמַר הַיֶּלֶד אֵינֶנּוּ וַאֲנִי אָנָה אֲנִי־בָא: לא וַיִּקְחוּ
אֶת־כְּתֹנֶת יוֹסֵף וַיִּשְׁחֲטוּ שְׂעִיר עִזִּים וַיִּטְבְּלוּ אֶת־
הַכֻּתֹּנֶת בַּדָּם: לב וַיְשַׁלְּחוּ אֶת־כְּתֹנֶת הַפַּסִּים וַיָּבִיאוּ
אֶל־אֲבִיהֶם וַיֹּאמְרוּ זֹאת מָצָאנוּ הַכֶּר־נָא הַכְּתֹנֶת
בִּנְךָ הִוא אִם־לֹא: לג וַיַּכִּירָהּ וַיֹּאמֶר כְּתֹנֶת בְּנִי
חַיָּה רָעָה אֲכָלָתְהוּ טָרֹף טֹרַף יוֹסֵף: לד וַיִּקְרַע
יַעֲקֹב שִׂמְלֹתָיו וַיָּשֶׂם שַׂק בְּמָתְנָיו וַיִּתְאַבֵּל עַל־בְּנוֹ

אונקלוס

וְזַבִּינוּ יָת־יוֹסֵף לַעֲרָבָאֵי בְּעַסְרִין כְּסַף וְאַיְתִיוּ יָת־יוֹסֵף לְמִצְרָיִם: כט וְתָב רְאוּבֵן
לְגֻבָּא וְהָא לֵית־יוֹסֵף בְּגֻבָּא וּבְזַע יָת־לְבוּשׁוֹהִי: ל וְתָב לְוָת־אֲחוֹהִי וַאֲמַר
עוּלֵימָא לֵיתוֹהִי וַאֲנָא לְאָן אֲנָא־אָתֵי: לא וּנְסִיבוּ יָת־כִּתּוּנָא דְיוֹסֵף וּנְכִיסוּ צְפִיר
בַּר־עִזֵּי וּטְבַלוּ יָת־כִּתּוּנָא בִּדְמָא: לב וְשַׁלַּחוּ יָת־כִּתּוּנָא דְפַסֵּי וְאַיְתִיוּ לְוָת־
אֲבוּהוֹן וַאֲמַרוּ דָּא אַשְׁכַּחְנָא אִשְׁתְּמוֹדַע־כְּעַן הֲכִתּוּנָא דִבְרָךְ הִיא אִם־לָא:
לג וְאִשְׁתְּמוֹדְעַהּ וַאֲמַר כִּתּוּנָא דִבְרִי חַיְתָא בִישְׁתָא אֲכַלְתֵּהּ מִקְטַל קְטִיל יוֹסֵף:
לד וּבְזַע יַעֲקֹב לְבוּשׁוֹהִי וַאֲסַר שַׂקָּא בְּחַרְצֵהּ וְאִתְאַבַּל עַל־בְּרֵהּ יוֹמִין סַגִּיאִין:

רש״י

אַחֶרֶת, וְהוֹדִיעֲךָ הַכָּתוּב, שֶׁנִּמְכַּר פְּעָמִים הַרְבֵּה: וימשכו בְּנֵי יַעֲקֹב אֶת יוֹסֵף מִן הַבּוֹר וַיִּמְכְּרוּהוּ לַיִּשְׁמְעֵאלִים, וְיִשְׁמְעֵאלִים לַמִּדְיָנִים, וְהַמִּדְיָנִים לַמִּצְרִים: (כט) וישב ראובן. בִּמְכִירָתוֹ לֹא הָיָה שָׁם, שֶׁהִגִּיעַ יוֹמוֹ לֵילֵךְ וּלְשַׁמֵּשׁ אֶת אָבִיו. ד"א: עָסוּק הָיָה בְּשַׂקּוֹ וּבְתַעֲנִיתוֹ עַל שֶׁבִּלְבֵּל יְצוּעֵי אָבִיו: (ל) אנה אני בא. אָנָה אֶבְרַח מִצַּעֲרוֹ שֶׁל אַבָּא? (לא) שעיר עזים. דָּמוֹ דּוֹמֶה לְשֶׁל אָדָם: הַכֻּתֹּנֶת. זֶה שְׁמָהּ, וּכְשֶׁהִיא דְבוּקָה לְתֵיבָה אַחֶרֶת, כְּגוֹן: כְּתֹנֶת יוֹסֵף, כְּתֹנֶת פַּסִּים, כְּתֹנֶת בַּד, נָקוּד כְּתֹנֶת: (לג) ויאמר כתנת בני. הִיא זוֹ: חיה רעה אכלתהו. נִצְנְצָה בוֹ רוּחַ הַקֹּדֶשׁ, סוֹפוֹ שֶׁתִּתְגָּרֶה בוֹ אֵשֶׁת פּוֹטִיפַר; וְלָמָּה לֹא גִּלָּה לוֹ הַקָּבָּ"ה? לְפִי שֶׁהֶחֱרִימוּ וְקִלְּלוּ אֶת כָּל מִי שֶׁיְּגַלֶּה, וְשִׁתְּפוּ לְהַקָּבָּ"ה עִמָּהֶם (תנחומא), אֲבָל יִצְחָק הָיָה יוֹדֵעַ.

they drew and brought up Joseph out of the pit, and sold Joseph to the Ishmaelites for twenty pieces of silver: and they brought Joseph into Egypt.
29 And Reuben returned unto the pit; and he rent his garments.
30 And he returned unto his brethren, and said, The child is not; and I, whither shall I go?
31 And they took Joseph's long, sleeved garment, and slaughtered a kid of the goats, and dipped the long, sleeved garment in the blood;
32 And they sent the long, sleeved garment, and they brought it to their father; and said, This have we found: recognise now whether it be thy son's long, sleeved garment or no.
33 And he recognised it, and said, It is my son's long, sleeved garment; an evil beast hath eaten him; Joseph is without doubt torn to pieces.
34 And Jacob rent his outer garments, and put sackcloth upon his loins, and mourned for his

רש"י

heard before Me" (I have heard). **(28)** ויעברו אנשים מדינים AND THERE PASSED BY MIDIANITES — This was another caravan: Scripture indicates that he was sold several times. וימשכו AND THEY DREW UP — the s o n s o f J a c o b *drew up* את יוסף מן הבור JOSEPH FROM THE PIT, and they sold him to the Ishmaelites, and the Ishmaelites to the Midianites and the Midianites into Egypt (Gen. R. 84). **(29)** וישב ראובן AND REUBEN RETURNED — When he (Joseph) was sold he had not been present, for it was his day (his turn) to go to attend to his father. Another explanation is: he had *not sat with them at the meal* because he was occupied with his sack-cloth and f a s t *in penitence* for having disturbed his father's couch (ib.). **(30)** אנה אני בא WHITHER SHALL I GO? — Whither can I flee from my father's grief? **(31)** שעיר עזים A KID OF THE GOATS — its blood resembles that of a human being. הַכֻּתֹּנֶת THE COAT — This is the form of the noun *in the absolute state,* but when it is in the construct state — as e. g., Joseph's coat", "the coat of many colours", "the coat of linen", — it is punctuated as כְּתֹנֶת. **(33)** ויאמר כתנת בני AND HE SAID, MY SON'S COAT is this (i. e. supply the words היא זו after בני). חיה רעה אכלתהו AN EVIL BEAST HATH EATEN HIM — The spirit of prophecy was enkindled within him, *for these words may be taken to mean* that at some future time Potiphar's wife would attack him. Why did not the Holy One, blessed be He, make known to him (Jacob) that he *was still living*? Because they had placed under a ban and a curse anyone of them who would make it known, and they made the Holy One, blessed be He, a party with them *to this agreement* (Tanch.) Isaac, however, knew that he was living,

יָמִ֥ים רַבִּֽים׃ לה וַיָּקֻ֩מוּ֩ כָל־בָּנָ֨יו וְכָל־בְּנֹתָ֜יו לְנַחֲמ֗וֹ
וַיְמָאֵן֙ לְהִתְנַחֵ֔ם וַיֹּ֕אמֶר כִּֽי־אֵרֵ֛ד אֶל־בְּנִ֥י אָבֵ֖ל
שְׁאֹ֑לָה וַיֵּ֥בְךְּ אֹת֖וֹ אָבִֽיו׃ לו וְהַ֨מְּדָנִ֔ים מָכְר֥וּ אֹת֖וֹ
אֶל־מִצְרָ֑יִם לְפֽוֹטִיפַר֙ סְרִ֣יס פַּרְעֹ֔ה שַׂ֖ר
הַטַּבָּחִֽים׃ רביעי פ

לח א וַיְהִי֙ בָּעֵ֣ת הַהִ֔וא וַיֵּ֥רֶד יְהוּדָ֖ה מֵאֵ֣ת אֶחָ֑יו
וַיֵּ֛ט עַד־אִ֥ישׁ עֲדֻלָּמִ֖י וּשְׁמ֥וֹ חִירָֽה׃ ב וַיַּרְא־
שָׁ֧ם יְהוּדָ֛ה בַּת־אִ֥ישׁ כְּנַעֲנִ֖י וּשְׁמ֣וֹ שׁ֑וּעַ וַיִּקָּחֶ֖הָ
וַיָּבֹ֥א אֵלֶֽיהָ׃ ג וַתַּ֖הַר וַתֵּ֣לֶד בֵּ֑ן וַיִּקְרָ֥א אֶת־שְׁמ֖וֹ

אונקלוס

לה וְקָמוּ כָל־בְּנוֹהִי וְכָל־בְּנָתֵהּ לְנַחֲמוּתֵהּ וְסָרֵיב לְקַבָּלָא־תַנְחוּמִין וַאֲמַר אֲרֵי
אֵחוֹת לְוַת־(עַל־) בְּרִי כַּד־אֲבִילָא לִשְׁאוֹל וּבְכָא יָתֵהּ אֲבוּהִי׃ לו וּמִדְיָנָאֵי זַבִּינוּ
יָתֵהּ לְמִצְרַיִם לְפוֹטִיפַר רַבָּא דְפַרְעֹה רַב קַטוֹלַיָּא׃ א וַהֲוָה בְּעִדָּנָא הַהִיא וּנְחַת
יְהוּדָה מִלְּוַת אֲחוֹהִי וּסְטָא עַד־גַּבְרָא עֲדֻלָּמָאָה וּשְׁמֵהּ חִירָה׃ ב וַחֲזָא־תַמָּן
יְהוּדָה בַּת־גְּבַר תַּגָּרָא וּשְׁמֵהּ שׁוּעַ וְנַסְבַהּ וְעַל־לְוָתַהּ׃ ג וְעַדִּיאַת וִילִידַת בַּר

רש״י

שֶׁהוּא חַי, אָמַר: הֵיאַךְ אֲגַלֶּה, וְהַקָּבָּ״ה אֵינוֹ רוֹצֶה לְגַלּוֹת לוֹ: (לד) ימים רבים. כ״ב שָׁנָה, מִשֶּׁפֵּרַשׁ מִמֶּנּוּ עַד שֶׁיָּרַד יַעֲקֹב לְמִצְרַיִם, שֶׁנֶּאֱמַר: יוֹסֵף בֶּן שְׁבַע עֶשְׂרֵה שָׁנָה וְגוֹ׳, וּבֶן שְׁלֹשִׁים שָׁנָה הָיָה בְּעָמְדוֹ לִפְנֵי פַרְעֹה, וְשֶׁבַע שְׁנֵי הַשָּׂבָע, וּשְׁנָתַיִם הָרָעָב כְּשֶׁבָּא יַעֲקֹב לְמִצְרַיִם הֲרֵי כ״ב שָׁנָה, כְּנֶגֶד כ״ב שָׁנָה שֶׁלֹּא קִיֵּם יַעֲקֹב כִּבּוּד אָב וָאֵם (מגילה ט״ז)—כ׳ שָׁנָה שֶׁהָיָה בְּבֵית לָבָן וּב׳ שָׁנָה בַּדֶּרֶךְ בְּשׁוּבוֹ מִבֵּית לָבָן, שָׁנָה וָחֵצִי בְּסֻכּוֹת, וְשִׁשָּׁה חֳדָשִׁים בְּבֵית אֵל—וְזֶהוּ שֶׁאָמַר לְלָבָן: זֶה לִּי עֶשְׂרִים שָׁנָה בְּבֵיתֶךָ, לִי הֵן, עָלַי, וְסוֹפִי לִלְקוֹת כְּנֶגְדָּן: (לה) וכל בנתיו. רַבִּי יְהוּדָה אוֹמֵר: אֲחָיוֹת תְּאוֹמוֹת נוֹלְדוּ עִם כָּל שֵׁבֶט וָשֵׁבֶט וּנְשָׂאוּם. רַבִּי נְחֶמְיָה אוֹמֵר: כְּנַעֲנִיּוֹת הָיוּ, אֶלָּא מַהוּ ״וְכָל בְּנוֹתָיו״?—כַּלּוֹתָיו, שֶׁאֵין אָדָם נִמְנָע מִלִּקְרֹא לַחֲתָנוֹ בְּנוֹ וּלְכַלָּתוֹ בִּתּוֹ: וימאן להתנחם. אֵין אָדָם מְקַבֵּל תַּנְחוּמִין עַל הַחַי וְסָבוּר שֶׁמֵּת; שֶׁעַל הַמֵּת נִגְזְרָה גְּזֵרָה שֶׁיִּשְׁתַּכַּח מִן הַלֵּב, וְלֹא עַל הַחַי (ב״ר): ארד אל בני. כְּמוֹ עַל בְּנִי, וְהַרְבֵּה אֶל מְשַׁמְּשִׁין בִּלְשׁוֹן עַל: אֶל שָׁאוּל וְאֶל בֵּית הַדָּמִים (ש״ב כ״א), אֶל הִלָּקַח אֲרוֹן הָאֱלֹהִים וְאֶל מוֹת חָמִיהָ וְאִישָׁהּ (ש״א ד׳): אבל שאולה. כִּפְשׁוּטוֹ לְשׁוֹן קֶבֶר הוּא—בְּאֶבְלִי אֶקָּבֵר, וְלֹא אֶתְנַחֵם כָּל יָמַי. וּמִדְרָשׁוֹ, גֵּיהִנֹּם; סִימָן זֶה הָיָה מָסוּר בְּיָדִי מִפִּי הַגְּבוּרָה, אִם לֹא יָמוּת אֶחָד מִבָּנַי בְּחַיַּי מֻבְטָח אֲנִי שֶׁאֵינִי רוֹאֶה גֵּיהִנֹּם: ויבך אתו אביו. יִצְחָק, בּוֹכֶה הָיָה מִפְּנֵי צָרָתוֹ שֶׁל יַעֲקֹב אֲבָל לֹא הָיָה מִתְאַבֵּל, שֶׁהָיָה יוֹדֵעַ שֶׁהוּא חַי: (לו) הטבחים. שׁוֹחֲטֵי בְּהֵמוֹת הַמֶּלֶךְ:

לח (א) ויהי בעת ההיא. לָמָּה נִסְמְכָה פָּרָשָׁה זוֹ לְכָאן, וְהִפְסִיק בְּפָרָשָׁתוֹ שֶׁל יוֹסֵף? לְלַמֵּד שֶׁהוֹרִידוּהוּ אֶחָיו מִגְּדֻלָּתוֹ כְּשֶׁרָאוּ בְּצָרַת אֲבִיהֶם, אָמְרוּ: אַתָּה אָמַרְתָּ לְמָכְרוֹ, אִלּוּ אָמַרְתָּ לַהֲשִׁיבוֹ,

son many days. ³⁵And all his sons and all his daughters rose up to comfort him; but he refused to comfort himself; and he said, for I will go down into the grave unto my son mourning. Thus his father wept for him. ³⁶And the Midianites sold him into Egypt unto Potiphar, a captain of Pharaoh's, officer of the executioners.

38. ¹And it came to pass at that time, that Judah went down from his brethren, and turned in to a certain Adullamite man, whose name was Hirah. ²And Judah saw there a daughter of a certain Canaanitish man, whose name was Shuah; and he took her, and came unto her. ³And she became pregnant, and bare a son; and he called his name Er. ⁴And

רש״י

but he thought, "How dare I reveal it since the Holy One, blessed be He. does not wish to reveal it" (Gen. R. 84). **(34)** ימים רבים MANY DAYS — twenty-two years — from the time he left him until Jacob went down to Egypt. For it is said, (v. 2) "Joseph was seventeen years old" (when all these events happened), and he was thirty years old when he stood before Pharoah; seven years of plenty and two years of famine *had passed by the time* Jacob came to Egypt — making in all 22 years. These correspond to the 22 years during which Jacob had not practised the duty of honouring his parents (that is, the period during which he did not reside with them and attend to their needs) (Meg. 17a): viz., the twenty years he stayed in Laban's house and the two years on the journey when he was returning from Laban's house — one and a half year at Succoth and six months at Bethel. This is what he meant when he said to Laban (XXXI. 41) "These twenty years *that I have been* in thy house are לי" — they are f o r m e — the responsibility *for them* lies u p o n m e (לי) being taken as (עלי) and at some times I shall be punished for a period equal to them. **(35)** וכל בנתיו AND ALL HIS DAUGHTERS — R.Judah said: a twin-sister was born with each of Jacob's sons and they each took a *step-sister* to wife (It was these daughters who comforted Jacob). R. Nehemiah said: *their wives* were Canaanite women *and not their step-sisters;* what is meant then "by all his daughters"? His daughters-in-law, for a person does not hesitate to call his son-in-law his son and his daughter-in-law his daughter. וימאן להתנחם BUT HE REFUSED TO COMFORT HIMSELF — A person does not accept consolation for one living whom he believes to be dead, for with regard to the dead it is decreed that he be forgotten from the heart, but it is not *so decreed* with regard to the living (Gen. R. 84). ארד אל בני I WILL GO DOWN TO MY SON — This has the same meaning as על בני, on account of my son. There are many examples where אל is used in the sense of על: (2 Sam. IV. 21) "(אל) because of Saul (ואל) and because of his bloody house"; (1 Sam. IV. 21) "(אל) because the ark of God was taken (ואל) and because of the death of her father-in-law and her husband". אבל שאלה MOURNING INTO THE GRAVE — According to the literal meaning שאל means "the grave" — whilst I am *still* in a state of mourning I shall be interred (i. e. even to the day of my burial I shall mourn) and I shall not be comforted all my life. The Midrash explains it to refer to Gehinnom. "This omen has been given me by God: if none of my sons die during my lifetime I may be assured that I shall not see Gehinnom" (Tanch. ויגש). ויבך אתו אביו THUS HIS FATHER WEPT FOR HIM — *His father* refers to I s a a c[1]): he wept for Jacob's trouble, but he did not m o u r n for he knew that he (Joseph) was alive (Gen. R. 84). **(36)** הטבחים means the slaughterers of the kings animals[2]).

38. **(1)** ויהי בעת ההוא AND IT CAME TO PASS AT THAT TIME — Why is this section placed here *thus* interrupting the section *dealing with the history* of

NOTES

¹) For should it mean J a c o b, אביו of course, were superfluous here. Isaac was still living at this period; see Rashi on XXV. 29.

²) The root טבח means to slaughter.

עֵר׃ ד וַתַּהַר עוֹד וַתֵּלֶד בֵּן וַתִּקְרָא אֶת־שְׁמוֹ אוֹנָן׃
ה וַתֹּסֶף עוֹד וַתֵּלֶד בֵּן וַתִּקְרָא אֶת־שְׁמוֹ שֵׁלָה
וְהָיָה בִכְזִיב בְּלִדְתָּהּ אֹתוֹ׃ ו וַיִּקַּח יְהוּדָה אִשָּׁה לְעֵר
בְּכוֹרוֹ וּשְׁמָהּ תָּמָר׃ ז וַיְהִי עֵר בְּכוֹר יְהוּדָה רַע
בְּעֵינֵי יְהוָה וַיְמִתֵהוּ יְהוָה׃ ח וַיֹּאמֶר יְהוּדָה לְאוֹנָן
בֹּא אֶל־אֵשֶׁת אָחִיךָ וְיַבֵּם אֹתָהּ וְהָקֵם זֶרַע לְאָחִיךָ׃
ט וַיֵּדַע אוֹנָן כִּי לֹּא לוֹ יִהְיֶה הַזָּרַע וְהָיָה אִם־בָּא
אֶל־אֵשֶׁת אָחִיו וְשִׁחֵת אַרְצָה לְבִלְתִּי נְתָן־זֶרַע
לְאָחִיו׃ י וַיֵּרַע בְּעֵינֵי יְהוָה אֲשֶׁר עָשָׂה וַיָּמֶת גַּם־
אֹתוֹ׃ יא וַיֹּאמֶר יְהוּדָה לְתָמָר כַּלָּתוֹ שְׁבִי אַלְמָנָה
בֵית־אָבִיךְ עַד־יִגְדַּל שֵׁלָה בְנִי כִּי אָמַר פֶּן־יָמוּת
גַּם־הוּא כְּאֶחָיו וַתֵּלֶךְ תָּמָר וַתֵּשֶׁב בֵּית אָבִיהָ׃

אונקלוס

וּקְרָא יָת־שְׁמֵהּ עֵר׃ ד וְעַדִּיאַת עוֹד וִילֵידַת בַּר וּקְרַת יָת־שְׁמֵהּ אוֹנָן׃ ה וְאוֹסִיפַת
עוֹד וִילֵידַת בַּר וּקְרַת יָת־שְׁמֵהּ שֵׁלָה וַהֲוָה בִכְזִיב כַּד־יְלֵידַת יָתֵהּ׃ ו וּנְסִיב
יְהוּדָה אִתְּתָא לְעֵר בּוּכְרֵהּ וּשְׁמַהּ תָּמָר׃ ז וַהֲוָה עֵר בּוּכְרָא דִיהוּדָה בִּישׁ קֳדָם
יְיָ וְאַמִיתֵהּ יְיָ׃ ח וַאֲמַר יְהוּדָה לְאוֹנָן עוֹל לְוָת־אִתַּת אָחוּךְ וְיַבֵּם יָתַהּ וַאֲקֵים
זַרְעָא לְאָחוּךְ׃ ט וִידַע אוֹנָן אֲרֵי לָא עַל־שְׁמֵהּ מִתְקְרֵי זַרְעָא וַהֲוָה כַּד־עָלֵיל
לְוַת־אִתַּת אֲחוּהִי וּמְחַבֵּל־אָרְחֵהּ עַל־אַרְעָא בְּדִיל־דְּלָא לְקַיָּמָא־זַרְעָא לַאֲחוּהִי׃
י וּבְאֵישׁ קֳדָם יְיָ דִּי עֲבַד וְאַמִית אַף־יָתֵהּ׃ יא וַאֲמַר יְהוּדָה לְתָמָר כַּלְּתֵהּ תִּיבִי
אַרְמְלָא בֵּית־אֲבוּךְ עַד־דְּיִרְבֵּא שֵׁלָה בְרִי אֲרֵי אֲמַר דִּילְמָא יְמוּת אַף־הוּא

רש"י

הָיִינוּ שׁוֹמְעִים לְךָ: ויט. מֵאֵת אֶחָיו: עד איש עדלמי. נִשְׁתַּתֵּף עִמּוֹ (ב) כנעני. תַּגְּרָא (ב"ר): (ה) והיה בכזיב. שֵׁם הַמָּקוֹם; וְאוֹמֵר אֲנִי, עַל שֵׁם שֶׁפָּסְקָה מִלֶּדֶת נִקְרָא כְּזִיב, לְשׁוֹן הָיוֹ תִהְיֶה לִי כְּמוֹ אַכְזָב (יר' ט"ו), אֲשֶׁר לֹא יְכַזְּבוּ מֵימָיו (יש' נ"ח), וְאִם לֹא כֵן, מַה בָּא לְהוֹדִיעֵנוּ? וּבְב"ר רָאִיתִי, וַתִּקְרָא שְׁמוֹ שֵׁלָה וְנוֹמֵר—פָּסְקַת: (ז) רע בעיני ה'. כְּרָעָתוֹ שֶׁל אוֹנָן, מַשְׁחִית זַרְעוֹ, שֶׁנֶּאֱמַר בְּאוֹנָן וַיָּמֶת גַּם אֹתוֹ, כְּמִיתָתוֹ שֶׁל עֵר מִיתָתוֹ שֶׁל אוֹנָן; וְלָמָּה הָיָה עֵר מַשְׁחִית זַרְעוֹ? כְּדֵי שֶׁלֹּא תִתְעַבֵּר וְיַכְחִישׁ יָפְיָהּ: (ח) והקם זרע. הַבֵּן יִקָּרֵא עַל שֵׁם הַמֵּת: (ט) ושחת ארצה. דָּשׁ מִבִּפְנִים וְזוֹרֶה מִבַּחוּץ (ב"ר): (יא) כי אמר וגו'. כְּלוֹמַר, דּוֹחֶה הָיָה אוֹתָהּ בְּקַשׁ, שֶׁלֹּא הָיָה בְדַעְתּוֹ לְהַשִּׂי־

Genesis XXXVIII. 5—11.

she became pregnant again, and bare a son; and she called his name
Onan. 5 And she continued and again bare a son; and called his name
Shelah: and he was at Chezib, when she bare him. 6 And Judah took a
wife for Er his firstborn, whose name was Tamar. 7 And Er, Judah's
firstborn, was wicked in the eyes of the Eternal; and the Eternal put
him to death. 8 And Judah said unto Onan, Come unto thy brother's
wife, and marry her as brother-in-law, and raise seed to thy brother.
9 And Onan knew that the seed would not be his; and it came to pass,
when he came unto his brother's wife, that he wasted it on the earth,
in order not to give seed to his brother. 10 And the thing which he did was
evil in the eyes of the Eternal: therefore he put him to death also. 11 Then
said Judah to Tamar his daughter-in-law, Abide a widow at thy father's
house, till Shelah my son be grown: for he said, Lest peradventure, he
die also, as his brethren did. And Tamar went and abode in her father's

רש"י

Joseph? To teach that his brothers degraded him from his high position[1]). When they saw their father's grief they said, "You told us to sell him: if you had told us to send him back to his father we would also have obeyed you" (Gen. R. 85). ויט AND HE TURNED away from his brothers עד איש עדלמי UNTO A CERTAIN ADULLAMITE — he entered into a business-partnership with him. **(2)** כנעני *means* A MERCHANT (cf. Pes. 50a and Zech. XIV. 21). **(5)** והיה בכזיב AND HE WAS AT CHEZIB — the name of a place. I am of opinion that it was called Chezib because there she ceased bearing. This meaning of the word occurs in (Jer. XV. 18) "wilt thou indeed be unto me as an (אכזב) a deceiver (one who ceases to keep faith)", and (Is. LVIII. 11) "whose waters do not (יכזבו) fail (cease)". For if this be not so (that it was called Chezib for the reason stated) what is it intended to tell us (what reason is there for telling us where he was at that time)? In Bereshith Rabbah I found the following ותקרא את שמו שלה וגו' AND SHE CALLED HIS NAME SHELAH [AND HE WAS AT CHEZIB] etc. — מפסקת "ceasing".[2]). **(7)** רע בעיני ה' WAS WICKED IN THE EYES OF THE LORD — like the wickedness of Onan, and committing the same sin. *This must have been the case* because of Onan it is said, (v. 10) "And the Lord slew him also — Onan's death was *for a similar reason* as Er's death. Why did Er commit this sin? So that she should not bear children and her beauty thereby become impaired (Jeb. 34b). **(8)** והקם זרע AND RAISE SEED — The son will be called by the name of him who is dead. **(11)** כי אמר וגו'[3]) FOR HE SAID etc. — that is to say, he pushed her off with a straw (i. e., he put her off with a lame excuse) because he never intended to give her to him in marriage.

NOTES

1) Rashi means that we should translate thus: Judah went down in esteem on the part of his brethren.

2) Rashi proves his interpretation of כזיב to be right by the fact that the Midrash also remarks that כזיב = מפסקת "ceasing". Cf. the Jerusalem Targum on this word.

3) כי cannot introduce the reason why Judah told Tamar to return to her father's house. Rashi suggests that we must fill in the sentence somewhat as follows: He told her to do this כי אמר because he said to himself, "Perhaps he also will die etc."

יב וַיִּרְבּוּ הַיָּמִים וַתָּמָת בַּת־שׁוּעַ אֵשֶׁת־יְהוּדָה
וַיִּנָּחֶם יְהוּדָה וַיַּעַל עַל־גֹּזְזֵי צֹאנוֹ הוּא וְחִירָה רֵעֵהוּ
הָעֲדֻלָּמִי תִּמְנָתָה׃ יג וַיֻּגַּד לְתָמָר לֵאמֹר הִנֵּה חָמִיךְ
עֹלֶה תִמְנָתָה לָגֹז צֹאנוֹ׃ יד וַתָּסַר בִּגְדֵי אַלְמְנוּתָהּ
מֵעָלֶיהָ וַתְּכַס בַּצָּעִיף וַתִּתְעַלָּף וַתֵּשֶׁב בְּפֶתַח עֵינַיִם
אֲשֶׁר עַל־דֶּרֶךְ תִּמְנָתָה כִּי רָאֲתָה כִּי־גָדַל שֵׁלָה
וְהִוא לֹא־נִתְּנָה לוֹ לְאִשָּׁה׃ טו וַיִּרְאֶהָ יְהוּדָה וַיַּחְשְׁבֶהָ
לְזוֹנָה כִּי כִסְּתָה פָּנֶיהָ׃ טז וַיֵּט אֵלֶיהָ אֶל־הַדֶּרֶךְ
וַיֹּאמֶר הָבָה נָּא אָבוֹא אֵלַיִךְ כִּי לֹא יָדַע כִּי כַלָּתוֹ
הִוא וַתֹּאמֶר מַה־תִּתֶּן־לִּי כִּי תָבוֹא אֵלָי׃ יז וַיֹּאמֶר

אונקלוס

באתהי ואנלת תמר ויתיבת בית אבוהא: יב וסגיאו יומיא ומיתת בת־שוע
אתת־יהודה ואתנחם יהודה וסליק על־גוזזי ענה הוא וחירה רחמה עדלמאה
לתמנת: יג ואתחויא לתמר למימר הא חמויך סלק לתמנת למיגז ענה:
יד ואעדיאת לבושי ארמלותה מנה ואתכסיאת בעיפא ואתקנת ויתיבת בפרשות
עינין די על־ארח תמנת ארי חזת ארי־רבה שלה והיא לא־אתיהיבת לה
לאנתו: טו וחזאה יהודה וחשבה כנפקת־ברא ארי כסיאת אפהא: טז וסטא
לותה לארחא ואמר הבי כען איעול לותיך ארי לא ידע ארי כלתה היא
ואמרת מה־תתן־לי ארי תיעול לותי: יז ואמר אנא אשלח גדי־בר־עזי מן

רש״י

לו: כי אמר פן ימות. מֻחְזֶקֶת הִיא זוֹ שֶׁיָּמוּתוּ אֲנָשֶׁיהָ (כתו׳ מ״ג): (יב) ויעל על גוזי צאנו. וַיַּעַל תִּמְנָתָה לַעֲמוֹד עַל גּוֹזְזֵי צֹאנוֹ: (יג) עלה תמנתה. וּבְשִׁמְשׁוֹן הוּא אוֹמֵר: וַיֵּרֶד שִׁמְשׁוֹן תִּמְנָתָה (שופ׳ י״ד)? בְּשִׁפּוּעַ הָהָר הָיְתָה יוֹשֶׁבֶת, עוֹלִין לָהּ מִכָּאן וְיוֹרְדִין לָהּ מִכָּאן: (יד) ותתעלף. כִּסְּתָה פָּנֶיהָ, שֶׁלֹּא יַכִּיר בָּהּ: ותשב בפתח עינים. בִּפְתִיחַת עֵינַיִם, בְּפָרָשַׁת דְּרָכִים שֶׁעַל דֶּרֶךְ תִּמְנָתָה, וְרַבּוֹתֵינוּ דָרְשׁוּ: בְּפִתְחוֹ שֶׁל אַבְרָהָם אָבִינוּ, שֶׁכָּל עֵינַיִם מְצַפּוֹת לִרְאוֹתוֹ (סוטה י׳). כי ראתה כי גדל שלה וגו׳. לְפִיכָךְ הִפְקִירָה עַצְמָהּ אֵצֶל יְהוּדָה שֶׁהָיְתָה מִתְאַוָּה לְהַעֲמִיד מִמֶּנּוּ בָּנִים: (טו) ויחשבה לזונה. לְפִי שֶׁיּוֹשֶׁבֶת בְּפָרָשַׁת דְּרָכִים: כי כסתה פניה. וְלֹא יָכוֹל לִרְאוֹתָהּ וּלְהַכִּירָהּ. וּמִדְרַשׁ רַבּוֹתֵינוּ: כי כסתה פניה, כְּשֶׁהָיְתָה בְּבֵית חָמִיהָ, הָיְתָה צְנוּעָה, לְפִיכָךְ לֹא חֲשָׁדָהּ: (טז) ויט אליה אל הדרך. מִדֶּרֶךְ שֶׁהָיָה בָהּ, נָטָה אֶל הַדֶּרֶךְ אֲשֶׁר הִיא בָהּ, וּבִלְשׁוֹן לַעַז דשטורנ״יר: הבה נא. הָכִינִי עַצְמֵךְ וְדַעְתֵּךְ לְכָךְ: כָּל לְשׁוֹן הָבָה לְשׁוֹן הַזְמָנָה הוּא, חוּץ מִמָּקוֹם שֶׁיֵּשׁ לְתַרְגְּמוֹ בִּלְשׁוֹן נְתִינָה, וְאַף אוֹתָם שֶׁל הַזְמָנָה קְרוֹבִים לִלְשׁוֹן

house. 12 And in process of time the daughter of Shuah Judah's wife
died; and Judah was comforted, and went up unto his sheep-shearers
to Timnath, he and his friend Hirah the Adullamite. 13 And it was told
Tamar, saying, Behold thy husband's father goeth up to Tinmath to
shear his flock. 14 And she removed the garments of her widowhood
from her, and covered herself with a veil, and wrapped herself, and
sat at the entrance of Enayim, which is on the way to Timnath; for
she saw that Shelah was grown, and she was not given unto him to wife.
15 When Judah saw her, he thought her to be an harlot; because she had
covered her face. 16 And he inclined towards her by the way, and said,
Come, I pray thee, let me come unto thee; for he knew not that
she was his daughter-in-law. And she said, What wilt thou give
me, that thou mayest come unto me? 17 And he said, I will send

רש״י

כי אמר פן ימות FOR HE SAID LEST PERADVENTURE HE DIE — She is a woman of whom it may be presumed that the men she marries will *always* die *young*. (Ketub. 43b). **(12)** ויעל על גוזי צאנו AND HE WENT UP UNTO HIS SHEEP-SHEARERS — *it means:* and he went up to Timnah to stand by his sheep-shearers.[1] **(13)** עלה תמנתה HE GOETH UP TO TIMNAH — In the case of Samson it is said (Judg. XIV. 1) "And Samson went d o w n to Timnah". But it lay on the slope of a mountain: from one direction one had to go u p t o it, from the other one went d o w n to it. **(14)** ותתעלף AND SHE WRAPPED HERSELF — she veiled her face that he should not recognise her. ותשב בפתח עינים AND SHE SAT AT THE ENTRANCE OF ENAYIM (lit., at the opening of the eyes) — at the place where the eyes become opened:[2] at the cross-road which is on the way leading to Timnah. Our Rabbis explain (Sota 10b) that it means at the d o o r (פתח) of our father Abraham's residence to which a l l e y e s (עינים) looked forward to pay a visit[3]. כי ראתה כי גדל שלה FOR SHE SAW THAT SHELAH WAS GROWN etc. — This was the reason why she offered herself to Judah, for she was anxious to have children from him (as an ancestor in some way or other)[4] (Hor. 10b). **(15)** ויחשבה לזונה AND HE THOUGHT HER TO BE AN HARLOT, because she was sitting at the cross-roads. כי כסתה פניה FOR SHE HAD COVERED HER FACE — so that he could not see her *face* and thus recognize her[5]. A Midrashic explanation of our Rabbis is that כי כסתה פניה *means* BECAUSE SHE A L W A Y S COVERED HER FACE: when she had stayed in her father-in-law's house she had shown herself a modest woman, and therefore he did not suspect her (of being the woman who was sitting there for that evil purpose) (Sota 10b). **(16)** ויט אליה אל הדרך AND HE TURNED UNTO HER BY THE WAY — from the road he was following he turned to the road where she was. In O. F. détourner; *Engl. to turn aside.* הבה נא COME, I PRAY THEE — Prepare yourself and your mind for this. Wherever הבה occurs it signifies "preparing oneself", except in any passage where it must *necessarily* be translated by "giving". And, indeed, those signifying "preparation" have almost the mean-

NOTES

1) תמנתה, at the end of the verse, is to be connected with ויעל, and ויעל followed by על must be taken as a constructio pregnans, i. e., a phrase must be supplied between ויעל and על to complete the sense — here "to stand": he went up to Timnah t o s t a n d by (על) (to watch) his shearers.

2) i. e. where people open their eyes that they may carefully examine which road to take.

3) She sat there because everyone travelling along that road paid a visit to Abraham's residence, and Judah, too, was certain to do so.

4) If this could not be through Shelah, she had no alternative but that it should be through Judah.

5) Since a veiled woman must be regarded as a modest person, כי cannot introduce the reason why he thought her to be a harlot. This was because she was sitting at the cross-roads. It introduces the reason why he did not recognize her.

אָנֹכִי אֲשַׁלַּח גְּדִי־עִזִּים מִן־הַצֹּאן וַתֹּאמֶר אִם־תִּתֵּן
עֵרָבוֹן עַד שָׁלְחֶךָ׃ יח וַיֹּאמֶר מָה הָעֵרָבוֹן אֲשֶׁר
אֶתֶּן־לָּךְ וַתֹּאמֶר חֹתָמְךָ וּפְתִילֶךָ וּמַטְּךָ אֲשֶׁר בְּיָדֶךָ
וַיִּתֶּן־לָהּ וַיָּבֹא אֵלֶיהָ וַתַּהַר לוֹ׃ יט וַתָּקָם וַתֵּלֶךְ וַתָּסַר
צְעִיפָהּ מֵעָלֶיהָ וַתִּלְבַּשׁ בִּגְדֵי אַלְמְנוּתָהּ׃ כ וַיִּשְׁלַח
יְהוּדָה אֶת־גְּדִי הָעִזִּים בְּיַד רֵעֵהוּ הָעֲדֻלָּמִי לָקַחַת
הָעֵרָבוֹן מִיַּד הָאִשָּׁה וְלֹא מְצָאָהּ׃ כא וַיִּשְׁאַל אֶת־
אַנְשֵׁי מְקֹמָהּ לֵאמֹר אַיֵּה הַקְּדֵשָׁה הִוא בָעֵינַיִם
עַל־הַדָּרֶךְ וַיֹּאמְרוּ לֹא־הָיְתָה בָזֶה קְדֵשָׁה׃ כב וַיָּשָׁב
אֶל־יְהוּדָה וַיֹּאמֶר לֹא מְצָאתִיהָ וְגַם אַנְשֵׁי הַמָּקוֹם
אָמְרוּ לֹא־הָיְתָה בָזֶה קְדֵשָׁה׃ כג וַיֹּאמֶר יְהוּדָה
תִּקַּח־לָהּ פֶּן נִהְיֶה לָבוּז הִנֵּה שָׁלַחְתִּי הַגְּדִי הַזֶּה

אונקלוס

עִזַּיָּא וַאֲמָרַת אִם־תִּתֵּן מַשְׁכּוֹנָא עַד דְּתִשְׁלַח׃ יח וַאֲמַר מָה מַשְׁכּוֹנָא דִּי אֶתֵּן־לִךְ וַאֲמָרַת עִזְקְתָךְ וְשׁוֹשִׁפָּךְ וְחוּטְרָךְ דִּי בִידָךְ וִיהַב־לַהּ וְעַל לְוָתַהּ וְעַדִּיאַת לֵהּ׃ יט וְקָמַת וַאֲזַלַת וְאַעְדִּיאַת עֵיפַהּ מִנַּהּ וּלְבִישַׁת לְבוּשֵׁי אַרְמְלוּתַהּ׃ כ וְשַׁדַּר יְהוּדָה יָת־גַּדְיָא בַּר־עִזֵּי בִּידָא רַחֲמֵהּ עֲדֻלָּמָאָה לְמִסַּב מַשְׁכּוֹנָא מִידָא דְאִתְּתָא וְלָא אַשְׁכְּחַהּ׃ כא וּשְׁאֵיל יָת־אֱנָשֵׁי אַתְרַהּ לְמֵימַר לְאָן מְקַדַּשְׁתָּא הִיא בְעֵינַיִן עַל־אָרְחָא וַאֲמָרוּ לֵית הָכָא מְקַדַּשְׁתָּא׃ כב וְתָב לְוָת־יְהוּדָה וַאֲמַר לָא אַשְׁכַּחְתַּהּ וְאַף אֱנָשֵׁי אַתְרָא אֲמָרוּ לֵית הָכָא מְקַדַּשְׁתָּא׃ כג וַאֲמַר יְהוּדָה תִּסַּב־לַהּ דִּילְמָא נְהֵי לְחוּךְ הָא שַׁדַּרִית גַּדְיָא הָדֵין וְאַתְּ לָא אַשְׁכַּחְתַּהּ׃

רש״י

נְתִינָה הֵם׃ (יז) ערבון. מַשְׁכּוֹן׃ (יח) חתמך ופתילך. עִזְקְתָךְ וְשׁוֹשִׁיפָךְ — טַבַּעַת שֶׁאַתָּה חוֹתֵם בָּהּ וְשִׂמְלָתְךָ שֶׁאַתָּה מִתְכַּסֶּה בָּהּ׃ ותהר לו. גִּבּוֹרִים כַּיּוֹצֵא בוֹ, צַדִּיקִים כַּיּוֹצֵא בוֹ׃ (כא) הקדשה. מְקֻדֶּשֶׁת וּמְזֻמֶּנֶת לִזְנוּת׃ (כג) תקח לה. יִהְיֶה שֶׁלָּהּ מַה שֶּׁבְּיָדָהּ׃ פן נהיה לבוז. אִם תְּבַקְּשֶׁנָּה עוֹד יִתְפַּרְסֵם הַדָּבָר וְיִהְיֶה גְנַאי, כִּי מָה עָלַי לַעֲשׂוֹת עוֹד, לְאַמֵּת דְּבָרַי׃ הנה שלחתי הגדי הזה. לְפִי שֶׁרִמָּה יְהוּדָה אֶת אָבִיו בִּגְדִי עִזִּים, שֶׁהִטְבִּיל כְּתֹנֶת יוֹסֵף בְּדָמוֹ, רִמּוּהוּ גַם הוּא בִּגְדִי עִזִּים (ב״ר)׃

forth to thee a kid of the goats from the flock. And she said, If thou wilt give me a pledge, till thou send it? ¹⁸And he said, What pledge shall I give thee? And she said, Thy signet, and thy string, and thy staff that is in thine hand. And he gave it her, and came unto her, and she became pregnant by him. ¹⁹And she arose, and went away, and removed her veil from her, and put on the garments of her widowhood. ²⁰And Judah sent the kid of the goats by the hand of his friend the Adullamite, to take his pledge from the woman's hand: but he found her not. ²¹Then he asked the men of that place, saying, Where is the prostitute that was at Enayim on the road? And they said, There was no prostitute in this place. ²²And he returned unto Judah and said, I did not find her; and the men of the place also said, that there was no prostitute in this place. ²³And Judah said, Let her take it to her, lest we become a scorn: behold, I

רש״י

ing of "giving". **(17)** ערבון *means a* PLEDGE. **(18)** חתמך ופתילך THY SIGNET AND THY STRING — *The Targum renders it by* "Thy signet and thy cloak" — the ring which you use as a seal and the cloak with which you cover yourself. ותהר לו AND SHE CONCEIVED BY HIM (לו, to him) — *she conceived men who were strong,* similar to himself, *and men who were righteous,* similar to himself (Gen. R. 85). **(21)** הקדשה *means* a woman who is devoted to, (מקדשת) and who is ever ready for illicit intercourse. **(23)** תקח לה Let that remain hers which she has in her possession (i. e. LET HER KEEP IT). פן נהיה לבוז LEST WE BECOME A SCORN — if you seek her further the matter will become public and disgrace will follow, for what more can I do to redeem my promise? (for I have sent this kid etc. and I can do no more). הנה שלחתי את הגדי הזה BEHOLD, I SENT THIS KID — Because Judah had deceived his father through a kid of the goats — for he had dipped Joseph's coat in its blood — therefore he, too, was deceived[1])

NOTES

[1]) i. e. he had a disappointment through a kid.

וְאַתָּה לֹא מְצָאתָהּ: כד וַיְהִי כְּמִשְׁלֹשׁ חֳדָשִׁים וַיֻּגַּד
לִיהוּדָה לֵאמֹר זָנְתָה תָּמָר כַּלָּתֶךָ וְגַם הִנֵּה הָרָה
לִזְנוּנִים וַיֹּאמֶר יְהוּדָה הוֹצִיאוּהָ וְתִשָּׂרֵף: כה הִוא
מוּצֵאת וְהִיא שָׁלְחָה אֶל־חָמִיהָ לֵאמֹר לְאִישׁ
אֲשֶׁר־אֵלֶּה לּוֹ אָנֹכִי הָרָה וַתֹּאמֶר הַכֶּר־נָא לְמִי
הַחֹתֶמֶת וְהַפְּתִילִים וְהַמַּטֶּה הָאֵלֶּה: כו וַיַּכֵּר יְהוּדָה
וַיֹּאמֶר צָדְקָה מִמֶּנִּי כִּי־עַל־כֵּן לֹא־נְתַתִּיהָ לְשֵׁלָה
בְנִי וְלֹא־יָסַף עוֹד לְדַעְתָּהּ: כז וַיְהִי בְּעֵת לִדְתָּהּ
וְהִנֵּה תְאוֹמִים בְּבִטְנָהּ: כח וַיְהִי בְלִדְתָּהּ וַיִּתֶּן־יָד
וַתִּקַּח הַמְיַלֶּדֶת וַתִּקְשֹׁר עַל־יָדוֹ שָׁנִי לֵאמֹר זֶה

אונקלוס

כד וַהֲוָה כִּתְלָתוּת יַרְחַיָּא וְאִתְחַוָּה לִיהוּדָה לְמֵימַר זַנִּיאַת תָּמָר כַּלְּתָךְ וְאַף הָא
מְעַדְּיָא לִזְנוּתָא וַאֲמַר יְהוּדָה אַפְּקוּהָ וְתִתּוֹקַד: כה הִיא מִתַּפְּקָא וְהִיא שְׁלַחַת
לַחֲמוּהָא לְמֵימַר לִגְבַר דִּי־אִלֵּין דִּילֵהּ מִנֵּהּ אֲנָא מְעַדְּיָא וַאֲמָרַת אִשְׁתְּמוֹדַע־
כְּעַן לְמַן עִזְקְתָא וְשׁוֹשִׁפָא וְחוּטְרָא הָאִלֵּין: כו וְאִשְׁתְּמוֹדַע יְהוּדָה וַאֲמַר זַכָּאָה
מִנִּי־מְעַדְּיָא אֲרֵי־עַל־כֵּן לָא־יְהַבְתַּהּ לְשֵׁלָה בְרִי וְלָא־אוֹסִיף עוֹד לְמִידְעַהּ:
כז וַהֲוָה בְּעִדָּן דְּמֵילְדַהּ וְהָא תְיוֹמִין בִּמְעַהָא: כח וַהֲוָה בְּמֵילְדַהּ וִיהַב־יְדָא

רש״י

(כד) כמשלש חדשים. רֻבּוֹ שֶׁל רִאשׁוֹן וְרֻבּוֹ שֶׁל אַחֲרוֹן וְאֶמְצָעִי שָׁלֵם (נדה מ״ג); וּלְשׁוֹן כְּמִשְׁלֹשׁ חֳדָשִׁים כְּהִשְׁתַּלֵּשׁ הֶחֳדָשִׁים; כְּמוֹ, וּמִשְׁלוֹחַ מָנוֹת (אסתר ט׳), מִשְׁלוֹחַ יָדַיִם (ישׁ׳ י״א), וְכֵן תִּרְגֵּם אוּנְקְלוֹס: כִּתְלָתוּת יַרְחַיָּא: הרה לזנונים. שֵׁם דָּבָר, מְעֻבֶּרֶת; כְּמוֹ אִשָּׁה הָרָה, וּכְמוֹ בָּרָה כַּחַמָּה: ותשרף. אָמַר אֶפְרַיִם מִקְשָׁאָה מִשּׁוּם רַבִּי מֵאִיר: בִּתּוֹ שֶׁל שֵׁם הָיְתָה, שֶׁהוּא כֹהֵן, לְפִיכָךְ דָּנוּהָ בִּשְׂרֵפָה: (כה) הוא מוצאת. לְהִשָּׂרֵף: והיא שלחה אל חמיה. לֹא רָצְתָה לְהַלְבִּין פָּנָיו וְלוֹמַר מִמְּךָ אֲנִי מְעֻבֶּרֶת, אֶלָּא לָאִישׁ אֲשֶׁר אֵלֶּה לוֹ; אָמְרָה: אִם יוֹדֶה מֵעַצְמוֹ, וְאִם לָאו, יִשְׂרְפוּנִי, וְאַל אַלְבִּין פָּנָיו; מִכָּאן אָמְרוּ: נוֹחַ לוֹ לָאָדָם, שֶׁיַּפִּילוּהוּ לְכִבְשַׁן הָאֵשׁ וְאַל יַלְבִּין פְּנֵי חֲבֵרוֹ בָּרַבִּים: הכר נא. אֵין נָא אֶלָּא לְשׁוֹן בַּקָּשָׁה—הַכֶּר נָא בּוֹרַאֲךָ, וְאַל תְּאַבֵּד שָׁלֹשׁ נְפָשׁוֹת: (כו) צדקה. בִּדְבָרֶיהָ: ממני היא מְעֻבֶּרֶת; וְרַבּוֹתֵינוּ ז״ל דָּרְשׁוּ, שֶׁיָּצְאָה בַּת קוֹל וְאָמְרָה: מִמֶּנִּי וּמֵאִתִּי יָצְאוּ הַדְּבָרִים, לְפִי שֶׁהָיְתָה צְנוּעָה בְּבֵית חָמִיהָ, גָּזַרְתִּי שֶׁיֵּצְאוּ מִמֶּנָּה מְלָכִים, וּמִשֵּׁבֶט יְהוּדָה גָּזַרְתִּי לְהַעֲמִיד מְלָכִים בְּיִשְׂרָאֵל: כי על כן לא נתתיה. כִּי בַדִּין עָשְׂתָה, עַל אֲשֶׁר לֹא נְתַתִּיהָ לְשֵׁלָה בְנִי: ולא יסף עוד. יֵשׁ אוֹמְרִים לֹא הוֹסִיף, וְיֵשׁ אוֹמְרִים לֹא פָסַק; וַחֲבֵירוֹ נִבֵּי אֶלְדָּד וּמֵידָד, וְלֹא יָסָפוּ וּמְתַרְגְּמִינַן וְלָא פְסָקוּ: (כז) בעת לדתה. וּבְרִבְקָה הוּא אוֹמֵר: וַיִּמְלְאוּ יָמֶיהָ לָלֶדֶת? לְהַלָּן לִמְלֵאִים וְכָאן לַחֲסֵרִים: והנה תאומים. מָלֵא, וּלְהַלָּן תוֹמִם חָסֵר, לְפִי שֶׁהָאֶחָד רָשָׁע, אֲבָל אֵלּוּ שְׁנֵיהֶם צַדִּיקִים: (כח) ויתן יד.

189 Genesis XXXVIII. 24—28.

sent this kid, and thou hast not found her. 24 And it came to pass about three
months after, that it was told Judah, saying, Tamar thy daughter-in-law
hath played the harlot, and also, behold, she is pregnant by fornication.
And Judah said, Bring her forth, and let her be burnt. 25 When she was
brought forth, she sent to her husband's father, saying, By the man,
whose these are, am I pregnant: and she said, Recognise, I pray thee,
whose are these, the signet, and strings, and staff. 26 And Judah recog-
nised them, and said, She hath been more righteous than I; because
that I gave her not to Shelah my son. And he knew her again no more.
27 And it came to pass, in the time of her bearing, that, behold, twins were
in her womb. 28 And it came to pass, when she bare, that the one put out
his hand: and the midwife took and tied upon his hand a shining red

רש״י

through a kid of the goats (Gen. R. 85). **(24)** כמשלש הדשים ABOUT THREE MONTHS AFTER — the greater part of the first, the greater part of the third and the entire middle (second) one. The expression כמשלש חרשים signifies "when the months repeated themselves three times". *The word* משלש *is* similar *in form to* (Est. IX. 19) "and sending (ומשלח) portions"; (Is. XI. 14), "sending (משלח) forth their hand". Onkelos renders it similarly כתלתות ירחיא (where תלתות is the infinitive of תְּלַת "when the months become three".1) הרה לזנונים SHE IS WITH CHILD BY HARLOTRY — The word הרה is an adjective2), *meaning* pregnant3), like (Ex. XXI. 22) "a pregnant (הרה) woman" (where הרה can be only an adjective) and as (Song. VII. 10) "Clear (ברה) as the sun" (where ברה is an adjective; Rashi perhaps quotes this example to prove also that הרה is from root הרר just as ברה is from ברר). ותשרף AND LET HER BE BURNT — Ephraim the Disputant said in the name of Rabbi Meir: She was the daughter of Shem who was a priest (see Rashi on XIV. 18) on this account they sentenced her to be burnt (cf. Lev. XXI. 9). **(25)** הוא מוצאת WHEN SHE WAS BROUGHT FORTH to be burnt. והיא שלחה אל חמיה SHE SENT TO HER FATHER-IN-LAW — she did not wish to put him to shame in public by saying "It is by thee that I am with child", but *she said only* "By the man whose these are". She thought: "if he is to acknowledge it, let him acknowledge it voluntarily, and if not, let them burn me and let me not put him to shame in public". From this passage *our Rabbis* derived the teaching: Far better that a man should let himself be cast into a fiery furnace (even as Tamar was ready to be burnt to death) and let him not publicly put his fellow to shame (Sota 10b). הכר נא RECOGNISE, I PRAY THEE — The word נא is used as an expression of entreaty: Acknowledge4) (הכר) I beg of you, your Creator and do not destroy three5) lives (ib.). **(26)** צדקה SHE IS RIGHTEOUS (right) in what she has said6) ממני FROM ME is she with child. Our Rabbis, of blessed memory, explained *this to mean* that a Bath-kol came forth and said *the word* ממני — from Me and by My agency have these things happened: because she proved herself a modest woman whilst in her father-in-law's house I have ordained that kings shall be descended from her, and I have already ordained that I would raise up kings in Israel from the tribe of Judah (ib.) (therefore I have brought it about that these two persons who are to be the ancestors of kings should unite to become so). כי על כן לא נתתיה BECAUSE THAT I GAVE HER NOT — For (כי) she has acted rightly, because (על כן) I did not give her to Shelah, my son7). ולא יסף עוד AND HE KNEW HER AGAIN NO MORE — Some explain that ולא יסף *means* he did not continue *to know her*: others explain *that it means* he did not cease *to know her*. An exactly similar instance occurs in reference to Eldad and Medad (Numb. XI. 25), where ולא יספו *which some translate "and they did not continue to prophesy"* is translated in the Targum by "and they did not cease *to prophesy*"8). **(27)** בעת לדתה AT THE TIME OF HER BEARING — But in the case of Rebecca Scripture says (XXV. 24) "And when her days to give birth were fulfilled" — in the latter case the months

NOTES

For Notes 1—8 see Appendix.

יָצָא רִאשֹׁנָה: כט וַיְהִי‪ ׀‬כְּמֵשִׁיב יָדוֹ וְהִנֵּה יָצָא אָחִיו וַתֹּאמֶר מַה־פָּרַצְתָּ עָלֶיךָ פָּרֶץ וַיִּקְרָא שְׁמוֹ פָּרֶץ: ל וְאַחַר יָצָא אָחִיו אֲשֶׁר עַל־יָדוֹ הַשָּׁנִי וַיִּקְרָא שְׁמוֹ זָרַח: ס חמישי לט א וְיוֹסֵף הוּרַד מִצְרָיְמָה וַיִּקְנֵהוּ פּוֹטִיפַר סְרִיס פַּרְעֹה שַׂר הַטַּבָּחִים אִישׁ מִצְרִי מִיַּד הַיִּשְׁמְעֵאלִים אֲשֶׁר הוֹרִדֻהוּ שָׁמָּה: ב וַיְהִי יְהֹוָה אֶת־יוֹסֵף וַיְהִי אִישׁ מַצְלִיחַ וַיְהִי בְּבֵית אֲדֹנָיו הַמִּצְרִי: ג וַיַּרְא אֲדֹנָיו כִּי יְהֹוָה אִתּוֹ וְכֹל אֲשֶׁר־הוּא עֹשֶׂה יְהֹוָה מַצְלִיחַ בְּיָדוֹ: ד וַיִּמְצָא יוֹסֵף חֵן בְּעֵינָיו וַיְשָׁרֶת אֹתוֹ וַיַּפְקִדֵהוּ עַל־בֵּיתוֹ וְכָל־יֶשׁ־לוֹ נָתַן בְּיָדוֹ: ה וַיְהִי מֵאָז הִפְקִיד אֹתוֹ בְּבֵיתוֹ וְעַל כָּל־אֲשֶׁר

אונקלוס

וּנְסִיבַת מַיְתָא וּקְטָרַת עַל־יְדֵיהּ וְהוֹרִיתָא לְמֵימַר דֵּין נְפַק קַדְמָאָה: כט וַהֲוָה כַּד־אָתֵיב יְדֵהּ וְהָא נְפַק אֲחוּהִי וַאֲמֶרֶת מַה־תְּקוֹף סַגִּי עֲלָךְ לְמִתְקַף וּקְרָא שְׁמֵהּ פָּרֶץ: ל וּבָתַר כֵּן נְפַק אֲחוּהִי דִי עַל־יְדֵהּ וְהוֹרִיתָא וּקְרָא שְׁמֵהּ זָרַח: א וְיוֹסֵף אַחֲתַת לְמִצְרַיִם וְזַבְנֵהּ פּוֹטִיפַר רַבָּא דְפַרְעֹה רַב קָטוֹלַיָּא גְּבַר מִצְרָאָה מִיַּד עַרְבָאֵי דִּי אֲחָתוּהִי לְתַמָּן: ב וַהֲוָה מֵימְרָא דַיְיָ בְּסַעֲדֵהּ דְּיוֹסֵף וַהֲוָה גְּבַר מַצְלַח וַהֲוָה בְּבֵית רִבּוֹנֵהּ מִצְרָאָה: ג וַחֲזָא רִבּוֹנֵהּ אֲרֵי מֵימְרָא דַיְיָ בְּסַעֲדֵהּ וְכֹל דִּי־הוּא עָבֵד יְיָ מַצְלַח בִּידֵהּ: ד וְאַשְׁכַּח יוֹסֵף רַחֲמִין בְּעֵינוֹהִי וְשַׁמֵּשׁ יָתֵהּ וּמַנְיֵהּ עַל־בֵּיתֵהּ וְכָל־דִּי־אִית־לֵהּ מְסַר בִּידֵהּ: ה וַהֲוָה מֵעִדָּן דְּמַנִּי

רש"י

הוֹצִיא הָאֶחָד יָדוֹ וּלְאַחַר לְחוּץ וְאַחַר שֶׁקְּשָׁרָה עַל יָדוֹ הַשֵּׁנִי הֶחֱזִירָהּ: (כט) פָּרַצְתָּ. חָזְקָה עָלֶיךָ חֲזָק: (ל) אֲשֶׁר עַל יָדוֹ הַשָּׁנִי. אַרְבַּע יָדוֹת כְּתוּבוֹת כָּאן, כְּנֶגֶד אַרְבָּעָה חֲרָמִים שֶׁמָּעַל עָכָן, שֶׁיָּצָא מִמֶּנּוּ. וְיֵשׁ אוֹמְרִים, כְּנֶגֶד אַרְבָּעָה דְּבָרִים שֶׁלָּקַח: אַדֶּרֶת שִׁנְעָר וּשְׁתֵּי חֲתִיכוֹת כֶּסֶף שֶׁל מָאתַיִם שְׁקָלִים וּלְשׁוֹן זָהָב, בְּבְּרֵאשִׁית רַבָּה: וַיִּקְרָא שְׁמוֹ זָרַח. עַל שֵׁם זְרִיחַת מַרְאִית הַשָּׁנִי:
לט (א) וְיוֹסֵף הוּרַד. חוֹזֵר לָעִנְיָן רִאשׁוֹן, אֶלָּא שֶׁהִפְסִיק בּוֹ כְּדֵי לִסְמוֹךְ יְרִידָתוֹ שֶׁל יְהוּדָה לִמְכִירָתוֹ שֶׁל יוֹסֵף, לוֹמַר, שֶׁבִּשְׁבִילוֹ הוֹרִידוּהוּ מִגְּדֻלָּתוֹ. וְעוֹד, כְּדֵי לִסְמוֹךְ מַעֲשֵׂה אִשְׁתּוֹ שֶׁל פּוֹטִיפַר לְמַעֲשֵׂה תָמָר, לוֹמַר לְךָ, מַה זוֹ לְשֵׁם שָׁמַיִם אַף זוֹ לְשֵׁם שָׁמַיִם, שֶׁרָאֲתָה בְּאִצְטְרוֹלוֹגִין שֶׁלָּהּ, שֶׁעֲתִידָה לְהַעֲמִיד בָּנִים מִמֶּנּוּ, וְאֵינָהּ יוֹדַעַת אִם מִמֶּנָּה אִם מִבִּתָּהּ: (ב) כִּי ה' אִתּוֹ. שֵׁם שָׁמַיִם שָׁגוּר בְּפִיו: (ד) וְכֹל יֵשׁ לוֹ. הֲרֵי לָשׁוֹן קָצָר, חָסֵר אֲשֶׁר:

thread, saying, This came out first. ²⁹And it came to pass, as he drew back his hand, that, behold, his brother came out: and she said, How hast thou burst forth? this breach be upon thee: therefore he called his name Pharez. ³⁰And afterwards came out his brother, that had the shining red thread upon his hand: and his name was called Zarah.

39. ¹And Joseph was brought down to Egypt; and Potiphar, a captain of Pharaoh, officer of the executioners, an Egyptian man, obtained him from the hands of Ishmaelites, who had brought him down thither. ²And the Eternal was with Joseph, and he was a prosperous man; and he was in the house of his lord the Egyptian. ³And his lord saw that the Eternal was with him, and that the Eternal made all that he did to prosper in his hand. ⁴And Joseph found favour in his eyes, and he ministered unto him: and he appointed him overseer over his house, and all that he had he gave into his hand. ⁵And it came to pass when he had appointed him overseer over his house, and over all that

רש"י

of pregnancy were complete, here, however, they were short *of the full term.* והנה תאומים AND BEHOLD TWINS — *Here the word is written* plene (with א and י whilst there (in the case of Rebecca) it is written defective (תומם) without these letters) because one (viz., Esau) was wicked, but here both were righteous (Gen. R. 85). **(28)** ויתן יד THE ONE PUT OUT HIS HAND — one stretched forth his hand outside, and after she had bound the scarlet thread upon his hand he drew it back. **(29)** פרצת THOU HAST BURST FORTH — *What* a strong effort hast thou made! **(30)** אשר על ידו השני THAT HAD THE SHINING RED THREAD UPON HIS HAND — The word יד is written here four times corresponding to the four acts of sacrilege[1]) which Achan, who was a descendant of Perez, committed *with his hand.* Others say these correspond to the four things which he took *with his hand of the spoil of Jericho:* a Babylon garment, two hundred shekels, and a wedge of gold (ib.). ויקרא שמו זרח AND HIS NAME WAS CALLED ZARAH — (bright, shining), because of the bright colour of the scarlet thread.

39. (1) ויוסף הורד AND JOSEPH WAS BROUGHT DOWN — It (Scripture) now reverts to the original subject (and consequently it states ויוסף הורד "Joseph had been brought down to Egypt" before the events last mentioned); it interrupted it only in order to connect the *account of* the degradation of Judah (cf. XXXVIII. 1) with *that of* the sale of Joseph, thus suggesting that it was on account of him (i. e. Joseph — Judah's part in the sale of Joseph —) that they (his brothers) degraded him from his high position. A further reason *why this narrative of Judah and Tamar is interpolated here* is to place in juxtaposition the story of Potiphar's wife and the story of Tamar, suggesting that just as this woman (Tamar) acted out of pure motives so also the other (Potiphar's wife) acted out of pure motives, for she foresaw by her astrological speculations that she was destined to be the ancestress of children by him (Joseph)[2]) — but she did not know whether *these children were* to be hers or her daughter's (ib.). **(3)** כי ה' אתו THAT THE LORD WAS WITH HIM — the name of God was a familiar word in his mouth (Gen. R. 86). **(4)** וכל יש לו AND ALL THAT HE HAD — This is an elliptical phrase — the word אשר is omitted

NOTES

[1]) Cf. Josh. VII. 1 and Gen. R. 85, end, where the four חרמים are enumerated.
[2]) Joseph is stated to have married her daughter. Cf. Rashi on XLI. 45.

יֶשׁ־לוֹ וַיְבָרֶךְ יְהוָה אֶת־בֵּית הַמִּצְרִי בִּגְלַל יוֹסֵף
וַיְהִי בִּרְכַּת יְהוָה בְּכָל־אֲשֶׁר יֶשׁ־לוֹ בַּבַּיִת וּבַשָּׂדֶה׃
וַיַּעֲזֹב כָּל־אֲשֶׁר־לוֹ בְּיַד־יוֹסֵף וְלֹא־יָדַע אִתּוֹ מְאוּמָה
כִּי אִם־הַלֶּחֶם אֲשֶׁר־הוּא אוֹכֵל וַיְהִי יוֹסֵף יְפֵה־
תֹאַר וִיפֵה מַרְאֶה׃ ששי ז וַיְהִי אַחַר הַדְּבָרִים הָאֵלֶּה
וַתִּשָּׂא אֵשֶׁת־אֲדֹנָיו אֶת־עֵינֶיהָ אֶל־יוֹסֵף וַתֹּאמֶר
שִׁכְבָה עִמִּי׃ ח וַיְמָאֵן ׀ וַיֹּאמֶר אֶל־אֵשֶׁת אֲדֹנָיו
הֵן אֲדֹנִי לֹא־יָדַע אִתִּי מַה־בַּבָּיִת וְכֹל אֲשֶׁר־יֶשׁ־לוֹ
נָתַן בְּיָדִי׃ ט אֵינֶנּוּ גָדוֹל בַּבַּיִת הַזֶּה מִמֶּנִּי וְלֹא־
חָשַׂךְ מִמֶּנִּי מְאוּמָה כִּי אִם־אוֹתָךְ בַּאֲשֶׁר אַתְּ־
אִשְׁתּוֹ וְאֵיךְ אֶעֱשֶׂה הָרָעָה הַגְּדֹלָה הַזֹּאת וְחָטָאתִי
לֵאלֹהִים׃ י וַיְהִי כְּדַבְּרָהּ אֶל־יוֹסֵף יוֹם ׀ יוֹם וְלֹא־

אונקלוס

יָתֵיהּ בְּבֵיתֵיהּ וְעַל כָּל־דִּי־אִית־לֵיהּ וּבָרֵיךְ יְיָ יָת־בֵּית מִצְרָאָה בְּדִיל יוֹסֵף וַהֲוָת
בִּרְכְתָא דַיְיָ בְּכָל־דִּי־אִית־לֵיהּ בְּבֵיתָא וּבְחַקְלָא׃ ו וּשְׁבַק כָּל־דִּי־לֵיהּ בִּידָא
דְיוֹסֵף וְלָא־יְדַע עִמֵּיהּ מִדַּעַם אֱלָהֵן לַחְמָא דִּי־הוּא אָכֵל וַהֲוָה יוֹסֵף שַׁפִּיר־
בְּרֵיוָא וְיָאֵי בְּחֶזְוָא׃ ז וַהֲוָה בָּתַר פִּתְגָּמַיָּא הָאִלֵּין וּזְקַפַת אִתַּת־רִבּוֹנֵיהּ יָת־עֵינָהָא
לְיוֹסֵף וַאֲמָרַת שְׁכוּב עִמִּי׃ ח וְסָרֵיב ׀ וַאֲמַר לְוַת־אִתַּת רִבּוֹנֵיהּ הָא רִבּוֹנִי לָא־
יָדַע עִמִּי מָה־דִבְבֵיתָא וְכֹל דִּי־אִית־לֵיהּ מְסַר בִּידִי׃ ט לֵיתוֹהִי רַב בְּבֵיתָא הָדֵין
מִנִּי וְלָא־מְנַע מִנִּי מִדַּעַם אֱלָהֵן יָתִיךְ בְּדִיל אַתְּ־אִתְּתֵיהּ וְאֶכְדֵּין אֶעְבֵּד בִּישְׁתָא
רַבְּתָא הָדָא וְאֵחוֹב קֳדָם־יְיָ׃ י וַהֲוָה כַּד־מַלֵּילַת עִם־יוֹסֵף יוֹם ׀ יוֹם וְלָא קַבֵּיל

רש״י

(ו) ולא ידע אתו מאומה. לֹא הָיָה נוֹתֵן לִבּוֹ לִכְלוּם: כי אם הלחם. הִיא אִשְׁתּוֹ,
אֶלָּא שֶׁדִּבֵּר בְּלָשׁוֹן נְקִיָּה: ויהי יוסף יפה תואר. כֵּיוָן שֶׁרָאָה עַצְמוֹ מוֹשֵׁל, הִתְחִיל
אוֹכֵל וְשׁוֹתֶה וּמְסַלְסֵל בִּשְׂעָרוֹ, אָמַר הַקָּבָּ״ה: אָבִיךְ מִתְאַבֵּל, וְאַתָּה מְסַלְסֵל בִּשְׂעָרְךָ
אֲנִי מְגָרֶה בְךָ אֶת הַדּוֹב! מִיַּד (ז) ותשא אשת אדוניו וגו׳. כָּל מָקוֹם שֶׁנֶּאֱמַר
אַחַר סָמוּךְ: (ט) וחטאתי לאלהים. בְּנֵי נֹחַ נִצְטַוּוּ עַל הָעֲרָיוֹת: (י) לשכב אצלה.

he had, that the Eternal blessed the Egyptian's house for Joseph's sake; and the blessing of the Eternal was upon all that he had in the house, and in the field. ⁶And he left all that he had in Joseph's hand; and he knew not ought he had, save the bread which he did eat. And Joseph was of beautiful form and beautiful appearance. ⁷And it came to pass after these things that his lord's wife lifted up her eyes to Joseph; and she said, Lie with me. ⁸But he refused, and said unto his lord's wife, Behold, my lord knoweth not what is with me in the house, and he hath given all that he hath into my hand; ⁹There is none greater in this house than I; neither hath he kept back any thing from me but thee, because thou art his wife: how then can I do this great evil, and sin against God? ¹⁰And it came to pass, as she spake to Joseph day by day, that he hearkened not unto her, to

רש״י

(after וכל). **(6)** ולא ידע אתו מאומה AND HE KNEW NOT AUGHT HE HAD — he paid no attention to anything. כי אם הלחם SAVE THE BREAD — this means his wife, but Scripture uses here a euphemism (ib.) (cf. Joseph's own words in verse 9). ויהי יוסף יפה תאר AND JOSEPH WAS OF BEAUTIFUL FORM — As soon as he saw that he was ruler (in the house) he began to eat and drink and curl his hair. The Holy One, blessed be He, said to him, "Your father is mourning and you curl your hair! I will let a bear loose against you". Immediately **(7)** ותשא אשת אדניו HIS LORD'S WIFE LIFTED UP HER EYES etc. — wherever אחר is used *and not* אחרי it means immediately after (ib.). **(9)** וחטאתי לאלהים AND SIN AGAINST GOD — The "Sons of Noah" (בני נח)¹) were subject to the command which forbade immorality (Sanh. 56b). **(10)** לשכב אצלה TO LIE BY HER — even

NOTES

¹) Cf. Note 3 page 7.

בראשית לט וישב

שָׁמַע אֵלֶיהָ לִשְׁכַּב אֶצְלָהּ לִהְיוֹת עִמָּהּ: יא וַיְהִי כְּהַיּוֹם הַזֶּה וַיָּבֹא הַבַּיְתָה לַעֲשׂוֹת מְלַאכְתּוֹ וְאֵין אִישׁ מֵאַנְשֵׁי הַבַּיִת שָׁם בַּבָּיִת: יב וַתִּתְפְּשֵׂהוּ בְּבִגְדוֹ לֵאמֹר שִׁכְבָה עִמִּי וַיַּעֲזֹב בִּגְדוֹ בְּיָדָהּ וַיָּנָס וַיֵּצֵא הַחוּצָה: יג וַיְהִי כִּרְאוֹתָהּ כִּי־עָזַב בִּגְדוֹ בְּיָדָהּ וַיָּנָס הַחוּצָה: יד וַתִּקְרָא לְאַנְשֵׁי בֵיתָהּ וַתֹּאמֶר לָהֶם לֵאמֹר רְאוּ הֵבִיא לָנוּ אִישׁ עִבְרִי לְצַחֶק בָּנוּ בָּא אֵלַי לִשְׁכַּב עִמִּי וָאֶקְרָא בְּקוֹל גָּדוֹל: טו וַיְהִי כְשָׁמְעוֹ כִּי־הֲרִימֹתִי קוֹלִי וָאֶקְרָא וַיַּעֲזֹב בִּגְדוֹ אֶצְלִי וַיָּנָס וַיֵּצֵא הַחוּצָה: טז וַתַּנַּח בִּגְדוֹ אֶצְלָהּ עַד־בּוֹא אֲדֹנָיו אֶל־בֵּיתוֹ: יז וַתְּדַבֵּר אֵלָיו כַּדְּבָרִים הָאֵלֶּה לֵאמֹר בָּא אֵלַי הָעֶבֶד הָעִבְרִי אֲשֶׁר־הֵבֵאתָ לָּנוּ לְצַחֶק

אונקלוס

מנה למשכב לוָתה למהוי עמה: יא וַהֲוָה בְּיוֹמָא הָדֵין וְעַל לְבֵיתָא לְמִבְדַּק בְּכִתְבֵי־חֻשְׁבָּנֵהּ וְלֵית אֲנָשׁ מֵאֱנָשֵׁי בֵיתָא תַּמָּן בְּבֵיתָא: יב וַאֲחַדְתֵּהּ בִּלְבוּשֵׁהּ לְמֵימַר שְׁכוּב עִמִּי וְשַׁבְקֵהּ לִלְבוּשֵׁהּ בִּידַהּ וַעֲרַק וּנְפַק לְשׁוּקָא: יג וַהֲוָה כַּד־חֲמַת אֲרֵי־שַׁבְקֵהּ לִלְבוּשֵׁהּ בִּידַהּ וַעֲרַק לְשׁוּקָא: יד וּקְרַת לַאֲנָשֵׁי בֵיתַהּ וַאֲמֶרֶת לְהוֹן לְמֵימַר חֲזוֹ אַיְתִי לָנָא גַבְרָא עִבְרָאָה לְחַיָּכָא בָּנָא עַל לְוָתִי לְמִשְׁכַּב עִמִּי וּקְרֵית בְּקָלָא רַבָּא: טו וַהֲוָה כַד־שְׁמַע אֲרֵי־אֲרִימִית קָלִי וּקְרֵית וְשַׁבְקֵהּ לִלְבוּשֵׁהּ לְוָתִי וַעֲרַק וּנְפַק לְשׁוּקָא: טז וַאֲחִתַּת לִלְבוּשֵׁהּ לְוָתַהּ עַד־דְּעַל רִבּוֹנֵהּ לְבֵיתֵהּ: יז וּמַלִּילַת עִמֵּהּ כְּפִתְגָמַיָּא הָאִלֵּין לְמֵימַר עָל לְוָתִי עַבְדָא עִבְרָאָה דִּי־

רש"י

אֲפִלּוּ בְּלֹא תַשְׁמִישׁ: להיות עמה. לְעוֹלָם הַבָּא: (יא) ויהי כהיום הזה. כְּלוֹמַר, וַיְהִי כַּאֲשֶׁר הִגִּיעַ יוֹם מְיֻחָד, יוֹם צְחוֹק, יוֹם אֵיד שֶׁלָּהֶם, שֶׁהָלְכוּ כֻלָּם לְבֵית עֲ"זָ, אָמְרָה: אֵין לִי יוֹם הָגוּן לְהִזָּקֵק לְיוֹסֵף כְּהַיּוֹם הַזֶּה–אָמְרָה לָהֶם: חוֹלָה אָנִי, וְאֵינִי יְכוֹלָה לֵילֵךְ (תַנְחוּמָא): לעשות מלאכתו. רַב וּשְׁמוּאֵל: חַד אָמַר, מְלַאכְתּוֹ מַמָּשׁ, וְחַד אָמַר לַעֲשׂוֹת צְרָכָיו עִמָּהּ, אֶלָּא שֶׁנִּרְאֵית לוֹ דְמוּת דְיוּקְנוֹ שֶׁל אָבִיו וְכוּ' כִּדְאִיתָא בְמַסֶּכֶת סוֹטָה, (דף ל"ו): (יד) ראו הביא לנו. הֲרֵי זֶה לְשׁוֹן קְצָרָה–הֵבִיא לָנוּ, וְלֹא פֵּרַשׁ מִי הֱבִיאוֹ, וְעַל בַּעֲלָהּ אוֹמֶרֶת כֵּן: עברי. מֵעֵבֶר הַנָּהָר, מִבְּנֵי עֵבֶר (ב"ר): (טז) אדוניו. שֶׁל יוֹסֵף: (יז) בא אלי. לְצַחֶק בִּי

lie by her, or to be with her. ¹¹And it came to pass on such a day, that Joseph went into the house to do his work; and there was none of the men of the house there within. ¹²And she caught him by his garment, saying, Lie with me: and he left his garment in her hand, and ran away, and went out abroad. ¹³And it came to pass, when she saw that he had left his garment in her hand, and had run away abroad, ¹⁴That she called unto the men of her house, and spake unto them, saying, See, he hath brought in an Hebrew unto us to mock us; he came unto me to lie with me, and I called with a loud voice: ¹⁵And it came to pass, when he heard that I lifted up my voice and called, that he left his garment with me, and ran away, and went out abroad. ¹⁶And she placed his garment by her, until his lord came into his house. ¹⁷And she spake unto him according to these words, saying, The Hebrew servant, whom thou hast brought unto us, came unto me to mock

רש"י

without sinning. להיות עמה TO BE WITH HER, in the world to come (Gehinnom). **(11)** ויהי כהיום הזה AND IT CAME TO PASS ON A CERTAIN DAY — This means as much as "and it came to pass when a certain distinguished day arrived" — a day of merriment, a day of their sacred feast when they all went to the temple of their idols, — s h e s a i d¹), "I shall find no day fitting to associate with Joseph as t h i s d a y". She therefore told *her attendants* I am sick and cannot go *to the temple* (Tanch.). לעשות מלאכתו TO DO HIS WORK — Rab and Samuel differ *as to what this means*. One holds *that it means*, *his* actual house-work; the other *that it means* to associate with her, but a vision of his father's face appeared to him *and he resisted temptation and did not sin* as is stated in Treatise Sota (36b). **(14)** ראו הביא לנו SEE, HE HATH BROUGHT IN UNTO US — This is an elliptical phrase: "h e hath brought in to us" without stating plainly w h o brought him in. She was referring to her husband. עברי A HEBREW — *is one* who came from the other side (עבר) of the river *Euphrates, being at the same time* of the sons of Eber (עבר). **(16)** אדניו HIS MASTER — Joseph's master (not the master or owner of the garment). **(17)** בא אלי *The sentence means:* the Hebrew servant whom thou

NOTES

¹) One would expect ויהי היום or ויהי ביום ההוא but "כהיום הזה" means "like t h i s day"; these words are therefore supposed to have been said by Potiphar's wife — It came to pass when she could say "כהיום הזה there is no day l i k e t h i s d a y."

בִּי: יח וַיְהִי כַּהֲרִימִי קוֹלִי וָאֶקְרָא וַיַּעֲזֹב בִּגְדוֹ אֶצְלִי
וַיָּנָס הַחוּצָה: יט וַיְהִי כִשְׁמֹעַ אֲדֹנָיו אֶת־דִּבְרֵי אִשְׁתּוֹ
אֲשֶׁר דִּבְּרָה אֵלָיו לֵאמֹר כַּדְּבָרִים הָאֵלֶּה עָשָׂה
לִי עַבְדֶּךָ וַיִּחַר אַפּוֹ: כ וַיִּקַּח אֲדֹנֵי יוֹסֵף אֹתוֹ וַיִּתְּנֵהוּ
אֶל־בֵּית הַסֹּהַר מְקוֹם אֲשֶׁר־אֲסוּרֵי° הַמֶּלֶךְ אֲסוּרִים
וַיְהִי־שָׁם בְּבֵית הַסֹּהַר: כא וַיְהִי יְהוָה אֶת־יוֹסֵף וַיֵּט
אֵלָיו חָסֶד וַיִּתֵּן חִנּוֹ בְּעֵינֵי שַׂר בֵּית־הַסֹּהַר: כב וַיִּתֵּן
שַׂר בֵּית־הַסֹּהַר בְּיַד־יוֹסֵף אֵת כָּל־הָאֲסִירִם אֲשֶׁר
בְּבֵית הַסֹּהַר וְאֵת כָּל־אֲשֶׁר עֹשִׂים שָׁם הוּא הָיָה
עֹשֶׂה: כג אֵין ׀ שַׂר בֵּית־הַסֹּהַר רֹאֶה אֶת־כָּל־מְאוּמָה
בְּיָדוֹ בַּאֲשֶׁר יְהוָה אִתּוֹ וַאֲשֶׁר־הוּא עֹשֶׂה יְהוָה
מַצְלִיחַ: פ שביעי

מ א וַיְהִי אַחַר הַדְּבָרִים הָאֵלֶּה חָטְאוּ מַשְׁקֵה מֶלֶךְ־

°אסירי ק'

אונקלוס

אִיתִיתָא לָנָא לְתַיָּכָא בִי: יח וַהֲוָה כַּד אֲרֵימִית קָלִי וּקְרֵית וְשַׁבְקֵהּ לִלְבוּשֵׁהּ
לְוָתִי וַעֲרַק לְשׁוּקָא: יט וַהֲוָה כַּד שְׁמַע רִבּוֹנֵהּ יָת פִּתְגָּמֵי אִתְּתֵהּ דִּי מַלֵּילַת
עִמֵּהּ לְמֵימַר כְּפִתְגָּמַיָּא הָאִלֵּין עֲבַד לִי עַבְדָּךְ וּתְקֵיף רֻגְזֵהּ: כ וּנְסֵיב רִבּוֹנֵהּ
דְּיוֹסֵף יָתֵהּ וּמַנְּיֵהּ לְבֵית אֲסִירֵי אֲתַר דִּי אֲסִירֵי מַלְכָּא אֲסִירִין וַהֲוָה תַמָּן בְּבֵית
אֲסִירֵי: כא וַהֲוָה מֵימְרָא דַייָ בְּסַעֲדֵהּ דְּיוֹסֵף וּנְגַד לֵהּ חִסְדָּא וִיהָבֵהּ לְרַחֲמִין
בְּעֵינֵי רַב בֵּית אֲסִירֵי: כב וּמַנִּי רַב בֵּית אֲסִירֵי בִּידָא דְיוֹסֵף יָת כָּל אֲסִירַיָּא
דִּי בְּבֵית אֲסִירֵי וְיָת כָּל דִּי עָבְדִין תַּמָּן עַל מֵימְרֵהּ הֲוָה מִתְעֲבֵד: כג לֵית רַב
בֵּית אֲסִירֵי חָזֵי יָת כָּל סָרְחָן בִּידֵהּ בְּדִי מֵימְרָא דַייָ בְּסַעֲדֵהּ וְדִי הוּא עָבֵד
יְיָ מַצְלַח: א וַהֲוָה בָּתַר פִּתְגָּמַיָּא הָאִלֵּין סְרַחוּ שָׁקְיָא מַלְכָּא דְמִצְרַיִם וְנַחְתּוֹמָא

רש"י

הָעֶבֶד הָעִבְרִי אֲשֶׁר הֵבֵאתָ לָּנוּ: (יט) ויהי כשמע אדוניו וגו'. בִּשְׁעַת תַּשְׁמִישׁ אָמְרָה לוֹ כֵּן,
וְזֶהוּ שֶׁאָמְרָה: כַּדְּבָרִים הָאֵלֶּה עָשָׂה לִי עַבְדֶּךָ — עִנְיְנֵי תַשְׁמִישׁ כָּאֵלֶּה: (כא) ויט אליו חסד.
שֶׁהָיָה מְקֻבָּל לְכָל רוֹאָיו; לָשׁוֹן „כַּלָּה נָאָה וַחֲסוּדָה" שֶׁבַּמִּשְׁנָה: (כב) הוא היה עשה.
כְּתַרְגּוּמוֹ: בְּמֵימְרֵהּ הֲוָה מִתְעֲבֵיד (כג) באשר ה' אתו. בִּשְׁבִיל שֶׁה' אִתּוֹ:

me: 18 And it came to pass, as I lifted up my voice and called, that he
left his garment with me, and ran away abroad. 19 And it came to pass,
when his lord heard the words of his wife, which she spake unto him,
saying, After this manner did thy servant to me; that his wrath glowed.
20 And Joseph's lord took him, and put him into the prison-house, a
place where the king's prisoners were bound: and he was there in the
prison-house. 21 But the Eternal was with Joseph, and shewed him mercy,
and gave him favour in the eyes of the officer of the prison-house.
22 And the officer of the prison-house gave to Joseph's hand all the
prisoners that were in the prison-house; and whatsoever they did there,
he was the doer of it. 23 The officer of the prison-house saw not to any
thing that was under his hand; because the Eternal was with him, and
that which he did, the Eternal made to prosper.

40. 1 And it came to pass after these things, that the butler of the king

רש"י

hast brought unto us came to me to have his sport with me[1]). **(19)** ויהי כשמע ארניו AND IT CAME TO PASS WHEN HIS LORD HEARD etc. — She said this when he was alone with her, caressing her. This is what she meant by כדברים האלה "things like these did thy servant do to me" — caresses such as these. **(21)** ויט אליו חסד AND CAUSED HIM TO FIND FAVOUR — so that he was liked by all who saw him. *We have the expression* חסד in a like sense in the Mishna (Boraitha): "a handsome bride liked by all (חסודה)" (Keth. 17a). **(22)** הוא היה עושה HE WAS THE DOER OF IT — understand this as the Targum does: it was done at his command. **(23)** באשר ה' אתו *means* BECAUSE THE LORD WAS WITH HIM (i. e. באשר means because).

NOTES

1) Rashi arranges the words of the sentence in a different order to show that the word לצחק is to be construed with בא and not with הבאת when it would signify, "The Hebrew servant whom thou didst bring to have his sport with me, came to me", which, of course, is not the meaning.

מִצְרַ֑יִם וְהָֽאֹפֶ֔ה לַאֲדֹנֵיהֶ֖ם לְמֶ֥לֶךְ מִצְרָֽיִם׃
ב וַיִּקְצֹ֣ף פַּרְעֹ֔ה עַ֖ל שְׁנֵ֣י סָרִיסָ֑יו עַ֚ל שַׂ֣ר הַמַּשְׁקִ֔ים
וְעַ֖ל שַׂ֥ר הָאוֹפִֽים׃ ג וַיִּתֵּ֨ן אֹתָ֜ם בְּמִשְׁמַ֗ר בֵּ֛ית שַׂ֥ר
הַטַּבָּחִ֖ים אֶל־בֵּ֣ית הַסֹּ֑הַר מְק֕וֹם אֲשֶׁ֥ר יוֹסֵ֖ף אָס֥וּר
שָֽׁם׃ ד וַיִּפְקֹ֞ד שַׂ֣ר הַטַּבָּחִ֧ים אֶת־יוֹסֵ֛ף אִתָּ֖ם וַיְשָׁ֣רֶת
אֹתָ֑ם וַיִּהְי֥וּ יָמִ֖ים בְּמִשְׁמָֽר׃ ה וַיַּֽחַלְמוּ֩ חֲל֨וֹם שְׁנֵיהֶ֜ם
אִ֤ישׁ חֲלֹמוֹ֙ בְּלַ֣יְלָה אֶחָ֔ד אִ֖ישׁ כְּפִתְר֣וֹן חֲלֹמ֑וֹ
הַמַּשְׁקֶ֣ה וְהָאֹפֶ֗ה אֲשֶׁר֙ לְמֶ֣לֶךְ מִצְרַ֔יִם אֲשֶׁ֥ר אֲסוּרִ֖ים
בְּבֵ֥ית הַסֹּֽהַר׃ ו וַיָּבֹ֧א אֲלֵיהֶ֛ם יוֹסֵ֖ף בַּבֹּ֑קֶר וַיַּ֣רְא
אֹתָ֔ם וְהִנָּ֖ם זֹעֲפִֽים׃ ז וַיִּשְׁאַ֞ל אֶת־סְרִיסֵ֣י פַרְעֹ֗ה
אֲשֶׁ֨ר אִתּ֧וֹ בְמִשְׁמַ֛ר בֵּ֥ית אֲדֹנָ֖יו לֵאמֹ֑ר מַדּ֛וּעַ
פְּנֵיכֶ֥ם רָעִ֖ים הַיּֽוֹם׃ ח וַיֹּאמְר֣וּ אֵלָ֔יו חֲל֣וֹם חָלַ֔מְנוּ

אונקלוס

לְרִבּוֹנֵיהוֹן לְמַלְכָּא דְמִצְרָיִם׃ ב וּרְגֵז פַּרְעֹה עַל תְּרֵין רַבְרְבָנוֹהִי עַל רַב שָׁקֵי
וְעַל רַב נַחְתּוֹמֵי׃ ג וִיהַב יָתְהוֹן בְּמַטְּרָא בֵּית רַב קָטוֹלַיָּא לְבֵית אֲסִירֵי אֲתַר
דִּי יוֹסֵף אֲסִיר תַּמָּן׃ ד וּמַנִּי רַב קָטוֹלַיָּא יָת־יוֹסֵף עִמְּהוֹן וְשַׁמֵּשׁ יָתְהוֹן וַהֲווֹ
יוֹמִין בְּמַטְּרָא׃ ה וַחֲלָמוּ חֶלְמָא תַּרְוֵיהוֹן גְּבַר חֶלְמֵהּ בְּלֵילְיָא חַד גְּבַר כְּפוּשְׁרַן
חֶלְמֵהּ שָׁקְיָא וְנַחְתּוֹמֵי דִּי לְמַלְכָּא דְמִצְרַיִם דִּי אֲסִירִין בְּבֵית אֲסִירֵי׃ ו וַאֲתָא
לְוָתְהוֹן יוֹסֵף בְּצַפְרָא וַחֲזָא יָתְהוֹן וְהָא־אִנּוּן נְסִיסִין׃ ז וּשְׁאֵל יָת־רַבְרְבֵי פַרְעֹה
דִּי עִמֵּהּ בְּמַטְּרָא בֵּית רִבּוֹנֵהּ לְמֵימַר מָא־דֵין אַפֵּיכוֹן בִּישִׁין יוֹמָא־דֵין׃

רש״י

מ (א) אחר הדברים האלה. לְפִי שֶׁהִרְגִּילָה אוֹתָהּ אֲרוּרָה אֶת הַצַּדִּיק בְּפִי כֻלָּם לְדַבֵּר בּוֹ וּלְגַנּוֹתוֹ, הֵבִיא לָהֶם הַקָּבָּ״ה סוּרְחָנָם שֶׁל אֵלּוּ, שֶׁיִּפְנוּ אֲלֵיהֶם וְלֹא אֵלָיו. וְעוֹד, שֶׁתָּבוֹא הָרְוָחָה לַצַּדִּיק עַל יְדֵיהֶם: חטאו. זֶה נִמְצָא זְבוּב בְּפַיְילֵי פּוֹטֵירִין שֶׁלּוֹ, וְזֶה נִמְצָא צְרוֹר בִּגְלוּסְקִין שֶׁלּוֹ: והאפה. אֶת פַּת הַמֶּלֶךְ; וְאֵין לְשׁוֹן אֲפִיָּה אֶלָּא בְּפַת וּבְלַעַז פישטו״ר: (ד) ויפקד שר הטבחים את יוסף. לִהְיוֹת אִתָּם: ויהיו ימים במשמר. שְׁנֵים עָשָׂר חֹדֶשׁ: (ה) ויחלמו חלום שניהם. וַיַּחַלְמוּ שְׁנֵיהֶם חֲלוֹם, וְזֶהוּ פְּשׁוּטוֹ, וּמִדְרָשׁוֹ: כָּל א׳ חָלַם חֲלוֹם שְׁנֵיהֶם — שֶׁחָלַם אֶת חֲלוֹמוֹ וּפִתְרוֹן חֲבֵירוֹ, וְזֶה שֶׁנֶּאֱמַר: וַיַּרְא שַׂר הָאוֹפִים כִּי טוֹב פָּתָר: איש כפתרון חלומו. כָּל אֶחָד חָלַם חֲלוֹם הַדּוֹמֶה לְפִתְרוֹן הֶעָתִיד לָבֹא עֲלֵיהֶם: (ו) זעפים. עֲצֵבִים,

of Egypt and his baker had sinned against their lord the king of Egypt. ²And Pharaoh was angry against two of his eunuchs, against the officer of the butlers, and against the officer of the bakers. ³And he put them in the ward of the house of the officer of the executioners, into the prison-house the place where Joseph was bound. ⁴And the officer of the executioners charged Joseph with them, and he ministered unto them: and they were a year in ward. ⁵And they dreamed a dream both of them, each man his dream in one night, each man according to the interpretation of his dream, the butler and the baker of the king of Egypt, who were bound in the prison-house. ⁶And Joseph came unto them in the morning, and when he saw them, behold they were troubled. ⁷And he asked Pharaoh's eunuchs that were with him in the ward of his lord's house, saying, Why are your faces sad to-day? ⁸And they said unto him, We have dreamed a dream, and

רש"י

40. (1) אחר הדברים האלה AFTER THESE THINGS — Because this malignant woman made the righteous man (Joseph) a familiar topic of conversation with every one so that he was spoken about discreditably the Holy One, blessed be He, brought about the offences of these men in order that people should turn their attention to them and not to him, and also in order that relief should come to the righteous man by their agency. חטאו HAD SINNED — in the case of the one, a fly was found in the goblet of aromatic wine[1]), in the case of the other, a pebble was found in the loaves he baked. והאפה AND THE BAKER of the king's bread. The root (אפה) is only used of *baking* bread. O. F. pistor; Engl. *kneader*. **(4)** ויפקד שר הטבחים את יוסף AND THE OFFICER OF THE EXECUTIONERS APPOINTED JOSEPH — to be WITH THEM (i. e. supply the word להיות to complete the sense). ויהיו ימים במשמר AND THEY WERE A YEAR IN WARD — ימים means twelve months (cf. Rashi on XXIV. 55). **(5)** ויחלמו חלום שניהם means AND BOTH OF THEM DREAMED A DREAM — This is the real meaning (that שניהם is the subject of ויחלמו and is not to be connected with חלום). A Midrashic explanation is, *taking* חלום *as construct case*: each dreamed the dream of both of them — i. e. he dreamed his own dream and the interpretation of the other's dream. This is what it means when it states (v. 16) "And the chief baker saw that he had interpreted well"[2]). (Gen. R. 86; Ber. 55 b). איש כפתרון חלמו EACH MAN ACCORDING TO THE INTERPRETATION OF HIS DREAM — each dreamed a dream consistent with the interpretation *which foretold* the future that was to befall them. **(6)** זעפים means SAD. Similar are (1 Kings XX. 43)

NOTES

¹) This is the explanation as given by Jastrow (Dict. p. 1140); Levy and Krauss explain it differently.

²) Rashi takes כי טוב פתר not in the meaning that he had interpreted for good, but that he interpreted the dream c o r r e c t l y (cf. Onkelos ארי יאות פשר) which, of course, he could not have known unless he had seen the interpretation in his dream. By the term "interpretation" we must understand that each in his dream saw a picture of what was happening to the other; the butler seeing the baker being hanged, the latter seeing the butler once again handing wine to Pharaoh.

וּפֹתֵר אֵין אֹתוֹ וַיֹּאמֶר אֲלֵהֶם יוֹסֵף הֲלוֹא לֵאלֹהִים
פִּתְרֹנִים סַפְּרוּ־נָא לִי׃ ט וַיְסַפֵּר שַׂר־הַמַּשְׁקִים אֶת־
חֲלֹמוֹ לְיוֹסֵף וַיֹּאמֶר לוֹ בַּחֲלוֹמִי וְהִנֵּה־גֶפֶן לְפָנָי׃
י וּבַגֶּפֶן שְׁלֹשָׁה שָׂרִיגִם וְהִוא כְפֹרַחַת עָלְתָה נִצָּהּ
הִבְשִׁילוּ אַשְׁכְּלֹתֶיהָ עֲנָבִים׃ יא וְכוֹס פַּרְעֹה בְּיָדִי
וָאֶקַּח אֶת־הָעֲנָבִים וָאֶשְׂחַט אֹתָם אֶל־כּוֹס פַּרְעֹה
וָאֶתֵּן אֶת־הַכּוֹס עַל־כַּף פַּרְעֹה׃ יב וַיֹּאמֶר לוֹ יוֹסֵף
זֶה פִּתְרֹנוֹ שְׁלֹשֶׁת הַשָּׂרִגִים שְׁלֹשֶׁת יָמִים הֵם׃
יג בְּעוֹד ׀ שְׁלֹשֶׁת יָמִים יִשָּׂא פַרְעֹה אֶת־רֹאשֶׁךָ
וַהֲשִׁיבְךָ עַל־כַּנֶּךָ וְנָתַתָּ כוֹס־פַּרְעֹה בְּיָדוֹ כַּמִּשְׁפָּט
הָרִאשׁוֹן אֲשֶׁר הָיִיתָ מַשְׁקֵהוּ׃ יד כִּי אִם־זְכַרְתַּנִי

אונקלוס

ח וַאֲמַרוּ לֵהּ חֶלְמָא חֲלַמְנָא וּפָשַׁר לֵית לֵהּ וַאֲמַר לְהוֹן יוֹסֵף הֲלָא מִן־קֳדָם־
יְיָ פּוּשְׁרַן־חֶלְמַיָּא אִשְׁתָּעוּ כְעַן לִי׃ ט וְאִשְׁתָּעִי רַב־שָׁקֵי יָת־חֶלְמֵהּ לְיוֹסֵף וַאֲמַר
לֵהּ בְּחֶלְמִי וְהָא־גוּפְנָא קֳדָמָי׃ י וּבְגוּפְנָא תְּלָתָא שִׁבְשִׁין וְהִיא כַד־אַפְרַחַת
אַפֵּקַת־לַבְלְבִין וַאֲנִיצַת־נֵץ בַּשִּׁילוּ אַתְכָּלַהָא עִנְּבִין׃ יא וְכָסָא דְפַרְעֹה בִּידִי
וּנְסֵבִית יָת־עִנְּבַיָּא וַעֲצָרִית יָתְהוֹן לְכָסָא דְפַרְעֹה וִיהָבִית יָת־כָּסָא עַל־יְדָא
דְפַרְעֹה׃ יב וַאֲמַר לֵהּ יוֹסֵף דֵּין פִּשְׁרֵהּ תְּלָתָא שִׁבְשִׁין תְּלָתָא יוֹמִין אִנּוּן׃
יג בְּסוֹף ׀ תְּלָתָא יוֹמִין יִדְכְּרִנָּךְ פַּרְעֹה יָת־רֵישָׁךְ וִיתִיבִנָּךְ עַל־שִׁמּוּשָׁךְ וְתִתֵּן
כָּסָא־דְפַרְעֹה בִּידֵהּ כְּהִלְכְתָא קַדְמָאָה דִּי הֲוֵיתָא מַשְׁקֵי־לֵהּ׃ יד אֱלָהֵן תִּדְכְּרִנַּנִי

רש״י

כְּמוֹ: סַר וְזָעֵף (מ״א כ׳), וַעֲף ה׳ אֶשָּׂא (מיכה ז׳): (י) שריגם. זְמוֹרוֹת אֲרוּכוֹת, שֶׁקּוֹרִין וויד״יץ בְּלַעַז: והוא כפרחת. דּוֹמָה לְפוֹרַחַת: וְהִיא כְּפוֹרַחַת—נִדְמָה לִי בַּחֲלוֹמִי כְּאִלּוּ הִיא פוֹרַחַת, וְאַחַר הַפֶּרַח עָלְתָה נִצָּהּ, נַעֲשׂוּ סְמָדַר, אשפני״ר בְּלַעַז, וְאַחַר כָּךְ הִבְשִׁילוּ, וְהִיא כַּד אַפְרַחַת אַפֵּקַת לַבְלְבִין ע״כ תַּרְגּוּם שֶׁל פּוֹרַחַת. נֵץ גָּדוֹל מִפֶּרַח, כְּדִכְתִיב: וּבֹסֶר גֹּמֵל יִהְיֶה נִצָּה (ישע׳ י״ח), וּכְתִיב וַיֹּצֵא פֶרַח, וְהַדַּר וַיָּצֵץ צִיץ (במ׳ י״ז): (יא) ואשחט. כְּתַרְגּוּמוֹ וַעֲצָרִית, וְהַרְבֵּה יֵשׁ בִּלְשׁוֹן מִשְׁנָה: (יב) שלשת ימים הם. סִימָן הֵם לְךָ לִשְׁלֹשֶׁת יָמִים וְיֵשׁ מִדְרְשֵׁי אַגָּדָה הַרְבֵּה (חולין צ״ב): (יג) ישא פרעה את ראשך. לְ׳ חֶשְׁבּוֹן, כְּשֶׁיִּפְקוֹד שְׁאָר עֲבָדָיו לְשָׁרֵת לְפָנָיו בִּסְעוּדָה, יִמְנֶה אוֹתְךָ עִמָּהֶם: כנך. בָּסִיס שֶׁלְּךָ וּמוֹשָׁבְךָ: (יד) כי אם

there is no interpreter of it. And Joseph said unto them, Do not inter-
pretations belong to God? relate them to me, I pray you. [9]And the
officer of the butlers related his dream to Joseph, and said to him,
In my dream, behold, a vine was before me; [10]And on the vine were
three shoots: and it was as though it flowered, and its blossom went
up; and the clusters thereof ripened into grapes: [11]And Pharaoh's cup
was in my hand: and I took the grapes, and pressed them into Pharaoh's
cup, and I gave the cup into Pharaoh's hand. [12]And Joseph said unto
him, This is the interpretation of it: The three shoots are three
days: [13]Yet within three days shall Pharaoh lift up thine head,
and restore thee unto thy place: and thou shalt give Pharaoh's
cup into his hand, after the former manner when thou wast
his butler. [14]O that thou wouldst remember me when it shall

רש"י

"sullen and displeased (וזעף)"; (Micah VII. 9) "I will bear the displeasure (זעף) of the Lord (the sadness which the Lord has imposed on me)." **(10)** שריגם BRANCHES — long branches called in O. F. vitis. והיא כפרחת *means* AND IT WAS AS THOUGH IT BUDDED — it seemed to me in my dream as though it budded, and after the bud its blossom sprang up — i. e. it began to flower; O. F. spanier — and after that *the clusters* brought forth ripe *grapes*. The Targum has והיא כד אפרחת אפיקת לבלבין "and it, when it budded, brought forth blossoms". These words (ע"כ, abbreviation for עד כאן "till here". The abbreviation is employed to show where a quotation ends.) are the translation of the word "פרחת" only[1]). A נץ is larger than a פרח (i. e. נץ is a later stage of the bud), as it is written (Is. XVIII. 5) "and the blossom (נצה) becometh a ripening grape", and it is written (Num. XVII. 23) "And it brought forth buds (פרח)" and afterwards *it states* "it brought forth (ציץ) blossoms". **(11)** ואשחט translate it as the Targum AND I PRESSED — The word occurs frequently in the Mishna (but only here in the Bible). **(12)** שלשת ימים ARE THREE DAYS — They are a symbol to you of three days. There are many Midrashic explanations of these words (cf. Chul. 92a). **(13)** ישא פרעה את ראשך PHARAOH SHALL LIFT UP THY HEAD — The words נשא ראש denote to count (cf. Exod. XXX. 12). When he musters his other servants to wait upon him during the meal he will count you *also* among them. כנך *means* THY POST and thy place.

NOTES

[1]) The Targum of ויוצא פרח (Num. XVII. 23) is אפק לבלבין it brought forth buds. פרחת here is really the same as ותצא פרח and in the Targum it should be given by אפיקת לבלבין. In our Editions of the Targum, therefore, we seem to have a conflate reading of two different renderings of כפרחת (1) כד אפרחת and (2) כד אפיקת לבלבין or possibly the original reading was: והיא כד אפיקת לבלבין (ו)אניצת נץ It should be observed that the Targum rendering of the כ by כד does not support Rashi's explanation and indeed he does not quote the Targum for this purpose, but merely because he feels that the words ואניצת נץ might be erroneously taken as the Targum of עלתה נצה.

אִתְּךָ כַּאֲשֶׁר יִיטַב לָךְ וְעָשִׂיתָ־נָּא עִמָּדִי חָסֶד
וְהִזְכַּרְתַּנִי אֶל־פַּרְעֹה וְהוֹצֵאתַנִי מִן־הַבַּיִת הַזֶּה:
טו כִּי־גֻנֹּב גֻּנַּבְתִּי מֵאֶרֶץ הָעִבְרִים וְגַם־פֹּה לֹא־
עָשִׂיתִי מְאוּמָה כִּי־שָׂמוּ אֹתִי בַּבּוֹר: טז וַיַּרְא שַׂר־
הָאֹפִים כִּי טוֹב פָּתָר וַיֹּאמֶר אֶל־יוֹסֵף אַף־אֲנִי
בַּחֲלוֹמִי וְהִנֵּה שְׁלֹשָׁה סַלֵּי חֹרִי עַל־רֹאשִׁי: יז וּבַסַּל
הָעֶלְיוֹן מִכֹּל מַאֲכַל פַּרְעֹה מַעֲשֵׂה אֹפֶה וְהָעוֹף
אֹכֵל אֹתָם מִן־הַסַּל מֵעַל רֹאשִׁי: יח וַיַּעַן יוֹסֵף
וַיֹּאמֶר זֶה פִּתְרֹנוֹ שְׁלֹשֶׁת הַסַּלִּים שְׁלֹשֶׁת יָמִים
הֵם: יט בְּעוֹד ׀ שְׁלֹשֶׁת יָמִים יִשָּׂא פַרְעֹה אֶת־רֹאשְׁךָ
מֵעָלֶיךָ וְתָלָה אוֹתְךָ עַל־עֵץ וְאָכַל הָעוֹף אֶת־בְּשָׂרְךָ
מֵעָלֶיךָ: מפטיר כ וַיְהִי ׀ בַּיּוֹם הַשְּׁלִישִׁי יוֹם הֻלֶּדֶת
אֶת־פַּרְעֹה וַיַּעַשׂ מִשְׁתֶּה לְכָל־עֲבָדָיו וַיִּשָּׂא אֶת־

אונקלוס

עִמָּךְ כַּד יִיטַב לָךְ וְתַעְבֵּד־כְּעַן עִמִּי טִיבוּ וְתִדְכַּר־עֲלַי קֳדָם־פַּרְעֹה וְתַפְּקִנַּנִי
מִן־בֵּית־אֲסִירָא הָדֵין: טו אֲרֵי־מִגְנַב גְּנִיבְנָא מֵאַרְעָא דְעִבְרָאֵי וְאַף־הָכָא לָא־
עֲבָדִית מִדְּעַם אֲרֵי־שַׁוִּיאוּ יָתִי בְּבֵית־אֲסִירֵי: טז וַחֲזָא רַב־נַחְתּוֹמֵי אֲרֵי־יָאוּת
פְּשַׁר וַאֲמַר לְיוֹסֵף אַף־אֲנָא בְּחֶלְמִי וְהָא תְּלָתָא סַלִּין דְּחִירוּ עַל־רֵישִׁי: יז וּבְסַלָּא
עִלָּאָה מִכֹּל מֵיכַל פַּרְעֹה עוֹבַד נַחְתּוֹם וְעוֹפָא אָכֵל יָתְהוֹן מִן־סַלָּא מֵעִלָּוֵי רֵישִׁי:
יח וַאֲתֵיב יוֹסֵף וַאֲמַר דֵּין פֻּשְׁרָנֵהּ תְּלָתָא סַלִּין תְּלָתָא יוֹמִין אִנּוּן: יט בְּסוֹף ׀
תְּלָתָא יוֹמִין יַעְדֵּי פַרְעֹה יָת־רֵישָׁךְ מִנָּךְ וְיִצְלוֹב יָתָךְ עַל־צְלִיבָא וְיֵיכוֹל עוֹפָא
יָת־בִּשְׂרָךְ מִנָּךְ: כ וַהֲוָה ׀ בְּיוֹמָא תְלִיתָאָה יוֹמָא בֵּית־יַלְדָא דְפַרְעֹה וַעֲבַד
מִשְׁתְּיָא לְכָל־עַבְדוֹהִי וְאִדְכַּר יָת־רֵישׁ ׀ רַב שָׁקֵי וְיָת־רֵישׁ רַב נַחְתּוֹמֵי בְּגוֹ

רש״י

זכרתני אתך. אֲשֶׁר אִם זְכַרְתַּנִי אִתְּךָ, מֵאַחַר שֶׁיִּיטַב לְךָ כְּפִתְרוֹנִי, ועשית נא עמדי חסר.
אֵין נָא אֶלָּא לְשׁוֹן בַּקָּשָׁה: (טז) סלי חרי. סַלִּים שֶׁל נְצָרִים קְלוּפִים חוֹרִין חוֹרִין; וּבִמְקוֹמֵנוּ יֵשׁ
הַרְבֵּה, וְדֶרֶךְ מוֹכְרֵי פַּת כִּסָּנִין, שֶׁקּוֹרִין אובל״יש בְּלַעַז, לִתְּתָם בְּאוֹתָם סַלִּים: (כ) יום הלדת את

be well with thee, and wouldst show mercy, I pray thee, unto me and make mention of me unto Pharaoh, and bring me out of this house: ¹⁵For indeed I was stolen away out of the land of the Hebrews: and here also have I done nothing that they should put me into the dungeon. ¹⁶When the officer of the bakers saw that he had interpreted for good, he said unto Joseph, I also saw in my dream, and, behold, I had three baskets of white bread on my head: ¹⁷And in the uppermost basket there was of all manner of food for Pharaoh, the work of a baker; and the fowls did eat them out of the basket upon my head. ¹⁸And Joseph answered and said, This is the interpretation thereof: The three baskets are three days: ¹⁹Yet within three days shall Pharaoh lift up thy head from off thee, and shall hang thee on a tree; and the fowls shall eat thy flesh from off thee. ²⁰And it came to pass the third day, which was Pharaoh's birth-day, that he made a feast unto all his servants: and he

רש״י

(14) כי אם זכרתני אתך means: *You will be restored to your post and will have great influence* (cf. Nehemia's position as cupbearer at the Persian court), *so that* (כי) *if* (אם) *thou at all bear me in mind after it is well with thee as I have interpreted*, ועשית נא עמדי חסד THEN SHOW KINDNESS I PRAY THEE UNTO ME[1]) — The word נא is an expression of entreaty. **(16)** סלי חרי BASKETS OF חרי are baskets made of peeled willows, *made so that they have* many holes (חורים). *In our country there are many such baskets and sellers of fancy rolls* — O. F. oublies — *usually put them in these baskets*. **(20)** יום הלדת את פרעה HIS (PHARAOH'S)

NOTES

[1]) The ו of ועשית introduces the apodosis after אם. The kindness referred to is, "Thou shalt mention me to Pharaoh etc." According to R. Elijah Mizrachi (רא״ם) the apodosis commences at והוצאתני. But Rashi certainly did not take it so, since he states that נא is part of Joseph's entreaty.

רֹאשׁ שַׂר הַמַּשְׁקִים וְאֶת־רֹאשׁ שַׂר הָאֹפִים בְּתוֹךְ
עֲבָדָיו׃ כא וַיָּשֶׁב אֶת־שַׂר הַמַּשְׁקִים עַל־מַשְׁקֵהוּ
וַיִּתֵּן הַכּוֹס עַל־כַּף פַּרְעֹה׃ כב וְאֵת שַׂר הָאֹפִים תָּלָה
כַּאֲשֶׁר פָּתַר לָהֶם יוֹסֵף׃ כג וְלֹא־זָכַר שַׂר־הַמַּשְׁקִים
אֶת־יוֹסֵף וַיִּשְׁכָּחֵהוּ׃ פ

קי"ב יב"ק סימן ספטרה וישב בה"ע בעמוס ב' כה אמר ה' על שלשה פשעי ישראל:

פ פ פ

מא א וַיְהִי מִקֵּץ שְׁנָתַיִם יָמִים וּפַרְעֹה חֹלֵם וְהִנֵּה
עֹמֵד עַל־הַיְאֹר׃ ב וְהִנֵּה מִן־הַיְאֹר עֹלֹת
שֶׁבַע פָּרוֹת יְפוֹת מַרְאֶה וּבְרִיאֹת בָּשָׂר וַתִּרְעֶינָה
בָּאָחוּ׃ ג וְהִנֵּה שֶׁבַע פָּרוֹת אֲחֵרוֹת עֹלוֹת אַחֲרֵיהֶן
מִן־הַיְאֹר רָעוֹת מַרְאֶה וְדַקּוֹת בָּשָׂר וַתַּעֲמֹדְנָה

אונקלוס

עַבְדּוֹהִי׃ כא וַאֲתֵיב יָת־רַב שָׁקֵי עַל־שַׁקְיוּתֵהּ וִיהַב יָת־כָּסָא עַל־יְדָא דְפַרְעֹה׃
כב וְיָת רַב נַחְתּוֹמֵי צְלַב כְּמָא דִי־פַשַּׁר לְהוֹן יוֹסֵף׃ כג וְלָא־דְכִיר רַב־שָׁקֵי יָת־
יוֹסֵף וְאַנְשְׁיֵהּ׃ פ פ פ

א וַהֲוָה מִסּוֹף תַּרְתֵּין שְׁנִין וּפַרְעֹה חָלֵם וְהָא קָאֵם עַל־נַהֲרָא׃ ב וְהָא מִן־
נַהֲרָא סָלְקָן שְׁבַע תּוֹרָן שַׁפִּירָן לְמֶחֱזֵי וּפַטִּימָן בְּשַׂר וְרָעְיָן בְּאַחְוָה׃
ג וְהָא שְׁבַע תּוֹרָן אָחֳרָנְיָן סָלְקָן בָּתְרֵיהוֹן מִן־נַהֲרָא בִּישָׁן לְמֶחֱזֵי וַחֲסִירָן בְּשַׂר

רש"י

פרעה. יום לידתו, וקורין יום גינוסיא; ולשון הלדת, לפי שאין הולד נוצר אלא על ידי אחרים, שהחיה מילדת את האשה, ועל כן החיה נקראת מילדת; וכן: ומולדותיך ביום הולדת אותך (יחזק' ט"ז); וכן: אחרי הכבס את הנגע (ויקרא י"ג), שכבוסו על ידי אחרים: וישא את ראש וגו'. מנאם עם שאר עבדיו, שהיה מונה המשרתים שישרתו לו בסעודתו וזכר את אלו בתוכם, כמו: שאו את ראש (במ' א'), לשון מנין: (כג) ולא זכר שר המשקים. בו ביום: וישכחהו. לאחר מכאן; מפני שתלה בו יוסף לזכרו, הוזקק להיות אסור שתי שנים; שנאמר: אשרי הגבר אשר שם ה' מבטחו ולא פנה אל רהבים (תה' מ') — ולא בטח על מצרים, הקרויים רהב:

מא (א) ויהי מקץ. כתרגומו: מסוף, וכל לשון קץ סוף הוא: על היאר. כל שאר נהרות אינם קרויין יאורים חוץ מנילוס, מפני שכל הארץ עשוים יאורים יאורים בידי אדם, ונילוס עולה בתוכם, ומשקה אותם, לפי שאין גשמים יורדין במצרים תדיר כשאר ארצות: (ב) יפות מראה. סימן הוא לימי שובע, שהבריות נראות יפות זו לזו, שאין עין בריה צרה בחברתה: באחו. באגם, מריש"ק בלעז. כמו ישגא אחו (איוב ח'): ודקות בשר.

lifted up the head of the officer of the butlers, and of the officer of the bakers in the midst of his servants. [21]And he restored the officer of the butlers unto his butlership again; and he gave the cup into Pharaoh's hand: [22]But he hanged the officer of the bakers: as Joseph had interpreted to them. [23]Yet did not the officer of the butlers remember Joseph, but forgat him.

41. [1]And it came to pass at the end of two full years, that Pharaoh dreamed: and, behold, he stood by the river. [2]And, behold, there came up out of the river seven kine beautiful to the sight and plump-fleshed; and they fed in the reed-grass. [3]And, behold, seven other kine came up after them out of the river, bad to the sight and thin-fleshed; and stood

רש"י

BIRTHDAY. It is called (Ab. Zar. 10a) "The birthday festival". The causative passive form (הלדת) is used because the infant is born only by the assistance of others, for the midwife delivers the woman. On this account a midwife is called מילדת *a Piel form* "one who brings to birth". *This passive form occurs* similarly (Ezek. XVI. 4) "And as for thy nativity, in the day thou wast born (הולדת אתך)". *A* similar *passive form* is *used in* (Lev. XIII. 55) "after the plague (הכבס) is washed away", because the washing is done by others[1]). וישא את ראש וגו' *means* he counted them amongst his other servants — because he counted those who might serve him at his feast — and he remembered these amongst them. *The phrase* is similar to (Num. I. 2) "שא את ראש" which signifies counting. **(23)** ולא זכר שר המשקים AND THE CHIEF OF THE BUTLERS DID NOT REMEMBER HIM on that day, וישכחהו AND HE FORGOT HIM afterwards. Because Joseph had placed his trust in him that he should remember him he was doomed to remain in prison for two years. So it is said (Ps. XL. 5) "Happy is the man who maketh the Lord his trust and turneth not to (רהבים) the arrogant" — i. e. doth not trust in the Egyptians who are called arrogant (cf. Isa. XXX. 7).

מקץ

41. (1) ויהי מקץ AND IT CAME TO PASS AT THE END — As the Targum renders it by מסוף "at the end". All forms of the noun קץ signify *one* end *or the other*[2]). על היאר BY THE RIVER — No other river is called יאר[3]) except the Nile, because the whole country (Egypt) is full of artificially constructed canals (יאורים) and the Nile flows into them and fills them with water, since rain does not fall in Egypt as regularly as in other lands. **(2)** יפות מראה BEAUTIFUL TO THE SIGHT — This was an indication of a period of plenty, when people show themselves well-disposed one to another, for no-one *then* envies another person's *prosperity*

NOTES

1) Rashi appears to take הֻלֶּדֶת as a Hophal infinitive of ילד. The Hiphil of this verb means "one causes a person to be born", the Hophal would mean "a person is caused to be born", so that the meaning here would be "the day when Pharaoh was helped to birth", the subject of the passive verb being introduced by the particle את. If this be so, then the Dagesh in הלדת is due to ילד being treated as a פ"י verb where the י is assimilated to the second root letter. It is true that the verbs of this class have a sibilant for the second root letter, but the reading in 1 Kings XII. 15, יַקִּץ (with Dagesh in the ק) is an example of this assimilation with letters other than sibilants. Of course, Rashi would not mean that הכבס is the Hophal form; he quotes it as an example of an infinitive passive with a causative meaning, "the garment has been caused to be washed". For another explanation of this grammatical form see Heidenheim in his Pentateuch מודע לבינה.

2) See Ramban and Ibn Ezra on Deut. XVI. 1.

3) i. e. היאר with the definite article ה' the river, without mentioning its name. This is the case only with the Nile. It is true that היאר (Dan. XII. 5) refers to the Tigris, whose name is mentioned in an earlier chapter (ib. X. 4) and on this account is called in XII. 5 היאר the יאר.

אֵצֶל הַפָּרוֹת עַל־שְׂפַת הַיְאֹר: ד וַתֹּאכַלְנָה הַפָּרוֹת
רָעוֹת הַמַּרְאֶה וְדַקֹּת הַבָּשָׂר אֵת שֶׁבַע הַפָּרוֹת
יְפֹת הַמַּרְאֶה וְהַבְּרִיאֹת וַיִּיקַץ פַּרְעֹה: ה וַיִּשָׁן
וַיַּחֲלֹם שֵׁנִית וְהִנֵּה׀ שֶׁבַע שִׁבֳּלִים עֹלוֹת בְּקָנֶה אֶחָד
בְּרִיאוֹת וְטֹבוֹת: ו וְהִנֵּה שֶׁבַע שִׁבֳּלִים דַּקּוֹת
וּשְׁדוּפֹת קָדִים צֹמְחוֹת אַחֲרֵיהֶן: ז וַתִּבְלַעְנָה
הַשִּׁבֳּלִים הַדַּקּוֹת אֵת שֶׁבַע הַשִּׁבֳּלִים הַבְּרִיאוֹת
וְהַמְּלֵאוֹת וַיִּיקַץ פַּרְעֹה וְהִנֵּה חֲלוֹם: ח וַיְהִי בַבֹּקֶר
וַתִּפָּעֶם רוּחוֹ וַיִּשְׁלַח וַיִּקְרָא אֶת־כָּל־חַרְטֻמֵּי מִצְרַיִם
וְאֶת־כָּל־חֲכָמֶיהָ וַיְסַפֵּר פַּרְעֹה לָהֶם אֶת־חֲלֹמוֹ
וְאֵין־פּוֹתֵר אוֹתָם לְפַרְעֹה: ט וַיְדַבֵּר שַׂר הַמַּשְׁקִים
אֶת־פַּרְעֹה לֵאמֹר אֶת־חֲטָאַי אֲנִי מַזְכִּיר הַיּוֹם:

אונקלוס

וְקָמָן לִקְבָלֵיהוֹן דְּתוֹרָן עַל־כֵּיף נַהֲרָא: ד וַאֲכַלָן תּוֹרָתָא בִּישָׁן לְמֶחֱזֵי וַחֲסִירָן
בְּשַׂר יָת שְׁבַע תּוֹרָתָא שַׁפִּירָן לְמֶחֱזֵי וּפַטִּימָתָא וְאִתְּעַר פַּרְעֹה: ה וּדְמוּךְ וַחֲלַם
תִּנְיָנוּת וְהָא שְׁבַע שֻׁבְּלַיָּא סָלְקָן בְּקַנְיָא חַד פַּטִּימָן וְטָבָן: ו וְהָא שְׁבַע שֻׁבְּלַיָּא
לַקְיָן וּשְׁקִיפָן קִדּוּם צָמְחָן בָּתְרֵיהוֹן: ז וּבְלַעָא שֻׁבְּלַיָּא לַקְיָתָא יָת שְׁבַע שֻׁבְּלַיָּא
פַּטִּימָתָא וּמַלְיָתָא וְאִתְּעַר פַּרְעֹה וְהָא חֶלְמָא: ח וַהֲוָה בְצַפְרָא וּמִטָּרְפָא רוּחֵהּ
וּשְׁלַח וּקְרָא יָת־כָּל־חָרָשֵׁי מִצְרַיִם וְיָת־כָּל־חַכִּימָהָא וְאִשְׁתָּעִי פַּרְעֹה לְהוֹן יָת־
חֶלְמֵהּ וְלֵית־דְּפָשַׁר יָתְהוֹן לְפַרְעֹה: ט וּמַלֵּיל רַב־שָׁקֵי (עִם־) לְפַרְעֹה לְמֵימַר

רש"י

טינב"ש בְּלַעַז, לְשׁוֹן דַּק: (ד) ותאכלנה. סִימָן שֶׁתְּהֵא כָּל שִׂמְחַת הַשָּׂבָע נִשְׁכַּחַת בִּימֵי הָרָעָב: (ה) בקנה אחת. טודי"ל בְּלַעַז: בריאות. שיינ"ש בְּלַעַז: (ו) ושדופת. הלייא"ש בְּלַעַז, שְׁקִיפָן קִדּוּם, חֲבוּטוֹת, לְשׁוֹן מַשְׁקוֹף הֶחָבוּט תָּמִיד עַל יְדֵי הַדֶּלֶת הַמַּכָּה עָלָיו: קדים. רוּחַ מִזְרָחִית, שֶׁקּוֹרִין בי"סא בְּלַעַז: (ז) הבריאות. שיינ"ש בְּלַעַז: והנה חלום. וְהִנֵּה נִשְׁלַם חֲלוֹם שָׁלֵם לְפָנָיו וְהֻצְרַךְ לְפוֹתְרִים: (ח) ותפעם רוחו. וּמִטַּרְפָא רוּחֵהּ, מְקַשְׁקֶשֶׁת בְּתוֹכוֹ כְּפַעֲמוֹן; וּבִנְבוּכַדְנֶצַּר אוֹמֵר, וַתִּתְפָּעֶם רוּחוֹ (דניאל ב׳), לְפִי שֶׁהָיוּ שָׁם שְׁתֵּי פְּעִימוֹת: שִׁכְחַת הַחֲלוֹם וְהַעֲלָמַת פִּתְרוֹנוֹ (בראשית רבה): חרטמי. הַנִּחֲרִים בְּטִימֵי מֵתִים, שֶׁשּׁוֹאֲלִין בַּעֲצָמוֹת. טִימֵי הֵן עֲצָמוֹת בִּלְשׁוֹן אֲרַמִּי, וּבַמִּשְׁנָה: בַּיִת שֶׁהוּא מָלֵא טִימְיָא (אהלות פט"ו), מָלֵא עֲצָמוֹת: ואין פותר אותם לפרעה. פּוֹתְרִים הָיוּ אוֹתָם, אֲבָל לֹא לְפַרְעֹה, שֶׁלֹּא הָיָה

by the other kine upon the brink of the river. ⁴And the kine bad to the sight and thin-fleshed did eat up the seven kine that were beautiful to the sight and plump. So Pharaoh awoke. ⁵And he slept and dreamed a second time: and, behold, seven ears of corn came up upon one stalk, plump and good. ⁶And, behold, seven thin ears and parched with the east wind grew up after them. ⁷And the seven thin ears swallowed the seven plump and full ears. And Pharaoh awoke, and, behold, it was a dream. ⁸And it came to pass in the morning that his spirit was troubled; and he sent and called for all the engravers of hieroglyphics of Egypt, and all the wise men thereof: and Pharaoh related to them his dream; but none could interpret it unto Pharaoh. ⁹Then spake the officer of the butlers unto Pharaoh, saying, I will make mention of my faults to-day: ¹⁰Pharaoh was angry

רש"י

(cf. Gen. R. 89). באחו IN THE REED-GRASS — in the marshy land. O. F. marais; *Engl.* marsh. Similar is (Job VIII. 11) "Can reed-grass (אחו) grow?"¹) ודקות בשר THIN-FLESHED in O. F. tenuis, meaning thin. **(4)** ותאכלנה AND THEY ATE — indicating that all the joy occasioned by the *years of* plenty would be forgotten in the days of famine. **(5)** בקנה אחד ON ONE STALK. Tuyau in O. F. בריאות sains, Engl. HEALTHY. **(6)** ושדופת PARCHED O. F. halés, (i. e. burnt up by the east wind). *But the Targum renders it by* שקיפן קדום *beaten upon by the east wind (and so burst open). This Aramaic word* שקיפן *is of the same root as* משקוף a lintel, which is b e a t e n continually by the door which knocks against it. קדים *is* THE EAST WIND — called bise in O. F. **(7)** הבריאות sains in O. F.; *Engl.* HEALTHY. והנה חלום AND, BEHOLD. IT WAS A DREAM — and behold a whole dream was completed before him (i. e. representation of what was evidently a completed whole had passed before him as a dream during his sleep²) and demanded an interpreter. **(8)** ותפעם רוחו HIS SPIRIT WAS TROUBLED — The Targum renders it by "his spirit was agitated" (beaten upon) — it rang within like a bell (פעמון). With regard to Nebuchadnezzar it states (Dan. II. 1) ותתפעם רוחו (the verb in the Hithpael, thus having a double ת³), because in that case there were two reasons for perturbation — his forgetting the dream and his ignorance of its interpretation. חרטמי ENGRAVERS OF HIEROGLYPHICS — *It is a compound word* הנחרים בטימי those who excite themselves by means of the bones of the dead — because they enquire of the dead. טימי *used in this phrase* means bones in Aramaic. In the Mishna we have (Ohal. XVII. 3) "a house that is full of טמיא" full of bones. ואין פותר אותם לפרעה AND THERE WAS NONE THAT COULD INTERPRET IT TO PHAROAH — There were, indeed. some who interpreted it, but not in reference to Pharaoh (לפרעה) (i. e., their interpretations had no

NOTES

¹) Cf. Rashbam and Ibn Ezra. Rashi offers no comment in Job on the word אחו. It would almost appear that he is of the opinion that the meaning of the word is transferred from the reed-grass to the swamps or vice versa. See also Appendix.

²) Others explain that since he did not sleep again it was evident that the dream was now completed. But this would require in Rashi החלום שלם לפניו only, or נשלם החלום לפניו or some similar phrase.

³) For another explanation of the comment of Rashi, which is based upon a Midrash, see Heidenheim on this verse in his edition of the Pentateuch מודע לבינה.

199 בראשית מא מקץ

י פַּרְעֹה קָצַף עַל־עֲבָדָיו וַיִּתֵּן אֹתִי בְּמִשְׁמַר בֵּית
שַׂר הַטַּבָּחִים אֹתִי וְאֵת שַׂר הָאֹפִים׃ יא וַנַּחַלְמָה
חֲלוֹם בְּלַיְלָה אֶחָד אֲנִי וָהוּא אִישׁ כְּפִתְרוֹן חֲלֹמוֹ
חָלָמְנוּ׃ יב וְשָׁם אִתָּנוּ נַעַר עִבְרִי עֶבֶד לְשַׂר הַטַּבָּחִים
וַנְּסַפֶּר־לוֹ וַיִּפְתָּר־לָנוּ אֶת־חֲלֹמֹתֵינוּ אִישׁ כַּחֲלֹמוֹ
פָּתָר׃ יג וַיְהִי כַּאֲשֶׁר פָּתַר־לָנוּ כֵּן הָיָה אֹתִי הֵשִׁיב
עַל כַּנִּי וְאֹתוֹ תָלָה׃ יד וַיִּשְׁלַח פַּרְעֹה וַיִּקְרָא אֶת־
יוֹסֵף וַיְרִיצֻהוּ מִן־הַבּוֹר וַיְגַלַּח וַיְחַלֵּף שִׂמְלֹתָיו
וַיָּבֹא אֶל פַּרְעֹה׃ שני טו וַיֹּאמֶר פַּרְעֹה אֶל־יוֹסֵף
חֲלוֹם חָלַמְתִּי וּפֹתֵר אֵין אֹתוֹ וַאֲנִי שָׁמַעְתִּי עָלֶיךָ

אונקלוס

יָת־סָרְחָנִי אֲנָא מַדְכַּר יוֹמָא־דֵין׃ י פַּרְעֹה רְגֵז עַל־עַבְדוֹהִי וִיהַב יָתִי בְּמַטְּרַת
בֵּית רַב קָטוֹלַיָּא יָתִי וְיָת רַב־נַחְתּוֹמֵי׃ יא וַחֲלַמְנָא חֶלְמָא בְּלֵילְיָא חַד אֲנָא
וְהוּא גְּבַר כְּפֻשְׁרַן חֶלְמֵהּ חֲלַמְנָא׃ יב וְתַמָּן עִמָּנָא עוּלֵם עִבְרָאָה עַבְדָּא לְרַב
קָטוֹלַיָּא וְאִשְׁתָּעֵינָא־לֵהּ וּפַשַּׁר־לָנָא יָת־חֶלְמַנָא גְּבַר כְּחֶלְמֵהּ פַּשַּׁר׃ יג וַהֲוָה
כְּמָא דִי־פַשַּׁר־לָנָא כֵּן הֲוָה יָתִי אֲתֵיב עַל־שִׁמּוּשִׁי וְיָתֵהּ צְלַב׃ יד וּשְׁלַח פַּרְעֹה
וּקְרָא יָת־יוֹסֵף וְאַרְהִיטוּהִי מִן־בֵּית־אֲסִירֵי וְסַפַּר וְשַׁנִּי כְסוּתֵהּ וְעַל לְוָת־פַּרְעֹה׃
טו וַאֲמַר פַּרְעֹה לְיוֹסֵף חֶלְמָא חֲלֵמִית וּפָשַׁר לֵית לֵהּ וַאֲנָא שְׁמָעִית עֲלָךְ לְמֵימַר

רש״י

קוֹלָן נִכְנָס בְּאָזְנָיו, וְלֹא הָיָה לוֹ קוֹרַת רוּחַ בְּפִתְרוֹנָם, שֶׁהָיוּ אוֹמְרִים: שֶׁבַע בָּנוֹת אַתָּה מוֹלִיד וְשֶׁבַע בָּנוֹת אַתָּה קוֹבֵר (ב״ר): (יא) איש כפתרון חלמו. חֲלוֹם הָרָאוּי לְפִתְרוֹן שֶׁנִּפְתַּר לָנוּ, וְדוֹמֶה לוֹ: (יב) נער עברי עבד. אֲרוּרִים הָרְשָׁעִים, שֶׁאֵין טוֹבָתָם שְׁלֵמָה, מַזְכִּירוֹ בִּלְשׁוֹן בִּזָּיוֹן: נער—שׁוֹטֶה וְאֵין רָאוּי לִגְדֻלָּה; עברי—אֲפִילּוּ לְשׁוֹנֵנוּ אֵינוֹ מַכִּיר; עבד וְכָתוּב בְּנִימוּסֵי מִצְרַיִם, שֶׁאֵין עֶבֶד מוֹלֵךְ וְלֹא לוֹבֵשׁ בִּגְדֵי שָׂרִים: איש כחלמו. לְפִי הַחֲלוֹם וְקָרוֹב לְעִנְיָנוֹ: (יג) השיב על כני. פַּרְעֹה, הַנִּזְכָּר לְמַעְלָה, כְּמוֹ שֶׁאָמַר: פַּרְעֹה קָצַף עַל עֲבָדָיו; הֲרֵי מִקְרָא קְצַר לָשׁוֹן, וְלֹא פֵּרַשׁ מִי הֵשִׁיב, לְפִי שֶׁאֵין צָרִיךְ לְפָרֵשׁ; מִי הֵשִׁיב? מִי שֶׁבְּיָדוֹ לְהָשִׁיב, וְהוּא פַּרְעֹה; וְכֵן דֶּרֶךְ כָּל מִקְרָאוֹת קְצָרִים, עַל מִי שֶׁעָלָיו לַעֲשׂוֹת הֵם סוֹתְמִים אֶת הַדָּבָר: (יד) מן הבור. מִן בֵּית הַסֹּהַר, שֶׁהוּא עָשׂוּי כְּמִין גּוּמָא, וְכֵן כָּל בּוֹר שֶׁבַּמִּקְרָא לְשׁוֹן גּוּמָא הוּא, וְאַף אִם אֵין בּוֹ מַיִם קָרוּי בּוֹר, פוש״א בְּלַעַז: ויגלח. מִפְּנֵי כְּבוֹד הַמַּלְכוּת (ב״ר): (טו) תשמע חלום לפתר אתו. תַּאֲזִין וְתָבִין חֲלוֹם לִפְתּוֹר אוֹתוֹ: תשמע. לְשׁוֹן הֲבָנָה וְהַאֲזָנָה, כְּמוֹ: שׁוֹמֵעַ יוֹסֵף, אֲשֶׁר לֹא תִשְׁמַע לְשׁוֹנוֹ, אנטינ״דרא בְּלַעַז:

with his servants, and put me in ward in the house of the officer of
the executioners, both me and the officer of the bakers: 11And we
dreamed a dream in one night, I and he; we dreamed each man accor-
ding to the interpretation of his dream. 12And there was there with
us a lad, an Hebrew, servant to the officer of the executioners; and
we related to him, and he interpreted to us our dreams; to each man
according to his dream he did interpret. 13And it came to pass, as he
interpreted to us, so it was; me he restored unto my office, and him
he hanged. 14Then Pharaoh sent and called Joseph, and they brought
him hastily out of the dungeon: and he clipped his hair, and changed
his raiment and came unto Pharaoh. 15And Pharaoh said unto Joseph, I
have dreamed a dream, and none can interpret it: and I have heard say

רש״י

reference to him as a Pharaoh, as a king), so that their words found no acceptance by him and he was not satisfied with their interpretation. They said: "You will beget seven daughters and you will bury seven daughters" (Gen. R. 89). **(11)** איש כפתרון חלמו [WE DREAMED] EACH MAN ACCORDING TO THE INTERPRETATION OF HIS DREAM — *each of us dreamed* a dream that fitted in with the interpretation that was given to us, and was exactly like it (not the kind of irrelevant interpretation offered you by your wise men). **(12)** נער עברי עבד A LAD, AN HEBREW, A SLAVE — Cursed be the wicked for the favours they do are never *really* complete! He mentions him in disparaging language: נער a lad, unwise and unfitted for a high position; עברי a Hebrew, who does not even know our language; עבד a slave — and it is written in the laws of Egypt that a slave may neither become a ruler nor dress in princely robes. איש כחלמו EACH MAN ACCORDING TO HIS DREAM — *He interpreted* in accordance with the dream and approximating to its contents. **(13)** השיב על כני HE RESTORED UNTO MY OFFICE — *he means* Pharaoh who was mentioned before, where it is said (v. 10) "Pharaoh was wroth with his servants". The phrase is elliptical not stating explicitly who restored, for it is not necessary to state explicitly who restored: *obviously* he who has the power to restore viz., Pharaoh. This is the case with all elliptical sentences — they leave the matter indefinite as to who has to do *the action* (i. e. they omit the subject of the verb). **(14)** מן הבור OUT OF THE DUNGEON — from the place of inprisonment which was made as a kind of pit. Similarly, wherever בור occurs in Scripture it signifies a pit — even though it does not contain water (for בור is used of a cistern, excavated as a pit out of rocks) it is still called a בור, O.F. fosse. ויגלח AND HE CLIPPED HIS HAIR, out of respect for the king (Gen. R. 89). **(15)** תשמע חלום לפתר אותו *means* thou payest heed to and UNDERSTANDEST A DREAM TO INTERPRET IT. תשמע means understanding and paying heed to. Examples are: (XLII. 23) "Joseph (שומע) understood"; (Deut. XXVIII. 49) "[a people] whose tongue thou shalt not understand (תשמע)".

לֵאמֹר תִּשְׁמַע חֲלוֹם לִפְתֹּר אֹתוֹ: טז וַיַּעַן יוֹסֵף
אֶת־פַּרְעֹה לֵאמֹר בִּלְעָדָי אֱלֹהִים יַעֲנֶה אֶת־שְׁלוֹם
פַּרְעֹה: יז וַיְדַבֵּר פַּרְעֹה אֶל־יוֹסֵף בַּחֲלֹמִי הִנְנִי עֹמֵד
עַל־שְׂפַת הַיְאֹר: יח וְהִנֵּה מִן־הַיְאֹר עֹלֹת שֶׁבַע
פָּרוֹת בְּרִיאוֹת בָּשָׂר וִיפֹת תֹּאַר וַתִּרְעֶינָה בָּאָחוּ:
יט וְהִנֵּה שֶׁבַע פָּרוֹת אֲחֵרוֹת עֹלוֹת אַחֲרֵיהֶן דַּלּוֹת
וְרָעוֹת תֹּאַר מְאֹד וְרַקּוֹת בָּשָׂר לֹא־רָאִיתִי כָהֵנָּה
בְּכָל־אֶרֶץ מִצְרַיִם לָרֹעַ: כ וַתֹּאכַלְנָה הַפָּרוֹת
הָרַקּוֹת וְהָרָעוֹת אֵת שֶׁבַע הַפָּרוֹת הָרִאשֹׁנוֹת
הַבְּרִיאֹת: כא וַתָּבֹאנָה אֶל־קִרְבֶּנָה וְלֹא נוֹדַע כִּי־
בָאוּ אֶל־קִרְבֶּנָה וּמַרְאֵיהֶן רַע כַּאֲשֶׁר בַּתְּחִלָּה
וָאִיקָץ: כב וָאֵרֶא בַּחֲלֹמִי וְהִנֵּה ׀ שֶׁבַע שִׁבֳּלִים עֹלֹת
בְּקָנֶה אֶחָד מְלֵאֹת וְטֹבוֹת: כג וְהִנֵּה ׀ שֶׁבַע שִׁבֳּלִים
צְנֻמוֹת דַּקּוֹת שְׁדֻפוֹת קָדִים צֹמְחוֹת אַחֲרֵיהֶם:

אונקלוס

דַאֲתְ־שָׁמַע חֶלְמָא לְמִפְשַׁר יָתֵהּ: טו וַאֲתֵיב יוֹסֵף יָת־פַּרְעֹה לְמֵימַר בַּר־מִן־
חָכְמְתִי אֱלָהֵן־מִן־קֳדָם־יְיָ יִתְּתַב יָת־שְׁלָמָא דְפַרְעֹה: יז וּמַלִּיל פַּרְעֹה (עִם־)
לְיוֹסֵף בְּחֶלְמִי הָא־אֲנָא קָאֵם עַל־כֵּיף נַהֲרָא: יח וְהָא מִן־נַהֲרָא סָלְקָן שְׁבַע
תּוֹרָתָא פַּטִּימָן בְּשַׂר וְשַׁפִּירָן לְמֶחֱזֵי וְרָעְיָן בְּאַחֲוָה: יט וְהָא שְׁבַע תּוֹרָתָא
אָחֳרָנְיָן סָלְקָן בַּתְרֵיהוֹן חֲסִיכָן וּבִישָׁן לְמֶחֱזֵי לַחֲדָא וַחֲסִירָן בְּשַׂר לָא־חֲזֵיתִי
כְוָתְהֵן בְּכָל־אַרְעָא דְמִצְרַיִם לְבִישׁוּ: כ וַאֲכַלָן תּוֹרָתָא חֲסִיכָתָא וּבִישָׁתָא יָת
שְׁבַע תּוֹרָתָא קַדְמָיָתָא פַּטִּימָתָא: כא וְעַלָא לִמְעֵיהֶן וְלָא אִתְיְדַע אֲרֵי־עָלוּ
לִמְעֵיהֶן וּמֶחֱזֵיהֶן בִּישׁ כַּד בְּקַדְמֵיתָא וְאִתְּעָרִית: כב וַחֲזֵית בְּחֶלְמִי וְהָא שְׁבַע
שֻׁבְּלַיָא סָלְקָן בְּקַנְיָא חַד מַלְיָן וְטָבָן: כג וְהָא שְׁבַע שֻׁבְּלַיָא נָצַן לָקְיָן שְׁקִיפָן

רש"י

(טו) בלעדי. אֵין הַחָכְמָה מִשֶּׁלִּי, אֶלָּא אֱלֹהִים יַעֲנֶה — יִתֵּן עֲנִיָּה בְּפִי — לִשְׁלוֹם פַּרְעֹה:
(יט) דלות. כְּחוּשׁוֹת, כְּמוֹ: מַדּוּעַ אַתָּה כָּכָה דַּל, דְּאַמְנוֹן (ש״ב י״ג): ורקות בשר. כָּל
לְשׁוֹן רַקּוֹת שֶׁבַּמִּקְרָא חַסְרֵי בָשָׂר וּבִלְעַז בלוא״ש: (כג) צנמות. צוּנְמָא בִּלְשׁוֹן אֲרַמִּי

of thee, that thou canst understand a dream to interpret it. ¹⁶And Joseph answered Pharaoh, saying, Not I: God will answer the peace of Pharaoh. ¹⁷And Pharaoh said unto Joseph, In my dream, behold, I stood upon the bank of the river: ¹⁸And, behold, there came up out of the river seven kine, plump-fleshed and beautiful of form; and they fed in the reed-grass: ¹⁹And, behold, seven other kine came up after them, poor, and very bad of form and lean-fleshed, such as I never saw in all the land of Egypt for badness: ²⁰And the lean and the bad kine did eat up the first seven plump kine: ²¹And when they had eaten them up, it could not be known that they had eaten them up; their appearance being bad, as previously. So I awoke. ²²And I saw in my dream, and, behold, seven ears came up on one stalk full and good: ²³And, behold, seven ears, sapless, thin, and parched with the east wind, grew up after them:

רש״י

O. F. entendre. **(16)** בלעדי NOT I (the word is compounded of בל and עדי, it does not extend to me) The wisdom *to interpret dreams* is not my own, but God will answer — He will put in my mouth an answer that will be for Pharaoh's welfare. **(19)** דלות means LEAN, as (2 Sam. XIII. 4) "Why art thou thus becoming (דל) lean?" *which occurs in the narrative* of Amnon. ורקות בשר AND LEAN-FLESHED — wherever רקות is found in Scripture it means spare (lit., deficient) of flesh; O. F. flouet. **(23)** צנמות PARCHED — In Aramaic צונמא signifies a rock. They are like wood

כד וַתִּבְלַעְןָ הַשִּׁבֳּלִים הַדַּקֹּת אֵת שֶׁבַע הַשִּׁבֳּלִים
הַטֹּבוֹת וָאֹמַר אֶל־הַחַרְטֻמִּים וְאֵין מַגִּיד לִי׃
כה וַיֹּאמֶר יוֹסֵף אֶל־פַּרְעֹה חֲלוֹם פַּרְעֹה אֶחָד הוּא
אֵת אֲשֶׁר הָאֱלֹהִים עֹשֶׂה הִגִּיד לְפַרְעֹה׃ כו שֶׁבַע
פָּרֹת הַטֹּבֹת שֶׁבַע שָׁנִים הֵנָּה וְשֶׁבַע הַשִּׁבֳּלִים
הַטֹּבֹת שֶׁבַע שָׁנִים הֵנָּה חֲלוֹם אֶחָד הוּא׃ כז וְשֶׁבַע
הַפָּרוֹת הָרַקּוֹת וְהָרָעֹת הָעֹלֹת אַחֲרֵיהֶן שֶׁבַע שָׁנִים
הֵנָּה וְשֶׁבַע הַשִּׁבֳּלִים הָרֵקוֹת שְׁדֻפוֹת הַקָּדִים יִהְיוּ
שֶׁבַע שְׁנֵי רָעָב׃ כח הוּא הַדָּבָר אֲשֶׁר דִּבַּרְתִּי אֶל־
פַּרְעֹה אֲשֶׁר הָאֱלֹהִים עֹשֶׂה הֶרְאָה אֶת־פַּרְעֹה׃
כט הִנֵּה שֶׁבַע שָׁנִים בָּאוֹת שָׂבָע גָּדוֹל בְּכָל־אֶרֶץ
מִצְרָיִם׃ ל וְקָמוּ שֶׁבַע שְׁנֵי רָעָב אַחֲרֵיהֶן וְנִשְׁכַּח
כָּל־הַשָּׂבָע בְּאֶרֶץ מִצְרָיִם וְכִלָּה הָרָעָב אֶת־

אונקלוס

קִדּוּם צָמְחָן בָּתְרֵיהוֹן׃ כד וּבְלַעָן שֻׁבְּלַיָּא לַקְיָתָא יָת שְׁבַע שֻׁבְּלַיָּא טָבָתָא
וַאֲמָרִית לַחֲרָשַׁיָּא וְלֵית דִּמְחַוֵּי לִי׃ כה וַאֲמַר יוֹסֵף לְפַרְעֹה חֶלְמָא דְפַרְעֹה חַד
הוּא יָת דַּיְיָ עָתִיד לְמֶעְבַּד חַוִּי לְפַרְעֹה׃ כו שְׁבַע תּוֹרָתָא טָבָתָא שְׁבַע שְׁנִין
אִנּוּן וּשְׁבַע שֻׁבְּלַיָּא טָבָתָא שְׁבַע שְׁנִין אִנּוּן חֶלְמָא חַד הוּא׃ כז וּשְׁבַע תּוֹרָתָא
חֲסִיכָתָא וּבִישָׁתָא דְּסָלְקָן בָּתְרֵיהוֹן שְׁבַע (נ״י שַׁבְעָא) שְׁנִין אִנּוּן וּשְׁבַע שֻׁבְּלַיָּא
לַקְיָתָא דִּשְׁקִיפָן קִדּוּם יְהֶוְיָן שְׁבַע שְׁנֵי כַפְנָא׃ כח הוּא פִתְגָמָא דִּי מַלֵּלִית
עִם־פַּרְעֹה דַּיְיָ עָתִיד לְמֶעְבַּד אַחֲזֵי לְפַרְעֹה׃ כט הָא שְׁבַע שְׁנִין אָתְיָן סַבְעָא
(נ״י שָׂבְעָא) רַבָּא בְּכָל־אַרְעָא דְמִצְרָיִם׃ ל וִיקוּמוּן שְׁבַע שְׁנֵי כַפְנָא בָּתְרֵיהֶן

רש״י

סֶלַע, הֲרֵי הֵן כְּעֵץ בְּלִי לַחְלוּחַ וְקָשׁוֹת כְּסֶלַע, וְתַרְגּוּמוֹ נָצוֹ לַקְיָן, נָצוֹ — אֵין בָּהֶם אֶלָּא
הַגֹּק, לְפִי שֶׁנִּתְרוֹקְנוּ מִן הַזֶּרַע׃ (כו) שבע שנים ושבע שנים. כֻּלָּן אֵינָן אֶלָּא שֶׁבַע, וַאֲשֶׁר
נִשְׁנָה הַחֲלוֹם פַּעֲמַיִם, לְפִי שֶׁהַדָּבָר מְזֻמָּן כְּמוֹ שֶׁפֵּרַשׁ לוֹ בְּסוֹף ועל השנות החלום וגו׳.
בְּשֶׁבַע שָׁנִים הַטּוֹבוֹת נֶאֱמַר׃ הגיד לפרעה לְפִי שֶׁהָיָה סָמוּךְ. וּבְשֶׁבַע שְׁנֵי רָעָב נֶאֱמַר׃ הראה
את פרעה, לְפִי שֶׁהָיָה הַדָּבָר מֻפְלָג וְרָחוֹק, נוֹפֵל בּוֹ לְשׁוֹן מַרְאֶה׃ (ל) ונשכח כל השבע.

24 And the thin ears swallowed the seven good ears: and I said it unto
the engravers of hieroglyphics; but none could tell it to me. 25 And Jo-
seph said unto Pharaoh, The dream of Pharaoh is one: God hath told
Pharaoh what he is about to do. 26 The seven good kine are seven years; and
the seven good ears are seven years; the dream is one. 27 And the seven thin
and bad kine that came up after them are seven years; and the seven lean
ears of corn parched with the east wind shall be seven years of famine.
28 This is the thing which I have spoken unto Pharaoh: What God is
about to do he hath shown unto Pharaoh. 29 Behold, there come seven
years of great plenty throughout all the land of Egypt: 30 And there
shall arise after them seven years of famine; and all the plenty shall
be forgotten in the land of Egypt; and the famine shall consume the

רש"י

without moisture and as hard as a rock. But in the Targum it is translated by נצן לקין "their blossom is stricken" — there was nothing in them but the withered blossom, because they were empty of grain[1]). **(26)** שבע שנים ... ושבע שנים SEVEN YEARS... AND SEVEN YEARS — all together they are only seven years (not fourteen); and the reason why the dream was repeated is because the thing is ready to happen as he expressly stated to him afterwards (v. 32) "And for that the dream was doubled etc." With reference to the seven good years it says (v. 25) "[What He is about to do] God hath declared unto Pharaoh", because it (that period) was close at hand; whilst in the case of the seven years of famine it states (v. 28) "He hath shown unto Pharaoh" — because this thing was distant and far off (as regards time) the proper word to use in reference to it is "showing". **(30)** ונשכח כל השבע AND ALL THE PLENTY SHALL BE FORGOTTEN — this is

NOTES

1) Cf. the רא"ם. Rashi appears to be of the opinion that the Targum takes צנמות in the sense of empty. There is no evidence that the word has this meaning.

הָאָרֶץ׃ לא וְלֹא־יִוָּדַע הַשָּׂבָע בָּאָרֶץ מִפְּנֵי הָרָעָב
הַהוּא אַחֲרֵי־כֵן כִּי־כָבֵד הוּא מְאֹד׃ לב וְעַל
הִשָּׁנוֹת הַחֲלוֹם אֶל־פַּרְעֹה פַּעֲמָיִם כִּי־נָכוֹן הַדָּבָר
מֵעִם הָאֱלֹהִים וּמְמַהֵר הָאֱלֹהִים לַעֲשֹׂתוֹ׃ לג וְעַתָּה
יֵרֶא פַרְעֹה אִישׁ נָבוֹן וְחָכָם וִישִׁיתֵהוּ עַל־אֶרֶץ
מִצְרָיִם׃ לד יַעֲשֶׂה פַרְעֹה וְיַפְקֵד פְּקִדִים עַל־הָאָרֶץ
וְחִמֵּשׁ אֶת־אֶרֶץ מִצְרַיִם בְּשֶׁבַע שְׁנֵי הַשָּׂבָע׃
לה וְיִקְבְּצוּ אֶת־כָּל־אֹכֶל הַשָּׁנִים הַטֹּבוֹת הַבָּאֹת
הָאֵלֶּה וְיִצְבְּרוּ־בָר תַּחַת יַד־פַּרְעֹה אֹכֶל בֶּעָרִים
וְשָׁמָרוּ׃ לו וְהָיָה הָאֹכֶל לְפִקָּדוֹן לָאָרֶץ לְשֶׁבַע שְׁנֵי
הָרָעָב אֲשֶׁר תִּהְיֶיןָ בְּאֶרֶץ מִצְרָיִם וְלֹא־תִכָּרֵת
הָאָרֶץ בָּרָעָב׃ לז וַיִּיטַב הַדָּבָר בְּעֵינֵי פַרְעֹה וּבְעֵינֵי

אונקלוס

וְיִתִנְשֵׁי כָּל־סִבְעָא (נ״י שִׂבְעָא) בְּאַרְעָא דְמִצְרָיִם וִישֵׁיצֵי כַפְנָא יָת־(עַמָּא־דְ)
אַרְעָא׃ לא וְלָא־יִתְיְדַע שׂוֹבְעָא (נ״י שִׂבְעָא) בְּאַרְעָא מִן־קֳדָם כַּפְנָא הַהוּא דִּיהֵי־
בָתַר־כֵּן אֲרֵי־תַקִּיף הוּא לַחֲדָא׃ לב וְעַל דְּאִתְּנִיאַת חֶלְמָא לְפַרְעֹה תַּרְתֵּין־זִמְנִין
אֲרֵי־תַקִּין פִּתְגָּמָא מִן־קֳדָם יְיָ וְאוֹחִי יְיָ לְמֶעְבְּדֵהּ׃ לג וּכְעַן יֶחֱזֵי פַרְעֹה גְּבַר
סוּכְלְתָן וְחַכִּים וִימַנֵּיהּ עַל־אַרְעָא דְמִצְרָיִם׃ לד יַעְבֵּד פַּרְעֹה וִימַנֵּי מְהֵימְנִין
עַל אַרְעָא וִיזָרֵז יָת־אַרְעָא דְמִצְרַיִם בְּשַׁבַע שְׁנֵי שׂוֹבְעָא (נ״י שִׂבְעָא)׃ לה וְיִכְנְשׁוּן
יָת־כָּל־עִיבוּר שְׁנַיָּא טָבָן דְּאָתְיָן הָאִלֵּין וְיִצְרוּן־עִיבוּרָא תְּחוֹת יְדָא־דְפַרְעֹה
עִיבוּר בְּקִירְוַיָּא וְיִטְּרוּן׃ לו וִיהֵי עִיבוּרָא גְּנִיז (לְעַמָּא־דְ) לְאַרְעָא לְשַׁבַע שְׁנֵי
כַפְנָא דִּי תְהֶוְיָן בְּאַרְעָא דְמִצְרָיִם וְלָא־תִשְׁתֵּיצֵי עַמָּא־דְאַרְעָא בְּכַפְנָא׃ לז וּשְׁפַר

רש״י

הוּא פִּתְרוֹן הַבְּלִיעָה׃ (לא) ולא יודע השבע. הוּא פִּתְרוֹן "ולא נודע כי באו אל קרבנה"׃
(לב) נכון. מְזֻמָּן׃ (לד) וחמש. כְּתַרְגּוּמוֹ: וִיזָרֵז; וְכֵן וַחֲמֻשִׁים (שמות י״ג)׃ (לה) את
כל אכל׃ שֵׁם דָּבָר הוּא, לְפִיכָךְ טַעְמוֹ בָּאָלֶף וְנָקוּד בְּפַתַּח קָטָן, וְאוֹכֵל שֶׁהוּא פּוֹעַל, כְּגוֹן
כִּי כָּל אוֹכֵל חֵלֶב, טַעְמוֹ לְמַטָּה בְּכָף, וְנָקוּד קָמֵץ קָטָן׃ תחת יד פרעה. בִּרְשׁוּתוֹ וּבְאוֹצְרוֹתָיו׃

land; 31 And the plenty shall not be known in the land because of that famine afterwards; for it shall be very heavy. 32 And for that the dream was repeated unto Pharaoh twice; it is because the thing is determined by God, and God hasteneth to do it. 33 Now therefore let Pharaoh look out a man understanding and wise, and set him over the land of Egypt. 34 Let Pharaoh do this, and let him appoint overseers over the land, and take up the fifth part of the land of Egypt in the seven years of plenty. 35 And let them store up all the food of those good years that come, and pile up corn under the hand of Pharaoh, for food in the cities and let them keep it. 36 And the food shall be as a charge for the land against the seven years of famine, which shall be in the land of Egypt; that the land be not cut off through the famine. 37 And the thing was good in the eyes of Pharaoh, and in the eyes of all his

רש"י

the interpretation of the *act of* swallowing. **(31)** ולא יודע השבע AND THE PLENTY SHALL NOT BE KNOWN — this is the interpretation of (v. 21) "And it could not be noticed that they had eaten them up". **(32)** נכון *means* PREPARED. **(34)** וחמש — *render it* as the Targum *does* "and they shall prepare". Similar is (Ex. XIII. 18) "וחמושים and prepared (for war)". **(35)** את כל אֹכֶל ALL THE FOOD — The word אֹכֶל is a noun and therefore the accent is on the א and *the last syllable* has the vowel Patach Katan (a name Rashi uses for our Segol), whilst אוֹכֵל — which is a participle, as for instance, (Lev. XII. 25) "For whosoever eateth (אוכל) the fat" — has the accent on the ultimate syllable, on the כ, and has the vowel Kametz Katan (Zéré). תחת יד פרעה UNDER THE HAND OF PHARAOH — under his control and in his storehouses.

כָּל־עֲבָדָיו: לח וַיֹּאמֶר פַּרְעֹה אֶל־עֲבָדָיו הֲנִמְצָא
כָזֶה אִישׁ אֲשֶׁר רוּחַ אֱלֹהִים בּוֹ: שלישי לט וַיֹּאמֶר
פַּרְעֹה אֶל־יוֹסֵף אַחֲרֵי הוֹדִיעַ אֱלֹהִים אוֹתְךָ אֶת־
כָּל־זֹאת אֵין־נָבוֹן וְחָכָם כָּמוֹךָ: מ אַתָּה תִּהְיֶה עַל־
בֵּיתִי וְעַל־פִּיךָ יִשַּׁק כָּל־עַמִּי רַק הַכִּסֵּא אֶגְדַּל
מִמֶּךָּ: מא וַיֹּאמֶר פַּרְעֹה אֶל־יוֹסֵף רְאֵה נָתַתִּי אֹתְךָ
עַל כָּל־אֶרֶץ מִצְרָיִם: מב וַיָּסַר פַּרְעֹה אֶת־טַבַּעְתּוֹ
מֵעַל יָדוֹ וַיִּתֵּן אֹתָהּ עַל־יַד יוֹסֵף וַיַּלְבֵּשׁ אֹתוֹ בִּגְדֵי־
שֵׁשׁ וַיָּשֶׂם רְבִד הַזָּהָב עַל־צַוָּארוֹ: מג וַיַּרְכֵּב אֹתוֹ
בְּמִרְכֶּבֶת הַמִּשְׁנֶה אֲשֶׁר־לוֹ וַיִּקְרְאוּ לְפָנָיו אַבְרֵךְ

אונקלוס

פִּתְגָמָא בְּעֵינֵי פַרְעֹה וּבְעֵינֵי כָּל־עַבְדוֹהִי: לח וַאֲמַר פַּרְעֹה לְעַבְדוֹהִי הֲיִשְׁתְּכַח כְּדֵין גְּבַר דִּי רוּחַ־נְבוּאָה מִן־קֳדָם־יְיָ בֵּהּ: לט וַאֲמַר פַּרְעֹה לְיוֹסֵף בָּתַר דְּאוֹדַע יְיָ יָתָךְ יָת־כָּל־דָּא לֵית סַכְלְתָן וְחַכִּים כְּוָתָךְ: מ אַתְּ תְּהֵי מְמַנָּא עַל־בֵּיתִי וְעַל־מֵימְרָךְ יִתְּזַן כָּל־עַמִּי לְחוֹד כּוּרְסֵי־מַלְכוּתָא־הָדֵין אֱהֵי־יַקִּיר מִנָּךְ: מא וַאֲמַר פַּרְעֹה לְיוֹסֵף חֲזֵי מַנֵּיתִי יָתָךְ עַל כָּל־אַרְעָא דְמִצְרָיִם: מב וְאַעְדִּי פַרְעֹה יָת־עִזְקְתֵהּ מֵעַל יְדֵהּ וִיהַב יָתַהּ עַל־יְדָא דְיוֹסֵף וְאַלְבֵּישׁ יָתֵהּ לְבוּשִׁין דְּבוּץ וְשַׁוִּי מָנִיכָא דְדַהֲבָא עַל־צַוְּארֵהּ: מג וְאַרְכֵּיב יָתֵהּ בִּרְתִכָּא תִנְיֵתָא (ס״א תִּנְיָנָא) דִּי־לֵהּ

רש״י

(לו) והיה האכל. הַצִּבּוּר כִּשְׁאָר פִּקָּדוֹן הַגָּנוּז לְקִיּוּם הָאָרֶץ: (לח) הנמצא כזה. הֲנִשְׁכַּח כְּדֵין? אִם נֵלֵךְ וּנְבַקְשֶׁנּוּ, הֲנִמְצָא כָּמוֹהוּ? הֲנִמְצָא לְשׁוֹן תְּמִיהָה; וְכֵן כָּל הֵ״א הַמְשַׁמֶּשֶׁת בְּרֹאשׁ תֵּיבָה וּנְקוּדָה בַּחֲטַף פַּתָּח: (לט) אין נבון וחכם כמוך. לְבַקֵּשׁ אִישׁ נָבוֹן וְחָכָם שֶׁאָמַרְתָּ, לֹא נִמְצָא כָּמוֹךָ: (מ) ישק. יִתְזַן, יִתְפַּרְנֵס — כָּל צָרְכֵי עַמִּי יִהְיוּ נַעֲשִׂים עַל יָדְךָ, כְּמוֹ: נַשְּׁקוּ בַר (תהי׳ ב׳), גרני״שון בְּלַעַז: רק הכסא. שֶׁיִּהְיוּ קוֹרִין לִי מֶלֶךְ: כִּסֵּא. לְשׁוֹן שֵׁם הַמְּלוּכָה, כְּמוֹ: וִיגַדֵּל אֶת כִּסְאוֹ מִכִּסֵּא אֲדוֹנִי הַמֶּלֶךְ (מ״א א׳): (מא) נתתי אתך. מַנֵּיתִי יָתָךְ, וְאַעַ״פּ כֵּן לְשׁוֹן נְתִינָה הוּא, כְּמוֹ: וּלְתִתְּךָ עֶלְיוֹן (דב׳ כ״ו); בֵּין לִגְדֻלָּה בֵּין לִשְׁפָלוּת נוֹפֵל לְשׁוֹן נְתִינָה עָלָיו, כְּמוֹ: נָתַתִּי אֶתְכֶם נִבְזִים וּשְׁפָלִים (מלאכי ב׳): (מב) ויסר פרעה את טבעתו. נְתִינַת טַבַּעַת הַמֶּלֶךְ הִיא אוֹת לְמִי שֶׁנּוֹתְנָהּ לוֹ לִהְיוֹת שֵׁנִי לוֹ לִגְדֻלָּה: בגדי שש. דְּבַר חֲשִׁיבוּת הוּא בְּמִצְרַיִם: רביד. עֲנָק, וְעַל שֶׁהוּא רָצוּף בְּטַבָּעוֹת קָרוּי רְבִיד. וְכֵן: מַרְבַדִּים רָבַדְתִּי עַרְשִׂי (משלי ז׳) — רִצַּפְתִּי עַרְשִׂי מַרְצָפוֹת. בִּלְשׁוֹן מִשְׁנָה: מוּקָף רוֹבְדִין שֶׁל אֶבֶן, עַל הָרוֹבֶד שֶׁבָּעֲזָרָה, וְהִיא רִצְפָּה: (מג) במרכבת המשנה. הַשְּׁנִיָּה לְמֶרְכַּבְתּוֹ, הַמְּהַלֶּכֶת אֵצֶל שֶׁלּוֹ: אברך. כְּתַרְגּוּמוֹ. ״דֵּין אַבָּא לְמַלְכָּא״, רַךְ בִּלְשׁוֹן אֲרַמִּי (נ״א: רוֹמִי) מֶלֶךְ; בְּהַשּׁוּתָּפִין: לָא רִיבָּא וְלָא בַּר רִיבָּא, וּבְדִבְרֵי אַגָּדָה דָּרַשׁ רַבִּי יְהוּדָה: אברך

servants. [38]And Pharaoh said unto his servants, Can we find such a one as this is, a man in whom the Spirit of God is? [39]And Pharaoh said unto Joseph, Since God hath made all this known unto thee, there is none so discreet and wise as thou art: [40]Thou shalt be over my house, and to thee shall all my people do homage: only in the throne will I be greater than thou. [41]And Pharaoh said unto Joseph, See, I have set thee over all the land of Egypt. [42]And Pharoah took off his ring from his hand, and put it upon Joseph's hand, and clothed him in garments of fine linen, and put a gold collar about his neck; [43]And he made him to ride in the carriage of the second in rank which he had; and they called before him, Abrech: and

רש"י

(36) והיה האכל *means* AND THE FOOD that is stored up SHALL BE AS ANY other DEPOSIT[1]) (פקדון) that is held in reserve for the maintenance *of the people* of the land. **(38)** הנמצא כזה CAN WE FIND SUCH A ONE AS THIS? *The Targum renders it*: "can we[2]) find like this one" — *meaning*, "If we go to seek one could we find anyone like him?" הנמצא is a question, as is every ה prefixed to a word with the vowel Chataph Patach. **(39)** אין נבון וחכם כמוך THERE IS NONE SO DISCREET AND WISE AS THOU ART — If we do seek for a discreet and wise man as you suggested (v. 33) we shall find none like you[3]). **(40)** ישק — *The Targum renders it by* יתזן *which means* SHALL BE FED — all my *people's* needs shall be provided through you. Similar are (XV. 2) "and the steward (ובן משק) of my house", and (Ps. II. 12) "Provide yourselves (נשקו) with purity". O. F. garnison. רק הכסא ONLY IN THE THRONE — *only in the fact* that they shall call me king. כסא THRONE is a *metaphorical* term for royal rank, like (1 Kings I. 37) "And he has made his throne (כסאו) greater than the throne of my lord king". **(41)** נתתי אתך *The Targum translates it by*: "I have appointed thee"; nevertheless *even in this sense* it *really* means "giving", as (Deut. XXVI. 19) "and to make thee (ולתתך) high". To express either the idea of raising to high rank or of degrading the term "to give" may be used. An example *of the latter is* (Mal. II. 9) "I have made thee (נתתיך) contemptible and base". **(42)** ויסר פרעה את טבעתו AND PHARAOH TOOK OFF HIS RING — When the king gives his ring it is a sign that the person to whom he hands it is to be second to him in rank. בגדי שש FINE LINEN — this is a material much valued in Egypt (cf. Rashi on II. 11). רביד *means* A CHAIN — it is termed רביד because it is made up of links placed in a row. *The root is the same* as *that found in (Prov. VII. 16)* "I have decked (רבדתי) my bed with coverings of tapestry (מרבדים)" — i. e. I have placed on my couch rows of rugs. In Mishnaic Hebrew (Midd. I. 8) *we have*, "was surrounded with rows (רובדין) of stone", and (Joma 43b) "on the (רובד) row of stones that was in the Temple Court" — referring to

NOTES

1) היה followed by a ל often means "to become" in the sense of being turned into, of being changed so as to become another thing. This is not the meaning here; it signifies "to serve as", "to fulfil the function of", as in (I. 15) והיו למאורת "They shall serve as luminaries", and (IX. 13) והיה לאות ברית "It shall serve as the Covenant-sign". So here: the food shall serve as a deposit etc.

2) The word נמצא may be either 3rd masc. sing. perf. Niphal so that הנמצא would mean "can there be found", or 1st plural imperf. Kal, "can we find". To make clear which it is here, Rashi quotes the Targum נשכח which is a פָּעַל (Kal) form. Had the Targum taken it as a Niphal it would have translated it by אשתכח, , as in Ex. XXI. 16 where it thus translates ונמצא.

3) Rashi means that these words are a reply to Joseph's suggestion (v. 33) that Pharaoh should seek for "a man, understanding and wise"; they are not a panegyric on Joseph.

וְנָתוֹן אֹתוֹ עַל כָּל־אֶרֶץ מִצְרָיִם: מד וַיֹּאמֶר פַּרְעֹה אֶל־יוֹסֵף אֲנִי פַרְעֹה וּבִלְעָדֶיךָ לֹא־יָרִים אִישׁ אֶת־יָדוֹ וְאֶת־רַגְלוֹ בְּכָל־אֶרֶץ מִצְרָיִם: מה וַיִּקְרָא פַרְעֹה שֵׁם־יוֹסֵף צָפְנַת פַּעְנֵחַ וַיִּתֶּן־לוֹ אֶת־אָסְנַת בַּת־פּוֹטִי פֶרַע כֹּהֵן אֹן לְאִשָּׁה וַיֵּצֵא יוֹסֵף עַל־אֶרֶץ מִצְרָיִם: מו וְיוֹסֵף בֶּן־שְׁלֹשִׁים שָׁנָה בְּעָמְדוֹ לִפְנֵי פַּרְעֹה מֶלֶךְ־מִצְרָיִם וַיֵּצֵא יוֹסֵף מִלִּפְנֵי פַרְעֹה וַיַּעֲבֹר בְּכָל־אֶרֶץ מִצְרָיִם: מז וַתַּעַשׂ הָאָרֶץ בְּשֶׁבַע שְׁנֵי הַשָּׂבָע לִקְמָצִים: מח וַיִּקְבֹּץ אֶת־כָּל־אֹכֶל שֶׁבַע שָׁנִים אֲשֶׁר הָיוּ בְּאֶרֶץ מִצְרַיִם וַיִּתֶּן־אֹכֶל בֶּעָרִים אֹכֶל שְׂדֵה־הָעִיר אֲשֶׁר סְבִיבֹתֶיהָ נָתַן בְּתוֹכָהּ:

אונקלוס

וְאַכְרֵיזוּ קֳדָמוֹהִי דֵּין־אַבָּא לְמַלְכָּא וּמַנִּי יָתֵהּ עַל כָּל אַרְעָא דְמִצְרָיִם: מד וַאֲמַר פַּרְעֹה לְיוֹסֵף אֲנָא פַרְעֹה וּבָר־מֵימְרָךְ לָא־יְרִים גְּבַר יָת־יְדֵהּ לְמֵיחַד־זֵין וְיָת־רַגְלֵהּ לְמִרְכַּב־עַל־סוּסְיָא בְּכָל־אַרְעָא דְמִצְרָיִם: מה וּקְרָא פַרְעֹה שׁוּם־יוֹסֵף גַּבְרָא דְמִטַּמְרָן גַּלְיָן־לֵהּ וִיהַב־לֵהּ יָת־אָסְנַת בַּת־פּוֹטִי פֶרַע רַבָּא דְאוֹן לְאִתְּתָא וּנְפַק יוֹסֵף (שַׁלִּיט) עַל־אַרְעָא דְמִצְרָיִם: מו וְיוֹסֵף בַּר־תְּלָתִין שְׁנִין כַּד־קָם קֳדָם פַּרְעֹה מַלְכָּא דְמִצְרַיִם וּנְפַק יוֹסֵף מִן־קֳדָם פַּרְעֹה וַעֲבַר (שַׁלִּיט) בְּכָל־אַרְעָא דְמִצְרָיִם: מז וּכְנָשׁוּ דָיְרֵי־אַרְעָא בְּשֶׁבַע שְׁנֵי שׂוּבְעָא (ל' שַׂבְעָא) עִיבוּרָא לְאוֹצָרִין: מח וּכְנַשׁ יָת־כָּל־עִיבוּר ׀ שְׁבַע שְׁנִין דִּי הֲווֹ בְּאַרְעָא דְמִצְרַיִם וִיהַב־

רש״י

זֶה יוֹסֵף שֶׁהוּא אָב בְּחָכְמָה וְרַךְ בַּשָּׁנִים, אָמַר לוֹ רַבִּי יוֹסֵי בֶּן דּוּרְמַסְקִית: עַד מָתַי אַתָּה מְעַוֵּת עָלֵינוּ אֶת הַכְּתוּבִים? אֵין אַבְרֵךְ אֶלָּא לְשׁוֹן בִּרְכַּיִם, שֶׁהַכֹּל הָיוּ נִכְנָסִין וְיוֹצְאִין תַּחַת יָדוֹ, כָּעִנְיָן שֶׁנֶּאֱמַר, וְנָתוֹן אוֹתוֹ וְגוֹ': (מד) אֲנִי פַרְעֹה. שֶׁיֵּשׁ יְכֹלֶת בְּיָדִי לִגְזֹר גְּזֵרָה עַל מַלְכוּתִי, וַאֲנִי גוֹזֵר שֶׁלֹּא יָרִים אִישׁ אֶת יָדוֹ. דָּבָר אַחֵר: אֲנִי פַרְעֹה, אֲנִי אֶהְיֶה מֶלֶךְ, וּבִלְעָדֶיךָ וְגוֹ'. וְזֶהוּ דֻּגְמַת רַק הַכִּסֵּא: אֶת יָדוֹ וְאֶת רַגְלוֹ. כְּתַרְגּוּמוֹ: (מה) צָפְנַת פַּעְנֵחַ. מְפָרֵשׁ הַצְּפוּנוֹת. וְאֵין לְפַעְנֵחַ דִּמְיוֹן בַּמִּקְרָא: פּוֹטִי פֶרַע. הוּא פּוֹטִיפַר וְנִקְרָא פּוֹטִיפֶרַע עַל שֶׁנִּסְתָּרֵס מֵאֵלָיו, לְפִי שֶׁחָמַד אֶת יוֹסֵף לְמִשְׁכַּב זָכָר (סוטה י"ג): (מז) וַתַּעַשׂ הָאָרֶץ. כְּתַרְגּוּמוֹ. וְאֵין הַלָּשׁוֹן נֶעֱקָר מִלְּשׁוֹן עֲשִׂיָּה: לִקְמָצִים. קֹמֶץ עַל קֹמֶץ, יָד עַל יָד, הָיוּ אוֹצְרִים: (מח) אֹכֶל שְׂדֵה הָעִיר אֲשֶׁר סְבִיבֹתֶיהָ נָתַן בְּתוֹכָהּ. שֶׁכָּל אֶרֶץ וְאֶרֶץ מַעֲמֶדֶת פֵּרוֹתֶיהָ, וְנוֹתְנִין בַּתְּבוּאָה מֵעֲפַר הַמָּקוֹם, וּמַעֲמִיד אֶת הַתְּבוּאָה מִלְּרָקֵב:

he set him over all the land of Egypt. 44 And Pharaoh said unto Joseph,
I am Pharaoh, but without thee shall no man lift up his hand or foot
in all the land of Egypt. 45 And Pharaoh called Joseph's name Zaph-
nath-paaneah; and he gave him to wife Asenath the daughter of Poti-
pherah priest of On. And Joseph went out over all the land of Egypt.
46 And Joseph was thirty years old when he stood before Pharaoh king
of Egypt. And Joseph went out from before Pharaoh, and passed
throughout all the land of Egypt. 47 And in the seven years of plenty,
the earth brought forth by handfuls. 48 And he stored up all the food
of the seven years which was in the land of Egypt, and laid up
the seven years which was in the land of Egypt, and laid up the
food in the cities: the food of the field which was round about
every city, laid he up in the midst thereof. 49 And Joseph piled

רש"י

the pavement (רצפה)[1]. **(43)** במרכבת המשנה *means — the chariot* second in order to his chariot — that which drove next to his own[2]). אברך *Render this* as the Targum *does:* "This is the father (counsellor) of the king". In Aramaic (some editions read in Roman i. e. Latin) רך means king (rex). Thus in the chapter beginning with השותפין (Bab. Bath. 4a) *we have:* "neither a noble (ריכא) nor the son of a noble (ריכא)". In the Midrash (Sifré) Rabbi Judah explained: אברך is appellation for Joseph who was אב "a father" in wisdom and רך "tender" in years. Whereupon Rabbi José the son of a woman of Damascus said to him: "How much longer will you pervert for us the *meaning of* Scripture? The word אברך can only be connected with the word ברכים knees (i. e. "Bend the knee"), for all came in and went forth only by his permission, just as it states "and he set him [over all the land of Egypt]". **(44)** אני פרעה I AM PHARAOH in whose power it is to issue decrees for my kingdom, and I order that no man shall lift up his hand בלעדיך — without your permission. Another explanation of אני פרעה: I AM PHARAOH — I shall be king, [illegible] without thy permission etc. It is exactly similar *in meaning* to (v. 40) "only in the throne [will I be greater than thou]". את ידו ואת רגלו HIS HAND OR HIS FOOT — *Understand it* as the Targum *does: no man shall raise his hand to gird on a sword or raise his foot to mount a horse.* **(45)** צפנת פענח *signifies* "Explainer of hidden things". There is no other example in Scripture of the word פענח. — פוטי פרע POTIPHERAH — he is identical with Potiphar. **(47)** ותעש הארץ AND THE EARTH BROUGHT FORTH — *understand it* as the Targum *does: the inhabitants of the land gathered.* Still the word ותעש does not really lose its meaning of "doing" or "making"[3]). לקמצים BY HANDFULS — they stored up *the grain* handful upon handful, fist upon fist[4]). **(48)** אכל שדה העיר אשר סביבתיה נתן בתוכה THE FOOD OF THE FIELD WHICH WAS ROUND ABOUT EVERY CITY LAID HE UP IN THE SAME — for every district preserves its own produce; and *for this* people *always* put amongst the grain some of the earth of the place *in which it grows* and this prevents it decaying

NOTES

[1]) The tenor of this comment is to show that the root רבד, the meaning of which is not quite clear, is a synonym of רצף which denotes arrangement in a row. The pavement רובד is also termed רצפה.

[2]) Not in the chariot of the משנה the Viceroy (cp. Est. X. 3) as it is translated by Ibn Ezra, Ramban and others, but in the chariot of second rank. Cf. Onkelos.

[3]) It is only paraphrased by Onkelos.

[4]) Cp. the explanation of Prov. XIII. 11 וקבץ על יד ירבה (Ab. Zarah 19a). Rashi appears to reject the explanation that לקמצים means "for storehouses".

מט וַיִּצְבֹּר יוֹסֵף בַּר כְּחוֹל הַיָּם הַרְבֵּה מְאֹד עַד כִּי־
חָדַל לִסְפֹּר כִּי־אֵין מִסְפָּר: נ וּלְיוֹסֵף יֻלַּד שְׁנֵי בָנִים
בְּטֶרֶם תָּבוֹא שְׁנַת הָרָעָב אֲשֶׁר יָלְדָה־לּוֹ אָסְנַת
בַּת־פּוֹטִי פֶרַע כֹּהֵן אוֹן: נא וַיִּקְרָא יוֹסֵף אֶת־שֵׁם
הַבְּכוֹר מְנַשֶּׁה כִּי־נַשַּׁנִי אֱלֹהִים אֶת־כָּל־עֲמָלִי
וְאֵת כָּל־בֵּית אָבִי: נב וְאֵת שֵׁם הַשֵּׁנִי קָרָא אֶפְרָיִם
כִּי־הִפְרַנִי אֱלֹהִים בְּאֶרֶץ עָנְיִי: רביעי נג וַתִּכְלֶינָה
שֶׁבַע שְׁנֵי הַשָּׂבָע אֲשֶׁר הָיָה בְּאֶרֶץ מִצְרָיִם:
נד וַתְּחִלֶּינָה שֶׁבַע שְׁנֵי הָרָעָב לָבוֹא כַּאֲשֶׁר אָמַר
יוֹסֵף וַיְהִי רָעָב בְּכָל־הָאֲרָצוֹת וּבְכָל־אֶרֶץ מִצְרַיִם
הָיָה לָחֶם: נה וַתִּרְעַב כָּל־אֶרֶץ מִצְרַיִם וַיִּצְעַק הָעָם
אֶל־פַּרְעֹה לַלָּחֶם וַיֹּאמֶר פַּרְעֹה לְכָל־מִצְרַיִם לְכוּ

אונקלוס

עִיבוּר בְּקִרְוַיָּא עִיבוּר חֲקַל־קַרְתָּא דִּי בְסַחֲרָנְהָא יְהַב בְּגַוַּהּ: מט וּכְנַשׁ יוֹסֵף
עִיבוּרָא כְּחָלָא דְיַמָּא סַגִּי לַחֲדָא עַד דִּי־פְסַק לְמִמְנֵי אֲרֵי־לֵית מִנְיָן: נ וּלְיוֹסֵף
אִתְיְלִיד תְּרֵין בְּנִין עַד־לָא עֲלַת שַׁתָּא דְכַפְנָא דִּילֵידַת־לֵיהּ אָסְנַת בַּת־פּוֹטִי
פֶרַע רַבָּא דְאוֹן: נא וּקְרָא יוֹסֵף יָת־שׁוּם בּוּכְרָא מְנַשֶּׁה אֲרֵי־אַנְשְׁיַנִי יְיָ יָת־
כָּל־עַמְלִי וְיָת כָּל־בֵּית אַבָּא: נב וְיָת שׁוּם תִּנְיָנָא קְרָא אֶפְרָיִם אֲרֵי אַפְשְׁנִי יְיָ
בְּאֲרַע שִׁעְבּוּדִי: נג וּשְׁלֵימַת שְׁבַע שְׁנֵי שׂוֹבְעָא (נ״י שַׂבְעָא) דִּי הֲוָה בְּאַרְעָא
דְמִצְרָיִם: נד וּשְׁרִיאָה שְׁבַע שְׁנֵי כַפְנָא לְמֵיעַל כְּמָא דִּי־אֲמַר יוֹסֵף וַהֲוָה כַפְנָא
בְּכָל־אַרְעָתָא וּבְכָל־אַרְעָא דְמִצְרַיִם הֲוָה לַחְמָא: נה וּכְפְנַת כָּל־אַרְעָא דְמִצְרַיִם
וּצְוַח עַמָּא (קֳדָם) לְפַרְעֹה (עַל־) לַלַחְמָא וַאֲמַר פַּרְעֹה לְכָל־מִצְרָאֵי אִיזִילוּ לְוַת־

רש״י

(מט) עד כי חדל לספר. עַד כִּי חָדַל לוֹ הַסּוֹפֵר לִסְפּוֹר, וַהֲרֵי זֶה מִקְרָא קָצָר: כי אין
מספר. לְפִי שֶׁאֵין מִסְפָּר, וַהֲרֵי כִּי מְשַׁמֵּשׁ בִּלְשׁוֹן דְּהָא: (נ) בטרם תבא שנת הרעב. מִכָּאן
שֶׁאָדָם אָסוּר לְשַׁמֵּשׁ מִטָּתוֹ בִּשְׁנֵי רְעָבוֹן (תענית י״א): (נה) ותרעב כל ארץ מצרים.
שֶׁהִרְקִיבָה תְּבוּאָתָם שֶׁאָצְרוּ חוּץ מִשֶּׁל יוֹסֵף: אשר יאמר לכם תעשו. לְפִי שֶׁהָיָה
יוֹסֵף אוֹמֵר לָהֶם שֶׁיִּמּוֹלוּ, וּכְשֶׁבָּאוּ אֵצֶל פַּרְעֹה וְאוֹמְרִים: כָּךְ הוּא אוֹמֵר לָנוּ, אָמַר
לָהֶם: וְלָמָּה לֹא צְבַרְתֶּם בָּר, וַהֲלֹא הִכְרִיז לָכֶם, שֶׁשְּׁנֵי הָרָעָב בָּאִים? אָמְרוּ לוֹ:

up corn as the sand of the sea, very much, until he ceased numbering; for it was without number. ⁵⁰And unto Joseph were born two sons before the year of famine came, whom Asenath the daughter of Potipherah priest of On bare unto him. ⁵¹And Joseph called the name of the firstborn Manasseh: For God, said he, hath effaced from my mind all my trouble, and all my father's house. ⁵²And the name of the second called he Ephraim: For God hath caused me to be fruitful in the land of my misery. ⁵³And the seven years of plenty, that was in the land of Egypt, were finished. ⁵⁴And the seven years of famine began to come, according as Joseph had said: and the famine was in all lands; but in all the land of Egypt there was bread. ⁵⁵And when all the land of Egypt was famished, the people cried to Pharaoh for bread: and Pharaoh said unto all Egypt, Go unto Joseph;

רש״י

(Gen. R. 90).¹) **(49)** עד כי חדל לספר UNTIL THEY CEASED NUMBERING — until the one who was numbering stopped numbering — it is an elliptical phrase. כי אין מספר *means* because it was without number — The word כי has the meaning of because. **(50)** בטרם תבא שנת הרעב BEFORE THE YEAR OF FAMINE CAME — from here we learn that a man must practise continence during times of famine (cf. Taan. 11a). **(55)** ותרעב כל ארץ מצרים AND THE LAND OF EGYPT WAS FAMISHED — for all the grain they had stored up rotted except that of Joseph (cf. Gen. R. 90). אשר יאמר לכם תעשו WHAT HE SAITH TO YOU, DO — *He gave them this order* because Joseph had told them to be circumcised. When they came to Pharaoh and said, "Thus he bids us do *otherwise he will give us no corn*", he asked them, "Why did you yourselves not lay up corn? Did he not publicly announce that years of famine

NOTES

¹) This should be compared with Gen. R. 90. Rashi's comment is, perhaps, based upon two explanations given in the Midrash. The first explains why the grain of a field was stored up in the nearest city — because for agricultural or climatic reasons grain is best preserved by being stored in the district in which it grows. The second is the view of R. Nehemiah: that earth was placed amongst the grain to guard against rot. He, however, states ונתן "Joseph placed earth" whilst Rashi uses the term ונותנין thus continuing the more general statement contained in שכל ארץ וארץ מעמדת וכו׳. — Rashi seems to suggest that the grain was first gathered into the local store houses, and when afterwards it was necessary to remove it to the granaries from which Joseph sold it, they placed amongst the grain, as a preservative, some of the local soil. This takes ונותנין in the sense of וְנָתְנוּ "and they placed". The translation we have given, however, takes the whole of Rashi's comment as a general statement: the first part explaining why the grain was stored locally, the second explaining that in consequence of this well-known agricultural fact, people place soil amongst the grain to preserve it from rotting. There is another explanation of Rashi's comment which takes שכל ארץ וארץ as meaning "each kind of soil". This requires the word אכל the food (of the field) to refer to the soil, this being the "food" which nourishes the field, and the text must then be translated: He laid up the grain (אכל) in the cities; the soil (אכל) of the field which was round about every city he placed בתוכה in it, i. e. in the city, meaning in the grain stored in each city. The whole comment then would be an amplification of R. Nehemiah's view, although this Rabbi does not state that local soil was placed amongst the grain.

אֶל־יוֹסֵף אֲשֶׁר־יֹאמַר לָכֶם תַּעֲשׂוּ: נו וְהָרָעָב הָיָה
עַל כָּל־פְּנֵי הָאָרֶץ וַיִּפְתַּח יוֹסֵף אֶת־כָּל־אֲשֶׁר
בָּהֶם וַיִּשְׁבֹּר לְמִצְרַיִם וַיֶּחֱזַק הָרָעָב בְּאֶרֶץ מִצְרָיִם:
נז וְכָל־הָאָרֶץ בָּאוּ מִצְרַיְמָה לִשְׁבֹּר אֶל־יוֹסֵף כִּי־
חָזַק הָרָעָב בְּכָל־הָאָרֶץ: מב א וַיַּרְא יַעֲקֹב כִּי
יֶשׁ־שֶׁבֶר בְּמִצְרָיִם וַיֹּאמֶר יַעֲקֹב לְבָנָיו לָמָּה
תִּתְרָאוּ: ב וַיֹּאמֶר הִנֵּה שָׁמַעְתִּי כִּי יֶשׁ־שֶׁבֶר
בְּמִצְרָיִם רְדוּ־שָׁמָּה וְשִׁבְרוּ־לָנוּ מִשָּׁם וְנִחְיֶה וְלֹא
נָמוּת: ג וַיֵּרְדוּ אֲחֵי־יוֹסֵף עֲשָׂרָה לִשְׁבֹּר בָּר

אונקלוס

יוֹסֵף דִּי־יֵימַר לְכוֹן תַּעְבְּדוּן: נו וְכַפְנָא הֲוָה עַל כָּל־אַפֵּי אַרְעָא וּפְתַח יוֹסֵף
יָת־כָּל־(אוֹצְרַיָּא) דִּי בְהוֹן־עִיבוּרָא וְזַבִּין לְמִצְרַיִם וּתְקֵיף כַּפְנָא בְּאַרְעָא
דְמִצְרָיִם: נז וְכָל־דָּיְרֵי־אַרְעָא עַלּוּ לְמִצְרַיִם לְמִזְבַּן־עִיבוּרָא מִן־יוֹסֵף אֲרֵי־
תְקֵיף כַּפְנָא בְּכָל־אַרְעָא: א וַחֲזָא יַעֲקֹב אֲרֵי אִית־עִיבוּרָא מִזְדַּבַּן־בְּמִצְרָיִם
וַאֲמַר יַעֲקֹב לִבְנוֹהִי לְמָה תִּתְחֲזוּן: ב וַאֲמַר הָא שְׁמָעִית־אָמְרִין אֲרֵי אִית־
עִיבוּרָא מִזְדַּבַּן־בְּמִצְרָיִם חוּתוּ תַמָּן וּזְבוּנוּ־לָנָא מִתַּמָּן וְנֵחֵי וְלָא נְמוּת: ג וּנְחָתוּ

רש״י

אָסְפְנוּ הַרְבֵּה וְהִרְקִיבָה, אָמַר לָהֶם: אִם כֵּן, כָּל אֲשֶׁר יֹאמַר לָכֶם תַּעֲשׂוּ; הֲרֵי גָּזַר עַל הַתְּבוּאָה וְהִרְקִיבָה, מָה, אִם יִגְזוֹר עָלֵינוּ וְנָמוּת! (נו) על כל פני הארץ. מִי הֵם פְּנֵי הָאָרֶץ אֵלּוּ הָעֲשִׁירִים: את כל אשר בהם. כְּתַרְגּוּמוֹ: דִּי בְהוֹן עִיבוּרָא: וישבר למצרים. שבר לְשׁוֹן מֶכֶר וּלְשׁוֹן קִנְיָן הוּא; כָּאן מְשַׁמֵּשׁ לְשׁוֹן מֶכֶר; שִׁבְרוּ לָנוּ מְעַט אוֹכֶל, לְשׁוֹן קִנְיָן. וְאַל תֹּאמַר, אֵינוֹ כִּי אִם בִּתְבוּאָה, שֶׁאַף בְּיַיִן וְחָלָב מָצִינוּ: וּלְכוּ שִׁבְרוּ בְּלֹא כֶסֶף וּבְלֹא מְחִיר יַיִן וְחָלָב (ישע׳ נ״ה): (נז) וכל הארץ באו מצרימה אל יוסף לשבר, וְאִם תִּדְרְשֵׁהוּ כְּסִדְרוֹ, הָיָה צָרִיךְ לִכְתּוֹב: לִשְׁבּוֹר מִן יוֹסֵף:

מב (א) וירא יעקב כי יש שבר במצרים. וּמֵהֵיכָן רָאָה? וַהֲלֹא לֹא רָאָה אֶלָּא שָׁמַע, שֶׁנֶּאֱמַר: הִנֵּה שָׁמַעְתִּי וְגוֹ׳ וּמַהוּ וַיַּרְא? רָאָה בְּאִסְפַּקְלַרְיָא שֶׁל קֹדֶשׁ, שֶׁעֲדַיִין יֵשׁ לוֹ שֶׁבֶר בְּמִצְרַיִם; וְלֹא הָיְתָה נְבוּאָה מַמָּשׁ לְהוֹדִיעוֹ בְּפֵרוּשׁ שֶׁזֶּה יוֹסֵף: למה תתראו. לָמָּה תַּרְאוּ עַצְמְכֶם בִּפְנֵי בְנֵי יִשְׁמָעֵאל וּבְנֵי עֵשָׂו כְּאִלּוּ אַתֶּם שְׂבֵעִים? בְּאוֹתָהּ שָׁעָה עֲדַיִין הָיָה לָהֶם תְּבוּאָה (תענית י׳). וְלִי נִרְאֶה פְּשׁוּטוֹ: לָמָּה תִתְרָאוּ, לָמָּה יִהְיוּ הַכֹּל מִסְתַּכְּלִין בָּכֶם וּמִתְמִיהִים בָּכֶם, שֶׁאֵין אַתֶּם מְבַקְשִׁים לָכֶם אוֹכֶל בְּטֶרֶם שֶׁיִּכְלֶה מַה שֶּׁבְּיֶדְכֶם. וּמִפִּי אֲחֵרִים שָׁמַעְתִּי, שֶׁהוּא לְשׁוֹן כְּחִישָׁה, לָמָּה תִהְיוּ כְחוּשִׁים בָּרָעָב. וְדוֹמֶה לוֹ: וּמַרְוֶה גַּם הוּא יוֹרֶא (משלי י״א): (ב) רדו שמה. וְלֹא אָמַר, לְכוּ — רֶמֶז לְמָאתַיִם וָעֶשֶׂר שָׁנִים, שֶׁנִּשְׁתַּעְבְּדוּ לְמִצְרַיִם כְּמִנְיַן רד״ו: (ג) וירדו אחי יוסף. וְלֹא כָתַב בְּנֵי יַעֲקֹב, מְלַמֵּד, שֶׁהָיוּ מִתְחָרְטִים בִּמְכִירָתוֹ, וְנָתְנוּ לִבָּם לְהִתְנַהֵג עִמּוֹ בְּאַחֲוָה וְלִפְדּוֹתוֹ בְּכָל מָמוֹן שֶׁיִּפְסְקוּ עֲלֵיהֶם: עשרה. מַה תַּלְמוּד לוֹמַר וַהֲלֹא כְתִיב: וְאֶת בִּנְיָמִין אֲחִי יוֹסֵף לֹא שָׁלַח? אֶלָּא לְעִנְיַן הָאַחֲוָה הָיוּ חֲלוּקִין לְי׳

what he saith to you, do. 56And the famine was over all the face of
the earth: and Joseph opened all the places that had food in them,
and sold grain unto the Egyptians; and the famine waxed sore in the
land of Egypt. 57And all the earth came into Egypt to Joseph for to
buy grain; because that the famine was sore in all the earth.

42. 1Now when Jacob saw that there was a sale of corn in Egypt,
Jacob said unto his sons, Wherefore do ye look to yourselves? 2And
he said, Behold, I have heard that there is a sale of corn in Egypt: go
down thither, and buy grain for us from thence; that we may live,
and not die. 3And Joseph's ten brethren went down to buy corn

רש"י

were coming?" They answered him, "We gathered in much, but it has rotted". He said to them, "If this be so — what he saith to you, do. See, he laid a decree upon the produce and it rotted; what will happen if he lays a decree upon us that we should die!" (cf. Gen. R. 91.) **(56)** על כל פני הארץ OVER ALL THE FACE OF THE EARTH — Who are the face of the earth? the well-to-do people (Tanch. and Gen. R. 91).[1]) את כל אשר בהם — *understand it* as the Targum *renders it*: [*JOSEPH OPENED ALL THE STOREHOUSES*] IN WHICH THERE WAS CORN. וישבור למצרים AND HE SOLD UNTO THE EGYPTIANS — The root שבר has the meaning both of selling and buying. Here it is used in the sense of selling, whereas in (XLIII. 2) "שברו for us a little food", it means buying. You cannot say *that it (the word) can be used* only *of selling and buying* grain for we find it used also of wine and milk: (Is. LV. 1) "And come, buy (שברו) wine and milk without money and without price".[2]) **(57)** וכל הארץ באו מצרימה *Transpose the words and explain it thus:* "and all the countries came into Egypt אל יוסף to Joseph לשבר to buy corn", for if you explain the words in the order in which they are written it ought to state לשבור מן יוסף to buy from Joseph.

42. (1) וירא יעקב כי יש שבר במצרים AND JACOB SAW THAT THERE WAS A SALE OF CORN IN EGYPT — How did he see it? Surely he did not see but he heard it, as it is said (v. 2) "Behold, I have heard ... What, then, is meant by "And Jacob saw"? He saw in a holy dim vision that there was שֶׂבֶר hope for him in Egypt, but it was not a true prophetic vision telling him plainly that it was Joseph *in whom his hope lay* (Gen. R. 91). למה תתראו WHY DO YE LOOK UPON ONE ANOTHER? — Why do you show yourselves (pretend) before the children of Ishmael and the children of Esau as though you have plenty *to eat*[3]) (Taan. 10b). For at that time they still had some grain. I am of opinion that the real meaning of למה תתראו is: Why should every one gaze at you and wonder at you because you do not search for food before what you have in your possession comes to an end. From others I have heard that it has the meaning of leanness: why should you become lean through hunger? A similar use of the verb *as that in the first explanation is* (Prov. XI. 25) "And he that satisfieth abundantly shall be satisfied (יורא) also himself".[4]) **(2)** רדו שמה GO DOWN THITHER — He did not say to them לכו "Go ye" but רדו an allusion to the 210 years during which Israel was to be enslaved in Egypt corresponding to the numerical value of רד"ו (210) (Gen. R. 91). **(3)** וירדו אחי יוסף AND JOSEPH'S BRETHREN WENT DOWN — It does not call them "the sons of Jacob" (as in v. 5), thus suggesting that they regretted having sold him and that they had made up their mind to behave towards him in a brotherly manner and to redeem him at whatever price people might fix for them *to pay* (Tanch.). עשרה TEN What is *the mention of this number* intended to tell us? Is it not written (v. 4) "but Benjamin, Joseph's brother did he not send" (and we therefore know that only ten brothers went to Egypt)? But *it means to suggest* that so far as their feeling of brotherhood *towards Joseph* was concerned they were divided

NOTES

For Notes 1—4 see Appendix.

מִמִּצְרָיִם׃ ד וְאֶת־בִּנְיָמִין אֲחִי יוֹסֵף לֹא־שָׁלַח
יַעֲקֹב אֶת־אֶחָיו כִּי אָמַר פֶּן־יִקְרָאֶנּוּ אָסוֹן׃ ה וַיָּבֹאוּ
בְּנֵי יִשְׂרָאֵל לִשְׁבֹּר בְּתוֹךְ הַבָּאִים כִּי־הָיָה הָרָעָב
בְּאֶרֶץ כְּנָעַן׃ ו וְיוֹסֵף הוּא הַשַּׁלִּיט עַל־הָאָרֶץ הוּא
הַמַּשְׁבִּיר לְכָל־עַם הָאָרֶץ וַיָּבֹאוּ אֲחֵי יוֹסֵף וַיִּשְׁתַּחֲווּ־
לוֹ אַפַּיִם אָרְצָה׃ ז וַיַּרְא יוֹסֵף אֶת־אֶחָיו וַיַּכִּרֵם
וַיִּתְנַכֵּר אֲלֵיהֶם וַיְדַבֵּר אִתָּם קָשׁוֹת וַיֹּאמֶר אֲלֵהֶם
מֵאַיִן בָּאתֶם וַיֹּאמְרוּ מֵאֶרֶץ כְּנַעַן לִשְׁבָּר־אֹכֶל׃
ח וַיַּכֵּר יוֹסֵף אֶת־אֶחָיו וְהֵם לֹא הִכִּרֻהוּ׃ ט וַיִּזְכֹּר
יוֹסֵף אֵת הַחֲלֹמוֹת אֲשֶׁר חָלַם לָהֶם וַיֹּאמֶר אֲלֵהֶם

אונקלוס

אֲחֵי־יוֹסֵף עַסְרָא לְמִזְבַּן עִיבוּרָא מִמִּצְרָיִם׃ ד וְיָת־בִּנְיָמִין אֲחוּהִי דְיוֹסֵף לָא־
שְׁלַח יַעֲקֹב עִם־אֲחוּהִי אֲרֵי אֲמַר דִּלְמָא־יְעָרְעִנֵּה מוֹתָא׃ ה וַאֲתוֹ בְּנֵי יִשְׂרָאֵל
לְמִזְבַּן־עִיבוּרָא בְּגוֹ עַלַּיָּא אֲרֵי־הֲוָה כַפְנָא בְּאַרְעָא דִכְנָעַן׃ ו וְיוֹסֵף הוּא דְּשַׁלִּיט
עַל־אַרְעָא הוּא דְּזַבִּין־עִיבוּרָא לְכָל־עַמָּא דְאַרְעָא וַאֲתוֹ אֲחֵי יוֹסֵף וּסְגִידוּ־לֵהּ
עַל־אַפֵּיהוֹן עַל־אַרְעָא׃ ז וַחֲזָא יוֹסֵף יָת־אֲחוּהִי וְאִשְׁתְּמוֹדְעִנּוּן וַחֲשִׁיב־מָה־דִּ
דְּמַלֵּיל לְהוֹן וּמַלֵּיל עִמְּהוֹן קַשְׁיָא וַאֲמַר לְהוֹן מְנַן אֲתֵיתוֹן וַאֲמַרוּ מֵאַרְעָא דִכְנַעַן
לְמִזְבַּן־עִיבוּרָא׃ ח וְאִשְׁתְּמוֹדַע יוֹסֵף יָת־אֲחוּהִי וְאִנּוּן לָא אִשְׁתְּמוֹדְעוּהִי׃ ט וּדְכִיר
יוֹסֵף יָת חֶלְמַיָּא דִּי חֲלַם לְהֵין וַאֲמַר לְהוֹן מְאַלְּלִין אַתּוּן לְמִחְזֵי יָת־בִּדְקָא

רש"י

שֶׁלֹּא הָיְתָה אַהֲבַת כֻּלָּם וְשִׂנְאַת כֻּלָּם שָׁוָה לוֹ; אֲבָל לְעִנְיַן לִשְׁבּוֹר בָּר כֻּלָּם לֵב אֶחָד לָהֶם (ב"ר): (ד) פן יקראנו אסון. וּבַבַּיִת לֹא יִקְרָאֶנּוּ? אָמַר רַבִּי אֱלִיעֶזֶר בֶּן יַעֲקֹב, מִכָּאן שֶׁהַשָּׂטָן מְקַטְרֵג בִּשְׁעַת הַסַּכָּנָה (ב"ר): (ה) בתוך הבאים. מַטְמִינִין עַצְמָם שֶׁלֹּא יַכִּירוּם, לְפִי שֶׁצִּוָּה לָהֶם אֲבִיהֶם שֶׁלֹּא יִתְרָאוּ כֻּלָּם בְּפֶתַח א', אֶלָּא שֶׁיִּכָּנֵס כָּל א' בְּפִתְחוֹ, כְּדֵי שֶׁלֹּא תִשְׁלוֹט בָּהֶם עַיִן הָרָע, שֶׁכֻּלָּם נָאִים וְכֻלָּם גִּבּוֹרִים: (ו) וישתחוו לו אפים. נִשְׁתַּטְּחוּ לוֹ עַל פְּנֵיהֶם, וְכֵן כָּל הִשְׁתַּחֲוָאָה פִּשּׁוּט יָדַיִם וְרַגְלַיִם הוּא: (ז) ויתנכר אליהם. נַעֲשָׂה לָהֶם כְּנָכְרִי בִּדְבָרִים לְדַבֵּר קָשׁוֹת: (ח) ויכר יוסף וגו'. לְפִי שֶׁהִנִּיחָם חֲתוּמֵי זָקָן: והם לא הכרהו. שֶׁיָּצָא מֵאֶצְלָם בְּלֹא חֲתִימַת זָקָן, וְעַכְשָׁיו בָּא בַּחֲתִימַת זָקָן (כתובות כ"ז). וּמ"א: ויכר יוסף את אחיו. כְּשֶׁנִּמְסְרוּ בְיָדוֹ הִכִּיר שֶׁהֵם אֶחָיו וְרִחֵם עֲלֵיהֶם, וְהֵם לֹא הִכִּירוּהוּ כְּשֶׁנָּפַל בְּיָדָם לִנְהוֹג בּוֹ אַחֲוָה: (ט) אשר חלם להם. עֲלֵיהֶם; וְיָדַע שֶׁנִּתְקַיְּמוּ שֶׁהֲרֵי הִשְׁתַּחֲווּ לוֹ:

in Egypt. [4]But Benjamin, Joseph's brother, Jacob sent not with his
brethren; for he said, Lest peradventure mischief befall him. [5]And
the sons of Israel came to buy grain among those that came: for the
famine was in the land of Canaan. [6]And Joseph was the governor over
the land, and he it was that sold grain to all the people of the land:
and Joseph's brethren came, and prostrated themselves before him with
their faces to the earth. [7]And Joseph saw his brethren, and he recog-
nised them, but made himself strange unto them, and spake roughly
unto them; and he said unto them, Whence come ye? And they said,
From the land of Canaan to buy grain for food. [8]And Joseph recognised
his brethren, but they recognised him not. [9]And Joseph remembered
the dreams which he dreamed of them, and said unto them, Ye

רש"י

into ten, because the love and hatred that all of them bore him were not alike, whereas in regard to buying corn they were at one and united (Gen. R. 91). **(4)** פן יקראנו אסון LEST MISCHIEF BEFALL HIM — And at home could not mischief befall him?! Rabbi Eliezer the son of Jacob said: We may infer from this that Satan accuses *a man* at the time of danger (ib.).[1] **(5)** בתוך הבאים AMONG THOSE THAT CAME — They hid themselves *in the crowd* that people should not recognize them, for their father had bidden them not to show themselves all at one entrance *to the city* but that each should enter by a different gate in order that the evil eye should not have power over them (i. e. that they should not attract the envious attention of the people) for they were all handsome and stalwart men (ib.). **(6)** וישתחוו לו אפים *means* THEY PROSTRATED THEMSELVES ON THEIR FACES. Similarly wherever various forms of this verb (שחה) *in the Hithpael* occur it implies stretching out the hands and feet *when a person casts himself on the ground in the act of prostration* (Meg. 22b). **(7)** ויתנכר אליהם HE MADE HIMSELF STRANGE UNTO THEM — He made himself like a נכרי a stranger to them in his conversation, speaking harshly (ib.). **(8)** ויכר יוסף וגו' AND JOSEPH RECOGNISED HIS BRETHREN etc. — because, when he left them they were full-bearded[2]). והם לא הכירהו BUT THEY RECOGNISED HIM NOT — because when he left them he had no beard whereas now he had grown a beard. A Midrashic explanation is: ויכר יוסף את אחיו JOSEPH RECOGNISED HIS BRETHREN — Now that they were in his power he recognised them as his brothers and had pity on them, והם לא הכירהו but when he fell into their power, "they did not recognize him" as their brother, by acting towards him in brotherly manner (ib.). **(9)** אשר חלם להם WHICH HE HAD DREAMED OF THEM — להם *means* "about them". He then knew that they (the dreams) were being fulfilled, for they (his brothers) had bowed down to him.

NOTES

1) Under any circumstances there was a risk of danger in making a long journey in those days. The proverb means that when a man is in danger Satan takes the opportunity to accuse him before God so that some accident shall really befall him.

2) i. e. had the manly expression which the beard gives, and so they had not changed much in appearance. Joseph, however, was then a beardless lad, and therefore they now failed to recognize him.

מְרַגְּלִים אַתֶּם לִרְאוֹת אֶת־עֶרְוַת הָאָרֶץ בָּאתֶם׃
י וַיֹּאמְרוּ אֵלָיו לֹא אֲדֹנִי וַעֲבָדֶיךָ בָּאוּ לִשְׁבָּר־אֹכֶל׃
יא כֻּלָּנוּ בְּנֵי אִישׁ־אֶחָד נָחְנוּ כֵּנִים אֲנַחְנוּ לֹא־
הָיוּ עֲבָדֶיךָ מְרַגְּלִים׃ יב וַיֹּאמֶר אֲלֵהֶם לֹא כִּי־
עֶרְוַת הָאָרֶץ בָּאתֶם לִרְאוֹת׃ יג וַיֹּאמְרוּ שְׁנֵים עָשָׂר
עֲבָדֶיךָ אַחִים ׀ אֲנַחְנוּ בְּנֵי אִישׁ־אֶחָד בְּאֶרֶץ כְּנָעַן
וְהִנֵּה הַקָּטֹן אֶת־אָבִינוּ הַיּוֹם וְהָאֶחָד אֵינֶנּוּ׃ יד וַיֹּאמֶר
אֲלֵהֶם יוֹסֵף הוּא אֲשֶׁר דִּבַּרְתִּי אֲלֵכֶם לֵאמֹר
מְרַגְּלִים אַתֶּם׃ טו בְּזֹאת תִּבָּחֵנוּ חֵי פַרְעֹה אִם־
תֵּצְאוּ מִזֶּה כִּי אִם־בְּבוֹא אֲחִיכֶם הַקָּטֹן הֵנָּה׃

אונקלוס

דְאַרְעָא אֲתֵיתוּן׃ י וַאֲמַרוּ לֵהּ לָא רִבּוֹנִי וְעַבְדָךְ עֲלוֹ לְמִזְבַּן עִיבוּרָא׃ יא כֻּלָּנָא
בְּנֵי גַבְרָא־חַד נַחְנָא כֵּיוָנֵי אֲנַחְנָא לָא־הֲווֹ עַבְדָךְ אַלִּילֵי׃ יב וַאֲמַר לְהוֹן לָא
אֱרֵי־בִדְקָא דְאַרְעָא אֲתֵיתוּן לְמֶחֱזֵי׃ יג וַאֲמַרוּ תְּרֵין עֲסַר עַבְדָךְ אַחִין ׀ אֲנַחְנָא
בְּנֵי גַבְרָא־חַד בְּאַרְעָא דִכְנָעַן וְהָא זְעֵירָא עִם־אֲבוּנָא יוֹמָא־דֵין וְחַד לֵיתוֹהִי׃
יד וַאֲמַר לְהוֹן יוֹסֵף הוּא דִי מַלֵּילִית עִמְּכוֹן לְמֵימַר מְאַלִּילֵי אַתּוּן׃ טו בְּדָא
תִּתְבַּחֲנוּן חֵי פַרְעֹה אִם־תִּפְּקוּן מִכָּא אֱלָהֵין בְּמֵיתֵי אֲחוּכוֹן זְעֵירָא הָכָא׃

רש״י

ערות הארץ. גִּלּוּי הָאָרֶץ — מֵהֵיכָן הִיא נוֹחָה לִכָּבֵשׁ, כְּמוֹ: אֶת מְקוֹרָהּ הֶעֱרָה (ויק׳ כ׳), וּכְמוֹ: עֵרֹם וְעֶרְיָה (יחזק׳ ט״ז). וְכֵן כָּל עֶרְוָה שֶׁבַּמִּקְרָא לְ׳ גִּלּוּי. וְתַ״א: בִּדְקָא דְאַרְעָא, כְּמוֹ: בֶּדֶק הַבַּיִת (מ״ב י״ב), רְעוּעַ הַבַּיִת. אֲבָל לֹא דִקְדֵּק לְפָרְשׁוֹ אַחַר לְשׁוֹן הַמִּקְרָא: (י) לא אדני. לֹא תֹאמַר כֵּן, שֶׁהֲרֵי עֲבָדֶיךָ בָּאוּ לִשְׁבָּר אֹכֶל: (יא) כלנו בני איש אחד נחנו. נִצְנְצָה בָהֶם רוּחַ הַקֹּדֶשׁ וְכָלְלוּהוּ עִמָּהֶם, שֶׁאַף הוּא בֶּן אֲבִיהֶם: כנים. אֲמִתִּיִּים, כְּמוֹ: כֵּן דִּבַּרְתָּ (שמ׳ י׳), כֵּן בְּנוֹת צְלָפְחָד דֹּבְרֹת (במ׳ כ״ז), וְעֶבְרָתוֹ לֹא כֵן בַּדָּיו (יש׳ ט״ז): (יב) כי ערות הארץ באתם לראות. שֶׁהֲרֵי נִכְנַסְתֶּם בְּי׳ שַׁעֲרֵי הָעִיר, לָמָּה לֹא נִכְנַסְתֶּם בְּשַׁעַר א׳? (ב״ר): (יג) ויאמרו שנים עשר עבדיך וגו׳. וּבִשְׁבִיל אוֹתוֹ א׳ שֶׁאֵינֶנּוּ נִתְפַּזַּרְנוּ בָּעִיר לְבַקְּשׁוֹ: (יד) הוא אשר דברתי. הַדָּבָר אֲשֶׁר דִּבַּרְתִּי שֶׁאַתֶּם מְרַגְּלִים, הוּא הָאֱמֶת וְהַנָּכוֹן, זֶהוּ לְפִי פְּשׁוּטוֹ. וּמִדְרָשׁוֹ: אָמַר לָהֶם: וְאִלּוּ מְצָאתֶם אוֹתוֹ וְיִפְסְקוּ עֲלֵיכֶם מָמוֹן הַרְבֵּה, תִּפְדּוּהוּ? אָמְרוּ לוֹ: הֵן. אָמַר לָהֶם: וְאִם יֹאמְרוּ לָכֶם, שֶׁלֹּא יַחֲזִירוּהוּ בְּשׁוּם מָמוֹן, מַה תַּעֲשׂוּ? אָמְרוּ לוֹ: לְכָךְ בָּאנוּ, לַהֲרֹג אוֹ לֵהָרֵג. אָמַר לָהֶם: הוּא אֲשֶׁר דִּבַּרְתִּי אֲלֵיכֶם, לַהֲרֹג בְּנֵי הָעִיר בָּאתֶם! מְנַחֵשׁ אֲנִי בִּגְבִיעַ שֶׁלִּי, שֶׁשְּׁנַיִם מִכֶּם הֶחֱרִיבוּ כְּרַךְ גָּדוֹל שֶׁל שְׁכֶם: (טו) חי פרעה. אִם יִחְיֶה פַּרְעֹה! כְּשֶׁהָיָה נִשְׁבָּע לַשֶּׁקֶר, הָיָה נִשְׁבָּע בְּחַיֵּי פַרְעֹה: אם תצאו מזה. מִן הַמָּקוֹם הַזֶּה:

are spies; to see the nakedness of the land ye are come: [10]And they said unto him, Nay, my lord, but to buy grain for food are thy servants come. [11]We are all one man's sons; we are trustworthy, thy servants are no spies. [12]And he said unto them, Nay, but to see the nakedness of the land ye are come. [13]And they said, Thy servants are twelve brethren, the sons of one man in the land of Canaan; and, behold, the youngest is this day with our father, and one is not. [14]And Joseph said unto them, That is it that I spake unto you, saying, Ye are spies: [15]Hereby ye shall be proved: By the life of Pharaoh ye shall not go forth hence, except your youngest brother come hither. [16]Send one of

רש"י

ערות הארץ means THE NAKEDNESS OF THE LAND — from which side it might easily be conquered. Of similar meaning are, (Lev. XX. 18) "He hath made naked (הֶעֱרָה) her fountain"; (Ezek. XVI. 7), "naked and (עֶרְיָה) bare". Indeed all *forms of this root* ערה signify "uncovering"[1]). Onkelos renders it by "the breach (בדקא) of the land", similar to (2 Kings XII. 6), "the breach (בדק) of the house" — the defective places in the house — but he was not particular to translate according to the wording of the text (i. e. literally). **(10)** לא אדני NAY, MY LORD — do not say this, for behold ועבדיך באו לשבר אכל THY SERVANTS HAVE COME TO BUY FOOD. **(11)** כלנו בני איש אחד נחנו WE ARE ALL ONE MAN'S SONS — The Holy Spirit was enkindled in them and they included him with themselves (by using the word "We") that he, also, was the son of their father (Gen. R. 91). כנים means TRUE MEN — Similar examples *of* כן *in sense of true, right,* are (Ex. X. 29) "Thou hast spoken right (כן)"; (Numb. XXVII. 7) "The daughters of Zelophechad speak (כן) right"; (Is. XVI. 6) "and his wrath, his untruthful (לא־כן) boastings". **(12)** כי ערות הארץ באתם לראות BUT TO SEE THE NAKEDNESS OF THE LAND YE ARE COME — *I still insist that you are spies, for what you have just said bears this out* for you have entered by ten different gates of the city; why did you not all enter by the same gate *if you are really brothers and travelled together?* (Gen. R. 91). **(13)** ויאמרו שנים עשר עבדיך וגו' AND THEY SAID, THY SERVANTS WERE TWELVE BRETHREN ... [AND ONE IS NO MORE], and it is on account of that one who is no more that we dispersed ourselves through the city in order that we might search for him. **(14)** הוא אשר דברתי THAT IS IT THAT I SPAKE UNTO YOU — The statement which I made — that you are spies — is true and certain. This is *the* meaning according to the literal sense of the words. A Midrashic explanation is: he said to them, "And if you find him (your brother) and they demand of you a large sum, would you redeem him?" They answered him, "Certainly!" He asked them, "If they tell you that they will not restore him to you for any sum of money, what would you do?" They replied, "That is what we have come for — to kill or to be killed". Whereupon he retorted: הוא אשר דברתי אליכם THAT IS JUST WHAT I SAID TO YOU — you have come to kill the people of this city. I have divined by my goblet that two of you destroyed the great city of Shechem (ib.). **(15)** חי פרעה BY THE LIFE OF PHARAOH — If Pharaoh *lives!* Whenever he swore for the sake of appearance[2]) (lit., falsely) he swore by Pharaoh's life. אם תצאו מזה YE SHALL NOT GO FORTH FROM THIS i. e. from this place.

NOTES

[1]) The "nakedness of the land" therefore signifies the places where the land is u n c o v e r e d, not protected by a wall, or where there is a breach in the wall.

[2]) As an oath the exclamation "If Pharaoh lives!" appears to denote: "If Pharaoh lives now — and we know that he is indeed living at this moment — ye shall not go forth etc." The oath was "for the sake of appearance" and was not intended seriously, for he released them before they brought their younger brother to Egypt (cf. v. 19).

בראשית מב מקץ

שִׁלְחוּ מִכֶּם אֶחָד וְיִקַּח אֶת־אֲחִיכֶם וְאַתֶּם הֵאָסְרוּ וְיִבָּחֲנוּ דִּבְרֵיכֶם הַאֱמֶת אִתְּכֶם וְאִם־לֹא חֵי פַרְעֹה כִּי מְרַגְּלִים אַתֶּם: יּ וַיֶּאֱסֹף אֹתָם אֶל־מִשְׁמָר שְׁלֹשֶׁת יָמִים: יּ וַיֹּאמֶר אֲלֵהֶם יוֹסֵף בַּיּוֹם הַשְּׁלִישִׁי זֹאת עֲשׂוּ וִחְיוּ אֶת־הָאֱלֹהִים אֲנִי יָרֵא: חמישי יט אִם־כֵּנִים אַתֶּם אֲחִיכֶם אֶחָד יֵאָסֵר בְּבֵית מִשְׁמַרְכֶם וְאַתֶּם לְכוּ הָבִיאוּ שֶׁבֶר רַעֲבוֹן בָּתֵּיכֶם: כ וְאֶת־אֲחִיכֶם הַקָּטֹן תָּבִיאוּ אֵלַי וְיֵאָמְנוּ דִבְרֵיכֶם וְלֹא תָמוּתוּ וַיַּעֲשׂוּ־כֵן: כא וַיֹּאמְרוּ אִישׁ אֶל־אָחִיו אֲבָל אֲשֵׁמִים ׀ אֲנַחְנוּ עַל־אָחִינוּ אֲשֶׁר רָאִינוּ צָרַת נַפְשׁוֹ בְּהִתְחַנְנוֹ אֵלֵינוּ וְלֹא שָׁמָעְנוּ עַל־כֵּן בָּאָה אֵלֵינוּ הַצָּרָה הַזֹּאת: כב וַיַּעַן רְאוּבֵן אֹתָם לֵאמֹר הֲלוֹא אָמַרְתִּי אֲלֵיכֶם ׀ לֵאמֹר אַל־תֶּחֶטְאוּ בַיֶּלֶד

אונקלוס

יז שְׁלַחוּ מִנְּכוֹן חַד וִידַבַּר יָת־אֲחוּכוֹן וְאַתּוּן תִּתְאַסְרוּן וְיִתְבַּחֲנוּן פִּתְגָּמֵיכוֹן הַקְשׁוֹט אִתּוּן אָמְרִין וְאִם־לָא חֵי פַרְעֹה אֲרֵי מְאַלְלֵי אַתּוּן: יח וּכְנַשׁ יָתְהוֹן (לְבֵית־) לְמַטְּרָא תְּלָתָא יוֹמִין: יח וַאֲמַר לְהוֹן בְּיוֹמָא תְלִיתָאָה דָּא עֲבִידוּ וְקַיָּימוּ מִן־קֳדָם־יְיָ אֲנָא דָחֵל: יט אִם־כֵּינֵי אַתּוּן אֲחוּכוֹן חַד יִתָּאֲסַר בְּבֵית סָטָרְתְכוֹן וְאַתּוּן אֱזִילוּ אוֹבִילוּ עֲבוּרָא דְחַסִיר בְּבָתֵּיכוֹן: כ וְיָת־אֲחוּכוֹן זְעֵירָא תַּיְתוּן לְוָתִי וְיִתְהַמְנוּן פִּתְגָּמֵיכוֹן וְלָא תְמוּתוּן וַעֲבָדוּ־כֵן: כא וַאֲמָרוּ גְּבַר לַאֲחוּהִי בְּקוּשְׁטָא חַיָּיבִין אֲנַחְנָא עַל־אֲחוּנָא דִי חֲזֵינָא עָקַת נַפְשֵׁהּ כַּד־הֲוָה־מִתְחַנַּן לָנָא וְלָא קַבֵּילְנָא־מִנֵּהּ עַל־כֵּן אֲתַת לְוָתָנָא עָקְתָא הָדָא: כב וַאֲתֵיב רְאוּבֵן יָתְהוֹן

רש"י

(טו) הַאֱמֶת אִתְּכֶם. אִם אֱמֶת אִתְּכֶם. לְפִיכָךְ הֵ"א נָקוּד פַּתָּח, שֶׁהוּא כְּמוֹ בִּלְשׁוֹן תֵּימָהּ. וְאִם לֹא תְבִיאוּהוּ, חֵי פַרְעֹה, כִּי מְרַגְּלִים אַתֶּם: (יז) מִשְׁמָר. בֵּית הָאֲסוּרִים: (יט) בְּבֵית מִשְׁמַרְכֶם. שֶׁאַתֶּם אֲסוּרִים בּוֹ עַכְשָׁיו: וְאַתֶּם לְכוּ הָבִיאוּ. לְבֵית אֲבִיכֶם: שֶׁבֶר רַעֲבוֹן בָּתֵּיכֶם. מַה שֶּׁקְּנִיתֶם לְרַעֲבוֹן אַנְשֵׁי בָתֵּיכֶם: (כ) וְיֵאָמְנוּ דִבְרֵיכֶם. יִתְאַמְּתוּ וְיִתְקַיְּמוּ, כְּמוֹ אָמֵן אָמֵן, (במ' ה'), וּכְמוֹ יֵאָמֶן נָא דְבָרְךָ (מ"א ח'): (כא) אֲבָל. כְּתַרְגּוּמוֹ בְּקוּשְׁטָא. וְרָאִיתִי בִּבְ"רַ לִישָׁנָא דְרוֹמָאָה הוּא אֲבָל — בְּרַם: צָרַת נַפְשׁוֹ. בְּבֵית. טַעֲמוֹ בְבֵית, לְפִי שֶׁהוּא בִּלְשׁוֹן עָבַר

you, and let him fetch your brother, and ye shall be bound in prison, that your words may be proved, whether there be any truth in you: and if not, by the life of Pharaoh surely ye are spies: [17]And he put them all together into ward three days. [18]And Joseph said unto them the third day, This do, that ye may live; for I fear God: [19]If ye be trustworthy, let one of your brethren be bound in the house of your ward: go ye, carry a purchase of grain for the famine of your houses: [20]But bring your youngest brother unto me; so shall your words be verified, and ye shall not die. And they did so. [21]And they said, one to another, We are verily guilty concerning our brother, in that we saw the distress of his soul, when he implored us, and we would not hear; therefore is this distress come upon us. [22]And Reuben answered them, saying, Said I not unto you as follows, Do not sin against the child; and ye

רש״י

(16) האמת אתכם *means* WHETHER THERE BE TRUTH IN YOU — therefore the ה has the vowel Patach, because it is a kind of question. And if you do not (ואם לא) bring[1]) him חי פרעה כי מרגלים אתם BY THE LIFE OF PHARAOH, SURELY YOU ARE SPIES. **(17)** משמר WARD — the prison-house. **(19)** בבית משמרכם (lit., in the house of your ward) — the house in which you are at present imprisoned[2]). ואתם לכו הביאו BUT YE, GO, CARRY to your father's house שבר רעבון בתיכם CORN FOR THE FAMINE OF YOUR HOUSES — what you have purchased for the hunger of the people in your houses[3]). **(20)** ויאמנו דבריכם *means* so shall your words be verified[4]) and confirmed. Other examples are, (Num. V. 22) "It is true, it is true (אמן אמן)", and (1 Kings VIII. 26) "Let thy word, I pray thee, be verified (יאמן)". **(21)** אבל VERILY — *It is to be understood* as the Targum *renders it:* בקושטא "in truth"[5]). I have seen a statement in Bereshith Rabbah that in the Roman (Latin)[6]) language אבל means ברם (verum) truly, indeed. באה אלינו [THIS DISTRESS] IS COME UPON US — *The word* באה has the accent upon the ב because it is the

NOTES

[1]) ואם לא refers to ויקח את אחיכם.

[2]) בית משמרכם does not mean either your house of imprisonment (i. e. the house of imprisonment which is your property) or the house in which you keep guard, but the house in which you are guarded.

[3]) שבר is taken as meaning "purchase" or "the thing purchased" (cf. Rashi on XLI. 56).

[4]) The word אמת is of the same root as אמן.

[5]) Not as e. g., (Dan. X. 7) אבל meaning but.

[6]) Or, that it is a South-Palestinian expression — *for they use* אבל *in the meaning of* ברם *truly, indeed.*

וְלֹא שְׁמַעְתֶּם וְגַם־דָּמוֹ הִנֵּה נִדְרָשׁ׃ כג וְהֵם לֹא
יָדְעוּ כִּי שֹׁמֵעַ יוֹסֵף כִּי הַמֵּלִיץ בֵּינֹתָם׃ כד וַיִּסֹּב
מֵעֲלֵיהֶם וַיֵּבְךְּ וַיָּשָׁב אֲלֵהֶם וַיְדַבֵּר אֲלֵהֶם וַיִּקַּח
מֵאִתָּם אֶת־שִׁמְעוֹן וַיֶּאֱסֹר אֹתוֹ לְעֵינֵיהֶם׃ כה וַיְצַו
יוֹסֵף וַיְמַלְאוּ אֶת־כְּלֵיהֶם בָּר וּלְהָשִׁיב כַּסְפֵּיהֶם
אִישׁ אֶל־שַׂקּוֹ וְלָתֵת לָהֶם צֵדָה לַדָּרֶךְ וַיַּעַשׂ לָהֶם
כֵּן׃ כו וַיִּשְׂאוּ אֶת־שִׁבְרָם עַל־חֲמֹרֵיהֶם וַיֵּלְכוּ מִשָּׁם׃
כז וַיִּפְתַּח הָאֶחָד אֶת־שַׂקּוֹ לָתֵת מִסְפּוֹא לַחֲמֹרוֹ
בַּמָּלוֹן וַיַּרְא אֶת־כַּסְפּוֹ וְהִנֵּה־הוּא בְּפִי אַמְתַּחְתּוֹ׃
כח וַיֹּאמֶר אֶל־אֶחָיו הוּשַׁב כַּסְפִּי וְגַם הִנֵּה בְאַמְתַּחְתִּי
וַיֵּצֵא לִבָּם וַיֶּחֶרְדוּ אִישׁ אֶל־אָחִיו לֵאמֹר מַה־זֹּאת

אונקלוס

לְמֵימַר הֲלָא אֲמָרִית לְוָתְכוֹן ׀ לְמֵימַר לָא־תְחוּבוּן (נ"י תסטלון) בְּעוּלֵימָא וְלָא־
קַבֶּלְתּוּן וְאַף־דְּמֵהּ הָא מִתְבְּעֵי׃ כג וְאִנּוּן לָא יָדְעִין אֲרֵי שָׁמַע יוֹסֵף אֲרֵי
מְתֻרְגְּמָן הֲוָה־בֵינֵיהוֹן׃ כד וְאִסְתַּחַר מֵעִלָּוֵיהוֹן וּבְכָא וְתָב לְוָתְהוֹן וּמַלֵּיל עִמְּהוֹן
וּדְבַר מִלְּוָתְהוֹן יָת־שִׁמְעוֹן וַאֲסַר יָתֵהּ לְעֵינֵיהוֹן׃ כה וּפַקֵּיד יוֹסֵף וּמְלוֹ יָת־מָנֵיהוֹן
עִיבוּרָא וְלַאֲתָבָא כַסְפֵּיהוֹן גְּבַר לְסַקֵּהּ וּלְמִתַּן לְהוֹן זְוָדִין לְאָרְחָא וַעֲבַד לְהוֹן
כֵּן׃ כו וּנְטַלוּ יָת־עִיבוּרְהוֹן עַל־חֲמָרֵיהוֹן וַאֲזַלוּ מִתַּמָּן׃ כז וּפְתַח חַד יָת־סַקֵּהּ
לְמִתַּן כִּסְתָּא לַחֲמָרֵהּ בְּבֵית מְבָתָא וַחֲזָא יָת־כַּסְפֵּהּ וְהָא־הוּא בְּפוּם טוֹעֲנֵהּ׃
כח וַאֲמַר לַאֲחוֹהִי אִתּוֹתַב כַּסְפִּי וְאַף הָא בְטוֹעֲנִי וּנְפַק מַדַּע־לִבְּהוֹן וּתְוָהוּ גְּבַר

רש"י

שֶׁכְּבָר בָּאָה, וְתַרְגּוּמוֹ אָתַת לְנָא: (כב) וגם דמו. אֶתִין וְגַמִּין רִבּוּיִין—דָּמוֹ וְגַם דַּם הַזָּקֵן: (כג) והם לא ידעו כי שמע יוסף. מֵבִין לְשׁוֹנָם, וּבְפָנָיו הָיוּ מְדַבְּרִים כֵּן: כי המליץ בינתם. כִּי כְּשֶׁהָיוּ מְדַבְּרִים עִמּוֹ הָיָה הַמֵּלִיץ בֵּינֵיהֶם הַיּוֹדֵעַ לָשׁוֹן עִבְרִי וְלָשׁוֹן מִצְרִי, וְהָיָה מֵלִיץ דִּבְרֵיהֶם לְיוֹסֵף, וְדִבְרֵי יוֹסֵף לָהֶם, לְכָךְ הָיוּ סְבוּרִים שֶׁאֵין יוֹסֵף מַכִּיר בִּלְשׁוֹן עִבְרִי: המליץ. זֶה מְנַשֶּׁה: (כד) ויסב מעליהם. נִתְרַחֵק מֵעֲלֵיהֶם שֶׁלֹּא יִרְאוּהוּ בוֹכֶה: ויבך. לְפִי שֶׁשָּׁמַע שֶׁהָיוּ מִתְחָרְטִין: את שמעון. הוּא הִשְׁלִיכוֹ לַבּוֹר, הוּא שֶׁאָמַר לְלֵוִי, הִנֵּה בַּעַל הַחֲלוֹמוֹת הַלָּזֶה בָּא (ב"ר). דָּבָר אַחֵר: נִתְכַּוֵּן יוֹסֵף לְהַפְרִידוֹ מִלֵּוִי, שֶׁמָּא יִתְיָעֲצוּ שְׁנֵיהֶם לַהֲרוֹג אוֹתוֹ: ויאסר אתו לעיניהם. לֹא אֲסָרוֹ אֶלָּא לְעֵינֵיהֶם, וְכֵיוָן שֶׁיָּצְאוּ הוֹצִיאוֹ וְהֶאֱכִילוֹ וְהִשְׁקָהוּ (ב"ר): (כז) ויפתח האחד. הוּא לֵוִי, שֶׁנִּשְׁאַר יָחִיד מִשִּׁמְעוֹן בֶּן זוּגוֹ: במלון. בַּמָּקוֹם שֶׁלָּנוּ בַלַּיְלָה: אמתחתו. הוּא שַׂק: (כח) וגם הנה באמתחתי. גַּם הַכֶּסֶף בּוֹ עִם הַתְּבוּאָה:

would not hear? therefore, behold, also his blood is required. ²³And they knew not that Joseph understood them; for the interpreter was between them. ²⁴And he turned away from them, and wept; and he returned to them again, and spake to them, and took from them Simeon, and bound him before their eyes. ²⁵Then Joseph commanded to fill their vessels with corn, and to restore every man's money into his sack, and to give them provision for the way: and thus did he unto them. ²⁶And they lifted their purchase of grain on their asses, and went from thence. ²⁷And as one of them opened his sack to give his ass provender in the lodging-place, he saw his money; for, behold, it was in his bag's mouth. ²⁸And he said unto his brethren, My money is restored; and, lo, it is even in my bag: and their heart failed them; and they trembled, saying one to another, What is this that God hath

רש"י

perfect tense — for it had already come *upon them*. The Targum therefore renders it by אתת *which is a perfect tense in Aramaic* — *it has come*¹). **(22)** וגם דמו ALSO HIS BLOOD [IS REQUIRED] — the particles את and גם extend the scope of the clause; *here it implies* "his blood and also the blood of his old father" (ib.)²). **(23)** והם לא ידעו כי שמע יוסף AND THEY KNEW NOT THAT JOSEPH שמע UNDERSTOOD their language, and they said this in his presence. כי המליץ בינתם FOR THE INTERPRETER WAS BETWEEN THEM — for when they had spoken to him there was an interpreter between them who knew both the Hebrew and the Egyptian languages. He interpreted their words to Joseph and Joseph's words to them. Consequently they were under the impression that Joseph did not understand the Hebrew language. המליץ THE INTERPRETER — This was Manasseh (ib.). **(24)** ויסב מעליהם AND HE TURNED AWAY FROM THEM — He moved some distance away from them so that they should not see him weeping. ויבך AND HE WEPT because he heard that they regretted *their past conduct to him*. את שמעון SIMEON — he had cast him into the pit and it was he who had said to Levi "Behold, this dreamer cometh". Another explanation is: It was Joseph's intention to separate him from Levi lest the two of them might conspire to kill him (Gen. R. 91). ויאסור אתו לעיניהם AND HE BOUND HIM BEFORE THEIR EYES — He only kept him in bonds whilst he was before their eyes, but as soon as they departed he freed him and gave him food and drink (ib.). **(27)** ויפתח האחד lit., AND THE ONE OPENED HIS SACK — This was Levi who remained alone (one) being without Simeon his companion (cf. Targ. Jon.) במלון means the place where they stayed over night — THE INN. אמתחתו is the sack (שק) just mentioned³). **(28)** וגם הנה באמתחתי AND, LO, IT IS EVEN IN MY SACK — the money a l s o (גם) is in it together with the

NOTES

¹) Rashi points out that the verb is perfect tense, and rightly so, for the distress had already come upon them. Had the accent been on the last syllable, it would be the participle and the meaning would be "this distress is coming upon us" and the Targum would have rendered it by an Aramaic participle.
²) The meaning is that if you say "also his blood is required" it implies that his blood is required in a d d i t i o n to some other person's blood.
³) This is the reading of Rashi as quoted by Nachmanides.

עָשָׂה אֱלֹהִים לָנוּ׃ כט וַיָּבֹאוּ אֶל־יַעֲקֹב אֲבִיהֶם
אַרְצָה כְּנָעַן וַיַּגִּידוּ לוֹ אֵת כָּל־הַקֹּרֹת אֹתָם לֵאמֹר׃
ל דִּבֶּר הָאִישׁ אֲדֹנֵי הָאָרֶץ אִתָּנוּ קָשׁוֹת וַיִּתֵּן אֹתָנוּ
כִּמְרַגְּלִים אֶת־הָאָרֶץ׃ לא וַנֹּאמֶר אֵלָיו כֵּנִים אֲנָחְנוּ
לֹא הָיִינוּ מְרַגְּלִים׃ לב שְׁנֵים־עָשָׂר אֲנַחְנוּ אַחִים
בְּנֵי אָבִינוּ הָאֶחָד אֵינֶנּוּ וְהַקָּטֹן הַיּוֹם אֶת־אָבִינוּ
בְּאֶרֶץ כְּנָעַן׃ לג וַיֹּאמֶר אֵלֵינוּ הָאִישׁ אֲדֹנֵי הָאָרֶץ
בְּזֹאת אֵדַע כִּי כֵנִים אַתֶּם אֲחִיכֶם הָאֶחָד הַנִּיחוּ
אִתִּי וְאֶת־רַעֲבוֹן בָּתֵּיכֶם קְחוּ וָלֵכוּ׃ לד וְהָבִיאוּ
אֶת־אֲחִיכֶם הַקָּטֹן אֵלַי וְאֵדְעָה כִּי לֹא מְרַגְּלִים
אַתֶּם כִּי כֵנִים אַתֶּם אֶת־אֲחִיכֶם אֶתֵּן לָכֶם וְאֶת־
הָאָרֶץ תִּסְחָרוּ׃ לה וַיְהִי הֵם מְרִיקִים שַׂקֵּיהֶם וְהִנֵּה־
אִישׁ צְרוֹר־כַּסְפּוֹ בְּשַׂקּוֹ וַיִּרְאוּ אֶת־צְרֹרוֹת כַּסְפֵּיהֶם

אונקלוס

לַאֲחוּהִי לְמֵימַר מָה־דָא עֲבַד יְיָ לָנָא׃ כט וַאֲתוֹ לְוַת יַעֲקֹב אֲבוּהוֹן לְאַרְעָא דִכְנָעַן וְחַוִּיוּ (נ״י וְחַוִּיאוּ) לֵהּ יָת כָּל־דְּעָרְעָן יָתְהוֹן לְמֵימַר׃ ל מַלֵּיל גַּבְרָא רִבּוֹנָא דְאַרְעָא עִמַּנָא קַשְׁיָן (נ״י קַשְׁיָין) וִיהַב יָתָנָא כִּמְאַלְּלֵי יָת־אַרְעָא׃ לא וַאֲמַרְנָא לֵהּ כֵּינֵי אֲנַחְנָא לָא הֲוֵינָא מְאַלְּלֵי׃ לב תְּרֵין־עֲסַר אֲנַחְנָא אַחִין בְּנֵי אֲבוּנָא חַד לֵיתוֹהִי וּזְעֵירָא יוֹמָא דֵין עִם־אֲבוּנָא בְּאַרְעָא דִכְנָעַן׃ לג וַאֲמַר לָנָא גַּבְרָא רִבּוֹנָא דְאַרְעָא בְּדָא אִדַּע אֲרֵי כֵינֵי אַתּוּן אֲחוּכוֹן חַד שְׁבוּקוּ לְוָתִי וְיָת־עִיבוּרָא דַּחֲסִיר בְּבָתֵּיכוֹן סִיבוּ וְאִזִילוּ׃ לד וְאַיְתִיאוּ יָת־אֲחוּכוֹן זְעֵירָא לְוָתִי וְאִדַּע אֲרֵי לָא מְאַלְּלֵי אַתּוּן אֲרֵי כֵינֵי אַתּוּן יָת־אֲחוּכוֹן אֶתֵּן לְכוֹן וְיָת־אַרְעָא תַּעְבְּדוּן בַּהּ־סְחוֹרְתָּא׃ לה וַהֲוָת אִנּוּן מְרִיקִין סַקֵּיהוֹן וְהָא־גְבַר צְרִיר־כַּסְפֵּהּ בְּסַקֵּהּ

רש״י

מה זאת עשה אלהים לנו. לַהֲבִיאֵנוּ לִידֵי עֲלִילָה זוֹ, שֶׁלֹּא הוּשַׁב אֶלָּא לְהִתְעוֹלֵל עָלֵינוּ: (לד) ואת הארץ תסחרו. תְּסוֹבְבוּ; וְכָל לְשׁוֹן סוֹחֲרִים וּסְחוֹרָה עַל שֵׁם שֶׁמְּחַזְּרִים וְסוֹבְבִים אַחַר הַפְּרַקְמַטְיָא: (לה) צרור כספו. קֶשֶׁר כַּסְפּוֹ:

done unto us? ²⁹And they came unto Jacob their father unto the land of Canaan, and told him all that befell unto them; saying, ³⁰The man, the lord of the land, spake roughly to us, took us for spies of the land. ³¹And we said unto him, We are trustworthy; we are no spies: ³²We be twelve brethren sons of our father; one is not, and the youngest is this day with our father in the land of Canaan. ³³And the man, the lord of the land, said unto us, Hereby shall I know that ye are trustworthy; place one of your brethren with me, and take food for the famine of your houses, and go. ³⁴And bring your youngest brother unto me: then shall I know that ye are no spies, but that ye are trustworthy: so will I give you your brother, and ye shall travel in the land. ³⁵And it came to pass as they emptied their sacks, that, behold, every man's bundle of money was in his sack: and when they and their father saw the bundles

רש״י

grain. מה זאת עשה אלהים לנו WHAT IS THIS THAT GOD HATH DONE UNTO US by bringing us into the danger of this accusation? For the money can only have been put back *into our sacks* in order to bring an accusation against us. **(34)** ואת הארץ תסחרו AND YE SHALL TRAVEL IN THE LAND — *It means literally,* "ye may t r a v e l r o u n d *the land*". All such words as סוחרים merchants, סחורה merchandise, are derived from this root סחר to go round, because *the merchants* t r a v e l r o u n d *looking* for merchandise. **(35)** צרור כספו *means* HIS BUNDLE OF

הֵמָּה וַאֲבִיהֶם וַיִּרָאוּ׃ לו וַיֹּאמֶר אֲלֵהֶם יַעֲקֹב
אֲבִיהֶם אֹתִי שִׁכַּלְתֶּם יוֹסֵף אֵינֶנּוּ וְשִׁמְעוֹן אֵינֶנּוּ
וְאֶת־בִּנְיָמִן תִּקָּחוּ עָלַי הָיוּ כֻלָּנָה׃ לז וַיֹּאמֶר רְאוּבֵן
אֶל־אָבִיו לֵאמֹר אֶת־שְׁנֵי בָנַי תָּמִית אִם־לֹא אֲבִיאֶנּוּ
אֵלֶיךָ תְּנָה אֹתוֹ עַל־יָדִי וַאֲנִי אֲשִׁיבֶנּוּ אֵלֶיךָ׃
לח וַיֹּאמֶר לֹא־יֵרֵד בְּנִי עִמָּכֶם כִּי־אָחִיו מֵת וְהוּא
לְבַדּוֹ נִשְׁאָר וּקְרָאָהוּ אָסוֹן בַּדֶּרֶךְ אֲשֶׁר תֵּלְכוּ־בָהּ
וְהוֹרַדְתֶּם אֶת־שֵׂיבָתִי בְּיָגוֹן שְׁאוֹלָה׃ מג א וְהָרָעָב
כָּבֵד בָּאָרֶץ׃ ב וַיְהִי כַּאֲשֶׁר כִּלּוּ לֶאֱכֹל אֶת־הַשֶּׁבֶר
אֲשֶׁר הֵבִיאוּ מִמִּצְרָיִם וַיֹּאמֶר אֲלֵיהֶם אֲבִיהֶם
שֻׁבוּ שִׁבְרוּ־לָנוּ מְעַט־אֹכֶל׃ ג וַיֹּאמֶר אֵלָיו יְהוּדָה
לֵאמֹר הָעֵד הֵעִד בָּנוּ הָאִישׁ לֵאמֹר לֹא־תִרְאוּ פָנַי

אונקלוס

וַחֲזוֹ יָת־צְרָרֵי כַּסְפֵּיהוֹן אִנּוּן וַאֲבוּהוֹן וּדְחִילוּ׃ לו וַאֲמַר לְהוֹן יַעֲקֹב אֲבוּהוֹן יָתִי
אַתְכֵּלְתּוּן יוֹסֵף לֵיתוֹהִי וְשִׁמְעוֹן לָא־הֲוָה־הָכָא (לֵיתוֹהִי) וְיָת־בִּנְיָמִן תִּדְבְּרוּן עֲלַי
הֲווֹ כֻּלְּהוֹן׃ לז וַאֲמַר רְאוּבֵן לְוָת־אֲבוּהִי לְמֵימַר יָת־תְּרֵין בְּנַי תְּמִית אִם־לָא
אַיְתֵינֵהּ לְוָתָךְ הַב יָתֵהּ עַל־יְדִי וַאֲנָא אֲתִיבִנֵּהּ לָךְ׃ לח וַאֲמַר לָא־יֵיחוֹת בְּרִי עִמְּכוֹן
אֲרֵי־אֲחוּהִי מִית וְהוּא בִּלְחוֹדוֹהִי אִשְׁתְּאַר וִיעָרְעִנֵּהּ מוֹתָא בְּאָרְחָא דִי תְהָכוּן
בַּהּ וְתַחֲתוּן יָת־שֵׂיבְתִי בִּדְווֹנָא לִשְׁאוֹל׃ א וְכַפְנָא תַּקִּיף בְּאַרְעָא׃ ב וַהֲוָה כַּד
סַפִּיקוּ (פי׳ כלו) לְמֵיכַל יָת־עִיבוּרָא דְּאַיְתִיאוּ מִמִּצְרָיִם וַאֲמַר לְהוֹן אֲבוּהוֹן תּוּבוּ
זְבוּנוּ־לָנָא זְעֵיר עִיבוּרָא׃ ג וַאֲמַר לֵהּ יְהוּדָה לְמֵימַר אַסְהָדָא אַסְהֵד בַּנָא

רש״י

(לו) אתי שכלתם. מְלַמֵּד שֶׁחֲשָׁדָן שֶׁמָּא הֲרָגוּהוּ אוֹ מְכָרוּהוּ כְּיוֹסֵף: שכלתם. כָּל מִי שֶׁבָּנָיו אֲבוּדִים, קָרוּי שַׁכּוּל: (לח) לא ירד בני עמכם. לֹא קִבֵּל דְּבָרָיו שֶׁל רְאוּבֵן, אָמַר: בְּכוֹר שׁוֹטֶה הוּא זֶה, הוּא אוֹמֵר לְהָמִית בָּנָיו, וְכִי בָנָיו הֵם, וְלֹא בָנַי? (ב״ר):

מג (ב) כאשר כלו לאכל. יְהוּדָה אָמַר לָהֶם: הַמְתִּינוּ לַזָּקֵן עַד שֶׁתִּכְלֶה פַּת מִן הַבַּיִת (ב״ר): כאשר כלו. כַּד שֵׁיצִיאוּ, וְהַמְתַרְגֵּם כַּד סַפִּיקוּ, טוֹעֶה; כַּאֲשֶׁר כִּלּוּ הַגְּמַלִּים לִשְׁתּוֹת מְתֻרְגָּם כַּד סַפִּיקוּ – כְּשֶׁשָּׁתוּ דֵּי סִפּוּקָם הוּא גְּמַר שְׁתִיָּתָם; אֲבָל זֶה כַּאֲשֶׁר כִּלּוּ לֶאֱכֹל, כַּאֲשֶׁר תַּם הָאוֹכֶל הוּא; וּמְתַרְגְּמִינַן כַּד שֵׁיצִיאוּ: (ג) העד העד. לְשׁוֹן הַתְרָאָה שֶׁסְּתַם הַתְרָאָה מַתְרֶה בוֹ בִּפְנֵי עֵדִים, וְכֵן: הַעֵדֹתִי בַּאֲבוֹתֵיכֶם (ירמ׳ י״א); רֵד הָעֵד בָּעָם (שמ׳ י״ט):

of money, they were afraid. ³⁶And Jacob their father said unto them, Me have ye bereaved of children: Joseph is not, and Simeon is not, and ye will take Benjamin: all these things are upon me. ³⁷And Reuben said unto his father, as follows, Put to death my two sons, If I bring him not to thee: give him into my hand, and I will restore him to thee. ³⁸And he said, My son shall not go down with you; for his brother is dead, and he remains alone: if mischief befall him by the way in which ye go, then shall ye bring down my grey hairs with sorrow to the grave.

43. ¹And the famine was heavy in the land. ²And it came to pass, when they had finished eating the purchase of grain which they had brought out of Egypt, their father said unto them, Go again, buy grain for us for a little food. ³And Judah said unto him as follows, The man did solemnly protest unto us, saying, Ye shall not see my face, except

רש"י

MONEY. **(36)** אתי שכלתם ME YE HAVE BEREAVED OF CHILDREN — The inference is that he suspected them of having slain or sold him (Simeon) as *they had done to* Joseph (Gen. R. 91). שכלתם YE HAVE BEREAVED — any-one whose children are lost to him may be called (שכול) bereaved¹). **(38)** לא ירד בני עמכם MY SON SHALL NOT GO DOWN WITH YOU — He did not accept Reuben's offer. He said, "What a fool is this oldest son *of mine!* He suggests that I should kill his sons. Are they his *only* and not mine *also*?"

43. (2) כאשר כלו לאכל WHEN THEY HAD EATEN UP — Judah said to them: Leave the old man alone until the house will run short of bread (Tanch.). כאשר כלו WHEN THEY HAD FINISHED [EATING THE GRAIN] — The Targum renders it by כד שציאו which means *"when they finished"* in the sense *of making an end of doing an action.* He who has the reading in the Targum כד ספיקו *"when they had e n o u g h"* is in error. The words (XXIV. 22) כאשר כלו הגמלים לשתות *"when the camels had finished drinking"* are rightly rendered in the Targum כד ספיקו which means "when they had drunk sufficient for their needs", *for* that was the e n d of their drinking. Here, however, this phrase "when they had finished eating" refers to *the time* when the food came to an end, and we should render it in the Targum by כד שציאו when they had finished (which means finishing in the sense of nothing being left over). **(3)** העד העד [THE MAN] DID SOLEMNLY PROTEST UNTO US — *The Hebrew* is an expression signifying warning *and it is derived from the root* עוד *to bear witness,* because a warning is, as a rule, given in the presence of witnesses. Other examples are (Jer. XI. 7) "I earnestly forewarned (העדותי) your fathers", and (Ex. XIX. 21) "Go, warn (העד) the people."

NOTES

1) Cf. Rashi on XXVII. 45. A parent may be "bereaved" by the death of his children or by the loss of them through another cause.

215 בראשית מג מקץ

בִּלְתִּי אֲחִיכֶם אִתְּכֶם׃ ד אִם־יֶשְׁךָ מְשַׁלֵּחַ אֶת־
אָחִינוּ אִתָּנוּ נֵרְדָה וְנִשְׁבְּרָה לְךָ אֹכֶל׃ ה וְאִם־אֵינְךָ
מְשַׁלֵּחַ לֹא נֵרֵד כִּי־הָאִישׁ אָמַר אֵלֵינוּ לֹא־תִרְאוּ
פָנַי בִּלְתִּי אֲחִיכֶם אִתְּכֶם׃ ו וַיֹּאמֶר יִשְׂרָאֵל לָמָה
הֲרֵעֹתֶם לִי לְהַגִּיד לָאִישׁ הַעוֹד לָכֶם אָח׃ ז וַיֹּאמְרוּ
שָׁאוֹל שָׁאַל־הָאִישׁ לָנוּ וּלְמוֹלַדְתֵּנוּ לֵאמֹר הַעוֹד
אֲבִיכֶם חַי הֲיֵשׁ לָכֶם אָח וַנַּגֶּד־לוֹ עַל־פִּי הַדְּבָרִים
הָאֵלֶּה הֲיָדוֹעַ נֵדַע כִּי יֹאמַר הוֹרִידוּ אֶת־אֲחִיכֶם׃
ח וַיֹּאמֶר יְהוּדָה אֶל־יִשְׂרָאֵל אָבִיו שִׁלְחָה הַנַּעַר
אִתִּי וְנָקוּמָה וְנֵלֵכָה וְנִחְיֶה וְלֹא נָמוּת גַּם־אֲנַחְנוּ
גַם־אַתָּה גַּם־טַפֵּנוּ׃ ט אָנֹכִי אֶעֶרְבֶנּוּ מִיָּדִי תְּבַקְשֶׁנּוּ

אונקלוס

נַבְרָא לְמֵימַר לָא־תִחְזוֹן אַפַּי אֶלָּהֵין כַּד־אֲחוּכוֹן עִמְּכוֹן׃ ד אִם־אִיתָךְ מְשַׁלַּח
יָת־אֲחוּנָא עִמַּנָא נֵיחוֹת וְנִזְבֵּן לָךְ עִיבוּרָא׃ ה וְאִם־לֵיתָךְ מְשַׁלַּח לָא נֵיחוֹת אֲרֵי
גַבְרָא אֲמַר לָנָא לָא־תִחְזוֹן אַפַּי אֶלָּהֵין כַּד־אֲחוּכוֹן עִמְּכוֹן׃ ו וַאֲמַר יִשְׂרָאֵל לְמָה
אַבְאֶשְׁתּוּן לִי לְחַוָּאָה לְגַבְרָא הַעַד־כְּעַן לְכוֹן אֲחָא׃ ז וַאֲמָרוּ מִשְׁאַל שְׁאֵל־גַּבְרָא
לַנָא וּלְיַלָּדוּתַנָא לְמֵימַר הַעַד־כְּעַן אֲבוּכוֹן קַיָּם הַאִית לְכוֹן אֲחָא וְחַוִּינָא־לֵיהּ
עַל־מֵימַר פִּתְגָמַיָּא הָאִלֵּין הַמִּדַּע הֲוֵינָא־יָדְעִין אֲרֵי יֵימַר אוֹחִיתוּ יָת־אֲחוּכוֹן׃
ח וַאֲמַר יְהוּדָה לְיִשְׂרָאֵל אֲבוּהִי שְׁלַח עוּלֵימָא עִמִּי וּנְקוּם וְנֵיזֵיל וְנֵיחֵי וְלָא
נְמוּת אַף־אֲנַחְנָא אַף־אַתְּ אַף־טַפְלַנָא׃ ט אֲנָא מְעָרֵבְנָא־בֵיהּ מִן־יְדִי תִּבְעִנֵּיהּ

רש״י

לא תראו פני בלתי אחיכם אתכם. לֹא תִרְאוּנִי בְּלֹא אֲחִיכֶם אִתְּכֶם; וְאוּנְקְלוֹס תִּרְגֵּם אֶלָּהֵין כַּד אֲחוּכוֹן עִמְּכוֹן, יִשֵּׁב הַדָּבָר עַל אָפְנוֹ, וְלֹא דִקְדֵּק לְתַרְגֵּם אַחַר לְשׁוֹן הַמִּקְרָא: (ז) לנו ולמולדתנו. לְמִשְׁפְּחוֹתֵינוּ. וּמִדְרָשׁוֹ: אֲפִילוּ עֲצֵי עֲרִיסוֹתֵינוּ גִּלָּה לָנוּ: ונגד לו. שֶׁיֵּשׁ לָנוּ אָב וָאָח: על פי הדברים האלה. עַל פִּי שְׁאֵלוֹתָיו אֲשֶׁר שָׁאַל, הֻזְקַקְנוּ לְהַגִּיד: כי יאמר. אֲשֶׁר יֹאמַר, כִּי מְשַׁמֵּשׁ בִּלְשׁוֹן אִם וְאִם מְשַׁמֵּשׁ בִּלְשׁוֹן אֲשֶׁר; הֲרֵי זֶה שִׁמּוּשׁ אֶחָד מֵאַרְבַּע לְשׁוֹנוֹתָיו שֶׁמְּשַׁמֵּשׁ כִּי, וְהוּא אִם, שֶׁהֲרֵי כִּי זֶה כְּמוֹ אִם, כְּמוֹ: עַד אִם דִּבַּרְתִּי דְּבָרָי (בר׳ כ״ד): (ח) ונחיה. נִצְנְצָה בוֹ רוּחַ הַקֹּדֶשׁ, עַל יְדֵי הֲלִיכָה זוֹ תְּחִי רוּחֲךָ, שֶׁנֶּאֱמַר: וַתְּחִי רוּחַ יַעֲקֹב אֲבִיהֶם (בר׳ מ״ה): ולא נמות. בָּרָעָב; בִּנְיָמִין, סָפֵק יִתָּפֵשׂ סָפֵק לֹא יִתָּפֵשׂ וַאֲנוּ כֻּלָּנוּ מֵתִים בָּרָעָב אִם לֹא נֵלֵךְ, מוּטָב שֶׁתַּנִּיחַ

your brother be with you. ⁴If thou will send our brother with us, we will go down and buy thee grain for food: ⁵But if thou wilt not send him, we will not go down: for the man said unto us, Ye shall not see my face, except your brother be with you. ⁶And Israel said, Wherefore did ye do evil to me, by telling the man that ye had yet a brother? ⁷And they said, the man asked us strictly concerning ourselves, and our kindred, saying, Is your father yet alive? have ye another brother? and we told him according to the tenor of these words: could we certainly know that he would say, Bring your brother down? ⁸And Judah said unto Israel his father, Send the lad with me, and we will arise and go; that we may live, and not die, both we, and thou, and also our little ones. ⁹I will be surety for him; at my hand shalt thou seek him:

רש"י

לא תראו פני בלתי אחיכם אתכם means YE SHALL NOT SEE ME IF YOUR BROTHER BE NOT WITH YOU — Onkelos renders it by אלהין כד אחוכון עמכון "except when your brother is with you" adding the word כד when, to which there is no corresponding word in the Hebrew text. He gave the explanation of the word (בלתי) correctly, but he was not particular to translate according to the exact expression used in the text. (7) לנו ולמולדתנו CONCERNING OURSELVES AND CONCERNING OUR KINDRED — concerning our families. A Midrashic comment based upon the meaning of מולדת, "birth" — He asked of us concerning the circumstances of our birth — is: he could even tell us of what kind of wood our cradles were made. ונגד לו AND WE TOLD HIM that we had a father and a brother. על פי הדברים האלה ACCORDING TO THE TENOR OF THESE WORDS — we were forced to tell him according to the tenor of the questions he put to us. כי יאמר THAT HE WOULD SAY — The word כי is used here in the sense of אשר "that". The word כי may be used in the sense of אם and אם may be used in the sense of אשר; therefore this (i. e. אשר) is one of the four meanings in which כי, according to the Rabbis, is used, viz., אם, for the word כי here has the same meaning as אם, as in (XXIV. 33) עד אם דברתי דברי "until that I have spoken my words" (where אם is the same as כי or אשר). (8) ונחיה THAT WE MAY LIVE — (lit., and we shall live). The spirit of prophecy was enkindled within him. He said: owing to this journey your spirit will live again, which indeed happened, as it is said, (XLV. 27) "And the spirit of Jacob, their father, revived". ולא נמות AND THAT WE MAY NOT DIE of hunger. As for Benjamin it is doubtful whether he will be seized or whether he will not be seized, but as for us, we shall certainly all die of hunger if we do not go. It is better that you should let go

אִם־לֹא הֲבִיאֹתִיו אֵלֶיךָ וְהִצַּגְתִּיו לְפָנֶיךָ וְחָטָאתִי
לְךָ כָּל־הַיָּמִים׃ י כִּי לוּלֵא הִתְמַהְמָהְנוּ כִּי־עַתָּה
שַׁבְנוּ זֶה פַעֲמָיִם׃ יא וַיֹּאמֶר אֲלֵהֶם יִשְׂרָאֵל אֲבִיהֶם
אִם־כֵּן ׀ אֵפוֹא זֹאת עֲשׂוּ קְחוּ מִזִּמְרַת הָאָרֶץ
בִּכְלֵיכֶם וְהוֹרִידוּ לָאִישׁ מִנְחָה מְעַט צֳרִי וּמְעַט
דְּבַשׁ נְכֹאת וָלֹט בָּטְנִים וּשְׁקֵדִים׃ יב וְכֶסֶף מִשְׁנֶה
קְחוּ בְיֶדְכֶם וְאֶת־הַכֶּסֶף הַמּוּשָׁב בְּפִי אַמְתְּחֹתֵיכֶם
תָּשִׁיבוּ בְיֶדְכֶם אוּלַי מִשְׁגֶּה הוּא׃ יג וְאֶת־אֲחִיכֶם
קָחוּ וְקוּמוּ שׁוּבוּ אֶל־הָאִישׁ׃ יד וְאֵל שַׁדַּי יִתֵּן לָכֶם
רַחֲמִים לִפְנֵי הָאִישׁ וְשִׁלַּח לָכֶם אֶת־אֲחִיכֶם אַחֵר

אונקלוס

אִם־לָא אַיְתֵינֵהּ לָךְ וַאֲקִימִנֵּהּ קֳדָמָךְ וְאֱהֵי־חָטֵי לָךְ כָּל־יוֹמַיָּא׃ אֲרֵי אִלּוּלָפוֹן
כְּדוּ אִתְעַכַּבְנָא אֲרֵי־כְעַן תַּבְנָא דְּנַן תַּרְתֵּין זִמְנִין׃ יא וַאֲמַר לְהוֹן יִשְׂרָאֵל
אֲבוּהוֹן אִם־כֵּן הוּא דָּא עִיבִידוּ סִיבוּ מִדִּמְשַׁבַּח בְּאַרְעָא בְּמָנֵיכוֹן וְאַחִיתוּ
לְגַבְרָא תִּקְרֻבְתָּא זְעֵיר קְטַף וּזְעֵיר דְּבַשׁ שְׁעַף וּלְטוֹם בָּטְנִין וְשִׁגְדִּין יב וְכַסְפָּא
עַל־חַד־תְּרֵין סִיבוּ בִּידְכוֹן וְיָת־כַּסְפָּא דְאִתּוֹתַב בְּפוּם טוֹעֲנֵיכוֹן תְּתִיבוּן בִּידְכוֹן
מָאִים שָׁלוּ הוּא׃ יג וְיָת־אֲחוּכוֹן דְּבָרוּ וְקוּמוּ תּוּבוּ לְוָת־גַּבְרָא׃ יד וְאֵל שַׁדַּי
יִתֵּן לְכוֹן רַחֲמִין לִקְדָם גַּבְרָא וְיִפְטַר לְכוֹן יָת־אֲחוּכוֹן אָחֳרָנָא וְיָת־בִּנְיָמִין

רש״י

אֶת הַסָּפֵק וְתִתְפּוֹשׂ אֶת הַוַּדַּאי: (ט) והצגתיו לפניך. שֶׁלֹּא אֲבִיאֶנּוּ אֵלֶיךָ מֵת, כִּי אִם חַי: וחטאתי לך כל הימים. לָעוֹלָם הַבָּא: (י) לולא התמהמנו. עַל יָדְךָ, כְּבָר הָיִינוּ שָׁבִים עִם שִׁמְעוֹן וְלֹא נִצְטַעַרְתָּ כָּל הַיָּמִים הַלָּלוּ: (יא) אפוא. לְשׁוֹן יָתֵר הוּא, לְתַקֵּן מִלָּה בִּלְשׁוֹן עִבְרִי, אִם כֵּן אֶזְדַּקֵּק לַעֲשׂוֹת, שֶׁאֲשַׁלְּחֶנּוּ עִמָּכֶם, צָרִיךְ אֲנִי לַחֲזוֹר וּלְבַקֵּשׁ אַיֵּה פֹה תַּקָּנָה וְעֵצָה לַהַשִּׂיאֲכֶם, וְאוֹמֵר אֲנִי זאת עשו: מזמרת הארץ. מִדִּמְשַׁבַּח בְּאַרְעָא — שֶׁהַכֹּל מְזַמְּרִים עָלָיו כְּשֶׁהוּא בָּא לָעוֹלָם: נכאת, שַׁעֲוָה: בטנים. לֹא יָדַעְתִּי מַה הֵם, וּבְפֵירוּשֵׁי א״ב שֶׁל רַבִּי מָכִיר רָאִיתִי פשט״ציאש וְדוֹמֶה לִי שֶׁהֵם אֲפַרְסְקִין: (יב) וכסף משנה. פִּי שְׁנַיִם כָּרִאשׁוֹן. קחו בידכם. לִשְׁבֹּר אֹכֶל, שֶׁמָּא הוּקַר הַשַּׁעַר: אולי משגה הוא. שֶׁמָּא הַמְמֻנֶּה עַל הַבַּיִת שְׁכָחוֹ שׁוֹגֵג: (יד) ואל שדי. מֵעַתָּה אֵינְכֶם חֲסֵרִים כְּלוּם אֶלָּא תְפִלָּה, הֲרֵינִי מִתְפַּלֵּל עֲלֵיכֶם: אל שדי. שֶׁדַּי בִּנְתִינַת רַחֲמָיו וּכְדֵי הַיְכוֹלֶת בְּיָדוֹ לִתֵּן, יִתֵּן לָכֶם רַחֲמִים, זֶהוּ פְּשׁוּטוֹ. וּמִדְרָשׁוֹ: מִי שֶׁאָמַר לָעוֹלָם דַּי, יֹאמַר דַּי לְצָרוֹתַי, שֶׁלֹּא שָׁקַטְתִּי מִנְּעוּרַי, צָרַת לָבָן, צָרַת עֵשָׂו, צָרַת רָחֵל, צָרַת דִּינָה, צָרַת יוֹסֵף, צָרַת שִׁמְעוֹן, צָרַת בִּנְיָמִין: ושלח לכם. וְיִפְטַר לְכוֹן כְּתַרְגּוּמוֹ — יִפְטְרֶנּוּ מֵאֲסוּרָיו, לְשׁוֹן לַחָפְשִׁי יְשַׁלְּחֶנּוּ (שמ׳ כ״א), וְאֵינוֹ נוֹפֵל בְּתַרְגּוּם לְשׁוֹן וַיִּשְׁלַח, שֶׁהֲרֵי לְשָׁם הֵם הוֹלְכִים אֶצְלוֹ: את אחיכם. זֶה שִׁמְעוֹן: אחר. רוּחַ הַקֹּדֶשׁ נִזְרְקָה בּוֹ, לְרַבּוֹת יוֹסֵף (ב״ר):

if I bring him not unto thee, and set him before thee, then I shall have
sinned against thee all my days: 10For had we not lingered, surely now
we had returned twice. 11And their father Israel said unto them, If so,
now do this; take of the best fruits in the land in your vessels, and
bring down to the man a present, a little balm, and a little honey,
spices, and labdanum, nuts, and almonds: 12And take double money
in your hand; and the money that was restored in the mouth of your
bags, restore by your own hand; peradventure it was an oversight:
13Take also your brother, and arise, return unto the man: 14And God
Almighty give you compassion before the man that he may send away

רש״י

what is doubtful and snatch at what is certain (Gen. R. 91). **(9)** והצגתיו לפניך AND SET HIM BEFORE THEE — for I will not bring him back to you dead but alive. וחטאתי לך כל הימים THEN SHALL I HAVE SINNED AGAINST THEE ALL THE DAYS — also in the world to come (ib.). **(10)** לולא התמהמהנו EXCEPT WE HAD LINGERED through you, we would have already come back with Simeon and you would not have had this anxiety all these days. **(11)** אפוא NOW — This is really a redundant word used in Hebrew for stylistic purposes. If it be so that I am compelled to do this — that I must send him with you — I must endeavour to seek where (אי) there is here (פה) some measure and plan to propose to you and therefore, I say: "Do this". מזמרת הארץ OF THE CHOICE PRODUCTS OF THE LAND — This is rendered in the Targum by "Take of that which is praised in the land" — that about which people sing its praise (מזמרים) when it comes into existence. נכאת is WAX (cf. XXXVII. 25). בטנים PISTACHIO-NUTS — I do not know what these are, but in the definitions given in the Dictionary of R.Machir I have read that they are Pistachios; I think that they are peaches. **(12)** וכסף משנה AND DOUBLE MONEY — twice as much as at first. קחו בידכם TAKE IN YOUR HAND to buy food: perhaps the market-price has risen (ib.). אולי משגה הוא PERADVENTURE IT WAS AN OVERSIGHT — perhaps the man in charge of the house forgot it inadvertently[1]). **(14)** ואל שדי AND GOD ALMIGHTY — Now you lack nothing except prayer, and therefore I pray for you (ib.). אל שדי God שֶׁ־דַּי who gives plenteous mercy and in whose hand is sufficient power to give — may He give you mercy. This is the real meaning of the words. A Midrashic explanation is: He who said to the Universe, "Enough!", may He say "Enough!" to my troubles. I have had no rest since my youth — trouble through Laban, trouble through Esau, the trouble of Rachel, the trouble of Dinah, the trouble of Joseph, the trouble of Simeon, the trouble of Benjamin (Tanch.). ושלח לכם *means* AND MAY HE RELEASE UNTO YOU, as the Targum renders it — may He release him from his bonds. It has the same meaning as (Ex. XXI. 26) "He shall let him go, יְשַׁלְּחֶנּוּ (Piel) free". It would not have been correct to translate it in the Targum by "and may he s e n d to you *your other brother*", because, as a matter of fact, they were going there where he was. את אחיכם YOUR BROTHER — This refers to Simeon. אחר THE OTHER ONE — The spirit of prophecy was diffused

NOTES

1) Not an oversight on your part, that you forgot to pay for the corn.

וְאֶת־בִּנְיָמִין וַאֲנִי כַּאֲשֶׁר שָׁכֹלְתִּי שָׁכָלְתִּי׃ טו וַיִּקְחוּ
הָאֲנָשִׁים אֶת־הַמִּנְחָה הַזֹּאת וּמִשְׁנֶה־כֶּסֶף לָקְחוּ
בְיָדָם וְאֶת־בִּנְיָמִן וַיָּקֻמוּ וַיֵּרְדוּ מִצְרַיִם וַיַּעַמְדוּ
לִפְנֵי יוֹסֵף׃ ששי טז וַיַּרְא יוֹסֵף אִתָּם אֶת־בִּנְיָמִין
וַיֹּאמֶר לַאֲשֶׁר עַל־בֵּיתוֹ הָבֵא אֶת־הָאֲנָשִׁים הַבָּיְתָה
וּטְבֹחַ טֶבַח וְהָכֵן כִּי אִתִּי יֹאכְלוּ הָאֲנָשִׁים בַּצָּהֳרָיִם׃
יז וַיַּעַשׂ הָאִישׁ כַּאֲשֶׁר אָמַר יוֹסֵף וַיָּבֵא הָאִישׁ אֶת־
הָאֲנָשִׁים בֵּיתָה יוֹסֵף׃ יח וַיִּירְאוּ הָאֲנָשִׁים כִּי הוּבְאוּ
בֵּית יוֹסֵף וַיֹּאמְרוּ עַל־דְּבַר הַכֶּסֶף הַשָּׁב
בְּאַמְתְּחֹתֵינוּ בַּתְּחִלָּה אֲנַחְנוּ מוּבָאִים לְהִתְגֹּלֵל
עָלֵינוּ וּלְהִתְנַפֵּל עָלֵינוּ וְלָקַחַת אֹתָנוּ לַעֲבָדִים וְאֶת־

אונקלוס

וַאֲנָא כְּמָא דְּאִתְכְּלֵית תְּכֵלִית׃ טו וּנְסִיבוּ גֻבְרַיָּא יָת־תִּקְרֻבְתָּא הָדָא וְעַל־חַד
תְּרֵין־כַּסְפָּא נְסִיבוּ בִידֵיהוֹן וְדַבָּרוּ יָת־בִּנְיָמִן וְקָמוּ וּנְחַתוּ לְמִצְרַיִם וְקָמוּ קֳדָם
יוֹסֵף׃ טז וַחֲזָא יוֹסֵף עִמְּהוֹן יָת־בִּנְיָמִין וַאֲמַר לְדִי־מְמַנָּא עַל־בֵּיתֵהּ אַעֵיל יָת־
גֻּבְרַיָּא לְבֵיתָא וּנְכוֹס נִכְסְתָא וְאַתְקֵין אֲרֵי עִמִּי יֵיכְלוּן גֻּבְרַיָּא בְּשֵׁירוּתָא׃
יז וַעֲבַד גֻּבְרָא כְּמָא דִּי־אֲמַר יוֹסֵף וְאָעֵיל גֻּבְרָא יָת־גֻּבְרַיָּא לְבֵית יוֹסֵף׃
יח וּדְחִילוּ גֻבְרַיָּא אֲרֵי אִתָּעֲלוּ לְבֵית יוֹסֵף וַאֲמַרוּ עַל־עֵסַק כַּסְפָּא דְּאִתֲתַב
בְּטוֹעֲנַנָא בְּקַדְמֵיתָא אֲנַחְנָא מִתָּעֲלִין לְאִתְרַבְרְבָא עֲלַנָא וּלְאִסְתַּקָּפָא עֲלַנָא

רש"י

ואני. עד שובכם אֶהְיֶה שָׁכוּל מִסָּפֵק: כאשר שכלתי. מיוסף ומשמעון שכלתי מבנימין: (טו) ואת בנימין. מְתַרְגְּמִינָן וְדַבָּרוּ יָת בִּנְיָמִין, לְפִי שֶׁאֵין לְקִיחַת הַכֶּסֶף וּלְקִיחַת הָאָדָם שָׁוָה בְּלָשׁוֹן אֲרַמִּי; בְּדָבָר הַנִּקָּח בַּיָּד מְתַרְגְּמִינָן וּנְסִיב, וְדָבָר הַנִּקָּח בְּהַנְהָגַת דְּבָרִים, מְתַרְגְּמִינָן וְדַבַּר: (טז) וטבח טבח והכן. כְּמוֹ וְלִטְבּוֹחַ טֶבַח וּלְהָכִין, וְאֵין טְבוֹחַ לְשׁוֹן צִוּוּי, שֶׁהָיָה לוֹ לוֹמַר וּטְבַח: בצהרים. זֶה מְתֻרְגָּם בְּשֵׁירוּתָא, שֶׁהוּא לְשׁוֹן סְעוּדָה רִאשׁוֹנָה בְּלָשׁוֹן אֲרַמִּי וּבְלַעַז דיזנ"ר, וְיֵשׁ הַרְבֵּה בַּתַּלְמוּד: שָׁרָא לְכַלְבָּא שֵׁירוּתֵיהּ; בָּצַע אַכּוּלָּא שֵׁירוּתָא. אֲבָל כָּל תַּרְגּוּם שֶׁל צָהֳרַיִם טִיהֲרָא: (יח) וייראו האנשים. כָּתוּב הוּא בִּשְׁנֵי יוד"ין, וְתַרְגּוּמוֹ וּדְחִילוּ: כי הובאו בית יוסף. וְאֵין דֶּרֶךְ שְׁאָר הַבָּאִים לִשְׁבּוֹר בָּר, לָלוּן בְּבֵית יוֹסֵף, כִּי אִם בְּפוּנְדְּקָאוֹת שֶׁבָּעִיר: וייראו. שֶׁאֵין זֶה אֶלָּא לְאָסְפָם אֶל מִשְׁמָר: אנחנו מובאים. אֶל תּוֹךְ הַבַּיִת הַזֶּה: להתגלל. לִהְיוֹת מִתְגַּלְגֶּלֶת עָלֵינוּ עֲלִילַת הַכֶּסֶף וְלִהְיוֹתָהּ נוֹפֶלֶת עָלֵינוּ; וְאוּנְקְלוּס שֶׁתִּרְגֵּם וּלְאִסְתַּקָּפָא עֲלַנָא הוּא לְשׁוֹן לְהִתְעוֹלֵל,

your other brother, and Benjamin. If I am to be bereaved of children,
let me be bereaved of children. 15And the men took that present, and
they took double money in their hand, and Benjamin; and rose, and
went down to Egypt, and stood before Joseph. 16And when Joseph saw
Benjamin with them, he said to him who was over his house, Bring
these men into the house, and kill, and prepare; for these men shall
eat with me at noon. 17And the man did as Joseph said; and the man
brought the men into Joseph's house. 18And the men were afraid, be-
cause they were brought into Joseph's house; and they said, Because
of the money that was restored in our bags previously are we brought in;
that he may seek occasion against us, and fall upon us, and take us for

רש"י

upon him so that he included Joseph also (Ber. R. 92). ואני AND AS FOR ME — until you return I shall feel myself bereaved of my children being in constant suspense. כאשר שכלתי *means* EVEN AS I AM BEREAVED of Joseph and of Simeon שכלתי I SHALL BE BEREAVED of Benjamin. **(15)** ואת בנימין [AND THEY TOOK DOUBLE MONEY] AND BENJAMIN — We render this in the Targum by ודברו ית בנימן "and they led Benjamin away", because the same expression cannot be used in Aramaic for taking money and for taking a person. In the case of a thing that can be taken in the hand the Targum uses ונסיב "and he carried" *for the Hebrew verb* לקח, whilst in the case of a person who is taken by persuasion (lit., by leading *him* with words) the Targum uses ודבר and he led away[1]). **(16)** וטבח טבח והכן AND SLAUGHTER THE BEASTS AND MAKE READY — *The Hebrew is* the same as ולטבח טבח ולהכין (infinitives) "and to slaughter . . . and to prepare". The word וּטְבֹחַ is not an imperative, for this should be וּטְבַח (as from שָׁלַח the imperative is שְׁלַח). בצהרים AT NOON — This word is rendered in the Targum by בשירותא which in Aramaic denotes the first meal *during the day;* in O. F. disner. It occurs frequently in the Talmud: (Taan. 11b) "He threw the dog שירותיה his meal; (Ber. 39b) "he cut bread for the whole of שירותא his meal." But wherever צהרים means noon it is translated in the Targum by טיהרא. **(18)** וייראו האנשים AND THE MEN WERE AFRAID — *The word* ויראו is written with two yods and its translation in the Targum is ודחילו and they were afraid[2]). כי הובאו בית יוסף BECAUSE THEY WERE BROUGHT INTO JOSEPH'S HOUSE, and it was not usual for other people who came to buy corn to stay over night in Joseph's house but in the inns of the city. וייראו AND THEY WERE AFRAID, because this could be only for the purpose of putting them in prison. אנחנו מובאים WE HAVE BEEN BROUGHT inside this house. להתגלל *means* THAT THERE MAY BE ROLLED UPON US an accusation regarding the money AND THAT THIS MAY FALL UPON US. And according to Onkelos who rendered ולהתנפל עלינו by ולאסתקפא עלנא, it signifies seeking an occasion — just as we render in the Targum

NOTES

1) For this reason the Targum adds the word ודברו and they led away, since ונסיבו which it used of taking the money cannot be used of taking a human being.

2) i. e. the word does not mean "and they saw" (which would be in Hebrew, ויראו with one 'י); had this been so, the Targum would not have rendered it by ודחילו but by וחזו.

חֲמֹרֵינוּ׃ יט וַיִּגְּשׁוּ אֶל־הָאִישׁ אֲשֶׁר עַל־בֵּית יוֹסֵף
וַיְדַבְּרוּ אֵלָיו פֶּתַח הַבָּיִת׃ כ וַיֹּאמְרוּ בִּי אֲדֹנִי יָרֹד
יָרַדְנוּ בַּתְּחִלָּה לִשְׁבָּר־אֹכֶל׃ כא וַיְהִי כִּי־בָאנוּ אֶל־
הַמָּלוֹן וַנִּפְתְּחָה אֶת־אַמְתְּחֹתֵינוּ וְהִנֵּה כֶסֶף־אִישׁ
בְּפִי אַמְתַּחְתּוֹ כַּסְפֵּנוּ בְּמִשְׁקָלוֹ וַנָּשֶׁב אֹתוֹ בְּיָדֵנוּ׃
כב וְכֶסֶף אַחֵר הוֹרַדְנוּ בְיָדֵנוּ לִשְׁבָּר־אֹכֶל לֹא יָדַעְנוּ
מִי־שָׂם כַּסְפֵּנוּ בְּאַמְתְּחֹתֵינוּ׃ כג וַיֹּאמֶר שָׁלוֹם לָכֶם
אַל־תִּירָאוּ אֱלֹהֵיכֶם וֵאלֹהֵי אֲבִיכֶם נָתַן לָכֶם מַטְמוֹן
בְּאַמְתְּחֹתֵיכֶם כַּסְפְּכֶם בָּא אֵלָי וַיּוֹצֵא אֲלֵהֶם אֶת־
שִׁמְעוֹן׃ כד וַיָּבֵא הָאִישׁ אֶת־הָאֲנָשִׁים בֵּיתָה יוֹסֵף
וַיִּתֶּן־מַיִם וַיִּרְחֲצוּ רַגְלֵיהֶם וַיִּתֵּן מִסְפּוֹא לַחֲמֹרֵיהֶם׃
כה וַיָּכִינוּ אֶת־הַמִּנְחָה עַד־בּוֹא יוֹסֵף בַּצָּהֳרָיִם כִּי

אונקלוס

וּלְמִקְנֵי יָתָנָא לְעַבְדִּין וּלְמִדְבַּר־יָת חֲמָרָנָא׃ יט וּקְרִיבוּ לְוַת־גַּבְרָא דִּי־מְמַנָּא עַל־
בֵּית יוֹסֵף וּמַלִּילוּ עִמֵּהּ בִּתְרַע בֵּיתָא׃ כ וַאֲמָרוּ בְּבָעוּ רִבּוֹנִי מֵיחַת נְחֵתְנָא
בְּקַדְמֵיתָא לְמִזְבַּן־עִיבוּרָא׃ כא וַהֲוָה כַּד־אֲתֵינָא לְבֵית־מְבָתָא וּפְתַחְנָא יָת־
טוֹעֲנָנָא וְהָא כְסַף־גְּבַר בְּפוּם טוֹעֲנֵהּ כַּסְפַּנָא בְּמַתְקְלֵהּ וַאֲתֵיבְנָא יָתֵהּ בִּידָנָא׃
כב וְכַסְפָּא אָחֳרָנָא אַחֵיתְנָא בִידָנָא לְמִזְבַּן עִיבוּרָא לָא יְדַעְנָא מַן־שַׁוִּי כַסְפַּנָא
בְּטוֹעֲנָנָא׃ כג וַאֲמַר שְׁלָם לְכוֹן לָא־תִדְחֲלוּן אֱלָהֲכוֹן וֶאֱלָהָא דַאֲבוּכוֹן יְהַב לְכוֹן
סִימָא בְּטוֹעֲנֵיכוֹן כַּסְפְּכוֹן אֲתָא לְוָתִי וְאַפֵּיק לְוָתְהוֹן יָת־שִׁמְעוֹן׃ כד וְאָעֵיל גַּבְרָא
יָת־גֻּבְרַיָּא לְבֵית־יוֹסֵף וִיהַב־מַיָּא וְאַסְחוּ רַגְלֵיהוֹן וִיהַב כִּסָּתָא לַחֲמָרֵיהוֹן׃
כה וְאַתְקִינוּ יָת תִּקְרֻבְתָּא עַד־דְּעָל יוֹסֵף בְּשֵׁירוּתָא אֲרֵי שְׁמַעוּ אֲרֵי־תַמָּן יֵיכְלוּן

רש"י

כִּדְמִתַרְגְּמִינַן עֲלִילַת דְּבָרִים — תַּסְקוּפֵי מִלִּין. וְלֹא תַרְגְּמוּ אַחַר לְשׁוֹן הַמִּקְרָא. וּלְהִתְגֹּלֵל שֶׁתִּרְגֵּם לְאִתְרַבְרְבָא, הוּא לְשׁוֹן גֻּלַּת הַזָּהָב (קהלת י"ב), וְהֻצַּב גֻּלְּתָה הֹעֲלָתָה (נחום ב'), שֶׁהוּא לְשׁוֹן מַלְכוּת: (כ) בי אדני. לְשׁוֹן בָּעְיָא וְתַחֲנוּנִים הוּא בִּלְשׁוֹן אֲרַמִּי בְּיָיא בְּיָיא (יבמות צ"ז, סנהדרין ס"ד): ירד ירדנו. יְרִידָה הִיא לָנוּ, רְגִילִים הָיִינוּ לְפַרְנֵס אֲחֵרִים, עַכְשָׁיו אָנוּ צְרִיכִים לְךָ (ב"ר): (כג) אלהיכם. בִּזְכוּתְכֶם, וְאִם אֵין זְכוּתְכֶם כְּדַאי, ואלהי אביכם, בִּזְכוּת אֲבִיכֶם נתן לכם מטמון: (כד) ויבא האיש. הֲבָאָה אַחַר הֲבָאָה, לְפִי שֶׁהָיוּ דּוֹחֲפִים אוֹתוֹ לַחוּץ עַד שֶׁדִּבְּרוּ אֵלָיו פֶּתַח הַבַּיִת; וּמִשֶּׁאָמַר לָהֶם: שָׁלוֹם לָכֶם, נִמְשְׁכוּ וּבָאוּ אַחֲרָיו: (כה) ויכינו. הֵזְמִינוּ, עִטְּרוּהָ

servants, and our asses.
19 And they stepped near to the man who was
over Joseph's house, and they spake with him at the entrance of the
house,
20 And said, O my lord, we came indeed down previously to buy
grain for food:
21 And it came to pass, when we came to the lodging-
place, that we opened our bags, and, behold, every man's money was
in the mouth of his bag, our money in its full weight: and we have
brought it back in our hand.
22 And other money have we brought down
in our hands to by grain for food: we know not who put our money
in our bags.
23 And he said, Peace be with you, Fear not: your God,
and the God of your father, hath given you a hidden treasure in your
bags: Your money came to me. And he brought Simeon out unto them.
24 And the man brought the men into Joseph's house, and gave them
water, and they laved their feet; and he gave their asses provender.
25 And they prepared the present against Joseph came at noon: for

רש״י

the words (Deut. XII. 17) עלילת דברים, *which mean a pretext,* by תסקופי מלין "intrigues" — but he did not translate it literally. The word ולהתגלל which he translated by לאתרברבא "to play the lord over us" he takes as connected in meaning with (Eccl. XII. 6) "the bowl of (גלת) gold", and (Nah. II. 8) "And Huzzab the queen (גלתה)¹) is carried away", where these words *from the root* גלל denote *symbolically* royal rank. **(20)** בי ארני O, MY LORD — The word בי is an expression of entreaty (בעיא) and supplication. In Aramaic we have בייא בייא²) "woe, woe!" (Joma 69b). ירד ירדנו WE CAME INDEED DOWN — This is a "come down" (degradation) for us. We have been accustomed to give food to others and now we are dependent upon you³) (Gen. R. 92). **(23)** אלהיכם YOUR GOD — your *God* because of your own merits: and if your own merits do not suffice, *then* ואלהי אביכם THE GOD OF YOUR FATHER — because of your father's merits HE HAS GIVEN YOU A TREASURE (ib.). **(24)** ויבא האיש AND THE MAN BROUGHT [THE MEN] — *There is here a mention of* bringing in after bringing in *has been mentioned in v. 17,* because then they hustled him outside so that they spoke to him at the door of the house (cf. v. 18 and v. 19 where they said אנחנו מובאים "we are being brought"), but as soon as he said to them "Peace be with you" they followed and went after him *into the house* (ib.). **(25)** ויכינו *means* AND THEY MADE READY — they laid it out ornately in fine vessels.

NOTES

1) The Targum translates גלתה by "queen".

2) בייא = the Greek word *βία* meaning violence, wrong, hence the exclamation woe, woe! Cp., however, Nachmanides ad lit.

3) Cp. also Tanch. on XLII. 2: רדו שמה ירידה היא לכם.

שָׁמְעוּ כִּי־שָׁם יֹאכְלוּ לָחֶם: כו וַיָּבֹא יוֹסֵף הַבַּיְתָה
וַיָּבִיאּוּ לוֹ אֶת־הַמִּנְחָה אֲשֶׁר־בְּיָדָם הַבָּיְתָה
וַיִּשְׁתַּחֲווּ־לוֹ אָרְצָה: כז וַיִּשְׁאַל לָהֶם לְשָׁלוֹם וַיֹּאמֶר
הֲשָׁלוֹם אֲבִיכֶם הַזָּקֵן אֲשֶׁר אֲמַרְתֶּם הַעוֹדֶנּוּ חָי:
כח וַיֹּאמְרוּ שָׁלוֹם לְעַבְדְּךָ לְאָבִינוּ עוֹדֶנּוּ חָי וַיִּקְּדוּ
וַיִּשְׁתַּחֲוֻּ: כט וַיִּשָּׂא עֵינָיו וַיַּרְא אֶת־בִּנְיָמִין אָחִיו בֶּן־
אִמּוֹ וַיֹּאמֶר הֲזֶה אֲחִיכֶם הַקָּטֹן אֲשֶׁר אֲמַרְתֶּם
אֵלָי וַיֹּאמַר אֱלֹהִים יָחְנְךָ בְּנִי: שביעי ל וַיְמַהֵר יוֹסֵף
כִּי־נִכְמְרוּ רַחֲמָיו אֶל־אָחִיו וַיְבַקֵּשׁ לִבְכּוֹת וַיָּבֹא
הַחַדְרָה וַיֵּבְךְּ שָׁמָּה: לא וַיִּרְחַץ פָּנָיו וַיֵּצֵא וַיִּתְאַפַּק

פא' דגוש

אונקלוס

לַחְמָא: כו וְעַל יוֹסֵף לְבֵיתָא וְאַיְתִיאוּ לֵהּ יָת־תִּקְרֻבְתָּא דִּי־בִידֵיהוֹן לְבֵיתָא וּסְגִידוּ־לֵהּ לְאַרְעָא: כז וּשְׁאֵיל לְהוֹן לִשְׁלָם וַאֲמַר הַשְׁלָם אֲבוּכוֹן סָבָא דִּי אֲמַרְתּוּן הַעַד־כְּעַן קַיָּם: כח וַאֲמַרוּ שְׁלָם לְעַבְדָּךְ לַאֲבוּנָא עַד־כְּעַן קַיָּם וּכְרַעוּ וּסְגִידוּ: כט וּזְקַף עֵינוֹהִי וַחֲזָא יָת־בִּנְיָמִין אֲחוּהִי בַּר־אִמֵּהּ וַאֲמַר הֲדֵין אֲחוּכוֹן זְעֵירָא דִּי אֲמַרְתּוּן לִי וַאֲמַר מִן־קֳדָם־יְיָ יִתְרַחַם־עֲלָךְ בְּרִי: ל וְאוֹחִי יוֹסֵף אֲרֵי אִתְגּוֹלַלוּ רַחֲמוֹהִי עַל־אֲחוּהִי וּבְעָא לְמִבְכֵּי וְעַל לְאִדְרוֹן־בֵּית־מִשְׁכְּבָא וּבְכָא תַמָּן: לא וְאַסְחֵי אַפּוֹהִי וּנְפַק וְאִתְחַסַּן וַאֲמַר שַׁוּוֹ לַחְמָא:

רש"י

בְּכֵלִים נָאִים: (כו) הביתה. מִפְּרוֹזְדוֹר לִטְרַקְלִין: (כח) ויקדו וישתחוו. עַל שְׁאֵלַת שָׁלוֹם. קִידָה — כְּפִיפַת קָדְקֹד; הִשְׁתַּחֲוָאָה — מִשְׁתַּטֵּחַ לָאָרֶץ: (כט) אלהים יחנך בני. בִּשְׁאָר שְׁבָטִים שָׁמַעְנוּ חֲנִינָה: אֲשֶׁר חָנַן אֱלֹהִים אֶת עַבְדֶּךָ (ברי' ל"א), וּבִנְיָמִין עֲדַיִין לֹא נוֹלַד, לְכָךְ בֵּרְכוֹ יוֹסֵף בַּחֲנִינָה: (ל) כי נכמרו רחמיו. שְׁאָלוֹ: יֵשׁ לְךָ אָח מֵאֵם? אָמַר לוֹ: אָח הָיָה לִי, וְאֵינִי יוֹדֵעַ הֵיכָן הוּא; יֵשׁ לְךָ בָּנִים? אָמַר לוֹ: יֵשׁ לִי י', אָמַר לוֹ: מַה שְּׁמָם? אָמַר לוֹ, בֶּלַע וָבֶכֶר וְגוֹ' אָמַר, מַה טִּיבָן שֶׁל שֵׁמוֹת הַלָּלוּ? אָמַר לוֹ, כֻּלָּם עַל שֵׁם אָחִי וְהַצָּרוֹת אֲשֶׁר מְצָאוּהוּ: בֶּלַע, שֶׁנִּבְלַע בֵּין הָאֻמּוֹת; בֶּכֶר, שֶׁהָיָה בְּכוֹר לְאִמִּי; אַשְׁבֵּאל, שֶׁשְּׁבָאוֹ אֵל; גֵּרָא, שֶׁנִּתְגַּיֵּר בְּאַכְסַנְיָא; וְנַעֲמָן, שֶׁהָיָה נָעִים בְּיוֹתֵר; אֵחִי וָרֹאשׁ — אָחִי הָיָה וְרֹאשִׁי הָיָה; מֻפִּים — מִפִּי אָבִי לָמַד; וְחֻפִּים — שֶׁלֹּא רָאָה חֻפָּתִי וְלֹא רָאִיתִי אֲנִי חֻפָּתוֹ; וָאָרְדְּ — שֶׁיָּרַד לְבֵין הָאֻמּוֹת, כִּדְאִיתָא בְּמַסֶּכֶת סוֹטָה, מִיַּד נִכְמְרוּ רַחֲמָיו: נכמרו. נִתְחַמְּמוּ. וּבִלְשׁוֹן מִשְׁנָה: עַל הַכּוֹמֶר שֶׁל זֵיתִים, וּבִלְשׁוֹן אֲרַמִּי: בְּמִכְמַר בִּשְׂרָא; וּבַמִּקְרָא: עוֹרֵנוּ כְּתַנּוּר נִכְמָרוּ (איכה ה'), נִתְחַמְּמוּ וְנִקְמְטוּ קְמָטִים קְמָטִים מִפְּנֵי זַלְעֲפוֹת רָעָב; כֵּן דֶּרֶךְ כָּל עוֹר, כְּשֶׁמְּחַמְּמִין אוֹתוֹ, נִקְמָט וְנִכְוָץ: (לא) ויתאפק. נִתְאַמֵּץ; וְהוּא לְשׁוֹן אֲפִיקֵי מָגִנִּים (איוב מ"א), חֹזֶק,

they heard that they should eat bread there.
26 And when Joseph came
into the house, they brought him the present, which was in their hand
into the house, and prostrated themselves to him to the earth.
27 And
he asked them of their welfare and said, Is there peace with your
father, the old man of whom ye spake? Is he yet alive?
28 And they
answered, Peace is with thy servant our father, he is yet alive. And
they bowed down their heads, and prostrated themselves.
29 And he lif-
ted up his eyes, and saw his brother Benjamin, his mother's son, and
said, Is this your younger brother, of whom ye spake unto me? And
he said, God be gracious unto thee, my son.
30 And Joseph made haste;
for his compassion was excited towards his brother: and he sought
where to weep, and he came into his chamber, and wept there.
31 And
he laved his face, and went out, and refrained himself, and said,

רש"י

(26) הביתה[1]) [THEY BROUGHT THE PRESENT] INTO THE HOUSE — from the outer hall into the reception hall. **(28)** ויקדו וישתחו AND THEY BOWED THE HEAD AND PROSTRATED THEMSELVES in recognition of his enquiry regarding their welfare. The root קדד denotes bowing the head: the verb שחה *in the Hiphil* denotes prostration upon the ground (Meg. 22b). **(29)** אלהים יחנך בני GOD BE GRACIOUS UNTO THEE, MY SON — With regard of the other sons of Jacob we have heard the expression "grace" *used — viz.*, (XXXIII. 5) "[The children] whom God hath graciously given (חנן) to thy servant". But Benjamin had not then been born *and therefore was not included amongst the children of whom Jacob used this term;* on this account Joseph used the term "grace" in blessing him. **(30)** כי נכמרו רחמיו FOR HIS COMPASSION WAS EXCITED — He asked him, "Have you a brother of the same mother as yourself?" — He replied, "I had a brother but I know not where he is". — "Have you sons?" He replied, "I have ten". Joseph asked him, "And what are their names?" Benjamin replied, "Bela, Becher etc." (cf. XLVI. 21). Joseph then enquired, "What are the ideas underlying these names?" He replied, "They all have some reference to my brother and the troubles that have befallen him. *I called them* Bela (בלע) because he disappeared (נבלע) amongst alien nations; Becher (בכר) because he was the first-born (בכור) of his mother; Ashbel (אשבאל) because God sent him into captivity (שבאו אל), Gera (גרא) because he had to live (גר)[2]) in a foreign country; Naaman (נעמן) because he was exceedingly pleasant (נעים); Ahi (אחי) and Rosh (ראש) because he was my brother (אח) and my superior (ראש); Muppim (מופים) because he learned from the mouth (מפי) of my father; Huppim (חופים) because he did not witness my marriage (חופה — marriage canopy) and I did not witness his marriage; and Ard (ארד) because he went down (ירד) amongst the nations" — just as it related in Treatise Sotah (36b). *When he heard all this* immediately his affection was enkindled. נכמרו *means* WAS ENKINDLED, BECAME HOT — In Mishnaic Hebrew we have (Bab. Mets. 74a) "upon (כומר) a mass of heated olives"; in Aramaic (Pes. 58a) "because of the (מכמר) drying up (through heat of the weather) of the meat". And in Biblical Hebrew *we have* (Lam. V. 10) "Our skin is hot (נכמרו) as though by an oven" — i. e. it became hot and full of wrinkles "because of the burning heat of the famine", for it is the nature of any skin to wrinkle and shrink together when it becomes hot. **(31)** ויתאפק AND HE REFRAINED HIMSELF — He made a strong effort. The root in this sense occurs in (Job. XLI. 7) אפיקי "the strong parts of the shields".

NOTES

1) Rashi refers to the second הביתה in this verse.
2) Read שָׂגָר not שנתגייר; cp. Sotah 36b.

וַיֹּאמֶר שִׂימוּ לָחֶם׃ לב וַיָּשִׂימוּ לוֹ לְבַדּוֹ וְלָהֶם לְבַדָּם
וְלַמִּצְרִים הָאֹכְלִים אִתּוֹ לְבַדָּם כִּי לֹא יוּכְלוּן
הַמִּצְרִים לֶאֱכֹל אֶת־הָעִבְרִים לֶחֶם כִּי־תוֹעֵבָה
הִוא לְמִצְרָיִם׃ לג וַיֵּשְׁבוּ לְפָנָיו הַבְּכֹר כִּבְכֹרָתוֹ
וְהַצָּעִיר כִּצְעִרָתוֹ וַיִּתְמְהוּ הָאֲנָשִׁים אִישׁ אֶל־
רֵעֵהוּ׃ לד וַיִּשָּׂא מַשְׂאֹת מֵאֵת פָּנָיו אֲלֵהֶם וַתֵּרֶב
מַשְׂאַת בִּנְיָמִן מִמַּשְׂאֹת כֻּלָּם חָמֵשׁ יָדוֹת וַיִּשְׁתּוּ
וַיִּשְׁכְּרוּ עִמּוֹ׃ מד א וַיְצַו אֶת־אֲשֶׁר עַל־בֵּיתוֹ
לֵאמֹר מַלֵּא אֶת־אַמְתְּחֹת הָאֲנָשִׁים אֹכֶל כַּאֲשֶׁר
יוּכְלוּן שְׂאֵת וְשִׂים כֶּסֶף־אִישׁ בְּפִי אַמְתַּחְתּוֹ׃
ב וְאֶת־גְּבִיעִי גְּבִיעַ הַכֶּסֶף תָּשִׂים בְּפִי אַמְתַּחַת
הַקָּטֹן וְאֵת כֶּסֶף שִׁבְרוֹ וַיַּעַשׂ כִּדְבַר יוֹסֵף אֲשֶׁר
דִּבֵּר׃ ג הַבֹּקֶר אוֹר וְהָאֲנָשִׁים שֻׁלְּחוּ הֵמָּה

אונקלוס

לב וְשַׁוִּיאוּ לֵהּ בִּלְחוֹדוֹהִי וּלְהוֹן בִּלְחוֹדֵיהוֹן וּלְמִצְרָאֵי דְּאָכְלִין עִמֵּהּ בִּלְחוֹדֵיהוֹן אֲרֵי
לָא יָכְלִין מִצְרָאֵי לְמֵיכַל עִם עִבְרָאֵי לַחְמָא אֲרֵי בְעִירָא דְּמִצְרָאֵי דַּחֲלִין לֵהּ עִבְרָאֵי
אָכְלִין׃ לג וְאַסְחַרוּ קֳדָמוֹהִי רַבָּא כְּרַבְיוּתֵהּ וּזְעֵירָא כִּזְעֵרוּתֵהּ וּתְמַהוּ גֻּבְרַיָּא
גְּבַר לְחַבְרֵהּ׃ לד וּנְטַל חֳלָקִין מִן קֳדָמוֹהִי לְקֳדָמֵיהוֹן וּסְגֵי חֻלָקָא דְבִנְיָמִן מֵחֻלָקֵי
דְכֻלְּהוֹן חַמְשָׁא חֳלָקִין וּשְׁתִיאוּ וּרְוִיאוּ עִמֵּהּ׃ א וּפַקֵּיד יָת דִּי מְמַנָּא עַל בֵּיתֵהּ
לְמֵימַר מְלֵי יָת טוֹעֲנֵי גֻבְרַיָּא עִיבוּרָא כְּמָה דִּי יָכְלִין לְמִטְעַן וְשַׁוִּי כְּסַף גְּבַר
בְּפוּם טוֹעֲנֵהּ׃ ב וְיָת קָלִידֵי קְלִידָא דְכַסְפָּא תְּשַׁוֵּי בְּפוּם טוֹעֲנָא דִּזְעֵירָא וְיָת
כְּסַף זְבִינוֹהִי וַעֲבַד כְּפִתְגָּמָא דְיוֹסֵף דִּי מַלִּיל׃ ג צַפְרָא נְהַר וְגֻבְרַיָּא אִתְפַּטַּרוּ

רש״י

וְכֵן: וּמוּזִיהָ אֲפִיקִים רִפָּה (שם י״ב): (לב) כי תועבה הוא. דָּבָר שֶׂנָּאוּי הוּא לַמִּצְרִים לֶאֱכוֹל אֶת הָעִבְרִים, וְאוּנְקְלוֹס נָתַן טַעַם לַדָּבָר: (לג) הבכור כבכרתו. מַכֶּה בַגָּבִיעַ וְקוֹרֵא: רְאוּבֵן, שִׁמְעוֹן, לֵוִי, יְהוּדָה, יִשָּׂשכָר, וּזְבוּלֻן, בְּנֵי אֵם אַחַת, הָסֵבּוּ כַּסֵּדֶר הַזֶּה, שֶׁהִיא סֵדֶר תּוֹלְדוֹתֵיכֶם, וְכֵן כֻּלָּם. כֵּיוָן שֶׁהִגִּיעַ לְבִנְיָמִין, אָמַר: זֶה אֵין לוֹ אֵם וַאֲנִי אֵין לִי אֵם, יֵשֵׁב אֶצְלִי: (לד) משאת. מָנוֹת: חמש ידות. חֶלְקוֹ עִם אֶחָיו וּמַשְׂאַת יוֹסֵף וְאָסְנַת וּמְנַשֶּׁה וְאֶפְרַיִם: וישכרו עמו. וּמִיּוֹם שֶׁמְּכָרוּהוּ לֹא שָׁתוּ יַיִן, וְלֹא הוּא שָׁתָה יַיִן, וְאוֹתוֹ הַיּוֹם שָׁתוּ (ב״ר):

Set on bread. ³²And they set on for him alone, and for them alone, and for the Egyptians, who did eat with him alone: because the Egyptians could not eat bread with the Hebrews; for that is an abomination unto the Egyptians. ³³And they sat before him, the firstborn according to his birthright, and the youngest according to his youth: and the men marvelled one at another. ³⁴And one bore presents unto them from before his face: but Benjamin's present was five times as much as the presents of all of them. And they drank, and were merry with him.

44. ¹And he commanded him that was over his house, saying, Fill the men's bags with food, as much as they can bear, and put every man's money in his bag's mouth. ²And put my goblet, the silver goblet, in the bag's mouth of the youngest, and the money for his purchase of corn. And he did according to the word that Joseph had spoken. ³When the morning was light, the men were sent away, they and

רש"י

Similar also is (ib. XII. 21) "And He looseth the belt of the (אפיקים) strong". (32) כי תועבה היא FOR THAT IS AN ABOMINATION — it is a hateful thing to the Egyptians to eat together with the Hebrews. Onkelos states a reason for this. (33) הבכור כבכרתו THE FIRST-BORN ACCORDING TO HIS BIRTHRIGHT — He struck the goblet and called aloud: Reuben, Simeon, Levi, Judah, Issachar and Zebulon, sons of one mother, take your seats at the table in this order which is the order in which you were born — and similarly in the case of them all. When he reached Benjamin's name he said, "This one has no mother and I have no mother — let him sit beside me" (Tanch. to ויגש). (34) משאת means PORTIONS OF FOOD. חמש ידות FIVE TIMES — His own portion *that was due to him* alike with his brothers and *additional* portions given to him by Joseph, Asenath, Manasseh and Ephraim (ib.). וישכרו עמו AND THEY DRANK WITH HIM — but from the day they sold him they had not drunk wine nor had he drunk wine. That day, however, they drank *wine* (Gen. R. 92).

וַחֲמֹרֵיהֶֽם: ד הֵ֚ם יָֽצְא֣וּ אֶת־הָעִ֔יר לֹ֖א הִרְחִ֑יקוּ וְיוֹסֵ֤ף אָמַר֙ לַֽאֲשֶׁ֣ר עַל־בֵּית֔וֹ ק֥וּם רְדֹ֖ף אַֽחֲרֵ֣י הָֽאֲנָשִׁ֑ים וְהִשַּׂגְתָּם֙ וְאָֽמַרְתָּ֣ אֲלֵהֶ֔ם לָ֛מָּה שִׁלַּמְתֶּ֥ם רָעָ֖ה תַּ֥חַת טוֹבָֽה: ה הֲל֣וֹא זֶ֗ה אֲשֶׁ֨ר יִשְׁתֶּ֤ה אֲדֹנִי֙ בּ֔וֹ וְה֕וּא נַחֵ֥שׁ יְנַחֵ֖שׁ בּ֑וֹ הֲרֵעֹתֶ֖ם אֲשֶׁ֥ר עֲשִׂיתֶֽם: ו וַיַּשִּׂגֵ֑ם וַיְדַבֵּ֣ר אֲלֵהֶ֔ם אֶת־הַדְּבָרִ֖ים הָאֵֽלֶּה: ז וַיֹּֽאמְר֣וּ אֵלָ֔יו לָ֚מָּה יְדַבֵּ֣ר אֲדֹנִ֔י כַּדְּבָרִ֖ים הָאֵ֑לֶּה חָלִ֨ילָה֙ לַֽעֲבָדֶ֔יךָ מֵֽעֲשׂ֖וֹת כַּדָּבָ֥ר הַזֶּֽה: ח הֵ֣ן כֶּ֗סֶף אֲשֶׁ֤ר מָצָ֨אנוּ֙ בְּפִ֣י אַמְתְּחֹתֵ֔ינוּ הֱשִׁיבֹ֥נוּ אֵלֶ֖יךָ מֵאֶ֣רֶץ כְּנָ֑עַן וְאֵ֗יךְ נִגְנֹב֙ מִבֵּ֣ית אֲדֹנֶ֔יךָ כֶּ֖סֶף א֥וֹ זָהָֽב: ט אֲשֶׁ֨ר יִמָּצֵ֥א אִתּ֛וֹ מֵֽעֲבָדֶ֖יךָ וָמֵ֑ת וְגַם־אֲנַ֕חְנוּ נִֽהְיֶ֥ה לַֽאדֹנִ֖י לַֽעֲבָדִֽים: י וַיֹּ֕אמֶר גַּם־עַתָּ֥ה כְדִבְרֵיכֶ֖ם כֶּן־ה֑וּא אֲשֶׁ֨ר יִמָּצֵ֤א אִתּוֹ֙ יִֽהְיֶה־לִּ֣י עָ֔בֶד וְאַתֶּ֖ם תִּֽהְי֥וּ נְקִיִּֽם:

אונקלוס

אִנּוּן וַחֲמָרֵיהוֹן: ד אִנּוּן נְפָקוּ מִן־קַרְתָּא לָא אַרְחִיקוּ וְיוֹסֵף אֲמַר לְדִי־מְמַנָּא עַל־בֵּיתֵהּ קוּם רְדַף בָּתַר גֻּבְרַיָּא וְתַדְבְּקִנּוּן וְתֵימַר לְהוֹן לְמָא אַשְׁלֵמְתּוּן בִּישָׁא חֲלָף טָבְתָא: ה הֲלָא דֵין דְּשָׁתֵי רִבּוֹנִי בֵּהּ וְהוּא בָּדָקָא מְבָדֵק בֵּהּ אַבְאֶשְׁתּוּן דִּי עֲבַדְתּוּן: ו וְאַדְבִּיקִנּוּן וּמַלִּיל עִמְּהוֹן יָת־פִּתְגָמַיָּא הָאִלֵּין: ז וַאֲמַרוּ לֵהּ לְמָא יְמַלֵּל רִבּוֹנִי כְּפִתְגָמַיָּא הָאִלֵּין חַס לְעַבְדָּיךְ מִלְּמֶעְבַּד כְּפִתְגָמָא הָדֵין: ח הָא כַסְפָּא דִי אַשְׁכַּחְנָא בְּפוּם טוֹעֲנָנָא אֲתֵיבְנוֹהִי לָךְ מֵאַרְעָא דִכְנָעַן וְאֶכְדֵין נִגְנוֹב מִבֵּית רִבּוֹנָךְ כַּסְפָּא אוֹ דַהֲבָא (מָנִין־דִּכְסַף אוֹ מָנִין־דִּדְהָב): ט דִּי יִשְׁתְּכַח עִמֵּהּ מֵעַבְדָּיךְ וְיִמּוּת וְאַף־אֲנַחְנָא נְהֵי לְרִבּוֹנִי לְעַבְדִּין: י וַאֲמַר אַף־כְּעַן כְּפִתְגָמֵיכוֹן

רש"י

מד (כ) נביעי. כּוּם אָרוּךְ, וְקוֹרִין לוֹ מדיר"נש בְּלַעַ"ז: (ז) חלילה לעבדיך. חֻלִּין הוּא לָנוּ, לְשׁוֹן גְּנַאי. וְתַרְגּוּם חַס לְעַבְדָּיךְ—חַס מֵאֵת הַקָּדוֹשׁ בָּרוּךְ הוּא מֵעֲשׂוֹת זֹאת: וארץ הרבה יש בַּתַּלְמוּד "חַס וְשָׁלוֹם": (ח) הן כסף אשר מצאנו. זֶה אֶחָד מֵעֲשָׂרָה קַל וָחֹמֶר הָאֲמוּרִים בַּתּוֹרָה, וְכֻלָּן מְנוּיִין בְּבְּ"ר: (י) גם עתה כדבריכם כן הוא. אַף זוֹ מִן הַדִּין אֱמֶת כְּדִבְרֵיכֶם כֵּן הוּא, שֶׁכֻּלְּכֶם חַיָּבִין בַּדָּבָר—י' שֶׁנִּמְצֵאת גְּנֵבָה בְּיַד אֶחָד מֵהֶם כֻּלָּם נִתְפָּשִׂים, אֲבָל אֲנִי אֶעֱשֶׂה לָכֶם לִפְנִים מִשּׁוּרַת הַדִּין,

their asses. [4]When they were gone out of the city, they were not yet
far, Joseph said unto him that was over his house, Arise, pursue the
men; and when thou dost overtake them, say unto them, Wherefore
have ye repaid evil for good? [5]Is not this it in which my lord drinketh,
and whereby indeed he divineth? ye have done evil in that ye have done.
[6]And he overtook them, and he spake unto them these words. [7]And they
said unto him, Wherefore speaketh my lord these words? It were un-
worthy of thy servants to do according to this thing: [8]Behold, the money,
which we found in our bags' mouths, we restored unto thee out of the
land of Canaan: how then should we steal out of thy lord's house silver
or gold? [9]With whomsoever of thy servants it be found, let him die,
and we also will be my lord's servants. [10]And he said, It were
right to be according unto your words: nevertheless he only with
whom it is found shall be my servant; but ye shall be guiltless.

רש"י

44. **(2)** גביעי MY CUP — a long goblet called maderin in O. F. **(7)** חלילה לעבדיך FAR BE IT FROM THY SERVANTS — It is a degradation (חולין a profane thing) — this is an expression denoting a shameful act. The Targum חס לעבדיך "a sparing to thy servants!" *signifies* "May there be a sparing from God upon us that we should not do this thing". The expression חס ושלום occurs often in the Talmud in this sense — *Forbearance and peace!* **(8)** הן כסף אשר מצאנו BEHOLD THE MONEY WHICH WE FOUND — This is one of the ten inferences from minor to major mentioned in the Bible. They are all enumerated in Bereshith Rabbah. **(10)** גם עתה כדבריכם IT WERE RIGHT TO BE ACCORDING TO YOUR WORDS — Indeed, this is only right: in very truth it should be according to your words since you are all guilty in this matter. Because when there are ten men and stolen property is found in possession of one of them, all of them are involved[1]) *in the theft.* I, however, shall deal with you within the line

NOTES

[1]) or arrested.

יא וַיְמַהֲרוּ וַיּוֹרִדוּ אִישׁ אֶת־אַמְתַּחְתּוֹ אָרְצָה וַיִּפְתְּחוּ
אִישׁ אַמְתַּחְתּוֹ: יב וַיְחַפֵּשׂ בַּגָּדוֹל הֵחֵל וּבַקָּטֹן כִּלָּה
וַיִּמָּצֵא הַגָּבִיעַ בְּאַמְתַּחַת בִּנְיָמִן: יג וַיִּקְרְעוּ שִׂמְלֹתָם
וַיַּעֲמֹס אִישׁ עַל־חֲמֹרוֹ וַיָּשֻׁבוּ הָעִירָה: מפטיר יד וַיָּבֹא
יְהוּדָה וְאֶחָיו בֵּיתָה יוֹסֵף וְהוּא עוֹדֶנּוּ שָׁם וַיִּפְּלוּ
לְפָנָיו אָרְצָה: טו וַיֹּאמֶר לָהֶם יוֹסֵף מָה־הַמַּעֲשֶׂה
הַזֶּה אֲשֶׁר עֲשִׂיתֶם הֲלוֹא יְדַעְתֶּם כִּי־נַחֵשׁ יְנַחֵשׁ
אִישׁ אֲשֶׁר כָּמֹנִי: טז וַיֹּאמֶר יְהוּדָה מַה־נֹּאמַר
לַאדֹנִי מַה־נְּדַבֵּר וּמַה־נִּצְטַדָּק הָאֱלֹהִים מָצָא
אֶת־עֲוֺן עֲבָדֶיךָ הִנֶּנּוּ עֲבָדִים לַאדֹנִי גַּם־אֲנַחְנוּ
גַּם אֲשֶׁר־נִמְצָא הַגָּבִיעַ בְּיָדוֹ: יז וַיֹּאמֶר חָלִילָה לִּי

אונקלוס

כֵּן־הוּא דִּי יִשְׁתְּכַח עִמֵּהּ יְהֵי־לִי עַבְדָּא וְאַתּוּן תְּהוֹן זַכָּאִין: יא וְאוֹחִיאוּ וְנַחִיתָא
גְּבַר יָת־טוֹעֲנֵהּ לְאַרְעָא וּפְתָחוּ גְּבַר טוֹעֲנֵהּ: יב וּבְלַשׁ בְּרַבָּא שָׁרִי וּבִזְעֵירָא
שֵׁצֵי וְאִשְׁתְּכַח כַּלִּידָא בְּטוֹעֲנָא דְּבִנְיָמִן: יג וּבְזָעוּ לְבוּשֵׁיהוֹן וּרְמוֹ גְּבַר עַל־חֲמָרֵהּ
וְתָבוּ לְקַרְתָּא: יד וְעַל יְהוּדָה וַאֲחוֹהִי לְבֵית יוֹסֵף וְהוּא עַד־כְּעַן תַּמָּן וּנְפָלוּ
קֳדָמוֹהִי לְאַרְעָא: טו וַאֲמַר לְהוֹן יוֹסֵף מָה־עוֹבָדָא הָדֵין דִּי עֲבַדְתּוּן הֲלָא יְדַעְתּוּן
אֲרֵי־בְדָקָא מְבַדֵּק גַּבְרָא דִּי כְוָתִי: טז וַאֲמַר יְהוּדָה מָה־נֵימַר לְרִבּוֹנִי מָה־
נְמַלֵּל וּמַה־נִּזְכֵּי מִן־קֳדָם־יְיָ אִשְׁתְּכַח יָת־חוֹבָא בְּעַבְדָיךְ הָא־אֲנַחְנָא עַבְדִּין
לְרִבּוֹנִי אַף־אֲנַחְנָא אַף דְּאִשְׁתְּכַח כַּלִּידָא בִּידֵהּ: יז וַאֲמַר חַס לִי מִלְּמֶעְבַּד

רש״י

אֲשֶׁר יִמָּצֵא אִתּוֹ יִהְיֶה לִּי עָבֶד: (יב) בגדול החל. שֶׁלֹּא יַרְגִּישׁוּ שֶׁהָיָה יוֹדֵעַ הֵיכָן הוּא: (יג) ויעמס איש על חמרו. בַּעֲלֵי זְרוֹעַ הָיוּ, וְלֹא הֻצְרְכוּ לְסַיֵּעַ זֶה אֶת זֶה לִטְעוֹן: וישובו העירה. מִטְרוֹפּוֹלִין הָיְתָה, וְהוּא אוֹמֵר הָעִירָה, הָעִיר כָּל שֶׁהוּא! אֶלָּא שֶׁלֹּא הָיְתָה חֲשׁוּבָה בְּעֵינֵיהֶם אֶלָּא כְּעִיר בֵּינוֹנִית שֶׁל י׳ בְּנֵי אָדָם לְעִנְיַן הַמִּלְחָמָה: (יד) עודנו שם. שֶׁהָיָה מַמְתִּין לָהֶם: (טו) הלא ידעתם כי נחש ינחש וגו׳. הֲלֹא יְדַעְתֶּם כִּי אִישׁ חָשׁוּב כָּמוֹנִי יוֹדֵעַ לְנַחֵשׁ וְלָדַעַת מִדַּעַת וּמִסְּבָרָא וּבִינָה, כִּי אַתֶּם גְּנַבְתֶּם הַגָּבִיעַ: (טז) האלהים מצא. יוֹדְעִים אָנוּ שֶׁלֹּא סָרַחְנוּ, אֲבָל מֵאֵת הַמָּקוֹם נִהְיְתָה לְהָבִיא לָנוּ זֹאת, מָצָא בַּעַל חוֹב מָקוֹם לִגְבּוֹת שְׁטַר חוֹבוֹ: מה נצטדק. לְשׁוֹן צֶדֶק, וְכֵן כָּל תֵּיבָה שֶׁתְּחִלַּת יְסוֹדָהּ צד״י וְהִיא בָּאָה לְדַבֵּר בִּלְשׁוֹן מִתְפַּעֵל אוֹ נִתְפַּעֵל, נוֹתֵן טֵי״ת בִּמְקוֹם תָּי״ו, וְאֵינָהּ נוֹתְנָהּ לִפְנֵי אוֹת רִאשׁוֹנָה שֶׁל יְסוֹד הַתֵּיבָה אֶלָּא בְּאֶמְצַע אוֹתִיּוֹת הָעִקָּר, כְּגוֹן נִצְטַדָּק מִגִּזְרַת צדק, וַיִּצְטַבַּע מִגִּזְרַת צבע, וַיִּצְטַיָּרוּ מִגִּזְרַת וְצִיר אֱמוּנִים,

11 Then they hastened and brought down every man his bag to the earth,
and opened every man his bag. 12 And he searched, and began at the
eldest, and finished at the youngest; and the goblet was found in Ben-
jamin's bag. 13 Then they rent their outer-garments, and laded every
man his ass, and returned to the city. 14 And Judah and his brethren
came to Joseph's house; while he was yet there: and they fell before
him on the earth. 15 And Joseph said unto them, What deed is this that
ye have done? did ye not know that such a man as I can certainly di-
vine? 16 And Judah said, What shall we say unto my lord? what shall
we speak? or how shall we justify ourselves? God hath found out the
iniquity of thy servants: behold, we are my lord's servants, both we, and
he also in whose hand the goblet is found. 17 And he said, It were un-

רש"י

of strict justice (i. e. more equitably) *and only* אשר ימצא אתו יהיה לי עבד HE WITH WHOM IT IS FOUND SHALL BE MY BONDMAN (ib.). **(12)** בגדול החל AT THE ELDEST HE BEGAN so that they should not perceive that he knew where it was (ib.). **(13)** ויעמוס איש על חמרו THEY LADED EVERY MAN HIS ASS — They were stalwart men and did not require the assistance of each other in loading. וישבו העירה AND THEY RETURNED TO THE CITY — It was the metropolis and yet Scripture says העירה — an ordinary city! But *this is* because in their eyes it was regarded as a very medium-sized city of only ten inhabitants if *it become* a matter of waging war *against it* (ib.). **(14)** עודנו שם HE WAS YET THERE — for he was waiting for them. **(15)** הלא ידעתם כי נחש ינחש וגו' KNOW YE NOT THAT SUCH A MAN AS I CAN CERTAINLY DIVINE? — Are you not aware that so distinguished a person[1]) as I am knows how to divine, and *(even though you have robbed me of the goblet by which I divine)* to discover by my own intelligence and common sense or by logical deduction that it was you who stole the goblet! **(16)** האלהים מצא GOD HATH FOUND OUT — We know that we have done no wrong, but it has been brought about by the Holy One, blessed be He, that this should come upon us. The Creditor has found an opportunity to collect His debt (ib.)[2]). מה נצטדק How shall we justify ourselves? — This is a verbal form of צדק. In the same way every root whose first letter is צ when used in the Hithpael or Nithpael takes a ט instead of the ת *of the prefix*. This, however, is not placed before the first radical letter, but b e t w e e n the *first two* letters of the root. For example: נצטדק of the root צדק; (Dan. IV. 13) "and let it be wet (ויצטבע)" of the root צבע to steep; Josh. IX. 4) "and made as if they had been ambassadors (ויצטירו)", of the same root as ציר *in* (Prov. XIII. 17), ציר אמונים

NOTES

1) Noblemen practised divination; cf. Ezek. XXI. 26.

2) "God hath found out our sin", — not this theft, for we are not guilty of it, but a sin which we committed long since. He now exacts payment for the wrong we then did.

מֵֽעֲשׂוֹת זֹ֑את הָאִ֞ישׁ אֲשֶׁ֨ר נִמְצָ֤א הַגָּבִ֨יעַ֙ בְּיָד֔וֹ
ה֚וּא יִהְיֶה־לִּ֣י עָ֔בֶד וְאַתֶּ֕ם עֲל֥וּ לְשָׁל֖וֹם אֶל־אֲבִיכֶֽם׃

ס ס ס

קמ"ו. יחזקיהו. אמציה. והיה לי עבד סימן וסיכום אלפים כ"ס: הפטרה מקן במלכים א' בסימן ג' ויקץ שלמה:

יח וַיִּגַּ֨שׁ אֵלָ֜יו יְהוּדָ֗ה וַיֹּאמֶר֮ בִּ֣י אֲדֹנִי֒ יְדַבֶּר־נָ֨א
עַבְדְּךָ֤ דָבָר֙ בְּאָזְנֵ֣י אֲדֹנִ֔י וְאַל־יִ֥חַר אַפְּךָ֖
בְּעַבְדֶּ֑ךָ כִּ֥י כָמ֖וֹךָ כְּפַרְעֹֽה׃ יט אֲדֹנִ֣י שָׁאַ֔ל אֶת־
עֲבָדָ֖יו לֵאמֹ֑ר הֲיֵשׁ־לָכֶ֥ם אָ֖ב אוֹ־אָֽח׃ כ וַנֹּ֨אמֶר֙
אֶל־אֲדֹנִ֔י יֶשׁ־לָ֨נוּ֙ אָ֣ב זָקֵ֔ן וְיֶ֥לֶד זְקֻנִ֖ים קָטָ֑ן וְאָחִ֨יו

אונקלוס

דָּא נִכְרָא דִּי יִשְׁתְּכַח קַלִּידָא בִּידֵהּ הוּא יְהֵי־לִי עַבְדָּא וְאַתּוּן סְקוּ לִשְׁלָם
לְוָת־אֲבוּכוֹן: ס ס ס
יח וּקְרֵב לְוָתֵהּ יְהוּדָה וַאֲמַר בְּבָעוּ רִבּוֹנִי יְמַלֵּל־כְּעַן עַבְדָּךְ פִּתְגָּמָא קֳדָם רִבּוֹנִי
וְלָא־יִתְקֵף רוּגְזָךְ בְּעַבְדָּךְ אֲרֵי כְּפַרְעֹה בֵּן־אַתְּ: יט רִבּוֹנִי שְׁאֵיל יָת־
עַבְדּוֹהִי לְמֵימַר הַאִית לְכוֹן אַבָּא אוֹ־אֲחָא: כ וַאֲמַרְנָא לְרִבּוֹנִי אִית־לָנָא אַבָּא
סָבָא וּבַר סֵיבְתִין זְעֵיר וַאֲחוּהִי מִית וְאִשְׁתְּאַר הוּא בִלְחוֹדוֹהִי לְאִמֵּהּ וַאֲבוּהִי

רש"י

הִצְטַדָּק מְגֻזֶּרֶת צְדָקָה לְדַרְדֵּק. וְתֵיבָה שֶׁתְּחִלָּתָהּ סָמֶ״ךְ אוֹ שִׁין, כְּשֶׁהִיא מִתְפַּעֶלֶת, הַתָּי״ו מַפְרֶדֶת אֶת אוֹתִיּוֹת הָעִקָּר, כְּגוֹן, וְיִסְתַּבֵּל הֶחָגָב (קהלת י״ב), מְגֻזֶּרֶת סבל; מִשְׁתַּכֵּל הֲוֵית בְּקַרְנַיָּא (דני׳ ז׳), וְיִשְׁתַּמֵּר חֻקּוֹת עָמְרִי (מיכה ו׳), מְגֻזֶּרֶת שמר; וְסָר מֵרָע מִשְׁתּוֹלֵל (ישי׳ נ״ט), מְגֻזֶּרֶת מוֹלִיךְ יוֹעֲצִים שׁוֹלָל (איוב י״ב), מִסְתּוֹלֵל בְּעַמִּי (שמ׳ ט״ו), מְגֻזֶּרֶת דֶּרֶךְ לֹא סְלוּלָה (ירי׳ י״ח):

(יח) ויגש אליו וגומר. דבר באזני אדני. יִכָּנְסוּ דְּבָרַי בְּאָזְנֶיךָ: ואל יחר אפך. מִכָּאן אַתָּה לָמֵד שֶׁדִּבֵּר אֵלָיו קָשׁוֹת: כי כמוך כפרעה. חָשׁוּב אַתָּה בְּעֵינַי כַּמֶּלֶךְ, זֶהוּ פְּשׁוּטוֹ. וּמִדְרָשׁוֹ: סוֹפְךָ לִלְקוֹת עָלָיו בְּצָרַעַת כְּמוֹ שֶׁלָּקָה פַרְעֹה עַל יְדֵי זְקֵנָתִי שָׂרָה עַל לַיְלָה אַחַת שֶׁעִכְּבָהּ (ב״ר): דָּבָר אַחֵר: מַה פַּרְעֹה גּוֹזֵר וְאֵינוֹ מְקַיֵּם, מַבְטִיחַ וְאֵינוֹ עוֹשֶׂה, אַף אַתָּה כֵּן; וְכִי זוֹ הִיא שִׂימַת עַיִן שֶׁאָמַרְתָּ לָשׂוּם עֵינְךָ עָלָיו? דָּבָר אַחֵר, כִּי כָמוֹךָ כְּפַרְעֹה, אִם תַּקְנִיטֵנִי אֲהַרוֹג אוֹתְךָ וְאֶת אֲדוֹנֶךָ (ב״ר): (יט) אדני שאל את עבדיו. מִתְּחִלָּה בַּעֲלִילָה בָּאתָ עָלֵינוּ, לָמָּה הָיָה לְךָ לִשְׁאוֹל כָּל אֵלֶּה? בִּתְּךָ הָיִינוּ מְבַקְּשִׁים? אוֹ אֲחוֹתֵנוּ אַתָּה מְבַקֵּשׁ? וְאַף עַל פִּי כֵן (כ) ונאמר אל אדוני. לֹא כִחַדְנוּ מִמְּךָ דָּבָר. (ב״ר): ואחיו מת. מִפְּנֵי הַיִּרְאָה הָיָה מוֹצִיא דְּבַר שֶׁקֶר מִפִּיו.

worthy of me to do so: but the man in whose hand the goblet is found, he shall be my servant; and as for you, go you up in peace unto your father.

18Then Judah stepped near unto him, and said, Oh my lord,
let thy servant, I pray thee, speak a word in my lord's ears, and let not
thy wrath glow against thy servant: for thou art even as Pharaoh. 19My
lord asked his servants, saying, Have ye a father, or a brother? 20And we
said unto my lord, We have an old father, and a little child of his old age;

רש״י

"a faithful ambassador"; (Josh. IX. 12) "we took our provision (הצטידנו)" of the same root as צדה *in* (XLV. 21) צדה לדרך "provision for the way". And *in the same way*, with a root whose first letter is ס or ש, when it is used in the Hithpael, the ת *of the prefix* separates (i. e. is placed between) the *first two* letters of the root. For example: (Eccl. XII. 5) "and the grasshopper shall drag itself along heavily (ויסתבל)" from the root סבל "to carry a load"; (Dan. VII. 8) "I considered (משתכל הוית) the horns", *from the root* שכל *to reflect on*; (Micah VI. 16) "for the statutes of Omri are kept (וישתמרו)" from the root שמר to keep; (Is. LIX. 15) "And he that departeth from evil (משתולל) is regarded as a fool", from the same root as שולל in (Job. XII. 17) "He leadeth counsellors away (שולל) as though they were fools"[1]); (Ex. IX. 17) "Thou treadest down (מסתולל) my people", from the same root as סלולה[2]) *in* (Jer. XVIII. 15) "a way not trodden down (סלולה)".

ויגש

(18) ויגש אליו וגו׳ . . . דבר באזני אדני THEN JUDAH CAME NEAR TO HIM etc. [LET THY SERVANT SPEAK] A WORD IN MY LORD'S EARS etc. May my words penetrate into your ears (Gen. R. 93). ואל יחר אפך AND LET NOT THY WRATH GLOW — From these words you may infer that he spoke to him in harsh terms. כי כמוך כפרעה FOR THOU ART EVEN AS PHARAOH — In my sight you are as important as the king. This is the literal meaning, but a Midrashic explanation is: You will ultimately be stricken with leprosy for detaining Benjamin even as *your ancestor* Pharaoh was stricken because he detained my ancestress Sarah one night. Another explanation is: *you are as unreliable as Pharaoh* — just as Pharaoh issues decrees and does not carry them out, makes promises and does not fulfil them, so also do you. Is this what you meant by "setting your eyes" upon him when you said (v. 21) "Bring him down and I will set mine eyes upon him"? *Still* another interpretation of כי כמוך כפרעה FOR THOU SHALT BECOME EVEN AS PHARAOH: if you provoke me I will slay you and your master (ib.). **(19)** אדני שאל את עבדיו MY LORD ASKED HIS SERVANTS — From the beginning you came with a pretext against us. What need had you to ask us all these questions? Were we asking for your daughter *in marriage* or were you asking for our sister? And yet **(20)** ונאמר אל אדני WE SAID TO MY LORD — we kept nothing back from you (ib.). ואחיו מת AND HIS BROTHER IS DEAD — He uttered this untruth out of

NOTES

1) See Rashi on these verses.
2) See Rashi on Ex. IX. 17.

222 בראשית מד ויגש

מֵת וַיִּוָּתֵר הוּא לְבַדּוֹ לְאִמּוֹ וְאָבִיו אֲהֵבוֹ׃ כא וַתֹּאמֶר
אֶל־עֲבָדֶיךָ הוֹרִדֻהוּ אֵלָי וְאָשִׂימָה עֵינִי עָלָיו׃
כב וַנֹּאמֶר אֶל־אֲדֹנִי לֹא־יוּכַל הַנַּעַר לַעֲזֹב אֶת־
אָבִיו וְעָזַב אֶת־אָבִיו וָמֵת׃ כג וַתֹּאמֶר אֶל־עֲבָדֶיךָ
אִם־לֹא יֵרֵד אֲחִיכֶם הַקָּטֹן אִתְּכֶם לֹא תֹסִפוּן
לִרְאוֹת פָּנָי׃ כד וַיְהִי כִּי עָלִינוּ אֶל־עַבְדְּךָ אָבִי וַנַּגֶּד־
לוֹ אֵת דִּבְרֵי אֲדֹנִי׃ כה וַיֹּאמֶר אָבִינוּ שֻׁבוּ שִׁבְרוּ־
לָנוּ מְעַט־אֹכֶל׃ כו וַנֹּאמֶר לֹא נוּכַל לָרֶדֶת אִם־יֵשׁ
אָחִינוּ הַקָּטֹן אִתָּנוּ וְיָרַדְנוּ כִּי־לֹא נוּכַל לִרְאוֹת פְּנֵי
הָאִישׁ וְאָחִינוּ הַקָּטֹן אֵינֶנּוּ אִתָּנוּ׃ כז וַיֹּאמֶר עַבְדְּךָ
אָבִי אֵלֵינוּ אַתֶּם יְדַעְתֶּם כִּי שְׁנַיִם יָלְדָה־לִּי אִשְׁתִּי׃
כח וַיֵּצֵא הָאֶחָד מֵאִתִּי וָאֹמַר אַךְ טָרֹף טֹרָף וְלֹא
רְאִיתִיו עַד־הֵנָּה׃ כט וּלְקַחְתֶּם גַּם־אֶת־זֶה מֵעִם
פָּנַי וְקָרָהוּ אָסוֹן וְהוֹרַדְתֶּם אֶת־שֵׂיבָתִי בְּרָעָה

אונקלוס

רְחִים־לֵהּ: כא וַאֲמַרְתְּ לְעַבְדָיךְ אַחֲתוּהִי לְוָתִי וַאֲשַׁוֵּי עֵינַי עֲלוֹהִי: כב וַאֲמַרְנָא
לְרִבּוֹנִי לָא־יִכּוּל עוּלֵימָא לְמִשְׁבַּק יָת־אֲבוּהִי וְאִם־יִשְׁבּוֹק יָת־אֲבוּהִי וּמִית:
כג וַאֲמַרְתְּ לְעַבְדָיךְ אִם־לָא יֵחוֹת אֲחוּכוֹן זְעֵירָא עִמְּכוֹן לָא תוֹסְפוּן לְמֶחֱזֵי אַפָּי:
כד וַהֲוָה כַּד סְלֵיקְנָא לְעַבְדָּךְ אַבָּא וְחַוֵּינָא לֵהּ יָת פִּתְגָּמֵי רִבּוֹנִי: כה וַאֲמַר
אֲבוּנָא תּוּבוּ זְבוּנוּ־לָנָא זְעֵיר־עִיבוּרָא: כו וַאֲמַרְנָא לָא נִכּוּל לְמֵיחַת אִם־אִית
אֲחוּנָא זְעֵירָא עִמָּנָא וְנֵיחוֹת אֲרֵי־לָא נִכּוּל לְמֶחֱזֵי אַפֵּי גַּבְרָא וַאֲחוּנָא זְעֵירָא
לֵיתוֹהִי עִמָּנָא: כז וַאֲמַר עַבְדָּךְ אַבָּא לָנָא אַתּוּן יְדַעְתּוּן אֲרֵי תְּרֵין יְלֵידַת־לִי
אִתְּתִי: כח וּנְפַק חַד מִלְּוָתִי וַאֲמָרִית בְּרַם מִקְטַל קְטִיל וְלָא חֲזֵיתֵהּ עַד־כְּעַן:
כט וְתִדְבְּרוּן אַף־יָת־דֵּין מִן־קֳדָמַי וִיעַרְעִנֵּהּ מוֹתָא וְתַחֲתוּן יָת־שֵׂיבְתִי בְּבִישְׁתָא

רש״י

אָמַר: אִם אוֹמֵר לוֹ שֶׁהוּא קַיָּם, יֹאמַר הֲבִיאוּהוּ אֶצְלִי: לבדו לאמו. מֵאוֹתָהּ הָאֵם אֵין לוֹ עוֹד אָח:
(כב) ועזב את אביו ומת. אִם יַעֲזוֹב אֶת אָבִיו, דּוֹאֲגִים אָנוּ, שֶׁמָּא יָמוּת בַּדֶּרֶךְ, שֶׁהֲרֵי אִמּוֹ
בַּדֶּרֶךְ מֵתָה: (כט) וקרהו אסון. שֶׁהַשָּׂטָן מְקַטְרֵג בִּשְׁעַת הַסַּכָּנָה (ב״ר): והורדתם את שיבתי וגו׳.

and his brother is dead, and he alone is left of his mother, and his
father loveth him. [21]And thou saidst unto thy servants, Bring him down
unto me, that I may set mine eyes upon him. [22]And we said unto my
lord, The lad cannot leave his father: for if he should leave his father,
he would die. [23]And thou saidst unto thy servants, Except your youngest
brother come down with you, ye shall see my face no more. [24]And
it came to pass when we came up unto thy servant my father, we told
him the words of my lord. [25]And our father said, Go again, buy us as
a little food. [26]And we said, We cannot go down: if our youngest
brother be with us, then will we go down: for we may not see the
man's face, except our youngest brother be with us. [27]And thy ser-
vant my father said unto us, Ye know that my wife bare me two sons:
[28]And the one went out from me, and I said, Surely he is torn in
pieces; and I saw him not since: [29]And if ye take this also from me,
and mischief befall him, ye shall bring down my gray hairs with evil

רש״י

fear. He thought: if I tell him that he is alive he may say "Bring him to me". לבדו לאמו [HE] ALONE [IS LEFT] OF HIS MOTHER — of that mother he has no other brother. **(22)** ועזב את אביו ומת FOR IF HE SHOULD LEAVE HIS FATHER, HE WOULD DIE — If he leaves his father we shall be in anxiety lest he[1]) die on the journey, because indeed his mother died during a journey. **(29)** וקרהו אסון AND MISCHIEF BEFALL HIM — For Satan brings charges *against men* in the hour of danger (ib.). והורדתם

NOTES

1) He, not his father, as some expositors have explained the verse. See Rashbam on this verse and Rashi on v. 31.

שְׁאֹֽלָה׃ ל וְעַתָּ֗ה כְּבֹאִי֙ אֶל־עַבְדְּךָ֣ אָבִ֔י וְהַנַּ֖עַר
אֵינֶ֣נּוּ אִתָּ֑נוּ וְנַפְשׁ֖וֹ קְשׁוּרָ֥ה בְנַפְשֽׁוֹ׃ שני לא וְהָיָ֗ה
כִּרְאוֹת֛וֹ כִּי־אֵ֥ין הַנַּ֖עַר וָמֵ֑ת וְהוֹרִ֨ידוּ עֲבָדֶ֜יךָ אֶת־
שֵׂיבַ֨ת עַבְדְּךָ֥ אָבִ֛ינוּ בְּיָג֖וֹן שְׁאֹֽלָה׃ לב כִּ֤י עַבְדְּךָ֙
עָרַ֣ב אֶת־הַנַּ֔עַר מֵעִ֥ם אָבִ֖י לֵאמֹ֑ר אִם־לֹ֤א אֲבִיאֶ֙נּוּ֙
אֵלֶ֔יךָ וְחָטָ֥אתִי לְאָבִ֖י כָּל־הַיָּמִֽים׃ לג וְעַתָּ֗ה יֵֽשֶׁב־
נָ֤א עַבְדְּךָ֙ תַּ֣חַת הַנַּ֔עַר עֶ֖בֶד לַֽאדֹנִ֑י וְהַנַּ֖עַר יַ֥עַל
עִם־אֶחָֽיו׃ לד כִּי־אֵיךְ֙ אֶֽעֱלֶ֣ה אֶל־אָבִ֔י וְהַנַּ֖עַר אֵינֶ֣נּוּ
אִתִּ֑י פֶּ֚ן אֶרְאֶ֣ה בָרָ֔ע אֲשֶׁ֥ר יִמְצָ֖א אֶת־אָבִֽי׃
מה א וְלֹֽא־יָכֹ֨ל יוֹסֵ֜ף לְהִתְאַפֵּ֗ק לְכֹ֤ל הַנִּצָּבִים֙ עָלָ֔יו
וַיִּקְרָ֕א הוֹצִ֥יאוּ כָל־אִ֖ישׁ מֵעָלָ֑י וְלֹא־עָ֤מַד אִישׁ֙
אִתּ֔וֹ בְּהִתְוַדַּ֥ע יוֹסֵ֖ף אֶל־אֶחָֽיו׃ ב וַיִּתֵּ֥ן אֶת־קֹל֖וֹ

אונקלוס

לִשְׁאוֹל׃ ל וּכְעַן כְּמֵיתַי לְוָת־עַבְדָּךְ אַבָּא וְעוּלֵימָא לֵיתוֹהִי עִמַּנָא וְנַפְשֵׁהּ חֲבִיבָא־
לֵהּ כְּנַפְשֵׁהּ׃ לא וִיהֵי כַּד־יֶחֱזֵי אֲרֵי־לֵית עוּלֵימָא וּמָיֵת וְיַחֲתוּן עַבְדָּיךְ יָת־שֵׂיבַת
עַבְדָּךְ אֲבוּנָא בִּדְווֹנָא לִשְׁאוֹל׃ לב אֲרֵי עַבְדָּךְ מְעָרַב בְּעוּלֵימָא מִן אַבָּא לְמֵימַר
אִם־לָא אַיְתִנֵּהּ לְוָתָךְ וְאֱהֵי־חָטֵי לְאַבָּא כָּל־יוֹמַיָּא׃ לג וּכְעַן יִתֵּב־כְּעַן עַבְדָּךְ
חֲלוֹף עוּלֵימָא עַבְדָּא לְרִבּוֹנִי וְעוּלֵימָא יִסַּק עִם־אֲחוֹהִי׃ לד אֲרֵי אֶכְדֵּין אֶסַּק
לְוָת־אַבָּא וְעוּלֵימָא לֵיתוֹהִי עִמִּי דִּלְמָא אֶחֱזֵי בְּבִישׁוּ דִּי יַשְׁכַּח יָת־אַבָּא׃
א וְלָא־יְכֵיל יוֹסֵף לְאִתְחַסָּנָא לְכֹל דְּקָיְמִין עִלָּוֹהִי וּקְרָא אַפִּיקוּ כָּל־אֱנָשׁ מֵעִלָּוַי
וְלָא־קָם אֱנָשׁ עִמֵּהּ כַּד־אִתְיְדַע יוֹסֵף לְוָת אֲחוֹהִי׃ ב וִיהַב יָת־קָלֵהּ בִּבְכִיתָא

רש"י

עַכְשָׁיו כְּשֶׁהוּא אֶצְלִי, אֲנִי מִתְנַחֵם בּוֹ עַל אִמּוֹ וְעַל אָחִיו, וְאִם יָמוּת זֶה, דּוֹמֶה עָלַי שֶׁשְּׁלָשְׁתָּן מֵתוּ בְּיוֹם אֶחָד: (לא) והיה כראותו כי אין הנער ומת אביו מִצָּרָתוֹ: (לב) כי עבדך ערב את הנער. וְאִם תֹּאמַר, לָמָּה אֲנִי נִכְנָס לְתִגָּר יוֹתֵר מִשְּׁאָר אַחַי? הֵם כֻּלָּם מִבַּחוּץ וַאֲנִי נִתְקַשַּׁרְתִּי בְּקֶשֶׁר חָזָק לִהְיוֹת מְנֻדֶּה בִּבְנֵי עוֹלָמוֹת: (לג) ישב נא עבדך וגו'. לְכָל דָּבָר אֲנִי מְעֻלֶּה מִמֶּנּוּ לִגְבוּרָה, וּלְמִלְחָמָה וּלְשַׁמֵּשׁ (ב"ר):

מה (א) ולא יכל יוסף להתאפק לכל הנצבים. לֹא הָיָה יָכוֹל לִסְבֹּל שֶׁיִּהְיוּ מִצְרִים נִצָּבִים עָלָיו וְשׁוֹמְעִין, שֶׁאֶחָיו מִתְבַּיְּשִׁין בְּהִוָּדְעוֹ לָהֶם: (ב) וישמע בית פרעה. בֵּיתוֹ שֶׁל פַּרְעֹה, כְּלוֹמַר, עֲבָדָיו

to the grave. 30Now therefore when I come to thy servant my father,
and the lad be not with us; as his soul is bound up in the lad's soul:
31It shall come to pass, when he seeth that the lad is not with us, that
he will die: and thy servants shall bring down the gray hairs of thy
servant our father with sorrow to the grave. 32For thy servant became
surety for the lad unto my father, saying, If I bring him not unto thee,
then I shall have sinned against my father for ever. 33Now therefore,
I pray thee, let thy servant abide instead of the lad a servant to my
lord; and let the lad go up with his brethren. 34For how shall I go up
to my father, and the lad be not with me? lest peradventure I see the
evil that shall come on my father.

45. 1Then Joseph could not refrain himself before all them that stood
by him; and he called, Let every man go out from me. And there stood
no man with him, while Joseph made himself known unto his brethren.

רש"י

את שיבתי וגו' YE SHALL BRING DOWN MY GRAY HAIRS etc. — Whilst Benjamin is beside me I find comfort in him *for the loss of* his mother and his brother, so that if he dies it will seem to me as though the three of them died in the same day. **(31)** והיה כראותו כי אין הנער ומת IT SHALL COME TO PASS WHEN HE SEETH THAT THE LAD IS NOT *WITH US*, THAT HE WILL DIE, i. e. his father[1]) *will die* of grief. **(32)** כי עבדך ערב את הנער FOR THY SERVANT BECAME SURETY FOR THE LAD — Should you ask why I enter into the contest (champion his cause) more strongly than my other brothers — *then I tell you: I have more to lose*; they all stand outside *the matter* (are less concerned with it than I am), but I have placed myself under a firm bond to be an outcast in both worlds. **(33)** ישב נא עבדך וגו' LET THY SERVANT ABIDE etc. — For all purposes I am superior to him in strength — whether for battle or for service *as a slave*.

45. (1) ולא יכל יוסף להתאפק לכל הנצבים AND JOSEPH COULD NOT REFRAIN HIMSELF BEFORE ALL THEM THAT STOOD — He could not bear that the Egyptians should stand by him witnessing how his brothers would be put to shame when he made himself known to them. **(2)** וישמע בית פרעה AND THE HOUSE OF PHARAOH HEARD IT — The house of Pharaoh means his servants

NOTES

1) Cp. v. 22. Here ומת refers to Jacob, since he is referred to in the preceding כראותו, whereas the subject of v. 22 is הנער.

בִּבְכִי וַיִּשְׁמְעוּ מִצְרַיִם וַיִּשְׁמַע בֵּית פַּרְעֹה: ג וַיֹּאמֶר
יוֹסֵף אֶל־אֶחָיו אֲנִי יוֹסֵף הַעוֹד אָבִי חָי וְלֹא־יָכְלוּ
אֶחָיו לַעֲנוֹת אֹתוֹ כִּי נִבְהֲלוּ מִפָּנָיו: ד וַיֹּאמֶר יוֹסֵף
אֶל־אֶחָיו גְּשׁוּ־נָא אֵלַי וַיִּגָּשׁוּ וַיֹּאמֶר אֲנִי יוֹסֵף
אֲחִיכֶם אֲשֶׁר־מְכַרְתֶּם אֹתִי מִצְרָיְמָה: ה וְעַתָּה ׀
אַל־תֵּעָצְבוּ וְאַל־יִחַר בְּעֵינֵיכֶם כִּי־מְכַרְתֶּם אֹתִי
הֵנָּה כִּי לְמִחְיָה שְׁלָחַנִי אֱלֹהִים לִפְנֵיכֶם: ו כִּי־זֶה
שְׁנָתַיִם הָרָעָב בְּקֶרֶב הָאָרֶץ וְעוֹד חָמֵשׁ שָׁנִים
אֲשֶׁר אֵין־חָרִישׁ וְקָצִיר: ז וַיִּשְׁלָחֵנִי אֱלֹהִים לִפְנֵיכֶם
לָשׂוּם לָכֶם שְׁאֵרִית בָּאָרֶץ וּלְהַחֲיוֹת לָכֶם לִפְלֵיטָה
גְּדֹלָה: שלישי ח וְעַתָּה לֹא־אַתֶּם שְׁלַחְתֶּם אֹתִי
הֵנָּה כִּי הָאֱלֹהִים וַיְשִׂימֵנִי לְאָב לְפַרְעֹה וּלְאָדוֹן
לְכָל־בֵּיתוֹ וּמֹשֵׁל בְּכָל־אֶרֶץ מִצְרָיִם: ט מַהֲרוּ וַעֲלוּ

אונקלוס

וּשְׁמָעוּ מִצְרָאֵי וּשְׁמַע אֱנַשׁ בֵּית־פַּרְעֹה: ג וַאֲמַר יוֹסֵף לַאֲחוֹהִי אֲנָא יוֹסֵף הַעַד
כְּעַן אַבָּא קַיָּם וְלָא־יְכִילוּ אֲחוֹהִי לַאֲתָבָא לֵיהּ אֲרֵי אִתְבְּהִילוּ מִן־קֳדָמוֹהִי:
ד וַאֲמַר יוֹסֵף לַאֲחוֹהִי קְרִיבוּ־כְעַן לְוָתִי וּקְרִיבוּ וַאֲמַר אֲנָא יוֹסֵף אֲחוּכוֹן דִּי
זַבִּנְתּוּן יָתִי לְמִצְרָיִם: ה וּכְעַן לָא־תִתְנָסוּן וְלָא־יִתְקַף בְּעֵינֵיכוֹן אֲרֵי זַבִּנְתּוּן יָתִי
הָכָא אֲרֵי לְקִיָּמָא שַׁלְחַנִי יְיָ קֳדָמֵיכוֹן: ו אֲרֵי־דְנַן תַּרְתֵּין־שְׁנִין כַּפְנָא בְּגוֹ אַרְעָא
וְעוֹד חֲמֵשׁ שְׁנִין דִּי לֵית־זְרוּעָא וַחֲצָדָא: ז וְשַׁלְחַנִי יְיָ קֳדָמֵיכוֹן לְשַׁוָּאָה לְכוֹן
שְׁאָרָא בְּאַרְעָא וּלְקַיָּמָא לְכוֹן לְשֵׁיזָבָא רַבָּא: ח וּכְעַן לָא־אַתּוּן שְׁלַחְתּוּן יָתִי
הָכָא אֶלָּהֵן מִן־קֳדָם־יְיָ וְשַׁוְיַנִי לְאַבָּא לְפַרְעֹה וּלְרִבּוֹן לְכָל־אֱנָשׁ בֵּיתֵהּ וְשַׁלִּיט
בְּכָל־אַרְעָא דְמִצְרָיִם: ט אוֹחוּ וּסְקוּ לְוָת־אַבָּא וְתֵימְרוּן לֵהּ כִּדְנַן אֲמַר בְּרָךְ

רש"י

וּבְנֵי בֵיתוֹ. וְאֵין זֶה לְשׁוֹן בֵּית מַמָּשׁ, אֶלָּא כְּמוֹ: בֵּית יִשְׂרָאֵל, בֵּית יְהוּדָה, מִישְׁנַ"דָה בְּלַעַ"ז:
(ג) נִבְהֲלוּ מִפָּנָיו. מִפְּנֵי הַבּוּשָׁה: (ד) גְּשׁוּ נָא אֵלָי. רָאָה אוֹתָם נְסוֹגִים לְאָחוֹר, אָמַר: עַכְשָׁיו
אַחַי נִכְלָמִים, קָרָא לָהֶם בְּלָשׁוֹן רַכָּה וְתַחֲנוּנִים, וְהֶרְאָה לָהֶם שֶׁהוּא מָהוּל (ב"ר): (ה) לְמִחְיָה.
לִהְיוֹת לָכֶם לְמִחְיָה: (ו) כִּי זֶה שְׁנָתַיִם הָרָעָב. עָבְרוּ מִשְּׁנֵי הָרָעָב: (ח) לְאָב. לְחָבֵר וּלְפַטְרוֹן:

2And he wept aloud: and the Egyptians and the house of Pharaoh heard
it. 3And Joseph said unto his brethren, I am Joseph; doth my father
yet live? And his brethren could not answer him; for they were amazed
at his presence. 4And Joseph said unto his brethren, Step near to me,
I pray you. And they stepped near. And he said I am Joseph your
brother, whom ye sold into Egypt. 5Now therefore be not grieved, nor
angry with yourselves, that ye sold me hither: for God did send me
before you for the preservation of life. 6For these two years hath the
famine been in the land: and yet there are five years, in which there
shall neither be ploughing nor harvest. 7And God sent me before you
to prepare for you a subsistence in the earth, and to save your lives by
a great deliverance. 8So now it was not you that sent me hither, but
God: and he hath made me a father to Pharaoh, and lord of all his
house, and a ruler throughout all the land of Egypt. 9Haste ye, and go

רש״י

and the members of his household. בית here does not mean an actual house (so that the words would mean "and one heard it in the house of Pharoah; cf. v. 16), but it is similar to (1 Kings XII. 21) בית ישראל "the house of Israel", or בית יהודה "the house of Judah", *meaning the people of Judah.* O. F. maisniede Engl. *all the inmates of a house*[1]). **(3)** נבהלו מפניו [FOR] THEY WERE AMAZED AT HIS PRESENCE — out of shame. **(4)** גשו נא אלי STEP NEAR TO ME, I PRAY YOU — He saw that they recoiled and he said *to himself* "Now my brothers feel ashamed". He *therefore* called to them in mild and gentle language (Gen. R. 97). **(5)** למחיה FOR THE PRESERVATION OF LIFE — i. e. that I may be to you for a preservation of life. **(6)** כי זה שנתים הרעב *means* FOR THESE TWO YEARS OF FAMINE have passed of the years of famine *that are to come in the land.* **(8)** לאב A FATHER — *he made me his* colleague and

NOTES

[1]) Cp., however, v. 16, where the verb שמע is used in the נפעל and בית therefore must be understood as the actual house.

אֶל־אָבִי֒ וַאֲמַרְתֶּ֣ם אֵלָ֗יו כֹּ֤ה אָמַר֙ בִּנְךָ֣ יוֹסֵ֔ף שָׂמַ֧נִי
אֱלֹהִ֛ים לְאָד֖וֹן לְכָל־מִצְרָ֑יִם רְדָ֥ה אֵלַ֖י אַֽל־תַּעֲמֹֽד׃
י וְיָשַׁבְתָּ֣ בְאֶֽרֶץ־גֹּ֗שֶׁן וְהָיִ֤יתָ קָרוֹב֙ אֵלַ֔י אַתָּ֕ה וּבָנֶ֖יךָ
וּבְנֵ֣י בָנֶ֑יךָ וְצֹאנְךָ֥ וּבְקָרְךָ֖ וְכָל־אֲשֶׁר־לָֽךְ׃ יא וְכִלְכַּלְתִּ֤י
אֹֽתְךָ֙ שָׁ֔ם כִּי־ע֛וֹד חָמֵ֥שׁ שָׁנִ֖ים רָעָ֑ב פֶּן־תִּוָּרֵ֛שׁ
אַתָּ֥ה וּבֵֽיתְךָ֖ וְכָל־אֲשֶׁר־לָֽךְ׃ יב וְהִנֵּ֤ה עֵֽינֵיכֶם֙ רֹא֔וֹת
וְעֵינֵ֖י אָחִ֣י בִנְיָמִ֑ין כִּי־פִ֖י הַֽמְדַבֵּ֥ר אֲלֵיכֶֽם׃ יג וְהִגַּדְתֶּ֣ם
לְאָבִ֗י אֶת־כָּל־כְּבוֹדִי֙ בְּמִצְרַ֔יִם וְאֵ֖ת כָּל־אֲשֶׁ֣ר
רְאִיתֶ֑ם וּמִֽהַרְתֶּ֛ם וְהוֹרַדְתֶּ֥ם אֶת־אָבִ֖י הֵֽנָּה׃
יד וַיִּפֹּ֛ל עַל־צַוְּארֵ֥י בִנְיָמִֽן־אָחִ֖יו וַיֵּ֑בְךְּ וּבִנְיָמִ֔ן בָּכָ֖ה
עַל־צַוָּארָֽיו׃ טו וַיְנַשֵּׁ֥ק לְכָל־אֶחָ֖יו וַיֵּ֣בְךְּ עֲלֵהֶ֑ם
וְאַֽחֲרֵי֙ כֵ֔ן דִּבְּר֥וּ אֶחָ֖יו אִתּֽוֹ׃ טז וְהַקֹּ֣ל נִשְׁמַ֗ע בֵּ֣ית

אונקלוס

יוֹסֵף שַׁוְּיַנִי יְיָ לְרִבּוֹן לְכָל־מִצְרָיִם חוּת לְוָתִי לָא־תִתְעַכַּב: י וְתִתֵּיב בְּאַרְעָא־
דְגֹשֶׁן וּתְהֵי קָרִיב לִי אַתְּ וּבְנָיךְ וּבְנֵי בְנָיךְ וְעָנָךְ וְתוֹרָךְ וְכָל־דִּי־לָךְ: יא וְאֵזוּן
יָתָךְ תַּמָּן אֲרֵי־עוֹד חֲמֵשׁ שְׁנִין כַּפְנָא דִלְמָא תִתְמַסְכַּן אַתְּ וֶאֱנָשׁ־בֵּיתָךְ וְכָל־דִּי
לָךְ: יב וְהָא עֵינֵיכוֹן חָזְיָן וְעֵינֵי אֲחִי בִנְיָמִין אֲרֵי־בְלִישָׁנְכוֹן אֲנָא מְמַלֵּל עִמְּכוֹן:
יג וּתְחַוּוֹן לְאַבָּא יָת־כָּל־יְקָרִי בְּמִצְרַיִם וְיָת כָּל־דִּי חֲזֵיתוּן וְתוֹחוּן וְתַחְתוּן יָת
אַבָּא הָכָא: יד וּנְפַל עַל־צַוְּרֵי בִנְיָמִין־אֲחוּהִי וּבְכָא וּבִנְיָמִן בְּכָא עַל־צַוְּרֵהּ:
טו וְנַשֵּׁק לְכָל־אֲחוֹהִי וּבְכָא עֲלֵיהוֹן וּבָתַר כֵּן מַלִּילוּ אֲחוֹהִי עִמֵּהּ: טז וְקָלָא

רש״י

(ט) ועלו אל אבי. אֶרֶץ יִשְׂרָאֵל גְּבוֹהָה מִכָּל הָאֲרָצוֹת: (יא) פן תורש. דִּלְמָא תִתְמַסְכַּן,
לְשׁוֹן מוֹרִישׁ וּמַעֲשִׁיר: (יב) והנה עיניכם ראות. בִּכְבוֹדִי, וְשֶׁאֲנִי אֲחִיכֶם שֶׁאֲנִי מָהוּל כְּכֶם,
וְעוֹד, כי פי המדבר אליכם בִּלְשׁוֹן הַקֹּדֶשׁ (ב״ר): ועיני אחי בנימין. הִשְׁוָה אֶת כֻּלָּם יַחַד
לוֹמַר, שֶׁכְּשֵׁם שֶׁאֵין לִי שִׂנְאָה עַל בִּנְיָמִין אָחִי, שֶׁהֲרֵי לֹא הָיָה בִמְכִירָתִי, כָּךְ אֵין בְּלִבִּי
שִׂנְאָה עֲלֵיכֶם: (יד) ויפל על צוארי בנימין אחיו ויבך. עַל שְׁנֵי מִקְדָּשׁוֹת שֶׁעֲתִידִין
לִהְיוֹת בְּחֶלְקוֹ שֶׁל בִּנְיָמִין וְסוֹפָן לֵחָרֵב: ובנימין בכה על צואריו. עַל מִשְׁכַּן שִׁילֹה
שֶׁעָתִיד לִהְיוֹת בְּחֶלְקוֹ שֶׁל יוֹסֵף וְסוֹפוֹ לֵחָרֵב: (טו) ואחרי כן. מֵאַחַר שֶׁרָאוּהוּ בוֹכֶה
וְלִבּוֹ שָׁלֵם עִמָּהֶם דברו אחיו אתו שֶׁמִּתְּחִלָּה הָיוּ בוֹשִׁים מִמֶּנּוּ: (טז) והקל נשמע

up to my father, and say unto him, Thus saith thy son, Joseph, God
hath made me lord of all Egypt: come down unto me, tarry not: 10And
thou shalt abide in the land of Goshen, and thou shalt be near unto me,
thou, and thy children, and thy children's children, and thy flocks,
and thy herds, and all that thou hast: 11And there will I nourish thee;
for yet there are five years of famine; lest thou, and thy household,
and all that thou hast, be impoverished. 12And, behold, your eyes see,
and the eyes of my brother Benjamin, that it is my mouth that speaketh
unto you. 13And ye shall tell my father of all my glory in Egypt, and
of all that ye have seen; and ye shall haste and bring down my father
hither. 14And he fell upon his brother Benjamin's neck, and wept; and
Benjamin wept upon his neck. 15Moreover he kissed all his brethren,
and wept upon them: and after that his brethren spake with him.
16And the fame thereof was heard in Pharaoh's house, saying, Joseph's

רש"י

and he bestowed on me the dignity of "Father of the king."[1] **(9)** ועלו אל אבי AND GO UP TO MY FATHER — *he said "go up"* because the land of Israel is situated higher than all *the neighbouring* countries. **(11)** פן תורש *The Targum renders this by* דלמא תתמסכן LEST THOU BE IMPOVERISHED,[2] *for the verb is of the same root as we find in* (1 Sam. II. 7) "The Lord maketh poor (מוריש) and maketh rich". **(12)** והנה עיניכם ראות AND, BEHOLD, YOUR EYES SEE my glory[3]), and that I am your brother, and further כי פי המדבר אליכם THAT IT IS MY MOUTH THAT SPEAKETH TO YOU in the Holy Language[4]) (Gen. R. 93). ועיני אחי בנימין [YOUR EYES] AND THE EYES OF MY BROTHER BENJAMIN — he mentions them separately and alike to imply: just as I harbour no hatred against Benjamin, my brother, for he was no party to selling me, so is my heart free from hatred against you (Meg. 16b). **(14)** ויפל על צוארי בנימן אחיו ויבך AND HE FELL UPON HIS BROTHER BENJAMIN'S NECK AND WEPT — for the Temples[5]) which were to be in Benjamin's territory and which would ultimately be laid in ruins. ובנימין בכה על צואריו AND BENJAMIN WEPT ON HIS NECK — for the Tabernacle of Shiloh which was to be in Joseph's territory and which would ultimately be laid in ruins (ib.) **(15)** ואחרי כן AND AFTER THAT — after they saw that he wept and realized that he was peaceably inclined towards them, דברו אחיו אתו HIS BRETHREN SPAKE WITH HIM — For at first they felt abashed before him. **(16)** והקל נשמע בית פרעה AND THE FAME THEREOF WAS HEARD IN PHARAOH'S

NOTES

1) See Appendix.

2) Not from the root ירש — "lest thou be dispossessed" like להוריש גוים. The Targum, says Rashi, does not take it from this root but from ירש "to become poor".

3) cf. v. 13; when you tell my father that you have seen my glory etc. he will be convinced that I am indeed able to fulfil my promise, to care for him in Egypt.

4) Without an interpreter, so Jacob will believe you that "I am Joseph" (v. 4).

5) See Appendix.

פַּרְעֹה לֵאמֹר בָּאוּ אֲחֵי יוֹסֵף וַיִּיטַב בְּעֵינֵי פַרְעֹה
וּבְעֵינֵי עֲבָדָיו׃ יז וַיֹּאמֶר פַּרְעֹה אֶל־יוֹסֵף אֱמֹר
אֶל־אַחֶיךָ זֹאת עֲשׂוּ טַעֲנוּ אֶת־בְּעִירְכֶם וּלְכוּ־בֹאוּ
אַרְצָה כְּנָעַן׃ יח וּקְחוּ אֶת־אֲבִיכֶם וְאֶת־בָּתֵּיכֶם
וּבֹאוּ אֵלָי וְאֶתְּנָה לָכֶם אֶת־טוּב אֶרֶץ מִצְרַיִם וְאִכְלוּ
אֶת־חֵלֶב הָאָרֶץ׃ רביעי יט וְאַתָּה צֻוֵּיתָה זֹאת עֲשׂוּ
קְחוּ־לָכֶם מֵאֶרֶץ מִצְרַיִם עֲגָלוֹת לְטַפְּכֶם וְלִנְשֵׁיכֶם
וּנְשָׂאתֶם אֶת־אֲבִיכֶם וּבָאתֶם׃ כ וְעֵינְכֶם אַל־תָּחֹס
עַל־כְּלֵיכֶם כִּי־טוּב כָּל־אֶרֶץ מִצְרַיִם לָכֶם הוּא׃
כא וַיַּעֲשׂוּ־כֵן בְּנֵי יִשְׂרָאֵל וַיִּתֵּן לָהֶם יוֹסֵף עֲגָלוֹת
עַל־פִּי פַרְעֹה וַיִּתֵּן לָהֶם צֵדָה לַדָּרֶךְ׃ כב לְכֻלָּם
נָתַן לָאִישׁ חֲלִפוֹת שְׂמָלֹת וּלְבִנְיָמִן נָתַן שְׁלֹשׁ מֵאוֹת
כֶּסֶף וְחָמֵשׁ חֲלִפֹת שְׂמָלֹת׃ כג וּלְאָבִיו שָׁלַח כְּזֹאת

אונקלוס

אִשְׁתְּמַע לְבֵית פַּרְעֹה לְמֵימַר עֲלוּ אֲחֵי יוֹסֵף וּשְׁפַר בְּעֵינֵי פַרְעֹה וּבְעֵינֵי עַבְדוֹהִי׃
יז וַאֲמַר פַּרְעֹה לְיוֹסֵף אֱמַר לַאֲחָיךְ דָּא עִיבִידוּ טְעוּנוּ יָת־בְּעִירְכוֹן וְאִזִילוּ־
אוֹבִילוּ לְאַרְעָא דִכְנָעַן׃ יח וּדְבָרוּ יָת־אֲבוּכוֹן וְיָת־אֱנָשׁ־בָּתֵּיכוֹן וְעוּלוּ לְוָתִי וְאֶתֵּן
לְכוֹן יָת־טוּב אַרְעָא דְמִצְרַיִם וְתֵיכְלוּן יָת־טוּבָא דְאַרְעָא׃ יט וְאַתְּ מְפַקְּדָא דָּא
עִיבִידוּ סִיבוּ־לְכוֹן מֵאַרְעָא דְמִצְרַיִם עֲגָלָן לְטַפְלֵיכוֹן וְלִנְשֵׁיכוֹן וְתִטְּלוּן יָת־
אֲבוּכוֹן וְתֵיתוּן׃ כ וְעֵינְכוֹן לָא־תְחוּס עַל־מָנֵיכוֹן אֲרֵי־טַב כָּל־אַרְעָא דְמִצְרַיִם
דִּלְכוֹן הוּא׃ כא וַעֲבָדוּ־כֵן בְּנֵי יִשְׂרָאֵל וִיהַב לְהוֹן יוֹסֵף עֲגָלָן עַל־מֵימַר פַּרְעֹה
וִיהַב לְהוֹן זְוָדִין לְאָרְחָא׃ כב לְכֻלְּהוֹן יְהַב לִגְבַר אִצְטְלָוָן דִּלְבוּשָׁא וּלְבִנְיָמִן יְהַב
תְּלָת מְאָה סִלְעִין־דִּכְסַף וַחֲמֵשׁ אִצְטְלָוָן דִּלְבוּשִׁין׃ כג וְלַאֲבוּהִי שְׁלַח כְּדָא

רש"י

בית פרעה. כְּמוֹ בְּבֵית פַּרְעֹה, וְזֶהוּ לְשׁוֹן בַּיִת מַמָּשׁ׃ (יז) טענו את בעירכם תְּבוּאָה׃ (יח) את טוב ארץ מצרים. אֶרֶץ גֹּשֶׁן. נְבָא, וְאֵינוֹ יוֹדֵעַ מַה נִּבָּא, סוֹפָהּ לַעֲשׂוֹתָהּ כִּמְצוּלָה שֶׁאֵין בָּהּ דָּגִים׃ חלב הארץ. כָּל חֵלֶב לְשׁוֹן מֵיטָב הוּא׃ (יט) ואתה צויתה. מִפִּי, לוֹמַר לָהֶם זֹאת עֲשׂוּ. כָּךְ אֱמוֹר לָהֶם, שֶׁבִּרְשׁוּתִי הוּא׃ (כג) שלח כזאת. כַּחֶשְׁבּוֹן הַזֶּה. וּמַהוּ הַחֶשְׁבּוֹן? עשרה חמרים וגו'׃

brethren are come: and it was good in the eyes of Pharaoh and in the
eyes of his servants. [17]And Pharaoh said unto Joseph, Say unto thy
brethren, This do ye; lade your beasts, and go, come unto the land of
Canaan; [18]And take your father and your households, and come unto
me: and I will give you the best of the land of Egypt, and ye shall eat
the fat of the land. [19]Now thou art commanded, this do ye; take you
wagons out of the land of Egypt for your little ones, and for your
wives, and bring your father, and come. [20]Also regard not your stuff;
for the best of all the land of Egypt is your's. [21]And the child-
ren of Israel did so: and Joseph gave them wagons, according to
the command of Pharaoh, and gave them provision for the way.
[22]To all of them he gave each man changes of raiment; but to
Benjamin he gave three hundred pieces of silver, and five changes
of raiment. [23]And to his father he sent after this manner; ten

רש"י

HOUSE — It is the same as בבית, in the house of Pharoah and here it denotes the actual house (cp. v. 2). **(17)** טענו את בעירכם LADE YOUR BEASTS with grain. **(18)** את טוב ארץ מצרים THE BEST OF THE LAND OF EGYPT — viz., the district of Goshen. He prophesied without knowing what he was prophesying *when he said "I shall give you the best of the land of Egypt"*, for ultimately they were to make it like the depths of the sea[1]) in which there are no fish (i. e. that they would carry away the best of the land when they would leave Egypt). חלב הארץ THE FAT OF THE LAND — The word חלב always denotes the best part of a thing. **(19)** ואתה צויתה NOW THOU ART COMMANDED — *supply the words* by me (lit., by my mouth) to say unto them זאת עשו THIS DO YE — Thus tell them: that it is *done* with my permission. **(23)** שלח כזאת HE SENT AFTER THIS MANNER — according to this amount. And what was the amount? עשרה חמרים וגו'

NOTES

1) מצולה in Hebrew; a play on Exod. XII. 36. וינצלו את מצרים "And they despoiled Egypt".

עֲשָׂרָה חֲמֹרִים נֹשְׂאִים מִטּוּב מִצְרָיִם וְעֶשֶׂר
אֲתֹנֹת נֹשְׂאֹת בָּר וָלֶחֶם וּמָזוֹן לְאָבִיו לַדָּרֶךְ׃
כד וַיְשַׁלַּח אֶת־אֶחָיו וַיֵּלֵכוּ וַיֹּאמֶר אֲלֵהֶם אַל־תִּרְגְּזוּ
בַּדָּרֶךְ׃ כה וַיַּעֲלוּ מִמִּצְרָיִם וַיָּבֹאוּ אֶרֶץ כְּנַעַן אֶל־
יַעֲקֹב אֲבִיהֶם׃ כו וַיַּגִּדוּ לוֹ לֵאמֹר עוֹד יוֹסֵף חַי
וְכִי־הוּא מֹשֵׁל בְּכָל־אֶרֶץ מִצְרָיִם וַיָּפָג לִבּוֹ כִּי
לֹא־הֶאֱמִין לָהֶם׃ כז וַיְדַבְּרוּ אֵלָיו אֵת כָּל־דִּבְרֵי
יוֹסֵף אֲשֶׁר דִּבֶּר אֲלֵהֶם וַיַּרְא אֶת־הָעֲגָלוֹת אֲשֶׁר־
שָׁלַח יוֹסֵף לָשֵׂאת אֹתוֹ וַתְּחִי רוּחַ יַעֲקֹב אֲבִיהֶם׃
חמישי כח וַיֹּאמֶר יִשְׂרָאֵל רַב עוֹד־יוֹסֵף בְּנִי חָי אֵלְכָה

אונקלוס

עַסְרָא חֲמָרִין טְעִינִין מִטּוּבָא דְמִצְרָיִם וַעֲסַר אַתְנָן טְעִינָן עִיבוּר וּלְחֵם וּזְוָדִין
לַאֲבוּהִי לְאָרְחָא׃ כד וְשַׁלַּח יָת־אֲחוֹהִי וַאֲזַלוּ וַאֲמַר לְהוֹן לָא־תִתְנַצּוּן בְּאָרְחָא׃
כה וּסְלִיקוּ מִמִּצְרָיִם וַאֲתוֹ לְאַרְעָא דִכְנַעַן לְוָת־יַעֲקֹב אֲבוּהוֹן׃ כו וְחַוִּיאוּ לֵהּ
לְמֵימַר עוֹד־כְּעַן יוֹסֵף קַיָּם וַאֲרֵי־הוּא שַׁלִּיט בְּכָל־אַרְעָא דְמִצְרָיִם וַהֲווֹ מִלַּיָּא
פָּיְגָן עַל־לִבֵּהּ אֲרֵי לָא־הֵימִין לְהוֹן׃ כז וּמַלִּילוּ עִמֵּהּ יָת כָּל־פִּתְגָּמֵי יוֹסֵף דִּי
מַלִּיל עִמְּהוֹן וַחֲזָא יָת־עֲגַלָתָא דִּשְׁלַח יוֹסֵף לְמִטַּל יָתֵהּ וּשְׁרַת רוּחַ נְבוּאָה לְוָת־
יַעֲקֹב אֲבוּהוֹן׃ כח וַאֲמַר יִשְׂרָאֵל סַגִּי־לִי־חֶדְוָא עַד־כְּעַן יוֹסֵף בְּרִי קַיָּם אֵיזִיל

רש"י

מטוב מצרים. מָצִינוּ בַּתַּלְמוּד שֶׁשָּׁלַח לוֹ יַיִן יָשָׁן, שֶׁדַּעַת זְקֵנִים נוֹחָה הֵימֶנּוּ. וּמִדְרָשׁ אַגָּדָה: גְּרִיסִין שֶׁל פּוֹל: בר ולחם. כְּתַרְגּוּמוֹ: ומזון. לִפְתָּן: (כד) אל תרגזו בדרך. אַל תִּתְעַסְּקוּ בִּדְבַר הֲלָכָה שֶׁלֹּא תִרְגַּז עֲלֵיכֶם הַדֶּרֶךְ. דָּ"אַ: אַל תַּפְסִיעוּ פְּסִיעָה גַסָּה, וְהִכָּנְסוּ בְחַמָּה לָעִיר; וּלְפִי פְּשׁוּטוֹ שֶׁל מִקְרָא יֵשׁ לוֹמַר, לְפִי שֶׁהָיוּ נִכְלָמִים, הָיָה דוֹאֵג, שֶׁמָּא יָרִיבוּ בַּדֶּרֶךְ עַל דְּבַר מְכִירָתוֹ, לְהִתְוַכֵּחַ זֶה עִם זֶה וְלוֹמַר: עַל יָדְךָ נִמְכַּר, אַתָּה סִפַּרְתָּ לְשׁוֹן הָרָע עָלָיו, וְגָרַמְתָּ לָנוּ לִשְׂנֹאתוֹ: (כו) וכי הוא משל. וַאֲשֶׁר הוּא מוֹשֵׁל: ויפג לבו. נֶחֱלַף לִבּוֹ וְהָלַךְ מִלְּהַאֲמִין, לֹא הָיָה לִבּוֹ פוֹנֶה אֶל הַדְּבָרִים, לְשׁוֹן מְפוּגָיו טַעְמָן בִּלְשׁוֹן מִשְׁנָה. וּכְמוֹ: מֵאֵין הֲפֻגוֹת (איכה ג׳); וְרֵיחוֹ לֹא נָמָר (ירי׳ מ״ח), מְתַרְגְּמִינַן וְרֵיחֵיהּ לָא פָג: (כז) את כל דברי יוסף. סִימָן מָסַר לָהֶם בַּמֶּה הָיָה עוֹסֵק כְּשֶׁפֵּרַשׁ מִמֶּנּוּ — בְּפָרָשַׁת עֶגְלָה עֲרוּפָה, וְזֶהוּ שֶׁנֶּאֱמַר: וירא את העגלות אשר שלח יוסף, וְלֹא נֶאֱמַר אֲשֶׁר שָׁלַח פַּרְעֹה: ותחי רוח יעקב. שָׁרְתָה עָלָיו שְׁכִינָה, שֶׁפֵּרְשָׁה מִמֶּנּוּ: (כח) רב. רַב לִי עוֹד שִׂמְחָה וְחֶדְוָה הוֹאִיל וְעוֹד יוֹסֵף בְּנִי חָי:

asses bearing of the best things of Egypt, and ten she asses bearing
corn and bread and sustenance for his father by the way.
24 So he sent
his brethren away, and they went: and he said unto them, See that ye
be not agitated by the way.
25 And they went up out of Egypt,
and came into the land of Canaan unto Jacob their father,
26 And
told him, saying, Joseph is yet alive, and he is ruler over all the
land of Egypt. And Jacob's heart continued cold, for he believed
them not.
27 And they spake to him all the words of Joseph, which
he had said unto them: and when he saw the wagons which Joseph
had sent to bear him, the spirit of Jacob their father revived:
28 And Israel said, It is enough; Joseph my son is yet alive: I will go
and see him before I die.

רש״י

ten asses etc.[1]) (i. e. as much as ten asses could carry). מטוב מצרים OF THE BEST THINGS OF EGYPT — We find it stated in the Talmud (Meg. 16b) that he sent him old wine which old people like very much. The Midrash *states that he sent him* split beans.[2]) (Gen. R. 94). בר ולחם CORN AND BREAD — *understand this* as the Targum *renders it.* ומזון *means* things that are eaten together with bread. **(24)** אל תרגזו בדרך BE NOT AGITATED BY THE WAY — Do not busy yourselves with Halachic discussions lest the road become unsteady for you (i. e. lest you lose your way). Another explanation is: Do not take very long steps[3]) and enter the town *where you will stay over night* while the sun is still shining. According to the plain sense of the verse, however, it must be explained thus: Because they felt ashamed he feared that they might quarrel on the way about his having been sold, arguing one with another. *One would say:* "It was through you he was sold". *Another:* "It was you who made slanderous statements about him and caused us to hate him". **(26)** וכי הוא משל — *the word* וכי *is used here in the sense of* אשר *"that":* AND THAT HE WAS RULER. ויפג לבו AND JACOB'S HEART CONTINUED COLD — his heart passed away (נחלף) and ceased to believe — his heart took no notice of their words. *The word* ויפג *has the same meaning as* (Betsa 14a) "*all* spices let their taste pass away (מפיגין)" (i. e. lose their taste) in Mishnaic Hebrew. Similar is (Lam. III. 49) "without (הפגות) intermission". *The words* (Jer. XLVIII. 11) "and his scent is not changed (נמר)" is rendered in the Targum by "and his scent has not פג[4])". **(27)** את כל דברי יוסף ALL THE WORDS OF JOSEPH — As evidence *that it was Joseph who was sending this message* he had informed them of the *religious* subject he had been studying *with his father* at the time when he left him, viz., the section of the Heifer (עגלה) that had its neck broken (Deut. XXI. 6). It is to this that Scripture refers in the words "And he saw (i. e. comprehended the meaning of) the עגלות (here to be taken in sense of Heifer) which Joseph had sent — and it does not state "which Pharaoh had sent" (as one would expect if עגלות meant wagons) (Gen. R. 94). ותחי רוח יעקב THE SPIRIT OF JACOB [THEIR FATHER] REVIVED — The Shechinah that had departed from him[5]), rested again upon him (cf. Onkelos). **(28)** רב ENOUGH or MUCH — Much joy and pleasure is still in store for me, since my son Joseph is yet alive.

NOTES

1) כזאת does not mean after the same manner as mentioned above, for he sent no money or clothes to his father.

2) These were supposed to exercise a soothing effect upon people. Cf. Jer. Joma I. 39a where it is stated that on the Eve of the Day of Atonement the High Priest was not permitted to eat split beans because their effect was to induce sleep.

3) See Appendix.

4) נמר means to be changed, same as Hebrew נחלף; and as נמר is rendered in the Targum by פג, this latter may mean נחלף which denotes passing away as well as changing.

5) During the time Jacob was in trouble the Divine Presence did not rest upon him because it does not rest upon men in times of sorrow. Cf. Pes. 117a.

228 בראשית מו ויגש

וְאֶרְאֶנּוּ בְּטֶרֶם אָמוּת: מו א וַיִּסַּע יִשְׂרָאֵל וְכָל־
אֲשֶׁר־לוֹ וַיָּבֹא בְּאֵרָה שָּׁבַע וַיִּזְבַּח זְבָחִים לֵאלֹהֵי
אָבִיו יִצְחָק: ב וַיֹּאמֶר אֱלֹהִים ׀ לְיִשְׂרָאֵל בְּמַרְאֹת
הַלַּיְלָה וַיֹּאמֶר יַעֲקֹב ׀ יַעֲקֹב וַיֹּאמֶר הִנֵּנִי: ג וַיֹּאמֶר
אָנֹכִי הָאֵל אֱלֹהֵי אָבִיךָ אַל־תִּירָא מֵרְדָה מִצְרַיְמָה
כִּי־לְגוֹי גָּדוֹל אֲשִׂימְךָ שָׁם: ד אָנֹכִי אֵרֵד עִמְּךָ
מִצְרַיְמָה וְאָנֹכִי אַעַלְךָ גַם־עָלֹה וְיוֹסֵף יָשִׁית יָדוֹ
עַל־עֵינֶיךָ: ה וַיָּקָם יַעֲקֹב מִבְּאֵר שָׁבַע וַיִּשְׂאוּ בְנֵי־
יִשְׂרָאֵל אֶת־יַעֲקֹב אֲבִיהֶם וְאֶת־טַפָּם וְאֶת־נְשֵׁיהֶם
בָּעֲגָלוֹת אֲשֶׁר־שָׁלַח פַּרְעֹה לָשֵׂאת אֹתוֹ: ו וַיִּקְחוּ
אֶת־מִקְנֵיהֶם וְאֶת־רְכוּשָׁם אֲשֶׁר רָכְשׁוּ בְּאֶרֶץ
כְּנַעַן וַיָּבֹאוּ מִצְרָיְמָה יַעֲקֹב וְכָל־זַרְעוֹ אִתּוֹ: ז בָּנָיו

אונקלוס

וְאֶחֱזֵנֵּהּ עַד־לָא אְמוּת: א וּנְטַל יִשְׂרָאֵל וְכָל־דִּי־לֵהּ וַאֲתָא לִבְאֵר שֶׁבַע וְדַבַּח
דִּבְחִין לֵאלָהֵהּ דַּאֲבוּהִי יִצְחָק: ב וַאֲמַר יְיָ ׀ לְיִשְׂרָאֵל בְּחֶזְוֵי דְלֵילְיָא וַאֲמַר יַעֲקֹב ׀
יַעֲקֹב וַאֲמַר הָא־אֲנָא: ג וַאֲמַר אֲנָא אֵל אֱלָהָא דַּאֲבוּךְ לָא־תִדְחַל מִלְּמֵיחַת
לְמִצְרַיִם אֲרֵי־לְעַם סַגִּי אֲשַׁוֵּינָךְ תַּמָּן: ד אֲנָא אֵחוֹת עִמָּךְ לְמִצְרַיִם וַאֲנָא אַסֵּקִנָּךְ
אַף־אַסָּקָא וְיוֹסֵף יְשַׁוֵּי יְדוֹהִי עַל עֵינָךְ: ה וְקָם יַעֲקֹב מִבְּאֵרָא דְשֶׁבַע וּנְטַלוּ
בְנֵי־יִשְׂרָאֵל יָת־יַעֲקֹב אֲבוּהוֹן וְיָת־טַפְלְהוֹן וְיָת־נְשֵׁיהוֹן בַּעֲגָלָתָא דִּי־שְׁלַח פַּרְעֹה
לְמִטַּל יָתֵהּ: ו וּדְבַרוּ יָת־גֵּיתֵיהוֹן וְיָת־קִנְיָנְהוֹן דִּי קְנוֹ בְּאַרְעָא דִכְנַעַן וַאֲתוֹ
לְמִצְרָיִם יַעֲקֹב וְכָל־בְּנוֹהִי עִמֵּהּ: ז בְּנוֹהִי וּבְנֵי בְנוֹהִי עִמֵּהּ בְּנָתֵהּ וּבְנַת בְּנוֹהִי

רש״י

מו (א) בארה שבע. כְּמוֹ לִבְאֵר שָׁבַע; הֵ״א בְּסוֹף תֵּיבָה בִּמְקוֹם לָמֶ״ד בִּתְחִלָּתָהּ: לאלהי
אביו יצחק. חַיָּב אָדָם בִּכְבוֹד אָבִיו יוֹתֵר מִבִּכְבוֹד זְקֵנוֹ, לְפִיכָךְ תָּלָה בְּיִצְחָק וְלֹא בְּאַבְרָהָם:
(ב) יעקב יעקב. לְשׁוֹן חִבָּה: (ג) אל תירא מרדה מצרימה. לְפִי שֶׁהָיָה מֵצֵר עַל שֶׁנִּזְקַק לָצֵאת
לְחוּצָה לָאָרֶץ: (ד) ואנכי אעלך. הִבְטִיחוֹ לִהְיוֹת נִקְבָּר בָּאָרֶץ: (ו) אשר רכשו בארץ כנען. אֲבָל מַה
שֶּׁרָכַשׁ בְּפַדַּן אֲרָם נָתַן הַכֹּל לְעֵשָׂו בִּשְׁבִיל חֶלְקוֹ בִּמְעָרַת הַמַּכְפֵּלָה; אָמַר: נִכְסֵי חוּצָה לָאָרֶץ אֵינָן
כְּדַאי לִי, וְזֶהוּ אֲשֶׁר כָּרִיתִי לִי. הֶעֱמִיד לוֹ צִבּוּרִין שֶׁל זָהָב וָכֶסֶף כְּמִין כְּרִי וְאָמַר לוֹ: טוֹל אֶת אֵלּוּ:

46. ¹And Israel journeyed with all that he had, and came to Beer-sheba, and sacrificed sacrifices unto the God of his father Isaac. ²And God said unto Israel in the visions of the night, and said, Jacob, Jacob. And he said, Here am I. ³And he said, I am the mighty God, the God of thy father: fear not to go down into Egypt; for I will there make of thee a great nation: ⁴I will go down with thee into Egypt; and I myself will also surely bring thee up again: and Joseph shall set his hand upon thine eyes. ⁵And Jacob rose from Beer-sheba: and the sons of Israel carried Jacob their father, and their little ones, and their wives, in the wagons which Pharaoh had sent to carry him. ⁶And they took their cattle, and their substance, which they had gotten in the land of Canaan, and came into Egypt, Jacob, and all his seed with him:

רש״י

46. (1) בארה שבע is the same as לבאר שבע TO BEERSHEBA. The suffix ה replaces the prefix ל *locale.* לאלהי אביו יצחק TO THE GOD OF HIS FÁTHER, ISAAC — The duty of honouring one's father is more imperative then that of honouring one's grandfather; therefore the sacrifices are associated with *the name of* Isaac and not with *that of* Abraham. **(2)** יעקב יעקב JACOB, JACOB — *The repetition of the name is* a mark of affection (Sifré 1). **(3)** אל תירא מרדה מצרימה FEAR NOT TO GO DOWN TO EGYPT — *God said this to him* because he was grieved that he was compelled to leave the Land *of Israel.* **(4)** ואנכי אעלך AND I MYSELF WILL ALSO SURELY BRING THEE UP AGAIN — *Here* He promised him that he would be buried in the Holy Land. **(6)** אשר רכשו בארץ כנען WHICH THEY HAD GOTTEN IN THE LAND OF CANAAN — But all that he had gotten in Padan-aram he gave to Esau in payment for his share in the Cave of Machpelah. He said, "The possessions I obtained outside Palestine are of no value to me". It is to this that the words refer (L. 5 "[Bury me in my burying-place] which כריתי¹)" I obtained for myself by means of a כרי. He placed before him (Esau) piles of gold and silver like a heap (כרי) *of corn* and said to him, "Take these

NOTES

¹) כריתי play on כרי = pile: I paid piles of gold and silver for it.

וּבְנֵי בָנָיו אִתּוֹ בְּנֹתָיו וּבְנוֹת בָּנָיו וְכָל־זַרְעוֹ הֵבִיא
אִתּוֹ מִצְרָיְמָה: ס ח וְאֵלֶּה שְׁמוֹת בְּנֵי־יִשְׂרָאֵל
הַבָּאִים מִצְרַיְמָה יַעֲקֹב וּבָנָיו בְּכֹר יַעֲקֹב רְאוּבֵן:
ט וּבְנֵי רְאוּבֵן חֲנוֹךְ וּפַלּוּא וְחֶצְרֹן וְכַרְמִי: י וּבְנֵי
שִׁמְעוֹן יְמוּאֵל וְיָמִין וְאֹהַד וְיָכִין וְצֹחַר וְשָׁאוּל בֶּן־
הַכְּנַעֲנִית: יא וּבְנֵי לֵוִי גֵּרְשׁוֹן קְהָת וּמְרָרִי: יב וּבְנֵי
יְהוּדָה עֵר וְאוֹנָן וְשֵׁלָה וָפֶרֶץ וָזָרַח וַיָּמָת עֵר וְאוֹנָן
בְּאֶרֶץ כְּנַעַן וַיִּהְיוּ בְנֵי־פֶרֶץ חֶצְרֹן וְחָמוּל: יג וּבְנֵי
יִשָּׂשכָר תּוֹלָע וּפֻוָּה וְיוֹב וְשִׁמְרֹן: יד וּבְנֵי זְבֻלוּן סֶרֶד
וְאֵלוֹן וְיַחְלְאֵל: טו אֵלֶּה ׀ בְּנֵי לֵאָה אֲשֶׁר יָלְדָה
לְיַעֲקֹב בְּפַדַּן אֲרָם וְאֵת דִּינָה בִתּוֹ כָּל־נֶפֶשׁ בָּנָיו
וּבְנוֹתָיו שְׁלֹשִׁים וְשָׁלֹשׁ: טז וּבְנֵי גָד צִפְיוֹן וְחַגִּי שׁוּנִי
וְאֶצְבֹּן עֵרִי וַאֲרוֹדִי וְאַרְאֵלִי: יז וּבְנֵי אָשֵׁר יִמְנָה

אונקלוס

וְכָל־זַרְעֵהּ אָעֵיל עִמֵּהּ לְמִצְרָיִם: ח וְאִלֵּין שְׁמָהַת בְּנֵי־יִשְׂרָאֵל דְּעָלוּ לְמִצְרַיִם
יַעֲקֹב וּבְנוֹהִי בּוּכְרָא דְיַעֲקֹב רְאוּבֵן: ט וּבְנֵי רְאוּבֵן חֲנוֹךְ וּפַלּוּא וְחֶצְרוֹן וְכַרְמִי:
י וּבְנֵי שִׁמְעוֹן יְמוּאֵל וְיָמִין וְאֹהַד וְיָכִין וְצֹחַר וְשָׁאוּל בַּר־כְּנַעֲנֵיתָא: יא וּבְנֵי לֵוִי
גֵּרְשׁוֹן קְהָת וּמְרָרִי: יב וּבְנֵי יְהוּדָה עֵר וְאוֹנָן וְשֵׁלָה וְפֶרֶץ וְזָרַח וּמִית עֵר וְאוֹנָן
בְּאַרְעָא דִכְנַעַן וַהֲווֹ בְנֵי־פֶרֶץ חֶצְרוֹן וְחָמוּל: יג וּבְנֵי יִשָּׂשכָר תּוֹלָע וּפֻוָּה וְיוֹב
וְשִׁמְרוֹן: יד וּבְנֵי זְבֻלוּן סֶרֶד וְאֵלוֹן וְיַחְלְאֵל: טו אִלֵּין בְּנֵי לֵאָה דִּילֵידַת לְיַעֲקֹב
בְּפַדַּן אֲרָם וְיָת דִּינָה בְרַתֵּהּ כָּל־נְפַשׁ בְּנוֹהִי וּבְנָתֵהּ תְּלָתִין וּתְלָת: טז וּבְנֵי גָד
צִפְיוֹן וְחַגִּי שׁוּנִי וְאֶצְבּוֹן עֵרִי וַאֲרוֹדִי וְאַרְאֵלִי: יז וּבְנֵי אָשֵׁר יִמְנָה וְיִשְׁוָה וְיִשְׁוִי

רש"י

(ז) ובנות בניו. סֶרַח בַּת אָשֵׁר וְיוֹכֶבֶד בַּת לֵוִי: (ח) הבאים מצרימה. עַל שֵׁם הַשָּׁעָה קוֹרֵא לָהֶם הַכָּתוּב בָּאִים, וְאֵין לִתְמוֹהַּ עַל אֲשֶׁר לֹא כָתַב אֲשֶׁר בָּאוּ: (י) בן הכנענית. בֶּן דִּינָה שֶׁנִּבְעֲלָה לִכְנַעֲנִי; כְּשֶׁהָרְגוּ אֶת שְׁכֶם לֹא הָיְתָה דִינָה רוֹצָה לָצֵאת עַד שֶׁנִּשְׁבַּע לָהּ שִׁמְעוֹן שֶׁיִּשָּׂאֶנָּה (ב"ר): (טו) אלה בני לאה, ואת דינה בתו. הַזְּכָרִים תָּלָה בְלֵאָה, וְהַנְּקֵבָה תָּלָה בְיַעֲקֹב, לְלַמֶּדְךָ, אִשָּׁה מַזְרַעַת תְּחִלָּה יוֹלֶדֶת זָכָר, אִישׁ מַזְרִיעַ תְּחִלָּה יוֹלֶדֶת נְקֵבָה: שלשים ושלש. וּבִפְרָטָן אִי אַתָּה מוֹצֵא אֶלָּא שְׁלֹשִׁים וּשְׁנַיִם, אֶלָּא זוֹ יוֹכֶבֶד שֶׁנּוֹלְדָה בֵּין הַחוֹמוֹת בִּכְנִיסָתָן לָעִיר

⁷His sons, and his sons' sons with him, his daughters, and his sons' daughters, and all his seed brought he with him into Egypt. ⁸And these are the names of the children of Israel, who came into Egypt, Jacob and his sons: Reuben, Jacob's firstborn. ⁹And the sons of Reuben; Hanoch, and Phallu, and Hezron, and Carmi. ¹⁰And the sons of Simeon; Jemuel, and Jamin, and Ohad, and Jachin, and Zohar, and Shaul, the son of the Canaanitish woman. ¹¹And the sons of Levi; Gershon, Kohath, and Merari. ¹²And the sons of Judah: Er, and Onan, and Shelah, and Pharez, and Zarah: but Er and Onan died in the land of Canaan. And the sons of Pharez were Hezron and Hamul. ¹³And the sons of Issachar. Tola, and Phuvah, and Job, and Shimron. ¹⁴And the sons of Zebulun; Sered, and Elon, and Jahleel. ¹⁵These are the sons of Leah, whom she bare unto Jacob in Padan-aram, with his daughter Dinah: all the souls of his sons and his daughters were thirty and three. ¹⁶And the sons of Gad; Ziphion, and Haggi, Shumi, and Ezbon, Eri, and Arodi, and Areli. ¹⁷And the sons of Asher; Jimnah,

רש"י

in exchange for your share in the Cave of Machpelah" (Tanch.). (7) ובנות בניו HIS SON'S DAUGHTERS — these were Serah, the daughter of Asher, and Jochebed, the daughter of Levi. (8) הבאים מצרימה WHO CAME INTO EGYPT — Relative to that time *when they were going to Egypt* Scripture calls them "t h o s e w h o w e r e c o m i n g" *to Egypt* (the participle) and one, therefore, need not be surprised that it does not state אשר באו "who came" (the perfect tense). (10) בן הכנענית THE SON OF THE CANAANITISH WOMAN *means* the son of D i n a h, who had been associated with a Canaanite (Shechem). When they (her brothers) had killed Shechem, Dinah refused to leave *the city* until Simeon swore to her that he would marry her *and regard the child she was about to bear as his own* (cf. Gen. R. 80). (15) אלה בני לאה ואת דינה בתו THESE ARE THE SONS OF LEAH ...... WITH HIS DAUGHTER DINAH. — Scripture associates the men with *the name of* Leah and the women with *that of* Jacob for the reason given the Talmud (Nidda 31a). שלשים ושלש THIRTY THREE — But in the enumeration above you will find only thirty-two. *The one whose name is omitted* is Jochebed who was born "between the walls" just as they entered the *border* city, as it is said

וְיִשְׁוָה וְיִשְׁוִי וּבְרִיעָה וְשֶׂרַח אֲחֹתָם וּבְנֵי בְרִיעָה
חֶבֶר וּמַלְכִּיאֵל: יח אֵלֶּה בְּנֵי זִלְפָּה אֲשֶׁר־נָתַן לָבָן
לְלֵאָה בִתּוֹ וַתֵּלֶד אֶת־אֵלֶּה לְיַעֲקֹב שֵׁשׁ עֶשְׂרֵה
נָפֶשׁ: יט בְּנֵי רָחֵל אֵשֶׁת יַעֲקֹב יוֹסֵף וּבִנְיָמִן: כ וַיִּוָּלֵד
לְיוֹסֵף בְּאֶרֶץ מִצְרַיִם אֲשֶׁר יָלְדָה־לּוֹ אָסְנַת בַּת־
פּוֹטִי פֶרַע כֹּהֵן אֹן אֶת־מְנַשֶּׁה וְאֶת־אֶפְרָיִם:
כא וּבְנֵי בִנְיָמִן בֶּלַע וָבֶכֶר וְאַשְׁבֵּל גֵּרָא וְנַעֲמָן אֵחִי
וָרֹאשׁ מֻפִּים וְחֻפִּים וָאָרְדְּ: כב אֵלֶּה בְּנֵי רָחֵל אֲשֶׁר
יֻלַּד לְיַעֲקֹב כָּל־נֶפֶשׁ אַרְבָּעָה עָשָׂר: כג וּבְנֵי־דָן
חֻשִׁים: כד וּבְנֵי נַפְתָּלִי יַחְצְאֵל וְגוּנִי וְיֵצֶר וְשִׁלֵּם:
כה אֵלֶּה בְּנֵי בִלְהָה אֲשֶׁר־נָתַן לָבָן לְרָחֵל בִּתּוֹ וַתֵּלֶד
אֶת־אֵלֶּה לְיַעֲקֹב כָּל־נֶפֶשׁ שִׁבְעָה: כו כָּל־הַנֶּפֶשׁ
הַבָּאָה לְיַעֲקֹב מִצְרַיְמָה יֹצְאֵי יְרֵכוֹ מִלְּבַד נְשֵׁי

אונקלוס

וּבְרִיעָה וְשֶׂרַח אֲחָתְהוֹן וּבְנֵי בְרִיעָה חֶבֶר וּמַלְכִּיאֵל: יח אִלֵּין בְּנֵי זִלְפָּה דִּיהַב
לָבָן לְלֵאָה בְרַתֵּהּ וִילֵידַת יָת־אִלֵּין לְיַעֲקֹב שִׁית עַסְרֵי נַפְשָׁא: יט בְּנֵי רָחֵל
אִתַּת יַעֲקֹב יוֹסֵף וּבִנְיָמִן: כ וְאִתְיְלִידוּ לְיוֹסֵף בְּאַרְעָא דְמִצְרַיִם דִּילֵידַת־לֵהּ
אָסְנַת בַּת־פּוֹטִי פֶרַע רַבָּא דְאוֹן יָת־מְנַשֶּׁה וְיָת־אֶפְרָיִם: כא וּבְנֵי בִנְיָמִן בֶּלַע
וָבֶכֶר וְאַשְׁבֵּל גֵּרָא וְנַעֲמָן אֵחִי וָרֹאשׁ מֻפִּים וְחֻפִּים וָאָרְדְּ: כב אִלֵּין בְּנֵי רָחֵל
דְּאִתְיְלִידוּ לְיַעֲקֹב כָּל־נַפְשָׁא אַרְבְּעָה עֲשַׂר: כג וּבְנֵי־דָן חֻשִׁים: כד וּבְנֵי נַפְתָּלִי
יַחְצְאֵל וְגוּנִי וְיֵצֶר וְשִׁלֵּם: כה אִלֵּין בְּנֵי בִלְהָה דִּיהַב לָבָן לְרָחֵל בְּרַתֵּהּ וִילֵידַת
יָת־אִלֵּין לְיַעֲקֹב כָּל־נַפְשָׁא שַׁבְעָא: כו כָּל־נַפְשָׁא דְּעָלָא לְיַעֲקֹב לְמִצְרַיִם נָפְקֵי

רש"י

שֶׁנֶּאֱמַר, אֲשֶׁר יָלְדָה אוֹתָהּ לְלֵוִי בְּמִצְרָיִם — לֵדָתָהּ בְּמִצְרַיִם וְאֵין הוֹרָתָהּ בְּמִצְרָיִם: (יט) בני רחל
אשת יעקב. וּבְכֻלָּן לֹא נֶאֱמַר בָּהֶן אֵשֶׁת, אֶלָּא שֶׁהָיְתָה עִקָּרוֹ שֶׁל בַּיִת: (כו) כל הנפש הבאה ליעקב.
שֶׁיָּצְאוּ מֵאֶרֶץ כְּנַעַן לָבֹא לְמִצְרַיִם; וְאֵין "הַבָּאָה" זוֹ לְשׁוֹן עָבָר, אֶלָּא לְשׁוֹן הוֹוֶה, כְּמוֹ: בָּעֶרֶב הִיא
בָאָה (אסתר ב'), וּכְמוֹ וְהִנֵּה רָחֵל בִּתּוֹ בָּאָה עִם הַצֹּאן (בר' כ"ט), לְפִיכָךְ טַעֲמוֹ לְמַטָּה בְּאָלֶ"ף; לְפִי
שֶׁכְּשֶׁיָּצְאוּ לָ"א מֵאֶרֶץ כְּנַעַן לֹא הָיוּ אֶלָּא שִׁשִּׁים וָשֵׁשׁ. וְהַשֵּׁנִי, כָּל הַנֶּפֶשׁ לְבֵית יַעֲקֹב הַבָּאָה מִצְרַיְמָה

and Ishuah, and Isui, and Beriah, and Serah their sister: and the sons of Beriah; Heber, and Malchiel. ¹⁸These are the sons of Zilpah, whom Laban gave to Leah his daughter, and these she bare unto Jacob, even sixteen souls. ¹⁹The sons of Rachel Jacob's wife; Joseph, and Benjamin. ²⁰And unto Joseph in the land of Egypt were born Manasseh and Ephraim, whom Asenath the daughter of Poti-pherah priest of On bare unto him. ²¹And the sons of Benjamin were Belah, and Becher, and Ashbel, Gera, and Naaman, Ehi, and Rosh, Muppim, and Huppim, and Ard. ²²These are the sons of Rachel, who were born to Jacob: all the souls were fourteen. ²³And the sons of Dan; Hushim. ²⁴And the sons of Naphtali; Jahzeel, and Guni, and Jezer, and Shillem. ²⁵These are the sons of Bilhah, whom Laban gave unto Rachel his daughter, and she bare these unto Jacob: all the souls were seven. ²⁶All the souls that came with Jacob into Egypt, that came out of his loins, besides Ja-

רש״י

(Num. XXVI. 59) "Jochebed, the daughter of Levi, whom her mother bore to Levi in Egypt — she was born in Egypt, but she was not conceived in Egypt (Sotah 12a). **(19)** בני רחל אשת יעקב THE SONS OF RACHEL, JACOB'S WIFE — In the case of all *the other wives of Jacob* the term אשת "wife" is not mentioned. But *the reason is* because she was the chief mistress of the household (Gen. R. 71)¹). **(26)** כל הנפש הבאה ליעקב EVERY SOUL THAT WAS COMING WITH JACOB — *every soul* that left Canaan to go to Egypt. The word הבאה, here, is not a perfect tense, but a participle *with a relative present sense* — just as (Est. II. 4) "In the evening she (באה) was coming" and (XXIX. 7) "and, behold, Rachel his daughter is coming (באה)" and therefore the accent is on the last syllable, on the א, because when they left, coming from the land of Canaan, they were only sixty-six. But *at* the second *mention of this word* (v. 27) — "every soul of the house of Jacob, which came (הבאה)

NOTES

¹) See Note on XXXI. 4.

בְּנֵי־יַעֲקֹב כָּל־נֶפֶשׁ שִׁשִּׁים וָשֵׁשׁ: כז וּבְנֵי יוֹסֵף אֲשֶׁר־
יֻלַּד־לוֹ בְמִצְרַיִם נֶפֶשׁ שְׁנָיִם כָּל־הַנֶּפֶשׁ לְבֵית־
יַעֲקֹב הַבָּאָה מִצְרַיְמָה שִׁבְעִים: ס ששי כח וְאֶת־
יְהוּדָה שָׁלַח לְפָנָיו אֶל־יוֹסֵף לְהוֹרֹת לְפָנָיו גֹּשְׁנָה
וַיָּבֹאוּ אַרְצָה גֹּשֶׁן: כט וַיֶּאְסֹר יוֹסֵף מֶרְכַּבְתּוֹ וַיַּעַל
לִקְרַאת־יִשְׂרָאֵל אָבִיו גֹּשְׁנָה וַיֵּרָא אֵלָיו וַיִּפֹּל עַל־
צַוָּארָיו וַיֵּבְךְּ עַל־צַוָּארָיו עוֹד: ל וַיֹּאמֶר יִשְׂרָאֵל
אֶל־יוֹסֵף אָמוּתָה הַפָּעַם אַחֲרֵי רְאוֹתִי אֶת־פָּנֶיךָ
כִּי עוֹדְךָ חָי: לא וַיֹּאמֶר יוֹסֵף אֶל־אֶחָיו וְאֶל־בֵּית
אָבִיו אֶעֱלֶה וְאַגִּידָה לְפַרְעֹה וְאֹמְרָה אֵלָיו אַחַי

אונקלוס

יַרְכֵּהּ בַּר מִנְּשֵׁי בְנֵי־יַעֲקֹב כָּל־נַפְשָׁתָא שִׁתִּין וְשִׁית: כז וּבְנֵי יוֹסֵף דִּי־אִתְיְלִידוּ־
לֵהּ בְּמִצְרַיִם נַפְשָׁתָא תַּרְתֵּין כָּל־נַפְשָׁתָא לְבֵית־יַעֲקֹב דְּעָלוּ לְמִצְרַיִם שַׁבְעִין:
כח וְיָת־יְהוּדָה שְׁלַח קֳדָמוֹהִי לְוַת־יוֹסֵף לְפַנָּאָה קֳדָמוֹהִי לְגֹשֶׁן וַאֲתוֹ לְאַרְעָא
דְגֹשֶׁן: כט וְטַקֵּים יוֹסֵף רְתִכּוֹהִי וּסְלֵיק לְקַדָּמוּת־יִשְׂרָאֵל אֲבוּהִי לְגֹשֶׁן וְאִתְגְּלִי
לֵהּ וּנְפַל עַל־צַוְּרֵהּ וּבְכָא עַל־צַוְּרֵהּ עוֹד: ל וַאֲמַר יִשְׂרָאֵל לְיוֹסֵף אִלּוּ־אֲנָא מָיֵית
וּמְנָא־הֲוָא מִנַּחֵם־אֲנָא כְּתַר דַּחֲזֵיתִי יָת־אַפָּיךְ אֲרֵי עַד־כְּעַן־אַתְּ קַיָּם:
לא וַאֲמַר יוֹסֵף לַאֲחוֹהִי וּלְבֵית אֲבוּהִי אֶסַּק וְאֶחֱוֵי לְפַרְעֹה וְאֵימַר לֵהּ אַחַי

רש״י

שבעים—הוא לשון עבר, לפיכך טעמו למעלה בבי״ת, לפי שמשבאו שם היו שבעים, שמצאו שם יוסף ושני בניו, ונתוספה להם יוכבד בין החומות. ולדברי האומר תאומות נולדו עם השבטים, צריכים אנו לומר, שמתו לפני ירידתן למצרים, שהרי לא נמנו כאן; מצאתי בויקרא רבה: עשו שש נפשות היו לו, והכתוב קורא אותן נפשות ביתו. לשון רבים, לפי שהיו עובדין לאלהות הרבה; יעקב שבעים היו לו, והכתוב קורא אותן נפש, לפי שהיה עובדים לאל אחד: (כח) להורת לפניו. כתרגומו, לפנות לו מקום, ולהורות היאך יתישב בה: לפניו. קודם שיגיע לשם. ומדרש אגדה: להורות לפניו—לתקן לו בית תלמוד, שמשם תצא הוראה: (כט) ויאסר יוסף מרכבתו. הוא עצמו אסר את הסוסים למרכבה להזדרז לכבוד אביו: וירא אליו. יוסף נראה אל אביו: ויבך על צואריו עוד. לשון הרבות בכיה, וכן: כי לא על איש ישים עוד (איוב ל״ד), לשון רבוי הוא—אינו שם עליו עלילות נוספות על חטאיו; אף כאן הרבה והוסיף בבכי יותר על הרגיל; אבל יעקב לא נפל על צוארי יוסף ולא נשקו, ואמרו רבותינו, שהיה קורא את שמע: (ל) אמותה הפעם. פשוטו כתרגומו. ומדרשו: סבור הייתי למות שתי מיתות, בעולם הזה ולעולם הבא שנסתלקה ממני שכינה, והייתי אומר שיתבעני הקב״ה מיתתך, עכשיו שעודך חי, לא אמות אלא פעם אחת: (לא) ואמרה אליו אחי וגו׳. ועוד אומר לו, והאנשים רועי צאן וגו׳:

cob's sons' wives, all the souls were threescore and six; 27 And the sons
of Joseph, who were born him in Egypt, were two souls: all the souls
of the house of Jacob, which came into Egypt, were threescore and ten.
28 And he sent Judah before him unto Joseph, to direct him unto Go-
shen; and they came into the land of Goshen. 29 And Joseph made ready
his carriage, and went up towards Israel his father, to Goshen, and
when he appeared before him, he fell on his neck, and wept on his
neck a good while. 30 And Israel said unto Joseph, Now I will fain
die, since I have seen thy face, because thou art yet alive. 31 And Jo-
seph said unto his brethren, and unto his father's house, I will go
up, and tell Pharaoh, and say unto him, My brethren, and my

רש"י

into Egypt were seventy" — it is a perfect tense and therefore it is accented on the last but one syllable, on the ב. The reason is, that when they came there, they were seventy, for they found Joseph and his two sons there, and Jochebed was added to their number "between the walls". According to the view of the Rabbi (i. e. R. Jehudah, cf. Gen. R. 84) who stated that with each of Jacob's sons a twin-sister was born, we must say that these died before they (Jacob and his family) went down to Egypt, because they are not enumerated here. In Vayikra Rabbah (s. 4) I found the following: *When he left Canaan* (cf. XXXVI. 6) Esau's family consisted of only six (himself and his five sons), and Scripture calls them "the souls of his house" (in the plural) *and this is* because they worshipped many gods (each serving a different god and having as it were, a different soul or religious feeling). But the family of Jacob *when he came to Egypt* consisted of seventy and Scripture calls them "soul", *in the singular*, because they all served One God. **(28)** להורת לפניו TO DIRECT HIM — *Render this* as the Targum *does*: to prepare a place for him and to show him how he should settle in it. לפניו BEFORE HIM — *means* before he should arrive there[1]). A Midrashic comment is: להורת לפניו (in the sense of, "that there might be teaching before him") — to establish for him a House of Study from which Teaching (הוראה or תורה) might go forth (Gen. R. 95). **(29)** ויאסר יוסף מרכבתו AND JOSEPH MADE READY (lit., bound, harnessed) HIS CHARIOT — He himself harnessed the horses to the chariot being eager to show honour to his father. (Mechilta to בשלח). וירא אליו AND HE APPEARED BEFORE HIM — Joseph appeared before his father. ויבך על צואריו עוד AND WEPT ON HIS NECK A GOOD WHILE — *The phrase* ויבך עוד signifies weeping copiously. So, too, עוד *has the same meaning in* (Job. XXXIV. 23) "For He doth not place upon a man עוד" — which means something more than is proper: God does not place on him accusations additional to his sins (the sins he has really committed). Here, also, he wept greatly and continuously — more than is usual. Jacob, however, did not fall upon Joseph's neck nor did he kiss him. Our Rabbis say: *the reason was* that he was reciting the Shema (renewing his allegiance to God immediately on settling in a new land). **(30)** אמותה הפעם NOW, I WILL FAIN DIE — Its literal meaning is as the Targum renders it.[2]) A Midrashic explanation is (being based upon the literal translation. "I will die this once"): I had thought that I would die two deaths, in this world and also in the world to come, because the Divine Presence departed from me and I therefore thought that God would hold me responsible for your death. Now, since you are alive I will die only once, *in this world*. **(31)** ואמרה אליו אחי וגו' AND I WILL SAY TO HIM, "MY BRETHREN ... *have come unto me*" and further I

NOTES

[1]) לפני may mean also before in regard to time, e. g. (Mal. III. 23) לפני בוא יום ה' "Before the day of the Lord cometh".

[2]) That אמותה does not mean: let me die now, but if I were to die now, I should die with the comforting knowledge that you are still alive.

וּבֵית־אָבִי אֲשֶׁר בְּאֶרֶץ־כְּנַעַן בָּאוּ אֵלָי׃ לב וְהָאֲנָשִׁים
רֹעֵי צֹאן כִּי־אַנְשֵׁי מִקְנֶה הָיוּ וְצֹאנָם וּבְקָרָם וְכָל־
אֲשֶׁר לָהֶם הֵבִיאוּ׃ לג וְהָיָה כִּי־יִקְרָא לָכֶם פַּרְעֹה
וְאָמַר מַה־מַּעֲשֵׂיכֶם׃ לד וַאֲמַרְתֶּם אַנְשֵׁי מִקְנֶה
הָיוּ עֲבָדֶיךָ מִנְּעוּרֵינוּ וְעַד־עַתָּה גַּם־אֲנַחְנוּ גַּם־
אֲבֹתֵינוּ בַּעֲבוּר תֵּשְׁבוּ בְּאֶרֶץ גֹּשֶׁן כִּי־תוֹעֲבַת
מִצְרַיִם כָּל־רֹעֵה צֹאן׃ מז א וַיָּבֹא יוֹסֵף וַיַּגֵּד
לְפַרְעֹה וַיֹּאמֶר אָבִי וְאַחַי וְצֹאנָם וּבְקָרָם וְכָל־
אֲשֶׁר לָהֶם בָּאוּ מֵאֶרֶץ כְּנָעַן וְהִנָּם בְּאֶרֶץ גֹּשֶׁן׃
ב וּמִקְצֵה אֶחָיו לָקַח חֲמִשָּׁה אֲנָשִׁים וַיַּצִּגֵם לִפְנֵי
פַרְעֹה׃ ג וַיֹּאמֶר פַּרְעֹה אֶל־אֶחָיו מַה־מַּעֲשֵׂיכֶם
וַיֹּאמְרוּ אֶל־פַּרְעֹה רֹעֵה צֹאן עֲבָדֶיךָ גַּם־אֲנַחְנוּ

אונקלוס

וּבֵית־אַבָּא דִּי בְאַרְעָא־דִכְנַעַן עֲלוּ לְוָתִי׃ לב וְגֻבְרַיָּא רָעֵי עָנָא אֲרֵי־גֻבְרֵי מָרֵי־
גֵיתֵי הֲווֹ וְעָנְהוֹן וְתוֹרֵיהוֹן וְכָל־דִּי לְהוֹן אַיְתִיאוּ׃ לג וִיהֵי אֲרֵי־יִקְרֵי לְכוֹן פַּרְעֹה
וְיֵימַר מָה־עוֹבָדֵיכוֹן׃ לד וְתֵימְרוּן גֻּבְרֵי מָרֵי־גֵיתֵי הֲווֹ עַבְדָּיךְ מֵעוּלֵימָנָא וְעַד־
כְּעַן אַף־אֲנַחְנָא אַף־אֲבָהָתָנָא בְּדִיל דִּי־תֵיתְבוּן בְּאַרְעָא דְגֹשֶׁן אֲרֵי־בְעִירָא
דְמִצְרָאֵי דְחָלִין־לֵהּ כָּל־רָעֵי עָנָא*)׃ א וַאֲתָא יוֹסֵף וְחַוִּי לְפַרְעֹה וַאֲמַר אַבָּא
וְאַחַי וְעָנְהוֹן וְתוֹרֵיהוֹן וְכָל־דִּי לְהוֹן אֲתוֹ מֵאַרְעָא דִכְנַעַן וְהָא־אִנּוּן בְּאַרְעָא
דְגֹשֶׁן׃ ב וּמִקְצַת מִן־אֲחוֹהִי דְּבַר חַמְשָׁא גֻבְרִין וַאֲקֵימִנּוּן קֳדָם פַּרְעֹה׃ ג וַאֲמַר
פַּרְעֹה לַאֲחוֹהִי מָה עוֹבָדֵיכוֹן וַאֲמָרוּ לְפַרְעֹה רָעֵי עָנָא עַבְדָּיךְ אַף־אֲנַחְנָא אַף־

*) כ״י בדפוסים ישנים לפנים אֲרֵי מְרַחֲקִין מִצְרָאֵי כָּל־רָעֵי עָנָא, וכן נכלה עיקר.

רש״י

(לד) בעבור תשבו בארץ גשן. וְהִיא צְרִיכָה לָכֶם שֶׁהִיא אֶרֶץ מִרְעֶה, וּכְשֶׁתֹּאמְרוּ לוֹ, שֶׁאֵין אַתֶּם בְּקִיאִין בִּמְלָאכָה אַחֶרֶת, יַרְחִיקְכֶם מֵעָלָיו וְיוֹשִׁיבְכֶם שָׁם: כי תועבת מצרים כל רועה צאן. לְפִי שֶׁהֵם לָהֶם אֱלָהוּת:

מז (ב) ומקצה אחיו. מִן הַפְּחוּתִים שֶׁבָּהֶם לִגְבוּרָה, שֶׁאֵין נִרְאִים גִּבּוֹרִים, שֶׁאִם יִרְאֶה אוֹתָם גִּבּוֹרִים, יַעֲשֶׂה אוֹתָם אַנְשֵׁי מִלְחַמְתּוֹ. וְאֵלֶּה הֵם: רְאוּבֵן, שִׁמְעוֹן, לֵוִי יִשָּׂשכָר וּבִנְיָמִין—אוֹתָן שֶׁלֹּא כָּפַל מֹשֶׁה שְׁמוֹתָם כְּשֶׁבֵּרְכָן—אֲבָל שְׁמוֹת הַגִּבּוֹרִים כָּפַל: וְזֹאת לִיהוּדָה שְׁמַע ה׳ קוֹל יְהוּדָה;

father's house, which were in the land of Canaan, are come unto me; ³²And the men are shepherds, for they have been cattle keepers; and they have brought their flocks, and their herds, and all that they have. ³³And it shall come to pass, when Pharaoh shall call you, and shall say, What is your occupation? ³⁴That ye shall say, Thy servants have been cattle keepers from our youth even until now, both we, and also our fathers: in order that ye may abide in the land of Goshen; for every shepherd is an abomination unto the Egyptians.

47. ¹Then Joseph came and told Pharaoh, and said, My father and my brethren, and their flocks, and their herds, and all that they have, are come out of the land of Canaan; and, behold, they are in the land of Goshen. ²And he took some of his brethren, even five men, and presented them unto Pharaoh. ³And Pharaoh said unto his brethren, What is your occupation? And they said unto Pharaoh, Thy servants are

רש"י

will say to him[1]), והאנשים רעי צאן וגו' AND THE MEN ARE SHEPHERDS etc. (34) בעבור תשבו בארץ גשן IN ORDER THAT YE MAY ABIDE IN THE LAND OF GOSHEN — and this is the land that you require, for it is a land of pasture. If you tell him that you are inexperienced in other work he will send you far away from him and settle you there[2]). כי תועבת מצרים כל רעה צאן FOR EVERY SHEPHERD IS AN ABOMINATION TO THE EGYPTIANS — because they (sheep) are regarded by them as deities.

47. (2) ומקצה אחיו SOME OF HIS BRETHREN — Some of the inferior ones amongst them as to strength — of those who did not look robust. For should Pharaoh find them to be robust men he might press them for military service. *The weaker brethren were* as follows: Reuben, Simeon, Levi, Issachar and Benjamin, and it was they whose names Moses did not repeat when he blessed them. But the names of the strong ones he mentioned twice; (Deut. XXXIII. 7) "And this is for J u d a h ... hear, Eternal, the voice of J u d a h"; (ib. 20) "And of

NOTES

1) I. e. "And the men are shepherds" are also Joseph's words and not those of the Sacred Historian.

2) According to Rashi we must supply before "in order that" the words "and you shall tell him this". Joseph suggests to his brothers: the best district in Egypt for your sheep is that of Goshen. Therefore tell Pharaoh that you are shepherds — tell him this "in order that you may abide in the land of Goshen, for every shepherd is an abomination to the Egyptians", and he will be compelled to settle you in that part of Egypt which is assigned to shepherds on account of its abundant pasture lands.

גַּם־אֲבוֹתֵינוּ: ד וַיֹּאמְרוּ אֶל־פַּרְעֹה לָגוּר בָּאָרֶץ
בָּאנוּ כִּי־אֵין מִרְעֶה לַצֹּאן אֲשֶׁר לַעֲבָדֶיךָ כִּי־כָבֵד
הָרָעָב בְּאֶרֶץ כְּנָעַן וְעַתָּה יֵשְׁבוּ־נָא עֲבָדֶיךָ בְּאֶרֶץ
גֹּשֶׁן: ה וַיֹּאמֶר פַּרְעֹה אֶל־יוֹסֵף לֵאמֹר אָבִיךָ וְאַחֶיךָ
בָּאוּ אֵלֶיךָ: ו אֶרֶץ מִצְרַיִם לְפָנֶיךָ הִוא בְּמֵיטַב
הָאָרֶץ הוֹשֵׁב אֶת־אָבִיךָ וְאֶת־אַחֶיךָ יֵשְׁבוּ בְּאֶרֶץ
גֹּשֶׁן וְאִם־יָדַעְתָּ וְיֶשׁ־בָּם אַנְשֵׁי־חַיִל וְשַׂמְתָּם שָׂרֵי
מִקְנֶה עַל־אֲשֶׁר־לִי: ז וַיָּבֵא יוֹסֵף אֶת־יַעֲקֹב אָבִיו
וַיַּעֲמִדֵהוּ לִפְנֵי פַרְעֹה וַיְבָרֶךְ יַעֲקֹב אֶת־פַּרְעֹה:
ח וַיֹּאמֶר פַּרְעֹה אֶל־יַעֲקֹב כַּמָּה יְמֵי שְׁנֵי חַיֶּיךָ:
ט וַיֹּאמֶר יַעֲקֹב אֶל־פַּרְעֹה יְמֵי שְׁנֵי מְגוּרַי שְׁלֹשִׁים
וּמְאַת שָׁנָה מְעַט וְרָעִים הָיוּ יְמֵי שְׁנֵי חַיַּי וְלֹא הִשִּׂיגוּ

אונקלוס

אֲבָהָתָנָא: ד וַאֲמָרוּ לְוָת־פַּרְעֹה לְאִתּוֹתָבָא בְּאַרְעָא אֲתֵינָא אֲרֵי־לֵית רַעְיָא לְעָנָא
דִּי לְעַבְדָיךְ אֲרֵי־תַקִּיף כַּפְנָא בְּאַרְעָא דִכְנָעַן וּכְעַן יִתְּבוּן־כְּעַן עַבְדָיךְ בְּאַרְעָא
דְגֹשֶׁן: ה וַאֲמַר פַּרְעֹה לְיוֹסֵף לְמֵימַר אֲבוּךְ וַאֲחָיךְ אֲתוֹ לְוָתָךְ: ו אַרְעָא דְמִצְרַיִם
קֳדָמָךְ הִיא בִּדְשַׁפִּיר בְּאַרְעָא אוֹתֵיב יָת־אֲבוּךְ וְיָת־אֲחָךְ יִתְּבוּן בְּאַרְעָא דְגֹשֶׁן
וְאִם־יָדַעְתְּ וְאִית־בְּהוֹן גֻּבְרִין־דְּחֵילָא וּתְמַנִּנּוּן רַבָּנֵי גֵיתֵי עַל־דִּי־לִי: ז וְאַיְתִי
יוֹסֵף יָת יַעֲקֹב אֲבוּהִי וַאֲקִימֵהּ קֳדָם פַּרְעֹה וּבָרִיךְ יַעֲקֹב יָת־פַּרְעֹה: ח וַאֲמַר
פַּרְעֹה לְיַעֲקֹב כַּמָּה יוֹמֵי שְׁנֵי חַיָּךְ: ט וַאֲמַר יַעֲקֹב לְפַרְעֹה יוֹמֵי שְׁנֵי תוֹתָבוּתִי
מְאָה וּתְלָתִין שְׁנִין זְעִירִין וּבִישִׁין הֲווֹ יוֹמֵי שְׁנֵי חַיַּי וְלָא־אַדְבִּיקוּ יָת־יוֹמֵי שְׁנֵי

רש"י

ולְגָד אָמַר בָּרוּךְ מַרְחִיב גָּד; וּלְנַפְתָּלִי אָמַר נַפְתָּלִי, וּלְדָן אָמַר דָּן, וְכֵן לִזְבוּלֻן, וְכֵן לְאָשֵׁר;
זֶהוּ לְשׁוֹן בְּ"ר, שֶׁהִיא אַגָּדַת אֶרֶץ יִשְׂרָאֵל אֲבָל בְּתַלְמוּד בַּבְלִית שֶׁלָּנוּ (ב"ק צ"ב), מָצִינוּ, שֶׁאוֹתָן
שֶׁכָּפַל מֹשֶׁה שְׁמוֹתָן הֵם הַחַלָּשִׁים, וְאוֹתָן הֵבִיא לִפְנֵי פַרְעֹה, וִיהוּדָה שֶׁהִכְפִּיל שְׁמוֹ לֹא הִכְפִּיל
מִשּׁוּם חֲלָשׁוּת אֶלָּא טַעַם יֵשׁ בַּדָּבָר, כִּדְאִיתָא בְּבָ"ק. וּבְבְרַיְתָא דְסִפְרֵי שָׁנִינוּ בָהּ בְּוֹזֹאת
הַבְּרָכָה, כְּמוֹ תַלְמוּד שֶׁלָּנוּ: (ו) אנשי חיל. בְּקִיאִין בְּאוּמָנוּתָן לִרְעוֹת צֹאן: על אשר לי. עַל
צֹאן שֶׁלִּי: (ז) ויברך יעקב. הִיא שְׁאִילַת שָׁלוֹם כְּדֶרֶךְ כָּל הַנִּרְאִים לִפְנֵי הַמְּלָכִים לִפְרָקִים,
שָׁלוֹ"אִיר בְּלַעַז: (ט) שני מגורי. יְמֵי גֵרוּתִי; כָּל יָמַי הָיִיתִי גֵר בָּאָרֶץ: ולא השיגו בְּטוֹבָה:

shepherds, both we, and also our fathers. ⁴They said moreover unto Pharaoh, To sojourn in the land are we come; for thy servants have no pasture for their flocks; for the famine is heavy in the land of Canaan: now therefore, we pray thee, let thy servants abide in the land of Goshen. ⁵And Pharaoh spake unto Joseph, saying, Thy father and thy brethren are come unto thee: ⁶The land of Egypt is before thee; in the best of the land settle thy father and brethren; in the land of Goshen let them abide: and if thou knowest any men of activity among them, then make them rulers over my cattle. ⁷And Joseph brought in Jacob his father, and presented him to Pharaoh: and Jacob blessed Pharaoh. ⁸And Pharaoh said unto Jacob, how many are the days of the years of thy life? ⁹And Jacob said unto Pharaoh, The days of the years of my pilgrimage are an hundred and thirty years: few and evil have the days of the years of my life been, and have not attained unto

רש"י

G a d he said, Blessed be He that extendeth G a d"; (ib. 25) "And of N a p h t a l i he said, N a p h t a l i ... (ib. 22). "And of D a n he said D a n ...", and in like manner *he repeated the names of Zebulun* (ib. 18) and of Asher (ib. 24). This is the version of Bereshith Rabbah which is a Palestinian Agada.[1]) But in our Babylonian Talmud we find that those whose names Moses mentioned twice were the w e a k e r *of the brethren* and it was these whom he (Joseph) brought before Pharoah. *But six are enumerated above as having their names mentioned twice and he brought only five before Pharaoh. The explanation is that it is true that* Judah's name is mentioned twice, but it is mentioned twice not because he was one of the wacker *brethren*, but there is *another* reason for this, as is stated in Baba Kama (92a). In the Boraitha of Siphré on וזאת הברכה we have the same version as in our *Babylonian* Talmud. **(6)** אנשי חיל MEN OF ACTIVITY — skilled in their occupation of tending sheep.[2]) על אשר לי OVER THAT WHICH IS MINE — over my sheep. **(7)** ויברך יעקב AND JACOB BLESSED — this was the greeting of peace, as is usual in the case of all who are granted an interview with kings at long intervals; saluer in O. F. **(9)** שני מגורי *means* the days of my being a stranger. All my days I have been a stranger in *other peoples'* lands. ולא השיגו AND THEY HAVE NOT ATTAINED so far as happiness is concerned[3]).

NOTES

[1]) See Appendix.
[2]) Not "men of valour" as e. g., Judg. III. 29, איש חיל for, as Rashi stated above, they were the weak ones.
[3]) By these words Jacob could not have meant "I am not as old as my fathers" for he was still alive. They point out the contrast between his life and those of his fathers: I have been a stranger and my life has been bitter, and I have not had as happy a life as my fathers although they, as myself, were strangers.

אֶת־יְמֵי שְׁנֵי חַיֵּי אֲבֹתַי בִּימֵי מְגוּרֵיהֶם: י וַיְבָרֶךְ
יַעֲקֹב אֶת־פַּרְעֹה וַיֵּצֵא מִלִּפְנֵי פַרְעֹה: שביעי יא וַיּוֹשֵׁב
יוֹסֵף אֶת־אָבִיו וְאֶת־אֶחָיו וַיִּתֵּן לָהֶם אֲחֻזָּה בְּאֶרֶץ
מִצְרַיִם בְּמֵיטַב הָאָרֶץ בְּאֶרֶץ רַעְמְסֵס כַּאֲשֶׁר צִוָּה
פַרְעֹה: יב וַיְכַלְכֵּל יוֹסֵף אֶת־אָבִיו וְאֶת־אֶחָיו וְאֵת
כָּל־בֵּית אָבִיו לֶחֶם לְפִי הַטָּף: יג וְלֶחֶם אֵין בְּכָל־
הָאָרֶץ כִּי־כָבֵד הָרָעָב מְאֹד וַתֵּלַהּ אֶרֶץ מִצְרַיִם
וְאֶרֶץ כְּנַעַן מִפְּנֵי הָרָעָב: יד וַיְלַקֵּט יוֹסֵף אֶת־כָּל־
הַכֶּסֶף הַנִּמְצָא בְאֶרֶץ־מִצְרַיִם וּבְאֶרֶץ כְּנַעַן בַּשֶּׁבֶר
אֲשֶׁר־הֵם שֹׁבְרִים וַיָּבֵא יוֹסֵף אֶת־הַכֶּסֶף בֵּיתָה
פַרְעֹה: טו וַיִּתֹּם הַכֶּסֶף מֵאֶרֶץ מִצְרַיִם וּמֵאֶרֶץ
כְּנַעַן וַיָּבֹאוּ כָל־מִצְרַיִם אֶל־יוֹסֵף לֵאמֹר הָבָה־לָּנוּ

אונקלוס

חַיֵּי אֲבָהָתַי בְּיוֹמֵי תּוֹתָבוּתְהוֹן: י וּבָרֵיךְ יַעֲקֹב יָת־פַּרְעֹה וּנְפַק מִן־קֳדָם פַּרְעֹה:
יא וְאוֹתֵיב יוֹסֵף יָת־אֲבוּהִי וְיָת־אֲחוֹהִי וִיהַב לְהוֹן אַחְסָנָא בְּאַרְעָא דְמִצְרַיִם
בִּדְשַׁפִּיר בְּאַרְעָא דְרַעְמְסֵס כְּמָא־דִי פַקֵּיד פַּרְעֹה: יב וְזָן יוֹסֵף יָת־
אֲבוּהִי וְיָת־אֲחוֹהִי וְיָת כָּל־בֵּית אֲבוּהִי לַחְמָא לְפוּם טַפְלָא: יג וְלַחְמָא לֵית
בְּכָל־אַרְעָא אֲרֵי־תַקִּיף כַּפְנָא לַחְדָא וְאִשְׁתַּלְהִי עַמָּא־דְאַרְעָא דְמִצְרַיִם וְעַמָּא־
דְאַרְעָא דִכְנַעַן מִן־קֳדָם כַּפְנָא: יד וְלַקֵּיט יוֹסֵף יָת־כָּל־כַּסְפָּא דְאִשְׁתְּכַח
בְּאַרְעָא־דְמִצְרַיִם וּבְאַרְעָא דִכְנַעַן בְּעִיבוּרָא דִי־אִנּוּן זָבְנִין וְאַיְתִי יוֹסֵף יָת־
כַּסְפָּא לְבֵית פַּרְעֹה: טו וּשְׁלִים כַּסְפָּא מֵאַרְעָא דְמִצְרַיִם וּמֵאַרְעָא דִכְנַעַן וַאֲתוֹ

רש"י

(י) ויברך יעקב. כְּדֶרֶךְ כָּל הַנִּפְטָרִים מִלִּפְנֵי שָׂרִים מְבָרְכִים אוֹתָם וְנוֹטְלִים רְשׁוּת. וּמַה בְּרָכָה בֵּרְכוֹ? שֶׁיַּעֲלֶה נִילוּס לְרַגְלָיו, לְפִי שֶׁאֵין מִצְרַיִם שׁוֹתָה מֵי גְשָׁמִים אֶלָּא נִילוּס עוֹלֶה וּמַשְׁקֶה, וּמִבִּרְכָתוֹ שֶׁל יַעֲקֹב וְאֵילָךְ הָיָה פַרְעֹה בָּא עַל נִילוּס וְהוּא עוֹלֶה לִקְרָאתוֹ וּמַשְׁקֶה אֶת הָאָרֶץ (תַּנְחוּמָא): (יא) רעמסס. מֵאֶרֶץ גֹּשֶׁן הִיא: (יב) לפי הטף. לְפִי הַצָּרִיךְ לְכָל בְּנֵי בֵיתָם: (יג) ולחם אין בכל הארץ. חוֹזֵר לָעִנְיָן הָרִאשׁוֹן — לִתְחִלַּת שְׁנֵי הָרָעָב: ותלה. כְּמוֹ וַתִּלְאֶה, לְשׁוֹן עֲיֵפוּת, כְּתַרְגּוּמוֹ; וְדוֹמֶה לוֹ: כְּמִתְלַהְלֵהַּ הַיֹּרֶה זִקִּים (משלי כ"ו): (יד) בשבר אשר הם שברים. נוֹתְנִין לוֹ אֶת הַכֶּסֶף: (טו) אפס. כְּתַרְגּוּמוֹ: שְׁלִים:

the days of the years of the life of my fathers in the days of their pil-
grimage. 10 And Jacob blessed Pharaoh, and went out from before Pha-
raoh. 11 And Joseph settled his father and his brethren, and gave them
a possession in the land of Egypt, in the best of the land, in the land
of Rameses, as Pharaoh had commanded. 12 And Joseph supported his
father, and his brethren, and all his father's household, with bread,
according to their little ones. 13 And there was no bread in all the land;
for the famine was very heavy, so that the land of Egypt and all the
land of Canaan fainted by reason of the famine. 14 And Joseph collected
all the money that was found in the land of Egypt, and in the land of
Canaan, for the corn which they bought: and Joseph brought the money into
Pharaoh's house. 15 And when the money was exhausted in the land of
Egypt, and in the land of Canaan, all the Egyptians came unto Joseph, and

רש"י

(10) ויברך יעקב AND JACOB BLESSED [PHARAOH] — *i. e. he gave him the salutation of peace* as is usual for all who take their leave of princes — they salute them and depart. *A Midrash however understands this more literally and asks,* "What was the blessing with which he blessed him? That the waters of the Nile might rise at his approach. Because Egypt does not drink (is not irrigated by) rain-water, but the waters of the Nile rise and irrigate it. And from the time when Jacob blessed him and henceforth, whenever Pharaoh came to the Nile it rose at his coming, *overflowed its banks* and watered the land. *Thus it is stated* in Tanchuma to נשא. **(11)** רעמסס RAMESES — This is part the land of Goshen. **(12)** לפי הטף ACCORDING TO THEIR LITTLE ONES — according to the requirements of all their household[1]). **(13)** ולחם אין בכל הארץ AND THERE WAS NO BREAD IN ALL THE LAND — Scripture reverts now to the original subject, viz., to *the account of* the beginning of the years of famine[2]). ותלה AND FAINTED — This is the same as ותלאה, it means to be wearied, as the Targum renders it. Another example of the root is (Prov. XXVI. 18) "Like one fatigued who casteth fire-brands"[3]). **(14)** בשבר אשר הם שוברים FOR THE CORN WHICH THEY BOUGHT — they gave him the money[4]). **(15)** אפס *Render this* as the Targum *does*: שלים IS

NOTES

1) Not plentifully, but enough to live on. Cf. Sforno's Commentary. See however Mizrachi who explains that the phrase "according to their little ones" is intentionally employed because children waste much bread. Joseph supplied his father and his brothers etc. with bread even according to the requirements of children — i. e., in abundance.

2) That is, Scripture is not relating what happened after Jacob came into Egypt. Rashi has stated that the famine ceased on his arrival (cf. Rashi v. 19). It now completes the account of what happened in Egypt during the first two years of famine, and resumes after the end of Chapter XLI.

3) Cf. Rashi on this text: The words ותלה and כמתלהלה are from root להה whilst ותלאה is from לאה, but both roots have the same meaning. Rashi here shows his independence of Menachem ben Seruk whom he so frequently follows in giving the roots from which grammatical forms are derived. Menachem under the root נבה states that some commentators (אנשי פתרון) hold that the word ותלה has the meaning of being wearied and tired: ונלאתה ארץ מצרים מפני כובד הרעבון He, however, is of the opinion that it signifies become mad. Rashi adopts the former view which was that held by Saadiah Gaon as quoted by Kimchi under root להה.

4) There is apparently some incoherence in this verse: "Joseph gathered all the money ... for the corn (בשבר) which they bought; and Joseph brought the money etc." One does not gather money for or in exchange for the object purchased. Rashi therefore fills in the meaning: And Joseph gathered all the money ... they gave the money to him for the corn which they bought etc.

לָחֶם וְלָמָּה נָמוּת נֶגְדֶּךָ כִּי אָפֵס כָּסֶף: טז וַיֹּאמֶר
יוֹסֵף הָבוּ מִקְנֵיכֶם וְאֶתְּנָה לָכֶם בְּמִקְנֵיכֶם אִם־
אָפֵס כָּסֶף: יז וַיָּבִיאוּ אֶת־מִקְנֵיהֶם אֶל־יוֹסֵף וַיִּתֵּן
לָהֶם יוֹסֵף לֶחֶם בַּסּוּסִים וּבְמִקְנֵה הַצֹּאן וּבְמִקְנֵה
הַבָּקָר וּבַחֲמֹרִים וַיְנַהֲלֵם בַּלֶּחֶם בְּכָל־מִקְנֵהֶם
בַּשָּׁנָה הַהִוא: יח וַתִּתֹּם הַשָּׁנָה הַהִוא וַיָּבֹאוּ אֵלָיו
בַּשָּׁנָה הַשֵּׁנִית וַיֹּאמְרוּ לוֹ לֹא־נְכַחֵד מֵאֲדֹנִי כִּי אִם־
תַּם הַכֶּסֶף וּמִקְנֵה הַבְּהֵמָה אֶל־אֲדֹנִי לֹא נִשְׁאַר
לִפְנֵי אֲדֹנִי בִּלְתִּי אִם־גְּוִיָּתֵנוּ וְאַדְמָתֵנוּ: יט לָמָּה
נָמוּת לְעֵינֶיךָ גַּם־אֲנַחְנוּ גַּם־אַדְמָתֵנוּ קְנֵה־אֹתָנוּ
וְאֶת־אַדְמָתֵנוּ בַּלָּחֶם וְנִהְיֶה אֲנַחְנוּ וְאַדְמָתֵנוּ עֲבָדִים
לְפַרְעֹה וְתֶן־זֶרַע וְנִחְיֶה וְלֹא נָמוּת וְהָאֲדָמָה לֹא

אונקלוס

כָּל־מִצְרָאֵי לְוָת־יוֹסֵף לְמֵימַר הַב־לָנָא לַחְמָא וּלְמָה נְמוּת לָקֳבְלָךְ אֲרֵי שְׁלִים
כַּסְפָּא: טו וַאֲמַר יוֹסֵף הָבוּ גֵיתֵיכוֹן וְאֶתֵּן לְכוֹן בִּגְיתֵיכוֹן אִם שְׁלִים כַּסְפָּא:
יז וְאַיְתִיוּ יָת־גֵּיתֵיהוֹן לְוָת־יוֹסֵף וִיהַב לְהוֹן יוֹסֵף לַחְמָא בְּסוּסְוָתָא וּבְגֵיתֵי עָנָא
וּבְגֵיתֵי תוֹרִין וּבַחֲמָרִין וְזַנּוּן בְּלַחְמָא בְּכָל־גֵּיתֵיהוֹן בְּשַׁתָּא הַהִיא: יח וּשְׁלִימַת
שַׁתָּא הַהִיא וַאֲתוֹ לְוָתֵהּ בְּשַׁתָּא תִּנְיֵתָא וַאֲמַרוּ לֵהּ לָא־נְכַסֵּי מִן־רִבּוֹנִי אֱלָהֵן
שְׁלִים כַּסְפָּא וְגֵיתֵי בְּעִירָא לְוָת רִבּוֹנִי לָא אִשְׁתְּאַר קֳדָם רִבּוֹנִי אֱלָהֵן גְּוִיָּתָנָא
וְאַרְעֲנָא: יט לְמָה נְמוּת לְעֵינָךְ אַף־אֲנַחְנָא אַף־אַרְעֲנָא קְנִי־יָתָנָא וְיָת־אַרְעֲנָא
בְּלַחְמָא וּנְהֵי אֲנַחְנָא וְאַרְעֲנָא עַבְדִּין לְפַרְעֹה וְהַב־בַּר־זַרְעָא וְנֵיחֵי וְלָא נְמוּת

רש"י

(יז) וינהלם. כְּמוֹ וַיְנַהֲגֵם, וְדוֹמֶה לוֹ: אֵין מְנַהֵל לָהּ (יש' נ"א), עַל מֵי מְנוּחוֹת יְנַהֲלֵנִי (תה' כ"ג):
(יח) בשנה השנית. לִשְׁנֵי הָרָעָב: כי אם תם הכסף וגו'. כִּי אֲשֶׁר תַּם הַכֶּסֶף וְהַמִּקְנֶה וּבָא הַכֹּל אֶל יַד אֲדוֹנִי: בלתי אם גויתנו. כְּמוֹ אִם לֹא גְּוִיָּתֵנוּ: (יט) ותן זרע. לִזְרוֹעַ הָאֲדָמָה; וְאַף עַל פִּי שֶׁאָמַר יוֹסֵף: וְעוֹד חָמֵשׁ שָׁנִים אֲשֶׁר אֵין חָרִישׁ וְקָצִיר, מִכֵּיוָן שֶׁבָּא יַעֲקֹב לְמִצְרַיִם בָּאָה בְרָכָה לְרַגְלָיו וְהִתְחִילוּ לִזְרוֹעַ, וְכָלָה הָרָעָב, וְכֵן שָׁנִינוּ בְּתוֹסֶפְתָּא דְסוֹטָה:

said, Give us bread: for why should we die in thy presence? for the
money is at an end. 16And Joseph said, Come give your cattle; and I
will give you for your cattle, if money is at an end. 17And they brought
their cattle unto Joseph: and Joseph gave them bread in exchange for
horses, and for the flocks, and for the cattle of the herds, and for the
asses: and he fed them with bread for all their cattle for that year.
18When that year was ended, they came unto him the second year, and
said unto him, We will not withhold from my lord, that our money is
exhausted; my lord also hath our herds of cattle: nothing remains be-
fore my lord, but our bodies, and our ground: 19Wherefore shall we
die before thine eyes, both we and our ground? buy us and our ground
for bread, and we and our ground will be servants unto Pharaoh: and
give us seed, that we may live, and not die, that the ground be not

רש"י

AT AN END. **(17)** וינהלם is the same as וינהגם AND HE GUIDED, LED THEM. Similar in meaning are (Is. LI. 18) "There is none (מנהל) to lead her", and (Ps. XXIII) "he guideth me (ינהלני) beside the still waters." **(18)** בשנה השנית IN THE SECOND YEAR of the years of famine[1]). כי אם תם הכסף וגו' *is the same as* כי אשר תם הכסף *and the meaning is: but* (כי) *it is a fact* that (אשר) the money[2]) and the herds of cattle are exhausted, and everything has now come into my lord's[3]) hands. בלתי אם גויתנו is the same as [NOTHING REMAINS] IF IT BE NOT OUR BODIES[4]). **(19)** ותן זרע GIVE US SEED to sow in the ground. Although Joseph had said (XLV. 6) "And there are yet five years when there will be no plowing and sowing", as soon as Jacob came to Egypt a blessing came with his arrival: they began to sow and the famine came to an end. Thus do we read in the Tosefta of Sotah (Chap. 10).

NOTES

[1]) The second from the beginning of the famine, not the second from the time the money began to fail (v. 15) — as maintained by some Expositors (cp. Ramban and Sforno) — for according to Rashi the famine lasted only two years (see v. 19).

[2]) Cf. Rashi on XXIV. 33. Mizrachi sees a difficulty in explaining כי אם as כי אשר for כי alone would express the meaning "We will not hide from our lord that the money and the herds of cattle are at an end". Our translation attempts to remove this difficulty but it is not altogether satisfactory.

[3]) Since Rashi takes both הכסף and ומקנה הבהמה as the subjects of the verb תם he cannot connect them with אל אדני, , and therefore explains these latter words as elliptical: "*everything has now come* unto my lord's possession".

[4]) בלתי sometimes means not; בלתי אם therefore means לא אם which Rashi holds as an inversion of אם לא.

תֵשָׁם: כ וַיִּקֶן יוֹסֵף אֶת־כָּל־אַדְמַת מִצְרַיִם לְפַרְעֹה
כִּי־מָכְרוּ מִצְרַיִם אִישׁ שָׂדֵהוּ כִּי־חָזַק עֲלֵהֶם
הָרָעָב וַתְּהִי הָאָרֶץ לְפַרְעֹה: כא וְאֶת־הָעָם הֶעֱבִיר
אֹתוֹ לֶעָרִים מִקְצֵה גְבוּל־מִצְרַיִם וְעַד־קָצֵהוּ:
כב רַק אַדְמַת הַכֹּהֲנִים לֹא קָנָה כִּי חֹק לַכֹּהֲנִים
מֵאֵת פַּרְעֹה וְאָכְלוּ אֶת־חֻקָּם אֲשֶׁר נָתַן לָהֶם פַּרְעֹה
עַל־כֵּן לֹא מָכְרוּ אֶת־אַדְמָתָם: כג וַיֹּאמֶר יוֹסֵף
אֶל־הָעָם הֵן קָנִיתִי אֶתְכֶם הַיּוֹם וְאֶת־אַדְמַתְכֶם
לְפַרְעֹה הֵא־לָכֶם זֶרַע וּזְרַעְתֶּם אֶת־הָאֲדָמָה:
כד וְהָיָה בַּתְּבוּאֹת וּנְתַתֶּם חֲמִישִׁית לְפַרְעֹה וְאַרְבַּע
הַיָּדֹת יִהְיֶה לָכֶם לְזֶרַע הַשָּׂדֶה וּלְאָכְלְכֶם וְלַאֲשֶׁר
בְּבָתֵּיכֶם וְלֶאֱכֹל לְטַפְּכֶם: מפטיר כה וַיֹּאמְרוּ הֶחֱיִתָנוּ

אונקלוס

וְאַרְעָא לָא תְבוּר: כ וּקְנָא יוֹסֵף יָת־כָּל־אַרְעָא דְמִצְרַיִם לְפַרְעֹה אֲרֵי־זַבִּינוּ
מִצְרַיִם גְּבַר חַקְלֵהּ אֲרֵי־תְקֵיף עֲלֵיהוֹן כַּפְנָא וַהֲוָת אַרְעָא לְפַרְעֹה: כא וְיָת־
עַמָּא אַעְבַּר יָתֵהּ מִקְּרֵי־לִקְרֵי מִסְּיָפֵי תְחוּם־מִצְרַיִם וְעַד־סוֹפֵהּ: כב לְחוֹד אַרְעָא
דְכֻמְרַיָּא לָא זְבַן אֲרֵי חֻלָקָא לְכֻמְרַיָּא מִלְּוָת פַּרְעֹה וְאָכְלִין יָת־חֻלָקְהוֹן דִּיהַב
לְהוֹן פַּרְעֹה עַל־כֵּן לָא־זַבִּינוּ יָת־אַרְעֲהוֹן: כג וַאֲמַר יוֹסֵף לְעַמָּא הָא זְבֵנִית
יָתְכוֹן יוֹמָא־דֵין וְיָת־אַרְעֲכוֹן לְפַרְעֹה הֵא־לְכוֹן בַּר־זַרְעָא וְתִזְרְעוּן יָת־אַרְעָא:
כד וִיהֵי בְּאָעוֹלֵי־עֲלַלְתָּא וְתִתְּנוּן חַד־מִן־חַמְשָׁא לְפַרְעֹה וְאַרְבַּע חֻלָקִין יְהֵא
לְכוֹן לְבַר־זְרַע חַקְלָא וּלְמֵיכַלְכוֹן וְלֶאֱנָשׁ בְּבָתֵּיכוֹן וּלְמֵיכַל לְטַפְלְכוֹן: כה וַאֲמַרוּ

רש"י

לא תשם. לֹא תְהֵא שְׁמָמָה; לֹא תְבוּר — לְשׁוֹן שָׂדֶה בּוּר, שֶׁאֵינוֹ חָרוּשׁ: (כ) ותהי הארץ לפרעה, קְנוּיָה לוֹ: (כא) ואת העם העביר יוֹסֵף מֵעִיר לְעִיר לְזִכָּרוֹן, שֶׁאֵין לָהֶם עוֹד חֵלֶק בָּאָרֶץ, וְהוֹשִׁיב שֶׁל עִיר זוֹ בַּחֲבֶרְתָּהּ, וְלֹא הֻצְרַךְ הַכָּתוּב לִכְתּוֹב זֹאת אֶלָּא לְהוֹדִיעֲךָ שִׁבְחוֹ שֶׁל יוֹסֵף שֶׁנִּתְכַּוֵּן לְהָסִיר חֶרְפָּה מֵעַל אֶחָיו, שֶׁלֹּא יִהְיוּ קוֹרִין אוֹתָם גּוֹלִים (חולין ס'): מקצה גבול מצרים וגו'. כֵּן עָשָׂה לְכָל הֶעָרִים אֲשֶׁר בְּמַלְכוּת מִצְרַיִם מִקְּצֵה גְבוּלָהּ וְעַד קְצֵה גְבוּלָהּ: (כב) הכהנים. הַכּוֹמָרִים, כָּל לְשׁוֹן כֹּהֵן מְשָׁרֵת לֶאֱלָהוּת הוּא, חוּץ מֵאוֹתָן שֶׁהֵם לְשׁוֹן גְּדֻלָּה, כְּמוֹ כֹּהֵן מִדְיָן, כֹּהֵן אוֹן: חק לכהנים. חֹק כָּךְ וְכָךְ לֶחֶם לַיּוֹם: (כג) הא. כְּמוֹ הִנֵּה, כְּמוֹ: וְגַם אֲנִי הֵא דַּרְכֵּךְ בְּרֹאשׁ נָתַתִּי (יחזק' ט"ז): (כד) לזרע השדה. שֶׁבְּכָל שָׁנָה: ולאשר בבתיכם.

desolate. [20]And Joseph obtained all the ground of Egypt for Pharaoh;
for the Egyptians sold every man his field, because the famine pre-
vailed over them: so the land became Pharaoh's. [21]And as for the
people, he caused them to pass into cities from one extremity of the
boundaries of Egypt even to the other extremity thereof. [22]Only the
ground of the priests obtained he not; for the priests had a portion
from Pharaoh, and did eat their portion which Pharaoh gave them:
wherefore they sold not their ground. [23]Then Joseph said unto the
people, Behold, I have obtained you this day and your ground for
Pharaoh: lo, here is seed for you, and ye shall sow the ground. [24]And
it shall come to pass in the increase, that ye shall give the fifth part
unto Pharaoh, and four parts shall be your own, for seed of the field,
and for your food, and for them of your households, and for food
for your little ones. [25]And they said, Thou hast saved our lives:

רש"י

לא תשם *means* it shall not be desolate[1]). *The Targum renders it by* לא תבור shall not be uncultivated, which has the same meaning as (Peah II. I) שדה בור an uncultivated field — one which is not ploughed. **(20)** ותהי הארץ לפרעה SO THE LAND BECAME PHARAOH'S — possessed by him.[2]) **(21)** ואת העם העביר AND AS FOR THE PEOPLE HE CAUSED THEM TO PASS — *Joseph caused them to pass* from *one* city to *another* city that they might be reminded that they now had no claim to the land. He settled the people of one city in another. There was no need for Scripture to state this except for the purpose of telling you something to Joseph's credit — that he intended *thereby* to remove a reproach from his brothers because, *since the Egyptians were themselves strangers in the various cities where they then dwelt*, they could not call them (Joseph's brethren) strangers (Chull. 60b). מקצה גבול מצרים וגו' *means* thus did he to all the cities of the realm of Egypt FROM ONE EXTREMITY OF THE BOUNDARIES OF EGYPT EVEN TO THE OTHER EXTREMITY THEREOF[3]). **(22)** הכהנים *means* THE PRIESTS. The term כהן always means one who ministers to Deity except *in* those *cases* where it denotes one of high rank, e. g. (Exod. II. 16) "Jethro the chief of (כהן) Midian" and (XLI. 45) "the chief of (כהן) On"[4]). חק לכהנים [FOR] THE PRIESTS HAD A PORTION — an assigned portion of a definite quantity of bread daily. **(23)** הא *means* the same as הנה "behold", as (Ezech. XVI. 43) "I also lo, (הא) will recompense thy way upon thine head". **(24)** לזרע השדה FOR SEED OF THE FIELD — for *sowing* every year[5]), ולאשר בבתיכם AND FOR THEM OF YOUR HOUSEHOLDS — *means* and as food for

NOTES

1) שממה is from the root שמם whilst תשם is from ישם, but both have the same meaning (cf. ישימן Deut. XXXII. 10).

2) Cf. Note on XLI. 36: ותהי הארץ לפרעה "The land was to Pharaoh" means it became his property. Rashi is explaining the expression היה followed by ל.

3) Not that he caused them t o p a s s from one end of Egypt to the other.

4) Cp. Rashi on Exod. II 16 and 2 Sam. VIII. 18.

5) Not to pay back the seed of the field which he gave them (v. 23).

נִמְצָא־חֵן בְּעֵינֵי אֲדֹנִי וְהָיִינוּ עֲבָדִים לְפַרְעֹה׃
כו וַיָּשֶׂם אֹתָהּ יוֹסֵף לְחֹק עַד־הַיּוֹם הַזֶּה עַל־אַדְמַת
מִצְרַיִם לְפַרְעֹה לַחֹמֶשׁ רַק אַדְמַת הַכֹּהֲנִים
לְבַדָּם לֹא הָיְתָה לְפַרְעֹה׃ כז וַיֵּשֶׁב יִשְׂרָאֵל בְּאֶרֶץ
מִצְרַיִם בְּאֶרֶץ גֹּשֶׁן וַיֵּאָחֲזוּ בָהּ וַיִּפְרוּ וַיִּרְבּוּ מְאֹד׃

ק״ו. יהללא״ל סימן: ומפטירין ביחזקאל בסימן ל״ז ואתה בן אדם קח לך עץ:

כח וַיְחִי יַעֲקֹב בְּאֶרֶץ מִצְרַיִם שְׁבַע עֶשְׂרֵה שָׁנָה
וַיְהִי יְמֵי־יַעֲקֹב שְׁנֵי חַיָּיו שֶׁבַע שָׁנִים וְאַרְבָּעִים
וּמְאַת שָׁנָה׃ כט וַיִּקְרְבוּ יְמֵי־יִשְׂרָאֵל לָמוּת וַיִּקְרָא
לִבְנוֹ לְיוֹסֵף וַיֹּאמֶר לוֹ אִם־נָא מָצָאתִי חֵן בְּעֵינֶיךָ
שִׂים־נָא יָדְךָ תַּחַת יְרֵכִי וְעָשִׂיתָ עִמָּדִי חֶסֶד וֶאֱמֶת

אונקלוס

קַיֵּמְתֶּנָא נִשְׁכַּח־רַחֲמִין בְּעֵינֵי רִבּוֹנִי וּנְהֵי עַבְדִּין לְפַרְעֹה׃ כו וְשַׁוִּי יָתַהּ יוֹסֵף
לִגְזֵרָא עַד־יוֹמָא הָדֵין עַל־אַרְעָא דְמִצְרַיִם דִּיהוֹן־יָהֲבִין חַד־מִן־חַמְשָׁא לְפַרְעֹה
לְחוֹד אַרְעָא דְכֻמְרַיָּא בִּלְחוֹדֵיהוֹן לָא הֲוָת לְפַרְעֹה׃ כז וִיתֵיב יִשְׂרָאֵל בְּאַרְעָא
דְמִצְרַיִם בְּאַרְעָא דְגֹשֶׁן וְאַחֲסִינוּ בַהּ וּנְפִישׁוּ וּסְגִיאוּ לַחֲדָא׃
כח וַחֲיָא יַעֲקֹב בְּאַרְעָא דְמִצְרַיִם שְׁבַע עַשְׂרֵי שְׁנִין וַהֲווֹ יוֹמֵי־יַעֲקֹב שְׁנֵי חַיּוֹהִי
מְאָה וְאַרְבְּעִין וּשְׁבַע שְׁנִין׃ כט וּקְרִיבוּ יוֹמֵי יִשְׂרָאֵל לִמְמָת וּקְרָא
לִבְרֵהּ לְיוֹסֵף וַאֲמַר לֵהּ אִם־כְּעַן אַשְׁכַּחִית רַחֲמִין בְּעֵינָיךְ שַׁוִּי־כְעַן יְדָךְ תְּחוֹת

רש״י

וְלֶאֱכוֹל הָעֲבָדִים וְהַשְּׁפָחוֹת אֲשֶׁר בְּבָתֵּיכֶם׃ לטפכם. בָּנִים קְטַנִּים׃ (כה) נמצא חן. לַעֲשׂוֹת לָנוּ זֹאת כְּמוֹ שֶׁאָמַרְתָּ׃ והיינו עבדים לפרעה. לְהַעֲלוֹת לוֹ הַמַּס הַזֶּה בְּכָל שָׁנָה׃ (כו) לחק. שֶׁלֹּא יַעֲבוֹר׃ (כז) וישב ישראל בארץ מצרים. וְהֵיכָן? בְּאֶרֶץ גֹּשֶׁן שֶׁהִיא מֵאֶרֶץ מִצְרַיִם׃ (ויאחזו בה. לְשׁוֹן אֲחֻזָּה)׃

(כח) ויחי יעקב. לָמָּה פָּרָשָׁה זוֹ סְתוּמָה? לְפִי שֶׁכֵּיוָן שֶׁנִּפְטַר יַעֲקֹב אָבִינוּ נִסְתְּמוּ עֵינֵיהֶם וְלִבָּם שֶׁל יִשְׂרָאֵל מִצָּרַת הַשִּׁעְבּוּד, שֶׁהִתְחִילוּ לְשַׁעְבְּדָם; דָּבָר אַחֵר: שֶׁבִּקֵּשׁ לְגַלּוֹת אֶת הַקֵּץ לְבָנָיו, וְנִסְתַּם מִמֶּנּוּ. בְּב״ר׃ (כט) ויקרבו ימי ישראל למות. כָּל מִי שֶׁנֶּאֶמְרָה בוֹ קְרִיבָה לָמוּת, לֹא הִגִּיעַ לִימֵי אֲבוֹתָיו (יִצְחָק חָיָה ק״פ, וְיַעֲקֹב קמ״ז, בְּדָוִד נֶאֱמַר קְרִיבָה, אָבִיו חָיָה פ׳ שָׁנִים וְהוּא חָיָה ע׳) ויקרא לבנו ליוסף. לְמִי שֶׁהָיָה יְכוֹלֶת בְּיָדוֹ לַעֲשׂוֹת׃ שים נא ידך. וְהִשָּׁבַע׃ חסד ואמת. חֶסֶד שֶׁעוֹשִׂין עִם הַמֵּתִים, הוּא חֶסֶד שֶׁל אֱמֶת, שֶׁאֵינוֹ מְצַפֶּה

let us find favour in the eyes of my lord, and we will be Pharaoh's servants. 26 And Joseph made it a statute over the land of Egypt unto this day, that Pharaoh should have the fifth part; except the ground of the priests only, which became not Pharaoh's. 27 And Israel abode in the land of Egypt, in the country of Goshen; and they had possessions therein, and were fruitful, and multiplied exceedingly.

28 And Jacob lived in the land of Egypt seventeen years: so the days of Jacob, the years of his life, were an hundred forty and seven years. 29 And when the days of Israel's death approached, he called his son Joseph, and said unto him, If now I have found favour in thy eyes, put, I pray thee, thy hand under my thigh, that thou wilt shew me mercy and truth;

רש"י

the servants and maidservants that are in your houses. טפכם *means* your young children. **(25)** נמצא חן LET US FIND FAVOUR [IN THE EYES OF MY LORD] in that you should do for us as you have said. והיינו עבדים לפרעה AND WE SHALL BE PHARAOH'S SERVANTS, paying him this tax annually[1]). **(26)** לחק AS A STATUTE without repeal. **(27)** וישב ישראל בארץ מצרים AND ISRAEL ABODE IN THE LAND OF EGYPT — and where *in the land of Egypt*? בארץ גשן IN THE LAND OF GOSHEN which is a part of the land Egypt. ויאחזו בה *means* THEY ACQUIRED POSSESSIONS.

ויחי

(28) ויחי יעקב AND JACOB LIVED — Why is this section (Sidra) totally closed?[2]) Because, *comprising as it does an account of the death of Jacob,* as soon as our father Jacob departed this life the hearts and eyes of Israel were closed (their eyes became dim and their hearts troubled) because of the misery of the bondage which they *then* began to impose upon them. Another reason is: because he (Jacob) wished to reveal to his sons the date of the End of Days (i. e. when Israel's exile would finally end; cf. Rashi on XLIX. 1), but the *vision* was closed (concealed) from him (Gen. R. 96). **(29)** ויקרבו ימי ישראל למות AND WHEN THE DAYS OF ISRAEL'S DEATH APPROACHED — Everyone of whom it is stated *that his days* drew near to die did not attain to the age of his fathers. Some editions add: Isaac lived 180 years, whereas Jacob lived only 147. Similarly it is said in the case of David, "his days drew near" and he lived 70 years, whereas his father reached the age of eighty. ויקרא לבנו ליוסף AND HE CALLED HIS SON JOSEPH — *he called* that one who had the power in his hands to do *what he was about to ask.*. שים נא ידך PUT, I PRAY THEE, THY HAND — and take an oath. חסד ואמת MERCY AND TRUTH — The mercy shown to the dead is "mercy of truth" (true, disinterested kindness)

NOTES

1) Not his bondsman, for this was already said in v. 19.

2) Sometimes a section in the Torah begins on the same line as the preceding ends but is separated from it by an open space wide enough to contain 9 letters. Such a section is called סתומה "closed". A section which begins on a new line is called פתוחה "open". These terms are transferred from the line which is closed up or left open to the section itself. Our Sidra follows the preceding without any greater space being left than that which ordinarily divides two words. Rashi therefore is using the term סתומה not in its precise Massoretic sense.

אַל־נָא תִקְבְּרֵנִי בְּמִצְרָיִם׃ ל וְשָׁכַבְתִּי עִם־אֲבֹתַי
וּנְשָׂאתַנִי מִמִּצְרַיִם וּקְבַרְתַּנִי בִּקְבֻרָתָם וַיֹּאמַר
אָנֹכִי אֶעֱשֶׂה כִדְבָרֶךָ׃ לא וַיֹּאמֶר הִשָּׁבְעָה לִי וַיִּשָּׁבַע
לוֹ וַיִּשְׁתַּחוּ יִשְׂרָאֵל עַל־רֹאשׁ הַמִּטָּה׃ פ
מח א וַיְהִי אַחֲרֵי הַדְּבָרִים הָאֵלֶּה וַיֹּאמֶר לְיוֹסֵף
הִנֵּה אָבִיךָ חֹלֶה וַיִּקַּח אֶת־שְׁנֵי בָנָיו
עִמּוֹ אֶת־מְנַשֶּׁה וְאֶת־אֶפְרָיִם׃ ב וַיַּגֵּד לְיַעֲקֹב וַיֹּאמֶר
הִנֵּה בִּנְךָ יוֹסֵף בָּא אֵלֶיךָ וַיִּתְחַזֵּק יִשְׂרָאֵל וַיֵּשֶׁב
עַל־הַמִּטָּה׃ ג וַיֹּאמֶר יַעֲקֹב אֶל־יוֹסֵף אֵל שַׁדַּי

אונקלוס

יַרְכִּי וְתַעְבֵּד עִמִּי טֵיבוּ וּקְשׁוֹט לָא־כְעַן תִּקְבְּרִנַּנִי בְּמִצְרָיִם׃ ל וְאֶשְׁכּוֹב עִם־
אֲבָהָתַי וְתִטְּלִנַּנִי מִמִּצְרַיִם וְתִקְבְּרִנַּנִי בִּקְבוּרַתְּהוֹן וַאֲמַר אֲנָא אַעְבֵּד כְּפִתְגָמָךְ׃
לא וַאֲמַר קַיַּם לִי וְקַיֵּים לֵהּ וּסְגִיד יִשְׂרָאֵל עַל־רֵישׁ עַרְסָא׃ א וַהֲוָה בָּתַר
פִּתְגָמַיָּא הָאִלֵּין וַאֲמַר לְיוֹסֵף הָא אֲבוּךְ שְׁכִיב־מְרַע וּדְבַר יָת־תְּרֵין בְּנוֹהִי עִמֵּהּ
יָת־מְנַשֶּׁה וְיָת־אֶפְרָיִם׃ ב וְחַוִּי לְיַעֲקֹב וַאֲמַר הָא בְרָךְ יוֹסֵף אָתֵא לְוָתָךְ וְאִתַּקַּף
יִשְׂרָאֵל וִיתֵיב עַל־עַרְסָא׃ ג וַאֲמַר יַעֲקֹב לְיוֹסֵף אֵל שַׁדַּי אִתְגְּלִי־לִי בְּלוּז

רש"י

לְתַשְׁלוּם גְּמוּל: אל נא תקברני במצרים. סוֹפָהּ לִהְיוֹת עֲפָרָהּ כִּנִּים, וּמְרַחֲשִׁין תַּחַת גּוּפִי, וְשֶׁאֵין מֵתֵי חוּצָה לָאָרֶץ חַיִּים אֶלָּא בְּצַעַר גִּלְגּוּל מְחִילוֹת, וְשֶׁלֹּא יַעֲשׂוּנִי מִצְרִים עֲבוֹדָה זָרָה: (ל) ושכבתי עם אבותי. וָי"ו זוֹ מְחֻבָּר לְמַעְלָה לִתְחִלַּת הַמִּקְרָא—שִׂים נָא יָדְךָ תַּחַת יְרֵכִי וְהִשָּׁבַע לִי, וַאֲנִי סוֹפִי לִשְׁכַּב עִם אֲבוֹתַי, וְאַתָּה תִּשָּׂאֵנִי מִמִּצְרַיִם. וְאֵין לוֹמַר, וְשָׁכַבְתִּי עִם אֲבוֹתַי—הַשְׁכִּיבֵנִי עִם אֲבוֹתַי בַּמְּעָרָה, שֶׁהֲרֵי כְּתִיב אַחֲרָיו, וּנְשָׂאתַנִי מִמִּצְרַיִם וּקְבַרְתַּנִי בִּקְבֻרָתָם; וְעוֹד, מָצִינוּ בְּכָל מָקוֹם לְשׁוֹן שְׁכִיבָה עִם אֲבוֹתָיו הִיא הַגְּוִיעָה וְלֹא הַקְּבוּרָה, כְּמוֹ: וַיִּשְׁכַּב דָּוִד עִם אֲבוֹתָיו, וְאַחַר כָּךְ וַיִּקָּבֵר בְּעִיר דָּוִד (מ"א ב'): (לא) וישתחו ישראל. תַּעֲלָא בְּעִדָּנֵיהּ סְגִיד לֵיהּ: על ראש המטה. הָפַךְ עַצְמוֹ לְצַד הַשְּׁכִינָה. מִכָּאן אָמְרוּ, שֶׁהַשְּׁכִינָה לְמַעְלָה מְרַאֲשׁוֹתָיו שֶׁל חוֹלֶה (שבת י', נדרים מ'); דָּ"אַ: עַל רֹאשׁ הַמִּטָּה—עַל שֶׁהָיְתָה מִטָּתוֹ שְׁלֵמָה, וְלֹא הָיָה בָהּ רָשָׁע, שֶׁהֲרֵי יוֹסֵף מֶלֶךְ הוּא, וְעוֹד שֶׁנִּשְׁבָּה לְבֵין הַגּוֹיִם, וַהֲרֵי הוּא עוֹמֵד בְּצִדְקוֹ:

מח (א) ויאמר ליוסף. אֶחָד מִן הַמַּגִּידִים, וַהֲרֵי זֶה מִקְרָא קָצָר; וְיֵ"אַ, אֶפְרַיִם הָיָה רָגִיל לִפְנֵי יַעֲקֹב בַּתַּלְמוּד, וּכְשֶׁחָלָה יַעֲקֹב בְּאֶרֶץ גּשֶׁן, הָלַךְ אֶפְרַיִם אֵצֶל אָבִיו לְמִצְרַיִם לְהַגִּיד לוֹ: ויקח את שני בניו עמו. כְּדֵי שֶׁיְּבָרְכֵם יַעֲקֹב לִפְנֵי מוֹתוֹ: (ב) ויגד הַמַּגִּיד לְיַעֲקֹב, וְלֹא פֵרֵשׁ, מִי; וְהַרְבֵּה מִקְרָאוֹת קִצְרֵי לָשׁוֹן: ויתחזק ישראל. אָמַר, אַף עַל פִּי שֶׁהוּא בְּנִי, מֶלֶךְ הוּא, אֶחְלֹק לוֹ כָבוֹד; מִכָּאן שֶׁחוֹלְקִין כָּבוֹד לַמַּלְכוּת, וְכֵן מֹשֶׁה חָלַק כָּבוֹד לַמַּלְכוּת—וְיָרְדוּ כָל עֲבָדֶיךָ אֵלֶּה אֵלַי (שמ' י"א); וְכֵן אֵלִיָּהוּ, וַיְשַׁנֵּס מָתְנָיו וְגוֹ' (מ"א י"ח):

bury me not, I pray thee, in Egypt. ³⁰But I will lie with my fathers, and thou shalt bear me from Egypt, and bury me in their burying-place. And he said, I will do according to thy words. ³¹And he said, Swear unto me. And he sware unto him. And Israel prostrated himself upon the bed's head.

48. ¹And it came to pass after these things, that one said to Joseph, Behold, thy father is sick: and he took with him his two sons, Manasseh and Ephraim. ²And one told Jacob, and said, Behold, thy son Joseph cometh unto thee: and Israel strengthened himself, and sat upon the bed. ³And Jacob said unto Joseph, God Almighty appeared unto

רש"י

since one cannot hope for any reward. אל נא תקברני במצרים BURY ME NOT, I PRAY THEE, IN EGYPT — *Because* its soil will ultimately become lice which would swarm beneath my body. *Further*, those who die outside the Land of *Israel* will not live again *at the Resurrection* except after the pain caused by the body rolling through underground-passages *until it reaches the Holy Land*¹) And *another reason is* that the Egyptians should not make me (my corpse or my tomb) *the object of* idolatrous worship. **(30)** ושכבתי עם אבתי BUT I WILL LIE WITH MY FATHERS — This ו of ושכבתי is the connecting link with the beginning of the verse above: Put thy hand beneath my thigh and swear unto me *that you will not bury me in Egypt*. For I must ultimately lie with my fathers (i. e. die as all my fathers have died) and you shall carry me out of Egypt. One cannot say that "I will lie with my fathers" *means* "make me lie with my fathers in the cave" (i. e. bury me), for *immediately* after this it is written "And thou shalt carry me out of Egypt and b u r y me in their burying place". Further we find that wherever the term "lying with one's fathers" is used it denotes dying and not burial. For instance, (1 Kings II. 10) "And David lay with his fathers", and a f t e r w a r d s *it states* "and he was buried in the city of David". **(31)** וישתחו ישראל AND ISRAEL PROSTRATED HIMSELF — *The proverb says: Though the lion is king* "when the fox has his time, bow to him" (Meg. 16b). על ראש המטה UPON THE BED'S HEAD — He turned towards the Divine Presence (the Shechinah). They (the Rabbis) inferred from this that the Shechinah is above the pillow of a sick person (Ned. 40b). Another interpretation of על ראש המטה *He bowed himself in thanks* FOR HIM WHO WAS THE CHIEF (ראש) OF HIS CHILDREN — *in thanks* because his children were heart-whole *with God*, and none of them was wicked, for *even* Joseph who was a king and moreover had been a captive amongst heathen peoples yet maintained his righteousness (Sifré ואתחנן).

48. (1) ויאמר ליוסף lit., HE SAID TO JOSEPH — "he" *means* one of the messengers: it is an elliptical phrase. Some say, that Ephraim was regularly with Jacob for study and when Jacob became ill in the land of Goshen Ephraim went to his father in Egypt and reported it to him (Tanch.). **(2)** ויגד lit., AND HE TOLD — "h e" *means* the messenger *whoever it was* — TO JACOB. It does not state plainly who *told it*; there are many such elliptical verses. ויתחזק ישראל AND ISRAEL STRENGTHENED HIMSELF — he said, "Although he is my son, he is a king, and I will do honour to him" (Tanch.). From this we may infer that we must show honour to a person of royal rank (Cf. Men. 98a). Similarly, Moses showed honour to the king when he said, (Ex. XI. 8) "And all these, thy servants, shall come down to me" (which was only a polite way of saying, "Thou, thyself, wilt be forced to come down to me"); so, too, did Elijah: (1 Kings XVIII. 46) "and he girded up his loins [and ran before Ahab] etc."

NOTES

¹) See Appendix.

נִרְאָה־אֵלַי בְּלוּז בְּאֶרֶץ כְּנָעַן וַיְבָרֶךְ אֹתִי׃ ד וַיֹּאמֶר
אֵלַי הִנְנִי מַפְרְךָ וְהִרְבִּיתִךָ וּנְתַתִּיךָ לִקְהַל עַמִּים
וְנָתַתִּי אֶת־הָאָרֶץ הַזֹּאת לְזַרְעֲךָ אַחֲרֶיךָ אֲחֻזַּת
עוֹלָם׃ ה וְעַתָּה שְׁנֵי־בָנֶיךָ הַנּוֹלָדִים לְךָ בְּאֶרֶץ
מִצְרַיִם עַד־בֹּאִי אֵלֶיךָ מִצְרַיְמָה לִי־הֵם אֶפְרַיִם
וּמְנַשֶּׁה כִּרְאוּבֵן וְשִׁמְעוֹן יִהְיוּ־לִי׃ ו וּמוֹלַדְתְּךָ אֲשֶׁר־
הוֹלַדְתָּ אַחֲרֵיהֶם לְךָ יִהְיוּ עַל שֵׁם אֲחֵיהֶם יִקָּרְאוּ
בְּנַחֲלָתָם׃ ז וַאֲנִי ׀ בְּבֹאִי מִפַּדָּן מֵתָה עָלַי רָחֵל בְּאֶרֶץ
כְּנַעַן בַּדֶּרֶךְ בְּעוֹד כִּבְרַת־אֶרֶץ לָבֹא אֶפְרָתָה
וָאֶקְבְּרֶהָ שָּׁם בְּדֶרֶךְ אֶפְרָת הִוא בֵּית לָחֶם׃

אונקלוס

בְּאַרְעָא דִכְנָעַן וּבָרִיךְ יָתִי׃ ד וַאֲמַר לִי הָא־אֲנָא מַפֵּישׁ־לָךְ וְאַסְגֵּנָךְ וְאֶתְּנִנָּךְ
לִכְנִשַׁת שִׁבְטִין וְאֶתֵּן יָת־אַרְעָא הָדָא לִבְנָיךְ בָּתְרָךְ אַחְסָנַת עָלַם׃ ה וּכְעַן
תְּרֵין־בְּנָיךְ דְּאִתְיְלִידוּ לָךְ בְּאַרְעָא דְמִצְרַיִם עַד־מֵיתִי לְוָתָךְ לְמִצְרַיִם דִּילִי אִנּוּן
אֶפְרַיִם וּמְנַשֶּׁה כִּרְאוּבֵן וְשִׁמְעוֹן יְהוֹן קֳדָמַי׃ ו וּבְנָיךְ דִּי־תוֹלִיד בָּתְרֵיהוֹן דִּילָךְ
יְהוֹן עַל שׁוּם אֲחוּהוֹן יִתְקְרוֹן בְּאַחְסַנְתְּהוֹן׃ ז וַאֲנָא ׀ בְּמֵיתִי מִפַּדַּן מִיתַת עֲלַי

רש"י

(ד) ונתתיך לקהל עמים. בִּשְּׂרַנִי שֶׁעֲתִידִים לָצֵאת מִמֶּנִּי עוֹד קָהָל וְעַמִּים. וְאַף עַל פִּי שֶׁאָמַר לִי גּוֹי וּקְהַל גּוֹיִם, גּוֹי אָמַר לִי עַל בִּנְיָמִין; קְהַל גּוֹיִם — הֲרֵי שְׁנַיִם לְבַד מִבִּנְיָמִין, וְשׁוּב לֹא נוֹלַד לִי בֵּן, לִמְּדַנִי שֶׁעָתִיד אֶחָד מִשְּׁבָטַי לְהֵחָלֵק וְעַתָּה אוֹתָהּ מַתָּנָה אֲנִי נוֹתֵן לְךָ׃ (ה) הנולדים לך, עד באי אליך. לִפְנֵי בֹאִי אֵלֶיךָ, כְּלוֹמַר, שֶׁנּוֹלְדוּ מִשֶּׁפֵּרַשְׁתָּ מִמֶּנִּי עַד שֶׁבָּאתִי אֶצְלְךָ׃ לי הם. בְּחֶשְׁבּוֹן שְׁאָר בָּנַי הֵם, לִטֹּל חֵלֶק בָּאָרֶץ אִישׁ כְּנֶגְדּוֹ׃ (ו) ומולדתך וגו׳. אִם תּוֹלִיד עוֹד, לֹא יִהְיוּ בְּמִנְיַן בָּנַי, אֶלָּא בְּתוֹךְ שִׁבְטֵי אֶפְרַיִם וּמְנַשֶּׁה יִהְיוּ נִכְלָלִים, וְלֹא יְהֵא לָהֶם שֵׁם בַּשְּׁבָטִים לְעִנְיַן הַנַּחֲלָה; וְאַף עַל פִּי שֶׁנֶּחְלְקָה הָאָרֶץ לְמִנְיַן גֻּלְגְּלוֹתָם, כְּדִכְתִיב: לָרַב תַּרְבּוּ נַחֲלָתוֹ (במ׳ כ״ו), וְכָל אִישׁ וָאִישׁ נָטַל בְּשָׁוֶה חוּץ מִן הַבְּכוֹרוֹת, מִכָּל מָקוֹם לֹא נִקְרְאוּ שְׁבָטִים אֶלָּא אֵלּוּ, (לְהַטִּיל גּוֹרַל הָאָרֶץ לְמִנְיַן שְׁמוֹת הַשְּׁבָטִים וְנָשִׂיא לְכָל שֵׁבֶט וָשֵׁבֶט וּדְגָלִים לָזֶה וְלָזֶה)׃ (ז) ואני בבאי מפדן וגו׳. וְאַעַ״פּ שֶׁאֲנִי מַטְרִיחַ עָלֶיךָ לְהוֹלִיכֵנִי לְהִקָּבֵר בְּאֶרֶץ כְּנַעַן, וְלֹא כָךְ עָשִׂיתִי לְאִמְּךָ, שֶׁהֲרֵי מֵתָה סָמוּךְ לְבֵית לָחֶם — כברת ארץ. מִדַּת אֶרֶץ, וְהֵם אַלְפַּיִם אַמָּה כְּמִדַּת תְּחוּם שַׁבָּת, כְּדִבְרֵי רַבִּי משֶׁה הַדַּרְשָׁן — וְלֹא תֹאמַר שֶׁעִכְּבוּ עָלַי גְּשָׁמִים מִלְּהוֹלִיכָהּ וּלְקָבְרָהּ בְּחֶבְרוֹן, עֵת הַגָּרִיד הָיָה, שֶׁהָאָרֶץ חֲלוּלָה וּמְנוּקֶּבֶת כִּכְבָרָה, ואקברה שם וְלֹא הוֹלַכְתִּיהָ אֲפִילוּ לְבֵית לֶחֶם לְהַכְנִיסָהּ לָאָרֶץ, וְיָדַעְתִּי, שֶׁיֵּשׁ בְּלִבְּךָ עָלַי; אֲבָל דַּע לְךָ, שֶׁעַל פִּי הַדִּבּוּר קְבַרְתִּיהָ שָּׁם, שֶׁתְּהֵא לְעֶזְרָה לְבָנֶיהָ כְּשֶׁיַּגְלֶה אוֹתָם נְבוּזַרְאֲדָן, וְהָיוּ עוֹבְרִים דֶּרֶךְ שָׁם, יוֹצֵאת רָחֵל עַל קִבְרָהּ וּבוֹכָה וּמְבַקֶּשֶׁת עֲלֵיהֶם רַחֲמִים, שֶׁנֶּאֱמַר: קוֹל בְּרָמָה נִשְׁמָע וְגו׳ וְהַקָּבָּ״ה מְשִׁיבָהּ: יֵשׁ שָׂכָר לִפְעֻלָּתֵךְ נְאֻם ה׳ וְשָׁבוּ בָנִים לִגְבוּלָם (ירי׳ ל״א). וְאוּנְקְלוֹס תִּרְגֵּם

me at Luz in the land of Canaan, and blessed me, ⁴'And said unto me, Behold, I will make thee fruitful, and multiply thee, and I will make of thee an assembly of peoples; and will give this land to thy seed after thee for a possession henceforth. ⁵And now thy two sons, who were born unto thee in the land of Egypt before I came unto thee into Egypt, are mine; as Reuben and Simeon, shall Ephraim and Manasseh, be mine. ⁶And thy issue, which thou begettest after them, shall be thine, and shall be called after the name of their brethren in their inheritance. ⁷And as for me, when I came from Padan, Rachel died by me in the land of Canaan in the way, when yet there was but a kibrath of land to come unto Ephrath: and I buried her there in the way of Ephrath; the same is Beth-lehem. ⁸And

רש״י

(4) ונתתיך לקהל עמים AND I WILL MAKE OF THEE AN ASSEMBLY OF PEOPLES — He announced to me that there were yet to issue from me an assembly of peoples (i. e. at least two more tribes). Now, it is true that He then said to me, (XXXV. 11) "A nation and an assembly of nations [shall be of thee]", but when He said "a nation" He intended it to refer to Benjamin *who was not yet born, and this promise of "a nation" has been fulfilled by the birth of Benjamin, and for that reason I do not mention it now.* "An assembly of nations [shall be of thee]", however, presupposes that two more *would descend from me* besides Benjamin. Consequently, since no other son *besides Benjamin* was born to me, He was *really* telling me that one of my tribes (i. e. the tribe formed by one of my sons) would be divided *so as to constitute at least two tribes, thus giving that son more importance,* and that privilege I confer upon you (Pesikta Sect. ביום השמיני). **(5)** הנולדים לך עד באי אליך lit., WHO WERE BORN TO THEE... UNTIL I CAME TO THEE, i. e. before I came to thee. It signifies as much as: WHO WERE BORN from the time when you left me UNTIL THE TIME WHEN I CAME TO YOU. לי הם THEY SHALL BE MINE — they shall be counted amongst my other sons, to receive a portion in the Land each for himself (i. e. each to have his own territory exactly as each of my other sons has). **(6)** ומולדתך וגו׳ AND THY ISSUE etc. — "If you beget any more children, they shall not be included among the tribes of Ephraim and Manasseh nor shall they have a name amongst the tribes (i. e. no tribe will be named after them) so far as an inheritance in the Holy Land is concerned". Although the Land was divided according to the number of heads — as it is written, (Num. XXVI. 54) "To the more numerous thou shalt give a larger inheritance" — and each person had an equal share¹) except those who were first-born sons (and these received a double share), yet only these of Joseph's sons bore the name of "tribe" when it became a matter of casting lots for *the partition of* the land according to the number of the tribes (cf. Num. XXVI. 55), and of *appointing* princes to the various tribes and *of assigning* banners to each of them. **(7)** ואני בבאי מפדן וגו׳ AND AS FOR ME, WHEN I CAME FROM PADAN etc. — "And although I trouble you to take me for burial into the land of Canaan and I did not do this for your mother (i. e., I did not take the trouble to bury her in a place other than that in which she died, which was by the road-side) which I might easily have done since she died quite close to Bethlehem" — כברת ארץ is a measure of land equal to 2000 cubits which is the extent of a Sabbath day's journey. This is according to the statement of R. Moses the Expositor²). — "Do not imagine that it was the rains which prevented me from bringing her to Hebron for burial. It was the dry season when the ground is riddled and full of holes like a sieve (כברה), ואקברה שם AND I BURIED HERE THERE and did not carry her even the *short distance* to Bethlehem to bring her into a city³). I know that in your heart you feel some resentment against me. Know, however, that I buried her there by the command of God". *And the future proved that God had commanded him to do*

NOTES

For Notes 1—3 see Appendix.

ח וַיַּרְא יִשְׂרָאֵל אֶת־בְּנֵי יוֹסֵף וַיֹּאמֶר מִי־אֵלֶּה:
ט וַיֹּאמֶר יוֹסֵף אֶל־אָבִיו בָּנַי הֵם אֲשֶׁר־נָתַן־לִי
אֱלֹהִים בָּזֶה וַיֹּאמַר קָחֶם־נָא אֵלַי וַאֲבָרְכֵם: שני
י וְעֵינֵי יִשְׂרָאֵל כָּבְדוּ מִזֹּקֶן לֹא יוּכַל לִרְאוֹת וַיַּגֵּשׁ
אֹתָם אֵלָיו וַיִּשַּׁק לָהֶם וַיְחַבֵּק לָהֶם: יא וַיֹּאמֶר
יִשְׂרָאֵל אֶל־יוֹסֵף רְאֹה פָנֶיךָ לֹא פִלָּלְתִּי וְהִנֵּה
הֶרְאָה אֹתִי אֱלֹהִים גַּם אֶת־זַרְעֶךָ: יב וַיּוֹצֵא יוֹסֵף
אֹתָם מֵעִם בִּרְכָּיו וַיִּשְׁתַּחוּ לְאַפָּיו אָרְצָה: יג וַיִּקַּח
יוֹסֵף אֶת־שְׁנֵיהֶם אֶת־אֶפְרַיִם בִּימִינוֹ מִשְּׂמֹאל
יִשְׂרָאֵל וְאֶת־מְנַשֶּׁה בִשְׂמֹאלוֹ מִימִין יִשְׂרָאֵל וַיַּגֵּשׁ

אונקלוס

רָחֵל בְּאַרְעָא דִכְנַעַן בְּאָרְחָא בְּעוֹד כְּרוּבָא דְאַרְעָא לְמֵיעַל לְאֶפְרָת וּקְבַרְתַּהּ
תַּמָּן בְּאֹרַח אֶפְרָת הִיא בֵּית לָחֶם: ח וַחֲזָא יִשְׂרָאֵל יָת־בְּנֵי יוֹסֵף וַאֲמַר מַן
אִלֵּין: ט וַאֲמַר יוֹסֵף לַאֲבוּהִי בְּנַי אִנּוּן דִּיהַב־לִי יְיָ הָכָא וַאֲמַר קָרֵבְנּוּן־כְּעַן
לְוָתִי וַאֲבָרְכִנּוּן: י וְעֵינֵי יִשְׂרָאֵל יְקָרָן מִסֵּיבוּ לָא יָכוֹל לְמֶחֱזֵי וְקָרֵיב יָתְהוֹן
לְוָתֵהּ וְנַשִּׁיק לְהוֹן וְגַפִּיף לְהוֹן: יא וַאֲמַר יִשְׂרָאֵל לְיוֹסֵף לְמֶחֱזֵי אַפָּיךְ לָא
סְבָרִית וְהָא אַחֲזֵי יָתִי יְיָ אַף יָת־בְּנָיךְ: יב וְאַפֵּיק יוֹסֵף יָתְהוֹן מִן קֳדָמוֹהִי
וּסְגִיד עַל־אַפּוֹהִי עַל־אַרְעָא: יג וּדְבַר יוֹסֵף יָת־תַּרְוֵיהוֹן יָת־אֶפְרַיִם בִּימִינֵהּ
מִסְּמָאלָא דְיִשְׂרָאֵל וְיָת־מְנַשֶּׁה בִּסְמָלֵהּ מִיַּמִּינָא דְיִשְׂרָאֵל וְקָרֵיב לְוָתֵהּ:

רש"י

כְּרוּב אַרְעָא—כְּדֵי שִׁעוּר חֲרִישַׁת יוֹם; וְאוֹמֵר אֲנִי, שֶׁהָיָה לָהֶם קֶצֶב, שֶׁהָיוּ קוֹרִין אוֹתוֹ כְּדֵי מַחֲרֵישָׁה אַחַת, קורדיי"א בְּלַעַז, כִּדְאָמְרִינַן: כְּרִיב וְתָנֵי; כַּמָּה דְמַפְסִיק תַּעֲלָה מִבֵּי כַּרְבָּא: (ח) וירא ישראל את בני יוסף. בִּקֵּשׁ לְבָרְכָם, וְנִסְתַּלְּקָה שְׁכִינָה מִמֶּנּוּ, לְפִי שֶׁעָתִיד יָרָבְעָם וְאַחְאָב לָצֵאת מֵאֶפְרַיִם וְיֵהוּא וּבָנָיו מִמְּנַשֶּׁה: ויאמר מי אלה. מֵהֵיכָן יָצְאוּ אֵלּוּ, שֶׁאֵינָן רְאוּיִן לִבְרָכָה: (ט) בזה. הֶרְאָה לוֹ שְׁטַר אֵרוּסִין וּשְׁטַר כְּתֻבָּה, וּבִקֵּשׁ יוֹסֵף רַחֲמִים עַל הַדָּבָר, וְנָחָה עָלָיו רוּחַ הַקֹּדֶשׁ: ויאמר קחם נא אלי ואברכם. וְזֶהוּ שֶׁאָמַר הַכָּתוּב: וְאָנֹכִי תִרְגַּלְתִּי לְאֶפְרַיִם קָחֵם עַל זְרוֹעֹתָיו (הושע י"א)—תִּרְגַּלְתִּי רוּחִי בְּיַעֲקֹב בִּשְׁבִיל אֶפְרַיִם עַד שֶׁלְּקָחָן עַל זְרוֹעוֹתָיו: (יא) לא פללתי. לֹא מִלְאַנִי לִבִּי לַחֲשׁוֹב מַחֲשָׁבָה, שֶׁאֶרְאֶה פָּנֶיךָ עוֹד. פללתי לְשׁוֹן מַחֲשָׁבָה, כְּמוֹ: הָבִיאִי עֵצָה עֲשִׂי פְלִילָה (ישע' ט"ז): (יב) ויוצא יוסף אתם. לְאַחַר שֶׁנְּשָׁקָם הוֹצִיאָם יוֹסֵף מֵעִם בִּרְכָּיו, כְּדֵי לְיַשְּׁבָם זֶה לְיָמִין וְזֶה לִשְׂמֹאל לִסְמוֹךְ יָדָיו עֲלֵיהֶם וּלְבָרְכָם: וישתחו לאפיו. כְּשֶׁחָזַר לַאֲחוֹרָיו מִלִּפְנֵי אָבִיו: (יג) את אפרים בימינו משמאל ישראל. הַבָּא לִקְרַאת חֲבֵירוֹ,

Israel saw Joseph's sons, and said, Who are these? 9And Joseph said
unto his father, They are my sons, whom God hath given me in this
place. And he said, Bring them, I pray thee, unto me, and I will bless
them. 10Now the eyes of Israel were dim from old age, so that he could
not see. And he made them step near unto him; and he kissed them,
and embraced them. 11And Israel said unto Joseph, I had not contem-
plated to see thy face: and, lo, God hath shewed me also thy seed. 12And
Joseph brought them out from between his knees, and he prostrated
himself before his face to the earth. 13And Joseph took them both,
Ephraim in his right hand towards Israel's left, and Manasseh in
his left hand towards Israel's right, and made them step near unto

רש"י

this in order that she might help her children when Nebuzaradan would take them into captivity. *For* when they were passing along that road Rachel came forth *from her grave and stood* by her tomb weeping and beseeching mercy for them, as it is said, (Jer. XXXI. 15) "A voice is heard in Rama, [the sound of weeping ... Rachel weeping for her children]", and the Holy One, blessed be He, replied to her (v. 16) "There is a reward for thy work, says the Lord etc. (v. 17) for thy children will return to their own border". Onkelos translated it (כברת ארץ) by כרוב ארעא which is a full measure of one day's plaughing. I am of opinion that they had a definite measure which they called "one full furrow"[1]); O. F. cordié. So we say, (B. Metsia 107a) "He ploughs (כריב) and *ploughs* again", and (Joma 43b) "as much *earth* as a fox carries *on its feet* from a ploughed field(בי כרבא)". **(8)** וירא ישראל את בני יוסף AND ISRAEL SAW JOSEPH'S SONS — he wished to bless them but the Divine Presence departed from him because *he saw that* from Ephraim would be born *the wicked kings* Jeroboam and Ahab, and from Manasseh Jehu and his sons (Tanch.). ויאמר מי אלה AND HE SAID "WHO ARE THESE?" — Whence come these who are unfitted for blessing? **(9)** בָּזֶה IN THIS PLACE (lit., by this, or by means of this) — He showed him the contract of betrothal and the contract of marriage (evidence that their mother had adopted the faith of Israel, and that his and her offspring were of their faith) and Joseph prayed *to God* about the matter and the Holy Spirit *again* rested upon him (Jacob) (ib.). ויאמר קחם נא אלי ואברכם AND HE SAID, BRING THEM, I PRAY THEE, UNTO ME, AND I WILL BLESS THEM — It is to this that the text alludes, (Hos. XI. 13) "And I, I תרגלתי לאפרים taking them (קחם) upon his arms", meaning, I made My Spirit once again a familiar thing (תרגלתי) in Jacob for Ephraim's sake until he took them (him and Manasseh) upon his arms (cf. Tanch.). **(11)** לא פללתי I HAD NOT CONTEMPLATED — I had never dared to cherish the thought that I would again see your face. פללתי is an expression for thinking, like *the noun in* (Is. XVI. 3) "Give counsel, carry out the thought (פלילה)". **(12)** ויוצא יוסף אתם AND JOSEPH BROUGHT THEM OUT — After he (Jacob) had kissed them, Joseph brought them out from between his knees in order to place them one at the right and the other on the left in order that *Jacob* might *thus* lay his hands upon them and bless them. וישתחו לאפיו AND HE PROSTRATED HIMSELF BEFORE HIS FACE — after he had stepped backwards from before his father. **(13)** את אפרים בימינו משמאל ישראל EPHRAIM ON HIS RIGHT HAND TOWARDS ISRAEL'S LEFT — If one is moving towards another *person* his right hand is opposite the other's left. Now

NOTES

1) The suggestion appears to be that כברה and כרוב are both terms for the same measure of land, the two letters ב and ר changing position in the word, as כבש and כשב, and שמלה and שלמה. The two words are derived from a root that means "to plough".

אֵלָֽיו׃ יד וַיִּשְׁלַ֨ח יִשְׂרָאֵ֜ל אֶת־יְמִינ֗וֹ וַיָּ֜שֶׁת עַל־רֹ֤אשׁ
אֶפְרַ֙יִם֙ וְה֣וּא הַצָּעִ֔יר וְאֶת־שְׂמֹאל֖וֹ עַל־רֹ֣אשׁ מְנַשֶּׁ֑ה
שִׂכֵּל֙ אֶת־יָדָ֔יו כִּ֥י מְנַשֶּׁ֖ה הַבְּכֽוֹר׃ טו וַיְבָ֥רֶךְ אֶת־
יוֹסֵ֖ף וַיֹּאמַ֑ר הָֽאֱלֹהִ֡ים אֲשֶׁר֩ הִתְהַלְּכ֨וּ אֲבֹתַ֤י לְפָנָיו֙
אַבְרָהָ֣ם וְיִצְחָ֔ק הָֽאֱלֹהִים֙ הָרֹעֶ֣ה אֹתִ֔י מֵעוֹדִ֖י עַד־
הַיּ֥וֹם הַזֶּֽה׃ טז הַמַּלְאָךְ֩ הַגֹּאֵ֨ל אֹתִ֜י מִכָּל־רָ֗ע יְבָרֵךְ֮
אֶת־הַנְּעָרִים֒ וְיִקָּרֵ֤א בָהֶם֙ שְׁמִ֔י וְשֵׁ֥ם אֲבֹתַ֖י אַבְרָהָ֣ם
וְיִצְחָ֑ק וְיִדְגּ֥וּ לָרֹ֖ב בְּקֶ֥רֶב הָאָֽרֶץ׃ שלישי יז וַיַּ֣רְא יוֹסֵ֗ף
כִּֽי־יָשִׁ֨ית אָבִ֧יו יַד־יְמִינ֛וֹ עַל־רֹ֥אשׁ אֶפְרַ֖יִם וַיֵּ֣רַע
בְּעֵינָ֑יו וַיִּתְמֹ֣ךְ יַד־אָבִ֗יו לְהָסִ֥יר אֹתָ֛הּ מֵעַ֥ל רֹאשׁ־
אֶפְרַ֖יִם עַל־רֹ֥אשׁ מְנַשֶּֽׁה׃ יח וַיֹּ֧אמֶר יוֹסֵ֛ף אֶל־אָבִ֖יו
לֹא־כֵ֣ן אָבִ֑י כִּי־זֶ֣ה הַבְּכֹ֔ר שִׂ֥ים יְמִינְךָ֖ עַל־רֹאשֽׁוֹ׃

אונקלוס

יד וְאוֹשִׁיט יִשְׂרָאֵל יָת־יְמִינֵהּ וְשַׁוִּי עַל־רֵישָׁא דְאֶפְרַיִם וְהוּא זְעֵירָא וְיָת־סְמָלֵהּ
עַל־רֵישָׁא דִמְנַשֶּׁה אַחְכֵּימִנּוּן לִידוֹהִי אֲרֵי מְנַשֶּׁה בּוּכְרָא׃ טו וּבָרֵיךְ יָת־יוֹסֵף
וַאֲמַר יְיָ דִּי פְלַחוּ אֲבָהָתַי קֳדָמוֹהִי אַבְרָהָם וְיִצְחָק יְיָ דְּזָן יָתִי מִדְּאִיתָנִי עַד־
יוֹמָא הָדֵין׃ טז מַלְאֲכָא דִּי־פְרַק יָתִי מִכָּל־בִּישָׁא יְבָרֵךְ יָת־עוּלֵמַיָּא וְיִתְקְרֵי
בְהוֹן שְׁמִי וְשׁוּם אֲבָהָתַי אַבְרָהָם וְיִצְחָק וּכְנוּנֵי־יַמָּא יִסְגּוּן בְּגוֹ־בְנֵי־אֱנָשָׁא עַל־
אַרְעָא׃ יז וַחֲזָא יוֹסֵף אֲרֵי שַׁוִּי אֲבוּהִי יַד־יְמִינֵהּ עַל רֵישָׁא דְאֶפְרַיִם וּבְאֵישׁ
בְּעֵינוֹהִי וּסְעַד יְדָא־דַאֲבוּהִי לְאַעְדָאָה יָתַהּ מֵעַל רֵישָׁא־דְאֶפְרַיִם לְאַנָחוּתַהּ
עַל־רֵישָׁא דִמְנַשֶּׁה׃ יח וַאֲמַר יוֹסֵף לַאֲבוּהִי לָא־כֵן אַבָּא אֲרֵי־דֵין בּוּכְרָא שַׁוִּ

רש"י

יְמִינוֹ כְּנֶגֶד שְׂמֹאל חֲבֵרוֹ, וְכֵיוָן שֶׁהוּא הַבְּכוֹר, מְיוּמָּן לִבְרָכָה׃ **(יד) שכל את ידיו.** כְּתַרְגּוּמוֹ, אַחְכֵּימִנּוּן — בְּהַשְׂכֵּל וְחָכְמָה הִשְׂכִּיל אֶת יָדָיו לְכָךְ וּמִדַּעַת, כִּי יוֹדֵעַ הָיָה כִּי מְנַשֶּׁה הַבְּכוֹר וְאַעַ"פ כֵּן לֹא שָׁת יְמִינוֹ עָלָיו׃ **(טז) המלאך הגאל אתי.** מַלְאָךְ הָרָגִיל לְהִשְׁתַּלֵּחַ אֵלַי בְּצָרָתִי; כְּעִנְיָן שֶׁנֶּאֱמַר: וַיֹּאמֶר אֵלַי מַלְאַךְ הָאֱלֹהִים בַּחֲלוֹם יַעֲקֹב וְגוֹ׳ אָנֹכִי הָאֵל בֵּית אֵל (בר׳ ל״א)׃ **יברך את הנערים** — מְנַשֶּׁה וְאֶפְרַיִם׃ **וידגו.** כַּדָּגִים הַלָּלוּ שֶׁפָּרִים וְרָבִים וְאֵין עַיִן הָרָע שׁוֹלֶטֶת

him. ¹⁴And Israel stretched out his right hand, and set it upon Ephraim's head, although he was the younger, and his left upon Manasseh's head, placing his hands designedly; for Manasseh was the firstborn. ¹⁵And he blessed Joseph, and said, the God, before whom my fathers Abraham and Isaac did walk, the God who has fed me since I existed unto this day, ¹⁶The Angel redeeming me from all evil, shall bless the lads; and let my name be called on them, and the name of my fathers Abraham and Isaac; and let them increase fish-like, as to multitude, in the midst of the earth. ¹⁷And when Joseph saw that his father set his right hand upon the head of Ephraim, it was evil in his eyes: and he held up his father's hand, to remove it from Ephraim's head unto Manasseh's head. ¹⁸And Joseph said unto his father, Not so, my father: for this is the firstborn; put thy right hand upon his head. ¹⁹And

רש"י

since he (Manasseh) was the first-born he was marked out for the blessing *and should have been placed at Jacob's right hand.* **(14)** שכל את ידיו PLACING HIS HANDS DESIGNEDLY — *Understand this* as the Targum *renders it*: אחכמינון he put wisdom into them (viz., into his hands), *meaning* designedly and wisely he moved his hands for this purpose, intelligently and with full knowledge, for he knew that Manasseh was the first-born and yet he did not place his right hand upon him. **(16)** המלאך הגאל אתי THE ANGEL REDEEMING ME — The angel who was usually s e n t t o m e¹) in my trouble, as it is said, (XXXI. 11) "And the angel of God said unto me in the dream: Jacob etc. . . . (v. 13), I am the God of Beth-el". יברך את הנערים SHALL BLESS THE LADS — viz., Manasseh and Ephraim. וידגו AND LET THEM INCREASE — like fishes (דגים) which are fruitful and which multiply and which the evil eye cannot affect (Ber. 20a).

NOTES

¹) The angel has no power to redeem except by special command of God. See Rashi on XVIII. 10.

יט וַיְמָאֵן אָבִיו וַיֹּאמֶר יָדַעְתִּי בְנִי יָדַעְתִּי גַּם־הוּא
יִהְיֶה־לְּעָם וְגַם־הוּא יִגְדָּל וְאוּלָם אָחִיו הַקָּטֹן יִגְדַּל
מִמֶּנּוּ וְזַרְעוֹ יִהְיֶה מְלֹא־הַגּוֹיִם׃ כ וַיְבָרְכֵם בַּיּוֹם
הַהוּא לֵאמוֹר בְּךָ יְבָרֵךְ יִשְׂרָאֵל לֵאמֹר יְשִׂמְךָ
אֱלֹהִים כְּאֶפְרַיִם וְכִמְנַשֶּׁה וַיָּשֶׂם אֶת־אֶפְרַיִם לִפְנֵי
מְנַשֶּׁה׃ כא וַיֹּאמֶר יִשְׂרָאֵל אֶל־יוֹסֵף הִנֵּה אָנֹכִי מֵת
וְהָיָה אֱלֹהִים עִמָּכֶם וְהֵשִׁיב אֶתְכֶם אֶל־אֶרֶץ
אֲבֹתֵיכֶם׃ כב וַאֲנִי נָתַתִּי לְךָ שְׁכֶם אַחַד עַל־אַחֶיךָ
אֲשֶׁר לָקַחְתִּי מִיַּד הָאֱמֹרִי בְּחַרְבִּי וּבְקַשְׁתִּי׃ פ
רביעי

אונקלוס

יְמִינָךְ עַל־רֵישֵׁהּ׃ יט וְסָרֵיב אֲבוּהִי וַאֲמַר יְדַעְנָא בְרִי יְדַעְנָא אַף־הוּא יְהֵי לְעַמָּא וְאַף־הוּא יִסְגֵּי וּבְרַם אֲחוּהִי זְעֵירָא יִסְגֵּי מִנֵּהּ וּבְנוֹהִי יְהוֹן שַׁלִּיטִין־בְּעַמְמַיָּא׃ כ וּבָרֵיכִנּוּן בְּיוֹמָא הַהוּא לְמֵימַר בָּךְ יְבָרֵךְ יִשְׂרָאֵל לְמֵימַר יְשַׁוִּינָךְ יְיָ כְּאֶפְרַיִם וְכִמְנַשֶּׁה וְשַׁוִּי יָת־אֶפְרַיִם קֳדָם מְנַשֶּׁה׃ כא וַאֲמַר יִשְׂרָאֵל לְיוֹסֵף הָא אֲנָא מָאִית וִיהֵי מֵימְרָא־דַיְיָ בְּסַעְדְּכוֹן וְיָתֵיב יָתְכוֹן לְאַרְעָא דַאֲבָהָתְכוֹן׃ כב וַאֲנָא יְהָבִית לָךְ חוּלַק־חַד יַתִּיר עַל־אַחָךְ דִּי נְסֵיבִית מִידָא דֶאֱמוֹרָאָה

רש"י

בָּהֶם: (יז) ויתמך יד אביו. הֲרִימָהּ מֵעַל רֹאשׁ בְּנוֹ וּתְמָכָהּ בְּיָדוֹ: (יט) ידעתי בני ידעתי. שֶׁהוּא הַבְּכוֹר: גם הוא יהיה לעם וגם הוא יגדל. שֶׁעָתִיד גִּדְעוֹן לָצֵאת מִמֶּנּוּ, שֶׁהַקָּבָּ"ה עוֹשֶׂה נֵס עַל יָדוֹ: ואולם אחיו הקטן יגדל ממנו. שֶׁעָתִיד יְהוֹשֻׁעַ לָצֵאת מִמֶּנּוּ, שֶׁיַּנְחִיל אֶת הָאָרֶץ וִילַמֵּד תּוֹרָה לְיִשְׂרָאֵל: וזרעו יהיה מלא הגוים. כָּל הָעוֹלָם יִתְמַלֵּא בְּצֵאת שִׁמְעוֹ וּשְׁמוֹ כְּשֶׁיַּעֲמִיד חַמָּה בְּגִבְעוֹן וְיָרֵחַ בְּעֵמֶק אַיָּלוֹן: (כ) בך יברך ישראל. הַבָּא לְבָרֵךְ אֶת בָּנָיו יְבָרְכֵם בְּבִרְכָתָם וְיֹאמַר אִישׁ לִבְנוֹ: יְשִׂימְךָ אֱלֹהִים כְּאֶפְרַיִם וְכִמְנַשֶּׁה: וישם את אפרים. בְּבִרְכָתוֹ לִפְנֵי מְנַשֶּׁה, לְהַקְדִּימוֹ בִּדְגָלִים וּבַחֲנֻכַּת הַנְּשִׂיאִים: (כב) ואני נתתי לך. לְפִי שֶׁאַתָּה טוֹרֵחַ לְהִתְעַסֵּק בִּקְבוּרָתִי, וְגַם אֲנִי נָתַתִּי לְךָ נַחֲלָה, שֶׁתִּקָּבֵר בָּהּ, וְאֵי זוֹ? זוֹ שְׁכֶם, שֶׁנֶּאֱמַר, וְאֶת עַצְמוֹת יוֹסֵף אֲשֶׁר הֶעֱלוּ מִמִּצְרַיִם קָבְרוּ בִשְׁכֶם (יהושע כ"ד): שכם אחד על אחיך. שְׁכֶם מַמָּשׁ, הִיא תִּהְיֶה לְךָ חֵלֶק אֶחָד יְתֵרָה עַל אַחֶיךָ: בחרבי ובקשתי. כְּשֶׁהָרְגוּ שִׁמְעוֹן וְלֵוִי אֶת אַנְשֵׁי שְׁכֶם נִתְכַּנְּסוּ כָּל סְבִיבוֹתֵיהֶם לְהִזְדַּוֵּג לָהֶם, וְחָגַר יַעֲקֹב כְּלֵי מִלְחָמָה כְּנֶגְדָּן; דָּבָר אַחֵר: שְׁכֶם אַחַד הוּא הַבְּכוֹרָה, שֶׁיִּטְּלוּ בָנָיו שְׁנֵי חֲלָקִים, וּשְׁכֶם לְשׁוֹן חֵלֶק הוּא, וְהַרְבֵּה יֵשׁ לוֹ דוֹמִים בַּמִּקְרָא: כִּי תְּשִׁיתֵמוֹ שֶׁכֶם (תה' כ"א) — תָּשִׁית שׂוֹנְאַי לְפָנַי לַחֲלָקִים; אֲחַלְּקָה שְׁכֶם (שם ס'), דֶּרֶךְ יְרַצְּחוּ שֶׁכְמָה (הושע ו') — אִישׁ חֶלְקוֹ; לְעָבְדוֹ שְׁכֶם אֶחָד (צפניה ג'): אשר לקחתי מיד האמרי. מִיַּד עֵשָׂו, שֶׁעָשָׂה מַעֲשֵׂה אֱמוֹרִי. דָּבָר אַחֵר: שֶׁהָיָה צָד אָבִיו בְּאִמְרֵי פִיו: בחרבי ובקשתי. הִיא חָכְמָתוֹ וּתְפִלָּתוֹ:

his father refused, and said, I know it, my son, I know it: he also shall
become a people, and he also shall be great: but truly his younger
brother shall be greater than he, and his seed shall become a multitude
of nations. 20And he blessed them that day, saying, In thee shall Israel
bless, saying, God make thee as Ephraim and as Manasseh: and he put
Ephraim before Manasseh. 21And Israel said unto Joseph, Behold, I die:
but God shall be with you, and restore you unto the land of your
fathers. 22Moreover I have given to thee one portion above thy brethren,
which I took out of the hand of the Amorite with my sword and with
my bow.

רש״י

(17) ויתמך יד אביו HE HELD UP HIS FATHER'S HAND — He lifted it up from his son's head and upheld it in his hand *to remove it etc.* **(19)** ידעתי בני ידעתי I KNOW IT, MY SON, I KNOW that he is the first-born. גם הוא יהיה לעם וגם הוא יגדל HE ALSO SHALL BECOME A PEOPLE, AND HE ALSO SHALL BE GREAT, for of him will be born Gideon through whom the Holy One, blessed be He, will perform a miracle (See Tanch.). ואולם אחיו הקטן יגדל ממנו BUT TRULY HIS YOUNGER BROTHER SHALL BE GREATER THAN HE — for of him will be born Joshua who will make Israel inherit the land *of Canaan* and will instruct them in the Torah (ib.). וזרעו יהיה מלא הגוים AND HIS SEED SHALL BECOME A MULTITUDE OF NATIONS (more lit., shall fill the nations) — the fame and renown *of his seed, Joshua,* will spread abroad and fill the whole world when he will make the sun stand still upon Gibeon and the moon in the valley of Aijalon (Abod. Zar. 25a). **(20)** בך יברך ישראל IN THEE SHALL ISRAEL BLESS — When one wishes to bless his sons he will bless them by reciting the formula with which they were blessed — a man will say to his son, "God make thee as Ephraim and as Manasseh". וישם את אפרים AND HE PUT EPHRAIM etc. — *i. e.* in the blessing *he bestowed upon them he put* Ephraim's *name* before *that of* Manasseh, so giving him precedence over his brother *when the Israelites encamped and marched* beneath their banners *in the wilderness* (cf. Num. II. 18 and X. 22), and *when* at the dedication *of the altar* by the princes *of the tribes each brought* his gifts (cf. ib. VII. 48 u. 54). (see Gen. R. 97). **(22)** ואני נתתי לך MOREOVER I HAVE GIVEN TO THEE — Because you will take the trouble to engage in my burial "I" give you an inheritance in which you will be buried. And which was this? Shechem, as it is said, (Josh. XXIV. 32) "And the bones of Joseph which the children of Israel brought up out of Egypt, buried they in Shechem". שכם אחד על אחיך *Jacob meant by the word* שכם the actual city of Shechem *and said:* this shall be to you one portion additional to what you will receive together with your brothers. בחרבי ובקשתי WITH MY SWORD AND WITH MY BOW — When Simeon and Levi slew the inhabitants of Shechem all the surrounding nations gathered together to join in battle against them and Jacob girded on his weapons to war against them (cf. Gen. R. 80). Another explanation *of this verse:* שכם אחד ONE PORTION [ABOVE THY BRETHREN] — this refers to the birthright: that Joseph's children should receive two portions *when Canaan would be divided amongst the tribes* (cf. Deut. XXI. 17; Joseph therefore was to be regarded as the first-born). The word שכם signifies portion. "For thou wilt make them שכם", i. e. thou wilt place my enemies before me in portions (thou wilt scatter them before me); (ib. LX. 8) "I will divide שכם the portion"; (Hos. VI. 9) "on the way they murder שכמה" i. e. each man *kills someone as* his own portion; (Zeph. III. 9) "to serve him as though they were all but one portion (שכם)" *i. e. to serve him unitedly.* אשר לקחתי מיד האמרי WHICH I TOOK OUT OF THE HAND OF THE AMORITE — out of the hand of Esau whose deeds were like those of an Amorite (Gen. R. 97). Another interpretation *of* אמורי *in reference to Esau is*: he used to ensnare his father by the words (אמרי) of his mouth (cf. Rashi on XXV. 7). בחרבי ובקשתי *that is, by means of his spiritual weapons*: his wisdom and his prayer ("בְּקַשְׁתִּי" cf. The Targumim and B. Bathra 123a).

מט א וַיִּקְרָא יַעֲקֹב אֶל־בָּנָיו וַיֹּאמֶר הֵאָסְפוּ וְאַגִּידָה
לָכֶם אֵת אֲשֶׁר־יִקְרָא אֶתְכֶם בְּאַחֲרִית
הַיָּמִים: ב הִקָּבְצוּ וְשִׁמְעוּ בְּנֵי יַעֲקֹב וְשִׁמְעוּ אֶל־
יִשְׂרָאֵל אֲבִיכֶם: ג רְאוּבֵן בְּכֹרִי אַתָּה כֹּחִי וְרֵאשִׁית
אוֹנִי יֶתֶר שְׂאֵת וְיֶתֶר עָז: ד פַּחַז כַּמַּיִם אַל־תּוֹתַר
כִּי עָלִיתָ מִשְׁכְּבֵי אָבִיךָ אָז חִלַּלְתָּ יְצוּעִי עָלָה: פ
ה שִׁמְעוֹן וְלֵוִי אַחִים כְּלֵי חָמָס מְכֵרֹתֵיהֶם:

אונקלוס

בִּצְלוֹתִי וּבְבָעוּתִי: א וּקְרָא יַעֲקֹב לִבְנוֹהִי וַאֲמַר אִתְכַּנַּשׁוּ וַאֲחַוֵּי לְכוֹן יָת דִּי־
יְעָרַע יָתְכוֹן בְּסוֹף יוֹמַיָּא: ב אִתְכַּנַּשׁוּ וּשְׁמַעוּ בְּנֵי יַעֲקֹב וְקַבִּילוּ־אוּלְפַן מִן־
יִשְׂרָאֵל אֲבוּכוֹן: ג רְאוּבֵן בּוּכְרִי אַתְּ חֵילִי וְרֵישׁ תָּקְפִּי לָךְ הֲוָה חָזֵי לְמִסַּב
תְּלָתָא חוּלָקִין בְּכֵירוּתָא כְּהֻנְּתָא וּמַלְכוּתָא: ד עַל־דַּאֲזַלְתָּא לְקֳבֵל אַפָּיךְ חֲזָא־
כְמַיָּא בְּרַם לָא־אַהֲנֵיתָא חוּלָק יַתִּיר לָא־תִסַּב אֲרֵי סְלֶקְתָּא בֵּית־מִשְׁכְּבֵי אֲבוּךְ
בְּכֵן אַחֲלֶתָּא לְשִׁוּוּיִי. בְּרִי סְלֶקְתָּא: ה שִׁמְעוֹן וְלֵוִי אַחִין גֻּבְרִין בְּאַרְע

רש״י

מט (א) ואגידה לכם. בִּקֵּשׁ לְגַלּוֹת אֶת הַקֵּץ וְנִסְתַּלְּקָה מִמֶּנּוּ שְׁכִינָה וְהִתְחִיל אוֹמֵר דְּבָרִים אֲחֵרִים: וראשית אוני. הִיא טִפָּה רִאשׁוֹנָה, שֶׁלֹּא רָאָה קֶרִי מִיָּמָיו. (ב״ר): אוני. כֹּחִי, כְּמוֹ: מָצָאתִי אוֹן לִי (הושע י״ב), מֵרוֹב אוֹנִים, וּלְאֵין אוֹנִים (ישי׳ מ׳): יתר שאת. רָאוּי הָיִיתָ לִהְיוֹת יֶתֶר עַל אַחֶיךָ בִּכְהֻנָּה, לְשׁוֹן נְשִׂיאוּת כַּפַּיִם: ויתר עז. בְּמַלְכוּת, כְּמוֹ: וְיִתֶּן עֹז לְמַלְכּוֹ (ש״א ב׳), וּמִי גָּרַם לְךָ לְהַפְסִיד כָּל אֵלֶּה? (ד) פחז כמים. הַפַּחַז וְהַבֶּהָלָה אֲשֶׁר מִהַרְתָּ לְהַרְאוֹת כַּעַסְךָ כַּמַּיִם הַלָּלוּ הַמְמַהֲרִים לִמְרוּצָתָם, לְכָךְ אל תותר—אַל תַּרְבֶּה לִטּוֹל כָּל הַיְתֵרוֹת הַלָּלוּ שֶׁהָיוּ רְאוּיוֹת לְךָ, וּמַהוּ הַפַּחַז אֲשֶׁר פָּחַזְתָּ? כי עלית משכבי אביך, אז חללת אותו שֶׁעָלָה עַל יְצוּעִי—שֵׁם שְׁכִינָה שֶׁהָיְתָה דַּרְכָּהּ לִהְיוֹת עוֹלָה עַל יְצוּעִי. פַּחַז שֵׁם דָּבָר הוּא, לְפִיכָךְ טַעְמוֹ לְמַעְלָה, וְכֻלּוֹ נָקוּד פַּתָּח, וְאִלּוּ הָיָה לְשׁוֹן עָבַר, הָיָה נָקוּד חֶצְיוֹ קָמַץ וְחֶצְיוֹ פַּתָּח, וְטַעְמוֹ לְמַטָּה: יצועי. לְשׁוֹן מִשְׁכָּב, עַל שֵׁם שֶׁמַּצִּיעִים אוֹתוֹ עַל יְדֵי לְבָדִין וּסְדִינִין; וְהַרְבֵּה דּוֹמִים לוֹ: אִם אֶעֱלֶה עַל עֶרֶשׂ יְצוּעָי (תהי׳ קל״ב); אִם זְכַרְתִּיךָ עַל יְצוּעָי (שם ס״ג): (ה) שמעון ולוי אחים. בְּעֵצָה אַחַת עַל שְׁכֶם וְעַל יוֹסֵף; וַיֹּאמְרוּ אִישׁ אֶל אָחִיו, וְעַתָּה לְכוּ וְנַהַרְגֵהוּ, מִי הֵם? אִ״ת רְאוּבֵן אוֹ יְהוּדָה, הֲרֵי לֹא הִסְכִּימוּ בַּהֲרִיגָתוֹ; אִ״ת בְּנֵי הַשְּׁפָחוֹת, הֲרֵי לֹא הָיְתָה שִׂנְאָתָן שְׁלֵמָה, שֶׁנֶּאֱמַר וְהוּא נַעַר אֶת בְּנֵי בִלְהָה וְאֶת בְּנֵי זִלְפָּה וְגוֹ׳, יִשָּׂשכָר וּזְבוּלֻן לֹא הָיוּ מְדַבְּרִים בִּפְנֵי אֲחֵיהֶם הַגְּדוֹלִים מֵהֶם; עַל כָּרְחֲךָ שִׁמְעוֹן וְלֵוִי הֵם שֶׁקְּרָאָם אֲבִיהֶם אַחִים: כלי חמס. אוּמָּנוּת זוֹ שֶׁל רְצִיחָה, חָמָס הוּא בִּידֵיהֶם—מִבִּרְכַּת עֵשָׂו הִיא זוֹ, אוּמָּנוּת שֶׁלּוֹ הִיא—וְאַתֶּם חֲמַסְתֶּם אוֹתָהּ הֵימֶנּוּ: מכרתיהם. לְשׁוֹן כְּלֵי זַיִן, הַסַּיִף בִּלְשׁוֹן יְוָנִי מכי״ר, תַּנְחוּמָא. דָּבָר אַחֵר: מְכֵרֹתֵיהֶם—בְּאֶרֶץ מְגוּרָתָם נָהֲגוּ עַצְמָן בִּכְלֵי חָמָס, כְּמוֹ: מְכֹרֹתַיִךְ וּמֹלְדֹתַיִךְ (יחזק׳ טז), וְזֶהוּ תַּרְגּוּם שֶׁל אוּנְקְלוֹס:

49. 1 And Jacob called unto his sons, and said, Gather yourselves to-
gether, that I may tell you that which shall befall you in the remote-
ness of days. 2 Gather yourselves together, and hear, ye sons of Jacob;
and hearken unto Israel your father. 3 Reuben, thou art my firstborn,
my vigour, and the beginning of my manhood, superiority in dignity,
and superiority in power: 4 Thy precipitancy is like the waters, thou
shalt not be superior; because thou wentest up to thy father's place of
repose; then profanedst thou my couch by going up. 5 Simeon and
Levi are brethren; instruments of violence are their swords. 6 O

רש״י

49. (1) ואגידה לכם THAT I MAY TELL YOU — He wished to reveal to them the end of Israel's exile but the Shechinah departed from him and he began to speak of other things (Gen. R. 98). **(3)** אוני *means* MY VIGOUR, as (Hos. XII. 9) "I have gained me (און) strength"; (Is. XL. 26) "by the greatness of His (אונים) might"; (ib. v. 29) "and to him that hath no (אונים) might He increaseth strength". יתר שאת SUPERIORITY IN DIGNITY — *Since you were the first-born* it was proper that you should be superior to your brothers *by being* endowed with the priesthood. *This term* שאת *"lifting up"* alludes to the נשיאות כפים the raising of the hands *when the priests pronounce the benediction* (cf. Onkelos). ויתר עז SUPERIORITY IN POWER — *meaning* in royal rank, *as is meant by* עז *in* (1 Sam. II. 10) "And he will give strength (עז) unto His king". And what caused you to lose all these? **(4)** פחז כמים The impetuosity and the precipitance with which you so hastily showed your wrath, just like water that rushes headlong in its course — therefore אל תותר THOU SHALT NOT BE SUPERIOR — you will not receive all these many prerogatives that were proper to you. And what was this impetuosity which you displayed? כי עלית משכבי אביך, אז חללת BECAUSE THOU WENTEST UP TO THY FATHER'S PLACE OF REPOSE; THEN PROFANEDST THOU Him Who hovered over my couch — the Name of the Shechina that used to abide above my couch (Sabb. 55b and Rashi there). פַּחַז is a noun (a segolate noun like נַחַל) and has its accent therefore on the first syllable, and the entire word (both syllables) is punctuated with Patach, for were it the past tense of a verb, half of it (the first syllable) would have been punctuated with Kametz and the other half with Patach, and its accent would have been on the last syllable. יצועי denotes a couch, because it is spread (root יצע) with mattresses and sheets; it occurs in this sense frequently in Scripture: (Ps. CXXXII. 3) "Nor go up into the bed that is spread for me (ערש יצועי)"; (Ps. LXIII. 7) "When I remember thee upon my (יצועי) couch". **(5)** שמעון ולוי אחים SIMEON AND LEVI WERE BRETHREN in the plot against Shechem and against Joseph. *Scripture states*, (XXXVII. 19—20) "And they said one to another ... (lit., one to his brother) come now therefore and let us slay him". Now, who were these? Should you say Reuben or Judah *was one of them* — but they were not consenting parties to slaying him (cf. XXXVII. 21, 22 and 26). Should you say they were the sons of the handmaids (Dan, Naphtali, Gad or Asher) — their hatred *of Joseph* was not so perfect *a hatred that they would wish to kill him* for it is said, (XXXVII. 2) "whilst a lad he used to be with the sons of Bilhah and with the sons of Zilpah etc." Issachar and Zebulun would *certainly* not have spoken *thus* in the presence of their elder brothers. *Consequently* one must needs say that they were Simeon and Levi whom their father called "brethren" (Tanch.). כלי חמס INSTRUMENTS OF VIOLENCE (חמס may mean something that has been usurped from another) — This business of murdering is חמס, not rightly theirs; it is part of the blessing conferred upon Esau; it is his business and you have usurped (חמסתם) it from him (ib.). מכרתיהם denotes weapons. In the Greek language *the word for* a sword is *μάχαιρα* (Tanch.). Another interpretation of מכרתיהם is: (taking מכרתיהם as מגורתיהם their sojournings with an interchange of כ and נ) in the land of their sojournings they got into the habit of using weapons of violence, מכרתיהם *being of* the same *root* as (Ezek. XVI. 3) "Thine habitation (מכרתיך) and thy nativity [is in the land of the Canaanite]." This is how

ו בְּסֹדָם אַל־תָּבֹא נַפְשִׁי בִּקְהָלָם אַל־תֵּחַד כְּבֹדִי
כִּי בְאַפָּם הָרְגוּ אִישׁ וּבִרְצֹנָם עִקְּרוּ־שׁוֹר׃ ז אָרוּר
אַפָּם כִּי עָז וְעֶבְרָתָם כִּי קָשָׁתָה אֲחַלְּקֵם בְּיַעֲקֹב
וַאֲפִיצֵם בְּיִשְׂרָאֵל׃ פ
ח יְהוּדָה אַתָּה יוֹדוּךָ אַחֶיךָ יָדְךָ בְּעֹרֶף אֹיְבֶיךָ
יִשְׁתַּחֲווּ לְךָ בְּנֵי אָבִיךָ׃ ט גּוּר אַרְיֵה יְהוּדָה

אונקלוס

תּוֹתָבוּתְהוֹן עֲבָדוּ גְבוּרָא׃ ו בְּרָזְהוֹן לָא־הֲוַת נַפְשִׁי בְּאִתְכַּנָּשׁוּתְהוֹן לְמֵחַךְ לָא־
נְחָתִית מִן־יְקָרִי אֲרֵי בְרָגְזְהוֹן קְטָלוּ קְטוֹל וּבִרְעוּתְהוֹן תְּרָעוּ שׁוּר־סַנְאָה׃ ז לִיט
רָגְזְהוֹן אֲרֵי תַקִּיף וְחֵמַתְהוֹן אֲרֵי קַשְׁיָא אֲפַלְּגִנּוּן בְּיַעֲקֹב וְאֲבַדְּרִנּוּן בְּיִשְׂרָאֵל׃
ח יְהוּדָה אַתְּ אוֹדֵיתָא וְלָא־בְהֵיתְתָא בָּךְ יוֹדוּן אַחָיךְ יְדָךְ תִּתְקֵף עַל־בַּעֲלֵי־
דְבָבָךְ יִתְבַּדְּרוּן סָנְאָךְ יְהוֹן מְחַזְרִין קְדָל קֳדָמָךְ וִיהוֹן מַקְדְּמִין לְמִשְׁאַל בִּשְׁלָמָךְ
בְּנֵי אֲבוּךְ׃ ט שִׁלְטוֹן יְהֵא בְשֵׁרוּיָא וּבְסוֹפָא יִתְרַבָּא מַלְכָּא מִדְּבֵית יְהוּדָה אֲרֵי

רש״י

(ו) בסדם אל תבא נפשי. זֶה מַעֲשֵׂה זִמְרִי, כְּשֶׁנִּתְקַבְּצוּ שִׁבְטוֹ שֶׁל שִׁמְעוֹן, לְהָבִיא אֶת הַמִּדְיָנִית לִפְנֵי מֹשֶׁה וְאָמְרוּ לוֹ, זוֹ אֲסוּרָה אוֹ מֻתֶּרֶת? אִם תֹּאמַר אֲסוּרָה, בַּת יִתְרוֹ מִי הִתִּירָהּ לְךָ?—אַל יִזָּכֵר שְׁמִי בַּדָּבָר, זִמְרִי בֶּן סָלוּא נְשִׂיא בֵית אָב לַשִּׁמְעֹנִי וְלֹא כָתַב בֶּן יַעֲקֹב: בקהלם. כְּשֶׁיַּקְהִיל קֹרַח, שֶׁהוּא מִשִּׁבְטוֹ שֶׁל לֵוִי אֶת כָּל הָעֵדָה עַל מֹשֶׁה וְעַל אַהֲרֹן, אל תחד כבודי שָׁם—אַל יִתְיַחֵד עִמָּהֶם שְׁמִי, שֶׁנֶּאֱמַר: בֶּן קֹרַח בֶּן יִצְהָר בֶּן קְהָת בֶּן לֵוִי, וְלֹא נֶאֱמַר בֶּן יַעֲקֹב; אֲבָל בְּדִבְרֵי הַיָּמִים, כְּשֶׁנִּתְיַחֲסוּ בְנֵי קֹרַח עַל הַדּוּכָן, נֶאֱמַר: בֶּן קֹרַח בֶּן יִצְהָר בֶּן קְהָת בֶּן לֵוִי בֶּן יִשְׂרָאֵל (ד״ה א׳ ו׳): אל תחד כבודי. כָּבוֹד לְשׁוֹן זָכָר הוּא, וְעַל כָּרְחֲךָ אַתָּה צָרִיךְ לְפָרֵשׁ כִּמְדַבֵּר אֶל הַכָּבוֹד וְאוֹמֵר: אַתָּה, כְּבוֹדִי אַל תִּתְיַחֵד עִמָּם! כְּמוֹ לֹא תֵחַד אִתָּם בִּקְבוּרָה (ישעיה י״ד): כי באפם הרגו איש. אֵלּוּ חֲמוֹר וְאַנְשֵׁי שְׁכֶם, וְאֵינָם חֲשׁוּבִין כֻּלָּם אֶלָּא כְּאִישׁ אֶחָד; וְכֵן הוּא אוֹמֵר בְּגִדְעוֹן, וְהִכִּיתָ אֶת מִדְיָן כְּאִישׁ אֶחָד (שופ׳ ו׳), וְכֵן בְּמִצְרַיִם: סוּס וְרוֹכְבוֹ רָמָה בַיָּם, וְזֶהוּ מִדְרָשׁוֹ. וּפְשׁוּטוֹ, הַרְבֵּה אֲנָשִׁים קוֹרֵא אִישׁ—כָּל אֶחָד לְעַצְמוֹ, בְּאַפָּם הָרְגוּ כָּל אִישׁ שֶׁכָּעֲסוּ עָלָיו. וְכֵן וַיִּלְמַד לִטְרָף טֶרֶף אָדָם אָכָל (יחזקאל י״ט): וברצנם עקרו שור. רָצוּ לַעֲקוֹר אֶת יוֹסֵף שֶׁנִּקְרָא שׁוֹר, שֶׁנֶּאֱמַר בְּכוֹר שׁוֹרוֹ הָדָר לוֹ (דב׳ ל״ג); עִקְּרוּ אשרי״טיר בְּלַעַז, לְשׁוֹן אֶת סוּסֵיהֶם תְּעַקֵּר (יהושע י״א): (ז) ארור אפם כי עז. אֲפִילּוּ בִּשְׁעַת תּוֹכָחָה לֹא קִלֵּל אֶלָּא אַפָּם, וְזֶהוּ שֶׁאָמַר בִּלְעָם: מָה אֶקֹּב לֹא קַבֹּה אֵל (במ׳ כ״ג): אחלקם ביעקב. אַפְרִידֵם זֶה מִזֶּה שֶׁלֹּא יְהֵא לֵוִי בְּמִנְיַן הַשְּׁבָטִים, וַהֲרֵי הֵם חֲלוּקִים. דָּבָר אַחֵר: אֵין לְךָ עֲנִיִּים, סוֹפְרִים וּמְלַמְּדֵי תִינוֹקוֹת אֶלָּא מִשִּׁמְעוֹן, כְּדֵי שֶׁיִּהְיוּ נְפוֹצִים, וְשִׁבְטוֹ שֶׁל לֵוִי עָשָׂאוֹ מְחַזֵּר עַל הַגְּרָנוֹת לִתְרוּמוֹת וְלַמַּעַשְׂרוֹת, נָתַן לוֹ תְּפוּצָתוֹ דֶּרֶךְ כָּבוֹד: (ח) יהודה אתה יודוך אחיך. לְפִי שֶׁהוֹכִיחַ אֶת הָרִאשׁוֹנִים בְּקַנְטוּרִים, הִתְחִיל יְהוּדָה נָסוֹג לַאֲחוֹרָיו, (שֶׁלֹּא יוֹכִיחֶנּוּ עַל מַעֲשֵׂה תָמָר) וּקְרָאוֹ יַעֲקֹב בְּדִבְרֵי רִצּוּי: יְהוּדָה! לֹא אַתָּה כְּמוֹתָם (ב״ר): ידך בערף איביך. בִּימֵי דָוִד—וְאֹיְבַי תַּתָּה לִּי עֹרֶף (ש״ב כ״ב): בני אביך. עַל שֵׁם שֶׁהָיוּ מִנָּשִׁים הַרְבֵּה, לֹא אָמַר בְּנֵי אִמְּךָ כְּדֶרֶךְ שֶׁאָמַר יִצְחָק: (ט) גור אריה. עַל דָּוִד נִתְנַבֵּא—בַּתְּחִלָּה גּוּר בִּהְיוֹת שָׁאוּל מֶלֶךְ עָלֵינוּ אַתָּה הַמּוֹצִיא וְהַמֵּבִיא אֶת יִשְׂרָאֵל (ש״ב ה׳)—וּלְבַסּוֹף אַרְיֵה, כְּשֶׁהִמְלִיכוּהוּ עֲלֵיהֶם.

my soul, come not thou into their secret deliberation; unto their as-
sembly, my glory, be not thou united: for in their wrath they slew a
man, and in their selfwill they lamed an ox. 7Cursed be their wrath,
for it was powerful; and their fierceness, for it was cruel: I will divide
them in Jacob, and scatter them in Israel. 8Judah, thee thy brethren
shall praise: thy hand is in the neck of thine enemies; thy father's
sons shall prostrate themselves before thee. 9A young lion is Judah:

רש״י

Onkelos renders it. **(6)** בסדם אל תבא נפשי O MY SOUL, COME NOT THOU INTO THEIR SECRET DELIBERATION (סוד may have the sense of plot) — this has reference to the story of Zimri, (Numb. XXV. 6—15) when the tribe of Simeon assembled and brought the Midianitish woman before Moses, saying, "Is this woman forbidden or permitted *to be taken as a wife?* If you say she is forbidden, who made the daughter of Jethro permissible to you *in marriage*" (See Sanh. 82b) — let not my name be mentioned in connection with that event! Indeed, it is said (ib. 14) "Zimri, the son of Zalu, a prince of a father's house among the Simeonites" — but Scripture does not state "a son of Jacob". בקהלם UNTO THEIR ASSEMBLY — when Korah of the tribe of Levi will assemble the entire congregation against Moses and Aaron, אל תחד כבודי MY GLORY BE NOT THOU UNITED — let my name not be associated there with them! *And so it was,* for it is said (Numb. XVI. 1) "Korah, the son of Izhar, the son of Kohath, the son of Levi" — but it does not say "the son of Jacob". In Chronicles, however, (1 Chron. VI. 22, 23), where the genealogy of Korah is traced in connection with the "Duchan" (properly, the platform — the place on which the Levites were stationed for the service of song in the Temple) it is said, "the son of Korah, the son of Izhar, the son of Kohath, the son of Levi, the son of Israel (Tanch.). אל תחד כבדי MY GLORY BE NOT THOU UNITED — כבוד is masculine and therefore you must needs explain the phrase as though he were addressing himself to "the glory" saying, "thou, my glory, be not united with them!" תחד is exactly the same *grammatical form* (2nd masc. sing. and not 3rd fem. sing.) as (Is. XIV. 20) "Thou shalt not be united (אל תחד) with them in burial". כי באפם הרגו איש FOR IN THEIR WRATH THEY SLEW A MAN — This refers to Hamor and the people of Shechem, and they are spoken of as איש "one" man because they were all regarded as of no more account than one man *when it was a matter of attacking them.* It likewise states in the history of Gideon, (Judg. VI. 16) "And thou shalt smite the Midianites as one man", and similarly concerning Egypt, (Ex. XV. 1) "The horse (singular) and its rider (singular) hath he thrown into the sea" (i. e. the whole army as though it consisted of but one horse and its rider). This is a Midrashic interpretation. The plain meaning *of the use of the singular form is:* a group of men is called "a man" having in mind each one separately, *so that the meaning is:* they slew every man with whom they were angry. Similar is (Ezek. XIX. 3) "and he learned to catch the prey, he devoured (אדם) a man" (which is the same as בני אדם "men"). וברצונם עקרו שור AND IN THEIR SELFWILL THEY LAMED AN OX — they desired to exterminate Joseph who is called שור, as it is said, (Deut. XXXIII. 17) "His firstling bullock (שורו) (Joseph), majesty is his". עקרו means in O. F. essarter. It has the same meaning as in (Josh. XI. 6) "Thou shalt hamstring (תעקר) their horses". **(7)** ארור אפם כי עז CURSED BE THEIR WRATH, FOR IT IS POWERFUL — Even when he was reproving them he did not curse them but their anger (Gen. R. 99). That is what Balaam said: (Numb. XXIII. 18) "How can I curse them since אל hath not cursed them?" (Tanch.) אחלקם ביעקב I WILL DIVIDE THEM IN JACOB — I shall separate them from each other inasmuch as Levi shall not be numbered among the tribes (cf. Num. XXVI. 62) and thus they (Simeon and Levi) will be divided (cf. Gen. R. 98). Another interpretation is: *both of these tribes will be dispersed in Israel, and this happened,* for you will find that the *very* poor — the Scribes and elementary teachers — were all of the tribe of Simeon, *and this was so* in order that this tribe should be dispersed, *since such poor people must wander from city to city to eke out a livelihood* (see Tanch. and Gen. R. 98). As

מִטֶּרֶף בְּנִי עָלִיתָ כָּרַע רָבַץ כְּאַרְיֵה וּכְלָבִיא מִי
יְקִימֶנּוּ: י לֹא־יָסוּר שֵׁבֶט מִיהוּדָה וּמְחֹקֵק מִבֵּין
רַגְלָיו עַד כִּי־יָבֹא שִׁילֹה וְלוֹ יִקְּהַת עַמִּים: יא אֹסְרִי
לַגֶּפֶן עִירֹה וְלַשֹּׂרֵקָה בְּנִי אֲתֹנוֹ כִּבֵּס בַּיַּיִן לְבֻשׁוֹ
וּבְדַם־עֲנָבִים סוּתֹה: יב חַכְלִילִי עֵינַיִם מִיָּיִן וּלְבֶן־
שִׁנַּיִם מֵחָלָב: פ

אונקלוס

מִדִּין־קַטְלָא בְּרִי נַפְשָׁךְ סְלֵקְתָּא יְנוּחַ יִשְׁרֵי־בִתְקוֹף כְּאַרְיָא וּכְלֵיתָא וְלֵית־
מַלְכוּ דִתְזַעְזְעִנֵּהּ: י לָא־יֶעְדֵּי עָבֵד־שׁוּלְטָן מִדְּבֵית־יְהוּדָה וְסָפְרָא מִבְּנֵי־בְנוֹהִי
עַד־עָלְמָא עַד דְּיֵיתֵי מְשִׁיחָא דְּדִילֵהּ הִיא מַלְכוּתָא וְלֵהּ יִשְׁתַּמְעוּן עַמְמַיָּא:
יא יַסְחַר יִשְׂרָאֵל לְקַרְתֵּהּ עַמָּא יִבְנוּן הֵיכְלֵהּ יְהוֹן צַדִּיקַיָּא סְחוֹר־סְחוֹר לֵהּ
וְעָבְדֵי אוֹרַיְתָא בְּאוּלְפַן עִמֵּהּ יְהֵי אַרְגְּוָן־טָב לְבוּשׁוֹהִי כְּסוּתֵהּ מֵילַת
צְבַע זְהוֹרִי וְצִבְעוֹנִין: יב יִסְמְקוּן טוּרוֹהִי בְּכַרְמוֹהִי יְטוּפוּן נַעֲווֹהִי בַּחֲמַר יְחִוְּרָן

רש״י

וְזֶהוּ שֶׁתִּרְגֵּם אונְקְלוֹס: שָׁלְטוֹן יְהֵא בְשֵׁרוּיָא—בִּתְחִלָּתוֹ: מטרף. מִמַּה שֶּׁחֲשַׁדְתִּיךָ בְּטָרֹף טֹרַף יוֹסֵף חַיָּה רָעָה אֲכָלָתְהוּ—וְזֶהוּ יְהוּדָה שֶׁנִּמְשַׁל לְאַרְיֵה—בני עלית. סִלַּקְתָּ אֶת עַצְמְךָ וְאָמַרְתָּ מַה בֶּצַע וְגוֹ׳, וְכֵן בַּהֲרִיגַת תָּמָר שֶׁהוֹדָה: צָדְקָה מִמֶּנִּי, לְפִיכָךְ כרע רבץ וְגוֹ׳ בִּימֵי שְׁלֹמֹה, אִישׁ תַּחַת גַּפְנוֹ וְגוֹ׳ (מ״א ה׳): (י) לא יסור שבט מיהודה. מִדָּוִד וְאֵילָךְ, אֵלּוּ רָאשֵׁי גָלֻיּוֹת שֶׁבְּבָבֶל, שֶׁרוֹדִים אֶת הָעָם בַּשֵּׁבֶט שֶׁמְּמֻנִּים עַל פִּי הַמַּלְכוּת (ב״ר): ומחקק מבין רגליו. הַתַּלְמִידִים, אֵלּוּ נְשִׂיאֵי אֶרֶץ יִשְׂרָאֵל: עד כי יבא שילה. מֶלֶךְ הַמָּשִׁיחַ שֶׁהַמְּלוּכָה שֶׁלּוֹ, וְכֵן תִּרְגְּמוֹ אונְקְלוֹס. וּמִדְרַשׁ אַגָּדָה: שִׁילֹה—שַׁי לוֹ, שֶׁנֶּאֱמַר, יוֹבִילוּ שַׁי לַמּוֹרָא (תה׳ ע״ו): ולו יקהת עמים. אֲסֵפַת הָעַמִּים, שֶׁהַיּו״ד עִיקָּר הִיא בִיסוֹד, כְּמוֹ יִפְעָתֶךָ (יח׳ כ״ח), וּפְעָמִים שֶׁנּוֹפֶלֶת מִמֶּנּוּ, וְכַמָּה אוֹתִיּוֹת מְשַׁמְּשׁוֹת בִּלְשׁוֹן זֶה, וְהֵם נִקְרָאִים עִיקָּר נוֹפֵל; כְּגוֹן נוּ״ן שֶׁל נֹגֵף וְשֶׁל נוֹשֵׁךְ וְאַלֶ״ף שֶׁבְּאַחֲוָתִי בְּאָזְנֵיכֶם (איוב י״ג), וּשֶׁבְּאִבְחַת חָרֶב (יח׳ כ״א), וְאָסוּךְ שֶׁמֶן (מ״ב ד׳), אַף זֶה יִקְהַת עַמִּים אֲסֵפַת עַמִּים, שֶׁנֶּאֱמַר: אֵלָיו גּוֹיִם יִדְרוֹשׁוּ (יש׳ י״א), וְדוֹמֶה לוֹ: עַיִן תִּלְעַג לְאָב וְתָבוּז לִיקְּהַת אֵם (משלי ל׳), לְקִבּוּץ קְמָטִים שֶׁבְּפָנֶיהָ מִפְּנֵי זִקְנָתָהּ; וּבַתַּלְמוּד: דְּיָתְבֵי וּמְקַהוּ אַקְהָתָא בְשׁוּקֵי דִנְהַרְדְּעָא בְּמַסֶּכֶת יְבָמוֹת; וְיָכוֹל הָיָה לוֹמַר, קְהִיַּת עַמִּים: (יא) אסרי לגפן עירה. נִתְנַבֵּא עַל אֶרֶץ יְהוּדָה שֶׁתְּהֵא מוֹשֶׁכֶת יַיִן כְּמַעְיָן; אִישׁ יְהוּדָה יֶאֱסוֹר לַגֶּפֶן עַיִר אֶחָד וְיִטְעָנֶנּוּ מִגֶּפֶן אַחַת, וּמִשּׂוֹרֵק אֶחָד בֶּן אָתוֹן אֶחָד: שרקה. זְמוֹרָה אֲרֻכָּה, קורייר״א בְּלַעַז: כבס ביין. כָּל זֶה לְשׁוֹן רִבּוּי יַיִן: סותה. לְשׁוֹן מִין בֶּגֶד הוּא, וְאֵין לוֹ דִמְיוֹן בַּמִּקְרָא: אסרי. כְּמוֹ אוֹסֵר, דוּגְמַת מְקִימִי מֵעָפָר דָּל (תה׳ קי״ג), הַיּוֹשְׁבִי בַשָּׁמָיִם (שם קכ״ג), וְכֵן בְּנִי אֲתֹנוֹ כְּעִנְיָן זֶה. וְאוּנְקְלוֹס תִּרְגֵּם בְּמֶלֶךְ הַמָּשִׁיחַ: גֶּפֶן—הֵם יִשְׂרָאֵל; עִירֹה—זוֹ יְרוּשָׁלַיִם; שׂרֵקָה—יִשְׂרָאֵל, וְאָנֹכִי נְטַעְתִּיךְ שׂרֵק—(יר׳ ב׳): בני אתני. יִבְנוּן הֵיכְלֵהּ, לְשׁוֹן שַׁעַר הָאִיתוֹן בְּסֵפֶר יְחֶזְקֵאל (יחזקאל מ׳). וְעוֹד תִּרְגְּמוֹ בְּפָנִים אֲחֵרִים: גֶּפֶן אֵלּוּ צַדִּיקִים; בְּנֵי אֲתֹנוֹ—עָבְדֵי אוֹרַיְתָא בְּאוּלְפָן, עַל שֵׁם רוֹכְבֵי אֲתֹנוֹת צְחֹרוֹת. כִּבֵּס בַּיַּיִן—יְהֵא אַרְגְּוָן טַב שֶׁצִּבְעוֹ דוֹמֶה לְיַיִן, וְצִבְעוֹנִין הוּא לְשׁוֹן סוּתָה, שֶׁהָאִשָּׁה לוֹבַשְׁתָּן וּמְסִיתָה בָּהֶן אֶת הַזָּכָר לָתֵת עֵינָיו בָּהּ; וְאַף רַבּוֹתֵינוּ פֵּרְשׁוּ בַּתַּלְמוּד לְשׁוֹן הַסָּתַת שִׁכְרוּת בְּמַסֶּכֶת כְּתוּבּוֹת (דף קי״א) וְעַל הַיַּיִן, שֶׁמָּא תֹּאמַר, אֵינוֹ מְרֻבֶּה תַּלְמוּד לוֹמַר סוּתֹה: (יב) חכלילי. לְשׁוֹן אוֹדֶם,

from the prey, my son, thou goest up: he stooped down, he crouched
as a lion, and as a fierce lioness; who shall rouse him? 10The rod shall
not depart from Judah, nor a lawgiver from between his feet, until
Shiloh come; and his be the obedience of peoples. 11Binding unto the
vine his foal, and to the vine branch the son of his she ass; he washed
in wine his attire, and in the blood of grapes his raiment: 12His
eyes are red from wine, and the whiteness of his teeth is with milk.

רש"י

for the tribe of Levi, He made them travel round from one threshingfloor to another to collect their heave offerings and tithes; thus He caused them also to be "scattered" *but* in a more respectable manner (Gen. R. 98). **(8)** יהודה אתה יודוך אחיך THOU JUDAH, THY BRETHREN SHALL PRAISE THEE — Because he rebuked the first *three tribes* in harsh terms Judah began to move away that he (Jacob) should not censure him for the incident with Tamar; Jacob therefore recalled him with words that would soothe him: Judah, you are not like these! — *you your brethren may indeed praise* (ib.). ידך בערף איביך THY HAND IS ON THE NECK OF THINE ENEMIES — a *prophecy fulfilled* in the days of David, *a descendant of Judah, who said* (2 Sam. XXII. 41) "Thou hast also made mine enemies turn their back unto me" (Gen. R. 99). (The Hebrew may signify, "Thou hast given me my enemies necks"). בני אביך THY FATHER'S CHILDREN — Because they were born of different wives he did not say "thy mother's children" as Isaac said (ib.). (He meant: all thy brothers will bow down to thee. Had he said "thy mother's children", he would have included only Judah's brothers who were born of the same mother as himself.) **(9)** גור אריה A YOUNG LION — He prophesied this with reference to David who, when he began *his military career,* was but as a whelp — as it states, (2 Sam. V. 2) "when Saul was king over us it was thou that didst lead out and bring in Israel" — but who later on became as a lion when they made him king over themselves. That is what Onkelos means by translating it "A ruler he shall be בשרויא" — at the beginning. מטרף FROM THE PREY (lit., tearing) — From the deed of which I suspected you when I said (Gen. XXXVII. 33) "Joseph is torn in pieces, an evil beast hath devoured him" — and by that Judah was meant who was likened to a lion — בני עלית THOU WENTEST UP, O MY SON — *from that murderous deed* you withdrew saying, (ib. v. 26) "what profit is it if we slay our brother", and similarly *did he act* when Tamar was condemned to death, *for he said* "She is righteous: mine is the blame" (cf. Rashi on XXXVIII. 26), therefore *as a reward* כרע רבץ HE STOOPED DOWN, HE CROUCHED etc. — *as we are told of* the days of Solomon (1 Kings V. 5) "[Israel dwelt safely] every man under his vine etc." (Gen. R. 99). **(10)** לא יסור שבט מיהודה THE SCEPTRE SHALL NOT DEPART FROM JUDAH — *Even* after the house of David *ceases to reign. For* this refers to the Chiefs of the Exile in Babylon who ruled over the people with the rod (שבט) having been appointed by the government (Sanh. 5a; Harajoth 11b). ומחוקק מבין רגליו AND THE LAWGIVER FROM BETWEEN HIS FEET — *This refers to* the scholars *of the Torah*: the Princes of the Land of Israel (as Hillel and his descendants who were Heads of Schools only and had no political power) (ib.). עד כי יבא שילה *means until* the King Messiah *will come,* whose will be the kingdom. Thus too does Onkelos render it. A Midrashic interpretation is: שילה *is the same as* שי לו, a present unto him, as it is said, (Ps. LXXVI. 12) "Let them bring (שי) presents unto him that is to be feared." ולו יקהת עמים *means* AND UNTO HIM [SHALL BE] AN ASSEMBLAGE OF PEOPLES. יקהת *is a noun from the root* יקה *and is not a verbal form although it has the appearance of one*, for the י is one of the root-letters as *it is in the word* יפעתך (Ezek. XXI. 20) "thy brightness" *from root* יפע, only that it is sometimes omitted. There are many root-letters that are subject to this rule and are known as עיקר נופל (root-letters that may be omitted) as, for example, the נ of נוגף and of נושך and the א of אחותי *in* (Job XIII. 17) ואחותי באזניכם (where the root is חוה) "and let my declaration be in your ears", and the א of אבחת *in the phrase* (Ezek. XXI. 20) אבחת חרב "the point of the sword", or *the* א *in* אסוך *in the phrase* (2 Kings IV. 2) (אסוך שמן)

יג זְבוּלֻן לְחוֹף יַמִּים יִשְׁכֹּן וְהוּא לְחוֹף אֳנִיֹּת וְיַרְכָתוֹ
עַל־צִידֹן: פ
יד יִשָּׂשכָר חֲמֹר גָּרֶם רֹבֵץ בֵּין הַמִּשְׁפְּתָיִם:
טו וַיַּרְא מְנֻחָה כִּי טוֹב וְאֶת־הָאָרֶץ כִּי נָעֵמָה
וַיֵּט שִׁכְמוֹ לִסְבֹּל וַיְהִי לְמַס־עֹבֵד: ס טז דָּן יָדִין
עַמּוֹ כְּאַחַד שִׁבְטֵי יִשְׂרָאֵל: יז יְהִי־דָן נָחָשׁ עֲלֵי־

אונקלוס

בְּקַעֲתֵיהּ בְּעִיבּוּר וּבְעֶדְרֵי עָנָא: יג זְבוּלֻן עַל־סְפַר יַמְמַיָּא יִשְׁרֵי וְהוּא יְכַבֵּשׁ מְחוֹזִין בִּסְפִינָן וְטוּב יַמָּא יֵיכוּל וּתְחוּמֵהּ יְהֵי מָטֵי עַל־צִידוֹן: יד יִשָּׂשכָר עֲתִיר בְּנִכְסִין וְאַחְסַנְתֵּהּ בֵּין תְּחוּמַיָּא: טו וַחֲזָא חוּלָקָא אֲרֵי טָב וְיָת־אַרְעָא אֲרֵי מַעְבְּדָא פֵּירִין וִיכַבֵּשׁ מְחוֹזֵי עַמְמַיָּא וִישֵׁיצֵי יָת־דַּיָּרֵיהוֹן וּדְאִשְׁתְּאָרוּן בְּהוֹן יְהוֹן לֵהּ פָּלְחִין וּמַסְּקֵי מִסִּין: טז מִדְּבֵית־דָּן יִתְבְּחַר וִיקוּם גַּבְרָא בְּיוֹמוֹהִי יִתְפְּרֵק עַמֵּהּ וּבִשְׁנוֹהִי יְנוּחוּן כַּחֲדָא שִׁבְטַיָּא דְיִשְׂרָאֵל: יז יְהֵי־גַבְרָא דְּיִתְבְּחַר וִיקוּם מִדְּבֵית־דָּן אֵימְתֵהּ תִּתְרְמֵי עַל־עַמְמַיָּא וּמַחְתֵּהּ תִּתְקֵף בִּפְלִשְׁתָּאֵי כְּחִיוֵי חוּרְמָן יִשְׁרֵי עַל־אָרְחָא וּכְפִתְנָא יִכְמוֹן עַל־שְׁבִילָא יִקְטֹל גִּבָּרֵי מַשְׁרְיַת

רש"י

כְּתַרְגּוּמוֹ. וְכֵן: לְמִי חַכְלִלוּת עֵינָיִם (משלי כ"ג), שֶׁכֵּן דֶּרֶךְ שׁוֹתֵי יַיִן עֵינֵיהֶם מַאְדִּימִין: מחלב. מֵרוֹב חָלָב, שֶׁיְּהֵא בְּאַרְצוֹ מִרְעֶה טוֹב לְעֶדְרֵי צֹאן; וְכֵן פֵּרוּשׁ הַמִּקְרָא: אֲדוֹם עֵינַיִם יְהֵא מֵרוֹב יַיִן וּלְבֶן שִׁנַּיִם יְהֵא מֵרוֹב חָלָב. וּלְפִי תַרְגּוּמוֹ עֵינַיִם לְשׁוֹן הָרִים, שֶׁמִּשָּׁם צוֹפִים לְמֵרָחוֹק. וְעוֹד תִּרְגְּמוֹ בְּפָנִים אֲחֵרִים: לְשׁוֹן מַעְיָנוֹת וְקִלּוּחַ הַיְקָבִים, נַעֲוֹהִי—יְקָבִים שֶׁלּוֹ, וּלְשׁוֹן אֲרַמִּי הוּא בְּמַסֶּכֶת עֵ"ז (דף ע"ד), נַעֲוָא אַרְתָּחוּ. יְחוֹרָן בְּקַעֲתֵהּ—תַּרְגּוּם שִׁנַּיִם, לְשׁוֹן שִׁנֵּי הַסְּלָעִים: (יג) לחוף ימים. עַל חוֹף יַמִּים תִּהְיֶה אַרְצוֹ (יבמות מ"ה); חוֹף, כְּתַרְגּוּמוֹ סְפַר, מרק"א בְּלַעַז, וְהוּא יִהְיֶה מָצוּי תָּדִיר עַל חוֹף אֳנִיּוֹת בִּמְקוֹם הַנָּמָל, שֶׁאֳנִיּוֹת מְבִיאוֹת שָׁם פְּרַקְמַטְיָא, שֶׁהָיָה זְבוּלֻן עוֹסֵק בִּפְרַקְמַטְיָא וּמַמְצִיא מָזוֹן לְשֵׁבֶט יִשָּׂשכָר, וְהֵם עוֹסְקִים בַּתּוֹרָה. הוּא שֶׁאָמַר מֹשֶׁה: שְׂמַח זְבוּלֻן בְּצֵאתֶךָ וְיִשָּׂשכָר בְּאֹהָלֶיךָ (דב' ל"ג)—זְבוּלֻן יוֹצֵא בִּפְרַקְמַטְיָא, וְיִשָּׂשכָר עוֹסֵק בַּתּוֹרָה בְּאֹהָלִים: וירכתו על צידן. סוֹף גְּבוּלוֹ יְהֵא סָמוּךְ לְצִידוֹן: ירכתו. סוֹפוֹ, כְּמוֹ: וּלְיַרְכְּתֵי הַמִּשְׁכָּן: (יד) יששכר חמר גרם. חֲמוֹר בַּעַל עֲצָמוֹת, סוֹבֵל עוֹל תּוֹרָה, כַּחֲמוֹר חָזָק, שֶׁמַּטְעִינִין אוֹתוֹ מַשְּׂאוֹי כָּבֵד: רובץ בין המשפתים. כַּחֲמוֹר הַמְהַלֵּךְ בַּיּוֹם וּבַלַּיְלָה, וְאֵין לוֹ לִינָה בַּבַּיִת, וּכְשֶׁהוּא רוֹצֶה לָנוּחַ, רוֹבֵץ בֵּין הַתְּחוּמִין, בִּתְחוּמֵי הֶעֱיָרוֹת שֶׁמּוֹלִיךְ שָׁם פְּרַקְמַטְיָא: (טו) וירא מנחה כי טוב. רָאָה לְחֶלְקוֹ אֶרֶץ מְבוֹרֶכֶת וְטוֹבָה לְהוֹצִיא פֵּירוֹת: ויט שכמו לסבול. עוֹל תּוֹרָה. ויהי לְכָל אֶחָיו יִשְׂרָאֵל למס עובד, לִפְסוֹק לָהֶם הוֹרָאוֹת שֶׁל תּוֹרָה וְסִדְרֵי עִבּוּרִין, שֶׁנֶּאֱמַר: וּמִבְּנֵי יִשָּׂשכָר יוֹדְעֵי בִינָה לָעִתִּים לָדַעַת מַה יַּעֲשֶׂה יִשְׂרָאֵל רָאשֵׁיהֶם מָאתַיִם (ד"ה א' י"ב), מָאתַיִם רָאשֵׁי סַנְהֶדְרָאוֹת הֶעֱמִיד וְכָל אֲחֵיהֶם עַל פִּיהֶם: ויט שכמו. הִשְׁפִּיל שִׁכְמוֹ, כְּמוֹ: וַיֵּט שָׁמַיִם (ש"ב כ"ב), הַטּוּ אָזְנְכֶם (תה' ע"ח). וְאוּנְקְלוֹס תִּרְגְּמוֹ בְּפָנִים אֲחֵרִים: ויט שכמו לסבול מִלְחָמוֹת וְלִכְבּוֹשׁ מְחוֹזוֹת, שֶׁהֵם יוֹשְׁבִים עַל הַסְּפָר ויהי הָאוֹיֵב כָּבוּשׁ תַּחְתָּיו למס עובד: (טז) דן ידין עמו. יִנְקוֹם נִקְמַת עַמּוֹ מִפְּלִשְׁתִּים. כְּמוֹ: כִּי יָדִין ה' עַמּוֹ (דב' ל"ב): כאחד שבטי ישראל. כָּל יִשְׂרָאֵל יִהְיוּ

[13]Zebulun towards the coast of seas shall dwell; and he shall be for an
haven of ships; and his border shall be unto Zidon. [14]Issachar is a
bony ass crouching between the folds: [15]And he saw that repose was
good, and the land that it was pleasant; and he inclined his shoulder
to receive the burthen, and became a servant unto tribute. [16]Dan shall
pronounce judgment on his people, as one of the tribes of Israel [17]Dan

רש"י

(root סוך) "a pot of oil". So, too, here, יקהת *is a noun (from a root* יָקָה *to assemble, as* שמחה *the construct of which is* שמחת from שמח) — an assembly of nations. And so it is *actually* said *with reference to the Messiah,* (Is. XI. 10) "Unto him shall the nations seek". *Of* similar *meaning is the word* יקהת *in* (Prov. XXX. 17) "the eye that mocketh at his father, and despiseth ליקהת אם *i. e. despiseth* "the gathering of wrinkles in the *mother's* face" (due to old age). In the Talmud *we find a similar meaning of the root* יקה: "they sat and gathered assemblies (ומקהו אקהתא) in the streets of Nehardea" (Tr. Jebamoth 110b). It could have also said קהיית *instead of* יקהת. **(11)** אסרי לגפן עירה BINDING UNTO THE VINE HIS FOAL — He (Jacob) prophesied of the land of Judah that it would run with wine like a fountain: *the vines will be so productive that* a man of Judah will bind to a vine one foal and he will *fully* load it with the grapes of *only* o n e vine, and from *the produce of only* o n e branch *he would load* one ass's colt. שרקה means a long branch; corière in O. F. כבס ביין HE WASHED IN WINE — all these *phrases* indicate abundance of wine. סותה denotes a kind of vesture, but there is no other example of the word in Scripture. אסרי is the same as אוסר (i. e. the yod is redundant. Similar forms are: (Ps. CXIII. 7) "who raiseth (מקימי instead of מקים) the poor out of the dust", (ib. v. 1) "that art enthroned" (היושבי instead of היושב) in the heavens". In the same way is בני אתנו (instead of בן אתנו) to be explained. Onkelos translates *v. 11* as having reference to King Messiah: נפן "the vine" symbolizes "Israel" (cf. Ps. LXXX. 9): "Thou didst pluck up a vine out of Egypt"); עירה (taken as עיר city with the ה suffix instead of ו, like סותה instead of סותו in this verse) means Jerusalem; שורקה alludes to Israel *as the prophet exclaims* (Jer. II. 21) "Yet, I had planted thee a noble vine (שורק)". בני אתנו *Onkelos translates by:* they will build His Temple (איתנו), connecting this word with the expression שער האיתן "The gate of the entrance" of the Temple *mentioned* in the book of Ezekiel (XL. 15). He further renders it in another manner, *namely:* נפן the vine represents the righteous; בני אתנו *he paraphrases by*: who occupy themselves with the Torah by teaching it" — with an allusion to *the idea expressed in* (Judg. V. 10) "Ye that ride on white asses (אתונות) " (cf. Erubin 54b, where this is referred to the scholars who ride from city to city and from district to district to teach the Law, thus making the explanation of the Torah shining-white as is the light at noonday; cf. also the Targum on this verse). *The words* כבס ביין *he renders by* "their garments will be of fine purple" — resembling wine in colour. The word צבעונין "coloured garments" *in the Targum* is the rendering of סותה — for a woman attires herself in these to e n t i c e men to take notice of her (so that the word denotes a garment that attracts notice to its wearer, being a noun formed from the root סות, to entice or allure). Our Rabbis, too, explained this word (סותה) in the Talmud (Ketub. 111b) in the sense of allurement — *the allurement* of intoxication: they say, "And as for the wine *in question,* perhaps you will say that it cannot intoxicate — remember that Scripture says of it סותה "its allurement" (i. e. it has an allurement so that people drink more and more of it). **(12)** חכלילי [HIS EYES] ARE RED — חכלילי denotes redness, as the Targum renders it: *they shall become red.* Similar is (Prov. XXIII. 29) "who hath redness (חכלילות) of eyes?" *Redness of eyes is associated with wine* because that is what usually happens to those who drink *much* wine — their eyes become red. מחלב [AND THE WHITENESS OF HIS TEETH IS] FROM MILK — because of abundance of milk, for there will be in his land good pasture for herds of flock. The verse is *therefore* to be explained as follows: There will be redness of eyes because of abundance of wine and

דֶּרֶךְ שְׁפִיפֹן עֲלֵי־אֹרַח הַנֹּשֵׁךְ עִקְּבֵי־סוּס וַיִּפֹּל רֹכְבוֹ
אָחוֹר: יח לִישׁוּעָתְךָ קִוִּיתִי יְהוָה: חמישי ס יט גָּד
גְּדוּד יְגוּדֶנּוּ וְהוּא יָגֻד עָקֵב: ס כ מֵאָשֵׁר
שְׁמֵנָה לַחְמוֹ וְהוּא יִתֵּן מַעֲדַנֵּי־מֶלֶךְ: ס כא נַפְתָּלִי
אַיָּלָה שְׁלֻחָה הַנֹּתֵן אִמְרֵי־שָׁפֶר: ס כב בֵּן

אונקלוס

בְּפְלִשְׁתָּאֵי פָּרְשִׁין עִם תַּגְלָאִין יַעֲקַר סוּסָן וּרְתִכִּין וִיסַגַּר רוֹכְבֵיהוֹן לַאֲחוֹרָא:
יח לְפוּרְקָנָךְ סַבָּרִית יְיָ: יט מִדְּבֵית גָּד מַשִׁרְיָת מְזַיְּנִין כַּד יַעְבְּרוּן יָת יַרְדְּנָא
קֳדָם אֲחֵיהוֹן לִקְרָבָא וּבְנִכְסִין סַגִּיאִין יְתוּבוּן לְאַרְעֲהוֹן: כ דְּאָשֵׁר טָבָא אַרְעֵיהּ
וְהִיא מְרַבְיָא בְּתַפְנוּקֵי מַלְכִין: כא נַפְתָּלִי בְּאַרַע טָבָא יִתְרְמֵי עַדְבֵיהּ וְאַחְסַנְתֵּיהּ
תְּהֵי מַעְבְּדָא פֵּירִין יְהוֹן מוֹדַן וּמְבָרְכִין עֲלֵיהוֹן: כב בְּרִי דְּרַבִּי יוֹסֵף בְּרִי

רש"י

כאחד עמו, ואת כלם ידין, ועל שמשון נבא נבואה זו; ועוד יש לפרש: כאחד שבטי ישראל, כמיוחד שבשבטים, הוא דוד, שבא מיהודה: (יז) שפיפן. הוא נחש; ואומר אני שקרוי כן, על שם שהוא נושף; כמו: ואתה תשופנו עקב (ברי ג'): הנשך עקבי סוס. כך דרכו של נחש, ודמהו לנחש הנושך עקבי סוס, ויפל רכבו אחור — שלא נגע בו. ודוגמתו מצינו בשמשון: וילפת שמשון את שני עמודי התוך ונומר (שופ' ט"ז) — ושעל הגג מתו; ואונקלוס תרגם בחיוי חורמן, שם מין נחש, שאין רפואה לנשיכתו, והוא צפעוני, וקרוי חורמן על שם שעושה הכל חרם; וכפיתנא — כמו פתן, יכמון — יארוב: (יח) לישועתך קויתי ה'. נתנבא שינקרו פלשתים את עיניו, וסופו לומר: זכרני נא וחזקני נא אך הפעם וגו' (שופ' ט"ז): (יט) גד גדוד יגודנו. כלם לשון גדוד הם, וכך חברו מנחם; ואם תאמר, אין גדוד בלא שני דלת"ין, יש לומר: גדוד שם דבר צריך שני דלת"ין, שכן דרך תיבה בת שתי אותיות לכפול בסופה, ואין יסודה אלא שתי אותיות, וכן אמר: כצפור לנוד (משלי כ"ו), מנדת שבעתי נדודים (איוב ז'), שם נפל שדוד (שופטים ה'), מגזרת ישוד צהרים (תהלים צ"א), אף יגד, יגודנו וגדוד מגזרה אחת הם; וכשהוא מדבר בלשון יפעל אינו כפול, כמו: יגוד, ינוד, ירום, ישוד, ישוב, וכשהוא מתפעל או מפעיל אחרים, הוא כפול, כמו: יתגודד, יתרומם, יתבולל, יתעודד; ובלשון מפעיל, יתום ואלמנה יעודד (תה' קמ"א), לשובב יעקב אליו (יש' מ"ט), משובב נתיבות (שם נ"ח). יגודנו האמור כאן אינו לשון שיפעלוהו אחרים, אלא כמו: יגוד המנו, כמו: בני יצאוני (יר' י') — יצאו ממני. גד גדוד יגודנו. גדודים יגודו המנו שיעברו הירדן עם אחיהם למלחמה, כל חלוץ, עד שנכבשה הארץ: והוא יגד עקב. כל גדודיו ישובו על עקבם לנחלתם שלקחו בעבר הירדן, ולא יפקד מהם איש: עקב בדרכן ובמסלותם שהלכו, ישובו, כמו: ועקבותיך לא נודעו (תה' ע"ז), וכן בעקבי הצאן (שיר א'), בלשון לעז טרצי"אם: (כ) מאשר שמנה לחמו. מאכל הבא מחלקו של אשר יהא שמן, שיהיו זתים מרבים בחלקו והוא מושך שמן כמעין; וכן ברכו משה: וטובל בשמן רגלו, כמו ששנינו במנחות (דף פ"ה): פעם אחת הוצרכו אנשי לודקיא לשמן וכו': (כא) אילה שלחה. זו בקעת גינוסר שהיא קלה לבשל פירותיה כאילה זו שהיה קלה לרוץ. אילה שלחה — אילה משולחת לרוץ: הנתן אמרי שפר. כתרגומו. ד"א: על מלחמת סיסרא נתנבא — ולקחת עמך עשרת אלפים איש מבני נפתלי וגו' (שופ' ד'), והלכו שם בזריזות, וכן נאמר שם לשון שלוח: בעמק שלח ברגליו: הנתן אמרי שפר. על ידם שרו דבורה וברק שירה. ורבותינו דרשוהו על יום קבורת יעקב כשערער עשו על המערה, במסכת סוטה (דף י"ג); ותרגומו: יתרמי עדבה — יפול חבלו,

shall be a serpent by the way, a viper in the path, that biteth the horse's heels, so that his rider shall fall backward. [18]I hope for thy aid, O Lord. [19]Gad, an assailing troop shall assail him: but he shall assail the heel. [20]Out of Asher cometh his fat bread, and he shall give dainties for a king. [21]Naphtali is a hind sent forth: he giveth sayings of pleasant-

רש"י

there will be whiteness of teeth because of abundance of milk (the מ of of מיין and מחלב is not the מ comparativum: "His eyes shall be redder than wine etc."). According to the Targum עינים means mountains *which are called thus* because from thence *as a point of observation* one can see afar off (i.e. it translates by "the mountains are red with wine"). He (Onkelos) further translates the verse in a different way, *taking* עינים in the sense of fountains and continuous flow of the wine-press. The word נעוהי *which Onkelos uses signifies* his wine-presses. It is an Aramaic word, *that occurs* in (Ab. Zara 74b): "as for a tank (נעוא), cleanse it with hot water". (The translation of the Targum is therefore: "His vats will stream with wine".) The words יחורון בקעתה his valleys (the places were mountains are, as it were, cloven, בקע) are the Targum of [לבן] שנים, *taking the second word* in the sense of שני הסלעים rocky crags (cf. 1 Sam. XIV. 4 and Rashi on פי החירות Ex. XIV. 2 — where פִּי = שְׁנַיִם — and the reference there to the valley between the rocks). **(13)** לחוף ימים TOWARDS THE COASTS OF THE SEAS — (לחוף is the same as על חוף): by the shore of the seas will be his land. חוף *means* "border" as Onkelos has it; O. F. marche; *Engl. border.* [והוא לחוף אניות] *means* he will constantly be at the haven of ships — the port — whither the ships bring merchandise. For Zebulun was engaged in business and provided food for the tribe of Issachar whilst these engaged in the study of the Torah. It is to this that Moses alludes, (Deut. XXXIII. 18) "Rejoice Zebulun in thy going out, and Issachar in thy tents", — Zebulun goes forth to trade and Issachar studies the Torah in the tents (cf. Rashi on ישב אהלים XXV. 27). וירכתו על צידן AND HIS BORDER SHALL BE UNTO ZIDON — the end of his territory will extend close up to Zidon. ירכתו *means* his end, as (Ex. XXVI. 22) ולירכתי המשכן "and for the ends of the Tabernacle". **(14)** יששכר חמר גרם *means* ISSACHAR IS A BONY ASS — he bears the yoke of the Torah (i. e. obligations) like a strong ass upon which may be placed a heavy load (Tanch.). רבץ בין המשפתים CROUCHING BETWEEN THE FOLDS — Like an ass that travels day and night and has no permanent stable of its own, so that when it wishes to rest it croucheth down between the borders — i. e. at the bounds of the cities whither it is carrying merchandise. **(15)** וירא מנחה כי טוב AND HE SAW THAT REPOSE WAS GOOD — He chose (ראה) as his portion a land that was blessed and well-fitted to produce fruits (cf. Onkelos) *so that he need not engage overmuch in business.* ויט שכמו לסבול AND HE INCLINED THE SHOULDER TO RECEIVE THE BURDEN — *namely* the burden of *teaching* the Torah, ויהי AND BECAME unto all Israel his brethren למס עובד A SERVANT UNTO TRIBUTE — deciding for them points of Law and the rules with regard to the fixing of leap-years, as it is said (1 Chron. XII. 32) "And of the children of Issachar, men that had understanding of the times, to know what Israel ought to do; the heads of them were two hundred" — two hundred heads of the Sanhedrin he provided — "and all their brethren were at their commandment" (Gen. R. 72). ויט שכמו AND HE INCLINED HIS SHOULDER — he lowered his shoulder; similar are, (2 Sam. XXII. 10) "He bowed (ויט) the heavens" and (Ps. CXXVIII. 1) "Incline (הטו) your ear". Onkelos, however, explains it differently: HE BOWED HIS SHOULDER to wage wars and to conquer new districts — for he (Issachar) dwelt on the marches — AND the enemy BECAME subject to him AS A SERVANT TO PAY TRIBUTE. **(16)** דן ידין עמו *means* DAN WILL TAKE VENGEANCE FOR HIS PEOPLE from the Philistines, *the phrase* having the same meaning as in (Deut. XXXII. 36) "For the Lord will avenge (ידין) his people". כאחד שבטי ישראל *means* ALL THE TRIBES OF ISRAEL WILL BE AT ONE with him and he will take vengeance for all of them. This prophecy alludes to Samson (Gen. R. 99). One might also

פֹּרָת יוֹסֵף בֵּן פֹּרָת עֲלֵי־עָיִן בָּנוֹת צָעֲדָה עֲלֵי־שׁוּר:
כג וַיְמָרְרֻהוּ וָרֹבּוּ וַיִּשְׂטְמֻהוּ בַּעֲלֵי חִצִּים: כד וַתֵּשֶׁב
בְּאֵיתָן קַשְׁתּוֹ וַיָּפֹזּוּ זְרֹעֵי יָדָיו מִידֵי אֲבִיר יַעֲקֹב
מִשָּׁם רֹעֶה אֶבֶן יִשְׂרָאֵל: כה מֵאֵל אָבִיךָ וְיַעְזְרֶךָּ

אונקלוס

דִּיתְבָּרַךְ כְּגֻפַּן דִּנְצִיב עַל־עֵינָא דְמַיָּא תְּרֵין שִׁבְטִין יִפְקוּן מִבְּנוֹהִי יְקַבְּלוּן חוּלָקָא
וְאַחְסַנְתָּא: כג וְאִתְמַרְרוּ־עִמֵּהּ וְנַקְמוּהִי וְאָעִיקוּ־לֵהּ גֻּבְרִין בַּעֲלֵי־פַלְגּוּתָא:
כד וְתָבַת בְּהוֹן נְבִיאוּתֵהּ עַל־דְּקַיֵּים אוֹרָיְתָא בְּסִתְרָא וְשַׁוִּי בְתוּקְפָּא רוֹחֲצָנֵהּ
בְּכֵן יִתְרְמָא דְהַב עַל־דְּרָעוֹהִי וְאַחְסִין מַלְכוּתָא וּתְקֵיף דָּא הֲוָת־לֵהּ מִן־קֳדָם־
אֵל תַּקִּיפָא דְיַעֲקֹב דִּי בְמֵימְרֵהּ זָן אֲבָהָן וּבְנִין זַרְעָא דְיִשְׂרָאֵל: כה מֵימַר־

רש"י

וְהוּא יוֹדֶה עַל חֶלְקוֹ אֲמָרִים נָאִים וְשֶׁבַח: (כב) בן פרת. בֶּן חֵן, וְהוּא לְשׁוֹן אֲרַמִּי, אַפְרְיָן נַמְטְיֵהּ לְרַבִּי שִׁמְעוֹן, בְּסוֹף בָּבָא מְצִיעָא (דף קי"ט): בן פרת עלי עין. חִנּוֹ נָטוּי עַל הָעַיִן הָרוֹאָה אוֹתוֹ: בנת צעדה עלי שור. בְּנוֹת מִצְרַיִם הָיוּ צוֹעֲדוֹת (עַל הַחוֹמָה) לְהִסְתַּכֵּל בְּיָפְיוֹ, בָּנוֹת הַרְבֵּה, צָעֲדָה כָּל אַחַת וְאַחַת, בַּמָּקוֹם שֶׁתּוּכַל לִרְאוֹתוֹ מִשָּׁם: עלי שור. עַל רְאִיָּתוֹ, כְּמוֹ: אֲשׁוּרֶנּוּ וְלֹא קָרוֹב (במ' כ"ד). ומ"א יֵשׁ רַבִּים, וְזֶה נוֹטֶה לְיִשּׁוּב הַמִּקְרָא. פֹּרָת, תָּי"ו שֶׁבּוֹ הוּא תִּקּוּן הַלָּשׁוֹן, כְּמוֹ: עַל דִּבְרַת בְּנֵי הָאָדָם (קהלת ג'): שור. כְּמוֹ לָשׁוּר, עלי שור — בִּשְׁבִיל לָשׁוּר. וְתַרְגּוּם שֶׁל אוּנְקְלוֹס, בָּנוֹת צָעֲדָה עֲלֵי שׁוּר: תְּרֵין שִׁבְטִין יִפְּקוּן מִבְּנוֹהִי וְכוּ'. וְכָתַב בָּנוֹת עַל שֵׁם בְּנוֹת מְנַשֶּׁה, בְּנוֹת צְלָפְחָד, שֶׁנָּטְלוּ חֵלֶק בִּשְׁנֵי עֶבְרֵי הַיַּרְדֵּן; בְּרִי דִּי סְנֵי יוֹסֵף. פֹּרָת לְשׁוֹן פְּרִיָּה וּרְבִיָּה; וְיֵשׁ מ"א בּוֹ הַמִּתְיַשְּׁבִים עַל הַלָּשׁוֹן: בְּשָׁעָה שֶׁבָּא עֵשָׂו לִקְרַאת יַעֲקֹב, בְּכֻלָּן קָדְמוּ הָאִמָּהוֹת לָלֶכֶת לִפְנֵי בְנֵיהֶם לְהִשְׁתַּחֲווֹת, וּבְרָחֵל כְּתִיב: נִגַּשׁ יוֹסֵף וְרָחֵל וַיִּשְׁתַּחֲווּ; אָמַר יוֹסֵף: רָשָׁע הַזֶּה עֵינוֹ רָמָה, שֶׁמָּא יִתֵּן עֵינָיו בְּאִמִּי, יָצָא לְפָנֶיהָ וְשִׁרְבֵּב קוֹמָתוֹ לְכַסּוֹתָהּ, וְהוּא שֶׁבֵּרְכוֹ אָבִיו: בֵּן פֹּרָת — הִגְדַּלְתָּ עַצְמְךָ יוֹסֵף עֲלֵי עַיִן שֶׁל עֵשָׂו, לְפִיכָךְ זָכִיתָ לִגְדֻלָּה: בנות צערה עלי שור. לְהִסְתַּכֵּל בְּךָ בְּצֵאתְךָ עַל מִצְרַיִם. וְעוֹד דְּרָשׁוּהוּ לְעִנְיָן שֶׁלֹּא יִשְׁלוֹט בְּזַרְעוֹ עַיִן הָרָע; וְאַף כְּשֶׁבֵּרַךְ מְנַשֶּׁה וְאֶפְרַיִם בֵּרְכָם כַּדָּגִים, שֶׁאֵין עַיִן הָרָע שׁוֹלֶטֶת בָּהֶם: (כג) וימררהו ורבו. וַיְמָרֲרוּהוּ אֶחָיו, וַיְמָרֲרוּהוּ פּוֹטִיפַר וְאִשְׁתּוֹ, לְאָסְרוֹ; לְשׁוֹן וַיְמָרֲרוּ אֶת חַיֵּיהֶם: ורבו. נַעֲשׂוּ לוֹ אֶחָיו אַנְשֵׁי רִיב; וְאֵין הַלָּשׁוֹן הַזֶּה לְשׁוֹן פָּעֲלוּ, שֶׁאִם כֵּן הָיָה לוֹ לִנָּקֵד „וְרָבוּ" כְּמוֹ: הֵמָּה מֵי מְרִיבָה אֲשֶׁר רָבוּ וְגוֹ' (במ' כ'); וְאַף אִם לְשׁוֹן רְבִיַּת חִצִּים הוּא, כָּךְ הָיָה לוֹ לִנָּקֵד, אֵינוֹ אֶלָּא לְשׁוֹן פּוּעֲלוּ, כְּמוֹ: שֹׁמּוּ שָׁמַיִם (יר' ב'), שֶׁהוּא לְשׁוֹן הוּשְׁמוּ; וְכֵן רֹמּוּ מְעַט, שֶׁהוּא לְשׁוֹן הוּרְמוּ, אֶלָּא שֶׁלְּשׁוֹן הוּרְמוּ וְהוּשְׁמוּ עַל יְדֵי אֲחֵרִים, וּלְשׁוֹן שֹׁמּוּ, רֹמּוּ, רֹבּוּ, מֵאֲלֵיהֶם הוּא — מִשּׁוֹמְמִים אֶת עַצְמָם, נִתְרוֹמְמוּ מֵעַצְמָם, נַעֲשׂוּ אַנְשֵׁי רִיב. וְכֵן: דֹּמּוּ יוֹשְׁבֵי אִי, כְּמוֹ נִדְמוּ. וְכֵן תִּרְגֵּם אוּנְקְלוֹס, וְנַקְמוּהִי: בעלי חצים. שֶׁלְּשׁוֹנָם כַּחֵץ. וְתַרְגּוּמוֹ לְשׁוֹן וַתְּהִי הַמֶּחֱצָה, אוֹתָן שֶׁהָיוּ רְאוּיִים לַחֲלוֹק עִמּוֹ נַחֲלָה: (כד) ותשב באיתן קשתו. נִתְיַשְּׁבָה בְּחוֹזֶק: קשתו. חָזְקוֹ: ויפזו זרעי ידיו. זוֹ הִיא נְתִינַת טַבַּעַת עַל יָדוֹ, לְשׁוֹן זָהָב מוּפָז, זֹאת הָיְתָה לוֹ מִידֵי הַקָּבָּ"ה שֶׁהוּא אֲבִיר יַעֲקֹב, וּמִשָּׁם עָלָה לִהְיוֹת רוֹעֶה אֶבֶן יִשְׂרָאֵל — עִקָּרָן שֶׁל יִשְׂרָאֵל, לְשׁוֹן הָאֶבֶן הָרֹאשָׁה, לְשׁוֹן מַלְכוּת; וְאוּנְקְלוֹס אַף הוּא כָּךְ תִּרְגְּמוֹ; ותשב — וְתָבַת בְּהוֹן נְבִיאוּתֵהּ, הַחֲלוֹמוֹת אֲשֶׁר חָלַם לָהֶם — עַל דְּקַיֵּם אוֹרָיְתָא בְּסִתְרָא, תּוֹסֶפֶת הוּא, וְלֹא מִלְּשׁוֹן עִבְרִי שֶׁבַּמִּקְרָא, — וְשַׁוִּי תוּקְפָּא רוֹחֲצָנֵהּ תַּרְגּוּם שֶׁל בְּאֵיתָן קַשְׁתּוֹ; וְכָךְ לְשׁוֹן הַתַּרְגּוּם עַל הָעִבְרִי: וַתֵּשֶׁב נְבוּאָתוֹ בִּשְׁבִיל שֶׁאֵיתָנוֹ שֶׁל הַקָּבָּ"ה הָיְתָה לוֹ לְקֶשֶׁת וּלְמִבְטָח, בְּכֵן יִתְרְמָא דְּהַב עַל דְּרָעוֹהִי — לְכָךְ וַיָּפֹזּוּ זְרֹעֵי יָדָיו, לְשׁוֹן פָּז: אבן ישראל. לְשׁוֹן נוֹטָרִיקוֹן אָב וּבֵן, אֲבָהָן וּבְנִין — יַעֲקֹב וּבָנָיו:

ness. 22 A son of fruitfulness is Joseph, even a son of fruitfulness by a well: daughters tread on the wall: 23 And they embittered him and were numerous; and the archers were hostile to him. 24 But his bow abideth in strength, and the arms of his hands remain supple and vigorous by the hands of the mighty God of Jacob; from thence he became the feeder, the stone of Israel: 25 From the God of thy father, who shall help

רש"י

explain כאחד שבטי ישראל *thus:* "[Dan will take vengeance for his people as *did*] the most distinguished *tribe* (המיוחד) among the tribes of Israel" — alluding to David who was of the tribe of Judah (ib.). **(17)** שפיפן is another name for a נחש. I am of opinion that it is thus called because it hisses (נושף) *when biting*. Similarly we have, (Gen. III. 15) "and thou shalt bite (תשופנו) at their heel" (cf. Rashi thereon). הנשך עקבי סוס THAT BITETH THE HORSE'S HEELS — this is the manner of the serpent. Scripture compares him to a serpent that bites the horse's heels ויפל רכבו אחור THAT HIS RIDER FALLETH BACKWARD without it (the serpent) having touched him at all. We find the analogy to this in the case of Samson *with reference to whom this prophecy was made* (Jud. XVI. 29): "And Samson took fast hold of the two middle pillars etc." — and those on the roof died *though not directly attacked*. Onkelos translates נחש by כחיוי חורמן, like the serpent "Churman", which is the name of a kind of serpent the bite of which is incurable. It is *the serpent which in Hebrew is* called צפעוני. It is called a חורמן because it destroys (חרם) everything. The word וכפיתנא *in the Targum means* "and like a פתן" (like an asp). יכמון *in the Targum means* יארוב "he lies in wait". **(18)** לישועתך קויתי ה' I HOPE FOR THY AID, O ETERNAL — He prophecied that the Philistines would put out his (Samson's) eyes, and that he would have to say (Jud. XVI. 28) "Remember me, I pray Thee, and strengthen me, I pray Thee, only this once etc." **(19)** גד גדוד יגודנו GAD, AN ASSAILING TROOP SHALL ASSAIL HIM — all *the words in this verse which have the letters* גד are connected in meaning with the word גדוד and so also did Menachem ben Seruk classify them. Should you say, however, that גדוד has always two ד's *and these words have only one*, the answer is: The word גדוד is a noun and therefore requires two ד's, for it is the way of a biliteral root to have the second letter doubled *when used as a noun*; the root proper, however, consists only of two letters. Thus it says, (Prov. XXVI. 2) כצפור לנוד "the wandering sparrow", (לנוד a verb, infinitive) of the same derivation as נדודים *in* (Job. VII. 4) "I am full of נדודים wanderings" (a noun); (Jud. V. 27) "there he fell down (שדוד) dead", *a noun in meaning*, which is of the same derivation as *the verb in* (Ps. XCI. 6) "that wasteth (ישוד) at noonday". So, also, יגודנו ,ינוד and גדוד have the same derivation. When, also, one uses *such biliteral roots* in the future tense Kal, it (the second letter) is not doubled. For example: יגוד he will troop, ינוד he will wander, ירום he will be high, ישוד he will devastate, ישוב he will come back. When, however, such a root is used in a reflexive sense (Hithpael) or in a causative-transitive sense the second letter is doubled. Examples are: יתעודד ,יתרומם ,יתבולל ,יתגודד. Examples of the causative-transitive sense are: (Ps. CXLVI. 9) "He strengtheneth (יעודד) the fatherless and the widow"; (Is. XLIX. 5) "To bring Jacob back (לשובב) to Him"; (Is. XLVIII. 12) "The restorer (משובב) of paths". The form יגודנו which is used here has not the force that others will make him do something (i. e. it has not this causative-transitive sense with the direct accusative suffix נו) but it means "*a troop* will troop out from him", exactly the same as (Jer. X. 20) בני יצאוני *which means* "my children have gone forth from me", (as we might say "have left me"). (Cf. Rashi on דברו לשלום XXXVII. 4, and on תמלאמו Ex. XV. 9.). גד גדוד יגודנו *accordingly means*, "troops will troop out of him" signifying that they (the Gadites) will cross the Jordan with their brethren, all armed, and remain *with them* until the land will have been conquered. והוא יגד עקב *means* all his troops will return in their own tracks back to their territory which they will receive on the other side of the Jordan and not one of them will be missing. עקב *This means:* By the same roads and paths upon which they had tra-

וְאֵת שַׁדַּי וִיבָרְכֶךָּ בִּרְכֹת שָׁמַיִם מֵעָל בִּרְכֹת תְּהוֹם רֹבֶצֶת תָּחַת בִּרְכֹת שָׁדַיִם וָרָחַם: כו בִּרְכֹת אָבִיךָ גָּבְרוּ עַל־בִּרְכֹת הוֹרַי עַד־תַּאֲוַת גִּבְעֹת עוֹלָם תִּהְיֶין לְרֹאשׁ יוֹסֵף וּלְקָדְקֹד נְזִיר אֶחָיו: פ ששי. כז בִּנְיָמִין זְאֵב יִטְרָף בַּבֹּקֶר יֹאכַל עַד וְלָעֶרֶב יְחַלֵּק

אנקלוס

אֱלָהָא דְאָבוּךְ יְהֵי בְסַעֲדָךְ וְיַת שַׁדַּי וִיבָרְכִנָּךְ בִּרְכָן דְּנָחֲתָן מִטַּלָּא דִשְׁמַיָּא מִלְּעֵלָּא בִּרְכָן דְּנָגְדָן מִמַּעֲמַקֵּי אַרְעָא מִלְּרַע בִּרְכָתָא דְאָבוּךְ וְדְאִמָּךְ: כו בִּרְכָתָא דְאָבוּךְ יִתּוֹסְפָן עַל־בִּרְכָתָא דִילִי בָּרִיכוּ אֲבָהָתַי דַּחֲמִידוּ לְהֵן רַבְרְבַיָּא דְּמִן עָלְמָא יְהַוְיָן כֻּלְּהֵין לְרֵישָׁא דְיוֹסֵף וּלְגַבְרָא פְּרִישָׁא דַאֲחוֹהִי: כז בִּנְיָמִן בְּאַרְעֵהּ תִּשְׁרֵי שְׁכִינְתָּא וּבְאַחֲסַנְתֵּהּ יִתְבְּנֵי מַקְדְּשָׁא בְּצַפְרָא וּבְפַנְיָא יְהוֹן מְקָרְבִין בָּגְנַיָּא קֻרְבָּנָא וּבְעִדָּן רַמְשָׁא יְהוֹן מְפַלְּגִין מוֹתַר חוּלְקָהוֹן מְשָׁאַר

רש"י

וְרַבּוֹתֵינוּ דָרְשׁוּ: וַתֵּשֶׁב בְּאֵיתָן קַשְׁתּוֹ עַל כְּבִישַׁת יִצְרוֹ בְּאֵשֶׁת אֲדוֹנָיו. וְקוֹרְאוֹ קֶשֶׁת, עַל שֵׁם שֶׁהַזֶּרַע יוֹרֶה כַחֵץ. וַיָּפֹזּוּ זְרֹעֵי יָדָיו. כְּמוֹ וַיָּפֻצוּ, שֶׁיָּצָא הַזֶּרַע מִבֵּין אֶצְבְּעוֹתָיו שֶׁל יָדָיו: מִידֵי אֲבִיר יַעֲקֹב. שֶׁנִּרְאֲתָה לוֹ דְמוּת דְּיוֹקְנוֹ שֶׁל אָבִיו וְכוּ', כִּדְאִיתָא בְּסוֹטָה (דַּף ל"ו, ב'): (כה) מֵאֵל אָבִיךָ. הָיְתָה לְךָ זֹאת וְהוּא יַעְזְרֶךָּ: וְאֵת שַׁדַּי. וְעִם הַקָּבָּ"ה הָיָה לִבְּךָ כְּשֶׁלֹּא שָׁמַעְתָּ לְדִבְרֵי אֲדוֹנָתְךָ וְהוּא יְבָרְכֶךָּ: בִּרְכֹת שָׁדַיִם וָרָחַם. בִּרְכָתָא דְאַבָּא וּדְאִמָּא, כְּלוֹמַר, יִתְבָּרְכוּ הַמּוֹלִידִים וְהַיּוֹלְדוֹת, שֶׁיִּהְיוּ הַזְּכָרִים מַזְרִיעִין טִפָּה הָרְאוּיָה לְהֵרָיוֹן, וְהַנְּקֵבוֹת לֹא יְשַׁכְּלוּ אֶת רֶחֶם שֶׁלָּהֶן לְהַפִּיל עוּבָּרֵיהֶן: שָׁדַיִם. יָרָה יוֹרֶה מִתַּרְגְּמִינָן: אִשְׁתַּדְיָאָה יִשְׁתְּדֵי, אַף שָׁדַיִם כָּאן עַל שֵׁם שֶׁהַזֶּרַע יוֹרֶה כַחֵץ: (כו) בִּרְכֹת אָבִיךָ גָּבְרוּ וְגוֹ'. הַבְּרָכוֹת שֶׁבֵּרְכַנִי הַקָּבָּ"ה גָּבְרוּ וְהָלְכוּ עַל הַבְּרָכוֹת שֶׁבֵּרַךְ אֶת הוֹרַי: עַד תַּאֲוַת גִּבְעֹת עוֹלָם. לְפִי שֶׁהַבְּרָכוֹת שֶׁלִּי גָבְרוּ עַד סוֹף גְּבוּלֵי גִבְעוֹת עוֹלָם, שֶׁנָּתַן לִי בְּרָכָה פְרוּצָה בְּלִי מְצָרִים, מַגַּעַת עַד אַרְבַּע קְצוֹת הָעוֹלָם, שֶׁנֶּאֱמַר: וּפָרַצְתָּ יָמָּה וָקֵדְמָה וְגוֹ', מַה שֶּׁלֹּא אָמַר לְאַבְרָהָם וּלְיִצְחָק, לְאַבְרָהָם אָמַר: שָׂא עֵינֶיךָ וּרְאֵה צָפוֹנָה וְגוֹ' כִּי אֶת כָּל הָאָרֶץ אֲשֶׁר אַתָּה רוֹאֶה לְךָ אֶתְּנֶנָּה, וְלֹא הֶרְאָהוּ אֶלָּא אֶרֶץ יִשְׂרָאֵל בִּלְבָד, לְיִצְחָק אָמַר: לְךָ וּלְזַרְעֲךָ אֶתֵּן אֶת כָּל הָאֲרָצוֹת הָאֵל וַהֲקִימֹתִי אֶת הַשְּׁבוּעָה וְגוֹ': וְזֶהוּ שֶׁאָמַר יְשַׁעְיָה (יְשַׁ' נ"ח): וְהַאֲכַלְתִּיךָ נַחֲלַת יַעֲקֹב אָבִיךָ, וְלֹא אָמַר נַחֲלַת אַבְרָהָם: הוֹרַי. לְשׁוֹן הֵרָיוֹן, שֶׁהוֹרוּנִי בִּמְעֵי אִמִּי, כְּמוֹ: הוֹרָה גָבֶר (אִיּוֹב ג'): עַד תַּאֲוַת. עַד קְצוֹת, כְּמוֹ, וְהִתְאַוִּיתֶם לָכֶם לִגְבוּל קֵדְמָה (בַּמִּדְבָּר ל"ד), תְּתָאוּ לָבֹא חֲמָת (שָׁם): תַּאֲוַת. אַשְׁמוֹיִ"ל בְּלַעַ"ז, כָּךְ חִבְּרוֹ מְנַחֵם בֶּן סָרוּק, וְאוּנְקְלוֹס תִּרְגֵּם תַּאֲוַת... עוֹלָם לְשׁוֹן תַּאֲוָה וְחֶמְדָּה, וְגִבְעֹת לְשׁוֹן מָצוּקֵי אֶרֶץ שֶׁחֲמָדָתָן אִמּוֹ וְהִזְקִיקַתּוּ לְקָבְּלָן: תִּהְיֶין. כֻּלָּם לְרֹאשׁ יוֹסֵף: נְזִיר אֶחָיו. פְּרִישָׁא דַאֲחוֹהִי, שֶׁנִּבְדַּל מֵאֶחָיו, כְּמוֹ: וַיִּנָּזְרוּ מִקָּדְשֵׁי בְנֵי יִשְׂרָאֵל (וַיִּקְ' כ"ב), נְזוֹרוּ אָחוֹר (יְשַׁ' א'): (כז) בִּנְיָמִין זְאֵב יִטְרָף. זְאֵב הוּא אֲשֶׁר יִטְרָף; נִבָּא עַל שֶׁיִּהְיוּ עֲתִידִין לִהְיוֹת חֲטוּפִים, וַהֲתַפְתֶּם לָכֶם אִישׁ אִשְׁתּוֹ בְּפִלֶגֶשׁ בַּגִּבְעָה (שׁוֹפְ' כ"א), וְנִבָּא עַל שָׁאוּל שֶׁהָיָה נוֹצֵחַ בְּאוֹיְבָיו סָבִיב, שֶׁנֶּאֱמַר, וְשָׁאוּל לָכַד הַמְּלוּכָה וַיִּלָּחֶם בְּמוֹאָב וְגוֹ' וּבֶאֱדוֹם וְגוֹ' וּבְכֹל אֲשֶׁר יִפְנֶה יַרְשִׁיעַ (שְׁ"א י"ד): בַּבֹּקֶר יֹאכַל עַד. לְשׁוֹן שָׁלָל, הַמְּתֻרְגָּם עֲדָאָה. וְעוֹד יֵשׁ לוֹ דוּגְמָא בִּלְשׁוֹן עִבְרִית: אָז חֻלַּק עַד שָׁלָל (יְשַׁ' ל"ג), וְעַל שָׁאוּל הוּא אוֹמֵר שֶׁעָמַד בִּתְחִלַּת פְּרִיחָתָן וְזָרִיחָתָן שֶׁל יִשְׂרָאֵל: וְלָעֶרֶב יְחַלֵּק שָׁלָל. אַף מִשֶּׁתִּשְׁקַע שִׁמְשָׁן שֶׁל יִשְׂרָאֵל עַל יְדֵי נְבוּכַדְנֶצַּר, שֶׁיַּגְלֵם לְבָבֶל, יְחַלֵּק שָׁלָל. מָרְדֳּכַי וְאֶסְתֵּר שֶׁהֵם מִבִּנְיָמִין יְחַלְּקוּ אֶת

thee; and the Almighty, who shall bless thee with blessings of heaven
above, blessings of the murmuring deep that croucheth under, bless-
ings of the breasts, and of the womb:
26 The blessings of thy father have
prevailed above the blessings of my progenitors even to the boundaries
of the everlasting hills: they shall be on the head of Joseph, and on the
crown of the head of him that is a Nazarite among his brethren.
27 Ben-
jamin is a wolf that teareth and in the morning eateth his prey, and at

רש"י

velled shall they return. The word עקב has the same meaning as *in* (Ps. CXXVIII. 20) "And thy foot-steps (עקבותיך) were not known"; (Song I. 8) "by the foot-steps (עקבות) of the flock". In O. F. traces; *Engl. tracks.* **(20)** מאשר שמנה לחמו OUT OF ASHER COMETH HIS FAT BREAD — The food that will come from the territory of Asher will be fat, for there will be numerous olive-trees in his territory so that it will flow with oil like a fountain. Moses blessed him in a like manner: (Deut. XXVIII. 24) "and he will dip his foot in oil". So we learn in the Treatise of Menahoth (85b): *once the people of Laodicia were in need of oil. Their agent was able to obtain the very large quantity they required only at a city in Asher, having failed at Jerusalem and other cities.* **(21)** אילה שלחה is *symbolical* of the valley of Gennesareth which ripens its fruits very quickly, just as a hind runs rapidly (Gen. R. 99). אילה שלחה *means* A HIND LET LOOSE that it may run *where it pleases.* הנותן אמרי שפר Understand this as the Targum does: *They (the people of Naphtali) will give thanks to and will praise God for them (for the fruits).* Another explanation *of the verse* is: He prophesied about the war with Sisera, with regard to which Scripture says, (Jud. IV. 6) "and take with thee ten thousand men of the children of Naphtali etc." — and they marched thither most rapidly. There, too, is the expression שלח used: (v.15) "into the valley they rushed (שלח) at his feet". הנתן אמרי שפר HE GIVETH SAYINGS OF PLEASANTNESS — Due to them (to the ten thousand men of Naphtali) Deborah and Barak sang the song of praise (Jud. ch. V.). Our Teachers explained the verse as an allusion to *what happened* on the day when Jacob was buried, when Esau claimed the cave *of Machpelah. They were compelled to delay the burial whilst Naphtali ran r a p i d l y back to Egypt and brought the title-deed of the cave etc.* as is related in Treatise Sotah (16a). The words in the Targum יתרמי עדביה mean "his lot shall fall", *so that the second half of the verse would mean according to the Targum*, "he will give thanks for his lot with pleasing words and with praise". **(22)** בן פרת *means* a graceful son. It is an expression used in Aramaic: אפרין נמטיה "Let us treat gracefully (lit., let us make a triumphal procession for) R. Simeon", *and may be found* at the end of B. Metsia (119a). בן פרת עלי עין *means* his gracefulness attracks the eye that looks at him. בנות צעדה עלי שור DAUGHTERS TREAD ON THE WALL — The daughters of Egypt used to climb up to gaze at his beauty. בנות *is plural* — many daughters, *whilst* צעדה *is singular, but the words should be translated thus*: many daughters climbed, each of them to any place from which she could best obtain a glimpse of him. עלי שור *means* for the purpose of l o o k - i n g at him, similar to (Num. XXIV. 17) I b e h o l d him (אשורנו) but not nigh". There are many Midrashic explanations but this inclines nearest to the literal sense of the verse. פרת — The ת in this word is *added* for elegance of style (i. e. it is not a sign of the feminine), as *the* ת *in* דברת *which is instead of* דבר *in* (Eccl. III. 18) "It is because of (על דברת) the sons of men". שור is *an infinitive* the same as לשור, to look. עלי שור *consequently means* in order to look (i. e. עלי, a poetical form of על, means "for the purpose of"). The translation of Onkelos of בנות צעדה עלי שור is: two tribes will come out of his sons etc., and *according to this* Scripture writes בנות (though one would expect בנים) with reference to the women of Manasseh — the daughters of Zelophehad — who received a portion *of land* on both sides of the Jordan. *And in accordance with this paraphrase the Targum translated the preceding words* בן פרת by ברי דיסגי יוסף, Joseph is a son who shall increase *and become two tribes* connecting פרת with the expression [ורביה] פריה "fruitfulness and increase". There are Midrashim that fit in with the text: When Esau came to meet Jacob all the *other* matriarchs walked in front of their children to

שָׁלָל׃ כח כָּל־אֵלֶּה שִׁבְטֵי יִשְׂרָאֵל שְׁנֵים
עָשָׂר וְזֹאת אֲשֶׁר־דִּבֶּר לָהֶם אֲבִיהֶם וַיְבָרֶךְ אוֹתָם
אִישׁ אֲשֶׁר כְּבִרְכָתוֹ בֵּרַךְ אֹתָם׃ כט וַיְצַו אוֹתָם
וַיֹּאמֶר אֲלֵהֶם אֲנִי נֶאֱסָף אֶל־עַמִּי קִבְרוּ אֹתִי אֶל־
אֲבֹתָי אֶל־הַמְּעָרָה אֲשֶׁר בִּשְׂדֵה עֶפְרוֹן הַחִתִּי׃
ל בַּמְּעָרָה אֲשֶׁר בִּשְׂדֵה הַמַּכְפֵּלָה אֲשֶׁר־עַל־פְּנֵי־
מַמְרֵא בְּאֶרֶץ כְּנָעַן אֲשֶׁר קָנָה אַבְרָהָם אֶת־הַשָּׂדֶה
מֵאֵת עֶפְרֹן הַחִתִּי לַאֲחֻזַּת־קָבֶר׃ לא שָׁמָּה קָבְרוּ
אֶת־אַבְרָהָם וְאֵת שָׂרָה אִשְׁתּוֹ שָׁמָּה קָבְרוּ אֶת־
יִצְחָק וְאֵת רִבְקָה אִשְׁתּוֹ וְשָׁמָּה קָבַרְתִּי אֶת־לֵאָה׃
לב מִקְנֵה הַשָּׂדֶה וְהַמְּעָרָה אֲשֶׁר־בּוֹ מֵאֵת בְּנֵי־
חֵת׃ לג וַיְכַל יַעֲקֹב לְצַוֺּת אֶת־בָּנָיו וַיֶּאֱסֹף רַגְלָיו

אונקלוס

קַדִּישַׁיָּא׃ כח כָּל־אִלֵּין שִׁבְטַיָּא דְיִשְׂרָאֵל תְּרֵין עֲסַר וְדָא דְּמַלֵּיל לְהוֹן אֲבוּהוֹן
וּבָרֵיךְ יָתְהוֹן גְּבַר דִּי כְבִרְכְתֵהּ בָּרֵיךְ יָתְהוֹן׃ כט וּפַקֵּיד יָתְהוֹן וַאֲמַר לְהוֹן אֲנָא
מִתְכְּנֵשׁ לְעַמִּי קְבַרוּ יָתִי לְוָת־אֲבָהָתַי בִּמְעַרְתָּא דִּי בַּחֲקַל עֶפְרוֹן חִתָּאָה׃
ל בִּמְעַרְתָּא דִּי בַּחֲקַל כָּפֶלְתָּא דִּי־עַל־אַפֵּי מַמְרֵא בְּאַרְעָא דִכְנָעַן דִּי זְבַן
אַבְרָהָם יָת־חַקְלָא מִן עֶפְרוֹן חִתָּאָה לְאַחֲסָנַת־קְבוּרָא׃ לא תַּמָּן קְבַרוּ יָת־
אַבְרָהָם וְיָת־שָׂרָה אִתְּתֵהּ תַּמָּן קְבַרוּ יָת־יִצְחָק וְיָת רִבְקָה אִתְּתֵהּ וְתַמָּן קְבָרִית
יָת־לֵאָה׃ לב וּזְבִינֵי חַקְלָא וּמְעַרְתָּא דִּי־בֵהּ מִן בְּנֵי־חִתָּאָה׃ לג וְשֵׁיצִי יַעֲקֹב

רש״י

שְׁלַל הָמָן, שֶׁנֶּאֱמַר: הִנֵּה בֵּית הָמָן נָתַתִּי לְאֶסְתֵּר. וְאוּנְקְלוֹס תִּרְגֵּם עַל שְׁלַל הַכֹּהֲנִים בְּקָדְשֵׁי הַמִּקְדָּשׁ: (כח) וזאת אשר דבר להם אביהם ויברך אותם. וַהֲלֹא יֵשׁ מֵהֶם שֶׁלֹּא בֵרְכָם, אֶלָּא קִנְטְרָן? אֶלָּא כָּךְ פֵּרוּשׁוֹ: וזאת אֲשֶׁר דִּבֶּר לָהֶם אֲבִיהֶם מַה שֶּׁנֶּאֱמַר בָּעִנְיָן; יָכוֹל, שֶׁלֹּא בֵרַךְ לִרְאוּבֵן, שִׁמְעוֹן וְלֵוִי, תַּ״ל וַיְבָרֶךְ אוֹתָם — כֻּלָּם בְּמַשְׁמָע: איש אשר כברכתו. בְּרָכָה הָעֲתִידָה לָבֹא עַל כָּל אֶחָד וְאֶחָד בֵּרַךְ אוֹתָם; לֹא הָיָה לוֹ לוֹמַר אֶלָּא אִישׁ אֲשֶׁר כְּבִרְכָתוֹ בֵּרַךְ אוֹתוֹ, מַה תַּלְמוּד לוֹמַר בֵּרַךְ אוֹתָם? לְפִי שֶׁנָּתַן לִיהוּדָה גְבוּרַת אֲרִי וּלְבִנְיָמִין חֲטִיפָתוֹ שֶׁל זְאֵב וּלְנַפְתָּלִי קַלּוּתוֹ שֶׁל אַיָּל, יָכוֹל שֶׁלֹּא כְלָלָן כֻּלָּם בְּכָל הַבְּרָכוֹת, תַּלְמוּד לוֹמַר בֵּרַךְ אוֹתָם: (כט) נאסף אל עמי. עַל שֵׁם שֶׁמַּכְנִיסִין הַנְּפָשׁוֹת אֶל מְקוֹם גְּנִיזָתָן, שֶׁיֵּשׁ אֲסִיפָה בִּלְשׁוֹן עִבְרִי שֶׁהִיא לְשׁוֹן הַכְנָסָה, כְּגוֹן: וְאֵין אִישׁ מְאַסֵּף אוֹתִי הַבָּיְתָה (שופטים י״ט), וַאֲסַפְתּוֹ אֶל תּוֹךְ בֵּיתֶךָ (דב׳ כ״ב) בְּאָסְפְּכֶם אֶת תְּבוּאַת הָאָרֶץ (ויקרא כ״ג), הַכְנַסְתֶּם לְבֵית מִפְּנֵי הַגְּשָׁמִים, בְּאָסְפְּךָ אֶת מַעֲשֶׂיךָ (שמ׳ כ״ג). וְכָל אֲסִיפָה הָאֲמוּרָה בְּמִיתָה אַף הִיא לְשׁוֹן הַכְנָסָה: אל אבותי. עִם אֲבוֹתַי:

even he divideth the spoil. 28 All these are the twelve tribes of Israel:
and this is it that their father spake unto them, when he blessed them:
every man according to his blessing he blessed them. 29 And he com-
manded them, and said unto them, I am to be gathered unto my people:
bury me with my fathers in the cave that is in the field of Ephron the
Hittite. 30 In the cave that is in the field of Machpelah, which is before
Mamre, in the land of Canaan, which Abraham obtained with the field
of Ephron the Hittite for a possession of a burying-place. 31 There they
buried Abraham and Sarah his wife; there they buried Isaac and Re-
bekah his wife; and there I buried Leah. 32 The purchase of the field
and of the cave that is therein was from the children of Heth. 33 And
when Jacob had finished commanding his sons, he gathered up his feet
into the bed, and expired, and was gathered unto his peoples.

רש"י

prostrate themselves but of Rachel it states (XXXIII. 7) "[and afterwards] came Joseph near and Rachel" (i. e. Joseph before Rachel) and they bowed down". Joseph said, "This wicked man has a haughty look (is bold and impudent) he may set his fancy upon my mother". He *therefore* stepped in front of her, drawing himself up to his full height, in order to hide her *from Esau's eyes*. It was in reference to this that his father when blessing him called him a בן פורת, a son who grew in size: You, Joseph, stretched yourself to a great height *to protect your mother* against *Esau's* glance, therefore you deserved to become great. (This has reference to the distinguished position he attained in Egypt.) *In accordance with this Midrash the words* בנות צעדה עלי שור *mean* they climbed up to get a good view of you when you went forth in the procession *as Viceroy* over Egypt. They (the Rabbis) gave a further interpretation of it, *taking* עלי עין *as* עוּלֵי עין *"raised above the eye"*, in the sense that the Evil Eye would have no effect on his children. So, too, when he blessed Manasseh and Ephraim he blessed them, *praying* that they should become as fishes on which the Evil Eye has no effect. **(23)** וימררהו ורבו AND THEY EMBITTERED HIM — His brothers dealt bitterly with him; Potiphar and his wife dealt bitterly with him, putting him into the dungeon. וימררהו is the same metaphor as וימררו וגו' in (Ex. I. 14) "They made their lives bitter (וימררו)". ורבו *means* his brothers became his adversaries (lit., men of strife). This verb is not a Kal form *meaning they strove (with him)* for were it so it should have been punctuated וְרָבוּ (from the root ריב), as *in* (Num. XX. 13) "These are the waters of Meribah, where the children of Israel strove (רָבוּ)". And even if its meaning were "shooting arrows" (from the root רבה) it would have been punctuated in exactly the same way. It really has a passive force like (Jer. II. 12) שֹׁמּוּ שמים "Be astonished, O ye heavens" which is as much as הושמו; and likewise (Job. XXIV. 24) "They are exalted (רֹמּוּ) for a little while" which has the same meaning as הורמו except that הורמו and הושמו mean *they are made to be exalted and astonished* by others, whilst שמו and רמו and רבו denote that the actions arise out of the persons themselves: they make themselves to be astonished, they are exalted of their own accord, רבו *means* they became men of strife. A similar form is (Is. XXIII. 2) "Be still (דֹּמּוּ) ye inhabitants of the isle" where דמו has the same meaning as *the Nipal of* דום, נִדְמוּ. In this sense does Onkelos also translate it: ונקמוהו "and they avenged themselves on him". בעלי חצים THE ARCHERS (lit., men who have arrows) — *they were so called* because their tongues were as arrows (Gen. R. 98) (cf. Ps. CXX. 4). Onkelos translates it (חצים) *by* פלגותא *taking it to be* of the same root as המחצה in (Num. XXXI. 36) "And the half (המחצה) was" *thus he takes* בעלי חצים *to mean* "those who were destined to share with him the inheritance". **(24)** ותשב באיתן קשתו *means* his power (i. e. his rule as viceroy) was strongly (באיתן) established. קשתו *means* his power. ויפזו זרעי ידיו — This refers to the placing of the *king's* signet-ring on his hand, יפזו being connected in meaning with the expression (1 Kings X. 18) זהב

אֶל־הַמִּטָּה וַיִּגְוַע וַיֵּאָסֶף אֶל־עַמָּיו׃ נ א וַיִּפֹּל יוֹסֵף עַל־
פְּנֵי אָבִיו וַיֵּבְךְּ עָלָיו וַיִּשַּׁק־לוֹ׃ ב וַיְצַו יוֹסֵף אֶת־עֲבָדָיו
אֶת־הָרֹפְאִים לַחֲנֹט אֶת־אָבִיו וַיַּחַנְטוּ הָרֹפְאִים אֶת־
יִשְׂרָאֵל׃ ג וַיִּמְלְאוּ־לוֹ אַרְבָּעִים יוֹם כִּי כֵּן יִמְלְאוּ
יְמֵי הַחֲנֻטִים וַיִּבְכּוּ אֹתוֹ מִצְרַיִם שִׁבְעִים יוֹם׃
ד וַיַּעַבְרוּ יְמֵי בְכִיתוֹ וַיְדַבֵּר יוֹסֵף אֶל־בֵּית פַּרְעֹה
לֵאמֹר אִם־נָא מָצָאתִי חֵן בְּעֵינֵיכֶם דַּבְּרוּ־נָא
בְּאָזְנֵי פַרְעֹה לֵאמֹר׃ ה אָבִי הִשְׁבִּיעַנִי לֵאמֹר הִנֵּה
אָנֹכִי מֵת בְּקִבְרִי אֲשֶׁר כָּרִיתִי לִי בְּאֶרֶץ כְּנַעַן
שָׁמָּה תִּקְבְּרֵנִי וְעַתָּה אֶעֱלֶה־נָּא וְאֶקְבְּרָה אֶת־אָבִי
וְאָשׁוּבָה׃ ו וַיֹּאמֶר פַּרְעֹה עֲלֵה וּקְבֹר אֶת־אָבִיךָ
כַּאֲשֶׁר הִשְׁבִּיעֶךָ׃ ז וַיַּעַל יוֹסֵף לִקְבֹּר אֶת־אָבִיו

אונקלוס

לְפִקְדָא יָת־בְּנוֹהִי וּכְנַשׁ רִגְלוֹהִי לְעַרְסָא וְאִתְנְגִיד וְאִתְכְּנִישׁ לְעַמֵּהּ׃ א וּנְפַל
יוֹסֵף עַל־אַפֵּי אֲבוּהִי וּבְכָא עֲלוֹהִי וּנְשַׁק־לֵהּ׃ ב וּפַקִּיד יוֹסֵף יָת־עַבְדוֹהִי יָת
אַסְוָתָא לְמֶחְנַט יָת־אֲבוּהִי וַחֲנַטוּ אַסְוָתָא יָת־יִשְׂרָאֵל׃ ג וּשְׁלִימוּ־לֵהּ אַרְבְּעִין
יוֹמִין אֲרֵי כֵּן שָׁלְמִין יוֹמֵי חֲנִטַיָּא וּבְכוֹ יָתֵהּ מִצְרָאֵי שִׁבְעִין יוֹמִין׃ ד וַעֲבַרוּ
יוֹמֵי בְכִיתֵהּ וּמַלֵּיל יוֹסֵף עִם־בֵּית פַּרְעֹה לְמֵימַר אִם־כְּעַן אַשְׁכְּחִית רַחֲמִין
בְּעֵינֵיכוֹן מַלִּילוּ־כְעַן קֳדָם פַּרְעֹה לְמֵימָר׃ ה אַבָּא קַיֵּים־עֲלַי לְמֵימַר הָא אֲנָא
מָאִית בְּקִבְרִי דְּאַתְקֵנִית לִי בְּאַרְעָא דִכְנַעַן תַּמָּן תִּקְבְּרִנַּנִי וּכְעַן אֶסַּק־כְּעַן וְאֶקְבַּר
יָת־אַבָּא וְאֵיתוּב׃ ו וַאֲמַר פַּרְעֹה סַק וּקְבוֹר יָת־אֲבוּךְ כְּמָא דְקַיֵּים עֲלָךְ׃ ז וּסְלֵיק
יוֹסֵף לְמִקְבַּר יָת־אֲבוּהִי וּסְלִיקוּ עִמֵּהּ כָּל־עַבְדֵי פַרְעֹה סָבֵי בֵיתֵהּ וְכֹל סָבֵי

רש"י

(לג) ויאסף רגליו. הכניס רגליו: ויגוע ויאסף. ומיתה לא נאמרה בו, וא"ר יעקב אבינו לא מת:

נ (ב) לחנוט את אביו. ענין מרקחת בשמים הוא: (ג) וימלאו לו. השלימו לו ימי חניטתו עד שמלאו לו מ' יום: ויבכו אתו מצרים שבעים יום. מ' לחניטה ול' לבכיה, לפי שבאה להם ברכה לרגלו, שכלה הרעב והיו מי נילוס מתברכין: (ה) אשר כריתי לי. כפשוטו כמו: כי יכרה איש. ומדרשו עוד מתישב על הלשון, כמו אשר קניתי. אר"ע: כשהלכתי לכרכי הים היו קורין למכירה כירה. ועוד מדרשו לשון כרי דגור, שנטל יעקב כל כסף וזהב שהביא מבית לבן ועשה אותו כרי ואמר לעשו: טול זה בשביל חלקך במערה: (ו) כאשר השביעך.

251 Genesis L. 1—7.

50. 1 And Joseph fell upon his father's face, and wept upon him, and
kissed him. 2 And Joseph commanded his servants the physicians to
enbalm his father: and the physicians embalmed Israel. 3 And forty
days were fulfilled for him; for so are fulfilled the days of embalm-
ing: and the Egyptians wept for him threescore and ten days. 4 And
when the days of his weeping were past, Joseph spake unto the house
of Pharaoh, saying, If now I have found favour in your eyes, speak,
I pray you, in the ears of Pharaoh, saying, 5 My father adjured me,
saying, Lo, I die: in my burying-place which I have bought for me in
the land of Canaan, there shalt thou bury me. Now therefore let me
go up, I pray thee, and bury my father, and I will return. 6 And Pha-
raoh said, Go up, and bury thy father, according as he adjured
thee. 7 And Joseph went up to bury his father: and with him

רש"י

מופז "the finest gold", so that the translation would be "his hands were made golden". This happened to him f r o m t h e h a n d s of (i. e. through the instrumentality of) the Holy One, blessed be He, w h o i s t h e M i g h t y O n e (אביר) o f J a c o b. F r o m h e r e (from his position as Viceroy) he rose to become the Feeder of the Foundation Stone of the Israelites, i. e. of the Originator of *the tribes of* Israel (Jacob). *The word* אבן, *stone, has here* the same sense as in (Zech. IV. 7) אבן הראשה, "the chief stone", where it denotes high position. Onkelos also translates it in this manner: *His translation of the verse is as follows:* ותשב *he translates by* "and the prophecy returned upon (was fulfilled in) them (the brethren) i. e. *the prophecy contained in* the dreams which he dreamed regarding them *was fulfilled,* "because he observed the Law in secret" — this is an addition *made by Onkelos,* having no words in the Hebrew text to correspond to it. "And he put in "The Might his trust" is the translation of the *Hebrew words* באיתן קשתו. The following is how the wording of the Targum fits in with the Hebrew text: "His prophecy was fulfilled (וַתֵּשֶׁב) because the might (איתן) of the Holy One, blessed be He, served him as his bow (קשתו) and trusty *weapon;* therefore gold was placed on his arms" — *the last words being the Targum of* [לכך] ויפזו זרועי ידיו, *taking* ויפזו *as* connected in meaning with פז, fine gold. אבן ישראל Onkelos takes אבן as an abbreviation of אב ובן *and therefore renders it by* אבהן ובנין the fathers and children *meaning* Jacob and his sons. **(25)** מאל אביך *means* FROM THE GOD OF THY FATHER did this happen to you AND HE WILL HELP YOU *also in the future* (Gen. R. 87). ואת שדי *means* AND WITH THE ALMIGHTY was your heart when you did not hearken to the words of your mistress AND *therefore* HE WILL BLESS YOU. ברכת שדים ורחם Onkelos renders this by: blessings for father(s) and mother(s) i. e. may the men and the women be blessed in that they may not prove sterile and barren. **(26)** ברכת אביך גברו וכו' THE BLESSING OF THY FATHER HAVE PREVAILED etc. — The blessings which the Holy One, blessed be He, bestowed upon me are mighty beyond the blessings wherewith He blessed my progenitors. עד תאות גבעות עולם EVEN TO THE BOUNDARIES OF THE EVERLASTING HILLS — Because my blessings have prevailed, *extending* to the *very* ends of the bounds of the everlasting hills, for He gave me a blessing that bursts all bounds, one that has no limits, that reaches even unto the four corners of the world, as it is stated, (XXVIII. 14) "[God said to Jacob] and thou shalt spread abroad to the West and to the East [and to the North and to the South]", *an unqualified promise* that was made neither to Abraham nor to Isaac. *For* to Abraham He said, (XIII. 14) "Lift up thine eyes and look northwards etc. . . . for all the land which thou seest to thee will I give it", and He showed him only the Land of Israel. To Isaac He said, (XXVI. 3) "for unto thee and unto thy seed will I give all these lands, and I will establish the oath [which I swore unto Abraham thy father]". It is to this that Isaiah alludes when he said, (Is. LVIII. 14) "And I will feed thee with the heritage of J a c o b thy father", and he did not say, "with the heritage *promised* to A b r a h a m". הורי is from a root

וַיַּעֲלוּ אִתּוֹ כָּל־עַבְדֵי פַרְעֹה זִקְנֵי בֵיתוֹ וְכֹל זִקְנֵי
אֶרֶץ־מִצְרָיִם׃ ח וְכֹל בֵּית יוֹסֵף וְאֶחָיו וּבֵית אָבִיו
רַק טַפָּם וְצֹאנָם וּבְקָרָם עָזְבוּ בְּאֶרֶץ גֹּשֶׁן׃ ט וַיַּעַל
עִמּוֹ גַּם־רֶכֶב גַּם־פָּרָשִׁים וַיְהִי הַמַּחֲנֶה כָּבֵד מְאֹד׃
י וַיָּבֹאוּ עַד־גֹּרֶן הָאָטָד אֲשֶׁר בְּעֵבֶר הַיַּרְדֵּן וַיִּסְפְּדוּ־
שָׁם מִסְפֵּד גָּדוֹל וְכָבֵד מְאֹד וַיַּעַשׂ לְאָבִיו אֵבֶל
שִׁבְעַת יָמִים׃ יא וַיַּרְא יוֹשֵׁב הָאָרֶץ הַכְּנַעֲנִי אֶת־
הָאֵבֶל בְּגֹרֶן הָאָטָד וַיֹּאמְרוּ אֵבֶל־כָּבֵד זֶה לְמִצְרָיִם
עַל־כֵּן קָרָא שְׁמָהּ אָבֵל מִצְרַיִם אֲשֶׁר בְּעֵבֶר
הַיַּרְדֵּן׃ יב וַיַּעֲשׂוּ בָנָיו לוֹ כֵּן כַּאֲשֶׁר צִוָּם׃ יג וַיִּשְׂאוּ
אֹתוֹ בָנָיו אַרְצָה כְּנַעַן וַיִּקְבְּרוּ אֹתוֹ בִּמְעָרַת שְׂדֵה

אונקלוס

אַרְעָא־דְמִצְרָיִם׃ ח וְכֹל בֵּית יוֹסֵף וַאֲחוֹהִי וּבֵית אֲבוּהִי לְחוֹד טַפְלְהוֹן וְעָנְהוֹן
וְתוֹרֵיהוֹן שְׁבַקוּ בְּאַרְעָא דְגֹשֶׁן׃ ט וּסְלִיקוּ עִמֵּהּ אַף־רְתִכִּין אַף־פָּרָשִׁין וַהֲוָה
מַשְׁרִיתָא סַגִּיאָה לַחֲדָא׃ י וַאֲתוֹ עַד־בֵּית־אִדְרֵי דְאָטָד דִּי בְּעִבְרָא דְיַרְדְּנָא
וּסְפָדוּ־תַמָּן מִסְפַּד רַב וְתַקִּיף לַחֲדָא וַעֲבַד לַאֲבוּהִי אֶבְלָא שִׁבְעָא יוֹמִין׃
יא וַחֲזָא יָתֵב אַרְעָא כְּנַעֲנָאָה יָת־אֶבְלָא בְּבֵית־אִדְרֵי דְאָטָד וַאֲמָרוּ אֵבֶל־תַּקִּיף
דֵּין לְמִצְרָאֵי עַל־כֵּן קְרָא שְׁמַהּ אָבֵל מִצְרַיִם דִּי בְּעִבְרָא דְיַרְדְּנָא׃ יב וַעֲבַדוּ
בְנוֹהִי לֵהּ כֵּן כְּמָא דִי־פַקְּדִנּוּן׃ יג וּנְטַלוּ יָתֵהּ בְּנוֹהִי לְאַרְעָא דִכְנַעַן וּקְבַרוּ יָתֵהּ
בִּמְעָרַת חֲקַל כָּפֶלְתָּא דִּי זְבַן אַבְרָהָם יָת־חַקְלָא לְאַחְסָנַת קְבוּרָא מִן־עֶפְרֹן

רש״י

וְאִם לֹא בִשְׁבִיל הַשְּׁבוּעָה לֹא הָיִיתִי מַנִּיחֲךָ, אֲבָל יָרֵא לוֹמַר עֲבוֹר עַל הַשְּׁבוּעָה! שֶׁלֹּא יֹאמַר:
אִם כֵּן אֶעֱבוֹר עַל הַשְּׁבוּעָה שֶׁנִּשְׁבַּעְתִּי לָךְ, שֶׁלֹּא אֲגַלֶּה עַל הַקֹּדֶשׁ, שֶׁאֲנִי מַכִּיר עוֹדֵף עַל ע׳
לָשׁוֹן, וְאַתָּה אֵינְךָ מַכִּיר בּוֹ, כִּדְאִיתָא בְּמַסֶּכֶת סוֹטָה׃ (י) גרן האטד. מֻקָּף אֲטָדִין הָיָה,
וְרַבּוֹתֵינוּ דָרְשׁוּ (סוטה י״ג), עַל שֵׁם הַמְּאֹרָע, שֶׁבָּאוּ כָּל מַלְכֵי כְנַעַן וּנְשִׂיאֵי יִשְׁמָעֵאל
לַמִּלְחָמָה, וְכֵיוָן שֶׁרָאוּ כִתְרוֹ שֶׁל יוֹסֵף תָּלוּי בַּאֲרוֹנוֹ שֶׁל יַעֲקֹב עָמְדוּ כֻלָּן וְתָלוּ בוֹ כִתְרֵיהֶם
וְהִקִּיפוּהוּ כְתָרִים כְּגֹרֶן הַמֻּקָּף סְיָג שֶׁל קוֹצִים׃ (יב) כאשר צום. מַהוּ אֲשֶׁר צִוָּם?
(יג) וישאו אתו בניו. וְלֹא בְנֵי בָנָיו, שֶׁכָּךְ צִוָּם, אַל יִשְּׂאוּ מִטָּתִי לֹא אִישׁ מִצְרִי וְלֹא אֶחָד
מִבְּנֵיכֶם, שֶׁהֵם מִבְּנוֹת כְּנַעַן, אֶלָּא אַתֶּם, וְקָבַע לָהֶם מָקוֹם: ג׳ לַמִּזְרָח, וְכֵן לְד׳ רוּחוֹת, וּכְסִדְרָן
לְמַסַּע מַחֲנֵה שֶׁל דְּגָלִים נִקְבְּעוּ כָאן; לֵוִי לֹא יִשָּׂא, שֶׁהוּא עָתִיד לָשֵׂאת אֶת הָאָרוֹן וְיוֹסֵף לֹא
יִשָּׂא, לְפִי שֶׁהוּא מֶלֶךְ, מְנַשֶּׁה וְאֶפְרַיִם יִהְיוּ תַחְתֵּיהֶם, וְזֶהוּ אִישׁ עַל דִּגְלוֹ בְאוֹתֹת—בְּאוֹת

went up all the servants of Pharaoh, the elders of his house, and all the
elders of the land of Egypt, 8And all the house of Joseph, and his
brethren, and his father's house: only their little ones, and their flocks,
and their herds, they left in the land of Goshen. 9And there went up
with him both chariots and horsemen: and it was a very great camp.
10And they came to the threshing floor of Atad, which is beyond the
Jordan, and there they lamented with a great and very sore lamenta-
tion: and he made a mourning for his father seven days. 11And when
the inhabitants of the land, the Canaanites, saw the mourning in the
threshing floor of Atad, they said, This is a grievous mourning to the
Egyptians: wherefore the name of it was called Abel-mizraim, which is
beyond the Jordan. 12And his sons did unto him according as he com-
manded them: 13For his sons bore him into the land of Canaan, and
buried him in the cave of the field of Machpelah, which Abraham ob-

רש"י

meaning to conceive. *The singular denotes "my father"*, the one who made my mother conceive me. *We find* a similar *use of the verb in* (Job III. 2) "A man is causing *a woman* to conceive (הֹורָה)". עד תאות *means* UNTO THE ENDS — The word is connected with *the verbs in* (Num. XXXVI. 10) "And ye shall mark out the ends (והתאויתם) for the east border", and (ib. v. 8) "you shall mark out the ends (תתאו) unto the entrance of Hamath". תאות means in O. F. émoulis. Thus (i. e. with these words) did Menachem ben Seruk classify it (תאות). Onkelos translates (גבעת עולם) תאות in the sense of desire (תאוה) and longing and takes גבעת as a *figurative* expression *for "the great ones"*, like (1 Sam. II. 8) "the pillars of the earth", *meaning the righteous of the earth — viz., he renders it by "the blessings for which the great ones of the earth longed", referring to the blessings* which his mother so much desired that she forced him *to take steps* to obtain them. תהיין THEY — all — SHALL BE ON THE HEAD OF JOSEPH. נזיר אחיו *means what the Targum has:* פרישא דאחוהי *i. e.* the one who was separated from his brothers. *The word* נזיר *is of a root signifying separation,* as *in* (Lev. XXII. 2) "that they separate themselves (וינזרו) from the holy things of the children of Israel"; (Is. I. 4) "they have separated themselves *from God* (נזרו) turning backward". **(27)** בנימן זאב יטרף *means* BENJAMIN IS A WOLF THAT TEARETH (i. e. "wolf" is not the object of the sentence but the word אשר must be supplied before יטרף). He prophesied that they (Benjamin's descendants) will be "rapacious" in the time to come; *thus the Benjamites were told* (Jud. XXI. 21) "and catch you every man his wife", *as you will find* in *the story of* the concubine of Gibeah. *Further* he was prophesying concerning Saul (who was of this tribe) who vanquished his enemies on all sides, as it is said (1 Sam. XIV. 47) "So Saul took the kingdom . . . and fought on every side . . . against Moab . . . and against Edom . . . and whithersoever he turned himself he put them to the worse". בבקר יאכל עד IN THE MORNING HE EATETH HIS PREY — עד is *an Aramaic word* synonymous with the Hebrew words בזה and שלל, prey, which are rendered in the Targum by עדאה; and there is another example of its use in the Hebrew text of the Bible: (Is. XXXIII. 23) "Then is the prey of great spoil (עד שלל) divided". He (Jacob) says this ("in the morning eateth his prey") with reference to Saul who rose as Israel's champion in the period when Israel began to flourish and shine (i. e. in the morning of his history; indeed some editions have "בקרן", at the morning-dawn of Israel, instead of פריחתן) (Tanch.). ולערב יחלק שלל AND AT EVEN HE DIVIDETH THE SPOIL — even after the sun of Israel will have set through Nebuchadnezzar who will exile them to Babel, יחלק שלל HE WILL DIVIDE THE SPOIL, viz., Mordecai and Esther *who will be* of the tribe of Benjamin will divide the spoil of Haman, as it is said, (Est. III. 7) "Behold, I have given Esther the house of Haman" (Cf. Tanch.). Onkelos translates it as having a reference to the portions which the priests received of the holy *sacrifices* in the Temple *which was situated in the*

הַמַּכְפֵּלָ֑ה אֲשֶׁ֣ר קָנָה֩ אַבְרָהָ֨ם אֶת־הַשָּׂדֶ֜ה לַאֲחֻזַּת־
קֶ֗בֶר מֵאֵ֛ת עֶפְרֹ֥ן הַחִתִּ֖י עַל־פְּנֵ֥י מַמְרֵֽא׃ יד וַיָּ֨שָׁב
יוֹסֵ֤ף מִצְרַ֙יְמָה֙ ה֣וּא וְאֶחָ֔יו וְכָל־הָעֹלִ֥ים אִתּ֖וֹ לִקְבֹּ֣ר
אֶת־אָבִ֑יו אַחֲרֵ֖י קָבְר֥וֹ אֶת־אָבִֽיו׃ טו וַיִּרְא֤וּ אֲחֵֽי־
יוֹסֵף֙ כִּי־מֵ֣ת אֲבִיהֶ֔ם וַיֹּ֣אמְר֔וּ ל֥וּ יִשְׂטְמֵ֖נוּ יוֹסֵ֑ף
וְהָשֵׁ֤ב יָשִׁיב֙ לָ֔נוּ אֵ֚ת כָּל־הָ֣רָעָ֔ה אֲשֶׁ֥ר גָּמַ֖לְנוּ אֹתֽוֹ׃
טז וַיְצַוּ֕וּ אֶל־יוֹסֵ֖ף לֵאמֹ֑ר אָבִ֣יךָ צִוָּ֔ה לִפְנֵ֥י מוֹת֖וֹ
לֵאמֹֽר׃ יז כֹּֽה־תֹאמְר֣וּ לְיוֹסֵ֗ף אָ֣נָּ֡א שָׂ֣א נָ֠א פֶּ֣שַׁע
אַחֶ֤יךָ וְחַטָּאתָם֙ כִּי־רָעָ֣ה גְמָל֔וּךָ וְעַתָּה֙ שָׂ֣א נָ֔א
לְפֶ֕שַׁע עַבְדֵ֖י אֱלֹהֵ֣י אָבִ֑יךָ וַיֵּ֥בְךְּ יוֹסֵ֖ף בְּדַבְּרָ֥ם אֵלָֽיו׃

אונקלוס

חַקְלָא עַל־אַפֵּי מַמְרֵא: יד וְתָב יוֹסֵף לְמִצְרַיִם הוּא וַאֲחוֹהִי וְכָל־דִּסְלִיקוּ עִמֵּהּ
לְמִקְבַּר יָת־אֲבוּהִי בָּתַר דִּקְבַר יָת־אֲבוּהִי: טו וַחֲזוֹ אֲחֵי־יוֹסֵף אֲרֵי מִית אֲבוּהוֹן
וַאֲמַרוּ דִּלְמָא יִטַּר־לָנָא־דְּבָבוּ יוֹסֵף וַאֲתָבָא יָתֵיב לָנָא יָת כָּל־בִּישְׁתָא דִּי
גְמַלְנָא יָתֵהּ: טז וּפַקִּידוּ לְוָת־יוֹסֵף לְמֵימַר אֲבוּךְ פַּקֵּיד קֳדָם מוֹתֵהּ לְמֵימַר:
יז כְּדֵין־תֵּימְרוּן לְיוֹסֵף בְּבָעוּ שְׁבוֹק כְּעַן לְחוֹבָא אֲחָךְ וּלְחַטָּאֵהוֹן אֲרֵי־בִישְׁתָא
גְמַלוּךְ וּכְעַן שְׁבוֹק כְּעַן לְחוֹבָא עַבְדֵי אֱלָהָא דַאֲבוּךְ וּבְכָא יוֹסֵף בְּמַלָּלוּתְהוֹן

רש״י

שֶׁמָּסַר לָהֶם אֲבִיהֶם לָשֵׂאת מִטָּתוֹ: (יד) הוא ואחיו וכל העלים אתו. בַּחֲזָרָתָן הִקְדִּים אֶחָיו לַמִּצְרִים הָעוֹלִים אִתּוֹ, וּבַהֲלִיכָתָן הִקְדִּים מִצְרִים לְאֶחָיו, שֶׁנֶּאֱמַר: וַיַּעֲלוּ אִתּוֹ כָּל עַבְדֵי פַרְעֹה וגו׳, וְאַחַר כָּךְ כָּל בֵּית יוֹסֵף וְאֶחָיו, אֶלָּא לְפִי שֶׁרָאוּ כָּבוֹד שֶׁעָשׂוּ מַלְכֵי כְנַעַן שֶׁתָּלוּ כִתְרֵיהֶם בַּאֲרוֹנוֹ שֶׁל יַעֲקֹב נָהֲגוּ בָהֶם כָּבוֹד: (טו) ויראו אחי יוסף כי מת אביהם. מַהוּ וַיִּרְאוּ? הִכִּירוּ בְמִיתָתוֹ אֵצֶל יוֹסֵף, שֶׁהָיוּ רְגִילִים לִסְעוֹד עַל שֻׁלְחָנוֹ שֶׁל יוֹסֵף וְהָיָה מְקָרְבָן בִּשְׁבִיל כְּבוֹד אָבִיו, וּמִשֶּׁמֵּת יַעֲקֹב לֹא קֵרְבָן (ב״ר): לו ישטמנו. שֶׁמָּא יִשְׂטְמֵנוּ; לוּ מִתְחַלֵּק לְעִנְיָנִים הַרְבֵּה; יֵשׁ לוּ מְשַׁמֵּשׁ בִּלְשׁוֹן בַּקָּשָׁה וּלְשׁוֹן הַלְוַאי, כְּגוֹן: לוּ יְהִי כִדְבָרֶךָ, לוּ שְׁמָעֵנִי, וְלוּ הוֹאַלְנוּ, לוּ מַתְנוּ, וְיֵשׁ לוּ מְשַׁמֵּשׁ בִּלְשׁוֹן אִם וְאוּלַי, כְּגוֹן: לוּ חָכְמוּ (דב׳ ל״ב); לוּ הִקְשַׁבְתָּ לְמִצְוֹתַי (ישי׳ מ״ח): וְלוּ אָנֹכִי שׁוֹקֵל עַל כַּפַּי (ש״ב י״ח). וְיֵשׁ לוּ מְשַׁמֵּשׁ בִּלְשׁוֹן שֶׁמָּא: לוּ יִשְׂטְמֵנוּ, וְאֵין לוֹ עוֹד דּוֹמֶה בַּמִּקְרָא, וְהוּא לְשׁוֹן אוּלַי, כְּמוֹ אוּלַי לֹא תֵלֵךְ הָאִשָּׁה אַחֲרַי, לְשׁוֹן שֶׁמָּא הוּא. וְיֵשׁ אוּלַי לְשׁוֹן בַּקָּשָׁה, כְּגוֹן: אוּלַי יִרְאֶה ה׳ בְּעֵינִי (ש״ב ט״ז), אוּלַי ה׳ אוֹתִי (יהושע י״ד), הֲרֵי הוּא כְּמוֹ לוּ יְהִי כִדְבָרֶךָ. וְיֵשׁ אוּלַי לְשׁוֹן אִם: אוּלַי יֵשׁ נ׳ צַדִּיקִים: (טז) ויצוו אל יוסף. כְּמוֹ וַיְצַוֵּם אֶל בְּנֵי יִשְׂרָאֵל — צִוָּה לְמֹשֶׁה וּלְאַהֲרֹן לִהְיוֹת שְׁלוּחִים אֶל בְּנֵי יִשְׂרָאֵל, אַף זֶה וַיְצַוּוּ אֶל שְׁלוּחָם, לִהְיוֹת שָׁלִיחַ אֶל יוֹסֵף לוֹמַר לוֹ כֵן. וְאֶת מִי צִוּוּ? אֶת בְּנֵי בִלְהָה, שֶׁהָיוּ רְגִילִין אֶצְלוֹ, שֶׁנֶּאֱמַר: וְהוּא נַעַר אֶת בְּנֵי בִלְהָה: אביך צוה. שִׁנּוּ בַדָּבָר מִפְּנֵי הַשָּׁלוֹם כִּי לֹא צִוָּה

tained with the field for a possession of a burying-place of Ephron the
Hittite, before Mamre. [14]And Joseph returned into Egypt, he, and his
brethren, and all that went up with him to bury his father, after he
had buried his father. [15]And when Joseph's brethren saw that their
father was dead, they said, Joseph will peradventure be hostile to us,
and will certainly requite us all the evil which we did unto him. [16]And
they commanded some to go unto Joseph, saying, Thy father did com-
mand before his death, saying, [17]So shall ye say unto Joseph, Forgive,
pray, the trespass of thy brethren, and their sin; for they did unto thee
evil: and now, pray, forgive the trespass of the servants of the God
of thy father. And Joseph wept when they spake unto him. [18]And

רש"י

territory of Benjamin. **(28)** וזאת אשר דבר להם אביהם ויברך אתם AND THIS IS IT THAT THEIR FATHER SPOKE UNTO THEM WHEN (lit., and) HE BLESSED THEM — But were there not some *of his sons* whom he did not bless but whom, *on the contrary*, he reproached? But this is the explanation *of these words:* and this is it that their father spake unto them, viz., all that has been said *above* in this chapter, *whether it be blessing or reproach.* You might therefore think that he did not bless Reuben, Simeon and Levi *at all* — Scripture therefore states, "and he blessed them" (i. e. the 12 tribes alluded to at the beginning of the verse) which implies all of them. (Pesikta ch. ויהי המקריב). איש אשר כברכתו EVERY MAN ACCORDING TO HIS BLESSING — according to the blessing that was to come in future to each and every one. (Cf. Rashi on איש כפתרון חלמו, XL. 5.) ברך אתם HE BLESSED THEM — It should have said, "every man according to his blessing he blessed him"; why, then does it say "he blessed them"? But since *in the blessings* he ascribed to Judah *personally* "the strength of a lion", to Benjamin "the rapacity of a wolf" and to Naphtali "the swiftness of a hind", one might think that he did not include all of them in all the blessings, Scripture therefore states "he blessed them" (i. e. each of them personally and all of them together — extending all the personal blessings to each of them) (Tanch.) (cf. Rashi on Ex. I. 19). **(29)** נאסף אל עמי [I AM] TO BE GATHERED UNTO MY PEOPLE — *The expression* נאסף *"gathered" is used here* because the souls are taken into a place in heaven where they are to be laid by. אסף in the Hebrew language has sometimes the meaning of "bringing *something* in *to a place where it is to be kept* as e. g., (Jud. XIX. 15) "For there was no man that took them into his house (אסף) [to lodge]"; (Deut. XXII. 2) "then thou shalt bring it home (ואספתו) into thy house"; (Lev. XXIII. 39) "when you have taken in (באספכם) the fruit of the land" — *which means* bringing them in to the barn on account of the rain; (Ex. XXIII. 16) "when thou hast taken in (באספך) thy labours". So, too, the verb אסף used in connection with death always means "bringing in *to the place where the souls are to be laid by*". אל אבתי *means* with my fathers. **(33)** ויאסף רגליו *means* HE BROUGHT HIS FEET *into the bed.* (Rashi tells us that ויאסף signifies הכנים, he brought in). ויגוע AND HE EXPIRED — but the word death is not mentioned in his case, and our Teachers *therefore* said: (Taan. 5b) "Jacob, our father, is not dead".

50. **(2)** לחנט את אביו TO EMBALM HIS FATHER — *Embalming* is a matter of using a mixture of aromatic spices. **(3)** וימלאו לו [AND FORTY DAYS] WERE FULFILLED — They (the physicians) completed the days of embalming until forty days were completed for him. ויבכו אתו מצרים שבעים יום AND THE EGYPTIANS WEPT FOR HIM THREESCORE AND TEN DAYS — viz., forty *days during the period* of embalming and thirty *more* days for mourning. *They wept for him during so long a period* because a blessing had come to them on his arrival in Egypt for the famine *then* ceased and the waters of the Nile *again* increased (Tos. Sotah 10). **(5)** אשר כריתי לי *means* according to its plain sense "[*the grave*] *which I have digged*" just as (Ex. XXI. 33) "If a man shall dig (יכרה)".

יח וַיֵּלְכוּ גַּם־אֶחָיו וַיִּפְּלוּ לְפָנָיו וַיֹּאמְרוּ הִנֶּנּוּ לְךָ
לַעֲבָדִים: יט וַיֹּאמֶר אֲלֵהֶם יוֹסֵף אַל־תִּירָאוּ כִּי
הֲתַחַת אֱלֹהִים אָנִי: כ וְאַתֶּם חֲשַׁבְתֶּם עָלַי רָעָה
אֱלֹהִים חֲשָׁבָהּ לְטֹבָה לְמַעַן עֲשֹׂה כַּיּוֹם הַזֶּה
לְהַחֲיֹת עַם־רָב: שביעי כא וְעַתָּה אַל־תִּירָאוּ אָנֹכִי
אֲכַלְכֵּל אֶתְכֶם וְאֶת־טַפְּכֶם וַיְנַחֵם אוֹתָם וַיְדַבֵּר
עַל־לִבָּם: כב וַיֵּשֶׁב יוֹסֵף בְּמִצְרַיִם הוּא וּבֵית אָבִיו
וַיְחִי יוֹסֵף מֵאָה וָעֶשֶׂר שָׁנִים: מפטיר כג וַיַּרְא יוֹסֵף
לְאֶפְרַיִם בְּנֵי שִׁלֵּשִׁים גַּם בְּנֵי מָכִיר בֶּן־מְנַשֶּׁה
יֻלְּדוּ עַל־בִּרְכֵּי יוֹסֵף: כד וַיֹּאמֶר יוֹסֵף אֶל־אֶחָיו
אָנֹכִי מֵת וֵאלֹהִים פָּקֹד יִפְקֹד אֶתְכֶם וְהֶעֱלָה

אונקלוס

עִמֵּהּ: יח וַאֲזַלוּ אַף־אֲחוֹהִי וּנְפַלוּ קֳדָמוֹהִי וַאֲמָרוּ הָא־אֲנַחְנָא לָךְ לְעַבְדִין:
יט וַאֲמַר לְהוֹן יוֹסֵף לָא־תִדְחֲלוּן אֲרֵי דַחֲלָא דַיָי אֲנָא: כ וְאַתּוּן חֲשַׁבְתּוּן עֲלַי
בִּישָׁא מִן־קֳדָם־יְיָ אִתְחַשְׁבַת לְטָבָא בְּדִיל לְמֶעְבַּד כְּיוֹמָא הָדֵין לְקַיָּמָא עַם־
סַגִּי: כא וּכְעַן לָא־תִדְחֲלוּן אֲנָא אֵזוּן יָתְכוֹן וְיָת־טַפְלְכוֹן וְנַחֵם יָתְהוֹן וּמַלֵּל־
תַּנְחוּמִין עַל־לִבְּהוֹן: כב וִיתֵיב יוֹסֵף בְּמִצְרַיִם הוּא וּבֵית אֲבוּהִי וַחֲיָא יוֹסֵף
מְאָה וַעֲסַר שְׁנִין: כג וַחֲזָא יוֹסֵף לְאֶפְרַיִם בְּנִין תְּלִיתָאִין אַף בְּנֵי מָכִיר בַּר־
מְנַשֶּׁה אִתְיְלִידוּ וְרַבִּי יוֹסֵף: כד וַאֲמַר יוֹסֵף לַאֲחוֹהִי אֲנָא מָאִית וַיְיָ מִדְכַּר

רש״י

יַעֲקֹב כֵּן, שֶׁלֹּא נֶחְשַׁד יוֹסֵף בְּעֵינָיו (ב״ר, יבמות ס״ה): (יז) שא נא לפשע עבדי אלהי אביך. אִם אָבִיךָ מֵת, אֱלֹהָיו קַיָּם, וְהֵם עֲבָדָיו: (יח) וילכו גם אחיו. מוֹסִיף עַל הַשְּׁלִיחוּת: (יט) כי התחת אלהים אני. שֶׁמָּא בִּמְקוֹמוֹ אֲנִי? בִּתְמִיָּה, אִם הָיִיתִי רוֹצֶה לְהָרַע לָכֶם, כְּלוּם אֲנִי יָכוֹל? וַהֲלֹא אַתֶּם כֻּלְּכֶם חֲשַׁבְתֶּם עָלַי רָעָה, וְהַקָּדוֹשׁ בָּרוּךְ הוּא חֲשָׁבָהּ לְטוֹבָה וְהֵיאַךְ אֲנִי לְבַדִּי יָכוֹל לְהָרַע לָכֶם? (כא) וידבר על לבם. דְּבָרִים הַמִּתְקַבְּלִים עַל הַלֵּב—עַד שֶׁלֹּא יְרַדְתֶּם לְכַאן, הָיוּ מְרַנְּנִים עָלַי שֶׁאֲנִי עֶבֶד, עַל יְדֵיכֶם נוֹדַע שֶׁאֲנִי בֶן חוֹרִין; וְאִם אֲנִי הוֹרֵג אֶתְכֶם, מָה הַבְּרִיּוֹת אוֹמְרוֹת? כַּת שֶׁל בַּחוּרִים רָאָה וְנִשְׁתַּבַּח בָּהֶן וְאָמַר אַחַי הֵם, וּלְבַסּוֹף הָרַג אוֹתָם; יֵשׁ לְךָ אָח שֶׁהוֹרֵג אֶת אֶחָיו? דָּבָר אַחֵר: עֲשָׂרָה נֵרוֹת לֹא יָכְלוּ לְכַבּוֹת נֵר אֶ׳ וְכוּ׳: (כג) על ברכי יוסף. כְּתַרְגּוּמוֹ: גַּדְּלָן בֵּין בִּרְכָּיו:

his brethren also went and fell down before him; and they said, Behold, we are thy servants. ¹⁹And Joseph said unto them, Fear not: for am I instead of God? ²⁰Though ye thought evil against me, God thought it for good; in order to do as at this day, to preserve numerous people alive. ²¹Now therefore fear ye not: I will support you and your little ones. Thus he comforted them, and spake kindly unto them. ²²And Joseph abode in Egypt, he, and his father's house: and Joseph lived an hundred and ten years. ²³And Joseph saw Ephraim's children of the third generation: the children also of Machir the son of Manasseh were, when children, upon Joseph's knees. ²⁴And Joseph said unto his brethren, I die: and God will surely visit you, and bring you out of this

רש״י

There is a Midrashic explanation which fits in with a meaning of the word כריתי, viz., אשר כריתי means אשר קניתי "which I have bought". For R. Akiba said, "when I went to the coast-towns I heard them use for what we term מכירה "trading" the term כירה. Another Midrashic explanation *takes* כריתי to be connected with כרי a piled up heap of grain, for Jacob had taken all the silver and gold which he had brought from the house of Laban and made a pile of it and said to Esau, "Take this for your share in the cave". **(6)** כאשר השביעך ACCORDING AS HE ADJURED THEE — For except for that oath I would not permit you to do so. He did not dare, however, to say to Joseph, "Break the oath", lest he might retort, "Then, I, too, may break the oath I made you that I will never reveal that secret about the Sacred Tongue, viz., that I possess a knowledge of it in addition to the seventy languages which you also understand but of which you have no knowledge at all — as it is related in Treatise Sotah (36b). **(10)** גרן האטד THE THRESHING FLOOR OF ATAD — *It was so called because* it was surrounded by a *hedge of* (אטדין) thorns (not because thorns were threshed there). Our Rabbis explained *that it was so called* in consequence of an incident *that occurred there* — that all the kings of Canaan and the princes of Ishmael came to wage war *against them*, but as soon as they saw Joseph's crown hanging over Jacob's coffin they all rose and hung their crowns on it and *thus* wreathed it with crowns like a threshing floor that is surrounded with *a hedge of* thorns. **(12)** כאשר צום AS HE COMMANDED THEM — What was it that he had commanded them? *This you can gather from the next verse,* **(13)** וישאו אותו בניו AND HIS SONS BORE HIM — H i s s o n s and not his grandsons. For thus, indeed, h e h a d c o m m a n d e d them: "My bier shall not be borne by an Egyptian, nor by one of your sons because they are children of Canaanite women, but you alone shall bear it. He likewise assigned them their positions, namely, three on the east-side and an equal number on the other three sides *of the bier*. In the same order in which *later on* the camps marched *through the wilderness* bearing *their several* banners they were arranged here. But *the 12 tribes that formed these four divisions did not include Levi or Joseph, for Jacob had said,* "Levi shall not carry *my bier* because he is destined to carry the *holy* Ark; Joseph shall not carry *it* because he is a king, but Manasseh and Ephraim shall take their places". And, it is to this that Scripture refers when it says, (Num. II. 2) "every man [shall pitch] by his own banner according to the signs" — meaning according to the sign (i. e. indication of position) which their father individually gave them with regard to carrying his bier (Tanch. to במדבר). **(14)** הוא ואחיו וכל העלים אתו HE AND HIS BRETHREN AND ALL THAT WENT UP WITH HIM — here, speaking of their return *to Egypt,* it mentions his brothers before the Egyptians who went with him whereas *when speaking of their journey to Canaan to bury their father* it mentions the Egyptians before his brothers, as it is said, (v. 7) "and with him went up all the servants of Pharaoh ..." and afterwards it *states* (v. 8) "and all the house of Joseph and his brothers". But *the explanation is*: because they (the Egyptians) saw how much respect the kings of Canaan paid *to Jacob* by hanging their crowns on his coffin they *now* treated them (the sons) with much respect *and gave them precedence on the return journey* (Sotah 13a). **(15)** ויראו אחי

אֶתְכֶם מִן־הָאָרֶץ הַזֹּאת אֶל־הָאָרֶץ אֲשֶׁר נִשְׁבַּע
לְאַבְרָהָם לְיִצְחָק וּלְיַעֲקֹב׃ כה וַיַּשְׁבַּע יוֹסֵף אֶת־בְּנֵי
יִשְׂרָאֵל לֵאמֹר פָּקֹד יִפְקֹד אֱלֹהִים אֶתְכֶם וְהַעֲלִתֶם
אֶת־עַצְמֹתַי מִזֶּה׃ כו וַיָּמָת יוֹסֵף בֶּן־מֵאָה וָעֶשֶׂר
שָׁנִים וַיַּחַנְטוּ אֹתוֹ וַיִּישֶׂם בָּאָרוֹן בְּמִצְרָיִם׃

חזק

אונקלוס

דְּכִיר יְתְכוֹן וְיַסֵּק יָתְכוֹן מִן־אַרְעָא הָדָא לְאַרְעָא דִּי קַיֵּים לְאַבְרָהָם לְיִצְחָק
וּלְיַעֲקֹב׃ כה וְאוֹמֵי יוֹסֵף יָת־בְּנֵי יִשְׂרָאֵל לְמֵימַר מִדְכַּר דְּכִיר יְיָ יָתְכוֹן וְתַסְּקוּן
יָת־גַּרְמַי מִכָּא׃ כו וּמִית יוֹסֵף בַּר־מְאָה וַעֲסַר שְׁנִין וַחֲנַטוּ יָתֵיהּ וְשַׁוִּיוּהִי
בַאֲרוֹנָא בְּמִצְרָיִם׃

חזק

land unto the land which he sware to Abraham, to Isaac, and to Jacob.
25 And Joseph adjured the children of Israel, saying, God will surely
visit you, and ye shall bring up my bones from hence. 26 So Joseph
died, being an hundred and ten years old: and they embalmed him,
and he was put in a coffin in Egypt.

רש״י

יוסף כי מת אביהם AND WHEN JOSEPH'S BRETHREN SAW THAT THEIR FATHER WAS DEAD — What is the meaning of "and they saw"? They could perceive that he was dead through *the conduct of* Joseph. *Previously* they used to dine at Joseph's table and he used to receive them with open arms out of respect to his father; after Jacob's death, however, he no longer treated them in a friendly manner (Yalkut). לו ישטמנו *means* PERHAPS HE WILL HATE US. The word has many different meanings. There are examples of לו used to denote a petition, *having the meaning of* "Oh that!" as for instance: (Gen. XXX. 34) "Would (לו) it might be according to thy word"; (XXIII. 13) "Oh that thou wouldst (לו) only hear me"; (Josh. VII. 7) "Would that (לו) we had been content"; (Num. XIV. 2) "Would that (לו) we had died". There are examples of לו used in the sense of "if" and "אולי" as, (Deut. XXXII. 29) "If (לו) they were wise [they would understand this]"; (Is. XLVIII. 18) "If (לוא) thou wouldst hearken to my commandments, [then would thy peace be as a river]"; (2 Sam. XVIII. 12) "If (לו) I would receive [a thousand pieces of silver] in my hands, [yet would I not put forth my hand etc.]". There is an example of לו used in the sense of "perhaps", — *in our verse* — "Perhaps he will hate us", but there is no other example of its usage in this sense in Scripture. *Here* it corresponds in sense with the *word* אולי, "perhaps", as for example *in* (Gen. XXIV. 5) "אולי the woman will not be willing to follow me" which means "perhaps she will not etc." *As a matter of fact* אולי *has all the meanings of* לו, *for* there are examples of אולי denoting a petition as for instance (2 Sam. XVI. 12) "Perhaps (אולי) the Lord will look upon mine eye". (where the context shows that this involves a kind of petition that God should do this); (Josh. XIV. 12) "Perhaps (אולי) the Lord will be with me [and I shall drive them out]", (involving also a petition that God should do this), where אולי has a similar meaning to לו in (XXX. 34) "Would (לו) it might be according to thy word". *Then again* the word אולי has the meaning of "if"; for example, (XVI. 24) "Perhaps (אולי) there are fifty righteous [wilt Thou destroy etc.]" (which is equivalent to "if there are fifty ... wilt thou destroy?".) **(16)** ויצוו אל יוסף AND THEY COMMANDED SOME TO GO TO JOSEPH — *The words* ויצוו אל have the same meaning as *in* (Ex. VI. 13) "and He gave them a charge unto (ויצום אל) the children of Israel", *which signifies*, "He commanded Moses and Aaron to act as messengers to the children of Israel", and this *verse*, too, *means* they charged the man whom they sent that he should act as *their* messenger to Joseph to speak to him as follows (the words לומר לו כן correspond to לאמר in the Bible text here). And who was it that they so charged? The sons of Bilhah who had been accustomed to associate with him, as it is said (XXXVII. 12) "When a lad he used to be with the sons of Bilhah" (Tanch. שמות). אביך צוה THY FATHER DID COMMAND — They altered the facts (they stated something that was false) for the sake of peace, for Jacob had given them no such command because Joseph was not suspect in his sight (Gen. R. 99). **(17)** שא נא לפשע עבדי אלהי אביך NOW, PRAY, FORGIVE THE TRESSPASS OF THE SERVANTS OF THE GOD OF THY FATHER — *After having repeated to Joseph the words which his brothers stated had been their father's message, "forgive thy brothers' sin", the messengers were to add as a petition of the brothers "Now, pray etc.", meaning "If you will not forgive them although they are your brothers, forgive them because they are the servants of the God of thy father", implying* though your father be dead, his God still lives and they are his servants. **(18)** וילכו גם אחיו AND HIS BRETHERN ALSO WENT in addition to sending their messengers. **(19)** כי התחת אלהים אני FOR AM I INSTEAD OF GOD — Am I perhaps (do you think that I am) in His stead? *The* ה of התחת *expresses* a question. Even if I wished to do you harm would I at all be able *to do so*? For did you not all design evil against me, *and you did not succeed* because the Holy One, blessed be He, designed it for good. How, then, can I a l o n e, *without God's consent*, do evil to you. **(21)** וידבר אל לבם *means* HE SPOKE words that found ready entrance INTO THEIR HEART: Before you came down hither people spread rumours about me that I was *born* a slave; through you it became public that I am a free-man *by birth*. If I were to kill you what would people say? "He saw a party of *fine* young men and he prided himself *on his relationship* with them, saying "These are my brothers", but afterwards he killed them. Have you ever heard of a man killing his b r o t h e r s?!" Another interpretation is: *He said to them*, "Ten lights could not extinguish one light; how, then, can one light extinguish ten lights?" (Meg. 16b). **(23)** על ברכי יוסף [WERE BORN] ON JOSEPH'S KNEES — *The meaning is* as the Targum gives it: He brought them up upon his knees.

APPENDIX

PAGE 2

1) This is a general statement referring to the whole earth, in the following sentence the word "it" means, of course, the land of Canaan only.

3) i. e. the previous sentences are subordinate to ויאמר אלהים יהי אור which forms the principal sentence.

PAGE 3 Note on תהו I. 2

Rashi appears to take this word in the sense of an object of astonishment — something to be amazed at. The wording of this comment, however, varies in different editions of the Rashi text.

Note on לעז I. 2

By this Rashi means French. This differed from modern French as the English of the present day differs from that of the 11th Century. The root לעז is found in Psalm CXIV. 1 as describing a foreign language. The word is not formed of the initial letters of the phrases לשון עם זו or לשון עם זר; this is a popular etymology, but is incorrect.

PAGE 4

1) This is the translation which Rashi gives (Deut. XII. 12), following the view of R. Akiba (Yeb. 48a), as regards the meaning of the word עשתה in this passage. As this was done in order that the woman might become repulsive to her captor the verb עשה is the correct term, since letting the nails grow long was to put them into proper condition for the purpose intended.

2) Consequently each division of the ocean has its special characteristics and therefore one may say the ocean is made up of different seas.

3) אספמיא ASPAMIA. This denotes various localities some of which are on or near the sea-coast. (Cf. Mishna end of Challah; Tosefta Terumah IX. 8 both referring to places in what was known as אסיא). But it evident from the Mechilta on Ex. XX. 2 that a place near mount Carmel, which was quite close to the sea, bore this name. And it is to this that the Midrash Rabbah which Rashi is here quoting refers. This is evident from the fuller form of the Midrash and of the parallel passage in Sifré on עקב (XI. 11) where there is mention of Acco, Tyre or Zidon, and Aspamia. Furthermore amongst the seven "seas" of Palestine the sea of Aspamia is mentioned (cf. B. Bathra 74b and שוחר טוב on Ps. XXIV. 6). The readings איספמייא in Jer. Keth. XII. 35b and אפמיא in Jer. Kil. IX. 32c are corruptions of אספמיא. It is true that אספמיא is used also for ספרד which is usually taken as Spain (cf. the Targumim on Ob. I. 2 וגלת ירשלם אשר בספרד) but it is hardly likely that our passage refers to Spain, for the Midrash intends to point out that the sea has different characteristics even at places which are quite adjacent to one another.

4) Rashi desires to explain why Scripture could not have substituted the words תעשיב הארץ עשב for the present text. To suggest that this could be done is to assume that the terms דשא and עשב are synonymous and interchangeable. Rashi

Appendix. 258

therefore points out that this is not so: דשא is the collective term for all kinds of vegetation whilst עשב denotes the various species comprised in the דשא. Scripture could not have employed the phrase תעשיב הארץ עשב using a cognate accusative with a verb formed from עשב because the genius of the Hebrew language (ולא היה לשון המקרא לומר) will not permit a verb being formed from such a specific term as עשב to be followed by its cognate accusative. One could not, e. g., translate the sentence, "let a man manufacture a chair" by Hebrew words that would literally mean "let a man chair a chair". This is all that Rashi says; but there is also contained in his comment the suggestion that it is impossible to begin with a specific term עשב, "Let the earth produce עשב" and continue with the general term דשא as though enumerating דשא as something comprised within the term עשב. Therefore both on linguistic and logical grounds the text must read as it does: Let the earth be covered with vegetation, — herbs etc.

Other explanations have been given of Rashi's comment. One is that an עשב a herb or grass cannot be so called until it has grown to some height and therefore the earth does not produce an עשב. This may be perfectly true, but it is not what Rashi states.

Note on מזריע זרע I. 11

This phrase means nothing more than producing seed שיגדל בו זרע. This is the meaning of such a verb with its cognate accusative. So, too, תדשא הארץ דשא signifies: Let the earth produce vegetation.

PAGE 5

¹) The rule which occupies the first place in the hermeneutic system (מדות שהתורה נדרשת בהן) is termed קל וחומר. It has quite a logical foundation, being a kind of syllogism, an inference a fortiori.

The principle underlying the inference of קל וחומר is that if a certain restriction of the law is found regarding a matter of minor importance, we may infer that the same restriction is the more applicable to that which is of major importance, though that restriction be not expressly made in the law for this case. This rule is very frequently used in Talmudic discussions. The ק"ו argument which the various kinds of herbage applied to themselves was this: Trees are large and naturally grow apart from one another and even if they do grow compactly are easily recognizable yet they have come forth from the ground למינהם, after their kinds, then surely we who are small and grow in compact masses should with greater reason come forth according to our kind.

²) Rashi states that מארת is written without the ו after the א (so that it may read מארת curses) "because it is a cursed day when children are liable to suffer from croup". But in Taan. 27a it is only said of the אנשי מעמד that they fasted on Wednesday, על אסכרא שלא תיפול על תינוקות, praying that the children should not suffer from croup. This does not imply that children are liable to be attacked by this malady on Wednesdays more than on other days, for the statement made in the same passage that they fasted on Mondays on behalf of the יורדי הים does not involve the belief that ships were liable to be wrecked on Mondays more than on other days. (Cf. Rashi's comment on this passage in Taan. 27b and also the מהר"ש thereon).

Note on נפש חיה I. 20

It is evident from v. 21, נפש החיה, that חיה is a noun and not an adjective and that in the phrases נפש חיה and נפש החיה the word נפש is in the construct. By his comments here and on verses 21 and 24 Rashi points this out by explaining the exact shade of meaning implied by the construct: that "a creature (נפש) of vitality (חיה)" denotes a creature that has vitality. Here Rashi has שיהא בה חיות, a being in which there shall be vitality, because the text reads, "Let the waters bring forth abundantly a נפש חיה" i. e. a creature that s h a l l have vitality, since the reference is to the future. In v. 21 the text has "And God created every נפש החיה". This means that He created a creature that had vitality and Rashi therefore explains it by שיש בה חיות. In verse 24 Rashi employs the same phrase although the words appear similar in form to those of verse 21: here, "Let the earth bring forth a נפש חיה" — there, "Let the waters bring forth abundantly a נפש חיה". We should here have expected the same explanatory phrase as in verse 20. It must, however, be noted that on verse 24 Rashi states that the phrase תוצא הארץ bears out his previous explanation that everything mentioned in this text, had already been created on the first day, and on verse 25 he explains that ויעש אלהים signifies that God put them all into their normal condition. Consequently he is compelled to explain "Let the earth bring forth a נפש חיה" as meaning "Let it bring forth a creature that already has vitality (שיש בה היות)", for such creatures had already been created. It should be noted that in some texts the phrase שיש בה חיות, occurs also in Rashi's comment on verse 20, and not שיהא בה חיות.

PAGE 8

[2]) Rashi evidently means that the verse should be taken in this sense: And God finished ביום השביעי **by means** of the Seventh Day the work which He had made, i. e. His work was not yet complete — one thing was lacking, namely Rest — and by means of the Seventh Day's Rest His work was perfected.

PAGE 9 Note on בהבראם II. 4

God created this world by means of the letter ה, i. e. by a mere breathing, without any exertion. Cf. Men. 29b, Yalkut Isaiah 429 and Midrash Hagadol. p. 67. The author of the אקדמות for שבעות alludes to this Midrash in the eleventh and twelfth lines:

ובלא לאו שכלליה ובלא תשׁשותא
ובאתא קלילא דלית בה משׁשותא

Note on רמז שירדו למטה II. 4

As it speaks about descending to the nether world "to behold the pitt" and since in Ps. XVI. 10 it is stated לא תתן חסידך לראות שחת, it has been inferred that Rashi refers to what happens to the **wicked** after death. But the reading in Bereshith Rabbah 12 is: רמז שכל המתים יורדים לשאל and we have therefore rendered it by "all created beings must descend etc.". No emphasis is to be placed on Rashi's use of the phrase "to see the pit"; he merely selects a Biblical phrase to express the idea he has in mind.

Note on ואד יעלה II. 6

This verse appears to be connected with the preceding: no tree or plant had yet grown because there had been no rain; but now a mist went up and watered the earth. Rashi, however, has just explained that the reason with there had been no rain was because there was no human being on earth to recognise the benefit of rain, e. g., in causing the growth of vegetation. Therefore he cannot explain that the damp mist arose expressly for the purpose of conferring such a benefit, and he connects this verse with the following which tells of the formation of man. The rise of the mist with the consequent moistening of the earth was the first process in the creation of man. The earth is the dough from which man was created, and man is the first fruit of the dough (ראשית עריסותיכם), the תרומה, that which is set aside from the dough as having the characteristic of holiness. Every other creature made of the dust of the ground lacks this characteristic, even as what is left of the dough after the תרומה has been removed is חולין and may be put to profane use. Man alone can rise to the grandeur of holiness (cf. Midrash Rabbah 14, at the beginning).

PAGE 10 Note on ויצמח II. 9

Rashi's comment signifies, that the verse does not mean that God caused trees to grow from the ground in all parts of the world. It is a continuation of the preceding verse which tells of God planting a garden and refers to the growth of trees within that garden.

[2]) Rashi states that גיחון and נגח are etymologically associated and both have the sense of roaring. According to him the literal translation of ...כי יגח is "and if an ox roars", and he suggests that the sense of roaring passes over into that of goring, because when an ox gores it rushes on roaring. Rashi probably takes the root נגח as having the same meaning as the Aramaic גנח. It is true that the latter denotes sighing and groaning, but there is no reason why it should not be extended to denote the emission of a louder sound. In Chul. 51b the following occurs: ההוא תורא דנפל ואישתמע קול נגיחותיה An ox once fell down and they heard the sound of נגיחותיה. This is the reading of the last word in our editions but the margin emends this to גניחותיה This is unnecessary since Rashi in our text takes the root נגח in the sense of uttering a sound. That in the Rashi text in Chulin the Talmudic passage is quoted as גניחותיה proves nothing, for the Rashi text may have been emended as the Talmud text itself. Indeed Rashi's comment כמו גונח מלבו may be regarded as evidence that he read נגיחותיה and his comment may signify that the root נגח has the same meaning as גנח, for he frequently expresses an equation in meaning by כמו. The primary meaning of גיח which according to Rashi has the same significance as גנח is to burst forth. That verbs with this meaning may also denote bursting forth into utterance is evident from the usage of פצח.

[3]) The words ומברין את האדם are obviously misplaced and belong to חדקל, of which Rashi states (Ber. 59b) חריפין מיא וקלין לשקול במאזנים וטובים לשתות שאין מכבידין את הגוף so that in his comment on חדקל we must add after "light in weight" the words "and therefore make men healthy".

PAGE 11 Note on לא טוב היות האדם לבדו 11. 18

The Pirké d' R. Eliezer from which Rashi quotes does not, for the purpose of this Derush, take these words to mean "It is not good for man that he should be alone". The text may bear the meaning: it is not a good thing that man should be alone, i. e. it will not be a good thing for the world that man should be the only being on earth, because in time to come when the world will be populated people may conclude that he is a god, the creator of them and of all things since, for a time at least, he was the only being on earth. Consequently another human being was created and this, too, according to a Midrash, on the very day that Adam came into existence. Thus the possibility of this theological error was obviated.

PAGE 14

[1]) There is another reading שהשמש באה משם which would mean in that direction from which the sun r a y s (at that moment) were coming. This also would be the the West since, as Rashi says, they committed the sin in the tenth hour. The לחם ושמלה has the reading באה משם and follows on with וי"א זהו מערבית. This means that השמש באה משם means the direction from which the sun rises, i. e. the East and the other view is that it was the West. This represents the views expressed in Bereshith R. s. 19.

PAGE 16

[3]) The Midrash states that in R.Meir's copy of the Torah there was a reading כתנות אור instead of כתנות עור. The Midrash proceeds to explain the nature of garments of אור: one view is חלקים היו כצפרן ונאים כמרגליות — they were as smooth as a finger-nail (or perhaps as onyx) and as beautiful as pearls. On the reading כתנות עור the Midrash offers the explanation: שהן דבקים לעור they were so thin that they clave to the skin. It is interesting to note that Rashi combines these two statements into one although they were originally given to explain the two different readings.

PAGE 17 Note on החרב המתהפכת III. 24

"God stationed there . . . the flame of the sword that turned every way." This does not, of course, mean that He placed there a flash such as is made by a revolving sword — a flash apart from the sword — but that he placed there a sword which had a "flash". Rashi expresses this by attaching his comment not to להט החרב המתהפכת but to the last two words alone: He placed there a sword and this sword had a flash.

PAGE 18

1) The noun חטאת is feminine. The text uses the word תשוקתו, its (properly his) longing, because חטאת is personified as the יצר הרע. Rashi, however, felt the difficulty in the case of the preceding word, רובץ, which is masculine and therefore explains it by חטאך (a masculine noun), but he omits to suggest any reason why the masculine form רובץ is used with חטאת, a feminine noun. Here, too, חטאת is personified: it is a crouching beast.

PAGE 25

1) According to this explanation, the verse should be translated, The Nobles saw the daughters of men w h e n they were "good" (to look upon) i. e. when they were decked out, and they took them etc.

It is of interest to note that Abraham ben Bakarat in his super-commentary to Rashi, ס' הזכרון, composed at Tunis in 1507 states that טבת here is synonymous with מבוסמת perfumed, corresponding to an Arabic word ט״ב.

PAGE 26

1) Seder Olam is the earliest postexilic chronicle preserved in the Hebrew language. In the Talmud this chronicle is several times referred to (cf. Sabb. 88a; Meg. 16b) and it is frequently quoted by Rashi. The author of the book endeavours to determine dates of certain events which are not indicated in the Bible but which may be inferred by calculation.

2) Cp. Deut. II. 10, 11, 21; here, however, they are metaphorically called נפילים for the reason Rashi states.

3) Cf. Gen. R. 26.

PAGE 27

1) A "heavy" conjugation (כבד) is one which has an addition to the root either of a letter or of a strong Dagesh (besides those showing number, gender and person). This is the case with all conjugations except the Kal, which is therefore called the "light" conjugation (קל). Here Rashi means by לשון כבד the Hithpael: in other conjugations perfect and imperative are not identical.

PAGE 31

2) The older Lexicographers took בעד in this sense. The meaning of "in front of" passes over to that of "as a protection for", as in עור בעד עור, and to that of "on behalf of" (pro) as in התפלל בעד עבדיך (cf. לנכח in XXV. 21 in connection with praying). The modern view is that the original meaning of בעד is "behind". The phrase "shutting the door בעד" seems to denote shutting up someone or something within a particular place. If a person shuts himself out he closes the door אחריו behind him (cf. XIX. 6).

PAGE 32

3) The first two nouns are in the construct state. In such a case the correct division of the phrases is not always evident. Rashi points out that רוח חיים form one phrase and that the meaning should be: the-breath-of the-spirit-of-life.

4) Rashi is really contrasting this form with that which follows in the same verse וַיִּמָּחוּ, which is obviously the Niphal.

וַיִּמַח is Kal not merely because it is followed by את, for a passive verb may have its subject introduced by this particle, but if it is Niphal the מ should have a Dagesh. The Patach following the מ is due to the guttural that follows, and consequently the word corresponds exactly to וַיִּפֶן and וַיִּבֶן. — Rashi points out, also, that in the case of these roots, our ל״ה verbs, the imperfect forms of the 3rd masc. sing. with Vau conversive have Chirik under the prefix. Rashi of express purpose mentions this form alone — those with וי at the beginning — for other forms have Tsere, as וַנֵּפֶן and וַתֵּפֶן. Some hold that Rashi is here pointing out the difference between forms from our ע״ו verbs and our ל״ה verbs, the former having Kametz under the prefix, but if this were so there appears to be no reason why he should make mention only of the forms with י prefixed. Others, again, are of opinion that Rashi states that וימח is Kal and not Hiphil, when the translation would be, "And God caused (the Flood) to blot out etc." and that he goes on to point out that the Kal forms have Chirik, as here, whilst the Hiphil forms have Segol, as וַיֶּפֶן, וַתֶּרֶב etc. But here, too, there would have been no need to refer only to the form with י.

PAGE 34

2) Rashi means that we should not translate thus: "And he sent a dove forth that it might see if the waters were abated". The idea of sending on a specific errand is expressed by שלח in Kal, followed by the infinitive. Examples are: (Num. XVI. 10) וישלח משה לקרא לדתן וכו׳ "And Moses sent (people) to call Dathan etc." (i. e. "that they might call), and (Num. XIII. 17) וישלח אותם משה לתור את ארץ כנען "And Moses sent them to spy out the land Canaan" (i. e. that they might spy out the land"). Since in our verse the root שלח is followed by an infinitive, one might be inclined to understand the combination in this sense. Rashi, therefore, points out that since the verb is not in the Kal, but the Piel which means "to send away without any intention of returning" the verse must be translated thus: "And he let the dove go — he freed it — to see (i. e. in order that he might see or discover) whether the waters were abated etc., for if it did not return he would know that it had found a resting-place and that the waters were indeed abated. It is upon this translation that his comment is based. Rashi makes no such observation, however, on וישלח in the preceding verse because there it is not followed by an infinitive and the probability of translating it merely by "sending" is somewhat remote. He particularly points out in his comment on that verse that the raven did not go on its errand (שליחותו). But no "errand" is specifically mentioned in the verse. This, however, is implied in the verb וישלח, the Piel. The bird did not fly away with the view of not returning, but it circled continuously around the Ark. This may not be the real meaning of ויצא יצא ושוב, but Rashi's explanation of it shows quite plainly what he had in mind in regard to וישלח as signifying "sending away with the view of not returning", although he deems it unnecessary to state that this is its significance since, not being followed by an infinitive, it could not possibly be mistranslated as might be the case in the next verse.

PAGE 35 Note on וייחל VIII. 12

Rashi states that this has the sense of ויתפעל. He sometimes uses ל׳ יתפעל in our sense of the Niphal conjugation. Some of the earlier Jewish grammarians recognised the reflexive force of the Niphal and its similarity in significance to the Hithpael, and used the term התפעל to denote the Niphal conjugation (see Bacher, Die grammatische Terminologie des Jehuda . . . Hajug, p. 30, Note 3). Indeed Rashi on XXIV. 65 states that ותתכס is Hithpael and cites Niphal forms to illustrate its meaning. Heidenheim attempts to show that וַיִּיָּחֶל and several other verbs which appear to be Niphal are contracted Hithpael forms, and that Rashi really regarded the word here as being of the Hithpael Conjugation.

PAGE 36

1) This is probably to be read מִנְּעָרָיו, from a form נְעָרִים, an abstract noun meaning a state of bestirring. Such abstract nouns are frequently written without the ו, as נְדֻדִים, שִׁלֻּמִים.

PAGE 37 Note on ומוראכם וחתכם IX. 2

The Midrash takes this as hendiadys: the fear of your vitality. Cf. III. 16 עצבונך והרונך, the pain of thy pregnancy.

PAGE 43 Note on אבי כל בני עבר X. 21

Shem was the ancestor of Eber who himself was the father of Peleg and Joktan (v. 25). Joktan's children are enumerated in verses 26 to 29 of this chapter and the descendants of Peleg amongst whom was Abraham, the Hebrew (העברי), in Chap. XI. Rashi evidently can perceive no reason why Shem should be described only as the father of Eber's descendants since he was also the father of Peleg's children, and he therefore takes the word עבר as a shortened form of the well-known term עבר הנהר.

PAGE 45

1) There may be some ambiguity when an infinitive has a suffix attached to it. Such a suffix may be subjective or objective (the latter only if the verb is transitive). Thus קטלו his killing may mean "slaughter committed by him" (subjective) or the "slaughter of him by another" (objective). Similarly ומשמרו את השבועה (Deut. VII. 5) means "and because he kept" (subjective) whilst לשמרו ולהמיתו (1 Sam. XIX. 11) means "to watch him and slay him" (objective). The only case where the grammatical form of the infinitive with suffix is not ambiguous is where the suffix is that of the 1st pers. sing. — לְקָטְלֵנִי can mean only "to kill me"; the subjective use is always expressed by קָטְלִי. Rashi points out that in the word החלם the suffix is subjective: the translation is "they begin", as אָמְרָם means "their saying" and עשותם means "their doing" in the sense respectively of "they say" and "they do". Rashi often explains similar grammatical forms in this manner.

PAGE 47 Note on על פני תרח אביו XI. 28

The explanation that אור signifies valley is accepted by Ibn Ganach who appears to have adopted it from Menachem ben Seruk. He observes that it is not impossible that the Hebrews had both this and the traditional meaning, "fire of the Chaldees", in mind whenever they uttered the words אור כשדים.

Note on "Menachem ben Seruk" XI. 28

He was the compiler of the Machbereth (מחברת) a Hebrew Dictionary written about 960. Earlier dictionaries had been composed in Arabic and were therefore unknown to Rashi who quotes from the Machbereth on more than 150 occasions. This dictionary assumes the existence of Hebrew roots of one and two letters. It was Judah ben David Chajug who, a generation later worked out the theory of triliteral roots and thus began a new era in the study of Hebrew Grammar. The Machbereth was severely criticised by Dunash ibn Labrat and defended by Menachem's pupils and later by Rabbenu Tam.

PAGE 49

[3]) The verb עָבַר followed by a בְּ may mean to pass through a country, entering at one boundary and leaving at the other, as in Numbers XX. 17, where it certainly means to pass right through the land of Edom. Here it cannot have this meaning since the text states that Abraham passed as far as Shechem and since the preceding verse concludes by stating that he arrived as far as the land of Canaan, Rashi suggests that the phrase ויעבר בארץ signifies that he now entered the land — he passed into the land proceeding as far as Shechem.

PAGE 59

[1]) It may be assumed that they took some part or other in this enterprise of Abraham's since they are mentioned in verse 13 as his confederates. The next verse, however, states that Abraham a r m e d those who were born in his house and Aner and his friends do not come in this category. Consequently the Midrash holds that they must have remained with the baggage.

[2]) In his comment on 1 Sam. XXX. 25 Rashi states כבר הנהיג אברהם בחוק זה that Abraham had already followed this custom, and this must here be the meaning of "for the statute had already been ordained in the days of Abram". The point is that David made an o r d i n a n c e of what had been only a c u s t o m in Abram's days.

PAGE 60 Note on ויחשבה לו צדקה... ד"א במה אדע XV. 6

Te root ירש means not only "to inherit or possess a land" but also "to remain in possession." This is evidently the meaning in Isa. LX. 21: לעולם יירשו ארץ "They shall possess the land for ever", and Rashi takes אירשנה in a similar sense here: I do not doubt the fulfillment of the promise that I shall possess the land, but through what merit will my descendants deserve to retain possession of it.

PAGE 64

[1]) See Note on XI. 6. A noun derived from a transitive verb to which a suffix is attached may also be ambiguous in meaning. Thus "חמס my wrong" may mean the wrong which I commit (subjective) or the wrong committed on me (objective). Rashi makes it plain that the word here has the latter sense by paraphrasing it: חמס העשוי לי.

Note on וְיֹלַדְתְּ XVI. 11

Chajug states that these words may be "mixed" forms combining the participle and the perfect. But he prefers to regard ויולדת and יושבת as examples of perfects of the פּוֹעֵל conjugation, (See Note on XLIX. 19, 23, 26). He says: ויתכן היות יולדת ושוכנת ויושבת לשון עבר לנקבה על משקל בדרך פועלתי, שופטתי...

[2]) Rashi evidently wishes to point out that whilst the preceding verb וְיֹלַדְתְּ is a participle, this word וקראת is not punctuated as a participle although its consonants might lead one to read it as such by analogy with the former verb. Or Rashi means that we should not confuse this word with a similar grammatical form וְקָרָאת which is the 3rd fem. sing. perfect, a variant of וקראה "and s h e shall call", as in Isaiah VII. 14, וְקָרָאת שמו עמנואל "And s h e shall call his name Emanuel." He therefore explains that it is a perfect 2nd pers. fem. sing. with Vau conversive and therefore future in sense with an imperative meaning, exactly analogous to וקראתָ in a similar phrase addressed to a man, where no one can explain it as being anything but a perfect 2nd pers. masc. sing. with Vau conversive.

PAGE 71

1) It is stated that Noah was 500 years old when his children were born, and 600 when the flood came. Consequently his children were born 100 years before the flood, and God's promise that there should be a respite of 120 years before He would punish mankind must have been made 20 years earlier, although it is written after the mention of the birth of Noah's children.

2) They were recompensed מדה כנגד מדה "measure for measure": water they received through the messenger; with regard to food, however, God says, (Ex. XVI. 4) "Behold, "I" will rain bread from heaven", because (Gen. XVIII. 8) "he (Abraham himself) took butter and milk."

3) In rabbinical homiletics לבב (with double ב) denotes the heart as the seat of the two opposing inclinations, יצר טוב and יצר הרע. Cf. Mishna Ber. IX. I.

4) There is some possibility of the words אחר תעבורו being joined with the preceding words: comfort ye your heart after ye pass on. Rashi, therefore, points out that they are an independent clause.

PAGE 72

2) According to Mizrachi the phrase למדנו שישאל אדם באכסניא שלו לאיש על האשה ולאשה על האיש is an interpolation and should be struck out. As a matter of fact there is no such reading exactly as quoted by Rashi, neither in Midrash Rabbah nor in B. Metsia. The Midrash Rabbah (s. 48) merely states that from the dotted letters איו we may infer that of Sarah also the angels asked, איו "where is he (Abraham)"? But there is no mention made of the general rule that out of דרך ארץ "in his inn a man should enquire of the host as to his wife's welfare and and of the hostess about her husband's". It is true that in B. Mets. 87a the reading is למה נקוד על איו שבאליו לימדה תורה ד"א שישאל אדם באכסניא שלו וכו' but there אכסניא has the meaning of "hostess" (not that of "inn" and so too is translated by Rashi אשת אושפיזא = אכסניא) and the rule of ד"א although derived from איו curiously enough refers only to the inquiry to be made about the woman's welfare as is evident from the context. These two statements appear to have been combined into one. Cf. also Tosapoth and ח"א on this passage in B. Metsia.

3) It is evident from his opening words that Rashi takes כָּעֵת (with the definite article) to signify "at this time", like כַּיּוֹם (XXV. 31), and חַיָּה to signify "next year". The phrase is then exactly parallel to כָּעֵת מחר "this time to morrow" (Ex. IX. 18), the words חיה and מחר further defining the term כעת. Rashi then goes on to explain how חיה comes to have this meaning, and what he has in mind may best be gathered from a passage in Menachem's Dictionary, where he states, as Rashi does, that חיה denotes שנה אחרת, שנה הבאה Menachem continues: מלה זאת דבורה כלשון בני אדם, ויתכן להיות בענינם ואמרתם כה לחי, לשון ברכה היא, כאשר יבקר אדם אוהבו ביום שמחתו ומברכו ואומר גם לשנה, ולשנים רבות This is a colloquial expression and the text ואמרתם כה לחי (I Sam. XV. 6) has the same meaning. It is a form of blessing. When one visits a friend on an occasion when he is rejoicing one blesses him, saying, "A year and many years!" This is Menachem's explanation of the words in I Sam. XXV. 6 and Rashi follows it in his comment on that verse. Here, however, Rashi is more explicit than Menachem, for he explains how the word חיה comes to have the meaning of "Next year". He holds that חיה means "life", and that on any auspicious occasion one says to his friend, "May you have life to experience this joy again", with a suggestion of next year. Hence חיה becomes a colloquial expression denoting "next year". Have we a survival of this in the utterance of the wish "לחיים" when drinking with a friend? "May we have life to drink again"—next year!

David Yellin in "Jewish Studies in Memory of Israel Abrahams" (1927) pp. 448 and 449 offers this explanation of חיה and לחי as meaning "next year", but he omits to state that Menachem ben Seruk and Rashi had so explained them more than eight hundred years ago and that Heidenheim had pointed out Rashi's meaning in his מפורש one hundred and thirty years ago!

PAGE 73 Note on XVIII. 15

Whenever the Hebrew text has לֹא or אַל as the only word of response to an observation that precedes it Rashi adds a phrase which completes the reply. Here: He said, "It is not (לא) as you say, but etc." Similarly in XIX. 18: אל נא אדני, "Do not tell me to escape to the mountain," with a reference back to the preceding verse. Cf. XLII. 10 and elsewhere.

PAGE 74

1) Rashi means that the words "in order that the Lord may bring . . ." form a part of Abraham's charge, for were they to be connected with כי ידעתיו— implying God's promise to reward Abraham for charging his children to walk in the way of the Lord — it should read למען אביא "that I may bring etc."

2) The participle and past tense of the verbs ע"ו like קום, בוא, שוב etc. differ only in the accent. This is the case also with the same forms of the ע"ע. Here רָבָּה is the pausal form of רַבָּה, the perf. of רבב.

3) תקון סופרים This term signifies "an emendation or improvement made by the Scribes" and has reference to certain words found in the Hebrew text of the Bible where it is believed that a phrase or word which would offend against the dignity of God has been replaced by an "improved" expression. Such a case occurs here as is explained by Rashi. Another occurs in I Sam. III. 13 where instead of the words "they curse Me (God)" the text has "they curse themselves".

There are two main lines of explanation of the term. (1) That the original writer, the Scribe, intentionally avoiding writing the offensive expression substituted another for it, and (2) that the original text actually contained the words to which objection was taken and that the Scribes, the early authorities who settled the text of the Bible (one passage states that it was Ezra who is responsible for these emendations) removed them, replacing them by others that could not be regarded as blasphemous. Rashi's own view may be gathered from his comment on Job XXXII. 3: זה אחד מן המקראות שתקנו סופרים את לשון הכתוב.

The number of such Tikkuné Soferim varies in the Rabbinical and Massoretic passages where they are enumerated. Some lists contain eleven, others eighteen, one of the latter having an "improved" word for one that would refer to Moses in a disparaging manner, the other seventeen having reference to God.

PAGE 81

1) Rashi points out that the 'י in the word הפכי is a subjective suffix, so that הפכי means my overthrowing, not overthrowing me. Cf. Rashi on וַיחלם XII. 6 and the Note thereon.

2) Cf. Rashi on Num. XXII. 18.

3) Cf. Rashi on XVIII. 2.

4) i. e. המטיר is a pluperfect: "The sun was risen . . . when the Lord had already caused to rain etc." Cp. Rashi on IV. 1 and XXI. 1 and the Notes thereon.

5) Cp. Rashi on VII. 12.

PAGE 86

2) The passage beginning "And the daughter of the same father" and concluding "between idolators" are Abraham's words to Abimelech following upon his statement that she was his sister, the daughter of his father but not the daughter of his mother. The words were intended to show Abimelech how Sarah being his sister could at the same time be his wife according to the custom of those times. As a matter of fact Abraham was permitted to marry her for another reason; namely, that she was his niece. But he was compelled to give the reason as given in the Biblical text in order to bear out his previous statement that she was his sister.

PAGE 87

1) i. e. Rashi points out that the Targum translates לכל אשר אתך by an accusative (וית), corresponding to his translation of the ל in לך.

2) Cp. Rashi on XII. 17.

3) The perfect פקד coming after a series of verbs in the imperfect with Vau conversive, has the sense of a pluperfect tense. See note on IV. 1 and XIX. 24. Apparently the question למה נסמכה וכו', regarding the juxtaposition of the two chapters is unnecessary because the whole of Rashi's explanation is based upon the use of פקד as a pluperfect. But it will be observed that Rashi adds וגו' after ויתפלל, thus directing us to read what follows. Now the verses are apparently out of order. They should read: ויתפלל אברהם וכו' כי עצר עצר וכו' וירפא אלהים וכו' וי״י פקד וכו' Rashi therefore asks why the order of these verses is inverted so that וי״י פקד את שרה follows immediately after כי עצר עצר. His explanation is that the pluperfect has reference to the statement in the last verse (as is always the case with such pluperfects) and that the meaning is that God had visited Sarah when Abimelech and his household were still unrelieved of the plague that had befallen them.

PAGE 88

1) Rashi has explained that this refers to the birth of a son and heir promised to Abraham in XV. 1. But this heir might have been born to Abraham of another wife. Therefore, according to Rashi, Scripture tells us here that the Lord did to Sarah — and not to another woman as Abraham's wife — what He had promised to Abraham.

2) i. e. the word אתו means it (the appointed time) and is not the same as אִתּוֹ with him so that the words would mean "the appointed time that God had said". אֹתוֹ is direct accusative after the verb דבר, according to Onkelos. This becomes more evident if instead of דבר we use the word קבע to fix, למעד אשר קבע אתו "the appointed time which He had fixed". We frequently find the direct accusative after the root דבר e. g., (Ex. XX. 1) "And God spake (וידבר) all these words".

PAGE 93

1) Onkelos renders it by the "land of the Divine Service" (פולחנא which is the Aramaic term for the Hebrew עבודה, the technical term for the Temple Service). Rashi suggests that he understood the land of Moriah to be the land of myrrh and other spices used in the Temple Service.

PAGE 94 Note on ויבקע XXII. 3

Rashi's explanation of the root צלח in II Sam. XIX. 18 is given also in the Machbereth of Menachem ben Seruk.

PAGE 97

1) In Bereshith Rabbah s. 57 the reading is: מה זו בני גבירה ח' ובני פלגשים ד' אף זו בני גבירה ח' ובני הפלגשים ארבעה and there is no statement that by Abraham's twelve descendants the sons of Jacob are meant. See מתנת כהונה who attempts to enumerate the eight sons of Abraham by his wives and the four by his concubines.

PAGE 104 Note on משתאה XXIV. 21

Saadiah translated this by "the man was asking for drink". Ibn Ezra also rejects this translation, which is found too in MSS. of the Targum.

Rashi's apt comparison between the roots שאה and שמם as both being used of a person in perplexity (נבהל) is to be found also in the Machbereth. Menachem quotes this verse and observes that it almost has the sense of בהלה just as in על יומו נשמו אחרונים (Job XVIII. 20) which Rashi, too, gives as a parallel. It should be noted that the citing of שומו שמים in this connection is inappropriate, for this has no reference to a person. It was possibly added by Rashi inadvertently, being taken by him from the Dictionary, s. v. שם, where it is given immediately after Job. XVIII. 20 as having the same meaning as the root in that verse.

PAGE 110 Note on אלך XXIV. 58

This comment appears to be based upon the Midrash Rabbah (60): They motioned or nodded to her (מרמזים) saying, "Wilt thou go? Wilt thou go?" and she said, "I will go — even against your will and without your consent". Scripture does not state that they asked her "Wilt thou go?" as one would expect, for they had said that they would ask her (verse 57); it states "They said unto her התלכי". The Midrash therefore suggests that whilst they put their words in the form of a question, they nodded to her that she should reply in the affirmative. Her reply as given by Rashi and the Midrash implies: I will go whether you are willing or not. It is my own affair and there is no need for you to prompt my reply. Rashi's comment therefore means: ותאמר אלך And she said, "I would go of my own accord, even if you would not give your consent."

PAGE 122

1) This section of the Psalm it taken by Rashi to refer to גלות הרומיים (cf. his comment on v. 9) the exile into which Israel was driven by the Romans. In Rabbinical literature אדום, another name for עשו, designates the Roman Empire.

PAGE 123

2) The suggestion is: We are compelled to prepare for your father the flesh of a domestic animal since you are not a hunter. A young goat will best serve our purpose because its flesh possesses a taste similar to that of venison and from it you can therefore prepare the savoury meats such as he loveth.

PAGE 127

1) Cf. Menachem ben Seruk on this word: מלה זו איננה נגזרה מיתר המלים והיא מיוחדת במתכנת במשפטה, ולולא הענין לא נודע לה בנין.

PAGE 129 Note on קצתי בחיי XXVII. 46

Similarly Ibn Ganach: אמאס חיי. Rashi, however, imitates more exactly the grammatical form of the word in the text.

PAGE 131

1) From the repetition of the word booths (XXXIII. 17) it is inferred that he built booths twice, staying there during two summer seasons. These, together with the rainy season already mentioned, make eighteen months. A further six months he spent at Bethel (cf. XXXV. 7) so that the journey home covered a period of two years.

2) "To intercede with", "to pray to" is פגע followed by the prefix בְּ. Hence our text, ויפגע במקום, means according to this Midrashic explanation: And he prayed to המקום, God who is named the "Omnipresent".

PAGE 132

1) There may be a suggestion here that we may read the words כי בא as כָּבָה (the two expressions sounding much alike) i. e. He (God) had extinguished the sun unexpectedly. (Cf. Gen. R. 68 on this verse).

PAGE 133

1) The words in square brackets are not in the Midrash. The next paragraph in Rashi is intended to prove that by the words "its slope" the Midrash must necessarily mean "the middle of its slope".

PAGE 134

1) This translation follows the text of Rashi contained in the ordinary editions. According to Heidenheim (in his מפורש) the term שם דבר here signifies an adjective (cf. Rashi on XXXVIII. 24), but דחילו is not an adjective but a noun similar in formation to the Aramaic nouns mentioned by Rashi, and it is difficult to explain why Onkelos translates the Hebrew adjective נורא (really a Niphal participle) by an Aramaic noun. Mizrachi's reason for this is by no means convincing and, as he points out, the Targum should read מה דחילו דאתרא הדין. In Kerem Chemed, vol. VIII, there is a suggestion that the text is corrupt and should read מה נורא, תרגום מה דחיל, דחילו שם דבר כמו וכו'. According to this reading Rashi corrects the ordinary editions of the Targum. He states that the Targum should be מה דחיל (דחיל an adjective corresponding to the Hebrew adjective נורא, and this, indeed, is the rendering in the Jer. Targum) and that the reading דחילו is incorrect because this is a noun form similar to סוכלתנו and כסו. Luzatto states in Kerem Chemed that a MS. of Rashi in his possession shows traces of this reading in the words מה דחיל שם דבר. As a matter of fact there is not a single example in Biblical Hebrew of מה as an exclamation being followed by a noun. It is invariably followed by an adjective or a finite verb.

PAGE 138 Note on שמסר יעקב סימנים XXIX. 25

Jacob had given Rachel certain signs (such as pass-words) which she was to repeat in order that he might be assured that no deception had been practised on him and that a woman other than Rachel had not been foisted upon him.

PAGE 139 Note on על־כן XXIX. 34

The three sons of Jacob at whose birth this phrase is used are Levi (XXIX. 34), Judah (ib. 35) and Dan (XXX. 7). Why should the mention of the words על כן imply that these tribes were the most numerous? The following explanation is offered. At the census taken on the first of Iyar in the first year after the Exodus (Num. Ch. 1) the tribe of Judah numbered 74,600 and Dan 62,700 whilst the highest number below these was 59,300, that of Simeon. The lowest number was 32,200, that of Manasseh. These included all males of twenty years and upward. The tribe of Levi, however, totalled only 22,000 males of one month and upward (ib. III. 39). The numbers of the tribes when they left Egypt a year previously must have been approximately those shown at this census for there could have been no material increase during the intervening twelve months, since the number of men who left Egypt is given as 600,000 practically the total at this census. Now, in Ex. I. 12, where the fertility of the Israelites in Egypt is described, the words used are כן ירבה וכן יפרין. The Midrash therefore holds that the term על כן was intentionally employed at the birth of the founders of those tribes which were to prove the most numerous, the word כן having an allusion to that word used in Exodus as a description of Israel's marvellous fecundity. The Midrash assumes that the Levites, too, when they left Egypt must have mustered more than the 22,000 they showed at the census (note the large number of "heads of fathers' houses" in that tribe. Ex. VI. 17ff.), but during the short period from the first of Nisan, when the Tabernacle was erected, until some time before the twentieth of Iyar when they were counted (cf. Num. III. 14 with ib. X. 11) they had become decimated in consequence of their lack of care, due to inexperience, in handling the sacred utensils of the Tabernacle. On the question of the decrease in the numbers of the Kohathites and of the Levites in general, see Bam. R. Ch. V. first two sections, and the מתנות כהונה ר"ה היו מתמעטין — ואין משיבין על הדרוש.

PAGE 141

³) "I have hired thee" suggests "I have paid thee the price for the purpose for which I hired thee". This is certainly not the meaning here, but it signifies, as Rashi states, "I have paid the hire demanded for thee".

PAGE 158 Note on אכפרה פניו XXXII. 20

Rashi's statement ונראה בעיני וג"ו appears to be expressly made in opposition to the view of Menachem who holds that the verb here and in Isa. XXVIII. 18 and Prov. XVI. 14 has the sense of הסרה making of none effect. Similar phrases used by Rashi, such as ואומר אני, also appear to oppose an explanation already given by others. Compare Rashi on Ex. XI. 7, לא יחרץ כלב לשונו, where he says, אומר אני שהוא לשון שנון whilst Menachem states that it means הנעה moving or stirring.

PAGE 159 Note on ותקע XXXII. 25

Menachem cites Jerem. VI. 8 s. v. קע and gives it the same meaning as Rashi does: ענין הסרה.

PAGE 162

¹) Heidenheim and other give here חָנְנַנִי on the analogy of קְטָלַנִי (i. e. קָטַל with the suffix נִי). But Rashi could not have intended this, as the Dagesh in the נ of חַנֵּנִי would then be inexplicable. The ordinary form of the 3rd masc. sing. imperfect Kal of חנן would be חַן, as סַב form סבב. With the suffix this becomes our form חַנֵּנִי which Rashi merely resolves into its syllables חַנְנֵנִי (cf. Rashi on XXXIV. 16).

PAGE 163 Note on לאטי XXXIII. 14

Menachem, curiously enough, places this word both under the root אט and under לאט, in each instance giving the meaning of נחת. Rashi rejects its derivation from אט as does also Hajug. Both regard the ל as a root-letter.

PAGE 164 Note on ודברי תורה כפטיש יפוצץ סלע XXXIII. 20

Rashi quotes these words from Jer. XXXIII. 29 in the sense in which they are applied by the Talmud (Kidd. 30b and elsewhere), that the Torah may be compared to a hammer יפוצץ סלע. According to Rashi in his commentary in this Talmudical passage the application is that just as the rock is split into many fragments — each piece forming a separate entity and yet being of the same mineral as the rock itself — so a Bible text bears various interpretations and yet all emanate from the words of the text itself. Rabbenu Tam in Tosaphoth criticises this explanation of his grandfather as being of a halting character, for the Talmud compares the Torah to the hammer not to the rock. He therefore offers the following explanation: The Torah is like a hammer which by the force of its own blow, the rock at which it strikes shatters into fragments.

PAGE 170 Note on ר' משה הדרשן XXXV. 8

He was an eminent exponent of Midrashic exegesis (Darshan) residing at Narbonne during the second half of the eleventh century. His work, sometimes quoted by later commentators as the יסוד של ר' משה הדרשן, is not now extant. Many of his explanations of single words and Biblical texts are given by Rashi as here and on XLVIII. 7. He was also held in high regard as an authority on Halachah.

PAGE 176 Note on ישבי הארץ XXXVI. 20

The second explanation, which is based on a passage in Sabb. 85a, takes the word ישבי as a Poel form (see the Note on XLIX. 19, 23, 26). This conjugation, may have a causative force and the words are therefore taken to denote "those who make the earth habitable" by expert agricultural methods. The word הארץ is taken to refer to the whole earth and not to the land which these people inhabited, because there has been no mention made of any particular country. Cf. מהרש"א on Sabb. 85a.

PAGE 179

1) i. e. וישב יעקב here corresponds to וישב עשו, in XXXVI. 8, and אלה תלדות יעקב to ואלה תלדות עשו in XXXVI. 9.

2) As is explained in Rashi's first comment on this Chapter Scripture has already given particulars of Esau's descendants and of the settlements they made. Now it gives these particulars regarding Jacob. After וישב עשו in the preceding chapter (v. 8) we have ואלה תלדות עשו (v. 9), "and these are the generations of Esau." In commenting therefore upon אלה תלדות יעקב Rashi adds a ו to אלה in order to make the correspondence between the two narratives more complete. It is of interest to note Rashi's statement that the History of Esau's descendants is given briefly, although a chapter of 43 verses is devoted to it, and that the history of Jacob's descendants is given at length. But a careful consideration of Rashi's words shows that he regards the opening words of this Sedrah as an introduction to the entire remainder of the Pentateuch which gives the history of the Israelites עד שבאו לכלל ישוב until they were permanently settled in Canaan. This began with the settlement of the two and a half tribes in Eastern Palestine and this is the last historical event recorded in the Pentateuch relating to Israel as a nation, for the story of Balaam which follows it was but a consequence of the conquest of this territory. Similarly, immediately before his death Moses reminds Joshua that he was appointed to bring the Israelites into Canaan (Deut. XXXI. 23). The first cause that led to this settlement in the Holy Land was the sale of Joseph into Egypt; the migration of his brethren to Egypt and all Israel's future history as related in the Pentateuch until they settled again in Canaan were but consequences of this.

3) This comment is based upon the following explanation of the verses: After all the troubles he had experienced Jacob had finally come home to live quietly and securely (בשובה ונחת) in the land where his father had dwelt. He believed that now all his troubles were ended when suddenly a new misfortune befell him as related in the following verses.

4) In Gen. R. 84 the reading is: Satan says.

PAGE 184 Note on חיה רעה אכלתהו XXXVII. 33

Brody points out (see Berliner's Ed. of Rashi p. XXIII) that both the Tanchuma and Pirké d' R. Eliezer state that they placed under a ban any of their number who would divulge the matter *to their father*. This appears to be the correct reading since Isäac was aware that Joseph was still living.

PAGE 185 Note on ארד אל בני XXXVII. 35

There is no such text exactly as quoted. In I Sam. IV. 19 the word אל does not appear before חמיה: it is ומת. In v. 21 we have אל but the verb is missing. Either Rashi or a copyist combined the two verses into one, altering ומת into מות. Rashi certainly had in mind v. 21, and the word מות must be struck out.

PAGE 188 Note on ותהר לו XXXVIII. 18

In XIX. 36 the verb is connected with the preposition מן. Its combination here with the preposition ל gave rise to this explanation: she conceived children (similar) to him. In verse 38 of this chapter we have the verb followed by ל; indeed, linguistically it would seem that it is the use of מן that is anomolous. Cf. Rashi on וילדו להם VI. 4.

PAGE 189

1) From the statement ול' כמשלש חדשים, כהשתלש החדשים it is evident that Rashi takes כמשלש as an infinitive with temporal כ' prefixed: "When the months became three", or, possibly, "When the months were divided into three equal periods" (with reference to his first statement רובו של ראשון וכו'; see Mizrachi). There are several examples of infinitives with מ preformative, and Rashi regards משלש as one of them. Rashi quotes the Targum in support of his explanation, for כתלתות is an infinitive of a denominative verb תְּלַת. See Levy, Lexicon.

2) See Note on XXVIII. 17.

3) For if it were a verb, "she has become pregnant" it should be הָרָה with the accent on the first syllable, from root הרר, or הָרְתָה (cf. XVI. 4) if from root הרה.

4) i. e., give honour to.

5) Her and her two children with whom she was pregnant.

6) Not she is *more* righteous *than* I am (ממני), for ממני is not to be joined to צדקה, since there was no dispute about who was more righteous. The accents, however, do not bear out this explanation.

7) Cf. Rashi on XVIII. 5.

8) Cf. Rashi on Num. XI. 25; Deut. V. 19, and Sotah **10a**.

PAGE 198 Note on אָחוּ XLI. 2

With this explanation there may be compared that given by Menachem of the word here and in Hos. XIII. 15: places covered with herbage and vegetation and which exude moisture because of the presence of streams and pools.

PAGE 206

1) It does not say על פני כל הארץ as usual, but על כל פני הארץ — the *upper ones* (the nobles) of the earth.

2) In most instances where this verb occurs it refers to buying or selling corn (בר, שבר) but it is also used of food (אֹכֶל) generally, or, as in Isa. LV. 1 of specific articles of food: wine and milk. In a few cases the thing bought or sold is not mentioned, as here, where we must supply שבר or בר. Rashi appears to suggest that שָׁבַר is not a denominative verb formed from שֶׁבֶר, corn, meaning to trade in corn by buying or selling, but that it means to trade in food generally, or that if it is a denominative its meaning was extended from trading in corn to trading in any food.

An observation made by Menachem in his Machbereth seems to show that he, too, was of the opinion that this verb is not used exclusively of dealing in corn but of buying generally, for he says: ענין מקנה וקנין הם, ובלא מחיר יין וחלב יוכיח — the word means buying as is proved by Isa. LV. 1.

3) For various explanations of Rashi's comments see Mizrachi, the ש"ח and Heidenheim in מקרא מפורש. The first explanation is based upon Talmud Taan. 10b and Rashi's own commentary there. The reading in our editions of the Talmud is כשאתם שבעים which seems required by the course of the discussion there, although the Munich MS (see דקדוקי סופרים) has כאלו אתם שבעים. It takes the Hithpael תתראו in the sense of "Why do you pretend to have enough to eat, whilst really you have only very little food left; you will thus bring down on yourselves the envy and ill-will of our neighbours". The second explanation takes the word in the sense of why do you make yourselves a gazing-stock (cf. the use of the word רית = ראית in this sense on the Moabite stone). The third explanation is mentioned by Tosaphoth (ib.) as being taken from the Midrash. As regards the text quoted from Proverbs it appears intended to support the first explanation, although Heidenheim attempts to show that it supports both that and the last explanation.

4) Rashi takes תתראו to be of the root רוה "to satiate", as if it were written תתרוו; though it is written with an א; a similar form with א (יורא) is Prov. XI. 25, as quoted by Rashi.

PAGE 214 Note on א"ב של ר' מכיר XLIII. 11

R. Machir ben Judah was a brother of Rabbenu Gershom, Meor Ha-Golah and compiled a Dictionary in alphabetical order which is only known from quotations given by Rashi, Rashbam, Eliezer ben Nathan and Rabbenu Tam. It appears to have dealt mainly with Talmudical words.

Note on אל שדי XLIII. 14

This Midrash is quoted in an abbreviated form from the Tanchuma. The analogy is that had God not exclaimed "Enough!" when He created the world the work of Creation would have continued. Jacob therefore invokes God by this name praying that He should cry "Enough!" to his troubles and so bring them to an end. A similar explanation of אל שדי as מי שאמר לעולמו די is given in Ber. R. ch. 46, end of the 2nd Section.

Note on וְשִׁלַּח XLIII. 14

Cf. Note on VIII. 8. Here Rashi illustrates the use of the Piel form of שלח from the Targum, which translates וְשִׁלַּח לָכֶם by "and he shall release for you".

PAGE 215 Note on להתגלל XLIII. 18

Ibn Ganach also explains the Targum ולאסתקפא by comparing it, as Rashi does, with תסקופי מלין, the Targum of עלילות דברים in Deut. XXII. 13.

Appendix. 274

PAGE 217 Note on ויתאפק XLIII. 31

Menachem, too, gives the word this meaning for he classifies it with Job XII. 21, where he explains אפיקים by אבירים strong men.

PAGE 220 Note on הלא ידעתם וגו׳ Gen. XLIV. 15

Cf. Rashi's comment with that of Ibn Ganach: Do ye not know that a man such as I is not unversed in Astrology and by means of it can attain to a knowledge of secret things. He wished to make them believe that he had discovered by reading the stars that they had the goblet.

PAGE 225

1) The Midrash Rabbah has פטרון בסיליון evidently *πάτρων βασιλέων*, Father of the king. The office of *βασιλεωπάτωρ* was a definite one in later Roman times. See Fürst, Glossarium etc. pp. 167, 168 and Krauß, Lehnwörter II. p. 439.

5) Rashi's comment on this verse is found in Gen. R. 93 and Talm. B. Megilla 16b, and in both passages there is mention of t w o Temples and o n e Tabernacle. Much ingenuity has been displayed in explaining why the plural צוארי should refer to t w o Temples whilst צואריו which is also plural (for in spite of Brody's note on page XXIII of Berliner's "Rashi", 2nd edition, there is no warrant for Mirachi's reading in Gen. R. צוארו כתיב) refers to but o n e Tabernacle. Heidenheim's explanation is that צַוְּאֳרֵי is a dual construct (the plural construct being צַוְּארֵי) and that צַוָּארָיו whilst plural in form is singular in meaning, like "בעליו and אדוניו — a better example would have been פניו. Rashi, however, in his comment on Megilla 16b points the way to the true explanation. The passage reads thus: ויפול על צוארי בנימין אחיו, כמה צוארין הוו ליה לבנימין, אמר רבי אלעזר בכה על שני מקדשים שעתידין להיות בחלקו של בנימין וכו׳ and Rashi comments as follows: כמה צוארין הוו ליה לבנימין ל״ג, שכן דרך המקרא לכתוב צוארי לשון רבים על חלקת צואריו, בכה על צואריו. It is evident from this that Rashi does not regard the Midrash as being based upon the g r a m m a t i c a l from of צוארי and צואריו. It is really based upon another Midrash — the homiletical interpretation of the text (Song. IV. 4) כמגדל דוד צוארך "Thy neck is like the tower of David" as given in Shir ha-Shirim R. IV. 11, which finds in "neck" an allusion to the Temple. The fact is that there were really two Temples in the territory of Benjamin and one Tabernacle in the territory of Joseph, and there is no reason other than this why in Gen. R. and in Meg. and in the Rashi on this verse reference is made to two Temples and one Tabernacle. (Cf. also the ש״ח on this verse.) As regards the difference in form between the plural construct and the dual construct, see the Note on אפניו in Pinsker's לקוטי קדמוניות p. קצ״ט.

PAGE 227

3) Though he said to them (v. 9) "Haste ye", but still they should not haste t o o m u c h because it is injurious to health. The Midrash Rabbah from which this is quoted appears to take the text in the following sense: "Do not become angry on account of the journey" — do not regard the journey as a cause of annoyance (רגז) so that, in order to arrive at your destination quickly with a view of bringing the good news to our father as soon as possible, you proceed very rapidly or you travel on late into the night before resting. In the latter event they would expose themselves to the attacks of brigands.

PAGE 233

1) The compilation of the Midrash Bereshith Rabbah was ascribed to R. Hoshaiah, a P a l e s t i n i a n Amora of the 3rd century. Rashi here describes it is a Palestinian

Midrash (אגדת ארץ ישראל). Menachem ben Salomo in Sechel Tob, a Commentary on Genesis and Exodus, frequently quotes from it with the statement: The men of the Holy City said, or explained etc. (אנשי עיר הקדש אמרו). (Cf. Sechel Tob on Gen. XV. 17; XIX. 1 and elsewhere.)

PAGE 238

1) Cf. Gen. R. s. 96 where the fact that מתי חו"ל אינם חיים אלא בצער גלגול מחילות is derived from the verse Ezek. XXXVII. 12 "O my people, I will open your graves, and cause you to come up out of your graves, and bring you into the land of Israel"—and only afterwards it states (v. 14) "and I shall put my spirit in you and ye shall live"!

PAGE 239

1) Therefore Joseph's descendants would have the same extent of territory whether they constituted one tribe or many tribes; what would it have mattered, then, if Joseph's other sons — if he had any besides Ephraim and Manasseh — would each have formed a tribe? Rashi says that this is indeed so, but these two sons only were to be privileged to bear the name of tribe, and their descendants only were to have the characteristics of a tribe.

2) What follows is a continuation of the preceding Rashi and contains another explanation of כברת ארץ. The first explanation is interposed to show how short was the distance between the spot where Rachel died and the nearest city to which she might have been brought for burial. The second explanation takes כברת ארץ as a description of the ground and shows that Jacob would have had no trouble in carrying Rachel into some city since the road was not impassable.

3) לחכניסה לארץ would ordinarily mean to bring her into the land of Canaan, but it cannot signify this here because in this very verse Jacob states that she died in the land of Canaan. Mizrachi suggests that לארץ is here used in the sense of לארץ נושבת and we have translated it accordingly.

PAGE 242 Note on ידעתי בני ידעתי XLVIII. 19

Rashi means that we are not to connect these words with those that follow—"I know that he will become a people etc." They are an answer to Joseph's protest in verse 18.

Note on ואני נתתי לך XLVIII. 22

Rashi wishes to explain why Jacob uses the word ואני. It is emphatic and should be preceded by a pronoun referring to another person (cf. Rashi on XVII. 9). In verse 7 Jacob, according to Rashi, refers to the trouble which Joseph had promised to take regarding his burial in Canaan and says, "but 'I' did not take such trouble in the burial of your mother". He has this in mind now after he has blessed Ephraim and Manasseh and implicitly alludes to this in verse 21 when he says, "Behold I die . . . and God will bring you back to the land of your fathers", meaning: God will assuredly give you the opportunity, even though it be in the distant future, to bury me in Canaan. You must keep the oath you have made me, and "I" (ואני) in recompense for this, give you a place of burial in Canaan.

Note on שכם ממש XLVIII. 22

I. e. Shechem is taken as a nom. prop. and the word denoting "portion" is to be supplied. In the other explanation, however, Rashi takes the word שכם itself to mean a portion.

PAGE 243 Note on כי עלית משכבי אביך וכו' XLIX. 4

One would expect יצועי עלית "thou didst go up to my couch". יצועי עלה "He went up" presupposes someone other than Reuben. The Midrash supplies the relative pronoun אשר before יצועי as the object of חללת: Then thou didst profane Him Who etc. Rashi speaks of the Name (שם) of the Shechina being profaned rather than of the Shechina itself in order to avoid any appearance of blasphemy and because חלול השם is a common phrase.

PAGE 244 Note on מה אקב לא קבה אל XLIX. 7

By אל Jacob is meant: cf. Rashi on XXXIII. 20: God called Jacob "El". Or the word אל may have its usual meaning and the Midrash understands the verse as follows: "How can I curse him whom God had not permitted to be cursed, thus suggesting that it was God who withheld Jacob from pronouncing a curse against his children.

PAGE 245 Note on לפיכך כרע רבץ XLIX. 9

רבץ is used in sense of to lie down at ease and repose not only of animals but also of people; cf. Ezek. XXXIV. 14. It should be noted thit in the Biblical text the verbs are in the perfect tense; this is the prophetic perfect. The speaker views the action to be performed in the future as already achieved. This is the reason that Rashi and the Midrashim from which he quotes explain the verbs to have reference to the future.

Note on מלך משיח... וכך אונקלוס XLIX. 10

Rashi as well as Onkelos takes שילה as שֶׁלּוֹ until he to whom it (the kingdom) belongs will come.

Note on שילה שי לו XLIX. 10

i. e., until he comes to whom presents will be brought. According to this explanation, also, the verse refers to the Messiah but the word שילה is divided and interpreted differently.

Note on אבחת XLIX. 10

In his Commentary to Ezekiel Rashi explains this to mean "the cry uttered by those who are slain by the sword". He states that the root is נבח, the נ being a root-letter that may be omitted, as the נ in the verb נשך. He adds that it is here "replaced" by א (ותבא אל"ף במקומה) as it is in אחותי and in אסוך. See his comment for other views and his criticism of the explanation that אבחת is equivalent to אבעת. This criticism is based upon Menachem ben Seruk.

PAGE 247 Note on חמור גרם XLIX. 14

Rashi here follows Menachem who mentions the opinion of certain interpreters that these words mean an ass of great size, and who compared the word גרם with the same word in II Kings IX. 13. Menachem, however, compared it with Job XL. 18. Rashi's explanation, סובל עול תורה, is to be found in Targ. J. Compare also Yoma 26a and Yalkut on this passage.

PAGE 248 Note on שפיפן XLIX. 17

Rashi takes the roots שוף, נשף and שפף as all having the meaning of blowing. (Cf. his comment on תשופנו III. 15.)

Note on ודמהו לנחש XLIX. 17

i. e. הנשך וכו׳ is not an apposition to דן but to נחש.

Note on לישועתך XLIX. 18

It would appear that Rashi supplies the word וַיֹּאמַר before לישועתך so that the meaning is: And he (Samson) will say, "I hope etc.".

Note on מפעיל אחרים XLIX. 19

Rashi uses the term מפעיל אחרים "makes others do something", i. e. makes them do the action denoted by the Kal of the same root. E. g., שוב to go back, משבב cause one to go back, to restore; עוד to be strong (cf. Rashi on Ps. CXLVI. 9), מעודד to make strong, to strengthen.

PAGE 248 (250, 252) Note on וְרֹבּוּ, יְגוּדֶנּוּ and הוֹרַי XLIX. 19, 23, 26

The early Jewish grammarians enumerated six בנינים, conjugations, viz., Kal (פָּעַל), Niphal, Piel, Hiphil, Poel (פּוֹעֵל) and Hithpael. Our Pual and Hophal they regarded as but other forms of the Piel and Hiphil in a passive sense having as a characteristic of the passive the vowel Kibbutz or its equivalent short Kametz. The Hebrew text of the Bible offers but few examples of the פּוֹעֵל form of the regular verb. Such are: יְסוֹעֵר (Hos. XIII. 3) זֹרְמוּ (Ps. LXXVIII. 18) לִמְשֹׁפְטִי (Job. IX. 15) and a few others, including אוֹבֵד in (Deut. XXVI. 5), ארמי אובד אבי which the Midrash translates "A Syrian attempted to destroy my father", with which meaning the setting of the Neginoth agrees. This conjugation occurs far more frequently in verbs ע״ו and ע״ע, in the forms קוֹמֵם and סוֹבֵב the perfect, and יְקוֹמֵם and יְסוֹבֵב, the imperfect etc. The modern names for these forms are פּוֹלֵל in the case of ע״ו verbs and פּוֹעֵל in the case of ע״ע, with corresponding passives פּוֹלַל and פּוֹעַל represented by קוֹמַם and סוֹבַב. These are substitutes for the Piel and Pual of these verbs which, at least in the case of the ע״ו, cannot be formed from these roots on the analogy of the regular verb. Modern grammarians limit the term פּוֹעֵל, as a conjugation to the regular verb and explain it as expressing aim, endeavour or attack, and this, too, was the sense attached to it by some of the early Jewish grammarians.

Rashi has this פּוֹעֵל conjugation in mind as a form of the irregular verb when he speaks of the reduplication of the second letter of biliteral roots such as גר, שב and ער which we, however, regard as ע״ו verbs. These roots, intransitive in the Kal, become causative and therefore transitive in the פּוֹעֵל conjugation, and have their second letter duplicated not by a Dagesh but actually so. The words יְגוּדֶנּוּ and יָגֻד cannot be forms from ע״ע roots; these would be יְגֻדֶּנּוּ and יָגֹד. The verb in יָגוֹדּוּ על נפש צדיק (Ps. XCIV. 21) Rashi explains by יאספו גדודים על צדיק, "they gather troops against the righteous man", taking it as this Poel form of גד in a causative sense. It would be according to him, a contraction of יְגוֹדְדוּ the י having Kametz instead of Sheva because in the contracted form it comes immediately before the tone. This explanation is not without its difficulties, but if it is taken as a Kal form of an ע״ע verb the presence of the ו is not accounted for whilst as a Poel form of גד (we should say גוד) it rightly has a place in the word. The form רבו Rashi takes as a passive form of the Poel (i. e. the Poal conjugation) from the biliteral root רב which has the meaning of strife. The perfect 3rd pers. sing. masculine of this passive form would be רוֹבַב and the corresponding plural רוֹבְבוּ. The latter would become contracted into רוֹבּוּ, hence the form רבו. The פּוֹעֵל conjugation denotes that the subject of the verb acts upon others, the פּוֹעַל that one's self is acted upon by one's self — that the action arises out of one's own initiative — even though there may be some external cause inducing or even compelling one to take this initiative. Thus רבו would mean they made themselves or they became men of strife. Kimchi in his Michlol states that in his opinion רבו is a form of רבב corresponding to the Kal form יָכוֹלוּ, which is an intransitive Kal form. Both words are in pause. Its full form would be רָבוֹבוּ. He adds that Chajug regarded it as being the פּועל conjugation and a contraction of רוֹבְבוּ.

In the case of הוֹרַי, this is an adjective or noun (perhaps a participle without the prefix מ) formed on the analogy of the Poel conjugation. In all probability Rashi would hold that the fuller form is הוֹרְרַי from a plural הוֹרְרִים, the singular being הוֹרֵר. The feminine of the latter word would be הוֹרְרָה contracted to הוֹרָה whence the form הוֹרָתָם in Hos. II. 7. The masc. sing. denotes a man who causes (a woman) to conceive, and in Job. III. 3 the translation would be: Cursed be the night in which it was said, "A man is a הוֹרָה a causer of conception". Rashi may be explaining these forms הוֹרַי and הוֹרָה as Hiphils of ירה, a root with which he frequently associates the idea of causing conception, or he may regard them as verbal adjectives like אֻכָּל and לֻקָּח, the Cholem replacing the Kibbutz as the ר cannot take Dagesh. There are other ways, too, in which Rashi might have derived the meaning of causing conception from the grammatical form of these words.

No-one of these explanations is without its difficulties, but this is not the place to enter into a discussion of them. We are only concerned to set forth what Rashi intends to convey by his comments on the words at the head of this note.

PAGE 249 Note on ורבותינו דרשוהו על יום קבורת יעקב XLIX. 21

According to this explanation, אמרי שפר is to be understood in the sense of אמרי סֵפֶר "what is said in the book, the written agreement".

Note on בנות על שם בנות מנשה XLIX. 22

In Tanch. פינחס this verse is referred to the daughters of Zelophehad: Jacob said to Joseph, "Thy daughters will receive territory on both sides (of the Jordan)". The river Jordan is the שור, the wall or barrier which separates Eastern from Western Palestine. This wall the daughters of Joseph were to step over after having already received their portion in the East.

PAGE 250 Note on ונקמוהו XLIX. 23

Onkelos has really paraphrased the word ורבו understanding it in the sense that Rashi takes it. "They became men of strife" implies that they took vengeance on him, and therefore Onkelos adds the suffix which does not appear in the Hebrew. This comment of Rashi therefore means that it is evident from his paraphrase that Onkelos took ורבו to be connected with the meaning of strife.

PAGE 251 Note on ותשב—ותבת בהון נביאותה XLIX. 24

Rashi's explanation of the Targum on this phrase is to be found in a somewhat similar form in Menachem's Dictionary, under איתן. Menachem states that Judah ibn Kuraish took the words ויתבת בהן נביאותה (our Targum has ותבת corresponding to וַתֵּשֶׁב whilst Menachem's reading corresponds to the Biblical Text וַתֵּשֶׁב) as the translation of the whole phrase, but that this is a misunderstanding of

Onkelos who was really paraphrasing at length the single word ותשב. Menachem points out that neither בהון nor על דקיים אורייתא בסתרא has any corresponding words in the Hebrew text.

Note on ושוי תוקפא XLIX. 24

תוקפא the Might, is abstract for התקיף the Mighty One. Cf. קודשא בריך הוא for הקדוש ברוך הוא and the Rabbinical use of מפי הגבורה.

PAGE 252 Note on מצקי ארץ XLIX. 26

Cf. the application of this phrase in Joma 38b.

Note on תהיין כלם XLIX. 26

My blessings and those of my fathers.

Note on נבא על שיהיו עתידין להיות חטפנין XLIX. 27

This text appears to have no allusion to the wolf-like characteristic of Saul. In the Tanch. it is quoted in connection with the next comment of Rashi, to show his martial activities at the beginning of his reign.

PAGE 253 Note on וימלאו לו L. 3

The verb מלא in its Kal form is sometimes intransitive, like (XXV. 24) וימלאו ימיה "and her days were full", and sometimes transitive, like (Jer. XIX. 4) "and they have filled this place (מלאו) with the blood of the innocents". Rashi suggests that the first וימלאו in this verse is transitive, the second intransitive.

PAGE 255 Note on לו ישטמנו L. 15

A similar classification of אולי and לו is found in the Machbereth of Menachem under אולי and Rashi in all probability is indebted to him for his comment on this word. The Dictionary states that many words are spelt alike but have different meanings which can be discovered only from the context. One of these is אולי. Another is לו, examples of which are given in three groups exactly as Rashi gives them. Menachem even adds, as Rashi does, that there is but a single example of לו in the sense of "perhaps" (פן, the equivalent of Rashi's שמא). A comparison with the Machbereth helps us to emend the Rashi text here, where one of the meanings of לו is given as אם ואולי. This is obviously incorrect, for אולי cannot replace לו in the verses cited. Menachem gives these examples and others and states that they have the same meaning as אִלּוּ in וְאִלּוּ חיה אלף שנים (Eccles. VI. 6). It is evident therefore that our text should read אם וְאִלּוּ or אם וְאִילוּ.

לוח ראשי תיבות

א״א = אברהם אבינו
א״א = אי אמרת
א״א = אי אפשר
אא״א = אלא אם כן
אדה״ר = אדם הראשון
או׳ = אומר (אומרים)
אוה״ע = אומות העולם
אח״כ = אחר כך
א״י = ארץ ישראל
א״כ = אם כן
א״נ = אי נמי
אע״ג = אף על גב
אע״פ = אף על פי
אפי׳ = אפילו
א״צ = אין צריך, אין צריכין
א״ר = אמר רב, אמר רבי
א״ת = אל תקרי
א״ת = אם תאמר
את״ל = אם תמצי לומר
ב״ב = בבא בתרא
ב״ד = בית דין
בד״א = במה דברים אמורים
ב״ה = בית הלל
ב״ה = בית המקדש
בה״כ = בית הכנסת
בהמ״ד = בית המדרש
בהמ״ק = בית המקדש
בה״ש = בין השמשות
בו״ד = בשר ודם
בכ״מ = בכל מקום
במ׳ = במדבר
במד״ר = במדבר רבה
בע״כ = בעל כרחו
בר׳ = בראשית
ב״ר = בראשית רבה
ב״ש = בית שמאי
בש״א = בית שמאי אומרים
גז״ש = גזירה שוה
ד״א = דבר אחר
דא״א = דאמרי אינשי
דב״ר = דברים רבה
ד״ה = דברי הכל
דהי״א = דברי הימים א׳
דהי״ב = דברי הימים ב׳
דנ׳ = דניאל
ד״ס = דברי סופרים
הלמ״מ = הלכה למשה מסיני
הקב״ה = הקדוש ברוך הוא
ואצ״ל = ואין צריך לומר
וא״ת = ואם תאמר
וגו׳ = וגומר
ויק״ר = ויקרא רבה
וכ״ת = וכי תימא
זא״ז = זו או זו, זה את זה
ז״ל = זכרונם לברכה
חכ״א = חכמים אומרים
י״א = יש אומרים
יה״כ = יום הכפורים
יצ״ט = יצר טוב
יר׳ = ירמיה
יש׳ = ישעיה
כ״מ = כל מקום
כלו׳ = כלומר
כ״ע = כולי עלמא
לה״ק = לשון הקדש
לה״ר = לשון הרע
לעוה״ב = לעולם הבא
ל״ת = לא תעשה
מ״א = מדרש אגדה
מ״א = מלכים א׳
מ״ב = מלכים ב׳
מה״ד = מן הדין
מוצ״ש = מוצאי שבת
מלה״ד = משל למה הדבר דומה
ממ״ה = מלך מלכי המלכים
מ״ט = מה טעם
ממ״נ = ממה נפשך
מ״ע = מצות עשה
מע״ט = מעשים טובים
מע״ר = מעשר ראשון
מע״ש = מעשר שני
מרע״ה = משה רבנו עליו השלום
סד״א = סלקא דעתך אמינא
סי׳ = סימן
סנה׳ = סנהדרין
עאכ״ו = על אחת כמה וכמה
ע״ה = עם הארץ
עה״ב = עולם הבא
עה״ז = עולם הזה
עה״ר = עין הרע
ע״ז = עבודה זרה
עיו״ט = ערב יום טוב
ע״כ = עד כאן, על כן
ע״מ = על מנת
ע״פ = על פי
פ״א = פעם אחת
פדר״א = פרקי דר׳ אליעזר
פי׳ = פירש
ק״ו = קל וחומר
קמ״ל = קא משמע לן
ר׳ = רב, רבי, רבן, רבנו
ר״א = ר׳ אלעזר, ר׳ אליעזר
ראב״י = ר׳ אליעזר בן יעקב
ראב״ע = ר׳ אלעזר בן עזריה
רבש״ע = רבונו של עולם
ר״ג = רבן גמליאל
ר״ה = ראש השנה
רה״י = רשות היחיד
רה״ר = רשות הרבים
ריב״ז = רבן יוחנן בן זכאי
ריב״ל = ר׳ יהושע בן לוי
ר״ל = ריש לקיש
ר״נ = רב נחמן, ר׳ נחמיה
ר״ע = ר׳ עקיבא
רשב״א = ר׳ שמעון בן אלעזר
רשב״ג = רבן שמעון בן גמליאל
שה״ש = שיר השירים
שופ׳ = שופטים
שמו״ר = שמות רבה
שנ׳ = שנאמר
ת״א = תרגום אונקלוס
תה״מ = תחיית המתים
ת״ח = תלמיד חכם, תלמידי חכמים
ת״כ = תורת כהנים
ת״ל = תלמוד לומר
תנח׳ = תנחומא

LIST OF ABBREVIATIONS

Ab. = Aboth (Mishnah).
Ab. d' R. N. = Aboth d' Rabbi Nathan (a late Talmudic treatise).
Ab. Zar. = Abodah Zarah (Talmud).
B. Bath. = Baba Bathra (Talmud).
B. Kam. = Baba Kamma (Talmud).
B. Mets. = Baba M'tsi'a (Talmud).
Bekh. = B'khoroth (Talmud).
Ber. = B'rakhoth (Talmud).
Chag. = Chagigah (Talmud).
Chall. = Challah (Mishnah, Tosefta and Y'rushalmi).
Chull. = Chullin (Talmud).
Deut. = Deuteronomy, Book of.
Deut. R. = Deuteronomy Rabbah (Midrash Rabbah to Deut.).
Erub. = Erubin (Talmud).
Esth. = Esther, Book of.
Esth. R. = Esther Rabbah (Midrash Rabbah to Esther).
Ex. = Exodus, Book of.
Ex. R. = Exodus Rabbah (Midrash Rabbah to Sh'moth).
Ez. = Ezekiel, Book of.
Gen. = Genesis, Book of.
Gen. R. = Genesis Rabbah (Midrash Rabbah to B'reshith).
Hab. = Habakkuk, Book of.
Hag. = Haggai, Book of.
Hor. = Horayoth (Talmud).
Hos. = Hosea, Book of.
Isa. = Isaiah, Book of.
Jer. = Jeremiah, Book of.
Jon. = Jonah.
Josh. = Joshua, Book of.
Jud. = Judices, Book of Judges.
Ker. = K'rithoth (Talmud).
Keth. = K'thuboth (Talmud).
Kidd. = Kiddushin (Talmud).
Kil. = Kilayim (Mishnah, Tosefta and Talmud Y'rushalmi).
Kin. = Kinnim (Mishnah).
Koh. R. = Koheleth Rabbah (Midrash Rabbah to Ecclesiastes).
Lam. = Lamentations, Book of.
Lam. R. = Lamentations Rabbah (Midrash Rabbah to Lam.; Ekhah Rabbathi).
Lev. = Leviticus, Book of.
Lev. R. = Leviticus Rabbah (Midrash Rabbah to Leviticus, Vayyikra Rabbah).
M. Kat. = Mo'ed Katon (Talmud).
Maas. Sh. = Ma'åser Sheni (Mishnah, Tosefta and Talmud Y'rushalmi).
Maasr. = Ma'asroth (Mishnah, Tosefta and Talmud Y'rushalmi).
Macc. = Maccoth (Talmud).
Makhsh. = Makhshirin (Mishnah and Tosefta).
Mal. = Malachi, Book of.
Meg. = M'gillah (Talmud).
Meil. = M''ilah (Talmud).
Men. = M'nachoth (Talmud).
Mic. = Micah, Book of.
Midd. = Middoth (Mishnah).
Midr. = Midrash.
Mikv. = Mikvaoth (Mishnah and Tosefta).
Nah. = Nahum, Book of.
Naz. = Nazir (Talmud).
Neg. = N'ga'im (Mishnah and Tosefta).
Neh. = Nehemiah, Book of.
Ned. = N'darim (Talmud).
Nidd. = Niddah (Talmud).
Num. = Numeri, Book of (Numbers).
Num. R. = Numeri Rabbah (Midrash Rabbah to Numbers, B'midbar Rabbah).
Ob. = Obadiah, Book of.
Ohol. = Oholoth (Ahiloth, Mishnah and Tosefta).
Par. = Parah (Mishnah and Tosefta).
Pes. = Pesachim (Talmud).
Prov. = Proverbs, Book of
Ps. = Psalms, Book of.
R. Hash. = Rosh hash-Shanah (Talmud).
Ruth R. = Ruth Rabbah (Midrash Rabbah to Ruth).
Sabb. = Sabbath (Talmud).
Sam. = Samuel, Book of.
Sanh. = Sanhedrin (Talmud).
Shebi. = Sh'biith (Mishnah, Tosefta and Y'rushalmi).
Shebu. = Sh'buoth (Talmud).
Shek. = Sh'kalim (Mishnah, Tosefta and Y'rushalmi, also a pericope in P'sikta).
Sot. = Sotah (Talmud).
Succ. = Succah (Talmud).
Taan. = Ta'anith (Talmud).
Tanch. = Midrash Tanchuma.
Targ. = Targum.
Tem. = T'murah (Talmud).
Ter. = T'rumoth (Mishnah, Tosefta and Y'rushalmi).
Tosef. = Tosefta.
Treat. = Treatise (tractatus, Massekheth).
Ukts. = 'Uktsin (Mishnah and Tosefta).
Yad. = Yadayim (Mishnah and Tosefta).
Yalk. = Yalkuṭ (Collectanea from Talmudim, Midrashim &c.).
Zab. = Zabim (Mishnah and Tosefta).
Zeb. = Z'baḥim (Talmud).
Zech. = Zechariah, Book of.
Zeph. = Zephaniah, Book of.

Printed by Libri Plureos GmbH in Hamburg,
Germany

9 789562 913942